Himmelsgaben

☆

Zweiter Band

☆

Himmelsgaben

Worte aus der Höhe der Höhen,
neben den großen Werken der Neuoffenbarung
kundgetan durch

Jakob Lorber

Zweiter Band

**Nachdruck
der Auflage von 1936**

Lorber-Verlag Bietigheim/Württ.

ISBN 3-87495-149-9 (Band 1)
ISBN 3-87495-150-2 (Band 2)

Liebe, die Grundkraft des Lebens

Am 18. November 1841

„Wachet und betet, damit ihr nicht in Versuchung fallet! Ist auch euer Geist willig, so ist aber doch schwach euer Fleisch."

2] Wer diese ewige Wahrheit nicht beständig im Herzen und im Munde führt, ist nie sicher vor dem Falle. Wie schwer es aber für den Gefallenen ist, sich wieder aufzurichten und dann völlig aufzustehen, das zeigt euch die ganze Welt und, als ein überaus verständliches Beispiel, euer Leben selbst, so ihr dasselbe nur ein wenig durchachten wollet. Die ganze sichtbare Schöpfung samt den Menschen besteht ja nur aus Partikeln des großen, gefallenen und in die Materie gebannten Geistes Luzifer und seines Anhanges.

3] Das „Fleisch" also ist schwach! Ihr sollet aber darunter nicht etwa das Fleisch eures Leibes verstehen, welches da ist ein totes Fleisch — sondern das Fleisch des Geistes, was dessen Liebe ist. Dieses, sollet ihr verstehen, ist das sehr schwache Fleisch, welches noch aller Versuchung ausgesetzt ist. Dieses Fleisch ist bei euch noch gleich einem Rohre im Wasser und einer Wetterfahne — welches alles sich richtet nach den Winden.

4] Ich sage euch aber, wessen „Fleisch" noch schwach ist, der scheuet zu besteigen die Berge und kann sich auf denselben auch keinen festen Fels aussuchen, darauf er sein Haus setzen könnte; sondern er bleibt gemächlich lieber in der Taltiefe und bauet da sein Haus auf Sand.

5] Solange keine Wässer und Sturmwinde an die schwachen Wände seines Hauses schlagen und stoßen, stehet das Haus wohl gleich dem auf hohem, festem Felsen; und ihr wundert euch über den Felsenbewohner, wie es ihm doch habe einfallen können, sein Haus auf solch hohen, nackten Felsen zu bauen. — Wenn da aber das Ungewitter kommt und die Wässer und Winde [sich erheben], wird euch da der Bewohner des Felsens nicht auch fragen: „O ihr gemächlichen Toren! Wie hat euch denn je einfallen können, im Sande des Tales euch ein Haus zu erbauen?!"

6] Sehet, also ist noch schwach euer „Fleisch", und ihr könnet euch noch nicht trennen vom Haus am Sande. — Ich sage euch darum, daß ihr wachen und beten sollet, damit — so das Ungewitter kommen wird — ihr nicht erlieget der Versuchung. Was nützet euch alle Erkenntnis, was die Willigkeit, wenn der Wille nicht unterstützt wird von der Liebe, welche ist des Geistes Fleisch!? Wird da wohl je eine Tat erfolgen?

7] Die Liebe ist die ewige Triebfeder des Willens, wie der Wille das Werk selbst. Urteilet aber selbst, wozu ein starkes Uhrwerk nützet, wenn es nicht auch zugleich eine Triebfeder hat, die stark und mächtig genug ist, dieses starke Werk in die zweckmäßige Bewegung zu setzen? — Wer weiß es nicht, wie so manches der Wille berührt, und es geschieht doch nichts, weil es der alleinige Wille, nicht aber auch zugleich die Liebe berührt hat. — Wie viele Mädchen ergreift oft der Wille eines ehelustigen Werbers; doch wird dann nicht selten keine von allen den also Ergriffenen des Werbers Weib, sondern eine ganz Fremde, darum er diese nicht mit dem alleinigen Willen, sondern in Vereinigung des Willens mit der gerecht starken Liebe ergriffen hat.

8] Worin aber war der Grund der Tat? — Im Willen sicher nicht, da dieser ist gleich einem Uhrwerke, das entweder gar keine Triebfeder oder eine viel zu schwache, schläfrige hat — sondern in der gerecht starken Liebe, welche die allein bewegende Kraft des Willens ist.

9] Daher stärket eure Liebe! Das ist das wahre Wachen und Beten mit Mir, der Ich die Ewige Liebe selbst bin! — Oder noch mehr auf deutsch zu euch gesprochen:

10] Liebet und handelt in dieser Liebe mit Mir! Seid nicht nur willig, sondern seid liebetätig, d. h. seid tätig aus Meiner Liebe zu euch und daraus dann aus eurer Liebe zu Mir!

11] Beachtet Mein leichtes Gebot der Liebe, vertrauet euch ganz Mir! Bauet auf diesen Felsen euer Haus, so werdet ihr sicher sein und spotten können den Gewässern und den Winden, wenn sie kommen! Denn euer Haus stehet auf einem Felsen, und das Uhrwerk eures Lebens hat eine gute, haltbare Triebfeder. Ihr habt dann mit dem willigen Geiste ein starkes Fleisch. Ja ihr habt dann erlebt die wahre Auferstehung des Fleisches, in welchem Fleische ihr ewig Gott, die Ewige Liebe, von Angesicht zu Angesicht schauen und eine neue Liebe zu Gott leben und genießen werdet ohne Ende!

12] Sehet, das ist das wahre Abendmahl! Das ist der wahre Leib der Ewigen Liebe, der für euch gegeben, und das wahre Blut, das für euch vergossen wurde! Diesen Leib und dieses Blut nehmet hin und esset und trinket alle davon, damit dadurch euer Fleisch stark werde und auferstehe zum wahren, ewigen Leben!

13] Meine Liebe ist das wahre, große Abendmahl! Wer Meine Gebote hält, welche nichts als lauter Liebe sind, der hält auch Meine Liebe, was da ist, daß er Mich wahrhaft liebt.

14] Wer Mich aber liebt in der Tat, der isset wahrhaft Mein Fleisch und trinket im rechten Sinne Mein Blut, welches alles ist das wahre Brot und der wahre Wein der Himmel, der Engel und alles Lebens! — Wahrlich, wer von dem Brote essen und von dem Blute trinken wird, den wird nimmerdar hungern und dürsten in Ewigkeit!

15] Und nun noch ein Wort für die eine!

16] Siehe, du eine, dieser Mein Leib und dieses Mein Blut sei auch dir das höchste Bindeband deines Leibeslebens mit dem Meinen! Esse und trinke davon, soviel dir nur schmeckt! Ich sage dir, du wirst dich nie überessen und übertrinken! Denn dieses Brot sättigt beständig und erzeugt dabei aber doch stets noch eine größere Eßlust, wie dieser Wein eine stets größere Trinklust!

17] Wenn du solches tun wirst, so wirst du, wenn der „Bräutigam" kommen wird, des Oeles in großer Menge haben und wirst mit Freuden vom Bräutigam aufgenommen werden. Denn Meine Liebe ist das wahre Lampenöl des Lebens, welches da auch ist eine wahre Salbung des noch schwachen Fleisches zur lebendigen Auferstehung!

18] Was nützt der Lampe der alleinige Docht, welcher da ist ein williger Geist, wenn ihm das Oel der Liebe mangelt? — Also versehe dich daher nur mit dem Oele! Der Docht wird dir gegeben mit der Lampe. Aber das Oel mußt du dir selbst frühzeitig holen bei Mir, ehe es zu spät werden möchte.

19] Das aber ist das „Wachen und Beten mit Mir", und solches ist auch das „wahre, heilige Abendmahl", das Ich dir heute wie allezeit zum freien Genusse darreiche. — Esse und trinke davon! — Aber mische unters Brot keine Welt-Zibeben und keinen Welt-Sauerteig und wässere den Wein nicht — so wirst du wahrhaft auferstehen im Fleische der Liebe des Geistes zum wahren, ewigen Leben! — Amen.

20] Das sei dir von Mir ein ewiges Bindeband! — Amen.

☆

Haltet euch an die Liebe!

Am 4. Dezember 1841, nachmittags

„Und Er sprach zu ihnen: »Von Herzen hat Mich verlanget, dies Osterlamm mit euch zu essen, bevor Ich leide. Denn Ich sage euch: Ich werde von nun an nicht davon essen, bis daß es vollendet werde im Reiche Gottes.«“ Lukas 22, 15 u. 16.

Daß ihr derlei Dinge, die doch leicht sind, noch immer nicht fasset, liegt lediglich daran, daß ihr euch noch stets mehr an die Weisheit eures Verstandes haltet als nur allein an die Liebe, in der alles vereinigt und daher überleicht alles zu finden ist — während in der törichten Verstandes-Weisheit alles also zerstreut und zertragen ist, wie die Sterne in der Unendlichkeit, von denen da niemand erschauen kann mit seinem Verstande, wie und was sie sind und was darinnen ist.

2] Daher nehmet zur Liebe, zur alleinigen Liebe eure Zuflucht, an diese haltet euch! Sie allein ist der vollkommene Brennpunkt der ganzen Unendlichkeit, ebenso der Ewigkeit und der ganzen Tiefe und unendlichen Vollkommenheit Gottes! So ihr die Liebe recht ergriffen habt, und diese euch, dann könnet ihr alles erfahren und Dinge begreifen, davon noch keine Weisheit sich etwas träumen ließ!

3] Und das ist es auch, da Ich zu ihnen sprach: „Von Herzen hat Mich verlanget“, oder: „Die Liebe, Meine Liebe zu euch, nötigte Mich, die Liebe zuvor noch mit euch zu teilen, bevor diese Meine Liebe Rechnung halten wird mit der Welt und dieser das Ihrige zurückgeben wird, um das Eurige zu erhalten, welches ist das wahre ewige Leben aus derselben und durch dieselbe.“

4] Und so ist auch das Folgende eines und dasselbe: „Ich werde von nun an nicht davon essen, bis daß es vollendet wird im Reiche Gottes!“ — oder zu euch Harthörigen auf Deutsch gesagt: „Ich werde von nun an nicht mehr essen, als nach dem Gericht der Welt oder des Fürsten der Welt im Gottesreiche, welches ist das Reich der Liebe oder die Wiedergeburt des Geistes.“

5] Das wahre Osterlamm aber ist die reine Liebe des Herzens zu Mir, wodurch das Herz wird zu einer Wohnung des Heiligen Geistes.

6] Sehet, solches Leichte und Leichtfaßliche besagen diese zwei Verse! — Suchet daher fürder das Verständnis solcher Texte nicht mehr mit dem Verstande und im Verstande mit einem metallenen Welt-Geiste, sondern mit der Liebe in der Liebe mit dem demütigen Geiste der Wahrheit, da euch alle Dinge leicht werden. Sonst werde Ich noch gar lange nicht im Reiche des Lebens mit euch das neue Osterlamm speisen können! — Verstehet es wohl! — Amen.

☆

An eine Weltmüde

Am 17. Dezember 1841

O Abba Emanuel! In tiefster Demut flehe ich Dich Allerbarmer an, der Du alle Mühseligen und Beladenen erquickest, die zu Dir kommen — siehe gnädigst an das niedergebeugte Herz meiner Schwester Cäcilia, deren Welthoffnungen sämtlich zerstört sind und die nicht die Kraft besitzt, ihr umnachtetes Gemüt zu Dir, o heiliger Vater, zu erheben, bei Dem allein Trost und Friede und neues, wahres Leben zu finden ist!

2] In der großen Finsternis ihres Herzens ahnet sie es nicht und kann es kaum glauben, daß die Pforten des Himmels in dieser großen Gnadenzeit weit geöffnet sind und daß Du, o liebevollster, heiliger Vater, all Deinen verlorenen Kindern mit ausgebreiteten, verzeihenden und segnenden Händen entgegenkommst.

3] O, so sende Dein Licht und Deine Wahrheit in ihr Herz, das des Erdenlebens müde und überdrüssig scheint. Zeige ihr, da sie es wünscht, die Krankheit ihrer Seele sowie ihres schwächlichen Leibes! Schenke ihr mildreichst, Du göttlicher Heiland, nur etliche stärkende und wiederbelebende Worte aus Deinem von Mitleid und Erbarmung überströmenden Vaterherzen!

4] Ein Infusionstierchen aus der Schlammtiefe bittet Dich mit zerknirschter Seele darum! Dein allerheiligster Wille geschehe in und an dieser, zur reformierten Kirche sich bekennenden Schwester! Amen.

5] Du aber, o heiligster Herr und Vater, bist der wahre und einzige Reformator, Erlöser, Wiederbringer und Wiedergebärer! Dir allein aller Dank, alles Lob und alle Liebe! Denn freundlich bist Du, o Herr, und Deine Güte währet ewiglich! Amen.

6] Wer sein Auge in was immer der Welt zuwendet, der wird früher oder später gewahr werden, womit und wie die Welt ihre Verehrer, Bewerber und Arbeiter lohnt.

7] Was ist die Welt? — Nichts als des Todes Leib, der da ist gleich einem Grabe, darin nicht viel Rares zu finden ist, nämlich nichts als stinkender Moder, der allerekelhafteste Unflat und in die Verwesung übergehende Gebeine und zu allem dem eine Legion fressender Würmer! — Siehe, das sind die „Schätze der Welt"! — So scheußlich sie auch immer sind, so werden sie aber besonders in dieser Zeit doch mit einer solchen leidenschaftlichen Heftigkeit gesucht, daß die Menschen, so Ich sie auch, ihrer Freiheit unbeschadet, durch Meine Vaterliebe wie möglich davon abhalte, beinahe verzweifelnd, ja mit Selbstentleibungssinne umgehen, wenn Ich es nicht alsobald zulasse, daß sie in das Grab des ewigen Todes sich stürzen!

8] Siehe, also ist nun die Welt! Und also unaussprechlich töricht und häufig wahrhaft böse sind nun auch die Menschen in ihr beschaffen! Und Ich sage dir noch hinzu, daß es gegenwärtig unter hundert Menschen kaum einen Halbgerechten und unter tausend kaum einen Vollgerechten gibt. Denn die Welt hat sie alle mehr und (nur selten) weniger mit aller Blindheit geschlagen.

9] Siehe die schändliche Kleidermode! Ich sage dir, sie ist ein grausamer Wurm des Todes, der schon beim lebendigen Leibe die Herzen anzufressen beginnt. Auf ihr liegt einer der größten Flüche von Mir! Denn sie ist die „Schminke des Todes", durch welche schon Tausende und Millionen um das ewige Leben betrogen worden sind.

10] Siehe weiter den verfluchten Tanz! Dieser ist den Dampfgelegenheiten[1] gleich, mittels welcher man sowohl in leiblicher, aber noch viel mehr geistiger Hinsicht mit wahrhaft riesenhafter Schnelle das doppelte[2] Grab erreichen kann! Der Tänzer und die Tänzerin führet den Tod unter den Armen. Was soll dann Ich mit ihnen machen? Ich lasse sie gehen, denn sie haben ja schon ihren Lohn, um den sie sich so zerschwitzet haben!

11] Und weiter siehe den Wucher, den Neid, den Geiz! — Diese drei sind von oben bis unten die „Seele" der Menschenlarven (der Name Mensch ist für solche arg tote Knechte des Todes ja doch

[1] Eisenbahnen. — [2] leibliche und geistige.

zu erhaben!). Ja sie können nicht einmal mehr „Sünder" heißen. Denn der Sünder ist [doch zuweilen] reumütig und hat [manchmal] doch wenigstens noch den Wunsch, sich zu bessern. Allein diese Dreiheit von einer Weltseele, die jedes Menschen Wert nur nach dem ewig verfluchten Gelde bestimmt, hat keine Reue. Wo ist der Reiche, den es gereuen möchte, reich zu sein! Wenn einer auch schon soviel hat, daß er, so er jährlich fünftausend Gulden verzehren möchte, allein vom Kapitale hundert Jahre und länger ausreichen könnte, dann will er noch stets reicher und reicher werden. Und so er einem Armen einmal hundert Gulden schenken soll, wie ungern wird er es tun! — Wie wenige unter den Reichen es gibt, die da freudigen Herzens reich sind für ihre armen Brüder und Schwestern — solches weiß Ich sicher am allerbesten. Ich sage Dir, so du sie an den Fingern zählen möchtest, da dürften dir wohl einige Finger noch übrigbleiben für diese Stadt, wo es doch mehr als fünfhundert Reiche gibt!

12] Siehe weiter die Treulosigkeit der nur sich selbst liebenden Menschen! Meinst du, daß einer von denen, die sich dir erklärt haben, dich deiner selbst willen geliebt hat? — O glaube es Mir, sich selbst nur liebte ein jeder in dir! — Allein da in deiner besseren Brust das arge Auge deiner Erklärten sich in einer gewissen Hinsicht verkleinert erblicken mußte, so wurde es ihnen unbehaglich, da ihre Eigenliebe darunter litt und nicht minder stark ihre fleischliche Sinnlichkeit. Siehe, und daher wurden sie dir untreu!

13] Und nun magst du trauern in deinem Herzen, daß Ich dich sorglich bewahrte und befreite von denen, die niemandem als nur sich selbst liebend treu sind?! — Ich sage dir aber: Freue dich vielmehr dessen, darum du trauerst! Und glaube Mir, daß du in deiner heiteren Brust durch die Heilerkeit in Mir doppelt genesen wirst und es dann Mir auch gar nicht schwer werden wird, dein Mir ergebenes Herz mit einem Manne zu belohnen schon hier, der dir ewig ein Engel des Himmels bleiben wird!

14] Glaube es diesem Meinem Worte: Ich bin dir näher, als du dir je träumen möchtest! — Darum, so du Mich suchest mit der Liebe deines Herzens, die du an deiner Liebe Unwerte so reichlich verschwendet hast und noch verschwendest — fürwahr, schon lange hättest du Mich vollkommen gefunden!

15] Siehe, deine leibliche Krankheit bin Ich! Ja, Ich Selbst bin krank in Dir; ja, liebekrank bin Ich in dir! Und darum bist du selbst schwächlich und kränklich! — Wende aber nun fürder alle deine Liebe von der Welt allein zu Mir, so werde Ich bald gesund und stark werden in dir, und du dann mit Mir und in Mir!

16] Du meinst, es fehle bei dir an der Lunge! — O nein, solches ist irrig — sondern bei dir fehlet es im Herzen! Denn nicht von unten, sondern von oben bist du! Darum dir auch das Weltglück nicht wohlwill!

17] Wenn dein Herz geheilt wird, wirst du auch [leiblich] gesund sein durch und durch! Denn solches [Kranksein] ist ja nur deine Prüfung!

18] Aber die Welt, wie sie nun ist und Ich sie dir anfänglich gezeigt habe, wird dir für dein in doppelter Hinsicht krankes Herz keinen heilenden Balsam bieten, sondern allein Ich, so du dich zu Mir kehrest! Denn nur allein in Mir wirst du die vollste, freieste und heiterste Ruhe finden und nirgends anderswo — auch nicht im Kleide einer sogenannten privilegierten Barmherzigkeitsschwester und auch nicht in den kalten, gemauerten Kirchen; sondern allein bei Mir, durch das Vertrauen und durch die stets zunehmende Liebe zu Mir!

19] Siehe, Mein Knecht war auch ehedem, dir gleich, krank. Seit er aber Mich gefunden hat, ist er gesund und heiter und frei!

20] Du aber kannst ebenso gesund werden, so du dich zu Mir kehren willst! Siehe, Ich, dein ewiger, heiliger Vater, werde dich nicht verlassen! Aber zu Mir mußt du kommen in deinem Herzen!

21] So du aber zu Mir kommen wirst, sollst du mit einer großen Herrlichkeit geschmückt werden! Denn Ich sehe allein auf die Konfession des Herzens; alles andere ist Mir gleich!

22] Darum komme zu Mir, deinem Vater, zu deinem Jesus! Amen.

☆

An den Knecht

Am 17. Dezember 1841, Fortsetzung

Das Liedchen, das du einmal nach einem anderen Sänger, etwas verändert, für dich niederschriebst unter dem Titel: „Die stille Welt" — siehe, das ist ein gutes Liedchen und wird von guter Wirkung sein, besonders für jene, denen ihr Herz allerlei zu schaffen gibt, da sie nicht Kinder der Welt sind, die Welt aber desto geschäftiger ist, sich dieselben anzueignen.

2] Aber etwas verändert muß das Liedchen werden. Denn wie es ist, klebet noch manches Unreine daran, und es hätte darum keine wirkende Kraft.

3] Statt des bestehenden Titels schreibe: „Die innere Welt". — Und der Ans. H.-W. kann dann darüber sogar Töne setzen, die er, von Mir gegeben, in sich finden wird. Und so wird dieses Liedchen seinen guten Zweck nicht verfehlen. — Und also schreibe denn!

4] Ich sage dir: Jeder Arbeiter ist seines Lohnes wert. Und so du redlich arbeitest und ohne Gewinnsucht, wie bis jetzt, so wird auch für dich ein der Arbeit angemessener Lohn zu rechter Zeit in Bereitschaft stehen. Doch denke nie an den Lohn, sondern stets nur an Mich und an die Arbeit von Mir aus — so hast du schon den größten Lohn in dir. Wo aber der ist, da ist alles! — Und darum schreibe nur zu! Amen.

☆

Die innere Welt

1. So recht tief im Menschenherzen
eine Stätte ohne Schmerzen
ist von heil'gem Licht erhellt.
Dort ruht still die inn're Welt.

2. Leise schweben ohne Klage
dort die Schatten herber Tage,
werden endlich sonnenhell
an des Lebens heil'gem Quell.

3. Hier erweiset wahres Gute
dir die flüchtige Minute,
ja sie trägt, vom Trug befreit,
wahre Lebensseligkeit!

4. Und den wahren Freundschaftsstunden
wird ein ew'ger Kranz gewunden.
Selbst der Ton, den Schmerz erzwang,
löst sich auf in frohen Sang!

5. O der Welt im inn'ren Herzen!
Nur am heißen Tag der Schmerzen
findst du die verborg'ne Tür,
findst den schmalen Pfad zu ihr!

6. So dich nun des Lebens Schwere
drückt und in der Welten Leere
dir sich auch kein Sternlein hellt,
flieh' in diese inn're Welt!

7. Wenn auf deines Lebens Höhen
schwarzen Zweifels Stürme wehen
und an nichts dein Glaube hält,
flieh in diese inn're Welt!

8. Und wenn dann am Wanderziele
wohl dir wird, und sanft und stille
einst des Lebens Schleier fällt,
wirst Mich finden in der Welt!

9. Diese Welt mußt du dir wählen,
sie wird dir dein Selbst erhellen.
Sie ist Meine Welt in dir,
deines Lebens Lichtrevier!

10. Was dein Auge nie gefunden
und dein Herz noch nie empfunden
beut die Welt als Lebenspfand
dir aus heil'ger Vaterhand!

☆

Geistige Hausordnung

Winke zur Kindererziehung

Am 27. Dezember 1841

1] A. H.-W.! Warum bist du nicht auch so emsig für die Kinder, die Ich dir zum Reinigen gegeben habe, wie du emsig bist in Meinem Worte?

2] Siehe, du bist zu lau für deine Mädchen, darum sie sich wenig aus dir machen. Und da sie listigerweise wohl wissen, daß du ihnen gut trauest und dein Auge für ihrer Herzen Welttätigkeit schläft und du sonst nicht nach ihnen siehst, außer bei einem Bedürfnisse für dich — so haben sie freien, willkürlichen Raum und tun hinter deinem Rücken, besonders mit ihrem Herzen, was sie wollen. Und fragst du sie auch dann und wann um etwas, so sagen sie dir, da sie wissen, daß mit dir sehr leicht abzukommen ist, was sie wollen, nur nicht die Wahrheit — bei wichtigeren Fällen! Und siehe, du bist damit zufrieden; und Ich sage dir, deine Töchter dann auch nicht minder mit dir!

3] Ich sage dir aber, du sollst in deinem Hause eine ganz andere Ordnung einführen! Du sollst dich an jedem Tage wenigstens eine Stunde geistig mit ihnen abgeben und dabei weise liebeernstlich eine sichere „Türsperre" anlegen, willst du dein Haus vor Unglück und Schande verwahren und es so halten, daß Ich nicht genötigt werde, das eine oder das andere deiner Mädchen zur Besserung der übrigen fallen zu lassen oder deine Kinder [gänzlich] der Welt zu überlassen.

4] Siehe, schon jetzt mag Ich nicht in die Zimmer deiner Wohnung gelangen! Was wird's dann werden, so Ich dein Haus ganz der Welt übergeben sollte? — Das ist's, davon Ich dir durch den Knecht von Kärnten einen zu beachtenden Wink geben ließ und dich selbst zu mehreren Malen mahnte, du sollest dich in acht nehmen vor deinem unbekannten Nachbar! — Allein du verstandest nichts davon!

5] Nun, so dir das Wasser schon beim Dache hereinbricht, muß Ich wieder schreien gleich einem Nachtwächter, daß du wachen sollest, damit ihr nicht alle ersaufet! Ich warne dich jetzt auf deutsch, da du noch nicht verstehst Meiner Liebe geistig Wehen! Lasse deine Töchter M., W., P. und J. nicht mehr zu jenem Nachbar und habe ein sorgsames Auge auf sie und dulde nicht die gefährlichen Zusammenkünfte, sonst wirst du dir üble Tage bereiten! Was alles dahinter lauert, das sehe nur Ich!

6] Willst du aber deine eigenen Kinder mit der Zeit zu Judassen machen, so kannst du es ja auch tun, so dir etwa diese Warnung und ihr Gegenstand zu geringfügig sein sollte. Doch die Folge möchte dir wohl klärlich machen, ob Ich schärfer sehe oder du!

7] Daher ergreife diese „deutsche" Warnung, bevor es zu spät sein möchte! — Versteh es wohl! Amen.

8] Und **wer** dir dieses sagt — begreife es! Amen.

☆

Gebet des Herzens

Eine Universal-Medizin für alle Uebel

Am 30. Dezember 1841, vormittags

Jesus helfe dir! Jesus mache dich gesund! Jesus erhalte dich! — Jesus, Du ewiger Helfer aller Leidenden, Jesus, Du einziger Arzt aller Krankheiten, Jesus, Du ewiger König aller Macht und Kraft, Jesus, Du ewige Liebe und Erbarmung, hilf diesem (oder dieser) leidenden Kranken! — Dein heiliger Wille geschehe! Amen. — (Unser Vater...)

2] Dieses Gebet des Herzens vermag [wenn die gesundheitliche Besserung nach dem Willen Gottes zum Heil der Seele dienlich ist,] auch in die Ferne zu wirken, indem man die Hände segnend nach dem Orte hin ausbreitet, wo der Kranke sich befindet.[1]

Anmerkung von Anf. H.-W.: Jakob Lorber sagte, daß die Apostel dieses Gebet bei Krankenheilungen gesprochen haben.

☆

[1] Es sei hier bezüglich des geistigen Heilens auf die Winke im „Großen Evangelium Johannis" hingewiesen, so hauptsächlich in Bd. 9, Kap. 43, 6: „Ein viertes Zeichen Meiner mächtigen Gegenwart bei, in und unter euch wird auch das sein, daß es, so ihr den leiblich kranken Menschen aus wahrer Nächstenliebe in Meinem Namen die Hände auflegen werdet, mit ihnen besser werden soll, wenn das Besserwerden zum Heile ihrer Seelen dienlich ist." — Ueber das Händeauflegen siehe auch „Großes Evangelium Johannis", Bd. 4, Kap. 40, Bd. 6, Kap. 180, Bd. 10, Kap. 128. D. Hsg.

Bitte eines Familienvaters

Am 5. Januar 1842, abends

O heiligster Herr und Vater! Du willst von mir, daß ich leite, führe und überwache ein Weib und neun Kinder und habe nur zwei Augen dazu und erkenne meine Ohnmacht und meine Blindheit! — Wie kannst Du, allein Allwissender, Allgegenwärtiger und Allmächtiger etwas wollen, das dem Wesen, von dem Du es willst, als eine bare Unmöglichkeit erscheint?! — Mich selbst erkenne ich noch nicht — wie soll ich so viele der Meinen durchschauen? Ich werde mit mir selbst nicht fertig — wie soll ich die Meinen zum Ziele führen?

2] Ich sehe in dieser Lage keinen anderen Ausweg, als daß ich Dich, o liebevollster Herr und Vater, bitte, Du wollest das auf Deine mitleidigsten Schultern nehmen, was zu tragen ich so wenig imstande bin, wie wenn eine Mücke einen Mühlstein fortschleppen sollte!

3] Vergib mir, o Herr, meine kühne Rede nach Deiner großen Barmliebe und erquicke meine Seele mit tröstendem Lichte! Amen.

☆

Antwort des himmlischen Vaters

Am 6. Januar 1842, morgens

Wahrlich, eine kühne Rede habe Ich hier in diesem Falle dir mitnichten zu vergeben, wohl aber eine grenzenlos törichte! — Denke doch einmal, entfernt von deinen stets weiblichen Gedanken, nur ein wenig nach, was du alles schon von Mir — höre! von Mir, deinem Schöpfer, deinem Gott, deinem Erlöser, deinem ständigen Wiedergebärer! — für dich und für dein ganzes Haus empfangen hast! Und dir muß eine große Schande übers Angesicht und über deinen ganzen Leib vor dir selbst, geschweige erst vor Mir gelaufen kommen, darum du zu Mir in aller Trägheit deiner Seele und großer Kreuzesscheue mit derlei Fragen kommen kannst.

2] Damit du aber doch einmal deine große Blindheit ersehen mögest, daran du ganz allein Schuld bist, wie an der geistigen Verwahrlosung deiner Kinder, so will Ich aus großer Erbarmung dir das Uebertörichte deines gegenwärtigen Verlangens ein wenig vor die Augen stellen.

3] Siehe, du beschuldigst Mich einer unbilligen Forderung, darum Ich von dir eine Mir wohlgefällige Erziehung deiner Kinder verlange und dir doch nicht mehr als zwei Augen gegeben habe, mit welchen du kaum deine Ohnmacht und Blindheit zu erkennen wähnst.

4] Ich aber sage dir, erkenntest du solches an dir, dann hättest du Mich hier nicht einer solchen Unbilligkeit beschuldigt, der Ich dir doch allezeit den sichersten, richtigsten und leichtesten Weg vorgezeichnet und nichts weiter von dir verlanget habe, als dich doch wenigstens täglich ein einziges Stündchen in Meinem Namen mit deinen Mägden so recht väterlich liebeernstlich abzugeben! — Das also ist es, wozu du vielleicht tausend Augen haben möchtest!

5] Also dieses unendlich leichte Kreuzlein willst du auch noch auf Mich schieben, der Ich für dich ohnehin schon von jeher ein weltenschweres Kreuz unausgesetzt bis auf den gegenwärtigen Augenblick zu schleppen habe! — O du bequemer Geist! Es war dir doch nicht zuviel, in der stummen Lust deines Fleisches all die Kinder zu zeugen! — Aber solche geringe Forderung von Mir zur Tilgung deiner Fleischsünden ist dir ein Mühlstein am Halse!

6] Sage Mir, ist es dir denn wirklich unmöglich, dich in Meinem Namen täglich mit den Deinen ein Stündchen nur liebeernstlich abzugeben, sie zu belehren und ihre Herzen für Mich zu erwecken? — Oder trauest du dir nicht einmal soviel Kraft zu, daß dich deiner Töchter Fleisch nicht locke, beschwichtige und am Ende unfähig mache, dich mit ihnen in Meinem Namen zu besprechen!? So lerne es doch wenigstens von Meinem Knechte, der sich täglich mehr als Freundbruder mit ihnen abgibt, denn du als Vater! Er hat alle wahrhaft von ganzem Herzen lieb und kann doch, wenn es von Mir aus not tut, sehr ernst mit ihnen umgehen, ohne darum etwas von der wahren inneren Liebe hintangeben zu müssen!

7] Weltliche Konversation aber mit den Kindern von Seite der Eltern ist ein Gift für ihre Herzen; ja Ich sage dir, ein wahres Klapperschlangengift! Und siehe, doch hättest du dazu eher Kraft, Sucht und Begierde, mit deinen Töchtern zu reden wie mit den verteufelten Masken auf einer höllischen Tanzredoute!

8] Da du dich in solchem nicht zu erkennen scheinst, muß Ich dir es schon deutlich unter die Augen reiben, daß du durch manche solche läppisch-törichten Gespräche und unüberdacht hingeworfenen Wortschlammbröckchen deinen Töchtern bis jetzt mehr geschadet als im eigentlichen, rein geistigen Sinne genützt hast! — Ich könnte dir noch viel mehr des stärksten „Zimmts" unter deine Augen reiben! Allein Ich habe dir alle die Fehler schon lange nachgesehen, habe dich schon lange gesegnet. Nur das einzig Geringe, das „tägliche Stündchen", verlange Ich von Dir für so viele deiner Gebrechen und Sünden vor Mir, deinem Vater. Und du hast Mich einer Unbilligkeit beschuldigen können, als wenn Meine Liebe und Weisheit unvollkommen wäre, da sie unausführbare Forderungen stelle an die Kräfte der Menschen!

9] Oder meinst du denn, so du Meinen Weg wandeln möchtest, daß Ich dir nicht voll behilflich sein möchte? Habe Ich dir bis jetzt nicht alles liebeernstlich angezeigt, was nur immer dein Haus nachteilig hätte belangen mögen, damit du Mich ergreifen könntest und Ich dir dann hülfe, wie Ich dir noch allezeit geholfen habe!? Und doch konntest du Mich einer Unbilligkeit wegen des leichten Kreuzes beschuldigen!

10] Wärest du nur ein wenig weniger blind, als du es bist, dann müßtest du dich ja doch wahrlich verkriechen vor Mir, deinem ewigen, heiligen Vater, der dich also liebt, daß Er dir alle deine vielen groben Fehler nachgelassen und dich dafür über und über gesegnet hat!

11] Es steht dir alles zu Dienste von Mir aus, um was du nur immer bitten magst! Und habe Ich nicht dein schwaches Gebet in jeder billigen Sache allzeit voll erhört?! Welche langen Wege habe Ich dich schon auf Meinen Vaterhänden tragend geführt und habe dir von tausend Seiten mehr Gnadenlicht zukommen lassen als tausendmal tausend anderen! Denke nur ein wenig nach! — Denke aber auch, ob Ich wegen dieses letzten kleinen Versuchskreuzchens von dir wohl verdient habe, einer unbilligen und dir unmöglich ausführbaren Forderung an dich also beschuldigt zu werden!

12] Wenn du also fortfährst, da wirst du mit dir wohl schwerlich je fertig werden! Und vom wahren Ziele der Deinen wird wohl auch noch gar lange nicht die Rede sein!

13] Was Ich dir gebe und rate, du Blinder, das ist ja ohnehin schon Meine große und allergesegnetste Hilfe! So du sie nur annehmen und befolgen möchtest, so würde dein ganzes Haus schon lange über und über in den hellsten, heiligsten Liebeflammen stehen. — Allein du willst nichts tun, was nur ein wenig bekreuzt ist, und rufst dafür Meine Allmacht und Allwissenheit an, ohne zu bedenken, daß du dir darinnen nicht das Leben, sondern nur den Tod erbittest! — Sollte Ich denn noch mehr Wunder vor deinen Augen tun, als Ich ohnehin schon getan habe und noch immer Tag für Tag tue?

14] Oh, was des Törichten verlangst du von Mir?! — Mein durch Meine Gnade scharf sehender Knecht kann und darf dein ganzes Haus durchschauen und klebet mit seinen Ohren beständig an Meinem Munde und kommt täglich zu dir. — Wenn du Glauben hast, daß er solches aus Mir vermag, warum machst du deine Kinder nicht ernstlich darauf aufmerksam in ihren Herzen!? — Alle Schwierigkeit wäre da behoben!

15] Ich sage dir, wie unter vielen Tausenden und tausendmal Tausenden keinem stehen dir wahrhafte Wundermittel zu Gebote, durch welche du dir deines Kreuzleins Last bis zur barsten Null verringern könntest, wenn du sie nur recht ergreifen und gebrauchen wolltest! Aber du möchtest jetzt schon des höchsten Himmels Wonne müßig genießen, ohne das dazu erforderliche Kreuzlein auch nur des Tages ein Stündchen lang zu tragen! — Siehe, solches ist aber wahrhaft rein unmöglich! Du mußt das Leichte tun, du mußt darinnen Mir deinen Glauben und deine Liebe lebendig erweisen, willst du zu Mir kommen! Du mußt dich verleugnen, dein Kreuzlein auf deine Schultern laden und Mir nachfolgen!

16] Du mußt Mich in der Tat mit dem Kreuzlein in der Hand suchen, willst du Mich im Ernste finden! Willst du etwas empfangen von Mir, dann mußt du bitten mit dem Kreuzlein in der Hand! — Und die Pforten des ewigen Lebens werden dir nur aufgetan, so du klopfen wirst an dieselben mit dem Kreuzlein!

17] Siehe, kein anderer als nur allein der Weg des Kreuzes führt zum Leben! — So du aber eine Kreuzesscheue in dir hast, welchen Weg willst denn du hernach gehen, um zu Mir zu gelangen? — Ich sage dir, du wandelst einen bequemen Weg zwar; allein zu Mir führet ein ganz schmaler, unbequemer und oft sehr steiler Pfad himmelwärts bergan! — Beurteile daher den deinen genau und siehe, ob er zu Mir führt?

18] So du es etwa durchaus willst, daß Ich dir auch dieses nur süßleichte Kreuzlein abnehmen solle, wenn es dich denn wirklich so drückt wie ein Mühlstein eine Mücke, siehe, das kann Ich ja auch tun, und das sehr leicht. Ich nehme dir deine Kinder alle zu Mir von der Erde weg und lasse sie hier erziehen durch Meine allerbereitwilligsten Engel! — Sage, wird dir solche Abnahme deines Kreuzleins wohl auch angenehm und in deinem Vaterherzen recht sein?

19] Ja, Ich gebe dir noch dazu die teuerste Versicherung, daß sie allda samt und sämtlich besser erzogen werden als bei dir; und alle Meine Lehrengel werden das dir abgenommene Kreuzlein mit übergroßem Danke von Mir annehmen. Und du selbst wirst dich dann allein doch gewiß hinreichend durchschauen können, indessen du es jetzt trotz Meiner so großen Gnade und Erbarmung nicht imstande zu sein vorgibst.

20] Worin besteht denn so ganz eigentlich die „unerträgliche Last" deines Kreuzleins? — Siehe, Ich will sie dir noch einmal ganz darstellen! — Diese unerträglich schwere Last besteht in nichts anderem, als daß du dich ein Stündchen im Tage liebeernstlich als Vater und wahrer Lehrer über Meine dir wohlbekannten Wege mit deinen erwachsenen vier Mägden abgibst; aber nicht mit ihnen gleich einem weltlichen Liebhaber schäckerst, was sie verdirbt und dir unheimelig und untraulich macht; sondern, wie gesagt, als wahrer Vater, liebeernst!

21] So dich aber deine Mägde also als Vater ersehen werden, werden sie sich auch nicht verbergen vor dir und werden dich wahrhaft achten und durch ihr Benehmen auch deine Achtung zu erstreben suchen, indem du sähest auf ihren Geist, aber nicht auf ihren etwas schöner geformten Leib.

22] Siehe, der Vater ist der erste Mann, den die Tochter als wahren Mann in ihrem Herzen wohlgefälligst und ehrbarst erkennen soll. Wenn aber dieser erste Mann vor seiner Tochter in aller Schwäche schmachtet und sie an ihm allerlei Schwächen gewahret — sage Mir dann, welche Richtung wird dann wohl das Herz der Tochter in Anbetracht der anderen Männer nehmen? — Sie wird die anderen Männer dann alle in gleicher Schwäche erschauen. Und wer aus der Zahl der jungen Männer ihr dann nur ein wenig zusagen wird, den wird sie ohne weiteres Bedenken auch sobald wählen, und zwar in der und aus der inneren, losen Siegesfreude, eine schwache männliche Frühjahrspuppe zu ihren Füßen schmachten und seufzen zu sehen! — Siehe, solches ist auch schon zumeist der Fehler bei deinen Mägden! — Sage oder urteile, wie soll Meine Allmacht ihnen da zu Hilfe kommen!

23] Sollte Ich ihnen etwa durch eine Art unsichtbaren „himmlischen Magnetismus" ihren schon ziemlich in eine verderbliche Gärung übergehenden Weltgeist, der (verstehe Mich wohl, und unter vier Augen sozusagen) von dir in sie gelegt wurde, wieder also herausziehen, daß in ihnen darüber eine völlige, blinde Vergessenheit entstehen solle? — Sollte Ich sie, auf deutsch gesagt, töten?!

24] O siehe, dessen bedarf es nicht! Sondern, was da für dich wie für deine Mägde hinreichend ist, habe Ich dir treulichst gezeigt. Beachte es nur sorgfältigst, und die Folge wird dich hinreichend überzeugen, daß derlei Uebel auch ohne Allmachtswunder von Meiner göttlichen Seite gar leicht durch deine nur etwas regere Mitwirkung mit Meiner Gnade und Liebe gehoben werden können!

25] Eifere sie an zum Guten! — Da einige darunter auch Musik lernen, eifere sie dazu an und betrachte diese Sache nicht als nutzlos und geringfügig bei ihnen. Und dein Wohlgefallen darinnen wird nicht wenig ihre Herzen veredeln und wird sie von vielen anderen, unreinen Gedanken abziehen.

26] Und wie gesagt, [beschäftige dich mit ihnen] wenigstens täglich ein Stündchen wahrhaft in Meinem Namen geistig! — Du kannst auch manchmal, da sie wohnen, nachsehen, was sie tun! — Siehst du unter ihnen Augendeutereien oder Flüsterworte tauschen, da lasse dir's nur einige Male gleich laut kundgeben, warum sie also taten; und verweise es ihnen ernstlich und schäckere ja nicht mit ihnen, so wirst du bald sehen, daß, fürs erste, Mein Kreuzlein dir durchaus nicht so schwer ist wie ein Mühlstein einer Mücke; und du wirst dazu auch völlig einsehen, daß Ich nichts Unbilliges in der Tragung dieses Kreuzleins von dir verlange, sondern daß Ich, der heilige Vater, nur allezeit voll Liebe und Erbarmung bin.

27] Verstehe dieses wohl! Amen.

☆

Das Geschick der Unerlösbaren

Am 12. Januar 1842, abends

Was dereinst mit den Verdammten nach der Wiederbringung aller Dinge geschehen wird, ist niemandem zu wissen gestattet. Solches weiß auch kein Engel, selbst der höchste fürs Licht geschaffene Geist nicht. Nur die Gottheit des ewigen Vaters in Ihrer Heiligkeit sieht vorher die Schicksale aller Kreatur durch alle Ewigkeiten der Ewigkeiten — jeder nach dem heiligen Willen Gottes in dieser übergeheimnisvollen Sache Erleuchtete aber erst in künftigen Zeiten.

☆

Der rechte Liebeernst

Winke zur Kindererziehung

Am 13. Januar 1842

An Meinen lieben A. H.-W.! — Höre, gestern warst du ein Mann nach Meinem Sinne! Bleibe also, so werde auch Ich bleiben bei dir und in deinem ganzen Hause! Siehe nicht an die Welttränen! Und das Weinen der Kinder nach dem Verluste weltlicher Dinge soll dich niemals rühren! — Dann bist du geschickt zu Meinem Reiche.

2] Wenn jemand in der Weltliebe erkrankt, da er sein Gemüt zerreißt um der Welt und Eigenliebe wegen, siehe, den drückt das Kreuz Meiner Erbarmung. — Dieser soll nicht getröstet werden eher, als bis er das Kreuz willig und mit Liebe angenommen hat.

3] Hat er aber das, so hat er auch schon den sichersten Trost auf der eigenen Schulter. Darum sollte es dich nicht zu sehr mitleidig bedrücken, so dein gerechtes Wort die Deinen zu Tränen zwang! Denn wahrlich siehe, diesmal hast du Mich zum ersten Male recht verstanden und hast treulich wiedergegeben, was Ich dir für die Deinen gegeben habe im Geiste der wahren Liebe zu Mir und zu den Deinen.

4] Ich sage dir aber, eher magst du deine ganze Familie verlassen und allein Mir nachfolgen, bevor du um Meines Namens willen an sie etwas weltliche Nachsicht vergeben solltest. Und könntest du solches nicht, wie wärest du da Meiner wert? — Also bleibe fest in Meinem Namen, das ist ein rechter Liebeernst!

5] Siehe, alle solche Flitterarbeiten der Kinder ekeln Mich also an, daß Ich sie nicht ansehen mag! Sie sollen lieber Wäsche für Arme flicken, statt Reichen eitle Präsente sticken!

6] So werde Ich ihren Arbeitstischen sicher näher stehen denn also [wie bisher]! — Siehe, Ich sage dir, gestern hast du Mir eine so große Freude gemacht, daß Ich darum wesentlich die ganze Nacht bei dir zugebracht habe. Wäre ein Umstand dir nicht hinderlich (du wirst es leicht erraten!), hättest du Mich fürwahr persönlich gesehen.

7] Also bleibe, also folge Mir, und also werde Ich zu Dir kommen und werde dich ziehen, Ich, dein Jesus! Verstehe es, dein Abba Emanuel sagt dir das, damit du Mir fürder unerschrocken folgen sollst. Amen.

☆

Zeichen der Zeit

Am 25. Januar 1842, nachmittags

Jetzt ist eine tanzende und springende Zeit, die allerfinsterste! Das ist ein Zeichen, daß die Welt sehr nahe ist einem ungeahnten Sprunge, und zwar einem Sprunge von Meiner nun höchsten Liebe über eine unendliche Kluft ins Meer Meines höchsten Zornfeuers!

2] Die schändliche Kleidertracht ist ein Zeichen, daß die Welt in die schändlichste Hurerei übergegangen ist, wodurch jeder sich selbst ein finsterer Götze geworden ist und sich selbst, nahe anbetend, dienet und möchte auch vor allem angebetet sein. — Siehe da Sodom und Gomorra! — Darum ist herangekommen das Ende!

3] Die stets zunehmende Ehelosigkeit, da um der reichen Wucherer wegen der ärmere Mensch ohne Weib, also wie ein halber Mensch, zu verbleiben genötigt wird, ist ein schreckliches Zeichen! Bei allen Heiden durften sogar die Sklaven Weiber nehmen. Jetzt aber setzt man dem freien Menschen Schranken, darum er arm ist und damit der Wucher keinen Schaden leide! — Darum sei verflucht diese letzte Zeit und jeder Wucher mit ihr!

4] Siehe an die sogenannte Industrie, dieses arge Zeichen dieser Zeit! Sie ist die Seele alles Wuchers, die Unterdrückung aller Nächstenliebe und der letzte, breiteste Weg zur Hölle. Den Beschluß werden die metallenen Wege machen! — Verstehest du dieses sprechende Zeichen dieser Zeit!?

5] Die stolze Erweiterung der Städte, da unter vielen tausend Häusern nicht zehn für die Armen gebaut werden, ist ein starkes Zeichen dieser Zeit. Denn auch zu Sodom schob man fremde arme Brüder aus der Stadt, um dadurch den inneren [einheimischen] Prassern ihre Schätze zu sichern? — Verstehst du diese Zeichen?

6] Was gilt jetzt der Mensch dem Menschen? — Ich sage dir, man zahlt für eine Fuhre Unrat mehrere Silberstücke; doch halte einmal einen Markt von armen Menschen, daß sie gekauft würden zur Unterstützung, und du wirst einen spottschlechten Markt halten! So arg war es wieder zu Sodom nicht! — Verstehest du dieses Zeichen der letzten Zeit?

7] Siehe die papierne Zeit! — Welche Festigkeit soll sie bieten? Ich sage dir, sie wird keinen Druck mehr vertragen! Wie leicht aber das Papier zerrissen wird, zeigen schon die schwächsten Kinder! — Verstehest du dieses Zeichen?

8] Verstehest du die Farbe der Häusertünche? — Ist sie nicht die des Todes? — Also stehet es schon überall an den Wänden der Häuser geschrieben, um welche Zeit es sei!

9] Es ist durch Johannes gezeigt worden, was da geschehen wird, wenn das Brot verteuert und versteuert wird! Lies nur, was den Heuschrecken verkündet ist, so sie es täten! — Siehe, diese Zeit ist da!

10] Schaue an, der Wucher ist bekleidet mit allem Schutz, Schild und Schirme, und eine ganze Welt voll Sachwaltern steht mit Macht ausgerüstet da, um seine „Rechte" zu verteidigen. Siehe an, wie sie Meine Erde zerreißen und zerstücken! Soll Ich dazu schweigen? Erkenne dies Zeichen, dies letzte, dies höllische! Eigentums-Rechte über Rechte! Und doch bin Ich allein der Herr! — Daher erkenne auch dies arge Zeichen!

11] Siehe an die Unzucht der Weiber dieser Zeit und die gänzliche Gefühllosigkeit der Jugend, die jetzt nur fürs Leibliche erzogen wird und endlich zur frühzeitigen Hurerei vor aller Welt! — Wohin mit der Welt?! — Ja, in die Hölle mit ihr! Dies ist die letzte Zeit! — Verstehest du sie?

12] Endlich siehe, um was jetzt fast gar alle Kirchen sich streiten! Siehe, es ist das Gold der Welt. Gold und Tod aber ist bei Mir in Hinsicht der Welt gleichbedeutend! Siehe, das ist der wahre Antichrist, der große Wunder nun tut! Aber seine Zeit ist vor der Türe! Verstehe es, des Frevels Ende und sein letztes Gericht ist vor dir und euch allen! Amen. Amen. Amen.

☆

Liebe um Liebe

Am 29. Januar 1842

An Julie H., Tochter des Ans. H.

Mein A. H.-W.! Also habe ein Wörtchen für die du Mich gestern batest, darum sie näher ist deinem Herzen und daher auch nicht ferne dem Meinen!

2] Möchtest du, [Julie H.] Mir zuliebe wohl der Welt und allen ihren stark anlockenden Reizen entsagen? Möchtest du Mich, deinen lieben, heiligen Vater, recht aus allen deinen Kräften lieben, so wie Ich dich liebe und dich bis jetzt noch immer auf Meinen Vaterhänden gleich der „Ghemela"[1] und der „Purista"[1] getragen habe, von denen du schon gehört hast, wie lieb sie Mir waren und jetzt noch immer sind?

3] Siehe, du Mein liebes Töchterchen, Ich bin noch immer derselbe liebevollste, gute, heilige, himmlische Vater, wie Ich damals war, und bin jetzt noch viel zugänglicher denn damals. Denn jetzt stehen die Pforten der Himmel ununterbrochen offen. Damals aber waren sie verschlossen. Und so jemand damals Mich nicht durch ein außerordentliches Leben aus eigenem Antriebe und durch lange, gewaltige Selbstverleugnung fand, dann war für ihn die Erde ein erschrecklich harter Boden voll Todes!

4] Jetzt aber ist sie schon lange durch Mein Blut gesühnet! — Wie leicht ist es jetzt, zu Mir zu kommen!

5] So du, Mein Töchterchen, es nur einigermaßen fest willst und magst Mich allein lieben über alles, wie Ich dich über alles liebe — so will Ich dich noch dreimal inniger an Mein Vaterherz drücken als die zwei, die du kennst aus der ersten Zeit der Menschen!

6] Erkenne aus diesen Worten nur, wie lieb Ich dich habe; so wird es dir gewiß auch nicht schwer werden, Mich, deinen guten Vater, über alles zu lieben.

7] So du Mir recht treu wirst — höre! — da werde Ich deiner, wie schon allzeit, gar wohl gedenken an Deinem Namenstage und werde Dir ein Bindeband geben, das dich, so du Mich recht lieben wirst, gewiß mehr erfreuen wird, als gewännest du die ganze Welt!

8] Sei Mir gesegnet in aller Liebe und Treue zu Mir, deinem lieben, guten, heiligen Vater. Amen.

☆

[1] Ghemela und Purista, Jungfrauen der Urväterzeit, aus dem Lorberwerk „Die Haushaltung Gottes".

Fünf Worte im geistigen Lichte

Am Faschingssonntag, den 6. Februar 1842, nachmittags

Fünf Worte, vorgelegt von Alexandrine und Angelika H.: „Stern, Sonne, Blume, Spiegel, Löwe" wurden vom Herrn durch den Knecht J. L. wie folgt beleuchtet:

Nicht wahr, Ihr Meine lieben Kleinen, die Sterne sind wohl gar schön, und es ist eine wahre Lust, sie anzusehen bei einer ruhigen, heiteren Nacht! — Aber sehet, diese Sterne sind nicht so klein, wie sie aussehen; sondern gar groß sind sie, ja manche gar übergroß; und sind überfüllt von den außerordentlichsten Wundern aller für euch unaussprechlichen und unzähligen Arten!

2] In manchen gibt es sogar so große menschliche Wesen, deren Köpfe größer sind als die ganze, euch noch unbekannte, große Erde, die ihr bewohnt! — So ihr recht fromm sein werdet, da werdet ihr einst, an Meiner Hand geleitet, noch alle diese Meine endlosen Herrlichkeiten und Wunder schauen können und werdet eine unaussprechliche Lust und Freude dabei haben!

3] Sehet, Meine lieben Kleinen, die Sonne, die eurer Erde den Tag gibt, die sonst nur voll Finsternis wäre, ist schon auch ein solcher Stern. Jetzt denkt euch aber, so dieser Stern von so weiter Ferne her schon die finstre Erde also schön macht, daß ihr eine große Lust habt, die durch das Sonnenlicht verherrlichte Erde anzuschauen — wie schön und herrlich muß es erst in der Sonne selbst, als der Naturquelle aller Schönheiten der Erde, sein!

4] Möchten euch wohl die Blumen gefallen in einem ganz finsteren Orte? — Gewiß und sicher nicht; denn ihr würdet sagen: „Die Blumen sind ja nur am Tage schön!" — Ich frage euch aber: Was macht denn am Tage selbst die mageren Blumen der Erde so schön, daß euch das Herz vor Freude hüpft, so ihr im Frühjahre die ersten erschauet? — Sehet, Meine lieben Kleinen, das bewirket ja alles das Licht der Sonne! — Wenn aber das Licht der Sonne schon auf der Erde so schöne Blumen zeugt, wie viel schöner werden sie dann erst in der Sonne selbst sein!

5] O glaubt es Mir, es ist ganz gewiß also: In der Sonne ist alles viele Millionen Mal schöner als auf der Erde!

6] Und doch ist das alles nur ein schwacher Anfang der Schönheiten und der unendlichen Wunderpracht Meiner endlosen Schöpfungen! — Seid nur also recht fromm und habet Mich, euren lieben, guten, heiligen Vater, so recht von ganzem Herzen lieb und seid willig und gehorsam euren Eltern, so werdet ihr dieses alles und zahllos mehreres noch an Meiner Hand mit Mir anschauen können.

7] Denn Meine Hand ist gleich einem Wunderspiegel! — Auf dieses allmächtigen Spiegels Fläche ist die ganze unendliche Schöpfung wie in einem Punkte beisammen. Aber, Meine lieben Kleinen, das ist auch ein sehr großer Punkt, an dem ihr euch ewig nie genug werdet sattsehen können!

8] Da ihr aber hier schon auch einen Löwen genannt habt, so mache Ich euch recht sehr darauf aufmerksam, daß es da auch am sogenannten Firmamente ein Gestirn gibt unter dem Namen „Der große Löwe"[1].

9] Dieses Gestirn ist der überlichte und nahezu endlos größte Raum der ganzen Schöpfung, der da bestimmt ist, zu einer seligsten Wohnstätte denen zu dienen, welche in der Liebe, Selbstverleugnung, Demut und aller Geduld bis ans Ende ihres Lebens beharren und gleich einem Löwen mutig um Meiner Liebe und Meines Namens willen mit aller Welt gekämpft haben.

10] Dieses Gestirn[2] ist das größte und das herrlichste der ganzen Unendlichkeit. — Es ist eine Mittelsonne aller Mittelsonnen.[3]

11] O Kinderchen! Zu dieser Sonne ist eure Sonne nur ein stockfinsteres Stäubchen, geistig und körperlich! Denn höret, da bin Ich Selbst zumeist wesenhaft zu Hause — obschon ich in Meiner Liebe, Erbarmung und Gnade auch sonst überall und vorzüglich bei denen auf der Erde bin, die Mich von ganzem Herzen liebhaben und darum auch überaus gerne alle Meine leichten Gebote halten.

12] Seid also nur recht fromm, Meine lieben Kinder! So werdet ihr dereinst alle zu Mir dahin kommen, allwo Ich Meine beständige wesenhafte Wohnung zu halten pflege!

13] Was aber die von euch gegebenen Worte noch sonst alles bedeuten, könnet ihr jetzt noch nicht fassen. — Aber seid nur recht fromm, so werden auch gar bald für euch andere Sterne, andere Sonnen am Firmamente eures inneren Lebens für ewig aufstehen. Amen.

☆

[1] d. h. eine Gestirn-Gruppe „Der große Löwe" mit dem Hauptsterne „Regulus"; d. Hsg. — [2] Der Hauptstern Regulus. — [3] in der geistigen Welt die „Gnadensonne" genannt; d. Hsg.

Das Angebinde

Am 15. Februar 1842

Mein A. H.-W.! Als ein gutes, wertvolles Angebinde gib diese Zeilen der, du weißt es schon, die da gemeint wird. Und die du auch meinest![1]

2] Sieh, du Liebe, sieh, du Junge! Ich, dein Vater groß, dein Vater gut, dein Vater voll Liebe, Gnade, Macht, Kraft und Gewalt, dein Vater ewig, sage dir:

3] Liebe Mich, bleib Mir treu, hab große Freude an Meinen alten und neuen Worten, suche Mich in der Liebe deines Herzens zu Mir, halte Meine leichten Gebote, fliehe die arge, arge Welt, komm zu Mir in dir, in deinem Herzen komme zu mir, da Ich deiner harre für und für — so will Ich dich umfangen, wie ein allerzärtlichster Bräutigam umfanget eine allerinnigst geliebte Braut, und will dich zum ewigen Leben an Meine Vaterbrust drücken also, als hätte Ich in der weiten Unendlichkeit niemanden als nur dich, Mein liebes Töchterchen!

4] Komm, o komme doch recht bald zu Mir — zu deinem so überaus guten, heiligsten, liebevollsten Vater!

5] Denke dir ja nicht, daß es etwa doch recht schwer sein sollte, Mich zu finden und zu Mir zu kommen! — Siehe, so du irgend gehest, da führe Ich dich an Meiner Hand! So du schläfst, da halte Ich getreue Wache an deinem Bette! So du issest, da segne Ich dir jeden Löffel voll Speise, die du zu deinem Munde führest!

6] Ich gehe mit dir in das Bethaus! — Ja, denke dir, so du deine Hühner und Küchlein fütterst, bin Ich bei dir und helfe dir, dein Geschäftchen segnend! — Wenn du am Klaviere sitzest und dich übest, bin Ich an deiner Seite!

7] Nur so du irgendwann möchtest Tänze dir vorspielen, dann freilich wäre Ich wehmütig hinter dir. Und wenn du möchtest der weltlichen Dinge gedenken, da freilich auch wäre Ich hinter dir wie trauernd. Und wann du möchtest zeigen ein eigensinniges Herz und möchtest dich erheben über jemand andern — siehe, da freilich wäre Ich auch hinter dir wie weinend.

8] Sonst aber bin Ich ja immer bei dir!

9] Siehe nun du, Mein liebes Töchterchen, wie leicht ist es, zu Dem zu kommen und Den zu finden, der dir mit aller Seiner Liebe

[1] Anselm Hüttenbrenners Tochter Julie.

stets überaus gegenwärtig ist! — So du an Mich denkest, siehe, da rede Ich, dein lieber Vater, mit Dir! — Wann du betest in der Andacht deines Herzens zu Mir, siehe, da sage Ich allzeit ganz sanft und leise zu dir:

10] „Mein liebes Töchterchen! Ich, dein guter, lieber Vater, bin auch ein gar sehr heiliger Vater! Jesus Jehova ist Mein Name! — Baue, baue, Mein liebes Töchterchen, auf diesen Namen! Denn Er ist über alles mächtig und heilig, überheilig! In diesem Namen wirst du das ewige Leben finden!“

11] Siehe, solches rufe Ich dir allezeit zu! — Und wann du aufgehört hast zu beten, da segne Ich, dein heiliger, guter Vater, dich allzeit mit Meiner mächtigen Vaterhand!

12] Solches, o Mein Töchterchen, ist wohl gewiß und wahr! — Daher darfst du nicht mehr fragen: „Aber wann wird denn der gute, heilige Vater zu mir kommen und Sich anmelden bei mir?“ — Denn Ich bin schon lange fest bei dir und lasse dich nicht aus Meinen Augen und Händen!

13] So dir aber diese Worte schwer zu glauben vorkommen sollten, da sammle dich nur einmal oder, noch besser, mehrere Male in der Liebe zu Mir! Habe aber dabei wohl acht auf alle Gedanken in dieser Andachtszeit! — Siehe, alle diese Gedanken werden Meine an dein Herzlein sanft, leise und stille gerichteten Worte sein!

14] Ein leiser Hauch um deine Stirne und Augen und ein ganz leichtes fiebriges Wehen durch die Brust wird dir ein sicheres Zeichen sein, daß Ich, dein guter, lieber, heiliger Vater, dich segnend stärke und also doch ganz sicher bei dir bin.

15] Und somit segne Ich dich auch jetzt durch dieses wertvollste Angebinde. — Bleibe Mir treu, bleibe Mir im Herzen treu, bleibe Mir, deinem lieben, guten, heiligen Vater in aller Deiner Liebe treu!

16] Solches ist der heilige Wunsch deines lieben, guten, heiligen Vaters. Amen.

☆

Selig, wer da liest und Gehör gibt

Am 22. Februar 1842, nachmittags

Schreibende: Marie H. — Marie H. fragt über Offbg. Joh., Kap. 1, Vers 3: „Selig, wer da liest und Gehör gibt den Worten dieser Weissagung und bewahrt, was in ihr geschrieben steht, denn die Zeit ist nahe." — Wilhelmine H. fragt über Joh. Kap. 7, 29: „Ich kenne Ihn, denn Ich bin von Ihm, und Er hat Mich gesandt. — Pauline H. über Joh. 6, 48: „Ich bin das Brot des Lebens!" — Julie H. über Joh. 8, 1: „Jesus aber ging hin an den Oelberg." — Der Herr sprach durch Seinen Knecht hierüber folgendes:

Was diese vier Verse betrifft, so sind sie alle dem Johannes entnommen, und zwar aus verschiedenen Kapiteln des Evangeliums wie auch aus einem der Offenbarung. Wird etwa diese Unordnung in der Wahl der Verse nicht eine kleine Schwierigkeit bieten, sie zu verbinden also, als wenn sie schon von jeher miteinander wären verbunden gewesen?

2] Wir wollen denn sehen, wie sich diese durchaus nicht gleichgültige Sache machen wird. — Daß die Sache nicht gleichgültig ist, werdet ihr im Verlaufe der folgenden Darstellung sehr leicht und gründlich erkennen.

3] Selig, wer da liest und Gehör gibt den Worten dieser Weissagung und bewahrt, was in ihr geschrieben steht, denn die Zeit ist nahe!" — also lautet dieser erste Vers aus der Offenbarung Johannis.

4] Was wird da verstanden unter dem Worte „selig"? — Sehet, Meine lieben Kindlein, Ich will euch für diesmal den Sinn in aller Kürze gleich einem guten Schulmeister auseinanderlegen und also entfalten, daß ihr mit gar leichter Mühe der Sache auf den Grund kommen werdet!

5] Unter dem Worte „selig" wird soviel verstanden als: „Durch die Liebe lebendig". — Unter dem Worte „wer da liest" wird verstanden: Ein Mensch, welcher das Wort in sein Herz aufnimmt. — Und unter dem Worte „Gehör geben den Worten dieser Weissagung" wird verstanden: Ein Mensch, welcher, nachdem er das Wort in sein Herz aufgenommen, sich dann werktätig nach demselben richtet.

6] Welcher Mensch also liest und hört das Wort der Weissagung, der bewahrt wahrhaft in sich lebendig, was in ihr geschrieben steht. Und dieser ist es auch, dem die „Zeit nahe gekommen" ist.

7] Was aber ist denn das für eine „Zeit"? — Meinet ihr etwa, diese „Zeit" sei das Jüngste Gericht? — O Meine Lieben, solches ist hier mitnichten der Fall! Denn unter der hier besprochenen „nahen Zeit" wird nicht eine Zeit des Unterganges, wohl aber eine Zeit der Auferstehung verstanden. Und somit gilt diese Zeit nur dem, der das Wort in sich aufnimmt und danach lebt — aber nicht auch für den, der das Wort gar nicht kennt und es auch gar nicht erkennen will.

8] Wer aber das Wort nicht werktätig in sich hat auf die schon bekanntgegebene Weise, der ist ja ein Toter. Was aber haben die Toten mit der Zeit zu tun? Oder wann ist für einen abgestorbenen, toten Baumklotz Morgen, wann Mittag, wann Abend, wann Mitternacht? Wann ist ihm die Zeit nahe, wann ferne? Daraus werdet ihr doch sicher deutlich ersehen, daß die besprochene „nahe Zeit" keine Zeit der Toten, sondern eine Zeit der Lebendigen ist.

9] Wenn ihr nun das bereits Gegebene nur ein wenig aufmerksam durchgehet, so werdet ihr doch auch bald mit Mir wie im Johannes-Evangelium ausrufen können: „Wir kennen Ihn!" — nämlich im Worte. Denn solches kommt von Ihm und ist das heilige Ich in jedem lebendigen Menschen und ist gesandt vom Vater als ein wahres Wort des Lebens!

10] Wer demnach dieses „Brot des Lebens" in sich hat, welches ist das lebendige Wort aus Mir, der ist auch gleich einem lebendigen „Oelberge", auf welchen Jesus oder die ewige Liebe des Vaters überging.

11] Denn ein jeder Mensch gleicht einem Berge der Erde und ist demnach entweder ein Gletscher oder ein kahler, schroffer Steinberg oder eine mit sparsamen Moosen bewachsene Alpe oder ein tüchtiger Waldberg oder ein niederer Erzberg oder ein Weinberg oder endlich — freilich wohl seltener — ein Oelberg.

12] Wie aber ein Mensch zu einem Oelberge werden kann, das sagt eben der erste Vers dieser Aufgabe: „Selig, wer da liest und Gehör gibt dieser Weissagung und bewahrt, was in ihr geschrieben steht; denn die Zeit des Oelberges ist nahe zu ihm gekommen". — Und selig und überselig wird jedes Menschen innerer Oelberg des Lebens sein, so Jesus kommen und denselben hinangehen wird!

13] Sehet nun, Meine lieben Kindlein, also hätten wir diese vier verschiedenen Verse schon glücklich unter ein Dach gebracht! Bis auf den Oelberg in euch ist euch alles ziemlich klar. Ich aber will euch nichts vorenthalten, und so wisset denn, daß der „Oelberg“ die wahre Demut, Sanftmut und die allerwilligste Gelassenheit und gänzliche Selbstverleugnung bezeichnet, welches alles ist das „Oel des Lebens“, davon der Berg den Namen führt und endlich gleichbedeutend wird mit seiner Frucht selbst.

14] Und daß ferner der „Oelberg“ auch gleichbedeutend ist mit der reinen Liebe und dem eigentlichen ewigen Leben aus ihr (so Jesus sich am Oelberge befindet), ist beinahe überflüssig zu erwähnen, nachdem bereits schon in der Ueberfülle gezeigt wurde, was alles die Liebe ist und was alles sie enthält.

15] Und so brauche Ich euch hier keine weitere Erklärung zu geben, als bloß nur noch zu sagen: Ganz und voll Liebe ist der erste Vers, ebenalso der zweite, der dritte und der vierte. Habt ihr sonach die Liebe, so habt ihr alles!

16] Es wird sich immer manches, ja gar vieles auf dem Wege der Weisheit nicht ordnen und einen lassen — unter dem Regimente der Liebe aber findet sich alles also wohlgeordnet, daß in ihr die Zahl Tausend nicht entfernter ist von der Zahl Eins als die Zahl Zwei. — Geht die Weisheit nicht aus auf eine gewisse Rangordnung und hat nicht sie das Zahlensystem erfunden?! Welche Rangordnung aber beachtet die wahre Liebe, und welche alleinige Zahl ist ihr eigen? — Sehet, der Liebe — ist alles eins!

17] Wenn ihr einen Stein nehmen möchtet, der schon Jahrtausende lang auf einem Berge gelegen ist, und ihn traget auf einen ganz andern Berg, wird er daselbst nicht ebensogut ruhen wie auf seinem vorigen Platze? Sehet, so ist in der Liebe alles auf dem „rechten Platze“ und alles in der „rechten Ordnung“. Ein Sandhaufen, welchen alle vier Winde zusammengetragen haben, ist auf dem Felde der Liebe nicht minder in der größten Ordnung, als so ein allerweisester Baumeister denselben von Körnchen zu Körnchen aufgebaut hätte. Und also paßt auch ein Tropfen des südlichen Meeres also vollkommen zu einem Tropfen des nördlichen, daß er ebensogut der erste wie der tausendste oder der äonste sein kann.

18] Und gerade ebenso verhält es sich mit jedem einzelnen Worte, Verse und Kapitel der Heiligen Schrift, da sich in der Liebe auch hier alles kreuz und quer, auf und ab, hin und her, vor- und rückwärts und so auch durcheinander also wohlgeordnet verhält, daß da an eine Unordnung oder an einen Widerspruch ewig nimmer zu denken ist.

19] Haltet euch daher bei allem und in allen Dingen an die Liebe — so werdet ihr das Leben also sicher finden, daß es eher möglich wäre, den Standpunkt der Sonne am hellsten Tage mit offenen, wohlsehenden Augen zu verlieren, als auf dem Wege der Liebe zu verfehlen die ewige Ordnung und mit ihr das ewige Leben!

20] Meine geliebten Kindlein, beachtet alles dieses wohl und nehmet es lebendig in eure Herzen, so werdet ihr auch Mich und das ewige Leben so gewiß und sicher finden, ja um tausend Male gewisser und sicherer, als ihr mit eurer Hand, wenngleich sie blind ist, findet jeden beliebigen Teil eures Leibes!

21] Also zum Ueberflusse noch einmal gesagt: Haltet euch in allem nur an die Liebe, so habt ihr Mich und das ewige Leben! — Amen.

22] Meine Liebe, Meine Gnade, Meine Erbarmung und Mein Segen sei mit euch allen! Amen.

☆

Briefe vom Vater

Am 28. Februar 1842

Der Knecht bat um gnädigste Weisung, was in zwei Fällen, ihn und seine Angehörigen betreffend, zu tun sei? — Darauf erhielt er nachstehende Antwort durch die innere Stimme:

Ja, ja, so zeichne dir's denn auf! — Was die Theresia[1] betrifft, über welche dir deine Mutter eine kleine Nachricht gab, so kann sie ja zu dir kommen, was da besser ist, als so du zu ihr gehen möchtest; da sie dann schon den sichersten und besten Rat von Mir bekommen wird. — Wann sie aber kommt, da soll sie noch in der Fastenzeit, und zwar an einem Sonntagvormittag zwischen acht und zehn Uhr kommen.

2] Wolltest du aber zu ihr, dann wähle dir zwar ebenfalls einen Sonntag, jedoch den Nachmittag! — Daß sie aber dann ja alles stille für sich im Herzen behält!

3] Was aber den Brief[2] betrifft, da magst du immer dem Wunsche deiner Mutter Gewähr leisten. Aber derselbe muß in Marburg auf die Post gegeben werden, und das erst um einen Monat später.

---

[1] Schwester Jakob Lorbers. — [2] an eine Schwägerin Jakob Lorbers; d. Hsg.

Er wird aber nicht viel fruchten. Denn für Menschen wie das sehr dumme Weib deines amtsredlichen Bruders taugen solche Briefe zu ihrer Besserung nicht.

4] Ich allein habe Briefe für derlei stumpfsinnige Menschen. Wenn ein solcher von Mir an sie abgesendet wird, so wird er von sehr starker Wirkung sein! — Siehe, und es ist schon einer abgesandt — und dieser wird wahrhaft von starker Wirkung sein!

5] Es werden kaum sieben mal sieben Tage verstreichen, und deine Mutter wird die Wirkung dieses Meines Briefes, des unsichtbaren, erfahren. — Darum möge sie mit dem ihren diese Zeit zurückbleiben bis auf einen Monat und ihn erst dann abschicken, so es ihr notwendig dünken sollte. Amen. — Versteh es! Amen.

☆

Ueber Träume und drei geträumte Worte

Am 5. März 1842, nachmittags von 3 bis 6 Uhr

Die Träume sind ja zumeist leere Schäume, an denen nicht viel mehr gelegen ist als an dem Frühjahrsschnee, welcher vor Millionen Jahren der Erde unfruchtbare, kahle und lebensnackte Gefilde befruchtete. Dessenungeachtet aber ist doch ein gar gewaltiger Unterschied zu machen zwischen den Träumen derjenigen Menschen, die da selbst keinen größeren Wert haben als ihre Träume selbst; und dann wieder den Träumen solcher Menschen, die da sind in Meiner Gnade, Liebe, Erbarmung und in Meinem Worte und tun nach demselben aus Liebe zu Mir, so viel es ihnen nur immer möglich ist.

2] Sehet, Meine lieben Kinblein, damit ihr aber solchen Unterschied in euch auch völlig einsehet, so will Ich ihn euch ein wenig mehr erleuchten. Und so merket denn:

3] Wenn einem Weltmenschen etwas träumt, so ist ein solcher Traum eitel nichts anderes als eine verworrene Anschauung der nichtigsten Welteindrücke, welche die Seele des nach außen gekehrten Menschen des Tages hindurch in sich aufnahm und somit als dasselbe nichtige Zeug im Schlafe wieder beschaut. Wenn aber die Dinge der Welt schon in der Wirklichkeit an und für sich keinen Wert haben, um wieviel weniger wird ihr Werk erst sein, so sie in einer leeren Seele als dreifach leere Träume vorkommen!

4] Aber ganz anders verhält es sich mit den Träumen eines um Mein Wort und um Meine Liebe beflissenen Menschen, der sich schon zum größten Teil nach innen gekehrt hat. Dessen Träume sind dann nicht mehr Anschauungen, sondern Wahrnehmungen der inneren geistigen Zustände, weit entfernt von aller naturmäßig-weltlichen Sinnenhudelei und darauf begründeter, phantastischer Seelentäuschung.

5] Zu einer solchen inneren Wahrnehmung kann ganz füglichermaßen das vorliegende Traum-Trilogon[1] gerechnet werden, und zwar aus diesem sehr bedeutenden Grunde, weil jedes Wort der Heiligen Schrift, namentlich aus dem prophetischen Teile, an und für sich ein solches „Trilogon" ist.

6] Denn da ist der erste Teil, welches ist der Buchstabensinn, gleich einer „Lizitation"[2], wobei die alte, aber viel werte, gute, edle Ware an den Meistbietenden hintangegeben wird.

7] Wer aber diese Ware erstanden hat für sein Herz, welches einzig und allein nur die [rechte] Zahlmünze für diese Ware, nämlich die reine Liebe zu Mir, enthält, der hat in sich einen neuen „Staat" angelegt, welcher ist die innere Ordnung des geistigen Lebens, gleich so wie da der äußere, weltliche Regierungsstaat eine gesetzlich-ordnungsmäßige Verbindung der Völker unter einem leitenden Oberhaupte ist.

8] Wer aber ist das leitende Oberhaupt dieses inneren Staates? — Dieses zu beantworten sollte euch kaum mehr schwer fallen, da nämlich Ich Selbst dieses leitende Oberhaupt bin. — So aber Ich das leitende Oberhaupt bin in diesem inneren Staate durch Meine Liebe, Gnade und Erbarmung, da geht doch unfehlbar eine geistige Verbindung zwischen Mir und einem jeden solchen für Meine alte Ware meistbietenden „Lizitanten" vor sich. — Was aber ist diese Verbindung, dieses unzerreißbare Band des ewigen Lebens? — Sehet, das ist die „Kirche", und zwar die wahre, lebendige Kirche des Menschen, in welcher erst der wahre Sinn des Wortes vollkommen erleuchtet enthüllt wird.

9] Wer demnach zum inneren Verständnis Meines Wortes gelangen will, welches da ist die Schrift des Alten und Neuen Bundes mit all den späteren Offenbarungen bis auf diese Stunde, der muß, wie es jemandem[3] durch dieses „Trilogon" im Geiste angezeigt

---

[1] Dem Knecht J. L. waren im Traum die drei Worte: „Lizitation" — „Staat" — „Kirche" entgegengetreten. — [2] Versteigerung, Meistbietung. — [3] dem Knecht J. L.

wurde, sich bei dieser „Hauptlizitation“ unfehlbar als allermeistbietender Lizitant einfinden, ansonst es ihm nie möglich wird, den wahren inneren Sinn der Schrift zu erforschen.

10] Denn die vollrichtige Erkenntnis des inneren, geistigen Sinnes ist eine lebendige Erkenntnis. Wie aber kann jemand zu dieser gelangen, so er nicht vorher [durch die wahre „Lizitation“ oder „Meistbietung“] als ein treuer Bürger in den inneren Staat des Geistes gelanget, allda Ich als das alleinige, leitende Oberhaupt Mich befinde, herrschend durch die Liebe, führend durch die Gnade, suchend durch die Erbarmung und rufend durch die lebendige Demut des Herzens!?

11] Sehet, also ist die „Lizitation“ die erste, allernotwendigste Bedingung zum Empfange des ewigen Lebens aus Mir, welches im eigentlichsten Sinne die lebendige Kirche im Menschen ist. Denn die wahre Kirche ist ja nur eine lebendige Einswerdung mit Mir. Wer aber mit Mir eins geworden ist, der wird doch wohl auch in sich unfehlbar das ewige Leben und alles, was endlos desselben ist, im vollkommensten Sinne besitzen und somit auch die Enthüllung des Schriftsinnes bis in den dritten oder allerinnersten Himmel, in welchem sich alles einet in der alleinigen, allerreinsten Liebe zu Mir.

12] Nun sehet, was da dieses „Trilogon“ besagt! — Merket euch aber vor allem, was die „Lizitation“ betrifft! Denn ohne diese wird niemand in den besagten „Staat“ und noch viel weniger in die lebendige „Kirche“ gelangen!

13] Denn wahrlich, wahrlich, sage Ich euch: Wer da nicht alle seine weltlichen Schätze für Meine „alte Ware“ bietet, dem wird diese ewig nimmer zuteil werden, weder hier noch jenseits! Daher werden diese Ware die Reichen sehr schwer erstehen, während die Armen sie gar leicht überkommen werden; denn für diese wird sie umsonst feilgeboten. Die Armen sind ja von Mir schon lange dazu ausersehen worden, daß ihnen das „Evangelium gepredigt“ werde — während zu derselbigen Zeit zum reichen Jüngling gesagt wurde: „Verkaufe alle deine Güter; teile das dafür gelöste Geld unter die Armen und folge Mir nach, so wirst du einen Schatz im Himmel finden und haben!“

14] Diesen Schatz habe Ich euch heute gezeigt! Wer ihn gewinnen will, wird demnach wohl auch wissen, was er zu tun hat! — Die Welt samt allen ihren zahllosen Torheiten, die da sind voll innerlich versteckter Bosheit des Satans, wird diese Ware nimmerdar erstehen! Amen.

15] Solches beachtet getreuest in euren Herzen aus Liebe zu Mir, wollet ihr leben! — Amen.

☆

Die Fliege

Am 8. März 1842, von 3/4 4 Uhr nachmittags bis 1/2 7 Uhr abends

Schreibende: Wilhelmine und Pauline H. — In den geistigen Unterrichtsstunden, welche Jakob Lorber mit Anselm Hüttenbrenner und dessen Töchtern in dieser Zeit pflegte, empfingen die Schüler durch den „Knecht" an diesem Tage den nachstehenden ersten Teil der in der Schrift „Die Fliege" veröffentlichten aufschlußreichen Kundgaben.[1]

Die Fliege, ein kleines Tierchen zwar und nicht selten lästig dem Menschen wie auch vielen anderen lebenden Geschöpfen der Erde, besonders zu jener Zeit des Jahres, da der Sonne Strahlen heftiger den Boden der Erde berühren, ist aber dennoch in der Ordnung der Dinge so unbedeutend nicht und auch nicht also zwecklos, wie sie eben zu sein scheint.

2] Um das alles vollkommen und nützlich einzusehen, wollen wir eine kleine Vorbetrachtung über die natürliche Beschaffenheit dieses Tierchens machen.

3] Es wäre wohl überflüssig, euch die Gestalt der eben zu besprechenden Fliege der Form nach kundzugeben, nachdem ihr doch schon ganz sicher viele Fliegen gesehen haben werdet. Aber ihre merkwürdigen Einzelheiten und die Art ihrer Entstehung sind da auf keinen Fall zu umgehen, sondern mit recht vielem Fleiße und aufmerksamen Geistes zu beachten.

4] Wie entsteht demnach die Fliege?

5] Es wissen zwar Naturgelehrte, daß die Fliege eine Art Eier legt, welche also klein sind, daß sie vom menschlichen Auge kaum wahrgenommen werden und daher auch ein so geringes Gewicht haben, daß sie gleich dem Sonnenstaube sich gar leicht in der Luft schwebend erhalten können.

6] Wohin aber legt die Fliege ihre Eierchen, da die Zahl dieser von einer Fliege gelegten Eierchen nicht selten Millionen übersteigt? Und wo und wie werden sie ausgebrütet? — Ihr habt sicher noch

[1] Jakob Lorber „Die Fliege, Einblicke in die Wunder der Schöpfung".

nie eine junge Fliege gesehen; die Mücklein aber dürfet ihr ja nicht etwa für junge Fliegen ansehen!

7] Sehet, die Fliege legt ihre Eier, so sie einmal legreif geworden ist, überall hin, wo sie sich nur immer hinsetzt, und kümmert sich dann weiter gar nicht mehr darum, was mit ihnen geschieht. Millionen werden von den Winden in alle Weltgegenden geführt und zerstreut; Millionen kommen in das Wasser; ja, ihr könnet euch beinahe kein Ding auf der Erde denken, das da verschont bliebe von den Eiern der Fliege. So wie der Fliege selbst kein Ding gewisserart zu heilig ist, darum sie sich nicht auf dasselbe setzen und dasselbe beschnüffeln möchte, also ist außer der glühenden Kohle und der lodernden Flamme auch beinahe kein Ding vorhanden, das sie nicht mit ihren Eierchen beklecksen möchte.

8] Wohin alsonach die Fliege ihre Eierchen legt, und wie sie aussehen, wüßten wir jetzt schon. Wie sie aber ausgebrütet werden und wie viele von den unzählbar gelegten, davon soll sogleich die Rede sein.

9] Alle diejenigen Eierchen, welche entweder an den feuchten Mauerstellen der Häuser, vorzugsweise der Tierstallungen, oder an faulem Holze, oder an anderem Moderfeuchtem gelegt werden, kommen fast meistens davon. Was aber da ein Raub der Winde und des Wassers geworden ist, davon werden freilich wohl unbeschreiblich wenige zu Fliegen ausgebrütet — obschon dessenungeachtet nichts verlorengeht, daß es irgendeine andere weise Bestimmung verfehlen sollte — ja sogar diejenigen nicht, welche von Menschen und Tieren nicht selten zu Millionen mit einem Atemzuge eingeatmet werden. Doch lassen wir diejenigen, welche den vielen anderen Bestimmungen zugeführt werden, und wenden wir uns sogleich zu denjenigen, welche da ausgebrütet werden!

10] Wie also werden denn diese *ausgebrütet*?

11] Sehet, wenn die Sonne einmal hinreichend die Erde zu erwärmen anfängt, da fangen diese Eierchen auch an zu wachsen, bis sie einmal so groß werden, daß sie auch ein mittelmäßig scharfes Auge zu entdecken imstande ist, und zwar als einen weißlichgrauen „Blumenstaub", natürlicherweise an den Stellen nur, da sie von der Fliege hingelegt wurden. Das ist dann die Zeit der Ausbrütung, welche also vor sich geht:

12] Die Eierchen springen auf, von den erwachten Geistern der in einem solchen Eichen angesammelten, ordnungsmäßigen Vorgangstierchen genötigt. Diese Geister vereinigen sich in der Gestalt eines kaum sichtbaren kleinen weißlichten Würmchens zu einem Leben. Dieses Würmchen nährt sich dann einige Tage von der Feuchtigkeit der Stelle, da es ausgebrütet wurde, welche Nahrungszeit eben nicht gerade bestimmt ist, sondern allzeit von dem Umstande der Reichlichkeit des vorhandenen Nahrungsstoffes abhängt.

13] Bis daher geht es mit der Zeugung der Fliege ganz natürlich vor sich.

14] Ich habe euch aber schon gleich anfangs gefragt, ob ihr noch nie eine junge Fliege gesehen habt. Sehet, darin liegt das eigentliche Wunder dieses Tierchens begraben: Es ist auf einmal da, ganz vollkommen ausgebildet, und niemand weiß es, woher es kam und wo sein Geburtsort ist.

15] Wie geschieht denn dieses Wunder?

16] Ihr habt vielleicht schon dann und wann von alten Leuten sagen hören: „Die Fliegen entstehen zum Teile aus einer Art Staub und zum Teile aus den zerstreuten Körperteilen alter, toter Fliegen." — Dem Anscheine nach ist es wohl also, aber der Wirklichkeit nach freilich wohl nicht.

17] Denn so das Würmchen einmal die reife Größe erhielt, welche ungefähr die Ausdehnung hat wie ein kleiner Beistrich bei einer mittelmäßig großen Schrift, sodann zerplatzt das Würmchen und zerlegt dadurch das Innere nach außen. Dann dehnt sich die frühere Außenhaut des Würmchens zum eigentlichen Leibe der Fliege aus, wohlversehen mit allen den inneren Verdauungsgefäßen. Die frühere Innenseite des Würmchens aber bringt dann die äußeren sichtbaren Teile der Fliege hervor, welche, sobald diese Umkehrung vor sich ging und die Teile mit der äußern Luft in Berührung kommen, binnen längstens fünf bis sieben Sekunden zu ihrer vollkommenen Ausbildung gelangen, bei welcher Gelegenheit die Fliege auch ganz vollkommen fertig ist.

18] Sehet, das wäre demnach die Geburt oder vielmehr die gewiß nicht wenig merkwürdige Entstehung der Fliege, und sie muß jedem Betrachter wunderbar genug vorkommen!

19] Allein dieses alles ist dessenungeachtet noch das am wenigsten Wunderbare bei diesem Tiere. Was da noch folgen wird in der möglichsten Kürze, darüber werdet ihr erst groß erstaunen und euch verwundern. Und so lassen wir dieses Merkwürdige an einem nächsten Tage folgen!

☆

Ursache und Wesen des Lichts

Im Rahmen der Mitteilungen über die Fliege wurde im März 1842 den „Schülern" Anselm Hüttenbrenner und seinen Töchtern durch den „Knecht" Jakob Lorber eine höchst bedeutsame geistige Lichtlehre geoffenbart. Diese Bekundungen sind in den Kapiteln 9 bis 11 der Schrift „Die Fliege" zu lesen. Obwohl etwas späteren Datums, mögen sie hier im Anschluß an die Eingangskapitel (S. 34 ff) wiedergegeben werden.

Am 22. März 1842, von $^3/_4$4 Uhr bis $^1/_4$7 Uhr nachmittags

Schreibender: Ans. H.

1] ... Was ist das Licht an und für sich selbst und wie pflanzt es sich fort?

2] Um dieses darzutun, wird es keineswegs nötig sein, was immer für eine bestehende irrige Theorie namentlich anzuführen; sondern wir stellen unsere Erklärung auf, und diese mag euch und jedem zu einem Probiersteine dienen, wieviel des edlen oder unedlen Metalles in all den anderen Theorien sich befindet.

3] Was ist also das Licht?

4] So ihr das Licht, wie es in der Zeit und im Raume zur Erscheinung kommt, wohl und gründlich erfassen wollet, da müsset ihr dasselbe weder ganz materiell, noch ganz geistig betrachten, sondern materiell und geistig in Verbindung und es ansehen als eine also gestellte Polarität, bei der der geistige Teil den positiven, der materielle aber den negativen Pol ausmacht.

5] Diese Polarität ist aber also gestellt, daß sie sich nicht verhält wie Vorderes und Hinteres, sondern wie Inneres und Aeußeres, allwo dann das Innere der positive und das Aeußere der negative Pol ist.

6] Wie kommen aber diese beiden Polaritäten sonach als Licht zur Erscheinung?

7] Sehet, diese Schwierigkeit soll bald behoben sein! — Wenn ihr einen sogenannten Feuerstein nehmet und streichet mit einem gehärteten Eisen darüber hinweg, so werdet ihr auch alsobald eine Menge sprühender Funken der Stelle entfahren sehen, an welcher das gehärtete Eisen den Stein bestrich. — Diese Funken waren Licht; wo haben sie denn das Leuchten hergenommen — aus dem Steine oder aus dem Eisen oder aus beidem zugleich?

8] Es ist nicht nötig, hier noch näher zu erwähnen, daß bei diesem Akte die Fünklein lediglich vom Eisen herrühren, von welchem äußerst kleine Teile durch den harten Stein abgeritzt wurden und sich dadurch entzündeten, daß die in den Poren des Eisens eingeschlossenen Luftteilchen dem durch das Streichen bewirkten Drucke nicht ausweichen konnten, sich daher entzündeten und die also abgelösten Eisenteilchen alsbald in den Weißglühzustand versetzten.

9] Dieses wüßten wir! Aber auf welche Weise wird denn die also gequetschte Luft entzündet, und was ist demnach das Leuchtende bei dem Akte der Entzündung der Luft?

10] Hier kann die Sache unmöglich anders erklärt werden, als daß euch zu wiederholten Malen kundgegeben wird, daß da die Luft zur Hälfte nichts anderes ist als ein materieller Leib der in ihr enthaltenen intellektuellen Geister. Die Physiker würden es zwar lieber hören, wenn Ich hier anstatt „Geister" — „freie, ungebundene Kräfte" gesetzt hätte. Allein, da wir gründlich gehen wollen, so nehmen wir auch statt der Eigenschaft die mit der Eigenschaft behaftete Sache selbst, welche da ist der Geist selbst oder, da wir es hier nicht mit einem, sondern mit sehr vielen Geistern zu tun haben, alsonach die Geister selbst.

11] Da wir nun solches festsetzten, so können wir jetzt der Sache alsogleich auf die alleruntrüglichste Spur kommen. Und so vernehmet es denn:

12] Da der Geist eine positiv-polarische Kraft ist, so strebt er fortwährend nach der allerungebundensten Freiheit und ist im gebundenen Zustande nur so lange ruhig, als er von der ihn umgebenden negativen Polarität oder — noch verständlicher — von seiner Hülse keine ungewöhnliche Beeinträchtigung erfährt. Erleidet aber diese von außen her was immer für einen Druck, so wird der Geist alsbald aus seiner angewohnten Beengungssphäre geweckt und gibt sein Dasein durch seine ausdehnende Bewegung zu erkennen, welches Erkennen sich dann allzeit durch das euch bekannte Phänomen des Leuchtens kundgibt.

13] So weit hätten wir es nun gebracht! Aber dessenungeachtet wird ein jeder sagen: „Solches mag wohl richtig sein; aber was das eigentliche Leuchten an und für sich ist, wissen wir denn doch noch nicht!"

14] Ich aber sage: Nur noch eine kleine Geduld! Denn ihr wißt es ja alle, daß eine bejahrte, umfangreiche Eiche nicht auf einen Hieb fällt!

15] Wir werden somit auch mit dem ganz eigentlichen Leuchten ja wohl noch zurechtkommen.

16] Was ist demnach dieses Leuchten an und für sich?

17] Ein Beispiel wird euch die Sache anschaulich machen! — Was bemerket ihr an einem Menschen, dessen Herz noch voll Hochmutes ist, so er von irgendwoher einen so recht derben, demütigenden Stoß erhält? Wird er nicht alsbald über die Maßen in Zorn geraten, also zwar, daß er darob am ganzen Leibe vor Grimm zu beben wird anfangen und seine Augen glühend werden, als wäre hinter ihnen eine Feueresse angebracht, und seine Haare sich sträuben werden nach allen Seiten?! So er sich in einer gleichgesinnten Umgebung befindet, wird diese nicht auch sobald, wenn auch nicht in diesem hohen Grade, aber dennoch nach dem Grade der Befreundung, entweder mehr oder minder mit zornig werden?!

18] Ich bin der Meinung, diese Erscheinung bedarf hier keiner näheren Erklärung, sondern ihr brauchet eure Augen nur auf ein Kriegsheer zu richten, und es kann euch unmöglich entgehen, wie diese Zornausstrahlung oder dieses „Grimmfieber" Tausende und abermals Tausende ergreift und mitreißt in das blutige Gefecht.

19] Nun, so ihr dieses nur einigermaßen innerlich betrachtet, so hätten wir unser Leuchten an und für sich ja so gut wie völlig erläutert.

20] Denn der in der negativen Polarität eingeschlossene positiv-polarische Geist gerät durch einen Stoß ebenfalls in einen Zorn welcher da ist ein Innewerden seiner Gefangenschaft. Durch dieses Innewerden erwacht in ihm die große Begierde, sich auszudehnen oder frei zu machen. Da aber seine äußere, negative, ihn umgebende Polarität also beschaffen ist, daß sie zwar bis zu einem gewissen Grade wohl ausdehnbar, sonst aber dennoch unzerstörbar oder vielmehr unzerreißbar ist, so dehnt sich der frei werden wollende Geist in derselben zwar so weit aus, als es tunlich ist. Da er aber dessenungeachtet nicht durchbrechen kann, so zieht er sich schnell wieder zurück, versucht aber dann in irriger Meinung wieder mit erneuerter Kraft seine Hülle zu zerreißen — welchen Akt mancher Geist in einer Sekunde viele tausend Male zu wiederholen imstande ist. Dieser Akt wird der „Grimm" genannt und ist begleitet von dem stets wachsenden Zorne.

21] Was ist aber alsonach die ersichtliche Folge dieses Aktes, welcher an und für sich das wahrhafte „Grimmfieber" genannt werden kann?

22] Nichts anderes, als daß die einem solchen zornergrimmten Geiste nahestehenden anderen, noch ruhigen Geister dieses Fieber wahrnehmen, worauf sie an ihrer äußeren Polarität in ein ähnliches Mitfieber gesetzt werden, welche Fortpflanzung der Mitfieberung natürlicherweise um so schneller fortgesetzt werden kann, da die negativen Umhüllungen der Geister, aus denen eigentlich die Luft besteht, knapp aneinanderliegen.

23] Nun haben wir eigentlich schon das Ganze! Denn eben dieses Fiebern eines solchen Geistes wird vom Auge sowohl des Tieres, als auch vorzugsweise des Menschen wahrgenommen. Diese Wahrnehmung ist eigentlich das, was ihr das „Leuchten" nennet. Denn das Auge ist also eingerichtet, diese allerleisesten Schwebungen wahrzunehmen, und zwar aus dem Grunde, weil jegliches Auge mehr oder weniger an und für sich selbst auch zur Hälfte geistig und zur Hälfte materiell ist und mit dem, was da „Licht" genannt wird, eine ganz gleiche Polarität hat, darum es dann auch alles ihm Verwandte aufnehmen und empfinden kann.

24] Wenn dann auf diese beschriebene Weise irgendeine solche geistige Polarität in sich erbrennt, so findet auch dabei allzeit der Akt der Beleuchtung statt. Die Beleuchtung aber ist dann an und für sich wieder nichts anderes als das Mitergriffensein derjenigen geistigen Polaritäten, welche sich in der Nachbarschaft einer solchen in sich erbrannten geistigen Polarität befinden. Diese Fortpflanzung ergreift je nach dem Grade der Größe und Heftigkeit einer entzündeten geistigen Polarität entweder nähere oder weitere Distanzen und versetzt sie, wennschon nicht in einen zu heftigen, aber doch empfindlichen Fieberzustand. Natürlicherweise wird das Fiebern immer schwächer, je entfernter dem Raume nach sich andere geistige Polaritäten von der eigentlichen, in sich erbrennenden Hauptpolarität befinden.

25] Nun werdet ihr sagen: „Ueber das Leuchten wären wir wohl im klaren, aber noch nicht über das, warum wir beleuchtete Gegenstände ihrer Form nach erschauen, und auch noch nicht über die Beschaffenheit des verschiedenartigen Lichtes, namentlich des Lichtes der Sonne".

26] Allein Ich sage euch hier nur so viel, daß solches wohl keine große Kunst mehr sein wird, nachdem wir in dieser Hinsicht ganz gründlich schon die allergrößte Schwierigkeit besiegt haben.

27] Was demnach die Anschauung der Gegenstände betrifft, so ist diese an und für sich nichts anderes als eine durch die materielle, feste Form eines Gegenstandes ihr vollkommen entsprechende Verhinderung solcher uns schon bekannten Fortpflanzung, oder sie ist eine verdoppelte Rückkehr von irgendeinem Gegenstande, von welchem sie einen Gegenstoß erhielt.

28] Was aber das Licht der Sonne anbelangt, so ist ihr Leuchten mit dem uns [nun schon] bekannten Leuchten eines Fünkchens gleichartig. Der Unterschied liegt nur darinnen, daß das weiße Licht der Sonne dem Beben der Liebe fast auf dieselbe Weise entstammt wie das euch bekannte rötliche Brandlicht dem Beben des Zornes.

29] Und da das Licht der Sonne dem Beben der Liebe entstammt, so ist auch seine Fortpflanzung verschieden von der Fortpflanzung des Lichtes, welches dem Beben des Zornes entstammt. Worin aber dieser Unterschied besteht, soll euch nächstens klärlich gezeigt werden! — Und somit lassen wir es für heute wieder gut sein!

Am 23. März 1842, von 3/4 4 Uhr bis 1/4 6 Uhr, nachmittags

Schreibender: Ans. H.

30] Ihr werdet vielleicht schon dann und wann gehört haben, daß, je tiefer eine Gegend der Erde ist, desto dichter auch die Luft in derselben ist. Dieses ist eine ganz natürliche Folge, nach der nicht nur die Luft, sondern auch alle Dinge desto dichter werden, je näher sie strahlenförmig dem gemeinsamen Mittelpunkte rücken. Je mehr sie sich aber von diesem Mittelpunkte entfernen, desto lockerer kommen sie auch nebeneinander zu stehen.

31] Was an und für sich die einen Erdkörper umgebende Luft ist, wüßten wir schon zum Teile aus dem Verlaufe der gegenwärtigen Mitteilung, noch mehr aber aus anderen, schon lange gegebenen Erläuterungen über die Dinge der naturmäßigen Welt.

32] Um euch, Meine Lieben, aber doch eines längern Nachsuchens zu entheben, so sage Ich es noch einmal, daß die Luft, wie alle gesamte Materie, nichts anderes als ein geistig-materieller und materiell-geistiger Konflikt ist, und daß alle diese geistigen Potenzen, je tiefer sie liegen, desto ärger sind, und je höher über den Planeten sie sich aufhalten, desto lieblicher, friedsamer und beständiger sind.

33] So wir nun dieses wissen, da wird es uns doch nicht schwer fallen, wenigstens in einem allgemeinen Ueberblicke die Erde samt der sie umgebenden Luft nach ihrem Gehalte zu erkennen und darob mit leichtem Mute zu sagen: Das Gesamtwesen des Erdkörpers samt der ihn umgebenden Luft, soweit hinaus auch diese reicht, ist nichts als eine Gradation[1] der Geister, welche sich in einen solchen Planeten gesetzt haben, um den uns schon bekannten „Rückweg" anzutreten.

34] „Ja," werdet ihr fragen, „was erfüllt denn hernach den weiten Raum zwischen der Sonne und einem Planeten?"

---

[1] Abstufung; d. Hsg.

35] Die Naturforscher lassen hier einen äußerst leichten und nachgiebigen „Aether“ auftreten. Was würden aber die Physiker sagen, so sie ersichtlich dartun müßten, was denn dieser Aether an und für sich ist?

36] Wahrlich, eine solche Frage würde sich schwer einen Preis von fünfzig Dukaten erringen! — Denn fürs erste läßt sich der Aether durch kein Mikroskop betrachten, nachdem schon die viel dichtere Luft von keinem Mikroskope mehr partiell empfunden wird. Aber chemisch könnten die Physiker den Aether untersuchen, so sie in ihre Retorten irgendeinen bekommen könnten. Da aber die Region des eigentlichen Aethers erst bei einer Höhe von zwei, drei, vier und bis gegen den Nordpol hin gar erst zehn deutschen Meilen hoch über der Erde beginnt, so wird es wohl allen Naturforschern etwas schwer werden, sich zum Behufe ihrer Untersuchung bei ihrem Leibesleben von dorther einen Aether zu verschaffen.

37] Wir aber wollen einen viel bequemeren und sichereren Weg gehen, nämlich den des innern Glaubens, Vertrauens und den Weg der wahren Liebe. Auf diesem Wege steht einem Ochsen- und Schafhirten der Sirius beschaulich näher als auf dem finstern Wege des überaus kurzsichtigen Forschens von seiten des menschlichen Verstandes ein Regentropfen, der einem überaus mathematischen Naturforscher auf die Nase gefallen ist.

38] Und so sagen wir: Der Aether ist ebenfalls ein geistiges Wesen, welches sich zwar zu allen Planeten positiv, zu den Sonnen aber negativ verhält.

39] Den Aether bilden somit äußerst reine friedliche und duldsame Geister. — Denn wären sie das nicht, wie schwer würden es da die Weltkörper auf dem Wege um die Sonne haben, welcher da ist eine weitgedehnte Bahn, durch welche sich der Planet mit außerordentlicher Geschwindigkeit bewegen muß!

40] Da aber diese Aethergeister alsonach äußerst reine, friedsame und nachgiebige Geister sind, so findet an ihrem Dasein nichts irgendein Hindernis in seiner Bewegung, und möge das sich bewegen wollende oder sich zu bewegen genötigte Wesen oder Ding noch so gering und unscheinbar sein.

41] Sehet nun, Meine Lieben, da wir nun dieses wissen, so wird es wohl nicht mehr schwer sein, das Leuchten einer Sonne und die Fortpflanzung ihres Leuchtens zu ermitteln! — Jedoch bevor wir noch solches zu tun vermögen, müssen wir gegenüber den

Planeten auch der leuchtenden Sonne einige Augenblicke schenken und uns fragen: „Wie sieht es da aus, und was geschieht daselbst?“ — Solches ist ja doch notwendig! Denn sonst müsset ihr über kurz oder lang euch ja doch selbst fragen: Wie kann man jemandem die Wirkung erklären, so man ihm die Ursache der Wirkung verschweigt?!

42] Daß die Sonne ein äußerst stark leuchtender Weltkörper ist, braucht niemandem näher erklärt zu werden. Denn solche Erklärung geben jedem seine eigenen gesunden Augen. Wie aber wird sie also überaus stark leuchtend? Und wie sieht es auf ihrer Oberfläche aus und also auch bis zu ihrem Mittelpunkte?

43] Sehet, das ist eine ganz andere Frage, welche noch in aller Kürze beantwortet sein muß, bevor wir zu unserem Hauptthema fruchtbringend zurückkehren können!

44] Es muß euch bei den Sonnen zuallererst schon ihre außerordentliche Größe auffallen, derzufolge eine Sonne nicht selten eine, ja mehrere Millionen Male größer ist als ein oder der andere ihrer Planeten.

45] Was ist sonach die Sonne für sich selbst?

46] Die Sonne für sich selbst ist ein Planet in vollkommenem Zustande; und alle Planeten sind nur „Trabanten“ dieses großen und vollkommenen Planeten.

47] Woher rührt denn hernach das außerordentliche Licht, das einen solchen vollkommenen Planeten umgibt?

48] Das Licht rührt von der geistigen Liebefreude der diesen vollkommenen Planeten umgebenden Geister her.

49] Sind diese Geister etwa schon vollendete Geister?

50] Diese Frage muß wieder geschieden werden, und zwar in sieben verschiedene Punkte, welche aber dessenungeachtet nicht zu schwer zu verstehen sein dürften, da sie sich in der schönsten Ordnung nebeneinander befinden. Diese sieben Punkte sind sieben verschiedene Geistergattungen in der Sonne, welche miteinander gemeinschaftlich das große Licht der Sonne bedingen.

51] Wollet ihr die innere Natur dieser Geister näher erkennen, so blicket auf die sieben Gebote der Nächstenliebe und die diesen sieben Geboten zur Unterlage dienenden drei, durch welche der Mensch sein Verhältnis zu Gott, seinem Schöpfer, erkennen soll; so habt ihr dann alsbald den vollendeten Zyklus des Geisterverbandes auf einem Sonnenkörper. — Auch die Farben eines Regenbogens geben euch diese Ordnung zu erkennen.

52] Was folgt aber nun aus dieser Vorerinnerung?

53] Aus dieser Vorerinnerung folgt nichts anderes, als daß die Sonne in ihrer innern Sphäre ein Sammelplatz von *siebenerlei Geistern* ist. Darunter sind solche, welche zur *Prüfung* von der Sonne erst in die Planeten *hinaus versetzt* werden, und wieder solche, welche als *vollendet zurückgekehrt* sind. — Die erste, noch zu vollendende Klasse bildet dann des Sonnenkörpers *innern Gehalt*, die zweite, aber schon vollendete, des Sonnenwesens *äußere, lichte Umhüllung*.

54] Sehet, so ihr ein bißchen scharf zu sehen imstande wäret, so wäre eigentlich der Stein des Anstoßes nun schon gehoben. Aber da ihr noch immer von schwachen Augen und daneben auch etwas harthörig seid, so muß Ich euch schon noch hinzusetzen, *daß diese Geister* [*der vollendeten* Klasse] *es sind, welche durch ihr Liebe- und Wonnebeben das eigentliche Leuchten der Sonne ausmachen!*

55] Was aber die *Fortpflanzung* dieses Lichtes betrifft, so mache Ich euch nur auf die *noch zu vollendenden Geister* aufmerksam, die sich da noch immerwährend von der Sonne *entfernen* müssen. So habt ihr ja auf ein Haar diejenige Fortpflanzung des Lichtes erläutert, von der schon vorher bei der Bildung des „Planetenknotens" die Rede war. Und hiermit habt ihr auch das Wesen der euch schon oft erwähnten, von der Sonne ausgehenden *atomischen Tierchen*[1], welchen die *Schwingungen* der schon *vollendeten* Geister als eine *stärkende Gabe* auf die Reise ihrer Vollendung mitgegeben werden.

---

[1] *Lichtatome* — von den bedeutendsten Physikern der Gegenwart nach ihren Erkenntnissen „*Licht-Energiequanten*" genannt. — Die durch Jakob Lorber geoffenbarte Lichtlehre bestätigt in wunderbarer Weise die großen Entdeckungen und Feststellungen der Strahlenforschung unserer Zeit und überbietet dieselben noch weit durch die Enthüllung der *geistig-lebendigen Natur* der atomischen Lichtträger. Die Lorbersche Lichtlehre vereinigt das Wahre der von dem englischen Forscher J. *Newton* 1678 aufgestellten *Emissions- oder Aussendungstheorie* (wonach das Licht aus winzig kleinen, substanziellen *Partikelchen* besteht, die von der Lichtquelle mit großer Geschwindigkeit nach allen Seiten hinausfliegen) — mit der im 19. Jahrhundert von dem Forscher *Huygens* aufgestellten *Vibrations- oder Wellentheorie* (wonach das Licht in wellenförmig sich fortpflanzenden *Schwingungen* des den Weltraum erfüllenden Aethers besteht) — Nach *Lorber* besteht das Sonnenlicht aus atomischen, geistigen *Kleinwesen*, welche, mit den starken *Lebensschwingungen* höherer Wesen geladen, als Lichtträger den Planeten zueilen, um dort alles Leben mit Sonnenkraft zu speisen. D. Hsg.

Am 24. März 1842, von 1/4 4 Uhr bis 3/4 7 Uhr, nachmittags

Schreibender: Ans. H.

56] Ihr werdet euch wohl fragen und sagen: „Es ist alles gut und wahr; aber was treibt denn die Geister der ersteren Art, die noch unvollendet sind, von der Sonne hinaus in die weiten, endlosen Räume?"

57] Und Ich gebe euch darauf zur Antwort: Nichts anderes als Meine ewige Ordnung, vermöge welcher diese aus der Sonne wandernden Geister zwar eine positiv-polarische Sättigung haben, aber von Grund aus an und für sich nur negativ sind.

58] Was geschieht denn aber, so zwei gleiche Pole sich nahe zu stehen kommen? — Nichts anderes, als daß sie sich so lange abstoßen, bis der positiv genährte, aber doch im Grunde an und für sich nur negative Pol alles Positive hintangegeben hat!

59] Nun sehet, also sind diese uns bekannten atomischen Wesen im Grunde negative Wesen und können so lange in der Sonne bleiben, solange sie lediglich diesen Charakter beibehalten. Nehmen sie aber allzu gierig eine Lichtsättigung aus dem positiven Polgebiete der Sonnengeister an, so daß sie sich dadurch, dem Wesen des Lichtes nach, sehr wenig mehr unterscheiden von den eigentlich positiv-polarischen Geistern, welche schon vollendet sind, so werden sie dann auch alsbald von den positiv-polarischen Wesen hinausgetrieben, und das zwar mit einer wahrhaft geisterhaften Geschwindigkeit.

60] Diese also hinausgetriebenen Geister sind das eigentliche ausstrahlende Licht der Sonne, welches sich, wenn es auf einen Weltkörper fällt, dem positiven Teile nach (welches das mitgenommene Licht oder vielmehr die noch fortdauernde Liebfreudebebung der vollkommenen Geister ist) demselben mitteilt.

61] Dem negativen Teile nach aber werden, besonders bei der Annäherung an einen Weltkörper, diese ausgehenden atomischen Wesen bald ihres positiven Teiles ledig und kehren dann als antipolarische Wesen wieder zur Sonne zurück — und das ist das Zurückstrahlen des auffallenden Lichtes aus der Sonne. Und da diese Wesen vermöge ihrer großen Schnelligkeit allzeit in einer geraden Linie sich bewegen, so wird es auch erklärlich, warum vom Sonnenlichte beleuchtete Gegenstände überaus klar zu sehen sind, besonders wenn in der atmospärischen Luft keine Aufregungen stattfinden.

62] Wie aber eine also erleuchtete Form allen ihren Teilen nach vollkommen gesehen werden kann, das rührt wieder daher, daß jede Materie, aus welcher eine Form gebildet ist, ebenfalls — wie ihr schon wisset — nichts als ein Konflikt geistiger Potenzen ist.

63] Wenn sonach diese schnellen Lichtträger aus der Sonne an eine Form stoßen, so nimmt die Form — je nachdem sie ihrem innern Gehalte nach beschaffen ist — alsbald die ihr zusagenden Teile an sich und läßt das für sie Unbrauchbare wieder in der allerhöchsten Schnelligkeit nach allen Richtungen hin von sich weggehen.

64] Sonach ist denn das Auge nur ein Aufnahmeorgan für die mannigfachen Unterschiede des Haupt- und des zurückgeworfenen Lichtes. Und diese mannigfachen Unterschiede des Lichtes sind dann auch natürlicherweise die Bildner aller der verschiedenen Dinge[1] in dem für solche Lichtunterschiede tauglichen Auge.

65] So ihr nun dies wisset und, soviel es euch mit leiblichen Sinnen möglich ist, begreifet, so muß es euch doch endlich klar werden, daß somit alles, was sich nur immer materiell darstellt, im Grunde dennoch nichts Materielles, sondern lauter Geistiges ist. Nur könnet ihr das Geistige nicht schauen, weil ihr noch nicht in der geistigen Polarität seid. Werdet ihr euch aber einmal in der geistigen Polarität befinden, alsdann wird sobald die entgegengesetzte Erscheinlichkeit eintreten, vermöge welcher ihr dann nur das Geistige schauen werdet; aber alles Materielle werdet ihr euch ebenso hinzudenken müssen wie jetzt das Geistige zum Materiellen.

66] Darum muß es euch nun auch nicht allzusehr wundernehmen, so ihr im Verlaufe dieser Mitteilung hier und da auf Punkte treffet, die euch nicht allzu klar werden können. Denn sollten euch nun schon alle diese Verhältnisse ganz vollkommen klargemacht werden können, so müßtet ihr ganz aus der Materie ins rein Geistige hinübertreten, was für jetzt noch nicht an der Zeit ist...

☆

Weltlust und Ewigkeit

Liebesmahnung an eine junge Tochter.

Am 10. März 1842

Bewahre treu vor der Welt das Heiligtum der Liebe zu Mir, deinem Vater, in deinem Herzen! Lasse dich nicht gelüsten der eitel nichtigen Dinge der Welt, die da alle für den Geist gar bald vergehen werden wie ein loser Spreu im Winde.

2] Denn was die Welt für ein nichtig Ding ist, das wirst du erst im Geiste völlig ersehen. Lasse dich darum von nichts Welt-

[1] d. h. der verschiedenartigen Farb- und Formerscheinungen der Dinge; d. Hsg.

lichem verleiten, so werde Ich dich bald aufnehmen zu einer gar lieben Tochter Meiner ewigen Vaterliebe und werde dich setzen auf Meinen Arm und dich drücken an Meine Brust, daselbst du erst schmecken wirst, was alles Meine ewige, unendliche, allein wahrhafteste Vaterliebe ist!

3] O du Meine angehende Braut und Tochter! Wäre es tunlich und deinem schwachen Leben erträglich, daß Ich deinen schwachen Augen enthüllen könnte, wie nahe Ich um dich bin und wie Meine Sehnsucht, Mich dir völlig zu zeigen, bei weitem größer ist als die deinige, Mich, deinen heiligen, liebevollsten Bräutigam und Vater, zu sehen — dein Herz würde vor Liebe zerspringen und du könntest keine Minute lang leben!

4] Siehe und entnehme aber doch wenigstens aus diesem Meinem durch den Schreiber an dich gerichteten lebendigen Worte, daß es also ist, daß Ich dir, für dich freilich wohl unbegreiflich, näher bin, als du es je zu ahnen vermagst. Und glaube fest diesem Worte, welches dir da kund gibt, daß Ich nur einzig und allein durch die Liebe und Demut zugänglich bin!

5] Höre, Töchterchen! — Wahrlich wahr, Ich sage es dir, so du glaubest und Mich wahrhaft liebest in deinem Herzen und tust aus dieser wahren Liebe zu Mir nach dem Worte, das dir schon über und über bekannt ist sowohl aus der alten wie aus der neuen Zeit, vor deinen Augen wunderbar — so hast du Mich schon ganz, wenn auch in Rücksicht auf deine Wohlfahrt nicht sichtbar und laut vernehmbar, aber desto inniger im Herzen, in aller heiligen Liebstille für deine ewige Wohlfahrt treulichst und unablässig sorgend!

6] O Töchterchen, glaube, glaube, daß es also ist, damit du Mich, deinen heiligen Vater über alles zu lieben vermagst, wie Ich dich gerade auch also liebe, als wärest du in Meiner weiten Unendlichkeit der ganz alleinige Gegenstand Meiner unendlichen und ewigen, allertreuesten Vaterliebe!

7] Aber, Mein liebes Töchterchen, nur von der Welt ziehe deine Sinne und vorzüglich aber dein Herz zurück! Denn, glaube es Mir, da Ich als der alleinige Schöpfer der Welten es wohl am allerbesten weiß: Alle Welt ist ein gar nichtig Ding, und es ist vollsternstlich nichts an ihr! — Glaube es Mir: Alles, was nur immer deinen Augen begegnet und dein Auge körperlich anzieht, ist eitel nichts mehr und nichts weniger als bloß nur eine fixierte Erscheinlichkeit, bestimmt zur Prüfung des unsterblichen Geistes für die kurze Zeit, in welcher das Erdenleben eines Menschen begriffen ist.

8] Und da in geistiger Beziehung tausend Jahre kaum wert sind, ein allerschnellster Augenblick genannt zu werden, was ist demnach erst die höchst kurze Prüfungslebenszeit eines einzelnen Menschen! — Siehe daher, du Mein liebes Töchterchen, wie eitel demnach es ist, sich mit dem Herzen an die gar so nichtigen Dinge der Welt zu hängen und sich Reichtümer der Welt zu sammeln für eine gebrechliche und verderbliche Einviertelsekunde zeitlichen Lebens, dafür aber dann notwendig das ewige Leben einzubüßen!

9] Ich sage dir: Wenn es so mancher hochmütige reiche Welttor einsehen könnte und möchte, was da hinter seinem Gelde und anderen Gütern stehet, so würde er darob augenblicklich also heftig erschrecken, daß er von der endlos großen Angst bis auf einen Punkt verzehret würde — was jedoch aus einem allerwichtigsten Grunde nimmer zugelassen werden kann und darf, den du aber jetzt noch nicht begreifen würdest.

10] Bete aber für alle diese an Weltschätzen Reichen! Denn sie sind [ob ihrer Selbstsucht und ihrem Hochmute] diejenigen, denen am allerschwersten zu helfen ist; darum sie auch in geistiger Hinsicht die allerärmsten Wesen sind. Sie werden in alle Ewigkeiten schwerlich je Mich, den Vater, zu Gesichte bekommen, da sie sich mit ihren Schätzen selbst zur Speise des Satans gestaltet haben und somit verschlungen werden von ihm und ewige Wohnung nehmen werden in seinem Bauche!

11] Doch nun nichts mehr davon! — Sondern du, Mein liebes Töchterchen, glaube diesem Worte, ja glaube fest, daß es also ist wahrhaftig wahr! — Verachte die Welt, kehre dich völlig zu Mir, und du sollst dich bald, ja recht bald noch in deinem Erdenleben überhelle in dir überzeugen, daß es also ist und daß diejenigen, die Mich wahrhaft lieben, ewig nimmer einen Tod schmecken werden, und du also auch gewiß und sicher nicht!

12] Aber nur bleibe Mir treu, wie Ich dir getreu bin! — Das ist der heilige Wunsch deines ewigen, heiligen Vaters. Amen.

☆

Dank- und Bittgebet des Knechts

Am 14. März 1842

O Du mein geliebtester Gott, Vater, Meister, Lehrer, Führer, Erlöser und Lebendigmacher Jesus! Du ewige Liebe, Du ewiges Licht — ja Du endlose Liebe aller Liebe, Du endloses Licht alles Lichtes! O Du ewige Erbarmung selbst! — Mit was für einem Herzen und mit was für Worten soll ich armer, sündenvollster Mensch Dir danken für diese Deine gar so unbegreifliche große Gnade, die Du, o mein geliebtester und angebetester Vater Jesus, mir Allerunwürdigstem bereits schon zwei volle Jahre hindurch hast also überaus liebevollst angedeihen lassen?!

2] Hättest Du mir eine wundertätige Kraft verliehen, wie viel Schaden hätte da mein arges Herz vor Dir schon sicher angerichtet, und ich schmachtete auch schon lange dafür in irgendeiner harten Landesverweisung! — Hättest Du mir weltliche Reichtümer beschieden, wie unglücklich wäre ich da! Denn sicher hätte mich dieses allergefährlichste Gift für den Geist schon lange getötet und unempfindlich gemacht für alles Wort von Dir und für alles, was wahrhaft Deinem allerheiligsten Willen gemäß ist. — Hättest Du mir sonst irgendein weltlich ansehnliches Amt verliehen, wie hätte ich da vielleicht gar oft einen unbarmherzigen Richter gemacht, hätte mich von der Welt verblenden lassen und wäre dadurch meinen Brüdern zur schrecklich drückenden Last geworden!

3] Kurz, Du hast mir alles das nur gegeben, was mich am allerglücklichsten machen mußte, nämlich die alleinige Liebegnade, durch welche Du, liebevollster Vater Jesus, schon lange vorher mich erzogen und vorbereitet hast und hast mich öfter gedemütiget, durch Sünden sogar, damit ich dadurch dieser unaussprechlichen, allerhöchsten Gnade, der Du mich gegenwärtig noch immer würdigst, aufnahmefähig werden sollte, fast ähnlich einem Johannes, der da war und noch ist ein allergrößtes Wortwunder Deiner Liebe und Erbarmung zur Lebendigmachung eines jeden, der sein Leben darnach kehret!

4] Ja, solches hast Du unleugbar an mir getan! Du hast mich einer also hohen Gnade gewürdigt, daß ich den allergeringsten Teil derselben ewig nie erfassen werde! — Ja wahrlich, ich erkenne es nun, was das ist, was Du mir nun gibst! — Es ist das Allerhöchste! — Es ist Dein lebendiges, heiliges Wort, davon ich nicht eines Buchstaben würdig bin! — Ja also ist es wahr und wahr!

5] Aber wie Dir danken für solche undenklich allerhöchste Gnade!? — Ich? — der ich nicht einmal würdig bin, daß mich des schlechtesten Erdentages Licht bescheinet, der ich ein barstes Scheusal vor Dir, o Du überheiliger Vater Jesus, bin! — Siehe gnädigst herab auf mich armen, großen Sünder vor Dir! Erbarme Dich meiner und nehme dafür meine unvollkommene Liebe an, als wäre sie etwas vor Dir!

6] Das ist alles, was ich tun kann aus mir durch Deine gütigste Zulassung. Alles andere, was da aus der kleinen Reihe meiner Taten nur immer als gut erscheint, ist ja ohnehin nur Dein Werk — wie die Sünde das allein meinige!

7] Darum, o Du heiligster Vater Jesus, sei mir armem Sünder barmherzig und gnädig und nehme diesen meinen allergeringsten Dank an für Deine allerhöchste Gabe!

8] Und lasse Dich von mir und uns allen demütigst bitten, daß Du mit dieser Deiner unschätzbaren Gnade noch fernerhin, ja ewig bei uns verbleiben möchtest! — Und wenn Dein heiliger Wille es wäre, so lasse Dich bitten, mir auch heute für die Brüder ein heiliges Wörtlein zukommen zu lassen!

9] Doch Dein heiliger Wille geschehe jetzt wie allezeit und ewig! Amen.

☆

Von der Herrlichkeit der ewigen Liebe

Am 14. März 1842

Ja, ja, ja, so schreibe, schreibe, schreibe! — Daß Mir die Liebe, verstehe, die reine, mit nichts Weltlichem getrübte Liebe, der allerangenehmste Dank ist und, so du Mir dankest wahrhaft im Herzen, daß Ich da nicht mehr von dir verlange — solches brauche Ich dir nicht noch einmal zu sagen.

2] Aber solches tut dir not und wohl, daß du einmal erkennest in dir, daß das, was Ich dir gebe, unaussprechlich mehr ist, als so Ich dich mit einer Kraft bescheiden möchte, durch welche du Sonnen und Welten ins Dasein rufen und die bestehenden vernichten könntest nach deiner Willkür. — Welche sonstigen namhaften Wunder hat denn Mein größter und somit auch lebendigster Wortträger Johannes verrichtet — obschon er gerne Feuer vom Himmel hätte über die bekannte Stadt fallen gesehen!?

3] Ja, er hätte gerne [aus übergroßem Zorneseifer] die ganze Erde verbrennt! — Allein, da er insgeheim die größte Liebe zu Mir hatte, so wurde ihm darum auch das Allerhöchste gegeben, nämlich: das allerinnerste, lebendige Wort der Liebe und des ewigen Lebens aus ihr!

4] Siehe und betrachte nun das, was du von Mir empfängst! — Was ist der Inhalt? — Ist es nicht die allerinnerste und allerhöchste, heiligste, lebendigste Liebe aus Mir? — Wie könnte Ich dir da mehr noch geben, nachdem Ich dir gebe, was das Allerhöchste ja schon ohnehin ist!?

5] Welcher Tor möchte oder könnte da wohl ein nichtig Wunderwerk als Beweis dieses allerhöchsten Wunders aller Wunder verlangen?! Oder verlangen, daß Ich solle eine Mücke zerstören, auf daß er glauben kann, daß die lebendige Sonne mit allen ihren zahllosen Wesen, die Ich vor seinen Augen plötzlich ins Dasein rief, wahrhaft und wirklich von Mir ist?! — O der schändlichsten Torheit! O des allerblindesten Verlangens!

6] So dir deine Braut einen allerwärmsten Kuß gäbe zur Beteuerung ihrer heißesten Liebe an dein Herz — wem würdest du dann wohl gleichen, so du als Beweis ihrer Liebe von ihr noch verlangen möchtest irgendeine Nichtigkeit?! — Siehe, gerade also auch verhält es sich hier!

7] Oder, so da jemand hunderttausend Pfunde des allerreinsten Goldes hätte gewonnen bei einem Handel und verlangete hernach von dem, der ihm in solch unerhörtem Maße das Geld gab, daß er ihm zum Beweise des schweren Goldes noch einige schlechte Kupferpfennige hinzulegen solle! — Was meinst du, wie stünde es da mit einem solchen unerhörten Narren?!

8] Und so könnet ihr alle auch völlig zufrieden sein, so Ich euch nun des allerhöchsten Himmels Schätze allerreichlichst gebe, Schätze der reinsten, heiligsten Vaterliebe, Schätze des wahren, lebendigen Jerusalems! — Wer will noch mehr? Wer ist unzufrieden mit dieser Gabe? Wem genügt sie nicht allein?!

9] So da jemand sein sollte von solcher Blindheit, für den gebe Ich dir einen Schlüssel, der da gemacht ist aus altem Unrate der Getöteten. Mit diesem kannst du, wenn du willst, die Schleusen der Erde eröffnen; und sie, die Wundersüchtigen, sollen alle ersäufet werden in den allertrübsten Gewässern!

10] Worin aber dieser Schlüssel besteht, braucht außer dir niemand zu wissen. — Wenn aber die Nacht des Todes jemanden ereilen wird, dann wird er sich wohl entsinnen, welch einen Schlüssel Ich dir übergab!

11] Warum hat sich denn da einer von euch den Magen verderben lassen durch den Dreck der Welt, darum ihm nimmer schmecken will dieses Brot der reinsten, ewigen Liebe des heiligen Vater? — Er soll sich ja wohl in acht nehmen, daß er einst nicht zu dem „Wege" gezählet wird, darauf ein Teil des Samens fiel! — Jemand aber läßt auf seinem guten Acker Dornen und Disteln aufkeimen; er solle bedenken, welches Endlos da des lebendigen Samens harret! Denn Ich und die Welt lassen sich ewig nicht unter ein Dach bringen!

12] Du Ans. H.-W. aber hast dir einen ebenen Weg bereitet. Sei versichert Meines Segens! Siehe, Ich bin nun schon bleibend unter deinem Dache! — Des kannst du fröhlich sein, darum Ich dir nun wesenhaft Selbst helfe dein Haus reinigen. Denn du wirst Mir sicher nimmer die Türe weisen, so Ich auch Mein Kreuz dir zur Verwahrung gebe.

13] Siehe, so da irgend Reisende einkehren, da bringen sie ja auch verschiedenes Gepäck mit und geben es dem Hauswirte zur Verwahrung. Ich bin auch ein Reisender und Mein ganzes Gepäck besteht in einem Kreuze. Bei dir habe Ich nun Herberge genommen! Und du wirst Mich ja wohl also behalten.

14] Denn siehe, wo Ich nicht mit Meinem Kreuze komme, da bin Ich auch nicht willens zu bleiben. So Ich aber komme mit Meinem heiligen Gepäcke, dem Kreuze, da bin Ich dann auch „mit Sack und Pack" da und bin, glaube es fest, nicht so leicht wieder hinauszubringen!

15] Also denn sei froh und fürchte ja keine Welt mehr! Denn diese vermag nun nichts mehr auszurichten und wähnt sich glücklich im finsteren Taumel ihrer lang getriebenen Hurerei!

16] Du K. G. L. aber bleibe, wie du bist! Denn du kennst die Welt und was an ihr ist! So du aber dann und wann gute Zeit und Weile hast, da setze dich manchmal zum Schreibtische, und du sollst schon allzeit ein fertiges Liedchen in deinem Herzen finden, welches du dann zu Papier bringen kannst. Mußt aber dabei nicht nachdenken; sondern was dir zuerst das Herz geben wird, das ist dann schon das Rechte, Gute und Wahre aus Mir!

17] Siehe, es gefällt Mir bei dir! Daher lasse es zu, daß Ich in dein Haus auch wesenhaft einziehe „mit Sack und Pack".

18] Einem Lieben von Mir aber sage Ich: Gottesfurcht und des eigenen Herzens tiefste Demut ist jedes aus dem Wasser und Feuer Getauften unerläßlichste Pflicht, ohne die an kein ewiges Leben zu gedenken ist! Siehe, du hast die rechte Gottesfurcht und eine lobenswerte Demut — aber glaube es Mir, diejenigen Kinder, die ihre Eltern zu sehr fürchten und werfen sich vor ihnen allzeit in den Staub, mögen nimmer so recht heiß ihre Herzen erheben zu denen, die sie allzusehr fürchten!

19] Suchst Du Mich mit Furcht und Zittern, wie wird es dir ergehen, wann Ich zu dir komme?! — Wirst du da nicht anfänglich gleich jenen Tätern des Uebels rufen: „Berge, fallet über uns!?" — Und Ich werde Mich dir aus großer Erbarmung lange nicht nahen können bis zur Zeit, allwann sich alle deine Furcht in die vertrauensvollste Liebe zu Mir umgestalten wird!

20] Liebe und Furcht aber halten nicht gleichen Schritt! Denn wo mehr Furcht, da ist weniger Liebe. Wo aber weniger Furcht, da ist mehr Liebe, Vertrauen, Kraft und Mut und somit auch mehr des wahren Lebens!

21] Swedenborg ist wahr und gut, solches kannst du glauben. — Aber solches glaube auch: Die Liebe ist über alles erhaben und heilig! Wer demnach diese hat, der hat alles; denn er hat wahrhaft Mich Selbst. Und siehe, das ist mehr denn alle Propheten, alle Apostel samt Petrus, Paulus und Johannes und so auch mehr denn Swedenborg!

22] Es ist aber noch jemand hier; diesem möchte Ich gerne sagen, daß die Welt ein eitles Ding ist, schlechter als ein allerschalster Traum. Aber er soll Mich erkennen, daß Ich es bin, der ihm solches saget! Denn der Welt Tage sind flüchtiger als ein Sturmwind und die Jahre vergehen wie einzelne Augenblicke aneinandergereihet!

23] Wohl dem, für den die Ewigkeit diesseits kein Traum ist!

24] Und nun sage Ich euch allen: Seid heiter und fröhlich untereinander in Meinem lebendigen Namen! Denn Ich bin wahrhaft mitten unter euch! — Wer da zurück ist irgend, der beeile sich vorwärtszukommen! — Und merket alle: Die Zeit ist kurz, und es stehet [die Erfüllung] nahe vor der Türe! Amen.

☆

Weisung an den Knecht

Am 15. März 1842

Der Knecht: „Mein geliebtester, allerheiligster Herr, Gott und Vater Jesus! Siehe, ich habe schon wieder ein kleines Anliegen!"

Nun, nun, es ist schon gut, mache nicht so viele Worte umsonst! — Es ist Mir ja schon bekannt, um was du Mich fragen möchtest. Habe Ich dir ja ohnehin schon die deutlichste Anweisung gegeben!

2] Warum bist du dem besseren Teile derselben denn nicht gefolgt? — Wärest du geblieben, wo du früher gewohnt hast, dann wäret ihr alle schon um vieles reicher geworden. Denn ihr hättet da schon den ganzen Saturn und hättet alle die von dir gezeichneten Berge und auch vom Hauptwerke schon soviel wie jetzt.

3] Siehe sonach, um wie vieles ihr zurück seid! — Wann du aber nicht bald zusiehst, mit diesen sehr wichtigen [Natur-]Zeugnissen in die Ordnung zu kommen, so werde Ich sie euch gar nicht mehr geben.

4] Da, wo du aber jetzt wohnest[1], kann solches der Kinder und des neuen sogenannten Hofmeisters wegen nicht eben zu leicht geschehen, da du kein abgeschlossenes Zimmer für dich allein also haben kannst, daß du fürs erste keine Horcher hättest, wenn du jemandem etwas in die Feder sagen sollst, und fürs zweite dann dadurch auch die Kinder des Andr. H.-W. noch mehr zerstreut würden, so sie wüßten, was im Beisein eines oder des anderen Schreibers, den Ich dir anzeigen möchte, nun eben geschieht — was dich selbst dann unfrei und ärgerlich machen würde und somit auch unfähiger für die reine Aufnahme Meines Wortes!

5] Können alldort alle diese Hindernisse beseitigt werden, was sehr schwer gehen wird, dann kannst du ja bleiben, wo du bist; sonst aber ist es dir sogar Pflicht für Mich, daß du dir wieder eine eigene Wohnung nimmst, wie die frühere es war!

6] Jetzt weißt du alles, was dir nötig ist! — Siehe, Ich gebiete nicht und sage nicht: „Also tue!" — Willst du aber frei sein, so mache dir aus Meinem Rate selbst ein Gebot! Dann wirst du gut gehen, und der Brüder Splitter werden dich nicht stechen!

7] Der Andr. H.-W. aber möge sich bei dem neuen Hofmeister wohl in acht nehmen, daß an dessen stattlicher Jugendseite seine „Gefäße" nicht noch einen stärkeren Stoß bekommen, als bei dem früheren! — Solches sage Ich dir darum, daß er in Meinem Namen vorbaue in

[1] Bei Andreas Hüttenbrenner, Bürgermeister von Graz.

seinem Hause! Denn Ich bin da noch nicht „zu Hause“ — außer wie ein armer, schwacher Bettler in einem Krankenhause, so er da bettelt ganz entkräftet um eine Schale stärkender Suppe.

8] Darum kann Ich dort auch wenig oder oft gar nichts wirken. — Nur allein Mein Name ist da mächtig, da er der Himmel Allerhöchstes ist. Aber nicht ebenso mächtig ist das aus Mir gehende Ich in euch, welches anfangs nur ein allermattester Strahl ist, der euch belebt, aber für die Vollkraft erst durch eure Liebe zu Mir vollkommen werden muß und, ist er das geworden, alsdann erst euch neu beleben und völlig erwecken kann zum ewigen Leben!

9] Siehe, wo demnach Ich noch ein schwacher Bettler bin ohne Macht und Kraft — was soll Ich da wirken? — Da wirket, wie gesagt, nur allein Mein Name! — Wann Ich aber im Menschen geweckt werde, dann auch wird geweckt alle Meine Kraft in ihm. — Aber dazu gehört noch vieles in jenem Hause; d. h. es ist dort noch viel Weltliches in allen Kästen und Schränken, das da hinaus muß, bevor Ich komme.

10] Solches möchte mein lieber Andr. H.-W. wohl beachten — und unter dem „Hause“ zumeist seine Familie verstehen! — Amen.

11] Verstehe es aber auch du! — Amen.

☆

Stärkungswörtlein an eine schwache Seele

Am 4. April 1842, nachmittags

Gut, gut! Wahr, wahr! — Ich habe es schon vernommen! — Darum schreibe nur ein ganz kurzes Wörtlein an die, welche da hat, in ihrem Herzen verborgen, ein noch schwaches Verlangen nach Mir, aber desto lebendiger nach dem, was die Welt ist!

2] Sie möge sich ja fleißig bestreben, ihr Herz bei jeder Gelegenheit zu Mir zu kehren und soll Mich lieben Meiner Selbst willen — und nicht aber auf daß Ich ihr bald geben möchte einen Mann und andere weltglücklichere Umstände. Denn alle diese Dinge schlagen hart und schwer an Mein Herz!

3] Wird sie Mich allein zu suchen und zu lieben anfangen, da werde Ich ihr auch das Geringste nicht vorenthalten, was sie nur immer im Herzen fühlen wird. Aber bevor Ich solches jemandem tue, da muß auch zuvor Mir gegeben werden, was Mir gebührt Meiner Selbst willen, aber nicht um der weltlichen Dinge willen!

4] Daher sei das Mein erster Gruß an die, die da gewünscht hat ein Wörtlein von Mir! Wird sie es achten, so werde Ich ihr schon gar bald einen anderen „Stern" zeigen und ein starkes und großes „Bindeband" geben.

5] Wenn sie aber darüber eifern würde ihrer Schwestern wegen, dann wird sie — ihres eigenen ewigen Heils willen — lange zu bitten haben, bis Ich sie voll erhören werde! — Amen.

6] Solches sage Ich, ihr und aller Menschen, Kinder und Kindlein heiliger, liebevollster Vater! — Amen, Amen, Amen.

☆

Mahn- und Verheißungswort an Gabiela

Am 9. April 1842, vormittags

So sage denn kurzhin der, die da hier trägt einen Mannsnamen, aber eigentlich innerlich heißet Gabiela[1]:

2] Warum sie das überhört hat, was Ich ihr schon nahe vor einem Jahre unaufgefordert gab, da Ich sie beim Namen rief, und sie aber dennoch verkannt hat Meine Vaterstimme?

3] Ich lasse ihr darum, liebevollst ermahnend, sagen, sie solle ja vor allem das [frühere Wort] in die Hand und recht tief ins Herz nehmen. Sodann erst werde Ich sie wieder vollkommen zu Meiner Tochter aufnehmen und werde ihr ein anderes Wort geben, das sie erfüllen wird mit einer großen Kraft, zu kämpfen gegen alle Anfechtungen der Welt. Denn sie ist zufolge Meiner Ordnung nicht frei von Versuchungen der Finsternis. Aber so sie sich ernstlich zu Mir wendet, da soll sie frei werden!

4] Sie soll nur auch recht ernstlich beten, nicht veränderlich sein in ihrem Herzen und nicht mit heimlichem Wohlgefallen dann und wann zur Welt hinausblicken, sondern soll beharrlich sein in allem, was da der Liebe ist zu Mir! So wird dann ein mächtigeres Wort sicher nicht lange unterm Wege bleiben.

5] Dessen alles soll sie in ihrem Herzen wohl achten und nicht vergessen des ersten Wortes, das Ich an sie gerichtet habe! Amen.

6] Das sage und lasse ihr sagen Ich, ihr liebevollster Vater!

☆

[1] Wilhelmine, die Tochter Anselm Hüttenbrenners; d. Hsg.

„Vater" und „Sohn"

Am 9. April 1842, nachmittags

Zum 1. Sendschreiben Johs. 2. Kap., 23. Vers: „Jeder, der den Sohn leugnet, hat auch den Vater nicht; wer den Sohn bekennet, der hat auch den Vater!"

So da jemand eine erwählte Jungfrau hat und verlanget Liebe von ihr, sagt ihr dabei aber ins Gesicht: „Du hast kein Herz!" — da er ihr solches erweiset und nimmerdar zugeben will, daß sie ein Herz habe — wie mag denn hernach der Tor von ihr verlangen, daß sie ihn lieben solle? — Verstehet ihr solches? — Oder kann da jemand anders zur Liebe gelangen denn allein nur durch das Herz, das allein nur ein Wohnhaus der Liebe ist?

2] Oder so jemand möchte an einen Ort gelangen, leugnet aber den Weg dahin — wie wird der ohne einen Weg wandeln? — Und so ihr zu jemanden saget: „Siehe, wenn du schon keinen gebahnten Weg zugibst, so gehe doch über die Steppen, Felder, Wiesen, Fluren und Aecker!" Der Gegner aber erwidert euch: „Auch dergleichen gibt es nicht, sondern allein ein unergründliches Meer!" Saget, wie wird dieser an den Ort gelangen? — Und so ihm der Führer dann sagt: „Wenn du denn schon nichts denn lauter Meer siehst, so steige in ein Schiff und lasse dich vom Winde dahin tragen und schieben!" Der andere aber leugnet auch die Schiffe. Saget, wie wird der wohl an den Ort gelangen? — Oder wie will jemand zu jemandem kommen und von ihm etwas erlangen, so er ihm die wirkliche, wesenhafte Existenz abspricht? — Kurz und gut, und genug der Gleichnisse!

3] Wie kann aber jemand zum Vater gelangen und leugnen zugleich durch die Nichtannahme des Sohnes die Wesenheit des Vaters Selbst — während doch allhier Sohn und Vater also vollkommen Eines sind wie das Herz und die Liebe im Herzen, oder wie ein Mensch und sein Leben, oder wie Licht und Wärme, oder wie ein Ort und irgendein möglicher Weg dahin.

4] Wenn sonach aber der „Sohn" die eigentliche wirkliche Wesenheit des „Vaters" und das mächtige Gefäß ist, in dem der „Vater" oder die „Ewige Liebe und Weisheit" (in welcher da begriffen wird die allerhöchste „Fülle der Gottheit") wohnet — wie kann da jemand zum Vater gelangen, wenn der Sohn für ihn so gut wie eine bare Null ist?

5] Ich meine, das sollte euch genügen, um obigen Vers aus dem Grunde zu verstehen. Sollte aber jemandem trotz aller dieser handgreiflich enthüllenden Darstellungen der Vers noch dunkel sein, dann rate Ich ihm einen Versuch zu machen, wann er so recht hungrig ist, und zwar diesen, daß er sich sättige von einem bloß gedachten Brote — da es ihm unglaublich ist, daß da in der gewisserart groben, sichtbaren Materie des Brotes sich aufhalten solle ein ätherisches Brot zur Nährung und Belebung der Geister des natürlichen Lebens!

6] Mehr brauche Ich euch nicht zu sagen. Denn wer das nicht fasset, dem sind vorher noch zwei Aerzte nötig, nämlich ein Augen- und ein Ohrenarzt. — Solches verstehet wohl und haltet euch an den „Sohn", so wird euch der „Vater" nicht durchgehen, indem der Sohn und der Vater auf ein Haar, wie ihr zu sagen pfleget, eines und dasselbe sind.

7] Aber ohne den Sohn gibt es keinen Vater, wie ohne den Vater keinen Sohn! — Solches verstehet auch wohl in euch! Amen.

☆

Aerztlicher Rat bei Besessenheit

Am 12. April 1842, nachmittags

O Herr, die Kranke F. G. kann seit vierzehn Tagen ihre Augen nicht öffnen, ärztliche Mittel helfen nicht; auch ich Unwürdigster versuchte heute dreierlei magnetische Erweckungsmittel vergeblich, nämlich das Adspirieren, Gegenstriche und das Bestreichen der Augenlider mit kaltem Wasser. — Ich bitte Dich demütigst, Du mächtigster und barmherzigster Arzt aller Aerzte, voll der höchsten Liebe, Gnade und Erbarmung, daß Du mir ein Mittel anzeigen wollest durch Deinen Knecht, wodurch dem Mädchen die krankhaft geschlossenen Augen wieder geöffnet werden könnten. Dein heiligster Wille geschehe in und an uns jetzt und in alle Ewigkeit! Amen.

Aber Mein lieber Ans. H.-W., willst du denn schon wieder barmherziger sein, als Ich Selbst es bin? — Kennst du Meine Wege und weißt du denn, warum Ich solches geschehen lasse? — Ich sage dir aber, [bei dieser Kranken] da werden bis zu einer gewissen Zeit alle ordentlichen Mittel nicht viel fruchten! Wann es aber warm wird, da soll sie nur Bäder gebrauchen, erstens laue und dann kältere und stets kältere, so wird es wohl besser mit ihr. Aber ganz gesund wird sie nie, außer durch anhaltendes Gebet so viel möglich von ihrer Seite, und auch hauptsächlich durch das Gebet ihrer Angehörigen. — Denn dies Mädchen hat einen alten, lustigen, aber sehr blinden Familien-Geist in sich, und dieser ist über die Ohren vernarrt in dies Kind; daher zieht er bei jeder Gelegenheit und auf verschiedene Weise das Kind an sich.

2] Allein da das Kind seiner nicht achten kann, so hat er es nun an den Augen gepackt! — Und da werden fast alle Kuren vergeblich sein, sympathetische jedoch besser als medizinische. — Magnetische [Kuren] werden den Geist noch mehr erwecken und erbittern; wird er dadurch auch hier zum Weichen gebracht, so wird er aber dafür, sich noch gewaltsamer rächend, auf einen andern, dem Leben viel gefährlicheren Teil verstohlenerweise hinwenden und das Mädchen daselbst zu verstümmeln anfangen.

3] Daher, wie Ich schon oben bemerkt habe, werden da die Heilmittel keine großen Fortschritte bringen, außer mit der Zeit Bäder und Gebet.

4] Besser aber als alle bisher angewandten Mittel wäre Milch von einer gesunden Kuh, frisch gemolken, in linnenen Fetzchen warm auf die Augen gelegt und alle zwei bis drei Stunden gewechselt. Nur müßten die Fetzchen dann allzeit in reinem fließendem Wasser gereinigt werden, bevor sie wieder gebraucht werden sollten.

5] Jedoch die warme Zeit, Bäder und Gebet können im Vollvertrauen auf Mich allein das etwas geplagte Kind wieder völlig gesund machen; sonst aber wird ihm alles für bleibend wenig nützen. — Also steht es mit dem Kinde!

6] Wenn ihr aber für es ernstlich betet und ihm in Meinem Namen im Geiste die Hände aufleget, so werdet ihr dem Mädchen dadurch mehr nützen als durch alle eure anderen magischen oder medizinischen Mittel.

7] Verstehest du A. H.-W. solches? — Betet, und Ich aber werde dann schon tun, was des Rechtens sein wird. Amen.

☆

Sinnbilder der Liebe und ihr „Hauptschlüssel"

Am 14. April 1842, nachmittags

„Dieser ist's, der da kommt mit Wasser und Blut, Jesus Christus, nicht mit Wasser allein, sondern mit Wasser und Blut. Und der Geist ist's, der da zeuget, daß Geist Wahrheit ist. — (Denn die drei sind es, die da zeugen im Himmel: der Vater, das Wort und der Heilige Geist; und diese drei sind eins.) — Und drei sind es, die da zeugen auf Erden: der Geist und das Wasser und das Blut; und die drei sind beisammen."

Zu dieser Schriftstelle (1. Joh. 5, 6—8) wurde von Jakob Lorber die **Bitte** ausgesprochen: „Geliebtester, heiligster, barmherzigster und allerweisester Vater Jesus! Siehe, hier liegt schon wieder eine harte Nuß vor uns! Wir alle können ihrer nicht Meister werden. — Wäre es Dein heiligster Wille, so könntest Du sie uns ja wohl aufdecken. Aber nur Dein heiliger Wille geschehe! — Amen." — Die **Antwort** lautete:

Saget selbst, ob es euch nicht groß wundernehmen muß, daß ihr bei so viel Licht aus Mir dennoch so blind seid, um einen so leichten Text nicht auf den ersten Blick völlig zu erfassen!

2] Was ist das „**Wasser**?" — Solches ist euch schon bei mancher Gelegenheit klärlich gezeigt worden. — Was ist das „**Blut**"? — Auch solches wurde schon gezeigt. — Und was ist der „**Geist**"? — Solches auch wurde euch schon gar oft gezeigt.

3] Ich setze aber den Fall, es wäre euch allein entweder das Wasser oder das Blut oder der Geist gezeigt worden — da aber diese drei eines sind, so müsset ihr ja dennoch das Ganze verstehen, wenn ihr am rechten Orte, nämlich im **Herzen**, zu denken vermöchtet! Aber ihr alle seid noch Verstandesritter, und so geht es dann freilich wohl nicht mit derlei Texten, die nur im Herzen allein vollwahr und lebendig erklärt werden können.

4] Kennet ihr denn den „**Hauptschlüssel**" noch nicht, mit welchem allein **alle Geheimnisse der Himmel** allezeit vollgültig bis in den tiefsten Grund können erschlossen werden? — So ihr ihn doch nicht kennen solltet, da muß Ich ihn euch ja wohl noch einmal nennen! — Und so höret denn:

5] **Dieser Hauptschlüssel ist und heißet die Liebe**, d. h. **die wahre, reine Liebe eures Herzens zu Mir, wie vorzugsweise Meine unendliche zu euch!**

6] Sehet, das sind die eigentlichsten **Schlüssel Petri**! Darum Petrus zuletzt noch von Mir dreimal gefragt wurde, ob er **Mich liebe**.

7] O ihr Blinden, sehet und merket ihr denn noch nichts?! — Warum wächst denn auf oder in einer ganz trockenen Erde nichts? — So aber das Erdreich bewässert wird, werden da nicht bald zahllosartige Pflanzen, jede nach ihrer Art, ihre vollkommene Nahrung finden?

8] Was also ist das Wasser? — Ist es nicht die Liebe, welche da bei euch auf der Erde allen Wesen und Dingen eine alleinige Nahrung aus Mir ist wie das alleinige Leben selbst?! — Nun, was entspricht denn diesem natürlichen Wasser für ein anderes, geistiges Wasser? — Habt ihr denn noch nie etwas vom „lebendigen Wasser" gehört, darunter verstanden wird Mein Evangelium und ganz besonders Mein lebendiges Wort in euch, so es sich kund gibt in einem Mich liebenden Herzen?

9] Ich meine aber, mehreres über das „Wasser" zu sagen, wird doch wohl unnötig sein; denn ein vollkommeneres Bild für Meine Liebe bei euch läßt sich doch wohl nicht auffinden als das Wasser, davon ein jeglicher Tropfen schon eine Nahrung und ein Leben in sich trägt für zahllose Wesen naturmäßig, wie demnach erst geistig!

10] Also das „Wasser" hätten wir! — Aber jetzt kommt das „Blut"! — Was wird etwa doch das „Blut" sein? — Merket ihr noch nichts? — O ihr Blinden und Tauben! — O das Blut, das Blut, das ist dem Verstande freilich wohl stark im Wege! Denn je weniger Blut im Kopfe, desto heller der Verstand. Darum die echten Gelehrten auch nicht selten aussehen wie unglückliche Geister. — Aber das Herz muß Blut haben! Dem kann es nicht gleichgültig sein, ob Blut oder kein Blut. Denn des Herzens Leben ist das Blut!

11] Was wird demnach doch das „Blut" sein? — Jetzt spitzet eure Ohren und höret: Das „Blut" ist hier vollkommen dasselbe, was das „Wasser" ist — also schon wieder: Liebe — nur mit dem Unterschiede, daß darunter verstanden wird jene Liebe, die von euch in euren Herzen ins Leben aufgenommen wird zu eurer ewigen Belebung — also wie vom Leibe die Nahrung, die da sämtlich dem Wasser entstammt, aufgenommen und in ihm verkehret wird zum nährenden und alle Leibesteile belebenden Blute.

12] Also hätten wir auch das „Blut"! — Aber nun kommt noch der „Geist". — Was etwa der Geist hier ist? — Doch, wir wollen uns vor solchen kommenden Neuigkeiten nicht auf eine zu lange Folterbank spannen lassen; und so spitzet denn nun wieder eure Ohren und vernehmet, was ganz anderes Neues der „Geist" ist:

13] Er ist schon wieder nichts, als was das „Wasser“ und „Blut“ waren, nämlich Liebe! Aber nur die lebendige, wesenhafte Liebe in euch, welche ist „Mein Geist“ oder das sich ewig klar bewußte unvergängliche Leben in euch, das euer allereigentlichstes Wesen selbst ist.

14] Was ist aber demnach die „Erde“ oder der Träger des Wassers, des Blutes und des Geistes? — Greifet euch bei der Nase, so habt ihr die Erde schon zwischen euren Fingern!

15] Welcher Unterschied ist nun wohl zwischen „Wasser“, „Blut“ und „Geist“, da alle drei eine und dieselbe Liebe sind? — Da sie eine und dieselbe Liebe sind, so werden sie ja doch wohl auch vollkommen eins sein?!

16] Also damit wären wir auch im Reinen! — Aber jetzt kommen die drei großen „Zeugen des Himmels“, als der Vater, das Wort (der Sohn) und der Heilige Geist oder die Ewige Liebe in Gott, oder das große lebendige Zeugnis, das da Fleisch geworden ist und hat unter euch gewohnet und wohnt im Geiste noch jetzt als „der Heilige Geist aller Liebe und aller Wahrheit“ bei euch, unter euch, und so ihr es wollet auch allerlebendigst in euch!

17] Sehet, da haben wir nun schon alles! — Nur der „Himmel“ geht uns noch ab. Doch für so dumm will Ich euch nicht halten, daß ihr da nicht wissen solltet, daß unter dem „Himmel“ verstanden wird das ewige Liebeleben in Mir, dem heiligen, liebevollsten Vater!

18] Sehet, nun habt ihr alles: Wasser, Blut, Geist; Vater, Wort und Heiligen Geist und die Erde und den Himmel! Und dieses alles, sage Ich euch, ist eine und dieselbe Liebe.

19] Darum haltet euch an die Liebe, so habt ihr alles!

20] Verstehet dies alles wohl! — Amen.

☆

Maria und Martha

Am 15. April 1842

Nun denn, so gebe Ich dir dies Wörtlein! — Was fragst du denn hier: für welche? — Wirst es doch noch nicht vergessen haben, für welche du verlangtest in deinem Herzen? — Also der gebe es! — Aber beachten sollen es alle, wohlverstanden!

2] So höre denn, Mein liebes Töchterchen, und gebe ja wohl acht auf das, was Ich dir hier sage! — Sammle alle deine Liebe in eine Liebe zu Mir, deinem guten, heiligen, liebevollsten Vater, so wirst du zu einer großen Kraft gelangen; und in dieser Kraft erst, glaube es Mir, wird dir jeder gute Wunsch deines Herzens in die allerhöchste Erfüllung gehen.

3] Willst du aber diesen Rat werktätig befolgen, dann stelle dir nur recht oft die Martha und deren Schwester Maria vor, und denke bei dir so recht fest und tief im Herzen nach, warum Mir denn doch die gewisserart müßige Maria bei weitem lieber war als die so sehr emsig beschäftigte Martha — und was Ich zu der Martha gesagt habe, als sie Mich bat, daß Ich die Maria beheißen solle, daß sie ihr helfe.

4] So du solches recht nachdenkend betrachten wirst, dann wird es dir schon einleuchtend werden, warum Ich dich, Mein liebes Töchterchen, nun darauf aufmerksam gemacht habe!

5] Glaube es Mir, deinem lieben, heiligen Vater: „Nur eines tut not, und dieses eine ist die wahre Liebe zu Mir! — Alles andere gehört der Welt an und ist ein eitel nichtiges Zeug!"

6] Also, Mein liebes Töchterchen, halte auch du dich an dieses eine, so wirst auch du gleich der Maria bei Mir, deinem liebevollsten, heiligen Vater wohnen — hier schon, wie noch viel mehr jenseits ewig, ewig, ewig. — Amen.

☆

Vatergabe zum Geburtstag

Am 21. April 1842

Und so schreibe denn: Da das sogenannte Gratulieren bei euch schon an der Tagesordnung ist, so will denn auch Ich von dieser Tagesordnung keine Ausnahme machen, und zwar aus dem sehr einfachen Grunde, weil Ich fürs erste der größte Freund der Ordnung bin, und fürs zweite, weil Ich die ewige Ordnung Selbst bin.

2] Aber nur erwarte da niemand irgendeinen sogenannten Glückwunsch von Mir, der an und für sich nichts als eine allerbarste, nur weltlich etwas artigere Lüge ist und einer Frucht gleichet, welche in der vollen Unreife vom Baume gefallen ist und dann auf der Erde ganz unbeachtet zertreten wird. Denn es ist um vieles besser, so du jemanden einen kupfernen Pfennig gibst, als so du ihm tausend Pfunde des allerreinsten und schwersten Goldes gewünscht hättest.

3] Daher wünsche Ich dir, Mein lieber Ans. H.-W., gar nichts, sondern gebe dir Meinen Vatersegen für dich wie für deine Familie — und ein Kreuzlein hinzu als Bestätigung dieser Meiner dir jetzt dargereichten heiligen Vatersegensgabe. Und sei versichert, solches wird dir mehr frommen, als wenn Ich dir wünschte eine ganze Erde voll des allerbarsten Goldes!

4] Darin aber bestehet diese Meine Vatersegensgabe, daß Ich dein Herz bereichern will und werde mit Meiner Vaterliebe und du dann dadurch zu der inneren Anerkennung gelangen wirst, daß es dem Kinde, das sich noch im Mutterleibe befindet, nicht wohl möglich ist, den Vater mit den Augen zu schauen. Wenn aber das Kind aus dem Leibe geboren wird und erschauet das Licht der Sonne, d. h. die erleuchtenden Strahlen aus ihr, so wird es auch bald den Vater in diesen Strahlen erschauen und nach kurzem Zeitenfluge ihn als solchen auch völlig erkennen.

5] Siehe, du bist nun auch noch im Mutterleibe Meiner Liebe in Dir; daher kannst du Mich auch noch nicht sehen! So du aber aus diesem Leibe Meiner Barmliebe in dir bald vollends ausgeboren wirst im Geiste der Liebe und aller Wahrheit aus ihr, da wirst du auch den Vater sehen und Ihn als solchen erkennen. Des sei vollkommen versichert!

6] Es ist aber dennoch ein Unterschied zwischen der Geburt eines Kindes aus dem Fleischleibe der Mutter und der Geburt des Geistes aus und durch Meine Liebe. Denn die erste Geburt ist bedingt durch die Notwendigkeit der Natur; die zweite aber durch den freien Willen des Menschen und demzufolge dann durch Meine unmittelbare, nie unterm Wege bleibende Gnade.

7] Wenn demnach jemand ganz vollkommen ernstlich will und verleugnet sich in aller Demut seines Herzens, genötigt durch Meine Liebe in ihm, der wird dann auch sicher um vieles eher zum heiligen Endziel alles Segens gelangen, welches da ist die dir schon wohlbekannte Wiedergeburt des Geistes.

8] Wenn da aber jemand ist voll Lauheit gleich einem (dir in gegenwärtiger Zeit wohlbekannten) Musikschüler, der da bald kocht, bald Holz spaltet, bald die Gasse kehrt, bald näht, bald drischt, bald lustwandelt, bald den Schweinen das Futter bereitet, bald unnützes Zeug plauscht, bald wieder faulenzt, ja bald dies und jenes tut und unternimmt, aber nur selten ein halbes Stündlein kaum beim Klaviere oder bei einem anderen Instrumente zubringt — wann und wie wird ein so „emsiger“ Musikschüler ein freier Künstler werden?! — Und wann wird alsonach derjenige, der Mich nur so gewohnheits- und manchmal besserer Zerstreuung halber neben aller seiner Welt so recht nachlässig mitstreifen läßt, zur Wiedergeburt des Geistes gelangen?!

9] Ich sage dir: Auf dieser Erde schwerlich je — sondern vielleicht, wenn er sich nicht ganz tot gemacht hat, nach dem Tode des Leibes höchst mühsam und beschwerlich, da er gleichen wird einem mühsamen und übermüden Wanderer, der da zu kämpfen wird anfangen müssen, wo er die endliche, allersüßeste und allerseligste Ruhe erwartet hatte.

10] Wenn du, Mein lieber Ans. H.-W., dieses alles wohl beachtest, so wird es dir wohl einleuchtend werden, was Großes du mit dieser Meiner Vatersegensgabe von Mir erhalten hast!

11] Die Wiedergeburt des Geistes ist die einzige Bedingung dieses Erdlebens, wie das Endziel alles freien Seins. Diese aber kann ohne den hinreichenden Wärmegrad Meiner Liebe in euch nicht erfolgen. Darum aber gebe Ich dir hiermit eine große Liebeberührung, damit du bald zum gerechtesten Liebwärmegrad, nötigst zur vollen Wiedergeburt, gelangen sollest.

12] Und so denn nehme hin Meine heilige Vatergabe, auf daß du dadurch leben mögest ewig im Schoße deines heiligen Vaters. Amen.

13] Solches gebe Ich dir heute wie allezeit — ja, Ich, dein heiliger, liebevollster Vater Jesus! Amen, Amen, Amen.

☆

Zur Frage der Dreieinigkeit

Am 27. April 1842

Es steht geschrieben: „Wer Mich sieht, der sieht auch den Vater!“ (Joh. 14, 9). — Bei Markus (13, 32) heißt es aber: „Allein von jenem Tage und von jener Stunde weiß niemand; auch nicht die Engel im Himmel, auch nicht der Sohn, sondern nur der Vater.“ — Wie können diese beiden Stellen in Uebereinstimmung gebracht werden? — Und heißt es nicht auch: „Der Vater ist größer denn Ich.“?

Das ist Mir schon eine rechte Anfrage zwar; aber nur hätten die Fragenden zuvor recht emsig versuchen sollen, durch den Hauptschlüssel der Liebe zu erörtern und dadurch in sich selbst zu sehen und zu erfahren und zu bemessen, wie tief sie schon in ihr Inneres gedrungen sind. — Doch es gibt ja noch tausend Stellen, die sie noch lange nicht bis in den Grund des Geistes erkennen, und so bleibt für sie schon noch immer eine Arbeit übrig!

2] Was sonach aber die vorliegenden Stellen betrifft, da vernehmet und schauet offenen Herzens in die heilige Tiefe Meiner Liebe in euch! — Denn also spricht das Liebelicht:

3] Der „Vater“ ist die reinste „Ewige Liebe in Gott“ oder das „Ewige wesenhafte Wort“ in Sich Selbst. — Der „Sohn“ aber ist das vom Vater ausgesprochene Wort oder der Sich euch wesenhaft im Sohne offenbarende Vater Selbst. Es verhalten sich beide wie ein gedachtes und ein ausgesprochenes Wort, da der Gedanke ist der Grund oder der Vater des ausgesprochenen Wortes, das ausgesprochene Wort aber wieder nichts anderes als der sich offenbarende Gedanke oder der Vater des Wortes selbst.

4] Wenn ihr nun dieses verstehet, so muß es euch ja doch schon sonnenklar sein, daß wer den Sohn siehet und höret, ja auch den Vater notwendig sehen und hören muß, und daß demnach Vater und Sohn eines und dasselbe sind, wie der Gedanke und das danach ausgesprochene Wort — und daß der Vater im Sohne und der Sohn im Vater ist, wie der Gedanke im ausgesprochenen Worte und das ausgesprochene Wort im Gedanken.

5] Auch müsset ihr darnach verstehen, warum der Vater mehr ist als das Wort oder der Sohn. Das Wort wäre ja ohne den Vater oder den vorhergehenden Gedanken eine allerbarste Unmöglichkeit! Also ist der Vater als der ewige Zeuger des Wortes mehr als das gezeugte Wort. Wenn aber das Wort gezeuget ist, dann ist es ja doch völlig identisch mit dem Vater!

6] Und so ihr dies alles verstehet, da meine Ich, es dürfte da wohl fast unnötig sein, euch noch ferner zu erhellen, warum (bei Markus 13, 32) „niemand“ vom kommenden Tage und der Stunde des kommenden großen Gerichtes über die ganze Erde, im Geiste genommen, etwas weiß, außer allein der Vater — und nicht auch „der Sohn“. So ihr nur ein Senfkörnlein groß Verstandes im Herzen (nicht im Gehirne des Kopfes) besitzet, da müsset ihr ja doch auf der Stelle einsehen, daß durch das Wort wohl die Wissenschaft des Gedankens sich kundgibt — aber ist darum das Wort die Wissenschaft selbst? — Daher kann solches wie alles andere ja doch nur der Vater wissen, nicht aber der Sohn, der da gleichsam ist die Zunge im Munde des Vaters.

7] Damit ihr aber über Vater, Sohn und Geist die volle Anschauung habet, so wisset denn:

8] Der Gottmensch Jesus war wesenhaft der Vater Selbst oder die Sich mit menschlichem Fleische bekleidende Ewige Liebe und Weisheit Selbst – oder die Fülle der Gottheit leibhaftig.

9] Das ausgesprochene „Wort" des Gottmenschen Jesus oder dessen Lehre aber ist der „Sohn".

10] Da aber der Vater schon von Ewigkeit her wußte, was Er tun wird, so war ja der Gottmensch Jesus auch schon von Ewigkeit her „im Vater", manifestierte Sich aber als „Gottmensch" erst dann leibhaftig, da Sich der Vater Selbst offenkundig ausgesprochen hatte!

11] Saget Mir, begreifet ihr etwa jetzt noch nicht, wie der Sohn und der Vater eines und dasselbe sind? – Solltet ihr aber jedoch noch Skrupel haben, da sehet auf den Geist, der muß euch ja in alle Wahrheit leiten!

12] Denn derselbe Geist, der da ewig war im Vater (der da ist der urewige Grundgedanke oder die ewige reinste Liebe Selbst) – ist ja doch auch sicher in des Vaters ausgesprochenem „Worte". Wo aber ein Geist, da wird ja doch etwa wohl auch eine und dieselbe Wesenheit sein! Wenn es nicht also wäre, wie hätte da der Gottmensch Jesus von Sich aussprechen können: „Ich bin der Weg und die Wahrheit und das Leben! Niemand kommt zum Vater denn durch Mich!"[1] – was soviel heißt als: Ich bin die Liebe oder der Vater, und die ewige Weisheit oder Gott Selbst, oder der Geist und das ausgesprochene Wort, oder das ewige Leben Selbst, in welchem da wohnet alle Fülle der Gottheit leibhaftig!

13] Da es aber also ist, saget, auf welchem andern Wege kann jemand zum Vater gelangen, wenn er sich vom selben nicht ergreifen und ziehen läßt, darum er hat die Freiheit des eigenen Willens!?

14] Wer sonach das vom Vater ausgesprochene Wort tätig oder lebendig in sich aufnimmt, der nimmt dann ja auch den Sohn auf. Wer aber den Sohn in sich aufgenommen hat, der wird ja etwa doch den Vater auch aufnehmen, da der Sohn und der Vater eines und dasselbe sind!

15] Wer aber somit Sohn und Vater in sich aufgenommen hat, der wird doch auch sicher den „Geist" oder das „Licht", das da ist gleich wie im Vater also auch im Sohne, in sich haben und wird aus diesem

---

[1] Joh. 14, 6.

Geiste sein „in aller Wahrheit", und das zwar aus dem ganz einfachen Grunde, weil es außer diesem Lichte kein anderes Licht mehr gibt und alles Licht somit nur diesem alleinigen Lichte entstammt. — Wer aber in dem Lichte ist, der ist auch im Vater durch den Sohn.

16] Da aber der Vater das urewige Grundliebeleben ist und alles Licht von diesem Leben ausgehet, so wird der Mensch doch wohl sicher auch das ewige Leben haben, wenn er in selbem[1] ist und dasselbe in ihm durch den Sohn, Geist und Vater!?

17] Ich meine aber, so ihr nicht noch blinder seid als der Mittelpunkt der Erde, so dürfte euch dieses wohl genügen, um einzusehen, daß wer da im Geiste Jesum sieht, keinen Tubus mehr brauchen wird, um auch den Vater zu erschauen!

18] Daß ihr aber solches nicht verstehet, so ihr es leset, daran schuldet lediglich euer materiell-heidnisches Drei-Göttertum, das da zu Nizäa ausgeheckt wurde und später noch stets mehr, sogar bis zur Plastik, vermaterialisiert ward, so daß ihr euch nun mehr oder weniger nicht davon zu trennen vermöget. Daher müsset ihr nun allem früheren (Wahn-)Lichte absterben, so ihr wollet zum reinen Geisteslichte aus Mir gelangen!

19] Solches verstehet und tuet auch darnach, so werdet ihr leicht und bald zu Mir, dem heiligen Vater, gelangen! — Amen.

☆

Der Großglockner

Am 30. April 1842, nachmittags von 1/2 4 bis 1/2 8 Uhr

An diesem Tage begann eine große Kundgabe über den „Großglockner", welche in mehreren Fortsetzungen bis zum 28. Mai 1842 erfolgte. — Nachstehende Worte sind dem Eingangskapitel entnommen:

Schreibender: Ans. H.

Es deucht euch wunderbar das wohlgelungene Bild, wie majestätisch da ein König der Berge, der „Großglockner" genannt, aus der Mitte seiner großen Brüder kühn sein Haupt erhebt und gewisserart nach allen Seiten hin schaut, wo seine Kinder, von ihm auslaufend, sich befinden. Aber noch wunderbarer wird es euch bedünken, wenn Ich euch, nach der guten Ordnung bei seinen kleinsten Abkömmlingen anfangend, bis zu ihm hinführen werde...

2] Es gibt gar viele Menschen, die da sagen: „Ich habe einen sanften Hügel, der mit Aeckern, Wiesen, Baumgärten, Waldungen

[1] im Lichte; d. Hsg.

und Viehweiden belebt ist, um unvergleichbar vieles lieber denn hundert Großglockner!"

3] Solche Menschen haben zwar einesteils wohl recht. Denn auf dem ewigen Schnee und Eise des Großglockner läßt sich durchaus kein Weinberg anlegen; ja nicht einmal die allerletzte Pflanze, wie z. B. das harte Steinmoos, kommt da fort.

4] Ich frage aber: Ist denn ein Berg nur nach seiner vegetabilen Fruchtbarkeit zu taxieren? — Wenn es auf die Fruchtbarkeit ankommt, da ist ein jeder Berg überflüssig. Denn in der Ebene arbeitet sich's ja doch offenbar leichter als auf was immer für einem Berge. Und die Erfahrung wird euch schon gar wohl belehrt haben, daß in der Ebene alles recht gut fortkommt.

5] Sonach ist es doch sicher eine Albernheit, einen Berg nach seiner Fruchtbarkeit zu taxieren. Denn die Fruchtbarkeit der Berge ist nicht die Bedingung ihres Daseins, sondern diese dreht sich um eine ganz andere Achse. Sonach werden diejenigen wohl ihr Wort zurücknehmen müssen, welche einen fruchtbaren Hügel höher schätzen als einen unfruchtbaren hohen Gletscher. Und sie werden es sich gefallen lassen müssen, wenn Ich sage: Ein Quadratklafter vom Eise des Großglockner ist an und für sich mehr wert als eine Quadratmeile voll der fruchtbarsten Hügel!

6] Hier werdet ihr schon wieder fragen: „Wieso denn? Wie ist das möglich?"

7] Ich aber sage euch: Wenn es nur auf den gewissen Erwerbsertrag ankommt, da könnt ihr euch mit den Augen eures Kopfes, für sich allein genommen, sicher nicht einen Heller verdienen, wohl aber mit euren Händen und Füßen! Ist aber darum das Auge nicht mehr wert als die Hände und die Füße, welche ihr ohne das Licht des Auges schwerlich gebrauchen würdet?! Und doch ist die Pupille des Auges gar klein im Verhältnis zu dem Maße der Hände und Füße! Und müßt ihr nicht zuvor ein jedes Ding, das ihr mit der Hand ergreifen wollt, mit dem Auge ergreifen, und so auch mit dem Auge den Füßen allzeit vortreten?!

8] Wenn ihr nun dieses beachtet, so wird euch wohl ersichtlich werden, warum Ich eine Quadratklafter des eisigen Großglocknergrundes höher ansetzte als eine ganze Quadratmeile des fruchtbarsten Hügellandes. Denn so wie ihr ohne das Auge wenig Früchte tragen würdet an den Händen und Füßen, so auch würden die Ebenen und Kleinhügelländereien gar spottwenig Früchte tragen ohne den ewigen

Schnee und das Eis der Gletscher. Und in dieser Hinsicht dürfte dann wohl so mancher wohlhabende und gesegnete Landmann eine Reise nach dem Großglockner machen und daselbst in Meinem Namen sein Eis küssen. Denn es hängt von der kußgroßen Fläche des Eises am Großglockner die ganze Fruchtbarkeit seines Grundes ab.

9] Möchtet ihr hier denn nicht schon wieder fragen: „Wieso denn? Wie ist das möglich?" — Nur eine kleine Geduld; es wird gleich kommen!

10] Ihr wißt, daß sich nach dem alten Sprichworte Gleiches mit Gleichem gerne vergesellschaftet. Wenn ihr in eurem Zimmer irgendeinen feuchten Stein in der Mauer habt, so wird dieser Stein nicht so leicht trocken werden, sondern wird vielmehr noch Feuchtigkeit von allen Seiten an sich ziehen und sonach seinen Feuchtigkeitsüberfluß der andern, ihn umgebenden Mauer mitteilen und wird somit einen großen feuchten Fleck in eurem Zimmer bewirken.

11] Sehet, also verhält es sich auch schon wieder mit unserem Großglockner! — Er ist ebenfalls ein sehr großer, feuchter Stein in den weit ausgedehnten Ländereien eines Erdteiles und zieht dadurch von weit und weit her die in der Luft überflüssig schwebenden Feuchtigkeiten an sich. — Wenn aber diese Feuchtigkeiten in tropfbarem Zustande an seinen Steinwänden blieben, so würden sie dann auch alsbald wieder in großen Strömen diesem Riesensteine entweichen und viele Ländereien um ihn herum verheeren. Damit aber solches nicht geschieht, so bewirkt er durch seine Höhe und Gesteinseigentümlichkeit, daß die in sich gesogenen Feuchtigkeiten alsbald zu Schnee, Hagel und Eis werden.

12] Aber hier werdet ihr sagen: „Wenn das wirklich also ist und geschieht, so muß er dadurch mit der Zeit ja über ganz Europa hinauswachsen!"

13] O ja, das würde auch sicher der Fall sein, wenn er keine „Kinder" und „Kindlein" hätte. Aber diese Kinder entbürden dann ihren Vater, und zwar auf diese Art:

14] Wenn seine Eis- und Schneelast von oben und außen hinzuwächst, da werden die unteren Teile oder die unteren und alten Schnee- und Eismassen eben auch stets mehr gedrückt und gequetscht, wobei sich dann diese Wasser- und Luftteile durch solchen Druck in zahllosen kleinen Partien entzünden, sich dann wieder in neblichte Dünste auflösen und diesem ihrem Gefängnisorte entsteigen. Und da ein solcher Gletscher seine vorzügliche Anziehungskraft nur in seinen höchsten Regionen hat, so würden diese aus seinen niederen und unteren Regionen entwichenen Dünste sich entweder als tropfbare Flüssigkeit stromweise in die tieferliegenden Ebenen, alles zerstörend, ergießen, oder sie würden sich, wenigstens auf den höheren Punkten, dem Schnee und Eise anschließen und dasselbe also fort und fort ausdehnen und mehren, daß da in einem Jahrtausende ganze Ländereien von ihnen begraben würden.

15] Aber damit weder das eine noch das andere geschieht, so sind einem solchen „Gebirgslandesvaters" auch eine unübersehbare Menge „Kinder" an die Seite gestellt, welche gar begierig die Ueberbürdung ihres Vaters auf sich nehmen; und was ihnen selbst noch zuviel wird, da hocken um sie herum schon wieder eine Menge „Kindlein", welche den Ueberfluß gar begierig an sich nehmen. Und was denen auch noch zuviel wird, damit erst segnen sie das ganze andere weitgedehnte Flachland.

16] Und so ihr dieses nur einigermaßen begreift, da werdet ihr es auch leicht einsehen, warum sich von einem solch hohen Berge so weitgedehnte, zusammenhängende Bergketten nach allen Richtungen hin fast strahlenartig erstrecken. Und es wird euch auch nicht eben zu lächerlich klingen, wenn Ich euch sage, daß ihr selbst aus euren Hausbrunnen noch Großglocknerwasser trinket und daß es in eurem Lande[1] gar spottwenig Quellen geben wird, die ursprünglich ihr fruchtbares Dasein nicht diesem Gebirgslandesvater verdanken möchten...

17] Aber das ist nur eine naturmäßig-nützliche Verrichtung und Bestimmung dieses „Gebirgslandesvaters".

18] Es stecken nebst dieser noch zwei andere und viel wichtigere im Hintergrunde, welche wir in der Folge dieser Mitteilung erst werden kennenlernen. Und wenn ihr erst diese werdet kennenlernen, so werdet ihr auch stets einen vorteilhafteren Begriff von der großen Nützlichkeit eines solchen totscheinenden Gebirgsriesen in euch lebendig erschauen.

19] Denn wahrlich, Ich sage euch: Auf der Welt verhält sich alles verkehrt! Wo ihr viel Lebendigkeit sehet auf der Erde, da ist auch ebensoviel des Todes. Wo ihr aber glaubet, es sei alles in einen ewigen Tod versunken, da herrscht zumeist des Lebens größte Fülle und eine unberechenbar eifrige Tätigkeit desselben.

20] Aus diesem Grunde waren zumeist alle Propheten und Seher auf den Bergen zu Hause. Und Ich Selbst, als Ich Mensch auf der Erde war, hielt Mich vorzugsweise gern auf den Bergen auf. Auf dem Berge gab Ich dem Versucher den ewigen Abschied; auf einem Berge speiste Ich viele Hungrige; auf dem Berge gab Ich in Meinem Worte den ganzen Himmel preis; auf

[1] Steiermark.

einem Berge zeigte Ich Mich als das urewige Leben verklärt den drei euch Bekannten; auf einem Berge betete Ich, und auf einem Berge wurde Ich gekreuzigt.

21] Darum achtet die Berge! Denn wahrlich, je höher sie ihre Scheitel über die Schlammtiefe des menschlichen Eigennutzes erheben, desto geheiligter sind sie auch und desto segnender das ganze andere Land.

22] Wie solches zugeht, haben wir schon zum Teile gehört. Die Folge aber wird euch erst alles dieses ins klarste Licht stellen — und so lassen wir es heute bei dem bewendet sein!

☆

Von der Ausbreitung des neuen Wortes

Am 5. Mai 1842, von 4 bis 7 Uhr nachmittags

O heiligster Herr und Vater! Wir sind wohl tief durchdrungen von der Wahrheit des 7. Verses im 7. Psalm , den uns Deine große Liebe und Erbarmung gnädigst geschenkt hat. Da heißt es wohl mit vollstem Rechte: „Denn wer kann Dir danken im Tode und wer in der Hölle Dich loben und preisen?" Und im darauf folgenden Verse: „Wie kann der Unheilige dem Heiligen fürs Heilige danken?"

Oh, so sage uns denn, o liebevollster Herr und Vater, zu einem Troste: Wird denn nicht bald der frohe Tag herankommen, an welchem Dein heiliges, neues, lebendiges Wort, welches jetzt an uns wenige Unwürdigste ergeht durch den Mund und die Feder Deines Knechtes, bekannt werden wird auch andern, reineren Herzen und besseren Kindern als wir sind? Verherrliche, ach verherrliche baldigst, o Herr Jesu, Deinen heiligsten Namen! Laß uns im großen Feuerbrande, den die Veröffentlichung Deiner gnadenreichsten Offenbarung verursachen wird, hell auflodern in Liebe zu Dir, Du heiligster Vater, in Liebe zu Dir allein, Du guter, liebevollster Vater Jesus, Jehova, Emanuel! Amen.

Höre du, Mein lieber Ans. H.-W., du hast eine eitle Sorge, darum du nicht kennst den Lauf der Zeit. Also fragten dereinst auch Meine Apostel und Jünger, wann die Zeit kommen wird, so dieses alles geschehen solle, was Ich ihnen vorsagte von der „letzten Zeit". Ich habe ihnen zwar auch das gesagt, allein sie verstanden es nicht, also wie auch ihr das nicht verstehet bis zur Stunde! Und es ist gut und recht, daß ihr es nicht verstehet; denn verstündet ihr es, da wäre es auch teuer um die Freiheit eures Lebens!

2] Was kümmerst du dich denn also um die *Ausbreitung* dieser *Meiner*, an euch wenige *ergangenen Morgengabe*? — So du dich also kümmerst, gleichst du da nicht den Kindern, die da nicht abwarten können die Vollreife einer Frucht, sondern langen mit Händen und Stöcken darnach, um die unreife Frucht vom Baume zu treiben, auf daß sie dann in dieselbe beißeten und sich ergötzeten an den gegenseitigen sauren Gesichtern. So sie aber einen Bissen dieser Frucht in dem Munde haben, werden sie ihn wohl hinabzehren? Und so sie solches täten, würde es ihnen nicht leicht gar übel bekommen?

3] Siehe, daher ist auch hier zuvor die *Reife* dreifach nötig! Und zwar zuerst als ein zu *Ende gebrachtes Werk*. Obschon da zwar an und für sich jedes Wort schon ganz reif ist, so wird aber dennoch unter der Vollreife die Beendigung des [gesamten] Werkes verstanden. — Fürs zweite aber wird unter der Vollreife verstanden ein *reifes Volk* zur Aufnahme eines solchen Lichtes. — Die dritte Reife aber betrifft die Reife *eurer Herzen*. Denn ohne die müsset ihr euch gefallen lassen, daß die Welt euch frage: „Wo habt ihr denn die *Früchte* dessen, was ihr uns anbietet?" — und ihr müßtet dann darauf antworten: „Solche erwarten wir erst selbst mit großer Zuversicht!" Und die Welt möchte euch dann darauf wiederum erwidern: „Ja, wenn es so ist, da behaltet ihr nur euer Licht so lange selbst, bis es in euch sichtbare Früchte zeugen wird. Und wird es das, dann erst wollen wir es auch annehmen!"

4] *Sehet, daher ist die Reife eine Hauptbedingung dessen, was da genossen werden solle mit Nutzen von allem Volke.*

5] Siehe, Ich aber habe die Reife also eingeteilt, daß *ihr* nur für die Reife *eures Herzens* zumeist zu sorgen habt und daneben für die wenige Schreiberei dessen, was da kommt zu euch durch Meine Gnade, Liebe und Erbarmung. — Das *Wort* selbst ist ja *Meine* Sorge. Und zu der Reifmachung der *Völker* werdet ihr wohl ohnehin nicht viel beitragen können.

6] Daher sorget euch nur um das, was vorderhand euch anvertrauet ist, und lasset das übrige rein Mir über, der Ich die Zeit und die Reife kenne — so wird alles gut gehen. Und fraget nicht: *wie* und *wann*? — sondern denket euch: für *jetzt* gebe Ich es nur euch.

7] Wenn es aber *fertig*[1] wird, dann denket euch: Wir haben eine köstliche Perle umsonst empfangen, diese soll nicht unter die Schweine

---

[1] d. h. wenn alles der Menschheit vom Vater zugedachte durch den Knecht Jakob Lorber geschrieben ist; d. Hsg.

geraten! Wenn wir sie aber hergeben, da geben wir sie, wie und um welchen Preis sie uns gegeben ward und wann ich solches von euch ausdrücklich verlangen werde.

8] Du hast des neuen Psalms Stelle zwar zu dem Zwecke berührt — ist aber daher nicht die Reife zuerst nötig, bevor das Licht diese Finsternis des Todes und der Hölle durchbrechen kann? — Freilich wohl mag da im Tode Mir niemand danken und in der Hölle Mich niemand loben und preisen; oder was kann das Unheilige dem Heiligen bieten und geben und tun, das da wohlgefiele dem Heiligen, so es nicht zuvor durch wahre Buße und gänzliche Umkehr zu Mir geheiliget wird?

9] Aber das ist ja eben das „Reifwerden", von dem hier die Rede ist! Denn solches besagt der Psalm ja überlaut und sonnenklar, daß der Tote nicht aufnahmsfähig für Liebe, wie der Blinde nicht geschickt ist zum Lichte. — Wo aber noch kein Leben und kein Licht ist, sondern nur Tod und Hölle, saget Mir, was soll da der Himmel voll Lebens und heiligsten Lichtes zu tun haben?

10] Ich sage dir aber: Es würde sich weit erträglicher machen, so du bewohnen möchtest ein Totenhaus oder eine Gruft, die da ist voll Totengebeins, Moder- und Ekelgeruchs, als so du vor der rechten Zeit der Reife dieses Mein Wort hinausstoßen möchtest in die noch sehr stark tote und überaus finstere Welt!

11] Ich sagte zwar einmal zu euch: die Welt bedarf dessen in der Bälde. Solches aber bedeutet ja eben auch nur die Reife, welche nun schon überall vorbereitet wird.

12] Daher — wachet und arbeitet! Denn ihr wisset nicht und dürfet es auch nicht wissen, wann die Zeit der Reife eintreten wird. Sicher dann und so, da ihr es euch am wenigsten versehen werdet!

13] Aus dem Grunde habe Ich ja auch einmal zu euch gesagt: „Vorderhand gebe Ich es nur euch!" — Warum beachtet ihr denn solches alles nicht tiefer?! — Wer aber mag Mich fragen: „Vater, so Du Mir zu essen gibst, warum lässest Du denn die andern hungern?" — Wahrlich, den möchte Ich schier entgegenfragen: „Habe Ich dich zu Meinem Haus-Rate denn je gemacht, darum Ich dir Rechnung legen solle?!"

14] Daher bleibe du bei der dir gereichten Schüssel und esse sorglos daraus und schreibe Mir darüber nicht vor, was Ich tun solle! Denn Ich weiß es gar wohl, was Ich tue!

15] Wenn Ich aber zu euch sagen würde: „Gehet hinaus usf. —", da würdet ihr sicher beben vor der Welt. Da Ich aber eure Stärke kenne, also verlange Ich auch solches nicht von euch. — Somit bleibet bis zur Reife dabei, wie ihr's habt, dann aber werde Ich euch das Weitere schon berichten!

16] Sollte es euch aber also nicht recht sein, so könnet ihr ja alles weglegen und euch begatten mit aller Welt! Ich aber werde Meine Absicht anderwegs sicher wohl bezweckend erreichen. Denn auf euren schwachen Glauben, der da stets voll Anstände ist, stehe Ich wahrlich nicht an — wohl aber ihr ewig auf Meine Treue! — Nun habt ihr sie, so behaltet sie auch! — Amen.

☆

Vom Werben der göttlichen Liebe

Gleichnis.

Am 7. Mai 1842, nachmittags

Ohne die Bibel zur Hand zu nehmen, wählte Jakob Lorber zur Betrachtung Jeremia 3, 10: „Und in diesem allem bekehret sich die verstockte Juda, ihre Schwester, nicht zu Mir von ganzem Herzen, sondern heuchelt also, spricht der Herr." —

Ans. H. wählte Epheser 3, 7—9: „Deß ich ein Diener geworden bin, nach der Gabe aus der Gnade Gottes, die mir nach Seiner mächtigen Kraft gegeben ist. Mir, dem allergeringsten unter allen Heiligen, ist gegeben diese Gnade, unter den Heiden zu verkündigen den unerforschlichen Reichtum Christi und zu erleuchten jedermann, welches da sei die Gemeinschaft des Geheimnisses, das von der Welt her in Gott verborgen gewesen ist, der alle Dinge geschaffen hat durch Jesum Christum."

Der Herr erklärte durch den Knecht:

Höret und sehet, wie's der Zufall gibt! Aber nur betrachtet nicht den „Zufall" als irgendein vanes, blindes Geschick, sondern als das nur, was da euch „hinzufällt" als eine gute Beigabe von Mir!

2] Was brachte somit der „Zufall"? — Er brachte eine vorbildende, heuchlerische, verstockte Schwester Juda; dann einen getreuen Diener durch Meine Gnade, einen überaus demütigen Bekehrer der Heiden und treuen Verkünder des großen Geheimnisses Gottes in Jesus, dem Gekreuzigten, durch Den alle Dinge sind erschaffen worden, an eben dieses Volk der Nacht. — Also, das ist alles, was hier der „Zufall" gab!

3] Wie aber wird sich diese zerstreute Gabe des Zufalls unter ein Dach bringen lassen? — Das ist eine ganz andere Frage!

4] Damit aber der gute „Zufall“ nicht einen vergeblichen Zufall getan habe, so wollen wir zu einem leicht faßlichen Gleichnisse unsere Zuflucht nehmen und also wie im „Zufalle“ euch erzählen:

5] Es war ein Mann voll Liebe und Weisheit; sein Alter war von etlich vierzig Jahren. — Dieser Mann verachtete aus dem Grunde seines Herzens alle Reichtümer der Welt, da er im Vollbesitze der höchsten geistigen Güter war.

6] Da er aber also auch ein überaus liebevolles Herz hatte, so dachte er bei sich: Wozu alle diese meine Liebe, die also mächtig ist, daß sie auslangen könnte für sehr viele Weiber? Ich will diese meine Liebe aber dennoch nicht teilen, sondern will da zusehen auf der Erde und mir dann wählen ein rechtes Weib, ja die schönste soll sie sein von allen Weibern der Erde und die kräftigste und vollkommenste!

7] Ihr Kopf soll gleichen einer aufgehenden Sonne. Ihre Augen sollen glänzen wie zwei allerhellste Morgensterne. Ihr Mund soll sein gleich der herrlichsten Morgenröte; ihre Stirne wie ein feurigster Regenbogen, ihre Wangen gleich jenen Wölkchen, welche zunächst um die aufgehende Morgensonne spielen, und ihr Kinn gleich einem jener zarten Nebelchen, welche da voll des herrlichsten Duftes am Morgen den blumenreichen Fluren entschweben. Die Haare sollen sein gleich dem reinsten Golde. Und an ihrem schneeweißen Leibe will ich keinen Makel gewahren! — Also mit diesem vollkommensten Weibe will ich meine Liebe teilen, dachte bei sich dieser liebe- und weisheitsreichste Mann. Und wie gedacht, also auch getan!

8] Der Mann ging aus und suchte — und fand auch im Ernste bald, was er suchte! — Das Weib hieß Juda. — Ihr gefiel anfangs der Mann wohl, denn sie wußte wohl, daß solche Liebe und Weisheit mehr wert ist als alle Schätze der Welt. Darum hat denn auch der Mann bei sich ernstlich beschlossen, um ihr Herz zu freien, ihr aber jedoch keinen Zwang anzutun.

9] Es hatte aber dieses Weib dennoch ein schalkhaftes Herz. Denn sie gelobte [zwar] dem Manne ihre Liebe allezeit teuer, so oft er sie heimsuchte. Wann er aber verzog, um ihr Gelegenheit zu geben, damit sie ihr Herz erforsche, ob es wohl achte der großen Liebe dieses Mannes bei sich selbst, da fiel sie allezeit von ihm ab und gab sich gleich einer feilen Dirne aller Gemeinheit preis und mißachtete also überstark diesen Mann in ihrem Herzen.

10] Trotzdem aber gab sich der gute Mann alle erdenkliche Mühe mit ihr. Er sandte Boten zu ihr, einen um den andern. Vor einigen heuchelte sie, andere wieder ließ sie ergreifen von ihren Weltpfuhlgötzen und töten!

11] Noch verstieß sie der gute Mann nicht und gedachte wieder: Ich muß Mich ihr einmal selbst wieder vorstellen und gar ernstlich um ihre Hand freien. Sie wird dann ihre Unbilligkeit an Mir einsehen und sicher tief bereuen. Ich werde ihr alles vergeben, und sie wird Mein Weib sein fürder ewig!

12] Siehe, der Mann kam. Sie aber wollte ihn nicht erkennen, ließ ihn ebenfalls *ergreifen* und *töten*! — Wie gefällt euch dieses Weib?

13] Da aber solche Liebe sich nicht töten und solche Weisheit sich nicht zerstören läßt, so ließ der Mann auch nur aus großer Liebe zu ihr sich martern und nur zum Zeichen seiner großen Liebe scheinbar töten, um dadurch des Weibes Liebe wieder zu erringen! — Aber — umsonst! Die Hure blieb eine Hure! — und der Mann noch bis zur Stunde ohne Weib!

14] Höre, dieser gerechte Mann wandte sich dann von diesem Weibe und erwählte sich einen andern Boten, einen getreuen und demütigen, der von sich und dem Manne aussagt: „Sein Diener bin ich geworden nach der Mitteilung der Gnade Gottes, die mir verliehen ist, nach der Wirkung Seiner Macht. Mir, dem Geringsten unter allen Geheiligten, ward diese Gnade gegeben, unter den Heiden zu verkündigen den unerforschlichen Reichtum Christi und alle zu belehren, welches da sei die neue Veranstaltung dieses Geheimnisses des von Ewigkeit her in Gott Verborgenen, durch den alles erschaffen ist!"

15] Wer sind denn hernach die „*Heiden*"? — Sehet, das ist ein *zweites Weib*, dem dieser Mann seine Liebe verkündigen ließ und noch immer fort und fort verkündigen läßt. Stets mehr und mehr läßt er ihm von seinen unermeßlichen Schätzen zukommen. Er überhäuft es mit Liebe und allen lebendigsten Liebesbeteuerungen, da ihm seine frühere Gewählte untreu und völlig abtrünnig wurde.

16] Aber wie gebärdet sich auch dieses zweite Weib?! Wenn es von Mir etwas hört, so erbrennt es vor Grimm, Rache und Wut! Was ist ihm der unermeßliche Reichtum, ja der unerforschliche, der unendliche, von dem der demütige Bote spricht, weil er nicht im irdischen Golde und Silber besteht — was jede neue Veranstaltung dieses Geheimnisses der ewigen Liebe in Gott, wenn kein Herz sie mehr aufnehmen will!?

17] Sehet, also ist der Mann ein fortwährend Betrogener und Verkannter und Verabscheuter!

18] Was wird der Mann aber tun, so ihm auch ein drittes Weib tun wird, wie es da gemacht hat das erste und zweite? — Das ist nun wieder eine andere Frage! — Doch auf diese Frage gibt der zum dritten Male hoffende Mann noch keine Antwort, als daß das seine letzte Werbung ist! — Dieses verstehet wohl! — Amen.

☆

Drei Fragen

Am 18. Mai 1842, vormittags

1. O allerliebster, heiligster Vater Jesus! Was hat der Brand der großen Stadt H. zu bedeuten?

2. Was bedeutet das sonderbare Wolkenabbild, das ich am 16. d. M. in meinem Geburtsorte (Jahring bei Marburg) geschaut habe?

3. Ist am selben Nachmittage das so heftig androhende Hagelwetter wohl durch die Macht Deines Namens, den ich anrief, gewichen? Und was hatte der furchtbar starke Donnerschlag zu bedeuten?

Obschon deine Fragen mehr deiner Neugierde entstammen als deinem wohlwollenden Glaubensdurste, so will Ich dir aber dennoch eine kurze und sehr bestimmte Antwort geben. Denn siehe, die neugierige Seele dürstet zwar durch die Neugierde, aber dieser Durst ist besser als gar keiner, da nur eine tote Seele keines Durstes fähig ist.

2] Aber dessenungeachtet gleichet solcher Durst jenem Leibesdurste, der da sich einstellet nach einer Fieberkrankheit oder der manchmal eigen ist den Wanderern an schwülen Tagen, allwann sie mit großer Vorsicht trinken müssen, um sich keine Lungensucht an den Hals zu ziehen. Wie aber diese [Wanderer] nur tropfenweise das Wasser schlürfen dürfen, um so nach und nach sich des Durstes zu entledigen, geradeso auch will Ich mit drei Tropfen nur deinen Durst kühlend löschen.

3] Und so tue denn die Ohren als den Mund der Seele auf und empfange die drei Tropfen, welche also lauten und schmecken:

4] Merke! Was den Brand der benannten Stadt betrifft, so ist er ein lange und zu öfteren Malen schon durch geheime Seher angedrohter Strich durch die überweit getriebenen Weltrechnungen, welche diese ganz nach außen gekehrten, übermütigsten Menschen mit aller Welt geführt haben!

5] Ist's denn nicht die allerhöchste und böseste Torheit eines Menschen oder einer ganzen Nation, welcher oder welche ohnehin schon so viel des Weltreichtums besitzet, daß er oder sie in Tausenden von Jahren denselben nimmer aufzuzehren imstande sein möchte bei ordnungsmäßiger Lebensweise — noch stets und stets mehr der allerschändlichsten Trugmittel zu ergreifen, um dadurch allen Weltreichtum an sich zu ziehen und dann übermütig stolz vom Goldthrone zu aller Welt sagen zu können: „Ihr müßt uns alle kommen, damit wir euch nach Belieben umbringen können oder leben lassen, wie wir wollen!" oder: „Nun sind wir die Herren der Welt!"

6] Was meinst du denn, was da zu tun ist einer solchen Nation — was solchen Frevelmenschen, die von Mir nichts mehr wissen und auch nichts mehr wissen wollen — die das Gold zu ihrem ausschließlichen Gott gemacht haben und unter der Maske des Handels kein Laster mehr zu verüben sich scheuen, um nur möglichst bald zum Vollbesitze dieses Höllengottes zu gelangen. — Siehe, auf diese Frage ist dieser Mein Strich durch solche Rechnungen die lebendige und daher tatkräftige Antwort!

7] Und solches kannst du dir daraus für die Folge merken, daß da ähnliche „Striche" im Großen wie im Kleinen, d. h. bei ganzen Nationen wie bei einzelnen Goldspekulanten, durch alle solche verdammlichen Rechnungen gemacht werden. — Die Zukunft wird dies Gesagte bestätigen!

8] Siehe, solches gehört auch in die Reihe Meiner „Wege", um die Menschheit vorzubereiten und reif zu machen für etwas anderes — du wirst es wohl erraten, was Ich meine! — Aber es werden zuvor noch gar viele Städte durchs Feuer und durchs Wasser geläutert werden! — Solches sei dir vorderhand genug von dem besagten Brande!

9] Was aber deine zweite Frage betrifft, so wird sie schon ohnehin bei der folgenden Großglockner-Enthüllung [1] auseinandergesetzt werden; daher bleibt sie hier unbeantwortet.

10] Nun ist somit nur noch der dritte Punkt zu beantworten übrig. — Siehe, wenn es da heißt, daß mit Mir alles ausgerichtet werden kann, ohne Mich aber nichts — und wieder: „Was ihr

[1] Siehe die Lorberschrift „Der Großglockner".

immer den Vater bitten werdet in Meinem Namen, das wird euch gegeben werden" — und wieder: „Wenn ihr Glauben hättet, so groß da ist ein Senfkörnlein, so möchtet ihr zu dem Berge sagen: »Hebe dich und stürze ins Meer!«, und es wird geschehen nach eurem Worte" — und auch heißt es: „Ihr werdet noch Größeres tun, denn Ich!" — Und wenn also noch gar viele Stellen davon sprechen, was die Mich gläubig Liebenden vermögen, ja, daß sie sogar Tote dem Leibe nach zu erwecken imstande sind — siehe, wenn alles solches geschrieben stehet und auch buchstäblich wahr ist — wie magst du denn hernach noch fragen, ob ein allfälliges loses Ungewitter sich wohl gekehret habe nach der ausgesprochenen Macht Meines Namens, der da doch ist der mächtigste Name, vor dem sich alle Himmel, alle Erden und alle Höllen beugen müssen!?

11] Wahrlich, wer da liebgläubig Meinen Namen anruft, der soll auch die Macht desselben erfahren, wenn er nicht zweifelt im Herzen. Wer aber an der allzeit sicher wirkenden Macht Meines Namens noch zweifeln kann, der ist auch noch nicht tüchtig zu Meinem Reiche und wird nicht viel vermögen, da er noch keinen festen Grund hat.

12] Es mag niemand, auf dem Sande stehend, eine Last heben, ohne dabei selbst in den grundlosen Sand zu sinken. Wer aber da stehet auf einem Felsen, wird der wohl auch in den Felsen sinken, wenn er eine große Last hebt? — Mein Name aber ist der Fels! Wer darauf bauet, der wird nimmerdar zuschanden werden!

13] Siehe, wenn du also durch Meinen Namen der tückischen Wolke geboten hast, unschädlich zu sein, gibt es denn da wohl etwas zu wundern, so sich deren Ungestüm sobald beugen mußte vor der Macht Meines Namens aus deinem Munde, bezeichnet durch deine Hände?!

14] Daher glaube, daß es also ist und sein muß! — Denn die Elemente sind gehorsamer als die Menschen, und der tote Stein hat schärfere Ohren und das verdorrte Gras schärfere Augen als die weltlebendigen Menschen!

15] Solches magst du wohl verstehen und treu entnehmen deiner „Wundertat" — wenn du bei der allerhöchsten Natürlichkeit solcher Erscheinungen [überhaupt] noch an ein „Wunder" denken kannst, indem doch alle Wirkung allein Meinem Namen (oder Worte) entstammt!

16] Was da aber den starken Donnerknall betrifft, der da allzeit die Folge ist, wenn die Friedensgeister gewaltigst schnell die Unholde ergreifen und binden, so ist darüber ja ohnehin schon bei anderen Gelegenheiten Erwähnung getan worden. Daher solltest du solches wohl verstehen. Denn also endet ja immer jeder unterdrückte Zorn und Grimm. Und kein ausgetriebener böser Geist verläßt ruhig seine Wohnung, sondern „reißt“ sie beim Entweichen, damit er nur desto mehr Verdammnis empfange!

17] Denn der bösen Geister Liebe ist die Hölle! — Was tut denn ein zorniger Mensch? — Siehe, er schlägt mit den Fäusten, was ihm unterkommt, und reißet sich und anderen die Kleider vom Leibe und dergleichen mehreres. Wenn er aber gefangen wird, da bricht er sobald in alle Wut aus und macht noch seinen letzten Wutstoß oder Riß.

18] Siehe, da rührt auch der große Donnerknall her! — Mehr brauchst du vorderhand nicht zu wissen. Und so habe denn für jetzt Genüge an den „drei Tropfen.“ — So du aber gehörig abgekühlt sein wirst, dann wird ein „Wolkenbruch“ dir und auch allen übrigen Ströme des Lichtes bringen!

19] Solches aber ist für jeden Liebgläubigen wahr und gewiß aus Meinem Munde! Amen.

20] Verstehet und beachtet es wohl! Denn mein Wort ist ewig eine und dieselbe ewige Wahrheit! Glaubet es fest! Amen, Amen, Amen.

☆

Der Fels Petri

Am 18. Mai 1842, abends

Was ist denn der Papst, der da sich auch nennet: Ein Fels? — Ist das wohl in Wahrheit ein „Fels“ oder „Fels Petri“?

Ja, ehedem, vor dem Konzilium in Nizäa, war er ein tüchtiger Fels. Aber dann hat der böse Feind rings um den Felsen ein starkes Feuer der Eigenliebe, der Selbst- und Herrschsucht angezündet — und der Fels wurde zu einem Kalksteine.

2] Wenn nun von allen Seiten Wässer des Himmels über ihn kommen, so ergeht es ihm, wie es da ergehet dem naturmäßig gebrannten Kalksteine, so das Wasser über ihn ausgegossen wird — da er dann auch zu zischen, zu sausen, zu brausen, in aller Hitze zu sieden und dann heftig zu kochen und zu dampfen anfängt, aber endlich, alles dessen ungeachtet, dennoch zerfällt in einen lockeren Berg, der da unter den Sand gemengt wird, um mittels desselben die toten Steine einer noch toteren Mauer zu verbinden.

3] Wenn aber dann eine solche Mauer durch einen anderen Bauherrn niedergerissen wird, so wird solcher Mörtel als unnützer Schutt in Gräben geworfen, um da die Pfützen auszufüllen! — Siehe, das ist nun der vermeintliche „Fels“!

4] Doch dieses Blatt behaltet bei euch! Denn die Sache ist ohne das Blatt auch tatsächlich dieselbe. Daher behaltet das Blatt nur bei und für euch! Amen.

☆

Von Sekten und Orden

Am 23. Mai 1842, abends

Alle sogenannten Sekten und Orden sind vor Mir, dem Herrn, ein Greuel. Denn Ich habe alle Menschen berufen zur Liebe und daraus zum ewigen Leben. Die Liebe aber kennt nur Brüder, aber keine Sekten und Orden!

2] Wer hat denn da solche Schranken zwischen euch gezogen, durch welche Brüder und Schwestern oft auf das allerschroffste und gehässigste voneinander getrennt werden?! — Die Liebe hat keine Schranken!

3] Aber die Weltsucht und die allerartige Eigenliebe hat allerlei Grenzsteine gesetzt! Sie ist die alleinige Stifterin aller Sekten und Orden, die sich unterscheiden in allerlei törichtem Zeuge und allerlei albernen Gebräuchen, die da alle dem Aeußern nach gehalten werden, innerlich aber sind sie voll Moders und Ekelgeruchs, dieweil keine Liebe darinnen ist, sondern allein Neid, Mißgunst, Verfolgung, Ehrsucht und oft übermäßige Ranglust, hier und da auch große Hoffart, Stolz, Pracht, Verachtung des Geringen und somit die Herrschsucht in aller ihrer Ausdehnung.

4] Siehe, das sind die Sekten und Orden derzeit, wie sie ehedem auch um nicht viel besser waren, und [die Triebkräfte,] wodurch sie entstanden sind.

5] Daher sollet ihr keiner Sekte und keinem Orden angehören, wollet ihr leben, sondern allein Meiner Liebe, darinnen keine Schranken sind ewig! — Amen.

☆

Geld und Welt

Am 23. Mai 1842, nachmittags

„O Herr! Kann denn die Welt
besteh'n nicht ohne Geld?
Es scheint, daß Du als Mensch kein Geld berührt;
den Beutel hat nur Judas stets geführt.
Und als die Steuer man von Dir gefordert,
da hast Du schnell den Petrus hinbeordert,
zu angeln einen Fisch, in dessen Mund
die nöt'ge Münz' er finden würd' zur Stund'!"

O ja, Mein lieber Ans. H.-W., Meine Welt sehr leicht, d. i. die Welt der wahren Liebe; aber die weltliche Welt des Eigennutzes gar nicht!

2] Siehe, die Arbeiter wollen bezahlt sein, weil sie sonst nichts hätten, womit sie sich bei den geldsüchtigen Bäckern (und diese bei den Müllern und diese bei den Bauern usf.) möchten ein Brot anschaffen.

3] Der Handwerker will auch gut bezahlt sein; denn sonst könnte er sich ja keine Werkzeuge anschaffen, mit denen er etwas zu erzeugen imstande wäre, und ebenfalls kein Brot. Denn die Habsucht der Menschen gibt jetzt kein Brot mehr umsonst.

4] Der Handelsmann und der Krämer wollen ganz besonders viel Geld; denn ohne dieses bekommen auch sie nichts, damit sie handeln könnten. Und ohne Geld gibt's auch für sie kein Brot.

5] Der Weber will auch Geld, der Schmied auch; denn es gibt ohne Geld fast nirgends mehr Brot, nicht einmal das des Bettlers.

6] Der Staat will sehr viel Geld, wie würde er sonst die vielen, vielen Beamten auszahlen und ihnen das Brot geben für eine oft nicht gar schwere Arbeit, wenn sie es sich nicht mit dem vom Staate empfangenen Gelde verschaffen möchten?

7] Du kannst jetzt denken, wie du willst; in der weltlichen Welt tut es sich ohne Geld in der [jetzigen] Zeit auf keinen Fall mehr! Ja, Ich sage dir, jetzt ist das Geld der Welt ebenso notwendig, wie Ich dem Himmel. Denn wie ohne Gott kein Ding denkbar ist, also ist auch ohne Geld jetzt wie allezeit keine Welt denkbar möglich.

8] Es lebt und besteht aber ja jede Welt aus ihrer Gottheit. Wie aber die Himmel alle bestehen und leben aus Mir, also besteht auch alle Welt aus dem Gelde und lebt aus diesem Weltgotte.

9] Oder sucht nicht ein jeder das, was noch kein Geld ist, sobald zum Gelde zu machen, damit der Gott der Welt desto mächtiger werde bei jedem insbesondere wie im allgemeinen?

10] Was ist jetzt der Mensch, der diesem Weltgotte nicht notgedrungen würde sogar einen Haustempel halten? Und tut er das nicht, in welche Verlegenheiten wird er da kommen?

11] Damit aber diesem Gotte öffentlich gedient wird mit einer Sorgfalt, Pünktlichkeit und ängstlichen Genauigkeit, wie Mir nur gar selten gedient wurde, sind ja die herrlichsten Tempel aller Art ihm erbaut worden, als Börsen, Banken, allerlei Kassen und Fonds.

12] Selbst die Bethäuser sind und stehen schon stark diesem Gotte zur Verfügung. Ich bin dabei nur kaum noch dem Namen nach etwas in denselben. Denn mit dem Geldgotte kann man sich nun sogar den „Himmel" und das „ewige Leben" erkaufen!

13] Welcher Mensch will denn nun noch einen besseren, mächtigeren und wirksameren Gott?

14] Willst du dir ein Weib nehmen, siehe, wenn Ich auch sichtbar mit dir in ein Haus ginge und möchte für dich bitten bei irgendeinem Weltvater um die Hand seiner Tochter — Ich sage dir, er wird uns beiden die Türe weisen, wo nicht gar uns hinauswerfen, so wir uns nicht mächtig genug davor verwahren möchten.

15] Du brauchst aber Mich gar nicht, weder bei dir, noch in dir, sondern wende dich an den Gott der Welt! Hast du dir den zu eigen gemacht, dann magst du aber schon anklopfen, wo du nur immer willst, und du wirst allenthalben sogar um die Mitternachtsstunde eingelassen werden.

16] Wo aber lebt jetzt der Vater, dem nicht seine Töchter alle um diesen Gott zuallermeist feil sind? Denn die verheirateten Töchter wollen als Weiber ja auch essen und schön gekleidet sein! Wo bekommt man aber jetzt Kleid und Brot ohne Geld?

17] Siehe, also kann für jetzt niemand mehr ganz ohne Geld leben! Ja wahrlich, Ich sage dir: Käme Ich Selbst jetzt in die Welt, so wie einst in Bethlehem, so müßte Ich auch Geld hernehmen von irgendwoher. Und kämen wieder irgend drei reichbeladene Weise vom Morgenland, da müßte Meine Leibesmutter das Gold sicher sogleich einer Sparkasse anvertrauen, damit Ich hernach etwas in Händen hätte, so Ich erwüchse, um in der Welt mit heiler Haut davonzukommen und etwas zu essen zu haben.

18] Siehe, also ist das Geld ja *nötig* in der Welt für die Welt, *denn es ist der Welt-Gott.*

19] Wer aber *aus Mir* ist, der wird dennoch dessen leicht entbehren. Denn er wird desselben allezeit so viel haben, als er bedarf, um der Welt ihren Tribut zu entrichten und den Wirten ihre Zeche zu bezahlen.

20] Wer aber nicht aus Mir ist, dem diene immerhin das Geld. Es wird ihm aber dereinst dort [im geistigen Reiche] schlechte Interessen bringen, und wenn er es auf der Welt auch zu hundert Prozent angelegt hätte in allen Bethäusern der Welt und hätte alle Banken voll!

21] Ich sage dir aber: Wahrlich, wahrlich, Ich und das Geld sind die zwei entferntesten Pole der ganzen Unendlichkeit!

22] Solches beachte wohl und sei versichert, daß Ich die Meinen auf der Erde dennoch gar wohl zu erhalten imstande bin, auch wenn sie keinen Heller besäßen! — Du aber halte dich an Mich, so wirst du das Leben haben ewig aus Mir, deinem Vater! — Amen.

☆

Geistiger Segen der Bergwelt

Am 25. Mai 1842, nachmittags von 1/4 5 bis 3/4 7 Uhr

Schreibender: Ans. H.

Was lehren und predigen die Berge noch? — Was die Berge noch lehren und predigen, davon kann sich ein jeder unbefangen denkende Gebirgsbesteiger auf den ersten Blick überzeugen. Er kann in seinem Gefühle recht klar und deutlich Worte vernehmen, welche also lauten dürften:

2] „Siehe uns an, du staubbelasteter Erdenpilger, wie frei und unabhängig wir von unseren hohen Scheiteln in die weite Ferne der Schöpfungen Gottes dahin blicken! Eine freie Luft weht um unsere Stirnen, und der Sonne Strahl bricht sich sanft über unseren hohen Rücken! Kein Grenzstein sagt hier dem Wanderer: »Bis hierher und nicht weiter!«, sondern wo immer er seinen Fuß hinsetzt, betritt er mehr als seinen eigenen Boden. Denn von dem Boden, auf welchem er geboren ward, muß gesteuert werden; wir aber sind ohne Grenzsteine, und für unsere Scheitel wird keine Steuer entrichtet. Daher bist du, Wanderer, auf unseren Höhen vollkommen zu Hause!“

3] Daß diese Worte vollkommen richtig sind, davon kann sich ein jeder leicht überzeugen, wenn er je solche hohen Triften der Gebirge betritt. Wie da seine Augen einen weit gedehnten Sehkreis bekommen, also bekommt auch sein Gemüt einen weit gedehnten Gefühlskreis, und dadurch werden seine Gedanken mit dem Gefühle vereinigt. Und er, der vielleicht noch nie im Herzen gedacht hat, empfindet nun zum ersten Male, wie süß, lieblich und frei die Gedanken des Herzens schmecken und um wie vieles weiter sie sich über den Horizont des gewöhnlichen Verstandes erstrecken.

4] Wenn solches nun der Fall ist, wird es da nicht behaglicher in dem armseligen Kopfe, da auch um seine Stirne freiere Lüfte aus dem hohen Reiche der Geister wehen?! Und wird es nicht einheimischer und traulicher sein, sich allda zu befinden, wo die Strahlen des sonst so hitzigen Verstandes sanft gebrochen werden und sich nach solcher Brechung gar lieblich in das frei gewordene Herz hinabsenken?!

5] Wo ist auf diesen Höhen ein Zollverein der Gedanken anzutreffen und wo eine Taxierkammer dessen, was da ist ein freies Eigentum des unsterblichen Geistes?! Wo ist da ein Grenzstein anzutreffen, über welchen die fühlende Seele nicht treten soll?!

6] Ja, hier lernt der unbefangene Wanderer — wenn er nicht mit verstopften Ohren und verbundenen Augen solche Höhen betritt — was das heißt: frei sein in der Höhe seiner Gedanken und in der Tiefe seines Gefühls, und wie selig es ist, wenn diese zwei sich unbefangen die Hände reichen können, und wie selig da der Gedanke an Gott ist, wenn Ihn der Wanderer aus der Tiefe seines Herzens frei bekennen und Ihn lieben und anbeten kann in dem freien, großen Tempel der Unendlichkeit!

7] Saget Mir, welcher nur einigermaßen innerlich geweckte Mensch wird nicht von diesem heiligen Gefühle beseelt sein, so er sich an einem heitern Morgen auf einer solchen geheiligten Höhe befinden möchte?!

8] Der Mensch kann zwar auch in der Tiefe Heiliges und Großes denken; aber es geht ihm dabei, wie wenn er mit ziemlich hungrigem Magen in einem Buche die Beschreibung einer guten Mahlzeit liest, bei welcher Gelegenheit ihm die wirkliche Mahlzeit ums hundertfache lieber wäre denn hundert noch vortrefflichere Mahlzeitbeschreibungen, von denen er aber dessenungeachtet dennoch nichts herabbeißen kann.

9] Also ist auch auf solchen Höhen ein inneres Gefühl und die innere Wahrnehmung gerade um so viel kräftiger und mächtiger gegen das, was er in seiner Kammer empfindet, als um wieviel da kräftiger und mächtiger ist eine wirkliche Mahlzeit gegenüber einer beschriebenen. Oder welcher Mensch hat ein lebendigeres Gefühl: einer, der seine lebendige zukünftige Braut am Arme führt, oder derjenige, der sich dieselbe mit den allerschönsten Farben kunstgerecht entweder gemalt oder beschrieben hat? Sicher wird ein jeder die lebendige ergreifen und wird dem andern sein Gemälde und seine Beschreibung unangetastet lassen!

10] Also ist es auch hier der Fall! — Auf solchen Höhen findet der Wanderer gastfreundlichst dasjenige, was ihm in der Tiefe alle Mühe und Anstrengung nicht zu geben vermag. Daher ist es wohl gar gut und nützlich in jeder Hinsicht, sich zu öfteren Malen die Mühe nicht gereuen zu lassen, eine oder die andere Gebirgshöhe zu besteigen.

11] Der Gewinn ist ja ein doppelter und reichlicher: Fürs erste werden dadurch alle naturmäßigen Lebensgeister gestärkt. Jedoch ist dieser Gewinn der geringere, obschon eine Gebirgsbesteigung besser ist denn zehn Apotheken und ebensoviele der renommiertesten Aerzte.

12] Bei weitem größer aber ist der Nutzen für den Geist, weil er da eine so große Stärkung von seiner ursprünglichen Heimat aus bekommt.

13] Wer von euch, so er Gebirge bestiegen hat, wird sich dessen nicht erinnern, daß ihm zwischen den hohen Alpen traulicher und heimlicher zu Gemüte war, als wenn er sich in einer noch so volkreichen Stadt befinden möchte?! — Woher rührt denn solches Gefühl?

14] Frage nur die Berge, und sie werden dir alsbald durch eben dieses Gefühl sagen: „Siehe, was dir dein inneres Gefühl — freilich wohl noch etwas dunkel — sagt, ist volle Wahrheit. Denn hier bist du wahrhaft zu Hause, und zwar im Kreise deiner vielen Voreltern, welche sich in entsprechender Weise schon lange hier überselig befinden!“

15] Sehet, solches alles lehren auch die Berge! — Was lehren und predigen sie aber noch? — Höret sie nur ferner an; sie wissen noch allerlei zu erzählen!

16] Um euch solches, was da noch kommt, ein wenig näher vor Augen zu stellen, so will Ich euch auch eben aus einer solchen Gebirgsbegebenheit ein kurzes Histörchen zum besten geben:

17] Es war einmal ein frommer Mann; er war an Jahren schon sehr vorgerückt. Dieser Mann hatte gar viele Prüfungen zu bestehen, und unter diesen Prüfungen war auch diese eine der stärksten, daß er bis auf seine jüngste, nahezu zwanzig Jahre alte Tochter alle seine Kinder samt seinem treuen Weibe verlor.

18] Also stand er nun allein mit dieser seiner Tochter da, ein Häuschen am Fuße einer bedeutend hohen Alpe bewohnend, bei dem sich eben so viele Grundstücke befanden, daß sie ihn und sein Töchterchen nebst einer bejahrten Magd und einem alten Knechte kümmerlich ernährten.

19] Dieser Mann betete in Gesellschaft seines Töchterchens oft und viel zu Mir, weinte dabei auch viel um die Seinigen und hatte oft eine große Sehnsucht, ihnen bald nachfolgen zu können.

20] Als er einmal an einem Sonnabende mit seiner Tochter nahezu über die Mitternacht hinaus gebetet und geseufzt hatte und er samt der Tochter betend und seufzend einschlief, da träumte es der Tochter, als sei sie mit dem alten Vater auf dem höchsten Gipfel der Alpe gestanden. Und wie sie da freudig um sich her blickte in die weiten Fernen hinaus, da bemerkte sie alsbald eine ganze Menge lieblich weißer Wölkchen der Höhe zuschweben. Und als diese Wölkchen vollends zu der Höhe hinangeschwebt waren, da gewahrte sie alsbald, daß diese Wölkchen vollkommen menschliche Wesen waren.

21] Diese Wesen waren anfangs verschleiert, aber bald lüfteten sie ihre Schleier. Und sie, die Tochter nämlich und der alte Vater, erkannten sogleich überseligen Herzens, daß diese Wesen ihre vorangegangenen Teuren waren, von denen die Mutter alsbald zu ihrem geliebten Gatten trat, ihn herzte und koste. Der Gatte, als der Vater der Tochter, aber weinte vor übergroßer Freude ob dieses seligen Wiedersehens. Darauf aber begab sich die Mutter zur Tochter, küßte auch sie und sagte zu ihr:

22] „Liebe Tochter, also wie du dich mit deinem Vater jetzt allhier befindest, eben also sollet ihr euch beide morgen nachmittag hier befinden, da werdet ihr noch mehr sehen und empfinden denn jetzt. Aber darob sollet ihr daheim nichts versäumen, was euch die Ordnung der Dinge vorschreibt!“

23] Nach diesen Worten erwachte die Tochter sogleich und weckte ihren noch schlafenden Vater. Und da dieser den Anbruch des Tages merkte, so blieb er nach alter Gewohnheit auch sofort wach, stand auf, kleidete sich an und weckte dann auch das Hausgesinde. Nach dieser Arbeit aber begab er sich wieder in sein Zimmerchen, allwo er sein Töchterchen schon angekleidet und das Morgengebet verrichtend fand.

24] Er segnete sein Töchterchen und küßte sie, kniete dann selbst nieder und verrichtete mit ihr seine Morgenandacht. Als aber beide damit fertig waren, da standen sie auf. Die Tochter umarmte ihren alten Vater und küßte ihn gar traulich und herzlich, so daß der Vater es ihr ansah, daß sie übergewöhnlich fröhlichen und heiteren Mutes war. Er fragte sie auch alsobald: „Mein liebes Töchterchen, wie kommt es denn, daß du heute gar so munter und fröhlich bist?“

25] Das Töchterchen aber sagte zu ihm: „Aber lieber Vater, hat denn dir heute gar nichts geträumt?“

26] Der Vater aber erwiderte: „Es kommt mir wohl vor, als hätte mir etwas geträumt; allein was — das wäre mir unmöglich herauszubringen!“

27] Das Töchterchen aber erzählte nun dem Vater seinen Traum, welchen er mit großer und sichtbarer Bewegung seines Gemütes anhörte. Und nach beendeter Erzählung sagte der Vater:

28] „Höre, mein liebes Töchterchen, was dir geträumt hat, das wollen wir heute auch in der Wirklichkeit ausführen! Daher wollen wir uns sogleich jetzt in der Frühe in die nicht ferne Kirche begeben, daselbst dem Gottesdienste wohlandächtigen Herzens beiwohnen, sodann zu Hause unser Mahl nehmen und uns dann in Begleitung unseres alten Knechtes hinauf auf die Höhe begeben. Wenn wir nur eine Stunde vor dem Mittage fortgehen, so sind wir bis zum Nachmittag um die dritte Stunde ja gar leicht auf der besagten Vollhöhe unserer herrlichen Alpe und können bei dieser Gelegenheit auch im Namen des Herrn nachsehen, was unser Hausvieh und unsere zwei Hirten da oben machen, und ob alles gesund und in gutem Zustande ist.“

29] Wie gesagt, also auch getan! Um drei Uhr nachmittags stand unsere kleine Familie schon auf der Vollhöhe. Wie aber das Töchterchen es im Traume gesehen hatte, so sah sie auch jetzt in der Wirklichkeit ganz gleiche Wölkchen sich gegen die Höhe begeben.

30] Als diese Wölkchen näher und näher kamen, bemerkte sie auch der Vater und mit ihm auch der alte Knecht. Und als die Wölkchen endlich vollends die Höhe umschwebten, da gestalteten sie sich auch alsbald zu den im Traume schon kundgegebenen Wesen.

31] Als der alte Vater in diesen Wesen die Seinigen erkannte und sah, wie diese auch gar so liebend ihn umfingen, daß er darum nicht im geringsten mehr zweifeln konnte, daß das wahrhaft seine seligen Teuren seien, da weinte er laut vor Freude und dankte Mir mit dem inbrünstigsten Herzen, daß Ich ihm noch in diesem Erdenleben eine so große Seligkeit habe zukommen lassen.

32] Nach solchem Dankgebete aber wurde seinem Geiste die innere Sehe völlig geöffnet. Da ersah er alsbald die ganze Höhe verklärt und verwandelt in eine himmlische Gegend und sah da die herrlichen Wohnungen der Seinigen. Und aus einer Wohnung sah er einen Mann treten, der da hatte ein großes Gefolge; und dieser Mann begab sich schnurgerade zu unserm alten Manne hin und sagte zu ihm:

33] „Sieh, mein lieber Sohn, wo es auf der Erde bunt und lebendig zugeht, da sieht es im Geiste leer und tot aus. Wo es aber auf der Erde aussieht, als hätte der Tod für alle Zeiten seine Ernte gehalten, da ist es im Geiste um so lebendiger und lebensvoller!

34] Siehe, auf den hohen Alpen wächst zwar kein Getreide, und es sind keine Weinberge, keine Fruchtbäume, wie auch keine Goldbergwerke anzutreffen. Was aber dafür anzutreffen ist im Geiste, das siehst du jetzt im Geiste durch die Gnade des Herrn vor deinen Augen enthüllt!

35] Du wirst noch eine kurze Zeit die Erde mit deines Leibes Füßen betreten. Wachse aber in dieser Zeit in der Liebe zum Herrn! Und siehe dort neben meiner Wohnung einen zweiten herrlichen Palast! Dieser ist schon für dich bestimmt und für die Deinigen, wenn du das Zeitliche verlassen und antreten wirst das freie, ewige Leben!"

36] Bei diesen Worten erkannte unser alter Mann, daß dieser Redner sein irdischer Vater war.

37] Nach dieser Erkennung verschwand alsbald das selige Gesicht. Unsere Wanderer aber behielten davon das lebendige, selige und stärkende Gefühl, priesen und dankten Mir darauf für solche erzeigte Gnade und kehrten heiteren und gestärkten Mutes wieder in ihre irdische Heimat zurück.

38] Der bisher traurige Mann verlebte dann die übrige Zeit noch recht heiteren Mutes und voll Liebe und Dankbarkeit zu Mir auf der Erde. Und so sich seiner noch dann und wann eine überflüssige Schwermut bemächtigte, dann machte er, wenn es nur immer seine leiblichen Kräfte gestatteten, alsbald einen Besuch unserer vorbezeichneten Höhe, von welcher er allzeit wieder neugestärkt zurückkehrte.

39] Sehet, solche Geschichte erzählen euch die Berge — wenn auch nicht für jedermann mit vernehmlichen Worten, aber desto mehr mit einer sehr wahrnehmbaren Einflüsterung in das Gefühl der Seele und durch diese auch zur Liebe des Geistes.

40] Wenn ihr euch zufolge dieser Wissenschaft bei guter Gelegenheit auf irgendeinen Berg von einer bedeutenderen Höhe begebet und euch daselbst solche Gefühle anwandeln, so könnet ihr daraus sicher schließen und sagen: „Ja das sind wahrhaft *heimatliche Gefühle*! Wie süß und angenehm sind sie, und wie herrlich muß es sein für diejenigen, welche sich schon für ewig in diesem stillen Heimatlande befinden!"

41] Denn ihr könnet es glauben, daß solche Gefühle nicht etwa allein Wirkungen der für sich dastehenden Höhen sind, sondern sie entstammen den euch umgebenden *seligen Geistern*, die gleich Mir euch vorangegangen sind, um für euch eine bleibende Stätte zu bereiten.

42] Doch müsset ihr dabei etwa nicht einseitig sein und denken: Dieser oder jener Berg ist es, wo solche Wohnungen im Geiste aufgerichtet sind! — sondern was hier gesagt ist, das gilt zumeist von jedem Berge, auf welchem die Grenzsteine des zeitlichen Eigentumsrechtes weit voneinander abstehen.

43] Aehnliche Gefühle möget ihr wohl auch schon auf unbedeutend hohen Hügeln gewahren; aber lebendig werden sie erst da, wo die Axt des Holzhauers nichts mehr zu tun hat.

44] Solches also erzählen, lehren und predigen euch die Berge!

☆

Falsche und echte Nachfolge

Am 26. Mai 1842, um 4 Uhr nachmittags

Jakob Lorber wählte zur Betrachtung Joh. 7, 13: „Doch redete keiner frei von Ihm, aus Furcht vor den Juden".

Ans. H. wählte Lukas 13, 30: „Und siehe, es sind Letzte, die werden die Ersten sein. Und es sind Erste, die werden die Letzten sein".

Sie fürchteten sich, Ihn frei zu bekennen, da ihr Gemüt voll Angst vor den Juden war. — Siehe, das sind die Letzten, wenn sie auch die Ersten sind, an die da ergehet das Evangelium, da sie mehr fürchten die Menschen denn Mich.

2] Jene aber, die, obschon sie keine Zeugen sind, in späterer Zeit und an entlegenen Orten erst das Wort überkommen, selbes aber alsogleich annehmen und mit ihrem Leben bereit sind, dasselbe sobald zu verteidigen, so es von irgendwoher angefochten würde — diese sind der Zeit nach zwar die Letzten und also auch dem Orte nach, aber der Tat nach sind sie die Ersten. Denn sie haben keine Furcht vor den Juden oder vor der Welt. Denn das Wort sagt es ihnen in ihrem Herzen, daß Ich mächtiger bin als alles Welt- und Judentum und als die Finsternis aller Priesterschaft.

3] Nur der Pharisäer fürchtet sich vor dem Judentum und will sich nicht verfeinden mit ihm, solange dasselbe noch reich und mächtig an Gold und grausam tyrannisch ist — und solange dasselbe noch große Ehrenämter und sehr viel Gold tragende Stellen zu vergeben hat.

4] Wenn aber das Judentum zerfällt, was wird wohl da der wetterwendische Pharisäer tun? — Ich sage: Er wird zwar den Mantel nach dem Winde drehen, aber der Erste wird er darum nimmer, sondern der vollkommen Letzte. — Warum denn? — Oh, die Antwort läßt sich leicht finden.

5] Ein dummes Mädchen gibt dieselbe Antwort ja schon ihrem Liebewerber, der zu ihr spricht: „Aber sage von unserem Verhältnisse ja niemandem etwas!" — „Warum denn?" fragt sie und sagt darauf: „Das befremdet mich! Wenn du mich wahrhaft ernst liebtest, da hättest du sicher keine Scheu darum, so es auch jemand erführe, daß du mich liebst. Du aber huldigst mehreren und willst dir es mit ihnen nicht verderben. Daher hast du diese Furcht! Du warst zwar der Erste, an den sich mein Herz schmiegte — also aber bist du der Letzte, der an meiner Gegenliebe teilnehmen wird!" — Sehet, ist das nicht eine vollkommen gute Antwort auf die obige Frage?

6] Ich aber sage euch: Dieselbe Antwort werde auch Ich tatsächlich denjenigen geben, welche gegen Mich solche Pharisäer machen werden und darum sich vor dem Judentume fürchten, weil ihre zeitlichen Vorteile daran geknüpft sind als: Ehre, weltlich guter Name und noch eine Menge anderer Dinge, die vor Mir ein Greuel sind.

7] Ich sage: Solche „Erste" werden einst sehr stark die Letzten sein! — Jene aber, welche auf Mich alles halten und fürchten aus Liebe zu Mir die Welt gar nicht, diese werden dann auch bei weitem die Ersten sein.

8] Und darum aber werden auch die Nachfolger höher stehen als die Zeugen Meiner Gnade — da sie das Judentum nicht also fürchten werden wie die Pharisäer.

9] Solches ist sehr wohl zu beachten — auch in dieser Zeit! — Amen.

☆

Weise Seelenpflege

Am 27. Mai 1842, vormittags

„Ueber alles geliebter Vater in Jesu, dem Herrn, möchtest Du mir denn nicht ein ganz kurzes, Dir wohlgefälliges Wörtlein für eine Tochter des Ans. H.-W., deren Namenstag morgen ist, zukommen lassen? — Ich weiß es zwar nicht, ob sie wohl ein lebendiges Verlangen darnach hat. Doch so sie eines hätte und ich brächte ihr nichts von Dir, da könnte sie sich ja denken, ich hätte ihr etwa aus einem von ihr vermeintlichen Aerger über ihr manchmal etwas abstoßendes Benehmen gegen mich (sie dadurch gewisserart strafen wollend) von Dir kein Wörtlein gebracht. Daher, so es Dein heiliger Wille wäre, wäre ich gar willig bereit, etwas zu schreiben, Du lieber Vater Du!"

Auf diese Bitte empfing der Knecht Jakob Lorber die Worte des Vaters:

Hat dies stark nach außen gekehrte Kind dich denn darum gebeten? — Du sagst: „Nein, das eben nicht!" — Und wenn du Mich fragst, ob sie etwa heimlich voll Liebe und Zutrauens Mich darum gebeten habe — siehe, da kann Ich dir auch keine andere Antwort geben, als gerade diejenige nur, welche du Mir gabst auf Meine Frage.

2] Was sollen wir nun demnach hier tun, wo kein lebendiges Verlangen zugrunde liegt? — Sollen wir etwa das lebendige Wort solchen Kindern auf den Rücken nachwerfen oder sie damit schoppen, wie da schoppet eine Bäuerin ihre Kapaunen?

3] Oh, das tun wir nicht! Verstehst du!? — Denn täten wir solches, da würde diese überköstliche Gabe ja gar bald in ihrem höchsten Werte herabsinken wie ein schlechtes Papiergeld!

4] Siehe, daher tun wir solches nicht eher, als bis wir lebendigst darum angegangen werden!

5] Dieses Mädchen hat aber jetzt ihr Herz angefüllt mit allerlei Jünglings- und Heiratsgedanken und läßt ihre Augen, wie ihr Herz, allerorts umherspringen um jemanden, der sie von weitem her grüßete. — Siehe, bei solcher Herzens- und Augengeschäftigkeit werden wir zwei sehr leicht ratgehalten![1]

6] Weißt du, welche Gratulation diesem Mädchen nun am liebsten wäre? — Siehe, wenn Ich ihr statt eines lebendigen Wortes gäbe einen jungen, reichen und schönen Bräutigam — das wäre ihr nun lieber als Ich und du und ein ganzes Buch des allerlebendigsten Wortes hinzu!

7] Ich sage aber das auch nur dir, auf daß du daraus erkennen sollst, auf welchem Grunde da fußet das Herz derjenigen, die Mich zwar auch anrufen und manchmal sogar im geheimen wie Liebende zu Mir seufzen, aber nicht darum, daß sie Mich etwa lieber hätten als alle Welt; sondern nur, damit Ich so recht geschmeidig würde, um ihnen baldmöglichst zu geben, wonach ihr Herz dürstet!

8] Solche scheren sich gar wenig um den Himmel, den Ich ihnen geben möchte; sondern nur den Himmel wollen sie, den sie sich selbst erbaut haben aus ihren Begierlichkeiten!

9] O siehe, um wie vieles besser Ich die Menschen kenne als du! — Siehe, der Landmann betet zu Mir, wenn es trocken ist, um einen Regen. Und wenn es ihm zuviel regnet, wieder um Sonnenschein! — Ein Händler betet, daß er recht wohlfeil kaufe und recht sündig teuer verkaufe. — Der Wucherer macht eine fromme Stiftung sogar, auf daß nur recht schlechte, magere Jahre kommen sollen. — Der Lottospieler betet sich oft die Zunge wund um einen Treffer. —

[1] entbehrt

Ein Mädchen geht emsig in die Kirche und kleidet sich dazu an, als ginge sie in ein Theater — warum denn? — Etwa aus Liebe zu Mir? O nein! — sondern daß sie entweder bei dieser fromm scheinenden Gelegenheit mit einem zusammenstoßen möchte, den sie lieber sieht als Mich; oder daß sie baldmöglichst einen Gemahl sich erbeten möchte!

10] Siehe, also werde Ich wohl als Mittel, aber nicht als Zweck angebetet! Man kehret sich zu Mir der Welt wegen, aber nicht Meiner Selbst willen!

11] Von solcher Liebe aber werden wir beide, Ich sage dir, sicher wenig herabbeißen! — Oder wäre dir wohl gedient, so irgendein Mädchen dir schön täte, um durch dich einen anderen für ihr Herz zu gewinnen? Was würdest du da tun mit einer solchen Geliebten?

12] Würdest du ihr da nicht sagen: „Höre, du taube und lose Schmeichlerin! Was du im Herzen trägst, dahin wende dich auch selbst! Der, den du liebst, wird dir doch sicher näher sein als ich!? Daher laß mich so lange ungeschoren, bis du mit der Liebe zu mir dich mir nahen wirst!"

13] Siehe, also antworte auch Ich! — Denn für einen Unterhändler lasse Ich Mich durchaus nicht gebrauchen! — Wer Mich liebt, der muß Mich lieben Meiner Selbst willen, aber nicht der weltlichen Vorteile halber — und Ich werde ihm darum geben Meine Liebe, welche da ist das wahre, ewige Leben; und alles was Mein ist, wird auch sein sein.

14] Wer Mich aber nur sucht der weltlichen Vorteile wegen — wahrlich, der ist Mir ärger und unerträglicher als einer, der Mich noch nie gesucht hat, weder in der einen noch in der anderen Hinsicht. Solche Schmarotzer können sich allezeit fernehalten von Mir; denn Mir ekelt es vor ihnen!

15] Siehe, aus diesem Grunde kann Ich heute auch deiner Bitte kein Gehör geben! — Lasse daher dein Mädchen, bis ihr Herz eine andere Richtung nehmen wird! Dann kann sie auch etwas empfangen von Mir — aber bei dieser Verfassung nicht! — Ich will zwar sehr freigebig sein, aber immer zur rechten Zeit nur und am rechten Platze!

16] Der J. Martha und der mehr weltlichen P. H. aber vermelde, daß es Mir voller Ernst ist um ihr Heil, und daß sie es darum mit Meiner Liebe zu ihnen auch völlig ernst nehmen sollen. Und solle Mir die eine gesegnet, die andere aber sanft ermahnet sein! — Amen.

17] Das sage Ich, den du batest — da Ich die Menschen besser kenne als du! — Verstehe es wohl! — Amen.

☆

Von den Gaben des Geistes

Am 31. Mai, 1842, vormittags

„Herr Jesus! Du lieber, heiliger Vater! Möchtest Du mir denn nicht kundgeben, was es da mit den Erscheinungen des J. V., der da ist ein Feuerwächter am Schloßberge, für eine Bewandtnis hat? — Warst Du es wohl, der ihm einige Male erschien, aus einer weißen Wolke hervortretend? Was soll ich davon halten? — Und sind ähnliche Anschauungen schon allzeit eine Bedingung zur völligen Wiedergeburt? — Lieber heiliger Vater, wenn es Dein heiliger Wille wäre, so möchtest Du uns doch nur einige Worte darüber geben! — Aber nur Dein heiliger Wille geschehe allezeit! Amen."

Auf diese Bitte wurde dem Knechte Jakob Lorber nachstehende Antwort zuteil:

Siehe, was da deine noch etwas blinde Frage betrifft, so sind die Menschen versehen mit verschiedenen Vermögen oder Talenten. Der eine hat die Gabe des Rates, der andere die Gabe des Verstandes, ein anderer die Gabe der Sprachen, ein anderer die Gabe der Weissagung, ein anderer die Gabe des Gesichtes. Wieder ein anderer die Gabe der Wahrnehmung, was ihr Ahnung nennt, und wieder ein anderer die Gabe des Gehörs. Mancher hat die Gabe des Geruches, mancher die Gabe des Geschmackes. Und zwischen jeder dieser sind zahllose Abstufungen und Mischungen. Mancher hat die Gabe der Willensstärke, ein anderer wieder eine Macht in seinen Augen. Und so hat einer in dem, und einer wieder in etwas anderem eine besondere Auszeichnung.

2] Durch die wahre Demut und Liebe zu Mir aber kann jeder sein angeerbtes Talent erhöhen bis ins völlig geistige Leben! — Jedoch hat darum keiner etwas vor dem anderen; sondern, daß er mit seinem besonderen Talente seinen Brüdern in aller Liebe dienen könne und solle — darum wird jedem auch Besonderes gegeben!

3] Denn hätte da jeder ein völlig Gleiches empfangen und wäre somit gleichvermögend — denke! — würde da wohl ein Bruder zum andern gehen und sich von ihm einen Dienst erbitten? — O siehe, das würde da wohl keiner tun; denn er wäre ja ohnehin mit allem versorgt!

4] Da aber zufolge Meiner Liebe in der ganzen Unendlichkeit kein Wesen vollkommen mit allen Talenten versorgt ist, so ist eben die Ermangelung an einem oder dem andern Talente ja das schönste und haltbarste Band der gegenseitigen Liebe, durch welches ein Bruder dem andern notwendig wird und sich an ihn anschmiegen muß, um sich des Talentes des Bruders bedienen zu können.

5] Daher können die Gesichte des frommen Mannes, über den du die Frage gestellt hast, gar wohl ebenso in der Ordnung sein, wie das Hören für dich in der Ordnung ist!

6] Es wird aber darum niemand von ein oder dem andern Talente gänzlich ausgeschlossen; sondern der Unterschied besteht nur in dem Ueberwiegen eines oder des anderen Talentes bei dem einen oder anderen Menschen. — So der Mensch aber übergeht ins geistige Leben, da wird dann auch das hervorstehende Talent zuerst geweckt.

7] Und so ist zur vollen Wiedergeburt durchaus weder das Schauen für sich, noch etwas anderes für sich unbedingt nötig, sondern allein die Demut und die Liebe. Alles übrige ist dann nur eine Folge dessen und richtet sich allzeit nach der ursprünglichen Inhabung irgendeines Talentes.

8] Solches solltest du jetzt wohl schon aus dir selbst zu fassen imstande sein. — Die Gesichte des J. V. sind demnach richtig, obschon auch manches Unreine daran klebet.

9] Du aber bleibe beim Worte! Denn in ihm ist das reinste Schauen! — Darum ist es ja der Urgrund alles Lichtes und alles Schauens! — Verstehe es wohl! — Amen.

☆

Aufmunterung an den Knecht

Am 7. Juni 1842, vormittags

Bitte des Knechts: „O Du mein allergeliebtester Herr und Vater Jesus, Du allerheiligster, Du liebevollster Gott von Ewigkeit zu Ewigkeit, Du allerbarmender Ratgeber in jeglicher Not! — Du siehst, daß mein Herz durch so manche Erscheinungen bedrängt ist und kennst sie. Darum habe ich nicht nötig, sie Dir, o Du überheiliger Vater, mit dem Munde oder mit den Buchstaben der Schrift vorzutragen. — O so gebe mir denn einen Trost, damit ich nicht durch derlei Schläge auf mein wahrhaft armes Herz unfähig werde, das von Dir mir anvertraute Geschäft des Geistes zu vollziehen und am Ende durch solche Unfähigkeit wohl gar verliere, was Du mir armem Sünder also gnädigst anvertraut hast! — O Du heiliger, lieber, überguter Vater, erbarme Dich meiner und befreie mich von dieser großen Herzensnot! — Dein Wille geschehe! — Amen."

Ja, ja, Ich kenne gar gut, was dir fehlet. — Doch merke dir für solche Fälle solches: Wo du nichts ändern kannst zufolge der jedem Menschen eigenen Willens- und Erkenntnisfreiheit, da erspare dir für alle Zukunft jede Mühe und Arbeit! Denn einen aus dem Zentrum ganz verfaulten Baumstock wirst du nimmerdar zum Leben erwecken, wenn du ihn auch noch so emsig täglich begießen möchtest.

2] Daher bekümmere dich auch der Rede nicht, welche da aus dem Munde unsauberer, rein weltsüchtiger Menschengeister kommen! Laß diese nur aus dem Schatze ihrer Weltklugheit schöpfen, welche von der Welt ist und rein der Welt angehört! Lasse sie reden und lasse sie ihre hochgepriesenen Geldtugenden üben! Lasse solche Weltweise reden schwarz und weiß, lasse ihnen sogar Mein altes und jedes neue Wort eine allerbarste Torheit sein! Denn siehe, diese wahrhaft elende, kurze Seligkeit müssen wir ihnen für ihre Geldtugenden ja doch zukommen lassen, da sie ja ohnehin auf der Welt mit diesem ihnen so einzig rechtesten Leben auch alles beschließen!

3] Siehe, solche allerpurste Materialisten sind allzeit die allerlauesten Geistesmenschen! Ja sie sind ebenso träge wie die Materie selbst, an der sie hängen — weshalb sie sich auch nicht über die tote Natur ihrer und jeder anderen Materie erheben können.

4] Da aber die Materie für sie etwas Festes und allein Begreifliches ist, so geht auch ihr Geist ganz in diese über, überläßt sich ganz der Materie und denkt, solange in ihm noch ein Lebensfunke glühet, ganz aus derselben. Und es ist ihm darum alles Geistige nichts anderes als eine allerbarste Torheit.

5] Da der Geist aber ganz in seiner Materie steckt, so geschieht es denn auch, daß er aus seiner Materie manchmal witzig und scheinbar scharfsinnig redet, welche Rede dann eine weltklugheitsvolle ist. — Aber jetzt erst kommt das große Aber! Jetzt sollst du ganz was Neues hören!

6] Aber wenn solcher Menschen Materie also verzehret hat ihren Geist, wie ein brennender Docht das Oel in der Lampe (bei welcher Gelegenheit dann die matte Flamme erlischt) — da wird ebenalso auch für alle ewige Zeiten der Zeiten ihr Geist erlöschen. Denn siehe, das sind eben diejenigen Menschenlarven, welche weder kalt noch warm, sondern lau sind — das heißt, sie sind weder böse noch gut, sondern tot wie die Materie selbst. Daher werden sie auch ausgespien aus Meinem Munde — oder mit anderen Worten: sie hören nach diesem Leben für ewig auf zu sein. Denn einer belebenden Züchtigung sind sie ebensowenig fähig wie ein toter Stein. Daher sie auch unverwesbar sind.

7] Wo aber kein Leben mehr denkbar ist, an was soll da ein Lohn übergehen, der an und für sich nur das allereigentlichste ewige Leben ist?! — Daher auch ist gesagt, daß es einem Kamele leichter ist, durch ein Nadelöhr zu gehen, als einem geisttoten Reichen zum Leben! — Wahrlich sage Ich dir: Wenn der Reiche nicht tun wird, wie Ich es geraten habe dereinst dem reichen Jünglinge, so wird er das Leben nicht überkommen.

8] Wer da aber sagt: „Ich spare für meine Kinder, um sie dereinst versorgen zu können und unabhängig zu stellen" — auch dem wollen wir seine Freude nicht mißgönnen und wollen ihn auch ungestört das ewige Totengrab für seine Kinder bereiten lassen. — Meinst du, Mir liege etwas an solchen Menschen? — Ich sage dir: Ein fauler Apfel stehet bei Mir höher als solche Menschen!

9] Daher brauchst du dich auch nicht zu kränken, noch zu sorgen, sondern ihnen freudig zu gönnen diese kurze Glückseligkeit, also wie Ich es tue. — Denn so sie das alte Evangelium verachten und Mich Selbst einen „armen Schlucker" nennen, so werden sie vor dir doch sicher nicht anders tun, da du nur von Mir zeugest, von Mir, dem Verachteten und Verspotteten, von Mir, dem Gekreuzigten.

10] Ich sage dir aber: Hätte dein Wort den Beifall der Welt, so wäre es nicht aus Mir! Die Verachtung der Welt aber ist allzeit das größte Zeugnis dessen, was aus Mir kommt.

11] Wer dich somit schmähet und fliehet, der schmähet und fliehet auch Mich! Denn was aus dir kommt, das kommt ja auch aus Mir. — Daher sei fröhlich! — Amen.

☆

Familien-Seelsorge

Am 7. Juni 1842, vormittags

Schreibe von Mir an die drei Töchter des Ans. H.-W. namens J. H., P. H. und W. H., auch an den Ans. H.-W. selbst und an dessen Weib!

2] An J. H.: Ich, dein lieber, heiliger Vater, sage und rate dir, daß du Mir treu verbleiben sollst! — Und solches sage Ich dir, weil Ich es bei dir erschaue, daß dein Herz anfängt, sich ein wenig hin und her zu schwingen zwischen Mir und der Welt.

3] Solches aber ist nicht gut, da das Herz, so oft es sich zur Welt hinausschwinget, allzeit, gleich einem in einen Brunnen gelassenen Eimer, allerlei Arges in sich aufnimmt, wie Mißtrauen, Aerger, Bangigkeit, Lauigkeit in allem Guten und wahrhaft geistig Schönen, Gefallsucht, Untreue, Zorn, Neid, Hoffart und Rachlust.

4] Siehe, diese großen Uebel sind anfänglich gar klein; sind sie aber einmal als böser Samen im Herzen aufgenommen, so wachsen sie sehr schnell an und ersticken als ärgstes Unkraut gar bald jedes edle Körnchen, das Ich zuvor ins Herz gesät habe.

5] Siehe, du Meine liebe Tochter, da dein Herz sich in einer solchen kleinen Gefahr befindet, erinnere Ich, dein heiliger, lieber Vater, dich daran, auf daß du Mir ja keinen Schaden leiden möchtest.

6] Hast du aber gefunden, daß sich Mein Schreiber und Knecht gegen dich etwas verändert zeigen mußte, trotzdem er dich innerlich sehr lieb hat — siehe, dazu ward er von Mir im geheimen beheißen, um dir anzuzeigen, daß sich dein Herzchen leise zu schwingen hat angefangen. Mein Knecht aber muß sich allzeit also benehmen, wie er beheißen wird, und muß schreiben, was ihm gesagt wird, damit dadurch jemand erwecket werden möchte.

7] Wenn aber schon alles, was du nur ansiehst, so du aufmerksameren Herzens bist, dir zu einem weisen Lehrer werden kann, um wie viel mehr wird und muß es dir ein mit Mir im geistigen Verbande stehender Knecht sein! — Daher beachte du in der Zukunft nur alles, was dir der Knecht sagt! Denn solches redet er nicht aus sich, sondern aus Mir, wie gestaltet es auch immer lauten möchte, ob wie ein Scherz, ob wie eine Neckerei oder ob wie ein Ernst.

8] Wenn du nur darauf achten willst, so wird es dich zum lebendig Guten leiten. Liebes Töchterchen, beachte solches wohl! — Amen.

9] An P. H.: Denke, Meine Liebe ist der größte Reichtum und der herrlichste Schmuck des Lebens! Wer diese hat, der hat alles!

10] Uebe dich daher in Meiner Liebe! Sei geduldig in allem und befolge gerne Meine leichten Gebote! Hab viele und große Freude an Meinem Worte und glaube es im Herzen, daß Ich es bin, der euch nun so reichlich regnen läßt das Manna aus den Himmeln, so wird es dir ein leichtes sein, dein Herz zu stärken in aller Liebe und beständigen Treue zu Mir!

11] So du aber haben wirst ein festes Herz in Meiner Liebe, dann wird dich auch sobald jedes Uebel des Leibes verlassen. — Daher sollst du aber auch nicht ein geteiltes Vertrauen auf Meine Hilfe setzen, so dich noch manchmal eine kleine Leibesübelkeit befällt. Denn Ich sage es dir, sie wird vergehen, sobald dein Herz fester wird in Meiner Liebe!

12] Sagen aber nicht schon die Menschen: „Die wahre Liebe muß gezanket werden!“? — Siehe, auch Ich pflege mit denen, die Mir lieb sind, so lange durch allerlei, dem Leibe unangenehme Empfindungen zu zanken, solange Ich in irgendeinem noch so verborgenen Herzenswinkel etwas entdecke, das für Meine heilige Liebe nicht taugt. — Darum fragte Ich auch den getreuen Apostel drei Male, ob er Mich liebe!

13] Siehe, Ich bin wirklich sehr eifersüchtig und kann daher nichts vertragen, was sich nur in eine allerkleinste Untreue verwandeln könnte. — Da Ich dich, Mein Töchterchen, aber sehr lieb habe, so sage Ich dir solches! Beachte es ja recht wohl, und du wirst Mir, deinem heiligen, liebevollsten Vater, eine große Freude machen! — Ich aber werde dich dafür Meiner Liebe versichern ewig. — Amen.

14] An W. H.: Dir aber sage Ich, daß du dich ja nicht stoßen sollest an irgend etwas, wodurch du dich dann und wann als zurückgesetzt betrachtest. Denn siehe, Ich ziehe Mich, besonders bei deinesgleichen, oft also zurück, daß sie auch manchmal ausrufen möchten: „Mein Gott, mein Gott, warum hast Du mich verlassen?!“

15] Allein Ich sage dir: Solches ist dir sehr heilsam zur ewigen Gesundheit des Geistes. — Merke aber dabei dieses: Ich bin dir nie näher als gerade dann, so du Mich am entferntesten glaubst!

16] Sei daher sanften Herzens, hebe deine Weltgedanken zu Mir empor und sei geduldig in allen Dingen! Befleißige dich Meiner Liebe, so wirst du dich nimmer in irgendeinem Hintergrunde erschauen!

17] Solches beachte wohl und treu in deinem Herzen! — Amen.

18] An A. H.-W.: Dir aber sage Ich: Habe in allen Dingen Meine Liebe und Meine Erbarmung unablässig vor Augen, so wirst du nie in eine Schwermut des Herzens geraten! Betrachte die Erscheinungen wie sie sind, aber nicht wie sie sein sollen — so wirst du dir ein reines Bild in deiner Seele hervorrufen und dein eigener Geist wird es dir enthüllen, warum die Dinge also und nicht anders zum Vorscheine kommen.

19] Siehe, wenn du eins bist mit Mir in der Liebe zu Mir, so wirst du auch eins sein mit Meinem Willen. Bist du aber das, so wirst du ja auch leicht einsehen, daß da ohne Meinen Willen und ohne Meine Zulassung kein Sperling vom Dache fällt, daß jedes Härchen gezählet ist und keines ohne Meinen Willen gekrümmet werden kann.

20] Solches wird dir ein fröhliches Herz bereiten! — Also liebe Mich, streue bei deinen Kindern stets guten Samen aus, so wirst du gar wohl gedeihen in Meiner Liebe! — Amen.

21] Dein Weib aber soll sich nur vorzüglich an Meine Liebeluft halten und in ihrem Herzen in die „Bäder Meiner Liebe" reisen, so wird sie gesund am Geiste und am ganzen Leibe!

22] Wenn sie ausgeht, da soll sie auch allezeit Mich mitnehmen. Wann sie aber nach Hause kommt, da auch soll sie Mich treulichst zu ihr einladen, so wird sie gar bald gewahren, was alles Ich vermag!

23] Und daher soll sie auch nicht manchmal zu sehr nachsinnen, was sie wieder völlig gesund machen könnte! Denn Ich, der Arzt aller Aerzte, der Ich ihr schon so weit geholfen habe, werde ihr schon noch weiter helfen.

24] Es liegt nicht zu viel daran, ob auf den Gebeinen viel oder wenig Fleisches hänget, aber alles liegt daran, wieviel der wahren Liebe zu Mir in irgendeinem Herzen sich vorfindet!

25] Daher soll sie sich auch mehr an Meine Liebe halten denn an alles andere — so wird sie doppelt und vollkommen genesen! — Amen.

☆

Seelen-Mitternacht

Am 13. Juni 1842, nachmittags

Frage des Andr. H.-W.: „O Herr! Mir kommt vor, ich bin mehr tot als lebendig. Wird die Mitternacht nicht bald durch Deine große Liebe, Gnade und Erbarmung vorüber sein?"

Das kommt nur auf dich an! Wenn du mit aller Welt vollends brechen wirst samt deinem ganzen Hause, dann wird die Mitternacht bald vorüber sein! — Wenn da aber jemand zwischen zwei voneinander schroff abstehenden Pfeilern noch also gebunden ist, daß, während er von jemand gen Morgen zum lebendigen Pfeiler gezogen wird, er aber auch noch mit ebensolchen Stricken von jemand anderem gen Abend an den Pfeiler des Todes gezogen wird — wie muß es dem werden bei diesem Doppelzuge?

2] Ihr sagt ja aber selbst: „Der Gescheite gibt nach!" — Und Ich sage dir, daß da allzeit Ich den „Gescheiten" machen muß und muß mit Meinem Zugwerke allezeit nachgeben an Meinem Morgenpfeiler, wenn der geschäftige Meister am Abendpfeiler zu straff sein Schnürwerk zu spannen anfängt.

3] Ziehe Ich bei solchen Gelegenheiten auch an, da wirst du nahezu zu einem Insekte, daß dir darob der geistige Atem ausbleibt. Und gerade dieser Zustand bei dir ist das, darum du sagst, es komme dir vor, als wärest du „mehr tot als lebendig"!

4] Wann du aber willst und magst (denn es steht vollkommen bei deinem freien Willen, dich von den Stricken des Abendpfeilers loszumachen!) — so wird auch sobald deine vermeintliche „Mitternacht" vergehen; denn der Morgenpfeiler wirft dann keinen Schatten mehr, aber einen desto größeren der Abendpfeiler!

5] Wer Mich aber durch seinen Glauben verherrlicht und wen Ich schon von allen Seiten mit Liebesstricken umwunden habe, tut wohl daran, so er sich sobald losmacht von alledem, was ihn noch an den Abendpfeiler hinzieht.

6] Und solches ist ja doch nicht also schwer, wie sich's da jemand denken mag! Eine wahre, lebendige Liebe zu Mir macht alles leicht, und kein Ding ist ihr unmöglich!

7] So du aber mit dir so manchmal eine kleine Rechnung des abendlichen Pfeilers wegen halten möchtest, Ich sage dir, du würdest gar leicht ersehen, wie du noch so einige Schnüre vom Abende her um deinen Leib duldest!

8] Diese aber müssen vom Leibe! Ehedem wird es nicht viel besser werden mit deiner vermeintlichen „Mitternacht"! — Beachte dieses wohl! Denn nun brauche Ich dir ja nicht mehr beizusetzen, von wem diese Gabe ist! — Amen.

☆

Christus lebet in mir!

Am 22. Juni 1842, vormittags

Schreibe nur, schreibe! Denn daran du dich in der Zeit schwach nur erinnerst, das war schon von Ewigkeit klarst vor Mir!

2] Also gebe dies Hand- und Herzenszettelchen der Tochter des Ans. H.-W., die da führet den Namen Meines lieben Apostels Paulus, und sage ihr, daß Ich ihr sagen lasse durch dich:

3] Sie solle Mein Wort sich ebenso aneignen, wie sie sich durch die Wassertaufe angeeignet hat den Namen des Apostels, welcher da sein soll ihr rechter Name — nicht nach „Paulinus", auch nicht nach der „Paulina", sondern nach dem Paulus, der zuvor Saulus hieß und erst von Mir dann den rechten Namen Paulus erhielt, welcher nach himmlischer Art alles das besagt, was da in Meinem Namen tat dieser aus Mir große Apostel.

4] Da sie aber dessen Namen führt, so soll sie auch führen in ihrem Herzen, was der Apostel in dem seinigen geführet hat, nämlich Mich Selbst vollkommen, darum er auch Paulus hieß und klar von sich aussagen konnte: „Nun lebe nicht mehr ich, sondern Christus lebet in mir!"

5] Ich sage aber hier: Wohl dem, der mit dem Paulus ein „wahrer Paulus" ist! Denn obschon ihn der alleinige Name nicht heiligt, so wird aber dieser Name ihm dennoch zu einem großen Zeugnisse werden, so er ihn werktätig im Herzen trägt, also wie ihn der Apostel getragen hat.

6] Ich sage aber auch: Wer immer da nicht „Paulus" heißen wird in seinem Herzen, der wird keinen großen Teil an Meinem Reiche haben. Denn „Paulus" besagt nach himmlischer Weise: „Christus lebet in mir, und mein ganzes Wesen ist eine Wohnstätte des Heiligen Geistes!"

7] Siehe nun, du Mein Töchterchen, solches besagt der Name, den du führest! Suche daher in dir die Wahrheit dieses Namens, den du führest, sonst lügst du dich und Mich allezeit an, so oft du sagst: „Ich bin und heiße Pauline“, welches ebensoviel heißt, als sagtest du: „Nun lebe ich vollkommen! Denn nicht ich, sondern der Geist der göttlichen Liebe lebet in mir!“

8] Darum also aber sollst du deinem Namen also getreu leben, daß dir dieser nicht wieder genommen wird, wenn du zur Enthüllung des Geistes durch die Geist- und Feuertaufe gelangen wirst, welche Taufe ist die volle Ueberkommung des ewigen Lebens!

9] Siehe, solches gebe Ich dir darum zu dem Tage deines Namens, damit du daraus entnehmen sollst, was da dieser dein Name besagt und wie du diesen Namen recht werktätig in dein Herz aufnehmen sollst. Und das ist viel mehr wert denn Gold und Silber und alle anderen Schätze der Welt!

10] Werde daher eine würdige Trägerin deines Namens! So erst wirst du Mir eine wahre, liebe „Paulina“ werden jetzt wie ewig. Amen.

☆

Von der Freundschaft des Herrn

Geburtstagsgabe

Am 26. Juni 1842, vormittags

Dieses gar große Geschenk gib der, die da heute ihren Geburtstag feiert und heißet J. H. = Martha.

„Ich sage hinfort nicht, daß ihr Knechte seid. Denn ein Knecht weiß nicht, was sein Herr tut. Euch aber habe Ich gesagt, daß ihr Meine Freunde seid. Denn alles, was Ich gehört habe von Meinem Vater, habe Ich euch kundgetan.

Ihr habt Mich nicht erwählet, sondern Ich habe euch erwählet und gesetzt, daß ihr hingehet und Frucht bringet und eure Frucht bleibe, auf daß, so ihr den Vater bittet in Meinem Namen, Er es euch gebe.“ (Joh. 15, Vers 5 und 16).

Verstehest du, Mein Töchterchen, was Ich dir durch diese zwei Verse sagen will? — Siehe, das Größte, was der menschliche Geist je erfassen wird — nämlich die Wiedergewinnung der vollkommenen Freiheit, welcher da zu Grunde liegt Meine wahre, intimste Freundschaft mit denen, die Ich erwählet habe!

2] Siehe, keiner von euch allen hat Mich erwählet, sondern nur Ich kam zu euch und habe euch erwählet! — Daß Ich euch aber erwählet habe, kannst du daran je zweifeln? — Gebe Ich euch allen nicht alle Schätze der Himmel, die da sind des Vaters, welcher die ewige Liebe in Mir ist!?

3] Da Ich dich und euch aber erwählet habe, so habe Ich euch und somit dich, Mein Töchterchen, ja auch gesetzt in das Paradies des ewigen Lebens, damit ihr da die edelsten Früchte zu bringen vermöchtet und Mich da auch allzeit bitten könnet, um was ihr wollet, damit Ich es euch allzeit gebe.

4] Da es aber nun klar vor deinen Augen ist, daß Ich euch alle erwählet habe aus und von der Welt, die da gefangen ist in den härtesten Ketten aller Knechtschaft und ärgsten Sklaverei, was meinst du wohl — habe Ich euch und somit auch dich wohl erwählet zur abermaligen Knechtschaft und Sklaverei oder zur Freiheit des inneren Lebens der Liebe zu Mir und somit zu Meiner vollen Freundschaft!?

5] Wer aber ist der, zu dem Ich sage: „Geliebter Freund, geliebte Freundin!" — O Töchterchen, bedenke, bedenke, was das ist, so Ich auch zu dir sage: „Meine geliebte Freundin!"

6] Wahrlich, Ich sage es dir: So Ich dir schenken möchte alle Reiche der ganzen Unendlichkeit, alle Engel und alle Himmel — da wärest du nur ärmlich beteilet gegen dem, daß du bist eine „Erwählte", und daß Ich auch zu dir sage: „Meine Freundin, Meine Schwester!"

7] Beachte daher überaus wohl und allerhöchst, was du hiemit überkommst! — Siehe, an diesem deinem Leibesgeburtstage überkommst du Meine Freundschaft und wirst empfangen von Meiner Erbarmung, damit du schnell reifen möchtest in ihr zur vollen Wiedergeburt deines Geistes zum ewigen Leben!

8] Wahrlich, die da sind Meine erwählten Freunde, die haben auch Meinen Heiligen Geist schon in und über sich — darum sie nimmerdar sollen Knechte der Sünde werden. — Also sollst auch du Mir nimmerdar eine Dienerin der Sünde werden, sondern ewig bleiben in Meiner Freundschaft! — Amen.

☆

Ein Eherat

Am 27. Juni 1842, vormittags

Schreibe nur, schreibe; denn Ich weiß es gar lange schon, um was du Mich fragen willst!

2] Mein lieber K. G. L., der du Mich lieb hast und trauest Mir in deinem Herzen, darum du in der dir wohlbewußten Sache einen guten Rat haben möchtest von Mir! Siehe, hier ist wieder ein Punkt, wo, wie ihr zu sagen pflegt, der „gute Rat teuer" ist! Denn Ich sage dir, und du kannst es Mir pünktlich glauben: In der Hölle und bei der jetzigen Zeit auf der Welt ist für Mich Selbst ein guter und wirksamer Rat im Ernste schwer; außer Ich wollte mit dem Rate zugleich auch schon mit Meiner Allmacht dareinschlagen.

3] Täte Ich aber solches — wofür wäre dann der vorhergehende Rat gut und tauglich? — Siehe, vor gar nicht langer Zeit habe Ich dem sogenannten Westindien, wegen seines zu industriösen und menschenfreundlichen Strebens, einen solchen mit Meiner Allmacht verbundenen Rat gegeben, auf daß sie sich von der Welt zu Mir zurückkehren sollten. Aber dieser Rat hat vielen Menschen (Ich will hier Mich keines anderen Ausdruckes bedienen) — das Leben und so manchen Ortschaften das Dasein gekostet!

4] Siehe, was dir aber hier dieses Beispiel im Großen gezeigt hat, und wie dir für die Zukunft noch mehrere ähnliche, wo nicht noch größere Beispiele zeigen werden, was da Mein mit Meiner Allmacht verbundener und somit auch sehr handgreiflicher Rat vermag — dasselbe kann auch bei einzelnen Menschen der Fall sein, so Ich ihnen einen allmächtigen Rat erteilen würde, der dann freilich wohl für den Augenblick wirksam wäre.

5] Erteile Ich aber den Weltmenschen einen freundlichen Rat entweder durch den besseren Trieb ihres Herzens oder, wie es hier der Fall ist, durch einen geweckten Seher und Wortknecht, sage Mir, wo ist der, der solches völlig glaubt und darum auch treulichst beachtet? — Denn also verkehrt sind die Sinne der Menschen, daß ihnen das größte Wunder des lebendigen Wortes so gleichgültig ist, wie nur immer eine andere alltägliche Erscheinung auf der Welt!

6] Daher kannst du Mir ja glauben, daß so bei manchen Gelegenheiten und in so manchen Punkten einen guten Rat zu geben, wahrhaft selbst für Mich schwer wird!

7] Dessenungeachtet aber will Ich dir denn doch noch in deiner dich kümmernden Angelegenheit etwas sagen, aber natürlich also nur, wie es bei Mir steht und nicht wie es in der tollen Weltordnung der Menschen, wie sie gegenwärtig sind, sich vorfindet.

8] Siehe, so da jemand eine Magd beschlafen hat, so daß er dadurch auch gezeuget hat aus ihr eine Frucht, nachdem er sich zuvor ihre intimste Neigung durch allerlei eheliche Vorworte verschafft hatte — da sind nur drei Fälle möglich, die ihn seines gemachten Bundes entledigen. Und diese drei Fälle sind: erstens, der ein- oder anderseitige Tod des Leibes; zweitens, eine durch was immer für Umstände herbeigeführte gänzliche Untauglichkeit für den ehelichen Stand; drittens, wenn das Mädchen dem Manne gänzlich und ohne sein Verschulden in ihrem Herzen untreu wird und den Liebesantrag eines anderen in ihrem Herzen angenommen hat.

9] Siehe, nur diese drei Fälle können und werden bei Mir als ein voll entschuldigender Grund angesehen. Alle anderen Gründe aber, welche auf dem mageren und überaus trüglichen Boden des Weltverstandes gewachsen sind, werden allzeit für null und nichtig betrachtet!

10] Wer da sagt aus seinem Verstande: „Ich möchte ja das Mädchen wohl nehmen zum Weibe, wenn es meine Vermögensumstände gestatteten!" — dem sage Ich: „Du, der du nach der Sünde also gut rechnen kannst, warum hast du dir denn vor der Sünde keine Rechnungstafel angeschafft?! — Wahrlich, für jetzt kommst du Mir zu spät mit dieser deiner Rechnung!

11] Denn Ich kenne keine solche Rechnung, die da die Sünde entschuldige und dich enthebe deines gemachten Bundes! Warum? — Weil der Mensch durch die Sünde mit Mir ohnehin schon den ewigen Bund gebrochen, den er Mir geschworen hat in der Wassertaufe, so soll er zu diesem Hauptbruche nicht noch einen andern hinzufügen, der dem Hauptbruche völlig gleich kommt."

12] Fürs zweite aber soll der also rechnende Mensch bedenken, daß seine Versorgung nicht so sehr von den weltlichen Vermögensumständen abhängt, als vielmehr, ja ganz allein, von Mir — so wird er mit einem gläubigen Herzensverstande gar leicht finden, daß die Probe der Weltrechnung besser ist als die Rechnung selbst!

13] Denn für den Ich sorge, der ist wahrhaft versorgt; während so manche in den Weltkerkern doppelter Art schmachten, weil die

Proben ihrer Rechnungen schlechter ausgefallen sind als die vermeintlich gut geführten Weltrechnungen!

14] Siehe, das ist der einzige Rat, den Ich dir geben kann, der da auch allein nur gut und wahr ist! — Wer aber wird ihn befolgen? Wird er wohl überhaupt befolgt werden?

15] Wahrlich, wer da aus Liebe zu Mir nicht ehelicht, der tut ja besser. Wer aber einmal einem Mädchen das Wort gegeben hat, der tut eine grobe Sünde, wenn er sein Wort bricht. Hat aber jemand einmal gar schon wider Mein Gebot einem Mädchen beigewohnt, um wieviel mehr muß er darum auch verpflichtet sein, seine Sünde an dem Mädchen wiedergutzumachen — ohne welche Tat sie ihm nie von der Schuldtafel gelöscht wird im Reiche des Lebens!

16] So du, Mein lieber K. G. L., willst solchen Rat deinem Freunde erteilen wie aus dir, kannst du es ja tun! Ob er aber fruchten wird, solches lassen wir in der Welt unterdessen dahingestellt sein. — Amen.

☆

Erweckungsbewegung in Schweden

Am 28. Juni 1842, nachmittags

„O Herr! Ist der Offenbarung der vielen Kinder in Schweden, die einhellig zur Buße ermahnten und aussagten, daß nach drei Jahren das Tier mit sieben Köpfen und zehn Hörnern aufsteigen werde und daß ein Haupt und zwei Hörner schon ersichtlich seien, Glauben beizumessen? — Die arge Welt nennt diese wunderbare Erscheinung die Predigtseuche! — O Herr! Vergib ihnen, denn sie wissen nicht, was sie lästern!"

Ich habe es euch ja schon bei so mancher Gelegenheit vorhergesagt, und ganz vorzüglich im Verlaufe der euch wohlbekannten „Zwölf Stunden[1]", daß Ich an mehreren Orten der Erde werde Mein Licht und Meine große Erbarmung aus den Himmeln herniedersteigen lassen. — Wenn es nun geschieht und noch immer mehr und mehr geschehen wird, hier und da und bald so und bald so, was Ich euch vorausgesagt habe, kann euch das wundernehmen?

2] Was predigen die schwedischen reinen Kinder, wenn sie von Meinem Geiste angeregt werden? — Sie predigen wahre Buße! — Wer kann da meinen, solches sei eine Krankheit des Leibes oder etwa gar ein Werk des Satans?!

[1] Jakob Lorber, „Die zwölf Stunden".

3] O glaubet es Mir und sehet an das große Volk der Städte und was da ihr Tun ist und ihr loses Treiben — und ihr werdet selbst sagen: „Nein, nein! Ein solches Evangelium predigt der Satan nimmer! Sondern [dieser predigt] ein anderes nur, darnach da vorzugsweise lebet und webet das große Volk der argen Städte!“

4] So ihr aber wisset, daß derjenige, der in seinem Herzen Christum wahrhaft bekennet im Glauben und vorzüglich in der Liebe, nicht ist wider Christum, sondern für Ihn und somit auch für Sein ewiges Reich, dann werdet ihr ja dadurch auch desto leichter und sicherer erkennen, von welchem Geiste getrieben und gezogen diese schwedischen Kinder weissagen und predigen! Steht es denn nicht geschrieben: „Aus dem Munde der Kleinen habe Ich Mir ein Lob bereitet?“

5] Sehet, auch dieses gehört allezeit zu einem großen Vorzeichen, wann da kommen solle gar bald ein richtender großer Tag der Löse über die Erde!

6] Was da aber das „dem Meere“ wieder, und zwar zum letzten Male, „entsteigende Tier“ betrifft — Ich meine, dazu werdet ihr keine Augengläser brauchen, um das klar zu ersehen, so ihr nur ein wenig das Tun und Treiben der großen Hurenstädte betrachtet, und ganz besonders das Tun und Treiben einer Stadt, die ihr wohl kennet, die Ich euch aber dennoch nicht nennen mag und will!

7] Dort steigt das alte „Tier“ also, wie es schon der Kahin nach seiner Greueltat gesehen hat, vorzugsweise empor, um sein altes Gewerbe zu treiben, und hat bereits schon „zweieinhalb Haupt und viereinhalb Horn über der Erde“! — Daher ist es auch nötig, daß sich jeder durch Meine Gnade rüste, damit er nicht verschlungen wird von der Macht und vorgeblichen Gewalt des Tieres. Denn es wird große Zeichen tun, nicht mehr durchs Feuer zwar, aber desto mehr durch die Macht der Zunge!

8] Doch sage Ich euch auch bei dieser Gelegenheit: Die schwere Wolke aber steiget nun auch schon mehr denn gleichen Schrittes aus den Himmeln, in welcher der das Tier für ewig tötende Blitz aufbehalten ist!

9] Was ist aber das „Malzeichen des Tieres“ für seine Bekenner? — Auf der Stirne — der Weltverstand! — Auf der Hand aber — die Industrie! — Daran wird das Tier am besten zu erkennen sein!

10] Das Zeugnis der Aerzte[1] aber ist ein Schirm für Meine Sache! — Jetzt wißt ihr alles, was euch davon not tut, beachtet es wohl! — Amen.

Zu diesem Ereignisse berichtete die „Grazer Zeitung" vom 20. August 1842, Nr. 132: Stockholm, 2. Aug. 1842. „Am Sonntag, den 10. Juli, waren über dreitausend Menschen von nah und fern in Eksrote versammelt, um diese Leute predigen zu hören. Mehrere in der Volksmasse rissen sich die Kleider vom Leibe und die Ringe von den Fingern und Ohren und traten mit den Füßen darauf, indem sie riefen, diese Kostbarkeiten seien Teufelsschmuck. Ein Soldat sammelte in einem Korbe eine Menge Goldringe, die eingegraben wurden. Die Krankheit scheint ihren Gipfelpunkt erreicht zu haben, bemerkt die Staatstidning, und es kann nur wenig mit Ermahnungen und Warnungen, noch weniger aber mit Zwangsmitteln dagegen ausgerichtet werden."

Der „Oesterreichische Beobachter" vom 7. November 1842 brachte den Bericht eines lutherischen Geistlichen über die Predigtsucht der Kinder in Schweden, worin es heißt: „Sie predigen gegen Spiel, Tanz und hoffärtiges Leben; sie berufen sich auf den Propheten Joel, 2. Kap., 28. Vers. Sie sprechen vom Untergange der Welt, ermahnen zur Buße. In ihren Visionen sehen sie die Qual der Verdammten. Auch erblicken sie einen langen Abendmahlstisch, an dem die Seligen sitzen. Sie predigen aus innerem Zwange, und auch da, wo ihnen niemand zuhört, usw."

☆

Elias, der Vorläufer

Ein zeitgemäßer Lebenswink

Maleachi 4,5: „Siehe, Ich will euch senden den Propheten Elias, ehe denn da komme der große und schreckliche Tag des Herrn!"

Matthäus 17,10: „Und Seine Jünger fragten Ihn und sprachen: »Was sagen denn die Schriftgelehrten, Elias müsse zuvor kommen?«"

Am 30. Juni 1842, nachmittags

„Bittet, so wird euch gegeben, suchet, so werdet ihr finden, und klopfet an, so wird euch aufgetan!" — Saget Mir, von wem sind diese tröstenden Worte? — Ihr saget, sie sind von Mir. — Gut, sage Ich, so aber diese ewig wahren Worte von Mir sind, saget, was hält euch denn ab, sie werktätig zu befolgen, damit es jedem von euch ein leichtes würde, solche wichtigste und auch am leichtesten faßliche Stellen aus der Schrift des Lebens zu verstehen?

2] Wisset ihr, was daran schuldet? — Ich sage euch und habe es euch schon oft gesagt: Daran schuldet nichts als eure noch immer törichte Vorstellung von Mir, derzufolge ihr Mich noch immer

[1] welches die geistige Erscheinung als eine „Predigtseuche" erklärt hat. d. Hsg.

mehr im unendlich Gewaltigen, Mächtigen, Großen und Ueberheiligen suchet, statt in der alleinigen sanften Liebe.

3] Ihr sehet in Mir wohl den Gott, den unendlich Großen, der da durch Sein Wort erschuf Himmel und Erde; aber den Gott, den lieben Vater, der es nicht unter Seiner Würde hält, sogar die Flügel einer Pfützenmücke in Bewegung zu setzen und die Schimmelpflanzen an einer feuchten Brotkrumme zu pflegen, daß sie gedeihen — sehet, dieser Sich so tief herablassende, dieser sanftmütigste, dieser geduldigste und liebevollste Gott und Vater ist noch stets mehr oder weniger fremd eurem Herzen!

4] Jesum, der die Sünder auf Seine Schultern lud, der die Müden und Beladenen zu Sich rief, Jesum, den allein guten Hirten, Ihn, den Gekreuzigten, kennet ihr noch nicht!

5] Da euch aber dieser allersanfteste Jesus noch fremd ist in dem, wie und was Er ist, so ist euch auch fremd der große Prophet Elias und fremd „der große und schreckliche Tag des Herrn!"

6] Wenn ihr Dinge, die nicht da sind oder euren Sinnen zu entfernt liegen, nicht fasset, so möget ihr wohl, euch entschuldigend, sagen: „Herr, solches zu fassen ist nur jenen gegeben, die Du dazu berufen hast!" — Die Schrift des Lebens aber ist ja in euren Händen; mit welcher gültigen Entschuldigung könnet ihr da wohl auftreten, so Ich euch frage: „Warum verstehet ihr solches nicht, das ihr doch zuallererst und zuallernächst fassen solltet?"

7] Wer ist hier der Prophet Elias? — Nun machet doch einmal die Ohren auf und höret: Es ist Meine Liebe, welche jedem Gerichte vorangehet, wie es soeben bei euch der Fall ist und bei noch so manchen andernorts[1]! Das ist der „Elias"! Wann diese (Meine Liebe) anfängt zu euch zu kommen, so ist der „Elias" auch schon da. Elias ist somit die Vorstrahlung Meiner Liebe, welche nun in ihrer unendlichen Feuerkraft, ja in ihrer ganzen unendlichen Fülle auf dem Wege zu euch ist.

8] Wer da ergreift die sanften Strahlen dieses „Elias" und lässet sich durchglühen von ihnen, der wird auch bestehen in dem kommenden Feuermeere Meiner unendlichen Liebe.

9] Wehe aber dem, der sich den „Elias" nicht wird zu eigen gemacht haben! Wahrlich, er wird nicht bestehen im großen Feuer Meiner Liebe, wenn sie kommen wird in ihrer Fülle über alle Kreatur!

---

[1] in der Offenbarung durch Jakob Lorber und andere; d. Hsg.

10] Wer da nicht mit dem Elias vermag, im feurigen Wagen der Liebe sich zu Mir gen Himmel erhebend, im Geiste zu bestehen, wie wird der erst dann bestehen im Grunde des Feuers, von dem der Wagen des Elias nur ein kleines Fünklein ist?

11] Sehet, das besagt die euch dunkle Stelle, die euch aber dennoch heller als die Sonne am Mittage sein sollte! — Verstehet nun solches wohl und achtet des „Elias", der sich nun unter euch befindet, damit ihr von Meinem kommenden großen Feuer nicht vernichtet werdet! — Solches verstehet wohl! Amen.

☆

Kennzeichen wahrer und falscher Propheten

Am 4. Juli 1842, vormittags

Zum ersten Buch der Könige, Kap. 19, 7—18.

Wenn du das hier Gesagte nur einigermaßen aufmerksam durchgehest und beachtest die gleichlautende Antwort dieses größten aller Propheten Israels, so kann es dir ja unmöglich entgehen, wodurch sich ein rechter Prophet klärlichst unterscheidet von einem falschen, der da ist allezeit ein Diener Baals und ein blinder Pharisäer im vollkommensten Sinne des Wortes.

2] Damit aber du und jeder es genau merken und wissen solle, wie die Sachen stehen zwischen einem wahren und einem falschen Propheten, so will Ich aus den Anführungen des Propheten Elias dich nur auf folgendes aufmerksam machen. Und so höre denn:

3] Für Wen allein nur eiferte der wahre Prophet Elias? Eiferte er für weltliche Rechte, für weltliche Macht und Gewalt und für weltliches Einkommen, bestehend in Gold und Silber? — Er spricht: „Ich habe um den Herrn, den Gott Zebaoth geeifert!"

4] Siehe, so da aber jemand eifert ohne Entgelt um den allein wahren Gott und tut sonach, wie es da getan hat der Prophet Elias, sage mir, ist das ein falscher Prophet? — Also ist der Eifer das sicherste und untrüglichste Zeichen eines wahren und eines falschen Propheten.

5] Wenn aber der eine eifert um ein weltliches Ansehen seiner Kirche und seines Oberhauptes, das da begraben ist in Gold, Silber und allen Edelsteinen, ein anderer aber eifert allein um Mich — welcher von den zwei Propheten ist da wohl der allein wahre? — Ich meine, um das zu erraten, wird niemand zur Mathematik seine Zuflucht nehmen müssen.

6] Da aber der Elias ein vollkommen wahrer Prophet war, wie erkannte er Mich da, als Ich vorüberzog an der Türe der Höhle am Berge Horeb, da er noch in selber verborgen lag? — Etwa im großen und starken Winde? — Siehe, also bin Ich auch nicht in denen, die da viel Wind und Aufsehens machen. Denn das ist die Art der echten, blindesten Pharisäer.

7] Oder hat Mich Elias erkannt im darauf folgenden Feuer? — Siehe, also bin Ich auch nicht in jenen Feuereiferern, aus deren Munde nichts als ein Gericht ums andere und eine Verdammnis um die andere sprühet, da sie Gott nur im richtenden Feuer, aber niemals nur in der Liebe erkennen wollen.

8] Der wahre Prophet Elias aber hat Mich, den Gott Zebaoth, nur im stillen, sanften Wehen oder Säuseln erkannt, d. h. mit anderen Worten nichts als: Elias hat Mich erkannt wahrhaftig allein nur in der Liebe!

9] Wenn du[1] Mich aber ebenso sanft wehend in der alleinigen Liebe erkennst gleich dem Elias, wie bist du demnach ein falscher Prophet? — Lasse die Weltpropheten nur reden und rufen wider uns! Am Ende wird sich ja wohl zeigen, wer da heimführen wird die Braut!

10] Elias aber ward berufen zu einem Richter über Israel in der Liebe, darum er mußte ziehen nach Damaskus und zu Königen salben den Hasael und den Jehu und zum Propheten den Elisa, damit diese erhalten möchten die, welche sich nicht gebeugt haben vor Baal, und mit dem Schwerte der Treue absondern die Spreu Baals von Meinem reinen Weizen. Was aber da geschah im kräftigen Vorbilde, siehe, das geschieht auch jetzt im Geiste wahrhaftig. Darum am Ende doch die Liebe über alles siegen und zu Grunde richten und zu Schande machen soll alle die „Winde", „Erdbeben" und alles „Feuer"!

11] Nun aber urteile selbst und finde den wahren Propheten aus der falschen großen Menge heraus, die da ist eine Dienerin der Welt.

12] Elias also ist ein rechter Prophet. Aber ebenso auch jeder, der da Mich findet, wie Mich Elias gefunden hat — nämlich in der Liebe. — Verstehet es! Amen.

☆

[1] Jakob Lorber.

Mann und Weib im Rahmen der göttlichen Ordnung

Am 6. Juli 1842, vormittags

So schreibe denn einige Punkte an Elise H., weil sie es wünschet in ihrem Herzen, da Mir wohlgefällt, so jemand allezeit ein großes lebendiges Verlangen nach Mir hat.

2] Siehe an, Mein liebes Weib, einen Kreis, wie er ist eine vollkommen rundgezogene Linie um einen Mittelpunkt! Siehe, der Mittelpunkt bin Ich, und der Kreis ist die große Macht Meiner ewigen Ordnung, die da bestehet aus Mir ewig. In diesem Kreise stehen alle Geschöpfe.

3] Dieser Kreis aber ist in sich geteilt in sieben (konzentrische) Kreise. — Auf jenem Mir, dem Mittelpunkte, zunächst liegenden Kreise befinden sich die Menschen der Erde, welche da sind Meine Kinder. — Auf dem zweiten Kreise, von innen aus, stehen die Menschen aller Gestirne. — Auf dem dritten Kreise stehen die Tiere der Erde. — Auf dem vierten die Tiere der Gestirne. — Auf dem fünften stehen alle Gewächse der Weltkörper ohne Unterschied. — Auf dem sechsten stehen sämtliche Planeten, Monde und Kometen. — Und auf dem großen siebenten stehen endlich alle Sonnen, ohne Unterschied ihrer Größe.

4] Siehe, das ist Meine Ordnung! — Es gehet da vom Mittelpunkte aus alles Leben und Sein. Und es geht solches durch alle Kreise bis an den äußersten Kreis. Auf jedem Kreis aber gestaltet es sich zu einem anderen Geiste, daraus dann Meine sieben Geister fortwährend entstehen und bestehen. Darum sie auch heißen: die sieben Geister Gottes, welche aber an und für sich nichts sind denn allein geordnete Mäche des Mittelpunktes, wirkend nach ihrer Art der Ordnung aus Mir.

5] Nun denke dir aber den ersten, inneren Kreis. — Daselbst ist das Weib mit dem Kopfe gekehrt nach dem Mittelpunkte — der Mann aber mit dem seinen über den Kreis hinaus, dem Weibe sonach gerade entgegengesetzt. — Hier fragt sich's: Warum denn also? Siehe, siehe, so das uranfänglich vom Mittelpunkt ausgehende Leben bis zum siebenten Kreise der Sonnen gelanget, da stoßet es sich und kehret sodann wieder durch alle Kreise zum Mittelpunkte zurück.

6] Wie aber geschieht solche Rückkehr alles Lebens? — Nun siehe, der Mensch sauget geistig das zurückkehrende Leben auf durch seine Beschaffenheit und seine Stellung. Ist er einmal geladen mit der Substanz des Lebens, so läßt er es dann ausströmen in seinen wohlgedüngten Gegensatz. Hier wird es genährt und sodann wieder ausgeboren wesenhaft zur größeren Vollendung. Ist es sonach vollendet, sodann kehrt es wieder als ein freies, sich selbst bewußtes Leben nach dem Mittelpunkte zurück. Ein unvollendetes aber wird wieder hinausgetrieben an den heißen Feuerkreis der Sonnen, damit es sich neuerdings kräftige und stärke durch alle die sieben Geister aus Mir!

7] Wenn du aber nun diese wahre Stellung betrachtest im Geiste, sage Mir, wer ist da wohl Mir beständig näher, der Mann oder das Weib? — Du mußt ja sagen: das Weib, indem es gestellt ist innerhalb des innersten Kreises. — Nun ziehe aber im Geiste eine Linie vom Mittelpunkte bis hinaus zum äußersten Feuerkreise der Sonnen, was bezeichnet wohl diese Linie? — Siehe, diese Linie bezeichnet Meine große Geduld!

8] Da aber das Weib sich befindet innerhalb des Kreises und ist somit Mir näher als der mit dem Kopfe nach außen des Kreises gekehrte Mann — was muß da wohl natürlich von selbst daraus folgen? — Siehe das, daß Meine Geduldlinie, die da zuerst das Weib berührt, doch auch sicher kürzer sein muß als beim Manne, auf den die Linie erst später, vom Weibe aus, übergeht!

9] Da aber solches in Meiner ewigen Ordnung schon also begründet ist, was folgt hernach fürs Weib für eine Regel? — Siehe und höre, daß das Weib auch viel williger sein soll als da ist jeglicher Mann, sonst komme Ich auch viel eher mit einer richtenden Strafe über sie denn über den Mann!

10] Wie aber das fromme, willige Weib sein kann eine Wurzel alles Lebens, wie es da war Maria leibhaftig, also kann auch das unfolgsame Weib sein ein Grund alles Verderbens. Daher ist auch fürs Weib Meine Geduldlinie um ein bedeutendes kürzer denn beim Manne.

11] Solches beachte wohl, du Mein liebes Weib, für dich und deine Töchter, so wirst du gesund sein geistig und leiblich allezeit. — Amen.

☆

Verhaltungswinke bei Sonnenfinsternis

Am 7. Juli 1842, vormittags

Da habt ihr eine kleine Vorsichtsmaßregel bezüglich der morgigen Finsternis der Sonne in Hinsicht auf die Gesundheit des Leibes!

2] So ihr die Geschichte zur Hand nehmen würdet, allda die Begebenheiten am Firmamente aufgezeichnet sind, und sodann die Geschichte großer Sterblichkeiten, so würdet ihr gar bald das merkwürdige Zusammentreffen solcher Umstände finden, daß da fast allezeit auf ähnliche starke Sonnenverfinsterungen auch die erwähnten großen Sterblichkeiten folgen, als z. B. der schwarze Tod, die Schnupfseuche, die bösartige Grippe, verheerender Typhus oder Gedärm-Nervenfieber, schädliche Aussätze, Lausseuche mit Wulsten, die da gewöhnlich erfüllt sind mit Blutläusen, allerlei Ruhren und dergleichen mehr.

3] Sehet, das Zusammentreffen solcher Umstände ist nicht so ganz und gar ohne Einfluß, wie es die sogenannten aufgeklärten Großen und Reichen und Gelehrten der Welt meinen.

4] Fraget die Geschichte aller Zeiten und aller Völker, selbst die der Juden, der weisen Aegypter, der Griechen und alten Römer — und sie wird es euch sagen, daß alle diese Völker nie eine Freude an einer solchen Erscheinung hatten, sondern allezeit nur eine große Furcht, so zwar, daß einige heulten und wehklagten, einige sich furchtsam verkrochen in unterirdische Höhlen, Klüfte und Gemächer der Gebäude. Wenn zwei Völker noch so erbittert gegeneinander zu Felde zogen, so war eine eintretende Sonnenfinsternis hinreichend, um augenblicklich entweder einen langen Waffenstillstand oder wohl auch einen vollen, lang anhaltenden Frieden zu bewerkstelligen. [Auch] heutzutage gibt es noch bei solchen Gelegenheiten ähnlich handelnde Völker auf der Erde in Menge.

5] Welcher nur einigermaßen tiefer denkende Mensch sollte da nicht fragen: Worin liegt denn der Grund, warum fast alle alten und auch noch der allergrößte Teil der jetzigen Erdbewohner nebst fast allen Tieren einen solch großen Respekt vor einer Sonnenfinsternis haben?"

6] Höret, die Antwort ist sehr leicht zu finden; denn sie liegt auf eines jeden Menschen Zunge und lautet: „Experientia docet!" — oder: „Die Erfahrung lehret es!" — Denn der Mensch konnte ja erst dann also furchtsam werden vor der Erscheinung, so er sich durch das öftere Zusammentreffen solch widriger Umstände zufolge der Erscheinung eine Regel gemacht hatte, daß nämlich solchen Erscheinungen auch allezeit bedeutende Uebel folgen.

7] Aus diesem Grunde glaubt der Landmann noch jetzt, daß zur Zeit der Finsternis es Gift regne vom Himmel auf die Erde. — Saget Mir verständigerweise, wie kam der Landmann denn auf diesen Gedanken? — Hier würden gar manche sagen: weil er es von seinen Eltern gehört hat. — Ich frage aber: Von wem haben es dann seine Eltern oder seine Großeltern oder seine Urur- und Ich setze noch hinzu, seine Ururur-Eltern gehört? Kurz, es muß doch irgendein A geben, auf das man, vom Z aus rückgehend, gelangen kann und muß, damit man wisse, wer denn der eigentliche Urheber eines solchen Glaubens war. — Was aber wird und kann da am Ende herauskommen? — Ich sage euch: Nichts anderes, als daß da jeder dem A das Zeugnis geben muß: „Die Erfahrung lehret es!"

8] Da in Europa zu mehreren Malen auf derartige Erscheinungen der sogenannte schwarze Tod erfolgte, so kamen die Menschen auf den Gedanken, daß da während einer solchen Erscheinung ein grünliches Gift vom Himmel falle, wodurch da vergiftet werden die Brunnen (weshalb später Dächer über dieselben gemacht wurden) und dann durch solch vergiftetes Wasser Menschen und Tiere. Ja, einige gaben vor, daß sie während der Dauer der Erscheinung ein oder mehrere drachenartige Tiere in der Gegend der verfinsterten Sonne haben am Himmel herumziehen gesehen, darum sie dann auch die Vergiftung der Gewässer denselben zugeschrieben haben.

9] Es fragt sich aber: Was soll von einer solchen Tradition gehalten werden? — Ich sage euch: Nichts anderes als ein vorsichtiges Verhalten bei solchen Gelegenheiten zu dem alten „experientia docet". Denn diese Sagen sind nicht also leer, wie so manche glauben, sondern es ist im Ernste etwas daran.

10] Denn fürs erste tritt hier schon ein außerordentlicher kosmischer Konflikt ein, dessen Grund und Wirkung nur Mir allein bekannt ist. Solches aber könnet ihr euch wohl denken: Wenn der Segen für alle Natur aus Mir in den Strahlen der Sonne liegt, so wird zur Zeit, wann der Sonne Strahlen eine Unterbrechung von mehr denn 50000 Meilen erhalten, auch der Strahlensegen eine bedeutende Unterbrechung erhalten — arggeistiger Umtriebe bei solchen Gelegenheiten nicht zu gedenken, die da doch [auch] eine hauptarge Rolle spielen.

11] Wollt ihr aber mit heiler Haut davonkommen, so versehet euch heute noch mit Wasser für die Küche bis zum Mittage des morgigen Tages, nehmet euer Frühstück vor dem Eintritte der Erscheinung und esset und trinket während der Erscheinung ja nichts und im Freien den ganzen Tag nichts, sondern in den Zimmern, welche während der Erscheinung geschlossen bleiben und gut geräuchert sein sollen mit Wachholderbeeren.

12] So ist es auch viel besser, während der Erscheinung in den Zimmern zu bleiben, als im Freien zuzubringen. Wer aber schon ins Freie will, der beschmiere seine Haut mit Baumöl, das mit einigen Tropfen Wachholderöles gemengt sein kann. Auch das Haupt kann er damit bestreichen, welches zu bedecken ist während der Erscheinung. Im Munde aber halte er einige zerkaute Wachholderbeeren und trage auch welche bei sich in den Taschen.

13] Vorzüglich aber halte jeder fest in der Liebe, im Glauben und Vertrauen — so darf er furchtlos sein.

14] Ergötzen aber solle sich ja niemand daran, sondern denken, daß da solche Erscheinungen noch einen ganz andern Grund haben als den mathematischen der Astronomen. Sonst dürfte es geschehen, daß für so manchen die Schaugebühr für derlei Weltspektakel ziemlich hoch ausfallen möchte.

15] Solches also beachtet wohl, so werdet ihr gesund verbleiben am Leibe! Amen.

16] NB.! Ich sage es dir und sage es auch allen Meinen Lieben: Du und sie sollen den 71. Psalm Davids, besonders vom 13. bis zu dem letzten, 24. Vers nehmen und beten, so wird euch daraus ein großer Trost und eine mächtige Hilfe werden, schützend euch vor allem, was sich irgend feindlich nahen will. Aber mit großem, vertrauensvollem, wahrem Ernste müssen die Verse in euerer ganzen Wesenheit ausgesprochen werden.

17] Solches beachtet ja unerläßlich! Bedenket, wer Der ist, der euch erteilet solchen Rat und warum Er ihn euch erteilet! — Amen. Amen.

☆

Naturereignisse als Zeitzeichen

Am 21. Juli 1842, vormittags

Bitte des Knechtes: „O Du liebevollster hl. Vater Jesus! Siehe, es geschehen nun so manche Dinge ganz ungewöhnlicher Art, als: große Feuersbrünste, Erdbeben, Wasserhosen, Ueberschwemmungen und dergleichen mehr. Was soll alles dieses im geheimen Schilde führen? — Ich armer, schwacher Sünder bitte Dich darum, daß Du es mir, wie uns allen, durch wenige Worte nur anzeigen möchtest, was daraus zu entnehmen sein solle?! Aber allezeit und ewig geschehe nur Dein allerheiligster Wille! Amen."

So schreibe denn! — Was meinst du denn, was pflegt man wohl so allmählich nach und nach mit denen zu tun, die da einen überaus starken Schlaf haben, wenn der werdende Tag schon stark im Anzuge ist, so zwar, daß es wahrlich die höchste Zeit ist, zu erwachen, aufzustehen und sich anzukleiden zum neuen Geschäfte des neu gewordenen Tages?

2] Siehe, solche stark Schläfrige rüttelt, stupft, stößt, schüttelt, kneipt und begießt man mit Wasser und tut solches so lange verstärkt fort, bis derjenige, der sich nicht ganz in den Tod hineingeschlafen hat, wieder erwacht in und für den neuen Tag. — Wer da aber unerweckbar ist, für den wird das Grab gemacht!

3] Siehe, somit sind all diese Zeiterscheinungen nichts denn solche Rüttler, um so manche starke Schläfer, deren es nun gar viele gibt, aus ihren süßen Weltträumereien zu erwecken, die ganz Toten aber aus dem Wege zu räumen.

4] Glaube es fest, eine andere Zeit ist nahe! Daher wird es auch schon immer besser kommen. Und so wirst du in nicht gar langer Zeit auch von einem Begebnisse hören, das da in so mancher Hinsicht alle die übertreffen wird, von denen du bis jetzt Kunde erhalten hast. Und da werden dann viele sagen:

5] „Wo sind nun jene Erdensöhne, deren stolze Legionen Zwietracht und Krieg in allen Landen hätten anzünden sollen? Die Nacht hat sie versammelt; aber der Tag sieht sie zerrinnen wie schwache Bäche, welche durch einen Platzregen aufgeschwellt wurden, dann zwar über Felsen dahinrauschten und tobten, als sollten diese sich beugen vor ihnen; allein ihre wilden Wogen zerschellten und zerschäumten an den festen Stirnen und eilen nun mit wütender Hast dahin, da des Meeres mächtiger und breiter Arm für sie den sehr nahen Untergang in vollster Bereitschaft hält!"

6] Ich sage es dir, habe acht darauf, wann solches geschieht! Und es soll da niemand bangen davor! Denn je mehr sich da häufen werden solche Begebnisse, desto mehr wird auch von den Strahlen der großen Morgenröte sichtbar werden auf der Erde und in der Erde des Menschen![1]

7] Auf der Hut aber soll da ein jeder sein! Denn ein Gedanke zu spät — und der Dieb wird dringen in die Gemächer und wird rauben, morden, brennen und sengen!

Sieh, das Wasser Funken sprüht,
und das Erdreich wird durchglüht!
Die Sonne hat ihr Maß bekommen
und der „Karmel" ist erklommen!
Bedenk, bedenk, wie weit, wie weit
noch reicht die arge, finst're Zeit!
Ich sag' es dir darum noch heut':
Sie rüstet sich zum letzten Streit!

8] Sieh, es ruft die Welt aus ihrem Traum, ja aus einem letzten Traume ruft sie bei sich: „Gott! Was ist denn der Mensch? — Ein Wunderding? — Ist er eine sich selbst widersprechende Zusammensetzung von lauter Widersprechendem? Ist er ein unauflösliches Rätsel? — Oder ist er nicht etwa ein Rest von sich selbst, ein Schatten nur kaum noch seines Ursprungs, ein zerfallenes Gebäude, das da in seinen Ruinen kaum etwas aufweiset, das da ein Zeuge sei von seiner früheren Schönheit, Erhabenheit und Größe?"

9] Ja, er selbst hat sich vom hohen Gipfel seines freien Willens, den er verdorben hat, herabgestürzt auf die Mauern und ist so auf den Grund gefallen. — Siehe, der Traum ist nicht schlecht! — Und darum also auch die Begebnisse!

10] Ich sage dir, wahrlich, die Menschheit ist zu einer alten, sehr verwitterten und zerklüfteten Ruine geworden. Aber die „Ruinen" wissen es nicht, daß unter ihrem Schutte noch so manche große Schätze begraben sind. Daher sind jetzt die „Schatzgräber" gekommen, um die Schätze unter den Ruinen zu suchen. Siehe, das ist der äußerste Entschluß!

11] Es muß aber der Herr einen guten Grund haben, darum Er sich nun „an den Karren spannen" läßt gleich einem Lasttier! —

[1] d. h. im Herzen.

Es wird aber endlich alles an die Deichsel kommen müssen und mitziehen an dem Karren und sich schmiegen unter das Joch!

12] Siehe, davon zeugen die Begebnisse! — Wer da ein Licht hat, der lasse es nun brennen in den vollen Tag hinein! — Amen.

13] Das sagt der Erste und der Letzte. — Amen, Amen, Amen.

☆

Der Stern im Osten

Am 25. Juli 1842, nachmittags

In „Die Haushaltung Gottes" (Bd. 1, Kap. 1, 12) ist zu lesen: „Schon steht ein Stern im Osten, welcher dem Orion die Bahn brechen wird. Und das Feuer des großen Hundes wird sie alle verzehren!"

Was ist hier der Ost, was der Stern, was der Orion, was das Feuer und was der große Hund? Wer sind die, welche verzehren wird des großen Hundes Feuer?

Der „Ost" ist das innere, lebendige Wort und durch dieses das wahre Verständnis der Heiligen Schrift des Alten wie des Neuen Bundes.

2] Der „Stern" ist das Liebelicht in diesem Worte selbst.

3] Der „Orion" ist die Liebe Gottes.

4] Das „Feuer des großen Hundes" bedeutet die große Treue dieser Liebe, weil der Hund ein Zeichen der Treue ist.

5] Die aber, „welche das Feuer verzehren" oder zu Schanden machen wird, sind die Welt-Menschen.

6] Also heißt obiger Satz mit anderen Worten nichts anderes als: Das Liebelicht des neuen Wortes wird der göttlichen Liebe Bahn brechen. Und die Treue dieser Liebe wird alle Frevler, alle Ungläubigen und Lauen zu Schanden machen. Denn der Ost ist frei, und der Stern der Liebe stehet schon hoch!

7] Das ist das leichte Verständnis dieser etwas höher gestellten Worte. — Da Ich sie aber nun noch mehr enthüllt habe, so sollen sie auch um so mehr beachtet werden! Amen.

8] Das sagt der große „Orion" durch Seinen „großen Hund". — Amen. Amen.

☆

Gericht der Welt

Am 30. Juli 1842, nachmittags

Schreibe nur, schreibe; denn Ich weiß schon, was du möchtest! — Lese nach im „Daniel“, dem 3. Kapitel, 14. bis 20. Vers! — Da wirst du schon finden, was da betrifft das Reich der Erde, das da eben nun ganz taub geworden ist für die Stimme der armen, am Leibe wie am Geiste nahe zu Tode hungernden Brüder!

2] Ich sage dir aber jetzt ohne „Daniel“: Das Land im Meere wird untergehen und die stolze Königin der Wogen wird zerwehet werden wie Spreu, wenn sie sich nimmer wird erweichen lassen von den Tränen der Weheklagenden! — Siehe nach Amerika hin! Dort hat der „zahlende Tag“ schon einen Anfang genommen! — Hier aber bricht er heran!

3] Die Not wird, ja sie muß erst die Völker belehren, daß die Erde ein Gemeingut aller Menschen, nicht aber nur jener verruchten Satanswucherer ist, die sich derselben durch geprägtes Blech und nun gar schon durch beschmierte, allerlumpigste Papierschnitzel bemächtigt haben. — Es ist schon ohnehin der Schande genug, daß die Menschen vor den Toren ihrer Häuser Schlösser und Riegel anschlagen, damit sie ja nicht dessen beraubt werden, womit die Hölle gepflastert ist! Verflucht aber sei, wer [da in höllischem Eigennutz] um seinen vermeintlichen Grund Schranken zieht! Wahrlich, wahrlich! Ich, der Herr des Lebens und des Todes, sage dir: Wer da immer also eigensüchtig ist und karg gegen seine Brüder, den will Ich dereinst an den Schranken und Grenzsteinen nagen lassen, solange diese Sonne dem Weltalle leuchten wird! Und ein steinernes Herz soll ihm vorgehalten werden! Wann sich dieses wird von seinen Tränen erweichen lassen, dann erst soll er eine schwache Erbarmung bei Mir finden!

4] Gedulde dich nur! Denn dieses sind nur leise mahnende Anfänge von dem, was da kommen wird über die reichen und großen Kinder des Satans! — Siehe, das Gericht sitzt ihnen schon am Genicke!

5] Wahrlich, dieses Geschlecht soll seinen [Menschen-] Namen verlieren! Die Scheusale will Ich zu Krokodilen und Drachen im Pfuhle des ewigen Todes umgestalten! Und der Hölle weitester Schlund soll an ihnen einen zahllosen Zuwachs bekommen! Wahrlich sage Ich dir: Von dieser Nation Landen bekommen täglich zehntausend jenseits den wohlverdienten Lohn schon jetzt; aber es soll schon besser werden!

Das Gefühl

Sonntag, den 7. August 1842, nachmittags

1. Im Gefühle ist's gelegen,
was das Leben mag begreifen.
Und auf allen finstren Wegen
mag das Licht allein nur reifen,
wenn das Leben im Gefühle
sich dir gibt getreu zur Kunde
unter gläubig lichter Hülle,
treu in jeder Zeit und Stunde.

2. Magst du reden, disputieren,
was dir immer mag gefallen,
magst dich geistig instruieren,
was das Leben in den Allen
— nimmer doch wirst du es finden,
was in sich da ist das Leben.
Im Gefühl nur wird sich's künden,
wie das Leben ist gegeben.

3. Darum lebe im Gefühle,
treu nach alter Lebenskunde,
und in aller Herzensstille
auf dem öden Erdenrunde!
Dann lebst du ein wahres Leben
selbst ein Leben, dir gestellet,
treu und wahr von Gott gegeben,
also auch von Ihm erwählet! —
So denn fühlet sich das Wahre
selbst als ein'ge Kraft hienieden;
und einst über Zeit und Bahre
reicht es dir den ew'gen Frieden.

☆

Unsere Sonne

Am 8. August 1842, von 1/4 4 bis 1/4 6 Uhr nachmittags

Schreibender: Ans. H.

Mit der nachstehenden Kundgabe begannen die umfangreichen Eröffnungen über die „natürliche", d. h. naturmäßige Sonne (so genannt im Gegensatz zu den späteren Eröffnungen über die geistigen Sphären der Sonne). Sie wurden fast täglich fortgesetzt bis zum Abschluß, am 21. November 1842, wobei stets Anselm Hüttenbrenner als eifriger Schreiber des durch Jakob Lorber ergehenden Wortes diente.[1]

Es wird hier nicht nötig sein, wie allenfalls bei der Darstellung eines andern Sternes, den Standort eben dieses leuchtenden Sternes (Sonne; d. Hsg.) näher zu bestimmen, da solches ja jeder Tag ohnedies überaugenscheinlich tut. Daher wollen wir zuerst die Frage stellen und lösen: Was ist die Sonne? — Nach der Löse dieser Frage wird sich alles leicht ordnen und gewiß wunderklärlich dartun lassen. Und somit stellen wir diese Frage nocheinmal und fragen: Was ist die Sonne?

2] Die Sonne ist wohl in Hinsicht auf die um sie kreisenden Planeten ein Fixstern; für sich selbst aber ist sie nur ein vollkommener Planet, indem auch sie (wie die Erde mit ihrem Monde um eben diese Sonne kreiset), um den euch schon bekannten Zentral-Sonnenkörper mit allen ihren sie umkreisenden Planeten sich bewegt, eine Reise, welche aber freilich etwas länger dauert, als die der Erde um die Sonne; denn sie braucht zur Vollendung dieser großen Bahn beinahe 28000 Erdjahre.

3] Somit wüßten wir, daß die Sonne nicht nur pur Sonne ist, sondern daß sie vielmehr ein vollkommener Planet ist, der da im Verhältnisse zu seiner weltkörperlichen Größe auch in eben dem Verhältnisse mit mehr Licht umflossen ist, als jeder ihn umkreisende, bei weitem kleinere Planet.

4] Wenn die Sonne aber selbst an und für sich ein vollkommener Planet ist, so muß sie auch ganz sicher alle jene planetarischen Bestandteile im vollkommensten Maße in sich fassen, welche auf allen den andern kleineren, sie umkreisenden Planeten in sehr verminderten Potenzen vorkommen. Und so muß in der Sonne in großer Vollkommenheit zu finden sein, was in viel kleinerer Form und somit

[1] Die gesamten Mitteilungen über die naturmäßiae Sonne sind enthalten in dem Lorberwerk „Die natürliche Sonne".

auch viel unvollkommener entweder im Planeten Merkur, Venus, Erde und ihrem Monde, im Mars, in den vier kleinen Partikular-Planeten Pallas, Ceres, Juno und Vesta, im Jupiter und dessen vier Monden, im Saturnus, dessen Ringe und sieben Monden, im Uranus und dessen fünf Monden und in einem noch entfernteren Planeten und dessen drei Monden, und endlich in allen den bei 12000 Millionen (zählenden; d. Hsg.) Kometen vorkommt, welche in weitesten Distanzen sich noch um die Sonne bewegen.

5] Oder mit kürzeren Worten gesagt: Der vollkommene Planet Sonne ist der naturmäßig vollkommene Inbegriff aller seiner Weltkinder; oder: in diesem vollkommenen Planeten kommt alles dieses selbst in naturmäßiger Hinsicht lebendig vollkommener vor, als es da vorkommt in was immer für einem Planeten, Monde und Kometen. — So wollen wir alsogleich des besseren Verständnisses wegen einige Beispiele hinzufügen.

6] Das Erdreich eures Planeten ist tot, hart, steinig und ist nicht fähig, ohne das Licht der Sonne etwas hervorzubringen. Das Erdreich der Sonne hingegen ist sanft und mild, ist nicht steinig und nicht sandig, sondern es ist also weich, wie da ist das Fleisch eines Menschen. Oder damit ihr es noch besser verstehet, es ist fast allenthalben elastisch, so daß da niemand, der allenfalls am Boden hinfallen würde, sich irgend schmerzlich beschädigen möchte; denn er fiele da gerade also, als fiele er über mit Luft gefüllte Polster. Dieses Erdreich ist aber bei dieser Beschaffenheit nicht also zähe wie bei euch allenfalls das sogenannte Gummi elasticum, sondern es ist ganz locker und ist nicht (nur; d. Hsg.) im ganzen also elastisch, sondern in dessen kleinsten Teilen schon, welche an und für sich lauter mit dem wahrhaften Lebensäther gefüllte Hülschen sind.

7] Solches ist zwar wohl bei dem Erdreiche eures Planeten auch der Fall; aber die Hülschen sind an und für sich zu spröde und geben bei einem Stoß oder Falle nicht nach, sondern pressen sich dadurch nur fester aneinander; und wenn sie viele Jahre hintereinander ungestört also neben- und übereinander geschichtet liegen, so ergreifen sie sich endlich also hartnäckig, daß sie dann dadurch, zufolge ebendieser gegenseitigen Ergreifung, gänzlich zu Stein werden und in diesem Zustande dann auch natürlicherweise noch einen bei weitem hartnäckigeren Widerstand leisten als zuvor, da sie noch gesondert lockerer übereinander lagen; aus welchem Grunde dann auch die Vegetation auf einem Planeten viel kümmerlicher sein muß als auf dem vollkommenen Sonnenplaneten.

8] Denn auf einem Planetenerdkörper, wie z. B. eure Erde es ist, muß ein mit einem lebendigen Keime versehener gröberer Same erst im Erdreiche verwesen und muß eben durch diesen Akt die ihn umgebenden Erdhülschen zur Mitverwesung oder vielmehr zur Weichwerdung nötigen, damit dann der freigewordene, lebendige Keim alsbald aus diesen erweichten Erdhülschen seine ihm zusagende ätherische Nahrung saugen kann. Sodann aber muß er alsbald eine Menge Wurzeln zwischen die Erdhülschen hineintreiben, diese dadurch erweichen, dann durch sein Zunehmen in seinem Volumen hartnäckig zerdrücken, um dadurch die fernere nötige Nahrung zu seinem Pflanzenwachstume zu gewinnen.

9] Ist solches auch auf dem vollkommenen Sonnenplaneten nötig? — Sehet, da herrscht ein großer Unterschied. Weil das Erdreich dieses Planeten so sanft, zart und mild ist, so ergreifen sich die was immer zu einer Pflanze gehörigen Teile ohne Samen schon unmittelbar im Erdreiche selbst und sprossen über dasselbe in den zahllosesten, verschiedenartigsten und nützlichsten Gewächsen empor, deren Schönheit, Güte und Nützlichkeit alles Erdenkliche auf allen andern Planeten ums so Vielfache übertrifft, als die Sonne mit ihrem Licht und mit ihrer Größe alle diese ihre Weltkinder überragt.

10] In der Sonne hat dann weder ein Baum, welcher Art er auch immer sein möge, noch ein Gesträuch, noch eine Pflanze Wurzeln und Samen, sondern alles wächst und entsteht allda nahe auf die Art, wie bei euch das ursprüngliche Steinmoos, die Schimmelpflanze und die Schwämme. Nur sind diese Gewächse nicht also vergänglich und von so kurzer Dauer wie die früher benannten auf eurem Erdkörper; sondern wo solche Kräfte irgend etwas erwachsen lassen, da wächst es dann immerwährend fort. Und wenn solches Gewächs auch von den natürlichen Sonnenbewohnern gewisserart abgehauen wird, so wird es dadurch nicht getötet, sondern der abgehauene Baum oder die abgenommene Pflanze erneut sich bald wieder. Denn da die Wurzeln eines solchen Gewächses nicht also grobmateriell, sondern nur gleich sind feurigen Aether-Adern, so ergreift sich nach der früheren Wegnahme solche vegetative Kraft wieder und wächst in neuer Pracht und Herrlichkeit empor.

11] Es dürfte sich hier mancher denken und sagen: Ja, wenn da die Gewächse auf diese Weise nicht ausrottbar sind, werden sie da nicht bald jeden Flächenraum dieses Planeten so stark in Beschlag nehmen, daß dann neben ihnen kein anderes, frei wandelndes Wesen wird bestehen können?

12] Solches aber ist allda durchaus nicht der Fall, denn die naturmäßigen Menschen dieses vollkommenen Planeten haben auch eine noch viel stärkere Willenskraft als da ist die vegetative Triebkraft des Sonnenerdbodens. Aus diesem Grunde wächst dann auf der Sonne auch weder ein Baum, noch ein Gesträuch, noch eine Pflanze oder ein Grashalm ohne das Hinzutun des menschlichen Willens. Der menschliche Wille ist dort sonach das alleinige, unendlich viel- und verschiedenartige Samenkorn für alle Vegetation auf diesem vollkommenen Planeten. Daher wächst nur da z. B. ein Baum oder eine Pflanze aus dem Erdboden der Sonne, wo ihn ein Sonnenmensch haben will, und wie gestaltet er ihn haben will. Daher auch gibt es auf diesem vollkommenen Planeten durchaus keine bleibende, gleichförmig vorkommende Art im Reiche alles Pflanzentums, sondern diese richtet sich allzeit nach dem jeweiligen Wollen eines Menschen. — Wann aber ein Mensch irgendeinen Baum oder eine Pflanze durch seinen Willen aus dem Boden gerufen hat, so kann sie kein anderer vertilgen, außer nur derjenige, der sie hervorgerufen hat; oder ein anderer nur dann, wenn er von dem Zeuger willensbevollmächtigt wurde.

13] Aus eben diesem Grunde herrscht dann auch auf der Sonnenerde eine wahrhaft unendliche Mannigfaltigkeit im Reiche des Pflanzentums. Denn bei zwei nächsten Nachbarn schon finden sich nicht zwei gleichartige Pflanzen vor, sondern ein jeder entlockt auf dem Boden, den er bewohnt, auch andere Pflanzen. Und so möchte einer von euch da viele tausend Jahre die weiten Flächen der Sonnenerde durchwandern, so wird er zwar wohl auf immer neue und wunderherrliche Pflanzenarten und Formen kommen; aber zwei Arten würde er auch auf dieser langen Reise nicht auffinden, die sich vollkommen gleichsehen möchten. — Sehet, aus diesem Beispiele könnet ihr euch schon einen kleinen Vorbegriff machen, warum die Sonne ein vollkommener Planet ist. Denn es kommt wohl auf jedem Weltkörper oder kleineren Planeten Aehnliches vor; aber gegen die Sonne[1] nur unvollkommen.

14] So können auch auf eurer Erde bestehende Pflanzen verändert und veredelt werden, aber auf eine viel mühsamere und bei weitem gebundenere Art. — Nur im Geiste ist ähnliche Vollkommenheit bei den Menschen auch auf den andern Planeten ersichtlich, wie z. B. die Früchte der dichterischen Phantasie, sei es in der Sprache der Bildnerei, welche durch entsprechende Bilder ausgedrückt wird mit Hilfe der Farben oder anderer, für die Bildnerei tauglicher Gegenstände;

[1] D. h. im Vergleich zur Sonne.

ganz besonders aber durch die Sprache der Töne, worin ein solcher Tondichter die größte Mannigfaltigkeit entfalten kann, wenn er in diesem Fache vollends geweckten Geistes ist. Aber alles dessen ungeachtet ist selbst diese erscheinliche Vollkommenheit auf den Planeten nur ein mattes Abbild von allem dem, was sich da in jeder erdenklichen Hinsicht vorfindet auf dem vollkommenen Planeten der Sonne.

☆

Väterliche Ratschläge

Am 8. August 1842

Ich will es also, und Mein Grund ist allzeit Liebe und ewiges Wohlwollen, und alle Meine Wege sind voll Lichtes. Daher mußt du solches wohl beachten, sonst nehme Ich heute noch Meine Gnade von dir insoweit, daß du von Mir nichts empfangen sollst, außer was da betrifft das Hauptwerk, und selbst von dem nicht mehr als allein sechs Blätter in der Woche, von denen dann außer von dir und von Ans. H.-W. von niemand anderem eher etwas gelesen werden dürfte, als erst zu Ende der Woche!

2] Was ist es denn aber, das du beachten sollst? — So höre denn, es sind folgende drei Punkte, und diese lauten also:

3] Nr. 1 sollst du sowohl deiner leiblichen wie auch noch viel mehr deiner geistigen Gesundheit halber kein warmes Frühstück nehmen, und bei deiner Hausfrau schon gar nicht, die da Mir höchst ärgerlicher Weise alles auf einen Heller prozentisch berechnet! — Mehr brauche Ich dir nicht zu sagen.

4] Ebenso will Ich auch aus demselben Grunde, daß du fürder nicht mehr über Mittag die drei Mahle in der Woche am Tische dieses Weibes essen sollest. Denn du bist Mein Knecht zur Kundgabe Meines ewigen Reiches, das da ist Meine Liebe. Bist du auch aus dir nichts, so bist du aber dennoch in Meinem Namen alles Meiner Liebe und Erbarmung. — Wer dich demnach in Meinem Namen zu Tische ladet, der hat in dir Mich Selbst am Tische.

5] Hast du aber noch nie in dir empfunden, wie sehr es Mich allzeit bedrängt hat, so du, besonders in der [letzten] Zeit, nun auch bedrängt, Speise genommen hast am Tische der Frau, die Mich und dich nur dann etwas mehr achtend anerkennen möchte, wenn Ich durch dich auf ihren Gartenbäumen möchte blanke Taler und Dukaten in großer Menge wachsen lassen?

6] Da du nun weißt, wer da mit dir zu Tische sitzet, so vermeide den Tisch, an dem Ich kein Wohlgefallen habe! Verstehe solches und tue darnach, so wird dir Meine Gnade verbleiben bis ans Ende deiner Zeit auf Erden zur Gewinnung Meiner Liebe für ewig. Sonst aber will Ich dir tun, wie da schon gesagt wurde!

7] Der Tisch aber, zu dem Ich Mich mit dir setze, muß ein liebgastlicher sein, also wie bei Meinem lieben Ans. H.-W. — Wenn du aber nur Brot essen würdest an den drei Tagen, so wird es dir besser bekommen als ein berechnetes Gericht der wohlschmeckendsten Speise, über der lauter geldwirtschaftliche Reden anstatt Meines Wortes geführt werden. — Siehe, das ist der erste Punkt!

8] Nr. 2: Was da die Mitteilung über die Sonne betrifft, die Ich von heute an dir und durch dich auch dem Ans. H.-W. werde zu geben anfangen, so soll sie erst dann von den übrigen nachgelesen werden, wenn sie vollendet sein wird. Denn sonst wird der Magen des Geistes von dem Erhabensten überladen, und diese allerhöchste Speise wird dann also genossen, als wäre sie eine gemeine Alltagskost einer dummen Zeitschrift. Wie aber von den albernen Zeitschriftsspeisen kein Geist gesättigt und dadurch etwa gar lebendig wird, also würde es auch mit diesem Meinem Worte von der „Sonne" sein, so es alsogleich zur gewöhnlichen Alltagskost würde.

9] Ich gebe mit der „Sonne" ein größtes Licht. In der Fülle und Gesamtheit wird es jeden durchglühen und durchleuchten, während es, einzelstrahlig genossen, höchstens den Vorwitz erkitzeln, keineswegs aber beleben möchte den Geist und erleuchten seinen Kerker — in welcher alleinigen Absicht Ich dies größte Licht doch nur gebe!

10] Darum auch werde Ich den Segen erst am Ende hinzufügen und nicht im voraus schicken! — Das ist der zweite, wohl zu beachtende Punkt! — Alles andere[1] aber kann tagtäglich nachgelesen werden. Unterdessen würde aber jedem zu raten sein, „Die Fliege", den „Großglockner" und den ganzen „Saturn" nachzulesen; denn es gibt da gar viele Punkte, die beim ersten, einzelstrahligen Lesen gar unbedachtsam flüchtig verschluckt worden sind, daher sie bei den wenigen Lesern auch mehr die Neugierde des Verstandes als den wahren, lebendigen Liebehunger nach Meiner Liebe geweckt haben im Geiste!

[1] was außerdem durch Jakob Lorber gegeben ward; d. Hsg.

11] Solches alles ist wohl zu beachten, sonst tue Ich, wie Ich gesagt habe. Wer wird Mich dann zwingen und wer nötigen und betreiben können?!

12] Nr. 3: Gebe es dem gutherzigen J. D., der da auch ist ein Bruder zu dir und ein Freund des Ans. H.-W., liebekund, daß er auch teilnehmen möge derzeit an diesem Meinem Liebelichtmahle. Und Ich werde ihm geben ein fröhliches Herz und werde ihn umgestalten zum ewigen Leben, so daß er hinfort keinen Tod mehr sehen, schmecken und fühlen solle.

13] Denn Ich habe sein Herz angesehen und habe darinnen Biederkeit und Rechtschaffenheit gefunden. Und so soll er nun auch hinzubekommen Mein lebendiges Liebelicht und soll essen an eurer Tafel Mein lebendiges Brot im Worte des Lebens, welches da ist Meine Liebe!

14] Er möge es ja tun, so viel er kann und wann er kann! Es soll alles hochgesegnet sein, was er aufnehmen wird!

15] Glaube es Mir, jetzt sage Ich es dir: Ich habe zu diesem Manne eine große und wohlgenährte Liebe. Darum auch will Ich ihm von jetzt an zeigen, wie lieb er Mir ist!

16] Du fragst Mich, warum erst von jetzt an und warum nicht schon eher? — Und Ich sage dir: Aus Liebe! Denn vor den Kleinen bin Ich zurückhaltend, damit sie nicht erschrecken vor Mir, wenn Ich sie berufe. So Ich aber den rechten Zeitpunkt sehe, dann rufe Ich sie auch, und sie hören Meine Stimme und verstehen Mich, Meinem Rufe folgend. Daher habe Ich auch jetzt erst diesen Meinen Mann berufen, damit er nehmen solle des Segens Fülle für sein Herz aus Meiner liebesanften Vaterhand.

17] Solches [mitzuteilen] hast du auch nicht zu unterlassen! — Mein lieber Ans. H.-W. aber wird solches tun und wird diesem Freunde täglich die Haustüre offen halten, wie er es bis jetzt getan hat. Und Mein Segen wird für ihn nicht unterm Wege verbleiben. Amen. — Verstehet es alle!

☆

Vom Geist der Wahrheit

Am 15. August 1842, vormittags

Wenn du denn schon durchaus heute etwas schreiben willst, so schreibe aus dem Johannes, 16. Kapitel, 8. bis 15. Vers; schlage es dir aber auf und siehe, wie es allda lautet:

2] „Und wenn derselbige kommt, wird er die Welt strafen um die Sünde und um die Gerechtigkeit und um das Gericht. Um die Sünde, daß sie nicht glauben an Mich; um die Gerechtigkeit aber, daß Ich zum Vater gehe und ihr Mich hinfort nicht sehet; um das Gericht, daß der Fürst dieser Welt gerichtet ist. — Ich habe euch noch viel zu sagen; aber ihr könnet es jetzt nicht tragen. Wenn aber jener, der Geist der Wahrheit, kommen wird, der wird euch in alle Wahrheit leiten. Denn Er wird nicht von Sich Selbst reden, sondern was Er hören wird von Mir, das wird Er reden, und was zukünftig ist, wird Er euch verkündigen. — Derselbe wird Mich verklären; denn von dem Meinen wird Er es nehmen und euch verkündigen. Alles, was der Vater hat, ist Mein. Darum habe Ich zu euch gesagt: Von dem Meinen wird Er es nehmen und euch verkündigen."

3] Solches gebe Ich durch dich dem Ans. H.-W. vorderhand unenthüllt, wie auch den anderen, so sie es annehmen wollen. Wer es aber annimmt, der soll in sich die wahre, innere Bedeutung dieser freilich wohl etwas schweren Texte suchen und wohl beachten die unterstrichenen Worte.

4] Wer es aber annehmen wird, dem will Ich auch ein kleines Lichtlein in sein Herz geben, darum er dann viel Wunderbares entdecken wird in dieser kleinen Aufgabe.

5] Nachträglich aber will Ich sie dann auch dir[1] völlig gelöset geben. — Solches also möge wohl geschehen! — Das sage Ich, Jesus. Amen.

☆

[1] Jakob Lorber.

Vom Geist der Wahrheit

Am 29. August 1842, vormittags

Gemäß der Voraussage vom 15. August 1842 empfing der Knecht Jakob Lorber zu Joh. Kap. 16, 8—15 nachstehende Erklärung über den „Geist der Wahrheit".

Wenn der geeinte Geist der Liebe und aller Weisheit und Wahrheit aus ihr kommen wird aus der Höhe in der Menschen Herzen, so wird dadurch zugrunde gehen die Sünde — da die Welt wird überführt werden, daß der Sohn und der Vater vollkommen eins sind, also nur ein wesenhafter Gott aller unendlichen Macht und Kraft und aller Heiligkeit, Liebe und Gewalt [vorhanden ist] und somit auch ein einiger Herr einer unwandelbaren Ordnung, in der da alle Welt bestehet und auch schon gerichtet ist in aller ihrer Herrschaft. Denn nur das wahrhaft Freie ist auch in und bei Mir frei, alles andere aber ist gerichtet und könnte nicht bestehen ohne das Gericht.

2] Denn unter dem „Fürsten der Welt" wird ja verstanden alle wie frei wirkende Macht der Welt. Dessenungeachtet aber befindet sie sich dennoch in Meiner alleinigen Macht, und es kann ohne Meine Zulassung kein Sonnenstäubchen von der Stelle bewegt werden.

3] Da aber „strafen" soviel heißt, als jemanden werktätig überzeugen, was da ist der Ordnung und was wider dieselbe, so werden ja die Ungläubigen dadurch werktätig ihrer Nacht überführt werden, wenn sie aus den Werken derjenigen, die in Meiner Gerechtigkeit und Ordnung sind, ersehen werden, daß der Sohn und der Vater eins sind und der Sohn aus dem Vater hervorgegangen ist, wie da hervorgeht ein Licht aus hellodernder Flamme.

4] Wie aber da Flamme, Licht und Wärme eines sind, also ist auch Vater, Sohn und Geist eines!

5] Die Wärme aber, welche hervorgeht aus dem Lichte, wie dieses aus der Flamme, ist der Geist, der da an und für sich nichts ist, sondern nur die Einung des Vaters mit dem Sohne und somit alles belebt.

6] Daher heißt es auch: „Ich hätte euch noch viel zu sagen, allein ihr würdet es jetzt noch nicht ertragen können. Wenn aber der Heilige Geist kommen wird, der wird euch in alle Wahrheit leiten." — Wer da solches noch nicht verstehet, der lasse nur z. B. die Sonne im Winter reden, und er wird in naturmäßiger Hinsicht ganz dasselbe sinnbildlich wahrnehmen. Denn spricht die Sonne im Winter nicht also zu einem Teile der Erde: „Siehe, mein Licht hat aus deinem

Boden noch gar viel zu entwickeln, allein in diesem deinem dermaligen Zustande bist du einer solchen Entwicklung gar nicht fähig. Wenn aber mit dem Lichte auch die Wärme kommen wird — das ist die tatkräftige Liebe — so wird diese all die zahllosen Formen aus deinem Boden ziehen (oder dich in alle Wahrheit leiten)."

7] Wird aber die Wärme des Lichtes etwa neue Formen dem Boden entlocken? O nein, sondern die alten Formen der ewigen Ordnung wird sie entfalten! Also wird auch der Geist nicht von sich selbst reden, sondern Dessen Worte nur, da er ausgeht.

8] Wie aber durch die Wärme in den entfalteten Formen das Licht der Sonne verklärt und verherrlicht wird, da es in seinen Urformen sich wieder wie verjüngt erschaut, also wird auch der Geist den Sohn, der da eins ist mit dem Vater, in euch verklären. Denn er wird aus sich nicht sich selbst in euch hervorrufen, sondern Den nur, aus Dem er hervorgehet von Ewigkeit. — Darum ist auch gesagt: „Vom Meinen wird er's nehmen und euch verkündigen!" — d. h.: Meinen Samen wird er in euch zum Wachstume bringen, und ihr werdet dann in euch Meine Herrlichkeit schauen!

9] Solches also besagen diese Texte. Beachtet sie sehr wohl! Denn in ihnen liegt das Wesen der vollen Wiedergeburt. Verstehet sie daher wohl im Geiste werktätig! — Amen.

☆

Erklärung zum „Saturn"

Am 10. September 1842, vormittags

Herr, Du allerliebevollster, heiligster Vater! Lasse nicht unerhört die Bitte eines armen Knechtes! Wie Du mich armen Sünder noch allzeit erhört hast, so ich Dich um etwas gebeten habe, also wirst Du mich ja auch diesmal treulichst erhören!

Denn Du allein bist getreu in allen Deinen Verheißungen, da Du sie allzeit erfüllest so gewiß, wie da folget der Tag auf die Nacht. So denn baue ich auf Deine Güte, Liebe, Barmherzigkeit und Gnade und bitte Dich darum, daß Du mir kundgeben möchtest, wie da zu nehmen ist der kleine Widerspruch in Hinsicht auf die Bewohnbarkeit der Ebenen im Planeten Saturnus, den Du mir allergnädigst enthüllet hast. — O Herr, Du mein allerliebster Vater Jesus, lasse nicht unerhört diese meine armselige Bitte und nicht unbeantwortet diese Frage! Doch Dein heiliger Wille geschehe allzeit! Amen.

Was soll es da mit dem „Widerspruche"? — Ich Selbst habe dich ja darauf aufmerksam gemacht! Denn du hast beim Diktieren fürs erste bei drei Nebenwörtlein überhört und hast es überhören müssen zufolge der Anschauung und — weil Ich es also gewollt habe.

2] Warum aber habe Ich solches gewollt? — Damit euer Geist einen neuen kleinen Stoß bekommen solle und darum emsiger und lebendiger suchen solle in dem, was Ich also lebendigst gebe aus Meiner Liebgnade; und solle Meine Gabe nicht betrachten als eine Alltagskomödie.

3] Fürs zweite aber ist da ein kleiner Widerspruch entstanden, weil du bei Meiner Vorsprache zufolge einiger vorgefallener äußerer Störungen einen Umstand nachzutragen vergessen hast, da Ich doch laut genug bei der letzten Bewohnbarkeitsanzeige beigesetzt habe und sagte: „Und zwar besonders einiger Kontinentländer, und zwar deren südlichere Teile.“

4] Aber du fragst, warum Ich dich denn nicht sogleich darauf habe aufmerksam machen wollen? — Siehe, Meine Schule ist eine andere als die der Menschen auf der Welt! — Ich lasse daher solches oft geflissentlich zu und lege, wo es immer nur sein kann, den „verworfenen Eckstein“ auf alle Meine Wege, damit daran die Welt ihr Gericht finden solle. So aber dann jemand zu Mir kommt und bittet Mich um die Wegräumung des Ecksteines, so will Ich solches ja auch tun. Aber nur hüte sich da ein jeder vor Bemerkungen!

5] Wohl dem, der korrigiert nach Meiner Angabe! Denn der wird das Licht überkommen. Wer aber Mir wollte die Zulassung solch kleiner Widersprüche zum Vorwurfe machen, der soll mit dem Unglauben bestraft werden!

6] Was immer da geschieht, hat seinen weisen und liebevollsten Grund. Daher soll dir auch an Meinem Urteile mehr als an dem der Welt gelegen sein! — Was Ich gebe, das gebe Ich nicht der Welt zu einem Vorteile, sondern nur zum gerichtlichen Anstoße!

7] Daher tue, was Ich dir sage; und bedenke nie, was dereinst die Welt dazu sagen möchte! Denn Meine Gabe soll nicht vom Verstande, sondern vom Herzen in den Geist lebendig aufgenommen sein. Allda wird sich die rechte Ordnung schon vorfinden! — Verstehet solches wohl und beachtet es! Amen.

☆

Zum Geburtstag

Am 13. Oktober 1842

Schreibe für heute etwas an den A. H.-W., das da ihm dienen solle zur Erkenntnis, daß der Vater im Himmel es gar wohl weiß, wann und an welchem Tage ein Mensch dem Fleischleibe nach zur Welt geboren worden ist.

2] Höre, Mein lieber A. H.-W.! Es ist wahrlich nichts Geringes, wenn ein Mensch aus dem Mutterleibe zur Welt geboren worden ist. Denn was dazu gehört, bis eine Menschenseele aus allen Stufen reif wird zur Ausgeburt in die Welt, glaube es Mir, ist fürwahr mehr als du in Ewigkeiten zu fassen imstande sein wirst! Daß die Werdung eines Menschen für Mich Selbst keine solche Kleinigkeit ist, wie sich einige philosophische Toren träumen lassen, beweisen ja alle die Taten und alle die Vorschöpfungen, welches alles allein nur für den Menschen bewerkstelligt und gemacht wurde!

3] Demnach aber ist es denn ja auch billig und gerecht, daß selbst der leibliche Geburtstag für jeden Menschen ein wichtiger Tag sein muß, da er kein zufälliger, sondern ein schon von Ewigkeit her wohlberechneter Tag ist. — Warum und wie aber ein solcher Tag ein von Ewigkeiten her wohlberechneter ist — soll sogleich gezeigt sein! Und also höre denn:

4] In dem endlos tiefen Zeiten- und Ewigkeiten-Raume wurden nach der Zahl 3 und 7 in der endlosesten Zahlenfülle Geister, Mir ähnlich, von Mir aus ins freie Dasein hervorgerufen. — Eine Unzahl hat sich durch den Mißbrauch ihrer Freiheit von Mir getrennt; aber auch eine Unzahl hat sich mit Mir auf ewig vereinigt. — Was sollte denn mit der getrennten Unzahl werden? Sollte sie für ewig zugrunde gehen oder sollte sie, nur Mir allein möglicher Weise, zurückgeführt werden?

5] Siehe, das war selbst für Mich, den Allmächtigen und allerhöchst endlos weisen Schöpfer, keine so geringe Frage! Denn lasse Ich sie zugrunde gehen, so ist auch in Mir der Tod zu Hause. Führe Ich sie aber zurück, dann ist die unantastbare Heiligkeit Meiner urewigsten Ordnung gefährdet. — Was war und ist sonach hier zu tun?

6] Siehe, die Löse dieser großen Fragen liegt jetzt noch vor deinen Augen, und gar viele Ewigkeiten werden damit nicht fertig werden!

7] Worin aber bestand diese, bestehet sie jetzt noch und wird sie ewig bestehen? — Die Liebe, als das alleinige Leben in Gott, mußte sich gewisserart trennen, die getrennte Unzahl der Geister ergreifen, sie binden mit ihrer Macht und aus ihnen gestalten zahllose Weltenmassen aller endlosen Arten nach der Beschaffenheit der Geister, die darin eingefangen wurden.

8] Als nun die Welten von den Urzentralsonnen abwärts ausgebildet waren, da auch erst wurde jedes Welten-Atom genau auf den tausendsten Teil einer Sekunde berechnet, wann es solle gelöst werden. Und war die große Rechnung einmal bestimmt, da erst begannen die organischen Schöpfungen auf den Weltkörpern durch alle Stufen in der allerhöchsten, weisesten, wohlberechneten Ordnung. Und hernach kam endlich erst der Mensch, als ein vollkommenstes Aufnahme-Organ aller ihm vorangegangenen endlosen Stufen und als ein vollkommener Wiedervereinigungspunkt des einst aus Mir gegangenen Lebens!

9] Damit es aber bei dieser Neugestaltung der alten Wesen an der Seite Gottes gegen Ihn Selbst keine Widerordnung gebe, mußte Gott Sich gewisserart durch Meine Menschwerdung Selbst neu gestalten, hernach bauen einen neuen Himmel und endlich machen, daß da alles neu werde, gleich Ihm!

10] Nun siehe, solches alles steckt hinter einem einzigen Geburtstage!

11] Beachte daher wohl, was er in sich birgt, damit dir dadurch bald ein neuer großer Geburtstag werde im Geiste!

12] Nimm somit diese Enthüllung als einen Glückwunsch zu diesem deinem Geburtstage im Herzen von Mir, deinem liebevollsten Vater, auf, so wirst du an jedem deiner Geburtstage hier wie jenseits eine große Freude haben. Denn auch jenseits erscheinen in entsprechender Form dergleichen Tage glanzvoller denn die andern, für den, den sie betreffen! Nehme damit aber auch Meinen vollen Vatersegen hin und verharre in Meiner Liebe ewig! Amen.

☆

Erklärung zur „Sonne“

Sonntag, den 30. Oktober 1842, vormittags

O Du mein allein geliebtester Herr und heiligster Vater in Jesu! Ich armer, allerwertlosester Sünder und träger, unachtsamer Knecht bitte Dich aus dem innersten Grunde meines Herzens, daß Du mir wieder aus einer Verlegenheit helfen möchtest! — Siehe, wie es Dir bekannt ist und allzeit war, so hat sich in dem Diktate über die Sonne ein kleiner Zahlenwiderspruch vorgefunden, und das beim letzten Planeten, von dem da anfangs in der Einleitung gesagt ist, er habe nur drei Monde. Jetzt in der speziellen Behandlung dieses Weltkörpers aber wird gesagt, daß er zehn Monde habe! — Wie soll solches genommen werden?

Hier bin ich, Herr und Vater, vor Dir und bekenne es aus meinem innersten Grunde, daß da mich selbst solcher Zahlengeist noch nie beirrt hat. Denn ich weiß es nur zu gut und zu bestimmt, daß sich in Dir am Ende alles löset und zur schönsten Harmonie ausgleichet. — Aber nicht also stehet es mit jemand anderem, den Du, o Herr und Vater, gar wohl kennest! — Dieser hat seinem Verstande die Schulspitzen noch nicht genug stumpf gemacht mittelst eines demütigen und Dir ergebenen Glaubens; und es genügt ein ausgelassenes Wörtchen schon, um seinen Glauben wankend zu machen und mich armen Knecht dabei des Truges zu verdächtigen. — Also dieses Mannes wegen gebe, o Herr, mir eine Vorlöse des vorliegenden Zahlenwiderspruches. Oder führe mich sicher hinweg von da, wo ich in beständiger Gefahr bin, des Truges in Deinem Namen verdächtigt zu werden und gebe diese Gnade irgendwo jemand anderem; mich aber belasse in Deiner alleinigen Liebe und Erbarmung! Denn ich bin also nicht sicher vor den Schlingen der Welt.

Daher helfe mir entweder auf die eine oder auf die andere Art. Bin ich für dies heilige Amt Deiner großen Gnade zu schwach, dann stärke mich entweder in allem oder setze irgend jemand anderen an diese meine Stelle! Denn wahrlich, sie ist mir schon zu einer großen Last geworden, da sie ein wahrhaftiges, großes und schweres Kreuz ist! Aber wie allezeit, also geschehe auch diesmal Dein heiliger Wille! Amen.

Also schreibe denn, du Sohn Adams, der du noch Feuer vom Himmel rufest, wenn du irgend bemängelt wirst, darum du aus altem Grund ein wahrer Jakob bist!

2] Siehe Mich an! Was alles haben die Menschen schon aus Mir gemacht! Wie oft wurde Ich ein Betrüger, ein Volksaufwiegler, ein israelitischer Faulenzer, Vagabund, Sonderling, Narr, ein Zauberer, ja sogar ein Diener Beelzebubs genannt! Ja selbst in dieser [jetzigen] Zeit geht es Mir auf der Erde um kein Haar besser. Man verhöhnt, verlacht und verspottet Mich allerorts. Oder man leugnet Mich ganz und vernichtet dadurch auch sicher bis aufs letzte Häkchen Mein Wort und somit auch alle Meine Gnade und Erbarmung.

Wo Mir aber noch allenfalls zum Scheine gedient wird, da brauche Ich dir nicht näher zu bezeichnen, wie ein solcher Dienst an und für sich zuallermeist bestellt ist. Denn solches kennst du wohl schon zum meisten Teile!

3] Und siehe, dennoch lasse Ich nicht Schwefel und Feuer vom Himmel regnen! — Also sei auch du sanft und bescheiden und sei allezeit voll Liebe, Sanftmut und Geduld gegen deine Brüder und Schwestern, so wirst du allezeit mehr richten mit ihnen als durch Schwefel und Feuer vom Himmel!

4] Wenn der Ans. H.-W. hier und da so manches beanstandet, so müssen wir ihm darum noch nicht gram werden. Er tut es ja nicht, um dich zu verdächtigen; sondern nur des Lichtes wegen tut er es. Darum also, Jakob, noch kein Feuer vom Himmel! Darum also ist es noch nicht nötig, daß du Mir deshalb das Amt der Gnade zurückgeben willst. Sondern fahre du nur fort! Es wird das rechte Licht über einen jeden äußerlich scheinenden Widerspruch schon zu rechter Zeit und am rechten Platze vorkommen.

5] „Denn so jenes, das erste, untadelhaft gewesen wäre, würde nicht Raum zu einem andern gesucht!“[1] — Solches sollst du wohl verstehen und beachten, warum das Alte Testament getadelt und ihm gesetzt wird ein Neues! — Siehe also auch hier! — Drei Körner werden ins Erdreich gesetzt und bringen zehnfältige Frucht. Warum nicht dreifältige? Warum müssen die drei gesetzten Körner in der Erde ehedem „vertadelt“ werden, ja warum zu Grunde gehen, um den neuen zehn Kindern freies Emporwachsen zu gewähren?

6] Bei euch widersprechen sich drei und zehn wohl eurer Härte willen; aber nicht also ist es bei Mir. Denn in Meinem Reiche sind tausend wie eins, und eins gleich unendlich vielen!

7] Daher warte du auch nur geduldig ab und traue es Mir zu, daß Ich im Ernste allerhöchst weise bin. So wird sich am rechten Platze wohl zeigen, warum da im ersten „Testamente“[2] drei, und im jetzigen, gleichsam neuen, zehn Monde stehen!

8] Damit du Mir aber nicht wieder in ein unnötiges Feuer gerätst, so sage Ich dir im voraus, daß da in der Veroffenbarung der „Sonne“ noch ein paar Beschaffenheitswidersprüche vorkommen und noch ein paar vorkommen werden. Wenn aber die „Sonne“ wird vollendet sein, so werden sich alle Widersprüche lösen!

9] Daher sollst du nicht feurig und der Ans. H.-W. nicht ängstlich werden! Denn was du empfängst, ist Meine Sache. Und Ich werde schon

[1] Hebr. 8,7. — [2] „Testament“ heißt Zeugnis — also hier: Bekundung; d. Hsg.

in allem Sorge zu tragen wissen, daß sie [die Sache] wird, wie sie sein soll. Du aber tust hinreichend, so du Meinen Willen erfüllest.

10] Mit dem Verstande aber bleibe ein jeder hübsch ferne von Meiner Gabe! Sonst gleicht er dem Samen, der da aus der Hand des Sämanns fiel unter Dornen und Disteln. Denn im Verstande ist die Wohnung von allerlei Sorgen. Wer demnach Mein Wort mit seinem Verstande statt mit seinem Herzen bemißt, der wird schwerlich je die Früchte aus Meinem Samen ernten.

11] Bedenke zum Beispiel: Beim Matthäus kommen zwei Weiber zum Grabe; ein Erdbeben geschieht; ein Engel erscheint, wälzt den Stein vom Grabe, setzet sich darauf und gibt den zwei Weibern Bescheid von Mir.[1]

12] Beim Markus kommen drei Weiber, kümmern sich des Steines wegen; dieser wird durch eine unsichtbare Macht hinweggetan, und sie gehen dann ins Grab, finden da einen Jüngling mit einem weißen Hemde zur Rechten sitzen, welcher sie tröstet und ihnen über Mich Auskunft gibt.[2]

13] Beim Lukas kommen mehrere ungenannte Weiber, mit Spezereien sogar, und finden den Stein schon abgewälzt, gehen sogleich ins Grab hinein, finden da noch niemanden; nach einer Weile, da sie sich schon gekümmert hatten, treten zu ihnen zwei Männer in glänzenden Kleidern und geben ihnen Auskunft über Mich."[3]

14] Beim Johannes kommt nur ein Weib, die Magdalena nämlich, findet das Grab offen, aber niemanden darinnen. Darum läuft sie zu Petrus. Der Petrus und die andern Jünger kommen eiligst zum Grabe, finden außer den zusammengelegten Leichentüchern nichts und gehen sodann wieder nach Hause. Nachher erst guckt die weinende Magdalena ins Grab und erblickt zum Kopfe und zu den Füßen zwei Engel in weißen Kleidern, die bloß nur fragen: Weib, was weinest du? — Und nach der Beantwortung dieser Frage bin auch Ich schon hinter ihr![4]

15] Wer da äußerlich, rein weltgeschichtlich nach seinem Verstande urteilt, was muß der bei diesen vier sehr verschiedenen Angaben wohl notwendig finden, so er recht spitzkritisch zu Werke gehen will!?

16] Ich sage dir: Entweder den Tod seines Verstandes oder den Tod seines Glaubens! — Den Tod seines Verstandes, so er da ein göttliches Geheimnis ahnet und stellt solches Meiner Weisheit und Allmacht anheim. Den Tod des Glaubens aber, so er spricht: „So das Faktum authentisch wäre, da müßten über dasselbe nicht nur vier, sondern hundert Geschichtszeichner in der Zahl, in der Art, in den Worten und überhaupt in allem völlig überein-

[1] Matth. 28, 1—7. [2] Mark. 16, 1—7. [3] Luk. 24, 1—7. [4] Joh. 20, 1—14.

stimmen. Von den vier Geschichtszeichnern aber sagt jeder etwas ganz anderes! Welcher hat recht? Keiner! Und somit glaube ich auch nichts!"

17] Siehe, es soll aber weder der Verstand noch der Glaube getötet werden! — Wie aber kann solches geschehen? — Ich sage dir: Allein durch Liebe, Demut, Sanftmut und Geduld!

18] Wenn diese vier eins werden im Menschen, da wird auch des lebendigen Lichtes in größter Menge werden im Herzen, in welchem sich alle Widersprüche lösen werden!

19] Beachtet das, so werdet auch ihr ins Reine und Klare kommen! — So ihr aber mit eurem Verstande wollet Meine Schatzgräber sein, wahrlich, dann sollet ihr nichts denn Unrat finden!

20] Denn Meine Gaben sind nur fürs Herz, nicht aber etwa vorerst für den Verstand bemessen! — Wer da will sein Herz aber durch den Verstand wecken, der sei versichert, daß er es nur tötet. Denn schwächer ist wohl keine Liebe als die des Verstandes!

21] Wer aber das Leben überkommen will, der liebe und glaube sanft und geduldig! Und er fordere von Mir nicht wie von einem schlechten Sachverwalter eine unzeitige Rechenschaft! Denn wahre Kinder lieben den Vater und hadern nicht mit Ihm!

22] Solches verstehet wohl! Amen.

☆

Wahre, lebendige Wissenschaft

Am 4. November 1842

Also schreibe nur, was du schreiben möchtest! — Schreibe, daß Ich dem A. H.-W. sagen lasse, daß da des Leibes Geburtstag so manches besagt, was der Mensch in seinem Weltleben nicht erfassen kann, solange er nicht völlig ins geistige Leben übergegangen ist.

2] Sollte Ich es hier etwa völlig kundgeben? — Das würde wenig nützen. Denn alle äußere Wissenschaft belebt den Geist des Menschen so wenig, wie da die äußere Luft die Organe der Lunge belebt, so sie nicht eingeatmet wird, oder wie wenig das alleinige Anschauen von allerlei Speisen einen hungrigen Magen sättiget.

3] Wer demnach wahrhaft geistig gesättigt werden will, der muß die Speisen werktätig in sich aufnehmen, damit durch die stets rege innere Tätigkeit der Geist sich übe, dadurch kräftige, stärke, dann durch diese beständige Tätigkeit sich erwärme, erhitze und endlich erbrenne. Wenn solches geschehen ist, dann hat auch der Mensch die wahre, lebendige Wissenschaft überkommen, durch welche er in alle Weisheit geleitet werden kann.

4] Daß unter dem „Erhitzen“ und „Erbrennen“ die Liebe zu Mir, und unter dem „Erwärmen“ aber die Liebe zum Nächsten verstanden wird, braucht kaum erwähnt zu werden. — Es steht aber ja schon im Worte: „So du den Nächsten, den Bruder, nicht lieben kannst, den du siehst, wie willst du dann Gott lieben, den du nicht siehst?“ — Heißt das nicht ebensoviel, als so Ich sagen möchte: Wenn da ein Ding, zum Brennen tauglich, nicht erwärmt ist, wird es ohne die nötigst vorhergehende Erwärmung erhitzt werden? — und wie ohne Erwärmung und Erhitzung dann erst erbrennen zum Lichte des inneren Lebens und daraus zur inneren, lebendigen Wissenschaft und daraus hervorgehenden Weisheit?

5] Man wird sagen: Das Pulver entzündet sich doch sicher ohne vorhergehende Erwärmung und Erhitzung, und der Blitz zuckt aus kalter Luft und eisiger Wolke hervor! — O ja, sage Ich, aber es ist mit dem Lichte des entzündeten Pulvers wie mit dem Blitze eben nicht viel geholfen, da keins für die Dauer taugt, und zudem noch diese beiden Schnelligkeitsentzündungen allezeit verheerend und zerstörend sind. Was immer plötzlich geschieht oder entsteht, vergeht gewöhnlich wieder so, wie es entstand, und läßt sicher nichts als nur die arge Wirkung zurück, wo nicht für bleibend den Tod. Daher gehört zum wahren, wohltätigen Erbrennen die gerechte Erwärmung und Erhitzung zum voraus, ohne die es nie zu einer inneren Erbrennung und dadurch zum wahren, bleibenden Lichte kommen kann.

6] Werde daher auch du, Mein lieber A. H.-W., vollends warm und erhitzt, so wirst du die heilige Wirkung des inneren Erbrennens bald gewahren. — Aber das „Welt-Eis“, was da sind die weltlichen Sorgen, mußt du aus dir schaffen, sonst wird es mit dem Erwärmen und Erhitzen nicht gut vorwärts gehen. Denn glaube es Mir: Weltsorgen, welcher Art sie auch sein mögen, und Weltschätze sind pur Eis für den Geist. Und des Verstandes Wissen allein ist des Geistes Knechtschaft und Sklaverei!

7] Werde aber gleich dem Kaufmanne, der alle seine Schätze für eine echte und schwere Perle hintan gab, so wirst du am Glanze dieser Perle das heilige Morgenrot des ewigen Lebens in dir erschauen. Glaube es Mir, daß es also ist! Denn Ich, dein heiliger Vater, gebe dir ja solches kund für deine Geburtsstunde aus Meinem Munde. Amen.

☆

Himmlische Zinszahlung

Am 4. November 1842

Dieses gebe Meinem lieben K. G. L., denn es ist ja doch pflichtgemäß, daß die Zinsparteien dem Hausherrn zur rechten Zeit ihre Zimmermiete entrichten. Und so will denn auch Ich desgleichen tun.

2] Schreibe daher, wie folgt:

3] Höre, Mein lieber K. G. L.! Du weißt es, daß Ich dir einmal sagte: Ich will bei dir so ein wenig „mit Sack und Pack" Mich einquartieren! — Siehe, Ich habe auch Mein Wort gehalten, was du sicher wahrgenommen hast durch so manche, dich äußerlich betrübende Erscheinungen, welche aber dennoch für deinen Geist von für dich unberechenbarem Nutzen waren!

4] Da Ich also sicher bei dir gewohnt habe, noch wohne und noch länger bei dir zu wohnen und dein Haus zu hüten treulichst gedenke, so ist es ja auch für Mich, als manchmal etwas lästige Wohnpartie, nicht mehr als recht und billig, dir als dem Hausherrn zur rechten Zeit den Haus- und Wohnzins zu entrichten.

5] Siehe, hier bin Ich ja schon mit einer guten „Lebensversicherungsbanknote" in der Hand! Nehme sie nur auf in deine innere hauswirtschaftliche Kasse, und du wirst es mit der Zeit erfahren, wie wunderbar sich dieses seltene himmlische Staatspapier von selbst hundertfältig verzinst!

6] Es steht auf dieser Banknote zwar nichts anderes darauf als bloß nur, mit gut leserlicher Schrift geschrieben, das einfache Wort: Liebe. — Aber du kannst versichert sein, daß dieses Staatspapier in Meinem Reiche als die allein gangbare Münze kursiert, ohne welche in diesem Meinem Reiche durchaus niemand bestehen kann. Mit dieser Banknote aber im Herzen und in der Hand kommst du leichtlichst durch Mein ganzes Reich und endloses Himmelsland!

7] Liebe also gebe Ich dir, Mein lieber K. G. L., Meine Liebe als das alleinige Pfand des ewigen Lebens in Mir! Lege sie in die gute „Kasse" deines Herzens und du wirst dich ehestens überzeugen, daß dieses Mein „Staatspapier" nie einem fallenden, sondern einem ewig ins Unendliche steigenden Kurse unterliegt.

8] Der Liebe ist die ganze Ewigkeit und alle Unendlichkeit zinspflichtig! Daher sind auch ihre ewigen „Lebensprozente" unendlich.

9] Hast du demnach Meine Liebe, so hast du alles und brauchst dich um nichts mehr zu sorgen. Denn diese Meine

Liebe sorgt schon in Sich ewig für alles und hat schon für alles gesorgt.

10] Du wirst nicht sagen können: O Vater! Gib mir daher diese Deine Liebe! — Denn Ich gebe sie dir ja eben jetzt als „Mietzins". — Nehme sie hin und gebrauche sie allzeit eifrigst! Denn du wirst ihrer nicht leichtlich mehr los werden. Je mehr du sie aber gebrauchen wirst, desto größer und wertvoller wird sie auch, und ihr Wert wird ewig steigend lebendigst bestehen.

11] Für diese Bezahlung aber mußt du dir schon auch gefallen lassen, daß Ich noch länger bei dir wohnen werde. Und so es Mir nun stets mehr und mehr noch in deinem Hause gefallen wird, so mußt du dir es mit der Zeit schon auch gefallen lassen, daß Ich dein Haus Mir gänzlich zu eigen machen werde durch einen guten Kaufschilling, damit du dann mit Paulo wirst sagen können: Nun lebe nicht mehr Ich, sondern Christus lebet in Mir!

12] Nehme also solches liebreich an aus Meiner Hand, als das teuerste Lebenspfand zu deinem Tage! Denn Ich gebe es dir für ewig. Amen.

☆

Behandlung eines Halsstarrigen

Am 11. November 1842, vormittags

Schreibe nur, Ich weiß schon, was du hast!

2] Mein lieber Andr. H.-W.! Siehe, wie es dir mit deinem dummen alten Onkel geht, also geht es Mir ums Tausendfache ärger noch mit Millionen Menschen, die da nun Meine Geduld schon auf den äußersten Punkt treiben! Aber noch habe Ich die Sonne nicht ausgelöscht und die Wolken von der Erde nicht hinweggerückt, damit diese dann wasserlos werde und sich sofort entzünde an allen Punken.

3] Solange du Mich aber noch also geduldig erblickest, so lange auch lasse du dich deine Geduld nicht gereuen! Lasse dem alten Narren seinen unbeugsamen Willen, denn lange wird es mit ihm ja ohnehin nicht währen. Jenseits aber wird sich für ihn schon ein Platz finden, auf dem seine Halsstarrigkeit wie Wachs geschmolzen wird!

4] Gebe ihm, was du ihm bis jetzt gegeben hast. Und du magst auch für die Winterszeit ihm allenfalls ein paar Klafter Holz irgend anweisen — oder ihm monatlich noch einen guten Gulden hinzufügen, so ihm das lieber ist als das Holz; und er möge sich damit dann selbst mit Holz versehen!

5] Wenn es ihm recht arg gehen wird, so wird er dir wohl kommen. Und ist er aber da noch [immer] eigensinnig, so bist du ohne Schuld, und wenn der alte Narr in seinem Zimmer zu Eise erfrieren oder gänzlich verhungern sollte! — Denn wahrlich, dieser Mensch ärgert auch Mich!

6] So du und der Anselm es aber wollet, da könnet ihr ihn einmal zu euch bestellen, ihm eine vollernste Vorstellung über seinen Eigensinn machen und ihm zeigen, welche Folgen das dereinst mit ihm haben dürfte, so er stets in seinem Eigensinne beharren wird.

7] Siehe, der Alte ist noch voll Hochmutes! Darum ist er also unbeugsam! — Daß ihm aber diese Eigenschaft jenseits nicht viel Glück bringen wird, brauche Ich dir nicht noch näher darzutun! — Und so sind Demütigungen für ihn eine viel größere Wohltat, als so du ihn jede Woche möchtest mit hundert Gulden beschenken.

8] Wenn er kein Brot hat, und es hungert ihn, da gebe ihm Brot! Für den Durst aber gibt es eine Menge reiner Wasserquellen, die ihm besser behagen werden als Bier, Wein und besonders der verfluchte Branntwein!

9] Solches kannst du tun, und das ist genug! Mit Geld aber sollst du ihn nur, wie gesagt, sparsam unterstützen! — Macht er dabei Schulden, so magst du sie berichtigen, so du willst, aber nur dann, wenn ein armer Gläubiger von ihm übervorteilt worden ist. Sonst aber sollst du niemanden auch nur einen Heller erstatten. Denn dadurch wird der Alte nur noch beherzter, zu sündigen auf deinen Beutel.

10] Redet er darob schmählich über dich, glaube es Mir, es wird dir darob kein Haar gekrümmt werden. Denn Ich werde dich schon zu rechtfertigen wissen! Also magst du tun und um alles übrige dich nicht im geringsten kümmern! Denn Ich kenne ja und sehe, was du tust. Also sei fürder ruhig! Amen.

☆

Triumph und Fall der Kirche

Am 16. November 1842, vormittags

Siehe, ein anderes Land hat auch ein anderes Band. Aber Brudersinn und reines Christentum ist überall verbannt. Der Unterschied liegt nur im Mehr oder Weniger. Daß aber im Verlaufe von zwei Jahren bei euch im Lande dem Lichte die stärksten Fesseln angelegt werden, das könnet ihr mit großer Sicherheit annehmen. Denn der „Drache" hat schon mehrere „Häupter und Hörner" über den Erdboden gehoben!

2] Bald werdet ihr es erleben, daß man das Toleranz-Patent nebst allen staatskirchlichen Gesetzen nach Rom zur Zensur schicken wird, aus lauter Nächstenliebe und aus reinstem — Christensinne! — Was da gestrichen wird, braucht keiner weiteren Erörterung! — Das aber wird der sogenannte „Triumph der Kirche" sein — und bald darauf aber auch ihr Ende!

3] Solches aber muß auch geschehen. Denn käme der Drache nicht zum Steigen, so wäre auch sein endlicher Fall nicht möglich. Er wird zwar steigen, aber mit Fesseln angetan, und wird daher nur, wo es ihm zugelassen wird, verheerend wirken.

4] Eure Lande werden ihn verkosten. Wann er mächtig wird, wird er nicht schonen der Großen und der Kleinen! — Es muß aber das Volk ja von oben bis unten noch einmal auf das empfindlichste gewitzigt und gezüchtigt werden, da es Mich allzeit verabschiedet hat, so oft Ich es freundlichst heimgesucht habe!

5] Es soll einmal den wahren Segen Roms verkosten, da ihm der Meine nicht munden wollte! In seinem Blute soll es empfinden den Unterschied zwischen Meinem Evangelium und dem der großen Babelstadt! — Wann solches der Fall sein wird und jeder die Zeiten des Engelkaisers Joseph und ein reines Evangelium mit den Waffen in der Hand laut wieder herbeirufen wird — dann auch wird es erst an der Zeit sein, eine höhere Hilfe und Blitze vom Himmel zu senden.

6] So aber ein Volk, durch so viele bittere Erfahrungen zu öfteren Malen geweckt, noch immer schlafen kann im tiefsten Schlamme aller möglichen Hurerei, saget, wodurch allein kann es geweckt werden? — Ich sage: Durch nichts als durch einen allerderbsten Knallstoß!

7] Dieser aber wird soeben vor- und zubereitet. — Amen.

☆

Häusliche Seelenpflege

Ein Wort zum Namenstag

Am 19. November 1842, vormittags

O Du lieber, guter Vater, der Du heilig bist, überheilig! Wäre es Dir denn nicht wohlgefällig, mir ein kleines Wörtlein nur für die Gemahlin des Ans. H.-W. zu geben? — Sie hat sich sicher schon lange darauf gefreut und wird sich heute vielleicht um so mehr freuen, da sie gewiß etwas erwartet am Tage ihres Namens! — Wie Du meine Bitte um etwas in Deinem allerheiligsten Namen noch allzeit erhöret hast, also hoffe ich auch diesmal mit Zuversicht, daß Du, o heiliger Vater, mich erhören wirst. — Doch wie allezeit, also geschehe auch diesmal Dein allerheiligster Wille! Amen.

Was willst du denn für ein Wörtlein, ein süßes, ein feines, ein artiges, ein französisches; oder ein sanftes, ein weiches, ein schmeichelndes, ein lebendes; oder eine Liebeserklärung, eine Bestellung, eine Botschaft, eine Wahrheit, einen Wünschelbrief? — Siehe, das sind lauter Wörtlein! Erkläre dich daher bestimmter, was du willst! Denn Ich sehe in deinem Geiste keine Bestimmtheit.

2] Was soll Ich dir denn geben, wenn du dich nicht aussprichst in dir, was du möchtest? — Wer kein Brot hat, der bitte ums Brot, und er wird es überkommen. Wer ein Weib möchte, der bitte um ein Weib, und es soll ihm werden. Wer die Weisheit will, der bitte um die Weisheit, und sie soll ihm werden. Und um was da jemand bittet, volltrauend, ganz bestimmten Herzens, es solle ihm werden, so es nicht törichter oder unordentlicher Art ist.

3] So du aber um ein unbestimmtes Wörtlein bittest, was soll Ich dir da für eines geben? — Du sagst: Es wird jegliches das Beste sein, was Ich dir nur immer gebe! — Das ist wahr — aber das Beste ist nicht immer angenehm zu hören. Also ist auch von Mir aus ein Tadel besser als eine einschläfernde Tröstung. Und doch will jeder lieber eine süße Tröstung als einen etwas herberen Tadel vernehmen! — Daher erkläre dich nun bestimmter, was du willst, sonst gebe Ich dir nichts!

4] Nun gut, du willst beides! — So will Ich dir auch beides geben. — Und so sage denn in Meinem Namen dem Weibe des Ans. H.-W., daß Ich ihr sagen lasse an ihrem Tage:

5] Geistige Beschäftigungen, als etwa Betrachtungen über Meine Liebeführungen der Menschen und über Meine väterliche Fürsorge, sind besser und bei weitem viel mehr wert als eine ununterbrochene häusliche Zwirnindustrie!

6] Aus dem Grunde wäre es Mir auch lieber, wenn sich Meine liebe Elise H. manchmal vornehmen möchte, ihre Töchter auch ebenso emsig anzuhalten, für Mich ein Paar geistige Socken und Strümpfe, Hemden, Chemisetten, Kleider und dergleichen zu verfertigen — wie sie dieselben manchmal recht strenge anhält, ein materielles Kleid oder sonst etwas dergleichen zu verfertigen!

7] Siehe, Meine liebe Tochter, Ich will dir damit keinen Vorwurf machen. Es ist besser, zu arbeiten, als zu faulenzen. Aber solches ist auch wahr, daß es wieder dagegen um vieles besser ist, mehr für den Geist zu tun, als für den Leib.

8] Denn wer für den Geist arbeitet, der wird auch für den Geist ernten, der da ewig leben wird. Wer aber mehr für den Leib arbeitet, der wird einst in großer [geistiger] Armut stecken. Denn jenseits wird jedermann nur das haben, was er sich hier geistig erworben hat, und nicht mehr und nicht weniger.

9] Daher sei auch du, Meine liebe Tochter, für dich wie auch für deine Töchter künftig zuerst und mehr besorgt für das, was sie an einem Tage hindurch mehr für den Geist als den Leib gearbeitet haben, so wirst du dir und deinen Töchtern Reichtümer sammeln für die Ewigkeit!

10] Siehe, nur kurz und vorübergehend ist aller Weltgewinn und schlecht und bitter noch obendarauf. So du aber für Mich in deinem und deiner Töchter Herzen arbeitest nach deiner Fähigkeit, so wirst du dereinst sogar für Kleines einen überaus großen und ewig bleibenden Lohn haben! — Solches sage Ich dir heute und allezeit. Nimm es treu in deinem Herzen auf und lebe darnach, so werde Ich stets eine große Freude haben an dir und den Deinen! — Ich, dein lieber, guter Vater! Amen.

☆

Die geistige Sonne

Am 22. November 1842, von 4 Uhr nachmittags bis 1/2 7 Uhr abends

Als eine Fortsetzung der am 21. November 1842 abgeschlossenen Mitteilungen über die naturmäßige Sonne empfing Jakob Lorber vom 22. November 1842 bis zum 16. Dezember 1843, ebenfalls fast täglich, Eröffnungen über die geistige Sonne, d. h. über die den naturmäßigen Sonnenkörper durchdringenden und umgebenden geistigen Sphären. Als Schreiber des durch Jakob Lorber ergehenden Wortes diente auch hier stets Anselm Hüttenbrenner.

Nachstehende Worte bilden den Eingang der großen Enthüllung.[1]

Bevor wir uns in die eigentliche geistige Sonne begeben können, müssen wir doch sicher zuvor wissen, wo diese ist, wie sie mit der naturmäßigen Sonne zusammenhängt und wie beschaffen sie ist.

2] Um von der ganzen Sache sich aber einen möglichst vollkommenen Begriff machen zu können, muß zuallererst bemerkt werden, daß das Geistige alles dasjenige ist, welches das Allerinnerste und zugleich wieder das Allerdurchdringendste, das demnach Alleinwirkende und Bedingende ist.

3] Nehmet ihr z. B. irgendeine Frucht — was ist wohl deren Innerstes? — Nichts als die geistige Kraft im Keime. — Was ist denn die Frucht selbst, indem sie mit allen ihren Bestandteilen für die Deckung und Erhaltung des innersten Keimes da ist? — Sie ist im Grunde wieder nichts anderes, als das von der Kraft des Keimes durchdrungene äußere Organ, welches sich in allen seinen Teilen notwendig wohltätig wirkend zum vorhandenen Keime verhält.

4] Daß die äußere Frucht ein solches von der geistigen Kraft des Keimes aus bedingtes Organ ist, leuchtet ja auch schon aus dem hervor, daß nicht nur die Frucht, sondern der ganze Baum oder die ganze Pflanze aus dem geistigen Keime hervorgeht.

5] Was ist demnach das Geistige? — Das Geistige ist fürs erste die innerste Kraft im Keime, durch welche der ganze Baum samt Wurzeln, Stamm, Aesten, Zweigen, Blättern, Blüten und Früchten bedingt ist. Und wieder ist es das Geistige, welches alle diese genannten Teile des Baumes wie für sich selbst oder für die eigene Wohltat durchdringt.

6] Das Geistige ist denn darnach das Inwendigste, das Durchdringende und somit auch das Allesumfassende; denn was da ist das Durchdringende, das ist auch das Umfassende.

---

[1] „Die geistige Sonne", 2 Bände, je 500 Seiten.

7] Daß solches richtig ist, könnet ihr an so manchen naturmäßigen Erscheinungen beobachten. Nehmet ihr fürs erste eine Glocke — wo ist wohl der Sitz des Tones in ihr? — Ihr werdet sagen: Mehr am äußeren Rande; oder mehr in der Mitte des Metalles; oder mehr am inneren Rande? — Es ist alles falsch! — Der Ton ist das inwendigste, in den materiellen Hülschen verschlossene geistige Fluidum.

8] Wenn nun die Glocke angeschlagen wird, so wird solcher Schlag von dem inwendigsten Fluidum, welches als ein geistiges Substrat (nach eurem Ausdrucke) höchst elastisch und dehnbar ist, auf eine seine Ruhe störende Weise wahrgenommen. Und dadurch wird dann das ganze geistige Fluidum in ein freiwerdenwollendes Bestreben versetzt, welches sich dann in anhaltenden Schwingungen zu erkennen gibt. Wird die äußere Materie mit einer andern Materie bedeckt, welche von nicht also leicht erregbaren geistigen Potenzen durchdrungen ist, so wird diese Vibration der erregbaren geistigen Potenzen — oder vielmehr ihr freiwerdenwollendes Bestreben — bald gedämpft. Und eine solche Glocke wird auch somit bald ausgetönt haben. Ist aber die Glocke frei, so dauert die tönende Schwingung noch lange fort. Wenn aber noch dazu von außen ein sehr erregbarer Körper sie umgibt, als etwa eine reine, mit Elektrizität gefüllte Luft, so wird dadurch das Tönen noch potenzierter und breitet sich weit in einem solchen miterregbaren Körper aus.

9] Wenn ihr nun dieses Bild ein wenig durchblicket, so wird euch daraus ja notwendig klar werden müssen, daß allhier wieder ein Geistiges das Inwendigste, das Durchdringende und das Umfassende ist. — Wir wollen aber noch ein Beispiel nehmen.

10] Nehmet ein magnetisiertes Stahleisen — wo ist denn in dem Eisen die anziehende oder abstoßende Kraft? — Sie ist im Inwendigsten, d. h. in den Hülschen, welche eigentlich die beschauliche Materie des Eisens darstellen. Eben als solche inwendigste Kraft durchdringt sie die ganze Materie, welche für sie kein Hindernis ist, und umfaßt dieselbe allenthalben. Daß dieses magnetische Fluidum die Materie, der es innewohnt, auch äußerlich umfaßt, kann ja ein jeder leicht aus dem Umstande erkennen, wenn er sieht, wie ein solches magnetisches Eisen ein ferne gelegenes Stückchen ähnlichen Metalles anzieht. — Wäre es nicht ein umfassendes und somit auch über die Sphäre der Materie hinaus wirkendes Wesen, wie könnte es einen ferne liegenden Gegenstand ergreifen und denselben an sich ziehen?

11] Wir wollen zum Ueberflusse noch ein paar kurze Beispiele anführen! — Betrachtet einen elektrischen Konduktor oder auch eine elektrische Flasche! — Wenn ein solcher Konduktor oder eine solche Flasche mit elektrischem Feuer von einer geriebenen Glastafel aus angefüllt wird, so durchdringt dieses Feuer die ganze Materie und ist sodann zugleich ihr Inwendigstes und ihr Durchdringendes. Wenn ihr euch aber einer solchen Flasche oder einem Konduktor nur ein wenig zu nahen anfanget, so werdet ihr alsbald durch ein leises Wehen und Ziehen gewahr werden, daß dieses Fluidum auch die ganze Materie der Flasche und des Konduktors umfaßt.

12] Und noch ein sprechendes Beispiel gibt sich euch in matten Umrissen wohl bei jedem Menschen wie auch bei anderen Wesenheiten kund; laut schreiend aber wird es bei den Somnambulen. — Wie weit nämlich ein Magnetiseur und eine von ihm behandelte Somnambule sich gegenseitig rapportieren[1] können, werden schon so manche unter euch lebendigst erfahren haben. Wäre nun der Geist ein bloß inwendigstes und nicht zugleich auch ein durchdringendes Wesen, so wäre, fürs erste schon, keine sogenannte Magnetisierung möglich. Und wäre der Geist nicht auch zugleich das Umfassende und das alles Ergreifende, saget, wie wäre da wohl ein ferner Rapport zwischen einem Magnetiseur und einer Somnambule möglich?

13] Ich meine, wir haben der Beispiele genug, um aus denselben zu entnehmen, wo, wie und wiegestaltet das Geistige sich überall, somit auch sicher in, durch und bei der Sonne ausspricht.

14] Die geistige Sonne ist somit das Inwendigste der Sonne und ist ein Gnadenfunke aus Mir. Dann durchdringt das Geistige mächtigstwirkend die ganze Materie der Sonne. Und endlich ist es auch das die ganze Wesenheit der Sonne Umfassende. — Solches zusammengenommen ist demnach „die geistige Sonne“!

15] Und diese Sonne ist auch die eigentlichste Sonne. Denn die sichtbare, materielle Sonne ist nichts als nur ein von der geistigen Sonne bedingtes, ihr selbst wohltätiges Organ, welches in allen seinen Teilen also beschaffen ist, daß sich in und durch dieselben das Geistige äußern und sich eben dadurch selbst wieder in seiner Gesamtheit völlig ergreifen kann.

16] Wer demnach „die geistige Sonne“ schauen will, der sehe zuvor ihre äußere Erscheinlichkeit an und bedenke dabei, daß alles dieses von der geistigen Sonne in allem einzelnen wie im

[1] beeinflussen.

gesamten durchdrungen und umfaßt ist — so wird er dadurch schon zu einer schwachen Vorstellung der geistigen Sonne gelangen.

17] Wenn er sich aber noch hinzudenkt, daß alles Geistige ein vollkommen Konkretes oder ein sich allenthalben völlig Ergreifendes ist, während das Naturmäßige nur ein Teilweises, Getrenntes, sich selbst gar nicht Ergreifendes ist und, wenn es als zusammenhängend erscheint, dies nur durch das innewohnende Geistige ist — dann wird die Anschauung einer geistigen Sonne schon heller werden. Und es wird sich der Unterschied zwischen der naturmäßigen und der geistigen Sonne [für euch] immer deutlicher aussprechen.

☆

Einem angefochtenen Ehemann

Am 30. November 1842, vormittags

Dies Wörtlein gebe Meinem lieben Freunde A. H.-Willig!

2] Am Tage, an dem du den Namen deines Leibes und deiner Seele feierst, will auch Ich deiner gedenken und will dir eine Nebengabe bieten. Nehme sie an, auf daß du genesest am Leibe und an deiner Seele! Denn diese zwei Teile an dir sind ein wenig krank. Im Leibe haftet etwas zuviel von der Galle, und deine Seele ist zu gedrückt, fürs erste von dem etwas kränklichen Leibe, und fürs zweite von den allerlei unbedeutenden weltlichamtlichen Sorgen.

3] Diese letzteren merkest du zwar wenig, weil du dich ihrer angewohnt hast. Aber sie hören darum nicht auf, das zu sein, was sie sind. Sie sind eine Last der Seele und verhalten sich zu ihr gerade also, wie ein schwerer Lastwagen zu einem Pferde, welches schon jahrelang solchen Wagen gezogen hat. Es fühlt freilich wohl nicht mehr die Last desselben, da es wie eine fühllose Maschine denselben zieht. Aber kannst du darum behaupten und sagen: Der Wagen sei dem Tiere keine Last mehr, weil es dieselbe nicht mehr zu empfinden vermag?

4] Setzen wir aber den Fall, ein solches Pferd möchte im Gespanne vor dem Wagen kränklich werden an irgendeinem Leibesteile. Meinst du wohl, daß es im Zuge davon wird geheilt werden können, weil es die Last des Wagens nicht fühlt? — Siehe, solches wissen die Fuhrleute gar wohl. Darum spannen sie es aus und gönnen demselben auf eine Zeit Ruhe und gute Pflege. Das Tier wird darauf wieder gesund, frisch und heiter. Und so es dann wieder an seinen lang gewohnten Wagen gespannt wird, da zieht es denselben wieder also leicht fort, als hätte es nur einen Federflaum zu ziehen!

5] Du wirst zwar dieses Bild nicht völlig fassen; doch so Ich dir es nur ein wenig beleuchten werde, dann wird es dir klar sein, was Ich damit sagen will.

6] Du meinst nun, daß Ich damit sagen will, du sollest etwa dein staatliches Amt auf eine Zeitlang aus deinen Händen legen? — O nein, das meine Ich nicht! — Denn darinnen sind deiner Seele Sorgen nicht begraben. Aber in deiner weltlichen Häuslichkeit liegen sie!

7] Du hast Not mit Meiner Sache bei den überaus weltlichen Weltanverwandten, da ihnen die Welt alles, Ich aber gänzlich der Niemand bin!

8] Allein mache dir daraus lediglich nichts! Denn fürs erste können sie dir kein Haar auf dem Haupt krümmen. Und fürs zweite habe Ich sie schon lange vorgemerkt und weiß, was Ich mit ihnen tun will. Denn wahrlich, sie werden Meiner sie stark versuchenden Falle nicht entrinnen! Es sagt aber ja schon ein altes Sprichwort unter euch: „Wer zuletzt lacht, lacht am besten." — Siehe, also wird es auch allda gehen.

9] Ich sage dir aber: Mache frei dein Gemüt! Laß die Esel plärren! Wende deine Ohren von ihnen ab und erheitere dich bloß nur an Mir! Tue denen womöglich Gutes, die dich mißachten, und segne die, welche dich heimlich, wie fluchend, verachten!

10] Da werden die glühenden Kohlen über ihren Häuptern nicht unterm Wege verbleiben, und du wirst eine große Linderung über dein Herz bekommen! — Uebergebe diesem großtörichten Weibe deine Töchter und opfere sie Mir zuvor auf, dann werde schon Ich ganz heimlicher Weise das Ruder wenden. Und geht es dann, wie es geht, dann denke, Ich vermag ja noch eine Hure durch einen Blick zu Mir zu kehren, also werde Ich auch da den Weg nicht verfehlen.

11] Uebrigens sei ein Herr deines Weibes! — Belasse ihr weltlich Tun und Treiben; ihre Zunge aber wende in Meiner Sache allzeit gebietend und männlich kräftig von dir weg! — Wenn sie nicht schweigt, so gehe ihr aus der Zunge und zeige ihr, daß du nicht im geringsten an ihrem Gelde hängest, wohl aber sie an deiner getreuen Verwaltung desselben.

12] Ist sie damit nicht zufrieden, dann lege ganz sorglos ihren ganzen Kram völlig in ihre Hände und Sperre, auf daß sie damit mache, was sie will! — Solches jedoch kannst du als äußerstes Mittel betrachten!

13] Wirft sie dir deine Geringschätzung gegen sie vor, dann frage sie — höchst ernstlich aber! — welches Achtungsgewicht sie von ihrer Seite aufzuweisen hat in all den dir zugefügten Kränkungen? — Dann aber höre sie ja nicht weiter an, sondern gehe ihr geschwind aus der Zunge!

14] Wenn sich ein Sturm erhebt am Meere und kommt ein vorüberziehender Gegensturm, da wird Ruhe auf dem Meere. Siehe, also verhält es sich auch mit den „häuslichen Windsbräuten". Freilich wohl muß ein solcher Gegensturm aus einem zornlosen Herzen kommen, sonst kann er mehr Schaden anrichten denn ein früherer Vorsturm!

15] Mein Knecht aber muß baldmöglichst aus dem Welthause deines Weibes mit Sack und Pack ziehen, so wird dadurch deinem Weibe der Mund über die Hälfte verstopft werden! — „Mit Sack und Pack" aber besagt, daß er in deines Weibes Hause gar nicht mehr aus und ein gehen soll. — Unterstütze ihn nach seinem kärglichen Bedarfe etwa mit zwanzig und fünf Gulden — ganz geheim aber, daß davon niemand außer dir, deinem Bruder und dem Knechte etwas erfährt, so wirst du bald Ruhe haben.

16] Mache dir aber aus allem nichts und sei völlig heiteren Mutes, esse und trinke nach deiner Lust und deinem Bedürfnisse, mache in Gesellschaft deines Bruders und etwa des Knechtes wöchentlich, nach deiner Zeit, Ausflüge über das mehr unschuldige Land; unterhaltet euch von Mir, und Ich werde mit euch sein und werde euch jeden Atemzug segnen zu eurer dreifachen Gesundheit!

17] Und also wirst auch du, Mein lieber A. H.-Willig, ruhiger Seele, heiteren Geistes und freien Herzens dich gar ehestens der besten leiblichen Gesundheit zu erfreuen haben! — Siehe, Ich sage dir, es ist das Ganze nichts als eine leere Spiegelfechterei Meines Feindes. Es wird aber der lose Spiegel gar bald durchstoßen sein, und dann wird es wohl auch mit solcher „Fechterei" ein Ende haben!

18] Wo lebt aber ein Mensch oder ein Volk auf der Erde, der oder das da Meinetwegen nicht ein wenig durchgehetzt worden wäre?! — Wohl aber dem, der da ist aus Liebe zu Mir ein getreuer Kämpfer für Mein Reich, wahrlich, sein Lohn wird auch unermeßlich groß sein! — Denn fürs erste wird er den Tod auf der Erde nimmer schmecken in seinem Geiste. Was aber dann erst in Meinem Vaterhause seiner harret, dafür hat die ganze Unendlichkeit zu wenig Ohr, um es gebührend vernehmen zu können!

19] Also sei heiter und fröhlich, denn auch dein Kreuz ist eine Gabe von Mir, deinem ewig guten und heiligen Vater!

20] Vertraue dich Mir in allem! Und gehe es da in deiner Familie, wie es gehe, so denke, der große Steuermann ist dem Ruder nicht ferne!

21] Nehme somit hin Meinen Segen für allezeit und ewig! Amen.

☆

Der Herr als „prüfende Braut"

Am 1. Januar 1843

„Suchet, so sollt ihr finden, bittet, so wird man euch geben, und klopfet an, so wird euch aufgetan!" — Oder: „Betet ohne Unterlaß" — d. h. habet eure Herzen beständig bei Mir, und das vollkommen, nicht aber stets zur Hälfte auch bei der Welt, so werdet ihr gar bald und leicht finden, was ihr suchet, ebenso leicht und bald empfangen, um was ihr bittet, und die Pforten des Lebens werden euch ohne weiteren Verzug aufgetan werden.

2] So aber jemand also beschaffen ist, daß er nur suchet in der „Mauer"[1], die da angestopft ist voll von heidnischen Schnitz- und Pinselwerken, und bittet vor Statuen und betet vor dem gebackenen Brote und klopfet an die Steine, wahrlich, der wird wenig finden, noch weniger empfangen, und die Steine werden sich nicht an sein Klopfen kehren!

3] So aber da jemand sagen möchte: „Herr, ich habe schon eine geraume Zeit gesucht, gebeten und geklopft, und es hat sich dennoch nichts Eigentliches finden lassen, noch habe ich etwas Bestimmtes erhalten, noch hat sich vor mir etwas aufgetan!" — dem sage Ich: Freund, was sprichst du?! — Höre und siehe, Ich will dir gute Bilder zeigen, und diese sollen Mich rechtfertigen bei dir, auf daß du dich nicht grämest über Meinen Verzug!

4] Siehe, es hatte ein Bräutigam eine reiche und überaus schöne Braut. Die Braut aber war überaus klug und sprach bei sich selbst: „Ich weiß, was ich tun will, damit es sich zeige, ob mein

[1] d. h. im Tempel von Stein; d. Hsg.

Bräutigam es völlig ernstlich mit mir meine. Ich werde verreisen und er soll nicht erfahren wohin. So ich aber verreise, da will ich es also anstellen, daß ich es nur tue zum Scheine und verbleibe in Wirklichkeit dennoch in der Nähe des Bräutigams, damit mir nichts entgehe und ich es genau merke, wie sein Herz beschaffen ist."

5] Da aber die Braut verreist, da sagt der Bräutigam bei sich: „Siehe, meine Braut ist verreist und hat mir die Treue meines Herzens heilig anempfohlen und hat mich auch versichert, sie werde in aller Kürze wiederkommen. Allein statt ihr Wort zu halten, schreibt sie nur einen Brief um den andern, ermahnt mich stets zur Treue und will selbst doch nicht kommen. Was soll das? Sie vertröstet mich immer und sagt: »Ich komme, ich komme morgen« — und siehe, sie kommt nicht! — Was kann sie wohl haben, darum sie also stets verzieht?"

6] Die nahe Braut aber, verkleidet als ein Diener beim Bräutigam, spricht zum Bräutigam: „Mein Herr, erlaube dem Diener ein Wort mit dir zu sprechen, denn ich weiß es genau, was deine Braut verziehen macht. Siehe, deine Braut, welche dir näher steht als du es ahnst, erfährt stets und stets, daß du auch mit einer Hure reizenden Fleisches eine Sache hast und teilest dein Herz zwischen der Braut und der Hure. Und solches ist der Grund, warum deine Braut verreist ist und nun also verzieht. Lasse ab von der Hure, und deine Braut wird nimmer verziehen!"

7] Sehet das Bild und betrachtet es genau in euch, und ihr werdet es überleicht erraten, daß hier ihr die Bräutigame und Ich die Braut bin. Die Hure aber ist die Welt!

8] Ich sage euch aber: Die Braut ist verkleidet unter euch und beobachtet alle eure Schritte und Tritte des Herzens und spricht nun auch zu euch allen: „Lasset völlig ab von der Hure, und die Braut wird nicht mehr verziehen für jene, die sich völlig zu ihr gekehret haben!"

9] Also suchet, bittet und klopfet, so wird euch die Braut werden! — Suchet, bittet und klopfet „aber im Geiste und in der Wahrheit, und nicht in der Mauer und im Schnitz- und Bilderwerke und im gebackenen Brote", sondern, wie gesagt, im Geiste und in der Wahrheit in eurem Herzen, so werdet ihr es finden, erhalten, und die Braut wird auftun die Türe zu ihrem Gemache!

10] Dieses sei euch allen beschieden in diesem neuen Jahre! Amen. Das sagt die Braut! Amen.

☆

Die törichte und die kluge Jungfrau

Am 15. Januar 1843, Sonntagnachmittags von 3 bis 5 Uhr.

Schreibe nur, schreibe! Das Bild ist recht, aber die Worte sind noch weltlich und die Anwendung ist schief und somit nicht in allem Gefüge und in jeder Steigerung vom Körperlichen ins Geistige probehältig. Wir wollen aber die Sache also geben, daß sie allen Sphären durchaus entspricht. Und so schreibe das Bild in ein rechtes Gleichnis!

2] Wer da auf Meinen Wegen wandelt, der kommt zum Lichte. Ja, wer auf Meinen Wegen einhergeht, der wandelt schon im Lichte und wandelt schon lebendige Stege. Und Ich bin das Ziel der Wanderschaft auf dem lichten Wege des Lebens.

3] Wer aber wandelt die Wege der Welt und ihrer Klugheit, der wandelt in der Nacht. Die Nacht aber ist der Tod, und der Tod ist das Ziel der Wanderschaft in der Nacht.

4] Wer mit Mir wandelt, der wandelt recht und wird sein Leben erhalten, und wenn er es auch verlöre tausend Male. Wer aber ohne Mich suchet sein Leben im Dickicht der Weltnacht zu erhalten, der wird es verlieren, und so er es auch besäße tausendfach!

5] „Es werden aber zu der Zeit zwei auf dem Felde sein. Der eine wird aufgenommen und der andere im Gerichte belassen werden. Und zwei werden in der Mühle mahlen. Der eine wird aufgenommen und der andere gerichtet werden." — Also kannst du ohne Mich nichts tun zur Erhaltung deines Lebens. Mit Mir aber bist du ein Allgewaltiger gegen den Tod.

6] Sehet dafür ein Gleichnis an! Wer Ohren hat, der höre, und ein offenes Auge wende er nicht von Meinem Munde ab!

7] Es geschah, daß da in einem Flecken zwei leiblich verwandte Jungfrauen lebten. Die eine war reich an Weltschätzen und die andere daran arm. Doch hatten sie Gemeinschaft untereinander und lebten unter einem Dache. Denn die Reiche war unklug, und es war ihr darum die Klugheit der Armen nötig.

8] Solange es friedlich ging im Lande, da ging es wohl an, und sie kamen wohl fort miteinander. Da aber das Land heimgesucht wurde mit Krieg, seines Weltreichtums wegen, da kam auch eine starke Probe über die zwei Jungfrauen.

9] Als sich das Kriegsheer dem Flecken nahte, da übermannte die Reiche eine große Angst, daß sie darob ganz verwirrt wurde. Als sie sich aber ein wenig der ersten Angstbetäubung entsann, da raffte sie sobald alle ihre Kostbarkeiten zusammen und vergaß der goldenen Leuchter und Lampen nicht; aber des Brotes und Oeles gedachte sie nicht. — Damit floh sie in eine Gebirgsschlucht und verkroch sich daselbst in eine finstere Höhle.

10] Die Arme aber dachte bei sich: Was soll ich also eilen?! Meine ganze Habe ist ja nur die meines Lebens. Um dieses zu erhalten, brauche ich aber nichts als Brot und, um mich in einer Höhle des nahen schützenden Gebirges zurechtzufinden, ein Licht. Diese nahm daher eine rechte Menge Brotes und nahm eine gute Lampe mit Oel gefüllt und vergaß nicht eines rechten Feuerzeuges.

11] Da die Arme aber wußte, wohin ihre Freundin floh, so ging sie ihr nach, um ihr auch da mit ihrer Klugheit zu dienen. Als sie aber zur Höhle kam und gar gute Spuren fand, welche ihr ein sicheres Zeichen waren, daß ihre Freundin sich hier verborgen hatte, da rief sie alsobald dieselbe und suchte sie allerorts mit der brennenden Lampe. Allein nichts war mehr von der reichen Freundin zu entdecken!

12] Da dachte sich die Arme wieder: Was will ich denn nun tun? Meine Freundin hat sich vor mir verkrochen. Ich habe Brot und Licht und vorrätiges Oel, also will ich hier verharren, bis zu der Zeit, da das Heer vorüber ist, und dann wieder in meine Wohnung ziehen, will da dann die Nachbarn rufen, und sie werden mir helfen, die Freundin aufzusuchen!

13] Nach etlichen Tagen zog das Kriegsheer ab, und die Arme tat, wie sie es bei sich beschlossen hatte. Und siehe, es kamen die Nachbarn mit Fackeln und durchsuchten die Höhle, fanden auch gar bald die Reiche, aber diese — war tot. Denn sie hatte verhungern und ersticken müssen in der Modernacht der Höhle ihres Bergwinkels.

14] Die Arme aber überkam sonach alle Schätze der Reichen, „wucherte" mit denselben[1] und ward bald die Reichste im Lande!

15] Wer also das Leben der Welt sucht, der wird es verlieren und wird umkommen unter der großen Bürde desselben. Wer es aber gering achtet und suchet vielmehr das Leben der Seele zu erhalten, durch das lebendige Brot und durch das gerechte Licht, der ist ein Kluger und geschickt zum Himmelreiche.

16] Suchet daher vor allem das Reich Gottes und seine Gerechtigkeit; alles andere wird euch dann von selbst hinzukommen! — Wer mag wohl zweien Herren dienen, die untereinander Feinde sind? — Dienet daher einem Herrn in der Liebe und Wahrheit!

[1] d. h. verwendete sie in gottwohlgefälliger Weise; d. Hsg.

17] Wer so auf dem Felde seine Arbeit tut für den rechten Herrn, den wird der Herr auch erkennen und wird ihn aufnehmen. Wer aber dieselbe Arbeit tut auf dem Felde der Liebe und in der Mühle der Wahrheit, jedoch aus Eigennutz, der wird vom Herrn auch sicher nicht aufgenommen werden.

18] Wandelt sonach im Lichte und tut, was des Herrn ist, nämlich Seinen Willen, so werdet ihr nicht ersticken und verhungern in der „Höhle der Selbstsucht". Und der Gewinn, der euch aus dem Tode der Welt wird, wird groß sein, und ihr werdet die Schätze mit keinem Maße bemessen können. Solches verstehet und beachtet es geistig und leiblich! Amen.

☆

Wo bleibt Gott?

Am 16. Januar 1843

Nachstehendes sprach Jakob Lorber heute beim Abschiede von seiner Mutter zu ihr als ein ihm plötzlich in den Sinn gekommenes Gleichnis zu ihrem Troste, da dieselbe sich mancher bitterer Erfahrungen wegen beklagte.

Es war ein Mann, den die vielen traurigen Ereignisse auf dieser Welt glauben machten, Gott kümmere Sich nicht viel um die Menschen und sehe ganz ruhig zu, wie die Schwachen von den Mächtigen unterdrückt und die Armen von den Reichen übervorteilt würden.

2] Da sandte Gott zu diesem Manne, der ein tugendhaftes Leben führte, einen Engel. Dieser sprach zu ihm: „Du sollst die unbegreiflichen Wege Gottes kennenlernen, folge mir!"

3] Da führte der Engel den Mann in einen Palast zu einem sehr reichen Herrn. Diesem schenkte der Engel eine große Geldsumme und viele Edelsteine. — Während dieser Beschenkung meldete sich ein Dürftiger beim Reichen. Diesen Armen tötete der Engel. — Darauf führte dieser den Mann in ein Dorf zu einer fast morschen Hütte, wo eine zahlreiche, überaus arme Familie wohnte. Diese Hütte steckte der Engel in Brand, und die armen Bewohner retteten nichts als ihr Leben.

4] Als der Mann all dieses sah, sprach er zum Engel: „Du bist kein Bote Gottes, sondern ein Bote des Teufels! Du häufst Ungerechtigkeit über Ungerechtigkeit!"

5] Der Engel sprach: „Höre, und du sollst bald anders urteilen! — Siehe, der Reiche, den ich beschenkte, war stolz und geizig. Als ich aber seinen Reichtum so bedeutend erhöhte, fing er an zu prassen und verschwendete alles, daß er endlich ein Bettler wurde und anfing, sich zu demütigen. — Der Bettler, den ich tötete, war auf gutem Wege, er hätte aber noch am selben Tage eine große Erbschaft gemacht, dadurch wäre er hochmütig geworden, hätte ausschweifend gelebt und wäre von Gott gänzlich abgefallen. — Die arme Familie, deren Hütte ich in Brand steckte, wurde zuvor im Dorfe fast gar nicht berücksichtigt. Das Brandunglück aber erregte nahe und ferne großes Mitleid, und die arme Familie wurde von allen Seiten reichlich beschenkt."

☆

Die besten Trostworte der Schrift

Am 2. Februar 1843

O Herr, Du allerbester, gnädigster, liebevollster Vater! Welche Stellen in der Heiligen Schrift bieten einem reuigen Sünder vor Dir den sichersten und größten Trost? O solches möchte ich, als ein großer Sünder vor Dir, wohl erfahren, auf daß ich stets mehr und mehr in der Liebe zu Dir, o heiliger Vater, zunehmen möchte, darum ich stets mehr und mehr erschauete Deine große Güte, Liebe, Gnade und Erbarmung! Wenn es Dein heiliger Wille wäre, da möchtest Du mir armem Sünder ja solches wohl anzeigen!

Dir ist auch am Troste mehr gelegen als an einer Demütigung! Aber es ist die Erde schon also bestellet, daß auf ihrem Boden gar wenig reine Engel fortkommen. Und so bleibt mir freilich nichts andres übrig, als zu trösten da, wo Ich Selbst Mich gedemütigt habe.

2] Siehe, die Schwachen stärke Ich mit sicherem Troste. Die Stärkeren aber demütige Ich, damit sie schwach werden — für Meinen lebendig stärkenden Trost. Denn der Trost ist ja schon eine Gnade des ewigen Lebens aus Mir!

3] Auf daß du und jeder aber die allertröstendsten Stellen aus der Heiligen Schrift wissest, so will Ich sie dir denn kundgeben. Und so höre denn:

4] Im Propheten Jesaia, Kapitel 54, vom 1.—17. Vers, ganz besonders vom 6.—10. Vers, steht namentlich für dich und vom 6.—10. Vers auch für jeden [andern] Sünder der größte Trost.

5] Im Neuen Testamente aber beachte die Stelle, allda Ich gesagt habe: „Kommet alle zu Mir, die ihr mühselig und beladen seid! Ich will euch alle erquicken." — Ich meine, einen größeren Trost kann es für einen reuigen Sünder doch wohl nicht mehr geben. Beachte also diesen und du wirst des Trostes für alle Ewigkeiten in der hinreichendsten Menge haben!

6] Glaube, daß es also ist! Ich bin ein guter Hirte, suche das verlorene Schaf und bereite dem verlorenen Sohne ein großes Gastmahl, daß sich darüber die „Gerechten" ärgern — wenn er nur wieder zu Mir kommt. Und möge er noch so zerlumpt und zerrissen sein, das soll bei Mir keines Unterschiedes sein — wenn er, wie gesagt, nur wieder zurückkehrt!

7] Solches also verstehe, und du mußt ja dadurch einen ewigen Trost haben. Denn bei Mir ist es wahrlich, wahrlich ewig also und wird es ewig bleiben. Amen.

☆

Das Vaterunser
in mehrfacher Ausdeutung

Am 13. Februar 1843, vormittags

Das ist ein guter Gedanke, denn er ist von oben! Also will Ich denn auch ein rechtes Licht hinzufügen. Wenn aber der A. H.-W. Mir mehr zutrauete, so hätte er auch das rechte Licht samt dem Gedanken empfangen.

2] Also magst du ja schreiben und aus Mir geben, was zu nehmen aus Mir der A. H.-W. noch nicht den rechten Traumut besitzt. Und so schreibe denn:

1. Das Vaterunser bezogen auf „Liebe"

3] „Unser Vater." — Da der Vater in Sich Selbst die alleinige, ewig unendliche Liebe ist, welche das Grundleben in sich und somit auch das Leben aller Geschöpfe und vorzugsweise der Menschen ist, so wird „unser Vater" wohl ja auch so viel besagen als: unsere Liebe, oder: unser Leben!

4] „Der Du bist im Himmel!" — Da aber der „Himmel" an und für sich nichts anderes ist als das Leben des Vaters in Sich Selbst, welches ist die werktätige Liebe oder das lebendige Wort Gottes im Menschen, so wird „der Du bist im Himmel" so viel heißen als: der Du, Ewige Liebe, wohnest in Deiner Liebe, aus der alles hervorgegangen ist!

5] „Geheiliget werde Dein Name!" — Was solches besagt, das ist wohl überleicht zu erklären! — Welchen Namen hat denn die Ewige Liebe? — Den alleinigen, ewigen, der da heißet „Vater". Wenn aber die Liebe und der Vater eins sind und „heiligen" nichts anderes besagt als: mit der eigenen Liebe werktätig lieben den Vater, so wird „geheiliget werde Dein Name" nichts anderes heißen als: geliebet werde Du, Vater, als die Ewige Liebe von uns Menschen, Deinen Kindern, werktätig, d. h. lebendig, allzeit und ewig ohne Unterlaß!

6] „Dein Reich komme!" — Was ist das Reich Gottes? — Es ist das, was da ist der „Himmel"! Da aber der „Himmel" besagt das Wesenhafte der Liebe, weil das Werktätige, somit auch das eigentlich Lebendige der Liebe, welches sich in der Tätigkeit ausspricht, so wird ja „Dein Reich komme" ebensoviel besagen als: Vater, oder: Du Ewige Liebe, komme zu uns, oder: werde unsere alleinige Tatkraft oder all unser Leben!

7] „Dein Wille geschehe wie im Himmel so auch auf Erden!" — Was diese fünfte Bitte betrifft, so ist sie ganz eigentlich nur eine Bekräftigung der vierten. Denn was ist der Wille der Liebe? — Er ist eigentlich die werktätige Liebe selbst. „Im Himmel" heißt denn so viel als: in sich selbst wesenhaft, oder: in der eigenen, sich selbst gleichen Werktätigkeits-Sphäre. Demnach wird diese Bitte ja für den Geist auch also lauten können: Vater! oder: Liebe! Deine werktätige Liebe werde in unserem Leben (welches verstanden wird unter der „Erde") oder in unserer Liebe ebenso wesenhaft werktätig, wie Du in Dir Selbst wesenhaft werktätig bist! Denn „in Dir Selbst" besagt ebensoviel als: „im Himmel" oder: in Deiner werktätigen Liebe, oder: in Deinem Leben, oder: in Dir als Vater — was alles schon aus dem Obigen zu ersehen ist.

8] „Unser tägliches Brot gib uns heute!" — Diese Bitte ist wieder nichts anderes als nur noch eine größere Bekräftigung der vorhergehenden. Denn unter „Brot" wird verstanden das Zueigenmachen der werktätigen Liebe. Unter „täglich" das völlige Zueigenmachen. — Sonach kann diese Bitte ja auch heißen: Gib uns, die wir aus Deiner Liebe sind, Deine werktätige Liebe völlig zu eigen, oder: mache unsere Liebe völlig zu der Deinigen, werde völlig unser Vater und mache uns völlig zu Deinen Kindern, oder: laß uns völlig eins sein mit Dir, d. h. sättige uns mit Dir Selbst und laß uns Deine Sättigung sein!

9] „Und vergib uns unsere Schulden!" — Diese Bitte drückt nichts anderes aus als wieder ein lebendigeres Verlangen nach dem

Obigen. Denn sie besagt, daß der Vater die eigene [Selbst-]Liebe des Menschen ganz hinwegräumen solle, die da vorderhand das sonderheitlich jedem Menschen zu eigen gegebene Leben ist — und solle dafür ganz Seine Liebe im Menschen werktätig werden lassen. — Also könnte der Geist auch sagen: Vater, nimm mir die Welt und schaffe in mir den Himmel!

10] „Wie auch wir vergeben unsern Schuldigern." — Dieser Satz bezeigt das werktätige Maß, in welchem die obige Bitte im Menschen erfüllt werden soll — und könnte geistig also heißen: Vater! Laß nur in dem Maße Deine werktätige Liebe uns zu eigen werden, in welchem Maße wir durch Deine Liebe in uns die Welt oder den Tod aus uns hinausschaffen! — oder: Vater! Wiedergebäre uns nach Deiner Liebe, wie diese Deine Liebe in uns mächtiger wird und wir mit ihr uns selbst geräumiger machen zur völligen Aufnahme Deines Reiches, des Himmels oder Deiner werktätigen Liebe oder Deines Lebens!

11] „Und führe uns nicht in Versuchung!" — Auch diese Bitte ist an und für sich wieder nichts anderes als eine noch kräftigere Versicherung des Früheren. Denn das „Führe uns nicht in Versuchung" besagt nichts anderes als: Belasse uns ja nicht in unserer Eigen- oder Weltliebe, oder: laß uns nicht tätig sein ohne Deine werktätige Liebe in uns, oder: ohne den Himmel in uns! Also — halte unsere Liebe nicht außerhalb der alleinigen Deinigen!

12] „Sondern erlöse uns von allem Uebel! Amen." — Und in der letzten Bitte ist nichts anderes als allein der Wunsch, der Wille oder das lebendige Verlangen völlig bejahend über alles das ausgesprochen, um was es sich in der früheren Bitte wie in allen vorhergehenden gehandelt hat, und besagt so viel als: Vater! Mache uns bestimmt völlig frei von uns selbst und werde Du in uns völlig alles in allem, oder: Du alleinige, ewige, werktätige Liebe, mache alle unsere [Eigen-]Liebe zunichte und werde Du allein unsere Liebe, oder: laß uns völlig eins sein mit Dir!

13] Das also ist der wahrhaftige himmlische Sinn des Gebetes des Herrn! — Solches möge wohl beachtet werden! Denn es ist eine gar köstliche Gabe der Liebe aus dem obersten Himmel! — Wohlverstanden?! Amen.

14] Dieser lichtvollen Erklärung des Vaterunsers in Bezug auf „Liebe" folge nun:

2. Das Vaterunser, bezogen auf „Licht"

Am 14. Februar 1843, vormittags

15] Sage hier dem Ans. H.-W., dieser Gedanke ist nicht mehr so gut und so rein wie der erste. Denn es ist schon die Ordnungszahl vergriffen, da unter 2. nicht das „Licht", sondern das „Leben" zu stehen kommt. — So aber jemand dieses Gebet hat aus dem obersten Himmel, nämlich aus der alleinigen Liebe, so hat er es ja ohnehin schon im allerhöchst vollkommenen Maße. Wie mag er es denn dann auch noch in einem unvollkommeneren haben wollen!?

16] Da es aber schon heißt: „Um was immer ihr den Vater in Meinem Namen bitten werdet, das wird Er euch geben" — so muß Ich euch gleichwohl ja auch geben, um was ihr bittet.

17] Und so schreibe denn dies Gebet im Lichte aus dem Lichte, aber schreibe es ohne weitere „Beleuchtung"; denn das Licht bedarf keiner „Beleuchtung":

18] „Unser Licht alles Lichtes! Der Du wohnest in Deinem Lichte, als ein alleiniges Licht alles Lichtes, Dein ewiger Strahlenglanz werde von unserer Nacht und von unserem Tage, von unserer Feste zwischen den Gewässern als der alleinig wahre anerkannt!

19] O Du alleiniges Licht alles Lichtes, erleuchte unser an sich finsteres Erdsein!

20] Deines Strahles Macht wirke auf der Erde, in unserer Feste und in all unsern Gewässern also mächtig und ungeschwächt, wie Du in Dir Selbst ewig wirkest in der endlos vollsten Lichtesstärke!

21] Sättige, o ewiges Licht alles Lichtes, unser Erdreich, unsere Feste und all unser Gewässer mit Deinem allmächtigen Strahlenausflusse, auf daß dasselbe belebt werde mit samenreichem Grase, mit Kraut und Bäumen und das Gewässer mit aller Art Fischen und anderem edlem Getier und die Luft mit allerlei Gevögel!

22] O Licht alles Lichtes, mache zunichte alle Finsternisse und laß auf unserer Feste und über das trockene Land aufgehen Sonne, Mond und Sterne, auf daß wir gewahren die Zeichen des Tages und der Nacht und der Zeiten und der Jahre!

23] Mache also zunichte unserer Erde Nacht und große Finsternis, wie wir diese auf unserer Feste und über unsern Gewässern erkennen mit Hilfe des Lichtes, das Du schon am Anfange gesetzt hast auf unsere Feste, da Du sagtest: »Es werde Licht!«

24] O führe uns recht in der Nacht unserer Erde! Laß Deinen Strahl nicht schwächer werden über der Feste des Himmels in unserer

Sonnenmitte und laß nicht fruchtlos werden unser Erdreich und nicht ohne Samen das Gras und das Kraut und die Bäume! Und trübe unser Gewässer nicht, auf daß nicht alle die Fische und all das edle Getier umkomme und die Luft nicht verderbe und töte all das Gevögel und ersticke all das Getier unserer Erde,

25] sondern, Licht alles Lichtes, mache uns Dir verwandt, auf daß wir leuchten möchten als Dein Licht und seien mit Dir ein Strahlenglanz und werden nicht wieder zu einer Nacht und Finsternis ohne Dich! Amen."

26] Siehe, also lautet das Gebet im „Lichte"! — Wer es aber in der Liebe hat, der hat es im Grunde des Grundes, welcher in sich ewig derselbe bleibt, unverrückt, während das Licht ewig und endlos weite Wege tut, welche niemand je wird völlig zu überwandern imstande sein.

27] Daher haltet euch nur an die Liebe, dann habt ihr alles wie auf einem Punkte beisammen! — Verstehet solches wohl! Amen.

3. Das Vaterunser, bezogen auf „Leben".

Am 15. Februar 1843

28] „Unser Leben alles Lebens, das da lebet ewig in Seinem Leben! Werde von uns Menschen gelebet in der Befolgung Deines Wortes und in aller Demut und Liebe zu Dir!

29] Dein Leben komme zu uns und in uns!

30] Dein Leben sei unser Leben, wie in Dir selbst, also auch in uns, auf daß wir möchten vollkommen sein, wie Du, Leben alles Lebens, in Deinem Leben volltommen bist!

31] Dein Leben gib uns und sättige uns mit der Fülle Deines Lebens für und für!

32] Nimm uns aber zuvor unser Probeleben[1]; also zwar, wie wir desselben ledig zu werden die große Sehnsucht in uns tragen, da es voll ist von aller Selbstsucht und somit voll des Todes.

33] Belaß uns ja nicht fürder in diesem unserem Probeleben, auf daß es uns nicht bringe den Tod,

34] sondern nimm, o Leben alles Lebens, dieses Probeleben von uns und erfülle uns mit Deinem Leben! Amen."

35] Solches alles ist zu ersehen aus den Texten: „Seid vollkommen, wie der Vater im Himmel vollkommen ist!"[2] und: „Wer sein Leben liebt, wird es verlieren, wer aber dasselbe flieht, der wird es erhalten".[3]

[1] d. h. hier: unser selbstisches Eigenleben; d. Hsg. — [2] Matth. 5, 48; [3] Joh. 12, 25.

36] Also ist demnach dieses Gebet ein wahres Gebet des Lebens und werde als solches im Leben wohlbeachtet! Amen.

4. Das Vaterunser, bezogen auf „Kraft“

Am 17. Februar 1843, vormittags

37] Der Ausdruck „Kraft“ ist zu wenig besagend. Denn eine Kraft ist in allem vorhanden nach seiner Art. Das aus der Liebe und dem Leben hervorgehende aber ist nicht nur eine lebendige Kraft, sondern es ist eine produktive oder werkliche Tatkraft, welche ist der Zweck der Liebe und des Lebens aus ihr. Und so kann das Gebet nicht in der lediglichen Kraft, wohl aber in der werktätigen „Tatkraft“ gebetet werden und mag denn also lauten:

38] „O Du ewige Tatkraft der Liebe und alles Lebens, welche ist auch all unser Leben und all unsere Tatkraft, die Du wahrhaft und ewig tätig bist in und aus Deiner unendlichen Wirkungssphäre! Sei auch völlig allewig unsere Tatkraft nach unserer Liebe zu Dir und unserem Leben aus Dir und in Dir!

39] O belebe uns nach Deiner Fülle! Laß uns tatkräftig sein aus Dir in uns, wie Du in Dir es allezeit und ewig bist!

40] Erfülle uns und stärke unsere Schwachheit! Mache zunichte unsere Schwäche also, wie wir selbst unsere eigene Nichtigkeit und völlige Kraftlosigkeit in uns demütig erschauen!

41] O belaß uns ja nicht in unserer Schwachheit, in der wir wie Tote handeln, sondern erfülle uns alle mit Deiner allein wahrhaft lebendigen Tatkraft, damit wir dadurch tätig sein möchten, Dir wohlgefällig allzeit und ewig! Amen.“

42] Solches kann entnommen werden aus den Texten: „Ohne Mich könnet ihr nichts tun“.[1] — „Ich bin der Weinstock, ihr seid die Reben“.[1] — „Es ist nirgends eine Macht denn allein in Gott“, und „du hättest keine Macht über Mich, so sie dir nicht von oben zugelassen wäre“[2] und dergleichen Stellen mehr.

43] Daraus kann aber ja gar wohl ersehen werden, um was es sich in Meinem Gebete ganz besonders handelt. — Solches also verstehet ebenfalls sehr wohl, und das eben auch völlig tatkräftig! Sonst wird euch das heilige Gebet wenig Früchte und somit wenig des „täglichen Brotes“ bringen! — Also beachtet solches wohl allzeit lebendigst! Amen.

[1] Joh. 15, 5; [2] Joh. 19, 11.

5. Das Vaterunser, bezogen auf „Ordnung"

Am 18. Februar 1843, vormittags

44] Sage dem A. H.-W.: Diese „Ordnung" kommt hier sehr unordentlich zu stehen. Denn die Ordnung ist ja das Endresultat der Liebe, des Lebens und deren Folgen! — Ich will ihm aber das Gebet [dennoch auch in dieser Deutung] geben. Er aber möge es ordnen in sich! Und so schreibe denn:

45] „O Du ewige Ordnung, die Du bist in Dir ewig, ewig! Geordnet werde in uns unser Leben, welches Du uns gabst aus Dir, damit wir Dir, o ewige Ordnung, selbst geordnet, völlig nachahmlich getreu zu leben vermöchten!

46] Fließe daher als ein mächtiges Licht in uns ein! Sei uns hier der alleinige Lebensweg, wie Du es bist in Dir Selbst ewig!

47] Werde, o Du ewige Ordnung, als unser Leben völlig tatkräftig in uns! Werde das alleinige Brot zur Sättigung unseres Geistes!

48] Ersticke unsere große Unordnung in uns also, wie wir nach Deiner Erbarmung in uns diese Unordnung erkennen!

49] Laß uns ja nicht ins Dickicht gelangen und da in der Nacht den rechten Ausweg suchen! Laß nicht finster werden die Sonne, nehme dem Monde nicht den Schein und laß nicht vom Himmel fallen die Sterne, auf daß wir nimmer möchten den rechten Weg aus dem Dickicht finden,

50] sondern Du, ewige Ordnung, führe als eine hellste Sonne des Mittags und des Morgens uns aus dem Dickicht unserer eigenen Unordnung, welche ist das große »Uebel«, in Deine heilige Ordnung! Amen."

51] Solches kann entnommen werden aus dem Texte: „Wer Mein Wort hört und tut darnach, der ist es, der Mich liebt, zu dem werde Ich kommen und Mich ihm Selbst offenbaren. — Und es werden dann seinen Lenden Ströme des lebendigen Wassers entfluten".[1]

52] Solches also besagt dies Gebet in der Ordnung, in welcher da ist die Vollendung des Menschen oder die völlige Wiedergeburt des Geistes. Und solches sei also wiederum gar besonders wohl beachtet! Amen.

---

[1] Joh. 14,21; Joh. 7,38.

6. Das Vaterunser, bezogen auf „Freiheit“

Am 20. Februar 1843, vormittags

53] Was die „Freiheit“ an und für sich betrifft, so ist sie ein guter Begriff. Nur ist dieser Begriff gleichbedeutend mit der Zusammenfassung des wahren Liebelebens im Vollbesitze der reinen und tiefen Weisheit, welche alles Leben erst wahrhaft frei macht, wie da der Sohn oder das Wort oder die Wahrheit wahrhaft frei macht den Menschen, der sie lebendig, das ist tätig, in sich aufgenommen hat. — Darnach ist Freiheit, Weisheit, Licht, Wahrheit, der „Sohn“ oder das ewige göttliche „Wort“ ganz eins und dasselbe.

54] Wer demnach im [lebendigen] Worte betet, der betet auch in der wahren lebendigen Freiheit. Und es ist demnach eine weitere Abfassung dieses Gebetes völlig unnötig, indem es gerade also, wie im Buche, ebenfalls im lebendigen Worte steht.

55] Damit es aber der A. H.-W. habe zu seiner Einsicht, so will Ich es ihm geben auch in dem Begriffe! Und so schreibe es denn:

56] „Unsere Freiheit, die Du wohnest in Deiner ewigen Freiheit! Werde von uns Menschen als solche in aller unserer Demut erkannt!

57] Komme ewig und lebendig leuchtend zu uns und in uns! Mache uns völlig frei, also wie Du es bist ewig in Dir Selbst!

58] Sei uns das lebendige tägliche Brot als eine wahre Sättigung des Geistes zum ewigen vollkommenen Leben in Dir!

59] Befreie uns von unserer Knechtschaft, welche da ist unsere Sünde, also wie wir selbst lebendig streben nach Deinem Worte und wie wir als Brüder uns gegenseitig frei machen durch Deine Gnade!

60] Laß uns nimmer in die Gefangenschaft der Lüge, der Nacht und alles Truges geraten, sondern befreie uns alle durch Dein lebendiges, heiliges Wort von allem Uebel! Amen.“

61] Solches kann entnommen werden der ganzen Fülle des Wortes Gottes nach sonderheitlich aus dem Texte: „Die Wahrheit wird euch wahrhaft frei machen“.[1] — Denn solches besagt dieses Gebet in der wahren „Freiheit“.

7. Das Vaterunser, bezogen auf „Wahrheit“.

Am 21. Februar 1843

62] Da die „Wahrheit“ in sich die allereigentlichste Freiheit ist und daher auch alles völlig frei macht, so ist dieses Gebet in der „Wahrheit“ auch ganz vollkommen das, was es ist in der „Freiheit“. Denn wer da betet in der vollen Wahrheit, der betet auch in

[1] Joh. 8, 32.

der vollen Freiheit. Und wer betet in der wahren Freiheit des Geistes, der betet auch in der vollsten Wahrheit und kann demnach sagen:

63] „Unsere ewige Wahrheit, die Du ewig frei wohnest in Dir Selbst! Werde von uns Menschen der Erde als solche in aller Liebe und Demut erkannt!

64] Komm ewig leuchtend zu uns und in uns! Mache uns wahrhaftig frei, also wie Du es bist in Dir Selbst!

65] Sei uns allen als das lebendige tägliche Brot zu einer wahren Sättigung des Geistes zum ewigen, vollkommen freien Leben in Dir Selbst!

66] Befreie uns von unserer Knechtschaft, welche da ist die Nacht und der Tod unserer Sünde, also wie wir lebendig streben nach Deinem Worte und wie wir als Brüder uns gegenseitig frei machen durch Deine Gnade in uns!

67] O laß uns nimmer in die grobe Gefangenschaft der Nacht, der Lüge und alles Truges gelangen, sondern mache uns alle wahrhaft frei durch Dein lebendiges, heiliges Wort allzeit und ewig! Amen."

68] Wer dies Gebet also betet, der betet es im Geiste und in der Wahrheit, d. h. wenn er es zugleich aus und in der lebendigen Liebe betet — sonst aber ist es nur eine leere Lippenwetzerei, die vor Mir nicht den geringsten Wert hat. — Solches alles auch wohl verstanden! Amen.

☆

An eine schwachgläubige Martha

Am 16. Februar 1843, vormittags

Also magst du ja solches der kleinsündigen „Martha" am Tage ihres Leibestaufnamens geben!

2] „Wer Mich sieht, der sieht den, der Mich gesandt hat." Wahrlich, wahrlich, so du aber einen aufnimmst, den Ich sende, dann nimmst du Mich auf. Wer aber Mich aufnimmt, der nimmt den auf, der Mich gesandt hat; denn Ich und der Vater sind vollkommen eins.

3] „Glaube an das Licht, dieweil du es hast, auf daß du ein Kind des Lichtes wirst!" — Wer da Meine Liebe hat und prediget allezeit dieselbe und liebet auch alle seine Brüder und Schwestern, der ist wohl erkennbar als ein gültiger Jünger aus Mir. Denn es heißt ja in der Schrift: „Daran wird euch jedermann erkennen, daß ihr Meine Jünger seid, wenn ihr Liebe untereinander habet."

4] Wenn du, kleine „Martha", aber einen rechten Jünger[1] hast, der da, zufolge Meines Wortes, an der Liebe recht erkennbar ist, wie magst du denn oft in deinem Herzen zweifeln über ihn und seinen Worten nicht glauben? — Ich sage dir aber: So du mehr der Geistlichkeit trauest als einem Jünger von Mir, da bleibe bei deinem Glauben, und Ich werde dich darum ewig nicht richten. Aber also in der Zwieschwebe ist nicht gut sein. Denn zweien Herren läßt sich's schwer dienen.

5] Du bist emsig in der Hauswirtschaft und gehest gerne ins Bethaus. Aber siehe, Ich bin mehr als die Hauswirtschaft und das Bethaus! — Du hängst mehr am Fleische als am Geiste und bist eine „Martha". Aber das Leben wohnet nur im Geiste, nicht im Fleische!

6] Trachte also nach dem, was des Geistes ist, so wirst du das wahre, ewige Leben finden. Und willst du Mich lieben, so liebe Mich mit dem geistigen, aber nicht mit dem fleischlichen Herzen!

7] Du mußt keine Kokette sein und keine Doppelliebe haben, sondern du mußt festen Herzens Mich ganz lieben — aber nicht zur Hälfte hier und zur Hälfte dort.

8] So du aber fragst, wo Ich sei, so sage Ich dir: Wo die wahre Liebe ist, da bin auch Ich und Mein Reich mit Mir! — Aber in der „Mauer"[2] bin Ich so wenig wie im alten Tempel zu Jerusalem, da der Vorhang zerrissen ward.

9] Solches also verstehe wohl und lebe darnach, so wirst du erst völlig erkennen, woher diese Worte sind, ob von Meinem Knechte oder von Mir.

10] Sei fromm im Herzen und gedenke allezeit Meiner! Das ist es, was Ich von dir verlange an diesem Tage wie fortan! Amen.

☆

[1] in dem geistigen Lehrer Jakob Lorber; d. Hsg. — [2] d. h. im Tempel aus Stein; d. Hsg.

Wende dich zu Mir!

Am 21. Februar 1843

So gebe denn solches nach deinem Wunsche dem Töchterchen des Ans. H.-W., deren Name da auf der Welt ist Wilhelmina! Denn um was immer du oder jemand anders in Meinem Namen bittet, das will Ich dir und jedem ja auch allezeit gerne geben. Aber um Dinge der Welt komme mir ja nicht, denn diese sind der Tod. Ich aber, als das ewige Leben, bin am allerwenigsten geeignet und als Vater aufgelegt, Meinen Kindern den Tod zu geben! Und so schreibe denn von Mir ein zartes Handbillettchen an deine Klientin, und dieses laute also:

2] Höre, Mein Töchterchen! Es kann niemand zu Mir kommen, es sei denn, daß ihn ziehe der Vater, von dem Ich ausgehe. Wer aber vom Vater gezogen wird, den werde Ich auferwecken am „jüngsten Tage", d. h. in der jüngsten Zeit oder bald ehestens.

3] Diese „Auferweckung" wird für ihn sein die Wiedergeburt des Geistes. Und dieser „jüngste Tag" wird für ihn bleiben ein ewiger, lebendiger Geburtstag.

4] Solches alles steht schon in den Propheten Jesaias (54,13) und Jeremia (31,3), also lautend: „Und sie werden alle von Gott gelehrt sein!" — Wer es nun höret und lernet vom Vater, der kommt zu Mir — d. h.: Wer sich selbst verleugnet, nicht seine Augen der Welt zuwendet und sein Herz an eitle Dinge hänget, sondern die wahre Liebe zum Vater in sich lebendigst erwecket, den ziehet der Vater und lehret im verborgenen seinen Geist. Wer aber dann in solcher Liebe und Lehre getreu verbleibet, zu dem werde Ich als das lebendige Wort Selbst gar ehestens kommen und werde ihn völlig erwecken.

5] Siehe, Mein Töchterchen, der Vater ist schon gar lange mit dir beschäftigt und ziehet und lehret dich fortwährend; aber du magst noch nicht eine völlige Treue zu Ihm fassen in deinem Herzen und spielest noch zwischen Ihm und der Welt.

6] Ich sage dir aber, als eben dieser Vater: „Lasse die Welt und wende dich allein völlig zu Mir! Und liebe Mich, da Ich dich doch gar so zärtlichst liebe. Und dein jüngster Geburtstag deines Geistes wird bald leichtlich zu deinem ewig lebendig-neuen Geburtstage werden!"

7] Solches gebe Ich, dein lieber Vater, dir, Mein Töchterchen, als ein lebendiges Erinnerungszeichen Meiner großen Liebe zu dir an deinem Leibesgeburtstage. Beachte es und werde Mir Mein liebes Töchterchen, wie Ich dir allzeit und ewig bin ein liebevollster Vater! — Das ist Mein Liebewille an dich ewig. Amen.

☆

Des Herrn „Daheim"

Am 22. Februar 1843, vormittags

Zu Markus 9. Kapitel, 27. bis 29. Vers.

Sage zuvor Meiner Tochter, bevor Ich dir den Sinn dieser Texte kundtun werde, daß Mir solche Gedanken von ihr und solche Wünsche ihres Herzens ums unvergleichbare besser gefallen als alle sonstigen, welche mehr Weltliches im Schilde führen. Wenn sie so fortfährt, da könnte sie wohl gar ehestens ein Zärtling Meiner Liebe werden! — Solche Versicherung sei ihr ein sicheres Zeichen Meines Wohlgefallens über ihr Begehren und zugleich ein Zeichen, daß Ich Mich näher zu ihr gemacht habe! — Und nun folge die Bedeutung der Texte!

2] Dahin der Finger der Zeigerin fiel, wurden drei Texte berührt, nämlich der 27., 28. und 29. Vers des Markus-Evangeliums.[1] Daher wollen nun auch wir diese drei Texte berühren und in der bewußten Absicht ihren Sinn dartun. Und so höre denn!

3] „Und da Er heimkam, fragten Ihn Seine Jünger: »Warum konnten denn **wir** ihn nicht austreiben?« — Und Er sprach: »Diese Art kann mit nichts ausfahren denn durch Beten und Fasten.« — Und sie gingen von dannen hinweg und wandelten durch Galiäa. Und Er wollte nicht, daß es jemand wissen sollte."

4] „**Da Er heimkam**". — Wo ist Er denn **daheim**? — Allenthalben, wo Seine Jünger sind! Denn wozu man Liebe hat und wo man zugleich Liebe findet, da ist man daheim. — Also bin Ich auch **bei euch** daheim — da Ich euch liebe und ihr Mich liebet! — Und wenn ihr dahin ziehen werdet, wo **mehr** der reineren Liebe zu Hause ist denn hier und Ich im allgemeinen also auch „mehr daheim" bin denn hier[2] — da werdet auch ihr desto mehr daheim sein denn hier!

---

[1] Nach Luthers Uebersetzung der 28., 29. u. 30. Vers. — [2] Gemeint ist wohl die **himmlische** Welt oder auch allgemein ein Zustand **höherer Geistesvollendung** der Seelen; d. Hsg.

5] „Und die Jünger fragten Ihn". — Auch ihr werdet Mich da leichter und sorgloser fragen können als hier. Denn wo man „mehr daheim" ist, da kann man sich auch ungehinderter besprechen. Und ihr werdet gleich den Jüngern fragen: „Warum konnten wir ihn[1] nicht austreiben?" — oder: „Warum verstanden wir Dich früheren Orts nicht also wie hier, und warum warst du dort nicht so freimütig und kräftig wie hier?"

6] Und Ich sage euch und werde euch sagen: Fürs erste bin Ich hier mehr daheim als früheren Orts. Und fürs zweite hättet ihr für solche Gaben früheren Orts viel beten und fasten müssen, auf daß euch der Feind nicht in die Karte geschaut hätte. Denn wo Ich weniger daheim bin, da ist es der Feind desto mehr! Wo Ich aber mehr daheim bin, da ist es der Feind desto weniger, und es braucht da nicht so viel des Betens und des Fastens oder nicht so viel stetigen Wachens, um die höheren Gaben vor dem Geifer der Schlangenbrut zu verwahren.

7] Von da wird es dann auch leicht sein, „durch Galiläa zu wandeln", und es wird „niemand etwas davon erfahren". Denn wahrlich, es ist nicht Mein Wille, daß jemand unberufenermaßen vor der Zeit etwas davon erfahre! — „Galiläa" aber bezeichnet die Freiheit. Und „durch Galiläa wandeln" heißt: einen freien Fuß haben.

8] Ich meine aber, daß es kaum nötig sein wird, euch die Sache noch deutscher zu sagen; denn ihr könnet es ja gleich Meiner lieben Textzeigerin nun mit den Händen greifen, wo es mit der Sache hinaus will!

9] Daher beachtet solches wohl! Denn wie Ich die Hand Meiner Tochter auf den rechten Fleck im Buche hingeführt habe, also werde Ich auch euch, dieser Anzeige zufolge, auf den rechten Fleck führen, wo Ich „mehr daheim" bin denn hier. — Verstehet solches wohl! Denn Ich, euer Vater, gebe euch ja solches kund in dieser Stund. Amen.

☆

[1] den Geist der Finsternis; d. Hsg.

Vulgata oder Lutherbibel?

Am 23. Februar 1843, vormittags

Bitte: „O Herr, möchtest Du mir armem Sünder denn nicht kundtun, ob die Luthersche Bibel richtiger ist als die Vulgata? — Denn siehe, wie ich entdeckt habe, so gehen die Zahlen der Verse und noch so manches andere nicht zusammen. Darum möchte ich ganz bestimmt wissen, welches Buch da wohl das richtigere ist? — O du liebevollster Vater, gebe mir doch solches kund, so es Dein heiliger Wille ist!"

Also schreibe denn! Ich sage dir und euch allen: Weder die Vulgata[1] noch die Lutherische Uebersetzung ist [vollkommen] richtig und ist die eine wie die andere voll Fehlern. Ja, Ich möchte dir sagen: Die „Zerstörung Jerusalems" ist in der einen wie in der andern anzutreffen. Selbst die griechische ist voll Unordnung und Irrtümern. Darum denn auch in allen den Sekten kein wahrer Glaube und keine rechte Liebe mehr anzutreffen ist, weil allenthalben der Grund verstöret ist!

2] Diese Verstörung des Grundes aber rührt aus derselben grund-eitlen Herrschquelle, aus welcher die ganz entsetzliche Kirchenversammlung zu Nizäa[2] geflossen ist! — Wie gestaltig aber war wohl diese schmähliche Quelle?

3] Siehe, als Mein Wort durch die Apostel und Jünger schon gar vielseitig ausgebreitet war, da gab es denn auch bald eine Menge Evangelisten, welche das niedergeschrieben haben, was sie entweder aus dem Munde der Apostel oder Jünger selbst vernommen haben oder was ihnen von Augen- und Ohrenzeugen wiedererzählt worden ist. Solche [Ur-]Aufzeichnungen, entweder in griechischer oder jüdischer Sprache, wären alle anzunehmen, denn da wirkte der Heilige Geist und war alles richtig.

4] Aber weil derlei Aufzeichnungen bald einen guten Handelsartikel zu bilden anfingen, so erstanden bald in allen Winkeln falsche Evangelisten, schrieben Evangelien zu Tausenden, ohne daß sie von der eigentlichen Lehre mehr wußten als jetzt die Chinesen, und behaupteten aber doch, solches aus dem Munde der wundertätigen Apostel selbst vernommen zu haben, und gaben sogar eidlich vor, daß sie dazu von den Aposteln selbst aufgefordert worden seien.

5] Ein gewisser, vorher rechtschaffener Mann, namens Arius, war gar ein berüchtigter solcher falscher Prophet und Evangelist.

[1] Lateinische Uebersetzung der Bibel; d. Hsg. — [2] vom Jahre 325 n. Chr.

Dieser behauptete am Ende sogar, daß er vom Geiste Gottes dazu aufgefordert worden sei, den Menschen klärlichst darzutun, daß Christus kein Gott, sondern nur ein ganz gewöhnlicher Prophet war und er [Arius selbst] es nun auch sei, so gut wie Christus!

6] Solche Lehre hatte damals besonders unter den Erzjuden und auch gar vielen Heiden ein großes und sogar vielfach willkommenes Aufsehen erregt. Und Arius befand sich dabei sehr wohl, und das eine geraume Zeit hindurch. Diese Lehre machte große Fortschritte und bedrohte bald die anderen, alten christlichen Gemeinden.

7] Die Bischöfe fingen daher an, sich untereinander zu beraten, wie dieser Sache abzuhelfen sei? Aber Mich besahen sie nicht und ließen Mich aus der Beratung.

8] Sie ließen alle Evangelien sammeln und prüften sie mit ihrem Verstande. Dieser aber konnte ihnen nicht zeigen, welches da das rechte wäre. Sie entschlossen sich daher zu einer allgemeinen Versammlung, in welcher der Heilige Geist offenbar zugegen sein würde, ja sein müßte!

9] Allein der Heilige Geist kam nicht, und so stritt die Versammlung statt um die Wahrheit des Evangeliums nur um das bischöfliche Primat[1], demzufolge denn auch der Patriarch von Konstantinopel und der Bischof von Rom einander in die Haare gerieten, welche Haarreißerei das bisher dauernde Schisma[2] zur Folge hatte.

10] Da nahm denn der Bischof von Rom[3] alle die gesammelten Schriften und ließ daraus die Vulgata zusammenschreiben[4] und authentisierte dieselbe. Seine Nachfolger taten noch eine Zeitlang dasselbe und feilten mit Hilfe der sogenannten Kirchenväter über einhundertsiebzig Jahre lang daran.

11] Desgleichen tat auch der Patriarch von Konstantinopel. Da aber der Patriarch seine griechische wegen der vorgeblichen Ursprache für die authentischere ausposaunte, so ward auch die Vulgata allerschnellst geheim ins Griechische [rück-]übertragen und wurde häufig unter die Griechen verteilt. Solchen Unfug erlaubten sich aber auch die Griechen. Darum ward denn für Rom wieder die lateinische geltend und für die Griechen die griechische.

---

[1] Der arianische Streit wurde durch die Verdammung des Arius und Aufstellung der Dreifaltigkeitslehre (Trinitätslehre) entschieden; d. Hsg.
[2] Kirchenspaltung; [3] Hieronymus, 383 n. Chr.; [4] d. h. ins Lateinische übersetzen; d. Hsg.

12] Da der Arius aber noch sein Wesen in seinen Schülern forttrieb, trotz der vielfachen Verdammung sowohl von Seite Roms wie auch von Seite Konstantinopels, so fing man gar bald an, mit Schwertern in den Arianismus zu schlagen und verbrannte womöglich alle alten Urkunden, so sie nicht entweder mit der Vulgata oder mit der griechischen Bibel übereinstimmten.

13] Nun siehe, Luther hatte sonach zu seiner Zeit nichts als diese zwei Bücher, nämlich die von ihm verdächtigte Vulgata und die griechische Bibel, welche freilich wohl in mehreren asiatischen Sprachen zu haben war, dennoch aber stets dieselbe blieb.

14] Wenn du nun solches weißt, so wirst du gar leicht einsehen, daß weder die eine noch die andere völlig richtig ist. Die Lutherische jedoch ist der Vulgata in manchem vorzuziehen. Daher rühren denn auch bei Luther die versetzten Textzahlen her, da er dadurch das Abweichende der Vulgata und der griechischen Bibel andeuten wollte.

15] Jedoch ist in der Form dieser Bücher die Hauptsache aufbewahrt und für den Geist völlig rein. Denn der innere Sinn blieb völlig rein unter was immer für einer Form. Und das aber ist ja auch die Hauptsache.

16] Daher kannst du dich an eine oder die andere halten, und du kannst nicht irren und kannst darum auch ganz ruhig sein. Denn auf den Buchstaben kommt es nicht an, sondern auf den Geist; dieser ist es ja, der da lebendig macht!

17] Verstehe demnach solches wohl und sei völlig ruhig! Amen.

☆

Lieberuf des Vaters

Am 11. März 1843, vormittags

Also gebe denn dies Wörtlein dem Töchterchen Pauline des Ans. H.-W.:

2] O Kindchen! Es winkt dir in geistiger Fülle ein göttliches Leben aus Mir, deinem ewigen, heiligen, liebevollsten Vater! Betrachte die herrlichen Morgenstrahlen der ewigen himmlischen Sonne in dir, und du wirst es mit heiterstem Sinne im Herzen voll himmlicher Lust ja leichtlich gewahren, daß Ich dir gar nahegekommen sein muß, da du solches schon ahnst und empfindest in dir!

3] Dieses gebe Ich dir zur Erinnerung, daß du möchtest erkennen, wie gut Ich, dein himmlischer Vater, stets bin und gar treulich halte, was Ich dir schon einmal versprochen habe. O nimm dieses Wörtlein gar heil'ger Erinnerung in dein Mich stets mehr liebendes Herz, du Kindchen, nur auf — und du hast mit dem Wörtchen auch Mich aufgenommen!

4] Ich werde dich sänftiglichst ziehen und führen zum ewigen Leben durch die stets mehr wachsende Liebe zu Mir, deinem liebevollsten, heiligen Vater. Und bald wirst du in deinem lebendigen Geiste erleben einen viel schöneren Geburtstag als dieser da ist deines Leibes.

5] Nur liebe, liebe Mich, deinen gar überaus guten und heiligen und liebevollsten Vater, der ewig dich liebet und trägt auf Seinen allmächtigen, heiligen Händen! — O liebe Mich, liebe, Mein Töchterchen! — Ich segne dich allezeit! Amen.

☆

Vom Feiertag heiligen

Am 14. März 1843, vormittags

O Herr! Du allerliebevollster, allerbester, heiliger Vater! Siehe, es ist wieder ein Jahr verronnen und somit das dritte, da ich und all die wenigen anderen, Deine Freunde, uns erfreut haben und uns noch stets erfreuen Deiner endlosen Gnade und Erbarmung, der wir alle völlig unwürdig sind und ich schon ganz sicher am allermeisten unter allen.

Wie Du, o heiliger Vater, es sicher weißt, so möchten wir heute wieder einen Jahrestag in Deinem Namen feiern und bitten Dich darum, o heiliger Vater, daß Du diese unsere Jahresfreude, so wie es von Deiner Seite bisher der Fall war, auch heute mit Deiner liebevollsten, heiligsten Gegenwart im Worte wie in unserem Herzen beseligen möchtest.

O heiligster, gnädigster, allerbarmender, liebevollster Vater Jesus, erhöre diese meine, freilich Deiner wohl höchst unwürdige Bitte, so es Dein Wille ist! Doch wie allezeit, so geschehe auch jetzt Dein allein heiliger Wille! Amen.

So schreibe denn! — Was meinest du, welcher Tag wohl einer der vorzüglichsten ist, also zwar, daß er sich darob zu einem Erinnerungstage am besten schicken möchte, an dem man sich erinnern dürfte, wie Meine Gnade zu euch kam?

2] Du meinest, daß der erste Tag solcher heiligen Darniederkunft wohl der beste sei, indem man sich an demselben gewisserart aller anderen auch erinnern möge, an denen der heilige Gnadenstrom, bis jetzt unversiegbar und ununterbrochen, in eure Herzen geflossen ist.

3] Du hast einesteils recht, und es ist also die gewöhnliche Ordnung der Dinge auf der Erde, aus welcher hervorgegangen sind alle die wenig nützenden Feiertage aller Art, die da an und für sich nichts sind als, fürs erste, lauter Tage der Erinnerung an besondere Erscheinungen aus der Zeit Meines leiblichen Seins auf der Erde, oder, im viel schlimmeren Falle, an tausend verschiedene andere Heilige, von denen einige gar nie existiert haben, einige andere aber bis jetzt noch nicht für den Himmel geheiligt worden sind.

4] Fürs zweite aber sind diese Gedächtnistage wahre Faulenz- und Freßtage, an welchen zwar nichts Knechtisches gearbeitet, dafür aber desto mehr gesündigt wird.

5] Und endlich fürs dritte sind solche Gedächtnistage bei so manchem nichts als Langeweiltage. Haben die Menschen allenfalls in ein Bethaus hineingeschmeckt, dann gehen sie nach Hause und wissen sich dann auch, besonders nach dem Essen, vor lauter Langweile nicht zu helfen, ganz besonders noch dann, wenn es nachmittags regnet und dazu noch etwa jemandes Börse für so eine recht massive Nachmittags-Promenade nicht recht probehaltig ist; gleicherweise auch bei manchen Dirnen und Mädchen, wenn sie durch ein Ungewitter verhindert werden, mit ihren Buhlknechten an den verabredeten Orten aus lauter frommer und erbaulicher Erinnerung der Bedeutung des Feiertages zusammenzukommen.

6] O es wird Mir oft an derlei „Feiertagen" so gedient, daß ihr euch keinen Begriff davon machen könnet! Fürwahr, alle diese Feiertage sind oft volle Arbeitstage des Satans. Ihm wird da ein gutes Opfer gebracht, also, daß er sich's ja gar nicht besser wünschen kann. Denn es wird gefressen, gesoffen, gefaulenzt, Ehre abgeschnitten, sich hoffärtig gekleidet, gelustwandelt in sehr vielfachem Sinne, gespielt, geunzüchtigt mit den Augen, mehr als an einem Werktage, wirklich gehurt, auch geflucht und getanzt. Saget Mir, ob an einem Feiertage mehr für die Hölle gearbeitet werden könnte, als es ohnehin gearbeitet und dem Satan bestmöglich gedient wird.

7] Wenn Ich euch denn nun sage, daß Ich um der Bosheit der Menschen willen ein abgesagter Feind von solchen „Feiertagen" bin, so meine Ich, daß ihr dieses ganz natürlich finden werdet. Oder möchtet ihr wohl den Tagen Freunde sein, die euch erinnern und sagen möchten: „An diesem Tag sind wir alle oder diese und jene Kinder, Brüder und Freunde von den Räubern und Mördern auf das grausamste gemordet worden!"?

8] Also wende Ich samt allen Meinen Engeln an allen solchen Sonn- und anderen Feiertagen, welche da wahre Hinrichtungstage Meiner Kinder sind, Mein Angesicht völlig von der Erde hinweg und will nicht anschauen die Greuelszenen, die da an und von der Menschheit vorzugsweise begangen werden.

9] Wollet daher auch ihr keinen allfälligen Feiertag mit eurer Jahreserinnerungsfeier unter euch gründen — sondern es sei euch ein jeder Tag ein Ruhetag in Meiner Gnade, Liebe und Erbarmung! Ja ein jeder Tag sei euch ein Festtag, da Ich ja an jedem Tage des Jahres euch stets gleich Meine Gnade, Liebe und Erbarmung erwies.

10] Da ihr aber heute schon bessermaßen euch in Meinem Namen versammelt habt, so denket vorzugsweise dabei an Mich! Kehret eure Herzen zu Mir, und Ich werde dann nicht ermangeln, unter euch Mich einzufinden. Aber nur machet daraus keine Gewohnheit und haltet diesen Tag nicht für besser als einen andern! Dann werde Ich mit Wohlgefallen auf euch schauen und allezeit unter euch sein, wann immer ihr euch versammeln werdet in Meinem Namen.

11] Ihr wisset ja alle, wie wenig Ich bei Meinem menschlichen Sein auf der Erde auf den alten Sabbat gehalten habe. Und Ich habe darum auch keinen Feiertag eingesetzt, da Ich wohl sah, welche Früchte mit der Zeit die Feiertage tragen würden. Aber die spätere Habsucht der Priester hat dann dennoch zufolge ihres argen freien Willens, schnurgerade Meinem Willen entgegen, eine Menge solcher Feiertage eingeführt, welche nur für sie Gewinntage waren und noch sind. Für Mich aber und für die Menschen sind sie die größten Verlusttage. Darum denn auch auf allen schon gar lange statt Meines Segens nur Mein herbster Fluch ruhet.

12] So denn aber jemand von euch rein gewohnheitsmäßig an Feiertagen in den Gottesdienst zieht, dem sage Ich, daß er in den Dienst der Hölle zieht. Wer in ein Bethaus gehet, der bedenke, warum er dahin geht, will er nicht in die Ehrenlegion des Satans aufgenommen werden; denn ein Bethaus ist jetzt ein wahres Fanghaus des Satans geworden.

13] Ihr sollet also gar keinen „Feiertag" haben, sondern ein jeder Tag sei euch allen ein wahrer Sabbat in werktätiger Liebe zu Mir! Und Ich werde euch dann auch an jedem Tage fortwährend segnen — nicht aber nur etwa alle acht Tage durch die metallene Monstranz in der Hand eines oft habsüchtigen, hochtrabenden, arbeitsscheuen, gleisnerischen, fluchenden, verdammenden, richtenden, finsteren, nicht selten aller Liebe und Barmherzigkeit ledigen Priesters!

14] Solches also gebe Ich, euer allerliebevollster Vater, euch allen heute zu guter Beachtung und offenbare es damit euch allen, auf daß ihr alle klar erschauen sollet, welch eine Bewandtnis es nun mit den hochgepriesenen Feier-, Gedächtnis-, Erinnerungs- wie auch Sonntagen hat, und das im Geiste und der Wahrheit bei Mir, dem alleinigen Herrn über Leben und Tod.

15] Ihr aber, liebet Mich, da Ich euch so sehr liebe! Wann Mich aber jemand von euch flammend in seinem Herzen lieben wird, dann wird er auch in sich den wahren, lebendigen Sabbat halten und wird den vorbildenden Sabbath der Juden in sich zum allgemeinen, stets mit Meinem Segen erfüllten machen.

16] Solchen Sabbat sollet ihr allezeit in euch lebendig heiligen und also in euch den Erinnerungstag festsetzen. Dann werdet ihr diejenigen wahrhaftigen Anbeter Gottes sein, welche überall und allezeit Gott im Geiste und in der Wahrheit anbeten und an jedem Tage Mir ein herrliches Fest in ihrem Herzen bereiten.

17] Solches sei euch an diesem Erinnerungstage eine gute Gegenerinnerung! Beachtet sie, und Ich werde segnend in eurer Mitte sein. Amen.

☆

Eine rechte Predigt

Am 16. März 1843

O Herr, Du mein allerliebevollster, wahrer, heiliger Vater, erhöre mich wieder! Denn siehe, ich ganz für mich habe einen kleinen Anstand, weiß mir da nicht zu raten und nicht zu entziffern, was solches besagen soll?

Auf diese Bitte erging in etwas heftigem Tone die Antwort:

Gut, gut! — Was schreibst du denn aufs Papier, was du möchtest, als wüßte Ich es nicht anders, als bis du es aufs Papier gebracht hast!? — Ich sehe ja in dein Herz! Weißt du denn solches nicht?! — Also schreibe denn:

2] Was da betrifft das dir bewußte Predigerweib, da sage Ich dir, kümmere dich dessen nicht, indem du an Mir einen ganz anderen Prediger hast, der dir jetzt schon tagtäglich bei drei Jahre lang die innersten, großen Geheimnisse des Lebens predigt und dir noch länger, ja bis zu deinem Erdenlebensende stets heller und heller vorpredigen und dir dann geben will den Lohn der Knechte, so du in der Liebe zu Mir, dem wahren Prediger, und zu deinen Brüdern wachsen wirst also, wie Ich freiwillig in dir wachse in der Fülle Meines lebendigen Wortes, welches ist Meine Liebe, Erbarmung und Gnade in dir wie in jedem, der dieses hören und darnach leben wird.

3] So Ich aber nun in dieser bedeutungsvollen Zeit hier und da anfange, Meiner dir gemachten Verheißung zufolge die toten Menschen aus den Gräbern zu rufen und zu erwecken, so sei dir solches ein gutes Zeichen. Doch das beste sei dir dein eigenes [Gnadenlicht].

4] Denn wo Ich große Buße verkünden lasse, da stehe Ich als Richter vor der Türe. Wo Ich aber die Liebe predige, da stehet der Vater vor der Türe!

5] Daher kümmere dich um nichts als nur um Mich, und du kannst versichert sein, daß du ewig nicht wirst zuschanden werden vor jemandem, der vollernstlich wandelt auf Meinen Wegen.

6] Wer sich aber über dich ärgern wird, der wird sich auch ärgern über Mich. Lassen wir sie aber sich ärgern, die sich ärgern wollen! Am Ende wird sich dann ja wohl zeigen, was jeder durch sein Aergern wird erreicht haben.

7] Sei versichert, wer da immer etwas anderes sucht und erreichen will als allein, daß er Mich, den alleinigen Herrn, Gott und Vater, über alles liebe in seinem Herzen und seinen Nächsten ums Siebenfache mehr denn sich selbst — der soll entweder leer ausfahren, oder Ich will ihm gleichwohl die Geisterwelt eröffnen, damit so ein törichter Sucher dann von den Geistern verdummet und in zahllosem Falschen gefangen und begründet werden soll!

8] Wahrlich, wer Mich liebt eines andern Zweckes willen und nicht im Grunde des Grundes völlig Meiner Selbst willen, der ist Meiner Gnade nicht wert.

9] Wer da aber noch seine Brüder mustert und möchte weiser und besser sein als sie — und wer sich noch dünket wie ein Herr und kann noch nicht für seine Feinde beten und nicht segnen die, so ihm fluchen, wahrlich, der steht noch ferne von Meinem Gnadenleuchter!

10] Wenn aber ein reicher und ansehnlicher Bräutigam wüßte, daß eine ihm Liebe zuheuchelnde Braut ihn nur seines Reichtums und Ansehens wegen liebe, fürwahr, er würde zu solch einer Braut sagen: „Hebe dich von mir! Denn du hast Mein Herz noch nie erkannt, sondern nur Meine Schätze fesselten dich heuchlerisch an mich! Ich aber will dir geben nach deiner Liebe, was da tot ist in meiner Schatzkammer ohne mich. Mich jedoch sollst du ewig nimmer zu Gesichte bekommen! Und wann du den Tod verzehren wirst, dann soll Meine Schatzkammer für allezeit vor dir verschlossen werden!"

11] Ich aber bin ein gar allwissender Bräutigam! — Daher sehe Ich es auch genau, wie jemandens Herz bestellet ist! Und Ich sage daher: Wer zu Mir kommen will Meiner Selbst willen, der komme, und er wird sogleich die ewige Aufnahme finden. Aber ein jeder prüfe sein Herz genau! Denn solange nur noch ein Fünklein fremder Liebe darinnen hauset, werde Ich nicht einziehen und Mich völlig finden lassen!

12] Ein jeder Liebhaber aber, so er ein echter Liebhaber ist, ist sicher eifersüchtig, und das oft einer Kleinigkeit wegen, weil er ein rechter Liebhaber ist. Denn die Liebe will rein sein und rein haben. — Ich aber bin doch von Ewigkeiten her der größte und allerreinste Liebhaber! Daher bin Ich auch überaus eifersüchtig. Und es soll Mich niemand wesenhaft haben, als allein der nur, der Mich allein über alles liebt!

13] Siehe, das ist ein echtes Wort, eine echte Predigt! — Bei dieser bleibe du und kümmere dich nicht einer andern, so wirst du daran für ewig genug haben. Denn Meines Mundes Wort wird doch wohl besser sein als das einer verzückten Schwärmerin! — Daher lasse sie [jenes Predigerweib]! Denn Ich weiß, was Ich tue durch derlei Personen!

14] Was aber noch deine vier geträumten Schlangen betrifft, von denen dich am Ende die größte in die Oberfläche der Hand biß, so hat solches bloß nur eine Beziehung auf die heutige Rede des Drachen im Hauptwerke [1] und besagt, daß dich diese Rede anfangs etwas verletzen wird. Aber du wirst dann gar bald erwachen aus solcher Verletzung.

15] Siehe, das ist alles, was du heute wolltest! — Beachte es, liebe Mich und sei ruhig! Amen.

☆

[1] „Die Haushaltung Gottes", von Lorber in dieser Zeit niedergeschrieben.

Priesterliche Sündenvergebung

Am 28. März 1843 vormittags

Du möchtest wohl der ältesten Tochter Marie des A. H.-W. zum leiblichen Namens- und Geburtstage von Mir etwas geben? — Ja, Ich möchte ihr ja auch etwas geben, so sie nur ernstlich etwas möchte. Aber sie hat eben nicht das größte Zutrauen zu uns, sondern hängt noch am stärksten an der „Mauer Roms". Daher ist es auch etwas schwer, ihr etwas Rechtes zu geben, also, daß sie daran ein lebendiges Wohlgefallen fände.

2] Damit sie aber sehen möge, was da an der „Mauer Roms" liegt, so will Ich sie auf den mächtigsten Stützpunkt, worauf Rom fußt, bedeutlich aufmerksam machen. Es ist der 18. Vers des 18. Kapitels aus Matthäus und gleichlautend und -bedeutend auch der 23. Vers im 20. Kapitel aus Johannes.

3] Daß aber dieser Stützpunkt ein ganz fälschlicher ist, steht ja doch gar deutlich im ganzen 18. Kapitel des Matthäus und besonders vom 14. bis zum 35. Vers, und noch deutlicher im Vaterunser. Denn da [im Vaterunser] heißt es doch: „Vergib uns unsere Schuld, also wie wir unseren Schuldigern vergeben" — und stehet nicht: „Vergib uns unsere Schuld, wie uns dieselbe die Priester vergeben!"

4] Also besagt auch der römische Stützpunkt, der 18. Vers im 18. Kapitel des Matthäus, keineswegs die Sünden vergebende Macht von Seite eines Priesters, sondern die gegenseitige menschliche und brüderliche Liebepflicht, daß einer dem andern alle Schuld vergeben solle.

5] So die Menschen sich gegenseitig alles vergeben, dann wird ihnen auch von Mir alles vergeben. So sie sich aber gegenseitig ihre Schulden unter sich vorenthalten, da werde denn Ich sie ihnen auch vorenthalten!

6] Das ist die rechte Bedeutung dieser lang überaus stark verkannten und ebenso stark gemißbrauchten Stelle, und es gibt für Mich keine andere gültige! — Wer nach dieser Bedeutung leben wird, der wird zu Mir kommen; wer aber nicht, der wird draußen bleiben, und wenn er mit tausend priesterlichen Sündenvergebungen versehen wäre.

7] Solches solle denn auch die M. H. bedenken, so wird sie bald einsehen, daß Ich auch ohne Skapuliere und Brevets Sünden vergeben kann. Amen.

☆

Wie die Liebe, so der Lohn

Am 7. April 1843, vormittags

Schreibe für jedermann ein gutes Wörtlein! Wer es beachten wird, der wird einen „guten Teil" erhalten, der von ihm nicht wird genommen werden! — Das Wörtlein, Lukas 10, 40—42, aber lautet also:

2] „Martha aber machte sich viel zu schaffen, um Mir zu dienen, darum sie denn auch zu Mir trat und sprach: »Herr, fragst denn Du nicht darnach, daß mich meine Schwester läßt allein dienen? Sage ihr doch, daß sie auch etwas angreife!« — Ich aber antwortete und sprach zu ihr:

3] »Martha, Martha, du hast viel Sorge und Mühe! Eines aber nur ist nötig! Maria hat sich den guten Teil erwählet, der soll nicht von ihr genommen werden!«"

4] Wenn aber Ich solches hinsichtlich der Maria, die sich den „guten Teil" erwählet hatte, zur Martha sagte, die doch Mir diente — was soll Ich dann denen sagen, bei denen von einer „Maria" nicht nur keine allerleiseste Spur ist, sondern die auch mit der „Martha" nicht im geringsten zu vergleichen sind, indem sie nicht Mir, sondern nur der Welt dienen, und das fleißig den ganzen Tag hindurch, und sich vor lauter Weltgedanken und Weltgeplapper nicht einmal soviel Zeit nehmen, daß sie sich im Tage nur eine halbe Stunde, zusammengenommen, mit Mir unterhalten möchten; und wenn sie schon an Mich denken, so denken sie aber doch nur wie an einen vor zehn oder zwanzig Jahren vergangenen Winter.

5] Was also soll Ich zu solchen sagen, denen ein Strumpf im Tage hindurch bei weitem mehr zu denken, zu reden und zu handeln gibt als Meine Vaterliebe zusammengenommen in einem Monate, bei manchem wohl auch in einem Jahre?! Was zu denen, die den ganzen Tag messen, zählen und rechnen, wie lang ein Fetzen und in wieviele Falten und Maschen der andere solle gelegt werden? Was soll Ich also — nicht etwa der Maria, sondern bloß nur der Mir dienlich geschäftigen Martha gegenüber — denen sagen, die für ihren Leib nicht selten bis in die späteste Nachtzeit arbeiten und keine Mühe und Sorge allerwachsamst scheuen; so sie aber von Mir etwas hören sollen, da übermannt sie sobald der Schlaf?!

6] Was soll Ich noch ferner sagen denen, die da wohl tagelang bei sich nachsinnen können, so sie irgendein törichter, eitler Weltlaffe über die Straße angesehen hat; und werden sie ob solchem Sinnen an Mich gemahnt, so stehen sie ärgerlich auf und kehren dem Mahner den Rücken!

7] Ich rede aber hier nur von denen, von denen noch zu reden ist; denn von den noch ärgeren Weltmenschen rede Ich nicht. Denn diese sind es, die da allzeit nach dem Laufe der Welt gehen und nach dem Fürsten der Welt, der da wohnet in der Luft und herrschet in ihr, d. h. (nach dem Geiste!) der in dieser Zeit ganz besonders sein Werk hat mit den Kindern des Unglaubens, unter welchem sie alle wandeln in den Lüsten ihres Fleisches und ihrer Weltvernunft und darum schon von der Geburt aus Kinder des ewigen Zornes sind.

8] Also zu denen rede Ich nicht, sondern zu denen, die sich noch zu Meinen Kindern zählen, aber Mich, den heiligen Vater, ob ihrer kleinlichen Weltgeschäfte dennoch nicht selten im Geiste und in der völligen Wahrheit im Tage nicht sorglich höher in ihrem Herzen stellen als ein altes, abgetragenes Kleid. — Da frage Ich: Was soll Ich zu denen sagen? — Ja, Ich sage, da wird eben nicht viel mehr zu sagen sein!

9] Damit aber doch etwas gesagt werde, wennschon nicht wie zur Martha, so sage Ich aber dennoch: Wie die Arbeit, so der Lohn! Wie die Liebe, so ihr Preis!

10] Wer dem Leibe mehr opfert denn Mir, der soll von seinem Leibe den Lohn verlangen, so dieser zu Staub und Asche wird! — Wen die Liebe und der Beifall der Welt so bedeutend mehr anficht als Ich — gut, ist Mir ja auch recht — der begnüge sich immerhin damit. Aber des kann er auch völlig versichert sein, daß Ich Mich ihm nimmer aufdringen werde!

11] Wie die Werke, so wird auch das Leben sein! — Wer am Tode eine so große Freude hat, daß es ihm nicht bange wird, so er Tag für Tag in selbem herumwühlt, der tue immerhin, was ihn freut! Er soll am Ende in Seiner Freude auch seinen Trost finden nach seiner Art! Aber Ich werde hübsch ferne davon sein!

12] Mehr brauche Ich nicht zu sagen! — Es soll aber gar bald eine Zeit kommen, in der solche emsige Diener der Welt beiderlei Geschlechtes noch diesseits ganz gründlich erfahren werden, welch einen „guten Lohn" sie sich mit ihrer Arbeit erworben haben! — Mehr sage Ich nun durchaus nicht!

13] Wohl dem, der diese Worte lebendig beherzigen wird. Dem Lauen aber ist schon sein nahes Los, aus Meinem Munde gespien zu werden, ohnehin für ewig sicher vorbehalten. Amen. — Das sagt der heilige, vergessene Vater. Amen.

☆

Vergebliche Einladung

Am 16. April 1843

Schreibe nur, denn Ich weiß schon, was du hast, das eben nicht von großwichtigstem Belange ist!

2] Siehe, demjenigen, den du in der Anfrage hast, ist vorderhand weder zu raten noch zu helfen; denn er sucht noch fortwährend in der Welt sein Glück und will nur seine weltlichen Umstände gebessert haben, aber an Mir ist ihm im Grunde noch gar wenig gelegen, da er Mich nicht sucht Meinetwegen, sondern nur der tollen Welt wegen.

3] Ich habe ihn im vorigen Jahre gar freundlichst eingeladen zu Meinem Tisch und Gastmahle. Allein er hat sich vor lauter Welt noch nie eingefunden, zu tun, was Ich ihm geraten habe, damit er daraus erkannt hätte, warum er so ganz eigentlich, von Mir ausgehend, auf der Welt ist! Er dient und lebt nur der Welt, so muß er sich denn auch mit dem Lohne der Welt begnügen!

4] Es kann zwar jeder tun, was er will. Wen Ich lade, der mag kommen oder nicht. Und es ist einmal zwar jeder geladen — ob er darum kommt oder nicht, das ist Mir einerlei. Denn die Welt hat ihre Kinder, und Ich habe die Meinen. — Wenn Ich aber die Meinen rufe, und sie hören Mich nicht an und wollen Mich auch nicht verstehen und kommen darum nicht, da sie zu viel mit der Welt zu tun haben, dann lasse Ich sie die Welt so recht verkosten und lasse sie fühlen, wie sie schmeckt.

5] Wenn sie sich dann an der Welt hinreichend ein- und ausgekostet haben und der Welt schnödesten Lohn hinreichend haben schätzen gelernt, so werden sie Meinen Ruf dann nicht so leicht wieder in den Wind schlagen, wenn er wieder an sie ergehen wird!

6] Ich sage dir aber: Was da in der Sphäre dieses Menschen geschieht, lasse Ich gerade zu seiner Besserung zu. Ich lasse ihn die Welt in größeren Brocken kosten, damit er daraus ersehen soll, welchen

Nutzen ihm sein Amt bringt, da er aus lauter Amts- und Welteifer noch nie so recht Zeit gefunden hat, sich dabei auch mit Mir nur manchmal ein wenig zu befassen.

7] Da er auch sogleich zu erblinden glaubt, so er etwa manchmal ein Kapitel aus Meinem Buche lesen möchte, so soll er sich darum nur desto mehr in seinen Amtspapieren versuchen, was alles noch seine Augen zu ertragen imstande sind!

8] Mir gefällt seine ganze Lebensweise nicht. Er knickt auf der einen Seite, da er die schönste Zeit für Mich gewinnen könnte, und kann dann aber anderseits sogar flott sein, wo's für Mich keine Zeit [gilt] und für ihn nichts zu gewinnen ist!

9] Daher also ist dem Manne vorderhand nicht zu raten und zu helfen, also wie er es meint, sondern er wird von Mir homöopatisch geheilt, nämlich durch die Welt selbst![1]

10] Solches jedoch will Ich bloß nur dir und allenfalls den drei andern bemerkt haben. Und sie können ihm darum bloß mündliche Stöße und Rüttler zukommen lassen — es versteht sich von selbst, bei guter Gelegenheit nur!

☆

Vorsicht mit dem himmlischen Licht

Am 17. April 1843

Mit dem Abschreiben der „Sonne"[2] durch einen Uneingeweihten tut es sich auf keinen Fall! Besonders dann schon am allerwenigsten, so es einer durch sein Alter schon so weit gebracht hat, daß er für ein neues Licht nicht mehr zugänglich ist, indem sein Geist notwendigerweise sich in so manchem Falschen begründet hat, das da mit dem Lichte der „Sonne" wohl gar sehr im Widerspruche steht!

2] Siehe, gäbest du aus Meinem neuen lebendigen Worte so einem Menschen etwas zum Abschreiben, der auf der andern Seite doch bei weitem mehr an den römischen Zeremonien-Verdiensten hängt als an der reinen Lehre des Evangeliums — so würdest du ihn offenbar dadurch nicht besser, sondern nur ärger machen. Denn auf der einen Seite würde er seine Kirche und sein Gewissen in sich zu verdächti-

---

[1] d. h. nach dem homöopathischen Grundsatze: „Similia similibus!" zu deutsch: Aehnliches wird geheilt durch Aehnliches. D. Hsg.

[2] Große, mehrbändige Eröffnung über die naturmäßige und die geistige Sonne. Siehe „Himmelsgaben", Bd. 2, Seite 124 und Seite 148; d. Hsg.

gen anfangen, auf der anderen Seite aber wird er gegenüber seiner katholischen Begründung das Abzuschreibende um so mehr verdächtigen, da es seinen alten Begründungen schnurgerade entgegenläuft.

3] Der Mann ist aber auch ein Mensch, und es muß Mir daran gelegen sein, daß er nicht zugrunde gehe. — Darum soll dergleichen innere Eröffnungen niemand zur Abschrift nehmen, außer er ist ein Sohn Swedenborgischen Lichtes oder selbst ein Geisterseher, oder er ist ein noch sehr beugsamer Jüngling, der in sich selbst den Papismus bezweifelt und ein Blutsverwandter zu dir ist und so auch seelen- und geistverwandt!

4] Siehe, dieses Wort[1] ist in sich gar mächtig, entweder zum Beleben oder zum Töten. Daher muß im Anfange damit wohl überaus vorsichtig mit ihm zu Werke gegangen werden. Wen es ergreift, den läßt es nimmer aus — entweder zum Leben oder zum Tode!

5] Da es aber ebenso mächtig wie zum Leben, so auch zum Gerichte leitet, so lasse Ich es auch nun geschehen, daß eben dieses mächtige Wort den, der es lebendig ergreift, auch lebendig macht und gar gewaltig wiedergebäret — den aber, der es nur ein wenig lau ergreift, sobald hinausstößt und ihn abhält, es ferner aufzunehmen, damit er möglicherweise dadurch noch dem Gerichte entgehe!

6] Denn es ist besser, von Meiner Liebe nichts zu vernehmen, als diese in sich lau zu handhaben, so sie an ihn einmal in solcher lebendigster Fülle ergangen ist.

7] Wer das Licht bekommen hat und wendet sich wieder vom selben, der kommt in die Finsternis. Wer aber die Liebe, als Mein eigenes Leben, bekommen hat und verläßt dann diese wieder, der kommt in den Tod, daraus es um so schwerer wieder zu entkommen sein wird, je mehr der Liebe jemand schon aus Mir in sich aufgenommen hat.

8] So sind auch Einzelstrahlen des lebendigsten Liebelichtes tötend für den, der sie aufnimmt in einem unvorbereiteten Zustande — während die alleinigen Gnadenstrahlen für niemanden tötend sind, gleichwie die Strahlen des Blitzes niemanden töten; wenn aber jemand vom Blitze selbst, d. i. von seinem Grundstrahle, getroffen wird, so wird er getötet, so er noch im Naturzustande ist. Ist aber jemand ein Somnambule, so hält er ein ganzes grundelektrisches Meer ohne den geringsten Schaden aus, da er in seinem Zustande demselben als Somnambule völlig verwandt ist.

[1] der Neuoffenbarung; d. Hsg.

9] Daraus aber sollst du ersehen, warum Ich nicht will und vor der Zeit nicht wollen kann, daß da jemand eine Abschrift von diesem Meinem lebendigen Liebeworte machen soll in unvorbereitetem Zustande, da dadurch seines Geistes Leben in die größte Gefahr käme!

10] Du wirst freilich wohl nicht ganz gründlich einsehen, wie solches möglich ist. — Bedenke aber: Wenn ein verkrüppelter Baum an einem Felsen sitzet und [daselbst ein schwaches] Leben hat, wirst du ihm dadurch das Leben retten, so du ihn von seinem mageren Platze nimmst und ihn in ein fettes Erdreich setzest? — Also ist es auch besser, die Begründeten da zu lassen, wo sie sind. Denn eine gewaltsame Umsetzung kostet ihnen das Leben!

11] Verharre dich aber noch eine kurze Zeit wegen der Abschrift, und du wirst schon noch alles auf einem guten und ganz gefahrlos sicheren Wege erhalten! — Solches ist wohl zu beachten! Amen.

☆

Die Seelenlampe der Selbsterkenntnis

Am 21. April 1843

Gebe dieses Meinem lieben A. H.-W. an seinem Leibesnamenstage, da er wissen möchte, warum die Schwachheit besser ist denn die Stärke.

2] Höre du, Mein geliebter Freund und Bruder in Meiner Liebe zu dir! Was da deine drei dir etwas dunkel vorkommenden Texte Meines lieben Paulus aus dem 12. Kapitel des zweiten Briefes an die Korinther betrifft, so sind sie von Mir auch schon im Evangelium wie auch in den Propheten hie und da ausgesprochen, besonders aber im Hiob, im Jeremias und in den Bußpsalmen Davids.

3] Dessenungeachtet aber sind sie für ein noch etwas schwaches Geistesauge ein wenig dunkel. Daher will Ich dir denn auch nun zu deinem Tage eine kleine Lampe, gefüllt mit dem Gnadenöle aus Meiner Liebe, geben. Diese Lampe wird dir dergleichen Texte so herrlich erhellen, daß sie dir wie von der Sonne durchsichtig erleuchtet vorkommen werden! — Und so höre denn! — Das aber ist und darin besteht die Lampe:

4] Als Ich Selbst einmal zu Meinen Fleischzeiten auf der Erde vor den Juden, Schriftgelehrten und Pharisäern die wahre Rechtfertigung vor Gott darstellte, da sagte Ich folgendes Gleichnis, welches aus dem Leben gegriffen war:

5] Ganz vorne vor dem Allerheiligsten brachte ein gar vornehmer Pharisäer dem Herrn sein Dankgebet dar, indem er laut also sprach: „O Herr! Ich danke dir, o Herr, daß Du mir solche große Stärke verliehen hast, derwegen ich seit meinen Kinderjahren dir allergetreuest dienen konnte und habe mich noch nie an einem Gesetze versündiget gegen Dich, o Herr! Denn ich habe die Gesetze Mosis gehalten bis auf ein Häkchen. Ich verrichtete meine Standespflichten genau, ich opferte Dir allezeit reichlichst und gab von allem den Zehnten pünktlich genau. Ebenso auch verunreinigte ich mich nie, weder am Morgen, noch am Mittage, noch am Abende. Und den Sabbat habe ich ebenfalls noch nie mit einem Finger entheiligt.

6] O darum danke ich Dir, mein Gott, nun mit vollster, überzeugender Inbrunst aller meiner von Dir mir gütigst verliehenen Kraft, derwegen ich stets gerecht gewandelt habe vor Dir und bin gerechtfertigt vom Scheitel bis zur Zehe und bin nicht ein Sünder gleich den gemeinen Juden, gleich den Landstreichern, gleich den Tagdieben, Räubern und Mördern, gleich den Hurern und Ehebrechern, gleich den Sabbatschändern und Schweinefressern und nicht im geringsten gleich all den öffentlichen Sündern, Gauklern, Tänzern, Komödianten, Zauberern, Zöllnern und niedrigen Wucherern und nicht im geringsten gleich den Samaritern und dergleichen mehr!" — Das war so etwa das Dankgebet des gerechten Pharisäers.

7] Aber ganz im Hintergrunde des Tempels stand auch ein sündiger Zöllner. Dieser getraute sich kaum seine Augen aufzuheben und sprach in der völligen Zerknirschung seines Gemütes:

8] „O Herr! Ich armer, schwacher Sünder bin nicht wert, Dein Heiligtum zu schauen, nicht wert, auch nur am letzten Platze Deines Tempels zu stehen! Sei, o Herr, mir armem, schwachem Sünder aber gnädig und barmherzig, wenn ich je noch einer Erbarmung im allergeringsten würdig bin!" — Hier schlug der Zöllner sich auf die Brust und verließ weinend den Tempel!

9] Wer von diesen beiden ging nun wohl gerechtfertigt aus dem Tempel? — Ich sage dir jetzt, wie Ich es damals gesagt habe: Keineswegs der prahlerische Pharisäer, der Mir seine Gerechtigkeit vorrechnete und sich für viel besser hielt als alle andern; sondern der schwache, sündige Zöllner, der sich für schlechter hielt als alle andern. Darum kam Ich später auch in sein Haus und aß und trank mit ihm und nahm ihn als einen Bruder zu Mir und Meinen Brüdern auf.

10] Nun siehe, wenn demnach der Zöllner Mein Freund wurde, der Pharisäer aber gerade das Gegenteil, so wird es doch etwa klar sein, warum Paulus spricht: „Auf daß ich mich nicht der hohen Offenbarung überhebe, ist mir gegeben ein Pfahl ins Fleisch, nämlich ein Engel Satans (d. i. fleischliche Liebe oder fleischliche Lustbegierde), damit er mich mit Fäusten schlage." — Desgleichen spricht auch Hiob:

11] Was ist wohl leichter, als sich in einem hohen Amte zu überheben und sich für besser zu halten denn alle seine Brüder, denen ein solches Amt nicht zuteil ward!? Was aber ist für des Menschen Geist wohl auch gefährlicher als eben solch eine gar leicht mögliche Ueberhebung?!

12] Darum also war es auch für Paulus und jeden seines Amtes nötig, eine beständige Mahnung im Fleische zu haben, die so zu ihm sprach: „Siehe, du bist nur ein Mensch und durchaus kein Gott! So oft du fallen wirst vor Mir, will Ich dich wieder aufrichten, damit du gedenkest, daß du nur ein Mensch seiest!" — Paulus merkte in sich solchen Jammer. Darum bat er Mich auch dreimal heftig, daß Ich ihn von dieser Probe befreien solle.

13] Ich aber sprach zu ihm darauf: „Lasse dir an Meiner Gnade genügen, denn Meine Kraft ist nur in den Schwachen mächtig!" — d. h. so sie ihre Schwäche lebendig erkennen, wie denn auch Paulus darauf bekennet, da er spricht: „Also will ich mich denn am allerliebsten rühmen meiner Schwachheit, auf daß allzeit die Kraft Christi bei mir wohne! Und darum denn bin ich, Paulus, nun auch stets guten Mutes in meinen Schwachheiten, in Schmach, in Nöten, in Verfolgungen und Aengsten um Christi willen. Denn ich weiß es ja, daß ich nur dann stark bin, so ich schwach bin!"

14] Warum denn also? — Weil Paulus wohl wußte, daß Ich dem Schwachen und dadurch Demütigen stets näher bin als einem Starken oder sich wenigstens törichterweise für stark Wähnenden!

15] Wer fällt wohl öfter im Gehen als die Kindlein?! Und dennoch sage Ich: „So ihr nicht werdet wie die Kleinen, werdet ihr nicht eingehen in Mein Reich der Himmel!" — Daraus kannst du auch ersehen, warum sich der Paulus seiner Schwäche rühmte.

16] Aber auch daraus [kannst du es ersehen], daß der gute Hirte die 99 gerechten Schafe verläßt und gehet suchen das hundertste Verlorene, und so Er es findet, es sobald unter der größten Freude auf Seine Achsel legt und es nach Hause trägt! — Und endlich kannst du den Schwachheitsruhm des Paulus auch daraus gar deutlich verstehen, daß der Vater nur dem verlorenen Sohne entgegenkam, ihn aufnahm, ihm dann sogar ein großes Gastmahl bereitete, ihn schmückte mit dem Herrnringe und ihn setzte in die größten Ehren!

17] Ich meine, Mein Freund und Bruder A. H.-W., mit dieser Lampe beleuchtet, wird es dir nicht mehr schwer werden, dergleichen Texte aus dem Grunde lebendig zu verstehen! — Ich, dein Vater und Gott Jesus, sage dir aber noch hinzu:

18] Wer da kämpfet in seiner Schwäche und sieget, ist Mir ums Tausendfache lieber als ein Starker, dem der Sieg ein leichtes ist. — Wenn der Schwache fällt, da will Ich ihn aufrichten, wie oft er auch immer fällt. Aber der Starke mag sich selbst aufrichten, so er gefallen ist.

19] Dies also sei dir ein gutes Bindeband von Mir, Jesus, an deinem Tage! Denn Ich binde dich dadurch in deiner Schwäche an Meine Stärke. Des sei völlig versichert zeitlich wie ewig! — Ich, dein lieber Vater Jesus! Amen.

☆

Das Wesen des Mannes und des Weibes

Am 3. Mai 1843

In dem 1840—1844 niedergeschriebenen Hauptwerke „Die Haushaltung Gottes" werden u. a. die Verhältnisse der auf den Gebirgshöhen wohnenden Nachkommen Adams geschildert. Die Urväter erhalten dabei vom Herrn Enthüllungen über das Wesen des Mannes und des Weibes.

Die Urväter: „O Herr, Du allerliebevollster Vater! Gib uns allen zu unserer Beruhigung über Deine erhabenste Antwort an den Muthael ein größeres Licht; denn in dem Lichte über unsere sittlichsten, besten Weiber können wir nicht glücklich, sondern nur unglücklich sein, da sie nach Dir doch unser allergrößtes Gut sind und wir Dir für dieses ewig nie genug werden danken können... O lieber Vater, laß daher unsere lieben Weiber samt uns von oben sein und nicht von unten!"

2] Und der Herr öffnete Seinen Mund und sprach zu den Vätern: „Ihr redet noch wie völlig Blinde in Meiner Ordnung! — So ihr nicht wisset, was im Geiste ‚oben' und was ‚unten' besagt, warum fraget ihr denn nicht danach, sondern verlanget dafür von Mir da ein Licht nur, wo ihr keines bedürfet, und daß Ich eures törichten Wunsches halber Meine ganze ewige Ordnung verkehren solle?!

3] Saget Mir: Verliert denn dadurch vor Mir das Weib etwas, so Ich von ihr gegenüber dem Manne aussage, daß sie von unten sei und also gegen den Mann den notwendigsten Gegenpol ausmacht, ohne den weder der Mann für sich, noch das Weib für sich bestehen könnte?!

4] Was werdet ihr denn aber sagen, so Ich nun zu euch sage: Ihr seid Mir gegenüber alle von unten her, und nur Ich allein bin von oben! — Höre Ich aber darum nur etwa auf, euer Schöpfer und alleiniger, ewig heiliger Vater zu sein?! Oder habe Ich nicht dich, Adam, aus der Erde Lehm, wie dein Weib, die Eva, aus deiner ‚Rippe' erschaffen?!

5] Da ihr aber alle wisset, daß der ‚Lehm' Meine Liebe und die ‚Rippe' Meine Gnade und Erbarmung bezeichnen, da Meine Gnade und Erbarmung eben also euer Leben einschließt, wie da einschließt und verwahrt des Leibes Leben dessen festes Gerippe, so müsset ihr euch ja doch selbst als überblind erkennen, wenn ihr da einen untröstlichen Unterschied findet, wo ihr einen nur übertröstlichen finden sollet!

6] Saget Mir, was wohl lobenswerter ist: die leuchtende Sonne selbst, oder ihr ausgehendes Licht? Was haltet ihr da für höher?

7] Ihr saget in euch: »O Herr, da ist ja das eine so notwendig und gut wie das andere!« — Gut, sage Ich; so die Sonne als die gesetzte Höhe in sich zu betrachten ist, was ist aber da mit ihrem ausgehenden Lichte für ein Standverhältnis dann?

8] Ihr saget: »Das muß dann ja notwendig allenthalben unter der Sonne sein!« — Gut, sage Ich; so aber die Sonne an und für sich keinen höhern Wert hat denn ihr ausgehendes Licht, indem doch die Sonne ohne das ausgehende Licht so gut wie gar keine Sonne wäre und auch gar keinen Wert hätte, so wird das ja dem Weibe doch sicher auch nichts schaden und seinen Wert nicht im geringsten beeinträchtigen, wenn es dem Manne gegenüber notwendigerweise ‚unten' steht.

9] Ich aber sage: Wenn das Weib ist, wie es sein soll, so hat es vor Mir den Wert des gerechten Mannes und ist ebensogut ein liebes Kindlein von Mir wie der Mann; verirrt sich aber das Weib, so werde Ich es so gut suchen wie den Mann. — Ein arges Weib aber ist ebensogut arg, als wie arg da ist der Mann; denn der Strahl aus der Sonne ist wie die Sonne selbst.

10] Es wird aber eine Zeit kommen, da Ich den Strahl sammeln werde im Weibe, um die erloschene Sonne im Manne zu erleuchten! — Verstehet solches, und lasset einmal ab von eurer alten Torheit! Liebet eure Weiber gerecht, aber machet aus ihnen nicht mehr oder weniger, als sie von Mir aus sind! Es ist genug, so ihr sie euch gleich achtet; darüber wie darunter soll eine Sünde sein! Amen."

☆

Auslegung des Propheten Obadja

Am 6. Mai 1843

Der Prophet „Obadja", das heißt: Der Prophet der Gegenwart und Zukunft, oder: der Prophet des Aeußeren und Inneren, wie auch des äußeren Glaubens und der inneren Liebe.

2] „Von der Edomiter Strafe und der Israeliten Erlösung",[1] das heißt: Vom Gerichte der Welt und von der Freilöse der Kinder der Liebe Gottes, oder: von der Weltmenschen Verworfenheit und von der Herrlichkeit der wahren Anbeter und Liebhaber des Herrn Gott Zebaoth in Jesu Christo, wie auch: von der Zugrundegehung der Weltkirche und ihrer Diener und der Auferstehung der wahren, lebendigen Kirche in der reinen Liebe zu Gott, dem Herrn in Jesu Christo.

3] 1. Vers: „Dies ist das Gesicht Obadjas. So spricht der Herr Herr von Edom: »Wir haben vom Herrn gehört, daß eine Botschaft unter die Heiden gesandt sei: Wohlauf, lasset uns wider sie streiten!«"

4] Dies ist das Licht der Gegenwart und der Zukunft, des Aeußeren und des Inneren, des Weltglaubens und des inneren Liebelichtes im Herrn! Also zeuget der Herr vor der Welt und ihren ungerechten, liebelosen Werken! Wir Kinder im Lichte der Liebe zum Herrn wissen es aus Ihm, daß die Welt das Gnadenlicht des Herrn verkehrt in Arges, Geiziges, Selbstliebiges und Hurerisches und achtet des Herrn nicht im geringsten Seiner Selbst willen, sondern macht aus Ihm nur eine falsche, schlechte Ware, um sie als echte an uns zu verkaufen. Wohl uns, und alle Liebe und Anbetung dem Herrn, da Er uns solches angezeigt hat! Wir wollen uns daher in unserem, von Liebe und Gnade des Herrn erfüllten Herzen aufmachen und kämpfen gegen alles, was der Welt und nicht des Herrn ist!

5] 2. Vers: „Siehe, Ich habe dich gering gemacht unter den Heiden und sehr verachtet."

6] Höre Welt! Du bist gerichtet! Deine Liebe ist ein kalter Ofen im Winter und dein Licht zur barsten Finsternis geworden, und all dein Tun, Treiben und dein großes Geschrei gleicht einem besoffenen Esel, der mit verbundenen Augen und dicht verstopften Ohren auf dem Eise herumtanzt zur Lache der Zuschauer.

7] 3. Vers: „Der Hochmut deines Herzens hat dich betrogen, weil du in der Felsen Klüften wohnest, in deinen hohen Schlössern, und sprichst in deinem Herzen: »Wer will mich zu Boden stoßen?«"

[1] Ueberschrift der Prophetie des Obadja in der Lutherbibel; d. Hsg.

8] Deine irrwähnige göttliche Machtvollkommenheit hat dein Herz oder deine Liebe von Mir abgezogen und hat es erfüllt mit Hochmut, Stolz, Zorn, Rache, Hurerei und allem Gerichte, indem du, als die am meisten gerichtete Hure, auch am meisten richten wolltest und auch gerichtet hast nach deinem eigenen Sinne — weil du glaubtest, dazu darum ein Recht zu haben, da du dein loses Wesen listigerweise auf Mein Wort, mißdeutend, gebaut hast wie auf Felsen und Klüfte (verkehrten Wortsinn und unentwirrbare Geheimnisse) und dich trügerischer- und schändlichst eigenmächtigerweise gesetzt hast auf den Thron Meiner Mir allein zukommenden Macht („hohe Schlösser") und sprichst vom geraubten Throne herab: „Kommet alle zu mir! Denn außer mir ist kein Heil, keine Liebe, keine Gnade, keine Erbarmung, kein Licht und kein Leben! Ich allein wohne auf dem Felsen, und keine Hölle kann mich überwältigen!"

9] 4. Vers: „Wenn du denn gleich in die Höhe führest wie ein Adler und machtest dein Nest zwischen den Sternen — dennoch will Ich dich von dannen herunterstürzen, spricht der Herr!"

10] Ich dein Herr und dein Gott donnere dir nun in dein lange schon verstopftes Ohr und in dein zum Steine verstocktes und verhärtetes Herz von allen Seiten her: Wenn du nun dich auch [zum Scheine] erheben möchtest durch allerlei Künste und möchtest auch Licht predigen und in alle Duldung übergehen und aufgeben all dein scharf sehendes Richteramt und möchtest auch zusammenziehen alle Weisen aus Mir und möchtest dir erbauen eine Wohnung unter ihnen im Bereiche Meines Gnadenlichtes — so werde Ich dich dennoch, deiner alten Hurerei willen, ergreifen und hinabschleudern in die Tiefe deines Unflates. Tue, was du willst, Ich will dich aber nimmer ansehen in deiner Art und will dich nimmer erkennen in deinem Gewande, und dein Nest soll eine zeugende Lagerstätte deiner Hurerei verbleiben! — Also donnere Ich, dein Gott und dein Herr!

11] 5. Vers: „Wenn Diebe oder Räuber zur Nacht über dich kommen werden, wie sollst du da zunichte werden! Ja, sie sollen genug stehlen! Und wenn die Weinleser über dich kommen, so sollen sie dir keine Nachlese übriglassen!"

12] In deiner großen Nacht will Ich in deinem Schoße Weise erwecken und will vielen geben heilige Gesichte. Diese sollen deinen alten Schleier lichten und dich aller Kreatur zeigen in deinem wahren Lichte und elendem, ärgstem Zustande! Wie wirst du da aus deiner gräßlichsten Nacht Meinem allerhellsten Lichte aus den Himmeln begegnen?! — Ja, Ich sage dir, diese werden dir alle deine kostbaren Kleider ausziehen und du wirst als eine alte, schändliche Hure und Ehebrecherin nackt, von Meinem mächtigen Lichte beleuchtet, vor der ganzen Welt dastehen! Deine Kostbarkeiten von großem Werte, die du noch verborgen hältst, werden dir genommen werden. Und zur Zeit der großen Ernte in Meinem Weinberge jenseits soll dir nicht einmal die Nachlese der Gassenbuben übrigbleiben, sondern vom Sande sollst du dich sättigen und am dürren Moose den Durst stillen!

13] 6. Vers: „Wie sollen sie den Esau ausforschen und seine Schätze suchen!“

14] O wie sollst du da ausgeforscht werden, du Weltbuhlerin (Esau)! Und wie wirst du dich selbst aussuchen in allen deinen Winkeln! — Aber du sollst nichts finden in dir! Denn was du hattest aus Mir, ist dir genommen worden, du Heidenkönigin! Du wirst umsonst geprüfet werden! Denn die dich durchsuchen werden, sollen fürder nichts in dir finden.

15] 7. Vers: „Alle deine eigenen Bundesgenossen werden dich zum Bunde hinausstoßen, die Leute, auf die du deinen Trost setztest, werden dich betrügen und überwältigen; die dein Brot essen, werden dich verraten, ehe du es merken wirst.“

16] Alle deine Anhänger, die du dir zu eigen angebunden hast mit deiner langen Doppelzunge Macht, werden dich in ihren Herzen gar höchlichst verabscheuen. Und diejenigen blinden Leute, auf die du bautest wie auf einen Felsen, werden dich überlisten mit der Macht ihrer Nacht und werden dir nehmen alle deine Macht. Ja sogar deine geweihten Knechte, Diener und Söldner, also deine Geschworenen und Gesalbten, werden dich vor der ganzen Welt enthüllen und dich dem Volke zeigen, wie du bist in deiner Art voll Torheit, voll Lüge und voll Betruges. Du aber sollst es nicht einmal merken, wie es diese anstellen werden, um an dir den lang verdienten Hochverrat zu begehen.

17] 8. Vers: „Was gilt's, spricht der Herr, Ich will zu selbiger Zeit die Weisen zu Edom zunichte machen und die Klugheit auf dem Gebirge Esau.“

18] Was gilt es? — Also donnert der Herr: Du wähnest unüberwindlich zu sein, weil du dich den Machthabern der Erde aufgedrungen hast und diese dich in den Waffenschutz aufgenommen haben! Und du glaubst, Ich werde dir darum nichts anhaben können, weil du dazu auch noch eine Menge Weiser hast und eine Menge Scharfzüngler, die für deine ewig sein sollenden Rechte sprechen!? — Ich, dein Herr, aber will zu dieser deiner letzten Zeit deine Weisen zu Toren machen, die alle Welt auf den ersten Blick erkennen soll, und alle deine Prunkerhabenheit zur allgemeinen Weltlache! Da sehe du dann weiter, was es da mit dir für eine Bewandtnis in Zukunft haben soll! — Also deine falsche Liebe (Edom) und all dein falsches Licht (Esau) sollen auf ewig zunichte werden.

19] 9. Vers: „Denn deine Starken zu Theman sollen zagen, auf daß sie alle auf dem Gebirge Esau durch den Mord ausgerottet werden,"

20] Deine Starken im Worte (zu Theman), welche sich „Gottesgelehrte" nennen, aber dennoch von Gott noch nie eine Silbe vernommen haben, sondern alle ihre diplomatische Gottesgelehrtheit von der Welt her haben, will Ich ängstigen in ihrem Weltgewissen. Und wenn sie ein Konzilium ihrer doktorlichen Weisheit halten werden, da will Ich sie gerade auf den Scheitel ihrer Weisheit schlagen und sie zugrunde richten lassen von den schwächsten Meiner [wahrhaft] weisen Kinder in der Wiege Meiner Liebe, Gnade und Erbarmung!

21] 10. Vers: „— um des Frevels willen, an deinem Bruder Jakob begangen."

22] Und das will Ich tun des großen Frevels willen, welchen dieses dein „samaritisches Geschlecht" an Mir und Meinem Worte verübt hat.

23] 11. Vers: „Zu der Zeit, da du wider ihn stundest, da die Fremden sein Heer gefangen wegführten und Ausländer zu seinen Toren einzogen und über Jerusalem das Los warfen, da warst du gleich wie derselbigen einer. Darum sollst du zu allen Schanden werden und ewiglich ausgerottet sein!"

24] Du warst allezeit gleich den ärgsten Heiden. Wenn du auch gewaltig gegen sie kämpftest, da sie Mein Wort zertraten und an dessen Stelle das finstere Heidentum einsetzten und über Mein Wort gleich Tigern herfielen, so bist du aber dennoch, im Besitze Meines Wortes, nicht nur ihnen völlig gleich, sondern ärger um vieles als sie. (Siehe an die Kriege zu Konstantins Zeiten und dann die Kreuzzüge!) — Ich aber sage dir: Eben darum sollst du in deiner Wirkung ausgerottet werden ewiglich! Deine Bekenner sollst du an den Fingern zählen und sollst schuldig werden aller Welt!

25] 12. Vers: „Du sollst nicht mehr deine Lust sehen an deinem Bruder zur Zeit seines Elends und sollst dich nicht freuen über die

Kinder Juda zur Zeit ihres Jammers und sollst mit deinem Maule nicht zu stolz reden zur Zeit ihrer Angst!"

26] Bis jetzt jubeltest du, so du sahest Meine Bekenner (Antirömlinge, Protestanten, Hugenotten) in irgendeinem Elende und schobest alles als Schuld ihres Ketzertums gegen dich auf sie und nanntest das eine „gerechte Züchtigung" und stimmtest Lobgesänge an, wenn durch deine Ranglust und arge List tausende Meiner Bekenner getötet worden sind. Aber in der Zukunft sollst du diese Freude nimmermehr haben! Du sollst dich nicht freuen über die Prüfungen der Meinen, und deine Gesandten sollen mit ihnen nichts richten in der Zeit ihrer Probe!

27] 13. Vers: „Du sollst nicht zum Tore Meines Volkes einziehen zur Zeit ihres Jammers! Du sollst nicht wider sein Heer schicken zur Zeit seines Jammers!"

28] Du sollst nicht in das geheime Gnadenlicht eindringen zur Zeit der Heimsuchung Meiner Bekenner! Mit Ekel sollst du erfüllt sein gegen Meine Erbarmung, Liebe und Gnade für Meine Bekenner! Wenn sie an weltlichen Dingen darben und fasten werden, da soll dir alle Lust vergehen, dich zu freuen über Meine Bekenner! Wenn sie von Mir geläutert werden, auch da werden deine Prediger zu großen Schanden werden vor ihnen!

29] 14. Vers: „Du sollst nicht stehen an den Wegscheiden, seine Entronnenen zu morden! Du sollst seine übrigen nicht verraten zur Zeit der Angst!"

30] Wenn du dich an die Wege stellen möchtest, um in dein Netz zu fangen die Schwachen Meiner Bekenner, da wird dir solches nicht zugelassen werden! Und wirst du dich an die Höfe der Könige wenden, da sollst du abgewiesen werden in deinen verräterischen Forderungen zur Zeit der Umwandlung Meiner Bekenner!

31] 15. Vers: „Denn der Tag des Herrn ist nahe über alle Heiden. Wie du getan hast, so soll dir wieder geschehen, und wie du verdient hast, so soll dir's wieder auf den Kopf kommen!"

32] Siehe, Mein Tag der Gnade, des Lichtes und der Liebe ist herangekommen über die Meinen; aber als ein Gerichtstag über alle Heiden und um so mehr noch über dich. Wie du es mit anderen getrieben hast, so sollen sie es nun treiben mit dir! Und dein lange schon wohlverdienter Lohn soll über dein Haupt kommen!

33] 16. Vers: „Denn wie ihr auf Meinem heiligen Berge getrunken habt, so sollen alle Heiden täglich trinken! Ja, sie sollen's aussaugen und verschlingen, daß es sei, als wäre nie etwas dagewesen!"

34] Wie du aber deine Weltmacht auf Mein Wort fälschlich und arglistig gestützt hast und hast dir große Ehre, Gold und Edelsteine verschafft — desgleichen sollen nun deine „Heiden" dir tun und sollen dich gleich Blutigeln aussaugen bis auf den letzten Lebenstropfen! Ja sie, die durch dich „Heiden" geworden sind, sollen über dich von allen Seiten herfallen und dich völlig verschlingen, daß du darob sein sollst, als wärest du nie gewesen.

35] 17. Vers: „Aber auf dem Berge Zion sollen noch etliche gerettet werden, die sollen Heiligtum sein, und das Haus Jakob soll seine Besitzer besitzen."

36] Aber von den Bekennern Meines Wortes, die da sind im Glaubenswahren, werden diejenigen zum lebendigen Worte in ihnen und somit zur völligen Wiedergeburt des Geistes gelangen, die durch ihren Glauben Mich, den Herrn, in der Liebe ihres Herzens werktätig ergriffen haben. Diese sollen dann aber auch ein geistiges Amt (Heiligtum) überkommen und Mein lebendiges Wort. Das Haus Jakobs soll ihrer Glaubens- und Liebe-Gerechtigkeit zu eigen werden, und also das Haus Jakob seine Besitzer besitzen.

37] 18. Vers: „Und das Haus Jakob soll ein Feuer werden und das Haus Joseph eine Flamme! Aber das Haus Esau Stroh; das werden sie anzünden und verzehren, daß vom Hause Esau nichts übrigbleibe. Denn der Herr hat's geredet!"

38] Das lebendige Wort wird ein Feuer werden in den Herzen derer, die es besitzen werden, und eine leuchtende Flamme denen, an die es aus dem Munde der Besitzer übergehen wird, in dessen Lichte sie gleich dem Besitzer schauen sollen die großen Wundergeheimnisse Meines Reiches! Alles menschliche, weltgelehrte Wort aber soll dagegen werden wie ein leeres, dürres Stroh; desgleichen auch alle studierten Mundpredigten und Kanzelreden — wenn das „Haus Jakobs" und das „Haus Josephs" über das „Haus Esaus" kommen werden! Und es soll vom „Hause Esaus" nach dem Brande nichts mehr übrigbleiben. „Denn der Herr hat es geredet", das heißt: Solches wird ganz gewiß geschehen, hier zeitlich und jenseits ewig!

39] 19. Vers: „Und die gegen Mittag werden das Gebirge Esau und die in den Gründen werden die Philister besitzen. Ja sie werden das Feld Ephraims und das Feld Samarias besitzen, und Benjamin das Gebirge Gilead."

40] Die im Lichte der inneren, wahren Weisheit sind, die werden auch alle Weltweisheit unterjochen und sie am Ende zunichte machen.

Welche aber in dem Feuer der Liebe stehen, also die eigentlichen Besitzer des „Hauses Jakobs“, aus welchem erst das „Haus Josephs“ hervorgeht, werden in der Fülle gefangennehmen die falschen Propheten, Lehrer, Prediger, Redner und Gesetzgeber, welche da sind Diener, Knechte und auch Herren im „Hause Esaus“! Ja sie werden das Reich der Liebe und das Reich der Gnade aus Mir besitzen, das heißt: Das Reich der Himmel — und zwar das „Haus Jakobs“ den zweiten, das „Haus Josephs“ den ersten oder untersten Weisheits- und Gnaden-Himmel. Benjamin aber, oder: die reine Liebe zu Mir — das Gebirge Gilead, oder: die Kraft des lebendigen Wortes aus Mir in ihnen, oder: den obersten Liebe- und Unschulds-Himmel. Denn „Benjamin“ bezeichnet Meiner reinsten Liebe Kinder, die da zu Mir kommen sollen und denen solches niemand verwehren soll ewiglich — da „solcher ist das wahre, oberste Reich der Himmel!“

41] 20. Vers: „Und die Vertriebenen dieses Heeres der Kinder Israel, so unter den Kanaanitern bis gen Zarpath sind, und die Vertriebenen der Stadt Jerusalem, die zu Sepharad sind, werden die Städte gegen Mittag besitzen.“

42] Die aber von den Weltklugen und Weltpriestern am meisten gehaßten sogenannten „Ketzer“, die darum also genannt werden, weil sie statt des Weltreligionskrames und Tandelmarktes das reine Evangelium ergriffen haben, und nun darum auch nur als Geduldete hie und da unter den Kanaanitern bestehen und ebenso auch die „Altgläubigen“, welche von jeher beim Worte geblieben sind und jetzt gänzlich unbeachtet leben (die „Schismatiker“), sollen in der Weisheit und Liebe geweckt werden, das ist: „die Städte gen Mittag beziehen.“

43] 21. Vers: „Und es werden Heilande heraufkommen auf den Berg Zion, das Gebirge Esau zu richten! — Also wird das Königreich des Herrn sein.“

44] Und es werden von allen Seiten, das heißt aus allen Glaubensrichtungen übereinstimmende, im Geiste mächtig geweckte Besitzer des lebendigen Wortes von Mir aufgestellt werden, auf den Berg Zion kommen und werden aller Welt ein neues Licht anzünden und sie somit richten in ihrer grenzenlosen Torheit und sie „strafen“, das heißt, mit ihrem Lichte zur wahren Buße und Umkehr bringen.

45] Und das wird sein „Mein Reich auf Erden“, oder Ich als der ewige König unter Meinen getreuen Bekennern, Liebhabern, Kindern und wahren Anbetern Meines Namens im Geiste und aller Wahrheit. Und der Tod wird seine Rechte einbüßen, wo der König des Lebens also herrschen wird — das heißt, der Tod des Geistes, aber nicht etwa des Fleisches. Denn dieses muß getötet werden, wenn der Geist lebendig werden soll, da es die eigentliche Erbsünde des unsterblichen Geistes ist, also ein Erbe des Satans — durch Meine Erbarmung aber nur auf eine kurze Zeit zu tragen!

46] Das ist also das Verständnis dieses Propheten in weltlicher und geistiger Hinsicht, allgemein betrachtet! — Es hat aber alles dieses auch noch einen besonderen Sinn für jeden Menschen. Wer solches fassen will, der nehme sein „Weltliches“ unter „Esau“ und sein „Geistiges“ unter „Jakob“ oder „Israel“, so hat er es ganz für sich anwendbar. — Solches ist demnach auch zu beachten! Amen.

☆

Für geistig Schwerhörige

Am 10. Mai 1843

Bemerkung Anselm Hüttenbrenners: Bei Jakob Lorbers Abreise von Graz, die am 18. Sept. 1844 stattfand, haben sich unter seinen, mir zur Ordnung und Aufbewahrung übergebenen Papieren folgende zwei Nebenworte vorgefunden:

Ich weiß schon, was du möchtest! — Aber siehe, es kann diesmal nicht sein. Denn wo junge Pharisäer in solchen Ehren stehen, die Mich doch kreuzigen Tag für Tag und an allem eine größere Lust haben als an Mir und Mich nicht erkennen, sondern nur verkennen lernen in jeder Silbe Meines Wortes — da bleibe Ich ferne. Ist es doch sicher eine böse Lust, sich unter die zu mengen, welche das Henkerhandwerk lernen, um Mich von neuem zu kreuzigen in jegliches Menschen Herz!

2] Wer Lust hat mit Tigern, Löwen und Hyänen zu spielen, der habe sie immerhin; aber nur Mich lasse er dabei ungeschoren! — Ich bin nicht etwa dagegen. Ein jeder tue nach seiner Lust! Ich jedoch will nicht dabei sein. Denn auch Ich habe Meine eigene Lust — aber nur an den Pharisäern nicht und an denjenigen auch nicht, die da eine so große Lust und Freude an ihnen haben.

3] Daher gebe Ich dir auch diesmal nichts für sie[1] und werde dir so lange nichts geben, als in ihnen die gar intime Pharisäerliebe, -freundschaft und -lust dauern wird!

4] Komme Mir denn auch mit so etwas nicht sobald wieder! Denn Ich bin kein Gelegenheitsdichter! — Verstehe solches! Amen.

☆

5] Das Folgende gieb der Julie H., so du es willst und wann du es willst. Denn Ich werde hinfort kein Wörtchen an sie richten, da sie Meine letzte väterliche Liebewarnung nicht beachtet hat, die darin bestand, daß Ich ihr anzeigte, wie sie sich zwischen Mir und der Welt zu schwingen hat angefangen.

6] Sage ihr, daß vor Meinen Augen kein Ding verborgen ist! Niemand kommt bei Mir auf mit was immer für einer Unwahrheit in seinem Herzen!

7] Solches aber mißfällt Mir, daß sie stumm wird, da sie für sich anfängt so manche Geheimnisse in ihrem Herzen zu sammeln und dieselben zu verbergen sucht, entweder durch Wortlosigkeit oder durch Worte anderen Sinnes!

8] Sage ihr, bis jetzt noch war Ich, der heilige Vater Selbst, ihr großer Schutzgeist, da Ich ihr aus Meiner großen Liebe habe eine Gelegenheit verschaffen wollen, durch welche sie ehestens zur völligen Wiedergeburt des Geistes gelangt wäre. Siehe, da ersah sie jedoch ein paar unbärtige Weltknaben, an denen ihre Augen mehr Wohlgefallen fanden als an Mir! Sie kehrte Mir den Rücken in ihrem Herzen. Und darum auch habe Ich ihr nun an Meiner Statt einen mittelstarken Geist beigesellt, der sie in ihrer weltlichen Ordnung leiten und ihren Leib wohlgefällig ausbilden soll für die Lüsternheit der Weltmenschen — was ihr nun auch seit kurzer Zeit zum allerliebsten geworden ist!

9] O siehe, siehe, wie veränderlich und wetterwendisch doch die Menschen sind! — Die Mich heute liebend umfangen, die sind des anderen Tages voll Freuden in ihrem Herzen, wenn der Satan wieder die ersten Ketten um ihren Nacken geworfen hat!

10] Sage dem Mädchen, das zwar gerne in die Kirche läuft (warum, das weiß Ich) und auch gerne daheim verbleibt (warum, das weiß Ich auch) und gar wenig Lust und Eifer mehr zu Mir und Meinem

[1] d. h. die Freunde der „jungen Pharisäer“; d. Hsg.

Worte wie auch zur lieblichen, sanften Sprache der Töne hat (darum ihr auch nicht selten deine Lektionen zu lang werden und ebenso auch die Zeit, wann der Vater aus Meinem lebendigen Worte eine kurze Vorlesung hält) — [dieser Tochter kannst du kundtun,] daß sie das Gesagte ja gar wohl bei sich erwägen und beachten solle!

11] Sonst hat sie hiermit von Mir die letzte Warnung erhalten! Und ihre weltlich gemengten Wünsche darf sie dann auch nur der Welt vorlegen. Denn den Gebeten weltlicher Herzen pflege Ich kein Ohr zu leihen. Solches aber sollen alle Weiber und Mägde erfahren, daß da Meine Geduld mit ihnen um vieles eher zu Ende ist denn mit dem Manne, darum sie schon von jeher waren die Wurzel aller Sünde! Und darum solle sich auch dies Mädchen nicht wundern, so sie solches vernimmt von Mir. Denn die Mädchen und die Weiber sind ja noch allzeit der Fall der Männer gewesen. Und darum auch habe Ich die größte Geduld nicht mit den Weibern und lasse sie viel eher sinken denn einen Mann, wenn sie Meinem Vaterrufe nicht folgen wollen.

12] Solches kannst du nun also, so du willst, dem Mädchen wohl kundgeben. Aber zur Pflicht mache Ich es dir nicht, da sie Mein letztes Wort an sie nicht beachtet und heimlich deinen oftmals ausgesprochenen Rat an sie verlacht hat! — So du also willst, kannst du es ihr ja geben.

☆

Die Schiffspredigt des Herrn

(Zum Evangelium des Lukas, 5. Kapitel)

Am 16. Mai 1843

Diese Predigt, aus 64 Versen bestehend, ging bei der ersten großen Kirchenversammlung verloren. Hier aber wird sie von Wort zu Wort wiedergegeben zum Frommen der gläubigen Liebhaber des Herrn. — Die Predigt aber lautete mit den 3 vorhergehenden Versen also:

2] „Es begab sich aber, daß sich das Volk zu Ihm drang, zu hören das Wort Gottes aus Seinem Munde, da Er am See Genezareth war und vor dem großen Andrange des Volkes nicht Platz hatte, am Ufer zu stehen.

3] Er sah aber zwei Schiffe am See[-Ufer] liegen, aus denen die Fischer ausgestiegen waren, ihre Netze zu waschen.

4] Da trat Er sobald in eines der beiden Schiffe, welches da des Simon war, und bat ihn, daß er es ein wenig vom Lande führete. Als solches der Simon voll Ehrfurcht und geheimer Liebe getan, da setzte Sich der Herr alsbald und begann aus dem Schiffe das Volk zu lehren." Und Er tat Seinen Mund auf und sprach laut zum Volke:

5] „Der Geist des Herrn ist über Mir, darum hat Mich der Herr gesalbet. Er hat Mich gesandt, den Elenden zu predigen, die zerbrochenen Herzen zu verbinden, zu predigen den Gefangenen eine Eröffnung und den Gebundenen eine Erledigung, wie es der Prophet Jesajas gesagt hat.

6] So höret denn ihr Elenden und jauchzet! Denn euer Licht geht auf wie die Sonne aus dem Meere, und eure Herzen werden hell leuchten wie die Wogen des Meeres im Lichte der aufgegangenen Sonne.

7] Denn siehe, Finsternis bedecket das Erdreich und ein großes Dunkel all die Völker; aber über dir gehet auf der Herr, und Seine Herrlichkeit erscheinet über dir!

8] Und die Heiden werden in deinem Lichte wandeln und die Könige im hellen Glanze, der nun über dir aufgeht.

9] Freue dich, Zion, deinen Kindern und allen denen, die sich bekehren werden von der Sünde, ist ein Erlöser gekommen! Höre, also spricht nun der Herr:

10] Wie lange ist es wohl, daß ihr gebunden seid?! Und wer aus euch mag die Jahre zählen, die ihr schon von Uranbeginn her schmachtet?!

11] Eure Väter weinten, als sie Knechte wurden zu Babel; und Mütter herzten ihre Kinder und wehklagten.

12] Aber hier ist mehr als Babylon! — Ich habe die Kinder auferzogen; aber sie haben ihre Heimat vergessen; ihren Vater kennen sie nicht mehr.

13] Wehe euch, die ihr euch frei zu sein dünket! Denn ihr seid des Tempels Knechte geworden. Das ganze Haupt ist krank, und das Herz ist matt geworden.

14] Was soll Mir die große Menge eurer blinden Opfer? Solches spricht doch der Herr: »Ich bin satt geworden der Brandopfer von Widdern und des Fetten vom Gemästeten. Ich habe keine Lust zum Blute der Farren, der Lämmer und Böcke.[1]

[1] Jesaja Kap. 1, V. 11—14.

15] Wenn ihr aber hereinkommet, zu erscheinen vor Mir, saget, wer fordert solches von euern Händen, so ihr in Meinen Vorhof tretet? — Ich sage euch: Nicht Ich, nicht Der, der Mich gesalbt hat von Ewigkeit, sondern die Habsucht der Diener des Tempels und des Vorhofes.

16] Bringet daher nicht mehr Speisopfer so vergeblich! Das Rauchwerk ist Mir ein Greuel und der Neumond und der Sabbat, da ihr zusammenkommet und habet nichts davon denn leere Mühe und tote Angst.

17] Meine Seele ist feind geworden allen euren Neumonden, Jahreszeiten, Festen und Jubeljahren! Ich bin ihrer Leerheit überdrüssig und bin müde geworden, noch länger zu schauen eure Torheit. Denn so ihr Gott nicht liebet, was sollen da eure toten Opfer Mir, dem Lebendigen!«

18] Also [sprach und] spricht auch nun der Herr: »So ihr aber den Vater von Herzen lieb habet, wozu dann des Tierblutes und des Rauchwerkes?«

19] Und Er sagte ihnen darauf dieses Gleichnis:

20] „Es war eine Witwe, die hatte zwei Söhne. Der eine hieß Levi und der andere Josua.

21] Die Witwe aber war krank und ächzte und stöhnte auf ihrem Lager, und ihr Angesicht ward blaß, und ihre Augen fingen an sich zu verdunkeln.

22] Da rief sie ihre Söhne zu sich und sprach zu ihnen: »Meine geliebten Söhne, höret mich, eure hinscheidende Mutter! Meine letzte Stunde ist gekommen. Gehet aber hin und betet, ob der Herr Sich etwa meiner erbarmen möchte oder möchte zu Sich nehmen meine Seele im Frieden.«

23] Da gingen die Söhne hinaus und weinten. — Und der Levi sprach: »Wer wird sich unser erbarmen und uns versorgen, wenn die Mutter von uns genommen wird?«

24] Aber Josua sagte: »Möchte ich doch lieber nichts haben als Brot und Wasser, wenn ich nur das Grab meiner Mutter nicht sehen müßte! — Lieber Bruder, laß uns hingehen und beten, ob der Herr Sich unser erbarme und sende Seinen Engel, daß Er die Mutter stärke und ihr Rettung bringe von oben!«

25] Und Levi, der Erstgeborene, ging hierauf in den Tempel und sprach bei sich selbst:

26] Ich will dem Herrn ein Brandopfer tun zum süßen Geruche, zwei junge Farren, einen Widder, sieben jährige Lämmer. Dazu als

Speiseopfer drei Zehnten Semmelmehl mit Oel gemengt zu einem
Farren, zwei Zehnten zu dem Widder und je einen Zehnten zu
einem der sieben Lämmer.

27] Aber Josua ging hinaus unter die Palmen, kniete dort nie-
der, faltete seine Hände und betete also:

28] »Ach! Der Du hörest das Seufzen der Betrübten und das Wehe-
klagen des zerbrochenen Herzens, siehe an meine Tränen und mein
verfallenes Angesicht und hilf mir, Du lieber, heiliger Vater im Himmel!

29] Auf Dich allein hofft meine Seele! Erbarme Dich, du Trost der
Elenden, erbarme Dich unser, o du lieber, guter, heiliger Vater!

30] Ich kann Dir ja nichts geben als nur dies mein armes, zerbroche-
nes Herz; aber ich will Dich lieben mit unendlicher Liebe und auf
dem Wege der Gerechtigkeit wandeln mein Leben lang!«

31] Und sehet, ein heller Glanz verbreitete sich unter den Palmen
und eine Stimme sprach aus der strahlenden Wolke:

32] »Sie lebet! — Dein Bruder hat Mir Brandopfer gelobt;
aber keine Träne hat seine Augen befeuchtet.

33] Du aber hast vor Mir gebetet und geweint und hast Mir dein
Herz gegeben. Darum gehe aber auch hin im Frieden!«

34] Und als er heimkam, da trat schon seine Mutter aus der Hütte
ihm entgegen, schloß ihn in ihre Arme und segnete ihn.

35] Was meinet ihr, welcher Sohn da ein rechtes Opfer dem
Herrn gebracht hat? — Ihr sprechet: »Josua!«

36] Ich aber sage euch: Eben darum hänget auch ihr euer Herz
nicht an den leeren Tempel und pochet nicht darauf! Denn er ist
von Menschenhänden gemacht und wird bald verwittern, da seine Zeit
kommen wird, und seine Priester werden sterben.

37] Was dünket euch? — der Tempel ist groß zu Jeru-
salem und das Herz ist klein in der Brust. Aber dieses
kleine Herz kann den großen, lebendigen Gott lieben.
Ist es darum nicht ein schöneres und herrlicheres Werk
als das, welches Salomo baute?

38] Habt ihr gelesen, was der Prophet Jesaja spricht?[1] — Das
ist sein Wort: »Ich will Gold anstatt des Erzes und Silber anstatt
des Eisens bringen und Erz anstatt des Holzes und Eisen anstatt
der Steine und will machen, daß deine Vorsteher den Frieden lehren
sollen und deine Pfleger Gerechtigkeit predigen.«

[1] Kap. 60, V. 17.

39] Aber wo ist der Friede auf Erden? Und wo hauset die Ruhe unter den Menschen?

40] Sehet, das Leben gleichet dem Schifflein im Meere, das stets hin und her wanket und immerdar geschlagen wird von den zornigen Wellen. Sie fahren stolz einher und bäumen sich hoch auf. Aber bald fallen sie zurück ins Meer und werden da zu nichtigem Schaume.

41] Ich bin von Gott gesandt, um Frieden zu bringen den Menschenkindern vom Aufgange bis zum Untergange; aber dem ungeachtet ruhet der Arge nicht, und der Teufel hat seine Apostel bis zu seiner Zeit.

42] Ich bin der Stein des Anstoßes und ein Fels der Aergernis dem Hause Israel, zum Strick und Falle all den Heuchlern auf Erden, daß ihrer viele sich daran stoßen, fallen, zerbrechen, verstricken und gefangen werden.

43] Wehe euch Pharisäern und Sadduzäern, das Licht ist schon vormals dem Moses erschienen, als der Busch brannte im Feuer; aber ihr verbindet euch selber die Augen!

44] Das Gesetz des Herrn ist ewig und steht in eines jeden Menschen Herzen geschrieben; aber ihr, die ihr den Frieden predigen sollet, entzweiet die Menschen und verdammet da, wo ihr mit aller Liebe suchen sollet.

45] Ihr seid verkehrte Leiter und Führer des Volkes, und eure Kinder und Kindeskinder werden es noch ärger machen!

46] Ihr schlaget den Fels; aber er bleibet verschlossen. Ihr küsset noch die Rute Arons; aber sie grünet nicht mehr.

47] Höret, die ihr pflanzet die Zeder unter dem Felsen und bindet die Rebe an einen morschen Pfahl! Die Zeder wird dennoch grünen, und die Rebe wird sich an dem Felsen hinaufranken.

48] Hebet eure Augen auf und schauet ins Meer! Meinet ihr [oft] nicht: Die bergehohen Wogen wollen die Sonne verschlingen?

49] Ich aber sage euch: Es ist nur der Sonne Bild, das sie brechen; aber die Sonne waltet ganz unbekümmert um dieses Meeres Wogen am hohen Himmel und freut sich ihres ewigen Tages.

50] Darum sollet ihr die Herzen nicht binden und plagen mit vergeblichen Worten und nicht schreien: »Hier ist eine Schlange und dort ist eine!« — da ihr doch selbst keine sehet und je gesehen habt.

51] Höret daher auf zu lehren das Volk, ihr Heuchler, Hurer und Ehebrecher, sondern lernet selbst von denen, die den Weg des Herrn suchen in der Liebe und Einfalt ihres Herzens!"

52] Und Er sagte ihnen abermals ein Gleichnis:

53] „Nathan, der Alte, war gestorben und hatte zwei Söhne hinterlassen und Malkah, seine Tochter.

54] Diese Kinder befragten sich untereinander und sprachen: »Was meinte doch unser Vater, als er starb und vor seinem Hinscheiden sagte, wir sollen sein Gedächtnis im Segen erhalten?«

55] Und die Söhne stritten und zankten darüber miteinander von der Frühe bis zum Untergange der Sonne.

56] Sie wollten ein Denkmal setzen — der eine von Holz, der andere von Marmor. Der eine wollte, daß die Ueberschrift lang, der andere aber, daß sie kurz sein sollte. Der eine wollte dieses Denkmal in den Garten, der andere aber an der Wegscheide setzen.

57] Am nächsten Tage kamen sie wieder zusammen und fingen von neuem an, miteinander zu hadern.

58] Um die elfte Stunde aber, als es Abend ward und die Sonne sich neigte, ging Malkah allein zum Grabe und kniete da nieder, pflanzte einen Rosenstock auf das Grab des Vaters und benetzte denselben mit den Tränen ihrer Liebe.

59] Wahrlich, Ich sage euch: Sie hat das beste Denkmal dem Vater gesetzt und hat allein seinen Willen vollkommen erfüllet!

60] Ihr [Pharisäer und Sadduzäer] seid gleich den beiden Söhnen! Mit Holz und Steinen, mit Blut und Rauchwerk wollt auch ihr den Vater im Himmel ehren; aber eure Herzen sind ferne von Ihm!

61] Ihr könnet lange Gebete auswendig und noch längere traget ihr auf langen Streifen bei euch, damit die Menschen von euch glauben sollen, als wäret ihr groß, mächtig und angenehm vor Gott.

62] Aber das lebendige kurze Gebet im Herzen ist euch fremd, da ihr den Vater nicht kennet und Ihn noch nie erkannt habt.

63] Ihr saget gleichwohl: Wenn ein »ungereinigter« Sünder vor Gott betet, so sündiget er noch ärger! — O ihr habsüchtigen, mörderischen Betrüger des Volkes! Was sollen demnach eure Gebete sein, da ihr doch stets vom Anbeginne schon voll Greueltaten, voll Hurerei und Ehebruches waret! Propheten habt ihr gemordet und getötet alle, die euch nicht opferten in großen Massen, und ihr saget noch: »Wir sind Kinder Abrahams, Isaaks und Jakobs!«

64] Abraham, Isaak und Jakob erkannten aber den Vater, als Er zu ihnen kam. Was ist's denn, daß ihr Ihn nicht erkennet, da Er zu euch gekommen ist? — Weil ihr Kinder des Teufels, aber nicht Kinder Abrahams seid!

65] Ich aber sage euch: Diesmal wird es der Vater mit euern »Sündern« halten und wohnen in ihren Häusern und wird Kost nehmen bei den Zöllnern. Euch aber wird Er schlagen mit der äußersten Finsternis, damit an euch erfüllet werde, was der Prophet Jesaja spricht, indem er sagt:[1]

66] »Wer hat den Gerechten vom Aufgange erweckt, wer rief Ihn, daß Er ging? Wer gab die Heiden und Könige vor Ihm hin, daß Er ihrer mächtig ward, und gab sie Seinem Schwerte wie Staub und Seinem Bogen wie zerstreute Stoppeln?«"

67] Viele bekehrten sich durch diese Rede.

68] Als aber darunter mehrere Pharisäer und Sadduzäer gewaltig zu schmähen anfingen und Er darum auch aufgehört hatte zu reden, da sprach Er zu Simon:

69] „Fahret auf die Höhe und werfet eure Netze aus, auf daß ihr einen guten Zug tuet!"

70] Das Fernere ist zu ersehen im Evangelium des Lukas, 5. Kapitel.

71] Diese Rede aber haben von Mir auch bekommen: Geiring, Tauler, Tersteegen, Lavater, Stilling und einige andere euch weniger Bekannte; darunter euch nur der Witschel bekannt ist. — Rom und andere Höfe haben sie wohl auch; aber sehr entstellt.

☆

Die Himmelfahrt Christi

Am 24. Mai 1843

Höret ein nicht bekanntes Evangelium über die Himmelfahrt des Herrn [, die da stattfand] in Bethanien auf einem Berge, welcher aber zuvor keinen Namen hatte und darum erst nach der Auffahrt des Herrn den Namen bekam: die „Höhe des Herrn", auch „Höhe der Auffahrt", nach einigen auch „der Weg in die Höhe Gottes".

2] Wie lautete aber dieses freilich wohl nur kurze Evangelium? — Also lautete es damals allgemein, erzählt von allen Augenzeugen:

3] „Nach dem Erscheinen des Herrn am See, da Seine Brüder[2] einen Fischfang taten, verweilte der Herr noch etliche Tage unter ihnen und enthüllte ihnen tiefe Geheimnisse des inneren Lebens.

---

[1] Kap. 41, V. 2. — [2] d. h. Seine geistigen Brüder, die Jünger; d. Hsg

4] Was Er aber in dieser Zeit zu ihnen redete, durfte nicht aufgezeichnet werden, der Menge wegen und [um] des Unverstandes der Welt willen.

5] Es waren aber da nicht alle Seine Brüder und Jünger zugegen, sondern nur vorzüglich Seine Lieblinge. Solche aber waren: Petrus, Jakobus, Philippus, Jakobus der Kleinere, Andreas, Matthäus und Johannes.

6] Zwei Tage aber vor einem Sabbate sprach der Herr zum Petrus: »Simon, da du Mir dreimal in deinem Herzen geschworen hast, daß du Mich liebest, auf daß du weidest Meine Schafe, so gehe denn hin und verkündige es den andern Brüdern, daß der Herr Herr ihrer harret!«

7] Und der Simon Petrus ging und tat, was ihm der Herr geboten hatte.

8] Als aber die andern Brüder solches erfuhren, da verließen sie sobald Jerusalem und zogen hinaus gen Bethanien und viel Volkes mit ihnen, das da auch glaubte an das Wort des Herrn.

9] Da sie aber an die Stelle kamen, da der Herr weilte mit den sechsen, glaubten viele, daß es der Herr sei, der da gekreuzigt worden war. — Aber es waren auch viele unter dem Volke, welche nicht glaubten und den Herrn für einen verkleideten Jünger hielten, der dem Herrn ähnlich wäre von Gesicht und Person.

10] Der Herr aber öffnete Seinen Mund und sprach zu Seinen Aposteln:

11] »Verwahret euch noch zehn Tage lang, dann werde Ich euch den Heiligen Geist senden und geben. Nicht einen fremden Geist werde Ich euch senden und geben, sondern Meinen Geist der Liebe und aller Weisheit werde Ich euch senden und geben, auf daß ihr mächtig werdet durch ihn, wie Ich mächtig war unter euch durch den Vater, der Mich gesandt hat in Seiner Fülle zu euch aus der Höhe aller Heiligkeit Gottes.

12] Wie aber der Vater in Mir ist und Ich in Ihm und wir eines sind gewesen von Ewigkeit, also werdet auch ihr und Mein Geist in euch eins sein bis ans Ende der Welt.

13] Ich zwar werde euch jetzt sichtbarlich verlassen, und ihr werdet Mich hinfort mit den Augen eures Fleisches nicht mehr sehen. — Aber in Meinem Geiste werde Ich bei euch verbleiben bis ans Ende der Welt. Und dieser Mein Geist wird euch in alle Weisheit leiten und wird euch alles geben, was ihr erbittet in Meinem Namen.

14] Ich aber kann also hinfort nicht unter euch verweilen, sondern um eures ewigen Heiles willen muß Ich auffahren in die Höhe Meiner ewigen Herrschaft, auf daß Ich euch bereite eine bleibende Wohnstätte im Reiche der Himmel.

15] Jetzt könnet ihr zwar noch nicht dahin, wohin ihr Mich werdet ziehen sehen; wenn aber eure Stunde kommen wird, da werdet ihr auch dahin ziehen können, wohin ich nun ziehen werde.

16] Wenn ihr aber den Geist aus Mir werdet überkommen haben, dann ziehet aus nach allen Landen der Erde und lehret alle Völker, was Ich euch gelehret habe und was ihr gesehen habt, und taufet sie dann im Namen des Vaters, des Sohnes und des Heiligen Geistes in euch.

17] Und welche da eure Lehre annehmen werden und werden von euch getauft werden, wie Ich getaufet ward im Flusse Jordan von Johannes, über die wird auch sobald der Heilige Geist aus Mir kommen und wird in ihren Herzen zeugen von Mir vor euren Augen.«

18] Nach diesen Worten hauchte der Herr alle Seine Apostel an und sagte darnach zu ihnen:

19] »Dies ist Mein Geist! Wie Ich einst dem Adam eine lebendige Seele in seine Nüstern hauchte, also hauche Ich in euch nun Meinen lebendigen Geist zum voraus, auf daß ihr auch nicht einen Augenblick als Waisen dastehen sollet!

20] Nehmet also hin diesen Meinen Geist, auf daß ihr wissen möget, wer da ist ein Sünder! Dem Reuigen wird dieser Mein Geist die Sünden erlassen in Meinem Namen; dem Verstockten aber wird Mein Geist in euch die Sünde vorenthalten. Desgleichen [tuet] auch ihr in Meinem Namen!

21] Löset also und bindet auf Erden — und es wird desgleichen auch im Himmel gelöset oder gebunden sein!

22] Richtet aber niemanden und verdammet keine Seele, wollet ihr der Rache der Welt nicht zu früh in den Rachen fallen!«

23] Nach diesen Worten bestieg der Herr den kleinen Berg, und eine lichte Wolke nahm Ihn auf. Und Er ward sobald unsichtbar vor den Augen aller Anwesenden. Und viele Ungläubige wurden dadurch bekehrt.

24] Es kamen aber bald zwei lichte Männer von oben, gaben Zeugnis vom Herrn, verhießen Seine einstige Wiederkunft, verschwanden dann. Und die Brüder und das Volk kehrten frohlockend wieder nach Jerusalem."

☆

Der schönste Sieg

Am 2. Juni 1843

Ein Wörtchen für Pauline H.

Kein Sieg ist schöner als der, den Liebe und Wahrheit erkämpfet. Wer aber möchte wohl zählen alle die Heere von Feinden der himmlischen Liebe und Wahrheit, die verderblichen Waffen alle — und dazu noch berechnen den Grimm der Feinde, mit welchem diese beiden herrlichen Schwestern noch allezeit bedräuet wurden!? Wie ein gewaltiger Sturm brausten die Feinde gegen sie heran und wie Wogen im sturmbewegten Meere tobten sie hin und her.

2] Aber der allmächtige Herr im Himmel wußte noch allezeit ihrer Wut zu spotten. Er Selber schützt das kleine Häuflein, das für Liebe und Wahrheit lebt und streitet. Er gibt ihm Mut, Kraft, Geisteshöhe, Seelengröße, Vertrauen, Ausdauer und Sieg. Und die Feinde mit all ihren Waffen und ihrem Grimme müssen verstummen, als wären sie nie gewesen.

3] Die gute Sache siegt, und ein hoher, heiliger Triumphgesang ertönt von einem Weltende zum andern. Und dann wird ein jeder Tag ein Festtag des Geistes sein, der da ein Sieger ward in der Liebe und aller Wahrheit aus ihr!

4] Lassen wir daher den Türken seinen Feiertag, den Juden seinen Sabbat und den Namenchristen den Sonntag feiern! Wir aber wollen jeden Tag feiern in der Liebe zum Herrn, unserem allerbesten, heiligen Vater in Jesu Christo! Dadurch werden wir im Lichte wandeln und uns allezeit des Sieges erfreuen im Herrn, der da ist die ewige Liebe, Weisheit und Wahrheit Selbst.

5] Sein heiliger Name sei allezeit hochgelobt und gepriesen! Amen.

☆

Das Bethaus mit den zwei Wahrzeichen

Am 2. Juni 1843

Für Wilhelmine H. ein kleines, wohlzubeherzigendes Gleichnis.

In einem Orte stand ein großes Bethaus, und dieses Bethaus hatte zwei Glockentürme. Der eine war geziert mit einem Kreuze, der andere aber mit einer Wetterfahne.

2] Ein ehrbarer Vater ging in irgendeinem Geschäfte mit seiner zwölfjährigen Tochter gerade des Weges an dem doppeltürmigen Bethause vorüber. Da bemerkte die scharfsichtige Tochter den grellen Unterschied der Zier auf den Türmen und fragte darob den Vater:

3] „Guter Vater! Was hat doch solches wohl zu bedeuten, daß da der eine Turm mit einem Kreuze, der andere mit einer Wetterfahne geziert ist?"

4] Und der Vater erwiderte der Tochter: „Siehe, das ist ein doppeltes Merkzeichen für denkende Menschen! — Das Kreuz auf dem einen Turme erinnert uns an die alte Kirche, die da feststand im Glauben und in der Liebe zu Gott. — Der Wetterfahne des anderen, neueren Turmes aber gleicht die jetzige Kirche. Sie läßt sich auch durch allerlei Weltwinde umherdrehen und -treiben in ihrer Lehre sowohl als in ihrem Handeln und wird bald selbst nicht mehr wissen, wer in ihr Koch oder Kellner ist!"

5] Die Tochter aber sah dem etwas ereiferten Vater ins Angesicht und sagte darauf: „Lieber Vater! Ereifere dich doch nicht so sehr, denn die Fahne mag ja doch auch ihren Nutzen haben! — Zudem habe ich dich selbst schon öfter nach der Fahne als nach dem Kreuze blicken gesehen!"

6] Und der Vater erwiderte: „Ja, ja, du hast recht, mein Kind! Siehe, es ist aber auch notwendig, damit man von der großen Unbeständigkeit des Kirchenwetters nicht benachteiligt wird in der Gesundheit seines Geistes! — Verstehst du solches?"

☆

Ein denkwürdiges Protokoll

Teils nach mündlicher Erzählung, teils nach kleinen Aufschrieben Jakob Lorbers niedergeschrieben von Anselm Hüttenbrenner.

Am 18. Februar 1842, als Jakob Lorber eben am 159. Bogen des Hauptwerkes[1] schrieb und an die Stelle gelangt war, wo die Naëme zu Jehova spricht: „Ich aber bin ja ohnehin eine traurige Frucht der Nacht und der Sünde und trage, als der Sünde allzeit sichere Strafe, schon in mir den ewigen Tod“ — da erschien dem Schreiber des Wortes Gottes sein am 15. September 1841 in einem Alter von 75 Jahren verstorbener musikalischer Freund, der Kapellmeister und Orchesterdirektor Ed. H., sehr düster und blaß aussehend, ärmlich gekleidet, und sprach zu Jakob Lorber:

2] „Lieber Bruder, mir geht es schlecht! Ich und noch mehrere, die mit mir sind, wir gleichen herrenlosen Hunden. Wir müssen gewaltig Hunger leiden. Ich lebe von alten, harten Stückchen Brotes, die ich in meiner Rocktasche finde, so oft mich hungert. Anderen geht es noch viel schlechter, die verzehren faules Holz, ja manche essen sogar ihren eigenen Unrat.“[2]

3] Jakob Lorber ermahnte seinen Freund, daß er sich nur an den Herrn Jesus wenden solle, dann werde er schon mehr und bessere Kost bekommen.

4] Tags darauf, am 19. Februar 1842, kam E. H. wieder zu Jakob Lorber und erzählte ihm, daß er auf einer Schaubühne ein mit einem lieblichen Antlitze versehenes Frauenzimmer von kolossaler Größe erblickt habe. Ihre Füße seien beinahe so dick wie ein Halbstartinfaß[3]. Anfänglich sei sie ihm bekleidet erschienen, dann aber habe sie sich ihm ganz nackt gezeigt, und er, E. H., sei immer genötigt, sie anzuschauen.

5] Jakob Lorber bedeutete seinem Freunde, daß er seine Augen nur abwenden solle von dieser entblößten Weibsperson und solle dafür gläubig auf den Herrn sehen. Diese nackte Gestalt sei die aus dem E. H. durch Hilfe des Herrn hinausgetretene fleischliche Begierde.

[1] „Die Haushaltung Gottes.“
— [2] Die in ungeläutertem Zustande von der Welt abscheidenden Seelen gelangen zunächst in einem traumartigen, seelisch-geistigen Innenleben zur Weiterentwicklung. Was sie dabei in sich schauen und erleben, ist nicht objektive Wirklichkeit, sondern eine von den belehrenden Schutzmächten beeinflußte Vorstellung ihrer Phantasie. (Vergl. „Unsterblichkeit und Wiedersehen“, S. 19 ff.; „Großes Evangelium Johannis“, Bd. 7, Kap. 66, 11 ff.) Von diesem Gesichtspunkte aus sind auch die Angaben des Geistes E. H. zu verstehen. D. Hsg.
— [3] Startin, steirisches Flüssigkeitsmaß.

6] Auf die Frage, wie es dort aussehe, wo E. H. sich jetzt befinde, sagte dieser, daß der Ort seines Aufenthaltes ein gar trauriger sei. Man sehe keine Berge, keine Häuser, keine Tiere, keine Pflanzen; alles sei in dichten Nebel gehüllt.[1]

7] Beim dritten Besuche erzählte E. H., daß er endlich ein gar schmales Tal zwischen zwei hohen Bergen entdeckt habe, welches sich aber nach und nach so sehr verengte, daß er nicht weiter wandern könne, sondern bloß durch eine Spalte eine gar freundliche Gegend erblicke. Und würde er auch durch diese Spalte hindurchdringen können, so könnte er doch in jene schöne Landschaft deshalb nicht gelangen, weil er ein tiefes Gewässer zuvor passieren müßte.

8] Beim vierten Besuche, am 21. Februar, berichtete E. H. mit Freuden, daß er glücklich durch die Spalte und übers Wasser in jene anmutige Gegend gelangt sei, woselbst sich ein kleines, artiges Städtchen befinde. Da habe er zu seiner nicht geringen Verwunderung eine Geigenhandlung und in selber die prächtigsten Violinen von Amati, Guarneri und Stradivari angetroffen, Instrumente „zum Küssen"!

9] Jakob Lorber bedeutete ihm darauf, er solle sich in die Anschauung dieser Lieblingsinstrumente nicht vertiefen, sondern einzig und allein an den Herrn denken.

10] Zum fünften Male, am 22. Februar, kam E. H. wieder und sagte, er sei von jenem Städtchen in eine ziemlich große Stadt gekommen, wo heute eben Händels Kantate „Timotheus" von einer zahlreichen Musikgesellschaft zur Aufführung komme. Er könne heute nicht lange bei Jakob Lorber bleiben, seine Freunde seien bereits dahin gegangen, wo die Kantate aufgeführt werde, und er müsse bald auch dahin eilen; denn er brenne vor Begierde nach diesem musikalischen Genusse.

11] Jakob Lorber hielt ihn jedoch ab vom Besuche dieses Konzertes und sagte, daß er sich durch keinen wie immer gearteten Genuß vom Suchen des Herrn abhalten lassen solle.

12] Am 23. Februar ist E. H. dem Jakob Lorber nicht erschienen. Dagegen kam er am 24. Februar 1842 zum sechsten Male zu Jakob Lorber und sagte, daß er gestern wegen Erblindung nicht habe kommen können. Er sei nämlich zu einer brennenden Stadt gelangt, und der starke Qualm habe ihn bis heute der Sehe beraubt.

13] Darauf antwortete Jakob Lorber seinem Besucher: „Wenn du wieder zu der brennenden Stadt kommen solltest, dann spreche nur

[1] Entsprechend dem Seelenzustande des E. H.! D. Hsg.

alsbald folgende Worte, und es wird sogleich besser mit dir werden, und der herbe „Qualm", wie du sagtest, wird deine Augen nimmerdar erblinden machen. — Also aber lauten die mächtigen Worte:

14] »O Du mein so lange von mir großem Sünder und Toren allergröbst verkannter, allbarmherzigster Herr Jesus! — Siehe gnädig auf mich groß irrenden Sünder und Toten herab und helfe mir, freilich Deiner Hilfe unwürdigstem Sünder aus dieser meiner großen Not! — O sende nur einen allergeringsten Diener Deiner Erbarmung zu mir herab in diese Tiefe des Verderbens und lasse mich nicht völlig zugrunde gehen, sondern beschütze mich vor den Flammen und dem Qualme dieser großen Stadt! — Dein heiliger Wille geschehe! Amen.«"

15] E. H. fragte darauf: „Was bedeutet denn diese brennende Stadt?" — Jakob Lorber sagte: „Siehe, lieber Freund, das ist die arge Welt in uns! — Sei unbesorgt und vertraue auf den Herrn Jesus, so wird es schon bald besser werden mit dir. Heute wird sicher ein Bote vom Herrn an dich abgesendet werden."

16] Weiter fragte E. H., ob er auch das „Vaterunser" beten dürfe. — „Jawohl", antwortete Jakob Lorber, „das versteht sich von selbst! So du das heilige Vaterunser beten kannst, da tue es nur immerhin! Es wird dir großen Nutzen bringen!"

17] E. H.: „Darf ich zu dir kommen, wann ich will?"

18] Jakob Lorber: „Kannst ja kommen, wann du willst! Du weißt ja, daß es mich allzeit freut, wenn du kommst!"

19] E. H.: „Du, aber deine Hausfrau hat wohl gar keinen Glauben!?"

20] Jakob Lorber: „Lassen wir die Hausfrau! In der weiten Schöpfung Gottes wachsen doch allerlei Kräuter mit heilenden Kräften!"

21] E. H.: „Darf ich bei dir bleiben?"

22] Jakob Lorber: „Kannst ja hier bleiben, so lange du magst, kannst und darfst. — Ja, ja — du hast noch keinen Geisterverband. Bleibe daher nur. — Jetzt aber muß ich wieder an mein Geschäft! — (Dieser Besuch am 24. Februar fand von 9 bis ½10 Uhr vormittags statt, als Jakob Lorber eben in der Fortsetzung des Hauptwerkes begriffen war.)

23] Am 5. März 1842, vormittags ½11 Uhr, erschien E. H. zum siebenten Besuche nur auf einige Augenblicke dem Jakob Lorber, als dieser eben eine Klavierlektion gab — und sagte zu ihm: „Lieber Bruder, ich will dich nicht stören! Ich habe noch immer einen Führer, kann aber tun, was ich will. Vielleicht komme ich heute abend wieder zu dir." — E. H. sah an diesem Tage *kleiner* aus als die früheren Male. — Abends ist er nicht gekommen.

24] Am 7. März 1842, vormittags, kam E. H. zum *achten* Male zu Jakob Lorber mit den Worten: „Guten Morgen, guten Morgen, lieber Freund!" — Jakob Lorber erwiderte diesen Gruß mit ebendenselben Worten und fragte den E. H., wie er mit dem „Führer" ausgekommen und wie es ihm in der Zwischenzeit ergangen sei.

25] E. H. erzählte, daß sein Führer kein trockener Bruder und nichts weniger als ein Jesuit sei. Er sei ein ganz fideler Gefährte und lasse ihm volle Freiheit, zu tun, was er nur wolle. Er habe mit dem Führer das Theater besucht, auch seien sie in eine Gesellschaft gekommen, wo Quartette gespielt werden. Er, E. H., habe auch ein Solo auf der Violine vorgetragen. Dann seien sie in einen Weingarten geraten, wo die ausgesuchtesten Weine aufgetischt wurden und wo sehr reizende Mädchen zugegen gewesen seien. Er habe aber, nachdem er vom allerbesten Weine getrunken, leider wieder seine *Sehkraft verloren*, und es wurde um ihn her alles wieder so neblicht und finster wie anfänglich.

26] Jakob Lorber erwiderte hierauf: „Du warst also im Besitze der vollen Freiheit! Hast du dich wohl überall, wohin dich dein Führer geleitete, abgewendet von all den mir erzählten Ueppigkeiten und dafür nach meiner Anweisung dich überall an den Herrn Jesum Christum, den Gekreuzigten, gewendet?"

27] Antwort: „Darauf habe ich rein vergessen!"

28] Jakob Lorber: „Ja, mein lieber Freund, siehe, da hast du *groß gefehlt*! — Und dein zweiter Weg wird beschwerlicher sein als der erste! — Warum hast du mich denn nicht gehört und bist nicht meinen Worten gefolgt?"

29] E. H.: „Was soll ich jetzt tun?"

30] Jakob Lorber: „Was du jetzt tun sollst? — Hast du das *Gebetlein* noch? — (E. H. bejaht es.) — Nun gut, so bete es unablässig, ja so lang, bis es wieder helle wird um dich her und dir der Herr vielleicht wieder einen Führer senden wird! — Dann aber sei klüger und lasse dich von ihm nirgends mehr hingeleiten denn allein zum *Herrn*! — Wollte Er, um dich zu versuchen, dich irgendwo anders hinführen, dann bitte ihn, daß er dich nur zum *Herrn* geleiten möge durch Wort, Rat und Tat!"

31] E. H. beteuerte, daß er von nun an bloß den Herrn suchen wolle und daß er selbst dem Erzengel Michael nicht Folge leisten würde, so ihn dieser woanders hinführen wollte als zum Herrn.

32] Jakob Lorber sagte darauf: „Ja, Freund, bleibe ewig treu diesem deinem Vorsatze! Der Herr sei mit dir!“

33] Schließlich fragte E. H., wann er wiederkommen dürfe?

34] Jakob Lorber: Allzeit, wann du willst! Lebe wohl in Gott! Amen.

35] Am 18. März 1842, gegen 3/4 7 Uhr abends, saß ich, Ans. H., mit Jakob Lorber im Gasthause „Zum grünen Anger“. Wir hatten eben ein Gespräch beendet und waren einige Minuten stille und nachdenkend, da ergreift mich Jakob Lorber plötzlich beim Arme und sagt: „Sie, der H. ist wieder da!“

36] Ich betrachtete den Jakob Lorber während seines Schauens und seiner geistigen Unterredung und fand, daß sein Angesicht sich etwas entfärbte und sein Blick sich auffallend veränderte.

37] Die Anwesenheit des Gastes aus dem Hades mochte etwa 5 bis 7 Minuten gedauert haben, da erzählte mir Jakob Lorber den Inhalt seiner Unterredung mit E. H. wie folgt:

38] E. H. fragte: „Wo bist du denn jetzt, lieber Bruder?“

39] Antwort: „Beim grünen Anger.“

40] E. H.: „Bist du allein?“

41] Antwort: „Nein! Dein guter Freund Anselm Hüttenbrenner sitzt neben mir.“

42] E. H.: „Den grüß' mir recht herzlich!“

43] Ich fragte den Jakob Lorber, wie E. H. aussehe und welchen Platz er einnehme. — Jakob Lorber sagte, sein Aussehen sei freundlich und er schwebe über dem rechts neben ihm, Lorber, stehenden Sessel.

44] E. H. erzählte darauf bei diesem seinem neunten Kommen, daß er seinen jetzigen Führer erkannt habe. Es sei sein Ururgroßvater. — Das allergrößte Wunder aber sei das, daß Christus Gott und Mensch sei! — Er, E. H., werde nun bald in ein Kollegium kommen, wo er über Christus Belehrung erhalten werde. — Schließlich sagte er, er sei schwer gestorben, da er ohne Glauben an Christus gestorben sei.

45] Am 20. März 1842, nach 2 Uhr nachmittags, ging Jakob Lorber vom Hause des Ans. H. durch die Wickenburggasse gegen die Kettenbrücke zu. Unterwegs kam E. H. wiederum — es war das zehnte Mal — zu ihm und sagte: „Bruder! Ich fühle mich so schwer beladen! Mein Führer darf es mir nicht sagen, was es ist, das mich so drückt."

46] Jakob Lorber sagte hierauf: „Ich habe kein Verbot, es dir zu sagen, was dich so belastet. Siehe, es ist das Kreuz Christi! — Betrachte es aber für eine große Gnade des Herrn, daß Er dir jetzt Sein Kreuz aufbürdet, da du es in der Welt nicht zu tragen Lust hattest!"

47] E. H. erwiderte: „Ja, ja, ich sehe es schon ein. Ich verstehe es schon, du hast recht!"

48] Am 23. April 1842, nachmittags um 1/4 4 Uhr, wusch sich Jakob Lorber die Augen mit Wasser im Schlafzimmer des Ans. H., da erschien ihm E. H. außerordentlich klein, nicht viel über einen Schuh hoch, freundlichen Angesichts. Er sagte bei diesem elften Besuche, daß er noch denselben Führer habe, er sei nicht ferne vom Himmel. Den Herrn habe er aber noch nicht gesehen. Jeder, der auf dieser Erde nicht zum Kinde geworden, müsse zum Kinde werden, ansonst er nicht zum Herrn gelangen könne. „Unsereinem", fuhr er fort, „geht es dort gerade so wie einer Hure, die durch den übermäßigen Genuß mit vielerlei Unrat und ansteckenden Stoffen angefüllt wurde. Werden deren Leibesteile nicht völlig gereinigt und wieder in Ordnung gebracht, so kann eine solche Hure nicht Mutter werden. Geradeso steht es mit unserem Geiste [1], der auch von allem Schlamme gesäubert und, da er sich zu sehr ins Sinnliche ausgedehnt hat, erst in die Enge getrieben, d. h. klein werden muß, um dann von neuem wachsen anfangen zu können." — Weiter sagte E. H., daß er ein großes Feuer gesehen habe. Jetzt wisse er noch nicht, was dasselbe bedeute. Morgen komme er aber gewiß wieder und werde hoffentlich darüber Aufschluß erteilen können.

49] Am 25. April 1842, nachmittags um 6 Uhr, kam E. H. zum zwölften Male zu Jakob Lorber und sagte ihm: „Das Feuer, das ich letzthin sah, hat mich umfangen. Und da ich nun in diesem Feuer stehe, sehe ich es nicht mehr. Aber es brennt mich dennoch unaussprechlich stark. Aber ich werde stärker und größer in diesem Feuer! Anfangs war der Schmerz unerträglich. Aber so sehr es mich auch von außen brennt, so aber tut es mir doch überaus wohl im Herzen. Ich sage dir, lieber Bruder, in diesem Feuer möchte ich ewig verbleiben. — Doch jetzt muß ich wieder gehen und werde dir nächstens mehreres davon kundgeben. — Lebe wohl!"

[1] d. h. der Seele des Menschen; d. Hsg.

50] Am 3. Mai 1842, abends nach 1/2 9 Uhr, spielte ich, Ans. H., Klavier. Jakob Lorber hörte zu. Und währenddem erschien ihm E. H., wohlaussehend und größer als letzthin.

51] Der Freund sagte, das Feuer, von welchem er umgeben worden, bedeute den Kampf seiner Leidenschaften mit der Liebe des Herrn. Das äußere, brennende Feuer seien die Leidenschaften, das innere, wohltuende Feuer sei die Liebe des Herrn. Nachdem er durch dieses Feuer gereinigt worden, habe er sich in eine ganz öde Gegend versetzt gesehen, nackt und von allen verlassen. Da sei er in einen tiefen Schlaf versunken und in einen gar schönen Traum, der aber nicht Traum, sondern Wirklichkeit sei. — Er befand sich an der Grenze des Kinderreiches, wo es so herrlich sei, daß er ewig dableiben möchte.

52] Sein Führer sei zu ihm gekommen und habe gesagt, er, E. H., könne, wenn er wolle, hier mit allen den Geistern sprechen, die er nur immer zu sprechen wünschte, auch mit Beethoven, Händel usf. — E. H. verlangte aber gar nicht darnach, sondern betrachtete nur immer ein gar schönes Licht, das in der Morgengegend des Kinderreiches glänzte. Und er hoffte, in diesem Lichte den Herrn zu erblicken. Er wolle nun nichts anderes als den Herrn sehen.

53] Schließlich sagte E. H., daß er nur noch zweimal zu Jakob Lorber kommen werde.

54] Am 8. Juli 1842, nachmittags gegen 4 Uhr, sah Jakob Lorber im Zimmer des Ans. H. den E. H. zum vierzehnten Male wieder. — Dieser erzählte, er sei noch immer an der Grenze des Kinderreiches, in welchem er sehr glänzende Stellen erblicke. Auch sehe er noch immer ein sehr helles Licht über einem Gebirge im Osten des Kinderreichs. Den Herrn habe er aber noch nicht erschauen können.

55] Er habe noch stets denselben Führer. Aber es komme zuweilen noch ein anderer Führer zu ihm, der aber ein ganz gewöhnliches Aussehen habe. Dieser zweite Führer spreche nur mit dem ersten Führer; mit ihm, E. H., spreche er nichts.

56] Jakob Lorber bedeutete dem E. H., er solle auf diesen zweiten Führer (der immer aus dem Kinderreiche herkommt) ein ganz besonderes Augenmerk haben.

57] E. H. sagte noch, er dürfe jetzt nur noch einmal zu Jakob Lorber kommen. — Sein Aussehen war heiter, die Kleidung gräulichblau.

58] Am 23. August 1842, vormittags um 1/2 8 Uhr, kam E. H. zum fünfzehnten und letzten Male zu Jakob Lorber und sagte, daß er sich in einer Gesellschaft seinesgleichen befinde und daß da jeder seinen Führer habe, der sich aber zuweilen entferne und dann wiederkomme. — Mit dem andern, [gewöhnlich aussehenden] Führer habe er bisher noch nicht sprechen können. Dieser spreche nur mit den übrigen Führern, die vor demselben eine besondere Hochachtung zu haben scheinen. Ihm, E. H., gehe es übrigens wohl.

59] Jakob Lorber sah diesmal den E. H. nicht, sondern fühlte nur seine Anwesenheit und hörte ihn reden.

60] Da E. H. seit dem 23. August 1842 sich nicht mehr dem Jakob Lorber geistig genaht hat, so wird dieses „Protokoll" sonach für abgeschlossen angesehen.

Graz, am 13. Juni 1843 Ans. H.

☆

Kreuzesschule im Jenseits

Am 13. Juni 1843

O Herr! Da unser lieber Freund und Bruder E. H.[1] seit 23. August 1842 nichts mehr von sich hören und sehen läßt, so bitte ich Dich demütigst, Du mögest aus Deiner großen Liebe, Gnade und Erbarmung zu dem über seine 15 Erscheinungen geführten Protokolle, welches ich nun für abgeschlossen betrachte, ein Amen hinzufügen.

O ja, das kann Ich schon! Aber da erwartet ja nicht, daß Ich euch etwa unnötige Aufschlüsse über jemanden geben werde, der sich noch lange nicht völlig zu Mir wenden mag und lieber stets von neuem zurücksinkt in seine alte Gewohnheit, die da ist ein wahres „eisernes Hemd voll Rostes", das sich so bald nicht vom Leibe des Geistes schaffen läßt, wie ihr etwa meinen möchtet.

2] Ich sage euch aber daher auch: Leget noch beizeiten eure fleischlichen Gewohnheiten ab, sonst wird es euch um nichts besser ergehen als eurem Freunde, der nun zwar auch recht viel Gutes hört und weiß; wenn es aber aufs Handeln darnach ankommt, so macht er es wie ihr und noch manche euresgleichen auf Erden, die da wohl vom Kreuze recht gerne erhaben und würdevoll reden hören — aber nur auf ihre Schultern darf es nicht kommen. Ist das, wenn auch nur leise versuchsweise der Fall, dann fliehen sie gar bald dem Kreuze davon und sind dann nicht leichtlich wieder unter das Joch des Querholzes zu bringen.

[1] Gestorben zu Graz am 15. Sept. 1841, 75 Jahre alt.

3] Solange aber jemand das **Kreuz** nicht mit großer **Freude** aufnimmt, so lange ist auch von einer völligen **Wiedergeburt** des Geistes weder hier noch jenseits eine Rede.

4] Wer da schwach ist hinsichtlich der **Fleischliebe** — sei es Mann oder Weib — der wird so lange in dieser Schwäche versucht werden, bis er den letzten Tropfen solch unreiner Liebe aus sich verbannt hat. Und solange solches nicht erfolgt ist, kann er nicht eingehen in sein Innerstes, allda das Reich Gottes seiner harret.

5] Wer da ist ein **Schwelger**, der wird versucht durch gute Bissen. Solange ihm aber diese überaus gut schmecken und er stets einen starken Appetit nach ihnen hat, wird es mit ihm auf keinen Fall besser. — Er muß **freiwillig** sein Kreuz nehmen, welches besteht aus tüchtigem Fasten, und muß unter diesem für ihn sehr schweren Kreuze **aus Liebe zu Mir** eine gänzliche Abneigung gegen die guten und wohlschmeckenden Bissen bekommen, wenn es mit ihm besser werden soll.

6] **Und so wird jeder in seiner Schwachheit und weltlichen Gewohnheit dereinst sein sicheres Kreuz finden, welches ihm in der geistigen Welt viel zu schaffen machen wird**, wenn er es nicht auf **dieser** Welt mit freilich viel leichterer Mühe völlig oder wenigstens zum größten Teile **siegreich** über sich gebracht hat.

7] Der **reiche Jüngling** im Evangelium aber ist ja ein laut sprechender Beweis dafür, wie **schwer** die Gewinnung des Reiches Gottes ist, wenn das Herz noch mit Weltlichem belastet ist.

8] Sehet, also gehet es auch dem [Freunde], um welchen ihr fraget! — Derselbe hat einige Gewohnheiten pickfest mit hinübergenommen, von denen er nicht oder nur sehr langwierig und sehr schwer zu befreien ist. Verloren kann er wohl nie werden, solches wisset ihr bereits. Aber wie lange er noch seine bedeutenden Schwächen nähren wird, dies ist eine ganz andere Frage.

9] Denn im Geiste kann jemand, der das Kreuz scheut, alles, wonach es ihn gelüstet, so lange haben, als er frei und unabhängig sein will. Mit einem solchen Geiste ist aber nicht viel zu richten. Wenn er aber einmal durch häufige Witzigungen, welche aus seinen Schwachheiten entspringen, erst eines besseren und festeren belehrt wird, so kann es schon nach und nach besser mit ihm werden.

10] Wenn ihr den Freund aber jetzt fragen könntet, wie es ihm geht, so **würde** er euch vollkommen zufrieden antworten. Denn nach seinem Urteile geht es ihm überaus gut. Aber nach dem besseren Urteile des Himmels sicher nicht; denn dieser ist noch so ziemlich ferne von ihm.

11] Warum aber kommt er im Geiste nicht mehr zu euch? Weil er euch in manchen Stücken für „läppisch und dumm" erkannt hat. Er wird auch fürder nicht leichtlich mehr kommen, da es ihm [nach seiner Meinung] also besser geht.

12] Betet aber für ihn im Herzen, so werdet ihr ihm dadurch mehr nützen, als so ihr euch ferner nach seinem Zustande erkundigen möchtet.

13] Also stehen die Sachen! Schreibet sie auch werktätig hinter eure Ohren, so sollet ihr daraus Nutzen schöpfen! Amen.

☆

Von Gottes Langmut

Am 23. Juni 1843, vormittags

O Herr und allerbester, heiliger Vater! — Ich erfuhr gestern durch Deinen und meinen Freund A. H.-W., daß eine Mutter ihr Kind über eine Hyäne grausam gemißhandelt hat — und bedenke aber nun auch dabei, daß dergleichen schändlichste Grausamkeiten im noch viel potenzierteren Maße da und dort ausgeübt werden.

Sage mir doch, ob denn Du, als der allgerechteste und allmächtige Gott des Himmels, der Erde und aller Menschen solches achtest oder nicht?

Denn siehe, wenn man so die großen Zornschändlichkeiten der Menschen betrachtet, wie sie so ganz ungestraft verübt werden können, da kommt man beim besten Willen auf wenigstens den halben Gedanken, als möchtest Du Dich nicht im geringsten mehr um die Menschheit der Erde im allgemeinen wie im sonderlichen kümmern.

Sage mir daher doch, wie verhält es sich denn mit derlei scheußlichen Erscheinungen? Nimmst Du davon Kenntnis, oder läßt Du alles so ganz unbekümmert dahingehen, gehe es, wie es gehe? Oder geschieht das notwendig, und muß es also geschehen? — Was soll ich davon halten? — O Herr und allerliebevollster, heiliger Vater aller Menschenkinder auf Erden, gebe mir darüber doch einen hinreichenden Bescheid! — Dein Wille geschehe! Amen.

Zuerst muß Ich dir sagen, daß deine Frage ganz überflüssig und dazu noch sehr dumm ist. Denn so du einen Mir gleichen Gott [der Liebe] ahnest, wenn auch noch nicht auf Ihn vollkommen vertrauest und hoffest und Ihn liebest, so sollte dir schon bei der Ahnung kaum eine so törichte Frage in den Sinn kommen, geschweige erst in deinem Zustande, wo du nun schon über drei Jahre mit Mir in beispielloser Weise zu jeder Sekunde reden kannst wie mit einem Menschen deinesgleichen!

2] Fürs zweite aber habe Ich dir schon zu öfteren Malen die endlose Notwendigkeit des freien Willens der Menschen gezeigt und dir erklärt, wie davon ganz allein das ewige Leben des Geistes im Menschen abhängt und daß Ich, so Ich es erhalten will, eher Selbst sterben muß, als eben diesen freien Willen mit Meiner Allmacht nur im geringsten anzutasten. Denn die allerleiseste Berührung der Freiheit des menschlichen Willens mit Meinem Willen kostet jeden Menschen ja augenblicklich das Leben!

3] Solches alles habe Ich dir schon — wie oft! — gezeigt. Und doch kannst du Mich, den du doch schon kennen solltest, so entsetzlich dumm fragen?!

4] Siehe an das Weib Loths! Sie wurde ergriffen von Meines Willens Macht. Was aber ist aus ihr geworden?! — Zur Zeit Noahs ergriff Mein Wille die Erde. Wohin kam aber dadurch ihre Bevölkerung, und was mußte Ich darauf tun, um den Toten, den Vernichteten wieder das Dasein und das Leben zu bringen?! — Soll Ich Mich denn nun bei jeder Zornsünde der Menschen wieder von neuem totschlagen lassen, um ihnen dadurch ein neues Leben zu verschaffen?

5] Wie aber liebst du Mich denn, so du Mich fragst, warum die Menschen in ihrer Freiheit so ungestraft Arges tun — und möchtest Mich lieber zu einem Zuchtmeister als zu einem überguten Vater haben — und Mich also von neuem wieder bringen ans Kreuz?! — Hast du schon mit Menschen ein gerechtes Mitleid, wie kommt es denn, daß Ich von dir keines verdiene? Soll Ich Mich denn täglich ans Kreuz schlagen lassen?!

6] Wenn du eine törichte Mutter oder einen unsinnigen Vater sein Kind mißhandeln siehst, da bist du gleich im Harnisch und möchtest sogar hadern mit Mir, dem liebevollsten Vater, und sagst gleich keck heraus: „Aber Herr, wenn Du irgend einer bist, wie kannst Du solche Greuel ansehen?!" — Ich aber sage dir: Gerade das garstige Weib soll dir ein Evangelium sein! Denn es hat dein Gemüt empört, und du hättest sie sogleich mit höllischem Feuer bestrafen, sie also mit einem endlos größeren Tormente[1] züchtigen mögen, als womit sie ihr Kind gezüchtiget hat!

[1] Strafmittel.

7] Aber du bedenkst dabei nicht, daß alle Menschen der Erde Meine Kinder sind. Und wenn du schon die schlechte Handlung von solch einer Mutter für gemütempörend fandest, da möchte Ich nicht gerne in dein Herz schauen, was dieses zu Mir sagen würde, so auch Ich ebenso unbarmherzig auf Meine irrenden Kinder bei jedem nur einigermaßen namhaften Vergehen losdreschen möchte?!

8] Du willst, daß Ich die Menschen barmherzig machen solle. Ich aber soll schonungslos sogleich jedes irrende Kind totschlagen!? — Wahrlich, mit diesen Begriffen von Mir kannst du für die Zukunft schon hübsch fein zu Hause bleiben! — Meinst du denn, Ich sehe die Laster auf Erden nicht? — O du Tor!

9] Ich sehe sie wohl; aber noch ist es nicht an der Zeit, darum die Sonne am Himmel auszulöschen. Es wird diese frühzeitig genug für jedermann ausgelöscht werden!

10] Jenseits aber wird ein jeder den Lohn für seine Arbeit finden und bei ganz besonderen Gelegenheiten auch schon hier! — Das ist genug, und es braucht nichts mehr dazu!

11] Lerne Mich sonach besser kennen und zwinge Mich nicht, zu werden, wie du bist; sondern sei, wie Ich bin, so wirst du klüger urteilen und strafen. Amen.

☆

Der Geist und sein Leib

Am 24. Juni 1843

1] Im armen Stübchen ruht die Leiche.
Die Freunde stehn um sie herum
und seh'n noch einmal auf das bleiche
Gesicht und weinen, trauern stumm.

2] Wohl trocknen sie die heißen Zähren,
doch nicht versiegt der Wehmut Strom;
denn bald soll'n sie gar hart entbehren
den, der da war so gut und fromm!

3] Als sie dann aus der Trauerkammer
zurück sich ziehn ins Schlafgemach
und sie da hält ihr tiefer Jammer
vom Schlafe los und trauernd wach,

4] da zuckt herab ein heller Schatten
zur Bahre hin im Mondesstrahl.
Denn eh' den Leichnam sie bestatten,
will er ihn sehn zum letzten Mal.

5] „So hab' ich dich", spricht er, „verlassen,
hab wie ein Kleid dich abgelegt.
Ich kann noch kaum die Wonne fassen,
in der mein Sein sich nun bewegt.

6] Ich, nun ein freies, rein'res Wesen,
bin leicht beflügelt, hell und klar.
Ein neu Gewand ist mir erlesen,
viel hehrer als dies alte war.

7] O Tod! — wie doch so sanft gelinde
hast du im Schlummer mich entrückt!
O wie ich mich nun seligst finde
und über jeglich Maß entzückt!

8] Wie macht mich der Gedank' nun bangen,
daß nur auf eine kleine Rast
der Leib mich wieder könnt' umfangen
mit seiner schweren, toten Last!

9] Wie zogst du mich zu toten Freuden,
o Leib, oft wider Willen hin!
Wie mußte drum mit dir ich leiden
für schlechten Lohn, für Tod's Gewinn!

10] Doch fühl ich jetzt ein Mitleidsbeben
und muß hier einen Dank dir weihn;
war nackt auch unser ein'ges Leben,
so konnt' ich doch ohn' dich nicht sein!

11] Du gabst mir wohl auch manche Wonnen,
so sie, die nun der Schlaf umhüllt,
des Hauptes seelenvolle Sonnen,[1]
entzückete der Schönheit Bild.

[1] d. h. die Augen des Leibes; d. Hsg.

12] Wenn süße Tön' das Ohr umflossen,
die Hand gedrückt des Freundes Hand,
wenn meine Arm' ein Glück umschlossen
und selbst die Lippe Lieb' empfand.

13] Doch nun bist du allein geblieben.
So sink' denn auch allein zur Gruft!
Ich hab' ja alles schöner drüben,
dort in der Himmel reinster Luft!

14] Nur eins stört meinen sel'gen Frieden
und macht mir ein wehmütig Herz:
Die, welche ich ließ hienieden,
ergeben sich zu sehr dem Schmerz!

15] Ich hör' sie mächtig um mich weinen,
der süße Schlaf erquickt sie nicht!
Wie gern doch möcht' ich euch erscheinen,
umstrahlt vom hellsten, klarsten Licht!

16] Wie gerne möcht' ich euch entdecken,
welch eine Wonne mich umfleußt!
Doch würdet ihr gar sehr erschrecken.
Ihr scheut ja den verklärten Geist!

17] So will ich harren an der Schwelle
und nur ganz heimlich nach euch sehn.
Und fließt um euch des Schlafes Welle,
mit leisem Tritte zu euch gehn.

18] Da will zu eurem Haupt ich treten,
umwehen es mit sanftem Hauch,
euch segnen, liebend für euch beten
— denn solches ist der Sel'gen Brauch."

19] Dies Liedchen ist gut und wahr, daher soll es wohl recht beherziget werden! Es gibt zwar schon ähnliche Lieder in guten Reimen, aber es klebt ihnen noch so manches Irdische an, darum sie auch minder zu beachten sind.

20] Dieses aber ist geistig wahr und rein! Darum soll es denn auch beachtet sein von jedermann! Denn es stellt wirklich eine Abschiedsszene eines guten Geistes von seinem irdischen Leibe dar!

21] Ganz besonders aber sei dieses Liedchen dem Töchterchen Julie des A. H.-W. beschieden zu ihrem Leibesgeburtstage, damit sie in eben dieser Kleingabe ersehen möge, um wie vieles der Geist besser ist als der dem Tode anheimfallende Leib!

22] Sie soll aber darum etwa nicht sterben oder einen Tod befürchten, sondern nur daraus den hohen Wert des Geistes vor dem Leibe erschauen. Amen.

☆

Paulus an die Galater

Am 15. Juli 1843, abends

„Aber wofern wir oder ein Engel vom Himmel euch predigen möchten anders, als was wir euch gepredigt haben — Fluch sei ihm!"
(Gal. 1, 8)

Höre, das ist ein Vers der Verse, der da allein kräftig genug ist, mit einem Hiebe das ganze heidnisch-zeremoniell-kirchliche Wesen zu zersplittern! Aber man muß zuvor den ganzen Paulus in eins zusammenfassen und daraus ersehen:

2] Erstens, daß Paulus nie einen Zeremoniendienst eingeführt hat, da er von Mir gänzlich aufgehoben ward.

3] Zweitens, daß er nur eine lebendige innere Kirche geistlich im Herzen der Seele, aber nie und nirgends eine aus Steinen und faulen Priestern bestehende gegründet hat.

4] Drittens, daß Paulus, gleich Mir, nur das alleinige [Liebes-]Gebot mit demselben Liebesmahle bekräftigt hat und hat noch dazu dieses Mahl dadurch wohl unterschieden von einer anderen, gewöhnlichen Mahlzeit, daß er alle teilnehmenden Gemeinden darauf aufmerksam machte, daß sie Meinen Leib, das ist Meine endlos große Liebe, wohl unterscheiden sollen von der [Welt-]Liebe der Menschen!

5] Aus dem allem aber geht hervor, daß Paulus sicher die allerreinste Liebe gepredigt hat, in der alle Freiheit des unsterblichen Geistes waltet, welche durch keinen allerleisesten Gesetzesdruck solle gefährdet werden. — Kurz und gut, nach Paulus soll der Geist des Menschen, von Mir Selbst erzogen, in der höchsten Freiheit wie ein Blitz, wie eine Weltensonne dastehen, von dem alles abhängt, nach dem sich alles richten muß, der vollkommen eins ist oder sein soll und kann mit Mir!

6] Nun aber bedenke, was der Geist des Menschen wird durch eine ganz falsche, heidnische Lehre?! — Ein Sklave, ein kaum halb lebendes Wesen! Er, der nach Paulus das Leben des Lebens sein soll, wird ein feiger Knecht des tötenden Gesetzes, ein Diener des Todes — kurz, ein Wesen, das sich nicht einmal aus eigener, von Mir ihm für ewig eingehauchter Kraft nur im geringsten zu rühren wagen darf, ohne sich sogleich dadurch in ein Meer von lauter tötenden und ihn für ewig verdammenden Gewissensbissen zu stürzen.

7] Siehst du da die Pest für den freien Geist, gegen die Paulus aus dem gerechtesten Eifer, sogar fluchend, ziehet!?

8] Und doch hat die Sklaverei gesiegt über die ewige Freiheit des Geistes! — Wer aber sind die Sieger? — Es sind des Lebens entschiedene Feinde!

9] Ich aber sage dir: Die Feinde des Lebens werden in dem Ausspruche Pauli ihren Lohn finden! — Aber alle die von ihnen arg gefangenen Geister werde Ich frei machen in der Fülle. Haben sich die Feinde des Lebens auch diese Erde unterjocht, so aber habe Ich schon noch gar viele andere Erden, die da ewig nie ein Eigentum der Lebensfeinde werden sollen!

10] Verstehst du Mich? — Siehe, Ich bin ein Vater, aber kein feiger Richter — ein ewiger Beleber, aber kein Töter des Geistes! — Verstehst du solches? — Ja, verstehe es, auf daß du lebest ewig! Amen.

☆

Ein gutes Gebetlein

Am 18. Juli 1843, vormittags

Hiermit gebe Ich dir ein gut Gebetlein für die, welche sich des Zuges der Welt nicht erwehren können, da er sich ihnen als ganz unschuldig und unschädlich darstellt, während er ein von Meiner Liebe erwärmtes Herz als eine kühlende und somit der weltlichen Sinnlichkeit wohltuende, aber dabei überaus giftige Schlange bekriecht und es durch solche arge, wahrhaft höllisch-schlangenhafte, magnetische Manipulation sanft einschläfert für Mich und für Meine Liebe und Gnade, auf daß das Herz ja mit der Zeit von Mir abfallen und in den ewigen Tod übergehen solle!

2] Darum also gebe Ich dir hier dies mächtige Gebetlein! — Wer es lebendig, treu und wahr in sich aussprechen wird, der wird damit diese arge Schlange aus seinem Herzen verbannen! — Und so schreibe denn das Gebetlein!

3] „Heiliger, liebevollster Vater! Sieh mich armen, schwachen, ganz ermatteten Sünder gnädigst an! — Du, o lieber Vater, hast mich mit der höchsten, ewig wahren Liebehitze ergriffen und ziehest mich gewaltig zu Dir! — Aber ich, ein laues, ja vom Grunde aus kaltes Wesen, bewege mich nur im alten Elemente meiner angeerbten Todeskälte munter, freudig und lebhaft weiter. In Deinem heiligen Elemente des Feuers Deiner Liebe aber werde ich sobald träge und hinfällig faul, daß es mir leichter ist und viel behaglicher, mich eher im alten Elemente Tage und Wochen lang umherzutreiben als nur eine Stunde lang in der großen Wärme Deiner Liebe.

4] Das lehret mich die tägliche Erfahrung! — Ich sehe aber auch, daß mir dadurch nur der vollkommene Tod des Geistes werden kann, da solcher Sinn aus der Hölle mir eingehaucht wird! — So bitte ich Dich, ohne Verzug, o heiliger, liebevollster Vater, treibe aus mir die arge, mich für das Leben des Geistes gänzlich einschläfernde Schlange und hauche mich mit Deinem göttlich väterlichen Troste an, auf daß ich ja nicht nach und nach stets mehr verderbe in meinem Elemente des alten Todes und zugrunde gehe im sanft kühlenden Gifte meiner eigenen Weltsinnsschlange, so sie mein von Deiner Liebe erwärmtes Herz, wenn schon wohltuend und weltlich erheiternd, beschleicht und bekriecht!

5] O siehe, wie ich mich freue, so ich mit meiner weltfreudevollen Gesellschaft irgend zusammenstoße und mich mit ihr belustige über schale, eitle und völlig nichtige Dinge! Aber von Dir, o Vater, zu reden und mein Herz und Angesicht zu Dir zu kehren, da werde ich bald schläfrig und voll langer Weile. Und es ist mir nicht selten die unbedeutendste Weltarbeit auf den ganzen Tag erheiternder, als mich eine halbe Stunde nur Dir allein zu widmen!

6] O Herr und Vater, erhöre mich und sei mir armem und überschwachem Sünder gnädig und barmherzig! Deine Liebe belebe mich, Deine Gnade erleuchte und Deine Erbarmung und Milde stärke und ziehe mich stets mächtiger zu Dir! — O Vater! Ergreife mich mit Deiner Hand und führe mich in Dein Reich und in Dein Vaterhaus für ewig! Amen."

☆

Fixe Ideen, deren Heilung und Verhütung

Am 29. Juli 1843

O Herr! Wie kann jemand von einer fixen Idee, z. B. daß er der Papst, der Kaiser oder ein Virtuos sei, geheilt werden?

Was da diese Frage betrifft, so ist der Grund solcher fixen Einbildungen schon bei einer andern Gelegenheit erörtert worden, und zwar da es gezeigt wurde, wie der Verstand gleich ist einem Ballone und die Liebe gleich einem unteren Schwerpunkte, an dem der Verstand mittelst der Willensschnur gebunden ist. Wenn nun der Verstand zu heftig zieht, dann reißt die Schnur und wird, wie ihr zu sagen pfleget, „das Rädchen laufend". Nun aber hat der Verstand keine Nahrung; das geistige Dephlogiston[1] entströmt, und der Verstandes-Ballon fängt an zu sinken.

2] Der Mensch aber ist ein Mikrokosmos. So der Verstand nun gesunken ist, dann trifft es sich geistig, daß die abgerissene Willensschnur in dem Mikrokosmos bald auf den einen, bald auf den andern Gegenstand entsprechendermaßen stößt. Dahin sie stoßet, da auch hängt sie sich an und klebt sich gleich einem Polypen fest (da sie doch eine noch immer lebende Schnur ist) und sauget daraus wie ehedem aus dem wahren Lebensgrunde und nährt damit den Ballon.

3] Hat die Schnur bei ihrem Niedersinken im Mikrokosmos wie zufällig, freilich nur in entsprechender Weise, z. B. einen Baum, einen Hund, einen Vogel, ein Weizenkorn, einen Stein oder einen wie immer gestellten Menschen erreicht, so wird sich sobald der ganze Mensch als das zu sein wähnen, wovon sein Ballon gesättigt wird.

4] Ist der Gegenstand, auf den die abgerissene Schnur zu sitzen kam, fruktiv[2], so wird dieser fixe Zustand lange dauern. Ist er aber das nicht, so wird der Mensch bald in den sogenannten Kretinzustand übergehen, da sein Ballon samt der Schnur einschrumpfen wird. Und kommt die Schnur über einen andern fruktiven Gegenstand, so wird dann die fixe Idee gewechselt und der Mensch wird etwas anderes zu sein glauben und geht so von einer Tollheit zur anderen über.

5] Ich meine, das wird nun klar ersichtlich sein. — Wo aber ist die Hilfe dafür?

6] Bei Mir! Denn Ich sehe da sogleich vor, daß im Augenblicke, wann ein solcher Bruch geschieht, der an der Liebe zurückgebliebene Schnurteil sich ergreift und sich zuoberst in einen neuen

[1] Füllgas. — [2] fruchtbringend.

Verstandes-Ballon auszubilden beginnt. Wird der abgerissene Schnurteil auf eine kluge Art von außen her weislich seines Fruktivgegenstandes beraubt, und das so oft, als er sich neu irgendwohin niederläßt, dann schrumpft er bald ein. Und der neue Verstandes-Ballon wächst desto besser fort, aus welchem Grunde der Mensch wieder ganz geordnet zu denken anfängt.

7] Wird aber dem alten Ballon der Fruktivgegenstand nicht gehörig aus dem Wege geräumt, so gelangt dann der Mensch in einen Doppelzustand, der da bald geordnet, bald wieder verwirrt aussieht und auch ist. Um diesen Zustand zu heben, nähre der Arzt vorzüglich das Herz des Patienten. Dadurch wird der neue Ballon schnell zunehmen und der Wirkung des alten Ballons energisch entgegenzutreten anfangen.

8] Das sind die wirksamsten Mittel für derlei Zustände. Aber gewisse harte Verfahren sind da ganz vergeblich und verschlimmern eher die Sache, als daß sie dieselben besserten; denn durch sie wird das neue Wachstum verhindert. Wird auch dem alten Ballone seine Nahrung benommen, so wird aber doch dem neuen auch keine bereitet, daß er dann samt dem alten verkümmern muß — und der Kretinzustand ist fertig.

9] Hier und da wäre auch der Somnambulismus erfolgreich anzuwenden. Er müßte aber von sehr willensstarken Menschen ausgeübt werden, sonst hätten bei solchen Rapporten die Magnetiseure das Ueberkommen des Zustandes des Kranken zu befürchten. Magnetische Paquete[1] aber werden da wenig nützen, weil das Uebel ein seelisches und kein materielles ist.

10] Siehe, das wären die Mittel, mit denen man äußerlich diesen Uebeln begegnen kann. Aber das beste Remedium[2] vom Grunde aus bin Ich! Wer von Anfang an hübsch bei Mir zu Hause verbleibt und nicht in die Welt hinaus trachtet, bei dem wird ein solcher Bruch nie geschehen.

11] Wer aber nur nach dem Weltlichen trachtet, der ist schon mehr oder weniger in einem solchen Zustande, welcher sicher von Tag zu Tag ärger wird, bis die Schnur ganz entzwei wird. — Verstehst du solches?

12] Ja du sollst es verstehen! Denn auch du hast Kinder, die da ihre Schnur schon recht stark in die Welt gespannt haben. Ziehe

---

[1] Behandlungsweisen. — [2] Heilmittel.

sie zurück, sonst dürfte bald das eine oder andere sich in bedeutender Gefahr befinden! Denn Ich kann sie nicht halten und darf es nicht, ihres Heils und ihres Lebens willen, so sie Mich nicht ansehen und an Mein Wort nicht lebendig glauben.

13] Solches also beachte auch du, Mein lieber Freund! Amen.

☆

Zwanglose Botschaft

Am 31. Juli 1843

„Wer ist so blind wie Mein Knecht? Und wer ist so taub wie Mein Bote, den Ich sende? Wer ist so blind wie der Vollkommene und so blind wie der Knecht des Herrn?“ — Auf wen, o Herr, zielt diese Weissagung des Jesaja (42, 19)?

Zum ersten zielt diese Weissagung auf Mich und besagt da nichts anderes als: Wer ist so voll Liebe wie Ich, Gott von Ewigkeit, der Ich sogar Knechtsgestalt anziehe, um als Vater allen Meinen Kindern zu dienen auf die allergerechteste Art? Und wer ist so voll Geduld, Langmut, Gnade und Erbarmung und höret nicht an die vielen Lästerungen der Menschen und tut denen Gutes auf der Welt, die Ihn verhöhnen, mißachten und alles, was nur immer die Welt hat, lebendiger lieben als Ihn, den Herrn des Lebens?!

2] Wer ist so nachsichtig wie der Allsehende? Und wer achtet der Menschen Sünden so wenig wie Ich, der Alleinheilige, da Ich sogar in die Wohnungen der Sünder eingehe und halte mit ihnen ein fröhliches Mahl und lehre sie Selbst die Wege des Lebens und ziehe sie und führe sie und zwinge sie dennoch nicht, aus ihrer äußeren Freiheit zu treten und dieselbe gefangen zu nehmen, um dadurch zur inneren, wahren Freiheit zu gelangen im Geiste — sondern ein jeder kann dabei tun, was er will?!

3] Es versteht sich ja von selbst, daß da ein jeder nur durch die freiwillige, völlige Beschränkung seiner äußeren Weltfreiheit, also durch eine völlige Selbstverleugnung, zur inneren Freiheit des Geistes gelangen kann, darinnen begründet ist das ewige Leben. — Denn was immer der Mensch tut vergnüglich nach seinem äußeren freien Willen, das zieht ihn ab vom Geiste und verrammet ihm den stillen und allzeit schmalen Pfad in den geistigen freien Willen.

4] Er mag wohl äußerlich das Wahre, zum inneren Leben Benötigte als solches erkennen. Aber er wird dennoch nie den mächtigen Liebetrieb in sich gewahren, das auch völlig zu tun, sondern wird sich entweder mit dem alleinigen Wissen begnügen oder er wird sein halb hin und halb her — also ein Lauer, der schwerlich je zur inneren, geistigen Freiheit gelangen wird!

5] Aber für alles das bin Ich stets taub und blind und lasse einem jeden seine Freude und seine Liebe, bis es sich am Ende zeigen wird, was da jemand mit der äußeren Freiheit sich wird errungen haben, und wäre sie noch so billig vor der Welt.

6] Wie es sich aber zufolge dieser Weissagung mit Mir verhält, ebenso verhält es, zum zweiten, sich auch mit einem jeden Knechte und Boten, den Ich sende oder erwecke. Er darf nur lehren, aber niemandem eine Gewalt antun, sondern muß sich in solchem Falle sobald zurückziehen und sich blind und taub machen, damit da jedermann der freie Gebrauch seines Willens bleibe, ob zum Leben oder zum Tode — dafür sei der Knecht nicht verantwortlich und sei er taub und blind, damit einem jeden sein eigenes Verdienst werde, entweder so oder so!

7] Darum denn gebe Ich nun auch den Knechten keine andere Wundermacht mehr, außer allein die des Wortes. Wer sich durch dieses wird leiten lassen, der soll zur inneren, geistigen Freiheit gelangen. Wem aber dieses Wunder nicht genügt, der soll ungestört verbleiben in seiner äußeren Freiheit und ihren Folgen!

8] Siehe, auf das alles zielt diese Weissagung! Beachte sie, so wirst du zur inneren Freiheit gelangen! — Also spricht der Herr! Amen, Amen, Amen.

☆

Weise Widersprüche

Am 25. August 1843, abends

Was du[1] hast, das hast du nicht. Was du aber nicht[1] hast, das hast du.

2] Denke an die Zeit, sie ist dein und nicht dein. Dein, wenn sie nicht dein ist; und nicht dein, wenn sie dein ist.

3] Das Leben ist dein höchstes Gut. Denn ohne dasselbe bist du nichts und ist alles nichts für dich. Wenn aber das Leben dein ist, dann hast du es nicht; ist es aber nicht dein, dann hast du es.

---

[1] Ergänze hier die Worte „nur äußerlich", so wird der weise Sinn klar. Aehnlich ist bei den anderen „Widersprüchen" zu verfahren; d. Hsg.

4] So du zu Gott betest, da zeugest du von dir selbst, daß du aus Gott bist. Aber so du betest, so betest du nicht; wann du aber nicht betest, dann betest du.

5] Die Wahrheit ist die allein wesenhafte Wirklichkeit. Wer aber mag diese aussprechen für sich? Denn alles ist wahr und alles ist falsch. Ein Ding, wie es ist, ist es nicht; wie es aber nicht ist, also ist es. Wo ist also die Wahrheit, da sie ist, wo sie nicht ist, und wieder nicht ist, wo du meinest, daß sie ist!?

6] Suchen ist des Menschen Hauptsinn. Was er aber sucht, wird er nicht finden und wird finden, was er nicht sucht.

7] Die Liebe ist das einzige Gesetz alles Lebens, durch sie ist jedes Sein bedingt. Aber wer da liebt, liebt nicht. Wer aber nicht liebt, der ist es, der da liebt. Denn ein jeder Mensch hat ein Leben und hat kein Leben, und hat eine Liebe und hat keine Liebe. Daher lebt er nur, so er nicht lebt, und liebt, so er nicht liebt.

8] Wer kann sagen: Ich kenne Gott, so Gott für ihn nicht ist, da er nicht für Gott ist. Wer aber ist für Gott nicht? Der für sich ist! Gott aber ist nur für den, der nicht für sich ist, und ist nicht für den, der für sich ist.

9] Also ist auch das Weib kein Weib, so es [nur] ein Weib ist. Wenn es nicht [nur] ein Weib ist, dann ist es ein Weib. Denn es ist ja ein rechtes Weib in sich auch ein Mann und ein rechter Mann in sich auch ein Weib. Darum ist weder das eine noch das andere für sich das, was es ist, sondern nur, was es nicht ist.

10] Also ist auch der [Nur-[1]]Vater kein Vater und die [Nur-[1]]Mutter keine Mutter. So aber der Vater kein [Nur-[1]]Vater und die Mutter keine [Nur-[1]]Mutter ist, dann ist der Vater ein Vater und die Mutter eine Mutter.

11] Wer die Wahrheit in ihrer Tiefe fassen will, der verstehe diese Sprüche! Wer sie aber [nur mit dem Kopfverstand] verstehen wird, der wird sie nicht verstehen; wer sie aber nicht [nur mit dem Kopfverstand] verstehen wird, der wird sie verstehen! — Das ist etwas für den Geist!

☆

[1] Siehe Fußnote auf Seite 233.

Anarchie und Not

Am 8. September 1843

O Herr! Was wäre das einfachste, sicherste und kürzeste Mittel, der Anarchie in Spanien und der Not in Irland abzuhelfen?

Das sicherste und wirksamste Mittel bin Ich, der Herr des Himmels, aller Welten, aller Völker und Fürstentümer! — Wenn die Völker Spaniens und Irlands Mich ergreifen werden, dann wird Friede und Ruhe in ihren Landen sein.

2] Solange das aber nicht der Fall sein wird, soll der Zankapfel von ihren Landen nicht genommen werden. Alle noch so feinen politischen Mittel sollen fruchtlos sein, sie mögen Junten über Junten[1] bilden und Repealversammlungen[2] über und über halten, und es soll ihnen solches dennoch wenig oder gar nichts helfen.

3] Denn Ich allein bin der Herr und tue nach Meinem Plane, was Ich will! — Meinst du denn, daß Meine Pläne von ein paar Jahren abhängen? O sieh, vor Mir sind tausend Jahre wie ein Tag. Und ein leiblich Unglück der Völker, welches sie wach hält, ist besser als eine glückliche Nacht, in der es kaum jemand der Mühe wert hält, an Mich zu denken und im Herzen zu glauben, daß da alles von Mir abhängt und daß Ich auch ein stets wachender Herr bin aller Völker und Herren der Welt!

4] Meinst du aber etwa, man solle diesen Menschen gute Bücher und geistig geweckte Menschen zukommen lassen, auf daß sie die Wahrheit erschauen möchten!? — O siehe, an dergleichen Mitteln habe Ich es noch nie in einem Lande fehlen lassen. Wenn aber der Acker ein durchaus schlechter Grund und voll Unkrautes ist, wird da das Weizenkorn wohl aufgehen und eine Frucht bringen? Ja, es werden wohl einzelne Halme aufschießen; aber sie werden wenig beachtet, da ihr Dasein von keinem gemeinsamen Nutzen ist. Wenn aber das Unkraut auf dem schlechten Acker abgemäht wird, da wird äußerlich auf die wenigen einzelnen Halme keine Rücksicht genommen, es müßten nur gar schöne und samenreiche darunter sein, welche der Herr des Ackers durch seine Knechte sammeln ließe wegen des guten Kornes. Denn so ein Halm gute Frucht bringt auf schlechtem Grunde, wird er noch eine bessere tragen in fetter, unkrautloser Erde.

5] Aber die schlechten Gründe müssen aufgebrachet werden und durchstochen und durchwühlet das Land, damit alles Unkraut ver-

[1] Vereinigungen, Regierungsausschüsse in Spanien. — [2] Abschaffungs- oder Aufhebungsversammlungen in Irland.

derbe; alsdann erst wird der Acker mit der Zeit fähig werden, einen guten Samen fruchtbringend in sich aufzunehmen.

6] Also werden nun auch die von dir erwähnten Länder aufgewühlt und in die Brache gelegt, damit sie in der rechten Zeit fruchttragend werden mögen. — Verstehst du solches? — Ja, Ich sage dir: Also muß es geschehen! Denn nun ist die Zeit gekommen, da Ich das Unkraut verderben und die Länder nach der Reihe brach legen lasse.

7] Je mehr des Unkrautes, desto eher soll diese Arbeit vor sich gehen. Auch deinem Lande steht ein gleiches Los bevor! Da will Ich alle Lauen aus Meinem Munde speien und alles Unkraut bis in den Grund vernichten im Feuer Meines Grimmes. — Das sage Ich, der Herr! Amen, Amen, Amen.

☆

Erforsche und leite mich!

Am 8. September 1843

„Erforsche mich, Gott, und erkenne mein Herz, prüfe mich und erkenne, wie ich's meine! Und siehe, ob ich auf bösem Wege bin, und leite mich auf ewigem Wege!" (Psalm 139, 23 f.)

Was da diese Verse betrifft, so sind sie wohl leicht zu erkennen, und ihr Sinn liegt zu offen, als daß Ich darüber eine mächtige Erläuterung zu geben brauchte! — Wahrlich, hier möchte Ich zu dir auch sagen: Wie lange werde Ich dich denn noch ertragen müssen in deinem Unverstande? Wie lange werde Ich dir noch vorpredigen müssen, auf daß du verständiger wirst?

2] Weißt du aber, worin der Grund steckt, darum du solch leicht faßliche Stellen noch immer nicht verstehest? — Siehe, in deiner nicht seltenen Lauheit des Liebeernstes und in der noch tüchtigen Portion Weltstaubes, der dir noch vielseitig anklebt! — Du bist wohl fleißig im Schreiben und Lesen, aber nicht auch gleich ernstlich im Handeln — darum du auch die Unterschiede zwischen dem Geistigen und Weltlichen nicht hell erschauen magst, sowohl bei dir, wie auch bei deiner um vieles mehr weltlichen als geistigen Familie!

3] Siehe, die Welt ist sehr geschmeidig und verstellerisch und weiß ihr totes Zeug mit dem geistig scheinenden so geschickt zu verschmelzen, daß du es, wenn schon nicht als geistig, so aber doch als ganz unschädlich ansiehst! — Aber dem ist nicht also! — Und Ich sage dir:

Das Weltliche ist nirgends und niemals gefährlicher, als so es unscheinbar, ganz unschädlich scheinend und ganz kleinlaut und geringfügig auftritt!

4] Denn so es grell auftritt, dann gewahret es sogar ein Blinder und kann demselben begegnen. Tritt es aber in ganz leisen und unschuldig scheinenden Graden auf, dann ist es ein schleichendes Gift, das da seine Opfer nimmer ausläßt und höchst sicher hinabzieht ins Verderben des ewigen Todes! Es gleicht da einem Vampyr, der seine Beute in einen allersüßesten Schlaf fächelt, um dann ganz ungestört derselben den letzten Blutstropfen auszusaugen!

5] Und siehe nun, gerade diesen überargen Zustand hat auch der David nur gar zu gut gekannt, darum er denn auch ausrief: „Erforsche mich, Gott, und erkenne mein Herz, prüfe mich, und erkenne wie ich es meine! Und siehe, ob ich auf bösem Wege bin, und leite mich auf ewigem Wege!“

6] Denn „Erforsche mich, Gott!“ heißt so viel als: Erleuchte mich, Gott, mit Deiner Gnade! — Und „Erkenne mein Herz!“ heißt: Siehe, was im Grunde meines Lebens rastet, ob Weltlichgiftiges im Kleide des Geistigen, oder ob wirklich Geistiges? — Und „Erkenne, wie ich's meine!“ heißt: Erleuchte mich, auf daß ich ein rechtes Verständnis überkomme und dadurch erkenne, wie da mein gegenwärtiges Verständnis bestellt ist!

7] Ebenso besagt auch ganz dasselbe der 24. Vers, der heißt: „Und siehe, ob ich auf bösem Wege bin“ — das heißt: Laß mich sehen, welchen Weg ich wandle? — „Leite mich auf ewigem Wege“ aber heißt doch sichtbar: Laß mich die reingeistigen Wege zum ewigen Leben erkennen und wandeln!

8] Siehe, das ist das überaus leichte Verständnis dieser Verse! — Wenn aber schon der überaus geistige und gerechte Seher David, der Mann nach Meinem Herzen, solch einen Respekt vor der im geheimen schleichenden „Welt“ hatte und sich so manchmal nicht auskannte, wie er so manche unschuldig scheinende Erscheinungen der Welt nehmen sollte — um wie viel mehr ist solches dir in der gegenwärtigen Zeit vonnöten, in der die Welt sogar ihre grellsten Bösetaten also zu beschönigen weiß, daß sie ganz sittlich und in der größten Ordnung erscheinen!

9] Wer von euch wird einen heiratssüchtigen jungen Mann oder desgleichen eine Jungfrau tadeln? — Vor der Welt ist solches billigst! — Aber siehe, nicht also ist es bei Mir! Denn wer da zuvor nicht lebendigst Meiner süchtig wird, der ist ein Weltgeiler, und die Jungfrau ist Mir gegenüber eine verächtliche Dirne! — Denn wer da immer über etwas Flüchtiges Meiner auch nur eine Stunde lang vergessen kann, der ist Meiner nicht wert. Und Ich wende wahrlich sofort Mein Angesicht weg von ihm und sehe ihn nicht eher an, als bis er Mir alles opfern wird, was er hat. — Denn Ich bin Gott, von dem alles abhängt, und weiß, warum Ich den Menschen erschaffen habe!

10] Wenn aber dem Töpfer ein Topf nicht gerät, dann schlägt er ihn zusammen. Ich aber bin der Schöpfer und weiß auch, was Ich mit den ungeratenen Gefäßen tun werde. — Verstehe solches! Denn Ich, der Herr, sage es dir!

☆

Weisheitssprüche

Am 27. September 1843

So du willst, kannst ja auch einmal einige Aphorismen schreiben. Aber ja nicht anders, als wie Ich es dir gebe! — Denn Ich will nicht prunken wie ein weltgelehrter Naturforscher, sondern will sein wie ein Bänkelsänger, den man überall hinauswirft, wo es nobel zugeht! — Verstehe, also will Ich's in der Welt haben — weil die Welt Mich nicht anerkennen will! — Und so schreibe denn!

2] Die Unterhaltung ist ein Vergnügen des sterblichen Menschen, durch welches er sich zeitlich den ewigen Tod versüßt. Ja, ein solches Vergnügen ist darum eine wahre Unter-haltung, weil der Geist dabei zu unterst gehalten wird — und die tote Lust des Todes zu oberst!

3] Konversation, wie sie in der Welt üblich ist, ist ein barster „Zapfenstreich" für den Geist! — Beim Soldaten folgt zwar auf den Zapfenstreich ein früher Tagesweckruf, weil die Naturwelt dem steten Tag- und Nachtwechsel unterworfen ist. Aber für den Geist gibt es nur einen Tag oder eine Nacht. Wenn für die Nacht des Geistes aber einmal der Zapfenstreich getrommelt wurde, da wird schwerlich mehr ein Tagesweckruf folgen einer unendlichen Nacht. — Verstehst du nun die „Konversation der Welt"?

4] Die Reunionen, wie sie jetzt gehandhabt werden unter Ballmusik, Fraß und Hurerei aller Art, wenn auch bei dreifacher Wachsbeleuchtung und freiem Eintritte, sind im Ernste wahrhafte Reunionen der Menschen zum ewigen Tode. Denn die Menschen ergreifen hier mit vereinten Kräften das Ruder am Lebensschiffe, um desto schneller und sicherer auf die angenehmste Weise von der Welt in den ewigen Tod hinüberzusegeln! — Daß sie dieses Ziel nicht leichtlich verfehlen, sorgt schon der Fürst der Nacht und des Todes! — Das also ist die „Reunion der Welt".

5] Visiten sind gegenseitige Erkundigungen, ob jemand im Geiste noch tot ist — und sind aber dann auch wieder gegenseitige Komplimente über das ruhige Wohlbefinden im Tode. Denn findet ein Visitant jemanden lebendigen Geistes, da wird er ihm nicht mehr viele Visiten machen. Denn er ist in der Furcht, daß der Lebendige möchte zu ihm sagen, daß er, der Visitant, ein Toter ist! — Beim Toten aber hat er das nicht zu befürchten. — Verstehst du das?

6] Die Gefallsucht ist eine Schlaftrunkenheit des Geistes. Wie der Schlaftrunkene nichts sehnlicher wünscht als ein Schlafbett, so sucht der Gefallsüchtige nichts emsiger als den tödlichen Weltweihrauch, um im Geiste für ewig einzuschlafen. — Verstehst du das?

☆

Königtum und Volksherrschaft

Am 7. Oktober 1843

O Herr! Kann es gebilligt werden, daß das griechische Volk im Einverständnisse mit dem Militär seinen König in der Nacht aufweckt und ihm eine Konstitution aufdringt? — Wird dieses äußerst überraschende Faktum nicht schlimme Folgen für dieses sonst heldenmütige Volk haben?

Du weißt ja die rechte Norm, wie da ein Staat bestellt sein soll! Siehe, unter was für Bedingungen einst die Juden einen König hatten, also sollte es überall sein. Von einer „Konstitution" aber kommt nirgends etwas vor in der Schrift. Daher sollte sie auch im Leben nirgends vorkommen.

2] Der König ist von Mir aus ja nur zur Demütigung der aufgeblasenen Juden und zur Unterdrückung der wechselseitigen Herrschsucht derselben über Israel gesetzt worden, als es mit Meiner Regierung unzufrieden ward! — So aber nun ein Volk nur einen Titelkönig unter sich bestehen läßt, der da ohne den Willen des Volkes gar nichts zu tun und zu befehlen sich wagen darf — was ist das hernach wohl für ein König?! — Da ist ja ein Freistaat unter gewählten Richtern unvergleichlich besser als so ein Königtum, wo der König vom Volke, nicht aber das Volk nach Meiner Ordnung vom Könige abhängt!

3] Der rechte König soll wohl weise Räte aus dem Volke um sich haben, mit denen er sich über die gerechte Leitung beraten kann. Aber die Ausführung des Rates soll allein dem Willen des Königs und nicht einmal dem Willen der Räte als mittätig anheimfallen. Denn die Räte sind da bloß nur des weisen Rates, aber nicht auch des Gebietens wegen. Hat ja doch Mein lieber Apostel Paulus sich deutlich ausgesprochen, und das unter der Regierung eines Tyrannen aller Tyrannen, unter dem Kaiser Nero — daß man der weltlichen Obrigkeit in weltlichen Dingen gehorchen solle, ob sie gut oder böse ist. Denn die eine wie die andere habe ihre Gewalt von oben.

4] Der König Griechenlands war lange noch kein Nero, warum hat das Volk ihn denn hernach abgesetzt? — Das Volk soll nur Mir die Ein- und Absetzung der Könige überlassen, dann wird es besser fahren denn also herrschsüchtig eigenwillig!

5] Will Ich ein Volk frei machen, so werde Ich es tun, so das Volk sich zu Mir gewendet hat. Aber einem stolzen und nur herrschsüchtigen Volke werde Ich die Freiheit noch lange nicht geben!

6] Denn es ist besser, ein Knecht sein auf der Welt als ein ewiger Sklave im Geiste! — Wer aber den Weg des Geistes gehen will, den werde Ich so lange unter jeder Regierung zu schützen wissen, solange er sich nicht irgendeine Herrschaft öffentlich anmaßen wird. Tut er aber das ohne Meinen ausdrücklichen Befehl, so muß er sich's auch gefallen lassen, von der Welt gezüchtigt zu werden!

7] Also wird es auch den Griechen über kurz oder lang ergehen! — Siehe, also stehen die Sachen! Denke aber selbst reiflich darüber nach, und du wirst finden, daß es also sein muß zur Demütigung der Welt! — Also verstehe es! Amen.

☆

Ein Verkünder der Neuoffenbarung

Am 9. Oktober 1843

Bericht Anselm Hüttenbrenners: Heute erzählte mir die nach Graz gekommene Mutter des Jakob Lorber, daß sie voriges Jahr die Bekanntschaft eines beiläufig siebzigjährigen Bettlers in einem fremden Hause gemacht habe. Dieser rede immer nur über göttliche Dinge, er sei von großer Gestalt, hager, dabei freundlichen Aussehens. Der Sprache und Kleidung nach müsse er ein Illyrier sein. Befragt, woher er sei und wo er sich aufhalte, antwortete er: „Ich bin eigentlich überall und doch nirgends zu Hause!"

Späterhin (im Sommer 1843) besuchte dieser Greis die Mutter des Jakob Lorber in ihrer Behausung und teilte ihr eine alte Prophezeiung mit, nach welcher Steiermark ein glückliches Land sei, in welchem seiner Zeit ein Mann aufstehen werde, aus dem der Geist Gottes sprechen wird.

Darauf sagte er zur Mutter: „Euer Sohn ist dieser Begnadigte! In einem Schlafe hat er diese Gnade erhalten. — Wißt ihr, wie lange euer Sohn schon die Stimme Gottes hört?"

Die Mutter, von der Offenbarung an ihren Sohn nur halbwegs unterrichtet, sagte: „Ich glaube, ungefähr zwei Jahre!" — Der Alte sprach: „Seht, das weiß ich besser! Euer Sohn schreibt schon im vierten Jahre. Und wenn das vierte Jahr vollendet sein wird, dann wird er abermals in einen tiefen, bei 24 Stunden anhaltenden Schlaf versinken und wird dann vom Hören ins Schauen übergehen."

Weiter sagte der Alte: „Es wäre gut, wenn euer Sohn zur Zeit dieses zweiten Schlafes nicht in der Stadt, wo er jetzt lebt, sondern bei euch in seiner Heimat sich befände."

Die Mutter trug dem Alten ein Nachtlager an, da es schon ganz finster war. Er aber sagte, er müsse noch weiterziehen und es würde ihn sehr freuen, wenn er einmal mit ihrem Sohne Jakob sich besprechen könnte. Nach Graz könne er nicht kommen, da habe er keine Bekannten. — Als die Mutter zu dem Manne über die Priesterschaft sich ungünstig verlauten ließ, verwies er ihr solches und sagte, sie solle alles gänzlich Gott anheimstellen. Dieser werde schon alles in Ordnung bringen. Man solle nur Ihn allein walten lassen!

Die Mutter, die den slavischen Dialekt des Alten nicht vollkommen versteht, glaubt, aus seinen Aeußerungen auch entnommen zu haben, er habe einst beim Militär gedient. Sie kann aber nicht verbürgen, ob sie recht verstanden habe. Ans. H.

Anfrage des Knechtes: O Herr! Du liebevollster, heiliger Vater! Was ist wohl mit dem Manne, von dem mir meine Mutter die Nachricht überbrachte? — Ist seinen Aussagen zu trauen?

Schreibe! — Dergleichen Männer, jung und alt, werden bald mehrere aufgestellt und von Meinem Geiste erfüllt werden. Daher ist ihnen gar wohl zu trauen.

2] Ich Selbst gehe nun nicht selten in solchen Männern einher und bereite die Menschen hier und da auf Meinen nahe bevorstehenden großen Auftritt vor!

3] Fürwahr, fürwahr, mit Feuer und Schwert werde Ich die Städte, die Wohnungen der Teufel und ihrer Diener, heimsuchen. Große Teuerung, Hunger und Pest werde Ich über sie ausgießen und große Gewässer kommen lassen über das wucherische Land. Das ist eine gültigste Prophezeiung!

4] Aber auch jener Mann redet aus Meinem Geiste, jedoch im Schauen ist er nicht völlig. Mit dem „Schlafe" hat es seine Richtigkeit nicht. Denn du mußt wach sehend werden.

☆

Gratulation

Am 3. November 1843, vormittags

Schreibe nur, denn was du möchtest, das habe Ich schon seit gar lange her bestimmt.

2] Höre Mich an, mein geliebter K. G. L.! — Auf der Welt ist es unter euch üblich, daß ihr euch zu euren Geburts- und Namenstagen mit allerlei Glückwünschung gegenseitig entgegenkommet, gegenwärtig leider bei weitem mehr mittelst der sogenannten Besuchskarten als mittelst wahrer, liebeerfüllter Herzen!

3] Auch die Kinder sagen ihren Eltern Verse auf, und das nicht selten in einer fremden Sprache, die gewöhnlich die Kinder noch gar nicht recht verstehen, mitunter wohl auch so manche Aelteren nicht. Was dabei die englisch oder französisch gratulierenden Kinder während ihres marterlichen Versaufsagens empfinden, dürfte wohl demjenigen Urstoffe gleichkommen, von dem man sagt, daß Ich aus ihm die Welt erschaffen habe. Also sind die Gratulanten selten der gerührte Teil beim Akte des Gratulierens, da sie diesen Akt allzeit mehr aus einer gewissen Pflicht als aus irgendeinem liebelebendigen Grunde begehen. Nur die Gratulierten sind gewöhnlich auch die Gerührten. Und die Eltern rühren nach dem Anhören einer nicht selten echt türkischen Ode oder gar Dithyrambe in französischer oder englischer Zunge ihren Daumen und Zeigefinger, wodurch dann erst die Herzen der Kinder gerührt werden!

4] So auch gratulieren nicht selten die Armen ihren wohlhabenden Wohltätern aus lauter Rührung, aber nicht etwa des Herzens, und beten gar oft um die Erhaltung und Gesundheit solcher Wohltäter, aber nicht aus freier, sondern aus Notliebe!

5] So wird denn also in der Welt gewöhnlich gratuliert an den vorbestimmten Geburts- und Namenstagen! — Daneben stelle denn aber nun auch Ich für Mich die Frage: Wie soll denn Ich, als euer aller Vater, euch, Meinen Kindern, gratulieren?

6] Etwa mittelst nicht ganz leerer Visitenkarten? — Das tue Ich wohl täglich, aber man achtet wenig darauf. — Siehe, die Blüten, das Laub der Bäume, all das Gepflanze der Erde, die Sterne der Nacht, der Mond, die aufgehende Sonne, wie nun auch die große geistige [Sonne der Neuoffenbarung] — das sind alles Gratulationsbillete von sehr viel bedeutenderer Art, als da sind die eurigen aus gepreßten Papierschnitzeln! — Allein die Kinder halten wenig darauf. Rühr' Ich dabei nicht auch den „Daumen", so haben diese Meine Billete keinen Wert.

7] Ich tue wohl, was da die Eltern tun, so sie von ihren Kindern beglückwünscht werden oder so sie selbst ihren Kindern Glück wünschen. Aber dennoch entdecke Ich nie oder nur sehr selten eine wahre, freie Liebe in Meinen Kindern, sondern zumeist nur eine Notliebe, bei der die Kinder allezeit mehr auf Meinen Daumen als auf Mein Herz ihre Augen heften!

8] Ich sehe wohl, daß die Kinder dadurch in der wahren, freien Liebe verlieren — und dennoch tue Ich nach dem Wunsche der Kinder, auf daß sie durch Meine freigebige Liebe zur wahren, freien Liebe zu Mir sollen erweckt werden.

9] Und so denn komme Ich nun auch zu dir, du Mein lieber Sohn, als Vater mit starker Herzens- und zugleich Daumen- und Zeigefingerrührung, da ohne diese letztere Meine sonstigen großen Visitenkarten [auch bei dir] von keinem großen Werte sind!

10] Ich, dein heiliger Vater, rühre somit den „Daumen und Zeigefinger" und segne dich mit dem Daumen Meiner Kraft und Stärke, auf daß du stark werden möchtest in der Liebe wie im Glauben; und [segne dich auch] mit dem Zeigefinger, um dir den rechten Weg zu zeigen, der dich führen soll in Meine Wohnung, in dein ewiges, endlos großes, heiliges Vaterhaus!

11] Nehme sonach diese Meine Gratulation als eine ewig lebendig-wahre an! Denn Ich, dein heiliger Vater Jesus, gebe sie dir!

12] So ihr euch aber untereinander gratulieret, da waschet euch untereinander die Füße, wie Ich, euer Vater, euch täglich die Füße wasche, d. h. tut euch gegenseitig Gutes, geistig und körperlich, so werde Ich allezeit bei euch sein mit Rührung des Herzens, des Daumens und des Zeigefingers. Und Meine Sonne wird euch erleuchten und erwärmen als eine große und lebendige Visitenkarte. Amen. — Das sage Ich, euer Vater Jesus! Amen.

☆

Der Herr als Liebhaber

Am 19. November 1843

Schreibe, denn Ich kenne deinen Wunsch, demzufolge Ich dir schon wieder einen Gelegenheitsdichter machen soll!

2] Willst du Verse oder Prosa? — Wenn es dir daranliegt, eine [äußerliche] Namensgratulation zu machen, da würden sich Verse besser schicken als die Prosa. — Willst du aber statt der Gratulation einen Aufsatz, der sich mehr auf das innere Wohl deiner Klientin bezieht, so bleiben wir bei der Prosa!

3] Du willst also letzteres! — So fangen wir auch die Sache ganz prosaisch an. Und unser Glückwunsch laute also ganz kurz:

4] Ich bin der Letzte überall! Dein Herz denkt an Mich zuletzt. — Wenn du des Tages Geschäfte beendet hast, da wendest du dich zu Mir, manchmal mehr, manchmal weniger in die Welt zerstreut. — Am Morgen denkst du wohl an Mich; aber neben manchen leeren Weltsorgen. — Auch unter tags denkst du an Mich; aber da sind deine Gedanken nicht selten wie eine gewisse Zuspeis' zum Rindfleische. — Kurz und gut, ganz wie es sich gebühren möchte, magst du deines Herzens Gedanken nimmer zu Mir erheben, nie ganz ohne alle Welt!

5] Was ist wohl das, worin liegt da wohl der Grund? — Siehe, Ich möchte es dir wohl sagen, aber es würde dich kränken. — Daher sage Ich dir bloß, daß Ich ganz außerordentlich eifersüchtig bin und Mich von niemandem etwas mehr kränkt, als so die Meinen Mir dann und wann ein wenig untreu werden!

6] Siehe, wer Mich liebt, der muß Mich ganz lieben! — Wenn sich die Meinen irgendeiner Weltbelustigung manchmal mehr freuen denn Meiner Liebe, siehe, das kränket Mich schon! Denn Ich bin ein Todfeind von aller Weltkoketterie!

7] Glaube es Mir, ganz kleine Seitenblicke von denen, die Ich zu den Meinigen aufgenommen habe, bereiten Mir schon einen Schmerz! — Willst du Mich so recht kennen, da stelle dir so einen recht hitzigen und kreuz und quer eifersüchtigen Liebhaber vor! Dieser liebt seine Braut mit aller Glut seines Herzens, und ihr Leben ist ganz das seinige; aber wehe ihr, so er sie auf irgendeiner Zweideutigkeit ertappt! Wie wird er sie das auf alle mögliche Weise fühlen lassen! — Kehret sie aber wieder um und bekennet dem Liebhaber reuig und offen einen schwachen Seitenblick, so kehrt in dem Liebhaber sobald die alte Glut wieder zurück. Und er liebt seine ihm ein wenig untreu gewordene Braut noch glühender als vorher!

8] Siehe, gerade ein solcher Liebhaber bin Ich auch! — Freilich wohl habe Ich mehr Geduld und viel öfters Nachsicht als ein sogestaltig hitziger Weltbräutigam. Aber was da die Kränkung anlangt, so trifft sie Mich bei Untreue Meiner Bräute auch ums Vielfache ärger als einen Weltbräutigam, eben da Ich so oft verzeihe und Meinen Bräuten die so oftmaligen Weltkoketterien nachsehe!

9] Denke: Liebe, Leben, Gesundheit und Meine Gnade haben die Bräute in jeder Sekunde von Mir! Ich versehe sie sorgfältigst mit allen Wohltaten des Lebens, sie stehen in Meiner alleinigen Verpflegung ewig! Sollte es Mich da nicht kränken, wenn Ich Mich dennoch so dann und wann unter den Liebhabern als der Letzte ansehen muß?!

10] Daher aber sage Ich, als der letzte Gratulant an diesem deinem Namenstage, dir auch das als Meinen Wunsch: daß du Mich in Zukunft zum ersten Liebhaber in deinem Herzen an- und aufnehmen möchtest!

11] Mit diesem Wunsche aber verbinde Ich auch Meinen Vatersegen — und segne dich und will dich allezeit segnen, so du Mir allezeit völlig treu verbleiben wirst! — Ich werde dir ewig nimmer untreu. Daher bleibe du Mir auch treu, und du wirst in dieser Treue das ewige Leben finden!

12] Das ist Mein ernster, wahrster Wunsch an dich für ewig! Amen. Das sage Ich, dein liebevollster Vater Jesus!

☆

Die himmlische Liebesaktie

Am 29. November 1843

Schreibe du, Mein Knecht, ein kurzes Handbilletchen an Meinen lieben Freund und Bruder Andr. H.-W.

2] Mein Freund und Bruder! — Siehe, auch Ich bin schon wieder unter denen, die dir zu deinem Namenstage gratulieren! — Was wohl soll Ich dir wünschen?

3] Ja, so Ich dir nur bloß etwas wünschen möchte und nichts geben, da wäre Ich, dein Gott, dein Vater, dein Bruder und Freund, um nichts besser als die Menschen, die wohl auch sich gegenseitig nicht selten allerlei, freilich wohl nur zumeist irdisch Gutes, wünschen. Aber so es aufs Geben ankommt, da zieht ein jeder die Hand zurück!

4] Ich aber will dir daher gar nichts wünschen, sondern geben, was dir am meisten frommen wird! — Und die Gabe bestehe darin, daß Ich dir alle deine Fehler gegen Mich vollkommen nachlasse und dich Meiner Liebe und Gnade völlig versichere! — Und das ist aber auch schon Mein ganzes Bindeband, das Ich dir zu diesem Tage wie für alle Ewigkeit darreiche!

5] Schlicht und ganz gering scheint zwar die Gabe dem Aeußeren nach zu sein. Aber glaube es Mir, deinem Vater: du erhältst damit mehr, als so Ich dir alle Königreiche der Erde schenken möchte!

6] Siehe, alles, was du auf Erden nun besitzest, wirst du einst verlassen müssen — und wirst ganz entsetzlich arm jenseits anlangen. Kein Geld und kein Brot wirst du mitbringen, und umsonst wird dir niemand etwas geben. Denn der Geiz dauert über dem Grabe fort. Aber in deiner großen Not wirst du deine Taschen zu durchsuchen anfangen, und siehe, da wirst du eben diese Meine „Liebesaktie" finden!

7] Diese werden zwar die Geizigen jenseits auch nicht respektieren, aber es werden sich auch Meine Engel heimlich an deiner Seite befinden. Diese werden diese Aktie erkennen, werden dich in deiner großen Armut ergreifen samt der Aktie und werden dich in das große Wechselhaus der Himmel aller Himmel führen, in welchem Ich, dein Vater, voll der allerhöchsten Liebe dir mit dem Vaterkuß und -gruße für ewig die heilige Aktie auswechseln werde, so gewiß als Ich sie dir hier jetzt gebe!

8] Mit dieser ewig wahren und heiligen Versicherung segne Ich dich mit Meiner Liebe, Gnade und Erbarmung und beschließe zugleich die Formel dieser meiner für ewig geltenden Hauptaktie an dich.

9] Ich Selbst bin ihr Preis für dich, du mein Sohn, Bruder und Freund für ewig! Amen.

☆

Vom Feigenbaum-Gleichnis

Am 15. Dezember 1843

Siehe, im Lukas, Kapitel 13, vom 6. bis 9. Vers, stehet ein Gleichnis von einem Herrn, der in seinem Weinberge einen Feigenbaum gepflanzt hatte, der aber drei Jahre hindurch keine Früchte tragen wollte!

2] Ich sage dir: Dieses Bild enthält für jedermann Großes! — Jetzt ist seine Zeit! — Betrachtet es in euch, und wohl dem, der sich in diesem Bilde finden wird!

3] Dieses Bild ist wie ein geheimer, verborgener Schatz. Wohl dem, der ihn findet!

4] Doch nun ist's genug! Mehr sage Ich dir nicht darüber, und du brauchst daher auch nicht mehr zu schreiben. Amen.

☆

Lesen — und betätigen!

Mit dieser, dem Abschluß des großen Werkes „Die geistige Sonne" folgenden Kundgabe begann eine Reihe von „Nebenworten", welche als „Nacherinnerungen zur Geistigen Sonne" bezeichnet werden. Sie sind in dem Werk „Schrifttexterklärungen" veröffentlicht.

Den 20. Dezember 1843, von 1/25 Uhr bis 3/46 Uhr abends

Meine lieben Kinder! Mit diesen folgenden ‚Nacherinnerungen' will Ich euch eine gar wichtige und nützliche Regel geben, ohne die ihr euch durch die Lesung was immer für geistiger guter Bücher keinen Nutzen verschaffen könnet. Ihr möget die Heilige Schrift wie auch dieses neue Wort tausendmal nacheinander durchlesen, so werdet ihr aber dennoch ohne diese Regel stets auf dem alten Flecke stehenbleiben!

2] Ihr habt euch durch das öftere Lesen wohl euer Gedächtnis so recht vollgestopft; fraget aber euern Geist, was er davon gewonnen hat, und seine stumpfe Antwort wird also lauten:

3] „Ich bin wohl chaotisch von allerlei Baumaterialien umlagert, und da liegen Balken und Steine bergartig übereinander; aber aus all diesen Baumaterialien ist noch nicht einmal irgendeine schlechte Keusche[1] erbaut, in der ich frei zu wohnen vermöchte! Ihr häufet zwar das Baumaterial fortwährend auf — lauter Edelsteine und das schönste Zedernholz liegen in plumpen Haufen vor mir — und ich vermag es nicht zu ordnen! Und habe ich hie und da auch irgend angefangen, eine kleine Ordnung herzustellen, da führet ihr schon wieder eine kolossale Menge neuen Materials dazu, so daß ich notwendig in meiner Tätigkeit ermüden muß und am Ende beim Anblick der Größe des zu ordnenden Materials erschaudere und mit Wehmut denke, wann doch einmal all dieses Material zu einer Wohnung wird geordnet werden können!"

4] Sehet, das ist eine ganz gründliche Antwort des Geistes, die ein jeder Mensch, der irgend viel gelesen hat, in sich selbst auf das allerklarste finden muß!

5] Wenn so jemand sein Leben hindurch ein paar tausend Bücher durchgelesen hat, welch ein Chaos hat er am Ende in seinem Gedächtnisse! Und wenn es gut geht, so wird er nach einer solchen reichhaltigen Belesenheit mit genauer Not so viel hervorbringen, daß er jetzt erst einsieht, daß er nichts weiß.

6] Was aber ist dieses Geständnis? Es ist nichts anderes als eine und dieselbe wehmütige Klage des Geistes, der dadurch sagen will, daß er bei dieser ungeheuren Menge des Baumaterials nicht einmal eine allerschlechteste Keusche zur freien Wohnung erbaut überkam!

7] Also gibt es Menschen, die das Alte und Neue Testament von Wort zu Wort auswendig können; fraget sie aber um den innern Sinn nur eines einzigen Verses, so werden sie da geradesoviel wissen wie diejenigen, die nicht einen einzigen Vers auswendig können, ja oft kaum wissen, daß da eine Heilige Schrift existiert! — Was nützt also denen dieses herrliche Material?

8] D e r G e i s t w o h n t n u r i m G e i s t i g e n! — Kann ihm aus diesem Material nicht einmal eine schlechte Keusche erbaut werden im inneren Geiste der Wahrheit, wo soll er dann wohnen, wo seine

[1] ‚Keusche' ist der österreichische Ausdruck für Hütte; d. Hsg.

Rechnung führen, und von welchem Punkte aus soll er das Material zu ordnen anfangen?!

9] Ist es denn nicht besser, weniger Material zu besitzen, aus demselben aber für den Geist sogleich eine kleine respektable Wohnung zu erbauen, damit der Geist dann einen festen und freien Platz bekommt, von welchem aus er seine nächsten Pläne machen und nach denselben ein neu anlangendes Material verwenden kann?!

10] Was wird ein Acker wohl für ein Gesicht bekommen, wenn er auch das beste Erdreich ist, so ihr tausenderlei Samen, in der größten Unordnung durcheinandergemengt, zu gleicher Zeit auf denselben aussäet? Die Samen werden richtig aufgehen; aber zu welchem Nutzen für den Sämann? — Fürwahr, das Erträgnis dieses Ackers wird kaum für eine schlechte Fütterung des Viehes taugen! Die stärkeren Pflanzen werden die schwächeren ersticken, das Unkraut wird wuchern, und das Weizenkorn wird nur hie und da sparsam und sehr verkümmert und brandig zum Vorscheine kommen!

11] Aus diesem aber geht hervor, daß überall, wo für euch ein Nutzen heraussehen soll, eine Ordnung bewerkstelligt werden muß, ohne die ihr Dornen, Disteln, Kraut und Rüben durcheinanderbauet, was euch nimmer irgend nützen kann.

12] Worin aber besteht diese Ordnung?

13] Wenn ihr einen geläuterten Weizen habt, so säet ihn auf einen reinen und guten Acker, und ihr werdet eine reine und gute Ernte bekommen.

14] Wer da eine gute Baustelle hat und hat Material dazu, der warte nicht, bis er einen überflüssigen Haufen Baumaterial zusammenbekommen hat, bis er dann erst sein Haus zu bauen anfangen möchte; denn er wird sich mit dem großen Haufen Baumaterial am Ende den ganzen Bauplatz völlig anführen[1]!

15] Und so dann der Baumeister kommen wird und wird ihn fragen: „Freund, an welcher Stelle willst du denn das Haus aufgeführt haben?", was wird er ihm dann entgegnen? — Sicher nichts anderes als: „Allda, Freund, wo der große Haufen des Baumaterials liegt!"

16] Und der Baumeister wird zu ihm sagen: „Warum ließest du denn dieses Material auf dem Bauplatze zuvor aufhäufen, bevor wir den Plan gemacht und den Grund gegraben haben? — Willst du nun das Haus auf dieser Stelle haben, so mußt du all dieses Ma-

[1] anfüllen; d. Hsg.

terial eher zur Seite schaffen und mußt den Platz ganz frei machen; dann erst werde ich kommen, werde den Platz ausmessen, den Plan entwerfen, darnach den Grund graben lassen und am Ende erst das Material prüfen, ob es durchaus zur Erbauung deines Hauses taugt!"

17] Sehet, aus diesem Gleichnisse könnet ihr schon ziemlich klar entnehmen, wie wenig jemandem eine große Belesenheit nützt, wenn er mit derselben nicht in der wahren Ordnung fortschreitet!

18] Worin aber besteht diese wahre Ordnung? — Diese wahre Ordnung besteht ganz einfach darin, daß ein jeder eine jede neue Ladung oder Ueberkommung des Materials alsogleich zu einem Wohngebäude zu ordnen anfängt und nicht eher nach einer zweiten Ladung greift, als bis er die erste verarbeitet hat. Auf diese Weise wird er in seinem Bau rasch vorwärtsschreiten und wird um denselben immer genug freien Raum haben, auf welchem er in guter Ordnung ein hinlängliches neues Baumaterial aufschichten kann.

19] Auf deutsch und ganz verständlich gesagt aber besteht diese Ordnung darin, daß jeder nach dem Gelesenen sogleich tätig werde und sein Leben darnach einrichte. — So wird ihm das Gelesene nützen, im Gegenteile aber schaden; denn jeder sei nicht nur ein purer Hörer des Wortes, sondern ein Täter desselben!

20] Nächstens der „Erinnerungen" mehr!

☆

Ein Wort an den Knecht

Am 8. Februar 1844

Was kümmert's dich, so jemand dies oder jenes [mit törichtem Vorwurf] zu dir sagt?! — Sieh auf Mich, deinen Herrn, und du wirst alle die Stellungen[1], die dir nur in einem geringsten Maße zukommen, bei Mir überklar erschauen!

2] Siehe an das 7. Kapitel Johannis, Vers 1—5. Da wirst du zur Genüge erschauen, wie selbst Meine gläubigsten Brüder, die Apostel, mit Mir verfahren sind, da es ihnen nicht recht war, daß Ich Mich in Galiläa eine kurze Zeit ruhig verhielt und Judäa floh, wo man Mir nach dem Leben strebte!

3] Ich ward von den Aposteln, von Meinen getreuesten Brüdern, der Lauheit und des Nachlasses in Meinem Eifer beschuldigt! — Möch-

[1] d. h. widrigen Erfahrungen; d. Hsg.

test du etwa besser daran sein als Ich? — Schau, schau, wie töricht du denkst!

4] Siehe, wärest du ein Schreiblustiger, dann hätte Ich dich nie erwählt! Denn die Schreiblustigen schmuggeln gern und verkaufen unter Meiner echten Ware auch ihre eigene auf Meine Rechnung! — Eben darum aber erwählte Ich dich, weil du kein Schreiblustiger bist, um eben dadurch Meine Ware einmal ganz rein vor die Welt zu bringen! — Wird sie aber auch noch in dieser Reinheit verkannt, dann wehe in jüngster Zeit der Welt!

5] Bei jedem ist Mir der Eifer lieber als die Lauheit. Du aber mußt träge sein wie ein Fließpapier, durch das man eine unlautere Flüssigkeit dennoch ganz rein durchfilterieren kann! Denn in deinem Eifer könntest du so manches aus deinem Kopfe unters Meinige bringen. Weil Ich dir aber keinen eigenen Eifer lasse, sondern du alles nur aus Meinem Eifer tun mußt, ohne daß dabei dein freier Wille irgendeinen Zwang erhält, so kommt Meine Ware rein ans Tageslicht!

6] Darin magst du hinreichend deine Entschuldigung finden. Und darum soll sich aber auch niemand an deinen, sondern allein an Meinen Eifer binden! Wem der nicht genügt, der wird übel fahren!

7] Und bei dem [hier Gesagten] hat es zu verbleiben für allezeit und ewig! — Denn niemand wird selig durch den Eifer Meiner Knechte, wohl aber durch Meinen Eifer, welcher ist Meine Liebe zu euch allen! Amen. — Verstehe solches wohl!

☆

Seelisches Ungeziefer

Am 16. Februar 1844, vormittags

So schreibe denn ein paar Wörtlein hin, weil du es schon also haben willst — und glaubst, daß ohne diese Wörtlein die Erde ein Loch bekommen möchte!

2] Ich fege stets bei groß und klein und jung und alt in aller Gestalt! — Und so höre Mich denn auch du, kleine Weltmartha, an, was Ich dir sage an diesem Tage!

3] Siehe, alles in der Welt vergeht, nur eines bleibet, und das ist die reine Liebe zu Mir und jede Handlung aus ihr!

4] So du diese Liebe haben wirst, dann erst werde Ich dich erkennen und vollkommen segnen! — So du aber diese Liebe überkommen willst, da mußt du zuvor dein Herz ganz *rein* machen von aller andern Liebe, die dir jetzt allerlei kleine und gar nichtige Vergnügungen schuf!

5] Siehe, von was das Herz erfüllt ist, davon geht der Mund stets über, und die Vögel erkennt man an ihrem Gesange. Höre dich demnach nur einen ganzen Tag selbst an, was alles aus deinem Munde zum Vorschein kommt, und du wirst daraus gar leicht und klar ersehen, wie viel des allerwertlosesten Zeuges dein jugendliches Herz voll ist! — Und solange das Herz von solchem Zeuge nicht gereinigt ist, kann von einer reinen Liebe zu Mir keine Rede sein!

6] Siehe, du bist noch eine unreine Seele und willst ein reines Bett haben zum Schlafen; und es würde dir sehr ekeln, so du dich anstatt in ein reines Bett in eine Kehrichttruhe legen müßtest. — Um wie viel mehr muß es dann erst Mir, dem Allerheiligsten und ewig Reinsten, ekeln, so Ich müßte in einem unreinen Herzen Meine Wohnung nehmen!

7] Ich will dir aber dadurch nicht sagen, als sei dein Herz etwa eine Wohnung von Drachen, Schlangen und Vipern; o nein, davon bist du weit entfernt! — Aber siehe, *Läuse*, *Flöhe* und *Wanzen* unter dem Kehrrichte sind eben auch nichts Anziehendes!

8] Die Menschen sind jetzt in ihren Herzen voll „Läusen, Flöhen und Wanzen" und halten solche Bescherung noch obendrauf für sehr löblich. — Aber Ich bin durchaus nicht dieser Ansicht! Denn Ich war nie ein Freund von solchem Ungeziefer.

9] Du wirst aber fragen: »Ja, was sind denn die „*Läuse*, *Flöhe* *und* *Wanzen* *des* *Herzens*"?« — Höre Mich nur an! Ich werde sie dir sogleich näher bezeichnen!

10] Die „*Läuse*" sind allerlei alberne, *dumme* *Gedanken*, von denen der Kopf voll ist! — Vom Kopfe steigen diese Läuse gerne ins Gewand und werden da lästiger als am Kopfe. — So steigen auch öfter dumme Gedanken vom Kopfe ins Herz und werden zu peinlichen *Weltbegierden*! — Siehe, das sind die „*Läuse*" des Herzens!

11] Wenn es warm wird und die Zimmer unrein sind, da entstehen die *Flöhe*. Und so ist es auch [geistig] beim Menschen! Wenn er sein von unreinen Begierden angefülltes Herz eben durch diese Begierden erwärmt, so entstehen daraus allerlei nichtige und oft schmutzige *Sorgen*, die das Herz jucken und stechen und fleißig hin und her und auf und ab springen. — Siehe, das sind die „*Flöhe*" im Herzen.

12] Und was sind denn nun die „Wanzen"? — Siehe, wo ein Haus nicht sorgfältig gereinigt wird, da entstehen die Wanzen aus dem Unflate der Gemächer und nisten in allen Klüften und beunruhigen die Schlafenden durch ihr Stechen und durch ihren Gestank! — Ebenso geht es auch im Herzen des Menschen zu, wenn er durch allerlei Gedanken, Begierden und Sorgen zu so manchen Vorsätzen und Taten belebt wird! Auch diese stinken schon und geben dem Herzen keine Ruhe mehr. Und solche Vorsätze und Willensstimmungen sind dann die „Wanzen" des Herzens!

13] Dieses alles findet sich auch schon in deinem Herzen vor! — Darum sage Ich dir heute an diesem deinem Tage, daß du auf dich selbst recht aufmerksam sein sollst — und sollst von deinem Munde dein eigenes Herz kennenlernen und sonach es sorglich reinigen von allem solchem Zeuge, auf daß Ich dann in selbes einziehen kann!

14] Hinweg mit alledem — so werde Ich zu dir kommen und Wohnung nehmen in deinem Herzen! — Das sage und rate dir Ich, dein liebevollster, heiliger Vater, auf daß du Mir eine recht reine und liebe Tochter werden sollest für ewig. Amen.

☆

An ein Mädchen

Am 11. März 1844, vormittags

Schreibe nur, Ich weiß ja, wo dich schon wieder der Schuh drückt! — Denn die dir heimlich gefällt, die gefällt auch Mir, da sie ihren Vater hochschätzt und liebt und ihre Mutter achtet im Herzen und ist keuschen Sinnes und betet manchmal recht herzlich zu Mir und liebet Mich auch im geheimen! — Darum sage ihr in Meinem Namen zum Tage ihrer Leibesgeburt:

2] Ich, dein Schöpfer, dein Vater, dein Erlöser, dein Wiedergebärer zum ewigen Leben, dein wahrer Bräutigam, habe dich recht herzlich liebgewonnen. Wahrlich, mehr als eine Million Sonnen mit aller ihrer Herrlichkeit liebe Ich dich, da du Mich nur ein wenig liebst!

3] Wahrlich, möchtest du Mich aber lieben, wie Mich die Magdalena geliebt hat — da würdest du Mich zwingen, zu dir zu kommen sichtbar und dich zu umfassen mit all Meiner Glut und dich zu tragen durch dein ganzes irdisches Leben auf Meinen Armen in Meine ewige Wohnung!

4] O du Mein Töchterchen, wenn du wüßtest, wie nahe Ich dir bin und wie sehr Ich dich liebe, du möchtest keine Sekunde lang mehr die Anschauung der Welt ertragen. Aber Ich enthalte Mich, auf daß du leben magst auf dieser Welt!

5] Darum aber bitte Ich dich, bleibe Mir getreu und wende stets mehr und mehr dein Herz zu Mir und liebe Mich, deinen ewigen Vater, deinen wahren Bräutigam — und Ich will dich reich machen aus Meinem ewigen Hausschatze und will dir den Tod so ganz hinwegnehmen, daß der Tag einst, da Ich dich von der Erde nehmen werde, dir zu einem allerhöchsten Wonnetage werden soll! Und du sollst nicht fühlen und schmecken je die Gewalt und den gar starken Druck des Todes in deiner letzten Zeit!

6] Aber nur das sage und rate Ich dir: Erforsche dein Herz an jedem Tage in der Liebe zu Mir! Und findest du dann und wann eine andere Liebe und Neigung in ihm als die zu Mir, so rufe Mich und zeige Mir dein Herz! Und Ich werde es sogleich reinigen für Mich und jede unlautere Begierde und Lust aus dir treiben!

7] Suche ja nicht in der Welt etwas anderes zu erreichen als ganz allein Meine Liebe, so wirst du allzeit und ewig glücklich und selig sein!

8] Zähle auch nicht die dummen Jahre deines Leibes und denke nicht, du möchtest im älteren Zustande etwa kein Glück mehr machen! Wahrlich, darum habe Ich dich nicht erschaffen, daß du die Märtyrerin eines unzüchtigen Mannes werden sollst — sondern für Mich allein habe Ich dich erschaffen!

9] Ich bin nicht einer, der Jahre zählet — sondern richte allein auf das Herz Meine Augen. Ist dieses schön und rein, dann bist du für Mich ewig jung und schön!

10] Glaube daher nie der Welt! Denn wahrlich, so arg ist sie jetzt, daß bei dem besten Teile ein jeder Hauch eine Lüge ist und jeder Herzschlag ein schmählicher Betrug. — Aber was Ich dir hier sage, dem traue fest! Denn es sollen eher Himmel und Erde vergehen, als da nur ein Häkchen von dem verrückt werden soll, was Ich dir hier gesagt habe!

11] Denn Ich ganz allein bin der ewig Wahrhaftige, dein rechter Vater und dein rechter Bräutigam, der dich mehr liebt als eine Million Sonnen mit aller ihrer Herrlichkeit!

12] Diese Meine wahrste und getreueste Versicherung sei dir, du Mein Töchterchen, du Meine Braut, ein lebendiges Bindeband an diesem deinem Tage! Denn Ich, dein Vater und dein Bräutigam, Ich, dein Jesus, gebe es dir durch Meinen Knecht für ewig. Amen, Amen, Amen.

☆

Segensvolle Gedenkfeier

zum vierten Jahresschluß der Neuoffenbarung

Am 14. März 1844

Schreibe nur, Ich weiß ja, was du willst! Meinst du denn, daß man auch bei Mir bittschriftlich einkommen muß, so man etwas erhalten will? — O nein! Siehe, das Herz allein gilt für die wahre Bittschrift! Wer bei Mir mit der einkommt, der wird erhört ohne Papier, Tinte und bittschriftliche Beilagen! Daher brauchst auch du keine schriftliche Bitte hier voranzusetzen und mit allerlei Exklamationen zu belegen, indem ich Mich allein an dein Herz halte. — Und so schreibe:

2] Ich weiß es, daß nun wieder ein irdisch Jahr verflossen ist seit deiner Berufung, zu arbeiten in Meinem Weinberge! Allein der Jahrestag zählt bei Mir an und für sich nichts. Denn ein jeder Tag, an dem Ich Mich dir offenbarte, ist ja ein gleich bedeutender Tag Meiner Gnade an dich und an Meine sonstigen Freunde. Und es ist darum der erste Tag nicht vorzüglicher als jeder andere!

3] Ich aber sage dir: Ein jeder tut am besten, so er seine schlechten Tage zu Jahresgedächtnistagen macht, seine Untreue zu Mir an solchem Tage überdenkt, sich zu Mir kehret und solche Tage mit ihren argen Werken aus Liebe zu Mir verabscheut und bereut!

4] Wer solches tut, der hält eine wahre, Mir wohlgefällige Jahresfeier, und ganz besonders dann, wenn er solche Jahrestage zu besonderen Liebetätigkeitstagen macht!

5] Wohl dem, der sich täglich dankbar Meiner Wohltaten erinnert und ist sonst ohne Fehl und Sünde! Aber 99mal wohl dem, der seiner Irrtage reuig und sich wohl bessernd gedenkt! Wahrlich, dem werde Ich entgegenkommen und werde ihn aufnehmen und werde ihm ein großes Freudenmahl bereiten. Und es soll da mehr Freude sein über einen als über 99 Gerechte!

6] So ein Vater einen Sohn hätte, der ihn an einem Tage schwer beleidigt hätte, der Sohn aber erinnerte sich am Jahrestag und spräche zu sich selbst: „O du unheilvoller Tag! In dir habe ich meinem Vater eine große Unbill angetan; aber gerade heute will ich zu ihm gehen, will mich vor ihm, der mir zwar meine Untat schon lange nachgesehen hat, aber dennoch hinwerfen und will also sprechen:

7] »Guter, lieber Vater! Siehe, heute ist wieder ein gar trauriger Erinnerungstag für mich, deinen unwürdigsten Sohn! An diesem Tage habe ich mich soweit vergangen, daß ich vergessen konnte, daß du mein überguter Vater bist allezeit gewesen! Darum komme ich denn nun gerade an diesem Tage in der vollsten Zerknirschung meines Herzens zu dir und bitte dich, daß du dieses schnöden Tages nimmer gedenken möchtest und möchtest mich nur deiner geringsten Gnade würdigen! Denn der böse Tag soll allein für mich ein allezeit trauriger und demütigender Erinnerungstag verbleiben!«"

8] Was wird der gute Vater mit solch einem Sohne wohl tun? — Ich sage, er wird zu ihm sprechen:

9] „Mein Sohn, es ist wahr, an diesem Tage hast du mein Herz traurig gemacht. Da du aber nun wie sonst keiner dich dieses Tages erinnert hast und kommst zu mir und hast deinen Fehler bekannt — so hast du dadurch eben diesen Tag zu solch einem Freudentage für mich gemacht, wie es sonst keinen gibt! Komm und lasse uns denn über die Maßen fröhlich sein an diesem Tage, an dem ich dich, mein geliebtester Sohn, so vollkommen wiedergefunden habe!"

10] Was meint ihr alle, ist solch ein Feiertag nicht mehr wert als tausend andere?! — Ja wahrlich, also ist es auch bei Mir! — Wer von euch so zu Mir kommen wird, den will ich ebenso aufnehmen wie der Vater in diesem Gleichnisse seinen Sohn!

11] Also begehet auch ihr öfter eine solche Erinnerungsfeier bei euch, und sie wird Mir lieber sein als die von zehntausend Sabbaten! — Das sei euch allen eine gute Gabe an diesem Tage Meiner Gnade an euch! — Tuet danach, so werdet ihr das Leben überkommen wahrhaftig für ewig! Das spreche Ich, der Herr, euer ewiger Schutz und Hort! — Amen.

☆

Falsche und rechte Seelenweide

Am 25. März 1844

So die Lämmer auf guter Weide sind, da gedeihen sie. Ihre Wolle wird reichlich und zart, und sie werden fett und munter und stark. Aber so die Lämmer auf schlechter Weide sind, da gedeihen sie nicht; ihre Wolle wird arm und zottig, und sie werden mager, träge und schwach.

2] Was ist denn aber das für ein Fall: So Ich den Lämmern eine gute, überfette und reiche Weide gebe; sie jedoch laufen dennoch mit großer Vorliebe auf einen Platz, da eine schlechte Weide ist, und fressen das schlechte Gras und das Steppenmoos, auf daß sie ja nicht fett werden vor Mir, dem Herrn der Herde?!

3] Und welch ein Unterschied ist wohl zwischen einem, den Ich Selbst mit Meiner Hand und mit Meinem Geiste zu einem rechten Knechte gesalbt habe, und denen, die nur mit der Zeremonie der Welt als solche gesalbt sind, aber Meine Hand und Meinen Geist noch nie gefühlt und geschmeckt haben?! — Und dennoch gelten letztere mehr als einer, der von Mir Selbst gesalbt ist mit Meinem Geiste! — Was ist denn das? Wie ist das zu verstehen?

4] Wer sind denn diejenigen, für welche die Liebe eine Sünde ist — und wer ist Der, der die Liebe zum einzigen Gesetze wiederbringt und gibt es einem vom Geiste Gesalbten? — Und dennoch erbrennen die Herzen vor jenen, die nicht lieben dürfen, weil sie die Zeremonie zu „Knechten der Kirche" gesalbt hat — aber vor Mir erbrennen sie viel minder und noch minder vor jenem, der mit dem Geiste der Liebe gesalbt ist! — Das ist eine Sache, die Mir nicht wohl im Munde schmecket!

5] Und siehe, das wünsche Ich, daß da die Lämmer auf der guten Weide verbleiben sollen, auf daß sie Mir bald Wolle brächten und Ich damit bekleidet würde in ihren Herzen, in denen die Flamme stark hin und her flackert, wobei Mir dann in Meinem noch stark nackten Zustande kalt wird, so sich die Flamme abwendet zu denen, die von der Zeremonie gesalbt sind.

6] Wahrlich, nackt bin Ich wohl nicht gerne, denn also war Ich am Kreuze!

7] Dieses gilt aber nicht bloß für die [Tochter], welche du, Mein Knecht, meinst; sondern das gilt für alle Menschen! — Die [Tochter] aber, die du meinst, soll das aus rechter Liebe zu Mir auch recht beherzigen samt ihren Geschwistern und soll nicht zu sehr rühmen, was Mir nicht gefällt; sondern soll sich sättigen auf der fetten Weide Meiner Liebe! Dann wird ihr schon eine „bessere Wolle" erwachsen!

8] Die „Wolle" aber ist ein lebendiger Glaube, der da ist das Licht aus der Flamme der wahren Liebe. Die Liebe aber ist das ewige Leben. — Und dies alles wünsche Ich der Marie H., wie allen, heute und allezeit und ewig. Amen.

☆

Ein reicher Knicker im Jenseits

Am 30. März 1844

Schreibe nur ein ernstes Wort ob des Traumgesichtes der alten C. H., zu der ein armer und sehr schmutziger Geist kam, der ein reicher Knicker war auf der Welt!

2] Dieser Geist, dem es sehr schlecht geht in seiner Sphäre, da er aus sich heraus nichts hat als Nacht und eine große Wüste um sich her, und der viel Hunger, Durst und Kälte leidet, ist bei sich der grundirrigen Meinung, sein Geld im Diesseits werde ihm, so es an die Armen verteilt würde, Erleichterung bringen. — Darum ward es ihm auch gestattet, sich der Person [C. H.] in dieser Hinsicht zu eröffnen, da er [den Bedürftigen] ein für allemal jede angebettelte Unterstützung aus einer höchst unmännlichen Achtung gegen sein dummes und schmutziges Weib vorenthalten hatte!

3] Das ist aber bloß des Geistes Plan, der von Mir noch keine Ahnung hat, sondern sich unter „Gott" nur die allwaltenden Kräfte der Natur denkt! — Da er aber dennoch von der Welt so viel Gefühl und Bewußtsein mitgenommen hat, um sich zu erinnern, daß man durch Unterstützung der Armen sich irgendeinem allfälligen Gottwesen wohlgefällig machen kann, so ist nun solch ein Wille in ihm erwacht, den er in die Ausführung bringen möchte.

4] Da er aber zugleich die Unausführbarkeit dieses törichten Planes mitersieht, so macht ihn das ganz überaus unglücklich. Und es wird ihm noch gar lange nicht zu helfen und zu raten sein, da in ihm darum auch ein großer Aerger gegen sein hinterlassenes Weib erwächst, die diesem Traume kein Gehör geben wird, da ihre Ohren mit Erz verstopft sind! — Wehe aber dem Weibe, so sie in nicht zu langer Zeit dem Manne folgen wird und in die Hände des Mannes gerät! Und wenn sie so bleibt, wie sie jetzt ist, wird sie davor auch gar nicht beschützt werden.

5] Das ist also der Zustand dieses Geistes jenseits! — Wahrlich, er ist traurig und sehr leidend. — Aber noch ums Tausendfache elender wird der des Weibes sein, wenn es sich nicht bei Lebzeiten ernstlich zu Mir wenden und nicht zwei Drittel ihres Einkommens jährlich der notleidenden Menschheit zukommen lassen wird — und das aus reiner Liebe zu Mir und zu den Armen!

6] Wahrlich, wahrlich, wer ein großes Vermögen auf der Welt hat und verteilt es nicht bei seinen Lebzeiten unter die armen Brüder und erquicket damit die Herzen derselben, sondern tut das erst an seinem Weltende, der soll als ein Geiziger angesehen werden, und es wird ihm sein Vermächtnis nimmer zugute kommen!

7] Wer da auf der Welt Kinder hat und ist nur für ihre Versorgung bedacht, auf daß sie nach seinem Ableben selbständig als gleichfalls reiche Menschen auf der Welt bestehen mögen und gute Heiraten machen können — wahrlich, wahrlich — so viel Pfennige der Vater oder die Mutter den Kindern erspart hat über das ohnehin unrechtmäßige Stammvermögen, so viele Jahre sollen sie [die Eltern] jenseits in obbezeichneter Nacht, Armut und Kälte gehalten werden und sollen daraus nicht eher gehoben werden, als bis irgend ein letzter Nachkomme ihres Stammes vor Armut den Bettelstab tragen wird!

8] Hätte besagter Geist bei Lebzeiten einen „ungerechten Haushalter" gegen sein dummes Weib gemacht und hätte mit dem großen Vermögen für die Armen gewirtschaftet und nicht für sein dummes Weib und für seine Kinder, so stünde es nun besser mit ihm. Denn darum ward er des reichen Weibes Mann, daß er ihr Vermögen hätte für den Himmel verwenden sollen. Er aber vergaß Meiner und arbeitete nur für sein Weib! — Also sucht er nun auch die Hilfe dort, wofür er gearbeitet hat! — Für Mich aber hat er nie gearbeitet, da er nur ein Widersacher zu Mir war. Darum erkennt er Mich auch nicht und sucht auch nicht Hilfe bei Mir, der Ich ihm doch nur ganz allein helfen kann.

9] Was Hartes wäre es denn, so ein Reicher mit zwei Dritteln seines Einkommens armer Eltern Kindern eine Aussteuer gäbe, daß auch diese heiraten könnten und nicht der Unzucht preisgegeben würden zur Zeit ihrer fleischlichen Reife und der Not? — Wahrlich, wer das gar leicht täte, der würde sich dadurch Untertanen für den

Himmel züchten, die ihm da eine bessere Lebensernte abwerfen würden, als so er auf der Welt sorgt, daß seine Kinder Herrschaftsbesitzer und darum stolze und unbändige Menschen werden, die sich von Meinem Geiste nimmer wollen strafen lassen, der doch so sanft mahnt und aller Kreatur das Leben gibt!

10] Das ist Mein Rat! — Ein jeder aber tue, was er wolle! Ueber ein kurzes wird er schon die Früchte erschauen, die ihm seine Werke jenseits bieten werden!

11] Ich aber sage noch zu jedem Reichen diesseits: Du kannst es an dir erproben, was du jenseits ernten wirst! Siehe, so du kreuzerweise Almosen gibst, so tut dir das nicht weh, und du machst dir nichts daraus. Wenn du aber um Gulden angesprochen wirst, da siehst du dir den Bettler schon genauer an und schmollst nicht selten darob! Wenn aber jemand zu dir sagen würde: „Freund, Bruder! Du bist reich, gib mir 1000 oder 2000 oder 6000 Gulden, denn ich habe dessen vonnöten, was dir überflüssig ist" — was für eine Antwort wohl würde so ein kecker Bettler erhalten?!

12] Ich aber sage: Mit welchem Maße ihr ausmesset, mit dem Maße wird euch wieder eingemessen werden! — Wenn du auch betest: „Zukomme mir Dein Reich! Gib mir Brot des Lebens! usw." — so werde Ich aber dich, reichen Mann, dennoch also anhören, wie du den kecken Tausend-Gulden-Bettler angehört hast! Denn Ich meine, Mein Reich und Mein Brot sollte doch mehr als gar viele tausend Gulden wert sein?!

13] Solange demnach jemand hier ist, kann er sich helfen durch sein Vermögen, so er es nach Meinem Willen gebraucht. Wenn er aber drüben ist, so nützt es ihm zu nichts, und wenn Millionen für ihn verspendet würden. Denn ein jeder Mensch wird nach seinen Werken, und nicht nach den Werken anderer, sein ganz eigenes Gericht finden!

14] Ich aber brauche eure Opfer nicht, sondern ihr brauchet sie! Daher opfert, dieweil ihr opfern könnet! Denn über dem Grabe gibt's keine Opferaltäre mehr!

15] Die Armen aber sind die Opferaltäre! Darauf leget reichliche Brandopfer eurer Liebe, so werdet ihr euch Schätze für den Himmel bereiten!

16] Fraget daher nicht mehr, wie dem Verstorbenen zu helfen sei? — Denn dem kann niemand helfen als Ich allein, wann es an der Zeit sein wird. Und ferne sei es von euch, Mich zur Erbarmung bewegen zu wollen, als wäret ihr barmherziger denn Ich!

17] Ein jeder aber kehre vor der eigenen Türe und sorge für sein Auge[1], so wird er nicht nötig haben, dereinst eitle Hilfe zu suchen bei den Weltmenschen, sondern wird solche finden bei mir in Ueberfülle für ewig! Amen. — Das spricht der ewig Wahrhaftige. Amen, Amen.

☆

Die evangelische Kur

Väterlicher Gesundheitsrat für K. G. Leitner

Am 13. April 1844

Schreibe nur, Ich weiß, was du hast! — Also höre Mich denn diesmal recht folgsam an, du, den Ich so lieb habe, du Mein Freund, Mein Bruder! Ich kenne dein Herz, es ist geschmückt wie eine Braut und so wohlgeschmückt wie ein Brautgemach, darum es Mir auch so wohlgefällt, bei dir mit allerlei Ordenskreuzlein in diesem deinem Herzen einzusprechen.

2] Ich möchte wohl ganz und gar in dein Herz einziehen, wie einst in Jerusalem, aber du hältst die Türe in dies Mir wohlgefällige Gemach des Lebens stets sehr enge, so daß Ich mit Meiner Eselin nicht hineinkann. Was aber ist es wohl, das in dir die Türe in dein Herz so sehr beengt? — Siehe, es sind die Sinne deiner Seele, welche da ausmachen deinen Verstand; dieser ist zu angestrengt tätig, entzieht dadurch dem Herzen zu viel des Lebensfeuers und verbraucht es im Gehirne um nichtige Dinge. Dafür aber leidet dann dein Herz einen Mangel und wird von außen her beengt, weil es zu wenig des Lebensfeuers rückbehält.

3] Es ist wohl dein Innerstes im Herzen in der schönsten Ordnung, allwo des Geistes Wohnstätte ist. Aber weil die äußere Umfassung des Herzens stets beengt wird durch den zu unverhältnismäßigen Lebensfeuerverbrauch und das Herz auch zu Zeiten nicht so viel Lebensfeuer erzeugen kann aus dem Geiste, wie dein nicht selten über die Maßen tätiger Verstand zu seiner weltlichen Funktion vonnöten hat, so wird dein Verstand oft schwach in allen seinen Teilen. Und du empfindest dann den Mangel dieses Feuers doppelt, und zwar zuerst durch eine Art Trübung im Verstande oder in den

[1] d. h. er schaue nach dem Splitter im eigenen Auge! — D. Hsg.

Sinnen der Seele, und dann aber auch durch leere Beängstigungen in deinem **Herzen**, welche natürlich darin ihren Grund haben, daß durch den Mangel an Lebensfeuer die äußere Umfassung des Herzens sich zusammenzieht, dadurch auf die inneren Lebenskammern einen Druck ausübt und die äußeren Gefäße, selbst des fleischlichen Herzens, strenger und strenger anzuziehen beginnt, woher sich dann auch dein physisches Leiden zu Zeiten und Zeiten datiert!

4] Weil vom Herzen aus alle Nerven zuerst ihre Nahrung bekommen müssen, so werden sie natürlich schwach, wenn sie durch den Mangel an Lebensfeuer hungrig werden. Und der zuckende Zustand derselben ist nichts anderes als eine Sprache, eine Forderung an das Herz und lautet: „Wir Bänder und Hebel des organischen Lebens sind hungrig und durstig geworden! Herz! Du sonst gastliche Küche des Lebens, gib uns zu essen und zu trinken und gönne uns auch einmal eine frische und stärkende Luft! Und lasse uns nicht verkümmern unter dem Staube, den deines Verstandes weltliche Werkstätten so reichlich und verderblich erzeugen!"

5] Ich aber sage dir: Gib folgsames **Gehör** den Worten der Nerven, und du wirst gesund sein! Und noch sage Ich zu dir und frage dich: Warum sorgest und kümmerst du dich so viel vergeblich?

6] Bin Ich dir doch noch allezeit zur Seite gewesen, und es ist noch alles also gut ausgefallen. Und was Ich je zu dir geredet habe, entweder durch Meinen schwachen Schreiber oder durch ein unmittelbares Einfließen in dein Gemüt, ist es nicht in die pünktlichste Erfüllung gegangen?

7] Und dennoch sorgest du dich stets von neuem wieder so, als hinge das Gelingen deiner Arbeit für die Welt lediglich von deiner Tatkraft ab! — Warum das? — Weißt du ja doch, daß ohne **Mich** niemand etwas vermag! — Warum sorgest du dich denn da vergeblich, wo Ich doch allezeit und überall für dich sorge und vollauf tätig bin?!

8] Ich sage dir: Sei in der Zukunft leichtsinnig in allen deinen Weltarbeiten[1] **im lebendigen Vertrauen auf Mich**! Und Ich werde alle deine Arbeiten segnen, auf daß sie besser werden, als du sie je selbst berichtigt hast! — **Kehre** auf eine Zeit von wenigstens vierzehn Tagen allen deinen **Geschäften den Rücken**, sorge dich um nichts, lege alle deine Sorgen volltrauig auf **Meine Schultern**, und es wird alles zur rechten Zeit in der besten Ordnung sein.

[1] d. h. nimm deine Welttätigkeit für weniger wichtig! — D. Hsg.

9] Dabei aber lebe recht gut und lasse dir ein von Mir allzeit gesegnetes Essen und Trinken recht sorglos gut schmecken! — Und gebrauche morgens und abends die evangelische Kur, nämlich:

10] Nimm roten, ungerichteten Wein und Olivenöl, das rein ist, und reibe dir damit die Brust, die Glieder, den Rücken, das Genick, am Abend auch das Haupt und ganz besonders die Schläfe im Glauben und Vertrauen auf Mich, so wirst du bald wieder ganz stark und gesund werden!

11] Doch sollst du in der Zeit dich vom Kaffee und vom schlechten Weine enthalten, weil darinnen arge und unreine Geister hausen, die da stürmisch und sehr unruhig sind.

12] Dieses Rezept aus dem Munde deines ewigen Vaters, deines Schöpfers und deines Herrn und Gottes, beachte jetzt und allezeit im sorglosen Vollvertrauen auf Mich, und es wird mit dir in allem gut, besser und am besten gehen, sein und werden allezeit wie ewig in Meinem Namen.

13] Das sagt dir dein Vater Jesus durch des Knechtes Mund! — Amen.

Nachbemerkung des ersten Herausgebers: Diese für K. G. von Leitner gegebene Weisung scheint gut gewirkt zu haben. Denn zu seinem 91. Geburtstage sagte ihm später der himmlische Vater: „Heute sage Ich dir, du kannst bleiben auf Erden, so lange du willst, oder auch heimgehen, wann es dir beliebt.“ Leitner blieb noch ein Weilchen, und dann zog den Hochbetagten die Ewige Liebe heim im Sommer 1890.

☆

Baalsdienst

Am 17. April 1844

Magst ja einige Punkte notieren über ein gewisses Fest, das Ich nicht näher bezeichnen will und das Ich [auch] nicht angesehen habe. Denn was die Welt tut im Glanze, da ist bei Mir tiefste Nacht. Und Ich will und mag nicht sehen, was da ist und geschieht. Es wird jenseits schon ohnehin alles auf das allergenaueste offenbar werden, was in der Welt war und geschah!

2] Daher werde Ich hier auch nur das von dir Geschaute und Gehörte ganz kurz beachten, weil Ich von diesem Feste nur so viel gesehen habe, wie viel du gesehen hast. — Und so schreibe denn!

3] Du hast gesehen den „Triumphzug“[1], der glänzender war als Salomo in all seiner königlichen Pracht! — Weißt du aber auch von

[1] eine prunkhafte kirchliche Prozession. — D. Hsg.

einem solchen Zuge, den Ich als der Herr Himmels und der Erde je gehalten habe — außer dem Einzug auf der Eselin in Jerusalem und dann dem großen Triumphzug mit dem Kreuze auf Golgatha?!

4] Du hast ferner gesehen: die „Infelkronen" der Bischöfe, wie sie glänzten vom Golde! — Meinst du wohl, daß die Dornenkrone, die bei Meinem letzten Triumphzuge auf Golgatha Mein Haupt zierte, auch also prachtvoll glänzte?!

5] Du hast gesehen die „Hirtenstäbe", für deren Wert man hundert Arme auf Jahre versorgen könnte — und die Edelsteine, mit denen diese Szepter verziert waren?! — Ich mußte Mich mit einem Schilfrohre begnügen und hatte von der Geburt an nicht einmal einen Stein von der größten Gewöhnlichkeit zu eigen, daß Ich ihn vollrechtlich vor der Welt hätte unter Mein Haupt zu legen vermocht.

6] Hätte Ich dich hier wohl nicht auch fragen können wie einst die Jünger und Juden wegen des Täufers Johannes: „Was bist du hinausgegangen zu sehen?" — Ich meine, die Antwort gibt sich hier von selbst!

7] Steht es aber nicht in der Schrift: „Alles, was vor der Welt groß ist, das ist vor Gott ein Greuel"?! — Was hältst du diesem Satze gegenüber von dem Feste? — War es groß und glänzend vor der Welt? — Oder war es dem gleich, das Mir einmal der Nikodemus zur Nachtzeit aus Furcht vor den Juden und Hohenpriestern gab — also ganz klein und unbedeutend?

8] So wird auch in der Schrift angerühmt die „enge Pforte"! — Hast du die Pforte des „Triumphbogens", durch die der glänzende Zug ging, wohl auch „eng" gefunden? — Mir wenigstens kam sie sehr breit vor!

9] Als Petrus bei Meinem letzten Triumphzuge dem Knechte Malchus das Ohr abhieb, da sagte Ich: „Petrus! Stecke dein Schwert ein! Denn wer da mit dem Schwerte umgeht, der kommt auch durchs Schwert um!" — Wie gefielen dir demnach die streng bewaffneten Wachen, die da diesen Festzug begleiteten? — War das nicht ein Umgang mit gar vielen Schwertern, ganz wortlautig genommen?

10] Am Triumphbogen befand sich ein zu Leihen genommenes „Abendmahlsbild" und war so gestellt, daß es dem Festzuge unbemerkbar bleiben mußte! — Was meinst du wohl: Bin Ich Selbst nicht eine ähnliche Verzierung bei dieser rein heidnischen Sekte?

11] Ja, Ich sage dir: Ich bin ihr noch viel weniger! — Das Bild hat doch einen reellen Kunstwert. Ich aber habe da gar keinen Wert, außer wenn durch Meinen Namen Gold und Silber zu gewinnen ist!

12] Ich könnte dir noch so manches sagen, aber Ich werde zu ärgerlich darob! Darum sage Ich dir nichts mehr. Denn zu groß ist so ein Skandal vor Meinen Augen.

13] Und wahrlich! Von nun an will Ich diese Sekte zu schlagen anfangen und alle die mit ihr sind, groß und klein, jung und alt! — Wehe nun allen Liebhabern und Liebhaberinnen der Diener des Baal! Denn Ich fange an, Mein Schwert über sie zu schwingen!

14] Wahrlich, die sich heute noch freuen, wenn sie besucht werden von den Baalsdienern, diese sollen in der Bälde mit großer Angst und Trauer erfüllt werden, weil sie Mich nicht erkennen wollen und stets bei den Götzendienern ihr Heil suchen! — Amen.

☆

Der vergangene, zukünftige und — gegenwärtige Christus

Am 21. April 1844

Schreibe nur, was du hast! Aber auf die gewisse [menschliche] Art zu gratulieren, ist Meine Sache nicht — sondern zu lehren, zu ziehen, zu führen und den Wanderer auf jene Wege zu lenken, die da führen in Mein Reich [— das ist Meine Art]! Und in der Art will Ich dir auch jetzt für deinen Mann etwas geben!

2] Höre du, Mein lieber A. H.-W., recht wohl, was Ich dir nun durch Meinen Knecht kundtun werde! — Ich sage dir, es tut dir und deinem Hause not!

3] Siehe, du hast wohl einen recht festen Glauben; aber deine Liebe in deinem Herzen ist noch bei weitem nicht so fest wie dein Glaube — und das darum, weil du noch stets deine Liebe an Meine sichtbare Persönlichkeit hängst und suchest Mich irgend zu vernehmen und zu erschauen. Und [erst] so du Mich irgend erschautest oder wenigstens vernähmest, da würde dann auch dein Herz für Mich vollkräftig entflammen.

4] Und siehe, gerade also steht es auch mit deiner Familie! Ihr liebt alle den Christus, der einst lehrte auf der Welt oder der da wiederkommen möchte, zu richten die Welt — also den vergangenen oder den zukünftigen Christus liebet ihr nur!

5] Aber das ist gefehlt! Denn bei solcher Verfassung kann Ich Mich euch nicht nahen als euer Vater in der Gegenwart, sondern nur als der der Vergangenheit oder der der Zukunft, und kann euch nicht kräftigen, weil ihr Mich nur in eurer Erinnerung ehret, aber nicht in euren Herzen lebendig liebet!

6] Wie aber die Erinnerung ihre Gegenstände bald recht lebhaft erfaßt und bald wieder ganz fallen läßt, also ist es auch bei euch mit Mir der Fall! — Leset ihr gerade etwas Erbauliches von Mir, dann seid ihr wie voll Liebe zu Mir — aber das ist nicht Liebe, sondern nur eine zeitweilige Aufregung eures Erinnerungsvermögens. — Sobald ihr euch umkehret und etwas anderes erschauet, da schließt sich eure Erinnerungskammer im Kopfe, und Ich bin draußen, als wäre Ich kaum je darin gewesen.

7] Ihr könnt dann Visiten machen, mit der Welt verkehren, euch belustigen mit weltlichen Dingen, allerlei Zeug plaudern, euren Leib zierlich bekleiden. Und so irgendein Freund oder eine Freundin euch besucht, da könnet ihr mehr Freude haben, als je irgend in der kurz dauernden Erinnerung an Mich!

8] Denn an alledem hindert euch der vergangene wie der zukünftige Christus nicht, der wohl in eurer Erinnerung, aber nicht in euren Herzen wohnet! — Ich aber sage dir und deiner Familie und euch allen: Der vergangene und der zukünftige Christus wird euch wenig nützen, so ihr nicht den gegenwärtigen lebendig in euren Herzen traget!

9] So Ich Meinen Knecht heute von euch nehme, durch den Ich euch bereits vier Jahre lang tagtäglich Erfrischungen zusende und euch so nur ein bißchen von der Weltfreundlichkeit heimsuchen lasse — da werdet ihr Mich nach und nach so schön unvermerkt aus eurer Erinnerung spielen, daß dieser Erinnerung kleine Fünklein euer Herz kaum mehr auf Augenblicke für Mich entzünden werden.

10] Ihr freuet euch nun wohl allezeit, wenn ihr von Mir etwas vernehmet. Aber eure Freude ist nicht bleibend, weil sie mit eurer Erinnerung gleichen Schritt geht. Und ihr freut euch dann bald darnach auf irgendein vorhabendes weltliches Vergnügen mehr als auf Mich und machet Pläne, was ihr tun werdet, ohne zu bedenken, daß ihr ohne Mich nie etwas tun könnet und noch viel weniger tun sollet.

11] Und so Ich euch daran hindern möchte, dann könnet ihr darob sogar traurig werden und sagen: Aber dürfen wir denn gar keine Freude haben?!

12] Ich aber sage: Ihr sollet ja Freude haben, und nimmer soll die Freude von euch genommen werden — aber Ich [euer himmlischer Vater] sollte stets eure größte Freude sein!

13] Fraget euch selbst: Was bietet euch wohl eure eigengemachte Freude? Wie lange dauert sie? — Wenige Stunden habt ihr wieder unnütz mit der dummen Welt vergeudet, dumm verplaudert und verlacht. Dann steht ihr wieder am alten Flecke! Und nur Meiner endlosen Liebe und Geduld habt ihr es zu verdanken, daß ihr nach einer jeden weltlichen Freude nicht zurück, also dem Tode näher gekommen seid!

14] Bei solchen Verhältnissen ist von einem merklichen Fortschritte zu Mir noch lange keine Rede, und Ich bleibe stets noch euer „vergangener" oder „zukünftiger" Christus.

15] Ich aber sage dir dies alles gerade an diesem deinem Tage, auf daß du mit deinem ganzen Hause für die Zukunft Mir näher kommen mögest, als das bis jetzt der Fall war!

16] Du kennst die Wege zu Mir. Willst du aus dem vergangenen oder zukünftigen Christus dir einen gegenwärtigen, lebendigen Christus bereiten, so mußt du vollernstlich auf diesen Wegen wandeln und dein Haus mit dir! — So wirst du Mich von deiner Erinnerung in dein Herz bringen und wirst dann erst jene Freude überkommen, die dir keine Welt und keine Ewigkeit mehr wird nehmen können auch nur auf einen allerkürzesten Augenblick!

17] Diese endlose Freude aber wirst du nicht eher überkommen, als bis du mit Paulus wirst sagen können: „Nun lebe nicht mehr ich, sondern Christus lebet in mir!"

18] Siehe, alle Welt ist Mein Feind; wie aber kann jemand sagen, daß er Mich liebe, so er andererseits dennoch der Welt die Hand zum Gruße bietet?!

19] Beachte daher diese Meine neue Belehrung und Vermahnung, so wirst du bald zu jener Freude gelangen, die niemand mehr von dir nehmen wird! — Das sei dir Mein Wunsch und Meine väterliche „Gratulation" zu diesem deinem Tage! Und Meine Gnade, Liebe und Erbarmung sei mit dir ewig! Amen.

☆

Mißfällige Weltlust

Am 10. Mai 1844

Was forderst du immer Dinge von Mir?! — Warte doch, bis Ich sie dir aus freien Stücken geben werde. Du wirst doch nicht besser wissen wollen als Ich, wann Ich jemandem etwas geben will und kann zu seinem Besten?!

2] Du hast zwar heute schon etwas getan, das Mir gefiel; und so würde Ich dir schon darum etwas geben, so es hier an der Zeit wäre, die Mir gefiele. Aber diese „Zeit" bei der, für die du etwas möchtest, gefällt Mir nicht. Darum gebe Ich dir auch nichts. Denn Meine Tröstung — und weltliche Lach- und Plauschgratulationen taugen nicht zusammen auf einem Tische!

3] Sage aber deiner „Klientin", daß es, um sich Meines Wohlgefallens zu versichern, nicht genug ist, wenn man Meine Worte nur gerne und beifällig liest und hört, sondern man muß sich auch lebendig im Herzen darnach kehren!

4] Der aber kehrt sich nicht darnach, dem weltliche Verlustigungen und Erheiterungen dann und wann recht sehr am Herzen liegen!

5] Genug! Mehr sage Ich nicht. — Wer dies Kleine ehrt, sei des Größeren wert! — Das sagt der Herr! — Amen.

☆

Religion und Offenbarung

Am 21. Mai 1844

Also schreibe ein rechtes „Kriterium" über Religion und Offenbarung!

2] Die Religion ist eine Wiederverbindung des Menschen mit Gott, der ihn aus Sich frei erschaffen und wie außer Sich in die materielle Welt gestellt hat, zur Probung und Ausbildung der Freiheit, die allein das Leben des Geistes bedingt, weil sie in sich die Liebe, als das Grundurwesen alles Seins, ist!

3] Man sagt, Gott könnte ja durch Seine Allmacht die Menschen so gestalten und halten, daß sie ihrem [göttlichen] Berufe allezeit vollkommen entsprechen könnten. — Wozu da dann eine geoffenbarte Religion? — Wozu das Geschöpf frei wandeln lassen unter Geschöpfen und Wesen, die es so wenig wie sich selbst erkennt?

4] Das könnte Gott wohl,[1] aber dann wäre der Mensch nicht Mensch, sondern nur ein Tier. Er wäre gerichtet gleich dem Tiere

[1] mit seiner Allmacht die Menschen gestalten und leiten; d. Hsg.

und müßte sich notwendigerweise in den engen Schranken des ewigen Muß bewegen! — Hätte aber dann der Mensch nach der Absicht des Schöpfers wohl auch ein selbständiges, freies Leben?

5] Nein, das hätte er ewig nimmer! Denn alles eigentliche, selbständige Leben muß als solches frei erworben sein, weil ein jeder Zwang die Freiheit hemmt und somit auch das eigentliche Leben richtet und eben dadurch tötet.

6] Selbst die Liebe ist tot ohne Freiheit! — Daher kann beim Menschen nicht die göttliche Allmacht anstatt der geoffenbarten Religion [zur Grundlage] genommen werden.

7] Die darauf sich stützende Notwendigkeit einer göttlichen Offenbarung ist der erste [grundsätzliche] Beweis für die Echtheit[1] einer solchen Offenbarung. Denn ein jedes gerichtete Wesen kommt schon mit allen ihm zukommenden Vollkommenheiten zur Welt und braucht daher keine Offenbarung. — Aber ganz anders verhält es sich mit dem Menschen! Dieser kommt in seiner ganzen Sphäre nackt zur Welt und bedarf daher gar wohl einer geoffenbarten Anleitung, nach der er seine ganz freie, durch nichts gebundene Lebenskraft soll auszubilden anfangen, um ein wahrhaft selbständig freies, lebendiges Wesen zu werden.

8] Worin aber liegt dann das „Kriterium" der Echtheit einer wirklich notwendigen göttlichen Offenbarung? — Das Kriterium liegt lediglich im Handeln nach der Offenbarung. Wer da gewissenhaft einer erkannten Offenbarung getreu lebt, der wird zur inneren Freiheit seines Geistes gelangen, ob er ein Jude, ein Türke, ein Brahmine oder ein Christ ist — so wie da ein jeder, der nach einer Schule irgendeine Kunst lernt, sicher ein Meister wird, so er fleißig die Schule studiert und nach ihren Grundsätzen vorwärtsschreitet.

9] Also steht es ja auch geschrieben: Wer da tun wird nach Meinen Worten, der wird es erkennen, ob sie von Gott oder ob sie vom Menschen sind.

10] Darin liegt das Hauptkriterium für die Echtheit einer göttlichen Offenbarung! Denn also muß ein jeder Mensch „von Gott gelehrt" sein! Wer es nicht von Gott lernt, der hat es nicht und weiß es nicht.

11] Ein jeder aber lese den ersten Brief Pauli an die Korinther, und zwar das zweite Kapitel! — Dort wird er auch ein Hauptkriterium finden. — Es sei!

☆

[1] d. h. hier: für das tatsächliche Bestehen; d. Hsg.

Der sechste Engel

Am 2. Juni 1844

Vor einigen Tagen hörte ich, Ans. H., in einem Traume auf einmal die deutlichen Worte: „Jetzt ist der sechste Engel da!" — Ich dachte, da ich hierüber erwachte, sogleich an die sieben Engel in der Offenbarung Johannis, welche die sieben Schalen des göttlichen Zorns ausgießen.

Jakob Lorber, dem ich dieses Begebnis mitteilte, erhielt vom Herrn nachstehende Erklärung, und zwar über den 12. bis 16. Vers des 16. Kapitels der Offenbarung Johannis.

Das ist eine rechte Frage, darüber gebe Ich gerne einen Aufschluß!

2] Die Stimme, die du, A. H.-W., wie im Traume gehört hast, war richtig und wahr. Denn sie war die Stimme Meines Mundes. Und somit ist der „sechste Engel" auch da, auszugießen seine Schale.

3] Du aber verstehst noch nicht den „sechsten Engel", so wie du auch die anderen nicht verstehst. Daher will Ich dir diesen „sechsten Engel" ein wenig beleuchten, auf daß du einsehest, was das Werk dieses Engels anzeigt. — Und so höre denn:

4] Dieser Engel „goß seine Schale über den ganzen Strom Euphrat aus. Und dessen Wasser vertrocknete, auf daß da bereitet würde der Weg den Königen vom Aufgang der Sonne."

5] Der „Engel" ist Mein Wille. Und die „Schale" ist Meine Erbarmung. Und was „ausgegossen" wird — ist Meine Gnade.

6] Der große „Strom Euphrat" ist das Falsche und Böse der Welt, das die große Hure Babels oder der eigentliche Widerchrist angerichtet hat unter allen Völkern der Erde und das da völlig gleicht dem großen Gebirgsstrome Asiens, der da zu öfteren Malen anschwillt, seine Ufer nicht selten mehrere Ellen hoch überflutet und die größten Verheerungen anrichtet und so das Land auf vielen Stellen versandet und zur öden Wüste macht.

7] Und wie dieser Naturstrom böse wirkt, also wirkt auch der arge geistige Strom, der von dem Munde der Hure ausgeht, Böses und Falsches im Lande des Geistes.

8] Ueber diesen bösen geistigen Strom also gießt der sechste Engel die Schale aus, daß er vertrockne und dann die rechten „Könige vom Aufgange der Sonne" wieder zu den Völkern der Erde gelangen möchten und nun auch gelangen werden. Diese „Könige" aber besagen die rechten und lebendigen Erkenntnisse aus dem Worte.

9] Wird aber der „Drache" oder die „Hure" damit wohl zufrieden sein, so ihr Hauptstrom vertrocknen wird, wenn ihr Gericht, ihr

Einfluß bei den Großen der Welt geschmälert, ja endlich ganz versiegen wird, wenn ihr Machtspruch unter den geweckten Völkern der Erde von der Wirkung sein wird wie das nächtliche Gesumse einer Gelse?[1]

10] O damit wird der „Drache" nicht zufrieden sein! — Er wird sich gar gewaltig ärgern und wird seine falschen Propheten aussenden, wie er selbst einer ist im vollsten Sinne. Und diese werden sein gleich drei „Fröschen", die zur Nachtzeit ganz gewaltig in den Sümpfen und Morästen quaken.

11] Wer wohl sind so ganz eigentlich die „Frösche", diese „unreinen Geister", diese echten „Teufel"? — Ich brauche sie dir nicht namentlich aufzuführen, aber bezeichnen will Ich sie dir, daß du sie leicht erkennen wirst.

12] Siehe, die „Frösche" sind die drei Hauptgesellschaften unter dem Szepter der Hure, die da in der Zeit sich überall hervortun und Demut, Entsagung und die allerstrengste Buße predigen und rufen die „Könige" und die Großen um Aufnahme und Beistand an, auf daß sie dann leichter herrschen möchten über alle Kreaturen der Erde. Denn demütige, allem entsagende und somit büßende Völker sind leicht zu regieren und gewähren den Herrschern die größten Vorteile!

13] Aber eben diese drei Gesellschaften sind selbst die herrschsüchtigsten und sind vorzugsweise der „Strom Euphrat", über den nun die Schale ausgegossen wird.

14] Sie rüsten sich wohl zum „Kampfe am Tage Gottes". — Ich aber werde sie alle versammeln im Orte der ewigen Nacht, „Harmagedon". Und Mein Tag wird sie verschlingen auf immer — also wie er die Diener des Zeus verschlungen hat.

15] Dieser große Tag aber ist schon da und breitet sich im verborgenen aus und kommt heimlich wie ein Dieb.

16] Wohl euch, die ihr ihn erkannt habt und euch schon lange sonnet an seinen lebendigen Strahlen!

17] Wehe aber denen, die dieser Tag unvorbereitet treffen wird! — Wahrlich, die Tiefe des Meeres mit einem Mühlsteine am Halse wäre ihnen besser denn dieser Tag, der euch schon so helle leuchtet zum ewigen Leben!

18] Das ist der Sinn des „sechsten Engels"! — Verstehet ihn wohl! — Amen.

☆

[1] Mücke.

Jesuiten, Opernspiel und Hostienkult

Am 6. Juni 1844

O Herr! Laß mich armen Sünder einige Fragen tun, auf daß durch deren Beantwortung aus Dir, o heiliger Vater, mein Gemüt erleuchtet und erleichtert werde!

1] So stelle denn deine nicht sehr wichtigen Fragen!

1. O Herr! — Was soll ich von der nunmehrigen Ueberhandnahme der Jesuiten und auch anderer Orden halten?

2] So viel wie von einem Schnee im Monate März, der heute fällt und morgen von den Sonnenstrahlen vernichtet wird! Wenn der Schnee die Gegend bedeckt, da sieht es wohl recht traurig aus und es hat das Ansehen, als hätte sich der tiefe Winter wieder eingefunden. Aber nur wenige Stunden Sonnenschein, und der so mächtig drohende Winter ist nicht mehr!

3] Siehe, das ist von der jetzigen Institution dieser Kongregation zu halten! — Hast du nicht gesehen, wie die Schmarotzerpflanzen sich an einem Baume ansetzen, als wollten sie dem Lebensschwachen eine neue Lebenskraft verleihen?! — Aber gerade sie sind des Baumes voller Tod! — Verstehst du dieses Bild?

2. Was soll ich, o liebster Herr und Vater, denn von der gestrigen, mich in musikalischer Hinsicht sehr erbauenden Oper halten? — Wie soll ich sie nehmen, daß ich mich dabei etwa nicht gegen Deinen Sinn verhalten möchte?!

4] Das ist eine rein weltliche Sache, die Mich nichts angeht! — Das aber kannst du dir ja merken: Diese Opera, oder besser musikalische Komödie ist wie jegliches Menschenwerk, das da allezeit besteht aus Unrat und Gold! — Der „Unrat" ist das Materielle, und bei der Komödie die schandvolle Handlung. — Das „Gold" ist die geistige Tätigkeit vor jeder materiellen Handlung — wird aber eben durch die Handlung in Unrat verkehrt.

5] So ist es auch mit der Musik bei dieser Komödie der Fall! Sie ist ein Gold, mit dem ein Unrathaufe vergoldet ist, der aber dennoch durch das schöne Gold hindurch gar gewaltig stinkt, und das ganz besonders für junge Menschen, deren sinnliche Nüstern sehr empfindlich sind!

6] Die Handlung ist zwar in höllischer Art wahr. Denn also [wie in der Komödie] tun rein höllische Geister. Der sogenannte „Don Juan" ist aus der dritten Hölle, sein Gefährte aus der zweiten und das meiste andere Personal aus der ersten! — Nun frage dich selbst, ob solch höllisches Zeug wohl tauglich ist, mit Himmlischem bekleidet zu werden?!

7] Vor der Welt erscheint die Sache wohl, als bestünde gerade hier die größte Harmonie zwischen der Handlung und zwischen der Musik. Aber vor Mir ist gerade hier die größte Disharmonie zwischen der Handlung und zwischen der Musik. Denn je abgefeimter irgendeine Handlung ist, desto weniger taugt sie für die [edle] Musik!

8] Du denkst zwar nun und sprichst bei dir: Durch eine solche schändliche Handlung, die ihr höllisches Ziel erreicht, können Menschen ja doch nur eher abgeschreckt, als zu ähnlichen Handlungen verleitet werden.

9] Ich aber sage dir: Beispiele sind gleich einem Zugpflaster, das auch die guten Säfte auszieht und die schlechten desto fester in der Haut läßt! — Es hört wohl öfter auf ein Zugpflaster der Schmerz auf, aber nicht wegen der Verminderung der schlechten Säfte, sondern nur darum, weil durch das Zugpflaster die Gegend, die früher noch für den Schmerz empfindlich war, zufolge der Entziehung der guten Säfte, förmlich abgetötet wurde.

10] Und siehe, gerade also geht es auch mit der sogenannten moralischen Besserung durch die Aufführung höllischer Handlungsweisen! Sie ziehen die edlen Gefühle aus der besseren Seele und töten dann die halbe Seele durch die zurückgelassenen unedlen Gefühle, deren Geburtsort die Hölle ist. Und es braucht dann wieder recht viel, bis die böse Wunde geheilt und die halbgetötete Seele wieder belebt wird!

11] Siehe, das ist eine vollkommene „Rezension“ über deine gestrige Musikkomödie. — Die Welt würde sie kaum gutheißen; aber in den Himmeln wird nur also geurteilt.

12] Wenn jemand aber über Worte Töne setzt, so soll er allezeit nur über Worte aus den Himmeln Töne setzen, aber nie über Weltworte. Weil die Töne an und für sich himmlisch rein sind.

13] Am besten aber ist es, die Töne allein zu setzen und sie in ihren melodischen und harmonischen Weisen anzuhören. Denn dann sind sie gleich der Rede in den Himmeln, die sich in einer Zustandsferne auch als die reinste Musik vernehmen läßt!

14] Solches also verstehe und beachte wohl!

3. Herr, Du heiliger, lieber Vater! Was ist denn mit dem Frohnleichnamsfest? Soll man dasselbe wohl also feiern, wie es die römische Kirche haben will?

15] Darüber zu reden, bin Ich nicht aufgelegt! — Unter diesem Feste wird die Erfindung und Einsetzung der Hostie und dabei auch der Monstranz gefeiert! — Was aber ist die Hostie und was die Monstranz — und was demnach das Fest? — Bin Ich und die

Hostie eins? — Und ist die Monstranz gleich dem Himmel, der da ist Mein ewiger Thron?!

16] Wenn es aber einen Kaiser gäbe, der da allen seinen Untertanen ein Gedächtniszeichen gegeben hätte, wie Ich dereinst das Liebesmahl mit Brot und Wein — und die Untertanen aber wären mit dem Denkzeichen nicht zufrieden, sondern möchten es ummodeln und so gestalten, daß es mit dem ersten nicht die leiseste Aehnlichkeit mehr hätte, ehreten dann dieses ganz veränderte Denkzeichen mehr als den Kaiser selbst und möchten am Ende nicht den Kaiser als den Kaiser, sondern dafür lediglich das umgestaltete Denkzeichen für den lebendigen Kaiser halten.

17] Und wenn der Kaiser selbst käme und fragete: „Was tut ihr? Ist das mein Denkzeichen?" Und die Untertanen möchten dann den Kaiser verhöhnen, sich allezeit wider ihn empören und sagen: „Dies Zeichen hat uns der Kaiser also gegeben, und es ist lebendig der Kaiser selbst, und es gibt keinen anderen Kaiser! Wenn du dieses Denkzeichen nicht also anerkennst, wie es das echte und lebendig wahre ist, dann bist du der Kaiser nicht, sondern nur ein allerketzerischester Widerkaiser, ein Fürst der Hölle, und bist des Feuertodes schuldig für ewig!"

18] Sage! Wie wohl wird diese Erwiderung ob des Denkzeichens dem wahren Kaiser munden? — Siehe, also mundet auch Mir dies Fest!

19] Was würde aber ein Kaiser zu seinem Diener sagen, der ihm ins Angesicht sagte: „Dein Reich trete ich mit Füßen und dich selbst habe ich in meiner Gewalt!" — und möchte dann der Diener dem Kaiser dennoch Feste geben, als hielte er, der Diener, etwas auf den Kaiser — wird der Kaiser diesem Feste wohl beiwohnen und sich ergötzen an demselben?!

20] Ich meine, das wird der Kaiser fein bleiben lassen! Und Ich meine aber auch, daß da von Mir aus bei einem ganz ähnlichen Feste derselbe Fall sein wird!!

21] Und schließlich meine Ich auch, du wirst an dem bisher Gesagten genug haben. — Verberge aber diese Zeilen gut! Denn sie würden denen, die nicht Mich, sondern nur das gewaltig veränderte Denkzeichen für alles halten und setzen, zu sehr mißfallen!

22] Das alles sage Ich dir wie im stillen Vertrauen nur. Darum teile es nicht vielen mit! — Das ist Mein guter, heiliger Wille! — Deine Freunde aber dürfen es schon erfahren. Amen.

☆

Druck des Neuen Wortes

Am 9. Juni 1844

O Herr! Siehe, ich habe jetzt schon so viel Gnade von Dir empfangen, daß ich mich ob der großen Menge nicht genug wundern kann. Es ist auch die Bedeutung der gegebenen Gnade so groß und erhaben, daß ich sie nimmer ermessen kann. — Soll denn dieses heilige Licht nur allein mir und meinen wenigen Freunden zu eigen verbleiben? — Oder soll es nicht vielmehr durch den Druck für alle Menschen in die Welt gehen? — Und wenn es in die Oeffentlichkeit übergehen soll, da fragt es sich: Wie, wann und wo? — O Herr! Darüber bitte ich Dich inbrünstigst um einen Bescheid!

Daß und worin das, was Ich dir gebe, groß und wichtig ist, das weiß Ich am besten. — Das „wie, wann und wo für die Welt" aber ist eine Frage, für die eine effektive Antwort — so wie die Welt — nicht reif ist! — Ich sage dir aber:

2] Die Welt ist jetzt wie ein Mensch, der sich bei einer schlechten Mahlzeit gar sehr den Magen verdorben hat, daß ihm dann auch die allerbeste Speise zum Ekel wird. Wenn du sie ihm vorsetzest, da wird es ihm alsbald bis zum Erbrechen übel, und er wird das beste Gericht fliehen!

3] Siehe, gerade also erginge es vor der Welt nun Meinem Worte! Die Welt würde es fliehen und sich vielfach ärgern an ihm und würde es verdammen und verwünschen, weil es nicht für ihre Interessen gegeben ist, sondern nur für die Interessen des Geistes, den aber die Welt schon lange nicht mehr hat!

4] Es hat aber diese Meine große, lebendige Gnadengabe wohl die Bestimmung in die Welt überzugehen, aber erst dann, wenn die verdorbene Welt den Hunger nach Meiner Mahlzeit wieder bekommen wird!

5] Den Hunger aber bereitet nun die römische Kirche! — Wie aber? — Durch ihre schlechte Mahlzeit und durch die eben durch diese Mahlzeit bewirkte Verschlechterung des seelischen Magens. Dieser wird dann eine Zeitlang jede Kost fliehen und dadurch in den gerechten Hunger gesetzt werden; dann aber mit gar großer Gier nach diesem Meinem wahren Himmelsbrote greifen und sich an ihm sättigen zum ewigen Leben!

6] Siehe, also will Ich es haben! Weil die dumme, arge Welt noch nicht genug gewitziget ist durch alle die namenlosen Tormente, die sie von der Hure Babels zu bestehen hatte, und ihr noch immer die Cour macht von allen Seiten, aus lauter schändlichen, weltinteresselichen Rücksichten. — Darum schlage Ich nun solche Welt mit dreifacher Blindheit, auf daß sie ja desto sicherer ins alte, aber nun neu ausgebesserte und gar kunstvoll aufgerichtete Garn geht, auf daß dann Babel mit solcher gefangenen Welt auf eine Art verfahren wird, wovon die Geschichte kein Beispiel aufzuweisen hat!

7] Aber das sage Ich auch, daß dieser Rummel Babels nur höchst kurz dauern und man gar bald vielfach entdecken wird, was die Hure so ganz eigentlich im Schilde führt! — Dann aber zehnmal Wehe der großen Hure! — Jedem Hunde an der Kette soll es besser ergehen als der Hure, wenn man ihr die alte, aber wohlbefestigte Maske abnehmen wird! — Eine größere Schande und Schmach hat noch nie jemand auf der Welt erlebt und nie jemand eine härtere Züchtigung!

8] Diesmal wird Babel schnell wachsen, denn es hat einen gut gedüngten Boden an den Fürsten der Welt. War der erste Weg mühsam, da Babel erst untersuchen mußte mit seinen Knechten, wie es mit dem Boden steht, so wird es aber nun um so schneller emporkommen, weil es sein Territorium gar wohl kennt und aus alter Erfahrung gar wohl weiß, was es zu tun hat, um ans erwünschte Vollherrscherziel zu gelangen! An der baldigen Erreichung dieses Zieles aber liegt auch der ebenso baldige volle Untergang dieser Herrscherin.

9] Und siehe, in eben diesem sicheren Begebnisse liegt eine Hauptvorbereitung zur Offengabe dieses Meines Wortes. Denn sonst müßte es sich auch, so gut wie alles aus Mir, das Verdammungsurteil von Seite dieser Hure gefallen lassen, was aber für diesmal und fürder allemale nicht in Meiner Ordnung liegt.

10] Du meinst freilich, die Lutheraner wie auch alle anderen Konfessionen würden dies Mein Wort gewiß vielseitig mit der größten Begierde aufnehmen?! — Das weiß Ich wohl am besten, wie viele es gibt, die es darnach dürstet! — Aber Ich sage ein für allemal: Unter vielen Millionen geben etliche Tausende keinen Ausschlag!

11] Für die Besseren ist nun allenthalben gesorgt. Daher bedürfen die wenigen Auserwählten dieses Meines Wortes vor der Zeit weniger als der ungeheuer große und überdumme Welttroß! — Zur rechten Zeit aber wird es schon allen zukommen, die darnach verlangen werden in ihrem Herzen!

12] Aber steht es nicht in der Schrift: „Viele sind berufen, aber nur wenige auserwählt!“? — Siehe, also ist es auch hier! — Ihr wenigen Auserwählten aber seid über die Maßen froh, daß ihr eben zu den Auserwählten gehöret, und freuet euch dessen hoch, was ihr empfangen habt! Der Welt aber kümmert euch nicht, ob, wie, wann und wo es diese empfangen wird! Denn wahrlich, diese ist solcher Meiner Gnade noch lange nicht wert!

13] Ich sage dir: Wer da würdig ist, der soll erlöset werden, wie dereinst Loth zu Sodom und Noah in seiner Zeit! Für die Unwürdigen aber habe Ich keine anderen Gaben als die nur, die ein jeder irdische Tag mit sich bringt! — Zu Abrahams Zeiten habe Ich nur dem Abraham allein die große Verheißung gegeben, obschon die Erde damals schon viele Hunderttausende von Bewohnern zählte. War es damals gut und recht, warum soll es jetzt nicht so sein? Ich aber bin ja noch gleich derselbe, wie in der Zeit Abrahams, und tue also jetzt, wie Ich damals getan habe.

14] Ich offenbare Mich allezeit nur wenigen, die da reif sind und denen Mein Wort nicht zum Gerichte wird. — Wenn aber durch Meine Fürsorge mehrere reif werden, dann will Ich auch sie — wie dereinst die Kinder Abrahams aus der ägyptischen Knechtschaft — befreien zur rechten Zeit!

15] Frage daher nicht: Wie, wann und wo? — sondern tue, was du vorderhand zu tun hast; für alles andere werde schon Ich sorgen. — Ohne dein Verdienst und ohne deine Sorge habe Ich dir diese Gnade gegeben, denn du warst noch nie ohne Sünde vor Mir! Und also haben es auch deine Brüder empfangen ohne ihre Sorge!

16] Also soll es auch bei der Veröffentlichung dieses Wortes gehen! — Zuvor aber muß ein großes Wehe über einen großen Teil der Welt ergehen aus der Hure. Wehe allen jenen Staaten, die nun der Hure auf den Thron helfen, und daß sie ihre Throne feste! Wahrlich, diese werden einen Fall von ihrem Throne tun, größer und weiter, als die beiden Pole des Himmels voneinander abstehen! — Fürchte dich aber nicht darum! Denn Ich werde die Meinen allezeit schützen, und es solle nie ein Haar auf ihren Häuptern gekrümmt werden.

17] Und nun meine Ich, die Antwort auf deine Frage dürfte die hinreichende Ausdehnung haben. Daher begnüge dich mit ihr, denn mehr zu sagen ist in dieser Hinsicht wohl nicht vonnöten! — Nur erwähne Ich schließlich noch, daß sich das auch deine Freunde als ein vollgültiges Notabene nehmen sollen. Und auch sie sollen Mich sorgen lassen und Meine Ratungen befolgen, so wird alles den besten Weg gehen in Meinem Namen. Amen.

☆

Vorbereitung auf das Neue Wort

Am 23. Juni 1844

Frage nicht, sondern schreibe! Denn siehe, du hast es vor dir und magst es ja so gut wie förmlich abschreiben, wie für die Protestanten gesorgt wird in dieser Zeit! — Schelling[1], Steffens[2], Gustav A.[3] und dergleichen mehrere sind dazu schon höhererseits gebildet!

2] Damit du aber hier auch etwas erfahrest, wie deren Geist beschaffen ist, so sollen dir einige Stellen aus dem Werke Steffens', darin er vom „falschen Glauben und von der wahren Theologie" spricht, ein Licht geben.

3] Auf Seite 5 und 6, da Steffens von der „falschen Theologie" spricht, heißt es:

4] „Wir reden hier nicht von einer sogenannten Vernunftreligion, die abgesondert von der Offenbarung sich gestalten will. Ist es nicht erlaubt, das ordnende Prinzip der geselligen Verhältnisse der Menschen, abgesondert von der geschichtlichen Entwicklung des Geschlechtes, durch Reflexionen herauszuheben und ein lediglich aus dem Standpunkte eines reflektierenden menschlichen Bewußtseins erzeugtes Naturrecht zu begründen, so ist eine Religion, die lediglich aus dem Meinen und Denken der Menschen entsprungen wäre, ein noch viel härterer Widerspruch. — Alle Religion ward als Offenbarung, als eine Gabe höherer Geister betrachtet und war nur dadurch Religion.

5] Die christliche Religion ist die Offenbarung der ewigen Liebe Gottes, ist, so wie sie den Gläubigen geschenkt ward, die Enthüllung eines seligen höheren Lebens, gegen welches alle irdische Erscheinung erblassen muß, so daß alle Größe der Erde

---

[1] Friedrich Wilhelm Schelling, als Sohn eines evangelischen Geistlichen geb. 1775 in Leonberg, Württemberg, gest. 1854 in Ragaz, Philosoph. — [2] Heinrich Steffens, geb. 1773 in Stavanger, Norwegen, gest. 1845 in Berlin, Natur- und Religionsphilosoph, beeinflußt von Schelling. — [3] Gustav A., Persönlichkeit mangels näherer Bezeichnung nicht feststellbar.

nicht wert ist der Herrlichkeit, die uns einst offenbar werden soll und die wir wirklich hier schon im festen Glauben besitzen!

6] Eine Vernunftreligion ist daher gar keine Religion. Und nur ein verirrtes Denken kann in diesem Worte eine Zusammensetzung dulden, die sich selber aufhebt."[1]

7] Weiter kommt auf Seite 109 desselben Werkes eine gar wichtige Stelle vor, die also lautet:

8] „Jetzt, da ich mich bis in die innersten Tiefen des Daseins gebunden fühlte, da das Sein in dem verborgensten Mysterium des Daseins, das Denken sich durch das Bewußtsein des Abfalls gefesselt sah, mußte ich einsehen, daß nur eine unbedingte Hingebung mich befreien konnte. Wird nicht die Spekulation dann erst lebendig, wenn der Verstand sich in unauflösliche Widersprüche verwickelt sieht, und wird sie nicht im höheren Sinne bestätigt, indem man ihren engeren Standpunkt zu verlassen wagt?

9] Die Philosophie ist die absolute Selbsttat. Das Selbstbewußtsein findet in sich selbst alle Schätze des Erkennens. Aber sie vermag nichts; denn der Formalismus des Denkens hat keine erzeugende Kraft. Wird sie (die Philosophie) nicht im höheren Sinne in sich klarer wieder erstehen, wenn der Erbauende heimisch wird in der erhabenen Welt der eigenen Persönlichkeit, wenn er nicht bloß denkt, sondern auch lebt, wo seines wahren Denkens unzweifelbare Quelle gefunden wird? — Und so wäre denn die absolute Hingebung in den Willen Gottes die dritte, höchste Stufe der geistigen Entwicklung — aus ihrem stärksten Gegensatze erzeugt!"[2]

10] Siehe, das ist eine vorzüglich gute Stelle, über die aber freilich so manche hochweltweise Rezensenten ihre Nasen rümpfen. Aber das tut nichts. Denn es gibt doch Tausende, die sich darnach kehren in ihrem Denken und auch in praktischen Versuchen!

11] Gehen wir aber nur weiter und hören wir, was Steffens in seines Werkes 129. Seite spricht! — Also lauten die Worte:

12] „Der fromme Christ braucht einen Ausdruck, welcher oft angefeindet wird. Er wünscht (nämlich), daß der Heiland Gestalt in ihm gewinnen möge. Man findet diese Aeußerung mystisch,

[1] Am 24. Juli 1844, also einen Monat später, erhielt K. G. von Leitner das in Breslau 1831 bei Joseph Max & Co. erschienene Heinrich Steffens'sche Werk: „Von der falschen Theologie und dem wahren Glauben, eine Stimme aus der Gemeinde durch Heinrich Steffens", neue Ausgabe, worin der vorstehend angeführte Text festgestellt werden konnte. — [2] Diese Stelle, die Seite 109 stehen soll, erscheint in vorangeführter, zweiter Auflage nicht. — Anselm Hüttenbrenner.

fanatisch, schwärmerisch. Wie soll es mir gelingen, euch, meinen Freunden, begreiflich zu machen, daß diese Aeußerung recht im Innersten das ausdrückt, was ich die tiefste Seligkeit der Liebe nennen möchte?

13] Der Apostel, wenn er die Gemeinde als den Leib des Herrn darstellt, benützt die Glieder des Leibes, die eins sind und alle einander gleich durch die Einheit des Lebens. Dieses Bild ist herrlich; aber seine eigenen flammenden Worte über die Liebe fordern, daß wir es in einem höheren Sinne nehmen.

14] Die Organe des Leibes sind, wenngleich dem Ganzen einverleibt, doch gebunden auf eine bestimmte Weise. Das ganze Leben ist in einem jedem Organe, doch aber gefesselt in der besonderen Form. Wir sind frei im Heilande, Kinder Gottes durch Ihn. Daher tritt uns in Ihm die geheiligte Person aller Persönlichkeit, die Urgestalt aller Gestalten entgegen. Und vermögen wir uns Ihm hinzugeben, dann gibt Er Sich auch uns hin ganz und gar, daß wir, wie die Besonderen, so doch auch in Ihm, mit Ihm Er Selbst sind." [1]

15] Siehe, diese Stelle ist noch erhabener und zeigt dem tiefer Denkenden klar, was er zu tun hat, um aus Mir das wahre, ewige Leben zu überkommen!

16] Aber Ich lasse es noch weiter gehen, und so schreibe weiter, was dieser Schriftsteller noch Erhabeneres sagt auf Seite 136 seines Werkes. — Die Worte lauten also:

17] „Das Abendmahl ist der höchste individualisierende Prozeß des Christentums. Durch dasselbe versenkt sich das ganze Geheimnis der Erlösung in seiner reichen Fülle in die empfängliche Persönlichkeit. Der fruchtbringende Strom der Gnade, welcher die ganze Natur und Geschichte seit jenen (großen) Zeiten ihrer großen Wiedergeburt durchwallt und reif macht für eine selige Zukunft, nimmt die Gestalt des Heilandes an, damit alles in allem für Sein Herz sei.

18] Daher das Abwenden vom Bösen, die vereinigende Vergebung, die gänzliche Hingebung! — Diese eben ist die Liebe! — Nur eine Persönlichkeit kann Gegenstand der gänzlich sich opfernden, den Willen völlig in Anspruch nehmenden Liebe sein.

19] Und ewiges Leben durch die Liebe ist die innerste, tiefste Bedeutung des Christentums.

20] Was der Geist wohl glaubt, was den Tod überwindet, ihn zugleich zurückdrängt in die Sinnlichkeit, dann wie in ihm schlummert,

---

[1] Auch diese Stelle, die Seite 129 stehen sollte, erscheint in vorbeschriebenem Werke nicht. Vielleicht ist sie in der 1. Ausgabe enthalten. — Ans. Hüttenbrenner.

das wird durch die beseligende Gegenwart des Erlösers, der für ihn ist — ganz ist — hier Gewißheit, Genuß, Nahrung.

21] Nur wer das Wesen der Liebe kennt — und der kennt es nur, welcher es erlebt hat — kann jene Innigkeit fassen! — Alles, was wir denken und wollen, jede keimende Idee des Geistes, alles, was wir Großes und Herrliches schauen und genießen — jene Züge der Urgestalt, die in der irdischen Erscheinung geheimnisvoll vereint, durch das verworrene Leben gefesselt und gebunden sind, Leib und Seele zu einem höheren, geistigen Bunde sich durchdringend, treten uns in dem gegenwärtigen (persönlichen) Heilande entgegen. Alles, was Er der Welt war und sein wird, was er lehrte und litt, gestaltet sich in uns, daß wir dann innewerden: Seine Worte sind Er Selbst — sind Geist und Leben!"[1]

22] Aus diesen Stellen kannst du zur hinreichenden Genüge ersehen, wie Ich nun, wie schon gar lange her, für die Protestanten sorge, gesorgt habe und noch sorgen werde und wie Ich sie alle vorbereite auf die große Gabe!

23] Du wirst zwar den Stil sehr gelehrt finden. Ich aber sage dir: Wer alle gewinnen will, der muß auch mit allen alles sein. Er muß weinen mit den Weinenden, scherzen mit den Scherzenden, lachen mit den Lachenden, fröhlich sein mit den Fröhlichen, traurig sein mit den Trauernden, leidend mit den Leidenden, gesund mit den Gesunden, krank mit den Kranken, stark mit den Starken, schwach mit den Schwachen, ein Narr mit den Narren und somit auch ein Gelehrter mit den Gelehrten! — Denn ein jeder ist nur in seiner Schwäche, die sein Joch, sein Netz und seine Schanze ist, zu fangen!

24] Also muß man zuerst auch hier mit den zumeist gelehrten Protestanten gelehrt sprechen und sie so fangen in ihrer Schanze, so man sie für die absolute Stimme des Vaters, der Ewigen Liebe, will empfänglich machen!

25] Und siehe, also komme Ich nun allen entgegen mit weit ausgebreiteten Armen und rufe von neuem: „Kommet alle her, die ihr mühselig und beladen seid! Ich Selbst will euch alle erquicken!"

26] Darum sollst du dich auch nicht zu sehr sorgen, was mit deinem Empfange[2] geschehen solle! — Denn siehe, Ich habe ja eine Menge Arbeiter nun für Meinen Weinberg gedungen, die das Erdreich umgraben und die Stöcke beschneiden!

[1] Auch diese Stelle konnte in der zur Verfügung stehenden Auflage nicht festgestellt werden. — Anf. Hüttenbrenner. — [2] d. h. mit den Jakob Lorber gewordenen Offenbarungen. — D. Hsg.

27] Lassen wir daher diese ihre erste Arbeit beenden! — Und so dann bald die Triebzeit kommen wird, dann werden wir schon die große Sonne aufgehen lassen, an deren Licht und Wärme alle Frucht die baldige Vollreife erlangen soll. — Amen, Amen, Amen.[1]

☆

---

[1] Zu dieser Kundgabe vom 23. Juni 1844 teilt K. G. von Leitner in seiner Lebensbeschreibung Jakob Lorbers (S. 26 f.) mit: „Einen unwiderleglichen Beweis dafür, [daß Jakob Lorber bei seinen Niederschriften nicht aus seiner eigenen, sondern aus einer fremden Intelligenz geschöpft hat] lieferte folgendes Ereignis: Am 25. Juni 1844 gab mir Anselm Hüttenbrenner einen Aufsatz Lorbers zu lesen, welchen dieser zwei Tage vorher niedergeschrieben hatte. Es wurde darin kundgetan, daß Schelling, Steffens und Gustav A. berufen oder vielmehr auserwählt seien, um unter den Protestanten die Gemüter auf das Erscheinen dieser neuen theosophischen Schriften vorzubereiten. Zur Bestätigung dessen waren darin zwei Stellen aus dem Werke Steffens: „Die falsche Theologie und der wahre Glaube“ mit genauer Angabe der bezüglichen Seitenzahlen wörtlich angeführt. — Weder Anselm Hüttenbrenner noch Lorber hatten bis dahin Steffens auch nur dem Namen nach gekannt. Lorber war daher hoch erfreut, als ihm jener, welcher inzwischen im Konversationslexikon von Brockhaus nachgeschlagen hatte, die Mitteilung machte, es gebe wirklich einen Schriftsteller dieses Namens, und dieser habe wirklich ein Werk mit dem angeführten Titel im Drucke erscheinen lassen.

Da ich dieses Werk des mir übrigens wohlbekannten Autors ebenfalls nicht kannte, so machte ich sogleich darauf Bestellungen bei der Universitätsbuchhandlung, welche es mir am 24. Juli einhändigte. Ich übergab es noch am Abende desselben Tages an Anselm Hüttenbrenner und verfügte mich des nächsten Morgens zu ihm, um zu erfahren, welches Ergebnis sich bei der zwischenweiligen Vergleichung der Texte in Druck und Schrift ergeben habe. Hüttenbrenner hatte bereits die von Lorber mit Hinweisung auf die Seiten 5 und 6 angedeutete Stelle im Buche aufgefunden, und ich überzeugte mich selbst, daß sie mit jener in Lorbers Manuskript angeführten wörtlich übereinstimmte, nur daß in letzterem ein paar Wortversetzungen vorkamen. Die übrigen von Lorber angegebenen Stellen, welche auf den Seiten 109, 129 und 136 des Buches angetroffen werden sollten, hatte Hüttenbrenner darin nicht aufgefunden. Und auch bei einer von ihm und mir nun gemeinschaftlich wiederholten Suche vermochten wir dort nichts zu entdecken, was mit dem Texte in Lorbers Schrift von Wort zu Wort übereingestimmt hätte, wohl aber trafen wir dort auf Stellen, welche den nämlichen Geist atmeten, in welchem Lorbers Anführungen geschrieben waren. Es bleibt aber bei dem Umstande, da uns nur die zweite Auflage dieses Werkes zur Hand war, doch noch immer die Möglichkeit nicht ausgeschlossen, daß sich vielleicht in dessen erster Auflage auch diese Stellen wörtlich vorfinden. Jedenfalls beweist die wörtliche Uebereinstimmung der auf den Seiten 5 und 6 wirklich im Drucke vorgefundenen Stelle mit jener in der Handschrift Lorbers, daß er sie unter dem Einflusse einer andern Intelligenz als der seinen niedergeschrieben hat — was freilich allen jenen unbegreiflich erscheinen muß, welche diesem Beweise menschlicher Erfahrungswissenschaft hartnäckig Ohr und Augen verschließen.“

Der Herr und der Rezensent

Nachbemerkung zu der Kundgabe vom 23. Juni 1844

Am 24. Juni 1844

Ebendiese [in der vorangehenden Kundgabe] angeführten Stellen[1] mit noch einigen mehreren sind schon in der Allgemeinen Zeitung von Jena in Deutschland von einem der puren Vernunftreligion das Wort sprechenden, sauren Rezensenten ganz gewaltig beschnüffelt worden, welcher Rezensent aber eben durch solche seine Rezension an den Tag gelegt hat, daß er trotz seiner scharfen Philosophie noch gar lange nicht fähig sein wird, ein höheres Licht des Geistes zu empfangen und daher auch lange nicht zu verstehen, was der vom Rezensenten genannte „Knabe" Steffens aus Mir niedergeschrieben hat!

2] Er beschuldigt den „Knaben" zwar des Hegelianismus, gewahrt aber nicht, daß gerade nur aus ihm der Hegel und Strauß spricht, während Steffens und Hegel zwei sich ganz entgegengesetzte Pole sind.

3] Der superkluge Rezensent findet darinnen freilich nichts als eine poetische Schwärmerei eines mystisch fanatischen, jugendlichen Gemütes, nichts als Nebel und Firmamentwolken einer mystischen Phantasie und schreit und macht einen großen Lärm darob — und noch so manche mit ihm.

4] Aber das tut nichts zur Sache — darum ist Steffens, wie noch mehrere seinesgleichen, dennoch unter den Auserwählten, während der saure Rezensent nicht einmal zu den vielen Berufenen gehört, sondern gleich ist den Schmarotzerpflanzen, die sich an den mächtigen Eichen ansetzen und prangen da auf den hohen Aesten, als wären sie gleich oder gar über der Eiche. Wann aber ein Sturm kommt, dem die Eiche trotzt, so reißt er bald und leicht das lockere Gezweige des Unkrautes vom Stamme. Und lose Buben sammeln dann das zerstreute Gezweige samt der Frucht und kochen daraus einen Leim zum Fange für lockere Zeisige, Finken, Spatzen und Gimpel! Was aber eben nicht viel sagen will, denn der mächtige Aar wird doch ewig solcher Fangstelle zu spotten wissen!

5] Solches ist hier auch zu beachten, damit sich da niemand stoße, so ihm irgendwann eine solche Schmarotzerpflanze von einer Vernunftrezension in die Hände fallen sollte!

6] Das sage auch Ich, der persönliche Heiland in dir und in deinen Freunden und Brüdern! Amen.

☆

[1] aus dem Werke von Heinrich Steffens: „Die falsche Theologie und der wahre Glaube". — D. Hsg.

Uebung macht den Meister

Am 29. Juni 1844

Also gebe der, die da ein wenig dürstet, dies gute Tränklein! — Ich gebe denen ja alles gerne, die sich auf Meine Gabe freuen. Aber die sich auf Meine Gaben fürchten, denen gebe Ich nicht so gerne, weil Ich Selbst durch irgendeinen geheimen Gewissensdruck niemanden in seiner Freiheit beirrt haben will!

2] Es fürchtet sich zwar Mein Töchterlein auch ein wenig, aber darum gebe Ich ihr doch gerne etwas, weil sie Mich im geheimen lieb hat!

3] Das aber sei die Gabe! — Höre Mich, du Mein liebes Töchterlein!

4] So ein kränkelnder und hungernder Mensch, der da gesund und gesättiget werden möchte, eine gute Medizin und einen Tisch voll der besten Speisen vor sich hat, nimmt aber nicht die Medizin und isset nicht von den Speisen, sondern er beriecht nur sowohl die Medizin als auch die Speisen und meint, es werde ihn auch der alleinige Geruch schon heilen und sättigen — meinst du wohl, mein Töchterlein, daß dieser Mensch geheilt und gesättiget wird durchs alleinige Beriechen der Medizin wie der Speisen?

5] O nein! Er wird nur schwächer und schwächer werden und wird am Ende so gut Hungers sterben wie einer, der nichts zu essen hatte! Denn der Wohlgeruch stärkt und beseliget wohl den gesunden und gesättigten Menschen, aber wo der Magen noch leer, da ist der bloße Wohlgeruch offenbar zu wenig!

6] Siehe, du Mein liebes Töchterlein! Also kranke und hungrige Menschen gibt es aber jetzt eine große Menge auf der Welt. Diese Menschen sind ruhig und haben gute und ehrliche Sitten, aber sie machen sich eigene dumme Gesetze in ihrer Natur, denenzufolge sie wohl an allem Guten und Wahren den besten Geschmack und ihr größtes Wohlgefallen finden. Aber dennoch wollen sie selbst nicht in das Gute und Wahre beißen!

7] Sie gleichen auch denen, welche die Künstler allezeit lieben und bewundern. Aber Selbstkünstler wollen sie in keinem Falle werden; denn da bedenken sie die Mühe und haben dann nicht den Mut, ihre Hände ans Werk zu legen. Sie möchten wohl sehr gerne auch selbst Künstler sein, wenn sie andere Künstler hören oder ihre Werke schauen — so das Künstlerwerden nur nicht mit so viel Mühe verbunden wäre!

8] Darum aber heißt es denn auch: Viele sind berufen, aber nur wenige auserwählt!

9] Siehe, also geht es mit alledem, was des Geistes ist! Ich sage dir: Da ist das Sehen und Hören zu wenig! Dem Künstler genügt das wohl zu seiner Stärkung, aber der Laie wird [für sein eigenes Können] in einem Konzerte wenig ernten!

10] Und also ist es auch mit Meinen Gaben! Sie müssen nicht nur gelesen, sondern werktätig geübt werden! Dann werden sie dem Leser und Hörer erst den wahren lebendigen Nutzen bringen.

11] Uebe du dich daher nur fleißig in der lebendigen Liebe zu Mir und werde darin eine wahre Virtuosin, so wirst du dann erst lebendig in dir erschauen, wie groß jede Meiner Gaben ist für ewig!

12] Das ist Mein Wunsch an dich, Mein Töchterlein! Befolge ihn lebendig, so wirst du leben ewig! Amen.

☆

Geben ist seliger als Nehmen

Ein Wahlspruch des Herrn

Am 6. Juli 1844

O Herr! Als Dein Paulus eine Abschiedsrede zu Miletus hielt, da sagte er zu den Aeltesten, man müsse eingedenk sein des Wortes des Herrn Jesu: „Seliger ist Geben als Nehmen!“ (Apgesch. 20, 35)

Da nun dieses überherrliche Wort in den vier Evangelien nicht vorkommt, so bitte ich Dich, Du allerliebevollster Herr, daß Du uns kundgeben möchtest, bei welcher Gelegenheit Du dies himmlische Vaterwort ausgesprochen habest!

Mein lieber A. H.-W.! Wie magst du fragen darum? — Das muß dir ja doch klar sein, daß Ich im Verlaufe von dreiunddreißig Jahren sicher mehr werde geredet haben, als da enthalten ist in den vier Evangelien! — Also kann Paulus gar wohl irgendein Wörtlein von Mir genommen haben, das Ich geredet habe, obgleich es nicht in den vier Evangelien zu finden ist, wohl aber in Taten und Gleichnissen.

2] Damit du aber dennoch deine Wißbegierde befriedigest, so wisse, daß dies Sätzlein mein gewöhnlicher Wahlspruch war, der einer jeden Handlung wie auch so mancher Rede voranging. Daher kann Ich dir hier auch nicht irgendeine bestimmte Gelegenheit anzeigen, bei der ein solches Sätzlein eigens wäre ausgesprochen worden. Denn bei Mir war ja alles, was Ich sprach und tat, eine reichlichste Gabe an die Menschen. Daher ging auch dieses Sprüchlein allezeit voran. Und die Evangelisten nahmen es eben darum nicht [in ihren Bericht], weil es ihnen zu alltäglich aus Meinem Munde war!

3] Paulus aber konnte damals noch gar sehr wohl wissen von solch einer Eigenheit seines Herrn und gab es daher in seiner Abschiedsrede an die etwas hartherzigen Mileter und dadurch auch euch allen zur strengen Beachtung kund!

4] O möchtet auch ihr es lebendig in euch aufnehmen und empfinden — und lebendig fühlen, um wie viel das Geben seliger ist als das Nehmen! Dann würdet auch ihr euch dieses Sätzlein zum lebendigen Wahlspruche machen!

5] Aber da ihr noch bei weitem mehr fürs Nehmen als fürs Geben eingenommen seid, so möget ihr auch die große Seligkeit des Gebens nicht empfinden. So aber soll es nicht sein unter denen, die Ich berufen und erwählet habe!

6] Ich sage demnach: Erwählet auch ihr euch diesen Meinen Wahlspruch, und ihr werdet dadurch Meine wahrhaftigen Jünger und Kinder sein allezeit und ewig. Amen.

☆

Wunder Gottes

(Aus dem Hauptwerk „Die Haushaltung Gottes")

Am 14. August 1844

So es Mir, dem Herrn, allezeit gar wohl möglich ist, die allergrößte Weltmenagerie Tag für Tag zu erhalten, so wird es Mir etwa wohl auch damals möglich gewesen sein, die Menagerie Noahs in der Arche ungefähr ein halbes Jahr lang zu erhalten! — Daß in selber Zeit für den frommen Noah und noch für viele andere Menschen Meine Engel sichtbar den Erhaltungsdienst verrichteten, das macht keinen Unterschied vor der gewöhnlichen Alltagserhebung Meiner Geschöpfe; denn das ist ja immer ein gleiches Geschäft der Engel aus Mir, und die Sichtbarkeit bildet da gar keinen Unterschied.

2] Wären die Menschen in dieser Zeit eben auch also fromm, wie es Noah war, da würden sie auch zu öfteren Malen sehen, wie da gar viele Engel Tag und Nacht vollauf tätig sind, um Meine große Weltmenagerie zu erhalten...

3] Wenn man aber sagen möchte: „Wie haben es denn hernach zu Noahs Zeiten auch sogar die rein bösen Menschen sehen können, wie da die Engel die Tiere führten und ihr Futter nachtrugen in großer Masse?"

4] Da sage Ich: Das tut Meine Barmherzigkeit allezeit vor einem allgemeinen Uebel der Welt, welches sich allezeit die dummen Menschen selbst bereiten infolge ihrer großen Unkenntnis in allen Dingen der Welt! Bei und vor jedem Unglücke werden die Menschen allzeit durch außerordentliche Vorerscheinungen gemahnt, den Ort zu verlassen und sich traulich unter Meinen Schutz zu begeben, wo ihnen gewiß nichts von einem Leide zustoßen würde.

☆

Der reichste Fürst

Ein Gleichnis zur Frage der Vorexistenz

Am 15. August 1844

Frage Ans. Hüttenbrenners: „O Herr, hatte ich schon einmal irgendwo ein Dasein? — Dachte, fühlte und handelte ich nicht schon, ehe mich meine Mutter empfing?"

Höre du, Mein lieber Freund A. H.-W., ihr saget öfter: „Das ist eine kitzliche Frage!" — Und siehe, also muß da auch Ich zu dir sagen: Das ist eine sehr kitzliche Frage!

2] Ein Ja, ein Nein, beides wäre hier gleich, denn du möchtest das eine so gut wie das andere glauben, da dir in diesem deinem irdischen Zustande durchaus weder für noch gegen [solche Annahme] irgendein einleuchtender Beweis gegeben werden kann und in Rücksicht auf dein freies geistiges Wohl auch nicht gegeben werden darf!

3] Ich aber werde dir dafür ein Bild geben! — So du Weisheit besitzest, da wirst du vieles daraus entnehmen können! — Und so höre denn:

4] Siehe, es war irgendein großer Fürst, dieser hatte ein überreiches Land an Gold, Silber, Edelsteinen, Aeckern, Wiesen, Tieren und Wäldern von der besten Art. Und dieses Land hatte auch eine gerechte Bevölkerung.

5] Daneben aber war ein anderer Fürst, dessen Land bei weitem ärmer war an allen angezeigten Schätzen. Und so gab es noch eine Menge kleinerer Fürstentümer rings umher, und alle waren an allem dem um sehr vieles ärmer als das Land des einen reichen Fürsten.

6] Dieser Fürst aber achtete seiner Schätze nicht, so groß sie auch waren, sondern sein Augenmerk war stets auf die Güter der viel ärmeren Fürsten gerichtet und darauf, wie er solcher habhaft werden könnte!

7] Mitten unter diesen Fürsten lebte ein überaus weiser Mann, der nichts als seine hohe Weisheit besaß. Aber er war dennoch darum der Reichste unter allen, denn ohne seinen Rat getraute sich keiner der Fürsten etwas zu tun.

8] Diesen Mann fragte einmal der überreiche Fürst, was er wohl tun solle, um die Güter der andern an sich zu bringen, auf daß er die großen Schätze seines Landes, die er nicht achte, an sich selbst schonen könnte?!

9] Und der weise Mann sprach zu ihm: „Weißt du was? Siehe, da habe ich einen guten Rat! Willst du deinen ungerechten Wunsch fördern, da werde mir gleich! Gib alles, was du hast, an die, denen du alles nehmen möchtest, so wirst du gleich mir, der ich nichts besitze, aber dennoch alles haben. Und du wirst mit allem verfügen können gleich mir, der ich auch alles hatte, aber eben darum alles hergab, um alles tausendfältig zu gewinnen!"

10] Diese Rede des weisen Mannes gefiel dem reichen Fürsten überaus wohl, und er tat sobald nach dessen Worten!

11] Und als er darum alle die Fürsten zusammenberief, um ihnen sein Land gänzlich abzutreten, da fragten diese ihn voll Staunens, warum er doch solches tue.

12] Und er, der große Fürst, sprach: „Weil ich eben darum die wahre Weisheit überkomme, in der alle diese Schätze tausendfach enthalten sind!" — Als die andern Fürsten solches vernahmen, da sprachen sie: „Wenn also, so bist du schon wahrhaft ein überweiser Mann und wir wollen, daß du über uns alle gebieten sollest!"

13] Der Fürst aber sprach: „Nicht also, meine Freunde, ich habe nur erst den ersten Schritt in der Schule der Weisheit getan! — Lasset mich zuvor meine Bahn vollenden, und nehmet ihr mein Gut! So ich vollendet aus der Schule wiederkehren werde, dann will ich euch ein rechter Führer sein!"

14] Damit übernahmen die andern Fürsten das reiche Land. Der reiche Fürst aber begab sich sobald in die Schule der Weisheit zum weisesten Manne.

15] Siehe, das ist ein geheimes Bild, in ihm liegt die Antwort! — Strebe diesem Bilde nach, so wird dir in allen Dingen Licht werden für ewig. — Amen, Amen, Amen.

☆

Heilige Lebenslehre

Am 15. August 1844

Tuet den Menschen alles, was ihr wollt, daß sie es auch euch tun sollen!

2] Siehe, darin liegt alle Rechtfertigung einer guten Handlung! — Und zur rechten Tugend gehört, daß man die Betrübten tröste, die Zerschlagenen aufrichte in ihrem Gemüte, den Notleidenden helfe, die Gefallenen aufhebe, die im Geiste Gefangenen erlöse, die Schwachen stärke, den Irrenden den rechten Weg zeige, alle Aergernisse vermeide und denselben bei anderen vorbaue, auf daß, so jemand einen Schatz hat, er ihn nicht für sich behalte, sondern ihn teile bis auf den letzten Tropfen.

3] Denn wahrlich, so lange wird niemand Mein Reich erben, bis er nicht alles wird hergegeben haben, was er hat! — Und wahrlich, wer von euch nicht weltlich und geistlich zuvor so arm wird wie eine Kerkermaus, der wird Mein Reich in ihm nicht lebendig überkommen!

4] Denn so jemand zuvor nicht zum Fremdlinge wird auf der Welt, wird er nimmer einheimisch in Meinem Reiche.

5] Wenn da aber jemand meint und spricht: „Herr, so ich auf der Welt nur Ruhe habe durch ein Amt oder durch ein Vermögen und bin versorgt für meine leiblichen Bedürfnisse, dann will ich, o Herr, alle meine Zeit Dir widmen!" — da sage Ich: Freund! — solche deine Zeit kann Ich zufolge meiner ewigen Ordnung durchaus nicht brauchen! Denn Ich Selbst habe nicht gelehrt, daß man zuerst die weltliche Versorgung suchen solle, und hat man diese gefunden, sodann erst Mein Reich — sondern gerade umgekehrt! — Denn es heißt: „Vor allem suchet das Reich Gottes und dessen Gerechtigkeit, dann wird euch alles andere hinzufallen!"

6] Darum aber muß jemand zuvor alles von sich geben, so er Mein Reich ernten will! — Gebe alles hintan und verteile es unter die Armen und folge Mir nach, so wirst du Mein Reich ernten!

7] Damit ist nun zur Genüge gezeigt, was dazu gehört, um zu wissen, wann man in und aus „Meinem Reiche" handelt und wann Ich so ganz eigentlich ein Wohlgefallen habe an einem vollbrachten Werke!

8] Wenn du Gutes tust und fragst, ob es Mir wohlgefalle, dann hast du Mein Reich wohl äußerlich in dich einfließend, aber innerlich noch lange nicht.

9] Wenn du aber Mein Reich auch innerlich also hättest, wie Ich es dir von außen her gegeben habe, um dir dadurch die Aussicht in die Welt zu verrammen — dann würdest du nach einer Handlung nicht fragen, ob sie eine Eingebung von Mir, somit gerecht und Mir wohlgefällig sei, sondern du würdest, so du auch aus aller Engel Liebe und Weisheit heraus gehandelt hättest, nur sagen: „O Herr! Ich bin ein fauler und unnützer Knecht!"

10] Siehe, also sieht das rechte „Reich Gottes" aus! Und also mußt du handeln aus Meiner Liebe heraus — dann wird alles gut, recht und Mir durchaus wohlgefällig sein.

11] Es war übrigens deine Handlung wohl gut und recht und eine gute Tugend. Lege aber bei dir dennoch keinen Wert darauf, so du willst, daß Ich sie ansehe! Rühme dich auch nirgends damit, willst du Meine Ehre! Denn was deine Rechte tut, das erzähle nicht einmal der Linken! Dann werde Ich dein Werk annehmen und werde dich ehren, weil du Mir die Ehre gabst.

12] Vor allem aber suche Mein Reich auf die vorbesagte Weise in dir lebendig — dann wirst du allezeit wissen, woher und woraus du gehandelt hast und für Wen!

13] Diese Lehre sei dir heilig für ewig! Amen. Das sage Ich, dein guter, heiliger Vater.

☆

Der Rock von Trier

Am 31. August 1844

„Herr! Du liebevollster Vater! — Was ist wohl mit Deinem vorgeblichen Leibrocke, der nun in der Stadt Trier gegen sehr bedeutende Geldopfer und gegen ewige Ablässe gezeigt wird? — O Herr, die Sache kommt mir höchst sonderbar vor! — Ist da wohl am Rocke selbst etwas daran? — Und wie kam diese allergeheiligtste Reliquie nach Trier?"

Höre! — So auch der Rock echt wäre, dann wäre dennoch Christus nicht im Rocke! — So aber obendrauf der Rock dem fünfzehnten Jahrhundert angehört und in Trier selbst verfertigt wurde, alsodann als eine vorgeblich aufgefundene, außerordentliche Reliquie von gewissen Mönchen aus Jerusalem durch Rom nach Trier gegen ein starkes Opfer gebracht ward und in ihm also Christus sicher nicht zu Hause ist — was wird das wohl sein? Ich meine, da dürfte es wahrlich unnötig sein, diese Sache näher zu bezeichnen![1]

2] Was tun habsüchtige Menschen, so sie gern reich und dadurch mächtig werden möchten, es aber auf eine ehrliche und redliche Weise nicht werden können? — Siehe, da fangen sie an zu lügen, zu betrügen, zu stehlen und endlich zu rauben und zu morden!

3] Also ward hier mit einer mächtigen Lüge und einem noch mächtigeren tatsächlichen Betruge angefangen! Diesem wird bald folgen Dieberei, Raub und Mord!

4] Man wird Mir einen Prachtdom erbauen![2] — Wann aber habe Ich solches je verlangt? — Ist es nicht des Menschen Herz nur, in dem Ich zu wohnen pflege, so es liebevoll und von aller Welt befreit ist? — Wozu soll da der Dom gut sein, und besonders da Trug sein Grundstein ist?!

5] Ich sage aber: Dieser Dom wird dennoch zu etwas gut sein — nämlich zu einem ganz gewaltigen Steine des allgemeinen Anstoßes, und wird ein neues Zeugnis sein für jene, die der Geschichte nicht glauben, wie dereinst in den finstersten Zeiten Rom in Meinem Namen freventlich gehandelt hat — Ich sage, ärger als einst Babel und als die Heiden!

6] Denn diese hatten doch irgendeine geheime Furcht vor einem oder dem andern Götzen! — Jene aber haben auch nicht die allergeringste Furcht darum, weil sie keinen Glauben und keine Spur von einer Liebe haben; sondern sie machen sich selbst zu Meinen Herren. Ich muß sein, wie sie Mich brauchen können für ihre großen Gold- und Silberbeutel. Mein Wort wird verboten und dafür der armen Menschheit der niedrigste und stinkendste Unrat geboten! — Was wohl ist das?

7] Siehe, also muß der „verlorene Sohn" es nun mit den Schweinen halten und darf nicht einmal mit ihnen das elendste Trebermahl genießen! Also muß der Feind steigen, auf daß er den letzten Fall mache zum ewigen Verderben seiner elenden Natur!

[1] Der sogenannte Heilige Rock in Trier, angeblich von der Kaiserin Helena der Kirche von Trier aus dem Morgenland überbracht, wurde 1512 zum erstenmal in Trier ausgestellt. Eine solche Ausstellung fand auch im Jahre 1844 statt und führte zu der von Ronge begründeten Deutschkatholischen Gegenbewegung. — Angeblich echte Röcke werden auch in Argenteuil, in der Laterankirche zu Rom und an anderen Orten aufbewahrt. — [2] mit den reichlichen Opfergaben der Pilger. — D. Hsg.

8] Ihr aber freuet euch dessen, denn auch das ist der „Feigenbaum“, der da „saftig“ wird, seine Knospen auszutreiben anfängt und zeigt, daß es nun sehr nahe vor der Türe ist!

9] O wehe dir, die du lügest und betrügest ohne Ziel und Maß! — In der Kürze sollen über dich gewaltige „Diebe, Räuber und Mörder“ kommen, werden dich hernehmen wie reißende Tiere ihre erjagte Beute und werden in dir nicht einmal das Mark der Knochen verschonen!

10] O siehe, das tut nicht einmal eine ärgste Hure, was nun diese tun von neuem! — Daher sollen sie aber einen eigenen Lohn finden!

11] Doch nun nichts mehr weiter davon! — Redet aber nicht davon! Denn es ist nicht löblich für den, der den Himmel hat, sich über das, was der Hölle ist, zu beraten! Es ist genug, daß ihr wisset, daß das Kleid falsch und somit ohne Christus ist für alle Ewigkeit,

12] Wie aber nun dies Kleid, so ist die ganze Kirche. die es ums teure Geld, wie ein Gaukler seine Künste, sehen läßt!

13] Nun weißt du alles! — Daher nichts mehr von diesem „Greuel der Verwüstung!“ — Amen.

☆

Die beste Kur

Am 13. September 1844

Also sage es dem feinherzigen K. G. L.: Die Glaubenskur aus der Liebe zu Mir, dem Vater über Leben und Tod, ja, die Kur aus dem wahren Liebeglauben zu Mir, eurem Vater, ist die allerbeste!

2] Wenn du glaubst in deinem Herzen, daß Ich dir allezeit helfen kann und will, wenn du nur immer Meiner allein rechten und wahren Hilfe vonnöten hast und wann du dich immer lebendig volltrauend darum zu Mir wendest, daß Ich dir helfe — dann soll dir auch allezeit geholfen sein!

3] Aber bei Mir und bei der Weltkunst sollst du nicht zugleich Hilfe suchen, denn da kann die Weltkunst nur gerade so viel verderben, wie Ich dir helfe.

4] Das Gesundheitsrezept[1] hast du ohnehin vollständig von Mir. Halte dich darnach, so wirst du wenig mit den Weltärzten zu tun haben.

[1] Siehe „Die evangelische Kur“, Seite 261. — D. Hsg.

5] Den kleinen Ausschlag aber beschmiere in Meinem Namen mit warmem Baumöle, wenn es sich wieder zeigen wird — und es soll dann schon besser werden! Enthalte dich aber in den kalten und nassen Zeiten von hitzenden Getränken und sauren Speisen! Und halte dich mäßig warm, so wirst du wenig Katarrh zu bestehen haben.

6] Damit empfange du aber auch Meinen Segen und bleibe Mir getreu in deinem Herzen! Und Ich, dein heiliger Vater, werde dich schützen und schirmen in allen Dingen. Amen! — Das sage Ich dir, dein heiliger, liebevollster Vater.

☆

Trostwort in trüber Zeit

an K. G. Leitner.

Am 17. Februar 1845

Was sucht wohl der Mensch hienieden, daß er darob so sehr umstrüppet sein Gemüt? Was kann die kalte Zeit dem Steuermanne bieten, der sein Ruder fruchtlos an den Eisschollen zerschellet? Was bläst der Weltweise über beeiste Bergzinnen hinweg, als wollte er mit seinem Odem den Aether der Himmel durchfegen und die Elemente zügeln wie ein ungewaschener Fuhrmann sein elend Fuhrwerk?

2] O siehe, du Mein lieber Herzensfreund, das ist alles eitel! Wer wohl kann Mich bezwingen?! Was nützt es dem weisen Toren, so er es heute schreibt und sagt: »Morgen soll alles weiß sein!«? — In Meiner alleinigen Macht aber steht es, alles schwarz zu machen! Meinst du wohl, daß er neben Mir, dem Herrn, aufkommen wird?

3] Man sagt wohl, Ich sei taub und blind geworden. Allein dem ist nicht also! Denn siehe, so der Dieb ins Haus will, da ist er vorher auf der Lauer und ist stille und meldet sich nicht — und da eben behorcht und belauscht er alles am sorgfältigsten und wartet den Augenblick ab, der zu seinem Unternehmen der günstigste sein möchte. Und so alles im Hause schläft, da bricht er ein und würget und holt sich seinen Raub.

4] Wohl da den Wachenden! Die werden den Herrn der Herrlichkeit sicher erkennen, ob Er wohl ein Dieb oder ob Er der wahre Herr sei! — Aber den Schlafenden — wehe! Denen wird der in der Nacht Kommende tun, was der Dieb tut, so er zur Nacht ins Haus bricht!

5] Diese wenigen Worte betrachte du, Mein Herzensfreund, wenn die stumme, tote Welt dich ärgert — und du wirst eine mächtige Stärkung finden! Denn du wirst daraus ersehen, daß der dir in manchen welttrüben Stunden fern zu sein Scheinende der Welt eben gerade da am nächsten ist, wo sie Ihn am fernsten wähnt! — Dieses diene dir wie eine Sonne in der Nacht! Amen.

☆

Erscheinungen der Seligen

Greifenburg, den 26. Januar 1846

Aus einem Brief an Andreas Hüttenbrenner.

1] ... Es ist für uns besser, solange wir noch im Leibe zu leben und zu wirken haben, wenn uns die Bürger des Himmels nicht oft erscheinen, weil sie sowohl unsere Freiheit beirren, als auch nicht selten uns dem Leibe nach krank und zum Dienste des Nächsten untüchtig machen und endlich auch aus unserem Glauben, daß wir ewig leben sollen, ein Erfahrungswissen machen, in dem nicht das Leben, sondern der Tod zu Hause ist. Denn es heißt in der Schrift: „Wann du von dem Baume der Erkenntnis essen wirst, dann wirst du sterben!“

2] Es wird demnach vom Herrn nur selten zugelassen, daß sich Selige auf die Erde ihren irdischen Freunden rückäußern können. Und wenn es schon dann und wann geschieht, so geschieht es nur eines erloschenen Glaubens halber, um dadurch demselben auf eine solche außerordentliche Weise aufzuhelfen. Und dann bekommen auch nur die Erwählten die Gesichte, weil ihnen die Gesichte nicht mehr schaden können; die anderen aber machen sich das viel Bessere des Glaubens zum fruchtbringenden Nutzen.

3] Ihr sie allezeit segnender und ewig liebender Freund

Jakob Lorber.

☆

Die leidige Zukunft

Am 9. Dezember 1846

Also fragte dein Freund und Bruder, was da wohl die Zukunft bringen werde? — Das ist freilich wohl eine sehr eitle Frage. Aber gleichwohl will Ich eine Antwort darauf geben. — Nun siehe, da ist sie schon:

2] Die Zeit ist und bleibt „Zeit", wie die Welt fortwährend „Welt" bleibt. Wer da bessere Zeiten und eine bessere Welt erwartet, der irrt sich sehr in seiner irdisch frommen Erwartung! Denn die Welt war allezeit arg und wird es auch sein bis ans Ende aller Zeit.

3] Daher kann auf der Welt für die Welt die Zeit nichts als nur Arges bringen! — Für den aber, der mit Mir ist und Ich mit Ihm, dem wird weder die Welt noch ihre lose Zeit etwas anhaben können — wie euch alle schon die tausendfache Erfahrung hinreichend belehrt hat.

4] Es ist mit der Welt nahe also wie mit der Hölle. In ihr finden nur ihre Eigenen die Hölle, nicht aber auch Meine Engel, die zumeist sich daselbst befinden, um die argen Geister zu bessern oder zu strafen.

5] Aus dem geht aber für den Geistesverständigen leicht hervor, daß der Gute auf der Welt allezeit nur Gutes, wie der Schlechte allezeit nur Schlechtes zu erwarten hat.

6] Wer auf Meinen Wegen wandelt, der wird mit seinen Füßen an keinen Stein stoßen; will aber jemand nur ein wenig die Wege der Welt prüfen, der wird sicher schon beim ersten Tritte auf einen tüchtigen Stein stoßen.

7] Was fragt ihr aber: „Werden wir Krieg bekommen? Werden die Polen aufstehen? Was wird Frankreich, was England machen? Was Oesterreich, was Preußen, was Rußland?" — Oh, das sind eitle Fragen!

8] Glaubet denn auch ihr noch an eine Vorbestimmung der Volksschicksale? — Sollte Ich etwa sagen und fest bestimmen, so und so wird es diesem oder jenem Volke ergehen!? — So Ich das täte, wäre da wohl Liebe in Mir und Geduld und Erbarmung? — Oder ist wohl Liebe im Richter, der da über einen Gesetzesübertreter den Stab bricht und dann zu ihm spricht: „Morgen mußt du sterben!"? Dasselbe wäre bei Mir ja um so mehr der allerliebloseste Fall, wenn Ich mit den sündigen Menschen der Welt also verfahren möchte, da

Mir, als der ewigen Allmacht, doch ewig nie eine sonderheitliche Macht trotzen kann.

9] Sehet, auf der Welt lasse Ich alles **frei walten**, was nur immer den Namen Mensch hat! — Warum? — Das wißt ihr ja schon lange.

10] Wäre es wohl recht von Mir, so Ich nun ganz fest bestimmen möchte: „Am 21. März 1847 wird ein überaus blutiger Krieg seinen Anfang nehmen und wird sich zehn Jahre dauernd über ganz Europa erstrecken!"? — So sich nun aber die Menschen im einen oder andern bessern würden, und Ich ließe dennoch diese Geißel über sie kommen — wäre Ich da wohl ein rechter Richter und ein Vater jedes Menschen?

11] O sehet, wie eitel doch eure Fragen sind! — Ich sehe wohl in euren Herzen eine Kriegslust, durch die ihr gerne anmaßende Herrscher gedemütigt sehen möchtet! Was aber würde wohl die Frucht davon sein? Der eine wird wohl gedemütigt, aber Tausende werden dafür in ihrem Sinnesrausche erbost und werden dann ein noch viel ärgeres Spiel mit der armen und schwachen Menschheit treiben als irgendein jetziger, sich zwar wohl mächtig dünkender Herrscher, der aber dennoch in gewissen Schranken sich zu halten bemüßigt ist, weil er anderen Mächten wie auch seinem Volke doch nicht völlig traut. Wird aber einer oder der andere seine Macht erproben, dann wird auch alle mißtrauische Furcht verbannt sein, und er wird dann mit eisernem Szepter seine unterjochten Völker beherrschen, was viel Jammer, Heulen und Zähneklappern mit sich bringen würde.

12] Wer **Licht** sucht und will, dem wird es; wer den **Frieden**, dem soll er werden! Der **Gute** und **Barmherzige** wird Güte und Barmherzigkeit finden, wie der **Böse** seinen unbarmherzigen Richter. — **Ihr** aber kümmert euch alles dessen gar nicht, sondern eure Frage sei nur: „Herr, Vater, bist **Du** bei uns?" — Und Ich sage zu euch dann: „Ja, Meine Kinder!" — Alsdann lasset nach Krakau Oesterreicher, Russen oder Chinesen einziehen, und es wird für euch ganz einerlei sein!

13] **Mag da geschehen, was da wolle, die Meinen werden allezeit sich unter Meinem allmächtigen Schutze befinden, sei es auf der Welt oder in der Hölle. Die Welt und ihre Schwester, die Hölle, aber wird stets das bleiben, was sie ist — bis zu ihrem Gerichte.**

14] Ich aber weiß gar wohl, warum Ich über ein oder das andere Volk dies oder jenes kommen lasse. Euch aber genüge es, zu wissen, daß da von Mir, dem Vater aller Menschen, keine bösen Gaben den Kindern, wie diese auch beschaffen sein mögen, gereicht werden, am wenigsten denen, die Mich suchen, erkennen und lieben. Amen! — Das zu eurer Belehrung und Danachachtung!

☆

Zur silbernen Hochzeit

Am 10. Dezember 1846

So schreibe ein kurz Wörtlein darob, daß dein und Mein Freund ein Fest in guter Weise feierte, das ihm und seiner Familie eine seltene Freude machte.

2] Ich habe zwar an keinerlei [äußerlichen] Festen, welche die Menschen auf Erden begehen, irgendeine Freude. Aber wenn Feste zu seltenen Malen begangen werden von solchen, die in Meinem Herzen gezeichnet sind, da freilich wohl bin auch Ich dabei, wie bei der Hochzeit zu Kana in Galiläa, und verwandle das Wasser der Welt in den belebenden Wein des Geistes!

3] Das habe Ich wohl auch bei unserem Freunde nicht unterlassen — und habe es dadurch sichtbar angezeigt, daß Ich dich[1] zu dieser Zeit in dies Haus brachte und war und bin mit dir sichtlich daselbst eingekehrt. Und wie du da Aufnahme fandest, also habe auch Ich solche, Mich sehr erfreuend, gefunden, nicht nur geistig, sondern sogar leiblich — was aber also, nach dem Evangelium, zu verstehen ist:

4] Wer Mich in seinem Glauben bekennt und tut nach Meinem Worte, der nimmt Mich geistig auf, und Ich bin im Geiste bei ihm. — Wer aber aus Liebe zu Mir einen Bruder aufnimmt in Meinem Namen, der nimmt Mich in dem Bruder leibhaftig auf.

5] Der aufgenommene Bruder ist dann nicht mehr der, der er dem Aeußern nach zu sein scheint. Sondern der aufgenommene Bruder bin dann leibhaftig Ich Selbst in der Fülle Meiner Liebe, Gnade und Erbarmung. — In der Liebe bin Ich's, weil dem Bruder Liebe erwiesen ward; in der Gnade bin Ich's, weil der Bruder mit offenem Herzen Aufnahme fand; und in der Erbarmung bin Ich's, weil da nicht nur ein, sondern mehrere Brüder, die es hungerte, eine barmherzige Aufnahme zur Sättigung ihres Leibes fanden.

---

[1] Jakob Lorber

6] Wenn da aber jemand meinen und sagen möchte: so der aufgenommene Bruder ein schwacher, sündiger und sterblicher Mensch ist, wie wohl reime sich da Meine leibhaftige Gegenwart zu so einem sündigen Bruder — da sage Ich: Wie reimte sie sich denn im Hause des Zachäus?

7] Sie reimte sich dadurch, daß der Arzt allezeit nur um die Kranken und nicht um die Gesunden, die Seiner nicht bedürfen, sich aufhält und mit ihnen zu tun hat.

8] Wie aber könnte ein Sünder Mein Knecht sein, so Ich nicht bei ihm und in ihm wäre? — So Ich aber nur Gesunde, also Nichtsünder, Mir zu Knechten erwählete, fraget euch: wo auf der Erde fände Ich diese wohl?!

9] Daher sehet dem Bruder nicht die Sünde an, sondern das, was ihm not tut, so werdet ihr in jedem sündigen Bruder ein „Haus des Zachäus" treffen, in das Ich einziehe und wo Ich Mittag halte an des Sünders Tische.

10] Und siehe nun, du A. H.-W., so habe Ich dir bei deinem Hochzeitsfeste die Gnade erwiesen, daß Ich dir den Bruder aus der Ferne wieder zuführte und Selbst mit ihm leibhaftig in dein Haus kam!

11] Aber nicht nur in diesem einen Bruder kam und komme Ich, sondern auch durch jeden Armen, der die Flur deines Hauses betritt — und zwar nach dem Grade deiner Erbarmung!

12] Dennoch aber hat dieser Bruder das voraus, daß er aus Mir allezeit das Wort hat, das da lebendig machet das Herz und den Geist. Wie aber er gibt, also gebe es Ich. Und wer ihm etwas gibt, der gibt es unmittelbar Mir Selbst.

13] Ist auch sündhaft sein Fleisch, wie es da ist alles Fleisch, so ist aber dennoch Mir geheiliget sein Geist, vor dem alle Schätze der Himmel erschlossen sind zur Kundgabe an die, welche darnach trachten in ihren Herzen.

14] Aus dem aber wirst du, A. H.-W., wohl ersehen, wie Ich in dem Bruder leibhaftig bei deiner Hochzeit zugegen war. — Gleichwie du aber dem Bruder geblieben bist ein Bruder im Werke und zogest ihn wieder an deinen Tisch, so auch bin und bleibe Ich der Alte bei dir heute wie allezeit und werde dein guter Gast sein an jedem Tage, bis du einst der Meinige wirst ewig mit deinem ganzen Hause. Denn

Ich will dein Haus nicht [von dir] trennen — ob deiner Liebe zu Mir, so du in selber verharrest zunehmend bis ans Ende der Zeit.

15] Das aber sei das Wahrzeichen deiner sogenannten „silbernen Hochzeit", daß du in der Liebe wachsest und zunehmest an Demut und Geduld! — Denn siehe, das sind Meine Grundeigenschaften selbst im höchsten Vollmaße ewig!

16] Wann du nun an deine sogenannte „silberne Hochzeit" denkest, so erinnere dich dessen allezeit in deinem Herzen kräftig, so wirst du vor Mir allezeit ein würdiges Nachfest begehen und Mein Segen wird bei dir sein und bleiben ewig! Amen. — Solches also zu deinem werktätigen Gedächtnisse!

☆

Sprüche des Herrn

Am 16. Dezember 1846

Einige Sprüche des Herrn, die in den gewöhnlichen vier Evangelien nicht vorkommen, aber dennoch vom Herrn sehr oft gebraucht wurden:

1] Geben ist seliger als Nehmen.

2] Laßt uns allem verkehrten Wesen feind sein und dagegen streiten!

3] Es müssen die, die mit Mir bekanntzuwerden und an Meinem Reiche teilzunehmen verlangen, unter Bedrängnissen und Leiden Mich annehmen.

4] So Ich euch auch schon als Tischgenossen und Busenfreunde um Mich versammelt sähe und ihr wolltet Meine Vorschriften nicht beachten, dann würde Ich euch dennoch fortgehen heißen. — „Weg von Mir!" würde Ich sagen, „Ihr geht Mich nichts an, ihr Lasterhaften!"

5] Der Herr sagte einmal zu Petrus: „Ihr werdet sein wie Schafe unter den Wölfen!" — Darauf antwortete Petrus: „Wie nun, wenn die Wölfe die Schafe zerreißen!?" — Darauf gab ihm der Herr zur Antwort: „So haben doch die Schafe dann, wenn sie tot sind, weiter nichts von den Wölfen zu befürchten. Und so dürfet auch ihr diejenigen nicht fürchten, die euch töten, weil sie euch weiter nichts Böses mehr zufügen können. — Ihr aber fürchtet vielmehr den, der nicht nur den Leib töten, sondern auch die Seele zur Hölle verstoßen kann!"

6] Behaltet den Leib rein und das Siegel (der Taufe oder des Geistes) unversehrt, damit ihr das ewige Leben davontraget!

7] Werdet geschickte Wechsler und treibet Wucher mit Meinen Talenten!

8] Worüber Ich euch einst antreffen werde, darüber werde Ich euch richten.

9] Bittet um das Große, so wird euch das Kleine als Zugabe geschenkt werden! — Oder: Bittet um das Himmlische, so wird euch auch das Irdische hinzugegeben werden!

10] Um der Schwachen willen bin Ich schwach, um der Hungrigen willen hungrig und um der Durstigen willen durstig.

11] Wer es genug zu schätzen weiß, der wird im Reiche Gottes eine wichtige Stelle bekommen. Und wer diese wohl verwaltet, wird die wahre Ruhe finden.

12] Niemals habt ihr Ursache fröhlicher zu sein, als wenn ihr euren Bruder liebreich handeln sehet. (Dies hat der Herr sehr oft zu Seinen Jüngern gesagt).

13] Da den Herrn jemand fragte, wann das Reich Gottes kommen werde, gab Er zur Antwort: „Wann einst die Zwei, das Aeußere und das Innere, eins sein werden!"

14] Salome fragte in ihrer Einfalt einst den Herrn: „Wie lange wohl werden die Menschen auf der Erde noch sterben müssen?" — Der Herr sagte: „Solange die Menschen in die Welt geboren werden!" — Da nun die Salome sich zum Verdienste anrechnete, nie ein Kind in die Welt geboren zu haben, erwiderte ihr der Herr weiter: „Es heißt aber im Sprichworte: »Iß, was für Kräuter du gerne willst, aber die bitteren laß' liegen!«"

15] Einmal sagte der Herr: „Ich bin gekommen, die Werke des Weibes zu zerstören." — Um die Bedeutung dieser Worte befragt, erklärte Er: „Des Weibes Werke sind die sinnlichen Begierden. Und alles, was sie erzeugen, deren Wirkungen: das [fleischliche] Werden und das Sterben — werde Ich einst aufheben."

16] Wehe denen, die sich geben lassen, als ob sie es selbst nicht hätten; oder, so sie aus Eigenem leben könnten, dennoch von andern lieber nehmen wollen! — Aber noch mehr wehe denen, die viel haben und doch nicht geben wollen denen, die nicht haben!

17] Einmal sprach der Herr zu den Jüngern: „Gleichwie des Menschen Sohn nicht gekommen ist für viele, sondern nur für jene, die Sein Wort hören und darnach leben — also sende Ich euch auch nicht zu vielen, sondern nur zu jenen, die euch annehmen und anhören werden."

18] Wer da strebet nach dem Höheren, der wird das Niedrige erhalten. Wer aber nach dem Niederen strebet, dem wird das Höhere zuteil werden.

19] So ihr zu dem Geringen keine Sorge traget, wer wird euch dann das Größere anvertrauen?!

20] Schließlich hat der Herr zu den Jüngern gesagt: „Bleibet bei zwölf Jahre um Jerusalem! So sich nun jemand von den Israeliten bekehren will, und zwar dadurch, daß er Mich annimmt und also an Gott glaubt, dem werden die Sünden verziehen sein. — Nach zwölf Jahren aber gehet mit dieser Einladung zu allen anderen Nationen über, damit dereinst niemand sagen könne, er habe nichts davon gehört!"

21] Einst hatte jemand vor dem Herrn eine sehr vernünftige Rede gehalten. — Als der Redner damit zu Ende war, sagte der Herr: „Schon lange hätte Ich so etwas hören mögen, und noch nie ist es Mir zu lieb also geworden!"

☆

Meteor im Preußenlande

Am 20. Dezember 1846

Du möchtest wissen, was dieses dreifache Zeichen[1] wohl bedeute, das da zu sehen war zuerst in der Gestalt eines Schwertes, dann eines Winkels und endlich eines Kreises, in welcher Gestalt es dann erlosch. — Siehe, dies Zeichen am Himmel ist wirklich ein sehr vielsagendes. Aber es versteht dasselbe bisher niemand in dem Lande, da es zum Vorscheine kam. Sie werden es jedoch in drei bald darauf folgenden Zeiträumen kennenlernen.

2] Du wirst unter Schwert wohl Krieg nehmen? — Ja, Krieg — aber was für einen?! — Unter dem Winkel wirst du eine politische, gelehrte, wohlgemessene Oppugnation[2] meinen? — Ja, eine solche — aber was für eine?! — Und unter dem Kreise wirst du eine Absonderung und Sicheinschließung von allen Seiten meinen? — Ja, eine Absonderung und Abschließung von allen Seiten — aber was für eine?

[1] Am 23. November 1846, nachts um 1 Uhr, hat man in Berlin ein ausgezeichnet schönes Meteor am Himmel beobachtet. Der Himmel war rein und sternenhell. Und das Meteor, in der Gestalt eines feurigen Schwertes, blieb acht Minuten lang fast unbeweglich stehen, zog sich in einen Winkel und zuletzt in einen Kreis zusammen und verschwand. (‚Stiria' Nr. 152, 4. Jahrg., 19. Dezember 1846). — [2] Bestürmung, Bekämpfung.

3] Ich sage dir: Da wird sein alles wie Kraut und Rüben untereinander: Krieg mit Federn, Krieg mit leeren Taschen, Krieg mit Dieben und Räubern, deren es schon jetzt bloß in B. bei fünfundzwanzigtausend gibt, die lediglich vom Schimpfen, Stehlen, Betrügen, Einbrechen und Rauben leben. Das ist ein Segen des Kommunismus! Dann wirklich Krieg mit dem Schwerte, Krieg mit der Not, Krieg mit der Unzucht, Krieg mit dem Teufel, Krieg mit sich selbst, Krieg mit der Sittlichkeit, Krieg mit der Menschheit, Krieg mit der Religion, Krieg mit der Weltweisheit und sogar Krieg mit dem Tode!

4] Wenn dann dieser wahre Vielkrieg wird ausgefochten sein, dann wird man das Winkelmaß nehmen und wird alles kritisch und mathematisch ausmessen, was ein jeder Mensch haben, essen und wissen darf, was er reden und was er schreiben darf. — Das ist das Winkelmaß, das da allzeit drei Viertel des Kreises ausläßt. — Das wird die gelehrte Proposition sein, welche aber bald eine ganz gemeine Oppugnation finden wird!

5] Endlich wird man einen Kreis ziehen und wird sich sondern und wird sich allein als das Vollkommenste betrachten. — Das wird der Kreis sein!

6] Ich aber werde Mir dann ganz heimlich die Freiheit nehmen und werde solchem närrischen Kreise ein Ende machen — Wie? — das weiß Ich wohl! — Das wird dann sein ein Ende eines überaus dummen Liedes dieses Geschlechtes.

7] Siehst du aber nicht, wie der nordische Eisbär[1] sich am Eise die Zähne spitzig schleift? — Das Seehundefleisch will ihm nicht mehr munden. Ihn lüstet lange schon nach den Rindern und Schafen des Südens. — Bald wird er aus den Quetschzähnen seines Hintergebisses lauter Reißzähne geschliffen haben. Dann wehe den fetten Rindern und den feisten Schafen des Südens! Ich sage dir, ihr Fett wird sehr gerinnen an den Eisküsten Sibiriens!

8] Siehe, das ist einer, der keine Furcht hat vor den Gänsekielen und verabscheut diese Waffe. Aber sehr viel Gold und Silber, sehr viel Reiter und sehr viel Flinten und Kanonen sind seine Sache! — Wehe, wenn er sein Lager verlassen wird! Ich sage dir, er wird siegen durch Macht und tyrannische Großmut! — und das bald, recht bald, sehr bald, wenn sich die Rinder und Schafe des Südens nicht bald in Löwen umgestalten werden, d. h. in Löwen der Weisheit und in Löwen der wahren inneren Kraft.

[1] Rußland; d. Hsg.

9] Da hast du nun dein Meteor! — Nur denke dabei nicht, daß das alles darum schon also geschehen muß, weil Ich es dir also vorgesagt habe. Sondern es kann also geschehen, wenn sich diese Menschen nicht ändern, sondern in ihrer großen Torheit beharren! — Und dazu sage Ich dann erst das unerbittliche und unabänderliche Amen.

☆

Das Sonnenweib

Am 21. Dezember 1846

Erklärung zu Offbg. Joh., Kap. 12, Vers 1, 2, 5: Und es erschien ein großes Zeichen am Himmel: ein Weib, bekleidet mit der Sonne, der Mond unter ihren Füßen, und auf ihrem Haupte eine Krone von zwölf Sternen. Und sie ward schwanger, schrie in Kindsnöten und hatte Pein und Wehen der Geburt. — Und sie gebar ein Kind, einen Sohn, welcher alle Völkerschaften regieren würde mit eisernem Szepter. Und ihr Kind ward entrückt hin zu Gott und zu dessen Thron.

Aber Freunde, so etwas Klares und Leichtes nicht zu verstehen, was euch alle doch so nahe angeht und nun schon so klar vor euren Augen ausgebreitet liegt! Wo habt ihr denn euren Geist, wo euren Sinn? Wohin ist der wohl gerichtet?!

2] Wenn jemand in der Nacht fragt: „Wo steht nun etwa die Sonne?“, da mag so etwas wohl angehen. Aber höret, am Tage sich nach dem Stande der Sonne zu erkundigen, heißt das nicht blind sein oder sich wenigstens geflissentlich die Augen zuhalten und mit dem Stande der Sonne die sogenannte „blinde Maus“ spielen!?

3] Was wohl ist das „Weib“, das am Himmel mit der Sonne bekleidet erscheint? — Das „Weib“ ist das edle Bild eines Menschen ohne Zeugungskraft, wohl aber fähig und empfänglich für die Zeugung. Alsonach ist dieses Weib ein vollkommenes Ebenmaß des Menschen, somit kein Zerrbild, kein Unmaß des Menschen.

4] Ebenso ist auch Meine Lehre, die doch sicher in dem vollkommensten Himmel erscheint, weil sie in Mir und aus Mir hervorgeht, gleich dem Weibe ein vollkommenstes Ebenmaß dem geistigen Menschen, für sich zwar nicht zeugungsfähig, aber der Mensch wird durch sie aufnahmefähig für alles Liebegute, was da ist die reine, himmlische Gottliebe als das ewige Geistleben aus Mir. — Das Geistleben der Gottliebe aber ist das „Kind“, mit dem Meine Lehre befruchtet wird im Herzen des Menschen.

5] Es ist hier freilich nur von Meiner reinen Lehre die Rede wie von einem vollkommenen himmlischen Weibe — also von keiner Irrlehre und von keinem Affenweibe. Daß dieses vollkommene Weib oder Meine reine Lehre sicher mit der „Sonne“ oder mit Meinem Lichte alles Lichtes „umkleidet“ ist, weil sie aus Mir Selbst kommt, das wird ja etwa doch ganz natürlich sein!

6] Weil aber eben dieses vollkommene himmlische Weib oder Meine reine Lehre nur zur Aufnahme der himmlischen Liebe aus Mir fähig ist, so tritt sie den „Mond“, als das unbeständige Symbol der Selbst- oder Weltliebe, mit den Füßen als eine ihrem rein himmlischen Wesen ganz entgegengesetzte Polarität — um mit euch ein bißchen gelehrt zu sprechen.

7] Und so ist sie auch geziert mit „zwölf Sternen“ oder mit den zehn Geboten Mosis und zuoberst mit den zwei Geboten der [Gottes- und Nächsten-]Liebe — aber nicht etwa mit den zwölf Aposteln und ebenso auch nicht mit den zwölf Stämmen Israels, sondern wie gesagt, geziert mit allen den zwölf Gesetzen des ewigen Lebens.

8] Das „Weib“ oder die tätige Lehre aus Mir im Menschen aber wird und ist schon „schwanger“. — Womit? — Habt ihr nie etwas von der Wiedergeburt gehört!? Heißt es da nicht: „Wer da nicht wiedergeboren wird aus dem Geiste, der kann in das Reich Gottes nicht eingehen!“?

9] Sehet, das „Kind“, womit das Weib schwanger ist, ist die reine Gottliebe, welche aber durch die mannigfache Selbstverleugnung dem äußern Menschen sehr wehe macht, bis diese himmlische Liebe im Geiste des Menschen durch sie [die Lehre] reif wird zur herrlichen Wiedergeburt zum ewigen Leben.

10] Das Kind aber ist ein „Knabe!“ — Warum denn kein Mädchen, also ein Weib in der Entstehung? — Weil in dieser Liebe, wie im Manne und nicht im Weibe, die schöpferische Zeugungskraft liegt und liegen muß.

11] Dieses Kind oder die aus Meiner Lehre geborene Gottliebe im Geiste des Menschen wird dann mit „eisernem Szepter“ oder mit der unbeugsamsten Gotteskraft „alle Völkerschaften“ oder alle Forderungen und sinnlichen Leidenschaften der Welt bändigen — und wird dadurch, als Leben aus Mir, den Geist des Menschen und alle seine Neigungen zu Mir hin „entrücken“ und wird seine Wonne schöpfen an Meinem „Throne“, der da ist die wahre Weisheit aus Mir ewig!

12] Seht, das ist der überaus leicht faßliche Sinn dieser Verse! — Also muß aber alles in diesem allein wahren Lichte betrachtet und begriffen werden, sonst ist es ein Zwielicht, das da mit der Zeit jeden Leiter (Führer) in die finsteren Sümpfe und Moräste irreleitet.

13] Solches also sehr wohl gemerkt und verstanden! Amen.

☆

Haussegen

Am 1. Januar 1847

Ja, ja, schreibe nur einen kleinen Haussegen den Brüdern und Schwestern, die Mich suchten und noch emsig suchen, Mich liebten und noch lieben in Mir Meine armen Brüder und Schwestern!

2] Das ist aber Mein besonderer Wunsch für euch alle, die ihr Mein waret und es noch seid, so ihr es sein wollet — daß ihr alle eine besondere Freude habt an Meinen armen Brüdern und Schwestern und gerne teilet euren Vorrat mit ihnen. Und je zerlumpter und ärmer sie sind, desto teurer sollen sie euch sein, da diese Mir viel näher stehen als jene, die da als weniger arme und dürftige genannt zu werden das Recht haben.

3] Fraget den Armen, bevor ihr ihm etwas gebet, aber ja nicht: „Wie bist du in dieses Elend gekommen? Warum hast du zu rechter Zeit nicht gearbeitet und gespart?!“ Oder: „Warum hast du, da deine Vermögensumstände sich schon anfangs so kärglich zeigten, dir noch dazu ein Weib genommen und hast zum größten Nachteile für deine Existenz mit demselben noch Kinder gezeugt?“ und dergleichen lieblose Fragen noch mehr.

4] Wahrlich, wahrlich, wer solches tut, der ist es, der da von Meiner Haushaltung Rechnung verlangt! Wer aber von Mir Rechnung verlangt und Mich in Meinen Armen richten will, von dem werde auch Ich, als der ewig allmächtige Gott und Herr alles Lebens und Todes, zu seiner Zeit eine Rechnung verlangen, in der auch der vollkommenste Engel auf tausend nicht eins zu erwidern wüßte, geschweige erst so ein elender Welt-Richter, der die Armen erforschen und richten will, bevor er ihnen etwas gereicht hat.

5] Solange ihr noch Arme habt, so lange habt ihr auch Mich und Meinen Segen. So euch aber diese einmal verlassen werden, dann soll die Pest der Hölle über euch hereinbrechen und euch verderben auf ewig! — Heißt es denn nicht in der Schrift: „Verkaufe alle deine großen Güter und teile sie alle unter die Armen und folge dann Mir nach, so wirst du einen großen Schatz im Himmel finden!"?

6] Ihr möget wohl sparen für eure Kinder, und doch habe Ich solches nie geboten — wie tut ihr denn dann das so schwer, was doch Mein ausdrücklicher Wille ist!?

7] Ich will euch damit aber nicht schelten, als wäret ihr solche Karge, die da solches Fluches wert seien — sondern den rechten Weg nur will Ich euch damit zeigen, auf daß ihr zu aller Zeit erkennen sollet, wie ihr euch in den armen Brüdern und Schwestern Mir wohlgefällig erweisen sollet und sollet nicht tun gleich der Welt, die Mein Gericht hat und den ewigen Tod in allem, was sie tut!

8] Wohl den Barmherzigen — sie sollen auch bei Mir Barmherzigkeit finden und sollen vom ewigen Tode womöglich noch gerettet werden!

9] Dies gute Wörtlein sei euch allen ein guter „Haussegen"! — So ihr es gerne beachtet, da werde auch Ich euer achten zu jeder Zeit und Meine Gnade wird euer sein ewig! Werdet ihr es aber klein achten, so werde auch Ich euer klein achten und werde mit Meiner Gnade Mich ebenso zu euch verhalten, wie ihr euch verhaltet zu den Armen, bei denen Ich auf Erden wohne körperlich!

10] Wer Mich sonach suchen will und finden, der suche Mich unter den Armen! — Das sage Ich, euer Gott, Herr und Vater für ewig! Amen.

☆

Von der Cholera

Am 10. Januar 1847

Auf die Anfrage: ob die kürzlich am kaspischen Meere erschienene Cholera nach Oesterreich wandern werde und ob das von der Somnambule A. H. im Jahre 1830 im magnetischen Schlafe angegebene Heilmittel gegen diese Seuche von guter Wirkung sei, gab der Herr kund:

Diese Krankheit wird in der Zeit, in der ein Mensch mäßigen Schrittes den Weg vom kaspischen Meere bis nach Wien, Prag und andern Städten dieses Reiches zurücklegen würde, so er Tag und Nacht ginge, im Staate Oesterreich erscheinen und wird hauptsächlich Wien, Prag, Lemberg, Ollmütz und andere Städte mehr oder minder mächtig heimsuchen. Ihre Opfer wird sie diesmal hauptsächlich in den Großen und Reichen und besonders in deren Kindern nehmen. Auch das Militär wird leiden und die Priesterschaft. Wehe den Unzüchtlern und Schwelgern!

2] Auch eure Stadt (Graz) wird diesmal nicht mit ganz heiler Haut durchkommen, denn es gibt auch hier schon sehr viele Arme darum, weil die Reichen denselben auf indirektem Wege alles entziehen, ihren ohnehin schon sehr reichen Kindern noch größere Reichtümer bereiten und den Armen nichts oder nur höchst wenig davon geben wollen. Diesen sollen ihre Erben genommen werden, damit die Armen sie beerben können. Ich aber werde den Reichen diesmal schon auf eine solche Art zuheizen, daß sie sicher weich und zum Kreuze kriechen werden.

3] Wohl wird anfangs der Arme ergriffen werden, auf daß der Reiche mitleidig werde. Wird er das, so soll diese Strafe gemildert werden. Wird er das aber nicht, da soll das „Schwammweib" (Cholera) mit tausend Sensen unter ihnen schonungslos zu wüten anfangen — tausend Schober soll es an einem Tage schneiden!

4] Siehe, um die Armut zu verringern und den Reichtum der Reichen zu schützen, will man die Ehen der Armen beschränken, und das mächtig beschränken. O das ist die verfluchteste Ausgeburt der Hölle, ein Werk des Satans! Siehe, das ist der Grund aller Pest!

5] Durch die Vorenthaltung der Ehe und der gerechten und geordneten Zeugung der Kinder, wo der Trieb da ist, wie auch durch die gewaltige Ausrottung der (wilden) Tiere aller Art sowie der Wälder wird die erlösende Aufnahme der Erdurgeister in die höheren Leitungs- und Läuterungsstufen gehindert. Wenn diese Naturgeister, die sich zuerst im Schimmel und in den (Pilzen oder) Schwämmen zu regenerieren anfangen, durch diese Stufe aufgestiegen sind und die nächste Stufe zu geringe finden, so daß sie nicht völlig aufgenommen werden können, dann vereinen sie sich in ein nahezu menschlich aussehendes Wesen, wandern sodann auf der Erde herum und ergreifen die Menschen und auch Tiere und Pflanzen in der Absicht, um in ihnen zu gradieren.[1] Allein da diese Geister noch zu unreif sind, so bringen sie allem den Tod, was sie einmal ergriffen haben.

6] Menschen sind ihnen am liebsten, weil sie da auf dem kürzesten Wege ihre völlige Freiwerdung zu erreichen wähnen, was aber wohl

[1] fortzureifen.

freilich für ihre noch höchst materielle Intelligenz ein Irrwahn ist. Weil aber die Menschen selbst (durch den Egoismus) zu dieser Erscheinung die Ursache sind, so lasse Ich es eben auch zu, daß sie für solchen Frevel auf das allerempfindlichste gezüchtigt werden, und das geistig und leiblich.

7] Sehet, das ist der verruchte Grund aller Pest, die darum vorzüglich im Oriente zu Hause ist, weil dort die ordentliche Zeugung der Menschen auf tyrannisch gewaltsame Weise manchmal sogar durch Verstümmelung unterdrückt wird.

8] Wird aber nun auch im noch etwas besseren Europa, der Industrie einiger Reichen wegen, dieser Erlösungsakt für das ganze (Natur-) Geisterreich der Erde ebenfalls unterdrückt, so sollen darum auch die verheerendsten Folgen zum Vorscheine kommen — woraus die Uebriggebliebenen erkennen sollen, daß Ich die Erde nicht der Industrie, nicht der Eisenbahnen und am wenigsten der Reichen wegen erschaffen habe, sondern lediglich zur Erlösung der in ihr gebannten Urgeister!

9] Das verstehet ja wohl: Mein Zweck ist ein anderer mit der Erde, als ihn da die gegenwärtige, vom Satan ganz in Beschlag genommene Welt erkennt!

10] Die Erdäpfelkrankheit war schon ein Vorläufer! Wie es aber bis jetzt dieser Frucht erging durch Meine Gnade für die Menschen, um diese zu schonen — so wird es bald den Menschen selbst ergehen, so sie sich nicht bessern und ihre Gesinnungen gegen die Armen nicht ändern werden.

11] Das angegebene Rezept des N. N. durch dessen Schwester A. H. ist gut. Dennoch aber werde Ich dir zu seiner Zeit ein noch besseres und wirksameres geben.[1]

12] Die angezeigten Städte dieses Reiches haben das Eheverminderungssystem schon völlig entwickelt, daher sollen sie auch dafür gehörig belohnt werden. Es wird aber diesmal ganz Europa, besonders in den großen Industriestädten, ganz gewaltig gezüchtigt werden.

13] Doch das Ganze kann durch Gebet und gute Werke an den Armen sehr gemildert werden, besonders wo die Ehen nicht gar zu arg und planmäßig unterdrückt werden. — Dies zu eurer tieferen Belehrung und Darnachachtung! — Amen.

☆

[1] Siehe die Lorberschrift „Die Heilkraft des Sonnenlichts".

Vom Schwefeläther und dessen Wirkung

Am 28. Februar 1847

Der sogenannte Schwefeläther ist eigentlich nichts anderes als ein reinster Wein- oder auch Obstweingeist, und es ist vom Schwefel kein Atom dabei. Denn was bei der Bereitung die kochende Schwefelsäure von ihrem Gehalte in Dämpfen aufsteigen läßt, das vereinigt sich mit den gleichzeitig aufsteigenden Wasserdämpfen, die in dem noch unreinen Wein- oder Obstweingeist enthalten sind, und fällt als eine schwere, tropfbare, sauere Flüssigkeit wieder in die kochende Schwefelsäure zurück.

2] Der reine Wein- oder Obstäther geht aber dann frei als eine höchst zarte und reine Flüssigkeit in die Vorlage über. Diese Flüssigkeit ist dann eben der sogenannte Schwefeläther.

3] Jeder Aether, als eine spirituelle spezifische Flüssigkeit, wirkt auf den Nervengeist betäubend. So auch der Wein, das Bier, der Obstmost und dergleichen noch eine Menge, weil in derlei Flüssigkeiten die seelischen Spezifika schon freier und ungebundener sind als im Wasser und in anderen ungegorenen Flüssigkeiten. Aber natürlich in dem reinen Aether sind die seelischen Spezifika schon nahe ganz frei und können nur in einem festverschlossenen Gefäße festgehalten werden. Wird ein solcher Aether dann durch das Einatmen in eine innere Verbindung gebracht mit dem leiblichen Organismus, in dem der Nervengeist waltet, so wird er gierigst von dem ihm verwandten Nervengeiste aufgefangen und zur Sättigung der inneren Nervenkammern verwendet.

4] Wenn aber diese Kammern auf eine plötzliche, unvorbereitete Weise gesättigt worden sind, da werden sie eben durch solche Sättigung aufgebläht gleich einer Blase und sind in solchem aufgeblähtem Zustande keiner Reaktion, weder durch äußere Verletzungen, noch durch innere Ergreifungen von Seite des Nervengeistes, fähig.

5] Da aber dadurch auch der Nervengeist seinerseits für den Leib untätig wird, weil er sich ob der momentanen Uebersättigung der Nervenkammern außer Verband mit demselben gestellt hat — so wird die Seele frei, da sie der Nervengeist in solcher Uebersättigungszeit der Nervenkammern nicht an dieselben bindet. Wenn aber aus diesem Grunde dann die Seele frei wird, so befindet sie sich in der kurzen Zeit solcher Betäubung der Nerven in jener Sphäre der Geisterwelt, die dem Zustande entspricht, in welchem das (betreffende) menschliche Herz oder Gemüt sich befindet.

6] Ist dieser Zustand ein guter, so wird die Seele sich auch in paradiesischen Gefilden voll Seligkeit befinden. Ist aber der Gemütszustand ein schlechter, so wird die Seele sich für den Zeitpunkt der sogenannten Narkose (Betäubung, Erstarrung) in dem ihrem Gemüte entsprechenden schlechten Zustande befinden.

7] Da hier aber Seele und Nervengeist sich wie beim natürlichen Schlafe noch im Vollverbande befinden und die Seele die Formen ihrer Anschauung in den mit ihr noch verbundenen Nervengeist überträgt, so kann sie sich dessen, was sie in der Geisterwelt sah, noch recht wohl erinnern, während sie von dem Leibe — was unterdessen mit ihm vorgegangen ist — nichts weiß.

8] Aus einem rein somnambulen Zustande aber wie auch aus einem tieferen natürlichen Traumleben bringt die Seele darum keine Rückerinnerung in den natürlichen Zustand zurück, weil sie da gewöhnlich außer Verband mit dem Nervengeiste tritt. Denn dieser bleibt [in solchem Falle] im Verbande mit den Nerven, welche, weil sie sonst keine Sättigung haben und gewöhnlich schwach sind, ohne den Nervengeist alsbald sterben und sich auflösen würden, was natürlich dann auch des Leibes vollkommener Tod wäre.

9] Bei der Aether-Narkose aber ist eben der Aether das Substitut des Nervengeistes, wie beim natürlichen Traumleben der Magenäther aus den Speisen. Da kann der Nervengeist sich schon frei machen und völlig allein der Seele zu Diensten stehen — woraus denn auch die Rückerinnerung der Seele von dem, was sie in der Geisterwelt schaute.

10] Darin aber liegt sehr leicht begreiflich der Unterschied zwischen diesem Aetherbetäubungszustande und dem sogenannten magnetischen Schlafe, in welchem die Seele ihren Leib beschauen kann, weil der Nervengeist noch mit demselben verbunden ist (was aber bei der Narkose, wie gesagt, nicht der Fall sein kann, weil da beide außer Verband mit dem Leibe sind).

11] Die nachträglichen Wirkungen, welche der Narkose mit der Zeit hie und da bei einem oder dem andern Menschen folgen, sind denen gleich, welche jedermann bei den in Kerkern Gefangenen leicht entdecken kann. Diese wünschen nichts sehnlicher als die Freiheit; und wenn es einem einmal gelungen ist, aus einem Kerker durch irgendein Loch zu entfliehen, und er wird aber wieder eingebracht, so wird er darauf noch einen desto größeren Wunsch in sich hegen, sobald wie nur immer möglich wieder aus dem Kerker zu entfliehen.

12] Dasselbe Bedürfnis wird auch der Seele durch die Aethernarkose eingepflanzt. Daher wird bei Menschen sich in gewissen Perioden diese Seelenentwischungslust unter manchen konvulsivischen Zuständen wiederholen, und das besonders bei Nervenstarken, obschon davon gerade auch nicht alle Nervenschwachen ausgenommen sind. Gegen dieses Uebel kann dann der Somnambulismus und besser noch eine vollgläubige Handauflegung mit Gebet und Fasten als heilendes Gegenmittel angewandt werden.

13] Dies sonach zu eurer beruhigenden, gründlichen Wissenschaft über die natürlich-gute Sache des sogenannten Schwefeläthers.

14] Wo Ich dabei bin, da schadet auch das Gift der Hölle nicht, geschweige dieser Aether, der natürlich-gut ist und im gerechten Gebrauche gut sei! — Amen.

☆

Das Mädchen aus den Sternen

Am 7. März 1847

Ja, ja, schreibe nur! Ich will schon was Rechtes und Gutes sagen. Aber da werden wir uns schon so recht zusammennehmen müssen! Denn dieses Mädchen ist sehr empfindlich und braust gleich auf, wenn man ihm nicht so etwas recht Artiges und Schönes sagt und auf gut deutsch. Sie hat nun schon recht viele Klassiker gelesen und kennt die dritte Endung sehr von der vierten auseinander und hat mehr Wohlgefallen an der halbvergangenen als an der völlig vergangenen Zeit, und die verbindende Art klingt ihr besser als die anzeigende. Auch liebt sie erhabene Stellen, besonders wenn sie etwas dunkel und unverständlich sind oder witzig.

2] Auf diese Stücke müssen wir daher sehr acht haben, so wir ihr mit diesem Wörtlein irgendeinen Gefallen erweisen wollen. — Also nur zugeschrieben, aber gescheit, erhaben und dabei doch etwas pikant und witzig! Sonst werden wir ihr, besonders ob dieser etwas nötigen Vorbemerkungen, eben nicht am besten gefallen. — Und somit zur Sache!

3] Ein M ä d c h e n auf Erden einst lebte geschmückt im Herzen, so wie da geschmückt ist des Orion strahlender Gürtel. Es seufzte in Nächten und weinte im Schlafe. Am Tage allein nur sah oft man es lachen und scherzen mit allen den Sternen der Himmel, die es allein am Tage nur konnte erschauen. Zur Nachtzeit der heiterste Himmel kein Sternchen ihm bot, und der Schlaf ohne Träume die nächtlichen Stunden durchschlich.

4] O da mußte zum Zauber ihm werden ein jeglicher Tag! Denn er gab ihm ja alles, dem seltenen Mädchen, was sonst nur die Nacht, diese nährende Mutter der Erde, den Träumenden gibt. — O nun rate, du liebliches Töchterchen, die du entstammest dem Schoße der Sterne, da keine Nacht drückt die bestaubten Gefilde der leuchtenden Welten, wer wohl dieses seltene Mädchen doch ist?

5] Sieh, wohl weiß Ich, daß du Mir die Frage nicht leichtlich beantworten wirst. Aber dennoch mußte Ich diese Frage hier geben, um dir damit klärlichst zu zeigen den Mantel der Weisheit und wie er nur schwer ist zu lichten im Herzen, in das manche irdische Pflanzen die Wurzel getrieben schon haben.

6] Doch sollst du dies seltene Mädchen wohl kennen, denn es ist dir näher, als du es hier glauben wohl möchtest. Darum will Ich Selbst auf die Frage die Antwort dir geben. Und so denn Mich höre, du liebliche Tochter der Sterne! — Das seltene Mädchen ist göttliche Liebe im menschlichen Herzen, ist Geist, das ganz eigentlich ewiglebendige Wesen aus Mir.

7] Dieser lebte einst völlig im Menschen und webte im Herzen den leuchtenden Faden ins ewige Leben. Das war für dies seltene Mädchen ein herrlicher Tag! — Aber nun ist die Nacht ihm geworden, und siehe, es seufzet gewaltig; gar bald wird ein finsterer Schlaf seine Augen beschleichen, und da wird es weinen, das seltene Mädchen, im finsteren Schlafe des Lebens!

8] Darum, o Mein liebes Töchterchen, trachte dies seltene Mädchen in deinem gebildeten Herzen stets mehr und stets mehr zu beleben! Dann wirst du am ewig stets heitersten Tage im Herzen stets lachen und fröhlich sein über die Maßen.

9] Das wünscht dir dein Vater, dein heiliger Vater, zum ewigen Tage der neuen Geburt aus dem Geiste der Liebe und Wahrheit, in Ewigkeit! Amen.

☆

Mahnung zur Liebe und Geduld

Am 14. März 1847

Liebe Freunde, Brüder und Kinder! Ich, der Herr, euer Gott, Vater, Meister und Bruder, Ich, euer Lehrer und Führer, mache euch kund und zu wissen, daß Ich es allezeit wie jetzt gerne sehe, so ihr irgend zusammenkommet in Meinem Namen und führet da gute Gespräche von Mir und von der Liebe des Nächsten. Denn derlei gute Reden erheitern den Geist und erfreuen das Gemüt, und das ist gut. Denn ihr sollet wohl allezeit fröhlich sein in Meinem Namen und auch euren Leib erquicken mit guter Speise und gutem Tranke im gerechten Maße und Ziele.

2] Aber höret! Einen, der unter euch war, den hättet ihr wohl auch noch laden sollen, ob er käme oder nicht käme. Es ist zwar einerlei, ob er da ist oder nicht; denn das geht auf seine Rechnung — aber ihr wollet ihn auslassen, das ist wieder eure Rechnung. Und es wird ihn schwer kränken, so er es erfahren wird, entweder hier oder dort. — Er benimmt sich wohl so, daß es den Anschein hat, als würdet ihr von ihm gewisserart außer acht gesetzt sein samt Mir. Allein dem ist nicht völlig also.

3] Er selbst beschuldigt sich, an euch gesündigt zu haben, und hat den Mut nicht, euch zu gestehen, was ihn drückt. Darum kostet es ihn auch allezeit eine kleine Ueberwindung, zu euch zu kommen. Denn dieser euer Bruder hat ein wohlgeziertes Herz, in dem aber nur ein schwacher Geist wohnt; daher der Mann auch mehr Kraft in seiner Seele als in seinem Geiste besitzt. — Darum aber müsset ihr auch die rechte Nachsicht, Geduld und Liebe mit ihm haben, wollet ihr wahre Wandler auf Meinen Wegen sein.

4] Denn sehet, Menschen gezierten Herzens, starker Seele, aber schwachen Geistes sind sehr empfindlich und merken oft bei ihren Freunden die kleinsten Gemütsdifferenzen, die ihnen sehr weh tun, weil ihre Seele in ihrer oft ganz isolierten Selbstkraft überaus empfindsam ist.

5] So aber jemand dieser Empfindsamkeit Nahrung gibt, der sündigt an seinem Bruder! Denn so schon jemand sieht die Schwäche des Bruders, tut aber vor ihm, als wäre dieser ein starker Geist, und der schwache Bruder ärgert sich darob, so ist solch eine Tat eine Sünde, und wäre sie noch so gerecht in den Augen eines starken Geistes. Denn der Geist kann nicht geärgert werden, aber die Seele kann Schaden nehmen durch Aergernisse. Darum sind diese aus höchst weisen Gründen zu vermeiden.

6] Liebe und Geduld sind aber endlos mehr wert als alle Weisheit und alle Gerechtigkeit! Darum haltet euch stets an die Liebe und an ihre Schwester, die Geduld, so wird euch die Sünde zur Unmöglichkeit werden.

7] Nach der Gerechtigkeit wäre es auch wohl recht gewesen, so Ich nach Meinem eigenen, durch Moses gegebenen Gesetze hätte die Ehebrecherin zu Tode steinigen lassen. Denn also lautete ja das offene Gesetz, daß da jede Ehebrecherin solle zu Tode gesteinigt werden. Aber da trat an die Stelle der harten Gerechtigkeit Meine Liebe, Geduld und Erbarmung. Und diese ließen die große Sünderin nicht nur nicht steinigen und töten, sondern schrieben ihre Schuld samt dem harten Gerechtigkeitsgesetze für alle Zeiten des irdischen Lebens in Sand und übertrugen das einstige Gericht der Liebe eines jeden zu sich und über sich, auf daß sich ein jeder selbst finde und richte nach seiner Liebe für ewig.

8] Daher weg von eurem Herzen, was nur den leisesten Schein nach einem sogenannten „Revangieren“ hat! Denn das macht euer Herz gleich anders aussehen als das Meinige; und das soll bei euch, Meinen Kindern, nicht sein.

9] Und schließlich noch ein Wörtlein über Meinen Knecht, der euch zu einem großen Segen gegeben und erwecket ward vor sieben Jahren und den Ich auf eine kurze Zeit euer- und seinetwegen von euch weggeführt habe!

10] Was ihr ihm getan habt, das habt ihr Mir getan; und was ihr ihm noch tut, das tut ihr auch Mir; und was ihr ihm noch tun wollet, von allem dem wird euch ein großer Schatz werden im Himmel, wie er euch schon in aller Fülle der Liebe und Weisheit geworden ist leibhaftig — darinnen ihr finden und haben sollet für ewig das Reich des Lebens, das da ist Meine große Gnade, die ihr habet und die Millionen vorenthalten ist.

11] In dieser Gnade aber möget ihr auch nun für ewig hinnehmen Meinen Vatersegen, der euch bleiben soll, so ihr lebet nach Meinem Worte. — Amen.

☆

Rat an ein deutsches Mädchen

Am 28. März 1847

Denen gebe Ich ja gerne allezeit zu trinken aus dem Brunnen, da lebendiges Wasser innen ist, die darnach dürsten. Auch ist der Arzt nur für Schwache und Kranke; denn die Starken und Gesunden bedürfen ja des Arztes nicht.

2] Höre du, meine liebe Pauline! Willst du ehestens deines kindlichen Herzens albernster Bürde los werden, dann mußt du recht viel Ernst anwenden. Denn siehe, die „Schwarzen“ gehen nicht so leicht heraus wie die „Weißen“. Das heißt, finstere und unordentliche Gedanken haften viel mächtiger im Herzen und verfinstern dasselbe und finden schwer den Ausweg, darum, weil sie das Herz finster machen. Die lichten Gedanken aber kommen bald und leicht wieder heraus, weil sie selbst Licht sind und alle Winkel erleuchten und leicht wieder herausfinden, besonders so es ihnen darin neben den „Schwarzen“ etwa nicht bestens gefällt.

3] Das menschliche Herz ist für die schwarzen Weltgedanken ein Himmel. Aber für die himmlischen Lichtgedanken ist es eine Hölle — besonders wenn noch die Winkel des Herzens mit allerlei weltlichen Torheiten vollgepfropft sind.

4] Willst du, Meine liebe Tochter, dein Herz rein machen, auf daß es wohlgefalle den himmlischen Geistern, darinnen für bleibend und siegend zu wohnen, so mußt du wie eine weise Gastwirtin all das dumme, faule, schlechte und unnütze Gesinde aus deinem Hause verbannen, ja es gewaltsam hinauswerfen; dann alle Gemächer deines Herzhauses wohl fegen und reinigen, auf daß den neu anlangenden Himmelsgästen die Gaststuben gefallen und sie darinnen eine wohlgefällige Wohnung finden mögen und fortan darinnen bleiben.

5] Meide daher jede Gelegenheit, dem dich zu nahen, was dein Herz verfinstert! — So dich aber der besucht, der dir sehr schädlich ist, da halte dich ferne seiner Gesellschaft, im Herzen sowohl als dem Leibe nach! Und er wird ausbleiben! Denn er kommt, so er kommt, nur hauptsächlich deinetwegen, alles andere ist Schein und leerer Vorwand.

6] Ich meine nun, Meine liebe Tochter, das wird doch geradeheraus ein echt „deutscher Rat" sein! — Befolge ihn daher auch redlich deutsch in einem deutschen Herzen, so wirst du auch bald dastehen, wie es sich gebührt für ein deutsches Mädchen!

7] Denn siehe, ein echt deutsches Mädchen ist Mir lieber als tausend römische Klosterjungfrauen!

8] Also handle, Meine liebe Tochter! — Ich aber werde dir kräftigst beistehen und dir helfen allezeit und ewig! — Amen.

☆

Zum Volljährigkeitstage

Am 28. März 1847

Also schreibe an Marie Hüttenbrenner, die Tochter des A. H.-W., die da ist die Aelteste und nach eurer Rechnung die sogenannte „Majorennität"[1] erreicht hat — welche Rechnung freilich ganz unrichtig ist. Denn ein Mädchen ist, sobald es reif und mannbar geworden ist, „majorenn" dem Leibe nach. Dem Geiste nach aber ist nur der majorenn, der da im selben die volle Wiedergeburt erlangte. Wer diese nicht erlangt, der wird wohl für ewig sehr stark „minorenn"[2] verbleiben.

---

[1] Volljährigkeit, Mündigkeit. — [2] Minderjährig, unmündig.

2] So ist auch unsere Tochter dem Leibe nach schon etliche Jahre hindurch sehr stark majorenn; aber dem Geiste nach noch ebenso stark minorenn.

3] Da wäre ihr zu diesem ihrem 25. Geburtstage ihres Leibes wohl vor allem hauptsächlich zu wünschen, daß sie sich sehr befleißen möchte, in der wahren, lebendigen Lebensschule es bald dahin zu bringen, um die Majorennität des Geistes zu erlangen. Denn diese hängt von dem freiwilligen Herzensfleiße ab und kommt nicht, wie die des Leibes, mit den natürlichen Erdjahren, sondern, wie gesagt, nur einzig und allein mit dem beharrlichsten Herzensfleiße.

4] Fleiß aber fordert vor allem einen festen Glauben an Mein Wort! Das ist das A-B-C des Lebensbuches!

5] Nach dem rechten Glauben fest und unverdrossen handeln, das ist das Buchstabieren und Syllabieren!

6] Aus dem Handeln zur Liebe zu gelangen und in ihr liebtätig zu leben, das ist das Lesen aus dem Lebensbuche.

7] Durch dieses Lesen kommt man zum Lichte des Geistes und zur Gnade Gottes! Gott aber macht den Geist frei, auf daß er eins werden kann mit dem Heiligen Geiste in der Gnade Gottes.

8] In dieser Einung kommt dann die Weisheit, in ihr die wahre Gottesliebe und mit ihr das wahre ewige Leben. Und dieses ist die wahre „Majorennität des Geistes", nach der eben unsere Tochter Marie H. mit allem Fleiße streben soll.

9] Aber es geht die Sache bei ihr etwas hart vorwärts, da sie etwas harthörig ist — im Glaubenstempel ihres Herzens noch bei weitem stärker als in ihren Leibesohren. Es hat sich ihr Gehör wohl gebessert, auch ihr Herz ist etwas gläubiger geworden, und es geht bei ihr wohl etwas vorwärts. Aber freilich beinahe so [langsam] wie das Korallenwachstum!

10] ·Darum sammle sie sich emsiglich im Herzen und wachse mit dem Tage! Dann wird sie auch bald den wahren Tag des Lebens erreicht haben.

11] Sie möchte auch wohl schon gerne Weib, Frau und Mutter sein. — Das soll sie auch werden und wird es, wenn sie klug ist! — Aber ihr Geist ist mehr wert für sie als ein Mann! Daher soll sie an den Geist des Tages öfter denken als an einen Mann — so wird ihr letzterer auch nicht entgehen. Denn was ein gläubig Herz wünscht und will, das wird ihm nimmer entgehen.

12] Ein weises und wohlverständiges Herz aber suche vor allem das Reich Gottes und dessen Gerechtigkeit in sich selbst, so wird ihm alles andere zu einer freien Zugabe werden!

13] Diese kurze, aber überaus wichtige Lebenslehre suche du, Marie H., in deinem Herzen recht fest anzufachen, so wird dein Herz darin bald alles finden, darnach es redlich Hunger hat und Durst.

14] Damit sei dir gegeben Mein Segen, Meine Erbarmung, Meine Liebe und alle Gnade aus ihr für ewig! Amen. — Das sage und wünsche Ich, dein heiliger Vater Jesus, dir, der Ich dein Herz und deinen Geist wohl kenne für ewig. Amen.

☆

Die Kraft des Glaubens

Am 2. April 1847

Im Glauben liegt die große Verheißung und die Auferstehung. Wie Ich, der Eine, auferstanden bin aus eigener Kraft und Macht, so wird jeder auferstehen durch die Kraft des Glaubens in ihm, so der Glaube Den erfaßt hat, der das Leben Selbst ist. Denn da hat der Glaube das Leben selbst und bedarf nicht, daß ihn jemand erwecke vom Tode, sondern er selbst ist der Wecker in dem, der ihn hat.

2] Und so ist es, daß da jedweder „seines Glaubens leben" wird und leben muß. Denn der Glaube ist der Leib der Liebe. Er ist die reine Seele oder die Intelligenz des Seins.

3] Die Liebe ist der ewige Geist in diesem Leibe. Und so der Glaubensleib da ist und gebaut aus Dem, der ewig das Leben selbst war, ist und sein wird — wie könnte der ohne Liebe, ohne Geist sein, der der Liebe entwachsen ist, die da ist das Leben selbst?!

4] Wer also glaubt an Den, der da kam, kommt und kommen wird von Ewigkeit als ein Leben aus Gott, Selbst Gott, das Alpha und das Omega, der Anfang und das Ende, ohne Anfang und ohne Ende — der hat das ewige Leben schon in sich.

5] Niemand aber kann leben ohne einen Glauben, weder zeitlich noch ewig. Ist der Glaube dumm, so ist es auch das Leben; ist der Glaube gerichtet, so ist es auch das Leben. Wer im Glauben gebunden ist, der ist es auch im Leben, außer der Geist macht ihn frei.

6] Darum glaubet recht und an Mich, der Ich das Leben und die Auferstehung Selbst bin, so werdet ihr auch auferstehen in euerem Glauben und werdet eueres Glaubens ewig leben! Amen.

7] Das spricht, Der die Auferstehung und das Leben Selbst ist. Amen. Amen. Amen.

☆

Hungersnot als Zuchtrute

Am 11. April 1847

Schreibe nur, Ich brauche keinen Bittkopf, Ich weiß ohnehin, was den Irländern fehlt. Diesem Volke fehlt alles. Daher diese Rute, die immerhin besser ist als der ewige Tod! Wenn dem Weisen weniges genügt, so solltest du damit auch schon genug haben; aber der Brüder wegen werde Ich schon noch etwas hinzusetzen müssen.

2] So Ich sage, diesem Volke fehlt alles, so heißt das soviel als, dieses Volk hat erstens — keinen Gott, außer blinden Götzen aus Mittel-Welschland und dem Mammon Geld. Die Götzen sind in den Bethäusern und können weder helfen, weil sie tot sind, noch nützen, weil ihr Material schlecht und wertlos ist. Der Mammon aber befindet sich in den Händen der Wucherer und in der „Repealkasse"[1], die aus lauter Herrsch- und Ranglust zusammengesetzt ist. Das wird doch eine starke Rubrik sein in der Konsignation dessen, was dem Volke fehlt!

3] Zweitens fehlen dem Volke Menschen, und das ist auch eine starke Rubrik! O'Connell war noch ihr bester Mensch und war dennoch keinen Galgenstrick wert. Was soll's hernach mit den andern Menschen unter ihnen und endlich mit ihnen selbst!? O'Connell ging weg[2], und die andern starben weg. Am besten wird es sein, so bald alle weg sein werden. Glück zu auf die Reise ohne Gott und ohne Menschen und ohne „Geld" für die andere Welt! In der Hölle gibt es der Begebnisse in übergroßer Menge. Aber nur zu in dieser Weise auf die Reise in die Ewigkeit, dort sind lauter „Repealer" zu Hause!

4] Handeln kann das Volk zwar wie es will, aber die Folgen sind unabänderlich in Meiner Hand. Werfet soviel Steine als ihr wollt in die Höhe — daß sie wieder herabfallen müssen, das ist Meine Sorge.

5] Drittens hat dieses Volk keine Gesetze; und wenn es schon welche hat, so achtet es sie nicht, die weltlichen so wenig wie die göttlichen, die es kaum noch dem Namen nach kennt. Dafür aber hat es destomehr Wucherer aller Art und stets viel Militär. Und der Segen von alledem ist — die Hungersnot!

6] Als dem Volke die Erdäpfel wohlgerieten, da wußte es kaum, was alles es daraus machen sollte: Schnaps, Syrup, Mehl, Stärke, Bier und noch eine Menge derlei Industrieartikel. Ich aber gab diese Frucht nur als ein höchst einfaches Nährmittel, das der Aermste sich leicht bereiten kann. So aber dieses „Erdbrot für Arme"

[1] Kampfkasse der irischen katholischen Unabhängigkeitspartei O'Connells. —
[2] Gest. auf der Reise nach Rom, am 15. Mai 1847 in Genua.

ein Industrieartikel für den Luxus und die Geldsäcke der ohnehin Reichen werden sollte, da nur weg mit diesem Nährmittel der Armen!

7] In diesem Lande gäbe es jetzt noch für etliche Mißjahre Geld und Getreide in großer Menge in den Händen der Wucherer, aber eben da muß ja das schnöde Eigentumsrecht[1] aufrechterhalten werden, wenn darob auch Hunderttausende ins Gras beißen müssen! — Aber schützet das Eigentum der Wucherer nur noch mehr, stellet Wachen zu ihren Kornspeichern, lasset aber dafür Hunderttausende verhungern — wahrlich, euer Lohn wird groß sein in der Hölle! Verflucht sei der Wucherer und auch das Gesetz, das ihn schützt!

8] Ich aber sage: Dem Wucherer hänget einen Stein an den Hals und werfet ihn ins Meer, da es am tiefsten ist! — So jemand einen Menschen tötet, den verurteilet ihr auch zum Tode — so aber ein solcher Geldteufel von einem Wucherer Hunderttausende tötet durch seine unersättliche Gewinnsucht, für den habt ihr kein Gesetz! O so geschieht euch, ihr dummen Briten, recht, so ihr alle Hunger sterbet samt Irland! Nur zu mit der Gerechtigkeit, es soll ja alles noch besser werden hier auf Erden!

9] Ich meine nun, daß es genug sei, auf daß ihr Irlands Hungersnot, ihre Ursache und ihren Grund einsehet.

10] Das aber sage Ich euch: Wenn es auch anderswo so wird um die Menschheit wie in Irland, dann wird ihr Los noch ärger sein denn das dieses Landes. Denn da gibt es für die Menschen keine andere Schule als die des Elendes! — Das spricht Der, der alle Völker der Erde kennt. Amen.

☆

Wahres Abendmahl

Am 25. April 1847

Frage des Anf. H.-W.: O Herr, Du guter, lieber, heiliger Vater! Sind von Dir aus nur die Priester der christlichen Konfessionen berechtigt, im Gedächtnismahle Dein Fleisch und Blut in Brot- und Weingestalt auszuspenden, oder dürfte auch ein Dich demütig liebender Laie ein Gleiches tun — und das um so mehr dann, wenn er, von Dir erleuchtet, erkennt, daß in der Kirche, in der er erzogen ward, der Abgötterei gehuldigt wird und daß die Klerisei dieser Kirche Finsternis statt Licht verbreitet und mehr darauf sieht, daß ihre Satzungen als Dein heiliges Wort vom Volke beachtet werden?

In der Schrift steht nur: „Dies tuet zu Meinem Gedächtnis!" — Wer aber das tun solle im besonderen Sinne, davon steht nichts geschrieben. Daß dies ein jeder, der wiedergeboren ist, d. h. getauft

[1] Hier ist das allzu eigennützige, das allgemeine Wohl bedrohende, wucherische Eigentumsrecht gemeint. D. Hsg.

aus dem Wasser und Heiligen Geiste in Meinem Namen, tun kann, zeigt ja die Schrift klar, die es allen und nicht einzelnen anratet.

2] Wäre es nicht also, so dürfte der Laie ja auch das „Vaterunser“ nicht beten und sonst auch nichts tun, was im Evangelium zu tun geboten ist. Denn von Mir aus haben ja nur die Apostel und Jünger die Lehre und die Gebote erhalten. Ich aber habe nie zu den Aposteln gesagt: „Das tuet ihr besonders, und die Gläubigen dürfen es unter der strengsten Todsünde nicht tun!“ — sondern allenthalben heißt es: „Das tuet!“ — Und das gilt allen gleich, ob Boten oder Schüler! Denn „Einer ist euer aller Meister und Herr, ihr alle aber seid Brüder! An der Liebe aber wird man euch erkennen, ob ihr Meine Jünger seid.“ — Also lautet es in der Schrift.

3] Wer das eine tun soll und tun muß, um das ewige Leben zu erreichen, der tue auch das andere! Denn wer das Wort, das Ich gelehrt habe, nicht völlig erfüllt, der ist wie eine Frucht, die mangels des starken Sonnenlichtes nicht zur gewünschten Vollreife gelangen konnte.

4] Wie aber jeder gute Christ taufen kann, wenn ein Mensch für die Taufe des Geistes fähig ist, also ist es aber auch eine noch größere Pflicht für jeden rechten, wahrhaft evangelischen Christen, so er es tun kann, den Brüdern und Schwestern zu Meinem Gedächtnisse ein rechtes Liebesmahl, bestehend in gutem Brote und Weine, zu reichen — wobei nur zu bemerken ist, daß daran nicht auch die „Schweine“ teilnehmen sollen, die an Mich nicht glauben und Mich nur verhöhnen und verachten.

5] Ich aber sage euch: Wahrlich, wahrlich, so oft ihr, die ihr Mich liebet, esset und euch dabei Meiner erinnert, und besonders, so oft ihr arme Brüder in Meinem Namen speiset und tränket, so oft nehmet ihr das rechte Liebesmahl in euch auf und spendet es auch würdigst aus.

6] Denn was ihr den Armen tuet, das tuet ihr Mir Selbst! — Wollt ihr etwa noch Größeres und Heiligeres tun? — Mir, dem Herrn, ist keine größere und heiligere Handlung bekannt!

7] Das ist das echte „Hoc est enim corpus meum“ [1], daß ihr wahre Werke der Liebe verrichtet! Denn ein rechtes Liebewerk in Meinem Namen ist Mein eigentlichster, wahrhaftigster „Leib“, der für viele, ja für alle, nicht nur für die Apostel oder Priester, gegeben ist zur wahren Gewinnung des ewigen Lebens.

[1] Kirchliche Abendmahlsformel, zu deutsch: „Dies ist Mein Leib!“

8] Ebenso verhält es sich mit dem Kelche, der da ist Mein „Blut", d. h. Mein Wort, das an alle Völker, wie das Blut an alle Glieder des Leibes, ausgegossen werden sollte in der ersten Reinheit und Echtheit, also als ein reiner, echter, aber nicht als ein unreiner, allergepanschtester Wein.

9] Wo sonach bei einem Liebesmahle Mein Name wahrhaft im Herzen bekannt wird, da wird auch der Kelch im Geiste und in der Wahrheit genossen. — Will noch jemand aus euch mehr?

10] Was wohl ist besser: Liebe oder Hostie oder sogenannter konsekrierter Wein? — Ich sage euch: Wo Ich nicht bin in der Liebe der Menschen und in Meinem Worte, da ist Brot und Wein eine Null! — Wo Ich aber bin in der Liebe und im Worte, da bin Ich auch als fortwährendes ewiges Abendmahl in jedes Menschen Herz, Seele und Geist — ohne alle priesterliche Konsekration! Amen. Amen. Amen.

☆

Beichte und Sündenvergebung

Am 2. Mai 1847

Schreibe nur! — Zwischen einer Beichte, bei der Sünden vergeben werden in der römischen Kirche — und einer Beichte, in der sich ein durch Mein lebendiges Wort gereinigter und mit dem Heiligen Geiste getaufter Mensch irgendeinem Priester zeiget bloß des äußeren Kultus wegen, ist ein himmelweiter Unterschied.

2] Denn im ersten Falle wird eine in der Schrift nirgends angeordnete Handlung begangen ob der vermeintlichen Sündenvergebung. Im zweiten Falle aber ist der Sünder lange schon völlig gereinigt und hat sich lediglich nur irgendeinem vernünftigen Priester zu zeigen, welches Sichzeigen eben auch in einer Art Beichte bestehen kann, in welcher der sich Zeigende dem Priester angeben kann, was, wie und wann er gesündigt und seit wann er diese Sünden durch Meine Gnade völlig abgelegt hat und sie nicht mehr beging.

3] Der vernünftige Priester wird ihm dann auch die gewöhnliche äußere Absolution erteilen, nach welcher der die Beichte also Verrichtende die kultusmäßige Kommunion empfangen kann, um den äußeren Forderungen der Kirche, in der er sich befindet, Genüge zu leisten.

4] Es versteht sich aber von selbst, daß, so da jemand an einen dummen Priester käme, der ihm die Absolution verweigern wollte, man von ihm sich zu entfernen hat, und zwar mit dem besten Gewissen. Denn wem Ich Selbst die Sünden erlasse, dem sind sie schon erlassen, und wenn sie ihm tausend Priester vorenthalten würden!

5] Der [Zurückgewiesene] soll sich auch wegen der Kommunion keinen Skrupel machen! Denn wer Mich Selbst im Geiste der Liebe, Gnade und Erbarmung im Herzen trägt, der kann wohl auf die äußere bloße Kultuskommunion leicht vollen Verzicht leisten!

6] Das beste Mittel zur Nachlassung der Sünden aber ist, die Sünden nicht mehr zu begehen, die begangenen aber wahrhaft zu bereuen, dafür den Armen aus Liebe zu Mir Almosen zu geben und all seinen Feinden von Herzen zu vergeben und für sie zu beten im Geiste und in der Wahrheit. — Denn wenn es einen gereuet, daß er gesündigt hat, da gereuet es auch Mich, daß Ich ihn darob strafen wollte. — Das Almosen aber bedecket ohnehin die größte Menge der Sünden. — Und dem, der vergibt, wird auch vergeben werden, und hätte er Sünden, wie da ist des Sandes im Meere und des Grases auf der Erde!

7] Das sind demnach die einzigen Mittel, durch die jedweder Sünder ohne alle Beichte die Sündenvergebung erhalten kann, und sonst gibt es keine!

8] Hat aber jemand auf diese Weise die rechte und allein gültige Sündenvergebung von Mir aus erhalten, so er den vorgeschriebenen evangelischen Bedingungen werktätig im Geiste und in der Wahrheit nachgekommen ist, dann kann er sich, so er will, des äußeren Kultus wegen ja einem vernünftigen Priester zeigen. — Aber als „Bedingung zur Seligkeit" habe dieser Rat keine Geltung! Sondern er ist euch lediglich darum gegeben, damit ihr durch dessen ganz unschädliche Beachtung in eueren irdischen Verhältnissen desto unbeanstandeter durchkommen möget!

9] Ihr dürfet alles tun, was der äußere Kultus verlangt, um niemandem irgendein Aergernis zu geben. Denn das sind ja die Zeichen der Wiedergeburt eures Geistes, daß auch ihr möget die Schlangen und Skorpionen dieser Zeit angreifen, und sie werden euch nicht schaden, und möget auch den vergifteten Becher trinken (d. h. die Lehre Babels anhören), und das Gift wird euch nicht verkümmern.

10] Ich meine, das wird doch deutsch genug sein!? — Darnach tut und lebet! Amen.

☆

Materielle und geistige Teuerung

Am 16. Mai 1847

Also schreibe ein Wörtlein über die gegenwärtige Teuerung der materiellen Lebensmittel!

2] Siehe, zu allen Zeiten der Welt war es also und wird es also bleiben, daß die materiellen Lebensmittel stets gleichen Schritt halten mit den geistigen. — Die Israeliten wurden oft mit Mißwachs, Teuerung, Hungersnot und Pestilenz gestraft, wenn ihr Herz und Geist von Mir abließ und sich anderen Göttern zuwandte. In den heutigentags abgöttischen Ländern herrscht fortwährend Not und Pest mehr oder weniger. Warum denn? — Ob der Abwesenheit Meines Geistes!

3] Solange im verschieden-sektisch christlichen Europa das Volk allgemein sich mehr um Mich bekümmerte und nach Meinem Geiste strebte, solange gab es Engel in die große Menge unter den Menschen. Dadurch wurden nicht nur die Menschen, sondern auch der Erdboden gesegnet, so daß er stets reichliche Ernten trug. Aber diese Ernten brachten die Völker auf lauter industrielle Gedanken — und die Gedanken an Mich sind gesunken!

4] Anstatt der echt geistigen Schriften, die man sowohl von seiten Roms als auch von seiten der niederen Staatspolitik stets mehr zu verpönen, ja förmlich als ketzerisch zu verbieten angefangen hat, hat man nun die Welt mit einer Legion sinn- und gehaltloser Journale und andere Schriften angestopft. Man hängt wieder Reliquien aus und ordnet Wallfahrten an, gründet wieder Orden und dergleichen Greuel mehr.

5] Es ist dadurch für den Geist eine große Hungersnot ob der vorangegangenen, stets größer werdenden Teuerung der geistigen Nahrungsmittel eingetreten. Die Engel haben sich von dem Erdboden wieder mehr und mehr zurückgezogen, da ihnen die stets größer werdende Finsternis der Erde durchaus nicht mehr zusagt und sie die große Hurerei der Menschen, besonders der römischen, schon gar nicht anzieht. So ist daher ja auch leicht begreiflich, daß der Erdboden in der stets größeren Ermangelung der himmlischen Arbeiter auch im selben Verhältnisse magere Ernten bei einer oder der anderen Fruchtgattung abgeben muß.

6] Im vorigen Jahre[1] habe Ich nur die Erdbirnen[2] hie und da etwas über die Hälfte geschlagen, und sehet, nahezu ganz Europa seufzt! Was wird denn aber dann sein, so Ich nebst den Erdbirnen auch das Korn, den Mais und die Gerste schlagen möchte und sehr wahrscheinlich auch schlagen werde, wenn die Menschheit in diesem

[1] 1846. — [2] Kartoffeln. D. Hsg.

ihrem Finsternis-, Hurerei-, Unzuchts- und allerlei Industrieeifer fortfährt und Meiner noch mehr vergißt?! Dann erst werdet ihr von großem Jammer und großer Not und vom tiefsten Elende lesen und hören, daß euch darob die Haare zu Berge stehen werden!

7] Ich wollte wohl die Cholera nach Europa kommen lassen. Aber es „gereute“ Mich; denn Ich entdeckte recht viele Wohltäter unter so manchem Volke. — Aber zugleich entdeckte Ich auch eine noch größere Masse Wucherer, unmittelbar der Hölle entsteigend, die in ihnen im Vollmaße ist. Diese Teufel in noch menschlichen Larven müssen Meine Strafrute fühlen nach dem Maße ihrer Frevel. Daher sollen allerlei Uebel die Erde nun nach der Ordnung beschleichen. Bis diese Brut vertilgt ist und es auf der Erde lichter wird, will Ich den Erdboden nicht segnen, außer dort örtlich nur, wo irgend Menschen leben, die Mich wahrhaft in ihren Herzen tragen und glauben, daß Ich bei ihnen bin und sie auch mit wenigen Broten bestens erhalten und ernähren kann.

8] Fürchtet daher auch ihr diese Zeit nicht! So ihr auf Mich wahrhaft vertrauet, wird euch nirgends hungern. Habt ihr wenig, so will Ich das Wenige segnen, und es wird für euch ein großer Ueberfluß vorhanden sein. — Aber so ihr, im Bewußtsein Meines Segens, euch noch sorgen und kümmern würdet und würdet fragen: „Was werden wir essen und womit werden wir uns kleiden?“ — dann würde Ich euch sorgen lassen und würde Mich etwas zurückziehen und Meinen armen und doch wieder sehr reichen Knecht und Bruder von euch nehmen. Dann versorget euch mit hundert Metzen Mehl und allerlei eßbaren Dingen — und ihr werdet dennoch hungern, als hättet ihr wochenlang nichts gegessen!

9] Denn wie überall, so ist auch hier an Meinem Segen alles gelegen! — Darum bleibet gleichfort ganz voll Vertrauen auf Mich; möge sich die Zeit gestalten, wie sie will, so werde Ich euch nimmer verlassen, und euch soll nicht hungern, weder geistig noch leiblich. Und wenn da schon der Knecht verreisete, so werde aber dennoch Ich stets gleich segnend bei euch sein so lange, als ihr euch nach diesem Wörtlein verhalten werdet.

10] Also wohlgemerkt: Nicht gesorgt, gefürchtet und gekümmert solange Ich bei euch bin; es wird euch nichts geschehen! Niedergedrückt, traurig und ängstlich dürfet ihr nicht sein; denn das wäre ein Aushängeschild des Herzens, das da besagen würde: „Siehe, der Herr ist wohl da; aber Er schläft und mag uns nicht helfen!“ —

Weg also auch mit diesem Aushängeschild! Denn wo Ich bin, muß Freude und volle, seligste Ergebung in Meinen Willen und nicht Furcht, Kleinmut und Traurigkeit herrschen! Dann herrsche auch Ich kräftigst in solchem Herzen und in solchem Hause! Amen.

11] Das sage Ich, euer aller segnender Gott, Herr und Vater. Amen.

☆

Wahre Lebenskunst

Am 17. Mai 1847

Die Tugend ist eine Fertigkeit des menschlichen Gesamtwesens, das Gute frei zu wählen und danach, ohne sich durch irgend etwas im geringsten beirren zu lassen, fest und getreu zu handeln. Hat irgendein Mensch in sich diese harmonische Fertigkeit erlangt, derzufolge er alle seine vielen Bedürfnisse und Begehrungen nunmehr völlig in eins vereint hat, wonach er dann handelt, so ist er völlig tugendhaft.

2] Wenn es aber irgendein Mensch noch nicht dahin gebracht hat und nur hie und da so in einzelnen Punkten tatfertig ist, in anderen aber wie ein laues Wasser, so ist er im Einzelnen etwas, aber im Ganzen dennoch nichts. — Denn so schon ein in allem völlig Tatfertiger zu sich sagen sollte: „Ich bin ein unnützer Knecht!", was soll dann der mit noch sehr viel Lauheit Unterspickte von sich aussagen? Ein solcher aber ist denn auch noch lange nicht tugendhaft, sondern ein armseliger Stümper in all seinem Tun und Lassen. Er ist gleich einem Gärtner, der seinen Garten mit lauter Weidenreisern besteckt, weil diese am leichtesten, fast ohne alle Mühe und weitere Gartenpflege, aufgehen; aber niemand kann von ihnen irgend genießbare Früchte sammeln.

3] Es sind darum schon alle Pflanzen zur Belehrung der Menschen also eingerichtet, daß diejenigen, die am wenigsten des menschlichen Fleißes benötigen, auch entweder gar keine oder nur sehr schlechte und für den Menschen wertlose und völlig unbrauchbare Früchte zum Vorschein bringen. — Ebenso steht es denn auch mit einem Menschen, der nach der Lehre des Evangeliums das eine wohl tut, dagegen aber wieder das andere zu tun völlig unterläßt.

4] Er ist im Pflanzenreiche des ewigen Lebens nichts als eine eitle Weide, die zwar mit den edlen Fruchtbäumen viel Aehnlichkeit hat — denn sie hat gute und feste Wurzeln in der Erde, hat einen schönen Stamm, grünt, treibt schöne, anmutige Aeste und Zweige und treibt recht viele Blätter und auch eine Blüte — aber die Frucht, die Frucht, wo ist diese?! Ein nichtiger Same, den der leiseste Hauch verweht, ist alles, was man von diesem Baume haben kann, der aber für nichts anderes taugt als schlechtweg kaum für die eigene Fortpflanzung. Das Holz selbst ist sogar für das Feuer zu schlecht und taugt noch weniger zum Häuserbau und am wenigsten zur Anfertigung nützlicher Hausgerätschaften. Man setzt daher diese Bäume auch nur an Bäche und Flüsse, damit ihrer viele mit ihren festen Wurzeln, die das Beste an ihnen sind, die Ufer vor der Zerstörung durch große Gewässer schützen müssen. Dieser Dienst wird aber von ihnen auch oft noch schlecht genug versehen.

5] Also ist, wie schon gesagt, ein Mensch, der das eine wohl recht genau tut, das andere aber unterläßt, nichts als eine eitle Weide, die zufolge ihrer nieder stehenden Aeste höchstens irgendeinem Judas Ischariot zum Selbstmorde behilflich sein kann, aber sonst nur zu sehr wenig taugt.

6] Wer demnach recht tugendhaft sein will, der darf nichts unbeachtet lassen, was das Evangelium zu beachten vorschreibt. Er sei in allem nicht ein eitler Hörer und Halbtäter des Wortes, wohl aber ein eifriger Volltäter desselben. Dann wird er gleich sein einem Gärtner, der mit allem Fleiße, keine Mühe und Arbeit scheuend, in seinem Garten lauter gute und edle Fruchtbäume zieht, die ihm seine Arbeit hundertfältig ersetzen werden. Und er wird nicht gleichen jenem dummen Pflanzer, der in seinem Garten, um Mühe und Arbeit zu ersparen, Weidenreiser steckte, deren Frucht dann die Winde verzehren.

7] Auch wird er nicht gleich sein dem Weidenbaume selbst, dessen Nützlichkeit oben beschrieben wurde, sondern er wird gleich sein einer edlen Rebe, die, von ihrem kräftigen Weinstocke getrieben, die herrlichsten und wohlschmeckendsten Trauben voll des geistigsten Saftes bringen wird, aus denen für Mich, den Herrn und Vater des Weinberges, für alle Ewigkeiten der köstlichste Wein ausgekeltert wird; die Liebe für die Liebe, das Herz für das Herz, das Leben für das Leben, der Geist für den Geist!

8] „Tugend" — ein großes Wort! — Wohl dem, der sie besitzt! Er ist ein wahrer Künstler des Lebens im Leben geworden.

9] Welche Mühe gibt sich mancher Mensch, um in irgend etwas auf der Erde ein Künstler zu werden! Jahrelang übt er sich mit allem Fleiße täglich stundenlang, um nur sein vorgestecktes Künstlerziel zu erreichen! Kann aber ein Mensch eines irdischen Vorteiles wegen sich so großen Selbstverleugnungen unterziehen und alle seine Kräfte einem harmonischen Tatpunkte zuwenden, warum denn nicht ebenso leicht und noch viel leichter der viel höher, ja endlos höher stehenden Künstlerschaft im allerhöchsten Fache des ewigen Lebens?!

10] Dazu bedarf es keiner Glieder- und Kehlenverrenkungen, keiner Augenmarter, keiner Bauch- und Lungenanstrengung, sondern nur einer sehr geringen Gedächtnisanstrengung. Alles aber kommt da an auf den Glauben dessen, was das Wort lehrt, und dann auf den rechten Liebewillen aus und nach dem Worte. Durch eine leichte Uebung kann es jeder darin bald zu der hervorragendsten Fertigkeit bringen; denn Mein Joch ist ja sanft und Meine Bürde leicht.

11] Die Regeln der Lebensschule sind überleicht begreiflich und ebenso leicht ausführbar. — Warum werden sie denn so wenig beachtet? — Weil sie die Eigenliebe scheinbar ausschließen, während doch jeder mit verbundenen Augen einsehen sollte, daß da ein jeglicher dem Reiche Gottes ernstlich Nachstrebender — wenn er die Werke der Liebe übt und seinen Bruder leiblich unterstützt — an jedem Bruder nur einen edelsten Fruchtbaum im Garten seines eigenen Lebens pflegt, der ihm für alle Ewigkeiten die reichsten Früchte tragen wird; denn dieser wird sicher zu keinem Weidenbaume werden, da er als solcher nie gepflanzt worden ist, indem in dem Garten des Wortes Gottes derlei Gewächse nimmer vorkommen können — sowenig wie Distelknospen auf einer edlen Weinrebe.

12] Gebet also alle nichtigen, kleinen Perlen her, so ihr die eine große, unschätzbare finden und kaufen könnet! Werdet rechte Gärtner und wachset nicht auf wie Weidenbäume, sondern wie edle Reben am Weinstocke, so werdet ihr Künstler des Lebens werden nach der gegebenen Schule des Lebens. Und Ich, euer Herr, Gott und Vater, werde Mich dann ewig ergötzen an den mannigfaltigsten, herrlichsten Produktionen des Lebens Meiner geliebten Kinder und Kinderchen!

Kaiser und Gott

Am 23. Mai 1847

„Gebt dem Kaiser, was des Kaisers ist, und Gott, was Gottes ist."
(Matth. 22, 21)

Es gibt jetzt gar viele in der Welt, die da keine Grenzen finden können, was Gottes ist und was des Kaisers. Ja manche sind sogar in jeder Hinsicht Republizisten, d. i. gegen Gott und gegen den Kaiser. — Von solchen sei hier die Rede mitnichten. Denn wer da über sich nichts Höheres anerkennen will und sich selbst genügt, der hat in sich schon jene höchste Wahnstufe erreicht, auf der er wohl schwerlich je wird eines höheren und reellen Aufschwunges fähig werden.

2] Selbstsucht, Selbstliebe, eigenmächtiger Dünkel von Eigengröße und Eigenfülle an Weisheit — also echter Stoizismus in der allertrockensten Bedeutung des Wortes und Sinnes, sind eine wahre Blausäure für den Geist. Welcher Geist damit vergiftet ist, der wird wohl schwerlich je unterscheiden können, was für ein Unterschied da ist zwischen den Pflichten eines rechten Menschen gegen Gott und gegen den Kaiser!

3] Darum sei das hier Gesagte auch nur an jene gerichtet, die da suchen, aber dennoch das Rechte nicht finden können, weil sie noch so manches weltliche Irrlicht in ihrem Herzen daran hindert.

4] Um aber solche Irrfunken im Herzen auszulöschen, so sei hier der Pflichtenunterschied in aller Kürze gezeigt, der da zwischen Gott und Kaiser obwaltet, und was der Mensch dem Einen und was dem Andern zu geben schuldig ist. — Und so höret denn und merket wohl auf, was der Herr darüber spricht!

5] Der Mensch besteht aus Geist, Seele und zeitweilig aus einem materiellen Leibe. — Die Seele ist der eigentliche Mensch zwischen Geist und Leib und muß mit ihrem Verstande und ihrer Vernunft sorgen gleich wie für den ewigen Geist, also auch für den zeitweiligen Leib.

6] Was aber braucht der Geist, und was der Leib? — Das ist nun jedem von euch sicher mehr als über die Maßen bekanntgegeben worden, und es wäre gleich einem leeren Strohdreschen, wenn hier all das viele darüber Gegebene sollte förmlich aller Länge und Breite nach wiedergekäuet werden. Daher nur das Nötigste in aller Kürze!

7] Gebet also dem Geiste, was rein des Geistes ist, und dem Leibe, was des Leibes ist — aber also nach der Ordnung, daß darob dem Geiste kein Nachteil werde! — Also dem Geiste das Seinige und dem Leibe das Seinige!

8] Wer sieht hier nicht auf den ersten Blick, daß alles, was vom Geiste kommt, als das Wort Gottes, der Glaube, die Liebe und das feste Vertrauen auf Mich, den Herrn, rein Geistiges ist und dem Geiste angehört.

9] Aber irdische Speise und Trank, Kleidung, Wohnung und Künste und Gewerbe, insoweit sie zum Ernährungserwerb brauchlich, sind Angehör des Leibes und daher auch dem Leibe zu verabreichen auf die Art, wie er dieselben anzunehmen fähig ist im gerechten Maße und Ziele — die Speise und der Trank in seiner Art, die Kleidung in ihrer zweckdienlichen Art, die Wohnung desgleichen und die nötige Fertigkeit und Geschicklichkeit zur natürlichen Ausübung von Künsten und Gewerben eben auch in rechter Art.

10] Sehet, da ist Gott und der Kaiser nebeneinander gestellt, und jeder von euch kann daraus überleicht ersehen, was er als reiner Seelenmensch dem einen und was dem andern zu geben schuldig ist.

11] Wie sich aber die beiderlei Pflichten bei und in einem und demselben Menschen verhalten, ebenso verhalten sie sich auch im weitern Sinne zwischen Mir, Gott dem Herrn, und einem weltlichen Oberhaupte, das lediglich von Mir aus irdisch bemächtigt ist und keine andere Macht hat, als die ihm von Mir, dem Herrn aller ewigen und unendlichen Macht und Kraft, verliehen ist, so oder so, süß oder bitter, nach dem Bedürfnisse der Menschen, die da sind entweder gut oder böse.

12] Solch ein weltliches Oberhaupt ist und bleibt stets eine Zuchtrute in Meiner Hand. Und jeder Mensch ist daher ihm das zu geben schuldig, was er ordentlicherweise seinem eigenen Leibe schuldet.

13] Aber was er seinem Geiste schuldet, das gehet das Staatsoberhaupt nichts an. Und wenn dieses darin über seine Grenze Forderungen an die Menschen stellt, so wird es darin auch sein unvermeidliches Gericht finden.

14] So aber irgendein Monarch durch leiblichen Zwang auch den Geist der Menschen in Fesseln ziehen und ihm aus der Materie vorschreiben will, welche Gebühr er Mir, dem Herrn, zu entrichten schuldig sei, so entrichte der Aufgeforderte um des Kaisers willen auch solche, damit er ihn nicht ärgere. Aber im Herzen kehre er sich nicht daran, sondern gebe Mir im Geist und in der Wahrheit, was Mein ist, so werde Ich dann schon ein sicheres Mittel treffen, den Kaiser also zu richten, wie er es ob seiner mißbrauchten Gewalt an der Menschheit verdient hat.

15] Niemand aus den einer kaiserlichen Gewalt Untergebenen aber soll sich unterfangen, in irgend etwas den Kaiser richten zu wollen, ob er gut oder böse handelt! Denn solches habe Ich Mir ganz allein vorbehalten.

16] Alles aber, was jemand für den Kaiser tun kann aus gutem Herzen, das tue er und bete häufig für den auf eine hohe und harte Probe gestellten Bruder, so wird er im Vollmaße dem Kaiser geben, was er demselben schuldig ist, und in solcher allgemeinen Nächstenliebe auch sicher Gott, was Gottes ist.

17] Was darunter oder was darüber — ist Sünde. — Wer da aus speichelleckerischen, eigennützigen Absichten unter dem patriotischen

Deckmantel den Kaiser förmlich anbetet und mit ihm eine wahre Abgötterei treibt, der sündiget, indem er dem Kaiser gibt, was allein nur Gott dem Herrn gebührt. — Wer aber dem Kaiser die geziemende Ehrfurcht versagt, ihm ungetreu dient und andere Pflichten, die der Kaiser von ihm fordert, durch allerlei Schleichwege vorenthält, der sündigt ebenfalls und gleicht einem Menschen, der gegen seinen Leib fortwährend mit ganz ernsten selbstmörderischen Ideen umgehet — wie der erstere, der dem Kaiser zuviel gibt, gleich ist einem, der an und in seinem Leibe einzig und allein den Gegenstand findet, dem er alles zuwenden muß. Da ist dann einer ein so großer Sünder wie der andere und jeglicher in seiner Art gleich.

18] Aus dieser sehr klaren Mitteilung wird sicher jeder von euch einsehen, was er so ganz eigentlich Gott und was er dem Kaiser schuldig sei — und was für ein leicht begreiflicher Unterschied da ist zwischen diesen beiden Hauptpflichten eines jeden Menschen, welche sich am Ende dennoch in den zwei Hauptgeboten der Liebe ganz vollkommen wiederfinden.

19] Da ihr aber solches verstehet, so tuet auch darnach im Geiste des Evangeliums, der hier gezeigt ist, körperlich, so werdet ihr wahrhaft selig leben zeitlich und ewig. — Amen.

☆

Zum Namenstag

Am 28. Mai 1847

Aus einem Brief an Wilhelmine Hüttenbrenner:

Ich wandte mich für Sie an den Herrn, um für Sie von Ihm ein heiliges Wörtlein zu bekommen. Allein diesmal war Er, wenigstens für diesen Augenblick oder gerade für diesen Tag, durchaus nicht dazu zu bewegen. — Nur zu mir sagte Er nach einer Weile:

2] „Was willst denn du, alberner Dummkopf, Mich stets zu einem Namenstagsgratulanten gebrauchen? — Warum soll denn gerade allezeit der Namenstag dazu bestimmt sein, dir für deine Mädchen gratulative Nebenwörtchen zu geben? — Ich will von den Geburtstagen des Leibes nichts sagen, aber was gehen Mich eure dummen Namenstage an?! Ich habe es dir schon einmal gesagt, daß Ich die irdischen Namenstage nicht leiden kann, und dennoch kommst du Mir schon wieder mit so etwas!

3] Was ist ein Namenstag? — Siehe, das ist der erste Eitelkeitstag — für die Eltern zuerst, da sie gar nicht wissen, auf was für einen allerschönsten Namen sie ihr Kind taufen lassen sollen; und dann für das Kind auch, wenn es einmal so viel Auffassungskraft besitzt, die Schönheit seines Namens einzusehen.

4] Komme Mir daher nur nicht bald wieder mit so einem ersten Eitelkeitstage, sonst werde Ich dir gratulieren, und das nicht auf die sanfteste Art! — Das merke du dir vorderhand, auf daß du dich künftig zu benehmen weißt, wenn wieder irgendwo ein Namenstag im Anzuge sein sollte.

5] Ich habe dir sonst wohl auch an solchen Tagen deiner gutmütigen Dummheit wegen Wörtlein gegeben; aber da waren die »zehn Buchstaben« des Hauptwerkes[1] noch nicht enthüllt. Nun sie aber enthüllt sind, da verlange Ich von dir wie von jedem, für den sie enthüllt sind, eine genaue Ueberlegung dessen, um was du zu Mir kommst.

6] Ich will aber darum nicht härter sein, sondern nur genauer. Und so werde Ich wohl bei einer anderen Gelegenheit dem Töchterchen des A. H.-W. auch etwas geben, was ihm wohl zustatten kommen wird. Aber jetzt zum Namenstage gebe Ich durchaus nichts, außer Meine alltägliche, gewisse Lebensgnade.

7] Nebstdem aber verlange Ich in der Zukunft auch von jedem, der von Mir einen besonderen Rat oder Trost haben will, daß er sich zuvor vollernstlich in seinem Herzen an Mich wende und nicht an dich, da es dann zur Hälfte herauskäme, als so du ein willkürlicher Ausspender Meiner Gnaden wärest und brauchtest zu Mir nur zu sagen: »Herr, tue dies und tue das!« — und Ich müßte dann etwa gar tanzen nach deiner Pfeife?!

8] O das tue Ich nicht mehr, sondern von nun an mußt du dich von Mir ziehen lassen, so du selbst weiterkommen willst. — Wenn aber du oder jemand anderes etwas aus dem Worte näher enthüllt haben will, da bin Ich noch stets der gleiche, allezeit bereitwillige Geber. — Aber nur keine Namenstagsgratulation mehr!

9] Also für deine Klientin nächstens etwas, wenn sie Mich Selbst darum recht liebeernstlich zuvor angehen wird und Ich dich dann Selbst dazu auffordern und antreiben werde — aber sonst nicht! — Das merke dir nun ein für allemal! Amen. — Verstehe das wohl! Amen."

☆

10] Sehen Sie, aus welchem Grunde ich für diesmal nichts als bloß nur für mich einen recht derben Putzer von dem lieben, besten Herrn bekommen konnte! — Nehmen Sie sich aber das auch recht ernstlich zu Herzen, wenn Sie vom Herrn etwas haben möchten!

---

[1] Siehe „Die Haushaltung Gottes", Bd. 1, Kap. 3, 12 und Nachtrag S. 434 ff.

11] Bitten Sie Ihn zuvor ja recht herzernstlich, so wird Er Ihnen sicher etwas geben. — Für diesmal aber müssen Sie sich schon mit meinem guten Willen fürs Werk begnügen, so wie ich mit meinem Kardinalputzer.

12] Befolgen Sie sonach meinen Rat, so Sie vom höchsten Geiste Gottes etwas haben wollen! Mich aber betrachten Sie als ein stummes Werkzeug, das allezeit bereit ist, im Namen des Herrn jedermann zu dienen. Solches sagt zu Ihnen, Ihres Namenstages wohl im Herzen eingedenk, Ihr Freund und Bruder im Herrn

Jakob Lorber.

☆

Hast Du mich lieb? Bist Du mir gut?

Zwei Fragen eines Mädchens

Am 30. Mai 1847

1] Erste Frage: O Herr, Du lieber, heiliger Vater, hast Du mich wohl lieb?!

2] Antwort: Allerdings vieltausendmal lieber als du Mich, mein Töchterchen! Denn Ich, dein Gott und Vater, sorge in jedem Augenblicke für dein ganzes Leben. Du aber denkst nicht so fleißig an Mich, sondern nur dann und wann, so du dir dazu Zeit nehmen willst. Täte Ich mit dir, wie du mit Mir, dann wäre es, Mein Töchterchen, um dein Leben wohl schon lange geschehen! — Aus dem aber kannst du schon sehen, daß Ich dich vieltausendmal lieber habe, als du Mich, Mein Töchterchen! — Ich meine aber, du wirst Mich von nun an stets lieber haben!?

3] Zweite Frage: Bist Du, liebster, heiligster Vater, nicht grämlich auf mich, weil ich fast alle Sonntage zu meiner Tante gehe und mich dort ein wenig unterhalte?

4] Antwort: Ja, Mein liebes Töchterchen, das ist Mir wohl freilich nicht sehr angenehm, weil du dadurch stets mehr Sinn für die Welt in dich aufnimmst, durch den du mit der Zeit Mich stets mehr und mehr vergessen könntest, was Mich dann wohl sehr schmerzen würde, so du Mir endlich völlig untreu werden möchtest.

5] Daher wäre es Mir wohl lieber, wenn du gerade nicht an jedem Sonntage dich zur Tante abholen ließest, sondern nur dann und wann, wenn du schon die Tante besuchen mußt, von der du außer einem kleinen Imbiß und einigen sehr wohlfeilen, nichtssagenden Spielereien eben nicht viel Besseres bekommst. — Wenn du aber in deinem Herzchen so manchmal, statt allezeit zur Tante, zu Mir kämest, da könnte Ich dir mit etwas viel Besserem aufwarten als deine Tante, die sehr eitel ist.

6] Siehe also, du Mein liebes Töchterchen, mit deinem regelmäßigen Zur-Tante-Gehen bin Ich schon nicht so recht einverstanden, verbiete es dir aber auch nicht im geringsten, dahin zu gehen. — Du kannst tun, wie es dir Freude macht. Denn siehe: Mich erfreut ja eine erzwungene Liebe nicht, sondern nur eine freie.

7] Wenn du Mich manchmal frei deiner Tante vorziehen wirst, dann wird es Mich freuen. Aber so Ich dich dazu zwingen möchte oder müßte, da würde Mich deines Herzens Opfer nicht freuen! Gerade wie es dich auch nicht freuen möchte, so dich jemand nur dann lieb hätte, so du ihn dazu zwingen müßtest — gerade also ist es auch bei Mir!

8] Die sind Mir stets die Liebsten, die von selbst zu Mir kommen, Mich allezeit im Herzen aufsuchen und Mich dann von ganzem Herzen über alles lieb haben. — Sie habe aber dann auch Ich über alles lieb und eröffne ihnen alle Schätze Meiner Himmel!

9] Tue du, Mein liebes Töchterchen, denn auch also, so wirst du bald in Meiner großen Liebe groß werden und wirst sehen, wie übergut und überreich Ich, als dein wahrer Vater, bin und was alles Ich denen geben kann, die Mich über alles lieben!

10] Das beherzige du, Mein liebes Töchterchen, nur recht von ganzem Herzen, dann wirst du bald ganz in Mein Vaterherz kommen! — Das sage und verheiße Ich, dein lieber Vater, dir! Amen.

☆

Vor Gott ein Greuel

Am 30. Mai 1847

„Da sagte Er zu ihnen: »Ihr seid Leute, die sich selbst vor den Menschen als gerecht hinstellen. Gott aber kennt eure Herzen! Denn was von den Menschen als groß angesehen wird, ist ein Greuel vor Gott!«“ (Luk. 16, 15).

An diesem Texte haben sich wohl schon sehr viele Große und Kleine auf das gewaltigste gestoßen. Denn natürlich gilt dieser Ausspruch den Menschen und nicht den Dingen und Tieren. Und so sind es da auch besonders die Menschen von weltlich hohem Range, denen dieser Text widriger klingt als die allerverstimmteste Musik!

2] Aber dessenungeachtet kann dieser Ausspruch dennoch ewig nimmer zurückgenommen und als ungültig erklärt werden. Dieser Text ist ein Eckstein, den die gewöhnlichen Bauleute tatsächlich verwerfen und über den sie oft ganz gewaltig herfallen und sich dabei scheußlich zerschlagen — oder, was noch ärger ist, der Eckstein fällt über sie; da erst werden sie ganz zermalmt!

3] In gar vielen Ländern, wie in Frankreich, Spanien, den Niederlanden und in noch manch andern, ist dieser Eckstein schon öfters den sich groß dünkenden Bauleuten — natürlich und geistig — auf den Kopf gefallen und hat sie samt ihrer Wahngröße ganz entsetzlich zermalmet. — Diabolus autem non in pace suam habet requiem![1] Daher werden diese dennoch nimmer durch solche Erfahrung klug, sondern sind gleich dummen Sperlingen, die sich bald wieder auf denselben Ast setzen, von dem sie eine Minute früher ein Jäger durch einen scharfen Schuß bis über die Hälfte herabsubtrahierte.

4] Ja, gar viel mehr würde Ich bei den Großen gelten, so Ich diesen Ausspruch nicht getan hätte. Da Ich ihn aber eben dennoch gemacht habe, wohlwissend, daß er den Weltgroßen nicht munden werde, so bin Ich für Mich Selbst bei ihnen nicht am besten angeschrieben. Sie behandeln Mich daher auch nur als eine moralisch-politische Person, der sie des gemeinen Volkes und „Pöbels" wegen die Göttlichkeit belassen, ja der sie goldene sogenannte Gottesdienstfeste halten und, eben wegen des Volkes und „Pöbels", oft selbst um Geld diesen Dienst verrichten. Aber ihr Herz ist (meist) so ferne von Mir, als da entfernt sind die äußersten Polarsterne der Weltschöpfung.

5] Daher sage Ich allezeit zu ihnen: Wehe euch, ihr hochmütigen Pharisäer, die ihr Mücken säuget, dafür aber Kamele verschlinget — euch wird dieser Eckstein dreifach schwer treffen! — Wehe euch, ihr argwöhnischen Großen, die ihr euch für groß und mächtig dünket und drücket durch eure Greuellast den Geist und das Fleisch der Kleinen und Armen! Euch wird der Eckstein zehnfach schwer treffen und wird euch zermalmen wie der Mühlstein das Korn und zerschmeißen wie der Sturm eine leichte, wertlose Spreu!

6] Warte nur, du reicher und durch dein Geld mächtiger Prasser in den Gelüsten der Welt, der du deinen Knecht und deine Magd schlägst und tötest, so sie dir gestehen, daß auch sie Menschen sind! Dein

[1] Der Teufel hat auch im Frieden keine Ruhe! — D. Hsg.

Gericht wird wie ein glühendes Erz über dich ausgegossen werden. Und es wird sich zeigen, ob du Mir auf tausend eins wirst antworten können!

7] Die aber auf der Welt des Volkes wegen groß sein müssen, als Kaiser, Könige, Herzoge und Fürsten — diese geht unser Text nicht an, so sie ihn nicht verachten. Verachten sie ihn aber, dann geht er auch sie an, obschon sie Meine gesalbten Machtträger auf Erden sind!

8] Alle aber, die sich groß dünken und nicht gesalbt sind — weder irdisch und noch viel weniger geistig — als da sind Reiche an Geld und Gütern und Reiche an allerlei weltlichen Wissenschaften und sonstigen Geld und Auszeichnungen tragenden Geschicklichkeiten, als etwa allerlei Doktoren, Meister (Professoren), Gaukler, Schauspieler, Dichter, Maler, Tonkünstler und noch eine Menge derlei, so sie Brotneider und Ehrabschneider an allen ihres Gelichters sind — diese alle sind, je größer und geachteter sie sich dünken und je mehr sie ihresgleichen in den Staub herabzudrücken sich bemühen, desto mehr Greuel vor Mir, dem Herrn!

9] Jede Vollkommenheit kommt von Mir und ist als eine Gabe Meines Geistes zu betrachten. Wer sie demütig und zum Nutzen seiner Brüder (Mitmenschen) verwendet und nicht damit gieret nach Geld und Ehre der Welt, dem soll sie ein rechter Segen sein zeitlich und ewig! Wer aber damit das Gegenteil tut, der ist wie ein Sünder gegen den Heiligen Geist und somit buchstäblich ein Greuel vor Mir, der Ich ihm solche Gabe verliehen habe.

10] Herrscher und Amtleute sollen sich bemühen, Männer nach Meinem Herzen zu sein, im Geiste und in der Wahrheit! — Reiche sollen für die Armen pure Sachwalter sein! — Doktoren (Gelehrte) sollen Meine Gnade fassen! — Künstler sollen aus ihrer Kunst Mich erkennen! — Und alle sonstigen irdischen Meister sollen bloß Mich als den alleinigen Meister in allen Dingen anerkennen, dann das, was sie sind, in Meiner Ordnung sein — alsdann wird aller Greuel vor Meinen Augen verschwinden für ewig! Amen. Amen. Amen.

☆

Die Macht im Schwachen

eine kleine Gleichnisgeschichte

Am 31. Mai 1847

Es war dereinst eine Witwe, der drei Männer im Verlaufe von kurzen Zeitfristen gestorben waren. Als sie zum dritten Male Witwe ward, da überlegte sie bei sich tief trauernden Herzens, was sie tun solle: ob sie noch einen Mann nehmen solle, so man zum vierten Male um sie werben sollte?

2] Sieben Tage lang überlegte sie diese Sache. Am achten Tage aber siegte ihr Herz über ihre Gedanken, und sie sprach zu sich: „Ich habe nun die Ueberzeugung in mir gefunden, daß, so ich mir den vierten Mann nehme, auch dieser sterben würde in der Bälde, denn ich bin zu sehr mit weiblichen Reizen ausgestattet und diese bringen jedem Manne den Tod. Daher will ich nun Witwe verbleiben bis an mein Lebensende, und kein Mann soll mehr den Tod in meinen Reizen finden! Also beschlossen und also getan muß es sein! Denn ich sehe, daß ich für die Männer nicht geschaffen bin."

3] Am neunten Tage nach solchem festen Beschlusse aber kam ein Freier und warb um ihre Hand. Und die Witwe gedachte ihres Beschlusses und sprach zu dem Werber: „Freund, was willst du von mir? Soll ich auch dir den Tod geben? — Hast du denn nicht gehört, wie bald die drei, denen ich Weib war, gestorben sind, da sie meinen Reizen nicht widerstehen konnten — und alle waren Männer von großer Stärke?! Du aber bist ein Schwächling und willst mich zum Weibe! Wirst du nicht schon in den ersten Tagen unter Meinen Reizen als ein Opfer deiner Schwäche fallen?!"

4] Aber der schwache Bewerber um die Hand der Witwe sprach mit gemessenen Worten: „Schönstes Weib! Wohl weiß ich das Schicksal der drei Männer, denen du ein Weib warst und von denen du eine dreifache Witwe bist. Aber siehe, nicht von der Art dieser deiner drei früheren Männer bin ich. Mir werden deine Reize nichts anhaben, denn ich kenne mich ebensogut, wie du dich selbst kennst! Was deinen früheren Männern zum Tode gereichte, das wird mir zum Leben gereichen! Und du sollst nicht verantwortlich sein, so ich auch stürbe an deiner Seite. Wohl aber sage ich dir: Siehe, ich werde deinen Leichnam eher ins Grab legen, als du den meinigen! Versuche es nur, und du wirst dich überzeugen, daß ich, als der »Schwache«, am Ende dennoch stärker sein werde als du und deine drei ersten, aber nun im Grabe modernden Männer, die an deinen Reizen den Tod fanden."

5] Als die Witwe solches von dem schwachen Manne vernommen, wurde sie erbost in ihrem Herzen und sprach zum schwachen Bewerber: „Wohl denn, weil auch du ein Feind deines Lebens bist, so nimm hier meine Hand — und stirb! Ich bin nun dein Weib, dein Tod!"

6] Und der Mann nahm der Witwe Hand, drückte sie an sein Herz und sprach: „Ich habe gesiegt! — Wohl ist Tod in dir, dein Blut ist Gift und Pest dein Hauch und dein Fleisch wie das der Nattern. Aber doch sollst du mir nicht den Tod geben!"

7] Als die Ehe ein Jahr gedauert hatte, ward das Weib zum ersten Male gesegnet und verwunderte sich darob, daß der Schwache solches vermochte, was die drei früheren nicht vermocht hatten, da sie allezeit eben daran starben.

8] So kam auch das zweite Jahr, und wieder war das Weib gesegnet; und das dritte und das vierte Jahr, und jedes war neu gesegnet. — Und das Weib staunte über ihres Mannes Kraft und Vermögen und ward schwach, krank und starb.

9] Als sie aber dann zum Grabe gebracht wurde, da ließ es der Mann nicht zu, daß sie begraben würde, sondern ließ den Sarg öffnen und legte seine Hand auf das Herz des Weibes. — Und siehe, da fing es an, sich zu regen. Und sie richtete sich auf und ward wieder völlig lebend.

10] Und der Mann sprach zum wiederbelebten Weibe: „Siehst du nun, wieviel Kraft in dem »schwachen« Manne ist! Nicht nur stirbt er nicht und wird ewig nimmer sterben, sondern er kann auch die beleben, die schon gestorben an seiner Hand und seinem Herzen!"

11] Da sprang das Weib aus dem Sarge und hüpfte und sprang vor Freude um ihren wunderkräftigen Mann und sprach: „Wer bist du, der du solches vermagst wie keiner vor dir?"

12] Und der Mann sprach: „Ich bin das Alpha und Omega, den du, Welt, lange verkanntest! — Aber eben Der, den du am Ende für nichts hieltest, ist es, der dir das wiedergab, was du vermißtest an denen, die zuvor deine Hand und dein Herz hatten und denen du zum Tode warst! — Da du aber nun erwecket bist und wieder lebst und nimmer sterben wirst und hast aus Mir gezeugte lebendige Frucht zutage gefördert, so sollen auch die wieder leben, die an dir gestorben sind! — Es werde!"

13] Diese kleine Geschichte soll erst nach einiger Zeit näher enthüllt werden. Amen.

☆

Von der Weisheit und Güte Gottes

eine Gleichnisgeschichte

Am 1. Juni 1847

Es war ein Hausherr, der hatte einen großen Garten, darin viele und verschiedene Obstbäume standen. Unter diesen waren einige, die ein frühreifes Obst trugen, andere wieder trugen ein etwas später reifendes und wieder andere trugen ein noch späteres. Und endlich waren auch Bäume da, die ihre Frucht nur sehr spät zur mäßigen Reife brachten, und diese mußte darum den halben Winter abliegen, bis sie genießbar war.

2] Dieser Hausherr hatte aber auch viele Diener und mehrere Kinder. Die Kinder und die Diener aber hielt er gleich und sandte sie fleißig in den großen Garten, zu warten die Bäume und zu sehen, wie die Früchte stehen und ob sich hie und da etwas Reifes zeige?

3] Die Kinder und Diener erfüllten genau des Hausvaters Willen. Und als sie auf den Frühbäumen etliches reife Obst entdeckten, da rannten sie eilends und voll Freude zum Hausvater und zeigten ihm solches an.

4] Da ging der Hausvater hinaus und besah die etlichen, schon sehr früh reif gewordenen Früchte der Frühbäume und gebot den Dienern, sie herabzunehmen und sie den Kindern, die sich schon sehr darauf freuten, zu geben.

5] Und die Diener taten nach dem Worte des Hausvaters. — Als aber die Kinder dieses Erstlingsobst der Frühbäume verkosteten, da machten sie ganz saure und wässerige Gesichter und sprachen zum Vater: „Wahrlich, mit dieser Frucht ist unsere Mühe nicht belohnt! Das Obst sieht wohl recht herrlich und schön aus, aber hier trügt der Schein."

6] Und der Hausvater sprach: „So lasset dieses Obst und wartet noch einige Tage, bis die Glut der Sonne es mehr würzen wird! Dann wird es schon wohlschmeckender sein. Denn wir wissen es ja schon seit lange her, daß allenthalben die Erstlinge nicht viel heißen[1]."

7] Und Diener und Kinder gaben sich mit diesem Bescheide zufrieden und verließen mit dem Hausvater den Garten. — Nach einigen Tagen aber kehrten sie wieder in den Garten zurück und fanden schon eine Menge wohlreifes Frühobst und gingen und zeigten solches dem Hausvater an. — Und dieser ging sogleich mit ihnen hinaus in den Garten, besah das Obst und sprach zu den Dienern: „Nun gehet und holet allerlei Körbe ob der verschiedenen Gattungen, daß sie nicht vermengt werden! Und löset alles Vollreife herab, auf daß wir dann eine rechte Mahlzeit halten!"

---

[1] nütze sind.

8] Und die Diener taten, wie es ihnen der Hausvater geboten hatte. — Als das Obst nun gelöset und im Hause auf den großen Tisch gesetzt war, da segnete es der Hausvater. Und Kinder und Diener setzten sich an denselben Tisch und nahmen die Früchte und aßen dieselben mit großer Lust — und wurden gesättigt.

9] Als sie aber satt waren, dankten sie dem Vater und sprachen: „Vater! Nun hat das Obst wohl einen viel besseren Geschmack. Aber siehe, nun ist auf einmal so viel da, daß sich ob der Menge und dadurch bewirkten Uebersättigung der gute Wohlgeschmack am Ende verliert! Wäre es denn nicht besser, so die Erstlinge so wohlschmeckend wären, wie nun dieses vollreife Obst? Welche Erquickung würden sie gewähren!"

10] Der Hausvater aber sprach: „Ihr habt recht! Aber wisset, was da zu tun ist? — Sehet, fürs erste: eine rechte Mäßigkeit! Und fürs zweite: eine rechte Geduld! Früchte nie früher von den Bäumen nehmen, als so sie vollreif sind, und dann nur so viel, als es ein einmaliges Bedürfnis erheischt! — Darum wollen wir bei der zweiten Fruchtgattung diese Regel beachten, und es wird euch dann alles sehr wohl schmecken."

11] Und siehe, es kam die Reife der zweiten Obstgattung, und es wurde des Hausvaters Regel beachtet. Und alles Obst schmeckte den Kindern und Dienern wohl! — Der gleiche Fall war es mit der dritten Gattung.

12] Als aber die späteste Gattung zur Reife gelangte, da sprachen die Kinder und Diener zum Hausvater: „Siehe, die Tage werden kalt, und die letzte Frucht hängt wohl sehr reichlich an den Bäumen, sieht gut aus, aber so man sie verkostet, da zieht ihre Säure den Mund zusammen, so daß man alle Lust verliert, sich an ein zweites Obststück zu machen. Was aber sollen wir da tun?"

13] Und der Hausherr sprach: „Also ist der Zeitenlauf vollendet! — Ich weiß wohl, daß diese letzte und späteste Gattung nicht zur Vollreife gelangen konnte auf dem Baume, da das Licht und die Wärme schon so sehr abgenommen haben und die Nächte lang und die Tage kurz und kalt geworden sind. Dennoch aber wollen wir die nicht zur Vollreife gekommenen Früchte nicht auf den Bäumen zur Beute des alles tötenden Winters werden lassen, sondern gehet und holet mir allerlei Gefäße für die verschiedenen Gattungen und löset mir dieses Spätobst mit vierfacher Behutsamkeit von den Bäumen! — Dieses Obst wollen wir in erwärmten Gemächern abliegen lassen, und dann soll es besser werden als alle die früheren Gattungen, die durch des Sommers Glut schon auf den Bäumen die Vollreife erlangt haben."

14] Und Kinder und Diener taten, wie es ihnen der Hausvater geboten. Und siehe, also war es gut, und der Winter fand, als er kam, nichts als Laub an den Bäumen, aber eine Frucht fand er nimmer, daß er sie tötete!

15] Und so war am Ende dennoch alles gut. Und Kinder und Diener lobten gleich des Hausvaters Weisheit und Güte.

16] Was diese kleine Geschichte etwa doch für einen Sinn hat — darüber denket in euerem Herzen nach, auf daß ihr auch aus dem Bilde der Natur es lernet, wie die Geheimnisse Gottes bestellt sind.

17] Seid jedoch nicht zu eilfertig mit euerer Auffassung! Denn auf einen Hieb fällt kein Baum von Bedeutung! — Nach einiger Zeit will Ich euch dazu die Enthüllung geben. Amen.

☆

Gott über alles!

Am 3. Juni 1847

Bitte der Wilhelmine Hüttenbrenner: „O Du allerheiligster, allerliebster und allerzärtlichster Herr Jesus, mein Gott, mein Vater! — Wie soll ich es denn anstellen, was tun, um Dich, du ewige, purste Liebe, über alles lieben zu können? — Denn siehe, ich kann mich noch so zusammennehmen und mich im Gemüte fassen, so kräftig ich es nur immer vermag, und kann es dennoch nicht dahin bringen, daß ich Dich mehr lieben könnte als so manches in der Welt, das mir in seiner Art irgend wohlgefällt und mein Herz besonders anzieht. — Ich weiß aber, daß es also gefehlt und nicht in der Ordnung ist. Darum wende ich mich an Dich, daß Du mir durch Deinen Knecht den rechten Weg zeigen möchtest. Vergib mir diese meine vielleicht recht dumme Dreistigkeit! Dein allein heiliger Wille geschehe!"

Meine liebe Tochter! Diese Anfrage, wenn sie so recht vollernstlich aus deinem Herzen gekommen wäre, wie sie da oben steht, gefiele Mir um gar vieles besser als dein Namenstag. Aber siehe, da hat's, wie ihr zu sagen pfleget, eben einen kleinen „Haken"!

2] Ich weiß wohl, daß du Mich, wenn es so ziemlich leicht sein könnte, so recht von ganzem Herzen über alles lieben möchtest. Aber das ist eben der „hakliche" Umstand, daß dieses nicht ganz so leicht sein kann, wie du es dir, größerer Bequemlichkeit wegen, wünschen möchtest.

3] Mich über alles zu lieben, ist eine recht schwere Lebensaufgabe — weil Ich nicht so, wie allenfalls ein junger

Mensch, in geschmeidigen Kleidern sichtbar bin, Mich auch nicht darauf verstehen kann, euch Mädchen im sogenannten guten Tone den Hof zu machen. Auch bin Ich weltlicherseits ein rechter „Schroll", der sich auf die feine Sprache eigentlich nie verlegt hat und die Gegenwart von manchmal sehr empfindlichen Kindern auch gar nicht brauchen kann. Ich rede, so Ich rede, so hübsch derb von der Leber weg; meine es aber damit freilich wohl allezeit am allerbesten.

4] Aber das will nicht jedermann gefallen. Und darum geschieht es denn auch gar so leicht, daß sich junge, wohlgestaltete und wohlgesittete Mädchen leichter in irgendeinen jungen Weltmenschen verlieben können, besonders wenn er so recht nett zusammengestutzt ist — als in Mich, einen rauhen Zimmermannssohn, der dieses Handwerk bis in sein dreißigstes Jahr ausgeübt hat, um Sich und Seinen irdischen Eltern, Brüdern und Schwestern das tägliche, kümmerliche Brot zu verdienen, und der sehr grobe Hände hatte, mit vielen Arbeitsblattern versehen, und durchaus keine feine Rede; wohl mitunter fürs gemeine Volk recht herzlich, aber nie fein.

5] Siehe, so wie Ich aber war, bin Ich noch: weltlich ungeschliffen, geraden, aber stets ewig wahren Wortes, ein Feind aller Weltpracht, die den Geist verdirbt; und schaue auf sonst nichts, als bloß nur aufs Herz und auf dessen Werke!

6] Nun siehe, so du nun wissen möchtest, wie du es anfangen sollest, um Mich so recht über alles zu lieben, da frage dein Herz, wenn du so einen recht durch und durch arbeitsmüden Tagwerker, in grobe Kleider gehüllt, von der Sonne verbrannt, im Gesichte voll Bart und grober Arbeitsfalten und Striemen, siehst — ob du dich in ihn so recht von ganzem Herzen verlieben könntest darob, daß er Mir, so sein Herz in Ordnung ist, am nächsten steht?

7] Wirst du finden, daß du so einem Taglöhner, wie Ich Selbst einer auf der Erde war, recht von Herzen vor der ganzen Welt gut sein könntest, so werden auch wir uns in dem Grade nähern, als du in dir selbst die Möglichkeit gefunden hast, dich im Herzen also zu demütigen. (Obschon Ich wieder nicht verlange, daß jemand das wirklich in der Tat ausführen solle, wozu er im Herzen die lebendige Befähigung hat! Denn da bin Ich vollkommen durch den demütigen Willen zufrieden.)

8] Wer Mich recht lieben will, der muß Mich als gemeinen Taglöhner und Zimmermannsgesellen zu lieben anfangen und so emporsteigen zum Herrn, zum Vater und dann zum Gotte. — Dann wird er Mich bald und leicht „über alles“ lieben. — Aber wohlgemerkt! Allezeit beim gemeinen Zimmermannsgesellen anfangen! Sonst geht es schwer oder gar nicht!

9] Das nehme dir, du Mein liebes Töchterchen, recht wohlüberleglich zu Herzen — dann wird dir das schon werden, was dir nun noch abgeht! Amen. — Das sagt dir der gemeine „Zimmermannsgeselle“ und voll zerarbeitete „Taglöhner“! Amen. Amen. Amen.

☆

Die kunstvolle Turmuhr

Ein Gleichnis

Am 4. Juni 1847

Auf einem hohen Turme in einer Stadt dieser Zeit ließ ein Herzog eine prachtvolle Uhr aufrichten. Da der Turm achteckig war, so ließ er an jeder der acht Flächen, die natürlich zwischen die acht Ecken fielen, ein Zifferblatt machen, auf daß jedermann von allen möglichen Punkten aus die Stunden bemerken und sich überzeugen könne, um die wievielte Tagesstunde, Minute und Sekunde es sei.

2] Nebst der genauesten Zeiteinteilung von der Stunde bis zur Sekunde zeigte die Uhr aber auch das monatliche Tagesdatum, den Stand des Mondes und auch den Stand der anderen Planeten, sowie die tägliche Dauer des Lichtes vom Aufgange bis zum Niedergange der Sonne und danebst auch die vier Jahreszeiten — aber natürlich alle diese besonderen astronomischen Daten auf eigenen, unter dem Hauptuhrblatte angebrachten astronomischen Zifferblättern.

3] Nebst all dem aber, was diese Uhr auf ihren Zifferblättern zeigte, hatte sie auch ein ganz vortreffliches Stunden- und Viertelstundenschlagwerk und dabei auch noch ein allerreinstes Glockenspielwerk — und für allen diesen überaus kompliziert künstlichen Mechanismus nur ein einziges Triebgewicht! Kurz und gut, diese Uhr suchte vergeblich ihresgleichen irgendwo in der ganzen gebildeten Welt!

4] Allein daran liegt nichts, auch daran nicht, daß sie einen so verschiedenen Dienst so überaus richtig verrichtete; aber daß da alle diese unter sich sehr verschiedenen Verrichtungen nur von einem und demselben Triebgewichte in die zweckdienlichste Bewegung gesetzt wurden, das war das eigentliche Wunderbare bei dieser Uhr.

5] Als ein *Fremder* in diese Stadt kam, da fiel ihm die also ersichtliche Uhr wohl zuerst auf, und er fragte den nächsten besten, wie viele Triebfedern und Gewichte wohl etwa diese Uhr habe. Als man ihn beschied: „Nur eines!", da ward er völlig verblüfft und ungläubig und sprach: „Das ist eine Unmöglichkeit! So viele und so verschiedene Verrichtungen und nur eine Triebkraft!? Nein, nein, das geht nicht, das ist unmöglich!"

6] Wieder kam ein *anderer* von der Fremde und besah die Uhr und verwunderte sich über und über, als man ihm erklärte, was die Uhr alles verrichte. Er meinte, es müsse da ein jedes Zifferblatt ein eigenes Triebwerk haben, wodurch der Turm natürlich von lauter verschiedenen Uhren angestopft sein müßte. Als man ihm aber erklärte, daß da nur ein *einziges* Triebwerk all die Zeiger bewege, ward er völlig aufgebracht, da er meinte, daß man sich ob seiner Unwissenheit mit ihm nur einen Foppspaß erlaube. Und er ging von dannen und erkundigte sich nicht weiter um dies Uhrwerk.

7] Und wieder kam ein *anderer* aus der Fremde und bewunderte diese Uhr und fragte nach dem *Meister* derselben. Und man gab ihm zur Antwort: „Der Meister dieser Uhr war ein ganz schlichter Landmann, und es ist nicht gewiß, ob er des Lesens und Schreibens kundig war!"

8] Diese richtige Antwort brachte den Fremden in eine förmliche Wut, daß er darob schwieg und bald ging, weil er nicht gekommen sei, um sich da für einen blöden Narren auf eine so plumpe Art schelten zu lassen.

9] Und so kamen noch eine *Menge* und fragten wie die ersten. Als man sie aber näher in die Geheimnisse dieses Kunstwerkes einweihen wollte, da wurden sie alle ärgerlich und sprachen: „Bis wir das mit eigenen Augen gesehen haben, können wir es nicht glauben!"

10] Und siehe, man führte sie in den Turm. Als sie aber da das nahezu zahllose Räderwerk, die vielen Hebel, Zylinder, Haken, Stangen und noch tausend andere mechanische Vorrichtungen und Verbindungen erblickten, da wurden sie förmlich unsinnig und sprachen und schrien: „Wer kann dieses Werk durchschauen und begreifen? Das kann kein *Mensch* gemacht haben! Da gehören hundert Menschenalter dazu, um nur die Bestandteile dieses Werkes *abzuzählen*, geschweige erst zu *machen*!" — Und all diese Fremden gingen ganz unsinnig von dannen.

11] Nur *wenige* ließen sich über die Richtigkeit dieses Werkes belehren, obwohl den wenigen Besseren der zu schlichte und *unwis*-

senschaftlich gebildete Werkmeister mehr oder weniger ein Stein des Anstoßes blieb.

12] Was wohl lehret dieses Bild? Was ist dessen innerer, geheimer Sinn? — Darüber denke ein jeder ein wenig nach und übe sich also im Aufsuchen der inneren Wahrheiten und entdecke darin so viel, als ihm möglich ist, bis seiner Zeit die vollkommene Löse gegeben werden wird! Amen.

☆

Ein Nocturno

Am 5. Juni 1847

Siehe, viele weltliche Dichter schrieben und schreiben „Nocturnos" und haben doch keinen rechten Grund dazu. Daher werde doch wohl auch Ich irgendein Nocturno zuwegebringen, da Ich nun gar viel Grund dazu habe.

2] Was ist denn eigentlich ein „Nocturno"? — Es ist ein Nachtstück oder ein Stück, das in der Nacht spielt oder nur in der Nacht gegeben wird. — Ein solches Stück wird etwa doch nicht schwer zu geben und noch leichter zu machen sein, da nun auf der Erde überall die größte Nacht herrscht und alles, was da vorkommt, ein wahrstes Nocturno ist!

3] Komme Ich Selbst zu den Menschen durch den Geist Meiner Liebe, so kommt dieser, Mich tragend, allezeit ins größte Nocturno der Menschen! — Denn einige wenige glauben es zwar wohl, aber sie machen den Glauben nicht lebendig durch die Werke und haben nur wenig oder wohl gar kein Vertrauen aus ihrem Sologlauben an Mich! Daher ist da sehr viel Nocturno!

4] Andere glauben nichts, tun, was sie wollen, und setzen all ihr Vertrauen auf Silber, Gold und Bankaktien. — Da ist noch bei weitem mehr Nocturno!

5] Andere wieder sind voll Glaubens, voll Eifers, voll guten Willens und haben Liebe und Vertrauen — solange ihr Leib so recht kerngesund ist. Wenn Ich aber ihr Fleisch nur ein wenig heimsuche, so ist auch bei ihnen alsbald alles Nocturno. — Wenn auch der Glaube noch eine Zeit anhält, so geht aber die heilige Liebe zu Mir und ihr festes Vertrauen auf Mich ins barste Nocturno über. Denn da jammern sie bald entsetzlich und trauen Mir in ihrem Herzen gerade so viel, wie einem Arzte, der noch nie so glücklich war, irgendeinen Patienten von einer Krankheit zu retten, sondern einen jeden, der sich ihm anvertraute, in die andere Welt expedierte! — So etwas wird doch ein ganz echtes Nocturno sein?!

6] Wieder gibt es Menschen, die nur dann recht begeistert von Mir reden und Mich nur dann loben, wenn sie so ein wenig vom Wein oder Biere begeistert worden sind. Ist aber dieser Geist verflogen, dann bin Ich zu einem ganz trockenen Patron ihres Herzens geworden. Da ist kein Enthusiasmus, keine liebeglutsprühende Rede und kein diamantenes Vertrauen mehr zu verspüren! — Ist das etwa nicht auch ein Nocturno?!

7] Und so hie und da Mein Wort so trocken behandelt wird, wie da ist der Sand der Wüste Sahara in Afrika, daneben aber irgendein überaus dummer und fader Roman wie eine Heilquelle — das wird doch etwa auch ein echtes Nocturno sein, wenn man den Dreck für Gold, das Gold aber, das echte Gold, für einen baren Dreck ansieht!? — O das ist ein wahres Nocturno-Solo!

8] Wenn Menschen aus Gewohnheit oder aus Politik in die Bethäuser laufen und darinnen entweder schlafen oder ihresgleichen begaffen und bekritteln, lüsterne Blicke auf üppige Dirnen werfen, und diese umgekehrt die Schnauzbärte und Modefräcke der Stutzer beliebäugeln und gar nicht bedenken, daß Meine Häuser Bethäuser sind und nicht Modebazars und ebensowenig Schlaf-, Ausricht- und Stelldicheinhäuser — so etwas wird doch auch wieder ein allerbarstes Nocturno sein?!

9] Oh — und das ist ein Nocturno nonplusultra, wenn man sich in der christlich sein wollenden Kirche für allerlei gottesdienstlich sein sollende Handlungen ganz wuchermäßig zahlen läßt und gegen Zahlungsunfähige sogar Exekution führt — was vorzugsweise dann geschieht, wenn einem verstorbenen Bruder ein sogenannter kirchlich-christlicher Liebedienst (als da ist eine Beerdigung und das Beten für ihn) erwiesen wird, der Tote nachweislich kein Geld hatte und seine Hinterlassenen, das nicht wissend, ihn doch etwas besser als irgendeinen Selbstmörder wollten beerdigen lassen. Da erscheint dann bald der Kirchendiener mit einem Konto, wie ein Fleischer am Ende des Jahres bei einer Herrschaft, der er das ganze Jahr hindurch auf Rechnung geliefert hat! — Ob das nicht auch ein ganz entsetzlich grobes Nocturno ist?!

10] Und was etwa ist das, wenn so manche Große alles Licht von ihren schwächeren Brüdern durch allerlei finsteres Blendwerk mit

Gewalt hintanhalten?! — O das wird sicher auch ein ganz sonderlich gewaltig starkes Nocturno sein?!

11] O Nocturno über Nocturno in allen Winkeln der Erde! — Nocturno in der Religion, Nocturno in aller Wissenschaft, Nocturno im Glauben, Nocturno in der Liebe zu Mir und zum Nächsten, Nocturno in allem Tun und Lassen, Nocturno im Handel und Wandel, Nocturno in aller Freundschaft, Nocturno in der Treue, Nocturno im Halten des Versprechens, Nocturno in der Beharrlichkeit zum Guten und Wahren — und dergleichen Nocturnos noch eine unzählige Menge!

12] Daher aber auch von Mir aus ebensoviele Nocturnos gegen die Menschen! — Ihre Gebete sind für Mich Nocturno und werden nicht erhört. — Die große allseitige Not — Nocturno, Ich kenne sie nicht! — Ihr Jammer und ihre große Trübsal — Nocturno, Ich sehe sie nicht! — Seuche, Hungersnot, Pestillenz — Nocturnos, Ich will Mich alles dessen nicht annehmen! — Die Aussicht auf ein einstiges ewiges Leben in Meinem Reiche — sehr starkes Nocturno mit Begleitung des Heulens und Zähneklapperns! Ich kümmere Mich dessen kaum! — Und so noch eine Menge Nocturnos von Mir aus!

13] Nocturno her — also auch Nocturno hin! Und somit Nocturno für Nocturno! — Sehet aber zu, daß bei euch nicht auch irgendein Nocturno einreißt, da Ich dann genötigt wäre, ihm auch mit einem Kontra-Nocturno zu begegnen! — Dieses beherziget recht tief! Amen.

☆

Ein falscher Volksführer

Am 7. Juni 1847

Siehe du, Mein Knecht, so lohnt die Erde jene Geister, die das Evangelium in die Materie setzen, in dieser ihr Heil suchen und dann solch ein Wahnheil auch ihren Nebenmenschen aufbürden unter mannigfachen Lasten, die sie auf ihren eigenen Rücken nur dann legen, wenn dadurch entweder ein großer Ehr- oder Goldgewinn herausschaut, oder so ihnen derlei Lasten von irgendeinem mächtigeren Gerichte, wie das Joch dem Ochsen, an den Hals gebunden werden.

2] Was hat nun dieser Mann[1], dessen Name auf der ganzen Erde viel ausgedehnter als der Meinige genannt wird, von all seiner,

[1] Daniel O'Connell, berühmter katholischer Volksführer in Irland 1775—1847. Er betrieb mit Feuereifer den Widerruf (repeal) der Vereinigung des katholischen Irland mit dem protestantischen England. D. Hsg.

irdischen Ruhmgröße, darnach er so ganz eigentlich gegiert hat — von seinen großen materiellen Reichtümern, die er sich gleich einem Salomo in überschwenglicher Fülle erworben hat?! Was hat er nun von all seinen hochtrabenden, prahlerischen Reden, was von seinem ultramontanen, allerschwärzesten Jesuitengeiste, wie er jetzt beschaffen ist und mit geringer Ausnahme auch allezeit beschaffen war?!

3] Nichts als den Lohn der Erde, der in dem besteht, daß der Name in den Zeitungen zum Ueberdrusse mancher Leser noch einige Male vorkommen wird. Wird dieser einmal den Zeitungsschreibern gar keine Milch mehr tragen, dann wird er noch in mehreren Biographien vorkommen, die schon sehr wenig gelesen werden. Darauf werden ihm die Geschichtsschreiber noch ein Plätzchen in ihren Geschichtsbüchern einräumen, und irgendein Bildhauer wird ums teure Geld auch ein heidnisches Monument meißeln und aufsetzen, währenddem sein Herz in Rom in goldenem Gefäße zu Staub und sein anderer Leichnam in Irland zu Asche wird![1]

4] Das Alleraußerordentlichste, was ihm nach Verlauf von mehreren Jahren noch passieren kann, ist, daß er von Rom aus heilig gesprochen werden, sein Name dann in irgendeiner Litanei für Irland vorkommen und unter der alten, höchst nichtigen Formel: „Heiliger O'Connell, bitt für uns!" angerufen wird aus dem Munde der Blinden!

5] Das ist aber dann auch schon das Nonplusultra[2] des Erdlohnes — und nur bis hieher, und dann um kein Haar mehr weiter! — Denn was es drüben, im Reiche wahrer, lebendiger Geister, mit solchen irdisch-jesuitischen „Großgeistern" für eine Bewandtnis haben wird, das läßt sich von jedem im höheren Geisteslichte nur ein wenig Bewanderten leicht herausleiten.

6] Ich will dir das nur durch eine ganz leicht faßliche Analyse zeigen. Und so höre! — Dieser Mann wollte aus lauter heimlicher Herrschsucht Irland von der nun rechtmäßigen Herrschaft Englands trennen und es dann im Sinne der Jesuiten beherrschen. — Frage: Wie viel Leben für den Geist liegt in der Herrschsucht!

7] Dieser Mann war sehr reich an Geld und an Grundbesitz und tat, selbst in der Zeit der Not, nicht, was Ich vom reichen Jünglinge verlangte. Was aber sagte Ich damals zu den Aposteln,

---

[1] laut letztwilliger Verfügung O'Connells. — [2] Allerhöchste

als der Reiche weinend von Mir schied, weil Ich die Austeilung seiner Güter unter die Armen von ihm verlangte, ihm aber dafür den ewigen Lebensschatz der Himmel anbot? Ich glaube, das Gleichnis vom Kamele und dem Nadelöhr wird dir bekannt sein!

8] Der Mann [O'Connell] trachtete nach dem größten Weltruhme, der ihm auch mit großem Uebermaße zuteil ward. Wie aber und was ist das vor Mir, was vor der Welt groß ist?

9] In der Schrift heißt es: „Wer unter euch der Erste sein will, der sei der Letzte unter euch und sei euer aller Knecht!" — War das wohl dieser Mann, der mit seiner Weisheit das ganze englische Parlament wie eine Mücke zerquetschen wollte und bei jeder Gelegenheit kräftigst bemerkte, wie er nur zu winken brauche, und Millionen werden sich seinem Winke mit Blut und Leben fügen?! Wahrlich, aus derlei Beteuerungen schaut doch sicher überaus wenig Demut heraus, ohne welche niemand das ewige Leben erreichen kann!

10] Hätte der Mann kein Licht gehabt, so wäre es so schlimm nicht um ihn. Aber er hatte Licht, wandte aber sein Gesicht dennoch freiwillig der Finsternis zu, um nur seine Weltgröße zu befestigen. — Frage: Wie viel des ewigen Lebens schaut da heraus?!

11] Freilich wohl sind bei Mir gar viele Dinge möglich, die bei den Menschen nicht als möglich gedacht werden können. Aber neben dem bleibt der Ausspruch doch ewig stehen, demzufolge ein Kamel leichter durch ein Nadelöhr geht als ein solcher glanzreicher Advokat ins Himmelreich.

12] Dieses sei aber darum dennoch nicht als ein Gericht von Mir ausgesprochen, demzufolge dieser Mann verloren sein müßte; sondern es sei dir und deinen Freunden nur gezeigt, wie Mein Wort in seiner Forderung und Wirkung fortwährend gleich verbleibt und wie es den Mann in ihm selbst richtet, der es weiß und nicht befolgt!

13] Hätte dieser Mann Liebe zu Gott und zum Nächsten, rechte Untertänigkeit und vollste Demut gegen die rechtmäßige weltliche Obrigkeit, ob sie gut oder böse sei, gepredigt und hätte er das Volk auf Mich allein zu vertrauen gelehrt und ihm gezeigt, wie man das Kreuz ergreifen und Mir nachfolgen muß, um das ewige Leben zu gewinnen — so stünde sein Name mit großen, glänzenden Buchstaben im Buche des Lebens geschrieben. — So aber steht er wohl

[1] d. h. mild oder hart; d. Hsg.

sehr oft schwarz auf weiß in den Schriften der Welt, aber im Buche des Lebens ist blutwenig von ihm zu sehen!

14] Von der „Repealsteuer“ und von den großen „Meetings“-Schmausereien steht in der Bibel sicher kein Jota — ausgenommen die Fresserei des reichen Prassers mit ihren jenseitigen sehr schlimmen Folgen! — Darum müssen nun aber ebensoviele Hungers sterben, als wie viele bei den vielen „Meetings“[1] unnötigerweise samt ihrem weltlichen Freiheitsapostel geschwelgt haben. — Jedem gar zu tollen Streiche folgt die Strafe allezeit auf der Ferse. Dieser irische aber war schon einer der allertollsten — daher auch die scharfe Rute nicht unterm Weg bleiben konnte!

15] Ich aber handle stets gleich. Wenn Ich am entferntesten zu sein scheine, da bin Ich am nächsten, entweder lohnend oder strafend! Und wenn jemand am sichersten zu sein wähnt, wird er von Mir ergriffen, entweder zum Lohne oder zur Strafe!

16] Wehe dem, der da hat, wie dieser Mann, und schweiget in seinem Herzen zur Not seines Nächsten und macht sich am Ende physisch oder geistig aus dem Staube! — O Mir wird er nicht entgehen — wir werden gerade am rechten Orte zusammenstoßen!

17] Und des sei versichert auf ewig: Ich werde Mir nicht wehe tun, so Ich mit ihm zusammenstoßen werde — aber er wird zerstoßen werden jämmerlichst! Denn alles Harte, Große und Schwere wird auch einen harten, großen und schweren Stoß zu erleiden haben — in der Zeit wie in der Ewigkeit! Amen.

18] Das sage Ich dir, der Ich das Schwert wie den Lohn in Meiner Rechten halte. Amen.

☆

Allerlei Müßiggänger

Am 8. Juni 1847

Wer ist ein Müßiggänger und wird den Lohn als solcher ernten, nämlich den Lohn dessen, der sein Talent vergrub?

2] Jeder ist ein barster Müßiggänger, der nicht beachtet das Wort des Lebens vom Anfang bis zum Ende, auf daß er in sich auffinden möchte den Brunnen Jakobs, darinnen das lebendige Wasser ist für die rechte Taufe — in der Wiedergeburt des Geistes — aufbewahret zum ewigen Leben!

[1] Versammlungen; d. Hsg.

3] Wer da sucht viel irdische Güter zu erwerben und ist voller Tätigkeit darum, der ist der größte Müßiggänger in Meinem Reiche. Und wüßte er auch die ganze Heilige Schrift von Wort zu Wort auswendig, so wäre das für ihn um so schlechter, wenn er dennoch lieber das tut, was die Welt als „vornehm" und „ehrbar" bekennt und woraus ein pur irdischer Nutzen herausschaut, Mein Wort aber nur insoweit beachtet, als es mit seiner weltlichen Tätigkeit vorteilhaft vereinbar ist, alles andere darin aber tatsächlich rein verwirft, und das nicht selten mit der ganz leichten Entschuldigung: „Das kann der Herr damit nicht gemeint haben! Und hat Er das gemeint, so kann Er weder die Menschen noch ihre Bedürfnisse gekannt und richtig vorgesehen haben!"

4] Ich, der Herr, aber sage darauf: Für dich, du weltsüchtiger Faulenzer in Meinem Reiche, habe Ich es gemeint, gerade also wie du es wähnest, daß Ich es nicht gemeint habe! Du barster Müßiggänger aber gleichest vollkommen jenem Toren, der sein Haus auf Sand baute, und als da kam ein Sturm und ein mächtiger Regen und stieß an das lose Haus, da fiel es alsbald und ward fürder keine Spur mehr davon zu entdecken, wie und wo es gestanden! So wird auch deines kurzen Daseins Spur für die Ewigkeit verwischt werden, da du auf Erden (Mir) ein barster Müßiggänger und ein leichtsinniger blinder Tor warst und wolltest lieber auf Sand denn auf einen Felsen das Haus deines Lebens bauen!

5] O es gibt überaus fleißige Menschen für die Welt, die Tag und Nacht sinnieren, was sie tun sollen, wie ihre Güter verwalten und bearbeiten lassen, damit sie desto reichlichere Prozente abwerfen, und wie sie ihre vielen Gelder auf die sicherste und einträglichste Art irgend anlegen sollen, und sie beten sogar auch zu Mir, daß Ich ihnen solches ihr Unternehmen ja doch so reichlich als nur immer möglich segnen möchte. Sie üben auch eben darum mäßige Werke der anscheinlichen Nächstenliebe. Aber das alles entbindet sie nicht von der geistigen Müßiggängerschaft.

6] Sie sind und bleiben dennoch doppelte Müßiggänger im Reiche des Lebens, weil sie Meinen Segen obendrauf noch haben wollen, daß er ihnen noch mehr bringen solle, was ihnen den Geist dreifach tötet, einmal schon gleich diesseits. Denn ihr Sinn ist die Welt, alles andere aber, was sie vorgeben, ist Lüge. Sie leben nicht nach dem Worte, auf daß ihnen das ewige Leben würde; sondern, so sie auch in irgendeinem oder dem andern Stücke nach dem Worte leben, so tun sie das auch nur der Weltglückseligkeit wegen — wodurch ihr Geist natürlich schon in dieser Welt ganz tot wird. Ist aber dieser schon in der und für die Welt tot, so ist er auch ewig tot für den Himmel.

7] Also derlei ehrbare und weltfleißige Menschen sind dennoch die größten Müßiggänger fürs Himmelreich und werden dort in die äußerste Finsternis hinausgestoßen werden, da ewiges Heulen und Zähneknirschen sein wird — darum, weil sie auf eine gar so entsetzlich leichtsinnige Art ihr Talent (für den Himmel) in die Furchen der Welt verscharrten.

8] Es gibt zwar noch andere Müßiggänger, die weder für die Welt, noch für den Geist etwas tun. Es sind das die sogenannten „Lumpen und Vagabunden", „Pflastertreter und Tagediebe". — Diese Klasse Müßiggänger ist, obschon natürlich zum Himmelreiche nicht tauglich, dennoch viel besser daran als die erste (geistig betrachtet). Denn sie hängt fürs erste schon bei weitem weniger an der Welt, und das, woran sie noch hängt, wird von der ihnen bevorstehenden Armut leicht vollends herabgestreift.

9] Fürs zweite haben recht viele von diesen „Pflastertretern" nicht selten das beste Herz, und wenn sie die Mittel hätten, würden sie die halbe Welt — nach ihrer Idee — glücklich machen. Eine bald darauf folgende Armut macht aus ihnen nicht selten die rarsten Menschen, die schon leicht zu Mir zu wenden sind. Denn die eigentliche „Welt" war nie ein Magnet für ihre Herzen.

10] Fürs dritte sind diese „Lumpen" gewöhnlich Freunde der Glückseligkeit und der Freigebigkeit. Hat ihnen die darauf folgende Armut den dabei starken Anteil von Dummheit herabgestreift (und sie also weiser gemacht), und hat ihr Herz so recht derb die Härte der Weltmenschen verkostet, dann wenden sie sich, voll Galle gegen die Welt, zu Mir. Und Ich sage, sie sollen an Meinem Tische speisen, auf daß erfüllet werde, was die Pharisäer zu Mir sagten: „Siehe, das soll der Messias sein!? Mit Sündern, Zöllnern, Huren und Ehebrechern geht er um und ist selbst ein Sabbatschänder!"

11] Allein das macht Mir weder heiß noch kalt, und Ich tue, wie und was Ich will, und sage allezeit Meinen Dienern: Da die Geladenen nicht kommen wollen, so sollen sie auch ewig draußen bleiben! Ihr aber gehet hinaus an die *Zäune*, *Straßen* und *Gassen* und treibet herein, wen ihr da antreffet, also alles „*Lumpenpack*“! Von den Geladenen aber soll keiner Mein Lebensmahl verkosten, außer er ist auch unter dem „Lumpengesindel“ anzutreffen da draußen an den Zäunen, Straßen und Gassen.

12] Du *fauler Feigenbaum* aber, der du nichts trugst als Laub (Werke für die Welt), so daß, als Ich hungrig zu dir kam, du keine Frucht der reinen Liebe auf deinen vielen Zweigen hattest, damit Ich Mich hätte sättigen können, sei verflucht! Denn ewig solle von dir niemand mehr eine Frucht genießen im Reiche des Lebens!

13] Diesem *Feigenbaume* völlig gleich sind alle jene hier in dieser Kundgebung *zuerst* bezeichneten Müßiggänger fürs ewige Leben des Geistes, und sein Los wird auch das ihrige sein, so sie in solchem ihrem Müßiggange bis ans Ende verharren werden.

14] Eine *dritte* Art Müßiggänger für Mein Reich sind auch die vielen *Weltgelehrten* in allerlei Sach und Fach, darunter meistens *Brotgelehrte* und nur selten allein der reinen Wissenschaft wegen Gelehrte. Solche gleichen zumeist den „*törichten Jungfrauen*“, die erst dann ihr Oel kaufen gingen, als der Bräutigam sich schon dem Hause näherte, und die dann Einlaß verlangten, als der angekommene Bräutigam schon alle Tore versperrt hatte.

15] Oh, so ihr saget: „Solange wir *hier* leben, müssen wir tun, was die *Welt* will, auf daß wir *Brot* haben! Wann wir nachher *Drüben* sein werden — wenn nämlich irgendein »Drüben« ist — dann werden wir auch tun, was des Drübens ist“ — da werde Ich, *der Herr Jesus*, aber sagen: Dann wird es *zu spät* sein! — Denn wer nicht hier bittet, sucht und anklopft, dem wird Drüben nicht aufgetan werden — außer die Pforten der Finsternis!

16] *Was jedermanns eigentliche Liebe ist, das wird auch sein ewiges Drüben sein!*

17] Das spricht *Der*, der das *Gericht* — sei's zum Leben oder zum Tode — in Sein *Wort* ewig unabänderlich gelegt hat! Amen. Amen. Amen.

☆

Von der Heiligkeit der Ehe

Am 10. Juni 1847

Sagt Er zu ihnen: Moses hat euch eurer Herzenshärtigkeit wegen gestattet, eure Weiber zu entlassen; von Anfang aber ist es nicht so gewesen. Ich sage euch aber: Wer seine Frau entläßt, es sei denn wegen Unzucht, und eine andere heiratet, bricht die Ehe. — Sagen zu Ihm die Jünger: Wenn das Recht zwischen Mann und Frau so ist, dann ist es nicht gut heiraten. — Er aber sagte zu ihnen: Nicht alle fassen dieses Wort, sondern die, welchen es gegeben ist. Denn es gibt Verschnittene, die so geboren sind von Mutterleib her, und gibt Verschnittene, die von den Menschen verschnitten wurden, und gibt Verschnittene, die sich selbst verschnitten haben um des Reichs der Himmel willen. Wer es zu fassen vermag, fasse es. (Matth. 19, 8-12)

In dieser Stelle des Evangeliums wird hauptsächlich der Ehebruch angezogen und was alles als ein Ehebruch angesehen werden kann, wenn die Gesetze der Ehe vorher entschieden und hinreichend bekanntgegeben sind; denn ohne eine solche Entscheidung und Bekanntmachung der Ehegesetze hört natürlich auch der Ehebruch auf, als eine bare Sünde zu gelten.

2] Wer für die Ehe völlig untauglich ist aus einem oder dem andern Grunde, der da im Matthäus Kap. 19, Vers 12, angeführt ist, der kann auch keinen Ehebruch begehen, indem er völlig zeugungsunfähig ist. Wer immer aber zeugungsfähig ist, ob ledigen Standes oder ob verehelicht, kann ein Ehebrecher werden, so er ein Weib beschläft, das da verehelicht ist, ob sie mit dem Manne lebt oder vom selben durch einen Scheidebrief getrennt ist.

3] Dasselbe ist auch von einer ledigen oder verehelichten Weibsperson der Fall, wenn sie mit einem verehelichten Manne eine Sache hat, der schon ein Weib hat — außer das Weib wäre entschieden unfruchtbar. In diesem Falle kann der Mann auch eine oder mehrere Mägde mit der Einwilligung des rechtmäßigen Weibes beschlafen, um sich aus ihnen Kinder zu zeugen. Aber ohne Einwilligung des rechtmäßigen Weibes begeht er ebenfalls den Ehebruch, so wie jede Dirne, die sich wider den Willen des rechtmäßigen Weibes dem Manne hingibt.

4] Das Weib aber bricht allezeit die Ehe, so sie mit einem andern eine Sache macht — es müßte nur sein, daß der Mann erweislichermaßen die im Evangelium angezeigten Gebrechen hätte und das Weib hätte vor der Ehe nichts davon gewußt, oder der Mann hätte sich, als er schon verehelicht war, ohne Wissen des Weibes selbst verschnitten oder verschneiden lassen. Wenn aber das jemand an dem

Manne gewaltsam verübt hätte aus was immer für argem Grunde, so wird das Weib zur Ehebrecherin, so sie sich ohne Wissen, Willen und Verlangen des unglücklich gemachten Mannes hätte von jemanden beschlafen lassen. Wenn aber der Mann solches will und verlangt, so begeht das Weib auch keinen Ehebruch, so sie sich von einem Ledigen oder einem reinen Witwer beschlafen läßt; ließe sie sich aber von einem Verehelichten beschlafen, dann würde sie auch die Ehe brechen mit dem, von dem sie sich beschlafen ließe.

5] Ließe sich aber ein Weib bloß der Wollust wegen beschlafen, sei es von wem immer, dann begeht sie neben dem Ehebruche auch die Sünde der Hurerei und der völligen Unzucht, wodurch sie sich dann eine dreifache Strafe an den Hals zieht, und sie wäre nach Moses mit dem Feuer zu bestrafen.

6] So aber ein Lediger mit einer Ledigen Unzucht treibt, und es vermeiden beide die Zeugung, dann begehen beide das Verbrechen des Kindesmordes und sollen danach bestraft werden. Möchten aber beide einen Nachkommen zeugen, da soll dem ledigen Manne die Dreiviertelverpflegung des Kindes zufallen nebst der Verpflichtung, das Mädchen eheſtmöglich zu ehelichen oder wenigstens alle Sorge zu tragen, daß das Mädchen an seiner Stelle einen Mann bekommt — und er soll nicht ehelichen, bis das Mädchen verehelicht ist; läßt er aber das Mädchen im Stiche und ehelicht eine andere, so wird er einst als ein Ehebrecher gezüchtigt werden in der Hölle!

7] So ein Lediger oder ein Witwer aber einem Mädchen die Liebe zusagt unter eidlichen Beteuerungen und das Mädchen hat es angenommen, er aber heiratet dennoch eine andere, so begeht er auch einen Ehebruch — außer das Mädchen hätte ihn verlassen, in welchem Falle aber dann sie sich des Ehebruchs schuldig macht, so sie ihm ihre Liebe entgegen beteuert hatte.

8] Solche aber, die im sogenannten freien Zöllibate leben und nicht verschnitten sind, aber dennoch Weiber und Mädchen beschlafen, diese sind allezeit die gröbsten Ehebrecher, indem sie allezeit ihr freies Gelübde brechen. Denn jede Brechung eines Gelübdes ist ein Ehebruch, außer das Gelübde wäre ein erzwungenes oder ein im Rausche gemachtes, das niemand zu halten schuldig ist, außer er habe sich nachträglich dazu bekannt oder weltliche Gesetze verlangen es wegen des allgemeinen Wohles.

9] So aber irgend Verschnittene geilen möchten, da sollen sie mit Ruten gezüchtigt werden, indem sie wohl sehen sollen, daß da in ihnen keine Zeugungskraft mehr vorhanden ist.

10] „Aber“, wird jemand sagen, „da sieht für den gesunden Verstand nirgends ein haltbarer Grund heraus, warum die Menschheit gerade in diesem Punkte gar so sehr eingeschränkt sein soll wider alle Anforderungen der Natur! Fürs Pissen und Kotlassen gibt es kein Gesetz, und das sind doch auch häßliche Verrichtungen, die die Natur verlangt! Gerade für diesen Akt nur, den ebendieselbe Natur verlangt, gibt es Regeln und Gesetze, daß man darob zu einem Narren werden möchte!“

11] Ich aber sage darauf: Eben in diesem Punkte kommt es darauf an, worauf das Evangelium mit den Worten hindeutet: Wer es fassen mag, der fasse es!

12] Ist denn nicht der Mensch der Kulminationspunkt aller Schöpfung?! — So er aber das doch unleugbar ist, kann da seine Zeugung ein gleichgültiger Akt sein?!

13] Die Zeugung der Tiere ist eine gerichtete und kann darum nicht anders als in der strengsten Ordnung verrichtet werden. Die Zeugung des Menschen aber ist eine freie; durch sie soll schon der erste freie Same in den Embryo gelegt werden, aus dem wieder ein freier Mensch hervorgehen soll. Wie soll aber dieser heilige Zweck erreicht werden, so mit diesem allerersten und allerwichtigsten Akte, bei dem es sich um das Allerhöchste handelt, die barste Schindluderei zu treiben gestattet wäre?! Durch Pissen und Kotlassen wird nichts erzeugt; aber bei dem Akte der Zeugung handelt es sich um die Werdung des Kulminationspunktes der ganzen Schöpfung!

14] Es handelt sich um das Wunder aller Wunder; um einen freien Menschen handelt es sich, der berufen ist, für ewig [als] ein Gott mit Gott zu leben und zu verrichten Gottes Taten!

15] Solch ein Akt, solch ein großer Akt sollte unter gar keiner Regel, in gar keiner Ordnung ausgeübt werden?! — O du kurzsichtiger Menschenverstand, der du dich gesund nennst und bist dennoch über und über voll Beulen und Geschwüren!

16] Die Ehe ist ja eben die erste Ordnung, in der die Menschheit gezeugt werden muß, so sie je in eine höhere Ordnung eingangsfähig werden soll! Die Ehe ist eine freie Einung zweier Herzen, zweier Seelen, zweier Geister, aus welcher einst die große Einung in Mir und mit Mir Selbst hervorgehen soll als ein Endzweck alles Seins.

17] Wie und wann aber sollte das erreicht werden, wenn dazu nicht der erste Same durch eine wohlgeordnete, rechte Ehe und durch die durch sie bedingte geordnete Zeugung gelegt werden soll?!

18] Also fasse es, wer es fassen kann! — Durch Unzucht, Geilerei und Hurerei des Fleisches, also durch Ehebruch aller Art, kann für Gott keine Frucht gezeugt werden! — Darum ist derlei Sünde über Sünde! Denn Ich, Gott der Herr, bin die allerhöchste und vollkommenste Ordnung und kann daher nicht zugeben, daß der Mensch, als der Schluß all Meiner Schöpfung, gleich den Fröschen in stinkenden Pfützen gezeugt werden soll!

19] Das fasse, wer es fassen kann! Amen.

☆

Törichte Klagen

Am 14. Juni 1847

Manche Menschen klagen und sagen: „Herr, wir beten zu Dir und bitten Dich um so manches, das uns recht und gut dünkt — und Du benimmst dich dabei wie einer, der schwer oder gar nicht hört! Du lässest alles gehen, wie es geht, und scheinst Dich eben nicht viel zu kümmern um uns. Und so bleibt alle Sache so hübsch beim alten. Es wechseln die Jahre und die Jahreszeiten wohl regelmäßig miteinander ab; jedes Jahr bringt seine alten Früchte, bald reichlich, bald spärlich — und die Menschen bleiben fort und fort die gleichen Sünder. Die Großen führen Kriege und die Kleinen reiben sich, wo nur möglich, und übervorteilen sich gegenseitig bei jeder Gelegenheit.

2] Statt des Lichtes, das Du verheißen hast, kommt nur stets mehr Finsternis (in geistigen Dingen) von allen Seiten zum Vorscheine! Stets mehr Götzentempel werden errichtet, und die Bilder fangen an, eine stets größere Rolle zu spielen. Sie haben schon jetzt Dich beinahe ganz hinausgespielt, werden Dich noch mehr hinausspielen und werden an Stelle Deiner früheren Bekenner entweder Atheisten oder ganz absurde Abergläubige hinsetzen!

3] Siehe Herr, das alles siehst Du wie mit ganz gleichgültigen Augen an und scheinst Dich dessen kaum zu kümmern! — O Herr, was wird, was soll daraus werden? Wir gehen offenbar zugrunde, so Du Dich unser nicht mehr annimmst, als es bisher augenscheinlich der Fall war!“

4] Auf diese Klagen gebe Ich folgende Antwort, die also lautet: Es ist richtig also — wenn du die Sache nach der äußeren Erscheinlichkeit beurteilest! Aber im Innern, was den Geist und die Wahrheit betrifft, ist es ganz anders! — Die Menschen beten und bitten wohl mit den Lippen um und für allerlei, das ihnen recht und gut dünket, aber ihr Herz hängt nicht an Mir, sondern an dem nur, um was sie beten und bitten. Daher gebe Ich ihnen das nicht, um was sie beten und bitten, damit sie sich dadurch nicht von Meinem Herzen noch mehr entfernen.

5] Also bleibt dem Aeußern nach auch wohl alles, wie es war, beim alten und geht seinen gerichteten Gang fort. — Was würden aber auch die Menschen für Gesichter machen, wenn Ich einige gewaltige Veränderungen in der äußeren Schöpfung vornehmen würde!? Wenn Ich z. B. auf einmal alle die bisherigen Früchte vertilgete und ganz neue und anders aussehende an ihre Stelle setzete?! Wer wohl würde sich's getrauen, von solchen neuen, wunderlichen Gewächsen zu essen?! Wie viele würden da aus Schreck, Furcht und Gram sterben, wie viele aus Hunger?!

6] O siehe, wie schrecklich wäre das für das schwache Gemüt des Menschen, so Ich ein „Neuerer" wäre und alle Tage eine andere Mode in Meiner Schöpfung hervorbrächte!? — Daher muß eurer Schwäche wegen alles hübsch beim alten verbleiben. Erschreckt die Menge oft schon ein kleiner Komet und macht sie eine Finsternis ängstlich, was würde sie tun, so sie auf einmal sechs Monde und drei Sonnen aufgehen sehen würde!? — Daher, wie gesagt, muß alles beim alten verbleiben.

7] Daß die Menschen sind, wie sie immer waren, das ist auch wahr. Aber ist es nicht besser, daß die Menschen dem Aeußern nach so sind, wie sie allezeit waren, als daß sie fort und fort revoltieren würden und sogleich jedem den Kopf herunterschlügen, der es nicht mit derlei fortwährenden Progressisten (Fortschrittlern) hielte!? — O es gab schon solche Zeiten und Menschen; aber wer lobt sie, wem gefällt die Inquisition Spaniens, wem Frankreichs Revolution?!

8] Daß das Licht des Geistes nicht so reichlich da ist, wie das Naturlicht, das liegt bei jedem einzelnen Menschen. Denn das Geistlicht kommt bei jedem einzelnen innerlich, und nie äußerlichen Schaugepränges, wie das natürliche Sonnenlicht. Einzeln und innerlich aber kommt es fort und fort zu jenen, die ernstlich darnach trachten. — Allgemein aber wird und kann es darum ewig nie zu den Menschen kommen, weil dasselbe nur jeder in sich zu suchen und zu finden hat.

9] Daß da äußerlich viele Götzentempel entstehen und dieselben eher im Zu- als im Abnehmen sind, weiß Ich wohl am besten! — Ich weiß es auch, daß auf dem Weizenacker fast mehr Unkraut als Weizen wächst. Aber da ist eben durch Mein Wort im Evangelium auch vorgesagt von dem Feinde, der unter den Weizen das Unkraut säte, und auch was dann zu geschehen hat und stets geschieht und allezeit geschehen wird!

10] Und du Menschenkind kannst daraus ersehen, wie ungegründet, wie lose und seicht jede Klage ist, mit der du Mich zu einer gewissen Art Rechnung ziehen möchtest! — O Ich bin allezeit bereit, euch über Meine Haushaltung Rechnung zu legen, und ihr werdet Mir auf tausend nicht eins antworten können. Wie wäre es aber, so Ich von euch Rechnung verlangete, würdet ihr Mir auch also Bescheid geben können? — Ich meine es kaum!

11] Daher klaget und jammert nicht ob Meiner Haushaltung! Denn diese geht in der größten Ordnung. Sondern lebet nach Meiner Lehre getreu, so werdet ihr auch Meine rechte Ordnung gar wohl erkennen zum ewigen Leben. Amen.

☆

Bergwanderung

Am 18. Juni 1847

Viele Täler durchwanderte ein Freund der Schöpfung und fand da nicht selten recht sonderlich schöne Gegenden und gar manche reizende Partien. Die schönsten jedoch waren für ihn jene, die mit Seen geschmückt waren oder mit ziemlich ansehnlichen Bächen oder Flüssen, und die daneben auch mit hohen Bergen umfaßt waren. Ganz große Flachländer gefielen dem Wanderer nicht, wie auch jene Gegenden nicht, deren Boden mit großen Städten bedeckt war.

2] So sehr es aber unsern Wanderer gar oft gelüstete, auf einen oder den andern hohen Berg zu steigen und von seinen Zinnen einmal eine großartigste Aussicht zu genießen, so konnte er aber dennoch nie den Mut dazu gewinnen, sich auf irgendeine bedeutende Höhe hinaufzuschwingen. Denn bald glaubte er, es würden ihm seine Füße den Dienst dazu versagen, bald wieder fand er keine nach seiner Idee verläßlichen Führer, bald wieder war ihm die Unbeständigkeit des Wetters auf solchen Höhen ein sehr bedenkliches Hindernis, bald steile, ungebahnte Wege, bald die breiten und dichten Wälder, die gewöhnlich schon am Fuße solcher Alpen beginnen und nicht selten über 5–6000 Fuß hinaufgehen — und dergleichen Hindernisse mehr.

3] Einmal jedoch, als er in eine kleine, aber sehr niedliche Ortschaft kam, die gerade am Fuße einer gar schönen und sehr hohen Alpe lag, und eine gar schöne Witterung ihm sehr günstig zu sein schien, bekam er eine gar mächtige Lustanwandlung, mit gewählten und gar wohlerfahrenen Führern diese Alpe zu besteigen, um doch endlich auf seinen vielen Reisen einmal zu jenem vielgepriesenen, wahrhaftigen Hochgenusse zu gelangen, der sich den Bergbesteigern auf eine unbeschreibliche Weise in stets überschwenglicher Fülle darbietet — was aber natürlich unser Wanderer nur vom sogenannten Hörensagen und aus manchen gelesenen Gebirgsreiseskizzen kannte.

4] Fest ward also der Entschluß gefaßt, koste es nun, was es wolle, nimmer solle nun diese Vornahme durch was immer für eine möglich vorkommende Kalamität als aufgegeben und unausführbar betrachtet sein! — „Also frisch auf!", sprach der Wanderer. „Bald, bald, du stolze Spitze, sollst du von meinem schwachen Fuße gedemütigt werden! Ein Sterblicher wird dich, einer Ewigkeit trotzen Wollende, überragen und von dir in weite Fernen hinausschauen und einen Anblick genießen, der dir viele Jahrtausende deines stolzen Daseins hindurch versagt war und fürder versagt bleiben wird!"

5] Die Bergführer standen bereit, mit allem Nötigen versehen. Der Wanderer überließ sich ganz ihrer Leitung, und so ward die Bergreise mutig angetreten. Die erste Stunde ging es gut; denn da war noch recht viel Abwechslung, bald eine Bergkeusche[1], bald eine Herde mit ihrem Hirten und bald eine Wiese, die ein Bächlein gar behende durchrieselte. Aber nun begann der Wald, anfangs nur spärlich aussehend; je höher hinauf aber ein stets steiler und rauher werdender Weg unsere Gesellschaft führte, desto dichter auch wurde der Wald und desto mehr wurde er von nicht selten nahezu undurchdringlichem Gestrüppe durchzogen.

6] Drei Stunden hatten die Wanderer mit der Besteigung des Berges bloß durch den Wald zugebracht, und noch wollte er kein Ende nehmen. Da fragte der Wanderer die Führer, wie lange wohl der Wald noch dauern werde. — Und diese sprachen: „Noch ein paar Stunden Weges!" — Da ward der Wanderer unwillig und sprach: „Das ist ja entsetzlich! Wahrlich, so der überaus beschwerliche Wald noch ein paar Stunden dauern sollte, da kehre ich lieber um und will unten im Tale einen förmlichen Eid ablegen, mit diesem höchst

[1] Berghütte; d. Hsg.

ermüdenden Versuche für alle meine Lebzeiten jede künftige Bergbesteigungslust auf das vollkommenste abgekühlt zu haben!"

7] Aber die Führer sagten: „Freund, das tun Sie ja nicht! Wir sind nun dem Ziele, das wir hier verfolgen, näher, als Sie glauben! Daher wäre es sehr unmännlich, nun umzukehren ob dieser kleinen Strecke Waldes. Machen wir uns daher nur recht mutig wieder auf den Weg, und bald werden wir auf die freien Alpentriften gelangen, wo jeder Schritt von neuen Wundern gewürzt sein wird!"

8] Diese Rede gefiel dem Wanderer, und er setzte mit seinen Führern den Weg durch den noch übrigen Wald mutig fort. — Nun ward der Wald dünner, die Bäume wurden klein und verkrümmt, und schon wurden hie und da die weitgedehnten blaßgrünen Alpenmatten, glitzerndes Steingerölle und vermoderte übereinanderliegende Urbaumstämme ersichtlich. — Endlich ward auch der letzte Rest des Waldes hinter den Rücken gelegt, und die Gesellschaft gelangte auf die ganz freien Alpentriften und nahm da Rast und einige Stärkung für die noch allerbeschwerlichste weitere Besteigung der höchsten Spitze.

9] Man rastete bei einer halben Stunde, erhob sich dann und wollte weiter aufwärtsziehen; aber siehe, da kam — was auf derlei Höhen nichts Ungewöhnliches ist — plötzlich ein heftiger Wind, und die höchste Kuppe wurde von dichtem Gewölke umlagert. Da machten die Führer bedenkliche Mienen, und der Wanderer verwünschte jeden Gedanken, der ihn dazu bewogen hatte, diesen Berg ersteigen zu wollen; denn die schon sehr schöne Aussicht von den hohen, freien Alpentriften war ihm durchaus zu wenig Lohn für seine große Mühe. — Da der Wind aber stets heftiger ward und die Nebel tiefer und tiefer herabfielen, da beschloß die Gesellschaft, den Weg von der Alpe auch so schleunig als möglich wieder zurückzumachen, um einem sicheren Hochgewitter zu entgehen.

10] Schnellen Schrittes ging es nun abwärts, und das Tal ward in der halben Zeit erreicht, welche die Gesellschaft zur Ersteigung dieser Alpe brauchte. Als sie alle, die Führer und der Wanderer, wieder in der Ortschaft ankamen, siehe, da kam ein anderer Wind, und alle Bergspitzen standen wieder kristallrein vor den Augen der müden Wanderer.

11] Da bereute es auch unser Wanderer, daß er sich von einem kleinen Wetter hatte einschüchtern und entmutigen lassen und beschloß, bei einer künftigen ähnlichen Gelegenheit klüger und ausdauernder zu sein.

12] Ein alter Mann aber, der gehört hatte, wie der Wanderer vor dem Abmarsche gar stolz den Berg angeredet hatte, sagte zu ihm: „Wenn du wieder einen Berg besteigen willst, so mußt du dich vorher recht klein, aber nicht recht groß machen; denn siehe, jede Höhe ist rein und geheiligt! Daher will sie auch in der Demut und nie im Hochmute erstiegen sein. — Wehe aber dem, der sie im Hochmute ersteigt; der wird einen mächtigen Fall tun und wird sich zerschellen, und sein Fleisch wird hängenbleiben an den schroffen Spitzen emporragender Felsen!

13] Wenn du aber ein rechter Wanderer sein willst, dann laß dich fürder nicht abschrecken von den Höhen und besteige sie sattsam, so wirst du erst recht innewerden, wie herrlich, groß und mächtig Der sein muß, dem es ein leichtes war, eine so große und herrliche Erde bloß durch Sein ‚Werde' hervorzurufen! Es sind wohl die Täler, die du schon überhäufig bereist hast, auch demselben allmächtigen ‚Werde' entsprossen, aber es ist dennoch ein großer Unterschied zwischen ihnen und den Bergen. Die Aussicht in dem Tale ist beschränkt und eingeengt, auf den Bergen aber frei und oft unübersehbar. Es gleicht das Tal einem ganz gewöhnlichen Menschen, der außer den natürlichen Bedürfnissen keine höheren kennt; die Berge aber sind daneben gleich einem Weisen, der über alle die weltlichen Bedürfnisse erhaben sein Herz und Haupt hoch emporhebt und seine Augen nur dorthin richtet, wo er die großen heiligen Denkmäler Dessen erschaut, den sein Herz so ehrfurchtsvoll und dabei aber doch auch ebenso heilig kindlich froh »Lieber, heiliger Vater!« nennt.

14] Siehe, du mein lieber Freund, also reise du, und also besteige du gerne die Berge, dann werden dir deine Reisen einen großen Gewinn für dein Leben bringen zeitlich und — verstehe — dadurch auch ewig! Denn wir alle sind Wanderer und wandern von der Wiege bis zum Grabe manchen beschwerlichen Weg. Da geht es manchmal steil, holpericht, manchmal wie auf dem Glatteise. Die meisten Lebenswanderer gleichen dir und bleiben lieber in den Tälern ihres Tierwesens, als daß sie sich einmal die Mühe nähmen, einen Berg zu besteigen, um da wenigstens die Aussicht zu einem wahren Menschen zu bekommen. — Also aber soll es nicht sein!

15] Wir sollen wohl in den Tälern der Demut wohnen; aber darin sollen wir nicht vergessen, daß die Berge der freien Gott- und Menschenerkenntnis zu besteigen sind — was von Gott Selbst vorgeschrieben ist!"

16] Dessen gar wohl eingedenk ging unser Wanderer seinen Weg weiter, fand die Worte des alten Dorfweisen richtig und nachahmungswert und — fand das Leben!

17] Wollet ihr es auch finden, so folget seinem Beispiele! Amen.

☆

Törichte Jungfrauen

Am 20. Juni 1847

Herr, siehe, die beiden Töchterlein des A. H.-W., Pauline und Julie, bitten nun schon seit einiger Zeit um ein tröstend und stärkend Wörtlein von Dir, du allgütigster, liebvoller, heiligster Vater! — Ich bin nun, wie allezeit, bereit, Deine Gnade hier mit dem steten Bewußtsein meines Nichts vor Dir niederzuschreiben. — O Herr, gib mir für die beiden ein Wörtlein, wofür, wie für alles, Dich mein und der beiden Herz allezeit und ewig loben und preisen soll! — Dein heiligster Wille geschehe allezeit und ewig! Amen.

Nun denn, so schreibe, da du schon durchaus etwas schreiben willst! — Ich weiß, ich weiß es wohl, daß die beiden schon seit einiger Zeit den Wunsch in sich tragen, von Mir wieder irgendein Wörtlein zu bekommen. Aber siehe, dieser Wunsch hat sich bis jetzt noch bei keiner so recht lebendig im Herzen ausgesprochen. Darum Ich denn mit einer solchen Gabe bis jetzt noch äußerlich zurückhielt, obschon Ich innerlich bei jeder unaufhörlich gleichfort einfließe und sie wiedergebäre zum ewigen Leben des Geistes und der Seele — bei welcher Arbeit sie Mir aber mit noch allerlei weltlichen Dingen kleine Hindernisse in den Weg legen, so daß Ich mit ihnen ohne Beirrung ihres freien Willens nicht jene schnellen Fortschritte machen kann, wie Ich gern machen möchte.

2] Es kommt da bald dies, bald jenes, und Ich verhalte Mich da wie einer, der zu seinem dürftigen Freunde kam, um ihm zu helfen, worüber dieser zwar eine große Freude hatte; da aber der helfenwollende reiche Freund mit seinem armen Freunde reden und sich besprechen wollte über dessen Lage, hatte der Arme allerlei kleine Verrichtungen in seiner Dürftigkeitshütte vorzunehmen und ließ seinen reichen Freund vielfach allein sitzen im kläglichen Gemache.

3] Dem reichen Freunde ging da die liebe Geduld schon nahe gänzlich aus, und er stellte es seinem armen Freunde ganz ernstlich vor, so er wolle, daß ihm geholfen werde, da solle er endlich einmal da verharren, wo allein ihm Abhilfe zuteil werden könne, und nicht alle Augenblicke zu seinen nichtigen Geschäftlein davonspringen, die ihm nicht ein warmes Wasser abgeben können.

4] Dasselbe möchte Ich wohl auch zu diesen zwei Töchtern sagen, wenn sie das nicht in sich selbst gewahren möchten. — Sie gewahren es freilich wohl und sollen also daran auch nur erinnert sein. Und sie sollen das unterlassen, was Mir keine Freude ist!

5] Ich gab ja ohnehin einer wie der andern Verhaltungsregeln, wie sie es machen sollen und was meiden, so sie leiblich und geistig recht gesund werden wollen. Aber siehe, sie halten sich nicht eifrig darnach! — Wie soll Ich ihnen nun ein neues Rezept geben, so sie das frühere noch nicht recht und nicht völlig beachtet haben?!

6] Meine Rezepte sind nicht wie die der weltlichen Aerzte, wo, so eines nicht hilft, vielleicht ein zweites helfen mag. Meine Rezepte müssen nach der Ordnung gebraucht werden. Und da hilft ein zweites nichts, so das erste nicht völlig beachtet wurde.

7] Darum sage den beiden: Leset euere früheren Gaben recht aufmerksam durch und beachtet genau, was euch darin angeraten ist, sodann wird schon ehestens ein zweites Rezept folgen!

8] Die eine hüte ihr Herz und nehme nicht so viel Tabak! Und die andere hüte ihren Leib und ihren Magen und sei mehr Maria als Martha! Und keine putze sich zu sehr auf die Hochzeit! Amen.

☆

Vertrauen, Mut und Frieden

Am 24. Juni 1847

„Frieden lasse Ich euch, Meinen Frieden gebe Ich euch! Nicht wie die Welt gibt, gebe Ich ihn euch! — Euer Herz werde nicht unruhig noch furchtsam!“ (Joh. 14, 27)

Wenn jemand diesen Text nicht versteht, obwohl er überaus klar ist, so liegt der Grund lediglich darin, daß er seiner eigenen Zunge (Muttersprache) nicht völlig mächtig ist und nicht weiß, was so eigentlich der Friede ist.

2] Wer den Frieden für eine Ruhe hält, sowohl im Gemüte als auch im gegenseitigen Handeln der Menschen, der ist in einer sehr großen Irre. — Wenn z. B. zwei Völker miteinander Krieg führen, wann wohl werden sie Frieden machen? Sicher nicht eher, bis der Mut des einen Teiles den andern besiegt hat, welch besiegter Teil sich dann dem Sieger unterwirft, wodurch dann beide Teile Ruhe haben und in dieser Ruhe erst den Frieden.

3] Wenn ein Schwacher zur Nachtzeit durch einen Wald geht, so wird er voll Furcht und sein Gemüt voll Unruhe, und er wird im größten Unfrieden seiner Seele die nächtliche Wanderung durch den Wald machen. — Wenn aber ein vollkommen geharnischter Riese Goliath denselben Weg um die Mitternachtszeit macht, so hat er nicht nur keine Furcht, sondern nur die größte Beherztheit und in ihr den unerschütterlichsten Mut, es mit allem vollkommen siegreich aufzunehmen, was ihm nur irgend feindlich entgegenkommen möchte. Dieser vollste Mut gibt seinem Gemüte die größte Ruhe und Furchtlosigkeit und der Seele den unbestreitbarsten Frieden, den ihm kein begegnender Feind wegnehmen kann.

4] Wenn irgendein armer, mittelloser Mensch in das Haus eines reichen Weltherrn käme und möchte da um die Hand einer Tochter dieses reichen Weltherrn anhalten, wie wird er da zaghaft sich dem Hause nähern. Sein Gemüt wird voll Unruhe sein und voll Furcht seine Seele, so daß er an Ort und Stelle kaum ein Wort wird herauszubringen imstande sein ob des starken „Unfriedens" seiner Seele! — Aber mit welch' ganz anderer Gemütsbeschaffenheit wird sich ein ebenbürtiger Fürstensohn diesem Hause nähern! Voll Mut und voll der sichersten Ueberzeugung wird er in dies Haus treten, wohl wissend, daß er in diesem großherrlich reichen Hause nur mit der größten Zuvorkommenheit aufgenommen wird, ob seiner noch größeren Schätze, seiner Macht und seines Ansehens.

5] Sonach aber stellt sich nun heraus, daß der Friede nichts anderes ist als der volle Mut der Seele, den sie aus der Zuversicht schöpft, aus der sie sich solcher Fähigkeiten bewußt ist, mit denen sie jeder wie immer geartet sein sollenden, möglicherweise vorkommenden feindlichen Begegnung siegreich entgegensieht. Wem demnach diese Fähigkeiten fehlen, dem fehlt natürlich auch das Vertrauen und die Zuversicht auf solche Fähigkeiten. Wo aber kein Vertrauen und keine Zuversicht, da ist auch kein Mut und also auch kein Friede.

6] Wenn Ich daher im Evangelium sage: „Frieden lasse Ich euch, Meinen Frieden gebe Ich euch", so heißt das so viel als: Meine Fähigkeiten, Mein zuversichtliches Vollvertrauen auf dieselben und somit Meinen vollsten Mut lasse und gebe Ich euch; natürlich einen Mut, den die Welt nicht kennt, nicht hat und also auch nicht geben kann.

7] Die Wirkung dieses Mutes aber sei, daß euer Herz nicht furchtsam und nicht unruhig werde bei was immer für feindlichen Begebnissen, die euch hie und da begegnen können. — Ich meine, das wird doch klar genug sein!

8] Trachtet daher aber auch ihr nach solchen Fähigkeiten, aus denen euch ein gleicher evangelischer, wahrer Friede werden soll! — Das sagt der wahre „Held des ewigen Friedens". Amen.

☆

Die Schnecke als Lebensbild

Am 25. Juni 1847

Der Mensch, wie er sein soll und wie er auch nicht sein soll, ist gleich einer Schnecke!

2] Die Schnecke, ein gar elend Tierchen, ist ein Doppelbild, das zu allen Zeiten und, außer an den Polargegenden, fast an allen Orten der Erde vorkommt unter mannigfach veränderten Gestalten und Größen und den Menschen darum auch hauptsächlich so recht zur Beobachtung nahe gestellt ist, auf daß sie von ihr lernen möchten, wie sie sein sollen und wieder auch wie sie nicht sein sollen.

3] Die Menschen sollen ihre Augen ebenso sorgsam, wie die Schnecke ihre Fühl- und Sehrüsselchen, von der Welt abziehen und in sich kehren, so diese ihnen, den Menschen nämlich, ihre Lockungen vorhält und sie damit blenden will. — Aber sie sollen wieder nicht wie die Schnecke ihre Augen von sich hinaus in die Welt treiben, wo sie dann nichts als die Welt nur sehen mit all ihren Lockungen und für Mich kein Auge mehr haben!

4] Die Menschen sollen, gleich den Schnecken, vier Augen haben, von denen die zwei großen Seelenaugen — Vernunft und Verstand — nach oben zu Mir, Gott dem Herrn, und nur die zwei ganz kleinen Leibesaugen nach unten zur Welt gerichtet sein sollen. — Und dennoch sollen sie wieder nicht gleich den Schnecken die großen Augen in die Welt hinausstecken, auf ihre vielen sinnlichen Bedürfnisse schauen und nur mit den kleinen Augen den so über alles wichtigen Lebensweg betrachten, was (NB.!) jetzt wohl bei gar so vielen Menschen der Fall ist.

5] Die Menschen sollen ferner wieder ebenso vorsichtig sein wie die Schnecken und sollen nur, so es not tut, ihr inneres Wesen über ihr naturgemäßes Gehäuse (den Leib) hinausstellen und da zeigen, daß sie keine leeren Gehäuse sind — und sollen dasselbe, gleich den Schnecken, auch alsogleich wieder ins Gehäuse zurückziehen, so demselben von der Welt her irgendeine Gefahr droht. — Aber sie sollen wieder ihr Inneres **nicht**, gleich der Schnecke, bloß sinnlicher Bedürfnisse wegen entäußern; oder die Menschen sollen nicht ihre geistigen Talente dazu verwenden, um sich durch dieselben irdische oder weltliche Vorteile zu verschaffen!

6] Wieder sollen die Menschen die **Geduld** von der Schnecke nehmen und also ihr Ziel mit einer schneckischen Geduld und Beharrlichkeit verfolgen und sollen allezeit bedenken, daß da auf einen Hieb kein Baum von einiger Bedeutung zum Falle kommt! — Aber den Weg des **geistigen** Lebens sollen sie **nicht** mit der Schneckenpost verfolgen! Und so es sich darum handelt, den Dürftigen und Notleidenden zu helfen, auch **da** sollen sie sich **nicht** mit der unendlich geduldigen Trägheit der Schnecken auf die Beine machen, sondern da sollen sie eilen wie ein Hirsch und springen wie ein Löwe!

7] Ferner soll der Mensch sein irdisch **Haus** nur so wie die Schnecke für ein einfaches Bedürfnis ganz einfach bauen und einrichten, auf daß dessen Bürde nicht das innere, geistige Leben erdrücke! — Aber wieder sollen die Menschen nicht gleich der Schnecke an ihrem [**leiblichen**] Gehäuse hängen, auf daß, so es ihnen abgenommen wird, sie dann nicht in ihrer Seele also den Tod erleiden wie die Schnecke, so ihr das Gehäuse zertrümmert wird!

8] Wiederum sollen die Menschen durch den stets unversiegbaren Ausfluß ihrer alles an sich ziehenden und ankleben machenden **Liebe** tun, wie es die Schnecke mit ihrem reichlich aus ihr hervorquellenden **Safte** tut, mittelst dem sie sich an alle Gegenstände klebt und sie dadurch gewisserart an sich zieht, auf daß sie ihr zur Unterlage des Lebens dienen. — Aber es sollen die Menschen auch nicht mit ihren schmutzigen und ehrabschneidenden Worten also auf allen ihren Wegen alles besudeln und beschmieren, was ihnen nur immer unterkommt, wie die Schnecke mit ihrem Schlammsafte ihren Pfad, den sie bekreucht!

9] Dergleichen Bilder könnten von der Schnecke noch mehrere gegeben werden, doch für euch genügen diese vollkommen, so ihr sie für euer Leben beachten wollet. Daher sage Ich euch noch einmal: Seid und handelt wie die Schnecken, und seid und handelt auch wieder nicht wie die Schnecken, so werdet ihr leben wie rechte Menschen! Amen.

☆

Welt-, Tempel- und Gottesdienst

Am 5. Juli 1847

Machen auch wir einige „Aphorismen" — aber natürlich ganz eigener Art! — Und so schreibe:

2] Es dehnen sich Häuser, es blühen die Städte, und eiserne Straßen befahren dem Wasser entfesselte Geister und treiben mit Flügeln der Winde gar mächtige Lasten die ehernen Bahnen entlang.

3] O dafür aber greulich verkümmern die Herzen der Menschen, die einzig alleinigen Wohnungen Gottes auf Erden! Und nimmer will jemand die Mühe sich nehmen, zum Baue der einzigen, heiligen „Gottesstadt" einige gute Bausteine, bestehend aus christlichen Werken der Liebe zum Nächsten, beizuschaffen und ebensowenig die Wege, die lange Ich Selbsten gebahnet, mit leichtester Mühe ein wenig nur aufrechtzuerhalten, auf daß denn doch einige bessere Wanderer zum ewigen Leben am Wege nicht möchten ersticken im endlosen Kote der Welt.

4] Es wird wohl die Industrie dieser Welt fleißigst betrieben, um schneller den Geist zu ertöten und möglicherweise auch ganz zu vernichten die ohnehin kärgliche Aussaat des Samens zum ewigen Leben! — Vom Gegenteil höret man nichts; keine Industrie will sich erheben, in welcher man eigene „Manufakturen" errichten wohl möchte, Ich meine „Fabriken", in denen nur Werke der christlichen Liebe, der Demut und lieblichsten Sanftmut erzeugt werden möchten und nimmer die Werke der Hölle, des Todes, des Satans.

5] Es reisen jetzt Künstler, Gelehrte und allerlei Forscher zu Land und zu Wasser. Sie reisen zu Haufen auf allen nur möglichen Wegen und Stegen. — Was wird wohl der Zweck ihrer Mühe doch sein? — O der ist gar nicht schwer zu erraten! — Was reimt sich auf „Welt"? — Siehe, „Geld"! — Ja, das Geld, das verfluchte, beweget nun alle die Künstler, Gelehrte und allerlei sonstige Forscher zu Land und zu Wasser. Und keiner von all den Genannten bereiset die Erde aus höheren Gründen: aus Liebe zu Mir und aus Liebe zum Nächsten.

6] Die weltliche Ehre, ob welcher in früheren Zeiten auch manche gar seltene Taten verübten, ist nun auch dem Tode verfallen. Es ist zwar kein Schade um sie, denn gar oft hat sie Brüder gegen Brüder entzündet, und zahllose Kaine erschlugen die Abel. Doch diese Triebfeder zu greulichen Taten ist nun beinahe gänzlich verschwunden. Das Geld hat nun die Stelle der Ehre übernommen; wer dieses besitzt, dem wird alles zuteil! — Ob's ewige Leben auch?! — Dieses wird einstens sich zeigen! — Wohl möglich bei manchen — unmöglich bei vielen.

7] Geschmückt sind die römischen Kirchen und Tempel mit Türmen und Kuppeln, das Innere prunket mit Gold und Silber und viel Edelgesteinen. In allen den Türmen erschallen gewaltig die ehernen Glocken zu allen besonderen Zeiten der Tage, der Wochen und Jahre. Im Innern der Kirchen und Tempel ertönen die Orgeln und manchmal Posaunen, Trompeten und Pauken und Pfeifen. Und Sänger wetteifern, wer eh' sich aus ihnen die Kehle und Lunge zersprengen wohl könnte. Und Menschen bedrängen sich mächtig, wenn Messen in goldnen Gewändern und teuer bezahlt, vorgeblich zu Meiner Ehr aufgeführt werden. Denn so eine Messe wird „Opfer" benennet und ist für die römischen Christen der allervornehmste, erhabenste, heiligste Dienst, der Mir einzig allein wohlgefällt, und am meisten, wenn er so prunkvoll und teuerst bezahlt wird gegeben!

8] O Zeiten, o Sitten, o Menschen! — Wo steht es denn geschrieben: Bethäuser mit Türmen, mit Kuppeln, mit Gold und mit Silber und Edelgesteinen zu schmücken, mit teueren Glocken zu läuten, mit Orgeln, Trompeten, Posaunen und Pauken und Pfeifen und sonstigem Geplärr voll des greulichsten Unsinns, Mich, euren Gott, zu verehren — ums Geld noch dazu?!

9] O das ist noch ärger, als was der Prophet Jesaias gesprochen, indem er da sagte: „Dies Volk Mich verehrt mit den Lippen; sein Herz doch ist ferne von Mir!" — Doch hier wäre es noch gut, so man nur das von allen römischen Christen alleinig aussagen wohl könnte. Doch hier muß man sagen: Dies Volk Mich verehrt mit gemauerten Kirchen und Türmen, mit Glockengeläute, mit Orgeln und allerlei Pfeifen, mit Klingel und Klangel, mit Büscheln und Bändern, mit Weihrauch und brennenden Kerzen, in goldnen Gewändern für Geld und für Gold und für Silber, für Wein und für Braten in allen Gestalten. Mit Lippen jedoch macht sich's dabei nicht viel zu schaffen. Es hat dafür Glocken und andere geweihte Werkzeuge! Wozu dann noch Lippen abwetzen? Das tut man zum Schein nur lateinisch ein wenig.

10] Ums Herz darf man da nicht mehr fragen, ob's nah oder ferne Mir ist. Denn das kennet Mich nicht und hat nie Mich erkannt! — Oder haben wohl Mauern und Türme und Glocken und Orgeln und Büschel und Bänder, vergoldete Götzen und allerlei Schnitzwerk und Rauchfaß und Weihbrunn und Kerzen und Lüster und Lampen, Altäre und goldne Gewänder und allerlei andre geweihte Werkzeuge auch Herzen?

11] O Zeiten, o Sitten, o Menschen! Wohin seid gekommen ihr Tollen, ihr Blinden, ihr Armen, ihr Toten allsamt?! — Heißt denn das — Gott im Geiste und Wahrheit anbeten?! — Erwachet doch einmal und machet's nicht ärger noch, als es vor Zeiten gemacht haben einzig allein nur die finstersten Heiden!

12] Wer wagt es zu sagen: „Ich kenn' den allmächtigen Gott, den dreiein'gen, den ewig Getreuen" — und will doch nie anders als einzig allein nur ums Geld Mich lateinisch anbeten! — O das wird doch etwa die Krone der Lüge wohl sein?!

13] O seht, wer Mich kennet im Herzen als Gott und als Vater, der wird auch im Herzen alleinig durch Liebe Mich ehren und so nur in „Wahrheit" und „Geist" Mich anbeten — weil Ich als Gott und als Vater durch Meinen allerheiligsten Geist nur in den Herzen derjenigen wohne, die Mich als das kennen, was Ich von Ewigkeit war und als was Ich Selbst Mich auf Erden habe zu erkennen gegeben!

14] So das aber einzig die ewige Wahrheit nur ist — was wohl wird dann das übrige sein: All' die Kirchen und Tempel und Türme und Glocken und Orgeln und Pauken, Trompeten und Pfeifen und Meßbuch und Weihrauch und Rauchfaß und Klingel und Klangel und Büschel und Bandel und aller der götzische Plunder?!

15] Ich meine, die Antwort wird jeder leicht finden. Darum nichts mehr weiter von allen den Werken der Nacht und des Todes für ewiglich! Amen.

☆

Rom und das Kommen des Gottesreichs

Am 8. Juli 1847

O Herr, Du ewiger Lenker der Wege, Stege und Zustände der Menschen! — was haben wir armen, sündigen Menschen von Rom aus zu erwarten in dieser Zeit, und zwar infolge der mir in manchen Stücken recht weise vorkommenden Regierung des gegenwärtigen Hierarchen Pius IX.? — Wird es lichter oder noch finsterer werden? Und was hätten wir in letzterem Falle in und für diese Welt zu tun? — O Herr, so es Dein heiligster Wille wäre, so wolle uns aus Deiner endlosen Liebe- und Weisheitsfülle einige Winke geben; aber nur Dein heiligster Wille geschehe allzeit wie ewig! Amen.

Von Rom aus wird es nie licht, und möge da als kirchlicher Regent Petrus oder Paulus auf dem Hierarchenstuhle sitzen! Denn ihr wisset es ja, daß das wahre Licht als eigentliches Gottesreich nie äußerlich mit materiellem Schaugepräge, sondern nur ganz in aller Stille innerlich im Menschen vorkommt, ganz unbeachtet — wie ein Senfkörnlein, so es in die Erde gesäet ist, dann auch vom Innern der Erde als ein zartestes Pflänzchen zum Vorscheine herauskommt, dann wächst und größer und fester wird und dann Aeste und Zweige treibt, so daß sogar, wenn es erwachsen ist, des Himmels Vöglein darunter Wohnung nehmen.

2] Auch kommt das Gottesreich, wie ein Kind aus dem Mutterleibe, aus dem Herzen des Menschen hervor und durchströmt dann den ganzen Menschen und fasset Wurzeln in allen seinen Teilen und macht, daß der ganze Mensch endlich ein ganz neues Wesen wird und unsterblich in allen seinen Teilen!

3] Dieses Licht, dieses wahre Gottesreich, kann sonach nie von Rom ausgehen, und möchte der Papst auch ein Engel sein — sondern allezeit nur von jedem einzelnen Menschen selbst, so er in der Schrift unterrichtet und darnach getauft ist durch Werke und durch das kräftigst wahrnehmbare Zeugnis des Heiligen Geistes. Wo dieses mangelt, da hilft weder Rom noch Jerusalem und weder Papst noch Wassertaufe und Bischof und Konfirmation!

4] Der gegenwärtige Papst aber ist ein recht feiner Weltmann und sorgt mehr für die politische als für die äußerlich kirchliche Konsistenz seines Regimentes. Er gebraucht das Kirchliche zu rein politischen Zwecken. Wird er diese erreichen, dann wird er tun, wie es seine Vorgänger taten, d. h. er wird auch hie und da äußerlich etwas Besseres säen. Aber seine Nachfolger werden es schon wieder zugrunde richten, wie es noch allezeit der traurige Fall war.

5] Was der Papst als Mensch Gutes tut im verborgenen und nicht in alle Welt ausposaunen läßt, davon wird er auch den ewigen Lohn ernten. Aber von seinem kirchlichen Wirken wird im Himmel wenig oder gar keine Notiz genommen werden, außer eine solche wie von aller Weltäußerlichkeit.

6] Das erste Zeichen des ankommenden Gottesreiches aber ist die rechte, ewig nie eine scheinbare und noch weniger eine sogenannte Kurial- und Pontificaldemut[1], laut der sich ein Papst wohl einen „Knecht der Knechte" nennt, sich aber daneben gleich wieder gegen Mein Wort und Gebot „Heiliger Vater" titulieren läßt und dadurch ein Herrscher der Herrscher sein will — in welchem Stücke ein Papst dem andern ebenso ähnlich ist wie ein Auge dem andern.

[1] Förmlichkeitsdemut der mit ihren Würdezeichen bekleideten Priester beim Gottesdienst.

7] Es fehlt demnach dem Papste sogar das allererste Zeichen des Gottesreiches, ohne das niemand ewig je zum Lichte der Himmel gelangen kann. Wo aber das A völlig mangelt, woher soll dann das B und noch weniger das C, D und E kommen? — Das wäre gerade also, als sollte ein Weib je schwanger werden und gebären, wenn sie sich, aus lauter Stolz und Hochmut, nie so tief herablassen wollte, sich von einem Manne beschlafen zu lassen, auf daß er in ihr einen Samen hätte erwecken können.

8] Woher aber sonach ewig nie ein Licht zu erwarten ist (aus den obenangeführten allertriftigsten Gründen), von dorther kann alsonach nur Finsternis kommen. Und es lasse sich da keiner berücken, wenn es auch so und so aussieht!

9] Denn was da geschieht, ist pur Aeußerliches. Das Innere dagegen wird als ein „Geheimnis aller Geheimnisse" bescheidet und ist so gut wie gar nicht da. — Und wäre es auch da, so müßte es aber doch ewig ohne Wirkung bleiben gleich dem Keime in einem Samenkorne, das nie ins Erdreich gesäet wird. So ein Keim muß dann freilich wohl auch ein „ewiges Lebensgeheimnis" verbleiben, weil er nie ins Leben übergehen kann, da ihm das Mittel, durch das er sich entwickeln und zum Leben manifestieren sollte, für alle Zeiten abgeschnitten ist.

10] Wo Gott, der da ist der ewige Grundquell alles Lebens, ein „Geheimnis" ist — was soll da das Leben und dessen Licht sein?!

11] Gott ist in allem der Grund, die erste Bedingung alles Seins, also auch das Hauptlicht alles Lichtes und muß zuerst angenommen und erkannt sein, so alles andere, das aus Ihm ist, soll erkannt werden. — So aber Gott ein Geheimnis, also eine barste Nacht ist, was soll dann alles andere sein? Wo das Licht schon die barste Finsternis ist, was soll dann erst die eigentliche Hauptfinsternis selbst?

12] Ich meine, so Ich bei euch nur ein wenig Licht im Hause bin, so werdet ihr aus dem leicht entnehmen können, was zu allen Zeiten von Rom zu erwarten ist, solange es bleibt, wie es ist und wie es war.

13] Das aber glaubet ja nicht, daß es je von Rom abhängen wird, ob Licht oder Nacht — sondern das alles hängt rein von Mir ab! — Wann es die rechte Zeit sein wird, so wird es Licht wie am Tage. Und Rom wird dem „großen Tage des Geistes" so wenig Schranken zu setzen imstande sein, als jemand imstande ist, der Sonne den Aufgang zu verwehren.

14] Daher bleibet nur ganz unbesorgt! — Wer am und im Tage wandelt, hat von der Nacht nichts zu befürchten. Aber wehe denen, die in die Hände der Räuber fallen! — Amen.

☆

Von den kirchlichen Mysterien und Zeremonien

Am 9. Juli 1847

O Herr, was sind denn so ganz eigentlich die „Geheimnisse", mit denen besonders unsere römische Kirche so überaus vollgestopft ist und worauf sie sich viel zugute tut und sozusagen ihr Hauptansehen stützt? — So es Dein heiligster Wille wäre, gib uns darüber einige Winke!

„Geheimnisse" (Mysterien) sind nichts anderes als Nacht und Finsternis in eben den Dingen, die als ein Geheimnis betrachtet werden. Und so sind auch die [kirchlichen] „Geheimnisse" die barste Blindheit der Seele und ein völliger Tod des Geistes.

2] Und wieder sind die „Geheimnisse" eine Bosheit! Denn die Menschen hüllen gewöhnlich das in Geheimnisse, womit sie sich nicht offen ans Licht getrauen, weil da die andern den Betrug erschaueten und dann Rache nehmen möchten an den Betrügern — was sich eben auch nicht zu selten schon ergeben hat! — Jeder Betrug aber ist eine allergröbste Sünde und somit eine größte Bosheit. Und somit ist ein „Geheimnis", das da nichts ist als ein Betrug, auch eine barste Bosheit.

3] Weiter ist ein „Geheimnis" auch ein Mörder und ein Totschläger! Denn nichts tötet den Geist so sehr, als eben die „Geheimnisse". — Daher sind sie denn auch geistige Räuber, Mörder und Totschläger. Denn über alles hat der Mensch mehr Mut als über ein Geheimnis — aus welchem Grunde in der früheren Zeit auch der Aberglaube so ausgebreitet wurde, da niemand den Mut hatte, hinter die Augendecke Mosis zu greifen, um sich zu überzeugen, was denn so ganz eigentlich hinter derselben liegen könnte! Jeder betrachtete die „Geheimnisse" als rein unerforschlich und blieb und bleibt dabei stehen, weil er am Ende nicht nur das Geheimnis, sondern auch dessen Enthüllung fürchtete und noch fürchtet.

4] Jedes Geheimnis aber gebiert ein anderes, und das andere ein drittes, und das so fort, bis endlich alles ein „Geheimnis" wird, das ganze Leben samt dem Tode. Um also die Menschheit geistig völlig zu töten, braucht man sie nur in recht viele und recht derbe Geheimnisse zu treiben, so kann man seiner Sache gewiß sein, natürlich von der höllischen Seite her.

5] Aber in der Nacht ist es einträglich, auf den Raub auszugehen; im trüben ist gut fischen. Die Blinden lassen sich leicht führen. Und die Toten kann man überhaupt tragen, wohin man will, und sie sieden und braten noch oben darauf, und sie werden sich nicht rühren. Daher gibt es ja kein besseres Mittel als recht viele große „Geheimnisse“, und ein Volk ist auf ein Jahrtausend zerschlagen und läßt alles aus sich machen.

6] Dergleichen „Geheimnisse“ dürfen dazu nur noch mit einigen taschenspielerischen Wundern, mit großem Pompe und glänzender Zeremonie begleitet sein und mit recht viel Rauch und schrecklichen Historien, so haben sie dann eine gewaltige Macht, der selbst die beherztesten Menschen keinen Widerstand zu leisten imstande sind.

7] Ja, da ist dann die Trübsal so stark, daß sie selbst den Auserwählten schaden könnte, so diese möglicherweise ohne Meinen besonderen Beistand in ihr Gebiet könnten geleitet werden. Daher auch nun alle die Christen, bei denen „Geheimnisse“ walten, über das Wesen des Lebens nach des Leibes Tode im völligen Tode wandeln. Denn sie wissen davon nichts und glauben an dasselbe, wenn es gut geht, nur ungefähr also, wie ein Lottospieler auf einen Terno, der möglicherweise wohl herauskommen könnte, aber höchstwahrscheinlich nicht herauskommen wird!

8] Wie viel aber ist solch ein verfluchter Glaube wert? — Ich sage: Er ist nicht einmal des Auslachens und Anpfeifens wert! — Denn er kann niemanden vom Tode erretten. Daher solche Schwachgläubige auch alle dahinsterben, als wären sie nie dagewesen, und zu Schemen und Phantomen der Geisterwelt werden, denen sogar die Fähigkeit mangelt, Meinen Namen auszusprechen — was alles eine Frucht der „Geheimnisse“ ist!

9] Was Gott, was Ich, Jesus, was der Heilige Geist, was also diese Dreieinigkeit, was das Abendmahl, was das Wort Gottes ist, davon wissen sie gerade so viel wie der nächste beste Stein! — Sie beten zwar wohl Gott an; aber einen Gott, der nirgends ist und sein kann. Der Vater aber, der ihr allerbekanntester und allernächster Erzieher sein sollte, ohne welchen niemand das ewige Leben erhalten kann, ist das geheimnisvollste und somit entfernteste und also auch ein völlig nichtdaseiendes Wesen! — Frage: Wie kann zu solch einem Vater je eine Liebe erweckt werden, von der doch alles abhängt, was nur immer das ewige Leben bedingt?!

10] Es kann wohl für Laien Geheimnisse geben — wie für Schüler, solange sie noch in der Schule sind und lernen müssen. Aber bei Menschen, bei wahren Menschen sollen keine Geheimnisse sein! Denn ihr wißt es nun, daß der rechte Geist Gottes, so er im Menschen ist, auch in Meine Tiefen dringt, wie es Mein Paulus aus Mir gelehrt hat.

11] Hinweg daher mit allen „Geheimnissen“! — Sie gehören der finsteren Welt an!

12] Bei euch aber sei es Tag in eueren Herzen! — Denn darum lasse Ich stets so viel Licht zu euch, auf daß ihr für ewig aus der harten Gefangenschaft der „Geheimnisse“ erlöst werden sollet! Amen.

☆

Stellung zur Kirche

Am 12. Juli 1847

O Herr, Du liebevollster Vater und Schöpfer der Geister- und Naturwelt! Siehe, wenn von keiner äußeren Kirche etwas für den Geist zu erwarten ist, außer die alles verdunkelnden Mysterien — was sollen denn die Menschen dann tun, woher den ersten Unterricht im Evangelium erhalten? — Man kann doch nicht annehmen, daß da Engel aus den Himmeln herabsteigen werden, um die Kinder in den ersten Grundlehren des Katechismus zu unterweisen oder Dein Evangelium den wilden Völkern zu verkündigen?

Und so scheint es mir denn doch, daß wenigstens für den Anfang eine äußere Kirche ebenso notwendig ist wie die darauffolgende innere für den Geist zur unfehlbaren Gewinnung des ewigen Lebens. — Was ist da so ganz eigentlich Rechtens? — O Herr und Vater, laß uns auch darin nicht in der Dunkelheit — aber nur nach Deinem heiligsten Willen! Amen.

Diese Anfrage ist zwar gut und in gewisser Hinsicht, besonders in dieser Zeit, wichtig. — Aber die Antwort ist auch schon gegeben worden und somit auch, was jeder von der äußeren Kirche zu halten und zu nehmen hat.[1] In diesen Verhaltungsregeln steht das Beste und Notwendigste. Was darunter oder darüber ist, ist nicht in Meiner Ordnung.

2] Wer aber dessenungeachtet noch nicht weiß, was er so ganz eigentlich tun solle, der lese das Evangelium, allda wird er finden, was er darüber für sein Heil zu wissen braucht!

3] Siehe, also fragten Mich auch einmal die Apostel und viele Jünger, als Ich sie alle vor den Hohenpriestern, Pharisäern und Schriftgelehrten gar weidlichst warnte. Sie sprachen: „Herr, was sollen denn wir dann tun? — Siehe, Moses, den Gott verordnet hatte unter großen Wundern, hat buchstäblich von Gottes Willen aus

[1] So besonders in den Lorberschriften „Der Weg zur Wiedergeburt“ (46 Seiten), „Erde und Mond“ (250 Seiten), sowie an verschiedenen Stellen in „Himmelsgaben“.

eine solche Ordnung eingeführt, wie sie heute eben auch noch buchstäblich, obschon wohl höchst äußerlich, erfüllt wird. Wenn aber das unverbrüchlich wahr ist, warum willst Du nun das wieder zerschmeißen, was Du gewisserart Selbst aufgebaut hast?“

4] Da Ich aber der Jünger Not gar wohl merkte, so sprach Ich zu ihnen: „Wahrlich, auf dem Stuhle Mosis sitzen die Hohenpriester, Schriftgelehrten, Leviten und auch die strengen Pharisäer, so sie aus dem Stamme Levi sind. Was sie euch lehren aus der Schrift, das haltet und befolget! Aber ihren Taten folget nicht und ihren eigenen Satzungen auch nicht! Denn diese sind nicht von Gott, sondern sind eitles Menschenwerk gegen den Willen Gottes, weil sie, diese Mosisnachfolger, dadurch nur ihre eigenen irdischen Vorteile und nicht im geringsten die Erfüllung des göttlichen Willens bezwecken wollen.“

5] Sehet nun aber auch ihr und merket es: Eben das, was Ich den Aposteln und Jüngern dereinst in Bezug auf die Hohenpriester und Schriftgelehrten sagte, dasselbe sage Ich nun auch euch in Bezug auf jede äußere Kirche und ihre Diener:

6] Folget ihrer Lehre, wo sie Mein Wort und die Demut und die Liebe verkündigen. Aber ihren Werken und Satzungen folget nicht, so sie wider Mein Wort gerichtet sind und nur der Priester irdische und weltliche Vorteile im Schilde führen; und lasset euch von denselben nicht beirren und irgend breitschlagen!

7] Es ist wohl ganz wahr, daß die Rinde an einem Baume tot ist, und je äußerlicher, desto toter. Und niemand kann aus solch toter Rinde eine Lebensnahrung ziehen. Aber so man diese tote Rinde einem Baume nehmen würde, besonders zur Winterszeit, da würde der Baum entweder einen großen Schaden leiden, oder würde ganz und gar zugrunde gehen. — Gerade so aber steht auch die äußerliche Kirche zur inneren, wie die äußere Rinde des Baumes zum inneren, in seiner Art lebendigen Baume!

8] Von der äußeren Kirche wird freilich wohl ewig nie das Gottesreich kommen, welches da ist das eigentliche innere, ewige Geistesleben. Aber diese äußere Kirche ist nach Meiner Fürsehung und Sorge ein Schutz für die innere Kirche, die jedermann leicht finden kann, wenn er sie nur suchen und finden will.

9] Und dabei ist es gleich, in welcher äußeren Kirche er sich befindet — so sie nur irgend Meinen Namen und Mein Wort verkündiget! Denn es ist nicht vonnöten, daß da jemand die ganze Bibel im Kopf haben müsse, um damit Mein Reich und Mich zu finden. Sondern dazu genügen auch wenige Texte und ein genaues Beachten und Leben nach denselben.

10] Wer also tut, zu dem wird sich das Gottesreich bald also kehren und vernehmen lassen, wie es im Evangelium steht und also lautet: „Ei du getreuer Knecht, dieweil du im Kleinen getreu warst, so sollst du nun über vieles und Großes gesetzt werden!"

11] Wer sich aber in irgendeiner äußeren Kirche befindet und hört da Mein Wort verkünden und vermeint, es sei das Wort falsch und tot, weil in der Kirche sonst so viel Lug und Trug vorkomme, beachtet es darum nicht und verwirft so „das Kind samt dem Bade" und fluchet dem ganzen Baume, weil dessen äußere Rinde tot ist — der gleicht dem, der sein Talent vergrub, und wird dereinst auch also gerichtet werden.

12] So aber jemand in der inneren Kirche schon in aller Fülle wäre, da wird es ihm dennoch nie zur Sünde gerechnet werden, so er die Bethäuser der äußeren Kirche besucht. Denn es ist ihm besser, ein Bethaus als oft unnötigerweise ein Gasthaus zu besuchen. Nur soll er darin kein Aergernis nehmen ob der götzischen Ausstattungen, wohl aber Mich bitten, daß Ich dieses dunkle Gemach mit Meinem Lichte erhellen möchte — so wird er in seinem Herzen den Armen im Geiste ein lieber Bruder sein, der darob den ewigen, großen Lohn ernten wird. Amen.

13] Das spricht der Herr der äußeren und der wahren inneren Kirche! Amen. Amen. Amen.

☆

Väterlicher Rat

für eine junge Tochter

Am 13. Juli 1847, vormittags

Pauline, Mein liebes Töchterchen! Da du von Mir gern erfahren möchtest, ob du zu deiner Welttante nach Obersteier auf ihre Herrschaft gehen oder daheimbleiben sollest, um als Gesunde gesund zu werden, sage Ich dir: So du Mich mehr liebst als deine Welttante, dann bleibe du zu Hause bei deinen Eltern und glaube, daß nicht die obersteierische scharfe Luft, sondern allezeit nur Ich dir helfen kann — wie Ich dir bisher auch ohne die obersteierische Herrschaftsluft geholfen habe und gemacht, daß du jetzt recht gesund bist, und gesünder, als du es selbst glaubst.

2] Warum aber hast du ohne Meinen Rat deine Tante besucht und gebeten darum? — Siehe, das war nicht recht, weil du dadurch derselben eine große Weltfreundschaftspflicht auferlegt hast, der sie nun nachkommen will, weil sie es dir einmal zugesagt hat und noch der Meinung ist, dir damit einen Hilfsdienst zu erweisen, während sie dir dadurch nur einen Schadendienst erweisen würde, so du davon einen Gebrauch machen möchtest.

3] In der Zukunft fange daher alles mit Mir an, so wirst du auch leicht alles mit Mir beenden!

4] Nun aber danke deiner Welttante weltlich und sage ihr, daß du nun völlig gesund bist und daher lieber daheim bleibst bei den lieben Eltern und Geschwistern, deren längere Entbehrung dir als ein leidiges Heimweh mehr schaden als nützen würde, wie es dir „ein geschickter Arzt" (der Ich Selbst es bin, aber namentlich nicht der Welt zu nennen) sagte — und auch riet, daß dir die obersteierische schärfere Sauerstoffluft nicht dienen würde wegen deiner schwachen Brustnerven, denen nur eine milde, südlichere Süßluft zuträglich ist.

5] Also entschuldige dich mit der Wahrheit und bleibe daheim, so du es willst! — Willst du aber lieber dem Rufe und der Einladung deiner Welttante folgen, so kannst du das auch tun. Aber es wird dir nicht dienen, dieweil du dir wohl leicht denken kannst, daß Ich auf Herrschaften, Schlössern und Burgen ebensowenig zu Hause bin wie Gold in den Kloaken — und daher auch ferne mit Meiner Hilfe.

6] Tue also, was du willst, Ich werde dir darob nicht gram sein. Aber mit dir auf die „Herrschaft" gehe Ich auf keinen Fall. — Wäre deine Tante gleich deiner Mutter eine Bürgerin geworden statt einer „Herrschaftsinhaberin", so wäre sie Mir recht lieb. Aber als „Herrschaftsinhaberin" steht sie Mir ferne und soll von Mir nur das haben, was Ich aller Welt gebe durch Meine Geister, nämlich Boden, Sonnenschein, Regen, Wind, Schnee und endlich den Tod des Leibes und, wenn sie sehr „herrschaftlichen" Sinnes wird, auch den Tod der Seele und des Geistes.

7] Gehe du aber daheim morgens und abends in die Luft, entweder auf den Schloßberg oder auch irgendwo anders hin in die Freie! — Und halte dein Herz im Zaume, so wirst du gesund werden wie ein Fisch im Wasser — besonders so du, wie bis jetzt, dich von dem dummen und häßlichen Tabakschnupfen[1] sorglich enthältst,

[1] Eine leidige Liebhaberei von Männern und Frauen der damaligen Zeit; d. Hsg.

nicht zu heiß und zu gäh issest, auch nicht zu fett und zu sauer, dafür aber dann und wann einen guten, reinen Wein mit etwas Wasser trinkest und dazu ein frisches Brot issest, das wohl ausgebacken ist.

8] Ich meine, dieses Rezept wird dir keinen bitteren Mund machen und keine Uebligkeit im Magen. Beachte es allezeit geistig und auch leiblich, so wirst du dir dadurch selbst die größte Wohltat erweisen in Meinem Namen für Zeit und Ewigkeit. Amen. — Das sage Ich, dein wahrer und bester Arzt.

☆

Gesegnete Bergbesteigung

Am 15. Juli 1847

Auf Anfrage der Marie und Wilhelmine Hüttenbrenner wegen Besteigung des Berges Schöckel:

Auf Berge gehen ist wohl gut und recht, aber nicht zu jeder Zeit! Und wer von der Besteigung eines Berges einen Nutzen haben will für Leib, Seele und Geist, der muß es in Meinem Namen tun und am Berge recht von ganzem Herzen zu Mir beten und Mir allein die Ehre geben. So werde Ich ihn segnen und machen, daß er auf der Höhe nur von den reinsten Geistern umhütet wird, wodurch dann sein Leib, seine Seele und Geist über die Maßen erheitert und dreifach gestärkt wird.

2] Es muß aber auch eine rechte Zeit sein, wie solches schon oben bemerkt wurde. Die rechte Zeit aber ist der halbe Monat September und von da weiter bis zum halben Oktober; und im Frühling vom halben Mai bis zum halben Juni. — Um diese Zeit beziehen die reinsten Geister die Höhen und segnen alles, was sich da befindet in Meinem Namen.

3] Aber vor und nach dieser Zeit, als etwa im Winter oder im hohen Sommer, ist es nicht gut und rätlich die Berge zu besteigen. — Fürs erste, weil da auf den Höhen gewöhnlich nur die unreinen Geister ihr Wesen und allerlei heimlichen, argen Mutwillen treiben und eine große Freude haben, jemandem irgendeinen Leck anzuhängen. — Und fürs zweite, weil zu der Zeit die Höhen nicht in Meinem Segen stehen und demnach dem Wanderer und Besucher sind wie eine Stiefmutter ihren Stiefkindern!

4] So aber jemand eines sehr frommen Gemütes ist und hat nötige Geschäfte auf irgendeinem Berge zu verrichten, der gehe in der Nacht hinauf und gehe wieder zurück, wann die Sonne untergegangen ist — und eile weder hinauf noch zurück und bete mehrmals zu Mir, so wird es ihm nichts machen, so er auch im Sommer oder im Winter auf die Berghöhen ginge. Am besten aber kommen da natürlich jene Menschen davon, die ohnehin zu allen Zeiten auf den Bergen wohnen.

5] Aber Menschen, die tiefgelegene Städte und Dörfer bewohnen, die sollen außer an den obbenannten zwei günstigen Zeitpunkten nicht die Höhen der Berge besuchen, außer in einem dringend notwendigen Falle, und dann nur unter Gebet und gerechtem Fasten, d. h. mäßig gefüllten Magens — sonst holen sie sich wenigstens für den Leib eine Krankheit, die sich allezeit darauf in einem Vierteljahre hervortut und dem Fleische viel zu schaffen macht.

6] Starke Rheumatismen, Gicht, Zahn- und Halsschmerzen und auch nicht selten Nervenfieber sind die gewöhnlichen Folgen einer unzeitigen Bergbesteigung. Bei Frauenzimmern auch Lungenentzündung, Lungensucht und Blutgang. — Daß dabei Seele und Geist wenig oder nichts gewinnen, versteht sich von selbst.

7] Jedermann aber kann in der für höhere Gebirge ungünstigen Besteigungszeit kleinere und niedere Berge mit viel Nutzen bereisen. Jedoch viel höher als dreihundert Klafter [1] dürfen sie nicht sein, denn was darüber ist, gehört schon der Alpenwelt an, die in obgenannten Zeiten Meines besonderen Segens völlig entblödet ist und je höher hinauf desto mehr.

8] Hier habt ihr die Regeln, wie und wann die Berge mit Nutzen zu besteigen und zu bereisen sind! — Will aber jemand aus was immer für einem Nebengrunde auch zu den als ungünstig bezeichneten Zeiten auf diesen oder jenen schon bedeutend hohen Berg gehen, so muß er es sich selbst zuschreiben, so er sich dabei wenigstens für seinen Leib einige nachträgliche Leiden abholt.

9] Wie aber gesagt, schon gewohnte Bergbesteiger können es wohl zu allen Zeiten wagen: es wird ihnen wenig machen, besonders wenn sie in Meinem Namen wandeln. Sind sie aber pure Naturmenschen [2], dann sind sie mit den Berggeistern nahe ohnehin gleichen Gelichters. Und da gesellt sich Gleich und Gleich gern und beschädiget einander selten mit etwas anderem, als daß solche Wanderer entweder früh graue Haare bekommen oder manchmal gar kahlköpfig werden.

10] Nun sich aber die Menschen durch ihren Weltverstand allein bewegen und sich von der alten Weisheit ganz losgemacht haben,

---

[1] Klafter, früheres Längenmaß, etwa 1,9 Meter; d. Hsg. — [2] d. h. nur mit der Natur, nicht mit Gott verbundene Menschen.

wissen sie auch nichts mehr von der alten Ordnung der Dinge und tun, was sie wollen und wie und wann es ihnen am gelegensten ist und gutdünkt. Denn da fragt niemand mehr um Meine Zeit, sondern lediglich um seine eigene. Und keiner fragt, ob es Mir wohlgefällig wäre — sondern jedem genügt sein eigen Wohlgefallen, und er tut dies und jenes, wie es ihm sein Sinn, seine Zeit und seine Gesellschaft gibt.

11] Darum aber entstehen auch von Jahr zu Jahr stets mehr und neue Uebel, leiblich und geistig, unter den Menschen, und die Aerzte wissen dafür kein Rezept!

12] Tut daher, was ihr wollt — aber vergesset Meiner nicht und Meiner Zeit nicht!

13] Ich verbiete euch damit nicht im geringsten, zu dieser noch stark ungünstigen Zeit auf euren beabsichtigten Berg zu gehen. Und so ihr gehet, wird es euch auch zu keiner Sünde gerechnet, so wenig wie jemandem, der in die Freie geht, so ein Hagel aus den Wolken stürzt. — Aber euretwegen kann Ich aus dem Juli dennoch keinen September machen, also Meine Zeit und Ordnung nicht ändern!

14] Nun wisset ihr genug und könnt ohne Gewissensangst tun, was ihr wollt. — Aber ob dabei euer Leib sozusagen einen „Buckel voll Schläge" bekommt — dessen werde Ich Mich nicht allzusehr kümmern. Amen. — Das sagt Der, der in allen Dingen Seine Zeit und Ordnung hat. Amen.

☆

Das Wettrennen

Ein Gleichnis des Weltlebens

Am 18. Juli 1847

Heute produziert die nun in dieser Stadt anwesende sogenannte Kunstreitergesellschaft ein Wettrennen zu Pferde, und zwar auf dem Glacis. Jeder Reiter muß die elliptische Bahn in wenigen Minuten dreimal durchreiten; und wer aus der ganzen Reitergesellschaft in der kürzesten Zeit die Rennbahn dreimal durchreitet, bekommt eine Ehrenfahne als Siegesprämie und sonst nichts als seine gewöhnliche Gage. — Also zeigt es der Kündzettel an.

2] Diese an sich ganz wertlose und Mir höchst zuwidre Sache ist aber dennoch ein treffliches Bild der Menschheit und ihres Strebens in dieser Zeit.

3] Der Wirkungskreis der jetzigen Menschen ist gleich einer solchen Wettrennbahn, in der jeder nach Kräften sich zu Tode rennt, aber dennoch nicht um ein Haarbreit weiterkommt. Denn von dem Standpunkt (des Todes nämlich), von wo er ausläuft, auf demselben Standpunkte bleibt er auch stehen — gewöhnlich für die ganze Ewigkeit.

4] Das dreimalige Herumrennen aber entspricht dem dreifachen Weltrennen der Menschheit. — Es ist gleich dem, wie da ein Mensch in seiner frühen Jugendzeit einmal einen fleischlichen Sündenzyklus in aller Eilfertigkeit und mit überaus großem Leichtsinn durchtobt mit Fressen und Saufen, Mode und Hurerei, Tanzen und Spielen und dergleichen mehr. — Nach diesem ersten Rennen kommt der sogenannte männliche, zweite Zyklus, bestehend aus Lug und Trug, Neid und Geiz, Scheelsucht und Ehrabschneidung, Stolz, Hochmut und Herrschsucht, Gewinn-, Gold- und Geldlust, Lieblosigkeit, Unbarmherzigkeit, Unglaube und endlich volle Gottlosigkeit und dergleichen mehr.

5] Darauf kommt dann das dritte Rennen, wenn so ein „Weltwettrenner“ sich nicht schon beim ersten oder zweiten Durchrennen seiner Weltwirkungs-Kreisbahn zu Tode gerannt hat. Dies dritte Rennen heißt die Altersschwäche des Leibes und noch mehr der Seele und gar am allermeisten des Geistes und ist nur im tempo moderato von den ersten zweien unterschieden. Es entspricht auch dem alten Sprichworte „Jung gewohnt — alt getan“.

6] Und so gleicht ein „Rennen“ dem andern auf ein Haar. Und der Mensch, der solche Bahn durchlaufen hat, bleibt sich gleich und ist dann im Alter auch selten um ein Haar besser, als er es in seiner Jugend war.

7] Der Lohn, eine wertlose (Ehren-)Preisfahne bei der heutigen Wettrennerei, ist eben auch völlig dieser gleich — nur mit dem Unterschiede: der Wettrenner bekommt sie in die Hand und gibt sie daheim wieder ab für einen ferneren gleichen Zweck; der Weltwettrenner aber wird damit zugedeckt, aber auch nur zum Scheine; denn am Grabe wird diese Ehrenfahne (das verschiedengradig eitelverzierte Bahrtuch) ihm ebenfalls wieder abgenommen für einen ferneren gleichen Zweck bei einem anderen Weltrenner! Diese Fahne ist dann bei gar vielen auch ein Siegeszeichen und Aushängeschild, daß der Tod über sie gesiegt hat, und nicht sie über den Tod! — Ein trauriger Preis für so viel eitle Mühe und Arbeit in dieser Welt — für diese Welt!

8] Ganz am Ende kommt noch das: „sonst nichts als die gewöhnliche Gage!“ Diese ganz gewöhnliche Gage für all die eitel törichten Weltrenner ist das jedermann wohlbekannte Grab, die Verwesung, und anstatt der Auferstehung der ganz gewöhnliche ewige Tod oder die Hölle!

9] Und seht, da haben wir dann unsere „Weltrennerschaft“ und „Weltkunstreiterei“ samt Preis und „sonst nichts als die gewöhnliche Gage“ so schön beisammen unter dem Bilde der heutigen Kunst- und Wettrennproduktion, daß wir es uns nicht schöner wünschen und malen könnten! — Gehet hin, so ihr wollt, und betrachtet aus einiger Ferne ihr loses Getriebe, und ihr habt die enthüllte Welt vor euch, oder, so ihr es lieber annehmet, auch die enthüllte Hölle!

10] Nur der Unterschied ist anbei noch zu bemerken: Diese Kunstreitergesellschaft sorgt durch dieses ihr halsbrecherisches Unternehmen und eitles Mühen doch wenigstens für ihren irdischen Lebensunterhalt, wenn auch für sonst nichts. Aber die Weltrenner sorgen meistens nicht einmal für das, weil sie in diesem Punkte gewöhnlich ohnehin versorgt sind. Sie sorgen daher lediglich nur für das, was da ist des ewigen Todes. Denn vom Leben wissen sie nichts und sorgen sich daher auch nicht um selbes. Und so sie auch irgendwann an selbes gemahnt werden, so glauben sie aber dennoch nicht und bleiben nach wie vor „Weltkunstreiter“ und „Weltrenner“ für obigen Preis und gewöhnliche Gage.

11] Hütet euch daher vor solchen (darunter entsprechend gemeinten) Weltkünsten, die einen so schnöden Preis zur ewigen Folge haben! — Das sage Ich, der Allgewaltige! Amen.

☆

Blindenheilung zu Bethsaida
(Markus 8,22–26)

Am 20. Juli 1847

Ich weiß es nur zu überaus gut, wie sehr diese etwas saumselig scheinende Heilung des Blinden von Bethsaida gar vielen zu einem Steine des Anstoßes geworden ist und noch fürder bleiben wird. Aber Ich weiß es auch, warum und wes Grundes Ich eben diesen Blinden also behandelte, zum ewigen Zeugnisse wider die arge Welt. Diese aber soll sich nur stoßen nicht nur an dieser, sondern an noch tausend anderen Stellen, auf daß sie sich zerschelle.

2] „Bethsaida“ stellt hier die äußerste „Welt“ dar, in der nur einer für die Welt blind war. Aber eben diese Blindheit für die Welt war der Grund, aus dem dieser einzige für die Welt Blinde es merkte, daß Ich nach Bethsaida kam, und darum die Weltsehenden bat, daß sie ihn zu Mir führeten, auf daß Ich ihn heilete und ihm wiedergebe das Licht der Welt.

3] Da von Mir aber gemäß der vollen Willensfreiheit jeder haben kann, was er will, Gift und Balsam, wie sie auf der Erde vorkommen, so konnte auch dieser haben, was er wollte. Er wollte anfangs das Weltlicht, darum führte Ich ihn außerhalb des Fleckens und spützete allda in seine Augen zum Zeichen Meines gerechten Abscheus vor der Welt und ihrem Lichte, legte ihm aber auch Meine Hände auf zum Zeichen, daß er, wie jeder in der Welt, sich in der Macht Meiner Hände befindet, ob er es merkt oder nicht, und Anteil hat an Meiner Gnade und Erbarmung, so oder so, d. h. entweder für den Himmel oder, so es ihm lieber ist, auch bloß für die Welt!

4] Aus eben diesem Grunde ließ Ich diesen einzigen Blinden von Bethsaida nicht sogleich allerklarst weltsichtig werden, sondern nur wie durch einen Schleier, und fragte ihn dann, ob er etwas sehe. Und der für die Welt Blinde blickte in der Welt auf und sprach: „Ich sehe die Menschen wie Bäume wandeln!“

5] Diese Aussage ward zu einem Zeichen und Zeugnisse, wie die Weltmenschen aussehen ihrer inneren Natur nach, und was sie darnach sind, nämlich: sie sehen aus wie wandelnde Bäume, die kein Leben mehr haben, da ihre Wurzeln in keiner Erde mehr stecken, daß sie Nahrung bekämen, sondern in der Luft hängen — weil sie von den Orkanen ihres Weltsinns und ihrer Weltleidenschaften sich haben aus dem Erdreiche Meiner Liebe, Weisheit und Ordnung reißen und gänzlich entwurzeln lassen!

6] Da der Weltblinde durch dies Bekenntnis der Welt ein richtiges Zeugnis angesichts Meiner und Meiner Brüder gab und in sich gewahr wurde, was an der Welt und ihrem Lichte ist, so legte Ich ihm nun aus rechter Gnade und Erbarmung abermals die Hände auf, damit er das, was er nur wie durch einen Schleier sah, auch in der vollen Klarheit schauen solle. Und Ich spützete ihm darum auch nicht mehr auf die Augen, zum Zeichen, daß Mir ein rechter, wahrer Blick in die Welt angenehm ist, demzufolge die Welt einen solchen Richtigseher nicht mehr in ihre tausendmaltausend Schlingen fangen kann zum ewigen Verderben.

7] Durch diesen puren Gnadenakt der Händeauflegung ohne vorhergehende Anspützung wurde der Blinde erst völlig hergestellt. — Als er aber also hergestellt war, da sprach Ich zu Ihm: „Gehe nun in dein Haus", d. h. in das Haus deines Geistes, deines inneren Lebens. Wenn du aber in den Flecken gehest, d. h. wenn du in der Welt etwas zu tun hast, so lasse sie es nicht merken, daß du von Mir aus sie nun in ihrem wahren Höllenlichte beschauest, auf daß du Ruhe habest vor ihr und sie dir kein Leid zufügen könne. Dies besagt das freundliche Verbot: „und sage es niemand, sondern behalte es in dir!" Denn die Zeit der Ausbreitung Meines Reiches in der Welt ist noch nicht da, darum, weil die [Erden-]Welt noch immer „Welt" ist und [die „Welt"] solches in sich bleiben wird ewig!

8] Siehe nun, also ist dieses evangelische Faktum zu verstehen und läßt eine andere Deutung nicht zu, außer eine rein himmlische, darnach der Weltblinde die Seele des Menschen, der Flecken Bethsaida sein Leib und das Haus des Weltblinden sein eigener Geist ist, und zwar unter entsprechenden gleichen Verhältnissen.

9] Da Ich dir nun aber dies gewichtige Bild enthüllt habe, so verstehe es auch also tatsächlich! Denn du weißt es, daß das Wissen allein niemand etwas nützt, sondern lediglich das Tun. Also tue du zuerst darnach stets gleichfort wie bis jetzt. Denn siehe, noch ist die Welt stetsfort gleich dem Flecken Bethsaida. Daher enthalte sich jeder in allem von ihr und lasse es sie nicht merken, daß er sie kennt in ihrer wahren Gestalt, auf daß er von ihr keinen Schaden bekomme, weder leiblich und noch viel weniger geistig! Das sage Ich, der wahre Augenarzt, dir für ewig! Amen.

☆

Von den Politikern[1]

Am 23. Juli 1847

Also schreibe auch du heute etwas Humoristisches, aber es versteht sich von selbst: in re vera[2]!

2] Politik ist eine Hülle, durch welche sich selbst am meisten berücksichtigende Menschen so manche Unternehmungsaktionen zu ihrem eigenen Besten so viel als möglich zu verbergen suchen, weil sonst bei deren Bloßheit denn doch ein der Wahrheit und Rechtlichkeit beflissener Menschenfreund sich die Freiheit nehmen könnte, so einen

[1] im Sinne unredlicher politischer Geschäftemacher. — [2] Wörtlich: in wahrer Sache, d. h. wahrheitsgemäß.

industrieösen Sichselbstliebhaber zu fragen: Quid agis, amice?[1] — und, so der Gefragte keine Antwort gäbe, der Menschenfreund ihn dann wie einst Kisehel den Lamech[2] beim Schopf nehmen könnte, welches Begebnis dem politischen Sichselbstliebhaber freilich etwas unangenehmer sein könnte, als so er ganz fein politischerweise oder fast ganz inkognito jemandem einige Scheffel Goldstücke herauszupraktizieren vermöchte.

3] Da die Politik sonach eine Hülle oder Decke besonders über Sünden der Selbstsucht und Eigenliebe ist, sind die Politiker samt und sämtlich als eine „verdeckte Speise" zu betrachten, nur mit dem Unterschiede, daß eine verdeckte Speise gewöhnlich eine gute Speise, ja ein Leckerbissen ist, während die Politiker ein ganz überaus schlechtes Gericht sind, an dem sich viele arme, gute Menschen den bürgerlichen Tod essen.

4] Die Politiker, als verdeckte Speise, überraschen zwar auch ihre leidigen Konsumenten, aber nie auf eine angenehme, sondern allezeit auf eine unangenehme Weise und verursachen oft die größten Wehen in einer bürgerlichen Gesellschaft. Daher auch vor ihnen jedermann mit Recht einen gewissen heimlichen Respekt hat, der jener fieberhaften Ehrfurcht gleichkommt, die so manche schwachnervige Antizoologinnen beim Anblicke einer mit der Doppelzunge blitzelnden und sie ganz entsetzlich unheimlich anglotzenden Boa constrictor empfinden — welcher sonderbare Respekt aber auch ganz in der Ordnung ist, da ein solcher Politiker auch im Ernste geistig nichts anderes ist als eine Boa constrictor, die bekanntlich ihren Raub zuvor erdrückt, um ihn dann ohne alle Sorge und Furcht in einem wehrlosesten Zustande nach Lust zu verzehren.

5] Aus diesem Grunde suchen denn auch die Politiker ihre ausersehenen Opfer durch allerlei Giftmittel zu betäuben, zu ersticken, zu erblinden und sie dadurch, wie eine Boa constrictor ihre Beute, völlig wehrlos zu machen, um sie dann leichter, wie man zu sagen pflegt, „bei Butz und Stengel" aufzufressen.

6] Daher nehme sich jeder wohl in acht, so er mit einer solchen „verdeckten Speise" von einer „Boa constrictor" zu tun hat, sonst wird er bald gewahr werden, daß die Politiker schon lange vor Jackson den Schwefeläther erfunden haben, um harmlose Menschen zu

---

[1] Was treibst du, Freund? — [2] Siehe das Lorberwerk „Die Haushaltung Gottes", Bd. 2, Kap. 179.

Tode zu narkotisieren — was für sie auch wirklich nicht schwer war, da sie ja zu allernächst dem Schwefelpfuhle entstammen — ihr wißt schon welchem!

7] Daher noch einmal gesagt, nehmt euch in acht vor den Politikern, wollt ihr nicht narkotisiert werden zeitlich und auch ewig! Amen.

☆

Uebertritt in die geistige Welt

Am 13. August 1847

Mit der nachstehenden Kundgabe begannen die umfangreichen Eröffnungen über „Bischof Martin"[1]. Sie wurden fast täglich fortgesetzt bis zum Abschluß am 11. Oktober 1848.

Ein Bischof, der auf seine Würde große Stücke hielt und ebensoviel auf seine Satzungen, ward denn einmal zum letzten Male krank.

2] Er, der selbst noch als ein untergebener Presbyter[2] des Himmels Freuden mit den wunderlichsten Farben ausmalte — er, der sich gar oftmals völlig erschöpfte in der Darstellung der Wonne und Seligkeit im Reiche der Engel, aber daneben freilich wohl auch die Hölle und das leidige Fegefeuer nicht vergaß, hatte nun als selbst schon ein beinahe achtzigjähriger Greis noch immer keinen Wunsch, von diesem seinem oft gepriesensten Himmel Besitz zu nehmen. Ihm wären noch tausend Jahre Erdenleben lieber gewesen als ein zukünftiger Himmel mit allen seinen Wonnen und Seligkeiten!

3] Daher denn unser erkrankter Episkopus[3] auch alles anwandte, um nun wieder irdisch gesund zu werden. Die besten Aerzte mußten stets um ihn sein; in allen Kirchen seiner Diözese mußten Kraftmessen gelesen werden, und alle seine Schafe wurden aufgefordert, für seine Erhaltung zu beten und an seiner Statt fromme Gelübde gegen Gewinnung eines vollkommenen Ablasses zu machen und auch zu halten. In seinem Krankenlagergemache ward ein Altar aufgerichtet, bei dem vormittags drei Messen zur Wiedergewinnung der Gesundheit mußten gelesen werden; nachmittags aber mußten bei stets ausgesetztem Sanktissimum[4] die drei frömmsten Mönche in einem fort das Breviarium[5] beten.

---

[1] „Bischof Martin", die Entwicklung einer Seele im Jenseits.
[2] ‚Aeltester' im Kirchenrat.
[3] Bischof. — [4] Allerheiligstes, geweihte Hostie. — [5] ‚Kurze Uebersicht', Gebet aus dem Gebetbuch der katholischen Geistlichen. D. Hsg.

4] Er selbst rief zu öfteren Malen aus: „O Herr, erbarme Dich meiner! Heilige Maria, du liebe Mutter, hilf mir, erbarme dich meiner fürstbischöflichen Würden und Gnaden, die ich trage zu deiner Ehre und zur Ehre deines Sohnes! O verlasse deinen getreuesten Diener nicht, du alleinige Helferin aus jeder Not, du einzige Stütze aller Leidenden!“

5] Aber es half alles nichts; unser Mann verfiel in einen recht tiefen Schlaf, aus dem er diesseits nicht mehr erwachte.

6] Was hier [auf Erden] mit dem Leichnam eines Bischofs alles für ‚hochwichtige‘ Zeremonien geschehen, das wisset ihr, und wir brauchen uns darum dabei nicht länger aufzuhalten; dafür wollen wir sogleich in der Geisterwelt uns umsehen und schauen, was unser Mann dort beginnen wird!

7] Seht, da sind wir schon — und seht, da liegt auch noch unser Mann auf seinem Lager; denn solange noch eine Wärme im Herzen ist, löst der Engel die Seele nicht vom Leibe! Denn diese Wärme ist der Nervengeist, der zuvor von der Seele ganz aufgenommen werden muß, bis die volle Löse von Seite des Engels vorgenommen werden kann; denn alles geht da den ordnungsmäßigen Gang.

8] Aber nun hat dieses Mannes Seele schon völlig den Nervengeist in sich aufgenommen, und der Engel löst sie soeben vom Leibe mit den Worten: „Hephata“, d. h. „Tue dich auf, du Seele! Und du, Staub, aber sinke zurück in deine Verwesung und zur Löse durch das Reich der Würmer und des Moders durch sie! Amen.“

9] Nun seht, schon erhebt sich unser Bischof, ganz wie er gelebt hatte, in seinem vollen Bischofsornate und öffnet die Augen und schaut erstaunt um sich und sieht außer sich niemanden, auch den Engel nicht, der ihn geweckt hat! Die Gegend ist nur in sehr mattem Lichte, gleich dem einer schon ziemlich späten Abenddämmerung, und der Boden gleich einem dürren Alpenmoose.

10] Unser Mann erstaunt nicht wenig über diese sonderbare Bescherung und spricht nun mit sich: „Was ist denn das? Wo bin ich denn? Lebe ich noch, oder bin ich gestorben? Denn ich war wohl sehr stark krank, und es kann sehr leicht möglich sein, daß ich mich nun schon unter den Abgeschiedenen befinde! — Ja, ja, um Gotteswillen, es wird schon so sein! — O heilige Maria, heiliger Joseph, heilige Anna, ihr meine drei mächtigsten Stützen — kommet, kommet und helfet mir in das Reich der Himmel!“

11] Er harrt eine Zeitlang, sorglich um sich spähend, von welcher Seite die drei kommen würden — aber sie kommen nicht.

12] Er wiederholt den Ruf kräftiger und harrt — aber es kommt noch niemand!

13] Noch kräftiger wird derselbe Ruf zum dritten Male wiederholt — aber auch zum dritten Male vergeblich!

14] Darob wird unserem Manne überaus bange, und er fängt an, etwas zu verzweifeln. Und er spricht in seiner stets mehr verzweifelt werdenden Lage: „Oh, um Gotteswillen, Herr, steh mir bei! (Das ist aber nur sein angewöhntes Sprichwort.) — Was ist denn das? Dreimal habe ich gerufen — und umsonst!

15] Bin ich denn verdammt? — Das kann nicht sein; denn ich sehe kein Feuer und keine Gottstehunsbei![1]

16] Hahahaaaaa (zitternd) — es ist wahrhaft schrecklich! — So allein! — O Gott, wenn jetzt so ein Gottstehunsbei herkäme, und ich — keinen Weihbrunn — dreimal konsekriert[2] — kein Kruzifix! — — Was werde ich tun?!

17] Und auf einen Bischof soll — Gottstehunsbei eine ganz besondere Passion haben?! — Oh, oh, oh, ooooh (bebend vor Angst), das ist nun ja eine ganz verzweifelte Geschichte! Ich glaube gar, es stellt sich bei mir schon 's Heulen und Zähneklappern ein?!

18] Ich werde dies mein Bischofsgewand ablegen, da wird Gottstehunsbei mich nicht erkennen! — Aber auf das hin hätte Gottstehunsbei vielleicht noch mehr Gewalt über unsereinen?! — O weh, o weh, was ist der Tod doch für ein schreckliches Ding!

19] Ja, wenn ich nur recht ganz tot wäre, da hätte ich auch keine Furcht; aber eben dieses Lebendigsein nach dem Tode, das ist es! — O Gott steh mir bei!

20] Was etwa geschehen würde, so ich mich weiterbegäbe? — Nein, nein, ich bleibe! Denn was hier ist, das weiß ich nun aus der kurzen Erfahrung; was aber nur ein rätselhafter Tritt weiter vor- oder rückwärts für Folgen hätte, das wird allein Gott wissen! Daher will ich in Gottes Namen und im Namen der seligsten Jungfrau Maria lieber bis auf den Jüngsten Tag hier verharren, als nur um ein Haarbreit vor- oder rückwärts mich bewegen!"

☆

[1] ,Teufel'. — [2] geweiht, eingesegnet. D. Hsg.

Zahnwehrezept und Mundwasser

Am 1. Dezember 1847

So schreibe ein kleines Rezeptlein für unsere kranke Wilhelmine-Gabiela!

2] Mein liebes Töchterlein! Du hast wohl ein rechtes Kreuzlein mit deinen morschen Zähnen; aber habe nur Geduld noch eine kurze Zeit, dann wird es schon besser werden. Siehe, weil Ich dich mit solchen, dem Leben nicht gefährlichen Krankheiten heimsuche, so bleibst du verschont von solchen Krankheiten, die zwar weniger schmerzhaft, aber dafür dem Leibesleben desto gefährlicher sind.

3] Nimm nur noch ein paar Tage hindurch recht fleißig zum Abführen ein und iß eine Zeitlang kein Obst, weil es dir das Blut dick und sauer macht! Halte dir die Füße warm, iß nie zu heiß und meide die Zugluft! Gehe auch nun, da du von diesem Leiden befallen bist, nicht zu frühe aus deinem Bette, weil allezeit der Morgenschweiß gegen solche rheumatische Leiden das beste Heilmittel ist! So wird es dir wieder recht bald und dauernd besser gehen.

4] Auch mußt du den leidenden Zahn nicht reiben, nicht mit der Zunge um ihn herumfahren oder den Zahn besaugen, weil derlei Verrichtungen die nackten Nerven zu sehr irritieren — so wird auch der Schmerz desto eher sich verlieren.

5] Auch mußt du dir im Winter, wie auch bei sonstiger windiger und nasser Witterung, die Ohren mit Baumwolle sogestaltig verstopfen, daß du aus reiner Baumwolle zwei lockere Klümpchen machst, in ein jedes Klümpchen ein grießkorngroßes Stückchen Kampfer hineinwickelst und dir dann mit diesem Klümpchen die Ohren zustopfest. Das wird dich nebst Meiner Hilfe vor künftigen Rheumatismen schon recht wohl verwahren.

6] Du kannst dir mit der Zeit aber wegen deiner Furcht zu Hause die faulen Wurzeln auch herausziehen lassen, wobei du wenig Schmerz empfinden wirst. Dann wirst du in der Zukunft von deinem Leiden ganz verschont sein, obschon du, so du diese einfachen Regeln beachtest, fürder nicht viel mehr leiden wirst. — Ein wenig Leiden so manchmal aber schadet gar keiner Seele!

7] Wenn du aber heftige Schmerzen hast, so lege dir Meerrettich ins Genick und auf die Fußsohlen! Und so jemand magnetische Kraft besitzt, der tauche den Ringfinger in ein frisches Wasser und beschreibe dir abends sieben Ringe hinter den Ohren, so wird der Schmerz sogleich nachlassen.

8] Hauptsächlich aber habe auf Mich ein recht lebendiges Vertrauen, so wirst du bald und für immer ohne Schmerzen sein!

9] Auch mußt du dich nicht so oft erzürnen wegen nichtiger Dinge, so wirst du zu einem reinen Blute gelangen.

10] Schließlich noch ein gutes Mundwasser: Nimm eine kleine Handvoll Salbeiblätter und verkoche sie in einem Halbseidel Wasser. Wenn das Wasser grünlich geworden ist, dann seihe es ab, laß es laulich werden und spüle dir damit den Mund aus! Das aber täglich, dann wirst du nie mehr Zahnschmerzen bekommen, besonders so du auch die obige, ganz einfache Diät beachten wirst.

11] Nun hast du ein gutes Rezept, nicht nur für dich, sondern auch für deine Geschwister und andere an solchen Uebeln Leidende. Aber dieses Rezept wird erst dann recht gute Dienste leisten, so dein Vertrauen zu Mir recht lebendig wird. — Das sage und gebe Ich, dein bester Arzt, dir! Amen. Amen. Amen.

☆

Politische Priesterränke

Am 13. Dezember 1847

Also schreibe denn ein wohlzubeachtendes Wörtlein Meinem lieben Andreas H.-W.[1], nach dem er ganz getrost und besten Mutes handeln soll! Und es wird die rechte Wirkung nicht unterwegs verbleiben.

2] Ich habe es dir, du lieber Andr. H.-W., ja schon im vorigen an dich gerichteten Wörtchen gesagt, daß diese verkehrte Art nun alle Minen wird sprengen und kein Mittel unversucht lassen, durch das es ihr däucht, ihren finsteren und herrschsüchtigen Zweck zu erreichen. Aber darob mache du dir nur keine Skrupel! Denn siehe, alles, was sie nun ergreift, führt sie nur eine Stufe näher zu ihrem Untergange, also, wie es gerade Mein Wille ist. Denn siehe, mit den eigenen Zähnen wird sich diese Natter zerfleischen!

3] Auf daß du dich aber bei allen künftigen Begebnissen, die da vorkommen können und auch werden, zu richten und zu benehmen wissest, so merke, was Ich dir nun sagen werde!

4] Es wird sich ergeben, daß diese nach Rache lechzenden Diener Baals, da sie keinen rechten Grund irgend fassen können, das Gubernium[2]

[1] Andreas Hüttenbrenner, Bürgermeister von Graz, mit dem ihm vom Herrn erteilten Beinamen „Willig“ (W). — [2] Die Landesbehörde.

und den Magistrat wie die Polizei bei Hofe zu verdächtigen, selbst Hand ans Werk legen, im verborgenen Krawalle und demonstrative Meutereien gegen sich selbst anzetteln, sich dies und jenes antun lassen und dann sagen werden: „Seht, das sind die Früchte, die durch lauter weltliche hohe Staatsbehörden an uns Jüngern Gottes verübt werden! Das tut ein gottloses Gubernium, das ein Magistrat, dessen Beamte von A bis Z lauter gotteslästerliche, verdammliche Ketzer sind, die alle der Hölle und dem Teufel angehören!" — und dergleichen Geschrei mehr an das dumme, blinde Volk durch Predigten, im Geheimen, in den Beichtstühlen, wie auch womöglich an die harmlose Schuljugend während der Katechisierstunden.

5] So werden sie es auch nicht unterlassen, Mietlinge zu dingen, die dieser Stadt und ihren weltlichen Behörden wie auch ihren Vorständen ein „Lebehoch" darbringen werden in anderen Städten, und zwar an solchen Plätzen, an denen ein solch demonstratives Benehmen irgendeinem Hofmanne zumeist auffallen muß.

6] Daher habe Ich dir schon letzthin eine strenge Ueberwachung dieser Baalsknechte anbefohlen, weil Ich wohl sehe und sehr genau weiß, was da diese Verruchtheit alles zu tun imstande ist, um ihre Rache zu kühlen und dadurch zu ihrem herrschsüchtigen Zwecke zu gelangen.

7] So werden sie auch anonyme Blätter unter allerlei Entstellungen über das hier nicht nach ihrem Sinne erfolgte Begräbnis [1] einsenden, um womöglich die weltlichen Behörden dieser Stadt zu verdächtigen und sie so irgendeiner Verantwortung zu unterziehen, ja sie womöglich sogar aus dem Amt zu entfernen, oder das Staatsoberhaupt wenigstens dahin zu vermögen, daß es ihnen [den Priestern] die Gewalt einräume, solchen „ketzerischen" Landes- und Stadtbeamten ein zweites sogenanntes lebendiges Glaubensbekenntnis abzunehmen, indem solche Beamte weder Kirchen zu besuchen und noch weniger der Beichte obzuliegen pflegen und somit Kirche und Staat nicht mehr wissen könne, in was für verruchten Händen sich die weltliche Amtsgewalt befinde.

8] Ich aber sage und rate dir: Sammle dir eine gerechte Beschwerde, lasse sie von recht vielen Zeugen bewahrheitskräftigen, suche auch den Gouverneur dazu zu vermögen, ein gleiches zu tun; und getrauete er sich nicht, so tue es für dich! — Solche gegründete Beschwerde reichet höchsten Ortes ein und bittet auf euere Kosten um

[1] einer hervorragenden Persönlichkeit in Graz; d. Hsg.

eine völlig unbefangene Hofkommission, so werdet ihr den Baalsdienern die Wege abschneiden, auf denen sie euch bei Hofe zu verdächtigen emsigst bemüht sind — was ihnen aber freilich nicht gelingen wird, da dies Meine Sorge ist.

9] Denn es sehen die da oben[1] nun wohl recht gut ein, daß ihnen in dieser politischen Geistlichkeit eine große Laus im Pelze sitzt. Aber sie können ihrer darum nicht los werden, weil sie sich in ihre eigenen Lebensfibern eingefressen hat. Wird sie getötet (das heißt, in ihrem finsteren Wirken), so fürchten sie, mit ihr mitgetötet zu werden. Und lassen sie diese Laus aber wuchern in ihrem Lebensorganismus, dann sehen sie wohl auch ein, daß solch eine Laus sie am Ende selbst auffressen muß.

10] Darum aber sind sie [die obersten Staatsbehörden] auch still und sagen zum Ganzen nichts und warten bloß beobachtend ab, wohin am Ende nach einer Zeit die Waage den größeren Ausschlag geben wird.

11] Die Pfaffen spüren das wohl, wie viel geringer ihr Gewicht gegenüber dem gerechten ist, das sich in deiner Wagschale befindet. Darum aber tragen sie nun auch nach all ihren Kräften allerlei Unflat in ihre leere Schale, um damit euer gerechtes Gewicht zu vernichten. Aber ihre Schale ist glühend vor Zorn und verzehrt bald von selbst, was sie hineinlegen. Daher sie denn auch bisher noch nichts ausgerichtet haben!

12] Tue du, Mein lieber Freund, aber nur, was Ich dir geraten habe! Und sei hier sehr wachsam auf jede meuterisch riechende Bewegung! Ahnde streng und gerecht jeden, der da auf irgendwie immer gestaltete Demonstrationen offen sinnt und sich über die Ausführung derselben bespricht! Und schone da niemand, weder Geistliche noch Weltliche — auf daß sie keine Sache wider dich irgend finden und dann sagen sollen, du seiest lau oder gar heimlich mit den Demonstranten einverstanden. — Denn siehe, alles das rührt von ihnen her!

13] So ein Volk selbst um seine Rechte kämpft, da erweckt es Mein Wille in großer Masse — und nicht in verächtlichen nächtlichen Klubs, die allezeit von den „Schwarzen" herrühren. Gegen solche muß kräftigst zu Felde gezogen werden.

14] Es wäre auch gut, so die Geistlichkeit des Landes durch die Bezirksobrigkeiten genauer überwacht würde als bis jetzt. Sonst wiegeln diese Geistlichen in ihren Pfarreien das Landvolk zu Demon-

[1] d. h. die oberste Staatsbehörde; d. Hsg.

strationen auf und werden dann die Schuld auf die Hauptstadt schieben und sagen: „Sehet, das sind die Früchte, wenn ein Land Ketzer zu höchsten Landesbeamten hat! Exempla trahunt[1]! Weil in der Hauptstadt uns Geistlichen Gubernium und Magistrat nicht gehorchten, so tut nun das gemeine Landvolk auch desgleichen!"

15] Kurz und gut, diese verkehrte Art muß nun unter ein strenges Augen- und Ohrenmerk gestellt werden, sonst wird sie unter der Hülle ihres Schafpelzes wühlen wie eine Schermaus im Finstern und kann dem Lande einen großen Schaden zufügen. Denn Ich kann und darf nicht mit Meiner Allmacht ihren Willen brechen. Und Mein Licht würde sie töten, wie das Leuchten des Blitzes die Krebse, so sie sich zuvor nicht in ihre Sumpflöcher verkriechen, bevor ein Wetter kommt.

16] Darum rate Ich euch hier die rechte Klugheit an, die oft mehr vermag als eine Heeresmacht von vielen hunderttausend Kriegern!

17] Ich aber werde dieser Art nur noch eine ganz kurze Zeit zusehen, ob sie sich bessere. Dann aber werde auch Ich ein „Kriegsheer" gegen sie anrücken lassen, desgleichen die Welt noch nicht geschaut hat!

18] Ueber alles aber sei du voll guten Mutes! Ich werde stets dir zur Seite sein und dir kein Haar krümmen lassen. — So klug wie diese sind, werde wohl etwa auch Ich sein! — Alles dessen sei du, mein lieber Andr. H.-W., völlig versichert! — Das sage Ich, der allsehende Jesus, dir! Amen.

☆

Das Haupt des Mannes, des Weibes und Christi

Am 21. Dezember 1847

„Ihr sollt aber wissen: Jeglichen Mannes Haupt ist Christus; das Haupt des Weibes ist der Mann; das Haupt Christi ist Gott." (1. Kor. 11, 3)

Dieser Text ist ein ganz natürlich-leicht zu fassender, wie sobald kein anderer. — Nur muß man hier wohl wissen, wer und was da ein „Mann" ist.

2] Der „Mann" ist die Polarität[2] des Göttlichen, das da ist das Allerhöchste, nämlich der Kulminationspunkt des Gotteslichtes. Dieses Gotteslicht aber ist Christus, der da in die Welt kam als ein Licht, das erleuchtete die Finsternis der Welt (d. h. der Weltmenschen). — Wie aber da ist Christus ein Licht des Lichtes, also ist auch das

[1] Wörtlich: Beispiele ziehen! — [2] d. h. der ergänzende Gegensatz.

Haupt das Licht des Menschen und ist dessen oberste, also positive Polarität.

3] Ein Haupt aber, das da blind ist und taub und stumm, ist für des Menschen Leib kein Licht, also auch keine oberste positive Polarität. — Ebenso steht es auch mit der christlichen Männlichkeit! — Ein Mensch ist erst dann ein „Mann“, wenn er im Lichte Christi ein Mann oder wenn Christus des Menschen eigentliche positive Polarität ist — ohne welches Licht kein männlicher Mensch ein eigentlicher Mann, sondern nur eine schale Gestalt ist.

4] So aber Christus des rechten Mannes Licht ist, so ist er auch desselben „Haupt“ (weil das Haupt das Licht des Menschen ist). — Ich meine, das dürfte wohl mit den Händen zu greifen sein!

5] Und daß hernach der in Christo erleuchtete Mann ebenso des Weibes Haupt oder Licht ist, wie da Christus ist das Haupt und Licht des Mannes, das gibt schon die Natur der Dinge, da der Mann an und für sich der positive Pol, also der Lichtpol des Weibes ist.

6] Daß aber Gott das Haupt Christi ist, das scheint freilich etwas sonderlicher zu klingen, ist aber dennoch ein und dasselbe Verhältnis.

7] Denn „Gott“ oder die „Liebe“ ist in Sich das Urfeuer und das Urlicht und ist alsonach auch das eigentliche Feuer und Licht in dem Gottmenschen Christus Jesus. Durch dieses Lichtes endlose Fülle wohnt die „Fülle der Gottheit“ in Ihm, Christus, körperlich, d. h. wirklich, und nicht nur durch die Ueberstrahlung, wie etwa die Sonne in einem Spiegel. Denn in Christus ist die [Gottheits-]Sonne selbst und nicht etwa bloß ihr Abbild!

8] Wie aber die [naturmäßige] Sonne ist das Haupt oder das Licht oder der positive Pol aller anderen Weltkörper, also ist die Gottheit als das wesenhafte Grundlicht alles Lichtes, als das Grundsein alles Seins auch das Haupt Christi, der da ist der eigentliche vollkommenste Gottmensch und somit Gott in aller endlosen Fülle dieses allerhöchsten Begriffes!

9] Christus aber wäre ohne Gott nicht Christus, und Gott ohne Christus nicht Gott — gleichwie der Mensch ohne Haupt kein Mensch wäre, und das Haupt ohne Mensch ein Unding!

10] Und so ist auch der Mensch oder Mann ohne Christus kein Mensch und kein Mann. Und Christus ohne den Menschen — wer sollte Den denken können?! Wäre wohl das Weib ohne Mann ein Weib? Sicher nicht! Denn wo nichts Positives da ist, da kann auch kein Negatives gedacht werden. Und wo das Negative fehlt, da kann auch das Positive niemals sich äußernd auftreten. Gleich wie, wenn einem Menschen das Haupt abgeschlagen wird, dann weder das eine noch das andere für sich fortleben kann, obschon beide ganz eigene Lebensfunktionen für sich besitzen — desgleichen kann auch kein Mensch, so er sich von Mir in seinem Herzen getrennt hat, ein Leben haben.

11] Ich meine, dieser Text dürfte euch nun wohl klar und einleuchtend sein. Beachtet ihn aber nun auch nach dieser seiner Klarheit! Amen.

☆

Brustkatarrh

ärztlicher Rat

Am 2. Februar 1848

Sage es dem Weibe des Ans. H.-W.[1], daß Ich ihr sagen lasse und also rede:

2] Höre du, Meine liebe Tochter Elisabetha! Du mußt nicht ängstlich sein ob deines kleinen Brustleidens! Denn siehe, es ist nicht so viel daran, wie du meinst, da dein Arzt eine bedenklich scheinende Miene dazu gemacht hat!

3] Die Aerzte machen zu kleinen leiblichen Uebeln darum bedenkliche Mienen, um dann, so das Uebel mehr von selbst als durch die Hilfe des Arztes wich, sagen zu können: „Da seht! Diese und jene habe ich vom Tode errettet!“ Solches aber sagen sie ganz natürlich aus dem Grunde, um sich desto mehr Zutrauen und dadurch auch desto mehr Kunden zu verschaffen.

4] Und siehe, da ist ein Arzt wie der andere! Rede mit einem oder mit Tausenden, so wird sich dir ein jeder als „Lebensretter“ anpreisen, wie er diesem und jenem, den schon alle Aerzte aufgegeben haben, durch ein nur ihm bekanntes Mittel vollständig, und das in der kürzesten Zeit, geholfen habe.

5] Manche Aerzte aber machen oft aus einem kleinen Uebel auch darum viel Lärmens, um den Patienten zur genauen Befolgung ihrer Vorschriften zu nötigen, wodurch dann der Patient auch zur reichlicheren Honorierung des Arztes bestimmt wird, so ihn dieser von einem Uebel befreite, an dem er sonst unfehlbar, d. h. nach des Arztes Worten, zugrunde gegangen wäre.

6] Wie aber mit äußerst geringer Ausnahme nun fast alle Aerzte beschaffen sind, also ist es auch der deinige, der zwar durch Erfahrung

[1] Anselm Hüttenbrenner, genannt „Wortemsig“ (W.)

so manches gegen andere, jüngere Aerzte voraus hat, aber in allen anderen ärztlichen Politiken den Aerzten so gleichsieht, wie ein Auge dem andern.

7] Ich sage dir das aber darum, daß du den Ausspruch eines Arztes nicht für eine von Mir unterschriebene Wahrheit halten sollst und sollst Mir mehr glauben als einem Arzte, der dich allezeit lieber länger als kurz dauernd krank haben möchte. — Verstehst du das?

8] Dein Brustübelchen aber ist nichts als eine Verkühlung, also ein leichter Brustdrüsenkatarrh, der hauptsächlich durch die unpassenden Medikamente erst zu seiner gegenwärtigen Konsistenz gediehen ist.

9] Halte dich aber nun warm und belege deine Brust mit gestoßenem warmem Leinsamen öfters im Tage und lasse solch einfaches Pflaster auch durch die Nacht auf der Brust. Trinke daneben einen guten Blutreinigungstee morgens und abends! Enthalte dich von zu saueren Speisen und Getränken! Hauptsächlich aber sei nicht ängstlich und vertraue fest auf Mich, so wird dein Uebelchen sich bald verlieren. — Nimm dann und wann, etwa alle 14 Tage die Wintermonde hindurch, ein leichtes Abführmittel zu dir, so wirst du auch von deinen Halsübeln befreit sein.

10] Aber auf Mich mußt du stets mehr vertrauen als auf die Arzneimittel, die Ich dir hier angeraten habe — sonst möchten sie dir wenig oder nichts nützen. Denn alle Arzneien bekommen erst durch Mich ihre volle Heilkraft.

11] Hauptsächlich aber, wie gesagt, darfst du nicht ängstlich sein. Dann werde Ich dir schon helfen und deinen Leib wieder völlig gesund machen, wie Ich ihn schon öfters gesund gemacht habe. Des sei du völlig versichert in Meinem Namen! Das sage Ich, der rechte Arzt, dir. Amen. Amen. Amen.

☆

Das Beste für jedermann

Am 2. Februar 1848

An Alexandrine Hüttenbrenner.

Ich bin das Beste dir und jedermann, so du Mich erwählest für dein Herz auf ewig und nicht dabei denkst: „Mit diesem oder mit jenem könnte ich vielleicht auch glücklich sein."

2] Ich sage dir: Alle „diese und jene" sind gleich wie ein falscher Schmuck. Sie prunken wohl und scheinen etwas zu sein. Aber im Grunde sind sie alle dennoch nichts — gleichwie da nichts ist ein falscher Schmuck, für den dir kein Wechsler etwas gibt, so du, durch Not gedrängt, ihn verkaufen müßtest.

3] Wer aber Mich erwählt hat und denkt nicht: „Dieser und jener könnte auch mein Glück sein“ — der hat einen echten, wertvollsten Schmuck sich angeschafft. Und so er dann alles verlöre, als: Reichtümer und alle seine kostbaren Freunde — so ist er aber dennoch überglücklich bei all' solchem Verluste. Denn er hat ja noch den kostbarsten Schmuck im Kasten seines Herzens, dessen endlosen Wert alle Ewigkeiten nimmer aufzehren werden.

4] Mein Töchterlein! Da heute dein Geburtstag ist, so kann Ich, als dein wie aller Menschen und Engel Vater, dir nichts anderes wünschen, als daß du vor allem dich um solch einen Schmuck vollernstlich umsehen solltest. Alsdann erst wirst du auch alles andere erlangen können. Und was du dann erlangen wirst, das wird echt sein. — Was du aber ohne solchen Hauptschmuck erlangen wirst, wird ein falscher Schmuck sein, für den dir zur Zeit der Not die Wechsler des Himmels nichts geben werden.

5] Also das Beste dir und jedermann! — Erwähle Mich vollkommen für dein Herz, so hast du dir für ewig und auch zeitlich schon das Beste erwählt!

6] Diesen Wunsch heute wie ewig dir und jedermann! Amen. Das sagt dein Vater dir! Amen. Amen. Amen.

☆

Brustkatarrh

weiterer Rat

Am 13. Februar 1848

Das kleine Brustübelchen wird sich nach und nach schon verziehen, so das angeratene Mittel fleißig angewendet wird — natürlich hauptsächlich durch ein lebendiges Vertrauen auf Mich, den Arzt der Aerzte! Das Mittel muß aber auch recht angewendet sein, sonst zersetzt es die in der Brust angehäuften untauglichen Spezifikalpotenzen entweder nur sehr langsam oder auch wohl gar nicht.

2] Also aber muß das angeratene Mittel recht zubereitet und angewendet werden: Der Leinsame muß womöglich ein frischer, und nicht ein 4—5 Jahre alter sein; bei den Kräutlern, auch in der S..apotheke ist er schon zu bekommen. Solch frischer Leinsame muß gut zerstoßen sein und dann mit frischem Wasser zu einem

Teige gemacht werden, welcher in einem eigens dazu gemachten Säckchen über einer Wärmpfanne vor dem Gebrauche zu erwärmen ist, und zwar so, daß es ein wenig zu dampfen anfängt, allwann es dann sogleich auf die kranke Brust zu legen ist und dann eine Stunde darauf liegen soll, nach welcher Zeit dann ein frisches aufzulegen ist.

3] Obenerwähnter zerstoßener Same kann, wenn dann und wann wegen eines bevorstehenden Wetterwechsels sich mehr Schmerzen in der Brust vernehmen lassen, wohl auch mit Eibisch-, Geißpappel- und Himmelbrand-Tee zu einem Teige gemacht und sodann auf die vorbeschriebene Art verwendet werden. — Ebenso können unter den Leinsamen auch ein viertel Teil Kamillenblüten gestoßen werden, was die Schmerzen noch eher stillen wird. — Aber allezeit muß ein solches Sackpflaster wohl erwärmt sein.

4] Es sollen aber wenigstens für einen Tag vier gleiche Säcklein in Bereitschaft sein, die sich nach der Ordnung von Stunde zu Stunde abzulösen haben. Für den nächsten Tag aber müssen vier frische in der Bereitschaft sein. — Am dritten Tag können dann schon wieder die ersten vier Säcklein gebraucht werden, aber natürlich müssen sie zuvor gereinigt und dann mit einem frischen Teige gefüllt werden.

5] Wenn die Säcklein gegen Abend schon trockener geworden sind, dann räuchert man sie vor dem Gebrauche mit Kamillen, gemengt mit etwas Zucker und Weihrauch.

6] Da aber in der Nacht das Auflegen neuer erwärmter Säcklein mit viel Beschwerlichkeit verbunden ist, so kann anstatt dieser Säcklein auch eine Auflage von Hanfwerg wohldienlich sein, welches Werg aber ebenfalls vor dem Gebrauche mit den früher erwähnten drei Spezies durchzuräuchern ist.

7] Den Blutreinigungstee aber nimm auch in der S..apotheke, und nicht in der am Graben, allwo dergleichen Medikamente alt und abgestanden sind! Ueber solchen Tee ist bloß ein siedendes Wasser zu gießen. Nach dem Aufguß muß der Tee 12 Minuten lang wohl verdeckt stehen gelassen werden und erst nach dieser Zeit in eine Tasse abgeseiht und mit Zucker versüßt, eine halbe Stunde vor dem Frühstücke und abends eine halbe Stunde nach dem Abendessen getrunken werden.

8] Das eine kurze Zeit also genau gebraucht, wird dir, du Meine liebe Elsba, die volle Gesundheit schon wieder geben.

9] Aber eins mußt du dabei auch noch dazu beachten, nämlich: Wenn es dir noch nicht wohl ist und draußen ein starkes Tauwetter ist, mußt du deine Wohnzimmer nicht waschen lassen, sonst wird dir Mein Rat nicht helfen können in kurzer Zeit. Denn für derlei gichtisch-rheumatische Uebel taugen feuchtgemachte Zimmerböden wohl noch schlechter als die Fäuste auf die Augen!

10] Es ist dir viel gesünder, beim schlechtesten Wetter vier Stunden in der Freie herumzuwaten, als nur eine Viertelstunde in einem feuchtlichen Zimmer zu sein. Das mußt du dir hauptsächlich merken, so du recht gesund sein willst. Gebrauche also dies alles, wie Ich es dir nun bestimmt habe, so wirst du schon wieder ehestens gesund werden.

11] Wenn nun schöne Tage kommen, kannst du auch schon täglich unter Mittagszeit auf eine halbe bis eine Stunde in die frische Luft gehen. Dies wird dich stärken. Und Ich werde dich auch stärken! Amen.

☆

Besser Liebe als Furcht

Am 17. Februar 1848

Aha, Ich weiß schon, was du möchtest! Aber siehe, deine „Martha" hat diesmal keine absonderliche Sehnsucht darnach, weil sie sich wegen ihres stets wiederkehrenden dummen Tabakschnupfens fürchtet vor Mir — obschon sie wohl bedenken sollte, daß Ich, fürs erste, kein zornsüchtiger Schreckbartel bin und daß, fürs zweite, Ich wohl niemanden, und schon am wenigsten jenen, die Mich lieb haben, je einen Rat oder ein anderes Wort gebe, als das Meiner höchsten Milde und Vaterliebe nur! Und für solche Gabe ist wohl jede eitle Furcht läppisch und einfach kindisch.

2] Es soll das Marthchen nur Meine früheren Gaben fleißig durchlesen und sich darnach halten, so wird es nicht nötig haben, vor Mir eine unnötige Furcht in sich auftauchen zu lassen. — Es fehlt aber dem Marthchen ein recht fester Glaube! Darum auch kann sie das so schwer beachten, was Ich ihr doch allein zu ihrem Besten geraten habe und ihr noch als der gleiche und unverändert gute Vater rate.

3] Da sie nun aber schon eine Furcht vor Mir hat, so warten wir auf eine furchtlosere Zeit! In dieser wollen wir ihrer dann schon wieder reichlicher gedenken.

4] Das aber sage ihr, daß Mir die Liebe um sehr vieles lieber ist als die Furcht! Denn wer Mich wahrhaft liebt, der hat keine Sünde vor Mir. Denn die Liebe löschet jede Sünde und läßt keine werden.

5] Wer Mich aber fürchtet, der fällt leicht in eine Sünde. Denn Furcht schützt ebensowenig vor Sünden wie ein dornig Gestrüppe einen Flüchtling vor den Kugeln seiner ihm nachjagenden Feinde.

6] Die Liebe aber ist gleich einer festen Burg auf einem Felsen, den kein Feind je besiegen kann.

7] Daher sage der kleinen Martha, sie solle sich ja nicht fürchten vor Mir, sondern solle Mich nur lieben aus allen ihren Kräften, so wird sie sich vom Tabakschnupfen leicht enthalten — und Ich werde ihr, sobald sie es wünscht, und was sie wünscht, geben.

8] Das sage Ich, ihr allerbester und liebevollster Vater. Amen.

☆

Ehelustigen zur Beachtung

Am 20. Februar 1848

Für Wilhelmine-Gabiela Hüttenbrenner:

Schreibe nur, es ist schon recht! Denn Ich gebe gern, ja Ich gebe sehr gern, Ich gebe überaus gern denen, die etwas Rechtes wollen! — Das volljährig gewordene Töchterchen hat aber auch gern etwas Rechtes. Daher soll ihr so etwas auch sehr gern gegeben sein!

2] Am liebsten wäre ihr wohl so ein recht ansehnlicher, guter und in Jahren nicht zu sehr vorgerückter Mann. Aber da muß Ich nun schon offen gestehen, daß Ich im Ernste in dieser Beziehung wenig oder nichts tun kann. Denn da gegenwärtig bei Ehebestimmungen nicht der Mensch, sondern nur seine Wohlhabenheit dem Menschen gegenüber als ein Wert angesehen wird, und also nur das Geld den Mädchen Männer und den Junggesellen Weiber verschafft, so bin Ich rein überflüssig in diesen Angelegenheiten und habe das alles der Welt überlassen und sorge Mich darum gar nicht mehr, außer es müßte nur sein, daß sich jemand vollernstlich an Mich wendete und die Welt gänzlich aus dem Spiele ließe. Da freilich würde Ich solch eine Ehe segnen und fürs Fortkommen sorgen.

3] Aber wenn sich zwei einander ehelichen Wollende fragen und sagen: „Wie viel hast du? Und wie viel Du? Und welche Ehrenstelle bekleidest du? Von was lebst du? Und wer sind deine Eltern? Sind sie etwa vom Adel, oder sonst von einem ehrbaren Stande?" — da ist es denn auch schon rein aus bei Mir! Denn das sind ja lauter Mir allerwidrigste, weltliche Dinge! Und es wird von Mir doch niemand verlangen wollen, daß Ich noch jemandem zu dem helfen solle, was ihn von Mir ganz abzieht und rein der Hölle zuwendet, von der gar viele nur höchst schwer und viele auch wohl gar nicht mehr entbunden werden können!

4] Du siehst alsonach leicht, daß, so Mich eines oder das andere um einen Mann bittet, Ich solche Bitten nicht erhören kann, besonders wenn sich jemand schon etwas ausgesucht hat, will es aber dann dennoch von Mir haben. — Wer sich's schon genommen hat, wie sollte Ich dem das noch geben können, was er ohnehin schon hat?!

5] Ich aber sage dir, du Mein Töchterchen, suche du vor allem nur Mich, trachte nach all' deinen Kräften mit aller „Welt" fertig zu werden und erwarte dann von Mir alles andere — aber vollgläubig! — so wirst du mit allem versorgt werden!

6] Denn du weißt es, daß da niemand zwei Herren dienen kann! Und so kann es auch Ich Selbst nicht, Mir und dem Satan zugleich, sondern bloß nur Mir durch die Liebe — dem Satan aber durch das schärfste Gericht!

7] Wer aber demnach von Mir etwas will, der muß auch rein nur das Meinige wollen und nicht danebst auch einen Anteil des Teufels!

8] Aber nun ist schon einmal alle Welt „rein des Teufels". Daher kann Ich nur sehr sparsam hie und da Meine Gnade anbringen, zumal sich die meisten Menschen der Welt gegenüber ihrer schämen!

9] Du wohl gehörst ja nicht zu dieser Welt und schämst dich Meiner Gnade nicht. Aber dessenungeachtet wirkt die Welt auch in dich ein und hat vieles, das da deine Sinne lockt. — Ich aber rate dir:

10] Mache du mit deinen Sinnen einen festen Bund wider die Welt, so werde Ich mit dir alsbald einen neuen, himmlischen Bund errichten!

11] Du sagst freilich, das sei so wohl nicht leicht möglich! — Ich aber sage dir: Das alles weiß Ich wohl, ob die Sache leicht oder etwas schwerer geht. Aber ob es dir leicht oder schwer falle, so muß Ich Meiner ewigen, unverletzbaren Ordnung dennoch getreu bleiben und kann niemanden eher über einen Berg sehen lassen, als bis er sich die Mühe genommen hat, des Berges Spitze zu erklimmen.

12] Denn siehe, solange die Materie das bleibt, was sie ist — ist und bleibt sie auch undurchsichtig. Also Mühe hin, Mühe her! Kein Berg ist durchsichtig. Wer über den Berg sehen will, muß hinaufsteigen, wie hoch es auch immer gehe!

13] Diese guten Sentenzen überlege dir, du Mein Töchterchen, recht oft, bis du dich in ihnen zurechtfinden wirst — so wirst du alle deine Gedanken und Wünsche in eine gute Ordnung bringen und sonach in der Wahrheit geistig „majorenn“[1] werden. Amen.

14] Das ist Mein Wunsch für dich, wie für alle, zu deinem Geburtstage! Den behalte treu und lebendig!

☆

Bleichsuchtsdiät

Am 28. Februar 1848

Ich kenne die Bleiche wohl und auch, aus was Ursache sie bleich ist. Aber es ist etwas schwer mit ihr umzugehen, da sie nicht gerne folget dem, was ihr geraten wird, und nicht unterläßt, was ihr schadet.

2] Also sage ihr: Lasse den Kaffee, solange du bleich bist, und nimmer iß gar die gebrannten Giftkörner! Denn solange du das nicht lassen wirst, sollst du nicht rot werden. — Frage nicht, warum du solche Giftkörner nicht essen dürfest! Denn der Grund würde dich unsittlich berühren und dir eine Entdeckung machen, die zu wissen sich für dich noch nicht fein geziemt. Also folge dem Rate und frage nicht — willst du gesund sein; ansonst du für jedes Giftkorn eine Woche länger bleich verbleiben wirst.

3] So mußt du dich auch von fetter Speise enthalten und von fetter Milch! Denn das Fett belebt die geilen Geister, und finden diese ihre Befriedigung nicht, so dringen sie ins Blut, durchwühlen dasselbe und machen es müde, faul, träge und schwer, wodurch dann die sogenannte Bleichsucht entsteht, die allezeit eine Folge ist der zu frühen geilen Geisteraufregung, die nicht befriedigt werden kann.

4] Willst du aber ehestens gesund sein, dann beachte folgende Diät: Zum Frühstück nimm entweder eine leichte Schokolade, noch besser einen Kakaokaffee von gerösteten Kakaoschalen oder auch einen Maistee mit leichter (entrahmter) Milch und etwas Zucker. — Zu Mittag iß eine gute frische Suppe mit gebähter Semmel, nicht zu stark gesalzen. Dann auch ein mageres Rindfleisch mit etwas Senf oder auch frischem, aber gezuckertem Meerrettich, den man zuvor mit Essig und Oel anmacht. Auch Kälbernes ist gut. Sollte dir aber solches Fleisch weniger schmecken, so iß gedünstete Aepfel mit Semmel. Aber

[1] volljährig, mündig.

vor allen Würsten und Käsen mußt du dich sorglichst hüten; ebenso auch vor Kohl und Sauerkraut, weniger vor roten und weißen Rüben, dagegen vor gelben Rüben, überhaupt vor allen blähenden Speisen, weil diese ebenfalls die geilen Geister erwecken. — Abends aber begnüge dich entweder auch mit dem, was du des Morgens genießest, oder mit einer Suppe mit gebähtem Brote. Du kannst auch mäßig einen guten Wein mit Wasser genießen. Sonst aber trinke Wasser, das nicht zu kalt ist.

5] Zu allem dem aber gebrauche eine sogenannte Latwerge[1], die zu dem Behufe in der Apotheke zu haben ist; oder auch die Pillen zu dem gleichen Zwecke! Und mache dazu vormittags eine Stunde vor dem Essen eine Bewegung im Freien, am besten an der Mur, wo in dieser Zeit die Luft am reinsten ist — aber nur nicht in einer Allee von wilden Kastanien, die eine schädliche Ausdünstung (für dich) haben.

6] Zu allem dem aber mußt du auch hauptsächlich auf Mich vertrauen und recht heiter sein, so wirst du bald wieder rot und gesund sein.

7] Ich habe dich wohl sehr lieb; aber du mußt Mich auch sehr lieb haben, so wirst du schon fein gesund werden und verbleiben! — Wenn du aber eigensinnig wärest und hättest ein erregbares Gemüt, da würdest du jahrelang bleich verbleiben.

8] Nun, Mein Töchterchen, weißt du vorderhand alles, was dir not tut. Tue darnach, so wirst du den Segen Meines Rates ernten! — Amen. Das sagt, Der dich sehr lieb hat. Amen.

☆

Himmlische und irdische Liebe

Am 12. März 1848

An Pauline Hüttenbrenner.

Höre du, Mein liebes Töchterlein! Die erste Bedingung alles Seins ist und bleibt ewig die Liebe — aber wohlgemerkt, die rechte Liebe nur, wie Ich, als die Ewige Liebe Selbst, sie alle Menschen gelehrt und uranfänglich jedem Menschen für sich selbst in das Herz gelegt habe. So jemand diese wahre Liebe in seinem Herzen auszubilden sucht nach Meiner Lehre, dann wandelt er den vollkommen rechten Weg zur wahren Wiedergeburt seines Geistes.

[1] Abführmittel.

2] Hat jemand diese erreicht, so hat er auch das eigentliche, wahre Ziel seines Lebens erreicht. — Um aber dieses allerwichtigste Ziel zu erreichen, muß man auf dem Bildungswege seines Herzens recht sehr behutsam sein und muß sich bei jeder Neigung seines Herzens fragen, ob in solch einer Neigung nicht irgend etwas vom bösen Samen der Eigenliebe neben der rechten Liebe enthalten ist.

3] Rechte Liebe ist durchgehends leidenschaftslos. Sie ergreift wohl alles mit der größten Macht und Kraft und läßt, was sie einmal ergriffen, ewig nimmer aus. Aber dessenungeachtet ist solcher wahren Liebe Wirken durchgehends ein überaus sanftes, begleitet von der größten Duldsamkeit.

4] Das Wirken der Eigenliebe, obschon an und für sich höchst ohnmächtig, tritt aber nur zu bald als ein Handeln auf, das da sogleich alles zerstören möchte, was ihm ungünstig in den selbstsüchtigen Weg treten möchte. Und dieses Benehmen ist eben die Leidenschaftlichkeit, die da in der Eigenliebe zuhause ist.

5] Daher, wie gesagt, muß jeder bei der Bildung seines Herzens sehr behutsam sein, ob dasselbe wohl mit wahrer Liebe oder ob mitunter auch mit kleinen Portionen von Eigenliebe genährt wird. — Und eben darauf mußt auch du, Mein liebes Töchterlein, recht sehr bedacht sein, so du ehestens den wahren Geburtstag deines Geistes erleben willst.

6] Siehe, Menschenliebe ist wohl gut und recht, wenn man die Menschen liebt, weil sie Menschen sind, und nicht Unterschiede macht — außer insofern, ob jemand zufolge seines geistigen Standpunktes Mir näher oder ferner ist. Denn da ist ein Unterschied gerecht. Es kann ja niemand zwei Herren dienen, d. h. einem guten und einem schlechten zugleich! — Aber irgendeine aus weltlichen Gründen entstandene Bevorzugung wegen gewisser weltlicher Würden und Werte des Menschen ist schon Eigenliebe, weil das Herz darin am Ende, wenn schon ganz heimlich, aber dennoch sicher seine eigene Erhöhung sucht. Und wo ein solches Bestreben, wenn auch noch so leise, sich kundgibt, da ist schon nicht mehr die Demut, sondern ein in solcher Liebe versteckter Hochmut die Triebfeder der sittlichen Bewegung des Herzens.

7] Wenn daher dein Herz etwas ergreift, so frage du allezeit, ob damit nicht dein irdisches, der sogenannten höheren Welt untergeordnetes Ehrgefühl in Anspruch genommen wird. Findet dieses bei einem Unternehmen deines Herzens seine Sättigung, so ist das schon ein Zeichen der Eigenliebe, die sich auf dem Bildungswege deines Herzens wie ein arger Buschklepper hinter einem Dickichte gelagert hat und mit der Weile als ein geheimer Abgesandter der Hölle alles Edle verderben will.

8] Denn die Eigenliebe ist selbst in ihren unscheinbarsten Vorkommnissen nichts als ein böser Same, den der Feind des Lebens unter den edlen Weizen streut, damit dieser in seinem Emporkeimen verkümmert oder womöglich wohl auch ganz und gar vernichtet werde.

9] Daher muß man bei der Liebe der Menschen sorgfältig prüfen und das Herz in einem fort fragen: Warum liebst du diesen und jenen, diese und jene, oder auch (bei Sachen) dieses und jenes?

10] Wird dabei das Herz aus der Demut antworten, dann ist die Liebe recht und führt dich der geistigen Vollendung zu. — Antwortet das Herz aber aus einer angestammten weltlichen Eitelkeit heraus, dann ist die Liebe nicht mehr Liebe, sondern eitle Selbstsucht nur, die wohl zum Scheine mit dem Lämmergewande der Liebe angetan, inwendig aber nur ein reißender Wolf ist, der am Ende alles Edle im Herzen zerreißt und den Geist, wo möglich, zu erdrücken strebt.

11] Ich gebe dir, du Mein liebes Töchterchen, diese kleine, aber dabei dennoch überaus wichtige Lehre und wahre Lebensregel als dein überaus guter Vater wie einen guten Zehrpfennig auf deiner irdischen Lebensreise, auf daß du mit sorglicher Benützung desselben gar leicht das eigentliche und wahre Ziel deiner irdischen Lebensreise erreichen kannst.

12] Hast du dieses erreicht, dann erst wirst du in aller Fülle einsehen, wie endlos gut Der ist, der dir nun dieses Wörtlein zu deinem leiblichen Geburtstage gibt, auf daß du desto eher den Geburtstag deines Geistes erreichen möchtest.

13] Liebe Mich über alles, wie Ich dich über alles liebe, und laß dein Herz nicht verblenden von der Welt, so wirst du einen leichten und sanften Weg zu wandeln haben!

14] Das sage dir Ich, dein guter Vater! Amen.

☆

Brustkatarrh

Mahnung zur Geduld

Am 7. Mai 1848

Du möchtest wohl schon gern gesund sein, Meine Tochter?! Aber siehe, es kann nicht alles so geschwind gehen, wie so manches Herz es wünschet! Denn siehe, auch Ich habe so manche Wünsche für die freien Menschen auf der Erde übrig; aber die Menschen wollen solchen Meinen besten Wünschen auch nicht nachkommen.

2] Ich selbst leide schon seit sehr vielen Jahren in der Brust, die da übervoll ist von Liebe zu euch Menschen. Aber die berufenen Säuglinge wollen nicht kommen und Meine Vaterbrust von der Ueberbürde Meiner Liebe zu euch, Meinen Säuglingen, entlasten! Nichts bleibt Mir übrig als die Geduld! – Werde also [auch darin] Meine Nachfolgerin, willst du Meine rechte Tochter sein!

3] Betrachte einen Fruchtbaum! Siehe, die Kinder betrachten ihn, ob er bald schon reife Früchte tragen möchte. Und so sich an einem Kirschbaum einige Kirschbeeren nur ein wenig zu röten anfangen, da meinen die Kinder, sie seien schon reif und völlig gut zu essen. – Aber da sagt der Gärtner den Kindern: „Nur Geduld, meine kleinen Freunde! Noch drei Wochen, und die Kirschen werden vollreif sein!"

4] Eine Mutter gibt sich alle Mühe mit ihrem Säuglinge. Sie lernt ihn gehen; sie legt ihm leicht aussprechbare Wörtlein in den Mund; sie mißt ihn und hat eine Freude, so ihr Liebling auch nur um einige Linien gewachsen ist. Und sehnsüchtig harrt sie jener Zeit entgegen, in der sie ihn als einen vollreifen Jüngling vor sich erblicken wird. Aber trotz aller Sehnsucht läßt sich die Zeit nimmer übers Knie brechen. Und es kommt da schon wieder alles auf die Geduld an.

5] In dieser Sturmzeit[1], in der alle Menschheit wie eine Hölle gärt, hat manch friedlich Herz ganz unschuldig eine mächtige Wunde erhalten und wünscht sehnsüchtig nichts so sehr als einer guten Ordnung baldigste und vollkommenste Herstellung. Aber kein Gebäude kann so schnell wieder erbaut werden, wie geschwinde man ein früheres niederriß. Daher heißt es da denn nun auch hier wieder – sehr viel Geduld haben!

6] Und so mußt du, Meine liebe Tochter, auch noch recht viel Geduld haben, mußt des Sommers bessere Tage voll Wärme abwarten! Diese werden deine Geschwulst schon ganz ausheilen.

[1] Inmitten der politischen Unruhen des Jahres 1848! – D. Hsg.

7] Unterdessen aber gebrauche du nur dein Pflaster und deinen Tee! Das wird deine Geschwulst schon nach und nach entweder zum Aufbruch bringen oder dieselbe, so du dich diät hältst, verdunsten und verteilen — was dir noch heilsamer sein wird, obschon etwas länger dauernd.

8] Die Diät aber besteht darin, daß du nichts Saueres oder keine zu fetten Speisen genießest, ebenso den (Kakaoschalen-)Kaffee lieber mit frischer Milch als mit fetterem Rahm trinkest und nicht stark, kein Schweinefleisch oder zu hartes und zu gesalzenes Rindfleisch issest, so auch nicht saures Kraut oder Kohl, auch keine fetten und herben Brühen, sondern Spinat, Milch, Meerrettich, Mandel-Meerrettich und dergleichen.

9] Uebers Pflaster lege du bloß erwärmte Tücher, zuvor ein wenig durchräuchert mit Weihrauch und Wachholderbeeren. Aber feuchte Sachen sollst du nicht übers Pflaster legen, diese schwächen die Wirkung desselben. Sie schaden zwar im Grunde nicht, aber sie verzögern die Wirkung des Pflasters. Nur auf Wärme mußt du sehen! Denn in der Kühle zeitigt so ein katarrhalisches Schleimgeschwür lange nicht, sondern verhärtet eher innerhalb der Schleimhäute.

10] Wenn nun noch kalte Tage sind, da bleibe du lieber im Bette. An warmen Tagen aber gehe spazieren und komme in einen recht tüchtigen Schweiß! Der wird dir gute Früchte bringen.

11] Es wäre dir aber schon viel besser, so du dich nicht im vorigen Monat in Bezug auf dein Uebel einigemal sehr verkühlt hättest! Daher mußt du nun dafür schon ein bißchen mehr Geduld haben, dann wird dein Schleimgeschwür schon wieder gut werden.

12] Auch darfst du keine Furcht haben ob der Ereignisse dieser Zeit! Denn von nun an werden sie[1] die Städte weniger bedräuen denn das Land, allwo die Landleute einer starken Sichtung unterworfen werden. Doch davon sollst du nächstens Näheres und Umständlicheres erfahren. Daher sei nun ohne Furcht! Es wird alles besser gehen als du nun erwartest. — Also keine Furcht, Tochter! Wo Ich bin, da geschieht nichts Arges! Amen.

☆

[1] Die Aufständischen des Jahres 1848; d. Hsg.

Die Zeit ist da!

Am 12. Mai 1848

Die „große Zeit der Zeiten" ist nun — „an der Zeit"! Daher siehe, daß sie[1] gedruckt wird in einigen hundert Exemplaren, ja auch in tausend und etwas darüber. Denn dies Lied wird bald viele Abnehmer finden. Teuer aber solle es nicht sein, damit sich's viele anschaffen können. So es zwanzig Kreuzer kostet, dann ist es weder zu teuer noch zu wohlfeil. Nur werde Ich zu dem einleitenden Kopfe noch ein Köpfchen als Vorleitung hinzufügen, was du leicht über der jetzigen Einleitung in einigen Zeilen anfügen kannst.

2] Zugleich mußt du in einer kürzesten Bemerkung aber auch das Wesen einer Hülsenglobe erläutern, ansonst kein Leser diesen Begriff verstehen würde. — Der Ertrag soll dir zugute kommen.

3] Darauf aber kann sogleich das von euch sogenannte „Hauptwerk" und darauf Meine „Jugendgeschichte" folgen. — Und dann „Sonne und Planeten"[2], „Die Erde" und verschiedene „Naturzeugnisse". — Den Titel, unter welchem ein noch folgendes Werk herausgegeben werden soll, werde Ich schon zur rechten Zeit hinzufügen.

4] Benützet die Zeit, denn sie ist nun da, die Ich für die Veröffentlichung dieser neuen Offenbarung bestimmt und tauglich gemacht habe. Scheuet nun keine Mühe und anfänglich auch keine kleinen Kosten! Ich sage euch, ihr werdet dabei alle einen tausendfachen Gewinn haben geistig!

5] Die Zeit also, von der Ich dir anfangs sagte, daß sie in Kürze kommen wird, in der die Welt dieses Meines neuen Wortes bedürfen wird, ist nun da! — Die „Hure" ist geworfen; des Drachen Geifer ist unschädlich geworden. Daher hinaus nun mit dem neuen, großen Tage! Amen. Amen. Amen.

☆

Ausheilung und Vorbeugung

Eine ärztliche Weisung

Am 29. Juni 1848

Wenn du immer um Rezepte kommen wirst, so werde Ich Mich noch ehestens müssen zu einem Doktor graduieren lassen, sonst werden Mich die Doktoren der Welt am Ende noch vor ein Gericht zitieren! — Aber da Ich vor den weltlichen Richtern gerade keine

[1] d. h. die so betitelte Kundgabe, ein großes Lehrgedicht, „Pathiel oder die große Zeit der Zeiten". —

[2] d. h. das Werk „Die natürliche Sonne".

Furcht habe, so kann Ich deiner bis auf eine Wundnarbe ganz gesund gewordenen Patientin ja gleichwohl ohne Furcht vor der Polizei so viel sagen, daß sie bis auf die nach einigen Wochen sich nahe völlig verlierende Geschwürnarbe völlig gesund ist.

2] Ich meine, über diese Medizin geht keine! — Uebrigens kann das Pflaster noch einige Zeit fortgebraucht und die Wunde beim Wechseln (des Pflasters) mit lauem Eibischtee oder Eibischwasser gereinigt werden, worauf dann wieder das Pflaster aufzulegen ist. Wenn das des Tages einmal geschieht, so ist es hinreichend.

3] Auch den Reinigungstee kannst du ihr alle andern Tage zu trinken anraten; aber alle Tage braucht sie ihn nicht zu trinken. — Sonst soll sie die bekannte Diät im Essen und Trinken beibehalten. Nur soll sie sich abends nicht zu lange im Freien aufhalten! Denn die Abende dieses Jahres sind besonders in den flachen, tiefer liegenden Gegenden voll unreiner Geister, als Vorboten von einer leichteren Art Cholera, welche in nicht gar zu langer Zeit diese Gegenden hie und da beschleichen wird.

4] Die von dieser Krankheit verschont werden wollen, müssen sich daher schon jetzt vor der Abendluft recht in acht nehmen, besonders Weiber, Mädchen und Kinder jedes Geschlechtes. Auch Männer tun besser, wenn sie möglicherweise des Abends vor zehn Uhr im Hause sich befinden. Wird diese Krankheit auch schon nicht so gefährlich sein wie die eigentliche Cholera, so wird sie aber dennoch große Schwächen im Fleische zurücklassen bei denen, die aufkommen[1] werden.

5] Segnet aber abends eure Zimmer und Betten in Meinem Namen und räuchert sie mit Wachholderbeeren! Und so sich die Krankheit hierher verlaufen sollte, da bestecket die Fenster auch mit frischen Wachholderbeerstauden, so werdet ihr völlig sicher sein vor ihr. — Aber nur die Abendluft ein wenig meiden!

6] Dies Rezept also gut beachtet! Denn ihr wisset es schon, daß das selten ausbleibt, was Ich euch vorhersage, weil die Menschen nun nicht darnach sind, daß sie Mich zur Rücknahme Meiner angedrohten Gerichte nötigten. Daher habet auf alles wohl acht, was Ich euch sage! — Amen.

☆

[1] davon genesen. D. Hsg.

Gottes Rat

Am 15. August 1848

Schreiberin: Pauline Hüttenbrenner.

Man sagt: „Guter Rat ist teuer“. – Diese „Taxe“ ist richtig, unter den Menschen ganz besonders, weil wohl kein Mensch dem andern einen wahrhaft guten Rat geben kann, und das darum, weil kein Mensch gut ist.

2] Einen wahrhaft guten Rat kann nur der erteilen, der in sich selbst durchaus wahrhaft gut ist. In sich selbst aber wahrhaft gut ist niemand als Ich allein, spricht der Herr. – So demnach Ich als der Herr jemandem einen Rat erteile, so ist dieser Rat einzig und allein gut, weil Ich als der Erteiler des Rates durchaus vollkommen gut bin.

3] Es fragt sich aber hier weiter: Warum ist denn solch ein Rat teuer? – Ein solcher guter Rat ist fürs erste darum teuer, weil er wegen seiner Abstammung und Herkunft und wegen der in ihm enthaltenen ewigen Wahrheit von überaus großer Köstlichkeit ist. – Fürs zweite [ist er teuer], weil er selten ist; alles aber, was selten ist, ist eben darum köstlich und daher auch teuer.

4] Gleichwie Diamanten und große Perlen und Gold wegen ihrer Seltenheit köstlich und teuer sind, ebenso ist auch ein Rat aus Mir sehr köstlich und teuer, weil er eben sehr selten ist. – Warum ist aber Mein Rat ein seltener?

5] Weil es nur sehr selten auf der Welt irgendeinen Menschen gibt, der sich durch ein freilich nur so kaum halbwegs nach Meinem Worte geregeltes Leben jene Befähigung verschafft hat, die ihn in den Stand setzt, von Mir einen guten Rat vernehmen zu können, auf daß er dann diesen guten Rat für sich sowohl als für seinen Nächsten in die Anwendung bringen könne.

6] Würden sich viele Menschen durch eine besondere zeitweilige Selbstverleugnung der Befähigung teilhaftig machen, daß sie von Mir bei jeder kritischen Gelegenheit ihres Lebens einen guten Rat aus Mir haben und vernehmen könnten, da käme solch ein wahrhaft guter Rat freilich wohl nicht gar so teuer zu stehen, und es könnte da ein jeder fortwährend einen guten „Haus-Rat“ haben. Aber da dies leider nicht der Fall ist, da unter mehreren Millionen Menschen oft kaum einer ist, der solch eine Befähigung besitzt, so kommt ein wahrhaft guter Rat auch nur sehr selten unter die Menschen und muß daher auch in jeder Hinsicht sehr teuer sein.

7] Ich als der alleinige gute Ratgeber sehe gar wohl, daß die Menschen mit einem guten Rate aus Mir beinahe geradeso verfahren wie Kinder, denen die Eltern Spielereien geben, die da bestehen möchten aus geschliffenen Glasperlen, mitunter aber auch aus echten Diamanten. Die Kinder unterscheiden das gemeine Glas nicht vom köstlichen Diamanten, kennen seinen Wert auch nicht und behandeln daher beides gleich. — Da also solches, wie gesagt, und zwar besonders in dieser Zeit, bei den Menschen der Fall ist und die Menschen den Wert Meines Rates gar nicht beurteilen können — und so es auch einige könnten, da wollen sie es aber dennoch nicht, weil ihnen die Welt mehr am Herzen liegt als Ich und Mein guter Rat (dessen Befolgung allezeit etwas schwer ist, weil er nie für, sondern allezeit nur gegen die Welt gerichtet ist) — so muß es Mir am Ende ja doch auch mehr oder weniger gleichgültig sein, den Menschen einen guten Rat zu geben, da Ich doch sicher voraussehe, daß er um kein Haar besser befolgt wird, als so ihn der nächste beste Platzfeger und Straßenreiniger gegeben hätte.

8] Wer sonach von Mir einen wahrhaft guten Rat haben will, der prüfe zuvor sein Herz, ob es, fürs erste, eines Rates aus Mir würdig ist; und fürs zweite, ob ein solches Herz Meinen Rat vollernstlich befolgen will; und fürs dritte, ob ein solches Herz wegen der vielen in ihm wohnenden Welttümlichkeiten solchen Rat auch befolgen kann.

9] Wenn im Herzen diese drei Bedingungen vorhanden sind, dann komme der Mensch zu Mir und verlange einen guten Rat, und Ich werde solchen guten Rat keinem vorenthalten, dem es ernst ist, darnach zu handeln. — Ist aber dieser Ernst nicht da, so versteht es sich auch von selbst, daß Ich Meinen allein guten Rat für nichts und wieder nichts den Menschen nicht erteilen werde, die ihn entweder nicht befolgen wollen oder nicht befolgen können, weil ihr mehr oder weniger an der Welt hängendes Herz dafür nicht befähigt ist.

10] Darum mußt du, gegenwärtige Schreiberin dieses Nebenwortes, dich ebenfalls auch recht vollernstlich fragen, ob du vollkommen fähig bist, einen guten Rat von Mir vollernstlich zu befolgen. Dann werde Ich dir auch einen solchen geben.

11] Sagt dir aber dein Herz: Ich werde ihn schwer oder, darnach der Rat ist, vielleicht auch gar nicht befolgen können — da wäre ein Rat von Mir für dich ja ebenso gut wie gar keiner.

12] Ich gebe dir aber hiemit dennoch einen überaus guten Rat, der darin besteht, daß du dein Herz prüfen sollest und sollest solche Prüfung zu einer Hauptregel deines Lebens machen! Sodann wirst du Meinen Rat sicher um sehr vieles billiger haben können als bis jetzt. — Das sagt der Geber des allein guten Rates. Amen.

☆

Freies, freudiges Gottvertrauen

Am 26. September 1848

Höre du, Mein lieber Ans. H.-W., also spricht der Herr, dein Gott und dein Vater:

2] Warum bist du nun gar so ängstlich und hast eine ärgerliche Furcht vor deiner angeschwiegerten Welt, als hänge von ihr allein das Heil deines Hauses ab? — Was bin denn hernach Ich, der Herr über das Leben deines Weibes, aller deiner Kinder, über dein und deiner Schwiegerschaft Leben und Vermögen?!

3] Hast du Mich lieb und hast du Mich aufgenommen, wer soll dir da schaden können? Wen willst oder magst du noch fürchten an Meiner Seite?! — Ich rede zu dir durch Meinen Knecht und rede zu dir durch das Mädchen, dem du deine Hände auflegst. Ja, Ich gehe in deinem Hause beinahe sichtbar aus und ein! Ich poche auch an dein Herz, Ich stärke dich mit Meiner Hand, Ich vergebe dir und habe dir schon lange vergeben deine Sünden und deines Fleisches Schwächen! Aber das genügt dir noch nicht; noch bist du voll heimlicher Furcht, voll Aengstlichkeit, voll Kleinmut, und Ich sage es dir, auch voll Kleingläubigkeit!

4] Siehe, das ist nicht recht! Du leidest dabei am meisten, weil du noch immer nicht vertrauensvollen, freien Gemütes zu Mir im Ernste sagen kannst: „Herr, Vater! Dein Wille geschehe!"

5] Du mußt dich über alles das erheben, in den Kreuz enthaltenden Erscheinungen in deinem Hause mußt du Meinen Willen erkennen, der dich aufrichten und von allem geistigen Uebel erlösen will, nicht aber etwa erdrücken und zugrunde richten! Dann wirst du freien und leichten Gemütes einhergehen und wirst dich unter allen Erscheinungen des Daseins erfreuen, weil du aus und in ihnen den besten Willen deines Erlösers, deines Gottes, deines Vaters erkennen und ersehen wirst.

6] Du mußt Mir zuliebe alles verlassen können! So Ich dir auch alles nähme: Weib, Kinder und Vermögen — so mußt du noch mit Hiob sagen: „Herr, Du hast es mir gegeben, Du kannst auch alles wieder nehmen! Dein Wille allein ist heilig!" — Wenn du also in dir reden wirst, da werde auch Ich zu dir um so wirksamer sagen:

7] Bruder, weil du Mich mehr liebst als dein Weib, deine Kinder und viel mehr als ein irdisches, nur zu vergängliches Vermögen, so will Ich dir aber auch alles vielfach wiedergeben, was deinem Herzen nach Mir noch irgend teuer ist! Denn Ich allein bin ja nur der Besitzer der Unendlichkeit, Mir allein gehört alles. Ich allein kann geben und nehmen und das Genommene hundertfach wiedergeben.

8] Ich sehe eure Gebrechen und wähle die tauglichsten Mittel, euch zu helfen, zuerst geistig und dann auch leiblich, so das Geistige geordnet ist. So du aber das weißt, wie kannst du denn ängstlich sein?!

9] Ich sage dir, du bist nicht wegen der Wissenschaft ängstlich, sondern nur wie einst Meine Jünger am Meere, als ein Sturm dessen Wogen stark an das Schiff trieb. Sie wußten wohl, daß Ich sie erretten könne, so Ich wach wäre. Aber weil Ich gewisserart schlief, da wurden sie aus ihrem Kleinglauben heraus voll Angst und schrien: „Herr, wache auf und hilf uns, sonst gehen wir zugrunde!" — Sage, war dieser Angstruf nicht ein eitel dummer? — Denn wer kann sich fürchten an der Seite des allmächtigen Schöpfers der Unendlichkeit, so irgendein Stürmchen weht, das vom selben Schöpfer ausgeht, der das Meer erschaffen hat?! — Siehe, das kann nur ein Kleingläubiger tun! — Und so bist auch du kleingläubig und daher ängstlich!

10] Dir fehlt es nicht an der gegründetsten und durch viele Erfahrungen gefestigten Wissenschaft. Aber am wahren, festen Großglauben fehlt es dir! Und darum hast du noch immer eine starke Furcht vor der Welt — weil du den irdischen Unterhalt viel mehr in den Händen der Welt als in den Meinigen der Wahrheit nach wähnst und erwartest.

11] Glaube es Mir, Ich kann und will dich und deine Kinder auch dann erhalten, so dir alle deine Habe genommen würde, und kann dir auch irdisch eine zehnfach größere bereiten und geben. Aber du mußt fester sein in deinem Herzen, als du bis jetzt es warst! Du mußt dich nicht fortwährend mit der Schwäche deiner Natur entschuldigen! Denn deine Natur ist viel stärker, als du es glaubst.

12] Am schwächsten ist bei dir nur die Seele, weil sie noch mehr an der Welt als an Mir hänget! — Klammere dich aber in der Zukunft nur recht fest an Mich an, dann wirst du gleich sehen, ob deine Natur schwach oder stark ist.

13] Ich sage dir: Sei froh und heiter, denn Ich bin bei dir! Iß und trinke (aber einen echten Wein, natürlich mäßig, mit Wasser)! Denn von Mir hängt es ab, ob dir Speise und Trank dienen oder nicht.

14] Ich sage dir, du magst fasten und seufzen und trauern, so werde Ich dir darum dennoch nicht helfen. — Aber durch den Vollglauben und durch deine wahre Liebe zu Mir und daraus zu deinen Brüdern werde Ich dir allezeit helfen!

15] Wenn du voll Angst und Kleinmut sprichst: „Herr, Dein Wille geschehe!“ — so gilt das bei Mir nichts. Aber so du das mit freiem und freudigem Herzen sprichst, da wirst du allezeit Hilfe finden. Denn nur in einem in Meinem Namen freien und freudigen Herzen wohne Ich kräftig; in einem bedrückten, seufzenden und ängstlichen aber ebenfalls bedrückt, seufzend und ohnmächtig.

16] Oder kann ein Baumeister auf einem zu weichen, feuchten und sandigen Boden ein kräftiges und starkes Haus erbauen? Ich meine, ein Felsgrund wird dazu wohl tauglicher sein. Also muß auch dein Herz und der Glaube im Herzen zu einem Felsen werden; sonst findet Meine Kraft in dir keinen so festen Stützpunkt, daß sie, sich an ihn stemmend, nach deinem und Meinem Wunsche vollkommen wirksam äußern könnte.

17] Sei also mutig und freien, freudigen Herzens und glaube wahrhaft ohne Scheu vor der Welt, daß Ich dir und deinem Weibe nicht nur helfen kann, sondern auch helfen will und werde — so wird es auch geschehen, wie du glaubst und in Meinem Namen willst. Aber mit einem ängstlichen und dadurch kleingläubigen Herzen wirst du nicht viel ausrichten — außer mit der Zeit dich, dein Weib und deine Kinder noch schwächer und ängstlicher machen, als es bis jetzt der Fall war.

18] Siehe, Ich bin wahrhaft bei dir und helfe auch deinem Weibe! Also sei nicht ängstlich! Entschließe dich im Herzen, Mir alles zu opfern, und Ich werde dir alles geben! Denn Meine Liebe zu dir ist größer um sehr vieles als die deine zu Mir.

19] Du weißt es ja, daß Ich also geredet habe, daß jener Meiner nicht wert ist, der noch irgend etwas in der Welt mehr liebt als Mich.

Also liebe Mich wahrhaft über alles, und Ich werde dir dann auch alles über alles geben!

20] Die Krankheit deines Weibes aber betrachte als eine wirkende Arznei gegen den sinnlichen Krebsschaden deines Fleisches, dem Ich dadurch helfen will und werde, auf daß du ein vollkommener Geist werden könnest. Dann wirst du leichter atmen, weil du darin nur Meine große väterliche Liebsorge für dein und deiner Kinder Wohl klar ersehen wirst!

21] Wohl leidet dein Weib dabei naturmäßig; aber ihre Seele wird dadurch mächtig gestärkt und ihr Geist frei gemacht, was du aus ihrer Geduld und großen Beharrlichkeit gar leicht entnehmen kannst. So du aber das doch unwidersprechlich einsehen und Mein Wirken in deinem Hause erkennen mußt, so darfst du dich ja nur gewaltig freuen und nicht ängstlich werden.

22] Lasse die Welt reden und staunen und drohen oder kneipen und keifen! Ich bin ja bei dir! Und so Ich bei dir bin, wer soll dir da etwas anhaben können? — Glaube alsonach und vertraue auf Mich mit freiem und freudigem Herzen, und Ich werde dir hier und jenseits, also zeitlich und ewig von allem Uebel helfen! Amen. Amen. Amen.

☆

An Justinus Kerner,

den ersten Herausgeber des Neuen Wortes.

Gegen Ende 1848

Aus einem von Anselm Hüttenbrenner an Justinus Kerner, Doktor der Heilkunde in Weinsberg bei Heilbronn am Neckar, im damaligen Königreiche Württemberg, gerichteten Schreiben:

Euer Wohlgeboren! In beiliegenden Schriften[1] erhalten Sie eine große Gabe Gottes, nämlich die in unseren Tagen geoffenbarte „Geschichte des Menschengeschlechtes" von der Erschaffung des ersten Menschenpaares an bis zum Tode Noahs und noch etwas darüber hinaus.

2] Der Herr Jesus spricht in einem hier lebenden armen, anspruchslosen Manne, namens Jakob Lorber, seit dem 15. März 1840 beinahe Tag für Tag. Dieser schreibt das Gehörte nieder oder diktiert es einem seiner vertrauten Freunde.

[1] Urschriften des dreibändigen Lorberwerkes „Die Haushaltung Gottes"; d. Hsg.

3] Außer diesem beiliegenden Werke besitzen wir noch die vollständige Enthüllung unserer Sonne in mehr als 50 Heften, ferner die enthüllte naturmäßige und geistige Erde, die Beschreibung des herrlichen Planeten Saturnus, die vollständige Jugendgeschichte des Herrn, dann eine Menge Erklärungen wichtiger Texte des Alten und Neuen Bundes, eine Offenbarung über Besessenheit, 9 Szenen aus dem Geisterreiche, wovon die letzte[1], bereits über tausend Quartseiten betragend, ihrer Vollendung entgegengeht; endlich eine Menge Antworten des Herrn über gestellte Anfragen betreffend die außerordentlichen Begebenheiten unserer Zeit, auch mehrere Gedichte, von denen das beiliegende[2] in der hierortigen Kienreich'schen Buchhandlung unlängst erschien.

4] Wir hätten diese heiligen Schätze schon lange gern der Welt mitgeteilt, aber wir durften nicht. Erst seit kurzem erhielten wir des Herrn Auftrag zur Veröffentlichung. Er lautet: „Die Zeit, in der die Welt dieses Meines neuen Wortes bedürfen wird, ist nun da! Die ‚Hure' ist geworfen; des Drachen Geifer ist unschädlich geworden. Daher hinaus mit dem neuen, großen Tage!"

5] Daß ich mich in dieser wichtigen Angelegenheit vorerst an Euer Wohlgeboren wende ...

Hier ist aus dem Folianten des „Geistigen Tagebuches", welcher die Wiedergabe dieses Schreibens enthält, von unbekannter Hand ein Blatt entfernt. — Auf der nächsten Seite geht dann der unterbrochene Text weiter mit den folgenden Schlußwendungen des Briefes:

... um wahrhaft zu leben, mein liebes, braves Weib, mit dem ich ... Jahre sehr glücklich lebte. Dieses Ereignis hat mich gewaltig erschüttert und ist Ursache, daß meine Antwort so spät erfolgt.

6] Könnte ich doch vor meinem Ende noch so glücklich sein, Ihnen in friedlichen Tagen einen Besuch in Weinsberg zu machen! Alles, was ich zwanzig Jahre hindurch als Magnetiseur Wunderbares hörte und schaute, möchte ich vor allem Ihnen mitteilen und dann am Grabe der frommen Dulderin von Prevorst den Kuß der Liebe und Verehrung an Ihre edle Stirne drücken!

7] Haben Sie im kommenden Jahre, das Ihnen und all Ihren Lieben heilbringend sein möge, einige freie Minuten, o so erquicken Sie nur mit wenigen Zeilen Ihren in größter Hochachtung verharrenden

Anselm Hüttenbrenner.

☆

[1] „Bischof Martin". — [2] „Pathiel oder die große Zeit der Zeiten".

Robert Blums Erdenlaufbahn

Am 27. November 1848

Mit der nachstehenden Kundgabe begannen die umfangreichen Eröffnungen über „Robert Blum"[1]. Sie wurden fast täglich fortgesetzt, bis zum Abschluß am 2. Januar 1851.

Dieser Mensch der deutschen Zunge, Robert Blum, kam unter den dürftigsten Umständen auf diese Erde und hatte bis auf einige seiner letzten Jahre stets mit der natürlichen, irdischen Lebensnot zu kämpfen — was ihm aber aus gutem, der Welt freilich gänzlich unbekanntem Grunde zuteil ward. Seine Seele und sein Geist stammte von jenem Planeten her, von dem ihr aus der Enthüllung der „natürlichen Sonne" wisset, daß seine Einwohner mit ihrer hartnäckigsten Beharrlichkeit ganze Berge versetzen und, was sie leiblich nicht vollbringen, sogar als Geister nach und nach ins Werk setzen[2].

2] Dieser durch seine Tollkühnheit gefangengenommene und für diese Welt gerichtete Mann zeigte schon von seiner Kindheit her, welch beharrlichen Geistes er war. Und obschon Ich Selbst ihm, wo er sich nur immer erheben wollte, wegen seines Heiles stets die tauglichsten Hindernisse in den Weg legte — so half das aber am Ende, besonders für diese Welt, doch wenig. Denn seines Geistes zu rastlos beharrliches Streben brach sich endlich aus all seiner ihm gestellten Unbedeutendheit doch eine Bahn, auf der er zu einem größeren Wirken gelangte.

3] Auf diesem Wirkungsstandpunkte machte er sogleich tausend große Pläne und setzte sie auch nach Möglichkeit ins Werk. Vor allem lag ihm ein gewisses Völkerwohl am Herzen, welches zu bewerkstelligen er kein Opfer scheute! — Fürwahr, so er alle Schätze der Erde besessen hätte, so hätte er sie auch alle, samt seinem Leben, für die Verwirklichung dieser für ihn höchsten Idee in die Schanze geschlagen!

4] Diese Völkerwohlidee hatte er freilich hauptsächlich der reinen Welt-Religionsschule des Ronge[3] und dessen Genossen zu verdanken, welche aber eigentlich gar keine Religion und keine Kirche ist und

[1] „Robert Blum". Erfahrungen und Erlebnisse des 1848 erschossenen Revolutionärs Robert Blum im Jenseits. Die beiden Bände geben ein überaus lebendiges, vielseitig aufklärendes Bild der jenseitigen Weiterentwicklung.
[2] Dieser Planet ist der Uranus; siehe „Die natürliche Sonne", Kap. 44, 20.
[3] Der Begründer des von Rom unabhängigen Deutsch-Katholizismus.

auch nie sein wird, weil sie Mich, den Herrn, leugnet und Mich zu einem ganz gewöhnlichen Menschen und Volkslehrer der Vorzeit macht. Diese sein wollende „reine Kirche“ verwirft sonach auch den Grundstein, auf dem sie ihr Gebäude aufführen will, baut somit auf Sand; und ihr Haus wird daher einen schlechten Bestand haben.

5] Wie aber Ronge seine Kirche baute, so baute auch unser Mann seine Völkerwohlideen — auf Sand. Ihm war alles, was die Welt darbietet, nur äußerst klein und ohnmächtig; bloß in seiner Rednergabe sah er jene Machtgröße, der es gelingen müsse, in Kürze allen Machthabern den Stab zu brechen.

6] Seine Ueberzeugung war darin so stark, daß er darüber nahe keines Bedenkens fähig war. Mahnte Ich ihn auch innerlich bei zu toll gewagten Unternehmungen, so vermochte ihn aber das dennoch nicht von dem abzuhalten, was er sich einmal zu verwirklichen vorgenommen hatte. Denn es war bei ihm eine Art Wahlspruch, daß ein rechter Deutschmann eher alles opfern solle, als von einer einmal gefaßten und durchdachten Idee abzugehen. Er meinte, ein Deutscher höre auf, ein Deutscher zu sein, so er mit Ideen zu tauschen anfange.

7] Zur Festhaltung seiner einmal gefaßten und zur Ausführung bestimmten Ideen bestärkte ihn auch das mehrmalige glänzende Gelingen derselben. Und so wagte er sich nun auch an ein Himalajagebirge, weil ihm die Abtragung einiger politischen Hügel gelungen war, durch welche Arbeit er sich auch allgemein bemerkbar gemacht hatte — und gewann dabei das Vertrauen eines ganzen Landes; welches Vertrauen ihm aber dann auch den Weg zu seinem unvermeidlichen irdischen Untergange bahnte.

8] Er erprobte in der Deutschen Versammlung[1] die Macht seiner Zunge zu öfteren Malen und hatte heimlich eine große Freude über seine gefeierten Zungensiege, woran freilich sein starker Geist den größten Anteil hatte. — Auf diese Siege gestützt und allerfestest vertrauend, eilte er vom Orte seiner Bestimmung in eine große ostdeutsche Stadt[2], wo das Volk auch die unverkennbarsten Symptome seiner Ideen tatsächlich ans Tageslicht zu fördern begann. Da wollte er sozusagen mit einem Schlage etliche dreißig sogenannte Fürstenfliegen totschlagen, ohne zu bedenken, daß hinter diesen Fliegen auch Ich, der Ich freilich für ihn nichts war, etwa doch auch ein paar Wörtchen zu reden hätte, bevor sie eine Beute seines Fliegenpatschers werden sollten!

[1] Deutsche Nationalversammlung in Frankfurt a. Main 1848. — [2] Wien.

9] Unser Mann ging hauptsächlich von der Idee aus, die er wohl aus Meinem Worte borgte, daß man „vollkommen" sein solle gleich dem Vater im Himmel, und daß da nur Einer der Herr ist, alle anderen aber „Brüder" ohne Unterschied des Standes und des Geschlechtes. — Aber er glaubte fürs erste an Den nicht, dem die Menschen in der Vollkommenheit gleichen sollen. Für den Herrn aber hielt er nur so ganz eigentlich sich — durch die Macht der Rede; vergaß aber dabei ganz, daß die Fürsten auch Menschen sind im Besitze der Macht aus Mir; und vergaß auch jenes Schrifttextes, wo es heißt: „Gebet dem Kaiser, was des Kaisers ist, und Gott, was Gottes ist!" — wie auch: „Seid jeder Obrigkeit untertan, ob sie gut oder böse[1] ist; denn sie hätte keine Macht, so sie ihr nicht von oben gegeben wäre!" — Gegen diese Macht hilft nur das Gebet und ein rechter Lebenswandel nach Meinem Worte, aber kein sogenannter politischer Fliegenpatscher.

10] Dieser Mann wurde in der obenerwähnten Stadt, wo er seine völkerbeglückende Idee durch die Gewalt der Waffen wie durch seine Reden verwirklichen wollte, als ein dem Staate gefährliches Individuum gefangengenommen und nach einem kurzen Prozesse aus dieser in die andere Welt befördert[2]. Und somit ward auch sein diesweltlicher, Völker beglücken-sollender Wirkungskreis geschlossen.

☆

Aufgabe der Jugend

Am 23. Januar 1849

Anfrage des Felix Hüttenbrenner über Matth. Kap. 20, V. 16: „Viele sind berufen, aber wenige sind auserwählt."

Mein lieber Studiosus Felix! Ich habe dich recht lieb, und es freut Mich, daß du Meiner schon öfter zu gedenken anfängst und wünschest von Mir auch „Nebenwörtlein" zu bekommen. Aber du bist noch zu wenig reif für derlei.

2] Aber sei du vorderhand nur recht fleißig in deinen Studien und reinige deinen Lebens- und Erkenntnisbaum von der äußersten, faulen und toten Rinde, von dem Moose und von den hie und da vorkommenden Raupennestern — da werde Ich dann den Kern deines

[1] d. h. mild oder hart. — [2] Robert Blum wurde am 9. November 1848 auf Befehl des kaiserlichen Oberstkommandierenden, Fürst Windischgrätz, in der Brigittenau, Wien, standrechtlich erschossen.

Baumes schon beleben und stärken zur Tragung edlerer Früchte. Und so wirst du ein Auserwählter sein, was nur wenigen beschieden ist.

3] Wirst du aber nicht gut und genau erfüllen, was dir deine gegenwärtigen Studierpflichten zu erfüllen auferlegen, und wirst also nicht fleißig reinigen deinen Lebens- und Erkenntnisbaum von der äußersten, toten Rinde, vom Moose und von den Raupennestern, darunter verstanden werden die eigenen Geister der Trägheit — da wird dann der Kern deines Baumes schwach und matt verbleiben, und du wirst kein Auserwählter werden und verbleiben, sondern bloß nur ein ganz einfach Berufener, wie es deren gar viele Tausende gibt.

4] Siehe, wenn im Winter ein Brunnen stark gefroren ist, so muß die Eisdecke zuerst durchgebrochen werden, ehe man zum Wasser gelangen kann. Ebenso mußt auch du zuerst durch einen rechten Fleiß das Eis deines Verstandes durchbrechen. Dann erst muß es sich zeigen, ob dein inneres Lebenswasser entweder zum Kochen oder allein zum Waschen der schmutzigen Wäsche taugt. — Das Kochwasser ist ein „Erwähltes", und das Waschwasser ein „Berufenes". — Schaue demnach, daß du ein „Kochwasser" wirst!

5] Es gibt aber noch gar vieles Wasser, das da weder zum Kochen noch zum Waschen taugt, sondern allein zum Tragen großer Lasten und zur Aufnahme alles Weltunflates, wie exempli gratia [1] das Meerwasser. Daher schaue ja und sieh dich gut vor, daß sich in deinem Lebensbrunnen nicht ein „Meerwasser" ansammle! Denn das ist vorderhand weder berufen und noch weniger erwählt, sondern allein nur gerichtet.

6] So viel es dir nun vonnöten ist, deinen angeführten Text zu verstehen, habe Ich dir jetzt zu verstehen gegeben. Wenn du aber reifer wirst, dann wirst du eine reifere Erläuterung erhalten. — Das also zu deiner Darnachachtung! Amen.

☆

Einem Gotteslieblung zum Namenstag

Am 18. Februar 1849

Meine kleine „Martha" [2]! — Nicht deine irdische Mutter, die allerseligst bei Mir, sondern Ich Selbst, als dein liebevollster Vater aus allen Himmeln, gratuliere dir ausnahmsweise zu deinem Namenstage, und das darum, weil du Mich lieb hast mehr denn deine Geschwister und mehr als dein irdischer Vater, der Mich wohl viel

[1] zum Beispiel. — [2] gemeint ist Julie Hüttenbrenner mit dem Beinamen Martha; d. Hsg.

besser kennt als du Meine liebe kleine Martha, aber sein Herz ist dem Meinen bei weitem nicht so nahe wie das deinige. Denn er läßt sein Herz nun zu sehr von allerlei weltlichen Eindrücken hin und her lenken, auf daß es dann ja nicht zu jener gemessenen Ruhe gelangen kann, in der allein Meine wahre Liebe im selben auch die wahren Lebenswurzeln schlagen kann.

2] Du aber hast diese Ruhe und denkst weniger daran, was nun geschieht in der Welt und läßt Mich ganz ruhig schalten und walten und richten die Welt. Daher aber kann auch deine Liebe zufolge der viel geringeren Beirrungen deines Herzens mehr und mehr wachsen zu Mir, deinem lieben Vater.

3] Und die Wirkung davon ist, daß Ich dich denn auch überaus lieb habe und nicht der kleinen Fehlerchen gedenke, die so manchmal dein Außenwesen bekriechen gleichwie die Fliegen eine reine Fensterscheibe, die sie wohl auf der Oberfläche beschmutzen, aber darum der inneren Reinheit des Glases dennoch nicht den allerleisesten Schmutzschaden zufügen können. Denn so das Glas dann wieder auch nur mit einem feuchten Lappen abgewischt wird, da ist es wieder also rein, als wäre es nie beschmutzt gewesen.

4] Und siehe, dieser dein Wesen von all den kleinen Besudelungen stets reinigende Lappen ist — deine Liebe zu Mir!

5] Wachse nur recht in dieser Liebe, so wirst du Mir ein über alles liebes Töchterlein werden. Und Ich werde dir dann auch alles geben, darnach dein Mir gar allerliebstes Herzchen sich nur sehnen mag und kann. — Ich habe auch wohl deine Geschwister sehr lieb, da sie Mich auch recht lieb haben. Aber Ich sehe an Ihnen mehr Welttümliches als an dir, du Meine liebste kleine häusliche Martha — und Magdalena aber dennoch auch dabei! — Darum aber sage Ich dir auch ganz unumwunden, und das gerade ausnahmsweise zu deinem Namenstage, daß du Mir unter deinen Geschwistern die allerliebste bist.

6] Ich meine, dies Mein Bekenntnis an dein Herzchen wird dir doch sicher nicht unangenehm sein. Aber Ich sehe es auch, daß dies Mein offenes Bekenntnis an dein Herz deinen Geschwistern nicht so gut gefallen wird wie dir. Aber sie sollen Mich nur auch recht über alles zu lieben anfangen und ein wenig mehr das Urteil der Welt außer acht lassen, sondern sich lediglich nach Meinem Herzen richten — da werde Ich sie auch so lieb haben wie dich.

7] Ich habe sie aber dessenungeachtet, obschon sie ihre Augen mehr nach der Welt kehren als du, sehr lieb und fließe stets in ihre Herzen ein und vermehre darin die Liebe zu Mir eben also wie in dir. Und so mögen sie in dieser Versicherung auch einen gar mächtigen Trost finden!

8] Ich liebe ja sogar jene Menschen, die Meine abgesagtesten Feinde sind. Um wieviel mehr euch, die ihr Meine Freunde und Freundinnen seid!

9] Ich sage euch: Obschon ihr noch dem Leibe nach auf der Erde wandelt, so seid ihr dennoch dem Geiste nach als Engel auch schon bei Mir! — Aber es gibt auch Unterschiede in der Liebe, sogar der reinen Engel in den Himmeln; wie sollten sie unter euch nicht sein, die ihr noch im Fleische wandelt?!

10] Aber die Engel, die Mich am meisten lieben, die sind auch am nächsten bei Mir.

11] Weil Mich die Magdalena am meisten liebte, so war sie auch die erste, die Mich nach Meiner Auferstehung zu sehen bekam. Und so sage Ich auch zu dir: Weil du Mich am meisten liebst, so bist du Mir auch am nächsten.

12] Befolge alle die Vorschriften, die Ich dir habe zukommen lassen! Halte dein Herz und auch deinen Leib rein! — Wenn manchmal irdische Gedanken und Begierden es besudeln wollen, gleich wie die Fliegen ein reines Glas, da ergreife nur schnell den feuchten Lappen Meiner Liebe — und dieser wird dich allezeit rein erhalten und rein machen!

13] Das sagt dein lieber, heiliger Vater dir. Amen. Amen. Amen.

☆

Kundgabe einer Seligen

Am 18. Februar 1849 zeigte sich dem Knecht während einer anderweitigen geistigen Beschäftigung die im November 1848 verstorbene Elisabeth Hüttenbrenner, Gattin Anselm Hüttenbrenners, um durch ihn ihren Töchtern Julie und Wilhelmine mütterliche Ermahnungen zu übermitteln. Ueber diese Unterredung schrieb Jakob Lorber Nachstehendes nieder:

Elisabeth: „Mein lieber Jakob! — Ich bin auch da, ich bin auch da, und möchte auch meiner Julerl und auch der Minerl ein wenig gratulieren!"

2] Rede ich, Jakob Lorber: „Ja so, ja so! Nun, nun, das freut mich sehr, daß Sie, meine seligste Elisabeth, mich auch einmal wieder besuchen! Sie darf man wohl nicht fragen, wie es Ihnen geht!? Denn dort, wo Sie sind, kann es jedem Glücklichen nur unendlich gut gehen. — Daher zur Sache! — Ich bin schon bereit alles zu schreiben, was Sie nur immer wollen — aber nur so hübsch kurz, bitte ich, weil die lumpige Zeit mich auch schon ein wenig drängt! Ein nächstes Mal will ich Ihnen, meine allerliebste Frau — [»Nicht ‚Frau' sagen!« spricht inzwischen die Elise] — Elisabeth einen ganzen Vormittag zu den allerbereitwilligsten Diensten stehen. — Wenn Sie aber nur nicht gar so himmlisch schön wären, da könnte ich auch leichter schreiben! Aber so ich Sie anschaue, da möchte ich Sie um sehr vieles lieber umarmen und in solch einer himmlischen Umarmung sterben, als auf dem Papiere mit der Feder hin und her wackeln!"

3] Spricht Elisabeth: „Nur nicht so schlimm sein, mein lieber Jakob! Denn das schickt sich nicht. Aber weil Sie denn doch noch ein wenig schwach sind, so werde ich mich hinter Ihren Rücken stellen. — So, nun bin ich schon hinter Ihrem Rücken! — Schauen Sie sich nicht um und schreiben Sie fleißig, sonst kriegen Sie einen Schupfer!"

4] Rede ich: „Bin schon in der Ordnung! — Aber ich bitte, mich nicht mit »Sie«, sondern mit »Du« anzureden."

5] Spricht Elisabeth: „Ja, ja, aber da mußt du mich auch so anreden! Aber nun schreibe, sonst wird die Zeit noch kürzer!"

6] Elisabeth diktiert: „An meine Julerl und Minerl! — Meine lieben Töchter! Wenn der Herr bei euch ist, da bin auch ich bei euch. Denn ich bin nun stets beim Herrn, und mein Glück ist unendlich, meine Seligkeit unaussprechlich!

7] Meine Julerl! Bereichere nur stets mehr und mehr dein Herz mit der Liebe zum wahren himmlischen Vater, so wirst du ebenso glücklich und selig werden und vielleicht schon auf Erden sein, wie ich nun im Himmel. Denn der Herr hat dich sehr lieb — wie du heute auch das unaussprechliche Glück hattest, vom Herrn Selbst die gleiche Versicherung zu bekommen. Aber tue auch alles, was dir der heilige, liebevollste Vater schon gar so oft angeraten! Da kannst du noch sehr leicht eine wahre Braut Seines innersten Herzensgrundes werden. Und das ist der Seligkeiten höchste, die nur sehr wenigen zuteil wird.

8] Aber auch du, Minerl, befleißige dich dieser heiligen Liebe! Denn der heiligste Vater hat auch dich sehr lieb, wie alle die anderen und auch meinen Anselm. Aber nur denket nicht so sehr in gewissen Zeiten und Stunden an die weltlichen Dinge, wie z. B. ans leidige Heiraten, an das nach mir von Seite der Großeltern an euch entfallende Erbe und so noch an manche anderen unnötigen Dinge; **sondern allein der heiligste Vater sei der einzige, eure Herzen allertiefst beschäftigende Gegenstand** — so werdet ihr zur rechten Zeit von Ihm schon alles bekommen, was euch nottut und euren Seelen gut und nützlich ist!

9] Denket öfter an mich, eure irdische Mutter, die ich auch öfter allerlei Wünsche hatte und mich freute, mit euch irgendwo auf dem Lande meine letzten Tage zu beschließen. Allein was ist aus all diesen Wünschen geworden?! Ich brauche es euch nicht zu wiederholen, denn das Grab und der Leichenstein wird es euch sagen.

10] Ich sage euch: Der Erde Boden ist nichts als ein großes Leichenhaus, ein echter Friedhof. Die Berge auf der Erde sind Leichensteine. Und so kann wohl niemand im Hause der Toten ein Glück erhoffen, außer ein solches, wie es meinem Leibe zuteil ward.

11] Aber ich, die ich den Herrn Vater Jesus über alles liebte, bin nicht ins Grab gelegt worden zur Verwesung, sondern war allerlebendigst vom Herrn Vater in Seinen Himmel aufgenommen worden, wo es gar so unbeschreiblich schön ist, wo sich alle Menschen so inniglichst lieben, daß es auf der Welt nicht einmal einen Gedanken gibt, der solche Schönheit und Liebe nur annähernd beschreiben könnte!

12] Anstatt auf der Erde irgendwo eine Bäuerin zu sein, bin ich nun im Himmel der Himmel, begabt mit der höchsten Freiheit! — Was, dünkt euch, ist wohl besser? — Ja, der Himmel, der Himmel, das ist der wahre Aufenthalt für alle, die Gott lieben! Das ist alles Wirklichkeit und Wahrheit — während die ganze Erde nur eine Erscheinlichkeit ist, die nur zu bald vergeht. Daher trachtet denn auch vor allem nach dem Reiche Gottes, so wird euch auch alles andere werden.

13] Dies nun von mir, eurer Mutter, an euch gerichtete Wörtlein beachtet wohl, so werdet ihr ewig glücklich sein! — Des Herrn Vaters Segen, Liebe und Gnade sei mit euch allen in des Herrn Vaters Namen! Amen."

14] **Elisabeth** gab mir nun einen Klopfer auf den rechten Arm und sagte, daß ich den Mädchen sagen möchte, daß sie heute Abend um 9 Uhr zusammen ein gutes Gebetlein beten sollen. Dann werde sie unsichtbar, aber dennoch leise fühlbar, zu ihnen kommen und sie alle segnen. — Darauf verschwand sie.

☆

Nochmals: Kaiser und Gott

Am 10. Juni 1849

Als Mich die Pharisäer durch ihre und durch die von Herodes an Mich in den Tempel gesandten Diener mit allerlei verfänglichen Fragen fangen wollten, um einen Grund zu Meiner Gefangennehmung zu bekommen, da fragten Mich eben diese pfiffigen Apostel, ob es recht wäre, daß die Juden an den Kaiser nach Rom, trotzdem sie ohnehin dem Landespächter Herodes einen kaum erschwinglichen Tribut zahlen mußten, auch den verlangten Zins zahleten; denn der Kaiser habe ja ohnehin vom Herodes den ganzen Landestribut zu erheben, wofür dem Herodes dann das Recht eingeräumt sei, das Land nach seiner Willkür zu besteuern und Erpressungen zu bewerkstelligen, die den Juden kaum den Bettelstab übriglassen. Dazu komme nun noch der Kaiser selbst und verlange einen eigenen Zins!

2] Deshalb handle es sich nun darum, daß Ich, als der bezeichnete Messias, es endlich bestimme, ob man dem Kaiser noch den außerordentlichen Zins zahlen solle oder nicht. — Die Frage war somit im Ernste eine sehr verfängliche, da der Kaiser, der dem Herodes alle Rechte gegen einen großen Pachtzins abgetreten hatte, nun auch mit einer außerordentlichen, aber freilich rechtlichen Zinssteuer zum Vorscheine kam.

3] Jedem, der alle Verhältnisse nicht Mir gleich durchschauen konnte, die da zwischen den Juden, dem Pächter Herodes und dem Kaiser bestanden, wäre da eine rechte Antwort, um sich nicht ein- oder anderseits verfänglich zu machen, sicher im Halse stecken geblieben. Aber das konnte bei Mir nicht der Fall sein, da Ich alle die Verhältnisse nur zu klar kannte, die da in Meiner irdischen Zeit zwischen Volk und Kaiser sowohl im geheimen, als auch zwischen dem Pächter und Kaiser und Volk offenkundig bestanden.

4] Der Pächter Herodes hatte unter vielen Rechten auch das, Geld unter seinem Namen und Bilde zu prägen. Das Geld war damals, wie nun, ein Tauschmittel; und alle Geschäftsleute, alle Händler und Wechsler gebrauchten dasselbe als eine „conditio sine qua non“[1]. Um aber dieses Tauschmittels habhaft zu werden, mußten sie es entweder gegen rohes Metall oder gegen andere Stoffe guter und edler Art in der Herodianischen Münze kaufen, in welchem Falle sie dann auf fünfzig Jahre vollkommen Eigentümer des Herodischen Geldes wurden.

[1] als etwas Unumgängliches; d. Hsg.

5] So konnte aber auch sonst jeder Mensch, der entweder ein gutes Pfand hinterlegte oder ein Grundstück hatte und dasselbe an die Münze verschrieb, Herodisches Geld bekommen, das er als Tauschmittel besonders mit den Griechen gebrauchte. Aber auf diesem Gelderreichungswege mußte er dann dem Herodes jährlich von je hundert Groschen oder Pfunden zehn Groschen oder zehn Pfunde als Zins bezahlen, und zwar mit der Verpflichtung, das also entliehene Geld erst in fünfzig Jahren zurückzahlen zu dürfen; und wäre er da zahlungsunfähig, entweder ein ewiger Schuldner (eine Art Sklave) zu verbleiben und die Zinsen fortwährend zu entrichten; oder der Herodes wie auch dessen Erben hatten das Recht, solchem Schuldner Grund, Vieh, Weib und Kinder zu verkaufen, was da nicht gar zu selten geschah.

6] Daß aber die Juden durch solche Mäkeleien des Herodes sehr schlecht bestanden, läßt sich leicht denken, sowie daß dabei gar viele höchlichst verarmen mußten und viele zu verkauften Sklaven wurden. — Dieser üble Umstand aber führte denn auch die Juden bald auf die Idee, zu erfahren, ob der Kaiser auch Gelder gegen Pfand und Verschreibung leihe, und wie viel vom Hundert er dann nehme. Die tatsächliche Antwort aber ging dahin, daß auch der Kaiser sein Geld jedem seiner Untertanen gegen Pfand oder Verschreibung leihe, doch keines verkaufe, was für die Wechsler eben nicht erfreulich war.

7] Der Kaiser verlangte aber von edlem Gelde aus Gold und Silber fürs Jahr fünf und fürs unedle Geld aus Kupfer und Erz nur ein bis einundeinhalb Prozent.

8] Die Folge davon war ganz natürlich, daß das Volk sich nach Möglichkeit der Herodianischen Schuldigkeit entledigte und durch die Vermittlung des römischen Landpflegers auch die Herodianischen Leihkontrakte zu Gunsten des Kaisers annullierte und Geld vom Kaiser auf obbesagte Art entlieh, daß er es nach Belieben abzahlen mochte, wann er es nur immer wollte und konnte.

9] Nun, das war denn aber auch für die Pharisäer, die sich hauptsächlich mit dem Wechseln, Kaufen und Verkaufen abgaben, wie auch für den Herodes, der ihnen dazu das Geld prägte, eine ganz verzweifelt zuwidere Sache, indem ihre Geschäfte natürlich sobald ins Stocken geraten mußten, als das viel billigere Geld des Kaisers im Land unter dem Volke in den Umlauf kam.

10] Aus diesem nun bekanntgegebenen Umstande aber datiert sich denn auch die kitzliche Frage, die, um Mich zu versuchen, Mir eben von den Pharisäern und von den Beamten des Herodes zur Beantwortung vorgelegt wurde.

11] Wer diese richtigen Umstände näher erwägt, der wird es denn aber auch von selbst gar leicht finden, was diese beiden in ein Horn stoßenden Parteien durch diese Frage bei Mir nach ihrer Meinung ganz unfehlbar bezwecken wollten, nämlich: daß Ich Mich entweder zur Partei der Kaiserlichen schlagen werde, wo sie dann gesagt hätten: „Nun, so bist du kein Messias! Denn du trittst die Rechte der Juden mit Füßen und machst mit vielen Treulosen eine Sache wider dein Volk. Du bist nach Moses, Samuel und David des Todes schuldig!“ — Hätte Ich aber gesagt: Dem Kaiser gebührt kein Zins, sondern aller dem Herodes, der das Volk Gottes von den Heiden jährlich durch einen starken Tribut loskauft — so hätten sie Mich dann als einen Widersacher des Kaisers deklariert und hätten Mich an die römischen Richter überantwortet.

12] Ich aber ließ Mir die Münze des Kaisers vorweisen, auf der des Kaisers Bild und Unterschrift deutlich zu ersehen war, und fragte sie: „Wessen ist dies Bild und Unterschrift? Ist es des Herodes, dessen Geld ihr Gottesgeld nennt, oder ist es des Kaisers, der auch das Recht hat, seine Gelder seinen Untertanen zu leihen, besonders so es die Untertanen selbst verlangten?“ — Die bekannte Antwort war: „Das ist des Kaisers Bild und Unterschrift!“

13] Worauf Ich denn ganz leicht und natürlich nach Recht und Billigkeit sagte: „Nun, so gebet dem Kaiser, was da sein ist!“ (das heißt: „Gebet dem Kaiser den bedungenen Zins von seinem Gelde!“) — Und gebet aber auch dem, der euch das Gottesgeld geliehen, aus der Gottesmünze, was ihm gebührt!“ — Oder kurz: „Gebet dem Kaiser, was dessen ist, und Gott, was dessen ist!“ — Und die Fragenden waren somit abgefertigt und konnten nichts dawider entgegnen.

14] Aus dem aber geht anderseits auch von selbst klar hervor, was so ganz eigentlich „des Kaisers“, und was in diesem Verstande „Gottes“ ist.

15] So die Untertanen mit dem Kaiser rechtlich stipulierte[1] Verbindlichkeiten eingegangen sind, mögen diese nun tausend Jahre oder ein Jahr alt sein, so müssen sie diese halten. Ausgenommen davon sind Zwangsstipulationen, die kein erweisliches Wohl der Untertanen bezwecken, sondern lediglich das der gewaltigen Diktatoren nur. Ist

[1] vereinbarte

aber bei einer Zwangsstipulation ein Untertanenwohl und des gewalttragenden Stipulators guter Wille erweislich, so sind die Untertanen ebenfalls verpflichtet, die Stipulationen als rechtliche anzuerkennen und denselben treulich nachzukommen.

16] Ebenso verhält es sich mit der Gottessache, darunter nicht allein zu verstehen ist die besondere innere Liebeverpflichtung gegen Gott, sondern auch die gegen alle Menschen, als da sind Gläubige, Wohltäter, Lehrer, Führer, Gottesdiener und Knechte, dann alle Diener und Mägde und alle gedungenen Arbeiter, denen allen man eben das zu geben verpflichtet ist, was ihnen gebührt, wie dem Kaiser, was ihm gebührt.

17] Alle diese Privatverpflichtungen sind die eigentliche Schuldigkeit an Gott — so wie alle, wo des Kaisers Name darunter steht, Schuldigkeiten an den Kaiser genannt werden und einzuhalten sind.

18] Das ist also der eigentliche äußere, politisch-moralische Sinn dieses Textes, der aber freilich auch einen inneren, rein geistigen hat, welcher jedoch nicht hierher gehört, sondern auf ein ganz anderes Blatt. Daher davon ein andermal! — Das gibt euch kund der erste und größte Politiker aller Welt. Amen.

☆

Ein widerchristliches Schriftchen

Am 20. Juni 1849

Anfrage des Jakob Lorber:

1. über ein in Leipzig bei Kollmann 1849 erschienenes Werk, betitelt „Historisch wichtige Enthüllung über die Todesart Jesu", nach einem zu Alexandria aufgefundenen Manuskripte eines Zeitgenossen Jesu; und

2. über die in Weimar gedruckte, von Dr. Wohlfarth zu Kirchhasel verfaßte Widerlegung vorerwähnter Broschüre.

So schreibe denn! Das erste ist eine Spekulation der Dichter und Buchhändler, denen jetzt der Faden ausgeht, etwas Anlockendes zu erfinden, womit sie ihre ziemlich luftig gewordene Börse wieder etwas weniger luftig machen könnten.

2] Und das zweite ist eine Frucht von gleichem Gehalte. Es ist darinnen kein Kern. Und wer also ruft und sagt: „Herr, Herr!", den kenne Ich nicht. Und es ist da ein Judas wie der andere. Denn beide arbeiten, verraten und beraten ums Geld!

3] Der erste sagt: „Bruder B.! Ich werde nun eine kleine antichristliche Spekulation in die Welt senden, diese wird von Tausenden begierig gekauft und gelesen werden. Du aber schreibe dann sogleich eine Gegenbeleuchtung, die dann auch ebenso begierig gekauft und gelesen wird. Der Verkauf wird uns ein rundes Sümmchen eintragen, mit dem wir dann etwas Größeres werden unternehmen können. Vielleicht erleben wir sogar mehrere Auflagen. Dann, Brüderchen, Viktoria! Hoch! Dann, sage ich dir, werden wir mit den Verlegern ganz anders reden!"

4] Und der B. sagt dann ganz wohlgefällig über den guten Einfall des A.: „Bruder, die Idee ist sehr gut, aber woher wirst du den Stoff nehmen, damit du der Welt etwas anscheinend Glaubbares vormachen wirst?"

5] Spricht der A.: „Darob sei du nur ganz unbesorgt, du weißt es ja, wie ich so ziemlich mit allen Salben geschmiert bin! — Da sieh her, am Trödelmarkte habe ich um einige Groschen einen Rousseau, einen Helvetius, einen Dr. Strauß und den ganzen Hegel gekauft. Den Dr. Barth und Heß hast du. Da sollte es dann doch mit dem Teufel hergehen, so man aus diesen Autoren nicht ein antichristliches Broschürchen herausbrächte. — Und da sieh her, da habe ich schon eine vollkommene Skizze!"

6] Der B. ist nun ganz beruhigt und hilft dem A. Und wie das Werk des A. die Presse verläßt, so hilft dann der A. dem B. an der Gegenbeleuchtung arbeiten.

7] Siehe, so entstehen solche weltwunderliche Werkchen, schön kurz, daß sie nicht viel Arbeit und Unkosten verursachen und daß sie auch um einen desto wohlfeileren und daher auch desto anlockenderen Preis können verkauft werden.

8] So sind denn auch deine zwei „Wunderwerkchen" entstanden, und es ist daher weder das eine noch das andere zu etwas nütze. Denn das ganze ist eine geldspekulative Spiegelfechterei!

9] Das erste wird keinen nur einigermaßen geweckten Geist von Mir abwenden, indem es zu elend und dumm und seicht ist. Denn ein jeder Meiner echten Bekenner weiß, aus welcher Quelle er die vollste Wahrheit zu schöpfen hat und was in eines Menschen Herzen den unumstößlichsten Beweis für Meine Göttlichkeit lebendig und beschaulich gestaltet und darstellt.

10] Wer aber nicht Mein ist durch die Liebe und durch die Werke nach Meinem Worte, für den gibt es dann aber auch keine Ueberzeugung, weder innerlich noch äußerlich und weder pro noch contra. Denn solche Menschen gleichen dem Staube und den Wolken, die dahin ziehen, wohin der Wind geht. Sie haben keine Selbständigkeit und somit auch kein tieferes und ernsteres Urteil über die Vorkommnisse dieser Welt. Sie haben auch keinen Geist und können sonach auch nicht beurteilen, welches Geistes Kind irgendein Produkt ist. Aus diesem Grunde nehmen sie denn auch bald und leicht etwas an, wenn es gerade ihren Sinnen zusagt. Aber in etlichen Tagen ist alles auch wieder verraucht. Und viele wissen dann kaum noch, daß und was sie so ganz eigentlich gelesen haben.

11] Aus diesem Grunde aber ist für derlei Menschen auch eine Widerlegung ganz überflüssig.

12] Da hast du nun eine rechte Beleuchtung deiner beiden Büchlein. Und Ich erlasse dir eine weitere Mühe, dagegen etwas zu schreiben. Denn diese Feindlein richten uns nicht den geringsten Schaden an, eher noch einen Nutzen. Und daher lassen wir sie denn auch leben! Amen.

☆

Heiligende Liebe

Worte zum Geburtstag

Am 26. Juni 1849

Schreibe nur ein recht nettes Wörtlein an unsere kleine, geliebte Julie-Martha H.! Denn die uns beide liebt und lieb hat, die müssen auch wir lieben und sehr lieb haben.

2] Meine geliebteste Julie-Martha! — Da der heutige Tag ein für dich besonders bedeutender ist, weil er dir den Jahrestag deiner Eingeburt in die Welt wie in einem Echo wieder in deine Erinnerung zurückgibt und du darob eine gar wohl begründete Freude haben kannst, indem du an solch einem Tage durch die Macht Meines Liebewillens in die Reihe Meiner Kinder, also in die Reihe der Gotteskinder, aus der stumpfen Reihe der gerichteten Geschöpfe aufgenommen worden bist — so will aber auch Ich, als ein wahrer Lebensvater, dir solche deine gerechte Freude nicht etwa schmälern, sondern für dein Mir allerliebstes Herzchen nur gar sehr erhöhen dadurch, daß Ich dir hiermit die wiederholte, für dich sicher teuerste Versicherung zukommen lasse, daß du Mir ein allezeit allerliebstes Töchterchen bist, das Mir so pick- und nagelfest ans Herz gewachsen ist.

3] Ich meine, Mein liebstes Töchterchen wird mit dieser Meiner Zusicherung auch sicher über alles zufrieden sein können! Denn überglücklich sind jene für ewig, die von Meinem Vaterherzen aus einer solchen Zusicherung für wert befunden werden. — Aber leider nur wenigen wird eine solche zuteil!

4] Desto mehr aber kannst du dich darob freuen, da du als Mein allerliebstes Töchterchen solch einer höchsten Gnade für wert befunden wirst in Meinem Herzen.

5] Du darfst dir aber darum ja etwa nicht einbilden, als käme dir solch eine Gnade aus irgendeinem Verdienste zu! Sondern Ich ganz allein für Mich, ohne dein Verdienst, habe dich so lieb, weil du Mich auch gar so sehr lieb hast und bist manchmal sogar in Mich ein wenig verliebt, und das eben ist eine ganz besondere Heiligung deines Herzchens. — Denn wie könnte ein unheiliges Herz Mich, den Heiligsten, lieben?! — So Mich aber ein Herz liebt, der Ich heilig bin, wie möglich könnte in solch heiliger Liebe das liebende Herz selbst unheilig verbleiben?

6] Also ist aber auch dein Herzchen durch und durch geheiligt, weil es Mich liebt. Und da Ich es darum wieder gar überaus sehr liebe und Meine heilige Liebe in dasselbe stets mehr und mehr ein-einfließen lasse und es dadurch zu einem Gefäße der Fülle Meiner heiligsten Liebe mache, welche Liebe da heilig ist überheilig, so ist das Gefäß dadurch nicht nur „geheiligt", sondern selbst "heilig". Denn Ich, als der Alleinheilige, kann nicht im Unheiligen, sondern nur im Heiligen wohnen!

7] Fahre du, Mein allerliebstes Töchterchen, in solcher deiner Liebe zu Mir nur treulich fort, so wirst du bald einen zweiten, viel höheren Geburtstag erleben, als dieser heutige deines Leibes es ist.

8] Aber so manche eitle Dinge mußt du von dir schaffen, als z. B. deine manchmal etwas übertriebene Zimmerreinlichkeitsliebe, den manchmal zu starken Appetit nach einer Prise Schnupftabak, dann den Reif im Unterrocke und manchmal zu sehr gesteifte Unterröcke, die dich viel zu dick aussehen machen, was weder schön noch sittig ist.

9] Kleide dich immer recht reinlich, nett und schön! Aber ein zu übertriebenes Stärken ist nicht schön, nicht sittig und für den Leib sogar nicht gut, weil gestärkte Kleider zu wenig die Haut berühren und durch die Berührung keine wohltätige Frottierung zuwegebringen können, anderseits aber auch zu viel kühlende Luft an die mit Schweiß gefüllte Haut treten lassen, die dann den Schweiß oft zurücktreibt und hie und da in den Gefäßen verhärten macht und die Ausdünstung der Haut nicht durchläßt, woraus dann gar leicht allerlei rheumatische Leiden entstehen.

10] Tue also das weg, was unnötig und zwecklos ist, so wird deine Seele dann gleich mehr Zeit bekommen, an der Freimachung des Geistes zu arbeiten. — Ueberhaupt mußt du dich des manchmal zu überflüssigen Marthatums entschlagen, das dich nicht selten in allerlei bekümmerliche Penssereien und manchmalige Aergerlichkeiten versetzt — so wirst du dann viel freier den wahren Weg zum ewigen Leben verfolgen können, was denn doch die einzige Bestimmung eines jeden Menschen sein soll.

11] Also mußt du dich auch über nichts ärgern und keine übertriebenen Sorgen in dir aufsteigen lassen und alle deine Wünsche in Mein Herz legen! — Da werde Ich dir auch alles gar ehestens geben können, was dein Herz verlangt. Aber nur mußt du das recht gern und getreu befolgen, was Ich dir nun geraten habe!

12] Und nun, Mein liebes Töchterchen, nimm mit dieser Meiner Lebensgabe auch Meinen Vatersegen in dein Herzchen auf! Dieser wird dir von selbst getreuest sagen, daß du Mir ein allerliebstes Töchterchen bist zeitlich nun, wie dereinst ewig! Amen. — Das sagt zu dir dein wahrer und einziger Vater. Amen.

☆

Johannes in der Kapelle

Traumerklärung

Am 19. September 1850

In der Nacht vom 17. auf 18. September 1850 träumte mir, Anselm Hüttenbrenner, lebhaft von einer Kapelle, in deren Vordergrunde, in der Höhe, das Christuskind, von Engelchen umgeben, schwebte und auf mehrere Engelchen freundlich herabblickte, die zu dem Christuskind mit seligen Mienen hinaufschauten. — Plötzlich fingen alle diese herrlichen Statuen aus weißem Stein, die ich als Kunstwerke über alle Maßen bewunderte, sich zu regen und zu bewegen an. Und ein unten in der Mitte stehender Engel rief laut: „Ich bin Johannes der Täufer!"

Da sagte ich zu einem neben mir stehenden Freunde: „Sehen Sie, da haben wir ein helles Wunder vor uns!" — Darauf erwachte ich, bedauernd, daß das Wunder leider nur ein Traum gewesen.

Mein lieber Anselm H.-W.! Dein gestriger Traum von der schönen Kapelle ist, so du es fassen willst, nicht ohne eine gar tüchtige Entsprechungsbedeutung für dich, für die Welt, für diese Zeit und am Ende für die gesamte Menschheit.

2] Die Kapelle stellt den äußeren Menschen in seiner kirchlichen Stellung dar.

3] Wie die Kapelle von innen geziert ist mit allerlei schön geformten Statuen, die da Porträte verschiedener seliger Menschengeister vorstellen, ja zuoberst sogar Mein Abbild — aber natürlich alles tot — ebenso befinden sich im kirchlichen Menschen allerlei geoffenbarte Lehren und Begriffe. Der kirchliche Mensch glaubt wohl an sie und bewundert ihre Herrlichkeit — aber da er sie nicht in sein Leben aufnimmt, so bleiben sie gleich den Statuen, an und für sich zwar schön glänzend weiß aussehend und Licht enthaltend, aber dennoch tot.

4] Aber jeder Mensch hat ein von Mir ihm verliehenes Gewissen, das da gleich ist dem Täufer Johannes. — Während alle andern Begriffe, Lehren und Eigenschaften im Menschen wie tot schlafen, wird das Gewissen zuerst wach und kündigt sich als solches an!

5] Dadurch werden dann auch oft alle die anderen Lehren, Mahnungen, Begriffe und Eigenschaften wach. — Achtet nun der Kirchenmensch darauf, tut Buße und bessert er sich, so wird dann bald alles lebendig in der Kapelle.

6] Tut aber der Mensch das nicht und läßt den wachgewordenen Johannes einen „guten Mann“ sein, dann wird der Johannes auch wieder zur Statue — und alles in der Kapelle ist dann wieder völlig tot!

7] Und das gilt, wie schon oben bemerkt, für alle Welt, für diese Zeit, für dich, wie für jedermann! — Der Johannes ist überall zu Hause, und zwar zuunterst in eines jeden Menschen kirchlichem Gemütsteile.

8] Wer nur einigermaßen auf diesen Johannes sein Augenmerk tätig richtet, dem wird dieser Johannes von größtem Nutzen sein. Wer aber das Lebendigwerden des Johannes unbeachtet läßt und hört nicht auf ihn, sondern nur auf die lustigen und freudemachenden Dinge dieser Welt, dem wird seine Hauskapelle keine Früchte des Lebens bringen.

9] Das ist kurz die richtige Bedeutung deines Gesichtes! Beachte sie, so wirst du leben! Amen.

☆

Rechte Geburtstagsfeier

Am 14. Oktober 1850

Mein lieber Freund A. H.-W.! Der Geburtstag des Fleisches, wie du gestern den deinen feiertest, hat nur als derjenige irgendeinen Wert, der für einen Menschen der wirkliche Geburtstag ist. Jeder darauf folgende dreihundertfünfundsechzigste Tag ist nur eine Erinnerung und hat als solcher nur dann irgendeine Bedeutung, so der Mensch an solch einem Tage sich seiner Geburt in seinem Herzen gegen Mich dankbar erinnert und sich in Meinem Namen gute und feste Vorsätze macht, sein künftiges Leben stets mehr und mehr nach Meinem Willen und nach Meiner Ordnung einzurichten und Mich dabei um die Kraft und Hilfe bittet, die Ich sicher niemandem vorenthalte, der Mich nur einigermaßen darum lebensernstlich anfleht.

2] Wer den Erinnerungstag seiner irdischen Geburt also begeht, der hat wohlgetan und hat solch einem Tage vor Meinem Angesichte auch einen reellen Wert verliehen. Alles andere, als: Glückwünsche, Präsente und dergleichen sind vor Mir gänzlich ohne Wert, ja manchmal sogar Meinem Wohlgefallen zuwider, besonders bei solchen Menschen, die darauf große Stücke halten und sich an einem solchen Tage mehr und besser zu sein dünken als an einem andern.

3] Nun bei dir, Mein Freund, ist das letztere wohl nicht der Fall. Und es ist Mir lieb, daß du von deinem Geburtstage nichts weiter hältst, als daß du um ein Jahr älter geworden bist.

4] Freilich wäre es Mir sehr lieb, so du auch schon einen vollen geistigen Geburtstag hättest! — Aber da happert es bei dir nun noch ein wenig. — Wenn es auf der Welt keine schönen Mägde gäbe, da hättest du lange schon einen vollen geistigen Geburtstag; aber zufolge der schönen Töchter Evas bleibst du noch immer beim halben.

5] Weil du sonach keinen ganzen, sondern nur einen halben geistigen Geburtstag hast, so gratuliere Ich dir [immerhin] auch zu diesem halben. Denn auch der halbe geistige ist besser als tausend irdische.

6] Trachte aber nun darnach, daß du bald zu einem ganzen geistigen Geburtstag gelangest! Der wird dir alles geben, darnach der bessere Teil deiner Seele dürstet.

7] Siehe, es werden nun Zeiten kommen, in denen große Not und Drangsal herrschen werden, und Krieg, Hunger und Pest wird kommen. Aber die sich an Mich halten und die Ich Mein nenne, haben von allem dem nichts zu befürchten. Denn wo Mein Segen waltet, kann der Hölle Wut den Samen der Pest aller Art nicht ausstreuen und ihr Gifthauch die Bäumchen, die ich gepflanzt habe, nimmer verderben.

8] Aber die Bäume der Welt und alle Einrichtungen, die bisher die Welt zu ihrer vermeintlichen Ruhe und Sorglosigkeit gesetzt hat, werden in Kürze den weidlichsten Schiffbruch erleiden. Die Herren der Erde sollen es erkennen, daß Ich noch immer der Herr bin und durch alle ihre Rechnungen einen Strich ziehen werde!

9] Verstehe solches! Aber fürchte dich darum nicht! Denn du gehörst ja auch Meiner Pflanzschule zu. Und Mein Feuer kann dich nur beleben, dich seliger machen mehr und mehr und nicht töten wie diejenigen, die Mich schnöd auf die Seite setzen, selbst herrschen wollen und Gesetze geben Meinen Kindern, die sie nicht erschaffen und denen sie kein Leben gegeben haben. — Wehe solchen, so sie Mein Feuer ergreifen wird! Das wird ihnen eine böse Zeit geben!

10] Nun sei gesegnet! — Lebe mäßig! Trinke nicht Wein und Bier untereinander, sondern einen guten Wein nur, so wirst du dein Fleisch vor Krankheiten und deine Seele vor fleischlicher Sinnengier bewahren. Das sage Ich dir als dein größter Freund. Amen.

☆

Vom Kommen des Tausendjährigen Reiches

Am 27. Dezember 1850

Ein Schreiben des Jakob Lorber an Dr. Zimpel, s. Zt. in Meran, enthielt außer eigenen Worten Lorbers nachstehende Worte des Herrn:

Lieber Freund und Bruder! Wundere dich nicht darob, daß Ich dich also auszeichne! Denn du weißt ja, daß es in der Guten Botschaft lautet: „Viele sind berufen, aber nur wenige auserwählt."

2] Die Berufenen sind Kinder der Welt, können aber, so sie der Berufung folgen, Meine lieben Kinder und Kindlein werden. — Aber die wenigen Auserwählten sind Meine Brüder und sind weder der Seele und noch weniger dem Geiste nach von dieser Erde, sondern von dorther, von wannen her Ich Selbst bin.

3] Du bist von dannen her, von wannen Ich bin, und bist deshalb ein rechter Bruder Meines Herzens. Das dünke dir aber durchaus nicht eitel! Denn siehe, Ich selbst bin ja von ganzem Herzen demütig! Wie sollen es dann Meine lieben Brüder nicht sein!?

4] Was Ich dir gebe, das ist dir ein Leben des Lebens. Und du wirst leben ewig, und den Abfall deines Fleisches wirst du je weder fühlen noch schmecken. Denn Meine Brüder sind frei! Frei wählten sie in Meinem Lichte aus großer Liebe zu Mir des Fleisches harten Weg. Und wieder frei werden sie das Fleisch ablegen und ihre alten und dennoch ewig neuen Burgen in Meinem ewigen Jerusalem beziehen und allda mit Mir herrschen über die Unendlichkeit.

5] Frage du aber nicht viel um den Beginn des „Tausendjährigen Reiches auf Erden"! Denn ein solches wäre ja ein Gottesreich mit äußerem Schaugepränge! — Ein [wahres] Gottesreich aber kann es nimmer geben in der Materie, sondern allein nur im Geiste. — Und so kommt das „Tausendjährige Gottesreich" nicht irgend äußerlich beschaulich, sondern ganz still und prunklos in den Herzen der Menschen, die eines guten Willens sind.

6] Frage auch nicht: wann und wie? — Denn die Ankunft des „Tausendjährigen Gottesreichs" ist die allzeitige und stets gleiche, volle Wiedergeburt des menschlichen Geistes.

7] Der „gefesselte Drache" sind die gezähmten Gelüste des Fleisches. — Und die kurze, einmalige und „letzte Freilassung" desselben ist die endliche Ablegung des Fleisches, die so manchem Geiste denn doch noch immer das ist, was da ist das Verlassen einer Wohnung, deren jemand sich längere Zeit bedient hat.

8] Die Materie[1] zu einem allgemeinen Gottesreiche auf Erden in den Herzen der Menschen aber hast du nun schon vielfach in deinen Händen.[2] Mache, daß sie bald in die Hände vieler gelangt, und du wirst darin das wahre „Tausendjährige Gottesreich auf Erden" erschauen! Amen.

9] Meine Gnade und Meinen Segen dir zum voraus, und darauf den Segen von Millionen Glücklichen unter glücklichen Fürsten voll Gnade und Weisheit! Amen.

☆

[1] d. h. das Aufbaumaterial; d. Hsg. — [2] In den Niederschriften des Neuen Wortes; d. Hsg.

Kinderprüfung im Tempel zu Jerusalem

Beginn der Niederschrift 1859

Mit der nachstehenden Kundgabe begannen die Eröffnungen über die dreitägige Unterredung des zwölfjährigen Jesusknaben mit den Priestern und Schriftgelehrten im Tempel zu Jerusalem, zusammengefaßt in der Schrift „Die Dreitagesszene".

Es war Sitte und vorgeschriebener Gebrauch im ganzen Reiche der Juden, daß sie ihre Kinder, wenn sie einmal das zwölfte Jahr zurückgelegt hatten, nach Jerusalem bringen mußten, allwo sie im Tempel von den Aeltesten, Pharisäern und Schriftgelehrten ausgefragt wurden über alles, was sie bis zu diesem Alter besonders in der Lehre von Gott und den Propheten sich zu eigen gemacht hatten.

2] Für solche Prüfung war natürlich auch eine kleine Taxe zu entrichten, nach der die Geprüften auch, so sie es wünschten, gegen eine abermalige kleine Taxe ein Fähigkeitszeugnis erhielten. Hatten sich die Kinder in jeder Hinsicht ausgezeichnet, so konnten sie dann auch in die Schulen des Tempels aufgenommen werden und hatten Aussicht, einst Diener des Tempels zu werden.

3] Konnten die Eltern nachweisen, daß sie dem Stamme Levi entstammten, so ging es mit der Aufnahme in des Tempels Schulen leicht; konnten die Eltern aber das nicht nachweisen, so ging es mit der Aufnahme schlechter, und sie mußten sich in den Stamm Levi förmlich einkaufen und dem Tempel irgendein bedeutendes Opfer bringen.

4] Die Töchter waren von dieser Prüfung ausgenommen — außer sie wollten aus Antrieb ihrer Eltern sich auch prüfen lassen der größeren Gottwohlgefälligkeit wegen. In diesem Falle wurden sie von den Altmüttern des Tempels in einer besonderen Behausung fein geprüft und bekamen auch ein Zeugnis von allen bis dahin erworbenen Kenntnissen und Fertigkeiten. Solche Mädchen konnten dann Weiber der Priester und Leviten werden.

5] Die Prüfungen mit den Knaben und noch mehr mit den Mädchen dauerten nur kurz. Es waren einige Hauptfragen schon für immer bestimmt, die schon ein jeder Jude seit lange her auswendig wußte.

6] Die Antworten auf die bekannten Fragen wurden den Kindern ganz geläufig eingebläut, und es hatte der Prüfer die Frage kaum zu Ende gebracht, so war der geprüfte Knabe auch schon mit der Antwort fertig.

7] Mehr als zehn Fragen hat kein Prüfling bekommen, und es ist darum leicht begreiflich, daß eine Prüfung mit einem Knaben kaum eine Minute Zeit gedauert hat; besonders so er die ersten Fragen ganz gut und sehr fertig beantwortet hatte, da wurden ihm dann die andern meistens erlassen.

8] Nach vollbrachter kurzer Prüfung bekam der Knabe ein kleines Zettelchen, mit welchem er sich dann mit seinen Eltern an derselben Taxkasse zu melden hatte, bei der er ehedem die Prüfungstaxe entrichtete, allwo er gegen Vorweisung des Prüfungszettelchens wieder eine kleine Taxe zu entrichten hatte, so er auf das Zettelchen ein Tempelzeugnis haben wollte. Kinder ganz armer Eltern mußten ein Signum paupertatis[1] mitbringen, ansonst sie zur Prüfung nicht zugelassen wurden.

9] Die Zeit der Prüfung war entweder zu Ostern oder zur Zeit des Laubhüttenfestes und dauerte gewöhnlich 5—6 Tage. Bevor aber die Prüfungen in dem Tempel ihren Anfang nahmen, wurden schon ein paar Tage früher Tempeldiener in die Herbergen geschickt, um sich zu erkundigen, wie viele Prüfungskandidaten etwa anwesend seien.

10] Wer sich da wollte besonders vormerken lassen gegen eine kleine Taxe, der konnte es tun, weil er dadurch früher zur Prüfung kam; aber die Taxlosen mußten dann gewöhnlich die letzten sein, und mit ihrer Prüfung nahm man sich schon durchaus nicht viel Mühe, und die Zeugnisse blieben gewöhnlich aus. Man versprach ihnen wohl, solche einmal nachzutragen, woraus aber gewöhnlich nie etwas geworden ist.

11] Manchmal aber geschah es auch, daß Knaben von sehr viel Geist und Talent den Prüfern auch Gegenfragen stellten und Aufklärung über dies und jenes aus den Propheten verlangten. Bei solcher Gelegenheit gab es unter den Prüfern dann gewöhnlich verdrießliche und ärgerliche Gesichter; denn die Prüfer waren selten in der Schrift und in den Propheten irgend mehr bewandert als heutzutage die sehr mager bestellten Abc-Lehrer. Sie wußten nur soviel, um wieviel sie zu fragen hatten; darüber hinaus sah es gewöhnlich sehr finster aus.

12] Es saßen aber bei den Prüfungen gewisserart als Prüfungskommissäre wohl auch einige Aelteste und Schriftgelehrte. Sie prüften aber nicht, sondern horchten bloß zu, was da geprüft ward; nur

[1] Armutszeugnis.

im vorerwähnten besonderen Falle, so es sich der Mühe lohnte sowieso, fingen sie sich zu rühren an und verwiesen zuerst so einem fragenstellenden Knaben seine unkluge Vermessenheit, der es gewagt hatte, seine Prüfer in eine unangenehme, zeitzersplitternde Lage zu versetzen.

13] Solch ein Knabe wurde, so er sich nicht zu leicht einschüchtern ließ und bei seinem Vorhaben und Begehren verharrte, mehr des Scheines vor dem Volke als irgend der tieferen Wahrheit wegen, ad interim[1] auf die Wartseite gestellt und mußte auf die für derlei kritische Fragen gegebene erklärende Antwort bis zu einer gewissen Stunde am Abende warten, alswann er dann erst eigens vernommen wurde.

14] Kam dann die anberaumte Stunde, so wurden stets mit einigem Unwillen solche Knaben aus ihrem Verstecke hervorgeholt, mußten ihre schon früher gestellten Fragen wiederholen, und einer der Aeltesten und Schriftgelehrten gab dem Fragesteller gewöhnlich eine sehr mystische und soviel als möglich verworrene Antwort, aus welcher der Knabe offenbar nicht klüger wurde — und das Volk schlug sich dabei auf die Brust und bewunderte tief, dumm, stumm, taub und blind die unerforschliche Tiefe des Geistes Gottes durch den Mund eines Aeltesten und Schriftgelehrten und verwies am Ende einem solchen Knaben seine unbesonnene Keckheit!

☆

Des Urlichtes Kommen in die Welt

Mit der nachfolgenden Kundgabe begannen die umfangreichen Eröffnungen über die dreijährige Lehrtätigkeit Jesu, genannt „Das große Evangelium Johannis"[2]. Sie wurden fast täglich fortgesetzt bis zum Abschluß am 19. Juli 1864.

Am 2. August 1851

„Im Anfang war das Wort, und das Wort war bei Gott, und Gott war das Wort." (Joh. Kap. 1, 1)

Dieser Vers hat schon eine große Menge von allerleigestaltigen Irrdeutungen und Auslegungen zur Folge gehabt; ja, es bedienten sich sogar barste Gottesleugner eben dieses Textes, um mit

[1] einstweilen; d. Hsg. — [2] „Das große Evangelium Johannis". In diesem großen, herrlichen Offenbarungswerk erhalten wir nach der Verheißung Joh. 14, 26 eine genaue, eingehende und tief gedankenvolle Schilderung alles dessen, was Jesus in den drei Jahren Seiner irdischen Lehrtätigkeit getan und gesprochen hat. Von der Fülle des in Joh. 21, 25 Angedeuteten hat die Liebe und Gnade des himmlischen Vaters hier den Menschen zu ihrer Erleuchtung und Rettung endlos Großes enthüllt. —

dessen Hilfe Meine Gottheit um so sicherer zu bestreiten, da sie die Gottheit im allgemeinen verwarfen. Wir wollen aber nun solche Finten nicht wieder vorführen, wodurch die Verwirrung nur noch größer statt kleiner würde, sondern sogleich mit der möglich kürzesten Erklärung ans Tageslicht treten; diese, als selbst Licht im Lichte des Lichtes, wird von selbst die Irrtümer bekämpfen und besiegen.

2] Ein Hauptgrund des Unverständnisses solcher Texte liegt freilich wohl leider in der sehr mangelhaften und unrichtigen Uebersetzung der Schrift aus der Urzunge in die Zungen der gegenwärtigen Zeit; allein es ist gut also. Denn wäre der Geist solcher Texte nicht so wohl verborgen, als er es ist, so wäre das Heiligste darin schon lange allertiefst entheiliget worden, was da von größtem Uebel wäre für die gesamte Erde; so aber hat man nur an der Rinde genagt und konnte zum lebendigen Heiligtume nicht gelangen.

3] Nun aber ist es an der Zeit, den wahren inneren Sinn solcher Texte zu zeigen allen, die da würdig sind, daran teilzunehmen; dem Unwürdigen aber soll es teuer zu stehen kommen, denn Ich lasse bei solcher Gelegenheit mit Mir durchaus keinen Scherz treiben und werde nie einen Handel annehmen.

4] Nach dieser nötigen Vorerinnerung aber folge nun die Erläuterung; nur bemerke Ich noch das hinzu und sage, daß hier nur der innere, seelisch-geistige Sinn zu verstehen ist, nicht aber auch der allerinnerste, reinste Himmelssinn. Dieser ist zu heilig und kann für die Welt unschädlich nur solchen erteilt werden, die ihn suchen durch ihren Lebenswandel nach dem Worte des Evangeliums. Der bloß innere, seelisch-geistige Sinn aber läßt sich leicht finden, manchmal schon durch die richtige, zeitgemäß entsprechende Uebersetzung, was nun sogleich bei der Erläuterung des ersten Verses sich zeigen soll.

5] Sehr unrichtig und den innern Sinn sehr verhüllend ist der Ausdruck „Im Anfange"; denn dadurch könnte sogar der Gottheit ewiges Dasein bestritten und in Zweifel gezogen werden, was auch von einigen älteren Weltweisen geschehen ist, aus deren Schule die Gottesleugner dieser Zeit auch so ganz eigentlich hervorgegangen sind. So wir aber nun diesen Text recht geben werden, da wird die Hülle nur sehr dünn erscheinen, und es wird nicht schwer sein, den inneren Sinn durch solche leichte Hülle recht wohl und manchmal sehr genau zu erspähen.

6] Also aber laute die richtige Uebersetzung: Im Urgrunde, oder auch in der Grundursache (alles Seins), war das Licht (der große, heilige Schöpfungsgedanke, die wesenhafte Idee). Dieses Licht war nicht nur in, sondern auch bei Gott, d. h. das Licht trat als wesenhaft beschaulich aus Gott und war somit nicht nur in, sondern auch bei Gott und umfloß gewisserart das urgöttliche Sein, wodurch schon der Grund zu der einstigen Menschwerdung Gottes gelegt erscheint, was im nächstfolgenden Texte auch schon von selbst ganz hell ersichtlich wird.

7] Wer oder was war denn so ganz eigentlich dieses Licht, dieser große Gedanke, diese heiligste Grundidee alles künftigen, wesenhaften, freiesten Seins? — Es war unmöglich etwas anderes als eben Gott Selbst, weil in Gott, durch Gott und aus Gott unmöglich etwas anderes als Gott Selbst nur Sich in Seinem ewig vollkommensten Sein darstellte; und so mag dieser Text auch also lauten:

8] In Gott war das Licht, das Licht durchfloß und umfloß Gott, und Gott Selbst war das Licht.

„Dasselbe war im Anfange bei Gott." (Joh. Kap. 1, 2)

9] So nun der erste Vers zur Genüge erleuchtet, von jedermann einigen Lichtes leicht begriffen werden kann, so erklärt sich der zweite Vers von selbst und besagt nur zeugnisweise, daß das obbeschriebene Wort oder Licht oder der große Schöpfungsgedanke nicht ein in der Folge des Urgottseins entstandener, sondern ein mit Gott als Selbst Gott gleich ewiger ist und somit nimmer irgendeinen einstigen Entstehungsprozeß in sich birgt, darum es denn auch gewisserart zeugnisweise erklärend heißt: Dasselbe war im Anfange oder im Urgrunde alles Seins und alles späteren Werdens als Urgrund selbst bei, in und aus Gott, also Selbst durch und durch Gott.

„Alle Dinge sind durch Dasselbe gemacht, und ohne Dasselbe ist nichts gemacht, was gemacht ist." (Joh. Kap. 1, 3)

10] In diesem Verse bezeugt sich das nur gewisserart als betätigt und handgreiflich, was da schon im ersten Verse sich als das „Wort" oder „Licht" im Urgrunde alles Seins und Werdens völlig gegenwärtig, aber noch nicht als schon ausgegangen bewerkstelligt, klar dargestellt hatte.

11] Es soll demnach dieser dritte Vers, rein gegeben, auch also lauten: Alles Sein ward aus diesem Ursein, welches in Sich Selbst ist der ewige Urgrund Seines Seins durch und durch. Dieses Seins Licht, Wort und Wille stellte Sein höchst eigen Licht, Seine urewige Schöpfungsidee aus Sich Selbst ins feste, beschauliche Dasein, und nichts gibt es in der ganzen ewigen Unendlichkeit, was nicht aus demselben Urgrunde und auf demselben Wege ins erscheinliche und beschauliche Dasein getreten wäre.

12] Wer nun diese drei ganz klar erläuterten Verse vollends aufgefaßt hat, dem ist der Vers 4 schon von selbst notwendig einleuchtend klar.

„In Ihm war das Leben, und das Leben war das Licht der Menschen." (Joh. Kap. 1, 4)

13] Es versteht sich ja schon bei weitem von selbst, daß ein Urgrundsein alles Seins, das Licht alles Lichtes, der Urgedanke aller Gedanken und Ideen, die Urform als der ewige Urgrund aller Formen fürs erste nicht formlos und fürs zweite nicht Tod sein konnte, da dieser den vollsten Gegensatz alles wie immer gearteten Seins im Grunde des Grundes bezeichnet. In diesem Worte oder Lichte oder in diesem großen Gedanken Gottes in Gott, und im Grunde des Grundes Gott Selbst, war sonach ein vollkommenstes Leben. Gott war also das urewigste, vollkommenste Grundleben in und aus Sich Selbst durch und durch, und dieses Licht oder Leben rief aus Sich die Wesen, und dieses Licht oder dieses Leben war das Licht und also auch das Leben in den Wesen, in den aus Ihm hervorgegangenen Menschen; und diese Wesen und Menschen waren sonach völlig ein Ebenmaß des Urlichtes, das in ihnen das Sein, Licht und also auch ein dem ewigen Ursein völlig ähnliches Leben bedingte.

14] Da aber das Urleben Gottes ein ganz vollkommen freies ist und sein muß, da es sonst so gut wie gar kein Leben wäre, dieses gleiche Leben aber in den geschaffenen Wesen ein und dasselbe Leben sein muß, ansonst es auch kein Leben und als sonach Nichtleben auch kein Sein wäre, so ist es ja nur zu handgreiflich klar, daß den geschaffenen Wesen, Menschen, nur ein vollkommen allerfreiestes Leben gegeben werden konnte, das sich selbst als ein vollständiges fühlen, aber aus eben diesem Gefühle auch ersehen mußte, daß es kein aus sich selbst hervorgehendes, sondern nur als ein völlig ebenmäßiges aus Gott nach Dessen ewig allmächtigem Willen hervorgegangen ist.

15] Diese Wahrnehmung mußte in allen geschaffenen Wesen vorhanden sein gleich der, daß ihr Leben und Sein ein völlig Gott ebenmäßiges sein muß, ansonst sie wieder weder ein Leben noch irgendein Sein hätten.

16] So wir aber diesen Umstand näher betrachten, so ergibt es sich, daß sich in den geschaffenen Wesen notwendig zwei Gefühle begegnen müssen, und zwar erstens und zunächst das Gefühl der göttlichen Ebenmäßigkeit oder des Urlichtes Gottes in ihnen und zweitens aus eben diesem Lichte aber dann auch notwendig das Gefühl des zeitgemäßen Werdens durch den Urwillen des Schöpfers.

17] Das erste Gefühl stellt das Geschöpf unbedingt dem Schöpfer gleich und, wie aus sich hervorgehend, völlig unabhängig von dem ewigen Urgrunde, als gleichsam solchen in sich selbst fassend und bergend; das zweite, aus diesem ersten notwendig hervorgehende Lebensgefühl aber muß sich dennoch als ein vom eigentlichen Urgrunde aus sich hervorgerufenes und erst in der Zeitenfolge als in sich selbst als frei manifestiertes und somit vom Haupturgrunde sehr abhängiges ansehen und betrachten.

18] Dieses demütigende Gefühl aber macht das erste Hoheitsgefühl ebenfalls zu einem Demutsgefühle, was fürs Hoheitsgefühl freilich wohl eine höchst- und unumgänglich nötige Sache ist, wie es in der Folge ganz klar gezeigt wird.

19] Das Hoheitsgefühl streitet ganz gewaltig gegen solch eine Erniedrigung und will das zweite Gefühl erdrücken.

20] Durch solchen Kampf aber entsteht dann Groll und am Ende Haß gegen den Urgrund alles Seins und aus dem gegen das niedere Demuts- oder Abhängigkeitsgefühl; dadurch erlahmt und verfinstert sich aber dann das Hoheitsgefühl, und es wird dann aus dem Urlichte im geschaffenen Wesen Nacht und Finsternis. Diese Nacht und diese Finsternis erkennt dann kaum mehr das Urlicht in sich und entfernt sich also, als blind und dabei dennoch selbständig, vom Urgrunde seines Seins und Werdens und erkennt solchen nicht in seiner Verblendung.

„Und das Licht scheinet in der Finsternis, und die Finsternis begreift es nicht.“ (Joh. Kap. 1, 5)

21] Daher mag dann dieses Urlicht leuchten in solcher Nacht, wie es auch leuchten mag; da aber die Nacht, die wohl auch aus dem Lichte entstanden ist, keine ordentliche Sehe mehr hat, so erkennt sie das Licht nicht, das da kommt in solche Nacht, um selbige wieder ins rechte Urlicht zu umstalten.

22] Sogestaltig kam denn auch Ich, als d a s e w i g e U r s e i n alles Seins und als das U r l i c h t alles Lichtes und Lebens, in die Welt der Finsternis zu denen, die aus Mir waren; aber sie erkannten Mich nicht in der Nacht ihres ermatteten Hoheitsgefühles!

23] Denn dieser 5. Vers deutet eben darauf hin, wie nach und in den ursprünglichen Maßen und Verhältnissen Ich als ganz Derselbe, der Ich von Ewigkeit war, in diese von Mir und aus Mir geschaffene Welt komme und diese Mich nicht erkennt als ihr eigenstes Grundsein.

24] Aber Ich, als der Urgrund alles Seins, mußte ja aus Meinem urewigen Allichte sehen, wie das Hoheitsgefühl, als Urlicht in den Menschen, durch den fortwährenden Kampf stets matter und schwächer und sonach als Lebenslicht auch dunkler und am Ende gar finster ward, und daß demnach die Menschen, so Ich zu ihnen in dem ihnen aus Mir gegebenen Ebenmaße käme, Mich nicht erkennen würden, wenigstens gar sehr viele nicht, besonders so Ich als ein reiner Deus ex machina[1] ganz unerwartet und unvorbereitet in beschränkter Menschenform zu ihnen käme und Ich es Mir dann Selbst zuzuschreiben hätte, daß Mich die Menschen, als unvorbereitet auf solch Meine Ankunft, unmöglich erkennen könnten.

25] Ja, wohl sah Ich das von Ewigkeit ein und ließ daher den Menschen schon von ihrem ersten aus Mir geschiedenen Entstehen angefangen bis zu Meiner wirklichen Ankunft durch viele tausend Seher, die im Kampfe das Licht nicht verloren, eben solche Meine Ankunft vorhersagen und die Art und Weise und sogar den Ort und die Zeit Meiner Ankunft treulich bezeichnen, und bei Meiner wirklich erfolgten Ankunft ließ Ich große Zeichen geschehen und erweckte einen Mann, in dem ein hoher Urgeist Wohnung nahm, daß er den Blinden verkünde Meine Ankunft und volle Gegenwart auf der Erde.

☆

Lebensschule der Liebe

Am 9. März 1864

Ohne Liebe gibt es kein Leben, und ohne Licht keine Wahrheit! Jede Wirkung, die ein aufmerksamer Beobachter in was immer für einer Sphäre des Daseins und in welchem Reiche der Natur entdeckt, stammt von der Liebe und vom Lichte her.

2] Die wahre Liebe, die man das Leben nennt, ist jene ewige Wärme aus dem göttlichen Zentrum, welches Ich, der Herr, mit dem Ausdruck „Vater" bezeichne. — Aus diesem „Vater" geht

[1] plötzlich auftretender Gott; d. Hsg.

infolge der ewig gleichen Lebenswärme das Licht, welches Ich Selbst (als „Sohn") bin, in alle Unendlichkeit aus.

3] Wer demnach von Mir das Licht, das in Meiner Lehre besteht, tätig aufnimmt, der nimmt auch die Liebe oder das Leben des Vaters auf. Hat er diese aufgenommen, so hat er auch den göttlichen Geist zum ewigen Leben in sich erweckt — alles Wirkung der wahren Liebe und des wahren Lichtes!

4] Es gibt aber neben dem allein wahren Lichte, das aus der wahren Liebe entspringt, besonders auf eurer materiellen Erde, eine unzählige Menge von Liebe- und Licht-Arten, die zwar auch Produkte bewerkstelligen; aber diese Produkte sind ebenso vergänglich wie diese Liebe- und Licht-Arten und hinterlassen stets mehr oder weniger böse Folgen. Besonders häufig dann, wenn sie in Selbstsucht und Eigenliebe ausarten und ihr vermeintes Licht in geistiger Beziehung zur barsten und dicksten Finsternis wird, indem solche Menschen dann unter das Tierreich hinabsinken und nicht selten dahin kommen, daß sie manche Tiere für weiser halten als sie selbst sind.

5] Und sie haben in dieser Hinsicht nicht Unrecht! Es steht mit ihnen wahrlich nicht anders, wenigstens mit dem besseren Teile von ihnen, als mit dem falschen Naturpropheten Bileam, der sich von seinem Esel mußte belehren lassen, wie es mit den geistigen Dingen stehe. Also derartige Menschen haben gar keine Liebe, somit kein Leben und kein Licht, wissen nicht einmal, daß sie eine Seele haben und daß diese unsterblich ist.

6] Jene vielen Menschen, besonders in dieser Zeit, die es in solcher Welt- und Selbstliebe und somit in der Lebensfinsternis so weit als nur immer möglich gebracht haben, werden jenseits auf eben dem Punkte wider anfangen und werden nach Umständen immer ärger und materieller. Und so wahr Ich der Herr bin, der dieses sagt, sie werden wieder in die tote Materie übergehen, und zwar durch einen unsäglich schmerzlichen Prozeß, und das durch lange und lange Zeiten, bis sie selbst wieder zur harten, starren Materie werden, endlich in viele Teile zerteilt und nach langen Zeiten wieder zu Menschen oder zu Geschöpfen, entweder auf diese Erde oder auf andere Weltkörper gestellt, werden. Denn bei Mir sind tausend Erdjahre wie ein kurzer Tag.

7] Was sich vermöge des ihm innewohnenden freien Willens Meinem allen Menschen geoffenbarten Willen nicht unterordnen will, das geht darum nicht verloren, aber es hat eine große und langwierige „Korrektion" zu erwarten.

8] Es leben gegenwärtig Menschen auf dieser Erde bereits das siebente Mal, und es geht mit ihnen nun das siebente Mal besser. Sie werden aber noch einige Weltkörper mit einem leichten leiblichen Ueberwurf durchzumachen haben, bis sie in eine rein geistige Sphäre aufgenommen werden, welche ihr das „untere Paradies" nennen könnt, aus dem es noch viele Stufen gibt bis in das innere, wahre Himmelreich, in welchem die Liebe des Vaters, das Licht des Sohnes und die Kraft des ewigen Geistes waltet und jeden Geist als Engel durch und durch belebt.

9] Darum bedenket diese Meine Worte wohl! Erkennet und liebet Mich als Gott, den Herrn, über alles dadurch, daß ihr euren Nächsten womöglich noch mehr liebet als euch selbst — so habt ihr dann schon die wahre Liebe als das wahre Leben und das wahre Licht als die ewige Wahrheit für Zeit und Ewigkeit in euch und seid so dem Geiste nach schon hier — dort wo Ich bin! Denn also bleibe Ich ja bei euch bis ans Ende der Welt!

10] Das sage Ich euch, den ihr aus Seiner Sprache und ihrem Sinne wohl erkennen möget! Amen.

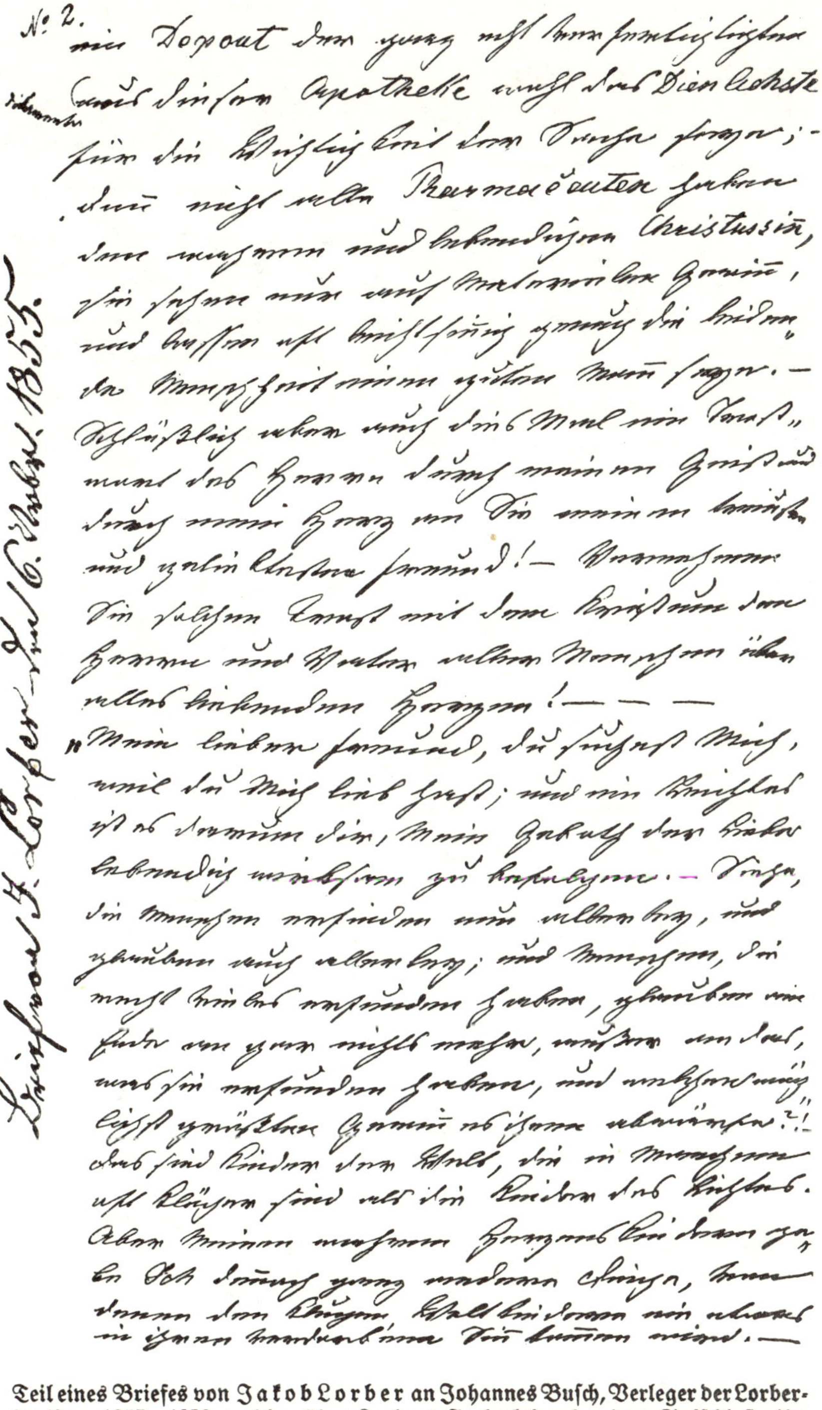

Teil eines Briefes von **Jakob Lorber** an Johannes Busch, Verleger der Lorberschriften 1855—1879, welcher über Lorbers Seelenleben beredten Aufschluß gibt.

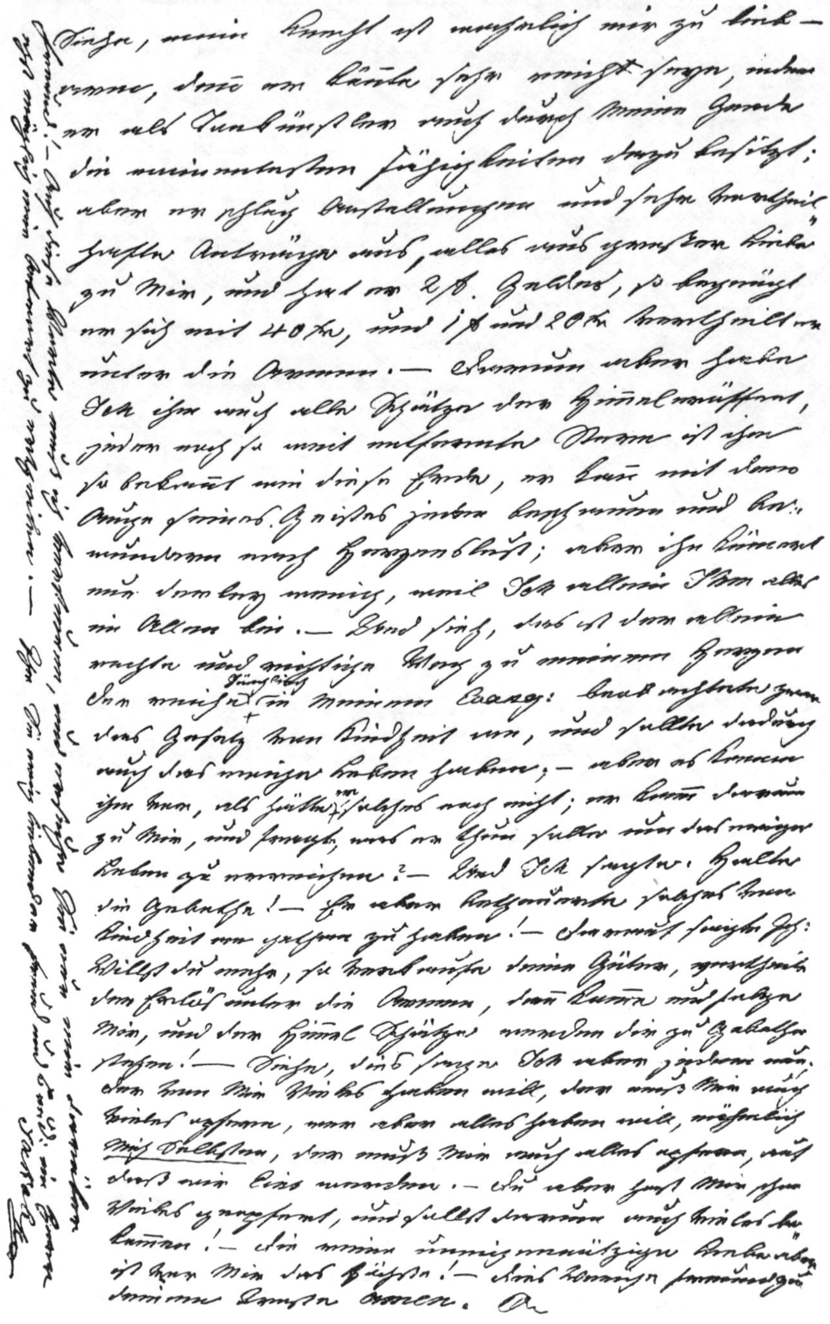

(Der Text dieses Briefes und weitere Urkunden sind in dem Buche „Briefe Jakob Lorbers" veröffentlicht.)

Inhalt
dieses Bandes
und
Gesamtverzeichnis
der Schriften Jakob Lorbers.*

Niederschriften vom Jahre 1841

Niederschriften vom Jahre 1842

* Bei Niederschriften, die nicht in „Himmelsgaben“ enthalten, sondern in andern Lorberwerken veröffentlicht sind, ist das betreffende Druckwerk angegeben. Alle früheren Lorberschriften sind im Inhalt und Gesamtverzeichnis des ersten Bandes von „Himmelsgaben“ aufgeführt.

Niederschriften vom Jahre 1843

Niederschriften vom Jahre 1844

Niederschriften vom Jahre 1845

Niederschriften vom Jahre 1848

[1] Unter dem Titel „Vaterworte in stürmischer Zeit“ werden diejenigen Nebenworte J. Lorbers in einem Sonderdruck herausgegeben, welche sich auf die Zeitverhältnisse und Vorgänge der Jahre 1848—1850 beziehen.

Niederschriften vom Jahre 1849

Niederschriften vom Jahre 1850

Stellenverzeichnis

Die ersten Ziffern bedeuten die Seitenzahlen, die zweiten Ziffern die Verse.

Himmelsgaben

Himmelsgaben

Himmelsgaben

Worte aus der Höhe der Höhen,
neben den großen Werken der Neuoffenbarung
kundgetan durch

Jakob Lorber

Nachdruck
der Auflage von 1935

Lorber-Verlag Bietigheim/Württ.

ISBN 3-87495-149-9 (Band 1)
ISBN 3-87495-150-2 (Band 2)

Vorwort

der Herausgeber

Der Bote Gottes, durch welchen zu Graz in den Jahren 1840 bis 1864 die Neuoffenbarung der wahren Lehre Jesu Christi in deutscher Sprache erfolgte, Jakob Lorber, empfing durch die in ihm redende Stimme des Geistes, welche er als die Stimme Gottes, des himmlischen Vaters in Jesu, erkannte, große Kundgaben, die er in einer Reihe von Schriftbänden niederlegte. — Die wichtigsten dieser großen Werke sind, in der zeitlichen Folge ihres Entstehens: „Die Haushaltung Gottes" (3 Bände), „Der Saturn", „Die natürliche Sonne", „Die geistige Sonne" (2 Bände), „Schrifttexterklärungen", „Die Jugend Jesu", „Die Erde", „Bischof Martin", „Robert Blum" (2 Bände), „Das große Evangelium Johannis" (10 Bände).

Neben diesen großen Eröffnungen empfing Jakob Lorber jedoch auch andere Licht- und Lebensworte geringeren Umfangs, und zwar Belehrungen und Aufschlüsse über allerlei wichtige Fragen und Anliegen seiner Freunde oder seines eigenen Herzens. — Diese Gaben des Himmels bezeichnete Lorber — eben weil sie neben den andern, großen Kundgaben einherliefen — als „Nebenworte". Und es ist ein bedeutsames Verdienst seines Freundes, des Tondichters Anselm Hüttenbrenner in Graz, daß dieser geistig rege, für die Botschaft Lorbers begeisterte Mann diese „Nebenworte" regelmäßig in großen Folianten aufzeichnete, die nunmehr im Archiv des Lorber-Verlags in Bietigheim sich befinden.

Dieses geistige Tagebuch, für dessen gewissenhafte Führung Anselm Hüttenbrenner vom Herrn den Namen „Wortemsig" erhielt, geht vom 13. April 1840 an und schließt mit Band 30 am 2. Januar 1851. Es bietet durch die zeitliche Anordnung seines Inhalts ein aufschlußreiches, interessantes Bild von der Tätigkeit Lorbers und dem geistigen Leben des großen Propheten und seines Kreises.

Lorber-Verlag

Jakob Lorber 1800-1864

Berufung

Jakob Lorber war bereits in das vierzigste Lebensjahr vorgerückt, ohne sich mit seiner guten Ausbildung im Lehr- und Musikfach eine feste Stellung im Leben errungen zu haben. Da ging ihm aus Triest unerwartet die Einladung zu, unter recht annehmbaren Bedingungen dort eine zweite Kapellmeisterstelle zu übernehmen.

Er ging darauf ein und traf alle Vorbereitungen zur Abreise. Allein sein Leben sollte eben jetzt plötzlich eine ganz andere Richtung nehmen.

Er hatte am 15. März 1840 um 6 Uhr morgens — so erzählte er nachher seinen Freunden — gerade sein Morgengebet verrichtet und war im Begriffe, sein Bett zu verlassen, da hörte er in seiner Brust, an der Stelle des Herzens, deutlich eine Stimme ertönen, welche ihm zurief: „Steh auf, nimm deinen Griffel und schreibe!" — Er gehorchte diesem geheimnisvollen Rufe sogleich und schrieb das ihm innerlich Vorgesagte Wort für Wort nieder.

Es war dies der Eingang des Werkes „Die Haushaltung Gottes". — Und die ersten Sätze desselben lauteten:

„Wer mit Mir reden will, der komme zu Mir, und Ich werde ihm die Antwort in sein Herz legen.

Jedoch die Reinen nur, deren Herz voll Demut ist, sollen den Ton Meiner Stimme vernehmen.

Und wer Mich aller Welt vorzieht, Mich liebt wie eine zarte Braut ihren Bräutigam, mit dem will Ich Arm in Arm wandeln; er wird Mich allezeit schauen wie ein Bruder den andern Bruder und wie Ich ihn schaute schon von Ewigkeit her, ehe er noch war."

Lorber lehnte nach diesem Ereignisse die ihm angebotene Anstellung unverzüglich ab und diente dieser geheimnisvollen Einflüsterung von derselben Stunde an während einer Reihe von 24 Jahren bis zu seinem Tode.[1]

[1] Näheres über Person, Leben und Werk des großen deutschen Mystikers und Gottesboten berichtet die Schrift „Jakob Lorber", ein Lebensbild, nach langjährigem, persönlichem Umgange dargestellt von Karl Gottfried Ritter von Leitner.

An dem dreibändigen Werke „Die Haushaltung Gottes“ schrieb Jakob Lorber eifrig bis zur Beendung am 7. September 1844. — Es wurde darin die Schöpfungsgeschichte sowie die Geschichte der Urmenschheit von Adam bis zur Sündflut geschildert und in diesem Rahmen, auf der Grundlage einer tiefsinnigen, geistigen Welterklärung, die ewige Religion der Gottes- und Nächstenliebe entwickelt, welche zur großen Zeit der Zeiten der himmlische Vater Selbst in der Person Jesu Christi den Menschen verkündet hat.

Neben diesem grundlegenden Werke ergingen durch Jakob Lorber an ihn und seine Freunde im gleichen Zeitabschnitte weitere Worte wie folgt.

☆

Schlüssel zur Schrift

Am Montag, den 13. April 1840.

Da, wo Ich am wenigsten zu sagen scheine, da sage Ich am meisten. — Und wo Ich aber am meisten zu sagen scheine, da sage Ich nur soviel, als ihr zu ertragen imstande seid.

2] Das sei euch ein neuer Schlüssel zu dieser Meiner Schrift!

☆

Von weltlicher Amtsmacht

Am Samstag, den 18. April 1840

Hier seien ein paar Worte gerichtet an den Andr. H.[1], der da ein weltliches Amt auszuüben hat, das ein Recht ist zum zeitlichen Wohle der Weltgroßen, durch Unterdrückung der Kleinen und Schwachen, die da sind ohne Macht und Kraft der Welt und müssen die Großen ernähren für nichts als für die Aufrechterhaltung eines Rechtes, das alle Lasten legt auf ihren schwachen Nacken.

2] Außer Meine Liebe in euch und der daraus hervorgehenden Weisheit, welche beide zusammen sind die ewige Ordnung, aus der heraus alles, was da ist, gemacht wurde, vom Größten bis zum Kleinsten, jegliches in endloser Zahl, gibt es nirgends ein Recht,

[1] Andreas Hüttenbrenner, Bürgermeister von Graz

als bloß in dieser Meiner Liebe, die alles gerne gibt, was sie hat, die sich nichts aneignet, um etwas zu besitzen, sondern [nur] um desto mehr geben zu können; die nichts zerstört, sondern nur alles erhalten will, damit nichts zugrunde gehen möchte, die allezeit bereit ist, für andere alles zu tragen, damit es jedem wohlergehe in der großen Erleichterung seiner Bürde; und die noch dazu geduldig, sanftmütig und voll Demut und Ergebenheit ist gegen jede Anforderung der ihr allein zukommenden Weisheit, ja selbst zum Wohle anderer imstande der Kraft ist, alle erdenklichen Unbilden zu erdulden in ungetrübter Gelassenheit. Denke, ob es außer ihr noch etwas gibt, was „Recht" heißen könnte oder dürfte?

3] Wenn du dazu noch bedenkest, daß der Liebe aus Mir allezeit der gerechte Anteil der wahren, freien Weisheit hinzukommt, welche die alleinige gerechte Gesetzgeberin ist, alles am besten ordnet und alles durchleuchtet und wohl durchschauet — ja, wenn also irgendwo Meine Liebe zum Grunde ist, da ist auch das wahre Recht. Wo aber diese nicht ist, da ist auch kein Recht, sondern nur das blanke Gegenteil. Ein solches [Un-]Recht beruht dann auf der Eigenliebe und ist in seiner wahren Natur nichts anderes, als ein human aussehendes Faust- oder Raubrecht. Und wenn es dem blinden Menschen oft äußerlich auch erscheint, als wäre es Liebe, so ist es denn aber doch nichts anderes als höllische Eigenliebe.

4] Sie, die Eigenliebe, lehrt euch dann, mühsam nach und nach eure Bedürfnisse und den Vorteil eurer Handlungen erkennen und läßt euch erkennen die Mittel, eure Verhältnisse so einzurichten, daß sie gerade mit genauer Not dem Nächsten so viel Handlungsraum zulassen, wie einem Vogel im Käfige oder einem Fisch im Behälter. Von diesem Herrsch- oder vielmehr Raub-Standpunkte werden dann Gesetze gegeben in einer Unzahl, je nach der Zahl der sich aus der Eigenliebe immer mehr vermehrenden Wohlstands-Bedürfnisse. Daß sie streng gehalten werden müssen, dafür wird gesorgt durch Kerker, Pulver und Tod. Mitunter gibt dann die Eigenliebe den Sklaven auch Gesetze, damit sie sich selbst untereinander nicht aufreiben in der langen Nacht der Verzweiflung, wodurch dann der sogenannte Troß auch etwas scheinbar zu gewinnen wähnt und sich ruhig verhält, da ihm doch noch erlaubt ist, etwas Weniges von dem zu genießen, was für die Tische der Machthaber durchgehends nicht mehr taugt.

5] Nun siehe, dadurch werden dann die Menschen oft notgedrungen, Meine Liebe zu verlassen und selbst die Eigenliebe zu ergreifen und zu handeln im Kleinen böse, wie die Großen im Großen, die da lügen, stehlen, rauben und morden und dazu sich noch frech erkühnen, Meine Gesetze hinabzuziehen in ihren Kot, um dadurch denselben einen sogenannten, von Mir aber verfluchten „moralischen Anstrich" zu geben. Wehe ihnen dereinst! Dadurch werden wohl die Blinden geblendet, aber Ich schaue ihre Kniffe durch und durch und gebe sie kund Meinen Kindern, die Mich zu suchen angefangen haben.

6] Daher rate Ich dir, eifrig Meine Liebe zu suchen, in der alle Weisheit wohnt, aus welcher heraus du erst werden kannst ein ganz gerechter Mann in der weisen Haltung des dir anvertrauten, nicht geringen Amtes, zum wahren Wohle deiner vielen Brüder und Schwestern!

7] Und glaube Mir fest: Alles, was dich die Weisheit aus Meiner Liebe lehren wird zu tun, wirst du ungehindert durchsetzen, und dir wird darob kein Haar gekrümmt werden. Denn da, wo die Weisheit gebietet, da hat sie auch von Mir zur Ausführung die besten Mittel in großer Menge.

8] Dieses sage Ich, die Ewige Liebe, unterdessen nur dir allein durch Meinen schwachen Knecht, der ein williger Schreiber ist und wenig Furcht hat vor den Menschen, seit er Mich näher kennt. — Amen.

☆

Ein Gruß aus der Höhe der Höhen

Am Ostersonntag, den 19. April 1840

Dieses Wort, gerichtet an den Ans. H.[1], sei ihm ein Zeugnis, daß Mir seine Arbeit wohlgefällt! Und so er fortfährt, aus Liebe zu Mir es fleißig zu vollbringen, wie er es begonnen hat, so soll er wissen, daß Ich schon Meine Hand an den Hebel der Schleuse gelegt habe, um sie über seinem Kopfe aufzuziehen und jählings einen großen Strom des Gnadenlichtes über sein Haupt stürzen zu lassen. Und Mein Segen soll dann nie mehr weichen von ihm, seinen Kindern und Kindeskindern. Und er soll nicht mehr sorgen für dieselben körperlich, sondern [nur] geistig!

2] Ist es denn nicht schwerer, für den Körper als für den Geist zu sorgen? — Daher leget das Schwere auf Mich und behaltet das Leichte für euch, damit ihr frei bleiben möget in allen euren Hand-

[1] Anselm Hüttenbrenner, der die „Nebenworte" in einem Tagebuch aufzeichnete und das gleichzeitig niedergeschriebene Hauptwerk „Die Haushaltung Gottes" mit Texten aus dem Alten und Neuen Testament belegte.

lungen und eure Kinder erkennen mögen die große Liebe des heiligen Vaters im Himmel, welcher der alleinige Geber aller guten Gaben ist, war und sein wird ewig. — Das ist ein guter Rat für ihn [A. H.]! Das sage Ich, der liebe Vater, ihm, damit er ja Mir vollkommen vertrauen kann. Denn Ich bin gar getreu in allen Meinen Verheißungen.

3] Und das sage Ich ihm auch noch dazu, daß Ich jedem, der beitragen wird zur Ausbreitung des Lichtes aus Mir, zur Erkenntnis des Guten aus Meiner Liebe und des Wahren aus Meiner Weisheit für die bald folgende große Verherrlichung Meines Namens, die Neugeburt und in derselben auch die baldige volle Wiedergeburt mit einem neuen Namen schenken werde; und Ich will ihn machen zum Zärtling Meiner Liebe, gleich meinem holden, lieben Johannes, dem Geheimschreiber Meines Wortes.

4] Das sei ihm [A. H.] ein guter Gruß, das erste Mal wörtlich von Mir, zum Tage seiner Eingeburt! — Das sage Ich, der ewige, gute, liebe und heilige Vater! — Amen.

☆

Rechte Elternliebe

Am Donnerstag, den 23. April 1840

Gib dem Weibe des Ans. H. folgende Worte! Denn Ich habe ihre Sehnsucht erkannt und will ihr daher einen kleinen Trost geben, den sie ja beachten soll für sich und für ihre Kindlein, Mägdlein und Knaben.

2] Ich habe Freude an jedem, der Freude hat an Mir. Und Ich habe des Wassers in großer Menge, zu geben denen, die danach dürsten. Und Meine Gnade ist ebenso breit als lang, und ist nirgends anzutreffen ein schmalerer Teil.

3] Darum verteile du, Mutter des Fleisches, deine Liebe unter die Deinen, wie Ich die Gnade — damit keines deiner Kinder ein scheeles Auge bekomme aus heimlichem Neide und nicht gut schauen möchte dereinst auf seinen Bruder oder seine Schwester! Habe ein volles und gleiches Maß der Liebe gegen jedes deiner Kinder — damit Ich ihnen dann auch ein volles und gleiches Maß der Gnade schenken kann! Sonst aber sollen die mehr Geliebten weniger Gnade und die weniger Geliebten mehr Gnade von Mir empfangen.

4] Denn siehe, Ich bin ein Vater der Verfolgten, ein Tröster der Betrübten — aber auch ein sehr strenger Richter der von euch zuviel geliebten Kinder. Denn das Uebermaß eurer Liebe verdirbt eure Kinder und macht sie unfähig zum Empfange Meiner Gnade. — Daher lasse du künftig allen gleich angedeihen, was ihnen nützlich ist, not- und wohltut, und bezwinge dein Herz — und Meine Gnade wird dich in ihre Mitte nehmen!

5] Und glaube, daß Ich es bin, der dir das sagt, als euer guter Vater. — Was du matt siehst, das sehe Ich scharf. Wohin du aber mit aller Schärfe blickst, da schaue Ich durch die Finger. Was die Welt richtet, das nehme Ich auf; was aber die Welt erhöht, das wird nieder zu stehen kommen vor Mir. — Siehe die Ehebrecherin, gerichtet von der Welt! Ihre Schuld habe Ich in den Sand geschrieben, damit sie der Wind möge verwehen. — So sollt es auch ihr alle tun, wollt ihr Meine rechten Kinder sein, die Ich mehr liebe, als du es je wirst fassen können.

6] So wie die Sonne scheint und wie der Regen fällt auf alles Gras, so sei eure Liebe gegen eure Kinder! — Gegen die fremden aber sei sie wie ein Feuerbrand und wie ein Wolkenbruch, damit keine Eigenliebe in euch und in euren Kindern herrsche — wodurch dann euer Vertrauen stark werde und Ich euch allezeit helfen kann und werde, da wo ihr am schwächsten seid.

7] Das sei dir ein kleiner Trost! — Wo Ich hinein will, da fege Ich zuerst! — Das sagt euer guter, heiliger Vater. — Amen.

☆

Kreuz, Krone und — Liebe

Am Freitag, den 24. April 1840

Der, die Freude hat an Meiner „Haut" und da heißet M. S. und in hohen Ehren hält das Holz des Kreuzes und das Eisen der Nägel gleichachtet den Händen, die durchbohrt wurden, und das Kreuz gleich dem Gekreuzigten — und die schon viel gelitten hat wegen ihrer Doppelliebe, der sage, was Ich ihr sagen lasse, ihrer Gesundheit und ihres Heiles willen.

2] Sie soll das Kreuz nicht mehr lieben denn Mich und die Nägel nicht mehr denn das gekrönte Haupt! Denn die so tun, müssen viel leiden aus dieser ihrer verkehrten Liebe. Wer das Kreuz liebt, dem gebe Ich es gerne, und so die Nägel, so die Krone. Und wer aus Liebe zu Mir das Kreuz, die Nägel und die Krone liebt, der wird gekreuziget gleich Mir. Wer Mich aber so liebt, des Kreuzes, der Nägel und der Krone wegen, der liebt Meine „Haut", da sie ist voll Blutstropfen, Schlägen und Wundmalen, und gleichet dadurch jenen Kindern, die ihre Eltern erst dann zu lieben anfangen, wenn diese, von vielen Leiden gedrückt, weinen vor der Türe ihrer Kinder.

3] Wer Mich aber recht lieben will, der halte Meine Gebote und liebe Mich aus Meiner Liebe, die Ich jedem, ohne Kreuz, Nägel und Krone, ganz rein, wie Ich es bin, gegeben habe. Sage ihr: Wer Mich [in solcher Weise] wahrhaft liebt, der liebt Mich auch ohne Kreuz, Nägel und Krone. Wessen Liebe aber zweifelhaft ist, dem werde Ich schon zukommen lassen entweder das Kreuz, die Nägel oder die Krone — damit seine Liebe befestiget werde zu Mir, da er sehen wird, daß leiden schwerer ist als lieben und daß Ich nicht Freude habe an den Leiden Meiner Kinder, sondern nur ein trauriges Herz.

4] Denn sehet, Mein Joch ist sanft und Meine Bürde ist leicht. Nur die Kinder der Welt müssen Meinem Reiche „Gewalt" antun, wenn sie es an sich reißen wollen. Meine Kinder dagegen sollen nicht [eigenwillig] ins Feld ziehen für Mich und sich [ohne Not] verwunden lassen von Meinem Feinde — für sie werde schon Ich kämpfen. Denn die Liebe steht höher als aller [eigenmächtige] Kampf.

5] Wer aber selber kämpfen will und Freude hat am Kampfe, der muß sich schon auch auf allerlei Wunden gefaßt machen und sehe zu, daß er nicht unterliege im Gefechte. Der Sieger aber steht nicht über der reinen Liebe, sondern ist unter derselben, solange er nicht die Siegerkrone in die Flamme der Liebe wirft.

6] Daher: die Mich lieben, für die werde Ich kämpfen und siegen, und ihre Liebe wird Mir die schönste Siegeskrone sein. Die aber [eigenmächtig] mitkämpfen wollen, die werde ich verteilen auf ihre Posten. Und sie werden kämpfen müssen mit ihrer Kraft in großer Angst und Hitze, und es wird ihnen der Sieg oft sehr sauer werden und teuer zu stehen kommen, und dereinst werden sie viel Rechnung zu legen haben.

7] Eines noch muß[1] hinzugesetzt werden, nämlich: So jemand ein Haus kaufet, der begnüget sich nicht mit der Beschauung der schönen Außenseite, welche blendet; sondern er gehe zum Verkäufer und

[1] als ein geistiges Gleichnis für den Glaubensstand.

sage: „Laß mich erforschen die **Grundfesten**, die Mauern der Wände, die Böden und das Dach." Und hat er das Haus fest befunden, so kaufe er es um jeden Preis, da es ein gutes Haus ist. Ist es aber nicht so, dann lasse man es, wie es ist, und handle nicht darum mit dem arglistigen Kaufmann, selbst wenn dieser auch sagen würde, das Haus stehe schon so oder so lange — wenn ein Erdbeben kommen wird, so wird es doch zusammenstürzen. — So jemand aber wohnt in einem **alten** Hause, der halte sich beständig reisefertig an der Türschwelle; und wenn er gewahr wird Schwebens und Wankens, dann ist es hohe Zeit, sich schnell zu entfernen.

8] Das sagt der gute Hirte einem zahmen Lamme auf der harten Weide der Knechte. — Amen. — Ich, Jesus-Jehova. Amen!

☆

Ave Maria!

Am Sonntag, den 26. April 1840, vormittags

Auf eine Anfrage:

Seht, alle eure Pflicht ist, war und wird ewig sein die **Liebe**, d. h. die reine, göttliche Liebe in euch zu Mir und im gleichen auch zu allen euren Brüdern und Schwestern.

2] Nach dem Grade dieser Meiner Liebe in euch wird euch gegeben werden von Mir, der Ich in Meinem ganzen Wesen die Liebe selbst bin. Ihr seid, so ihr Mich liebet mit aller Kraft, allesamt liebe Kinder Meiner Liebe — welche auch befruchtet hat **Maria**, die Mutter meines irdischen Leibeswesens. Dieses irdische Leibeswesen[1] aber ist ein wahrer Bruder zu euch und stark genug, euch alle zu tragen als Brüderchen und Schwesterchen mit aller Geduld und Sanftmut und euch zu führen als erwachsene Brüder und Schwestern. Und wer zum Vater will, der wende sich nur an **Mich** als des Vaters großen Liebling, welcher der alleinige wahre Bruder zu euch ist, voll der höchsten Liebe und Weisheit. Und so habt ihr es nicht nötig, euch an jemand andern, als gerade an Mich, in allen euren Anliegen und Nöten zu wenden!

3] Sehet, der **Gruß an Maria** kam [dereinst bei der Verkündigung] aus der allerhöchsten Höhe der Heiligkeit Gottes in aller Fülle

[1] d. h. der Menschensohn Jesus.

der Macht und Kraft Seines Geistes, damit euch allen die Liebe im Vater ein wahrer Bruder werde. — Nun so fraget euch, was ihr jetzt noch mit diesem Gruße wollt? — Maria bedarf dessen nicht und dürstet auch nicht nach demselben. Und sie weiß es auch am besten von euch allen, daß Mein Ohr schärfer ist als das ihrige und Mein Auge heller als das ihre; auch daß Meine Liebe, Meine Demut und Meine Sanftmut zunichte macht die Liebe, Demut und Sanftmut aller, auch der allerseligsten Geister des Himmels.

4] Wahrlich, es bereitete ihr eure Unwissenheit und euer grober Irrtum nur Trauer, wenn Ich nicht aus Meiner übergroßen Liebe zu euch allezeit, zuvorkommend, auf Mich nähme, was an sie oder auch an einen andern seligen Bruder von euch gerichtet wird. Siehe, daher mache Ich die Ohren der Seligen [gegen solche unangebrachte Verehrungen] taub und ihre Augen blind, damit ihre Seligkeit nicht getrübt werde durch eure große Torheit.

5] Wer Mich sucht, an dem wird auch Maria Freude haben, und ebenso alle Seligen. Und sie werden allezeit bereitwilligst sein, ihm zu dienen nach Meiner Liebe in ihnen, aus welcher ihnen kund wird, wo und woran es euch gebricht. Daher ist es auch unnütze, anderswo als gerade nur durch Mich zur Gnade gelangen zu wollen. Denn nur Ich allein bin die Türe zum Vater, da alle Gnade innewohnt. Wer nicht durch Mich gehet, der kommt nicht dahin.

6] Ihr könnt euch zwar alles dessen, was auf Meine Menschwerdung Bezug hat, ehrerbietigst und liebevollst erinnern und euch dadurch vorführen alle Fügungen Meiner großen Barmliebe für euch. Und es wird Mir solches angenehm sein. — So ihr aber daraus wollt Plappergebete formen, so seid ihr zu Narren geworden oder durch die große Blindheit der Blindenleiter dazu gemacht und seid betrogen durch die betrogenen Betrüger.

7] Ich aber habe euch jetzt aus Mir in allerhöchster Wahrheit gezeigt, wie sich die Sache verhält. Und so sollt ihr auch danach tun, so ihr wollet sein wahre Kinder eines und desselben guten Vaters und wahre Brüder des Sohnes der Maria, die euch liebt, so wie ihr Mich liebet. — Amen.

☆

Drei Fragen

Am Sonntag, den 3. Mai 1840, vormittags

1. Fehlt die römisch-katholische Kirche nicht darin, daß sie den Laien den Kelch entzieht, da es doch bei Matth. 26, 27 heißt: „Trinket alle daraus?"
2. Darf die Hostie angebetet werden?
3. Sollen wir den Büchern Emanuel Swedenborgs vollen Glauben schenken?

Für die drei Fragen, die dir zur Beantwortung vorgelegt worden sind, will Ich den Fragestellern drei harte Antworten geben, da sie fragen, ehe es an der Zeit ist, und dadurch bereichern wollen ihr Wissen eher als die Liebe zu Mir, die doch höher steht als alles Wissen. Sie bedenken nicht das, was zuerst not tut. Die Gabe der Weisheit kommt jeglichem nach dem Grade der Liebe zu Mir, welche ist das wahre „Brot" und der wahre „Kelch", oder „Mein Leib" und „Mein Blut", von dem alle Propheten, von Moses an bis auf den Johannes und von Johannes an bis auf den Emanuel Swedenborg, und alle aus Meiner Liebe gelehrten Weisen zeugen.

2] Ihr sehet die Sonne im Tautropfen und saget: Das sei ein getreues Bild der Sonne, es fehle ihm nur die Wärme. Ich aber sage: Es ist leichter den Tropfen zu erwärmen, als ein getreues Lichtbild einer so großen Sonne hineinzulegen. — Da Ich das Letztere tue, warum tuet ihr das leichte Erstere denn nicht und fraget demnach gar so albern, ob die Hostie angebetet werden soll oder nicht? — Habe Ich euch allen nicht schon hinlänglich gesagt und gezeigt, worin die wahre Anbetung bestehe und wie Ich und die Materie uns verhalten?!

3] [Zur ersten Frage:] Was will denn euer unzeitiger Vorwitz? — Nun wisset denn, was ihr wissen wollt, und merket es euch wohl hinter euren dicken Ohren! — Machet lebendig euer Herz und sehet hin nach Emmaus! Als Ich [dort] das Brot gebrochen habe, da erkannten Mich die Jünger auch ohne Kelch und entbrannten in ihrer Liebe zu Mir. — Desgleichen tuet auch ihr! Genießet das Brot in der wahren, reinen Liebe zu Mir und stoßet euch nicht an der Form, an der nichts gelegen ist, sondern trachtet nur nach der Liebe und dem aus ihr erwachsenden Glauben! Und Ich werde euch Selbst den Kelch, voll des heiligen Geistes, welcher Mein Blut ist, reichen.

4] Der Wein des Kelches ist ein Getränk, da innewohnt die Hurerei im Geiste aller Unlauterkeit. Und ihr sollet nicht dürsten danach und sollet ihn trinken lassen allein die Knechte, die da ein Grab des Unrates sind und damit befeuchten ihren unfruchtbaren Boden wegen der Verkehrtheit ihrer Liebe, damit irgendeine Frucht, die da wächst, frei werde und blühe gleich einer Sonnenblume auf den Gräbern des Unrates.

5] Nur der Kelch, den Ich euch reichen werde, der ist der wahre Kelch, da aller Geist der Wahrheit und alles Lebens innewohnt! Nach dem sollet ihr dürsten!

6] [Zur zweiten Frage:] Was die Hostie im Abendmahle betrifft, so ist sie ein Brot, gebacken aus Mehl, wie das Brot in Emmaus, und ebenfalls nur Materie, hat nicht Leben und kann nicht Leben geben — sondern ist tot und gibt den Tod.

7] Nur der es bricht, segnet und gibt, hat Leben und kann dasselbe allen geben, die es zum Zeichen der wahren Liebe genießen im daraus lebendigen Glauben. Denn wo in euch wahre Liebe ist zu Mir, da ist auch die Gabe zum Zeichen [wohldienlich]. Wo aber die Gabe ist, da ist auch nicht ferne der Geber, dem allein alle Anbetung gebühret.

8] So suchet denn zuerst die Liebe in Mir, durch die freiwillige Haltung der Gebote, so wird die Gabe euch erleuchten, und ihr werdet erkennen den Geber in der Gabe, erbrennen in der Liebe zu Ihm und anbeten Seine große Heiligkeit.

9] Daher liebet zuerst, dann wird die Gabe gerecht sein, euch zur Leuchte, lebendig im Brote. Und dann erst wird des Gebers Segen sein in der Gabe. Und ihr werdet sodann im Geiste und in der Wahrheit anbeten dessen Heiligkeit.

10] [Zur dritten Frage:] Was den Emanuel Swedenborg betrifft, so sollen sie [die Fragesteller] es versuchen, ob auch sie ohne Meine Weisheit etwa solches zu sagen vermögen!

11] Er ward von Mir erweckt und wurde von Meinen Engeln geführt in alle ihre Weisheit aus Mir, je nach Graden ihrer Liebe. Und was er sagt, ist gut und wahr.

12] Meine Lehre und Mein lebendiges Wort aber, das zu euch kommt aus Meinem Munde durch die Liebe in euch, steht höher denn alle Propheten und alle Weisheit der Engel! — Denn die Liebe ist das Erste und Höchste, hernach kommt erst die Weisheit.

13] Wer daher die wahre Liebe hat zu Mir, dem wird auch Weisheit in der Fülle gegeben werden. Wer aber sucht die Wahrheit ohne die Liebe vorher, der wird nichts finden denn Trug und wird sein ein Doppelgänger und am Ende nicht wissen, welcher eigentlich der echte ist.

14] Darum liebet zuerst und lasset den Vorwitz, so wird die Sonne in euch aufgehen. — Amen! Amen! Amen!

15] Das seien euch drei harte Antworten aus der großen Höhe von Mir, Jehova. Amen.

☆

An Meine Freunde

Am Samstag, den 9. Mai 1840, nachmittags

Bei euren gegenseitigen Liebesbezeugungen gönnet auch Mir einen Platz, um einen kleinen Gruß beilegen zu können. Denn seht, Ich lade Mich gleich selber ein, wenn Ich nur irgendeinen einigermaßen guten Bissen schmecke. Ich wußte aber, daß ihr Mir heute nicht unfreundlich sein werdet, so Ich Mir die Freiheit nehme, Mich in eurer Mitte als ein ungebetener Gast einzufinden.

2] Seht, die Ich lieb habe, da sie Mich haben zu suchen und zu lieben angefangen und erkannt haben Meine Stimme durch Meinen armen und schwachen Knecht, zu denen komme Ich gerne — wenn auch öfter vielleicht zu einer etwas ungelegenen Zeit. Allein, was kann der Vater dafür, daß Er mehr Liebe zu Seinen Kindern hat, als die Kinder zu Ihm!? Daher müßt ihr schon Meiner großen Liebe zu euch zugute halten, daß Ich Mich euch öfter ordentlich aufdränge. — O Meine Kinder, wie habe Ich euch doch alle gar so lieb! Daher liebet auch ihr Mich, euren guten Vater, und sehet allezeit auf Mich! — Oh, Ich Selbst werde einst euer Lohn sein!

3] Höret, die ihr Mich jetzt gerne sehet in eurer Mitte, die werde Ich dereinst nehmen in die Mitte Meiner Liebe, und sie werden speisen an der großen Tafel ihres Vaters! — Sehet, und so werde Ich heute zum ersten Male ganz unter euch sein. Ihr werdet Mich zwar nicht sehen mit euren leiblichen Augen. Aber eure Herzen werde Ich anrühren, so euch Mein armer, schwacher Knecht diese Worte vorlegen wird. Und dann wisset, daß Ich eingetreten bin in eurer Mitte!

4] Ihr müsset euch aber nicht genieren in eurer Heiterkeit, sondern seid fröhlich und heiteren Mutes! Denn denket, wenn Ich bei euch bin, so seid ihr ja auch bei Mir, eurem guten Vater! Und so seid ihr zu Hause, und da hat das Genieren aufgehört.

5] Da Ich nun bei euch bin völlig, so nehmet denn alle, Meine lieben Kinderchen und Kinder, Meinen gewiß allerhöchst liebevollen Vatergruß hin, wie er euch allen gegeben wird! Und dieser Mein wahrer Gruß sei euch auch ein wahrer Segen, so gewiß, als Ich der wahre Vater bin für euch alle, so ihr ihn ebenso bereitwillig aufnehmet, wie Ich ihn euch allezeit gerne gebe. — Der Gruß aber ist und lautet:

6] Friede sei mit euch! — Meine Liebe sei euer einziger Reichtum! Und Meine Gnade erleuchte vor euch die Finsternisse der Welt und zeige euch sanft den Weg des ewigen Lebens! — Amen.

☆

Kirchengeist und Liebesgeist

Am Donnerstag, den 14. Mai 1840, nachmittags

Dem, der da ist ein Furchtsamer vor Mir (mehr der Kirche als Meinetwegen) und doch gerne ein tröstendes Wort hätte, da er meint, Ich hätte etwas wider ihn, der Schwäche seines Glaubens wegen — weil Ich nicht sogleich auch ihm tat, wie denen, die schon jahrelang sich nach Meinem Lichte gesehnt haben, da er noch ruhig lebte in der Außenkirche und den rauschenden Wind hielt für Meinen Geist und den Donner für die Stimme des Lebens im Sohne — diesem sage:

2] Ich habe sein Herz angeschaut und habe einen guten Keim in demselben gefunden. Er soll ja recht fleißig denselben begießen mit dem Wasser des Lebens aus Mir, das er in großer Fülle finden wird in der Schrift des Alten und Neuen Testamentes. Dann wird dieses Senfkörnlein aufgehen in üppiger Frische. Und dann werden viele Geister der Himmel munter und fröhlich kommen und werden Wohnung machen unter seinen vielen Aesten und Zweigen. Und so Ich dann sehen werde die große Freudigkeit der munteren Geister unter den Aesten und Zweigen des neuen Gewächses aus Mir (in ihm), dann werde Ich kommen und auch seinen Geist in Bälde völlig erwecken und ewige Wohnung machen bei ihm.

3] Er soll nicht ängstlich sein, so er Mich liebt, und [soll nicht] denken, die Kirche aus Steinen sei lebendig, die doch ebensogut wie ein anderes Haus von Menschenhänden gemacht ist! Noch [soll er denken, das Heil bringen ihm] die Messen, die da sind ein stummer Dienst, oder die **Beichte**, die euch unnütze ist, so ihr euch nicht ganz ändert in euren Herzen, oder all die **Sakramente**, die ein wahres Gift der Seele sind, so ihr sie nicht lebendig macht durch die wahre Liebe zu Mir in eurem durchläuterten Herzen.

4] Er soll wissen: für den Lebendigen ist alles lebendig und für den Toten alles tot. **Wer Meine Liebe** [d. h. die reine, himmlische Liebe zu Gott und zum Nächsten] **hat, der hat Mich Selbst, das Leben alles Lebens, in sich.** Wer aber Meine Liebe nicht hat, der ist gleich der Materie, die tot ist aus dem Tode des Zornes Gottes; er ist selbst tot, und das Leben gehet stumm an ihm vorüber, wie er selbst stumm fürs Leben ist.

5] Daher sehe du, **Samuda**[1], nur nach **Meiner großen Liebe** und suche sie überall! Und wo du sie finden wirst, da, glaube Mir, ist auch Leben. Und darum lasse dich an nichts binden, als nur einzig an Meine Liebe, so wirst du leben, und wenn du auch stürbest zu tausend Malen!

6] Suche nicht das Licht, welches tot ist, sondern die **Liebe** — so wird dir Licht werden in großer Fülle lebendig aus Mir, der Ich bin die Liebe und das Leben selbst von Ewigkeit zu Ewigkeit. — Amen. — Ich, Jesus-Jehova , Amen.

☆

Unnötige Sorgen

Am Sonntag, den 24. Mai 1840, vormittags

Frage: Dürfen wir Dich, o Vater in den Himmeln, nicht in kindlicher Demut bitten, daß die **Rekrutierung** aufhöre, wodurch der Mann dem Weibe, der Vater den Kindern, der Sohn seinen Eltern, der Bürger seinem Gewerbe und der Landmann dem Feldbaue entrissen und oft zu einem Stande gezwungen wird, in welchem wenig Christentum zu finden ist. — **Wie lange** soll dieses Uebel nach Deinem Willen noch währen? — Möge es Dir wohlgefällig sein, von uns ein Opfer zu fordern, damit das harte Joch, dessen Anblick uns mit bitterer Wehmut erfüllt, von unseren Brüdern genommen werde! — Doch nicht unser, sondern Dein heiliger Wille geschehe in alle Ewigkeit!

Als euer guter, heiliger Vater habe Ich allezeit Freude, so ihr euch in was immer für Anliegen an Mich wendet. Nur müßt ihr Mich nicht um irgendein närrisches Zeug fragen, worauf Ich euch dann keine Antwort geben möchte, da es unsinnig wäre, euch in einem Irrtum oder Aberglauben zu bestärken.

[1] ein Freund Jakob Lorbers.

2] Solche Fragen aber sind die über Zeitbestimmungen nach Jahr, Tag und Stunde! — Denn seht, Ich bestimme nie eine Zeit zu etwas, sondern handle allezeit nach der Beschaffenheit der Umstände bei den Menschen, und zwar als Vater bei den Kindern und als Gott bei den (Welt-)Menschen. Müßte Ich denn nicht grausam sein, so Ich sagen würde: „Im nächsten Jahre werde Ich Mein Gericht über euch losbrechen lassen" — und täte es bestimmt, auch so ihr euch von Grund aus bessern würdet!? — Nun, urteilet selbst! — Und täte Ich es nicht, wäre Ich dann nicht ein barer Lügner!? Und wie vertrüge sich das mit Meiner Liebe und Meiner Heiligkeit?

3] Aus dieser wahren Ursache lasse ich alle prophetischen Zeitbestimmer und Zeitrechner anrennen und am Ende zuschanden werden. Und so werde also nicht Ich, sondern werden die Menschen durch ihr Tun die Zeit unbewußt bestimmen. Und Ich werde dann kommen wie ein Dieb, wann sie es am wenigsten gedenken werden.

4] Eine zweite solche närrische Frage ist: Durch was für ein Opfer Ich zu etwas zu bewegen wäre? — Seht, eine solche Frage tut Mir weh von Meinen Kindern, dieweil Ich daraus erkenne, daß sie Mich noch für eine Art Götzen ansehen, statt in aller Wahrheit und Liebe für ihren einzig guten, heiligen Vater, der von euch nichts will als eure kindliche Liebe. — Eure kindliche Liebe, das ist das einzige Opfer, daran Freude hat euer Vater und größtes Wohlgefallen euer Gott!

5] Doch was die Rekrutierung betrifft, so ist sie der Weltübel größtes nicht, sondern nur eine Folge der Weltliebe — und somit mehr als Folge anzusehen denn als das eigentliche Böse selbst. Und so auch der Soldatenstand, welcher dauern wird, solange wie das Welttum aus der Eigenliebe der Menschen... Daher sollt ihr euch nicht so viel daraus machen der Rekruten wegen. Denn seid vollkommen versichert, daß Meine Kinder nie Waffen tragen sollen, denn Ich bin ihre Waffe gegen alles Uebel. Und so sie auch tun müßten gleich den Weltkindern, was nur selten geschehen wird und kann, so glaubet Mir, Ich werde auch da ihr Vater sein und ein starker Gott, ihnen zur scharfen, unbesiegbaren Waffe.

6] Sehet, es liegt sehr wenig daran, was ihr da waret auf der Welt, ob Landleute, ob Bürger der Städte, ob Soldaten, ob Fürsten, Könige und Kaiser. Sondern darauf kommt es an, wie ihr es waret — aus Eigenliebe oder aus Nächstenliebe oder aus Meiner Liebe in euch

(d. h. aus Liebe zu Mir und daraus) zu den Nächsten. Danach wird sein euer Leben in der Ewigkeit.

7] Daß da [im Soldatenstande] wenig Religion anzutreffen ist, das weiß ich wohl, auch daß dort die Ausschweifungen offenbar ärger sind als bei dem Bürgerstande. Aber dafür ist auch die Schuldstrafe strenger als die der Bürger. Und so wird doch manches verhütet, was bei dem Bürger oft freien Lauf hat.

8] Uebrigens ist Mir die Religion, wie sie im allgemeinen unter euch ist, ebensogut wie gar keine. Denn wo nichts ist, da läßt sich noch etwas errichten, was da gut sein kann. Wo aber nur Schlechtes ist, da hat wenig Gutes mehr Platz. Alles Weltliche aber ist zugleich Höllisches und daher auch angefüllt mit allerlei Grausamkeiten, deren Lohn früher oder später nicht untrem Wege bleiben wird, so beim Bürger wie beim Soldaten.

9] Jedoch Meine Kinder sollen sich um nichts sorgen! Denn Ich habe den Unterdrückten und Notleidenden vieles zu geben, so sie nur zu Mir kommen wollen. Und die da auf der Welt Meinetwegen etwas verloren haben, so oder so — die werden es unendlichfältig wiederfinden dereinst im Schoße ihres guten, heiligen Vaters. — Amen.

☆

Wie sollen wir die Propheten lesen, um sie recht zu verstehen?

Am 26. Mai 1840, von 3 bis 5 Uhr nachmittags

Solche Fragen könnt ihr immerhin an Mich richten, wenn es euch ernst ist, Meine Wege erleuchtet zu sehen. Und werde Ich euch darauf auch keine vollbestimmte Antwort geben, so wird aber doch ein Strahl durch alle Engelshimmel hindurch — von Mir ausgehend — euer Herz erleuchten und euer Verstand wird schauen und empfinden große, wunderbare Dinge des neuen Lebens aus Mir in euch, welches alles ist eine Wirkung Meiner Liebe in euch, wie auch alles auf den Erdkörpern eine Wirkung der Sonne ist, durch Meine Gnade.

2] Und sehet daher, so ihr einen Tropfen Wassers aus dem uferlosen Meere Meiner Gnade leset in den Propheten, müsset ihr ein starkes Vergrößerungsglas [nämlich das der Demut] nehmen — und dann den Tropfen auf die Tafel eures Gewissens stellen und darunter anzünden eine Lampe, angefüllt mit dem Oele des lebendigen

Glaubens, damit die leuchtende Flamme stark zu brennen anfängt. Und so dann über dieser heißen Liebesflamme eure Gewissenstafel wird glühend geworden sein und ihr Bläschen werdet aufsteigen sehen, dann nehmet das Vergrößerungsglas und sehet damit den gischenden Tropfen an, und ihr werdet zahllose Wunder an und in ihm entdecken!

3] Da werdet ihr dann eine große Freude haben und eine eitle [reine] Lust. Aber da werdet ihr sie [die Wunder der Gnade] noch nicht begreifen. Und erst, so ihr euch dann in aller Liebe demütig an Mich wendet und Mich bitten werdet und stark wünschet Mein Gnadenlicht aller Himmel, dann erst werde Ich einen Strahl dahinschießen lassen wie einen Pfeil, der euch äußerlich ein wenig verwunden, aber dafür wecken wird euren Geist aus dem Schlafe des Todes. Der Geist aber wird dann in Meinem lebendigen Lichte all die zahllosen Wunder des Tropfens verstehen.

4] Und so werdet ihr dann lebendigen Geistes ewig zu schauen haben die Wunder in den Wundern durch das größte aller Wunder, nämlich durch eure lebendige Freiheit, durch die Liebe eures großen, heiligen Vaters in und über allen Himmeln! Amen. — Ich, Jesus, die ewige Liebe und das ewige Leben. Amen.

☆

Dankesworte des Knechtes

So wolle denn auch gnädig aufnehmen unseren schwachen Dank, wie Du, herablassend, uns armen, nichtswerten Sündern nun offenbarest so große und tiefe Geheimnisse, deren wir nicht wert sind auch nur im allergeringsten. Siehe, o guter, heiliger Vater, auf unser zerknirschtes Herz, da wir uns schämen, auch nur dankend mit unseren menschlichen Worten zu reden, nachdem wir Deine Worte voll Lebens vernommen haben.

2] O großer Dank, große Ehre, großer Ruhm sei Dir ewig, wie in den Himmeln, so auch in unserem Herzen! — Amen.

J. L.

☆

Ueber den Eid oder Schwur

Am 28. Mai 1840, vormittags

Es fragt da einer nach dem Rechte und der Wahrgeltung des Eides oder Schwures, welches eine verständige Frage ist.

2] Sehet, so Ich im Herzen irgendeines Menschen bin, dann hat er die Wahrheit in sich. Er tut, denkt und redet aus derselben heraus, und diese dreifache Beschäftigung ist [in solchem Falle] eine wahre Handlung und braucht nicht mehr denn Ja oder Nein. Alles darüber ist eine Sünde; weil da sowohl vom Eidfordernden als vom Eidlegenden ein schändliches Mißtrauen auf Meine unantastbare Heiligkeit gesetzt wird, die da ist die Urquelle aller Weis- und Wahrheit in Mir ewig.

3] So aber jemand Mich nicht hat in seinem Herzen treulich, dessen ganze Handlung ist falsch und trüglich im Tun, Denken und Reden. Wie wollt ihr denn [da in solchem Falle] von dem Wahrheitlosen ein Wahrzeichen fordern und somit der Lüge Meine Heiligkeit als Sigill aufdrücken, damit ein weltrechtlich falsches Truggericht irgendeiner eigennützigen Behauptung eines Eigenliebigen die volle Geltung als rechtlich wahr erhalte!?

4] Nun aber gebe Ich euch einen Rat aus Meiner Liebe, damit ihr Meine Heiligkeit schonet! — Sehet, wenn ein Eid euch ein sicheres Zeichen ist, kann es nicht ebensogut das bloße „Ja" oder „Nein" sein? — So ihr beleget den falschen Eid mit Strafe, desgleichen könnet ihr ja auch das „Ja" und „Nein"!

5] Ich rate euch, so jemand in seiner Aussage gelogen hat, entweder bejahend oder verneinend, dessen Name werde öffentlich vor allem Volke so lange infam [ehrlos] erklärt, bis er in aller Demut in sich gegangen sein wird und öffentlich bekennt seiner Lüge Schuld, was dann die erste Wahrheit sein wird auf seiner Zunge.

6] Dazu könnet und sollet ihr ihm auch nach Umstand der Sache entweder ein Drittel oder die Hälfte, auch wohl sein ganzes Hab und Gut als rechtliche Sühnung der durch einen solchen Lügner aus Eigennutz gemißhandelten Wahrheit abnehmen. Denn er soll nicht haben ein eigen Brot, noch Dach und Fach, da er die Wahrheit verabscheut hat!

7] Und ihr könnet versichert sein, daß euch da selbst der [schlimmste] Bösewicht nicht anlügen wird. Eher wird er ganz schweigen, gleich den Geistern der Hölle, die da Meinen Namen nicht aussprechen können.

8] Wer da gerecht ist im Herzen, dem glaubet aufs Wort, ohne Eid, so könnet ihr versichert sein, daß er die Wahrheit rede und dieselbe mit seinem Blute unterschreibe.

9] Wer aber da hat ein treuloses, eigennütziges Herz, dem ist Gott ferne und die Hölle nahe. Von dem könnet ihr einen Eid um den andern fordern — aber fraget euch selbst, wozu nütze?

10] Daher sei eure Rede: „Ja, ja" oder „Nein, nein"! Was darüber ist, ist eine Sünde im Geiste Meiner unantastbaren Heiligkeit.

11] Das ist Mein Gesetz ohne eine nachträgliche Verordnung! Denn Meine Gebote stehen fest und leiden keine Abänderung wie eure heidnischen! — Amen. Ich, Jehova, die höchste Weisheit und Gerechtigkeit von Ewigkeit. Amen.

☆

Irdische und himmlische Rechtsordnung

Am Donnerstag, den 28. Mai 1840, nachmittags

Ich gebe euch [im Folgenden] einen Tropfen Weisheit — genießbar für euch endliche Geschöpfe durch Meine ewige Liebe. Denn als Gott habe Ich keine Kinder als das alleinige, ewige Wort in Mir, welches ist der alleinige Sohn, an dem Ich Wohlgefallen habe. Aber im Sohne bin Ich auch euer Vater und habe Wohlgefallen an euch, so ihr diesen Meinen lieben Sohn in euch aufgenommen habt und somit auch Meine Heiligung durch Ihn!

2] Aber dieser [Weisheits-] Tropfen fällt auf den heißen Sand der wüsten Erde, da ihr damit wohl bereichern könnet euer Wissen, aber außerstande seid, zu handeln darnach, was doch die Hauptsache ist — da nur die Handlung, nie aber das [bloße] Wissen das ewige Leben bedingt.

3] Sehet, all euer politisches „Recht" beruht auf lauter Falschem und Bösem der Eigenliebe, welche die Erde abgemarkt hat mit Grenzsteinen, darauf überall steht „Mein" und niemals „Dein" — aus welchem unvertilgbaren Irrtume zumeist euere Vergehungen herrühren und weshalb auch ganz widerrechtliche Gesetze erfunden werden mußten, die jedem sein eingebildetes Eigentum durch Gewalt unerhörter Strafen, ja selbst durch den Tod, sichern müssen — während Ich die Erde, wie die Luft, wie das Wasser, wie den Regen und der Sonne Strahlen für alle gemeinschaftlich erschaffen habe, und von Mir keinem irgendein Vorrecht eingeräumt wurde.

4] Nun aber ist die Erde abgezirkelt wie die Hölle, da jeder seinen bestimmten, unverlaßbaren Platz hat. Somit kann auch nur eine entsprechende Rechtspflege und können demgemäß auch nur ähnliche Strafen als Grenzen der Bosheit gesetzt sein. Und so können dann die Strafen, wenn sie der Bosheit angemessen sind, nicht anders als „rechtlich" sein — aus der Hölle betrachtet, da alles, Ich sage es euch, wortgetreu aus ihr entnommen ist, so die Grenzsteine, so die Gesetze und so auch die Strafen.

5] Sehet, bei solchen Umständen ist schwer zu raten aus den Himmeln, wo einer hat alles für alle und alle haben alles für einen aus Liebe — was euch lehret das Evangelium, da man zum verlangten Mantel noch den Rock geben soll, um allen Streitigkeiten auszuweichen. So ein jeder täte ein Gleiches, wie in den Himmeln, dann wären keine neuen Höllengesetze vonnöten, da dann keiner etwas besäße und somit auch frei bliebe vor jeder Beraubung oder Bestehlung.

6] Nun habe Ich euch in aller Kürze gezeigt, wie die Sachen stehen. Aus solchem Grunde sollet ihr auch nicht euren [himmlischen] Vater in die Rechtshändel der Hölle nötigen und dadurch kränken Seine Langmut und große Geduld im Angesichte solcher Greuel und Frevel, und das um so mehr, da Ich ohnehin schon bewaffnet an der Türe stehe, um den letzten Rechtsspruch über die Erde hinzudonnern, damit der ganze Höllenplunder über den Haufen geworfen werde, dahin, wo dessen Verfasser schon lange seine bleibende Wohnstätte aufgerichtet hat.

7] Beherziget wohl diese Meine Worte und handelt aus Liebe dabei, und es wird sich dereinst zeigen, wieviel Goldes in dem Kehricht der Hölle anzutreffen sein wird! — Amen.

☆

Geduld zur Reife

Am Samstag, den 30. Mai 1840

An Jakob Lorber, wegen des Malers W.:

Es kann nicht gleichfort sein, wie du es dir wünschest, sondern der rechte Zeitpunkt, so Ich an jemanden ein Wort richten will, ist nur Mir allein wohlbekannt.

2] Die Zeit dessen aber, an den Ich [nach deinem Wunsche] ein Wort richten soll, ist noch nicht zur vollen Blüte gediehen. Daher noch eine kurze Frist, und zuvor [viel] Wasser des Lebens aus dem reichen

Brunnen Jakobs! Dann klein sein und groß sehen, gut hören und stumm in der Rede sein! Nicht nur Sonnen zählen, sondern mehr noch das bescheidene Gras der Erde. Und nicht nur steigen auf des Mondes Berge, sondern sich vielmehr verweilen in den Tälern der Erde!

3] Siehe, mit Kindern rede Ich kindlich, mit Männern als Mann, mit Herren als Herr, mit Fürsten als Gott, mit allen Höhern als der Allerhöchste, mit Machthabern als der Mächtigste, mit den Großen als der Unendliche, mit den Sündern als Hirt und Richter. Und so rede Ich mit jedem [der Genannten] nach seiner Art als ein unerreichbarer Gott. Aber mit dem Mich in aller Demut Liebenden rede ich als Vater, Mich wie ein Bruder zu ihm hinunterlassend von der Höhe aller unermeßlichen Höhen, als Allerhöchster in aller Meiner unendlichen Fülle.

4] Daher nur noch eine kurze Zeit bis das Eisen zu Gold wird durch den werktätigen Aufguß des lebendigen Wassers!

5] Ich, der rechte, alleinig-wahre Immanuel. Amen.

☆

Bildnis des Herrn

Am 1. Juni 1840, nachmittags

Was den frommen Wunsch betrifft, den da schon seit lange hat der Maler W., mehr im Kopf als in der Brust und deren Eingeweiden, so sage Ich, daß Mir gar kein Bild, weder aus Farbe, noch weniger aus Holz oder gar aus Metall oder Stein, angenehm ist.

2] Denn sehet, dieses alles ist nichts als eine Materie und somit tot. So ihr mich aber nun bildlich darstellet in der Materie, so stellet ihr Mich im Tode dar als ein Meiner Haut-Außenform ähnliches Wesen — was da oft schon ausgezogen hat den Lebendigen aus euren Herzen und hat an dessen Stelle hingeheftet ein totes Bild Meiner Haut.

3] Daher sollet ihr viel mehr trachten nach dem lebendigen Bilde Meiner Liebe und Meiner Gnade in euren Herzen, als nach dem getreuen Abdruck Meiner Haut! Denn gleich wie euer Leben nicht in der Haut, sondern nur im Herzen wohnet, also geht auch aus Mir alles Leben nicht von Meiner Haut, sondern aus Meiner tiefsten Tiefe in euch über — so wie naturmäßig alles Licht und alle Wärme der Sonne ausgehet aus ihrem Zentrum, da ein kleiner Funke Meiner Gnade und Barmliebe ruhend wohnet. — Sehet, das ist die Wahrheit!

4] So ihr aber dennoch wollet ein Bild meiner Haut, so will Ich es euch auch geben wie dem israelitischen Volke einen König! Wehe jedoch denjenigen, die es anzubeten sich unterstehen möchten! Deren Seele wird matt werden, und deren Geist wird Mein Leben schwerlich je mehr voll in sich finden.

5] Das aber ist die Gestalt Meiner Haut, und zwar die des Kopfes, der Haare, Augen, Nase, des Mundes, der Ohren, des Kinnes und Halses:

6] Der Kopf sei 10 Zoll hoch, ohne die Haare, und 7 Zoll, da er ist am breitsten, ohne die Haare. Die Stirne habe $^{2}/_{5}$ der ganzen Länge des Gesichts, und seien dann der Nase $1^{1}/_{2}$ Fünftel, und so von der Nase bis zum Ende des Kinnes ebenfalls $1^{1}/_{2}$ Fünftel gegeben.

7] Die Stirne sei eiförmig gebogen, ohne Falten, in der Farbe sehr licht, voll göttlicher Erhabenheit gegen die Haare, die da lichtgoldblond sein sollen.

8] Die Augen sollen sein groß. Blau die Iris. Die Pupille sehr schwarz verhältnismäßig zum Blau. Die Winkel rein. Die Wimpern frisch, die Brauen stark und dunkelbraun.

9] Die Nase sei gerade und edel, weich und nicht zu breit, auch nicht zu schmal.

10] Der Mund voll Würde und Anmut, halb offen wie beim Reden eines Liebenden zu seiner Braut, nicht zu schmal, noch zu weit, sondern gerecht, so die obere und so die Unterlippe, weich in den Winkeln und sanft in der Mitte.

11] Ein etwas hervorstehendes Kinn, nicht zu breit, noch zu enge, wohlgeschmückt mit einem etwas dunkler als die Haare gehaltenen Barte, letzterer abgeteilt gerecht in der Mitte des Kinnes. Der Bart soll sich eitel wenig verlieren längs den beiden Kinnladen und soll nicht mehr als $^{1}/_{5}$ der Wange einnehmen. So soll auch der Ober-Mundbart sein gerecht, so daß weder die Lippen noch die beiden Mundwinkel beeinträchtigt werden.

12] Das Ohr aber soll sein genau nach dem Verhältnisse der Nase und soll sein frei [unbedeckt] von Haaren, welche hinter demselben eine Handbreit sanft gewellt über den Nacken fallen sollen.

13] Der Hals aber sei mittellang, vollkommen, wie der einer Jungfrau.

14] Der Ausdruck des Antlitzes soll darstellen einen Bräutigam voll Liebe im wehmütigen Anblicke seiner ungetreuen Braut, ähnlich dem mit liebevollstem Herzen Abschiednehmenden, mit einer Träne der reinen und wahren Liebe.

15] Die Gestalt sei angetan mit einem himmelblauen, israelitischen, weiten Faltenrocke mit weißen, fingerbreiten Brämen, stehend, barfuß, die rechte Hand ausstreckend nach euch Sündern — gleichsam sagend: „Kommet alle zu Mir, die ihr mühselig und beladen seid! Ich will euch erquicken!" — und die linke aufs Herz legend, gleichsam sagend: „Kinder, da ist der Weg des Lebens, da ist die Türe zum Vater! Wer nicht da hindurchgeht, der kommt nicht zum Vater!"

16] Dieses nun genau beschriebene Bild soll stehen wie auf einem Hügel, hinter dem eine große Glorie aufgeht. Zu Meiner rechten und linken Seite sollen sein zwei große Pfeiler, geziert mit zwei feurigen Cherubim. Und in der Mitte der Pfeiler befinde sich eine Gebottafel, getragen von einem Seraph. Von diesen zwei Pfeilern links und rechts ziehe sich eine starke Mauer fort.

17] Unter dem Hügel in der Ebene aber sollen dargestellt sein mehrere Menschengruppen, von denen wenige ihre Augen nach Mir wenden, die meisten aber, sich von Mir abwendend, auf klein zerbrochenen Gebottafeln stehen. Ganz im Winkel zur Linken befindet sich eine Rotte, Leitern an die Mauern legend und dieselbe erstürmen wollend, während die Leitern viel zu kurz und zu schwach sind, davon mehrere zerbrochene Stücke zeugen sollen.

18] Hinter Meinem Haupte zeigen sich ganz schwach — wie von lichtem Dunst umfangen — Teile der neuen Stadt der Heiligkeit Gottes, die soeben vor euch herabzusteigen angefangen hat.

19] Sehet, das ist dann ein vollkommenes Bild, wenn es wird, wie Ich es getreu angegeben habe. Aber es wird schwer sein, dasselbe recht zu machen ohne Meine Gnade. Wenn es aber der Maler W., der eiserne, will machen aus reiner Liebe zu Mir, dann wird die Gnade nicht unterwegs bleiben und das Bild wird in Erstaunen setzen alle, die es ansehen werden, wenn auch nur aus Vorwitz, und wird zerbrechen manches steinerne Herz, da es dann nicht sein wird ein bloßes Bild, sondern als solches ein inhaltsschwerer Anfangsbuchstabe des neuen Jerusalem, als was es auch allein angesehen werden sollte! — Amen.

20] Ich, Jesus, der wahre Christ voll Liebe und Weisheit! Amen.

☆

Das vornehmste Gebot

Am 2. Juni 1840, nachmittags

Auf eine Anfrage über Markus 12,30: „Du sollst Gott, deinen Herrn, lieben von ganzem Herzen, von ganzer Seele, von ganzem Gemüte und mit allen deinen Kräften! — Das ist das vornehmste Gebot."

O ihr, Meine lieben Kinder! So kleine Dinge begreifet ihr nicht, die doch euer tägliches Brot sind und sein sollen?! Sagt, wie werdet ihr denn dann Größeres verstehen, etwa ein Evangelium der Kräuter, der Pflanzen, der Sträucher, der Bäume und all des Grases, so auch der Steine, der Erde, des Wassers, der Luft, des Feuers und all der Gestirne, wie auch all der Tiere, welches alles zeuget von Mir!? Und wie viel weniger werdet ihr hernach erst fassen Unbegreifliches, Geistiges und Himmlisches!? Wie wollet ihr einst speisen an der großen Tafel Abrahams, so alle eure Zähne (Weisheit aus dem Glauben des Wortes) hohl geworden sind von den Weltsüßigkeiten und somit unfähig, euer tägliches Brot zu verkauen, um welches ihr doch täglich in Meinem Gebete bittet (leider die große Menge ums Brot der Würmer!)!?

2] Sehet, die Ursache ist: Da ihr mehr liebet die Weisheit denn die Liebe und habt deshalb wenig Liebe und darum auch ebensowenig wahren Verstand als gerechte Mitgabe der Liebe.

3] Liebtet ihr Mich aber zunächst wie die Kinder ihre Eltern vor der Zungenlöse, oder wie eine rechte Braut ihren Bräutigam vor der eigentlichen näheren Bekanntschaft — dann würden Ströme des Lichtes aus euren Lenden fließen!

4] Daher müsset ihr umgekehrt werden und zuerst lieben! Dann wird euer Glaube lebendig werden. Sonst aber wird euer Kopf angestopft mit allerlei, gleich dem Magen eines Ochsen, und euer Herz aber wird leer bleiben wie ein Windbeutel. — An euren Kindern aber sollt ihr euren Irrtum gutmachen — und dann werden wie sie.

5] Das ist aber das Verständnis jenes „täglichen Hausbrotes“:

6] „Aus ganzem Herzen“; hier ist unter „Herz“ zu verstehen der Geist des Lebens, der als treues Ebenbild Meiner Liebe in der Prüfungsperiode in euch und eigentlich die pure Liebe ist. — Dann „aus ganzer Seele“; hier ist unter „Seele“ zu verstehen ein ätherischer Leib des Geistes, der ganz durchdrungen werden soll von der Urliebe in ihr, damit sie dadurch lebendig werde in allen ihren Teilen. — „Von ganzem Gemüte“; hier sind unter „Gemüte“ zu verstehen eure naturmäßigen Wißtümlichkeiten, die da alle sollen gefangen werden von Meiner Liebe in euch, damit die Seele, als Leib des Geistes, Festigkeit bekomme mit Haut und Haaren und bekomme Füße zum Stehen und Gehen und Hände zum Greifen und Handeln und Augen zum Sehen und Ohren zum Hören und Nase zum Riechen und einen Mund, versehen mit all dessen Bestandteilen und tauglich, zu nehmen höhere und bessere Speisen und selber zu reden Worte des Lebens aus Mir — welches alles hernach sind „all die Kräfte“, die da auch sein sollen voll Liebe!

7] Sehet, das ist das kurze und sehr leichte Verständnis des kleinen Textes aus den Worten Meines lieben Markus und aller Gleiches Sagenden. Aber wohlgemerkt, nicht für euren Verstand, sondern für euer Herz habe Ich es euch gegeben, damit ihr Mich Meiner Bereitwilligkeit wegen doch endlich einmal sollet zu lieben anfangen, so auch alle übrigen Dinge von Mir nicht vermögen würden, euch zur Liebe zu Mir zu stimmen.

8] Daher fasset es wohl in euer noch leeres Herz, damit es täglich gesättigt werde mit dem Hausbrote der Himmel. — Das wünsche vor allem Ich, euer heiliger und überguter Gott, als Vater im Sohne Jesus-Jehova. — Amen, Amen, Amen.

☆

Die bösen Sieben

Am 4. Juni 1840, nachmittags

Ueber Lukas 11, 24—26: „Wenn der unreine Geist von einem Menschen ausgefahren ist, so durchirrt er wüste Gegenden und suchet dort eine Ruhestätte; und wenn er keine findet, so sagt er: ‚Ich will in mein Haus zurückkehren, das ich verlassen habe'. Wenn er dann hinkommt, findet er es schön gefegt und aufgeräumt. Hierauf geht er hin und holt sich noch sieben andere Geister, die schlimmer sind als er selbst; und sie ziehen ein und wohnen dort; und das Ende wird bei einem solchen Menschen schlimmer als der Anfang".

Sage dem A. und allen seinen erwachsenen Angehörigen, als welche sind: dessen Weib und Töchter: „Wer da suchet, der findet; wer da klopfet an, dem wird aufgetan; und wer da bittet, dem wird gegeben, um was er bittet, in der Fülle!"

2] So jemand ein Weib hat, und das Weib liebt ihren Gemahl im stillen, daß es nicht merken möchte die Welt, da sie meint, es werde die Welt Unordentliches von ihr denken (so sie merken würde, daß sie mit ganzem Herzen an ihrem Gemahl hänge), daher tut sie äußerlich kalt und geschämig und läßt ihren Leib nicht berühren, während sie doch innerlich brennt vor Begierde. So nun der Gemahl alle seine Mühe vergebens verwendet, sein Weib heimelich und ganz ergeben zu machen, sie aber stets schüchtern bleibt, teils ihrer Weiblichkeit, teils der Welt, teils aber der Dumm- und Narrheit wegen — was wird wohl dieser Gemahl tun?

3] Ich sage, er wird sein zimperlich dummes Weib aus Liebe in ihrer Narrheit lassen bis an ihr Ende und wird sie nicht mehr auch nur mit einem Finger berühren, wird aber seinen Samen legen auf fremden Boden, da viel Unkraut und Disteln sind, und wird sich denken: „Kann ich da auch keine Ernte halten, so will ich mir doch einen Samen ziehen, der da sei meines Namens für eine künftige Saat und reiche Ernte."

4] Und Ich sage, dieser Mann hat, dieses als Züchtigung seinem Weibe, recht getan, da er es aus Liebe tat. Und Ich sage nun auch euch: dieser Gemahl bin Ich, und das sehr dumme Weib seid ihr!

5] Nun habe Ich euch schon so oft angreifen und an Mein Herz drükken wollen, doch ihr entwindet euch allezeit durch allerlei Weltschüchternheiten und narrheitsvolle, gleichsam demütige, weltzüchtige Gründe. Ihr haltet die Mir gehörige Liebe verschlossen in euch und meinet, es werde die Zeit schon kommen, da Ich kommen und euch anblasen werde, damit ihr Mich dann unermeßlich lieben könntet.

Oder ihr meinet auch, Ich werde diese Liebe in euch schon bemerken (vielleicht durch irgendein Mikroskop). Allein ihr irret euch. Und so ihr beharret darin, so werde Ich tun wie der Gemahl und euch in eurer Zimperlichkeit lassen.

6] Daher seid offen, wie Ich es bin! Und redet mit Mir im Vertrauen und in offener, freier Liebe! Und Mein altes Buch wird keinen Buchstaben haben, aus welchem euch nicht ein siebenfältiges Licht entgegenstrahlen wird. Und in eurem Herzen werdet ihr, mit großer Schrift enthüllt, das Geheimnis der großen Geisterwelt lesen.

7] Nun so sehet und höret das Verständnis der drei Verse [des Lukas]!

8] So ein Mensch sittlich und recht lebt nach dem [äußeren] Gesetze und hält dasselbe aus eigenem Antriebe und aus dem Gefühle des Rechtes streng und genau und besiegt so auch standhaft durch den dem Verstande untergeordneten Willen jede Versuchung — da sieht dann der Versucher und Verführer, daß in diesem Hause für ihn nichts zu machen ist. Und so verläßt er es denn ärgerlich — und fährt von dannen; durchsucht dann alle solche dürren Stätten auf der ganzen Welt. Und da er sieht, daß an solchen Stellen weder guter noch böser Samen Wurzel fassen kann, so sagt er bei sich selbst: „Wo keine Feuchtigkeit ist, da gibt es Wüsten und somit keines Bleibens daselbst für mich. Was soll ich nun tun? Ich will wieder umkehren und sehen, wie nun meine erste Besitzung aussieht!"

9] Er kehrt sich um und geht eilends dahin. — Nun findet er die Stätte ganz gereinigt und wohl geschmückt mit Tugend und Siegeskränzen. Es gefällt ihm nun sehr wohl daselbst, aber er fühlt sich zu schwach, wieder davon Besitz zu nehmen, da er nur ein Geist des Fleisches ist.

10] Da kehrt er zurück zur Hölle und nimmt dort sieben Geister mit, jeder ärger denn er — als da sind: einen großen Schmeichler, einen großen Heuchler, einen großen Lobredner, einen Ehrgeizigen, einen Stolzen, einen Verächter und Verleumder und endlich noch einen Hof- und Zeremonienmeister und einen Fein-, Wohl- und Vielschmecker, hinter welchem letzten auch er selbst sich wieder befindet. Und so kommt dann diese böse Rotte, bekommt leichten Einlaß und nimmt vollen Besitz darinnen.

11] Und so arg auch immer der erste Zustand war unter den Anfechtungen des Fleisches, so wird aber doch dieser zweite Zustand um vieles ärger sein als der erste, da der Mensch dadurch sich in seinem Selbsttum gefangen gegeben hat aller Bosheit, da all sein Rechttun nicht aus Liebe zu Mir, sondern aus seiner Eigenliebe hervorging und daher verzehret hat alle [wahre Lebens-] „Feuchtigkeit" in sich, daher er auch keine Früchte mehr zu tragen imstande war und somit dürr und wie tot wurde.

12] Denn sehet, Ich allein bin das Leben in euch — einzig durch eure Liebe zu Mir, durch die rechte Haltung der Gebote sowohl im Handeln, wie im Reden, wie im Denken aus Liebe zu Mir.

13] Und möchtet ihr auch handeln [so emsig] wie die Bienen und Ameisen — so ihr nicht das alles tut aus Liebe zu Mir, welche euch allein Kraft und Leben gibt, zu widerstehen der Hölle und allen ihren ferneren Versuchungen — so werdet ihr niemals Ruhe finden, weder hier noch dort. Es wird euch ergehen wie den erwähnten Tierchen, denen Honig und Brut genommen wird, trotz ihrer stechenden und zwickenden Waffen, indem sie nur bloße Geschöpfe sind und geleitet werden durch den Instinkt, gleichwie ein Mensch, der seinen Willen hat gefangennehmen lassen vom kalten Verstande und ließ unbeachtet stehen die Liebe und somit auch seine Freiheit und das wahre Leben aus ihr.

14] Sehet, das ist das Verständnis dieser drei Verse! — Daher hütet euch vor dem Verstande, so er anderswo herrührt als allein aus Meiner Liebe! Lasset ihn stets derselben untertan sein, gleichwie die Gottheit [untertan ist] Mir, ihrer ewigen Liebe; sonst werdet ihr werden gleich einem solchen gefegten und geschmückten Hause, wie das Gleichnis der drei Verse es euch zeigt. — Amen.

☆

Liebe und Weisheit

Aus dem von Jakob Lorber zu dieser Zeit niedergeschriebenen Hauptwerke „Die Haushaltung Gottes".

Wer da die Liebe hat, d. h. die reine Liebe zu Gott dem Vater aller Menschen und dem Schöpfer aller Dinge und aus dieser Liebe heraus zu allen seinen Brüdern und im gerechten, reinen Maße auch zu den Schwestern, der hat alles; ja er hat das ewige Leben und alle anschaulich klare, heilige Weisheit, nicht eine finstere Gedankenweisheit der Welt, die zu gar nichts taugt denn allein dazu, den lebendigen Menschen nach und nach zum Tode zu reifen. (Bd. 1, Kap. 174)

☆

Ueber Kindererziehung

Am Pfingstmontag, den 8. Juni 1840, abends 7–10 Uhr

O Herr, wie sollen die Kinder erzogen werden, damit sie fähig werden möchten, dereinst Deine Kinder zu heißen?

Nun, so schreibe! — Es ist das eine gut und recht gestellte Frage, worauf Ich euch eine vollbestimmte Antwort geben will. Aber sehet zu, so Ich euch ein rechtes Licht hierin gebe, daß ihr getreue Hirten werdet eurer kleinen Herde, die euch gegeben wurde aus der Tiefe, damit ihr sie bringet zur Höhe aller Demut und dadurch auf den Weg alles Lebens durch das leuchtende Feuer Meiner Liebe. Aber es wird euch viel Mühe machen, und diese Mühe soll sühnen eure Fleischeslust, die ihr mit euren Weibern vielfach getrieben habt, wodurch euren Kindern erteilt wurde das Kleid der Hure und ein Denkmal im zerstörten Jerusalem und ein weites und tiefes Grab unter dem Schutte Babels.

2] Denn sehet, wäret ihr wiedergeboren gewesen aus dem Geiste Meiner Liebe, dann hättet ihr die Jungfrau, die ihr zum Weibe begehrt habt, zuvor reinigen können in den Strömen des lebendigen Wassers, das da in unendlicher Fülle entströmt wäre eurem Wesen. Und so wäre dann eure Ehe eine himmlische gewesen, und eure Kinder (gezeuget in der Lust der Engel, welche ist eine wahre Einung der Liebe mit der Weisheit), wären dann Kinder aus den Himmeln und wären schon zur Hälfte wiedergeboren, darin der Geistessame bald gedeihen würde zur Frucht in der neuen Erde, die da ist gelegt in den großen Gärten des neuen Jerusalems. Und die Erziehung wäre euch zur großen Freude geworden im Angesichte eures heiligen Vaters.

3] Da ihr nun aber eure Ehe geschlossen habt in der Finsternis der Welt, zu verrichten die Werke des Todes und zu zeugen Früchte der Hölle, das da sind eure lieben, verzärtelten Kinder — so ist es auch schwer, der Brut der Schlangen das Gift zu nehmen. Und es kann dies nicht anders geschehen, als durch die gänzliche Abtötung des Fleisches und volle Gefangennehmung des Willens, weil der Eigenwille solcher Kinder ein rein höllischer oder satanischer ist, da auch nicht ein Funke ist, der da wäre ein himmlischer.

4] So ihr aber meint, Ich sage hier zuviel, da entgegne Ich: Prüfet eure Brut, und ihr werdet nichts finden als: Eigenliebe, Neid, Zorn, Trägheit, Unlust gegen alles Ernste und einen heimlichen, entschiedenen Widerwillen gegen alles Göttliche, weshalb sie nur durch Strafen oder [welt-]sinnliche Belohnungen können bewegt werden, irgend einige magere Sätze aus den harten Katechismen zu erlernen.

5] Und nun denn, so ihr solches bei euren Kindern gefunden habt, dann saget und bekennet offen, daß Ich euch das nun nur aus Meiner übergroßen Liebe des Heils eurer Kinder und eurer selbst wegen sage, daß eure Kinder wahre Kinder der Hölle sind!

6] Wollet ihr nun aus eurer Brut neu zeugen Kinder der Liebe, so müsset ihr blind sein gegen eine niedliche und geschmeidige Fratze und taub gegen jeden ihrer [törichten] Wünsche und müsset schon frühzeitig gefangennehmen jeden Funken ihres bösen Eigenwillens, damit da Raum werde für Meine Liebe und für einen neuen Willen daraus.

7] Alles, was die Kinder [starrsinnig] begehren, müsset ihr ihnen versagen, und wäre es auch Gutes, damit nicht der ihre, sondern euer Wille lebendig werde durch die Ergebung und den gerechten und heilsamen Gehorsam in ihren Herzen.

8] Strafet allezeit den Eigensinn und den Unwillen, die Trägheit, die Unlust zum Göttlichen, vorzüglich aber eine sich heimlich im Herzen aufhaltende Geringachtung heilsamer Ermahnungen sowie Meines Namens und alles darauf Bezug Habenden.

9] Beim Rechttun belobet nicht und noch weniger belohnet die Kinder! Saget ihnen freundlich ernst, daß sie ein Werk des neuen Willens ausgeführt haben, worüber der Vater im Himmel schon eine kleine Freude habe. Und hat ein Kind aus eigenem Antriebe in einer pflichtfreien Zeit als Erholung des Leibes etwas getan, das da scheine, als wäre es etwas Gutes, dann fraget es ja haarklein aus, was es dazu bewogen habe. Und habt ihr es bis auf den Grund erfahren, ob es aus Eigenliebe, oder aus Liebe zur Pflicht, oder aus Liebe zu euch, oder aus Liebe zu Mir geschehen ist, so richtet danach allezeit euer Miß- oder Wohlgefallen.

10] Aber mit euren Liebkosungen seid sparsam wie der Winter mit den warmen Tagen, damit die Fruchttriebe nicht zerstört werden in einer folgenden Versuchung, gleich den Blüten des Frühlings durch einen späteren Reif. Jedoch lasset häufig kalte Winde wehen, damit die Pestluft um die jungen Herzen zur Wohlfahrt des Geistes gereiniget werde.

11] Die Knaben lehret blindlings gehorchen und lasset sie die Ursache des Gebotes in Meiner Liebe erkennen. Und bestrafet deren Neugierde und zu große [zuchtlose] Spielsucht und weiset sie strenge zur Ruhe.

12] Die Mädchen aber haltet daheim und lasset ja nicht auch nur die allerleiseste [unziemliche] Begierde in ihnen wach werden, sei es in was immer. Und willfahret ja nie auch nur im allergeringsten irgendeinem Wunsche, bevor euch nicht klar geworden die geheimste Quelle desselben.

13] Hütet sie sorgfältigst vor Zusammenkünften mit fremden Kindern, die eine Welterziehung genießen, sonst habt ihr selbst schwere Hagelwolken zusammengezogen. Und da wird nicht eine Aehre des Weizens verschont bleiben.

14] Mit dem Alter gehe auch eure gerechte Strenge siebenfachen Schrittes vor.

15] Höret eure Kinder lieber weinen in der Kränkung [Dämpfung] ihrer verderblichen Eitelkeit als frohlocken in ihren allezeit hochmütigen Weltfreuden, damit ihr gleich werdet den Engeln im Himmel, die große Freude haben an den [reuig] Weinenden der Welt.

16] Ein zorniges Mädchen soll fasten siebenmal so lange, als ihr Zorn gedauert hat, damit sie sanft werde wie eine Taube.

17] Eure Liebe sei ihnen verborgen, wie Ich euren Augen, damit die neue, zarte Frucht nicht ersticke in der Hitze eines unzeitigen Feuers. Und [in dem Maße] wie die Frucht sich zeiget, die aus den neuen Samen des Himmels sproßt, und fester und fester wird, und [wie] sicht- und sichtbarer wird in ihren Herzen die wahre, reine Liebe zu Mir und daraus ein werktätiger Glaube, so auch öffne sich euer Herz in verständiger Liebe zu den [geistig] neugeborenen Kindern.

18] Sehet, das ist der Weg des Lebens für eure Kinder! Und das ist der einzige, und außer diesem gibt es keinen, wie es außer Mir keinen Gott mehr gibt. Wer ihn wandeln will, der wird Segen finden und erkennen, daß er aus Mir ist. — Wer aber tun wird nach dem Buche der Welt, der wird auch da seinen Lohn sicher finden bei dem Fürsten der Welt im Pfuhle der Ewigkeit. — Amen. Ich, Gott, der Allerheiligste, und Jesus, als Vater. — Amen.

☆

Poesie des Himmels

Am 9. Juni 1840

Da K. G. L.[1] auch ein Dichter ist nach der besten menschlichen Weise und ein wohlbereitetes Herz hat und ein Mann ist voll guten Willens gegen Mich und Freude hat an Meiner Liebe, auch ein großer Freund ist Meiner Weisheit und sehr fröhlich ist, so er hört Mein neues Wort und liest Mein altes — so will Ich ihm zeigen die Poesie des Himmels, welche ist eine Umgangssprache daselbst und lautet wie da folgt als ein kleines Beispiel:

In der Himmel reinen, weiten Kreisen,
nach der Engel liebevollen Weisen
singen alle übersel'gen Brüder
reine, Mir allein geweihte Lieder.

Erstens singen sie von Meiner Liebe,
aus des Herzens reinstem, heil'gem Triebe;
dann erbrennen sie in höchster Wonne,
so sie sehen Mich als Gnadensonne.

Und wenn deren reinste Lichtesfülle
ganz durchleuchtet ihres Geistes Hülle,
dann durchschauen sie in schönsten Normen
zahllos Meiner Liebe Wunderformen.

Wonne drängt da Wonne in die Herzen,
reich an wohlbekannten süßen Schmerzen,
welche sind des Himmels höchste Gaben,
da sie wonnemüde Engel laben.

Wenn dann überselig sie geworden,
sammeln sie sich in verklärten Horden;
dann ertönt ein Lied aus aller Munde,
das Ich hier euch sag zur treuen Kunde.

„Vater!" singen sie ganz liebetrunken,
„Vater!" singen sie in Mich versunken,
„Vater!" ist das Wort auf jeder Zunge,
„Vater!" ist der Hauch aus jeder Lunge.

[1] Karl Gottfried Ritter von Leitner, Ständesekretär in Graz, Freund und späterer Biograph Jakob Lorbers.

„Groß ist Deine Macht und groß die Ehre,
zahllos Deiner Liebeschöpfung Heere,
ungemessen Deiner Wege Tiefe,
unbegreiflich Deiner Allmacht Griffe.

Wer hat je geschaut der Gottheit Augen?
Wer kennt all der Wesen weises Taugen?
Wo ist wohl ein so verständig Wesen,
das da könnt' die Schrift der Wunder lesen?

Sehet hin in nie geahnte Tiefen,
wie sie voll von neuen Wundern triefen!
Sehet dort des Vaters Liebe walten,
sehet Seine Weisheit sich entfalten!

Seht hinab zur Hölle, seht die Toten,
seht dahin, die Menge guter Boten
tragen frohe Kund' in ihren Händen,
um auch dort Verlor'ne zu vollenden!"

Und wenn sie sonach betrachtet haben
Meiner Liebe große Wundergaben,
und wie Meiner Weisheit Gnadenspenden
ja zur Hölle selbst die Engel senden —

dann entbrennen sie in Lieb' von neuem,
daß darob selbst Sonnen sich erfreuen
und dann heller leuchten in die Welten,
was euch heit're, schöne Tage melden.

Dann ergießen sich durch alle Kehlen
einer Stimme süßen Klanges Wellen,
lautend bald wie großer Wasser Rauschen,
bald als wenn die Winde sich durchtauschen.

Singend so nach dieser schönen Weise,
sagend Mir die kleine Stroph' zum Preise:
„Lieber Vater! Sieh' in Deiner Gnade
auch der armen Brüder dunkle Pfade!

Sieh' hinab der Erde Kinder wallen,
hör', o Vater, ihre Klagen schallen!
O befreie diese schwachen Brüder
von der grausen, bösen, gift'gen Hyder!

Vater, mache auch der Schlange Kinder,
ja, so möglich, selbst den Erzerfinder
allen Trugs und Fürsten aller Lügen,
sich bescheiden Deiner Allmacht fügen!

Und so nur Dein Wille uns beschiede,
was da nötig, daß der heil'ge Friede
in der Welten Tiefe mög' erstehen,
Vater, laß geschehen, was wir flehen!

So sind wir bereit zu dienen allen
Brüdern auf den finst'ren Erdenballen.
O erhöre unser kindlich Flehen,
laß die Toten gnädig auferstehen!"

Seht, das sind die reinen, frommen Weisen,
wie ihr sollt den heil'gen Vater preisen,
schauen Seiner Allmacht große Werke,
loben Seiner Liebe heil'ge Stärke.

So wird euer Treiben, Tun und Dichten
euch so manche große Zweifel lichten.
Wenn ihr aber tut nach eurer Weise,
bleibt ihr Narren, selbst als hohe Greise.

Und wenn alt geworden sind die Bäume
und ganz leer des Lebens heit're Räume,
dann ist's wohl zu spät, um auszugleichen
Krummgemachtes aus der Jugend Streichen.

[1] Nachwort: Und siehe, Mein lieber Karl, Ich habe eine große Liebe zu dir, da du suchest Meinen Namen eifrig zu reinigen und zu verherrlichen in deinem Herzen. Aber etwas habe Ich noch wider dich, das da ist, daß dich noch Reden menschlicher Weisheit erbauen. Denn siehe, der Geist erbauet den Geist, die Liebe die Liebe, der Mensch den Menschen — so auch die Welt die Welt, wie ein Flitter den an-

dern. So du aber nun geschaut hast in Meine Tiefen, so laß das überseichte Zeug der Welt, daran nichts als unreife Tollkirschen hängen, die da kein nütze sind.

2] Ich sage dir, tue nur, was Ich dir rate! Denn Ich bin schon deinem Herzen sehr nahe gekommen. Und so du glaubst und willst, sollst auch du Mir bald ein tüchtig Rüstzeug werden und schauen selbst nie geahnte Tiefen, die Ich in dein eigen Herz legen will.

3] Dann erst wirst du ein wahrer Dichter werden und ein Mann nach Meinem Herzen! — Amen. — Ich, dein lieber Jesus, Amen!

☆

Der Engel

Am 23. Juni 1840

Hier will Ich euch ein erhabenes Nebenwort geben, damit ihr sehen sollt die Größe eines Fünkchens Meiner ewigen Liebe und der Gottheit urewige Kraft und Heiligkeit und dadurch aber auch euere, euch so heilsame Nichtigkeit in allem, was ihr seid, tut, denkt, schreibt und dichtet aus euch. — Zugleich aber sollt ihr daraus auch ersehen, was ihr werden könnet durch Mich.

2] Doch was Ich euch hier sagen werde, sollet ihr vernehmen in einem bescheidenen Liede nach des Himmels Weise. Und werden da auch der Rede erhabene Formen den Bau einer Ueberweltgröße (vor euch) gestalten, so sollet ihr das nicht, wie bei menschlichen Liedern, für einen „poetischen Schwung" halten. Denn bei Mir gibt es keinen solchen, sondern nur die allerreinste Wahrheit. Und Mein Name ist schon für sich der allerhöchste Schwung alles Singens.

3] Nun folge das Lied! Es ist das Lied von einem Engel. Und der gehet aus Mir und bringt euch eine gute und übergroße Botschaft, wie da folgt.

[Das mit diesen Worten angekündigte umfangreiche Gedicht findet sich in dem Sammelwerke „Psalmen und Gedichte".

Dem Gedicht folgt im geistigen Tagebuch Jakob Lorbers die Nachschrift:]

4] Nun, da habt ihr den Engel, wie er in euch und außer euch, in Mir und außer Mir leibt und lebt! Höret allezeit seine Stimme in euch! Denn bevor Ich komme, kommt allezeit Mein Johannes [der „Täufer" oder „Wegbereiter"] mit der Zuchtrute in der Hand und einer sehr scharfen Stimme in der Brust, gleich der Stimme des großen Predigers in der Wüste. — Habt ihr euch aber bekehrt durch eine wahre, ernste Buße, dann erst folgt das große Abendmahl vor dem großen Tage der Erlösung und endlich die Auferstehung von dem Tode. — Amen.

5] Das sagt euch euer liebevollster, heiliger Vater. Amen.

☆

Der Vater bei den Konzilien, in den Kirchen und — im Kindeskreise

Am 29. Juni 1840

Wo ihr immer zwei oder drei und auch noch mehrere in Meinem Namen und in Meiner Liebe versammelt seid, da bin Ich auch mitten unter euch — aber nicht wie bei den Konzilien, da Ich niemals inmitten war. Denn bei den Konzilien, da hatte man sich versammelt in der Absicht wie der jüdische Rat vor dem Hohenpriester Kaiphas und beratete sich unter Meiner vermeintlichen Inspiration um die Vorrechte und Heiligkeit des Hierarchen und dessen Unfehlbarkeit und berechtete und berechnete den großen Verlust der zeitlichen Einkünfte des Stuhles und kümmerte sich wenig um Mich und ließ Mir mit der allergenauesten Not kaum so viel Raum, als Ich einer Milbe im Weltenraume. Mein äußerlicher Name, [gleich] wie der einer andern geschichtlichen Person, und einige Bruchstücke Meines Wortes, daraus ein heidnischer Blindglaube und eine tote Liebe, eine systematische Götzenverehrung und ein aus ihr hervorgehender Zeremonienkult, sind das einzige, was Mir noch gelassen wurde.

2] Dadurch wurde Ich jenen Herrschern gleich[-gestellt], die von ihren Beamten als ein Deckmantel aller ihrer Niederträchtigkeiten auf den Thron gestellt werden und sich noch sehr hoch gefallen lassen müssen, daß diese, ihnen beinahe allezeit unbewußt, ihren Herrschernamen als amtliches Kraftsigill gebrauchen, um damit ihren Dekreten und Verordnungen eine allerooberste Rechtskraft zu verschaffen.

3] Sehet, geradeso ergeht es mir in den meisten Meiner Kirchen. Ueberall sucht man Mich den Blicken Meiner Kinder zu entziehen und stopfet ihre Ohren mit leerem Schall, damit sie nur Meine Vaterstimme nicht vernehmen sollen. Man hält ihnen hölzerne Christusse vor die Augen, damit sie ja den Lebendigen nicht sehen sollen, und macht mit dem Geläute der Glocken ihre Ohren taub für Meine Stimme und läßt nicht laut werden in den Herzen Mein lebendiges Wort!

4] Sehet, daher trete Ich nun als euer Alles in eure Mitte und warne euch vor dem Sauerteige der eigennützigen Pharisäer, damit ihr allezeit das Angesicht eures heiligen Vaters schauen möget und höret Sein lebendiges Wort: Werdet klein wie die Kindlein, damit Mein Reich das eurige werde! Denn darinnen liegt die größte Weisheit — wie in der Liebe die höchste Seligkeit!

5] Dir aber, du Mein lieber „Wortemsig", will Ich den Trost geben, wie auch deinem Mir schon recht liebgewordenen Weibe, daß Ich deine Kindlein in Meinem Buche aufgezeichnet habe. Sage Ihnen, daß Ich sie zu Kindern angenommen habe, als wären sie aus Meinem Segen hervorgegangen, und daß Ich auch ihnen ein liebevollster, heiliger Vater sein will!

6] Und so will Ich ihnen auch am heutigen Tage einen kleinen Wunsch beilegen, nämlich, daß sie ja fleißig ihren Willen gefangennehmen sollen in allem, was Ich durch Meinen Knecht angeordnet und kundgegeben habe und noch kundgeben werde — und daß sie den willigsten Gehorsam ihren daraus unterrichteten Eltern leisten sollen! Dann werden sie alle recht bald schon erkennen und in sich wahrzunehmen anfangen, was das heißen will, Mich zum Vater zu haben, der so unermeßliche Schätze und Reichtümer zum verschenken hat an jene Kinder, die Mich lieben.

7] Ihr aber, Meine lieben, noch sehr wenigen Freunde, seid heiter und fröhlich in eurem Herzen! Denn Ich bin bei euch und freue Mich mit euch, so ihr Freude an Mir habt. Und diese Freude wird euch ein heller Stern sein, so ihr die Welt verlassen werdet. Sie wird euch treu geleiten auf der weiten Reise in Meine großen Himmel und wird euch dort, wie auch zum Teil schon hier, führen in Meine große Stadt! — Amen.

8] Nun also — seid fröhlich! Und wer von euch mit Mir reden will, der rede! Und Ich werde den Mund und die Zunge lösen in der Stunde Meinem armen Knechte. Aber ferne sei von euch aller Vorwitz und desto näher die Liebe eures Herzens! Amen. Ich, euer liebevollster Vater in Meinem Sohne Jesus! Amen, Amen, Amen.

☆

Ehelicher Rat

Am 6. Juli 1840

So schreibe denn an den Bruder, der da ist ein Oberverwalter einer sehr zerrissenen Stadt, in welcher viel Hurerei geistlich und leiblich getrieben wird, daß Ich mit Wohlgefallen seine Bitte vernommen habe und ihm deshalb auch eine Lehre aus Meiner Liebe gebe.

2] Doch muß er glauben, daß Ich helfen kann, und muß sein Glaube lebendig sein in der Kraft des Willens und der höchsten Liebe. Und dann muß er nicht sein Weib fürchten des Geldes wegen und ihr nicht deswegen, wenn auch ungern, nachgeben (was er gewiß nicht täte, so er ein armes Weib hätte). Denn er soll nur gedenken des reichen Jünglings im Evangelium, und es wird ihm daraus klar werden, wie schwer es einem Reichen ist, in Mein Reich zu kommen. Jedoch, was bei den Menschen oft gar so unmöglich erscheint, das ist bei Mir doch gar wohl möglich. Denn sehet die Erdbahn um die Sonne, wie Ich sie geteilt habe in Tage und Nächte, zu umschließen einen vollen Kreis des Jahres! Und Ich sage, bis jetzt war noch keinem Rechner möglich, die „Quadratur des Zirkels" zu entdecken, welche doch von Mir als Basis aller Planeten- und Sonnenkreise gelegt ist!

3] Aber die Menschen sehen den Wald vor lauter Bäumen nicht! Daher sehen sie auch nicht den Wald in einem Samenkorne. Und so sieht auch Mein lieber Sohn das große Uebel schlecht und meint, es liege im Kleinen. Ich rate ihm daher, nach Meiner Art den Nagel auf den Kopf zu treffen, ohne Scheu und ohne Furcht. Denn wer aus wahrer Liebe handelt um Meines Namens willen, dem darf niemals bangen. Und wer Mich zu verherrlichen sucht in dem Herzen seines Bruders, seiner Schwester und um so mehr seines

Weibes, der Kinder und ihretwegen — wahrlich, sage Ich, der wird nie zuschanden werden.

4] Das aber ist der kurze Rat: Für alles, was Ich dir anzeigen werde, sollst du dich ernstliebend auf das Zeugnis der Schrift berufen und deinem Weibe zeigen, durch Wort und Tat, daß du das Haupt bist und sie nur der Leib, daß sie dir gehorchen müsse nach Meinem Willen, wie die Sarah dem Abraham und die Maria ihrem lieben Joseph — aus welchem Grunde Ich auch allezeit Meine Befehle dem Joseph, nie aber der Maria, die Mich doch im Leibe getragen hat, gegeben habe, damit Meine Ordnung, aus welcher heraus alle Dinge gemacht worden sind, auch nicht im allergeringsten verkehrt würde.

5] Und hast du dieses getan, so zeige dann deinem Weibe, daß das wahre eheliche Glück nur darin besteht, daß ein Verhältnis zwischen Mann und Weib gleich wird dem zwischen Gott und dem Menschen oder zwischen Geist und Seele oder zwischen der wahren Kirche und einem bestehenden Staate und in dergleichen wahren Verhältnissen mehr.

6] Ferner zeige deinem Weibe, daß es mit den in ihrem Herzen über ihre Männer sich erhebenden Weibern geradeso steht, wie mit den Atheisten oder Gottesleugnern, denen die Nächte zu langen Folterbänken werden, besonders wenn sie dazu auch noch die zeitlichen Güter verlieren, was meistens von Mir aus zu geschehen pflegt, damit dann endlich, wenn sie noch nicht gar zu weit gesunken sind, doch noch eine Rückkehr möglich wird.

7] Der Mann lernt Mich erkennen in seiner Liebe zu Mir, das Weib aber in der Liebe des Mannes. Wie kann aber ein Weib sagen: Ich liebe meinen Gemahl, wenn ihr nicht jedes seiner Worte und Wünsche heilig ist? — Daher ist bei der Ehe für den Mann das Wichtigste, sich zuvor ganz erkennen, damit er sehe in welchem Verhältnisse das Weib zu ihm steht und dann das Weib richte nach seines Geistes Kraft.

8] Aber wenn der Mann in seiner eigenen Blindheit ein wahrer Willens-Schwächling ist und auch nur in einem [Punkte] seinem Weibe [bei einer unrechten Sache] nachgibt, so hat er einen Krebs auf seinen dummen Stamm gepfropft, und da wird bald nicht eine gesunde eheliche Lebensfaser mehr anzutreffen sein.

9] Daher soll der Mann nicht eher ehelichen, bevor er sich selbst ganz durchschaut hat!

10] Das Geld sei dir entbehrlich, so du Meine Gnade hast! — Du aber sei deinem Weibe unentbehrlich, da sie Meine Gnade noch nicht hat! Was nützt ihr Geld und Gut ohne Meine Gnade!? Und hat sie diese durch das fromme Herz des Mannes, so wird sie ihr Geld mit verbundenen Augen ansehen.

11] O Mein lieber Sohn, siehe, Ich kenne dein Weib viel besser, als du sie je kennen wirst. Daher glaube Mir, dein Weib hat einen dreifachen Hochmut: Sie ist stolz auf ihr Geld; sie ist stolz, dein Weib zu sein, deines Amtes wegen, worin ihre Neigung zu dir besteht; denn wärest du nur zu einem Abschreiber befähigt gewesen, so wäre sie nie dein Weib geworden! Da sie sich aber nun sehr reich wähnt und noch dazu so ziemlich keusch ist, so ist sie auch stolz gegen dich, welches du jedoch nicht so sehr merkst, und das zwar aus einer gewissen Gewohnheit. Aber berühre sie nur einmal an der kitzlichschwachen Seite, so werden dir Meine Worte alsogleich klar werden.

12] Daher zeige ihr fürs erste, daß du das Haupt bist und Ich der Herr bin! — Fürs zweite zeige ihr, daß ihr Geld dir außerordentlich entbehrlich ist und daß sie dir noch obendrauf, wie auch Mir durch dich, für die taxenfreie Verwaltung ihres Vermögens den größten Dank schuldet, welcher in der wahren Liebe und in der daraus erwachsenden demütigen Erkenntnis deiner männlichen Rechte zu bestehen hat. Und fürs dritte zeige ihr das Evangelium vom reichen Prasser und das vom reichen Jünglinge; fordere zuerst von ihr die Erklärung in der ernst-freundlichen Art, und dann aber erkläre es du ihr, wobei Ich dir schon helfen werde.

13] Dann lasse sie auch Mein neues Wort sehen und zeige ihr, worin der ewige Tod und worin das ewige Leben besteht, was die Wiedergeburt ist, worin sie bestehet und wie sie zur Erreichung des ewigen Lebens unumgänglich nötig ist und wie ohne dieselbe mit dem zeitlichen Tode auch der geistige unerläßlich verbunden ist.

14] Alles dieses tue alsogleich, so wird mit Meiner starken Mithilfe schon noch alles gehen. Und binnen Jahr und Tag hast du ein anderes Weib aus ihr gemacht. Noch schneller wird es gehen, so du sie mit deinem Fleische unberührt lässest und dafür betest in deines Herzens Kämmerlein.

15] Nach einer Zeit kannst du sie auch mit Meinem Knechte J. L. bekannt machen. Denn der hat einen starken Donner in seiner Brust verschlossen!

16] Nun handle, und Meine Gnade wird nicht unterm Wege bleiben! — Amen! — Ich, Jesus, der beste Ratgeber. Amen, Amen, Amen!

☆

Falsche und rechte Wohltätigkeit

Am Dienstag, den 7. Juli 1840, nachmittags

Jeder arme Hilfsbedürftige ist ein nächster Bruder zu Mir, wie der Geizend-Reiche zum Satan.

2] So Ich euch Reichen, Wohlhabenden und Vermöglichen Meine armen Brüder vor eure Türe sende, so denket, daß Ich Meine Liebe [von euch] noch nicht zurückgezogen habe.

3] Aber habt ihr es einmal dahin gebracht — Ich rede hier im allgemeinen —, daß die Armen sich nicht mehr vor eure Wohnung zu kommen getrauen, dann wisset, daß Meine Liebe sich bei euch auch für alle Zeiten beurlaubt hat. Ein solcher Reicher steht dann weltlich, zum verführerischen Scheine, unter der Protektion der Hölle. Aber in allem seinem vermeintlichen Glücke ist auch nicht ein Fünkchen Meiner Liebe und noch viel weniger Meiner Gnade vorhanden.

4] Der nämliche Fall ist auch bei jenen Welt- und Geld-Reichen, die des Ansehens und einer gewissen Pflicht wegen entweder viel oder wenig als Almosen geben. — Und ein Greuel sind jene sogenannten „milden“, Ich möchte sagen und sage: „Huren-“Beiträge, welche aus gewissen, Mir über alles verhaßten Tanz-, Spiel- und vielen andern Belustigungsgelegenheiten sparsam herrühren, bloß nur des Namens wegen, um der öffentlichen Buhlerei einen desto freieren Spielraum zu gönnen! O der ewigen Schande, Mir in den Kapellen des Satans einen Opferaltar zu errichten!

5] Daher sollet ihr, Meine Lieben, nicht handeln, wie die Kinder der Hölle tun, sondern eure Gabe sei von niemandem gesehen als von Mir, von den Armen und von euch. Und jeder gebe reichlich nach dem Verhältnisse seines Vermögens!

6] Denn wahrlich, wahrlich sage Ich euch: Ihr werdet um einen Pfennig eine Erde und um einen Trunk lebendigen Wassers eine Sonne bekommen und werdet daselbst Fürsten sein! — So ihr es aber tun werdet **aus reiner Liebe zu Mir**, da, Freunde, sage Ich euch nichts als das: Fürs erste wird **keiner den Tod** je sehen, noch fühlen schon in seinem Leibesleben; denn sein süßes Sterben wird ein gar großes Erwachen sein in den Armen seines heiligsten Vaters. Und was, fürs zweite, dann heißen wird: „ein **Freund Gottes** zu sein ewig" — das, Freunde — o bedenket, **Wer** euch Seine Freunde nennt! — das könnet ihr nicht fassen!

7] Nun aber wird euch Mein Knecht einen **armen Mann** zeigen — er ist doppelt arm, am Leibe und am Geiste, **helfet ihm zuerst leiblich, dann aber auch geistig!** — Wer der erste sein wird, der wird viel Freude haben. Tuet und fraget nicht: „Wem?" — sondern dem, der euch vorgeführt wird, helfet! Er ist euer Bruder, und ums weitere sollet ihr euch nicht kümmern, wollet ihr wahre Kinder sein eures Vaters im Himmel, der Seine Sonne über Gute und Böse scheinen läßt und zu essen gibt sogar den reißenden Tieren. — Amen! Ich, Jehova, euer Vater! Amen, Amen, Amen.

☆

Das Größte

Aus dem von Jakob Lorber zu dieser Zeit niedergeschriebenen Hauptwerke „**Die Haushaltung Gottes**".

Das ist das Größte, was jemand tun kann, daß er den armen Bruder und die arme Schwester versorgt und das Alter unterstützt und sich liebevollst der Kleinen annimmt. Wer solches tut aus der reinen Liebe zu Mir und aus dieser Liebe heraus zu den Brüdern und Schwestern — Ich sage dir, und hätte er Sünden, soviel da ist des Sandes im Meere und des Grases auf der Erde, wahrlich, sie sollen ihm alle erlassen werden! (Bd. 2, Kap. 93)

☆

Von Bällen und Vergnügungsstätten

Am 17. Juli 1840, vormittags

Das sage Ich dir, als Meinem faulen Knechte, um dir die Ursache der Anwiderung anzuzeigen, welche dich befällt, so du vom Tanze, der „Redoute“, der „Réunion“, dem „Balle“, „Casino“, und so auch jetzt ganz besonders von der schlechten Fundation der sogenannten bürgerlichen „Ressource“[1] irgend etwas vernimmst.

2] Die Anwiderung ist sehr gerecht, da sie vom Geiste herrührt. Denn es ist eine Tanzunterhaltung, eine „Réunion“ und ein „Ball“ ein offenes Grab voller Unrat. Das „Casino“ ist ein Aas[-haufen] von großen toten Amphibien. Und eine solche „Ressource“ ist ein Abgrund, da in der untersten Tiefe der Satan ein [blumengeziertes] Faß aufgestellt hat, damit man den hie und da doch mancher geistig empfindlichen Nase sich bemerklich machenden groben, verführenden Gestank seines Unrates nicht merken solle.

3] Wenn der Weisheit schon weniges genügt, so habe Ich dir mit diesen kurzen Worten alles gesagt. Aber es sollen auch deine Freunde sich davon ein Notabene nehmen. Und so ist es noch nötig, ihrer beschränkteren Einsicht wegen, noch ein paar Worte hinzuzufügen.

4] Der Satan nämlich hat mit Leidwesen und vielem Aerger gesehen, daß [in dieser Stadt] mehrere bessere Familien sich seinen belustigenden Verführungen, des Gestankes wegen, nicht haben fügen wollen. Darum hat er [nun] ein Mittel erfunden, nämlich in einem unendlich tiefen Abgrunde, da hat er zuunterst ein großes, wohlverschlossenes Faß aufgestellt; den Abgrund der Hölle aber hat er wohlverdeckt mit schönen, sehr glatten Brettern und den Abtritt geziert mit sehr wohlriechenden Blumen der Welt — damit ja niemand etwas Arges auch nur ahnen solle!

5] „Denn“, sagte er bei sich selbst, „hier will ich mir eine gute Mahlzeit bereiten und will vom zarten Fleische der Kinder zu leben anfangen und nicht immer das zähe Fleisch der ausgemergelten Huren fressen; die sollen in der Zukunft meine [Höllen-] Engel verkauen und verdauen. Ich werde mich hinter den wohlriechenden, anlockend schönen Blümchen verborgen halten, da mich niemand bemerken soll. Und so dann die blumensüchtigen Kindlein hinströmen, werde ich sie ergreifen, verschlingen, verdauen und sie als feinen Unrat hinunterlassen

[1] Geschlossene Vergnügungsgesellschaft, wörtlich übersetzt: Erholungsquell.

ins Faß im Abgrunde. Da sollen dann die Eltern sehen, wie sie dieselben von da wieder herausbekommen, so wahr ich, Satan, der Mächtigste bin! Einen Fixstern vom hohen Himmel zu reißen, soll ihnen leichter sein, als da heraus auch nur ein Haar eines Kindes, sei's eines Fräuleins oder auch Jünglings, zu retten!"

6] Da habt ihr geoffenbart des Satans eigenes Wort und eigenen Plan! — Was meinet ihr, wie Mir eine solche Anstalt gefalle?!

7] Ich habe euch [jetzt] väterlich und göttlich fürsorgend die große Gefahr in aller Meiner unbestechbaren Wahrheit gezeigt. In der ganzen Tiefe seiner Bosheit steht der Satan entblößt vor euch, Meinen wenigen Kindern. Daher beherziget wohl Meine Liebe und diese aus ihr fließende große Gnade eures heiligen Vaters und seid auf der Hut! Denn wer den Feind sieht, der kann ihn fliehen. Wehe aber den Blinden und Tauben und denen, die sich nicht kehren werden nach Meinem Rate! Ich will eher in alle Höllen Meine Engel senden, zu bekehren die Verirrten und erleuchten die Finsternisse alldort, als daß Ich ein solches Faß auch nur mit einem erbarmenden Blicke ansehen würde! — Amen. — Wohlgemerkt, das sage Ich, Gott von Ewigkeit. Amen.

☆

Wichtiger Erziehungsrat

Am Freitag, den 17. Juli 1840, mittags

Auf Anfrage des A. H., ob er einem jungen Manne, der sich bei ihm gemeldet, die Erziehung seiner Kinder anvertrauen könne.

Sage dem A. H.: Ich habe sein Herz geprüft und habe in demselben einen redlichen Sinn gefunden! Ich will ihm einen Rat geben; den soll er wohl beherzigen und danach handeln!

2] Niemand kann etwas geben, das er nicht hat! Zum Erziehen aber gehört nicht nur ein gutes, williges Herz, sondern ein wohlunterrichtetes, von Mir gezogenes Gemüt. Denn wer sich noch nie von Mir hat ziehen lassen und nicht weiß, wo und wer Ich bin und wie Ich wirke — wohin soll dann ein solcher die Kindlein ziehen?!

3] Daher behandle diesen jungen Menschen als einen doppelt Armen! — Du kannst deine Kinder von ihm unterrichten lassen im

Lesen, Schreiben und Rechnen und noch in anderen blinden Wissenschaften. — Aber was Mich betrifft, da kann es nicht sein. Da sollst du, soviel die äußere Kirche anlangt, die Kinder lehren lassen von einem gescheiten Kaplane; jedoch das Herz sollst du allein treu bearbeiten nach Meiner dir gegebenen Lehre.

4] Was aber den jungen Menschen insbesondere betrifft, so steht er gleich jedem in Meiner Liebe und kann, wenn er will, leicht wie irgendein anderer, Meine Gnade finden und das Leben aus ihr.

5] Führe ihn daher zu Meinem Knechte, damit ihm dieser den Weg zeige. Und so er ihn wandeln will, wird es ihm zum größten Nutzen sein, zeitlich und ewig.

6] Doch soll er nicht im allergeringsten gezwungen werden, sei es durch was immer; sondern soll selbst den Rat Meines Knechtes als das höchste Mittel betrachten [lernen], damit Ich ihm zum Bedürfnisse werde, und wäre er auch mit allem versorgt.

7] Du aber siehe ihn allezeit verständig ernst an. Und so du etwas wider ihn hättest, müßtest du es ihm allezeit nur unter vier Augen sagen.

8] Er hat sich zu richten nach dem Rate Meines Knechtes und dir allein zu gehorchen. Und in diesem Gehorsam in ihm sollen [auch] die Kinder strenge gehorchen in allem sie Betreffenden, von dir für sie Verordneten. Jedoch überall leuchte Mein Wille hervor!

9] So du Mir gehorchest, wird dieser Gehorsam sichtbar werden an dem Menschen und so auch an den Kindern. Und ihr könnet dann bald als eine kleine Herde unter Mir, dem alleinig guten Hirten, stehen. — Amen. Ich, der alleinige gute Hirte! — Amen.

☆

Weltsinn und Herzenslicht, Nachtrag zum „Engel“

Am 17. Juli 1840, nachmittags

Hinsichtlich Meines Engels[-liedes] sage dem aufrichtigen K. G. L., er kann es ja aus Liebe zu Mir mit seiner extra feinen Welt-Sprachbildung versuchen, Mein großes Lied umzuarbeiten nach seiner Einsicht und nach seinem Urteile. Und hätte er es nachdem so zum Stande weltlichen Glänzens gebracht, dann möge er es sich vorlesen und auch euch allen, damit ihr den Unterschied merket und merken sollet.

2] Ich sage, es wird wohl eurem Kopfe behagen, aber eure Herzen werden kälter werden, je mehr ihr abweichen werdet von der Urschrift. — Denn sehet, die Sachen verhalten sich so: Wenn man spricht zum Ohre, dann ist eine gebildete Sprache nach weltlicher Art ja recht, da das Ohr weltlich ist. So ihr redet zum Auge, so müsset ihr in gutbeleuchteten Bildern reden nach weltlicher Art, da das Auge weltlich ist. Ferner, so ihr redet zu den Füßen, muß eure Rede geläufig sein, um zu heben die weltlichen Füße. Redet ihr zum Gaumen oder Magen, da muß eure Rede süß sein, wenn sie euch behagen solle. Und wenn ihr zum seichten, [Lebens-] wasserlosen Herzen eines Mädchens redet, dann muß auch eure Rede sein gleich ihrem Herzen, äußerlich voll Blümchen, innerlich aber voll Unsinns, welche Art euch natürlich nicht viel Mühe kosten wird, denn da heißt es — je dümmer und unsinniger, desto schöner und beliebter!

3] Allein unter allen diesen Bedingungen habe Ich euch dieses Mein Gedicht nicht gegeben, sondern nur unter der alleinigen Bedingung der Liebe eures Geistes in der Seele und in deren Leibe, aber nicht in deren Exkrementen.

4] Daher sollet ihr es auch dort erfassen, für wo es euch gegeben ist, und mit eurem Weltverstande ferne sein, der ein wahrer Krebs ist dem Geiste, da er verzehret die Liebe und tötet den Willen. Wie aber das Mark genährt wird aus dem Herzen, so soll auch euer Verstand wachsen aus der Liebe und sein eine gute Frucht aus dem Leben des Stammes — nicht aber gleich einer Schmarotzerpflanze an den Aesten des Lebens, dasselbe zu untergraben, zu ersticken und endlich gar zu vernichten.

5] Das merket euch, ihr Wißbegierigen! Was liegt Mir an aller Wissenschaft und Bildung der Welt! Fraget euch, ob ihr auch nur einen Grashalm damit zuwege bringen möget!? Ja, es liegt sogar an der Weisheit nichts, sondern allein an der Liebe!

6] Daher liebet Mich — das ist Mein Reich! Alles andere wird euch gegeben nach Maßgabe eurer Liebe! — Amen.

7] Ich, die Ewige Liebe und Weisheit! Amen, Amen, Amen.

☆

Vom geistigen Schauen und Vernehmen

Am 24. Juli 1840

Seht, es steht noch so manches Geheimnis hinter Meinem Rücken und so manches Wort in Meiner heiligen Brust voll Lebens und voll Kraft, voll Liebe, voll Erbarmung und voll Gnade, wovon ihr noch keine Ahnung je gehabt habt, und weshalb ihr sagen würdet: „Was ich nicht weiß, macht mir nicht heiß!" — O ja, das ist wohl ganz richtig und [solch eine Bemerkung] wäre bei weltlichen Wißtümlichkeiten wohl recht gut anzuwenden — aber nicht bezüglich Meiner großen Gnade, in der Unendliches für alle Ewigkeiten der Ewigkeiten zu eurem stets sich mehrenden und wachsenden Wohle in der tiefsten Verborgenheit vorhanden ist.

2] O Freunde, glaubet Mir, daß Ich es bin, der euch dieses alles sagt! Und glaubet — so auch eine Ewigkeit um die andere verrinnet — daß ihr noch werdet sagen müssen: „Gibt es denn keine so geringe Zahl, auch in der gebrochensten Potenz, nach welcher wir unsere Erkenntnisse zu Gott in irgendein mögliches Verhältnis zu bringen imstande wären?" — Und da wird eine Stimme aus eurer Brust euch antworten, und diese Stimme wird kommen von Meinem Herzen und wird sagen: „Es gibt keine solche Zahl! — Immer und ewig seid ihr nichts in all eurer Weisheit! Ich aber bin alles in allem! Und ihr könnt alles sein in und durch Mich — in und durch euch selbst aber ewig nichts!"

3] Seht, daher habe Ich euch noch gar vieles zu sagen, was Ich Selbst den Aposteln zu sagen vorenthalten habe, da sie es nicht ertragen hätten, indem sie nur notzeitige Früchte waren, reifgemacht durch Meine nötigende, sichtbare Gegenwart. Allein da ihr ohne Meine Sichtbarkeit liebet und glaubet, seid ihr auch fähig, Größeres zu ertragen. Und so sollt ihr nun wieder etwas erfahren, was euren Geist unaussprechlich stutzen und staunen machen wird. — Daher merket wohl, was Ich euch hier in der Kürze mitteilen werde, und fasset es tief in eurem Herzen!

4] Sehet, alles, was ihr euch nur immer gedacht und geträumt habt, jetzt denket und träumet und noch in alle Zukunft denken und träumen werdet, geht ewig nicht verloren. So, wie es in euch vorging — geradeso werdet ihr es einst getreu wesenhaft wiederfinden und es alsogleich als das Eurige erkennen und euch daran erfreuen oder betrüben. Das ist zu berühren nötig gewesen, um das

Künftige eurem Verständnisse näherzuführen. Denn wer da nicht weiß und sieht, daß in ihm die ganze Schöpfung kreiset, lebt und webt, der kann auch nicht den Grund seiner Triebe, Begierden und Gedanken fassen.

5] Seht in eurem Geiste liegt die ganze Unendlichkeit wesenhaft begraben, und dazu noch jedes einzelne Unendlichfältig. Daher kommt es auch, daß ihr euch z. B. eine zahllose Menge Erden, Sonnen, Bäume, Tiere, Menschen usw. nebeneinander denken könnet, d. h. ihr könnet [in euch] eine und dieselbe Erscheinung, Erde, Sonne, Baum, Tier, Mensch usw., ins Unendliche vervielfachen. Denn wäre es nicht so, so würdet ihr mit eurem Denken bald zu Ende sein. — Und dieses geht auf folgende Weise vor sich — um es euch recht verständlich klarzumachen:

6] Nämlich so ihr zwei sehr lichte Spiegel gegeneinander stellen würdet, so würde sich einer in dem andern vollkommen abbilden. Dieses Abbild spiegelte sich dann wieder in dem ersten ab, und diese Abspiegelung dann wieder im Abbilde des zweiten — und so immer gegenseitig A. in B. und B. in A., und das natürlich so immerfort. Geradeso ist es mit euch! Eure Seele ist für die Außenwelt ein solcher Spiegel und euer Geist (ist es) für die innere Geisterwelt. Daher kommt es denn auch, daß alles und jedes einzelne in euch unendlichfach vorhanden ist, und daher auch bei dem Geiste die schnelle Gegenwart dessen, was er gedacht und gewollt hat.

7] Ihr wißt nun aber, je feiner poliert irgendein Spiegel ist, desto reiner wird auch das Abbild. So ihr nun eure Seele durch die Demut recht polieret, damit sie zu einer völlig geebneten Fläche wird, indem ihr jegliche Erhöhung benommen ward, so werdet ihr bald Wunderdinge in euch zu schauen beginnen, nämlich: durch die Seele die Außenformen, und durch den Geist aus Mir aber, welcher eine Seele des Geistes ist, den vollen Inhalt jeden Gegenstandes.

8] Und Ich setze denn ein Beispiel: Ihr dächtet einen Stein oder einen Baum, ein Tier oder was immer, so werdet ihr dessen Außengestalt zuerst ersehen. Dann aber wird sich das Licht des Geistes in die Seele ergießen und wird dieses Bild durch und durch erhellen. Und so werdet ihr dann ein solches Ding durch und durch zu erschauen imstande sein. Wenn dann nun der Seelenspiegel durch das Licht des Geistes gar fein glänzend wird, so werden sich die Innenformen in der Seele abzuspiegeln beginnen und dadurch auch eurem Verstande sichtbar werden, als sehet ihr sie mit den Leibesaugen. Und so ihr dann reden wolltet mit einem solchen Dinge, dann wird Mein Geist in euch, von dem aus alles, vom Größten bis zum Kleinsten, nichts als fixierte oder gefestete Gedanken sind, in das gedachte Ding treten und aus demselben reden vom Urgrunde aus.

9] Seht, da liegt nun enthüllt vor euren Augen, Ohren und Herzen, wie einst Adam und Abel und viele andere mit aller Schöpfung haben reden können und auf welche Weise auch ihr euch in die Verbindung mit der Geisterwelt setzen könntet, so ihr fest wollet.

10] Deshalb solltet ihr aber auch zuvor eure Seele recht „polieren", damit ihr alles dessen fähig würdet! Denn es gibt noch gar vieles, was von Mir Zeugnis gibt. Aber ihr seid noch zu töricht und unsinnig, um in der Schöpfung Meinen Namen zu merken. Daher schleifet, glättet und polieret fleißig an eurer Seele, so werdet ihr die Welt bald mit ganz anderen Augen anschauen und zu keinem Ende Meiner Wunder gelangen ewig!

11] Ein guter Schreiber aber gehe nächstens mit Meinem Knechte bei guter Zeit und Gelegenheit an einen Felsen [oder sonst einen Naturgegenstand], und Ich werde denselben reden machen in Meinem Knechte. Und das Kundgemachte soll der Schreiber aufzeichnen und ins Reine bringen als ein gutes Zeugnis dieses Meines Wortes!

12] Denn sehet, es liegt nichts daran, wie ein Ding sei im Raum und in der Zeit; aber es liegt alles daran, wie euer Leben ist außer beidem [Raum und Zeit, d. h. im ewigen Sein]. Mit den Augen des Fleisches nehmet ihr wahr Dinge außer euch; mit den Augen der Seele in euch, und mit den Augen des Geistes schauet ihr aus dem Zentrum der Dinge und so auch eures Wesens. Aber erst durch den Hinzutritt Meines Geistes werden alle Dinge sprachfähig und lebendig durch und durch.

13] Seht, Ich, euer heiliger Vater, zeige euch vieles! Darum seid emsig in der Liebe, damit Meine Gnade nicht unterm Wege bleibe! — Amen.

☆

Ein Wort über die Fürbitte

Am 28. Juli 1840, mittags

O Herr, ich danke Dir demütigst wegen Spanien! Darf ich noch ferner für dasselbe beten? Und tat ich recht, für dasselbe gebetet zu haben?

Siehe — sagst du nicht: So die Kunst [in niederer Gewinnsucht] nach Brot ringt, ist sie wenig nütze; und wird der Kunst nicht Brot gereicht, hat sie sich erst gefunden in ihrer Wahrheit!?

2] Wie meinst du aber, daß Mein Dienst sei, wenn die Knechte ringen nach weltlichen Dingen — nach Brot, Gold und Macht der Erde!?

3] Siehe, es gibt kein Land gleich diesem, das du nanntest, welches mehr der schändlichsten Hurerei getrieben hätte, leiblich und geistlich, und mehr als dieses verbrannt und gemordet hätte Meine unschuldigen Kindlein zu allen Zeiten. Könntest du sehen und zählen wie Ich, wie viele unschuldige Mägdlein von den überfalschen Horden der Mönche geschändet und dann lebendig begraben und eingemauert wurden, wie viel Knaben der sodomitischen Unzucht geopfert wurden; zu wie vielen tausend und tausendartigen unerhörten Schändlichkeiten, Betrügereien und Greueln man vorzüglich geistlicherseits seine niederträchtige Zuflucht nahm, um auch nur einen geringen zeitlichen Zweck zu erreichen; wie man da öffentlich fluchte über Mein geschriebenes Wort, weil es nicht passen wollte als Unterlage aller erdenklichen Greueltaten — dann würdest du wohl sehr klar gesehen haben, wonach daselbst Mein sein-sollender Dienst gestrebt und gerungen hat!

4] Und so jeder Arbeiter seines Lohnes wert und würdig ist, so habe Ich auch diesen Arbeitern den lange schon sehr wohl verdienten Lohn gegeben, als abschreckendes Beispiel wegen des Hierarchen schon zeitlich — und behielt Mir das Ewige für jenseits vor!

5] Daß du aber gebetet hast dann und wann, war ja recht. Tue desgleichen nur und anhaltender! Denn der Nutzen wird auf deiner Seite sein, wenn du dich übest in Meiner großen Liebe. Aber denke dabei stets, daß Meine Gerichte allezeit gerecht sind und nur diejenigen treffen, welche sich derselben schon lange wohl verdient gemacht hatten.

6] Wäre Huß nach Meinem Rate klug statt eigensinnig gewesen, gleich dem Nicolaus Kopernikus, der da war ein kluger Rechner in Meiner

Schöpfung — so wäre er nicht im Feuer zugrunde gegangen. Denn Ich sage dir: Ihr sollet allezeit den Satan betrügen mit der Klugheit eurer Sanftmut. — Amen. Ich, der gerechte Richter, Amen.

☆

Ein Quellen-Evangelium

Bekundungen am Ursprunge der Andritz, nördlich von Graz, in der Nähe von St. Veit.

Lorber spricht aus, was ihm die Quelle, d. h. der Herr namens der Quelle, sagt. — Schreibende: K. G. L.; Andr. H.; Ans. H.

Am 30. Juli 1840, um 3/4 5 Uhr nachmittags

Bevor ich [die Quelle] euch meine Wesenheit zeige, ist es vor allem notwendig zu wissen, woher und wie ich [zur Entstehung] komme.

2] Mehr denn 4000 Klafter tief in einer schiefen Richtung gegen Morgen ist eine weite, große Oeffnung, welche bei der Bildung der Berge durch das göttliche Feuer entstanden ist. Daselbst in dieser Oeffnung sammeln sich alle Wässer, die von den Bergen aus der feuchten Luft angesogen werden. Und da diese große, weite Oeffnung auf diese Weise fast beständig voll erhalten wird und die Last der über dieser Oeffnung erhöhten Gebirgsmassen wie auch die in dieser Tiefe schon sehr verdichtete Luft [auf die Gewässer] drückt, so wird nicht nur auf dieser Stelle, die ihr soeben sehet, sondern auch noch auf vielen andern Stellen dieses unterirdische Wasser sowohl durch kleine als auch durch größere Oeffnungen und durch hohle Gänge der Berge ans Tageslicht heraufbefördert. Denn seht, daß ich auf diese Weise zur Oberfläche der Erde, auf der ihr euch befindet, herauf- und nicht in die Tiefe hinabbefördert werde, wie mancher meinen würde, geschieht aus dem Grunde, weil die Unterlage dieser meiner unterirdischen Wohnstätte, was ihr das Bett nennet, ein festes und sehr gediegenes Gestein ist, in welchem ich wie in einem Kessel ruhe.

3] Doch gibt es in diesem Kessel drei mannarmsdicke Adern, welche in nordöstlicher Richtung mehr denn drei Meilen tief unter dem Berge, den ihr „Schöckel“ nennt, hinziehen, allda noch ein weit größerer Kessel und Wasserbehälter vorhanden ist, welcher ebenfalls durch die Entstehung des benannten Berges mittelst des göttlichen Kraftfeuers, das da ist die Liebe des Vaters, entstanden ist!

4] Ursprünglich hauste in diesen Oeffnungen noch viele Jahrhunderte daselbst das Feuer und brannte im Innern unablässig fort. Und als das Wasser durch die Klüfte während des Feuerwallens hineindrang in Massen, wurde ich schon unterm Wege durch die heißen Klüfte beinahe verdunstet und verzehrt. Und meine ruhige Kraft ward rege gemacht durch das Feuer und mußte die unterirdischen Massen an das Tageslicht fördern helfen. Jedoch als nach und nach diese Klüfte durch das Losreißen von Teilen größer und größer wurden, und ich dadurch ebenfalls in stets größeren und größeren Massen dahin dringen und fallen konnte, um zu sänften den großen Uebermut des Feuers, welches, obschon aus der Liebe des Vaters stammend, doch aber als Feuer einen bedeutenden Zornteil der Gottheit in sich faßte — da erlosch nach und nach dasselbe in den untern Teilen des Kessels und brannte nur noch dann und wann in den höheren Regionen der aufgeworfenen Massen, noch zwei Jahrhunderte hindurch.

5] Endlich aber, als nach dem Willen des Schöpfers die Berge ihre gerechte Form, Höhe, Breite und Last erhalten hatten, da sandte die Ewige Liebe einen guten kleinen Engelsgeist und ließ das Feuer gänzlich ersticken.

6] Es glaube da ja keiner, daß ein solcher bergebeherrschender Geist eine Fabel sei! Denn da der liebevollen Macht des Ewigen unendliche, zahllose Heere von Geistern liebewillig untertan sind und die größte Freude und Seligkeit darin finden, so ihnen die Liebe des Herrn nur irgendwo etwas zu tun gibt, so gewährt denn die Liebe des Herrn auch gerne, was diese Geister liebend begehren.

7] Seht, wie ihr mich da vor euren Augen seht, dringe ich nur durch kleine Äderchen bei hundert Klafter weit herauf zu dieser sichtbaren Stelle. Und seht, wäre nicht auch meinem Zuge ein wohlwollender Geist zugeteilt und reinigte er nicht meine Wege, so würden diese schon lange durch meine stumpfe Ungeschicklichkeit verstopft oder sonst zugrunde gerichtet worden sein. Aber eben dieser mir zugeteilte, meine Wege bewachende Geist erhält diese meine kleinen Wege beinahe über ein Jahrtausend in derselben schönen, ruhigen und sanften Ordnung und läßt mich, des sprechenden Beispieles wegen, nicht trübe werden — damit Menschen, die mich meiner Reinheit und stillen Zurückgezogenheit wegen gerne besuchen und ihr Auge ergötzen an meiner heiteren Frische und Klarheit, sich erinnern und wohl bedenken sollen (wenn sie irgend auch nur eines reinen, Gottes würdigen Sinnes sind), daß Reinheit und klare Anschauung bis in den Grund des eigenen sowohl als auch eines andern Wesens einzig und allein nur durch ein ruhiges und bescheidenes Auftreten in der stillen, in sich gezogenen Einsamkeit von Gott bewirkt werden kann.

8] Einst wohnten in dieser Umgegend mehrere fromme Menschen, deren Sinn Gott und deren Tun nichts als Liebe war. Diese Menschen kamen fast täglich mit frommem und einfältigem Herzen an diese Stelle, da ihr soeben euch befindet. Und wenn sie nun daselbst eine Gott wohlgefällige Betrachtung, Andacht und Aufopferung ihres Tagewerks dem Herrn vollbracht hatten, da kam allezeit von der Stelle dort zur linken Hand des Monumentes (welches erst vor gar kurzer Zeit unwürdig daher gesetzt wurde), dieser selbe gute Geist hervor und lehrte die fromme Schar Gottesliebe und Weisheit, Gehorsam und Demut und in diesen auch Gottes große Liebe und daher auch [allerlei] wundervolle Geheimnisse der Natur kennen.

9] Und da unterhielten sich dann diese Menschen mit diesem Geiste stundenlange. Und er verließ sie nur, sobald ihn eine notwendige Handlung abrief. Da hättet ihr sollen zugegen sein und schauen meinen Spiegel, so hättet ihr gesehen, daß vor Gott alles Freude gibt und für Freude empfänglich ist. Ich sage euch nur soviel — aber es soll euch nicht lächerlich vorkommen — ich hüpfte wie eine muntere Tänzerin in meinem kleinen Becken, und die Steine lachten mir klatschend ihren sinnvollen Beifall herab.

10] Aber die jetzt lebenden Menschen, welche noch weit materieller geworden sind als diese mich umgebenden, verwitterten Steine, dürften wohl nimmer ein solches naturgeistig-heiteres Schauspiel erleben. Denn wer nicht das Leben des Geistes unter dem Einfluß der Geister des Himmels durch Gehorsam und Demut vor dem allmächtigen Schöpfer in sich lebend gemacht hat, dessen Leben ist bloß ein materielles Leben und wird unterhalten von den Geistern der Materie, welche in ihn kommen durch Speise und Trank. Ein solcher Mensch, da er dadurch wieder zur Materie wird, kann mit seinen materiellen Sinnen auch nichts sehen, hören und empfinden als nur die Materie, aus der er ist, leibt und lebt.

11] Allein ganz anders verhält es sich mit dem demütigen und gehorsamen Geistesmenschen. Dieser sieht nicht nur die Materie, sondern er sieht in der Materie das ihm verwandte, ursprüngliche

[Geistes-]Wesen lebendig und weise walten und erfährt durch bescheidene Unterredung mit einem solchen Geiste die tiefsten Aufschlüsse über die vielartige, hie und da ganz, hie und da zerstört, wie auch oft völlig aufgelöst scheinende, gröbere Materie. Aber nicht nur mit einem Geiste wird er sich in redende Gemeinschaft stellen können, sondern da gibt es für jedes Reich der sichtbaren, sowohl lebenden als lebendscheinenden, wie auch gänzlich tot scheinenden Natur viele Geister, mit denen er eine belehrende Rede anbinden kann.

12] Seht, so ihr meinen Spiegel betrachtet, werdet ihr so manche Bewegungen meiner Oberfläche gewahr werden: eine ordentliche, regelmäßige, kreisförmige, die aus meinem Innern bewirkt wird — und eine andere, unordentliche, unregelmäßige, unförmige, die durch äußere Umstände, meinen Spiegel störend, bewirkt wird.

13] Sehet, die [erstere] Bewegung wäre euch, so ihr in dem Leben des Geistes wäret, nicht nur eine durch grobe materielle Umstände bewirkte Bewegung, sondern ihr würdet eine gar wunderbare, wohlleserliche Schrift durch den allmächtigen Finger Gottes in großer Klarheit entdecken. Allein, da ihr dessen nicht fähig seid, so will Ich euch zum Schlusse in der Kürze etwas von diesem geistigen ABC und dessen tiefsinniger Bedeutung kennen lehren.

14] Diese kreisförmige Bewegung entsteht durch ein aus meinem Innern emporsteigendes materiell-geistiges Bläschen, durch welches (verwundert euch nicht über das, was ich euch kundgeben werde) ein gesänftetes Geistwesen aus dem zu harten Drucke der toten Materie befreit wird; woraus ihr euch auch folgende, geistig entsprechende Lehre nehmen könnet, daß auch euer Geist[1] fürs erste auf eine ähnliche Weise aus der Materie entbunden wurde und daß er ebenfalls in euch — wo er ebenfalls noch an die Materie gebunden ist — den nämlichen Weg aus dem Innersten eures Wesens bis zu eurer Oberfläche wandern und da sich ebenfalls in solcher geordneten, gottesähnlichen Kreiswirkung offenbaren soll, um euer ganzes Wesen, das an und für sich materiell ist, gleich wie meine spiegelglatte Oberfläche in eine wohlgeordnete Bewegung zu versetzen. Meine Stellung aber sei euch auch ein entsprechendes Bild, daß dies gottähnliche Leben des Geistes um so schöner wird, je mehr ihr euch zurückgezogen habt von der von außenherstürmenden bösen Welt.

[1] d. h. die Seele.

15] Dieses wenige, was ihr hier vernommen habt, ist alles, was ich von mir und aus mir zur Stunde euch mitteilen kann und darf. Jedoch so ihr von eurem Geiste auf eurer Oberfläche ähnliche Lebensbewegungen wahrnehmen werdet, wie ihr sie auf meiner spiegelglatten Oberfläche sehet, dann kommet wieder und lernet an meinem kleinen und seichten Ufer Wunderdinge der göttlichen Liebe und Macht tiefer erkennen! — Amen.

☆

Jedem das Seine

Am 2. August 1840, nachmittags

Es gibt unter euch einige, die sich bei Meinen Offenbarungen durch die Dinge der Natur[1] von manchen Skrupeln und daraus erwachsender Traurigkeit, ihrer Torheit wegen, gefangennehmen lassen — da sie nicht so viel sehen und hören wie Mein Knecht.

2] Diese frage Ich zu ihrem großen Troste: Warum sie denn eigentlich noch nie traurig geworden sind, wenn sie gesehen haben, daß auf den Weidenbäumen keine Trauben wachsen!? Und doch ist der Weidenbaum nicht minder ein Werk Meiner allmächtigen Heiligkeit als der süße und geistvolle Weinstock! — Warum weinten und trauerten die Apostel denn nicht, da Ich Mich auch nicht jedem wie dem Johannes geoffenbart habe?

3] Daher seid nur heiter und fröhlich und voll Lust in euren Herzen! Denn Ich, euer Vater, sehe, was jedem vorderhand not tut, und gebe jedem so viel, als er leicht ertragen kann.

4] Sehet, Mein Knecht ist klein und einfällig und hat ein sanftes Herz und ist der Demut und Meiner Liebe schon mehrere Jahre nachgelaufen. — Wenn Ich ihm nun ein kleines Licht Meiner Gnade gegeben habe, so glaubet es, daß es wahr ist in allen Punkten und Zweigen, da alles dieses in der geradesten Richtung zuallernächst unmittelbar von Mir in ihn kommt, und das zwar, weil er es so hat haben wollen, was Mir auch am liebsten ist!

5] Denn um was da jemand bittet in Meinem Namen, das wird ihm gegeben ohne Falsch und Trug — freilich nicht über Nacht, sondern nur nach und nach, je nach seiner Kraft und Stärke.

[1] z. B. die Andritzquelle

6] Daher **liebet** Mich und **glaubet** ungezweifelt, was Ich euch durch Meinen einfältigen Knecht kundgebe! Machte euch ein Stein schon stutzen, was werdet ihr erst sagen, so Ich eine ganze Sonne vor euch enthüllen werde körperlich und geistig! Und was dann, wenn einen Engel!?

7] Daher seid heiter und fröhlich und voll Lust in eurem Herzen! Denn Ich, euer Vater, sehe, was jedem vorderhand not tut. — Amen.

☆

Vom Leben des Baumes

Am 6. August 1840, von 1/4 4 Uhr bis 1/2 6 Uhr nachmittags, im Freibergerwald bei St. Leonhardt, Graz.

Der Wald enthält Föhren, Fichten und Tannen. — J. L. spricht, eigentlich der Herr durch ihn. — K. G. L., Andr. H. und Ans. H. schreiben.

Allhier in diesem Walde, da ihr euch soeben befindet und in dessen urwesentliche Tiefe ihr einzudringen gedenket, steht schon zum zehnten Male ein Wald, und zwar stets besetzt mit derselben Art von Bäumen, die mit der Natur des Bodens im Einklange steht, da nicht leichtlich eine andere Baumgattung hier fortkommen dürfte.

2] Denn seht, ein jeder Baum steht auf seinem Fleck und breitet da eine große Anzahl großer Wurzeln und besonders auch kleiner, sogenannter Haarwurzeln in das lockere Erdreich, auf welchem er sich befindet. Einem jeden solchen Baume nun aber ist eine **vegetative Seele** gegeben, oder wie ihr es leichter versteht: **es wohnt einem jeden Baume ein stummer Geist inne.**

3] Dieser **Geist** besitzt eine ganz einfache **Intelligenz**. Mittelst dieses von Mir ihm verliehenen Vermögens erkennt er in der Erde die ihm zusagenden Nahrungsteile, erschafft sich nach Meinem Willen an den Wurzeln, da er vorzüglich wohnt, viele tausend Arme, mit welchen er unter der lockeren Erde die Säfte aufgreift und treibt und führt sie durch die von ihm gestalteten Röhrchen und Kanäle bis in den höchsten Gipfel und in alle Zweiglein des Baumes.

4] Jedoch die Säfte, wie er sie unter der Erde für seine Beschaffenheit ihm tauglich erkennt, sondert er erst in den Zweigen in die verschiedenen Teile ab. Die gröberen werden abgesetzt in den Stamm, und selbst davon werden noch die unreineren über die Sphäre des Stammes getrieben und bilden da die Rinde oder gleichsam die Haut oder das Kleid des Baumes.

5] Die feineren Säfte werden benützt zu der Bildung der Aeste. Denn sehet, allwo immer ein Ast aus dem Stamme eines Baumes gewachsen ist, eben an dieser Stelle werdet ihr diesen Ast fast noch bis in das Zentrum des Stammes in einer viel feineren und kompakteren Masse eingedrungen erblicken. Daß dieses so geschieht, rührt von der einfachen Intelligenz des Baumgeistes her, der da die Fasern und Röhrchen des Astholzes ums zehnfache feiner macht als die des Hauptstammes. Durch diese feineren Organe können demnach auch nur viel feinere Säfte durchgetrieben werden, welche schon um ebenso vieles substantieller sind.

6] Wenn ihr nun die Aeste betrachtet, so werdet ihr von den Aesten selbst noch eine bei weitem größere Menge von Zweiglein hinausragen sehen. Allda geschieht dasselbe von den Aesten aus in die Zweiglein wie vom Stamm in die Aeste. Und so ist der Saft in den Zweiglein wieder um mehr noch als das Zehnfache feiner und substantieller und somit auch kräftiger, als der vom Stamm in die Aeste.

7] Von den Zweigen erst werden an vielen tausend Stellen in guter Ordnung eine Menge allerkleinster Röhrchen offengelassen. Durch diese wird ebenfalls in zehnfacher Feinheit — oder wie ihr es leichter verstehet — in zehnfacher (nach eurem gelehrten Ausdruck) „chemischer" Verfeinerung ein Saft hinausgetrieben. Von diesem Safte werden von dem Geiste nach seiner einfachen Intelligenz die nach Meiner Ordnung einem solchen bestimmten Baume zusagenden Blätter oder Nadeln gebildet. Und hat ein solches Blatt oder eine solche Nadel die ordnungsmäßige Vollkommenheit erreicht, dann werden die Kanäle und Organe, die von den Zweiglein in dieselben führen, nach und nach verstopft oder zugemacht, so zwar, daß von tausend dahinführenden Röhrchen nur ein einziges, mittleres offengelassen wird, durch welches das Blatt seine Erhaltungsnahrung bekommt.

8] Endlich wird aber selbst dieser Kanal geschlossen. Und da dann das Blatt keine Erhaltungsnahrung mehr bekommt, so fällt es verdorrt und tot vom Baume.

9] An den äußersten Ausläufern der Zweiglein aber befinden sich in dem Durchmesser einer Nähnadel eine Million der allerfeinsten Organe, welche mit einem animalischen Leben versehen sind. Wenn die Säfte dahin gelangen, so geschieht alldort ein förmlicher Kampf oder Krieg, denn da will der Geist in seiner Unlauterkeit aus seiner Gefangenschaft (im Baume) die Freiheit ergreifen und das ganze materielle Wesen des Baumes sozusagen im Stiche lassen.

Allein bei einer solchen Unternehmung beengen sich dann diese Organe so, daß sie ihm den Durchgang versperren.

10] Da er dadurch in seiner einfachen Intelligenz seiner Gefangenschaft gewahr wird, so steht er nach und nach von seinen unfruchtbaren Versuchen ab und nimmt seine Zuflucht zur bescheidenen Demut, wodurch dann sein ganzes Wesen anfängt, sich in Liebe zu verwandeln.

11] Wie nun dieses geschieht, so werden diese sehr beengten Organe durch seine Liebeswärme erweicht und erweitert, und er selbst wird dadurch ätherisch und wirklich lebendig durch seine Liebe.

12] Wenn dieses geschehen ist, dann gedenkt er in seiner erhöhten Intelligenz an das entsprechende Gute der Liebe, setzt sich da liebewirkend an den äußersten Ausläufern dieser Organe als Frucht des Baumes an. Und nachdem er sich nun als solche für eure Augen in kaum merklicher Größe liebewirkend angesetzt hat, da lasse Ich dann aus Meiner Barmliebe durch die Gnadenwärme und das Licht der Sonne ein außerordentlich kleines Fünkchen einhauchen.

13] Dieses Fünkchen ergreift er dann auf den vielen hundert Ansätzen und Ausläufern begierig und verschließt es sorgsam in ein kleines Hülschen. Wenn nun gleichsam diese naturgeistige Ehe vor sich gegangen ist, dann wird alsobald die Blüte, als das Organ der Zeugung, und endlich auch die Frucht dem Baume entsprechend gemacht und durch die sich immer mehr und mehr ausbreitende Wärme des Fünkchens zur Reife gebracht.

14] Es geschieht da öfter, daß aus unsorglicher Trägheit des Geistes manche Ausläufer bei solchen Bäumen übersehen werden, alsdann entflieht nach kurzer Zeit dieses Fünkchen wieder zu seinem Ursprunge. Dann schnüren sich die Gefässe des Zweigleins alsogleich zusammen und geben einem solchen Fruchtansatz keine Nahrung mehr. Eine solche Frucht fällt dann auch bald welk und tot vom Baume.

15] In der Frucht aber, die da vollkommen geworden ist, wird dieses Lebensfünkchen in einem feinen Hülschen in der Mitte des Samenkornes wohl und sorglich verwahrt. Und da es ein Lebensfünkchen aus Meiner Barmliebe ist, so enthält es, seinem Ursprunge ähnlich, der Ich Selbst bin, Unendliches seiner Art in sich. Da können von einem solchen Samenkorne auch nur in tausend Jahren schon mehr als ebensoviele Millionen gleicher Bäume entstehen, und so fort bis ins Unendliche. Denn Ich bin ewig und unendlich im Kleinsten wie im Allergrößten und Unendlichen selbst.

16] Nun sehet, da habt ihr nun einen Baum, oder soviele ihr wollt, in seinem ganzen Bestehen — nun muß Ich euch noch die Entstehung sowie das Ende desselben zeigen.

17] Die Entstehung eines solchen Baumes ist an und für sich sehr einfach. Nämlich ein solches Samenkörnchen fällt oder wird gelegt in die Erde. Wie es sich nun in der Erde befindet, ruft es einen in die Materie gebannten Geist [Naturgeist] zu und in sich. Dadurch nun bekommt ein solcher Geist die erste Lebensregung und die allereinfachste Intelligenz seines Wesens. Da er im Grunde böse ist, so will er sich alsogleich jenes [aus der Barmliebe Gottes dem Samenkorn eingehauchten] Lebensfünkchens mörderisch bemächtigen, allein dieses Lebensfünkchen entweicht immerwährend seiner Nachstrebung. Daher sucht dann dieser Geist immer ihm ähnliche Teile oder ihm ähnliche Geister in der Erde auf und vergrößert sich und vermehrt sich dadurch sichtlich, wie ihr euch an einem emporgewachsenen Baume überzeugen könnet. Denn dieses Emporwachsen des Baumes geschieht eben durch die mörderische Nachstrebung dieses entbundenen Geistes — oder wenn ihr wollt — einer ganzen Legion solcher Geister.

18] Das Lebensfünkchen aber entflieht immer höher und höher aus dem Bereiche solcher bösartigen Nachstrebung. In ihrem Grimme erhärten viele Millionen und Millionen solcher [vom Lebensfünkchen angezogener] Geister wieder zur stummen, toten Materie, was ihr am Holze und der Rinde eines Baumes wohl bemerken könnet. Durch solche, oft viele Jahre hindurch fortgesetzte Nachstrebungen werden solche Geister [schließlich] doch wieder gedemütigt und gelangen dann zur entsprechenden nützlichen Freiheit und werden endlich eins mit dem Lebensfünkchen.

19] Ein solcher Geist, der auf diese Weise sich an den Ansätzen liebend vereinigt hat mit dem Lebensfünkchen, wird nach der Vollreife der Frucht ätherisch frei und in eine, Meiner ewigen Ordnung gemäße höhere, intelligentere Wesenheit geführt, und so fort bis endlich zu euch Menschen selbst.

20] Sind [nämlich] durch einen solchen Baum, als eine materielle Erlösungs-Anstalt, eine möglichst hinreichende Anzahl der [Natur-] Geister erlöst worden, und haben diese erlösten Geister in ihrer ätherischen Freiheit aus den verschiedenartigsten Bäumen und Gewächsen sich liebend vereinigt, so daß sie einen Geist in höherer Intelligenz darstellen, so werden dann solche Geister in die tierische Welt übertragen und daselbst zur zweiten Stufe gebracht.

21] Vereinen sich wieder alle Geister der tierischen Welt liebend zu einem Geiste, dann ist ein solcher Geist fähig, in die höhere Stufe [aufzusteigen und] als ein einfacher Geist [und zwar als ‚Seele'] in den Menschen gelegt zu werden, von wo aus er nach seiner Reife selbständig frei wirkend heraustreten kann zur Anschauung seines ewig liebenden Urquelles. — Ein solcher Geist wird nimmer mit der Materie etwas zu schaffen haben. Nur mit den im Menschen wieder böse gewordenen Geistern, wo kein Mittel der Liebe auf wohlverständige Weise etwas fruchtet, wird wieder ein ähnlicher, langwieriger Weg eingeschlagen.

22] Ein in solcher Weise ausgedienter Baumstock[1] wird dann wieder tot, dorrt ab und verfault oder, was für ihn besser ist, er wird abgehauen und verbrannt.

23] Nun sehet, das ist das Geheimnis der Gewächse, Sträucher und Bäume von ihrem Entstehen bis zu ihrem Ende!

24] Jedoch, da Ich gleich anfänglich bemerkt habe, daß hier schon zum zehnten Male ein Wald steht, will Ich euch in aller Kürze noch etwas hinzusagen: Seht, ebenso oftmal ist dieser Boden, das Höllgrimmfeuer satanischer Bosheit dämpfend, jeweils über hundert Jahre unter den Fluten gestanden. Daher, so ihr an manchen Stellen nur einige Klafter tief graben würdet, so würdet ihr alsobald an einzelne verkohlte Bäume aus der Vorzeit gelangen, allwo ihr an manchen Stellen in dem noch vorfindlichen Harze wohlbehaltene Insekten aus dieser Zeit antreffen würdet. Und dies würdet ihr schichtenweise zu zehn, zwanzig, fünfzig, hundert, fünfhundert, tausend und noch mehr Klafter tief antreffen.

25] Seht, was Ich eines einzigen, hochmütigen Engels wegen tue![2] — Ich sage euch, es wäre nie eine Erde, noch eine Sonne, noch irgend etwas anderes Materielles erschaffen worden, wäre dieser Einzige demütig geblieben. Allein aus Liebe füllte Ich, die Ewige Liebe, die Unendlichkeit mit Sonnen und Welten, um auch den kleinsten Teil dieses Gefallenen noch retten zu können.

26] Daher bedenket auch ihr, was Ich euretwegen alles getan habe, noch tue und tun werde ewig. Amen. Ich, die Ewige Liebe. Amen.

☆

[1] D. h. ein Baumstock, der in der geschilderten Weise seine geistigen Lebenselemente in höhere Seinsstufen abgegeben hat. — [2] Gemeint ist Luzifer.

„Liebe will Ich!“

Etwas an alle, und zunächst an A. H.

Am 8. August 1840, nachmittags

Wenn Ich euch an arbeitsfreien Tagen
wunderbare Dinge pfleg' zu sagen
aus des armen Knechtes schwachem Munde,
ladend euch dadurch zum neu'sten Bunde,
der hinfort in Liebe euch soll binden,
um der Erd' ein heilig Reich zu gründen —
seht, da werdet traurig ihr und schwach im Glauben,
denkend: Dornen tragen ja doch keine Trauben!

In der Zukunft soll nach solchen Stunden,
die in Meiner Gnad' ihr habt empfunden
— da Ich nur aus übergroßer Liebe
von den Augen euch des Schleiers Trübe
freundlich nehme samt der Sünden Menge —
niemand tragen eine Herzensbänge.
Denn Ich gebe euch kein neu Gebot.
Nur die Liebe tut euch allen not!

Seht, was euch von Dingen hier wird Kunde,
geht, wie alles, nur aus Meinem Munde.
Sag' Ich euch da unerhörte Dinge,
wenn Ich Selbst von Meiner Größe singe,
so bedenkt, daß Ich es bin voll Gnade,
zeigend euch der Liebe heil'ge Pfade.
Denn es weiß sonst niemand, was die Sünden,
als nur, dem's der Vater will verkünden.

Ich will niemals richten nach dem Glauben,
nie an Augen legen Zwangesschrauben.
Jeder glaube nach der Kraft der Sehe
seines Geistes. Doch ganz wohl verstehe,
jeder, was er glaubt und wie er liebet!
Sonst, Ich sag' es euch, wird er betrübet
bis in seines Herzens Tiefe werden
früher oder später noch auf Erden.

Nur die Liebe hab' Ich euch geboten,
nie den Glauben, durch die Himmelsboten.
Diesen hab' Ich nur gelehrt, geraten,
um zu wecken euch zu edlen Taten.
Wer da liebt aus wahrem Herzensgrunde,
dem geb' Ich des Glaubens Licht zur Stunde.
Da zu Mir sein Herz er hat gewendet,
wird in Meiner Gnade er vollendet!

Da auch ihr das Herz zu Mir gewendet
und so manche Bitt' um Licht gesendet,
komm' Ich liebevoll in finst'rer Nacht
— was Ich sag', von euch sei's wohl bedacht —
Selbst zu euch, als Tröster und als Lehrer
und als wahrer, großer Gnaden-Mehrer.
Nun, wenn so, was macht das Herz euch trübe?
Wißt ihr's wohl? — Nur eure schwache Liebe!

Liebe will Ich, denn sie ist das Leben!
Liebe hab' am Kreuz Ich hingegeben.
Ich, der ewig Selbst die Liebe war,
bringe euch nun wieder Liebe dar.
Also glaubet, was Ich sage, gerne,
sei's dem Geiste nahe oder ferne;
denn dies gebe Ich euch frei zum Lohne.
Doch in Liebe nur thront Himmelswonne!

1] Sehet, wenn Ich euch die materielle Welt nun enthülle, so will Ich dadurch nichts anderes bezwecken, als euch die Nutzlosigkeit der Welt- oder vielmehr der Eigen- und Fleischliebe so recht klar vor die Augen stellen — woraus ihr nach und nach doch endlich einmal erkennen und begreifen werdet und auch sollet, wie euch so gar nichts an der materiellen Welt gelegen sein solle, sondern alles nur an Mir, Meiner Liebe und der darausfließenden Gnade.

2] Könntet ihr sonst nicht füglich fragen: „Warum sollen wir denn die schöne Welt und ihre Schätze nicht lieben und nach ihrem Vollbesitze aus all unsern Kräften trachten, ist sie doch auch von Gott erschaffen, was soll's denn mit dem widrigen Gebote?!"

3] So Ich euch aber nun die Wesenheit der Welt und ihrer Materie entschleiere, so denket, daß Ich aus Meiner großen Liebe euch dadurch für eure völlige Wiedergeburt eines großen Kampfes überheben will. Denn werdet ihr erst die Materie tiefer und tiefer erkennen, so wird euch auch ihr schnöder Wert desto klarer in die Augen springen. Und ihr werdet sehen, daß im Tode nicht gut wohnen ist. — Amen. Ich, euer liebevollster Jesus! Amen, Amen, Amen.

☆

Evangelium des Weinstocks

Am 9. August 1840, um 1/2 10 Uhr vormittags

Im Weingarten des Andr. H., bei Maria Schnee, nächst dem Kloster der Karmeliterinnen. — J. L. spricht. — K. G. L., S., D., Andr. H. und Ans. H. schreiben.

An der Stelle, da ihr euch soeben befindet, war vor einigen hundert Jahren noch ein dichter Wald und anderes Gebüsch und Gestrüpp. Und vor zweitausend Jahren trieben noch gewaltige Fluten ihr Spiel mit den Weichen der kleinen Berge und füllten damit die Vertiefungen der Ebene.

2] Diese Höhe oder vielmehr diese kleine Emporragung über die Ebene, da schon seit mehreren Jahren Reben hingepflanzt sind, entstand ebenfalls, wie andere hohe Berge, nach dem Verlaufe von Zeiten zu Zeiten durch das innere Feuer [der Erde]. Jedoch, was gerade die Außenseite oder die Stirne betrifft, so ist diese vielmehr eine Ablagerung teils durch den Bildungsprozeß eines nachbarlichen, größeren Berges, teils aber auch Anschwemmung durch die Fluten, welche da durch den entgegenstehenden Schloßberg in ihrem raschen Strömen gehindert wurden. Seht, das ist die vorläufige, notwendige Bekanntmachung mit der Bildung dieser kleinen Stelle.

3] Nun sehet, in Meiner Ordnung ist es überhaupt so eingerichtet, daß immer eine edlere Stufe der Gewächse eine unedlere verdrängt, und zwar durch den Einfluß teils der Witterung und dann aber hauptsächlich durch die Menschen. Denn wo auf irgendeinem Orte längere Zeit hindurch unfruchtbare Bäume, Dornen und Disteln gewachsen und gestanden sind und vegetativ gelebt haben, da wird der Boden dieser Stelle eben dadurch veredelt, daß die Baum-, Gesträuche- und Dornenwelt, die da zum intelligenten [höheren] Fortbestehen unnütz war, wieder stirbt und verfault und dadurch ein fruchtbares Land bildet. Dann geschieht es durch Meine Anordnung, daß an solchen fruchtbareren Stellen von Menschenhänden edlere Anpflanzungen geschehen, wodurch dann den verfallenen geistigen Intelligenzen ein neuer und auch vollkommenerer Weg zu ihrer Wiedererlösung geöffnet wird.

4] Der Weinstock ist eben eine solche edlere Art des Pflanzentumes, welcher erst nach der erbarmenden Sündflut zu den Zeiten Noahs [gleichsam] gewaschen und von Mir umgestaltet und gesegnet wurde, und zwar aus der Ursache, da er bei seinem ersten Entstehen, herrührend aus dem Willen Meines Feindes, dem ersten Menschen, da er eben Meiner am meisten vergessen hatte und so in das Licht des Tages in seinem Vergnügen dahinwandelte — zuerst zum weckenden Steine des Anstoßes wurde und den ersten Menschen gewisserart dadurch nötigte, obschon schwer beladen mit seinen Giftbeeren, doch wieder umzukehren in sein Haus.[1]

5] Nun seht, aus eben dieser erwähnten Ursache habe Ich, wie schon berührt, nach der Sündflut dem Weinstock das Gift genommen und habe ihn viermal gesegnet, während Ich das Wasser neunundneunzig Mal gesegnet habe; und eben durch diese vierfache Segnung gehört der Weinstock nun zu den edelsten Gattungen des Pflanzentums.

6] Bevor Ich euch jedoch etwas aus der innersten Tiefe dieses Gewächses sagen und enthüllen kann, muß Ich euch noch zuvor notwendigerweise mit seiner äußerlichen — wie ihr zu sagen pflegt — botanischen Pflanzenwesenheit bekanntmachen.

7] Seht, in einer jeden Beere werdet ihr einen, oft auch mehrere fast herzförmige Kerne finden. Aus solchen herzförmigen Kernen könnet ihr immerwährend auf die größere oder geringere Vollkommenheit einer Pflanze schließen. Denn so wie das Herz der Tiere, je vollkommener sie werden, eurem Herzen immer ähnlicher und ähnlicher wird — derselbe Fall ist es auch bei den Kernen aus dem Pflanzenreiche. Und die vereinigten Geister von solchen edleren Gewächsen können auch eine große Anzahl von tierischen Stufen bei ihrem Neubildungsprozesse überspringen, ja oft sogar alsogleich in die Klasse der Menschen aufgenommen werden. Und sie haben auch noch diesen Vorteil, daß, während ihr Geistertum

[1] Bezieht sich auf Adam, siehe ‚Haushaltung Gottes', Bd. 1, Kap. 13, 4 ff.

seinen Weg ruhig fortwandelt, ihre **materielle Hülle**, bestehend aus zahllosen zarten Hülschen, in deren jedem ein höherer Lebensnahrungsfunke eingeschlossen ist, höheren Lebewesen zunächst zur Nahrung des Leibes und dadurch eben auch zur Ernährung und Ausbildung der **Seele** dient.

8] Früchte wie z. B. das **Getreide** und andere gröbere **Obstgattungen** dienen vorzugsweise zur Nahrung des Leibes — aber die Frucht des **Weinstockes** dient, im reinen und mäßigen Genusse, mehr zur Belebung der **Seele** als der des Leibes.

9] Nun seht, der Kern der Traube ist also beschaffen, daß er in der Mitte der Beere wie ein Kind im Mutterleibe wächst und mit der Beere selbst heranreift. Da geschieht es denn, daß durch das Mark der Rebe, durch ein für eure Augen nicht sichtbares, mehr denn spinnengewebefeines Haarröhrchen, ein **ätherischer Feuersaft** emporsteigt. Wenn ihr die Rebe betrachtet, so werdet ihr sehen, daß sie sehr viele Glieder hat. Bei einem jeden solchen Gliede verfeinert sich dieses Röhrchen und wird an der Stelle, allwo sich die Frucht der Traube angesetzt hat, noch in viele Arme geteilt — was ihr aus dem ersehen könnet, so ihr die Kerne in einer Traube zählen würdet; denn ein jeder solcher Kern ist verbunden mit einem solchen Organe.

10] Allein nicht der feste Kern, den ihr sehet, wird gebildet aus diesem Feuersafte, auch nicht die von diesem festen Kerne eingeschlossene ölichte Frucht; sondern in dieser ölichten Frucht ist ein der äußeren Form des Kernes ähnliches, außerordentlich kleines und zartes **Hülschen** eingeschlossen, welches gerade so klein ist, daß es nur den zehntausendsten Teil der Größe der ölichten Frucht einnimmt. Dieses Hülschen nun wird gefüllt von dieser feurigen **Gnadensubstanz**.

11] Ist nun dieses vor sich gegangen, alsdann wird das Haar-Röhrchen, an welchem diese Hülse hängt, alsogleich fest zugeschnürt. Und von diesem Röhrchen bilden sich dann mehrere kleine Arme oder Seitenkanäle und umgeben, gleichsam umwindend, dieses Hülschen mit der genannten **ölichten Substanz**, welche eben dadurch süß-ölicht wird, weil sie aus den edleren, vormals schon in der unedleren Pflanzenwelt gereiften geistigen Substanzen durch Meine Barmliebe gebildet wird.

12] Ist nun einmal dieser zweite Akt vor sich gegangen, dann wird zum zweiten Male dieses Haar-Röhrchen wieder zusammengeschnürt und bildet fast schon gleichzeitig den **festen Kern**, welches auf folgende

Weise geschieht: Da nämlich während der kleinen Zeitperiode der Zusammenschnürungen sich die Säfte in der ganzen Länge dieses Röhrchens verdichtet haben, so zersprengen die Säfte dann allezeit unter dem Schnürpunkte, da natürlicherweise das Röhrchen am zartesten und gebrechlichsten ist, dasselbe an vielen Stellen. Daraus fließen dann die verdichteten Feuersäfte um die ölichte Frucht und drängen sich liebewetteifernd um den Mittelpunkt ihres lebendigen Heiligtums.

13] Wenn nun der Kern gewisserart seine Solidität erreicht hat und die noch immer nachstrebenden Säfte nur an ihresgleichen stoßen und nicht mehr die Wärme des inneren Gnadenfünkchens verspüren, dann durchbrechen diese Säfte in einem Kreise diesen Kanal und umspinnen den Kern wie eine Raupe ihre Puppe.

14] Zu gleicher Zeit aber wird von äußeren, gröberen Kanälen, welche durch die Rebe aufsteigen, eine gröbere Hülse gebildet, was alles natürlich durch die einfache Intelligenz der einer solchen Pflanze innewohnenden Geister geschieht.

15] Wenn nun diese gröbere Hülse eine ordnungsmäßige, bestimmte Solidität erreicht hat, dann zerspringen die den Kern umgebenden edleren Gefässe und fließen dann in einem süßlichen, geistigen Safte in diese Hülse. Jedoch da diese Hülse doch ebenfalls ursprünglich von Säften gebildet wird, welche in ihrer Natur herbe sein müssen, damit die Frucht oder vielmehr die Hülse eine Festigkeit erhält — so kommen nun innerhalb dieser Hülse anfänglich zwei Gattungen Säfte zusammen, nämlich ein herber und ein süßer, woher es denn auch kommt, daß eine unreife Beere sehr zusammenziehend sauer schmeckt.

16] Mit der Zeit jedoch wird das Herbere und Schlechtere von dem inwendigen Süßen und Guten überwunden und an die äußere Grenze als feste Hüllenmasse gedrängt. Und so wird dann, euch zu einem guten Beispiele, durch das von innen aufsteigende Gute das Leben fürs erste in einer ungebundenen Freiheit erhalten, welches hier der Kern zeigt, da alle ihn umgebenden Säfte immer milder und lockerer und somit auch reifer und geistiger werden; und fürs zweite wird das überwundene Herbe und gleichsam Schlechte ebenfalls gut, da es zum allgemeinen Gefäße eines solchen Pflanzenheiligtums wird.

17] Und nun sehet ferner, wenn ihr den Weinstock wohl betrachtet, so werdet ihr an ihm ebenfalls Blätter, Zweige und statt der Zweiglein euch wohlbekannte Fadenarme entdecken. Ihr werdet in diesem Gewächse überhaupt, wenn ihr es recht sorglich betrachtet, schon mehr tierisches Leben finden als in irgendeiner andern Pflanze.

18] Diese Arme entstehen zwar auf dieselbe Art wie die Traube selbst, aber die Geister hatten noch zu wenig Liebe-Gutes in sich, daher auch zu wenig Leben, um eine Frucht zu bilden. Wenn sie nun ihre volle Größe erreicht haben und nun gewahr werden, daß in ihnen kein Leben zur Bildung einer Frucht besteht, und das zwar einer gewissen Unsorglichkeit wegen — dann meinen sie in ihrer einfachen Intelligenz, das Lebensfünkchen sei ihnen gewisserart davongelaufen. Da dehnen sie sich so weit als nur immer möglich aus, und wie sie dann auf einen fühlbaren Gegenstand kommen, so meinen sie in ihrer Blindheit, sie hätten das Leben gefunden, umstricken es dann auf ähnliche Weise, wie die feineren Gefäße den Kern, und lassen es nicht mehr aus. Allein die Folge zeigt, daß sie bei solchem Weitausgreifen statt des Lebens nur den Tod mit ihren Armen umschlungen haben — und sterben am Tode selbst.

19] Das sei auch euch ein kleiner Wink! Denn so jemand, sein Inneres außer acht lassend, nur glaubt, die Lebensfülle in dem weit ausgedehnten Schöpfungsraume zu suchen, der hat ebenfalls seine Arme und Augen weit nach dem Tode ausgestreckt — während Ich doch jeden durch die tägliche Erfahrung handgreiflich lehre, daß die Welt immer schöner, herrlicher und verklärter wird, je weiter ihr euch von derselben entfernt befindet. Darüber sollte euch schon die Fernsicht einer Gegend einen nicht unbedeutenden Wink geben. Denn ein weitliegendes Gebirge seht ihr oft mit frommem, begeistertem Vergnügen an. Wie ist es dann aber, so ihr an dieses Gebirge selbst gekommen seid, daß ihr an diesem Berg oder Gebirge nichts Schönes und auch kein anderes Vergnügen mehr findet, als das der Fernsicht wieder anderer Gegenden?

20] Seht, darin liegt es auch, daß je mehr ihr euch von der Welt abzieht und euch gleichsam von derselben entfernet, sie euch desto schöner, verklärter und durchsichtiger erscheint; erst da hat der, der Meine Werke betrachtet und achtet, eine reine Lust daran.

21] Denn seht, das Leben wohnt im Inwendigen — und der Tod im Auswendigen! Wer nach dem Leben strebt und lebendig wird, für den wird alles verklärt und lebendig. Denn wer das Leben hat, der haucht alle Dinge

mit dem Leben an, und so werden sie dann lebendig vor ihm und durch ihn. Dem Lebendigen muß der Tod seine Gefangenen ausliefern.

22] Wer aber nach außen strebt, sei es nach was immer, der strebt nach dem Tode und ergreift auch bald das Nächste-Beste, was ihm unterkommt, der eine dies, der andere jenes, das an und für sich nichts als Tod ist. Ein solcher zerstreut sein Leben, wird schwächer und schwächer und stirbt endlich ganz. Und somit ist für ihn auch alles tot und soviel wie gar nicht daseiend. Woher es denn auch geschieht, daß so viele Menschen sogar Mich, als das allerlebendigste Leben alles Lebens, als gar nicht mehr daseiend aus ihren Augen und Herzen verlieren!

23] Seht, Ich hatte euch schon einmal von dem Evangelium der Pflanzen eine kleine Erwähnung gemacht; da habt ihr demnach hier ein kleines Evangelium des Weinstocks! Und so wollen wir nun noch eine kleine fortschreitende Betrachtung des Weinstockes vernehmen.

24] Eine dritte Extremität des Weinstockes ist das Blatt. Dieses wird gebildet aus einem dreifachen Safte. Es gehen nämlich von dem Marke der Rebe Kanäle aus, und zwar gerade an der Stelle, da die Rebe allezeit ein Glied bildet. Und das geschieht nun auf folgende Weise:

25] Nämlich, wie Ich euch schon beim Wachstume des Baumes berührt habe, geschieht auch hier schon ein viel lebhafteres Nachstreben nach Meinem Gnadenfünkchen, welches in dem Samenkorne eingeschlossen ist. Und wenn nun die arglistigen [Natur-]Geister dieses Fünkchens Aufsteigen in dem feinen Zentralgefäße verspüren, dann rennen sie haufenweise schnell in diesem kleinen Stamme dem Fünkchen nach. Allein wenn das Fünkchen zu einer gewissen Höhe emporgestiegen ist, dann umschlingt es, was ihr nicht glauben könnet, mit Blitzesschnelle die Seitengefäße der absurden Geister. Diese rennen aber demungeachtet [dem Fünkchen] nach und wissen bei der tausendkrümmigen Bewegung des Hauptorgans nicht, wohin das Fünkchen seine Richtung genommen hat. Daher suchen sie es auf dieser Stelle [wo die Rebe ein Glied bildet] und schießen dann hier in feinerer Potenz vom Stamme weg und bilden auf diesem Wege den Stiel eines Blattes.

26] Wenn sie nun da eine Zeitlang in diesem Stiele fortgestrebt sind und das Lebensfünkchen demungeachtet nicht gefunden haben, dann beraten sie sich in ihrer einfachen Intelligenz und wollen nun nach allen Richtungen sich wenden, um den Gegenstand ihrer mörderischen Liebe zu finden. Daher spannen sie sich nach allen Richtungen netzförmig aus und lassen nach unten eine Menge Ausläufe, was gleichsam die Haare am untern Teile des Blattes bildet. Und die Netz- und Zwischenräume füllen sie dann durch ihr Suchen ebenfalls noch mit ihrer Substanz aus.

27] Nichts als nur ihre eigene schlechte Hoffnung zwingt sie, nach solchen Teilen in Massen und Massen hinauszurennen. Und wenn nun das Lebensfünkchen gewahr wird, daß da eine hinreichende Masse hinausgeströmt ist, so schnürt es ihre Kanäle bis auf einen mittleren in eben der Schnelligkeit zusammen, von welcher schon früher Erwähnung geschehen ist. Das Lebensfünkchen selbst aber bricht oft gerade in der Mitte solcher nachstrebender Horden aus, allwo dann der schon bekannte Prozeß vor sich geht.

28] Auf gleiche Weise geschieht dann eine solche Handlung, so oft ihr ein Glied an einer solchen Rebe bemerket.

29] Diese Blätter aber läßt das Lebensfünkchen aus der Ursache entstehen, damit es erstens seine Fortbildung unter einem sanften Schatten vornehmen kann, und fürs zweite saugt es dann selbst für die Ausbildung des ihren Kern umgebenden Saftes aus dem Lichtmeere, welches da in Fülle entströmt aus Meiner Gnadensonne, den ätherischen Stoff in sich, in welchem eigentlich der vierfache Segen besteht.

30] Dieser vierfache Segen wird dann, wenn die Traube ausgepreßt worden ist, das Geistige im Weine. Jedoch nicht eher, als bis der Saft alles Unreine aus sich geworfen hat, tritt das Geistige in dem Safte hervor.

31] Seht, auch hierin liegt ebenfalls wieder ein kleines Evangelium — wie die innere Kraft des Lebens erst dann wirksam und fühlbar in die gereinigte Materie übergeht, wenn diese selbsttätig, freilich auch nur durch Meine gar starke Mithilfe, die Schmarotzer des Todes hinausgeschafft hat. Dann wird die Materie selbst verklärt und rein, wie der Saft der Traube im Fasse oder Schlauche.

32] Durch eine ähnliche Zurückgezogenheit von der Welt in das schützende und haltbare Gefäß der Demut wird auch euer materielles Wesen durch die Wirkung des hervortretenden Geistes gereinigt. In dieser Demut geschieht dann eine ähnliche Gärung, wodurch alles

Unreine und Tote der Welt wieder zurückgegeben wird. Das Leben aber, vereint mit seiner geheiligten Materie, bleibt, wie ein guter Wein, im Gefässe der Demut ewig in aller Kraft beisammen.

33] Nun sehet, das ist von dem Weinstocke, soviel ihr ertragen könnet, euch gegeben! Aber es liegt noch, wie überall, Unendliches verborgen, welches ihr für jetzt nicht würdet ertragen können. Jedoch zu seiner Zeit werdet ihr noch mehreres davon vernehmen, teils durch Meinen Knecht, teils aber, so ihr auf euer Inneres aufmerksam sein wollt, auch in euch selbst. — Amen.

☆

Eine Untat als Gleichnis

Am 9. August 1844 (Fortsetzung)

Schließlich gebe Ich euch noch ein kleines Notabene bezüglich einer Untat, die hier[1] vor mehr als siebzig Jahren verübt wurde. Doch sollet ihr davon keinen weiteren Gebrauch machen.

2] Ein Besitzer dieser Realität hatte ein rechtmäßig nach euren Gesetzen ihm angetrautes Weib, mit welchem er, einer ihm wohlgefälligen Hure wegen, in dreijähriger Zwietracht lebte.

3] Er hatte ein Haus in der Stadt und war ein Bürger daselbst, ließ aber seiner Unzucht halber sein Weib mit seinem Kinde allhier [auf dem Landbesitze] wohnen.

4] Als er durch seine liederliche Lebensweise sein Vermögen vergeudet hatte, da wollte er das Vermögen seines ehelichen Weibes auch angreifen, weil ihn die reizende Hure nicht mehr erhören wollte in seinem durch sie verarmten Zustande.

5] Daher kam er nun eines Tages heraus und quälte sein Weib unablässig, daß sie ihm ihr Vermögen einräume. Da sie aber dieses nicht tun wollte, auch unter gar keiner von ihm erheuchelten Bedingung, so glaubte er endlich, solches durch eine Mißhandlung aus ihr herauszupressen.

6] Es war gerade fast um die jetzige Jahreszeit und um die neunte Stunde abends, als er sie zu mißhandeln anfing. Jedoch sie wehrte sich eben auch, so gut als sie nur immer konnte. Da dieses alles nichts half, so nahm er einen Strick, warf denselben seinem Weibe

[1] im Weingarten des Andr. H. bei Graz.

um den Hals und würgte sie, in der Meinung, sie werde, von der Todesangst genötigt, ihm ihr Vermögen vermachen.

7] Allein sie hatte in der frommen Einfalt ihres Herzens den festen Entschluß gefaßt, eher zu sterben, als ihn in seiner Hurerei zu unterstützen. Deshalb hat er sie auch bis Mitternacht gewürgt, allwann sie unter vielen Schmerzen, sich Mir anbefehlend, ihren Geist aushauchte.

8] Als er nun sah, daß sie wirklich tot war, erschrak er so, daß er auf eine Zeitlang seine Besinnung verlor.

9] Endlich aber faßte er aus Furcht vor dem Gerichte einen pfiffigen Entschluß, nahm Licht, Krampe und Schaufel, machte eine fünf Schuh tiefe Grube, warf sie hinein, wie sie angezogen war, und verscharrte sie daselbst. Und zwar das alles gerade unter der Weinpresse, da am wenigsten jemand hingelangen konnte. — Seinen Bekannten aber log und erzählte er trauernd vor, daß ihm sein Weib abhanden gekommen sei.

10] Es wurden nun wohl auch von dem damals sehr lauen Gerichte auf sein Begehren hie und da briefliche Nachforschungen angestellt.

11] Allein die Tote war unter den Sterblichen freilich nicht mehr ausfindig zu machen.

12] Und diese Tat hat zu jener Zeit um so leichter verheimlicht werden können, da man, wie ihr zu sagen pfleget, ohnedies in diesem Lande nicht recht wußte, wer der Herr oder der Diener, oder wer der Koch oder der Kellner ist.

13] Nun, da habt ihr auch diese Begebenheit! Jedoch, was die Namen dieser Personen betrifft, daran soll euch wenig gelegen sein. Denn in Meinem Buche ist alles aufgezeichnet, und auch der Flügel einer Mücke geht ewig nicht verloren.

14] Diese Zeilen enthalten [als ein Entsprechungsbild des argen menschlichen Seelenwesens] Großes, aber sie sind hart zu kauen. Darum sparet eure Zähne und übereilet euch nicht an dieser Nuß. Nur noch eine kleine Zeit, bis die Zähne stark werden! — Amen. Ich, die Ewige Weisheit. Amen.

☆

Das Wesentliche

Nachtrag zur „Untat"

Am 11. August 1840, nachmittags

Nun merket, ihr stummen, tauben und blinden Vorwitzlinge! Meinet ihr denn, daß Ich ein Märchen-Erzähler bin wie ein altes Weib oder ein alberner Schwätzer, wie ihr es seid, da unter tausend Worten, mit denen ihr die Luft mißbraucht, kaum ein halbnützes ist! Sehet, das bin Ich durchaus nicht, sondern Meine Worte sind Kraft und Leben und wesenhaft wahr.

2] So Ich euch bei einer Gelegenheit irgendein wohl passendes, eurem Innern entsprechendes Bild gebe, so sollet ihr nicht nach einer lange schon vergangenen Tat, welche vor mehr als siebzig Jahren geschehen und an der wenig mehr gelegen ist, trachten; sondern ihr sollet da nur trachten nach Meinem Reiche, welches Ich euch, um euer Herz verständiger zu machen, unter allerlei Formen vorführe, wie Ich es tat gleichnisweise zu den Zeiten der Apostel.

3] Wie seid ihr aber töricht, so Ich euch des Himmels goldene Schätze biete — daß ihr da noch könnt lüstern nach Kot und faulen Würmern schnappen! O ihr Toren, meinet ihr, Ich werde euch Weltrichtern einen Kriminal-Plapperer machen? O ihr habt euch gewaltig geirrt! Ich Selbst bin ein gerechter Richter und als solcher brauche Ich euer Gericht nicht. Denn was von Mir gerichtet wird, das wird gerichtet bleiben ewig. Eure Gerichte aber sind ungerecht und voll Bosheit [d. h. ohne Liebe] und verderben [geistig] alles, was sie richten.

4] Ich aber richte jeden nach seiner Liebe — wie ihr nach eurer Blindheit eure Urteile schlecht und unheilbringend machet.

5] Daher sollet ihr auch gar nicht richten, damit ihr nicht gerichtet werdet — sondern nur belehren, bessern und unschädlich machen die Bosheit der Diebe, Räuber und Mörder.

6] Und daher gebe Ich euch zum Schlusse diesen Rat: Leset diese Untat als Gleichnis und suchet euch selbst darinnen in der Demut und wahren Liebe zu Mir. Dann werde Ich euch gerne zu Hilfe kommen und euch leiten in Meiner Gnade. Denn eure Herzen sollen gebildet und die Sinne eures Geistes verständig werden. Und dadurch soll euer ganzes Wesen lebendig werden in Meiner Liebe.

7] Lasset also die Toten tot sein und kümmert euch nicht um ihre Namen, sondern trachtet vielmehr, daß eure Namen im Buche des Lebens aufgezeichnet werden! Trachtet vor allem nach Meinem Reich und dessen ewiger Wahrheit! Alles andere wird euch zur rechten Zeit gegeben werden. — Amen. Ich, die Ewige Liebe und Weisheit. Amen.

☆

Seid unbesorgt!

Am 13. August 1840, nachmittags

An obengenanntem Tage empfing der Freund Jakob Lorbers, Andreas Hüttenbrenner, Bürgermeister von Graz, das Schreiben eines Unbenannten mit folgendem Wortlaut:

Wohlgeborener Herr! Auch die Schriften, welche aus unseren Staaten ins Ausland zum Drucke gesandt werden, unterliegen den k. k. Zensurgesetzen. Da man durch einen Beamten auf Ihr Vorhaben[1] allhier aufmerksam gemacht wurde, so erinnere ich Sie und ihre Herren Teilnehmer freundschaftlich, diese Gesetze nicht zu übertreten, um sich nicht gewissen Unannehmlichkeiten auszusetzen."

Jakob Lorber und seine Freunde richteten danach folgende Bitte an den himmlischen Vater:

Herr! Wir bitten Dich in aller Demut, wohlbewußt unserer großen Schwäche, infolge welcher wir ohne Dich, Du allerbester Vater, nichts, mit und in Deiner großen Liebe und Gnade aber alles nach Deinem heiligen Willen vermögen. Du weißt all unser Tun und Lassen, und auf unserem Haupte ist kein ungezähltes Haar. Du weißt, daß uns die Welt nicht mehr anziehen kann, am allerwenigsten aber die wie immer gearteten politischen Verhältnisse; daß wir nur Dein lebendiges Wort suchen, um nach demselben ein Dir, o bester Vater, wohlgefälliges, stilles, sonst aber aller Welt und deren Verhältnissen unschädliches Leben zu führen. Sage uns gnädigst, was hinter dem Schreiben an Bruder A. steckt? O bester Vater, Du Ewige Liebe in Jesu Christo, erhöre unsere Bitte! — Dein Wille geschehe! Amen.

Es erging folgende Antwort:

1] Nun, so schreibe! — Ich sage dir, nichts ist dahinter! — Wenn aber ein so großes Licht aus den allerhöchsten Himmeln zur Erde darniedersteigt, wie sollte es geschehen, daß es nicht irgend gewittert

[1] Vermutlich: Drucklegung der Lorberschriften. D. Hsg.

werden möchte!? Seht ihr doch noch den leisen Schimmer einer unendlich fernen Sonne, wie wäre es möglich, daß das allerhöchste Licht so ganz und gar unbemerkt zur Erde gelangen sollte!?

2] Aber seid unbesorgt, es geschieht alles nur nach Meinem Willen! Keinem von euch wird je ein Haar gekrümmt werden. Daher seid fröhlich und voll guten Mutes! Denn Ich bin ja allezeit bei euch.

3] Liebet nur Mich und sehet allezeit auf Mich! Und machet euer Vertrauen fester als einen Diamanten. Denn wer auf Meinem Grunde baut, der bauet fest. Und Ewigkeiten werden keinen Stein verwittern in allen Gemächern eines Hauses, das da gebaut wurde auf Meinem Grunde in der wahren Liebe zu Mir!

4] Wahrlich, wahrlich, wahrlich sage Ich: Diese ganze Erde wird verwehet sein wie Spreu mit all ihren schönen Herrlichkeiten, ja, in der ganzen Unendlichkeit wird jede Sonne ewig zunichte werden — aber höret, was da Ich gesagt habe, wird bestehen wesenhaft, solange Ich, Gott, der Unendliche, der Ewige, bleiben werde!

5] Wehe aber dem, der es wagen wird, böswillig daran auch nur ein Häkchen zu ändern, für den wäre es besser, er wäre nie geboren worden. Denn ewig verflucht sei der, der da widerstreben wird dem Geiste Meiner großen Gnade!

6] Ich lege der Welt keine Hindernisse in den Weg und lasse sie wandeln ihre Schlammwege; aber das sage Ich: Den Spötter werde Ich stürzen in die Gräber der Finsternis, den Verächter strafen mit dem plötzlichen Tode, und wer da wird aufhalten wollen Meine Schritte, der wird zerquetscht werden gleich einem Wurme. Wer aber aus zeitlichem Interesse Meine Wege mit vernichtenden Augen ansehen wird, den wird Mein Blick vernichtend treffen, und da soll ein [blinder] Teufel eher Gnade finden als ein solcher Satansbruder!

7] Einst trat Ich als Bettler arm und schwach auf die Erde und wurde gekreuzigt. Nun komme Ich als starker Held und Mein Gericht mit Mir! Wer Mich ergreifen wird mit Liebe, der wird leben ewig; wer aber auch nur einen Finger gegen Mich kehren wird, der soll gekreuzigt werden im Feuer Meines Grimmes!

8] Das sei euch eine sichere Urkunde aus Meinem Munde, daß ihr nichts zu besorgen habt. Denn jetzt nehme Ich jeden auf, zu dem Ich komme und der Mich aufnimmt. Wer da hören wird Meine Stimme, der wird leben; der Taube aber wird zugrunde gehen.

9] Das sage Ich, die Ewige Wahrheit, aus der großen Mitte Meiner unendlichen Macht! — Amen, Amen, Amen.

☆

Die Perlenmuschel — und die Urstufen der Tierwelt

Am 15. August 1840, von 9 Uhr vormittags bis ½1 Uhr nachmittags

Schreibende: K. G. L. — S. — Andr. u. Ans. H. — Das Thema „Perlen-Muschel" wurde erst heute, als wir an den Schreibtisch gingen, gewählt. Unser Herr sprach durch den Mund Seines Knechtes J. L.:

Bevor Ich euch etwas über diesen Gegenstand [Perlenmuschel] sagen werde, ist es für euer Verständnis notwendig, einen kleinen Rückblick zu machen; da eine vorgerücktere Stufe nicht begriffen werden kann, bevor das Vorhergehende zu einer gewissen Klarheit in eurem Gemüte geworden ist.

2] Nun sehet, unter allen Gelehrten und sogenannten Naturforschern weiß niemand, und schwerlich wird jemand aus sich wissen, wo in der Schöpfung die eine [Wesen-]Klasse aufhört und in die andere übergeht, noch wo die erste den Anfang nimmt. So weiß niemand, wo das Mineralische den Anfang nimmt und wo es aufhört, ebensowenig weiß jemand den Beginn der Pflanzenwelt und den Schluß derselben. Und am allerwenigsten weiß jemand, wo die animalische Welt beginnt und wo sie ihr Ende nimmt. Denn dem Forscher erscheint alles ineinandergeschmolzen, während bei Mir die scharfbegrenztesten Unterschiede stattfinden. Ja, Ich sage euch, es gibt in der ganzen Schöpfung auch nicht zwei Dinge, die davon eine Ausnahme machen.

3] Dem matten Auge eines solchen Naturforschers erscheint freilich, daß Nacht und Tag sich in einem unmerklich übergehenden Zusammenfließen vereinen. Aber seht, diese Bemerkung eines solchen Naturforschers liegt bloß in der außerordentlichen Schwäche seiner inneren Sehe begründet.

4] Damit ihr dieses jedoch notwendigerweise leichter fassen und begreifen möget, so will Ich euch ein paar sehr handgreifliche Unterschiede geben.

5] Sehet, dem Naturblinden schmelzen Tag und Nacht innig zusammen, er wird zwischen der Nacht und dem schwachen Schimmer des Tages einen kaum merkbaren Unterschied finden. Aber so ihr ein fernes Gebirge betrachtet, besonders wenn die Luft noch ziemlich trübe ist, so werdet ihr an dem Gebirge nichts als eine flache Wand erblicken, während dieses Gebirge doch nichts weniger als eine flache Wand ist, wovon ihr euch schon öfter werdet überzeugt haben. Dasselbe ist der Fall, so ihr eine vollkommen ebene Fläche, z. B. eines wohlgeschliffenen Diamanten, betrachtet. Würdet ihr diese Fläche mit einem Mikroskope betrachten, welches die Linien zehnmillionenmal vergrößern würde, so würdet ihr auf einer solchen ebenen Fläche ganze Klüfte und Abgründe entdecken — woraus euch schon in naturmäßiger Hinsicht sehr leicht begreiflich werden würde, wie sehr sich die halb und oft ganz blinden Naturforscher an der Natur irren, wenn sie meinen, daß die Dinge in ihren Klassen, Formen und Charakteren ineinanderfließen.

6] Dieses war notwendig vorauszuschicken, denn sonst könntet ihr das Folgende unmöglich begreifen. Es ist besser, von einem Dinge und dessen Verhältnissen gar keine Vorstellung zu haben, als eine falsche. Denn wer da steht auf einer morschen Stufe, der wird seinen Fuß nicht eher zur zweiten heben als die erste samt ihm in den Abgrund sinken wird.

7] Nun, so merket, wo die Tierwelt anfängt! — Ihr werdet meinen, das Wasser sei die Mutter der Tiere. Allein es ist dem nicht so. Denn wo ihr mit dem Mikroskope in einem Tropfen des Wassers animalische Lebensformen entdeckt, da steht das Reich der Tiere schon auf der tausendsten Stufe der Fortbildung.

8] Die erste Klasse der Tierwelt sind die unendlich kleinen Bewohner des Aethers. Sie sind in demselben ungefähr das, was ihr in eurer Sprache „Atome" nennet und sind so außerordentlich klein (wohlgemerkt nur eurem Auge), daß auf einem Punkte, den ihr nur unter einer starken Vergrößerung als solchen entdecken könntet, schon mehrere Trillionen überflüssigen Platz fänden.

9] Wenn ihr solche Tierchen mit euren Augen entdecken wolltet, so müßtet ihr einen solchen Punkt trillionenmal vergrößern können, was euch im irdischen Leben wohl nie gelingen wird, allda nie ein sterbliches Auge die Dinge in ihrer Wahrheit wird schauen können, sondern nur das Auge des Geistes.

10] Nun werdet ihr fragen, woher diese Tiere kommen und wie sie entstehen? — Da sage Ich euch: Diese Tiere entstehen aus dem Zusammenflusse der Sonnenlichtstrahlen, welche sich allenthalben in dem unermeßlichen Schöpfungsraume begegnen. Und daher wird es euch auch verständlich klar werden, wozu das viele Licht, welches der Sonne in die weiten, leer scheinenden Räume entströmt, von Mir, gewiß nicht unweise, verwendet wird.

11] Die Gestalt dieser Tiere ist die einer Kugel, deren Oberfläche äußerst glatt ist. Ihre Nahrung ist die Essenz des Lichtes. Und ihre Lebensdauer ist der trillionste Teil einer Sekunde, worauf sie — nach ihrem Ableben zu Trillionen sich einend — eine zweite Klasse [von Wesen] zu bilden anfangen, die sich zwar hinsichtlich der Größe von ihren Vorgängern um nicht gar vieles unterscheiden; nur wird ihr Leben um soviel konzentrierter, so zwar, daß sie schon ein Bedürfnis nach Nahrung empfinden; daher sie auch schon mit einem Organe versehen und unter dem Ausdrucke „Monaden" zu verstehen sind.

12] Diese Tiergattung hat ihren Lebensraum schon in der Planetensphäre, d. h. in dem Bereiche, allda Planeten um die Sonne kreisen. Ihre Lebensdauer ist der tausendbillionste Teil einer Sekunde. Sehet, wie groß auch der Unterschied zwischen der Lebensdauer eines Atomes und einer Monade ist, so ist er aber für euch — eurem natürlichen Wahrnehmen nach — doch ein ganz unmerkbarer, da ihr mit euren Sinnen den trillionsten und tausendbillionsten Teil wohl niemals unterscheiden möchtet. Und doch wird euch die Rechnung einen ungeheuren Unterschied zeigen. — Nun auf gleiche Weise wird fast unter gleicher Gestalt eine Klasse nach der andern mit einem stets potenzierteren Leben gebildet, bis endlich das Leben solcher Wesen zu einer solchen Potenz gediehen ist, daß es anfängt, sich an der obersten Luftregion als ein lichtvoller, bläulicher Dunst anzusiedeln.

13] Die Lebensdauer dieser Wesen ist dann schon nach und nach bis zum tausendmillionsten Teile einer Sekunde angewachsen. Da geschieht es dann öfter, daß sich durch einen innern Trieb viele Trillionen und Trillionen solcher Blaulicht-Tierchen ergreifen und zur Fortbildung einer höheren Klasse begatten.

14] Ein solcher Prozeß wird dann euren Augen unter der Gestalt einer sogenannten Sternschnuppe sichtbar. Das Leben vieler solcher Tierchen tritt dabei aus ihren leichten Larven und vereinigt sich dann wieder zu einem Leben. Die Larven aber fallen dann vermöge ihrer Lebenskraft-Kompression als scheinbare, oft als weichere, oft aber auch schon als steinfeste, sogenannte „*Meteoroliten*“ zur Erde und vermehren die Erde mit ihrer toten Wesenheit.

15] Die nun freigewordenen Tierchen-[Seelen] sammeln sich dann gerade auf der spiegelglatten Oberfläche der atmosphärischen Luft in großen Massen und werden euch sichtbar als sogenannte „*Lämmerwolken*“. Bei diesen Tierchen, die noch immer unendlich klein sind für euer Auge, findet schon eine Reproduktion ihresgleichen statt, welche jedoch nicht permanent [fortdauernd], sondern intermittierend [zeitweilig] ist. Denn wenn sie sich bis zu einer gewissen Masse und großen Anzahl vermehrt haben, dann werden sie vermöge der entlebten, freigewordenen Lebenshülschen schwerer und schwerer und sinken dann unter die Oberfläche des Luftmeeres. Dadurch geschieht wieder eine gewisse Vermählung erwähnter Tierchen-Massen mit dem in der Luft konzentrierten *wärmehaltigen Lichte*, welches unter dem sogenannten „*elektrischen Stoffe*“ verstanden wird.

16] Dadurch wird nun sogleich eine schon vollkommenere, sehr *lebhafte Klasse* gebildet, und diese füllt dann die Luft in dichter *Wolkengestalt*.

17] Wenn dann — was freilich nur periodisch geschieht, je nach dem mehr oder minder starken Ausströmen des Lichtes aus der Sonne (was von den verschiedenen, euch noch unbekannten, großen Prozessen auf dem Sonnenkörper herrührt) — nach euren Begriffen diese Wolken vermöge ihrer schon wieder potenzierten Reproduktionskraft zu einer großen Masse herangewachsen sind, allda geschieht dann wieder ein *Klassenwechsel*. Das Leben entbindet sich aus den noch immer kugelförmigen Larven, welche jetzt schon so groß sind, daß sie unter einem starken Mikroskope bereits wahrgenommen werden können, und fährt dann urplötzlich mit großer Schnelligkeit und großem Getöse als sichtbarer *Blitz* zur Erde, oft auch wieder in die feuchten Teile der Luft — und teilt sich sogestalt in großer Schnelle teils der Materie, teils der Vegetation der Pflanzenwelt, hauptsächlich aber einer in seiner Lebenssphäre ihm zunächstliegenden Tierklasse mit.

18] In die entleerten Larven aber zieht sich alsogleich beim Austritte des Lebens aus denselben die Feuchtigkeit der Luft, welche Feuchtigkeit eigentlich eine wohlgesegnete Substanz Meiner Barmliebe ist, und fällt dann nach Vereinigung vieler solcher segenerfüllter Larven als *Regen* zur Erde.

19] Nun erst fängt ein irdisches Tierleben an, und zwar in den Zwischenräumen solcher wassergefüllter Hülschen, und saugt die Nahrung aus Meiner Barmliebe.

20] Wenn dann nun die erlösten und freigewordenen Geister aus dem unteren Pflanzenreiche solches gewahr werden, alsdann treten sie nach Meiner Ordnung alsobald aus ihren Hüllen, vereinigen sich mit diesem gleichsam elektrischen Tierleben zu Millionen in eines und bilden die euch schon etwas bekannten sogenannten Infusionstierchen; wovon ihr euch überzeugen könnet, so ihr was immer für eine Pflanze nehmet, dieselbe ins Wasser leget und einige Zeit stehen lasset. Wenn ihr dann einen großen Tropfen unter ein gutes Mikroskop bringet, so werdet ihr da sobald schon in einem nur sandkorngroßen Punkte gar viele frei lebende und sich bewegende, geformte Wesen entdecken. Das ist nun die erste Tiergattung, die in der sichtbaren Materie dem aufmerksamen Beobachter zum Vorscheine kommt.

21] Jedoch werdet ihr nach Verlauf einer längeren Zeit in einem solchen Tropfen nicht nur eine, sondern wohl tausenderlei Tiergattungen entdecken, die sich in ihrer Form und Benehmungsweise wesentlich unterscheiden. Und ihr müßt ja nicht meinen, daß diese Tiere zugleich entstehen, sondern da geht immer eine Klasse durch die Vereinigung aus einer andern hervor.

22] Wenn ihr sehr gute Instrumente besitzen würdet, welche bis jetzt freilich noch nirgends in erwünschter Vollkommenheit vorhanden sind, so würdet ihr in der Beschaffenheit einer höheren Klasse noch deutlich zahllose Formen einer unteren Klasse entdecken. Denn da geht eine zweifache Zeugungsweise vor sich, nämlich die von Seinesgleichen und die einer höheren Klasse, welches auf folgende Weise geschieht:

23] Eine höherstehende Tierklasse nämlich verschlingt sehr gefräßig eine Unzahl [Lebewesen] aus der unteren Klasse. Dadurch wird nun aus dem materiellen Substrate und der individuellen Beschaffenheit der höheren Klasse Seinesgleichen reproduziert. — Jedoch was die vielen dadurch freigewordenen geistigen Potenzen in einer solchen höheren Klasse betrifft, so bilden diese — sich wieder einend — immerwährend eine noch höhere Klasse, welcher Akt dem materiellen Auge freilich niemals sichtbar werden kann, da er ein geistiger ist.

24] Und so geht es von Stufe zu Stufe höher, bis wieder ein Kreis von tausend Gattungen durchgegangen ist. Allda geschieht dann wieder ein sichtbarer, großartiger Prozeß, welcher sich durch Stürme oder sonstige große Bewegungen im Wasser kundgibt, allwann solche Geister schon mächtig werden und ihre Gegenwart in den Winden fühlen lassen. — Da geschieht dann eine Teilung. Einige vereinigen sich zu allerlei Gewürm der Erde, andere aber zu dem [Gewürm] des Wassers. Und diese Weiterzeugung geschieht dann durch Bewegung von sichtbaren größeren Hülsen, welche ihr schon „Eierchen" nennt, woraus dann wieder ein und dieselbe Gattung sich reproduziert zur Aufnahme einer vielfältigeren unteren Klasse.

25] Zunächst solchen Würmern kommen dann schon die kleineren Gattungen der Schaltiere, und zwar zuerst die der Schnecken. Zunächst dieser auch zugleich die der Muscheltiere, welche beide Gattungen fast zu gleicher Zeit entstehen — nur mit dem Unterschiede, daß der bessere, gewisserart männliche Teil zu Schnecken und der schlechtere, gewisserart weibliche Teil zu Muscheln wird.

26] In dieser Schnecken- und Muschelgattung geschieht dann wieder bis zur Schildkröte eine ebenfalls tausendfache Progression [Fortentwicklung]. Jedoch weiter wollen wir für diesmal die Ordnungen nicht verfolgen, sondern wollen nun bei der sogenannten Perlenmuschel verbleiben.

27] Die Perlenmuschel steht in der Fortbildung in der neunhundertneunzigsten Stufe und ist aus einer Vereinigung der euch bekannten Perlmuttermuschel mit der euch ebenfalls bekannten Perlmutterschnecke hervorgegangen. Allda vereinigt sich [nämlich] ein zweifaches Leben, ein weibliches und ein männliches.

28] Das weibliche Leben verschließt sich in eine äußerlich rauhe, innerlich jedoch sehr schön metallisch schimmernde Doppelhülse und vegetiert in derselben ganz wohl. Es nährt sich von den substratreichen Würmerlarven, aus denen es das Substrat in sich saugt. Die ganz ausgesaugte Larve aber verwendet es zum Weiterbau seines Gehäuses, welches also geschieht:

29] Wenn das Muscheltier durch seine vielen Saugrüsselchen seine Kost genommen hat, so behält es das Substanzielle als seine Nahrung in sich und schwitzt die leeren, erweichten Hülsen durch eben diese Rüssel wieder an seine Schale, allwo sie sich ankleben und durch den Beitritt des salzigen Wassers festen, da sie dadurch herbe, zusammenziehend und kompakt werden.

30] Wenn nun eine Perlenschnecke gewahr wird einer solchen weiblichen Muschel, dann kriecht sie sogleich hin zur selben, setzt sich an die runzlichte Schale und bohrt an dem fühlbaren feineren Teile der Muschel Oeffnungen oder Löcher. Wenn nun die Muschel solches liebegeartetes Treiben der Schnecke gewahr wird, alsdann fängt sie an, ihre unverdaulichen Nahrungsteile, nämlich die Larven, deren erwähnt wurde, an den Stellen, wo die Schnecke durchgearbeitet hat, abzusetzen, um die Oeffnungen gleichsam zu verstopfen. Die Schnecke aber hindert ihrerseits das Gelingen soviel als ihr nur immer möglich. Denn sie schwitzt dann bei solchen Oeffnungen ebenfalls ihren Unrat hinein, wodurch sich natürlicherweise eine Art Kugel innerhalb einer solchen Oeffnung gestaltet, welche dann sowohl aus den Exkrementen der Perlenmuschel als auch aus denen der Schnecke sich formt und an welcher — besonders wenn sie größer geworden ist — noch allerlei Kampfeindrücke wohl bemerkbar sind.

31] Auf solche Art geht dieser Kampf oft viele Jahre vor sich. Und wenn dann eine bestimmte Lebenszeit verflossen ist, alsdann verläßt die Schnecke ihre Stelle und macht sich an den sogenannten Mund der Muschel, allwo sie mit einem ihr eigentümlichen Stachel das Fleisch der Muschel durchsticht. Dadurch öffnet sie dem Leben der Muschel die Türe, worauf sie ihr eigenes Haus verläßt, sich selbst mit diesem Leben vereinigt und dann in einer höheren Schneckengattung, als die sogenannte Nautilus-Schnecke, auftritt, allwo sie voll Freude ist, ein schönes Haus baut, selbes sogar äußerlich und innerlich mit schönen Zierraten bemalt und zum Zeichen des Sieges — besonders bei Stürmen, gleichsam ihr erhöhtes Leben zeigen wollend — eine förmliche Fahne emporschießen läßt.

32] Nun sehet, das ist die ganze naturgemäße Bildungsgeschichte der Perlenmuschel und kann euch als ein sinnreiches Bild dienen, wie durch Beharrlichkeit und Ausdauer im Guten ein schöneres und erhabeneres Leben durch die Vereinigung des Guten und Wahren aus Mir hervorgeht und stark und mutig selbst die Stürme der Zeiten zu seiner Freude verwendet. Denn dem Sieger ist das Zeichen der Macht eine Krone und gibt ihm eine friedliche Seligkeit im Anblicke seines Beharrens. Nur dem Besiegten ist der Anblick der Siegestrophäen eine Qual.

33] Daher sollet auch ihr mit dem Stachel eurer Demut in euer Inneres graben, um dadurch eurem Geiste die Türe des Lebens in euch zu öffnen. Und wie die kostbaren Perlen als Zeichen edlen Strebens in der toten Muschel zurückbleiben, so werden eure Taten, wenn sie aus Meiner Liebe und Wahrheit hervorgegangen sind, der

Nachwelt dauernd zurückbleiben. Und da wird keine so klein sein, daß sie nicht gleich einer auch noch so kleinen Zahlperle an die große Zierschnur des menschlichen Lebens frucht- und heilbringend gereihet werden möchte.

34] Sehet, das ist nun wieder ein kleines Evangelium, welches euch eine Perlenmuschel predigt. Und so, wie in ihr, liegt in jedem naturmäßigen Dinge eine große Spur, entsprechend Meiner ewigen Liebe und Weisheit, verborgen.

35] Daher seid fleißig, dieweil es Tag unter euch geworden ist, und sammelt euch des Oeles viel von Meinem lebendigen Oelbaume — damit, wenn nach dem Tage wieder eine Nacht kommen sollte, ihr euch eine Lampe anzünden möget zur Zeit der Nacht und erwarten Mich, den Bräutigam eures Lebens. Denn wenn Ich zu jemand komme, so komme Ich nie am Tage, sondern allezeit zur Nacht, kehre aber nur in ein Haus ein, allwo Ich ein sanftes Licht Meiner Liebe brennen sehe.

36] Denn die Liebe ist das wahre Oel des Lebens. Wenn ihr dieses Oel in die Lampe eures Herzens gießet, so werde Ich es anzünden mit Meiner Gnade. Und wenn nun dadurch die Nacht eurer Seele erleuchtet ist, dann erst werde Ich kommen als wahrer Bräutigam des Lebens und Wohnung nehmen in euren Herzen.

37] Daher seid emsig und fleißig! — Amen! — Ich, die Ewige Liebe und Weisheit, sage es euch! — Amen.

☆

Vom Weg zur Wiedergeburt

Am 15. August 1840, abends

Hier gebe Ich euch ganz kurze Verhaltungsregeln, welche genau und wohl zu beachten sind, so ihr wollt sicher sein vor allen Nachstellungen der Welt und auch den kürzesten Weg wollt einschlagen, um baldmöglichst in den Besitz Meiner Gnade und daraus zur völligen Wiedergeburt zu gelangen.

[Die mit diesen Worten eingeleitete Kundgabe ist unter dem Titel „Der Weg zur Wiedergeburt“ in der Sammlung der Neusalemsschriften besonders herausgegeben.]

☆

Die Naturseelenentwicklung im Tierreich

Am 16. August 1840, von 9 bis 12 Uhr vormittags

Schreibende: K. G. L. — S. — D. — Andr. und Ans. H. — Der Herr sprach durch Jakob Lorber wie folgt:

Damit ihr euer heutiges[1] Thema, welches in der inneren [geistigen] Darstellung einer Taube besteht, begreifet, so ist es notwendig, einige flüchtige Rückblicke auf das am gestrigen Tage[2] euch Mitgeteilte zu machen.

2] Obschon die Bewohner der Luft nächst den Bewohnern des Wassers die höhere Fortbildungsstufe einnehmen, so ist es doch, wenn man aus dem Wasser gestiegen ist, nötig, zuerst über die Fläche der Erde einen Blick zu werfen und dann sich erst in die Regionen der Luft zu erheben, um daselbst eine nähere Bekanntschaft mit deren geflügelten Einwohnern zu machen.

3] Im Wasser gibt es eine sonderbare Art Wesen von einer sehr unförmlichen Gestalt, die da nicht besser aussieht als ein vielbezweigter Baumast und von euch mit dem Namen „Polyp" benamset wird. Dieser Polyp setzt sich gleich einem Baumgewächse an irgendeiner Stelle fest, wurzelt sich in dieselbe ein und ergreift mit seinen vier, fünf, sechs, oft auch sehr vielen Armen oder Rüsseln die ihm nahekommenden Gewürmer und andere Wasser-Insekten und verschlingt dieselben in sich, wodurch er dann — besonders in den unteren Tiefen des Meeres — zu einer baumartigen Größe heranwächst.

4] Wenn dadurch nun seine Verdauungsorgane fester und fester geworden sind, so fängt er, auch hierin gleich einem Baume, an, teilweise abzusterben und lebt nur noch in seinen äußeren, jüngst gewachsenen Rüsseln fort. Jedoch nach und nach, besonders wenn es ihm anfängt an hinreichender Nahrung zu gebrechen, so wird er dann ganz tot.

5] Ist nun dieses mit ihm vorgegangen, so geht sein ganzes unförmliches Wesen in eine unzählige Menge von kleinen rötlichen Würmern über. Diese Würmer zehren dann, sich gewaltig vermehrend, wohlbehaglich an einem solchen abgestorbenen Polypen. Und wenn sie sich so gewisserart zu Tode gefressen haben, dann vereinigt sich ihr Leben zu einem Leben, aus welchem dann eine Art Fische zum Vorscheine kommt.

---

[1] von den Freunden Jakob Lorbers gestelltes. — [2] über die Perlenmuschel.

6] Dieser Fisch ist der nämliche, der euch unter dem Namen „Tintenfisch" oder „Tintenwurm" (Sepia) bekannt ist und in großen Mengen seine Wohnung vorzugsweise in den größten Tiefen der Meere hat.

7] Seine Nahrung besteht ebenfalls in einer Art schwarzbrauner Würmer, welche ungefähr die Gestalt eines Haferkornes haben, an ihren Bauchseiten gleich einem Fische mit zwei Flossen versehen sind und ihren Feind ganz wohl kennen. Wenn nun unser Tintenfisch seine Mahlzeit halten will, so trübt er das Wasser mit einem schwarzen Safte, welcher zugleich eine betäubende Wirkung auf die kleine Tierwelt ausübt.

8] Nun, auf diese Weise bereitet er sich dann immer seine Mahlzeiten. Und wenn er sich so jahrelang hindurch an Tausenden und Tausenden solcher Würmer sattgefressen hat, so stirbt er natürlich in der Menge seines Geschlechtes, nachdem er mehrere Millionen solcher [Würmer-]Leben in sich aufgenommen hat.

9] Diese nun so potenziert vereinten Würmerleben[1] vereinen sich dann wieder — wie schon bekannt — in eines, von welcher Vereinigung freilich wieder keinem Naturforscher je etwas geträumt hat. Ich aber, als der Urheber aller Dinge, weiß wohl alle Wege, die Ich vorgezeichnet habe in Meinen Werken. Und somit sage Ich euch, daß aus der Vereinigung solcher Leben wiederum ein anderes Wesen hervorgeht, und das zwar der sogenannte „Seefalk" oder „fliegende Fisch".

10] Dieser Seefalk nährt sich nun teils von den Insekten des Meeres, teils aber auch von den Insekten, die er in einem raschen Fluge in der Luft fängt; daher hat er auch seiner inneren Gestaltung nach eine doppelte Einrichtung, nämlich die eines Fisches und die eines Vogels. Er hat nämlich in seinem Bauche eine Blase, die er augenblicklich mit atmosphärischer Luft füllen und nach seinem intelligenten Vermögen auch wieder ganz oder zur Hälfte entleeren kann.

11] Aber da ist wieder für die Naturforscher ein unauflöslicher Knoten vorhanden, da sie nicht wissen, wie der Fisch in der Mitte des Wassers zu atmosphärischer Luft kommt und woher er sie nimmt.

[1] D. h. ihr Seelisches. Es ist bei diesen Vereinigungen immer an die Seelen der Geschöpfe zu denken, weniger an deren Leibliches. Denn nur die ersteren leben als Seelenteile in den höheren Geschöpfen fort. Die Leiber werden in ihre Atome aufgelöst und dienen den höheren Geschöpfen nur teilweise zum leiblichen Aufbau.

Jedoch so schwer wie den Naturforschern wird es Mir nicht sein, euch auch dieses Rätsel völlig zu lösen. Also merket:

12] Der Fisch läßt durch einen eigenen Kanal einige Tropfen Wasser in die Blase hineindringen. Unter der Blase aber befindet sich ein dunkles, metallisch aussehendes Gewebe. Dieses Gewebe hat die Eigenschaft, daß es alsbald eine über 80 Grad heiße Temperatur annimmt, sobald sich ein Tropfen Wasser über ihm in der Blase befindet. Durch diese plötzlich erzeugte Hitze wird das Wasser in einem Augenblicke in einen Dunst aufgelöst und füllt somit die Blase mit atmosphärischer Luft. Diese chemische Handlungsweise ist nach Meinem Willen jedem Fische, je nach seinem Bedürfnisse, so geläufig wie euch die Bewegung eurer Hände und Füße.

13] Nun, eine solche Einrichtung hat denn also unser fliegender Fisch. — Aber sebt, so könnte er noch nicht fliegen, und wären seine Flügel auch ellenweit. Sondern er hat noch nebst dieser Blase durch sein ganzes Körperwesen eine Menge Röhrchen oder Organe gezogen, welche — wenn er fliegen will — sogleich mit einem äußerst leichten Gase gefüllt werden. Diese Füllung geschieht auf folgende Weise:

14] Die atmosphärische Luft wird durch einen eigenen inneren, elektrischen Prozeß geteilt, dadurch sinkt das Schwere der atmosphärischen Luft als tropfbare Flüssigkeit in der Blase nieder und wird durch einen eigenen Kanal, der sich nur bei einer solchen Gelegenheit öffnet, alsogleich hinausbefördert. Das sehr leichte Gas aber strömt dann in die erwähnten vielen Röhrchen und benimmt der Fleischmasse des Fisches in gerechtem Verhältnisse dessen natürliche Schwere, so zwar, daß sein Körper [annähernd] gleichgewichtig wird mit der atmosphärischen Luft. Nun spannt der Fisch seine Flügel aus und kann mittelst dieser auf natürliche Weise fliegen wie ein Vogel. Dabei geben ihm seine Flossen nach seiner Intelligenz die Richtung, und seine Flügel erheben ihn zu jeder beliebigen Höhe.

15] Sehet, das ist nun die mechanische Beschaffenheit dieses Tieres. Wie aber dieses Tier von zweierlei Kost lebt, so hat es auch zweierlei Feinde; nämlich im Meere eine größere Gattung der Raubfische, und in der Luft eine Menge große Wasservögel, die fast allezeit diesen Luft-Usurpator für seine Keckheit mit dem Tode bestrafen.

16] Da dieser Fisch nun eine ganz gutmütige Gattung ist, so geschieht nach seinem Austritte aus solchem Leben folgender Teilungsprozeß:

Der weibliche Teil, somit auch der blödere, vereinigt sich und geht sogleich in eine Vogelgattung über, welche bei euch unter dem Namen die „Seemöve" bekannt und noch immer auf die Nahrung der Wasserinsekten beschränkt ist. — Der männliche Teil aber vereinigt sich ebenfalls [1], und er wird zum Gegenstand eures heutigen Themas — und somit wären wir zu der sehr bedeutungsvollen „Taube" gekommen.

17] Ich sage euch, was das Lamm unter den Vierfüßlern, das ist die Taube unter den Bewohnern der Luft, aus welcher Ursache sie auch wohlbekanntermaßen von Mir als das Bild der Sanftmut, ja oft auch als das Bild der Heiligkeit Gottes dargestellt wird. Und so steht dieses Tier an der Spitze aller Bewohner der Luft und zugleich, durch seine Sanftmut und gänzliche Unschädlichkeit, auf der letzten (d. h. höchsten) Stufe, allwo ihre Geister [2], sogleich mit zahllosen Geistern aus andern edlen Kreaturen beherrschend vereint, zu Menschen-Seelen werden. — Ihr weiblicher Teil entspricht der sanften Liebe, ihr männlicher der daraus fließenden Gnade.

18] Ihr werdet euch zwar, da es im Meere eine so gewaltige Menge der Tiergattungen gibt, fragen, auf welche Weise wohl diese alle bis zur [Stufe der] Taube gelangen können. Allein da sage Ich euch, der sogenannte Polyp ist eben auch sehr verschiedenartig, und da gibt es denn fast jeder Tiergattung des Wassers entsprechende Polypen. Und diese Polypen sind durchgehends nicht, der Meinung eurer Naturforscher entsprechend, eine allerunterste Gattung der Tierwelt, sondern vielmehr ruhige Läuterungsanstalten, welche immerwährend — ohne abzusetzen — in sich verschlingen, was ihnen unterkommt. Und so sind sie eine Mittelstufe zwischen den Würmern und allen möglichen Fischgattungen. Denn durch sie wird die Welt der Würmer in eine höhere Stufe befördert.

19] Die Fische aber stehen schon sämtlich auf dieser [höheren] Stufe, da sie nach ihrer Lebens-Vereinigung zu Bewohnern der Luft werden. Und so entspricht fast jede Fischgattung einer Vogelgattung.

20] Jedoch ist im Meere noch eine andere Gattung der Tiere, welche durch das euch schon bekannte Schaltier-Leben fortgebildet wird, deren letzte Bildungsstufe schon so gestaltet ist, daß sie teils im Wasser, teils auch auf der Erde in atmosphärischer Luft leben können. Dergleichen Tiere sind die Schildkröten wie auch noch andere,

[1] mit vielen seinesgleichen. — [2] d. h. ihre Seelenelemente.

schildlose Kröten- oder Frösche-Gattungen; welche Tiere alle schon mit den Sinnen des Gesichtes, des Gehöres, des Geruches und des Gefühles sowie auch des Geschmackes begabt sind. Ferner sind das Seekalb, der Seelöwe, das Walroß und so auch alle Vierfüßlern entsprechende Tiere als Halbbewohner des Wassers und der Erde anzusehen, durch deren Gattungsvereinigung entsprechende Vierfüßler der Erde [Landtiere] werden.

21] Es gibt dann noch eine dritte Fortbildungsstufe im Meere, welche jedoch seltener, daher auch großartiger und wunderbarer ist, davon Ich euch bei anderer Gelegenheit näheres kundgeben werde.

22] Doch nun kehren wir wieder zu unserer Taube zurück, welche wir noch näher beleuchten wollen.

☆

Entstehungsgeschichte und Lebensbestimmung der Taube

Am 16. August 1840 (Fortsetzung)

Obschon die Taube auf diese nun bekannte Weise dem Meere entstieg, so gehört sie aber doch in der Klasse der Vögel zu derjenigen Gattung, welche aus allen drei Reichen der Natur — fast gleich einem Menschen — Nahrung zu sich nehmen kann. Sie kann Körner, Gras, Würmer, Insekten und sogar kleine Steinchen verzehren, in welcher Hinsicht sie euren Haushühnern gleichkommt.

2] Die Taube selbst aber zerfällt in ihrem Geschlechte, wie auch jede andere Vogelart, in mehrere Gattungen. Und da gibt es eine sogenannte Holz- oder Wildtaube, eine Turteltaube, eine Lachtaube, eine Feldtaube, eine Haustaube, welch letztere sich noch unterscheidet in die sogenannte Kropftaube oder Goldtaube, Perltaube und so fort. Und so gibt es noch in anderen Ländern viele Gattungen von verschieden gearteten Tauben.

3] Jedoch die edelste von allen diesen Taubengattungen ist die Haustaube, auch „die gemeine Haustaube“ genannt, welche an ihrem ungleichartig gefärbten Gefieder leicht zu erkennen ist. Denn es soll euch überhaupt das bei der Tierwelt ein Hauptaugenmerk sein: Wo euch immer eine zahme Tiergattung von derselben Art vielfärbig vorkommt, da steht sie auch schon eurem Wesen am nächsten; weil die Farbe da schon eine Charakteristik der inneren [vielfältigen] Beschaffenheit ausdrückt — aus welchem Grunde daher auch die weiße Farbe aller andern Färbung vorzuziehen ist, da sie bei der Tierwelt einer soviel wie makellosen inneren Gemütsart entspricht. — Da ist nun also eine Charakteristik, nach welcher ihr die Entwicklungsstufe einer Tiergattung vermöge des Vorhergehenden wohl berechnen könnet!

4] Auf diese Art ist nun die gemeine Haustaube, wie schon gesagt, die edelste Gattung der Vögel und ist der Lebensinbegriff aller ihrer Vorgattungen wie auch fast zahlloser Arten anderer, sanfterer Luftbewohner. Und so ist sie auch ein Aufnahmegefäß des besseren Lebens aus dem Pflanzenreiche wie auch sogar mitunter aus dem Mineralreiche.

5] Seht, wenn nun eine Taube stirbt, so vereinigt sich mit ihrem Lebensprinzip[1] das Leben von allen möglichen Gattungen, sowohl von Vögeln und Landtieren wie auch der Pflanzen und Steine, und tritt als so vereintes geistiges Leben in den Menschen.

6] Jedoch müßt ihr nicht glauben, daß einzig und allein von der Taube ein solcher Uebertritt[2] geschehe, sondern da gibt es noch tausend Gattungen sowohl der Luftbewohner als auch der Vierfüßler auf der Erde, durch welche solche Uebertritte geschehen. Und möge euch das noch so sonderbar und wunderbar klingen, so ist es demungeachtet dennoch gerade also. Denn da kennt niemand Meine Wege, auch nicht ein Engel des Himmels, als nur Ich allein und der Frommgläubige, dem Ich es mitteilen will.

7] Wer da glaubt, dem werden gar viele Wunder erschlossen werden. — Jedoch dem Ungläubigen ist weder zu raten noch zu helfen. Umsonst schaut er mit seinen blinden Augen in Meine große Werkstätte des Lebens. Ich sage euch: Er wird nichts finden als Exkremente des Todes. Denn das Leben ist geistig. Und da hilft kein Mikroskop, um dasselbe in seiner Wirkungssphäre zu belauschen; sondern nur das Auge des Geistes, welches der Glaube ist, kann da schauen in die Tiefen der Wunder des Lebens.

8] Und glaubet, soviel euch auch von Mir gezeigt und schon gesagt wurde, so ist das aber doch noch nicht der trillionste Teil selbst auch nur des Lebens einer Milbe! — Daher denket euch, daß

[1] d. h. mit ihrem seelisch-geistigen Wesen. — [2] zur Stufe des Menschen.

euer Vater noch gar vieles im Hintergrunde versteckt hat, was euch alles nach und nach vollendeter und vollkommener gegeben wird, je mehr ihr euch durch die wahre Demut, welche in dem willigsten Gehorsame besteht, einfältiger und dadurch auch befähigter gemacht habt.

9] Seht, die Taube ist ein einfältiges Tier. Aber eben in dieser Einfalt kann sie auch mit ihrem Flügelpaare über alles irdische in die lichtvolle Luft sich erheben und da im raschen Fluge ihr Gesicht nach allen Richtungen wenden und sich tragen durch die Ströme des Lichtes, um allda aus dem ewigen Lebensborne stets frische Kost des Lebens in sich zu saugen.

10] Ebenso auch ihr! So ihr geworden seid gleich einer Taube in eurer Sanftmut und biederen Einfalt, dann wird euer Geist, gleich diesem sinnlichen Sinnbilde, in dem Reiche des Lebens aus Mir raschen Fluges Höhen erreichen, von denen keinem Sterblichen auf dieser Erde auch nur die leiseste Ahnung gekommen ist!

11] Und so oft ihr eine Taube ansehet, erinnert euch in eurem Herzen dieses kleinen Evangeliums! Und denket, da ihr solches begreifet, daß euch das große Reich Meiner Gnade nahegekommen und daß die Zeit herangereift ist, da der Feigenbaum saftig und voller Triebe geworden ist.

12] Nächstens sollet ihr noch die spezielle Beschaffenheit eines Vogels zur Anschauung bekommen und sehen, wie er fliegt und wie seine Nahrung in ihm verwendet wird!

13] In dieser Erkenntnis werdet ihr Außerordentliches zu sehen und in euch wohl zu erkennen bekommen. Allein wenn Ich euch auch solches werde bis ins einzelne erörtert und zergliedert haben — so denket dabei, daß Ich euch nicht naturmäßig fliegen lehren will, sondern — geistig! — Amen.

14] Ich, die Ewige Liebe und Weisheit! — Amen.

☆

Stellung zur Kirche

Am 20. August 1840

Ein ganz kleines Beiwort an jene, die da meinen, in der Schrift „Der Weg zur Wiedergeburt“ nicht Meine, sondern des Satans Stimme zu vernehmen[1], oder jene Schrift doch wenigstens als ein eitles Machwerk Meines Schreibers ansehen. An sie seien diese Zeilen gerichtet!

2] Sie zweifeln an der Echtheit Meiner Gnade. Doch wenn Ich auch zweifelsfähig wäre, so könnte Ich da auch sehr an ihrer Liebe zweifeln! Denn sie haben wohl den Verstandesglauben, aber weit entfernt ist noch von ihnen ein gläubiges Herz. — Statt das Herz durchs Gefühl verständig und empfänglich zu machen, füllen sie nur immer mehr und mehr den Verstand. Dieser ist ihnen von lauter Lesen angeschwollen wie ein vollgefüllter Ball. Dieser Ball hängt durch die Schnur des Willens am Herzen. Das Herz nun möchte sich ausdehnen und in vollen Zügen Meine Barmliebe in sich schlürfen, besonders wenn Ich so etwas recht Demütigendes ein wenig verhüllt gebe, so daß es [wegen der Umhüllung] nicht mehr durch die feinen Poren des Balls ihres Luftverstandes dringen kann und demzufolge aufs Herz fällt und da Eingang finden möchte.

3] Allein der mit den Luftgasen gefüllte Verstandesballon zieht dann an der Willensschnur vermöge seiner spezifischen Leichtigkeit gleich einem Luftballon so stark, daß die Einmündungen in die Geisteskammern des Herzens dadurch fest zusammengeschnürt werden und die Gaben auch hier nicht eindringen können. Was folgt aber daraus? Nichts anderes als Zweifel, weil die lebendige Gabe zwischen den beiden Enden der Willensschnur, gleichsam auf- und abrutschend, weder in das eine [Verstand] noch in das andere [Herz] den Eingang findet. Da muß Ich dann hinzutreten und den Verstand etwas auslüften, damit er wieder zum Sinken kommt, die Schnur schlaff wird und so das zusammengeschnürte Herz wieder Luft bekommt.

4] Der ordnungsmäßige Zustand aber soll folgender sein: Das Herz wird mehr und mehr durch die demütige Darniederkunft des Verstandes erweitert und nimmt denselben in sich auf. Da wird dann der Verstand selbst von Liebe erwärmt und dehnt sich im Herzen aus. Dadurch wird auch die Liebe gespannter und gespannter, ent-

[1] bei den Ausführungen über das dem Vater wohlgefällige Verhältnis zu den Kirchen, besonders zur römischen.

zündet sich endlich in ihrer beseligenden Wärme, und das Licht ihrer sanften Flamme durchleuchtet gar lieblich sanfthell den Verstand. Da erglänzen dann die Schätze des Himmels im Verstand, werden durch die Wärme des Lichts größer und größer und immer zerlegter und zergliederter (wie unter einem Mikroskop) — woraus dann das schöne Herzensverständnis der Liebe und des wahren, lebendigen Glaubens kommt und das Senfkörnlein sich zum Baume umgestaltet und die Vögel des Himmels und endlich auch Mich Selbst [zum Wohnen in seinen Zweigen] einladet.

5] Dieses Gesagte diene zu deiner Beruhigung bei ferneren, ähnlichen Vorwürfen, als ob du [Jakob Lorber] ein Diener Zweier wärest, oder als ob Ich Mich auch eines Werkzeuges des Satans für Meine Gnade bedienen möchte. Das wenige Folgende aber diene zur Lüftung des Verstandes bei den Zweiflern!

6] Ist es wohl löblich, wenn Kinder ihre kranke Mutter verlassen und der Leidenden den Tod wünschen ihrer vielen Gebrechen halber? — Ich sage, die römische Kirche ist eine Hure; aber ihr seid denn doch in ihr geboren worden und habt die erste Kindermilch aus ihrer Brust gesogen. Sie lehrte euch zuerst Meinen Namen nennen, nährte euch wie eine recht zärtliche Mutter und untersagte euch nur das Naschen solcher Speisen, die euch den Magen verdorben hätten. Sie weckte dadurch in euch den Appetit zu kräftigeren Speisen der Seele und des Geistes, welche nach Meinem Willen euch [von Mir] nie vorenthalten wurden, so daß ihr nach Herzenslust habt schwelgen können. Und noch heutzutag schwelget ihr wie nicht bald jemand — in ihrem Schoße!

7] Wie kommt es denn nun, daß ihr mit Jakobus und Johannes rufet: „Herr, lasse Blitz und Schwefel regnen auf ihr krankes Haupt!"? — Hört, da schaut noch ganz wenig wahre Liebe heraus! Meinet denn ihr, Vernichtung sei der Weg zur Besserung!? O nein, da irrt ihr euch gar abscheulich. So meinten denn auch alle Sektenstifter. Aber sie haben sich ebenfalls sehr geirrt, und die Folge war: Bruderzwist, Krieg, Mord und Greuel aller Art! — War eine solche Besserung gesegnet? Oder kann da eine Sekte sagen: „Meine Lehre ist nicht mit dem Blute der Brüder besiegelt!?"

8] Sehet, sie, die Römerin, ist dasjenige ehebrecherische Weib, welches da hätte gesteinigt werden sollen. Ich aber sage auch hier: „Wer ohne Sünde ist, der werfe den ersten Stein auf sie!" — Wieder ist sie das kananitische Weib und hat einen großen Glauben und viel Liebe. — Wieder ist sie das Weib, das da zwölf Jahre am Blutgange litt und Mir aus Meinem Kleide die Heilung stahl und genaß, da sie viel Glauben und Liebe hatte. — Und wieder ist sie gleich der großen Hure und hernach Büßerin Magdalena, die da Meine Füße salbte. — Unter allen diesen Gestalten kann die römische Kirche auftreten.

9] Dagegen sind andere „Jünger" voll Aergers, so sie von Meinem „Fleische und Blute" hören. Sie glauben, was sie wollen, beleben sich mit den Brosamen, die von ihrer Herren Tische fallen (was da ist mein zerstückeltes Wort) und wollen in ihrem übermütigen Taumel beweisen, daß Ich gar nicht sei; und wenn doch noch etwas von Mir übrigbleibt, so kann Ich erst dann sein, wenn sie so herablassend waren und Mich in ihre „Idee" aufgenommen haben. Wahrlich Ich sage: So irgendeine Sekte im Vollbesitze Meines Wortes zu keiner besseren Vorstellung von Mir gelangen kann als zu einer solchen, die auf Meine gänzliche Vernichtung ausgeht, da sind Mir sogar die Türken in ihrer ehrlichen und strengen Blindheit lieber, da sie Mich doch noch für etwas Höheres halten als ihren Abgott Mohammed; und unvergleichlich lieber die Römischen, allwo man Mir als Gott und Herrn doch noch immer wenigstens ein äußerliches, sichtbares Opfer darbringt, welches für viele ein lebendiges Denkmal Meiner Erlösung ist.

10] Sehet, so steht es also mit Rom! — Ich habe kein Wohlgefallen am Vatikan noch an der Peterskirche. Und es wäre Mir an deren Stellen ein Armenhaus überaus lieber. Rom ist eine Stadt, die mit den Königen der Welt Hurerei getrieben hat. Sie ist eine Hure und tut wie eine Hure. Sie schmückt ihr Fratzengesicht und zieht ihrem halbverwesten Leibe schöne Kleider an, um auszusehen, als wenn sie noch eine Jungfrau wäre. Seht, dieses alles und tausendfach anderes ist Mir wohlbekannt. Aber sagt ihr nicht selbst: Eine Hure erzieht ihre Kinder oft besser als eine stolze Mutter, die da glaubt, sie habe alle Meine Weisheit mit dem Löffel gegessen!? So sage auch Ich: Diese Hure hat schon sehr viele gute Kinder erzogen und hat dadurch Meine Füße gesalbt. Daher will Ich ihr helfen und sie ansehen, damit sie Buße tue; denn sie hat viel gesündiget, aber auch viel geliebt!

11] Zu euch aber sage Ich, daß ihr in ihr geboren und getauft wurdet, daher sollet ihr auch nicht Vernichtung, sondern Heilung ihr wünschen. Ich gebe euch den Balsam und heile in euch das Erbübel. So ihr nun lebet nach den gegebenen Regeln, so wird euch die Kirche achten. Und so sie an euch erfahren wird Wunderdinge, so wird sie selbst nach dem Balsam verlangen und wird im stillen viele ihrer Wunden heilen. So ihr aber wollet abtrünnig werden, so wird wenig Segen an eure Brüder gelangen!

12] Lebet, wie Ich euch gezeigt habe, dann wird euch auch nie eine Untersuchung Meinetwegen treffen! Denn Ich werde euch beschützen und Mein Werk wird ungehindert ans Tageslicht treten als ein großer Magnet, der alles an sich ziehen wird. Aber ihr müßt ihn nicht entkräften durch euren Ungehorsam und durch solche Zweiflerei.

13] So ihr sagt: Wie kann da ein neunundneunzigfacher Segen darin sein? — Da sage Ich: Es werden im Himmel sich die Engel über einen büßenden Sünder neunundneunzigmal mehr freuen als über ebenso viele Gerechte, die da meinen, durch Mein Vollwort gerechtfertigt zu sein. — Denn das sage Ich wahrlich: Luther, Calwin, Melanchthon u. a. mehr wiegen nicht einen Johann vom Kreuz, noch einen Johann von Gott, noch einen Franziskus, noch einen Thomas von Kempen, noch einen Taulerus, noch eine Theresia und noch viele tausend andere auf.[1]

14] Ja da hätten die namhaftesten Protestanten noch sehr vieles lernen können! Selbst Swedenborg hat in Rom manches erfahren, was ihm erst die Pforte zum inneren Leben ganz bedeutend zu öffnen geholfen hat; denn er war einer, der sich aus allem die Quintessenz zu verschaffen wußte und tatsächlich davon den Nutzen zog.

15] Seht, daher geht der Weise in die alte Rumpelkammer und findet da oft große Schätze vom Staube der Zeremonie bedeckt. Den Staub wischt er weg und legt das reine Gold in seine Schatzkammer. Desgleichen tuet auch ihr! — Denn es steht geschrieben: „Laßt die Kleinen zu Mir kommen und wehret ihnen nicht; denn solcher ist das Reich der Himmel“! Und wer nicht wird gleich ihnen, wird nicht kommen alsobald in Mein Reich, als bis er wird wie sie, die da nicht grübeln, sondern in der Einfalt den Eltern aufs Wort glauben und darnach tun; und selbst, wenn sie durch Meine Gnade den

[1] Weil in ihrem Glauben die verstandliche, dogmatische Glaubensgerechtigkeit vorherrschte vor der Gottesinnigkeit und Liebe der großen Mystiker und Liebeshelden. Vergl. z. B. Luthers dogmatischen Abendmahlsstreit mit Zwingli in Marburg! Seine Stellung zum Jakobusbrief [Kap. 2, 14 ff.]! Das Verhältnis von dogmatischer Glaubenslehre und Liebe in seinem Katechismus! D. Hsg.

Eltern entwachsen sind, noch immer ihr Wort ehren, wenn sie es auch nicht benötigen.

16] Noah fehlte, da er sich berauschte; aber er hat den Sohn verflucht, da er gelacht hat. Und die zwei, die, ihn liebend, seine Blöße bedeckt haben, hat er gesegnet. Desgleichen [wie die zwei besseren Noahsöhne] tuet auch ihr, wollt ihr neunundneunzigmal gesegnet sein! — Das sage Ich, die Ewige Liebe und Weisheit. Amen, Amen, Amen.

☆

Vom Zweck der Neuoffenbarung

Am 21. August 1840

Was den Zweck aller dieser Eröffnungen betrifft, so besteht dieser darin, daß dadurch fürs erste eurem hochgelehrten Weltverstande gezeigt wird, wie gar so töricht sein Bestreben ist, Dinge erforschen zu wollen und sie ins Bereich seiner unaussprechlichen Verhältnis-Beschränktheit zu ziehen, die ihrer Tiefe, Größe und Heiligkeit wegen ewig über seine Sphäre werden entfernt bleiben, da dergleichen nur dem Einfältigen in sein frommgläubig Herz gelegt wird, ja, zum beschämenden Zeichen der Weltweisheit, auch den Kindern in der Wiege, wie Ich es auch sogar den Steinen geben kann.

2] Fürs zweite aber [besteht dieser Zweck] auch darin, euch und aller Welt die wahren Wege Meiner erbarmenden Liebe zu zeigen, welche sie einschlägt, um das ewige Heil aller Wesen zu gründen, und wie, wann und warum dieses alles so ist und geschieht — damit dadurch allen Weltzweiflern ein Ende werde und die Dinge in ihren urwahren Verhältnissen mögen erschaut werden. Denn wie ein guter Baumeister doch gewiß am besten weiß, wozu dies oder jenes bei einem großen Werke da sein muß, so kann es auch nur Ich wissen, warum dies, warum jenes und wie, wann und wodurch.

3] Wer da forscht und grübelt ohne Meine Gnade, der geht allezeit fehl. Wer aber zu Mir kommt und lernt es von Mir in seinem Herzen, der hat es in der Fülle der Wahrheit, daran nie auch nur ein Häkchen geändert wird in alle Ewigkeit.

4] Und fürs dritte aber soll daraus die mannigfache Bosheit der Menschen aus allen Klassen und Ständen klar ersichtlich werden — und wohl begriffen, wie solche Menschen ihrer blinden Bosheit wegen das Heiligste und Reinste in ihren sinnlichen Weltschlamm hartnäckig herabziehen und es scheußlich verunstalten zu ihren verdammlichen, eigennützigen Zwecken.

5] Kurz und gut, es soll und muß alles offen werden vor der Welt, damit dann ein jeder wisse, wie er daran ist. Ja es soll der Mittelpunkt der Erde so offen vor aller Welt Augen aufgedeckt werden wie eine verdeckte Speise vor den Gästen zur stärkenden Nahrung. Und so soll auch keine Sonne so weit entfernt sein, daß sie nicht sollte unter dem Mikroskop des lebendigen Glaubens der Einfalt in kleinste Teile zerlegt werden, und wäre ihr Umfang größer als der eures größten Gedankens, den ihr nur immer zu denken vermöget. — Und es soll auch keinen noch so kleinen Faden irgend geben, und wäre er noch so fein gesponnen, der da nicht käme an das stark vergrößernde Licht Meiner Gnadensonne! Ja, Ich will aus Punkten durchsichtige Weltkörper bilden und die Zentralsonnen in enthüllte Punkte zerlegen, damit die Welt sehe, daß am Ende doch Ich alles in allem bin.

6] Wenn dadurch nun die Welt zur Einsicht gelangen wird, daß außer Mir kein Heil zu suchen ist und gefunden werden kann, so wird dann der Friede die Erde küssen und wird jedem sein Amt gesichert werden zeitlich und auch ewig in aller Liebe zu Mir! Dann erst wird der Kaiser wahrhaft Kaiser sein, wohl bezeichnet durch Meine Salbung, der König ein König, der Herzog ein Herzog und der Fürst ein Fürst, ohne alle verdammliche Konstitution, außer der Konstitution der Liebe aus Mir und der alles überströmenden Gnade. Und da soll der Wolf dem Lamme einen Krankenwärter machen!

7] Dadurch will Ich alles ebnen, damit da keine „Wasserfälle" und „Bergstürze" je mehr vorkommen, sondern nur das Meer Meiner Liebe und Ströme Meiner Gnade. Alles andere muß zu „flachem Lande" werden.

8] Und sehet, alles dies soll geschehen, damit die wahre Kirche bei den Menschen geläutert werde und ihr Sieg glänze mehr denn das Licht aller Sonnen, in Eins vereinigt — wodurch dann „ein Hirt und eine Herde" werden möge, deren Schafe allezeit Meine Stimme hören sollen, bis ans Ende aller Zeiten — allwann alle Materie vernichtet werden wird im Feuer der göttlichen Liebe — oder aber auch, so diese Meine Warnworte sollten fruchtlos im Schlamme der Welt verfaulen, alsbald im Feuer Meines gerechten Zornes!

9] Sehet, nun ist die Zeit der „kleinen Zeit" gekommen[1]! Wer sie wohl beachtet, dem werden große Dinge werden in Ewigkeit. Wer sich aber daran ärgern und Bedenken tragen wird über Meine Treue, dem wird die „kleine Zeit" bald verinnen und die große des ewigen Zornes wird ihn ergreifen! — Daher: entweder — oder! — Wie jemand will, so tue er es! — Wir aber werden uns allezeit treffen. Amen. Das sage Ich, die Ewige Liebe und Weisheit. Amen, Amen, Amen!

☆

Die innere Leibesgestaltung der Tauben und andern Vögel

Am 23. August 1840, von 10 Uhr vormittags bis ½1 Uhr nachmittags

Fortsetzung der Kundgabe vom 16. August 1840. — Schreibende: Andr. H., S. und D.

Was da die innere Einrichtung einer Taube und das Fliegen derselben betrifft, so ist alles dieses gleich wie bei jedem anderen Bewohner der Luft.

2] Ihr Aeußeres ist bedeckt mit Flaum und kleineren und größeren Federn. — Ihr Inneres aber besteht in einem menschenähnlichen Herzen, in einem eigentümlichen Magen, in den Gedärmen wie auch in einer ziemlich weiten Lunge und Leber, welche Eingeweide durch die notwendigen leichten Glieder von der oberen Seite und, zur Hälfte, am unteren Teile, nur durch eine weiche Haut eingeschlossen sind.

3] Das Herz hat in natürlicher Hinsicht dieselbe Verrichtung wie das Herz des Menschen und alles warmblütigen Getieres, ebenso auch die Lunge. Jedoch was den Magen und die Leber betrifft, so besteht da ein großer Unterschied zwischen denen der Taube und denen des Menschen sowie des anderen warmblütigen Getieres.

4] Was die übrige Fleischmasse eines Vogels betrifft, so besteht das Fleisch meistens aus weichen, leichten und weißlichen Fasern, welche durch ein feines, nervenartiges Gewebe miteinander verbunden sind, vermöge welcher Verbindung es einer größeren Ausdehnung und Zusammenziehung fähig ist als das Fleisch der anderen Tiere.

5] An dem Leibe [der Vögel] sitzt, meistens auf einem langen Halse, ein kleiner Kopf, versehen mit außerordentlich scharfen Sinnen.

[1] Im Gegensatz zu der „großen Zeit der Zeiten" bei der Menschwerdung des Herrn. D. Hsg.

Denn da sieht ein Adler, wie auch fast jeder Vogel, mit seinem Auge besser, als ihr durch ein gutes Fernrohr. Ebenso übertrifft sein Gehör das eurige bei weitem. Seine Geruchsorgane sind schärfer als die Organe des besten Spürhundes. Denn damit nimmt ein Adler ein mehrere Tagreisen weit liegendes Aas wahr und weiß genau die Richtung, von welcher Seite die stinkenden Dünste der Verwesung an seine Geruchsnerven gelangen. Desgleichen ist auch sein Geschmack so stark, daß er sogar die Würze und das ihm zusagende Salz in den festesten Steinen wahrnimmt.

6] Eben wie seine Organe in den Sinnen mit der höchsten Reizbarkeit ausgerüstet sind, in einem ebenso hohen Grade ist auch sein Gehirn reizbar und voll Tätigkeit. Und es ist in selbem mehr Intelligenz als in allen übrigen Tieren, selbst den großen Elefanten nicht ausgenommen. Aus diesem Grunde besitzt auch manche Vogelgattung vor allen übrigen Tieren ein Gedächtnis von ganz besonderer Stärke, was ihr auch daraus überzeugend entnehmen könnet, daß mancher Vogel sogar geregelte menschliche Gesangsweisen wie auch Worte und oft auch ganze Sätze nachahmen kann, was keinem andern, noch so gelehrigen Tiere möglich ist. Daraus könnet ihr auch füglich schließen, daß dieses Geschlecht euch näher steht als das andere, welches sich, wie ihr, mit seinen Füßen mühsam auf der Erde bewegt.

7] Dieses alles rührt daher, weil ein Vogel vermöge seiner inneren Einrichtung so gestellt ist, daß er für die Eindrücke der Außenwelt die *höchste Empfänglichkeit* besitzt und in seinem sehr reizbaren Gehirne sich schon eine gewisse *geregelte Vorstellung* machen kann von dem, was er durch die Sinne aufgenommen hat — aus welcher Ursache schon im natürlichen Zustande eines Vogels seine Stimme oft recht wohl artikuliert erscheint.

8] Nun fragt sich: Wie geschieht die *Fortpflanzung* der Vögel? — Die Antwort liegt in deren Zeugung und in den Eiern verhüllt.

9] Das Weibchen hat nach Meinem Willen die Fähigkeit, durch die ihr unbewußt innewohnende Intelligenz aus der aufgenommenen Nahrung sich selbst auf dem sogenannten Eierstocke bläschenartig zu reproduzieren — was auf folgende Art geschieht:

10] Es gehen nämlich von ihrem Herzen ganz außerordentlich feine Organe, durch welche ein weißer Stoff geleitet wird. Alldort, wo die Organe auslaufen, bildet sich aus diesem Safte ein netzartiges Gewebe, welches gleich uranfänglich zu bestehen beginnt. Hat nun dieses Gewebe seine gehörige Form erhalten, wobei es aussieht, als wenn lauter kleine, etwas unförmliche Trichterchen aneinandergereiht wären, dann wird dieses Gewebe an dem Rückgrate durch die es bildenden Organe angebunden. Ist nun dieses vor sich gegangen, dann reißen diese Organe ab und richten ihre Mündungen in diese Trichterchen.

11] Wenn nun dieses so geordnet ist, dann werden auch in gleicher Weise Gefäße, vom Magen ausgehend, durch die Leber eben auch in die Mündungen dieser Trichterchen geleitet. Endlich, wenn alle die Gefäße dadurch aus dem Herzen etwas erweitert worden sind, so wächst in einem jeden solchen Gefäße noch ein Gefäß und richtet ebenfalls seine Mündung in je ein solches Trichterchen. Wenn nun dieser ganze Organismus in der Zeit, welche der Natur und der Größe des Vogels angemessen ist, vollkommen ausgebildet wurde, alsdann wird aus den Säften des Magens zuerst ein zähes Tröpfchen abgesetzt, so zwar, daß die Mündung der beiden ineinandergeschobenen Organe in die Mitte dieses Tröpfchens hineinragt.

12] Ist nun auch dieses vor sich gegangen, dann beginnen zuerst ganz wasserweiße Säfte aus dem Herzen sich durch das äußere Organ zu ziehen, treiben dadurch das äußere, vom Magen herrührende Tröpfchen gleich einer Seifenblase auseinander und füllen dasselbe bis zur Größe eines Hanfkörnchens, auch gleich einer Haselnuß oder gar eines Apfels, je nach der Größe und Beschaffenheit des Vogels. Alsdann fangen die Säfte, unmittelbar aus dem Blute herrührend, an, in dieses weiße Knäuelchen zu dringen und bilden den sogenannten Dotter.

13] Während solcher Bildung entwickeln sich durch den Darmkanal ebenfalls gewisse außerordentlich feine Organe, welche da diese neue Frucht gewisserart durchbohren. Und nun wohlgemerkt:

14] Die Henne, d. h. das Weibchen, hat zwei Ableitungskanäle, einen zur Ableitung des Kotes und einen zur Ableitung des zeitiggewordenen Eies. Jedoch vereinigt sich dieser zweite Kanal vor der Mündung des Kotkanals mit demselben durch eben die vorerwähnten, aus dem Darmkanal ausgehenden Organe. Diese bilden aneinandergereiht eine weite Röhre, welche sich beim Eierstocke in ebensoviele Arme teilt, als es da Trichterchen gibt.

15] Und durch diese Röhre wird bei dem Akte der Begattung ein ätherisch-geistiger Stoff mit großer Schnelligkeit in das Zentrum des Dotters geführt. Dieser Stoff aber ist das, was Ich schon vorher von der Vereinigung des tierischen Lebens aus den Wassern wie auch von der Erde erwähnt habe.[1]

16] Wenn nun dieses vor sich gegangen ist, so wächst dann das mittlere Organ aus dem Herzen zu einem außerordentlich feinen Gewebe um diesen neuen Gast des Lebens, und zwar in der primitiven Gestalt eines außerordentlich kleinen, ganz nackten Vogels, zieht sich dann von seinem Zentrum aus nach allen Richtungen des Eies und öffnet somit demselben die Wege der Nahrung.

17] Wenn nun dieses vor sich gegangen ist, so schwitzt das Organ aus dem Magen — und zwar aus den aufgelösten Steinchen — eine kalkartige Masse, welche alsobald durch die innere Wärme um das weiche Ei zu einer festen Schale erhärtet. — Nun ist das Ei vollendet und zeitig!

18] Dieses Zeitigwerden des Eies kann zwar auch ohne die Begattung vor sich gehen; allein da ist es dann nicht lebensfähig. — Wenn es aber nun lebensfähig ist, so wird die Frucht durch die vegetative Wärme [der brütenden Vogelmutter] vollkommen zeitig. Und nachdem sie zu ihrer Ausbildung allen Vorrat im Ei verzehrt hat, bricht sie die Schale durch und geht in die Außenwelt als vollkommener Vogel, welcher zwar noch eine kurze Zeit von seinen Eltern gepflegt werden muß, dann aber auch schon mit allen Fähigkeiten seiner Eltern begabt ist. — Nun, das ist also die Bildung eines Vogels!

19] Da wir aber schon früher seinen Magen erwähnt haben, so wisset, daß der Magen eines Vogels aus ganz stumpfen, muskelartigen, dicken Blättern besteht.

20] Dieser Magen ist nicht zugleich Vorratskammer und Verdauungswerkstätte wie bei den [Land-]Tieren; denn fürs erstere dient der Kropf, oder wenigstens, wie bei den Raubvögeln, ein kleiner Vormagen; der [eigentliche] Magen hat nur das Geschäft der Verdauung, welches bei den sogenannten Kernfressern, wozu auch die Taube gehört, auf folgende Weise vor sich geht:

21] Der Magen hat immer einen kleinen Vorrat von Steinchen in sich. Er öffnet sich und nimmt aus dem Vormagen etwas weniges auf. Ist nun diese Speise zwischen seine Blätter gekommen, so fangen diese an, sich zu reiben, als wenn ihr euch die Hände reibet. Dadurch wird nun die Speise zermalmt mit Hilfe der im Magen

[1] Nämlich lebendige Natursseelensubstanz! — D. Hsg.

befindlichen Steinchen, bei welcher Gelegenheit natürlich auch die Steinchen sich abnützen, indem immerwährend Teilchen von ihnen abgelöst werden. Durch diese Reibung wird aber zugleich auch eine elektrische Wärme entbunden oder erzeugt, durch welche diese abgelösten Steinpartikel chemisch zerlegt werden. Das Kalkartige wird verteilt an die euch schon bekannte Bestimmung; das Mineralische aber dient zur Nahrung, Erhaltung und Festigung dieser Magenblätter; und der grobe Niederschlag wird mit dem Kote weiterbefördert.

22] Nun fragt sich, wozu dem Vogel diese mineralische Kost? — Die erste Ursache ist schon angegeben. Die Mineralkost dient aber neben dem Verdauungs-Geschäfte, gleich einer sogenannten voltaischen Säule, auch zur Entbindung des feinsten Wasserstoffgases, welches da alsogleich nach Willkür aus dem häufig in sich aufgenommenen Wasser entwickelt werden kann, und zwar auf dem euch schon bekannten chemischen Wege.

23] Der Sauerstoff nämlich, oder das Herbe des Wassers verbindet sich mit dem gleichartigen Mineralischen aus den Steinen. Auch das eigentümliche schwere Fett des Gases wird abgesondert durch ein außerordentlich feines, organisches Filtrum. Das reinste Gas aber strömt in zahllosen kleinen Organen in die Kiele der Federn, welche vorher durch Nebenorgane aus dem abgesonderten Fett, vermengt mit sonstigen aus dem Blute gehenden Säften, gebildet werden. Allda befindet sich nämlich in dem Kiele eine sogenannte „Seele“ oder „Federmutter“, die aus mehreren aneinandergereihten Bläschen geformt ist.

24] Will nun der Vogel fliegen, so füllt er in einem Augenblicke diese Bläschen wie auch seine übrigen Organe mit diesem Gase, wodurch er bedeutend leichter wird. Alsdann breitet er sogleich seine Flügel aus, erhebt sich mit großer Leichtigkeit, gibt sich mit seinem Schweife die Richtung und lenkt seine Masse behende mit seinem Flügelpaare. Nur zu Beginn des Fliegens braucht er die Flügel, um sich zu erheben, aber während des Fliegens wird er leichter und leichter, wobei er dann seine Flügel nicht mehr zum Tragen, sondern nur zum Vorwärtsbewegen gebraucht.

25] Will ein Vogel sich nun wieder zur Erde niederlassen, dann läßt er nach Bedarf etwas Gas entströmen und füllt dafür den Kiel mit atmosphärischer Luft. — Das ist nun das Geheimnis, wie ein Vogel fliegt und wie dieses alles durch seine innere Einrichtung bewirkt wird.

26] Nun hätten wir aber noch seine Lunge und seine Leber übrig. — Auch die Lunge ist so beschaffen, daß ihre Elastizität fürs erste weit größer ist als die aller andern Tiere. Denn da kann ein Vogel nach seiner Art verhältnismäßig hundertmal soviel Luft in sich ziehen wie ein Mensch.

27] Mit der Luft geht da ein ähnlicher chemischer Prozeß vor wie mit dem Wasser im Magen. Das Gas davon strömt in die hohlen Knochen. Der Sauerstoff vereinigt sich mit dem Blute zur Bildung der Nerven, Muskeln, Sehnen und Knochen. Der Stickstoff allein wird wieder ausgeatmet und kann nach Willkür zur Bildung der einem jeden Vogel eigentümlichen Stimme verwendet werden.

28] Die Leber aber ist beim Vogel von gleicher Beschaffenheit wie das Zellgewebe unter der Blase eines Fisches. Sie besteht aus einer großen Menge pyramidenähnlicher Bläschen, welche nur mit sehr leichten und mehr lockergehaltenen, schleimartigen Fäserchen aneinander gefestigt sind. Diese pyramidalen Zellen oder Bläschen haben die Eigenschaft kleiner elektrischer Fläschchen, saugen das durch die Reibung der Magenblätter entwickelte elektro-magnetische Fluidum in sich und werden nun der Reihe nach gefüllt gleich einer elektrischen Batterie. Dieses elektro-magnetische Fluidum wird dann allezeit, so oft der Vogel fliegen will, verwendet zur Bildung des schon bekannten Gases.

29] Was jedoch vom sogenannten Kohlenstoffe bei einem solchen Prozesse entbunden wird, sammelt sich in einer eigenen kleinen Gallenblase und wird von dem Magen wieder aufgenommen, wenn irgendetwas schwer Verdauliches in den Magen des Vogels kommt, welches vorzüglich bei der Taube der Fall ist.

30] Nun, da wäre also auch der natürliche Vogel von seiner Entstehung bis zu seiner vollkommenen Wesenheit entwickelt. Und somit bliebe nur noch die Ursache der verschiedenen Färbung der Federn der Taube wie auch deren schnellen Fluges zu erwähnen übrig.

31] Die verschiedene Färbung des Gefieders liegt teils in der verschiedenartigen Kost, teils aber auch eben in Meinem Willen, um dadurch die größere Sanftmut anzuzeigen und um euch einen Wink zu geben, welche Tiere euch zunächst eigentümlich und vertraut werden können.

32] Was den schnellen Flug betrifft, so rührt dieser von der größeren elektro-magnetischen Quantität in einem Vogel her, welche sich sehr leicht aus seinem blitzwendigen Fluge entnehmen läßt.

33] Nun wißt ihr alles, was euch vorderhand in eurer natürlich-geistigen Sphäre zu wissen nötig ist. — Doch was die weiteren Verhältnisse betrifft, so sind diese noch zu sehr über eure noch stumpfe Begriffsfähigkeit erhaben, als daß ihr sie fassen könntet. Daher alles zu seiner Zeit! Zuerst der Same, dann der Keim, dann erst die Pflanze, hernach die Wurzel, der Stamm, die Blätter, die Blüte und endlich die reife Frucht eures Geistes, entwickelt durch die Lebenswärme Meiner Gnadensonne in euren Herzen. Amen.

34] Ich, der Meister in allen Dingen, voll Liebe und Weisheit! Amen. Amen.

☆

Brüderliche Sorge

Aus einem Schreiben Jakob Lorbers an seinen Bruder Michael, Pfleger in Greifenburg, Oberkärnten.

Am 24. August 1840

Sei versichert, lieber Bruder, daß ich dich allezeit segne und für dich zu meinem und deinem Gott bete, der nun mein bester, größter und liebevollster Freund geworden ist und durch mich auch dir sagen läßt:

2] Du mögest nur beständig sein in deiner Liebe und billigen Gerechtigkeit. Und du mögest dich, aus Liebe zu Ihm, so viel als möglich vom Beischlafe enthalten, der bloß auf sinnliche Befriedigung abgesehen ist. Dann sollst du auch bald einen so geweckten Geist haben, vor dessen Blicken der Mittelpunkt der Erde wie ein Wassertropfen unter dem Mikroskop enthüllt liegen soll.

3] Denn so spricht der Herr: „Sage ihm, Ich bin ein wahrer Gott allen, die Mich lieben und Meine Gebote halten! — Wer da sich reiniget in Meiner Liebe, der wird den Tod ewig nicht sehen, auch wenn sein Leib tausendmal gestorben wäre. Denn wahrlich, sage Ich, es gibt nirgends ein Leben als in Mir. Und nun ist nahe gekommen die große Zeit der Zeiten! Wer Mich aber liebt, zu dem werde Ich kommen und ihn gar wohl schmecken lassen die Stärke Meiner Liebe und die große Kraft Meiner endlosen Gnade."

4] O liebster Bruder, denke ja nicht, daß das Worte meiner Erfindung seien. Sie kommen aus dem höchsten aller Himmel. Daher beachte sie wohl in deinem Herzen! O Bruder, es liegt Unendliches hinter ihnen verborgen.

J. L., Theograph [Gottesschreibknecht].

☆

Vom Berge „Straßengel" bei Graz

Am 29. August 1840, am Berge „Straßengel", von 3/4 4 Uhr bis 1/4 7 Uhr nachm.

Schreibende K. G. L. und Ans. H.

So unordentlich und zweckwidrig euch auch immer so manches Gebilde irgend vorkommen möchte, o glaubet, nicht ein Stäubchen ruht oder bewegt sich von seiner Stelle außer nach der Vollkraft Meiner ewigen Liebe und Weisheit.

2] Sehet, diese Gegend, in welcher ihr euch soeben befindet, ist rings umher von unordentlichen, bald höheren, bald niederen Bergen und Hügeln umschlossen. So ihr eure Naturgelehrten fragen würdet: „Warum so?" — so würden euch diese keinen andern Bescheid geben als einen solchen, welchen ihr euch ohne dieselben hättet denken können. Sie würden sagen: „Dieses alles ist durch die ungeschickt waltenden, rohen Naturkräfte gleichsam zufällig entstanden und wird sich nach und nach ebenfalls durch dieselben auch wieder mehr oder weniger verändern." Und weiter werden da einige sagen: „Diese Art Berge ist entstanden durchs Feuer, eine andere Art durch eine allmähliche Anlagerung von Südwest gegen Nordost". Wieder andere werden hinzusagen: „Dieser Berg ist durch Anschwemmung und so dergleichen mehrere Entstehungsgründe entstanden."

3] Aber wie, wenn Ich nun einen solchen Hügel in der Mitte öffnen und ihn teilen würde bis zur ebenen Fläche, und das zwar nach verschiedenen Richtungen von seinem Scheitel aus — und die Gelehrten mit ihrem Anschwemmungssystem würden dann durch diese nun geöffneten Gassen wandeln und schauen das Eingeweide des Hügels, und dieses würde ihnen alle ihre Bildungssysteme zugrunde richten, indem es zwischen Lehm und Sandschichten zentnerschwere Steinmassen enthielte, hie und da wieder Steingerölle, hie und da Kalk, hie und da Steinkohlen, hie und da versteinerte Tierknochen sowohl von Landtieren wie auch von Tieren stehender, großer Gewässer; und hie und da würden sich sogar Gerätschaften vorfinden, an denen noch deutliche Spuren des Fleißes menschlicher Hände vorhanden wären!

4] Was meinet ihr, was euch da die Naturgelehrten sagen würden? — Ich meine, sie würden gewaltig mit den Achseln zucken und mit ihren Köpfen wetterwendische Bewegungen machen, und ihr würdet aus ihnen ebensowenig wie aus einem Baume herausbringen. — Und sehet, gerade ein solches Konglomerat ist dieser Hügel. Und daher ist es auch fürs erste zu eurer Kenntnis notwendig zu wissen, wie ein solcher Hügel entstanden ist, und fürs zweite, warum? Und fürs dritte soll noch eine kleine geschichtliche Notiz hinzugefügt werden.

5] Ihr wisset schon aus früheren Mitteilungen, und zwar aus dem Tierreiche, woher, wie und warum dieses entsteht und besteht. Aber es ist in eurem Wissen noch eine kleine Lücke, und diese soll gerade bei dieser Gelegenheit ausgefüllt werden.

6] Ihr wisset, daß die Materie nichts als eine große Demütigungsschule der hoffärtigen Geister ist. Ihr wisset, daß das Wasser in seinen reinen Bestandteilen eine Gnadenflut aus Meiner Barmliebe ist. Ihr wisset, daß das Licht der Sonne dem Leuchten nach aus Meiner Gnade und der Wärme nach aus Meiner Liebe entspringt.

7] Aus dieser Ursache sind diejenigen Tierchen, die aus dem Lichte entspringen,[1] nichts als Träger Meiner erbarmenden Liebe und Gnade von Meiner Höhe bis zur materiellen Tiefe der Erde. Sie sind nichts als zahllose belebende Liebeteilchen, aus Mir strömend, um den toten Geistern auf jene Art wieder Leben zu bringen, wie Ich euch vorzugsweise bei der Darstellung der Pflanzenwelt und namentlich bei der eines Baumes gezeigt habe.

8] Nun sehet, manchmal geschieht es, besonders in Gegenden, da irgend große Gewässer sind (je mehr Gewässer, desto mehr Gnade!), daß Ich in irgendeinem Teile eine große Reife der gedemütigten Materie sehe. Allda lasse Ich dann auch einen größeren Strom des Lebens aus Mir hinfluten. Dieses merken die freien guten Geister des Wassers und empfinden darob eine große Freude ihr gemeinsames Leben durchströmen. Alsdann entbinden sie sich

[1] Lichtatome und Lichtmonaden.

aus ihrer Gemeinschaft und treiben ein loses Spiel mit dem Gewässer, so daß sie dasselbe oft in einem Umkreise von einer Stunde in eine unruhige, hüpfende Bewegung versetzen.

9] Je mehr sich aber der Strom des Lebens von oben nähert, desto höher tragen sie auch die Fluten freudig empor. Wie sich aber selbst bei dem Menschen eine große Freude in einer kreisenden Bewegung ausspricht (NB. wodurch Ich freilich nicht euer Tanzen auf den Bällen verstanden haben möchte, sondern das des Mannes nach Meinem Herzen [David] vor der Bundeslade!) Ebenso vereinigen sich auch diese Geister in dem Wasser, treiben dasselbe mit sich in einem schnell wogenden Kreise. Und wie sie dann sehen und wahrnehmen, daß das Leben aus Mir aus der Höhe in einer sichtbaren Wolkengestalt den erlösenden Arm weit ausgestreckt hat, alsdann verdoppeln die munteren Geister in ihrer Freude ihre kreisende Flutbewegung und erheben sich über den Spiegel bis zum erlösenden Arme Meiner Erbarmung.

10] Seht, eine solche Bewegung verspüren dann weit umliegende Myriaden und strömen dann unterwässerlich von allen Gegenden einem solchen Hauptstamme zu. Zu gleicher Zeit aber geschehen dann solche Teilnahmen auch vom trocknen Lande her. Und es machen die Naturgeister oft in kurzen Zeiträumen meilenweite Reisen. Und in ihrem Taumel schonen sie nichts, was ihnen unterkommt: Bäume, Häuser, Gerätschaften, Menschen, Tiere. Alles wird ohne die geringste Schonung in ihrer freudigen Raserei mitgenommen.

11] Und da bieten solche oberländische[1] Erscheinungen zwei wesentlich unterschiedene Charaktere. — Es gibt da solche, die da bescheiden sind in ihrem Eifer. Diese sprechen sich dann in einem sogenannten Wirbelwinde oder einer förmlichen Windhose aus. — Die andern aber sind ungezähmter in ihrer Freude; diese erglühen dann in ihrem Eifer und sprechen sich dann als sogenannte Feuerwirbel oder Feuerhosen aus.

12] Nun seht, wenn nun diese Wirbel sich vereinigt haben mit allem dem, was sie auf ihren Reisen mitgenommen, alsdann geschieht durch solches für euch unglaubliche Schnellkreisen eine große Auflockerung der Materie in einem weiten Kreise — welche Materie, sei es Sand, Steine, Wassertiere, Landtiere, Gerätschaften und dergleichen

[1] d. h. auf dem festen Lande stattfindende.

mehreres, auf der Stelle, wo die Haupterlösung vor sich geht, zu einem Berge (wie eben dieser Hügel ist) zusammengetragen wird.

13] Hier habt ihr nun das Wie. Und da ihr solches habt, so wird euch auch das Warum nicht mehr ferne sein.

14] Denn das eine Warum ist schon in der Beantwortung des Wie gegeben. — Das andere, die Art der Entstehung dieses Hügels betreffende Warum, wird euch klar, wenn ihr einen Rückblick auf die Darstellung vom Wesen eines Baumes werfet[1] und das Holz desselben betrachtet, worin die Bosheit solcher Geister in neu gefesteter Form erscheint. Ganz so ist es auch der Fall bei einer solchen großartigen Befreiung! Denn wo immer ein Mahl gegeben wird, da gibt es auch ungeladene Gäste oder auch solche, die noch kein hochzeitliches Kleid angetan haben und daher noch nicht reif sind fürs Leben. Diese werden dann wieder auf die euch sichtbare Art zur demütigenden Prüfung in die äußerste Finsternis hinausgestoßen.

15] Jedoch muß vor allem noch eine irrige Vorstellung bei euch berichtigt werden. — Ihr sollet euch nicht etwa denken, als ob die sichtbare Materie, als da sind: Steine, Erde, Pflanzen, Bäume und dergleichen, die Geister selbst seien. Sondern alles dieses ist nur ein Kerker derselben und schneidet ihnen den Faden des Lebens aus Mir ab. Und nur insoweit, als es Mein Wille reicht, wird denselben ein kleines Pförtchen geöffnet, sich dem Tode nach und nach zu entwinden durch eine, jedem Geiste innewohnende freie Willensintelligenz. — Was aber die Materie an und für sich ist, so sage Ich euch, sie ist nichts als der durch Meine Barmliebe gesänftete Zorngrimm.

16] Warum sich die Materie hie und da so ausspricht, das wird euch, so ihr die bewußte Alpe[2] besuchen wollt, nebst mehrerem andern deutlicher auseinandergesetzt werden; am allerdeutlichsten aber dann bei der Enthüllung des Mittelpunktes [und der sonstigen Gestaltung] der Erde.[3] — Doch nun noch ein wenig Geschichtliches!

☆

[1] Siehe Seite 62 ff. — [2] „Die Choralpe", die Kundgabe erfolgte am 13. Sept. 1840. — [3] Siehe das Lorberwerk „Erde und Mond".

Geschichtliches vom Berge „Straßengel"

Am 29. August 1840, nachmittags (Fortsetzung)

Im Jahre 1263, da war in dieser Gegend unter den hier wohnenden Menschen das Laster der Dieberei, des Mordes und der Unzucht so stark herangewachsen, daß es nötig war, einen Würgengel mit einer schwarzen Zornfackel hieher zu senden, die Eingeweide solcher Menschen allenthalben anzuzünden und sie zu verderben.

2] Es war das diejenige allgemeine Todesart, die damals nicht nur hier, sondern beinahe in ganz Europa in den verschiedenen Teilen unter dem Namen „der schwarze Tod" auftrat.

3] Es lebte aber zu dieser Zeit eine Mir recht wohlgefällige Bauernfamilie gegen Abend am Fuße dieses Hügels. Dem Hauswirte selbst war von Mir aus — seiner Frömmigkeit wegen — die innere Sehe gegeben.

4] An einem schwülen Sommerabende zogen sich hier schwere Gewitterwolken zusammen, und bald entleerten sich dieselben gerade über diesem Hügel, von tausend gewaltigen Blitzen mit dem furchtbarsten Donner begleitet.

5] Der Landmann merkte an diesem außergewöhnlichen Wetter eine andere Bedeutung, als es eure heutigen Naturgelehrten merken dürften, und sprach zu seinem frommen Gesinde:

6] „Liebe Kinder! Fürchtet euch nicht! Der Herr vergißt auch in Seinem Zorne derer nicht, die Ihn aus ganzer Seele, aus ganzem Gemüte und aus allen Kräften lieben. Schwer zwar liegt die mächtige, strafende Rechte des ewigen Weltenlenkers über diesem schwarzen Gewölk; aber Seine Linke ruht segnend auf den Häuptern derer, die Ihn lieben. Und seid versichert, daß der Herr den nämlichen Engel, den Er der Welt schickt zur Geißel, uns gewiß und wahr zum tröstenden Retter geben wird!"

7] Und siehe, als der Landmann diese Mir wohlgefälligen Worte zu den dankbaren Herzen seiner Angehörigen gesprochen hatte, da vernimmt er von der schon damals vorbeiführenden Straße her jemanden vom Blitz, Sturm und Hagel Bedrängten um Hilfe rufen. Eiligst verläßt er das Zimmer, nimmt einen festen Tannenstock und eilt dem Bedrängten zu Hilfe, findet da einen Menschen fast halbtot auf der Straße liegen, ladet ihn alsogleich auf seine Schultern, trägt ihn in seine Wohnung und pflegt ihn daselbst die ganze Nacht hindurch.

8] Des andern Tages sagt dieser Fremdling zu dem Landmanne: „Folge mir auf diesen Hügel hinauf!“ — Und der Landmann folgte ihm mit seinem Stocke. — Darauf sagte der Fremdling zu dem Landmanne: „Stecke diesen Stock in die Erde!“ — Und der Landmann tat, wie ihm der Fremdling befohlen. Und siehe da, alsbald grünte der Stock zu einem stattlichen Baume!

9] Und der Fremdling sprach ferner: „Siehe, das sei dir ein Zeichen meiner Sendung und deiner Treue! Denn ich bin ein Bote des Herrn zur Erde und will das trotzige Menschengeschlecht vernichten. Doch da du den Stock nahmst und eiltest mir zu Hilfe und rettetest gleichsam in deiner frommen Einfalt einem Menschen das Leben — siehe, so nehme ich von dieser deiner Freundschaft die Hälfte, und es soll dadurch ein bedeutender Teil des mir gegebenen Zornes gesänftet werden!“

10] Da griff der nun erkannte Engel nach dem frischen Baume, brach ihn zur Hälfte ab und sagte zum Bauer: „Sieh her, das sei die schwarze Todesfackel, an welcher viele Tausende und Tausende von Menschen den Tod sowohl zeitlich als auch viele darunter ewig finden werden. Die ganze Zeit aber meines Waltens will ich dich beschützen, und nach dem Willen des Herrn sollst du dich vor nichts fürchten. Denn ich werde alle Nacht bei dir einkehren. Du aber gehe des Tags hin an verschiedene Stellen und sage den hart Bedrängten, daß wer vom Tode gerettet sein will, solle sich flüchten auf den Hügel, allda der Baum ist, den wir jetzt gepflanzt haben, und solle da Buße wirken und fasten drei Tage und drei Nächte. Alsdann soll er von dem Baume ein Zweiglein nehmen, und so wird er durch dieses Zeichen verschont bleiben vor meinem Zorne.“

11] Nun sehet, das ist die ursprüngliche Geschichte! Und dieser Bauer wurde von mehreren umliegenden Bewohnern, die dadurch gerettet wurden, als ein „Engel an der Straße“ benamset. Doch er wollte seiner Frömmigkeit halber diesen Namen nicht, sondern gab ihn dem rettenden Würgengel. Der Engel aber gab im Angesichte des Landmannes Mir diesen Namen.

12] Aus dieser Ursache pflanzten dann spätere Nachkommen in frommer Einfalt Mein Bildnis auf diesen abgebrochenen Baum, über welchem dann auch bald diese gegenwärtige Kirche erbaut wurde.

13] Jedoch was das fernere Geschichtliche dieses Ortes betrifft, so könnet ihr dasselbe ohnedies in jeder Chronik dieses Landes finden, da es bloß nur Geschichtliches ohne weiteren moralischen Wert ist.

14] Sehet also hin auf diesen Landmann, dessen Stock noch bis zur Stunde in dieser Kirche zu sehen ist. Und seid ebenfalls voll Liebe und Einfalt! Dann werdet auch ihr überall und allezeit sicher an Mir euren großen „Rettungsengel an der Straße" finden! — Amen. Ich, die Ewige Liebe und Weisheit. Amen.

☆

Krankheitsheilung

Am 29. August 1840

An Andreas H., der da wissen möchte bezüglich eines armen Kranken, ob demselben zu helfen sei oder nicht — und was da zu tun wäre.

Es kommt zwar die Frage aus einem guten Herzen, aber auch zugleich aus einem schwachen Herzen, da es noch nicht einsieht, daß Ich allzeit helfen kann und will, wenn es dem Menschen frommt zum ewigen Leben.

2] Ich tue das um so eher, wenn Ich durch ein festes Vertrauen von irgendeinem frommen Menschen dazu gewisserart liebegenötigt werde. — Jedoch tuet ihr zuerst das Euere, dann werde Ich schon auch das Meine tun, was da recht sein wird zum ewigen Leben!

3] Jenes Menschen Leib wird gequält von einem dreifachen Uebel. — Das eine ist innerer Nervenaussatz (oder versteckte Skrofeln). — Das zweite ist bare Gicht. — Und das dritte ist eine an die Brustteile zurückgelagerte sogenannte Grippe (allgemeiner Katarrh). — Wird dem einen abgeholfen, so wird das andere ärger. Und es müßte hier dreien Herren gedient werden, was sehr hart, ja beinahe unmöglich sein wird. — Wären nicht Bäder (in vorangehendem Gebrauch) gewesen, so würde ein allgemeines Zugpflaster bei Milch, frischem Weizenbrot und Wasserkost das beste gewesen sein; und auf die Nacht etwas Lindentee mit frischem Honig. Jedoch jetzt wird es nicht mehr viel nützen, wenn auch nicht schaden.

4] Es ist in solchen Fällen schwer zu helfen, da die Kranken nur auf Aerzte und sehr wenig auf Mich vertrauen, damit ihnen ihr Glaube hülfe. — Daher tuet ihr das Eurige, und Ich werde das Meinige tun entweder noch hier oder in Meinen Reichen. Denn Ich bin allzeit und überall ein Herr des Lebens und des Todes. — Amen.

☆

Vorwort zur Schrift „Die Fliege“

Am 3. September 1840, nachmittags

Es ist gut, öfter auf so manches seine Gefühlsaugen zu richten und darin Meine Liebe und Weisheit zu gewahren — und wäre der zu betrachtende Gegenstand noch so gering! —; denn es liegt doch immer etwas Unendliches darinnen. Und so ist es auch würdig eines geistigen Blickes, da alles, worinnen sich Unendliches birgt, von Mir ein Atom ist, in dem ein ewiges Sein waltet.

2] So Ich euch nun in einem kleinen Liede eine unbeachtete Fliege etwas vorsumsen lasse, so denket, daß auch dieses geringfügige Tierchen nicht zu den Ungezählten gehört. Denn so Mir die Atome des Lichtes und die Monaden des Aethers durch alle Unendlichkeiten und Ewigkeiten genau zahlenweise bekannt sind, wie soll es eine Fliege nicht sein, zu deren Bildung doch mehr als eine ganze Milliarde Atome nötig ist!

3] Daher lassen wir eine Fliege ein wenig sumsen!

☆

Die Fliege

Am 3. September 1840, nachmittags

Es sumset die muntere Fliege in lustiger Weise
ein artiges Liedchen Mir, mächtigem Schöpfer, zum Preise.
Sie sumset in wonniger Freude gar sinnig von Liebe
und kreiset im Meere derselben aus innerem Triebe
und redet gar deutlich vernehmliche Worte der Gnade
und kündet und zeiget zu gehen euch — ärmliche[1] Pfade.

Nun sehet das Tierchen, wie munter und fröhlich es kreiset,
und wie es ganz sorglos dem Triebe gehorsam sich weiset
in dankbarer Haltung der Richtung, die Ich ihr gegeben.
Und nie wird sie, so wie ihr, nach dem Verbotenen streben.
Ich sage, umsonst ist es euch nicht so nahe gestellet.
Und ob auch das Mittel wohl klein — ist's von Mir doch erwählet!

[1] demütige

Ein Flügelpaar, zart, gleich dem Aether, hab' Ich ihr gegeben,
damit sie sich solle gar leicht in die Lüfte erheben
und kreisen da munteren Flugs in den Strahlen der Sonne
und saugen da Licht mit den Aeuglein voll seliger Wonne,
dann tragen dasselbe zum Leben der toten Gebilde
und zeugen der Härte von Meiner belebenden Milde.

So hab' Ich ihr weise gegeben auch sechs leichte Füße,
und hab' ihr gegeben, damit sie empfinde die Süße
des Lebens, zum Saugen der Kost einen tauglichen Rüssel.
Und seht, was Ich nun euch gesagt habe, nehmt es als Schlüssel
und denket im Herzen wohl über die Fliege!
Ich sage: Die Fliege, die Fliege — sie singt euch vom Siege!

1] Seht, das sei für euch unterdessen eine kleine Aufgabe [zum Nachdenken]! Diese sollt ihr in freier, Mir geweihter Zeit ausarbeiten.

2] Dieses kleine, unbedeutende Thema habe Ich euch gegeben, damit eure Demut eine gute Nahrung finde. Später aber wird euch dieses Tierchen von Mir ohnehin ein Zeugnis der Natur vorführen vom Grunde aus, Amen[1]. Ich, dem alle Dinge wohlbekannt sind, gebe euch dieses!

☆

Größe der Schöpfung und der Liebe Gottes

Am 5. September 1840

So ihr mit dem geistigen Auge die Größe der Erde und eurer Sonne betrachtet, könnt ihr euch eine gute Anschauung verschaffen, für wie vieles Ich zu sorgen und aus Liebe beständig zu wachen habe. Denn es hängt da [allenthalben] die weise Erhaltung des Kleinsten wie dadurch auch des Größten von der mächtigen [göttlichen] Ordnung ab und die Erhaltung des Ganzen von der Erhaltung auch nur eines einzigen Atomes! Ja, Ich sage euch, so jemand imstande wäre, auch nur eine Monade zu vernichten, dann würde die ganze sichtbare Schöpfung bald zunichte werden.

[1] Im März 1842 wurde vom Herrn durch Jakob Lorber eine umfangreiche Kundgabe über die Fliege gegeben, die als Sonderschrift unter dem gleichnamigen Titel erschienen ist.

2] Jedoch wäre das nur Gott möglich — so Er die Liebe nicht hätte. Aber im Vollbesitze dieser Liebe will und kann auch Ich nicht handeln gegen Meine eigentliche göttliche Ordnung, außer und ohne welche nie etwas hätte erschaffen werden und auch nur den trillionsten Teil einer Sekunde lang bestehen können.

3] Ich sage euch, in einer Sonnenhülsenglobe sind wirklich eine Milliarde Sonnen enthalten. Und nun denket ein wenig nach über das weite Revier des Todes! Denket euch aber noch hinzu, daß erstens von einer Globe bis zur andern eine Milliarde Globen Platz hätten, und denket euch ferner, daß eine Milliarde Milliarden solcher Globen eines [d. h. ein Schöpfungsganzes] ausmachen, und daß ferner Meine Schöpfungszahlen fortwachsen, daß die ganze Unendlichkeit sogearteter Schöpfungszahlen in Meiner Hand gleich einem Tautropfen ruht und daß es solcher Tropfen wieder zahllose gibt — so wird euch einleuchten, wie groß Ich, wie groß Meine Sorge und wie groß erst Meine Liebe sein muß, die dieses alles wie einen Punkt erhält und Leben haucht über alles nach Bedarf des Seins!

4] Sehet, Ich bin also ein gar großer Vater, der sehr vieles hat! Und Meine lieben Kinder sollen dereinst, über ein kleines, nicht zu kurz kommen! — Wohlgemerkt — die Mich lieben! — Denn Mein Haus hat viele Wohnungen. — Amen. — Das sage Ich, der große, heilige Vater.

☆

Vom Feuersalz der Liebe

Am 12. September 1840

Auf Anfrage über Markus 9, 49 und 50: „Denn jeder wird mit Feuer gesalzen werden. Das Salz ist etwas Gutes; wenn aber das Salz fade geworden ist, wodurch wollt ihr ihm die Würzkraft wiedergeben? — Habt Salz in euch und haltet Frieden untereinander!“

Schreibe zunächst folgende Anrufung: „Herr! Wir zusammen wissen nichts; und unser Herz ist unverständiger als ein Stein, denn wir haben es verhärtet durch unsere grenzenlose Torheit und vielfältige Bosheit und können es ohne Deine Erbarmung nimmer recht erweichen. Daher sei Du, o allerliebster Herr Jesu, unsere einzige Zuflucht in allen Dingen und erweiche unser steinernes Herz mit dem Feuersalze Deiner unendlichen Liebe, damit wir Dich, Du ewige Güte, immer mehr und mehr lieben können ewig! — Amen!“

2] Und nun schreibe die Erklärung:

3] O wie schwach ist noch eure Liebe — da ihr nicht begreifet, was das Salz, und noch weniger, was das Feuersalz ist!

4] Sehet, wer da meint, es sei das Salz die Weisheit, der ist noch sehr dumm! — Ist's denn nicht so, daß ihr saget und lehret: Der Sauerstoff ist die Lebensluft in der Atmosphäre. Und so dieser irgend nicht vorhanden ist, so wisset ihr, daß die Flamme der Fackel erlischt und das Feuer nicht fortkommt in der Stickluft. Und ihr saget ferner, wenn das Holz nicht trocken ist und hat dadurch nicht viel Sauerstoff eingesogen, so wird es nicht gut brennen und somit auch wenig Flammen geben. Auch wisset ihr, daß im reinen Sauerstoffe sogar das Eisen mit lichten Sprühflämmchen verbrennt. Ja ihr wisset sogar, daß der Phosphor eine reine Säure ist und ein grünlich-weißes Licht in sich hat. — Sehet, das wisset ihr alles! Wie ist es denn nun aber, daß ihr nicht wißt, was das Feuersalz des Lebens ist?!

5] O ihr Tauben und Blinden, so höret und sehet! — Es ist das Feuersalz ja nichts anderes als die wahre Liebe zu Mir, mit welcher ihr durch und durch gesalzen werden müsset, wollt ihr eingehen in Mein Reich.

6] Denn gleichwie das Salz die allein lebenbringende Würze allen Geschöpfen und zugleich, durch seine zusammenziehende Kraft, die Erhaltung aller Dinge ist — ebenso ist auch die reine Liebe des Geistes zu Mir, gleich dem Feuersalze alles Lebens, die allein erhaltend-wirkende Kraft des ewigen Lebens!

7] Wie aber auch nur der Sauerstoff brennbar ist und helle Flammen bewirkt und mit selben auch die finsteren Gemächer erleuchtet — ebenso ist auch nur die wahre Liebe allein Feuer und Flamme und dadurch auch lichtfähig, welches Licht ein wahres Licht ist, da es ein Ebenlicht Meines ewigen, wahren Weisheitslichtes ist.

8] Und wie ein schales Salz kein nütze ist und nicht taugt zur Flamme, sondern nur eine faule Glut macht, da seine Säure unlauter geworden ist — ebenso auch ist es mit einer lauen Liebe, die nicht zur Flamme angefacht werden mag. Sie ist nur eine todbringende, faule Kohlenglut in einem verschlossenen Gemache, die alles Salz verzehrt, denjenigen aber, die sich daran trüglich wärmen, den Tod bereitet.

9] Sagt ihr nicht zur Magd, so sie eure Gemächer räuchert mit Gewürze: „Wirf zuvor Salz auf die Kohlen!"? — Sehet, desgleichen tuet auch ihr und werfet das Feuersalz Meiner Liebe auf eure todbringende, faule Kohlenglut, damit die Liebesflamme über sie schlage, den Wurm des Todes in euch zerstöre und euch erleuchte und erwärme zum ewigen Leben.

10] Denn der „Wurm" ist der Satan, und sein Grimm ist die faule Glut; aber sie hat keine Flamme und somit keine Liebe, kein Licht und kein Leben. Daher muß jeder mit und in dem Feuer Meiner Liebe gesalzen werden, wie auch jedes Mir dargebrachte Opfer, wenn es Mir soll wohlgefällig werden.

11] Ja, Ich sage euch: Ihr müsset ganz zum Feuersalze werden, wollt ihr Meine lieben Kinder werden! — Sehet, wie das Salz eine Würze ist der Speise, so sollet auch ihr eine Würze Meiner ewigen Liebe werden. Amen! — Das sage Ich, Jesus, das ewige Leben!

☆

Die Choralpe

Am 13. September 1840, nachmittags von 3/4 5 Uhr bis 1/4 9 Uhr

J. L., S., Andr. und Ans. H. bestiegen am 9. September 1840 den zur Choralpe gehörigen Speikkogel an der steirisch-kärntnerischen Grenze. — Am 13. September 1840 sprach der Herr über diese Gebirgsreise durch den Mund seines Knechtes J. L. das Folgende. — Schreibende: K. G. L. — S. — D. — Andr. und Ans. H.

Die schon seit längerer Zeit bedungene Reise auf die von hier etwas entlegene sogenannte Choralpe ist von euch nun bewerkstelligt worden. Dabei werdet ihr bei genauerer Beobachtung dieser Gebirgshöhe auf so manchen Zweifel gestoßen sein, und zwar vorzüglich aus folgender Ursache:

2] Ihr habt nämlich gesehen, daß das Hauptgestein, vom Fuße bis zu dieses Berges höchstem Scheitel, in einer fast beständig gleichförmigen Plattenformierung sich befindet, welche Platten jedoch nicht immer in ihrer Lage eine und dieselbe Richtung einnehmen. Denn ihr werdet bemerkt haben, daß da eine solche Plattenrichtung sich bald gegen Osten, bald wieder nach Westen erhöht, und bald wieder die Blätter senkrecht in die Erde sich schieben. Ja ihr werdet gesehen haben, daß sogar verschiedene solche Blätter bald einzeln, bald gruppenweise hin und her auf der Oberfläche des Berges liegen. Und so habt ihr auch — wie bei dem euch wohlbekannten Bauernhause und auch auf dem Rücken der Alpe selbst — ganz große Blöcke frei auf der Oberfläche liegen sehen, welche gegen Westen ganz frei und nur gegen Osten hie und da ein wenig mit Erde bedeckt waren.

3] Und als ihr ganz in die Nähe des eigentlichen sogenannten „Speikkogels" gekommen seid und erstaunt eure Blicke hingerichtet habt auf seine kahlen Felsenplattungen, so habt ihr wieder nichts anderes als ähnliche Plattsteine entdeckt. Und so war auch seine höchste Spitze mit solchen Steinen übersäet.

4] Nun sehet, dies alles habt ihr mehr oder weniger wahrgenommen und hattet auch verschiedene Mutmaßungen darüber in euch aufkommen lassen. Allein Ich sage, da seid ihr mit keiner der Wahrheit nahegekommen. Daher ist es vorerst nötig, euch die Ursache solcher Bildung zu zeigen und dann erst euch dasjenige Gestein zu nennen, welches vor 6000 Jahren einer andern Welt angehört hatte.

5] Die Bildung dieser Alpe und die Entstehungsart derselben war folgende: Wie euch schon ehedem einmal bekanntgegeben wurde, daß nicht nur dieses Land, sondern der ganze Boden Europas unter den Fluten des Meeres begraben war, so war auch diese Stelle, allwo jetzt schon durch viele tausend Jahre diese Alpe steht, nichts als flacher, hie und da durch die Unterfluten des Meeres etwas unebener Grund.

6] Ihr werdet an den Blättern [Gesteinsplatten] bemerkt haben, daß sie aus nichts als aus Sandglimmer, mit Kalk verbunden, bestehen. Die Bildung dieser Schiefer war also keine andere, als daß sich eine solche Sandschichte über die andere gelagert hatte, und das zwar bei Gelegenheit der periodisch eintretenden, sogenannten Aequinoktialstürme. Ueber die Sandschichte bildete sich dann bei ruhigem Stande des Wassers eine (Art) schleimige Haut, über welche bei einem nächsten Aequinoktialsturm wieder eine andere Sandschichte lagerte — und das so auf diese Art lange Zeiten fort und fort, bis endlich mehr als 26000 solcher Blätter übereinanderzuliegen gekommen sind.

7] Ihr werdet vielleicht fragen, woher die Fluten immer diesen Sand genommen haben mögen, da immer eine Schichte um die andere durch den oben erwähnten Kalkschleim gewisserart eingepanzert wurde, von welcher Einpanzerung die Fluten natürlich nicht viel Sandkörner abzulösen vermochten.

8] Seht, da sage Ich euch, die Erde ist so eingerichtet, daß fürs erste beinahe vom Mittelpunkt des Erdkörpers aus eine zahllose Menge von verschiedenartigsten Quellen und Adern nach allen Richtungen zur Oberfläche führen. Ihr müßt aber nicht denken, daß etwa durch diese Quellen und Adern pur Wasser strömt; sondern da gibt es vorzüglich Feuerquellen, durch welche ein unterirdisches Feuer elektrischer Art unablässig nach allen Richtungen strömt, und zwar vorzüglich gegen die Pole der Erde. Dann gibt es mineralische Quellen, durch welche Metalle und Erze in flüssiger Gestalt heraufquellen. Ferner gibt es Fettquellen, durch welche das sogenannte Erdöl nach allen Richtungen strömt. Es gibt ferner noch vorzüglich sehr viele Schwefelquellen, dann Erdpechquellen und dergleichen, nebst den Wasserquellen — eine zahllose Menge aller erdenklichen Arten.

9] Seht, wenn nun diese Quellen zur Oberfläche der Erde gelangen, getrieben durch die innere Macht der Geister und des ihnen zu Gebote stehenden Feuers, so werden sie dann ebenfalls fester und fester, das heißt, wenn sie vollends die Oberfläche der Erdrinde erreicht haben und in die Masse des Meeres übergehen. — Daß dieses so ist, würde euch jeder Materienscheider, oder bei euch Chemiker genannt, sachtätig erweisen.

10] Nun seht, daher also dieser Zuwachs des Sandes und allerlei anderen mineralischen Konglomerates. Und nun wisset ihr und kennet auch die Vorratskammer des vorerwähnten Glimmer-Schiefers und Kernsandes wie auch des dasselbe verbindenden Kalkes.

11] Nun fragt es sich — da wir nun auf diese Art eine mehr als zweitausend Klafter dicke Blätter-Rinde gebildet sehen — wie ist denn aber nun diese Alpe entstanden mit allen ihren Nebenverzweigungen?

12] Höret, vor mehreren tausend Jahren (eine bestimmte Zahl ist hier aus dem Grunde nicht nötig, da der Bildungsprozeß einer solchen Alpe an und für sich schon mehrere tausend Jahre angedauert hat) wurde von Mir über sechzehntausend Klafter tief unter der Erde ein kleiner Funke Meiner Barmliebe gelegt, und dieser hob nach Meinem Willen vollkräftig diese Rinde, das Gestein nach allen Seiten sprengend, in die Höhe, gerade so, als wenn ihr unter einer Decke wäret und hebet dieselbe mit dem Finger über euren Körper empor. Und zwar wurde diese Blätterrinde von Osten nach Westen gehoben und blieb da in einer horizontalen Richtung ruhen, da sie alsogleich durch andere, aus dem Innern der Erde getriebene Massen unterstützt wurde.

13] Die auf solche Weise emporgetriebene Platte hatte ungefähr die Gestalt eines sehr großen Erdschwammes und wuchs durch die Triebkraft des Feuers gleichsam beständig höher und höher über dem Meeresspiegel empor und bildete endlich eine bedeutende Insel über der Oberfläche des Meeres. Und wie diese Hauptplatte, so wurden auch mehrere kleinere Platten auf diese Weise horizontal emporgetrieben, jedoch nicht alle gleich hoch, und bildeten auf diese Weise einen großartigen Erdschwammwald. Endlich aber wurden die massiven, solche Platten unterstützenden Stiele durch die Fluten abgewaschen und abgenützt. Dadurch geschah es denn, daß eine solche Platte das Gleichgewicht verlor, umstürzte und auf ihrem Stiele sich anlehnte. Dadurch nahm eine solche Platte eine schiefe Lage an, wie ihr die Plattenform auf dem sogenannten Speikkogel selbst bemerkt habt. Und da gab's denn zur Bildung dieser „Choralpe" wohl mehrere hundert größere und kleinere Platten, welche notwendigerweise dasselbe Schicksal erlitten haben. Nur von einigen wenigen sind noch Spuren da, aber keine ganzen mehr.

14] Wenn ihr nun einen Blick auf den sogenannten „Kumpfkogel" geworfen hättet, alldort hättet ihr noch eine horizontal liegende Platte entdeckt, welche jedoch schon sehr verwittert und nach allen Seiten abgefallen und zerbröckelt ist. Vielfach aber habt ihr droben noch ein solches Geschiebe nach Westen gerichtet gesehen, auf welches ihr von Morgen her recht leicht hinaufgelangen konntet. Jedoch gegen Westen war es wie abgebrochen (wie es der Fall auch wirklich ist). Denn vorzüglich an den Stellen, wo ihr solche überstehende Platten gesehen habt, da ragten diese noch vor tausend Jahren, einem Halbdache ähnlich, zu hundert, fünfzig, dreißig und zehn Klafter über die anderen Gebirgsschichten herüber. Durch Erdbeben aber, gewaltige Stürme und starke Blitze wurden sie abgebrochen und fielen auf die westliche Seite, was ihr dadurch leicht entnehmen könnt, daß diejenige Steinmasse, die sich am westlichen Abhange befindet, eine ganz entgegengesetzte Blattwende zeigt.

15] Was das Weiche (die lockeren Teile) solcher Alpen betrifft, so ist es nichts als Anschwemmung, teils von Sand, teils aber auch von zerbröckelten Blättern, die jünger und daher auch noch weicher waren, weil sie von den letzten Bildungen herrührten.

16] Seht, solch eine Alpe hat nicht eigentlich eine vulkanische Entstehung, wohl aber ist sie durch ein unterirdisches Feuer auf die schon bekanntgegebene Art emporgehoben worden.

17] Nun sehet, das ist also die Bildungs- und Entstehungsart dieser Alpe! — Hie und da werdet ihr auch unregelmäßige weiße Steine herumliegen sehen haben, von denen auch einige mehr braun und grau und einige ganz weiß wie der Schnee sind. Diese Steine sind nicht auf diesem Grund und Boden gewachsen, noch auch auf die Alpe gefallen, sondern ins Meer, mit Ausnahme der ganz weißen. In der letzten Periode nämlich, als von Mir die Bildung dieser Alpe angefangen wurde, wurden bei Erhebung jener Platten auch diese Steine emporgehoben. Und zwar solche, welche vorzüglich zur Zeit Adams bei einer allgemeinen (Natur-)Revolution dahin gefallen sind und ein mehr bräunliches Aussehen haben, und endlich solche, welche bei der nachherigen Zerstörung eines größeren Planeten, welcher sich zwischen dem Mars und dem Jupiter befand, auf die schon gebildete Alpe geschleudert wurden, und zwar aus der Ursache, weil zur Zeit der Zerstörung dieses Planeten die Erde gerade in einer Linie unter ihm gegen die Sonne sich befand. Dieses geschah nach eurer Rechnung um die Zeiten fünfhundert Jahre und etwas darüber vor Abraham. Daher rühren nun diese ganz weißen Blöcke her, welche ihr hie und da gerade auf der Oberfläche dieser Alpe habt liegen sehen.

18] Ihr werdet zwar fragen, warum Ich einen solchen Weltkörper zerstört habe? — Seht, zerstört habe Ich ihn eigentlich gerade nicht, sondern ihn nur ob einer daselbst unter den Bewohnern entstandenen großen Zwietracht wegen in vier kleinere Welten geteilt. Und seht, wie bei euch das Gold, Silber und Diamanten, so waren auf diesem Planeten diese weißen Steine wahre Steine des Anstoßes. Denn um einen solchen Stein, den ihr da nutzlos habt liegen sehen, haben sich diese Bewohner zu Tausenden und Tausenden erwürgt und haben sich abgeteilt in vier Hauptstämme, die sich gegenseitig solcher Steine wegen auf das hartnäckigste verfolgten. Denn sie bildeten sich untereinander ein, daß wer keinen solchen Stein besitze, nicht verständig sein könne und nur ein unverständiges Tier sei. Daher sammelten die Mächtigeren solches Gestein haufenweise, ja bergweise zusammen und ließen den Schwächeren davon nichts zukommen, damit sie dieselben desto leichter tyrannisieren konnten. Und so ging diese Betrügerei und Habsucht so weit, daß sich solche Steininhaber für Götter ansahen und sich als solche dem andern Volke aufdrangen.

19] Unter solchen „Göttern“ wollte aber einer über dem andern sein. Daher wühlte ein jeder, soweit es nur möglich war, in den Eingeweiden dieses Weltkörpers herum, um seinen Steinhaufen möglichst zum größten zu machen und dadurch sein Göttertum zu beweisen. — Was geschah dann? Solche Götter mißhandelten das Volk auf das grausamste und ließen es Tag und Nacht in den Eingeweiden dieses Planeten wühlen. Andere wieder mußten sich in großen Rotten sammeln, um einem andern „Gott“ seinen Steinhaufen mit Gewalt zu verringern. Und so ging das soweit, daß diese „Götter“, deren es da zu Hunderten gab, sich gegenseitig bis auf vier aufgerieben haben. Diese vier ließen nun durch ihre Völker solche Steine von allen Weltgegenden zusammentragen und errichteten förmliche, weit ausgedehnte Berge mit diesen Steinen.

20] Durch solche Steinkultur blieb nun die andere Kultur des Landes im Hintergrund und die Völker samt ihren Göttern waren auf dem Sprunge zu verhungern. Da haben nun diese vier Götter ein gar schönes Gesetz herausgegeben. Nämlich die Völker des einen Gottes durften die Völker des andern Gottes fangen und sie, wie ihr das Wildbret, verzehren! Seht, das war der Zeitpunkt, wo sich diese Götter des Guten zu viel erlaubt haben. Bei einer solchen Rechnung mußte Ich denn doch auch einen gewaltigen Strich durchziehen.

21] Ein Wink von Mir, und ein Engel riß den ganzen Weltkörper in vier Teile auseinander und bildete so vier abgesonderte kleinere Weltkörper. Alle diese Steine aber wurden mit einem Male in den weiten Weltraum hinausgeschleudert, von denen sodann einige nach Meinem geheimen Willen zur Erde, einige in den Mond, sehr viele in die Sonne gefallen sind. Die meisten jedoch sind noch bis auf den gegenwärtigen Zeitpunkt auf dem Fall im unendlichen Raume begriffen. — Seht, das ist die kurze, wohlbegründete Ursache des Aufsturzes solcher Steine in größeren und kleineren Quantitäten auf euren Erdkörper, von denen sich hie und da ein ganzer Gebirgszug auf der Erde gebildet hat.

22] Ich habe euch auch einst erwähnt, daß ihr allda auf einem solchen Steine noch sehr zerstörte und verwitterte kleine „Wohnungen“ antreffen dürftet. Allein dieses ist nicht so wörtlich zu nehmen, sondern nur entsprechend. Und da zeigt die „Wohnung“ soviel als eine Schrift, gleich den Hieroglyphen Aegyptens [1], welche Schrift außer Mir schwerlich auf dieser Erde jemand würde lesen können, außer durch Meine Gnade.

[1] Also eine Zeichnung, in welcher gleichsam der zum Ausdruck gebrachte Gedanke „wohnt“.

23] Jedoch dort, wo sich ein solcher Stein befindet, der mit einigen solchen Insignien versehen ist, seid ihr nicht hingekommen. Denn dieser befindet sich fast eine Stunde nordwestlich vom sogenannten: „Kumpfkogel". Allein ihr hattet zu viel Furcht vor Wind und Regen, und euer Verstand war mehr beschäftigt als die Liebe zu Mir. Auch waret ihr für den Magen zu sehr besorgt; aus welchem Grunde Ich euch auch nicht überall hinführen konnte, wo Ich euch hätte haben mögen, da Ich noch nicht der Herr eures Willens bin! — Ich habe euch mit großer, leserlicher Schrift durch die Trübung des Morgens und Heiterung des Westens anzeigen wollen, daß eure Liebe schwach und trübe war, aber desto größer eure Eßlust. Daher ließ Ich euch auch dann und wann durch einen kalten Luftzug sagen, wie es um eure Liebe steht. Ja endlich, als ihr schon im Nachhauseeilen begriffen waret, ließ Ich sogar durch einen kleinen Eisregen euch, doch gewiß handgreiflich, merken, daß Ich mit eurer Geschäftsreise nicht ganz zufrieden war. Denn sehet, wie hätte Ich es auch sein können? Ihr seid nur dahingegangen, um recht gewaltig zu essen und zu trinken! Was aber Meine Sache war, das habt ihr nur so leicht mitgenommen. Auch habt ihr eure Augen weit hinausgerichtet, aber um das, was euch vor den Augen lag, habt ihr euch nicht gar so sehr bekümmert.

24] Seht, aus dieser Ursache habe Ich euch auch die zwei größten Merkwürdigkeiten vorenthalten, nämlich die des erwähnten Steines und die des Sphärengetönes unter dem sogenannten „Speikkogel", von welchem Getöne Ich euch erst dann etwas Ferneres, für euch jetzt noch Unbegreifliches, mitteilen werde, wenn einer oder der andere von euch aus Liebe zu Mir den erwähnten Fehler durch einen Neubesuch dieser Gegend gutmachen wird.

25] Denn sehet, dieses läßt sich nicht von Grund aus begreifen, wenn jemand nicht vorerst einen Scharfblick auf die Materie gewendet und dieselbe in ihrem verschiedenen Gebilde genau beachtet hat. Da ist für ihn — besonders wenn er noch nicht geistig vollwach ist — eine nähere Erklärung gerade so, als wenn man einem den himmlischen Sinn aus dem Worte gäbe, während er das Wort im Buchstaben-Sinne noch nie gesehen hat.

26] *Seht, die Natur oder die Welt an und für sich ist ein großes Buch, voll beschrieben von der Tiefe Meiner Weisheit und Liebe!* Wer diese recht erfassen will, der muß sich aus Liebe zu Mir schon manchmal gefallen lassen, ein wenig in diesem Buche herumzublättern — freilich aber nur soviel, als Ich aus Liebe es anrate. Denn Ich allein weiß das rechte Ziel und Maß und weiß, was ein jeder vertragen kann, und auch, wieviel es nottut, um ihn zu wecken.

27] Wer einmal [geistig] geweckt ist, der braucht freilich nicht mehr zu reisen, aber wer noch schläfrig ist in seiner Liebe, für den weiß Ich die besten Mittel, die ihn vor dem ewigen Schlafe bewahren werden, wenn er sie nur aus Liebe und willigem Gehorsam gegen Meine Anordnungen ergreift und an sich anwendet.

28] Kommen da auch oft kleine Prüfungen, so soll ein jeder dieselben nur mutig im festen Vertrauen auf Mich bestehen. Denn ehe er sich's versieht, wird die Sonne da, wo das Gewölk am dichtesten war, erwärmend und belebend durchbrechen. Auch dieses habe Ich euch alldort zu wiederholten Malen sinnbildlich angezeigt. Allein wo das Herz noch unverständig ist, da gehen dergleichen Andeutungen freilich unverrichteterdinge vorüber.

29] Dieses sage Ich euch darum, daß ihr für die Zukunft voll Liebe und Vertrauen sein sollet. Denn alles, was da geschieht in der Außenwelt, geschieht unmöglich anders als nur einzig und allein durch Meinen Willen. Ich aber bin ein verständiger Gott, und daher fällt auch kein Lüftchen auf die Häupter der Blümchen, ohne einen großen Tiefsinn Meiner endlosen Weisheit. Und jedes Wölkchen, jeder Tropfen, der aus dem Himmel fällt, wie auch jedes Steinchen, das nach einem schroffen Gebirgsabhange rollt — das alles sind große und inhaltsschwere Buchstaben Meiner allerbarmenden Liebe- und Gnadenschrift!

30] Sehet, also mit diesen Augen sollet ihr in Zukunft die Dinge, die euch vorbenannt wurden, in Augenschein nehmen, und ihr werdet daraus in großer Klarheit ersehen, daß Ich überall alles in allem bin. Denn ihr werdet da sehen das große Walten Meiner Göttlichkeit, Macht und ewigen Heiligkeit und daneben auch gar wohl erkennen Meine unbegrenzte Liebe, Gnade und Weisheit. Ihr werdet dadurch, gleich den Bienen, auf der großen Blumenwiese der Natur den Honig Meiner Liebe und das Wachs Meiner Gnade sammeln zur ewigen Nahrung eures Geistes und werdet immer mehr und mehr erkennen, daß Ich allezeit und überall euer guter, heiliger Vater bin und sein will ewig. Amen.

☆

Vulkanische Erdvorgänge

Nachtrag zu „Choralpe"

Am 20. September 1840, von 1/2 11 Uhr vormittags bis 3/4 1 Uhr nachmittags

J. L. spricht. — Andr. und Ans. H. schreiben.

Da ist noch eine kurze Hinzugabe, als ein kleines Flämmchen, zu erleuchten so manche wirren Gestrüppe und Geklüfte dieser von euch besuchten „Choralpe"!

2] Was die Perioden der Bildung [dieser Gebirgsgruppe] betrifft, so treten diese erst nach Adam bis auf eure Zeit in stets bewirkten und noch wirkenden Vorschein und ist die Art, deren in der früheren Mitteilung erwähnt wurde, die eigentliche und die richtigste.

3] Die eigentliche deswegen, weil von Mir alles, was da ist, in den ersten Uranfängen gemacht wurde, so wird auch stets nur von Mir bewirkt, daß an der Stelle, da Ich es will, entweder ein Berg, eine Quelle, ein Baum oder ein sonstiges Gewächs hervortritt. Und weil Ich noch dazu, Meiner ewigen Ordnung gemäß, allezeit das tauglichste Mittel wähle, um was immer ins Dasein zu rufen, und weil dieses Mittel allezeit von Meinem höchsteigenen und freiesten Willen abhängt, so ist auch die erwähnte Art der Entstehung dieser Alpe die eigentlichste. — Und sie ist auch die richtigste aus dem Grunde, weil nur Ich, als die Ewige Liebe und Weisheit, jede Meiner Handlungen so zu beginnen, durchzuführen und zu vollenden weiß, daß dadurch in allen Dingen Meiner Heiligkeit volle Genüge geleistet werden muß, und weil dabei nie auch nur um ein Haarbreit ein Fehlzug möglich ist.

4] Wenn da gemeldet wurde von der Plattsteinform dieser Alpe und dabei angegeben wurden viele tausend Blätter, welche scheinbar mit dem Zeitraume seit Adam in Widerspruch stehen, so müßt ihr dabei nicht denken, daß solche Ablagerungen nur von Aequinoctium zu Aequinoctium[1] geschahen. Solche Plattungen von Aequinoctium zu Aequinoctium sind nur diejenigen, welche mit einer krystallartigen, bräunlichen Urkalkschichte getrennt sind. Die anderen Blätter, die oft kaum ein oder zwei Zoll dick sind, wurden bewirkt durch das Vollwerden des Lichtes am Monde. Und hättet ihr von solch einer Urkalkschichte die Blätter gezählt, so hättet ihr recht gut den Lichtwechsel des Mondes von Aequinoctium zu Aequinoctium und noch besser von Jahr zu Jahr entdeckt.

[1] von Tag- und Nachtgleiche zu Tag- und Nachtgleiche.

5] Ferner ist wohl zu verstehen, daß solche Plattungen nicht vor Adam schon bestanden haben. Denn das Gestein der Erde vor Adam war [hier] allenthalben fest und sah aus wie ein Kies und ließ das Licht, fast eurem Glase ähnlich, durchpassieren. Und wo die Wellen des Meeres Teile von diesem Gesteine auflösten, da bildeten sich (es versteht sich von selbst nach Meinem Willen) kleine Körner. Und zwischen diesen Körnern bildete sich dann durch die Ruhe des eingedrungenen Wassers eine klebrige Substanz und verband auf diese Art solche Körner zu einem Ganzen. Und so wurde dann dieses Ganze ebenfalls wieder fest und ward auf diese Art zum Steine, und zwar zu jenem Steine, den ihr Granit nennet.

6] Auf diese Weise, wie der Granit gebildet wurde, wurden in den späteren Zeiten durch allerlei Elementar-Eruptionen noch andere ähnliche Steine gebildet. Solche Steine werdet ihr überall finden, ihr dürft nur z. B. eure Mühlsteine ansehen, in welchen allerlei Gestein durch die erwähnte Schleimmasse zu einem Ganzen verbunden ist.

7] Aber solche Steine, wie sie z. B. euer Schloßberg, der Schöckel, der Plavutsch und noch viele andere benachbarte Berge und Hügel aufzuweisen haben, sind schon vor Adam als Steine in der Erde bestanden und wurden durch lang anhaltende, sogenannte vulkanische Eruptionen aus dem Innern der Erde herausgetrieben, und zwar an solchen Stellen, an denen keine Plattenformation — wegen beständiger Wasserstürme aus dem Innern — hatte stattfinden können.

8] Ihr werdet fragen, wie geht denn das naturmäßig zu, daß sich in großer Tiefe der Erde ein Feuer bilde und das den Stein umgebende Wasser in Dämpfe auflöse und durch die große Macht solcher Dämpfe so große und feste Massen aus dem Innern der Erde oft meilen- und meilenweit zur Oberfläche derselben treibe? — Da gebe Ich euch folgende Erklärung:

9] In dem inneren Gesteine der Erde befinden sich viele hohle Klüfte; mit der Zeit dringt Wasser wie auch Luft durch die Poren dahin. Nach und nach sammelt sich in solchen Klüften das Wasser so sehr an, daß es alle Räume dicht ausfüllt. Nun, da aber eine Wasserschichte auf die andere, vermöge der natürlich innewohnenden Schwere, einen großen und, je tiefer, immer größeren Druck ausübt, so wird nun ein solches Wasser, welches in einem solchen festen Raume eingeschlossen ist, gewisserart von allen Seiten zusammengepreßt. Durch solches Zusammenpressen des Wassers geschieht in seinen Teilen eine immer größere und größere Reibung. Da aber nun, wie ihr wißt, auch in dem Wasser durch die ganze Erde *Geister* verschlossen sind, so empfinden diese gar wohl einen solchen zunehmenden Druck, zersprengen die Wasserhülschen, treten dann aus ihren Kerkern, vereinigen sich in der Gestalt eines erbitterten *Feuers*, lösen das Wasser in Dunst auf und zerreißen dann mit Leichtigkeit eine solche Steinkluft und treiben alles, was sie hindern könnte, mit herauf zur Oberfläche der Erde.

10] Und da auf solche Weise bei dem Durchtriebe auch in anderen Schichten der Erde wieder neue Klüfte und dadurch auch gewaltige Bedrückungen des Wassers geschehen, welche dann wieder zu einer ähnlichen Eruption genötigt werden, so geschieht es denn, daß solche vulkanische Ausbrüche oft länger oder kürzer dauern und auf diese Art die höchsten *Berge* und *Gebirgszüge* bilden. Und wenn die Füße solcher Berge Plattensteine, wie auf der Choralpe, aufweisen, so geschieht es dadurch, daß Ausbrüche unter der Plattform stattfinden, die Platten zerbrechen und dieselben nebst dem andern Gestein mit herauf zur Oberfläche treiben, wovon euch der nahe liegende Schöckel einen augenscheinlichen Beweis liefern kann.

11] Wenn solches Feuer aus dem Innern hervorbricht, so zerschmilzt es durch seine Heftigkeit die Steine, die ihm nahe liegen, mit großer Leichtigkeit. Und wenn es in seinem Durchzuge auch noch, wie es bei Neapel und Sizilien der Fall ist, auf die schon bekannten *Erdöl*- und *Erdharzquellen* kommt, so entzündet es dieselben. Diese *brennen* dann viele Jahre, hie und da fast ununterbrochen fort. Und wenn irgend noch *mineralische Quellen* bei solcher Tätigkeit hinzukommen, die besonders Schwefel aus dem Allinnersten der Erde heraufführen, so dringen dann diese Schwefelquellen in alle Klüfte solcher Berge, bilden da große Schwefelablagerungen, welche, mit dem Erdharz und Erdöl geschwängert, dann unterirdisch fast unablässig brennen und rauchen.

12] Geschieht es dann, daß nach Meinem Willen eine solche hauptvulkanische Mündung verstopft und das Wasser nach und nach abgetrieben wird von einer solchen Gegend, so erlischt dann auch das Feuer, die vulkanischen Eruptionen hören auf und ein solcher Berg wird dann stille und ruhig und fördert das in seinen leeren Geklüften sich ansammelnde Wasser durch seine früheren Feueradern ans Tageslicht.

13] So ist es jedoch nicht bei der euch bekannten „*Choralpe*"; sondern da entstand auch zwar ein Feuer in der Tiefe der Erde auf ähnliche Weise, hob aber nach Meinem Willen, wie schon bekannt, nur Platten in die Höhe, schob unter dieselben verschiedenartige andere Massen von Steinen, Erde, Kalk und dergleichen mehreres [und hob alles] samt den Platten in die Höhe. Dadurch nun entstand ebenfalls ein großer leerer Raum unter einer solchen Alpe, in welchen alsbald Wasser durch die Klüfte hineindrang. Und auf diese Art kam gleichsam eine ganze solche erhobene Schichte teilweise auf die Fläche des eingedrungenen Wassers zu ruhen und ruht noch bis auf die heutige Stunde — wodurch es geschieht, daß durch den Druck, welchen solche Massen auf die Oberfläche des Wassers ausüben, dasselbe durch die verschiedenen Klüfte und Adern und kleinen Spalten oft bis zu der größten Höhe getrieben wird.

14] Daher rühren auch all die Wässer einer Alpe, wie die ist, die ihr bestiegen habt. Und sie sind frisch und kalt, da sie nicht durch vormalige Feuerquellen getrieben werden. — Wohingegen Quellen auf anderen Bergen, welche auf vulkanische Weise entstanden sind, oft noch ganz heiß zur Oberfläche gelangen, da sie in ihrem Zuge vielfältig im Innern solcher Berge noch glühende Stellen passieren müssen.

15] Seht, das ist nun das Wesentlichste, was euch noch bezüglich der Bildung der Berge zu wissen nötig war. Es wäre demnach nur noch zu berühren, wie die grauen und braunen Steine zwischen die Plattenschichten dieser Alpe gekommen sind. Sehet, diese Steine sind die eigentlichen Ursteine der Erde. Sie sind teils bei der Zeit Adams auf vielen Stellen der Erde mehr zur Oberfläche gekommen und wurden dann bei der Plattenbildung nach und nach unter dem Wasser selbst mit eingepanzert. — Die Noahischen aber, die, wie ihr schon wißt, weißgraulich aussehen, wurden erst unterwässerlich gebildet von Adam bis Noah und wurden zuerst durch eine vorsintflutliche, partielle Feuer-Eruption zerbrochen und nach allen Richtungen geschleudert, allwie sie noch jetzt häufig auf solchen Alpen in größeren und kleineren Stücken und Massen anzutreffen sind.

16] Was endlich die ganz weißen, überweltlichen Trümmer betrifft, so hat dieses seine Bewandtnis in dem schon Gesagten.

17] Und somit ist nun die ganze Bildung der Alpe wohlerläuternd gegeben, und es wird nie ein Weltgelehrter eine andere ausfindig machen. Denn da weiß niemand das Wie, Wann, Woher, Warum und Wodurch, als Ich allein und der, dem Ich es mitteile, damit er glaube, daß Ich es bin, der alles dieses angeordnet und gemacht hat. Denn würde jemand nur achttausend Klafter tief in die Erde graben, so würde er sich alsbald überzeugen, daß es nur so ist, wie Ich es euch gezeigt und gesagt habe. Aber zugleich wird er auch erfahren, daß solche eigenmächtige Untersuchungen wider Meinen Willen sind und daß Ich dieselben gewiß allezeit mit dem zeitlichen, wo nicht sogar mit dem ewigen Tode bestrafe.

18] Daher, wer da am Brunnen [göttlicher Offenbarung] ist und dürstet, der trinke das Wasser des Lebens in vollen Zügen! Aber die Frucht vom Baume der Erkenntnis soll er erst dann essen, wenn Ich den Baum für ihn gesegnet habe. Dann wird er sich sättigen zum ewigen Leben von der Frucht, die reichlich am großen Baume Meiner Schöpfung hängt, aber wohlgemerkt, nicht eher, als bis Ich den Baum ihm gesegnet habe, wie Ich es jetzt eben vor euren Augen für euch tue.

19] In diesem Falle werdet ihr auch den Segen des Lebens empfinden und seid vergnügt und zufrieden dabei, da euch gegeben wird mehr, als ihr je hättet verlangen können. Der [eigenmächtige] Naturgelehrte dagegen frißt wie ein Ochse im saftigen Kleefelde, bläht sich dann auf und geht zugrunde, da er aß die für ihn ungesegnete Frucht. Ich sage, solche Gelehrte sind Mir ein Greuel; denn sie suchen nicht Meine, sondern ihre Ehre unter den Zweigen dieses Baumes.

20] Euch aber gebe Ich es in aller Wahrheit und Liebe, damit ihr die große Herrlichkeit eures heiligen Vaters erkennen möget, wie sie war, ist und ewig sein wird. — Das sage Ich, der Ich wahrhaftig und getreu bin in jeglichem Meiner Worte. — Amen.

☆

Geistige Schau

Aus der Ferne zeigt ein blaues Gebirge sich dir als eine flache Wand. Doch kommst du in die Nähe, wird die Wand zu weitgedehnten Ländereien. — Also ist es auch mit den geistigen Dingen! — Wo dein Auge eins erschaut, Ich sage dir, da sind Trillionen!

☆

Erdbeben und deren Ursachen

Am 27. September 1840, von 3/4 10 Uhr vormittags bis 3/4 1 Uhr nachmittags

Schreibende: K. G. L. und Ans. H. — Der Herr offenbarte durch Seinen Knecht J. L. Nachfolgendes:

Es gibt der Erscheinungen in der Natur noch sehr viele, sowohl im Großen als auch im Kleinen, über deren wahren Grund noch keinem sogenannten Naturgelehrten je etwas geträumt hat.

2] Zu solchen Erscheinungen gehören z. B. der Magnet des Nordpoles, das Nordlicht, der Blitz, wie auch ferner die sogenannten Schnellgebilde, dergleichen da sind die Sternschnuppen, Wölkchen am reinsten blauen Himmel, die kristallinischen Bildungen, ferner die Ebbe und Flut des Meeres, die Schwingungen der Erde, ein längeres Beben derselben, wie auch gewaltige Stöße, welche, wie euch mehrere Beispiele und Erfahrungen zeigen, schon öfter ganze Gegenden in wenig Sekunden gänzlich zugrunde gerichtet haben. Zu diesen Erscheinungen gehören auch die Bergstürze, große Erdlawinen, oft ganze Versinkungen der Berge und Inseln und noch ferner das Sich-Spalten der Erde, das Ausbleiben der Quellen, das Versiegen der Brunnen, das starke Zurücktreten des Meeres und bei solchen Gelegenheiten das öftere Hervorbrechen von Rauch und Feuer aus den Klüften der Erde. Und dergleichen Erscheinungen gibt es noch zahllose, welche teils schon beobachtet, teils aber noch von niemanden beobachtet wurden.

3] Jedoch von allen diesen nun erwähnten außergewöhnlichen und außerordentlichen Erscheinungen will Ich heute nur das **Erdbeben** wie auch die **Schwingungen der Erde** und **Stöße** derselben wie auch manches auf dieses Bezug habende näher beleuchten.

4] Das sogenannte **Erdbeben** ist keine eigene, für sich entstehende Erscheinung, sondern ist nur die Folge eines auf irgendeinem losen Punkte der Erde entstandenen **Erdstoßes**, welcher auf folgende Weise bewirkt wird:

5] Tief in den innersten Gebilden des Erdwesens befinden sich, gerade wie in dem Körper eines Tieres, gewisserart **Eingeweide**. Es sind aber, wie schon erwähnt, durch alle Teile der Erde bis zum Mittelpunkte derselben überall zahllose Heere der einst **gefallenen Geister** gebannt, denen allen nach Meiner Ordnung eine gewisse Frist zu ihrer Wiederbelebung gegeben ist. Wenn nun auf irgendeinem Punkte der Erde irgendein Menschengeschlecht zu sinnlich und materiell wird, so daß beim Sterben solcher Menschen ihre Geister nicht zum ewigen [Geistes-]Leben, sondern wieder in den Tod [der Materie] übergehen, so treten dann eben diese Geister wieder in die Tiefen der Erde zurück und werden gefesselt wie zuvor, ehe sie geboren wurden.

6] Seht, wenn das lange fort und fort dauert, so wird ein solcher Punkt im Innern der Erde nach und nach überladen. Diese Geister fangen dann an, in ihren bösen Begierden sich zu drängen, zu reiben und zu entzünden. Dadurch aber werden auch diejenigen Geister, die noch nicht [in ein Menschenleben] geboren wurden[1], ebenfalls aus dem Zustande ihrer Ruhe geweckt, zersprengen ihre kleinen Kerker, brechen dann in ihrem beleidigten Eifer in mächtigen Feuersäulen auf die anderen Geister los und wollen sie vernichten. Die geborengewesenen und wieder gefallenen Geister aber entzünden sich da noch mehr, da sie glauben, ein solches Feuer rühre als das sogenannte Höllenfeuer als Strafe unmittelbar von Mir, erbrennen dann in Wut gegen Mich und wollen Mich, alle Engel und den Himmel zerstören und vernichten.

7] Wenn dann solches vor sich zu gehen anfängt, alsdann wird sobald ein frieden- und ruhestiftender Engel von Mir abgesandt. Dieser öffnet die Schleusen irgendeines unterirdischen großen Wasserbehälters. Und das Wasser stürzt dann, vom Engel geleitet, in Blitzesschnelle hin auf einen solchen wuterglühenden Punkt der Erde.

8] Wenn nun das Wasser mit seinen Friedensgeistern eine solche Stelle erreicht hat, alsdann treten diese hinaus aus ihrer leichten Umhüllung, entzünden sich gegen solche bösen Rotten und züchtigen dieselben mit dem Feuer des Friedens.

9] Das Wasser selbst aber löst sich natürlich in die euch bekannten Dämpfe auf und übt durch solche plötzliche Ausdehnung mit Hilfe seiner Geister einen so gewaltigen Stoß aus, daß an der Stelle, die sich gerade über einem solchen Punkte befindet, Berge, Städte, Märkte und Dörfer wie Spreu zusammengeschüttelt und übereinander geworfen werden.

10] Dadurch entstehen nun im Innern der Erde neue Spalten und Klüfte, die sich oft bis zur Oberfläche der Erde heraufziehen, in welche Klüfte sich dann die ungeborenen Naturgeister, vereinigt mit den friedlichen Wassergeistern, zur ferneren Ausbildung von dem Engel geleiten lassen. Die bösen, gefallenen Geister aber, die da schon geboren waren, bleiben dann gesänftet zurück in dem auf diese Art entstandenen Schlammpfuhle.

[1] „Naturgeister" genannt; d. Hsg.

11] Nun seht, das ist der eigentliche Grund der Entstehung eines solchen Erdstoßes!

12] Was aber die sogenannten Schwebungen und Schwingungen betrifft, welche mit dem allgemeinen Ausdrucke „Erdbeben" bezeichnet werden, so sind diese nichts anderes als die vom Oeffnen der Schleuse durch den Engel wie auch durch das Fallen des Wassers notwendigerweise erregten kleinen Rückungen [Erschütterungen] der Erdschichten, welche teils ein solches Becken umgeben, teils aber auch dadurch aus ihrer Ruhe gebracht werden, wenn fürs erste durch solche höhere Kraft die Schichten unter dem Becken bis zum losen Punkte gewaltsam getrennt werden; und fürs zweite dann aber auch durch den gewaltigen schweren Fall der Wassermassen in einer länger währenden Erzitterung erhalten werden. — Diese Bewegung ist nun also der Grund der Schwingungen.

13] Was aber das Beben der Erde nach einem solchen gewaltigen Stoße betrifft, so ist dies alles eine Folge des Rückzuges der Wassergeister mit den ungeborenen Geistern in die verschiedenen neuen Spalten und Klüfte des Erdkörpers. Denn darum ist die Erde erschaffen worden, daß sie trage in ihren Eingeweiden ein gefallenes Geschlecht der Geister zur endlichen Wieder-Erstehung in ein freies, ewiges Leben in und aus Mir.

14] Solange es nun irgendwo auf der Erde ein widerspenstiges Geschlecht gibt, so lange auch werden solche Erscheinungen um so häufiger vorkommen, je sinnlicher und gottvergessener irgendein Menschengeschlecht auf der Oberfläche der Erde wird.

15] Denn sehet, daß dieses alles buchstäblich wahr ist, könnet ihr sehr leicht daraus ersehen, wenn ihr fürs erste eure Blicke über die ganze Oberfläche der Erde richtet und hie und da solche Erscheinungen vernehmet in der ganzen Schrecklichkeit ihrer tobenden Größe, wie z. B. die Zerstörung Lissabons, ferner die auf der Insel Jamaika und dergleichen mehrere bis auf die jetzige Zeit in der Gegend des Berges Ararat, welche letztere ganz wortgetreu in dem Sinne Meiner heutigen Mitteilung vor sich ging und wovon nahe selbst bis zu euch her nicht unbedeutende Spuren vor einigen Wochen vernommen wurden. Selbst bis nach Amerika wurden ja wiederholte Stöße deutlich empfunden, was wie folgt bewirkt wird:

16] Wenn unterirdisch sich entweder eine kontinuierende Stein- oder Erdschichte ohne Unterbrechung bis zum losen Punkte fortzieht, so wird ein solcher Stoß auf die nämliche Weise weithin fortgepflanzt, wie wenn ihr sehr viele Stangen, aneinander befestigt, in einer geraden Linie auf eine weitgedehnte Fläche legen möchtet. Wenn ihr dann auf dem Punkte A einen gewaltigen Stoß auf diese kontinuierenden Stangen ausüben würdet, so würde sich dieser Stoß bis zum Punkte B, allwo die Stangen aufhören, im Augenblicke des Stoßes noch sehr bedeutend wahrnehmen lassen. Auf diese Weise kann dann ein solcher Stoß selbst bis in die entferntesten Gegenden fast zu gleicher Zeit wahrgenommen werden.

17] Obschon aber solche Wahrnehmungen demnach natürliche Folgen sind, so sind sie aber doch nicht bloß als solche anzusehen; sondern, wenn sie zweckwidrig wären, so könnet ihr euch wohl denken, daß es Mir ein leichtes wäre, sie zu verhindern. Weil sie aber zweckdienlich sind aus Meiner Liebe und Weisheit, so werden sie vielmehr an solche Orte als warnende Mahnboten geführt, allwo sich Menschen vorfinden, die von Mir kaum mehr etwas wissen als die Bäume in einem Walde. Solche Boten sagen dann den Gott vergessenden Menschen, daß Ich noch nicht gestorben bin, sondern noch bestehe in aller Meiner Macht und Kraft. Und da es von Mir nur eines leisesten Winkes bedarf, so kann auch solchen benachrichtigten Stellen der Erde ein Aehnliches ergehen wie der Gegend Ararat.

18] Denn seht, [in einer Tiefe von] kaum zwanzigtausend Klaftern, ja hie und da [von] kaum zweitausend Klaftern, ist euer Land, Steiermark genannt, durch und durch unterminiert mit großen und sehr tiefen Wasserbecken. Und so ruhen denn eure Berge sowohl als das wenige Flachland gewisserart schwimmend auf der Oberfläche des unterirdischen Gewässers und werden hie und da durch Steinmassen, gleich großen Säulen, mit dem Inneren der Erde verbunden.

19] Es braucht demnach nichts weiter als noch mehr Vergessenheit Meines Wesens, als sie schon soeben in einem hohen Grade eingetreten ist — so könnt ihr versichert sein, daß Ich auch hier imstande bin, euch alsogleich ein noch größeres Elementar-Spektakel vorzuführen. Jedoch sage Ich: Wehe den Menschen, welche Ich mit solchen Erscheinungen heimzusuchen genötigt bin! Die werden wohl eine zweite Schöpfung abwarten können, bis ihnen wieder irgendein Weg zu einem abermaligen Freiheitsprobeleben gegeben wird!

20] Nun seht, so wie diese Ereignisse vor sich gehen nach Meinem ewigen Ratschlusse, so auch fällt kein Tröpfchen aus den Wolken, welches nicht zuerst in Meiner Liebe gedacht worden wäre! Und glaubet es Mir, wenn Ich, so wie gestern, einen Regen zur Erde herab sende aus den höheren Triften des werdenden Lebens aus Mir, durch die Regionen des Lichtes, so hängt im Grunde die Erhaltung der ganzen Erde, ja des ganzen Universums von dem ersten Tröpfchen ab, welches kaum ein Sandkörnchen befeuchtete.

21] Da werdet ihr freilich sagen, das sei fast unwahrscheinlich. Allein Ich sage euch: Wenn dieses Tröpfchen nicht zur allerbestimmtesten Zeit eben dieses Sandkörnchen befeuchtet hätte, so hätte der in diesem Körnchen gebannte und ergrimmte Geist das Körnchen zersprengt, hätte dadurch die Geister, die ihn nachbarlich umlagerten, zu einer ähnlichen Handlung geweckt, und diese wieder ihre Nachbarn, und so fort bis auf das letzte Stäubchen der Erde. Und ihr könnet ganz vollkommen versichert sein, daß in der nächsten Sekunde die ganze Erde in vernichtenden Flammen und Rauch aufginge. Und wie hier ein Sandkörnchen das andere zur Zerstörung geweckt hätte, so würde eine Erde die andere wecken und eine Sonne die andere, und so fort bis ins Unendliche. Und dieses alles wäre das Werk fast eines und desselben Augenblickes, geradeso als wenn ihr euch einen großen Haufen des verfluchten Schießpulvers dächtet und würde da jemand nur ein Körnchen entzünden, und wäre der Haufen so groß als die Erde selbst, so würden doch in demselben Augenblicke alle Körner vom Feuer ergriffen werden.

22] Wenn aber zuvor ein solches Pulverkörnchen, welches gerade ausgesetzt war zur ersten Aufnahme des Feuers in einem Fünkchen, durch einen solchen Tropfen befeuchtet würde — was wird nun geschehen, wenn das Fünkchen auf das befeuchtete Körnchen kommt? — Das befeuchtete Körnchen wird sich nun nicht entzünden, und der ganze andere große Klumpen wird dadurch gesichert sein vor der Zerstörung.

23] Seht, es hängt nichts, was ihr auch immer ansehen möget, ja selbst nicht die Bewegung eines Sonnenstäubchens, von einem sogenannten blinden Zufall ab — sondern dieses alles ist von Mir schon von Ewigkeit her auf das allergenaueste berechnet und bemessen. Und wäre es einem Menschen oder selbst einem Engelsgeiste möglich, darinnen eine Abänderung zu finden, und wirkete dabei

Meine ewige Sorge nur einen Augenblick nicht mit, so würdet ihr erfahren, welche Verheerungen aus der unordentlichen Wendung auch nur eines Sonnenstäubchens vor sich gehen würden.

24] Ich aber sage euch: Der Schwerpunkt einer Zentralsonne hängt in seiner Ordnung auf das intimste von der Wendung eines für eure Augen nicht mehr sichtbaren Stäubchens ab. Denn meine Ordnung ist so wohl berechnet und Meine Blicke [sind so genau] auf alles gerichtet, daß vom Allergrößten bis zum Allerkleinsten eines da sei zur Erhaltung des andern.

25] Nun werdet ihr auch fragen: Warum diese großen Wasserbecken unter den Bergen und Flächen, wodurch die Oberfläche keinen Augenblick sicher ist vor dem Versinken in die meilentiefen Fluten solcher Gewässer? — Allein Ich sage: Es ist alles so eingerichtet, daß es ewig bestehen kann, wenn nicht die freiwillige Bosheit der Menschen Störungen in Meiner ewigen Ordnung verursacht, die Ich nicht hindern darf, da sie von der Freiheit des Willens der Menschen herrühren und weil der freie Wille auch nur eines Menschen [Mir] unendlich höher steht als ein ganzes Sonnengebiet mit allen Planeten, Monden und Kometen.

26] Und nähme Ich das Wasser aus diesen Becken, so saget, womit könnte das große Feuer in den inneren Gemächern der Erde gesänftet und gemildert werden?

27] Ist euch eine solche Erscheinung wie die der Gegend Ararat erschrecklich, so ist sie aber andererseits doch wieder ein neuer Segen zur Erhaltung des Ganzen. Denn würde das nicht geschehen auf die schon erwähnte Art, so würde im nächsten Augenblicke, statt der Zerstörung einer kleinen Gegend, die ganze Erde ein völlig vernichtendes Los erfahren.

28] Daher bin Ich in allem, was da euer Auge und Ohr berühren kann, nichts als immerwährend die ewige Liebe Selbst. Wie einst die Welt entstanden ist aus der Erbarmung Meiner Liebe, so besteht sie in Meiner Liebe und so wird sie einst auch nur sanft aufgelöst werden in Meiner Liebe. — Und ist auch der Zorn Meiner Gottheit das Sichtbare der Materie, so wird aber dieselbe doch nur gesänftet erhalten von Meiner Liebe, solange es Meine ewige Ordnung für notwendig finden wird.

29] Und so könnet ihr auch vollkommen versichert sein, daß wenn auf irgendeinem Orte unter einer Million Menschen nur einer ist, der Mich in seiner Liebe erkannt hat, so wird der Ort, und wäre seine Unterlage so dünn wie ein Blatt Papier, dennoch so fest und sicher bestehen, als wäre sein Untergrund ein viele Meilen dickes und festes Gestein. Allwo aber unter einer Million auch nicht einer mehr anzutreffen ist, der Mich erkennen möchte als den liebevollsten Erhalter aller Welten und aller Geschöpfe, alldort wird eine sonnendicke Diamantenkruste zu schwach werden, um die vernichtende Notwendigkeit Meiner ewigen Ordnung aufzuhalten.

30] Sehet daher, so ihr Mich wahrhaft liebet, sollet ihr gar nichts fürchten, und würde die Erde auch unter euren Füßen in Trümmer zerbröckelt werden! — Wahrlich, Ich sage euch: Auch auf den dampfenden Trümmern einer zerstörten Welt würdet ihr erfahren, daß Ich die Ewige Liebe bin, und ein wahrer, einzig guter Vater denen, die Mich im Geiste und in der Wahrheit der Liebe ihres Herzens erkannt haben.

31] Ja, Ich sage euch, Ich will Sonnen zerstören und die Trümmer der Welt wie Blitze durcheinanderwerfen und entzünden mit dem Feuer Meines Grimmes die ganze ewige Unendlichkeit, und doch soll auch nicht ein Haar gesengt werden denen, die Mich lieben. Denn Ich bin allezeit ein liebender und heiliger Vater Meinen Kindern! — Amen.

☆

Ueber Erdstöße und Witterungserscheinungen

Am 4. Oktober 1840, von 1/4 10 Uhr bis 1/2 12 Uhr vormittags

Schreibende: K. G. L. — Andr. und Ans. H. — Der heilige, liebevollste Geber aller guten Dinge gab uns durch Seinen Knecht J. L. dieses Stück Brotes zum ewigen Leben.

Was da letzthin von den Erdklüften und Erdsprüngen wie auch von den breiten Rissen der Erde gemeldet wurde, so haben diese mit dem Ausbleiben der Quellen und Versiegen der Brunnen, wie auch mit dem Zurücktreten des Meeres und mancher Seen einen und denselben Grund.

2] Nämlich bevor irgendein solcher gewaltiger Erdstoß geschieht, da sammeln sich vorher die [argen Menschen-]Geister, die von der Welt wieder [in die Materie] zurückgekehrt sind, in Rotten und großen Horden. Diese Sammlung der Geister an gewissen Punkten der Erde bietet dem natürlichen Menschenverstande folgende Erscheinung dar:

Durch den Zusammentritt von Mineralien mit dem Wasser geschieht gewisserart eine chemische Zersetzung, was ihr im allgemeinen mit dem Ausdrucke „Gärung“ bezeichnet. Dadurch entwickeln sich verschiedene Gase und suchen einen Ausweg. Und da geschieht es denn, daß sie bei einer solchen Gelegenheit in einen leeren Raum gelangen, allda sammeln sie sich dann Jahre und Jahre oft so gewaltig zusammen, daß sie durch ihre naturmäßige Spannkraft nach und nach die über solchen Räumen befindliche Erdscholle zu erheben anfangen.

3] Wenn nun so die Erdscholle mehr und mehr erhoben wird, so fängt sie natürlicherweise an, Ritze zu bekommen, welche dann, je nachdem die Erhebungen fortdauern, immer größer und größer werden und endlich förmliche Klüfte und tiefe Abgründe bewirken. Wenn nun auf diese Weise die sich unterirdisch ansammelnden Gase durch kleine Risse bis zu den großen Wasserbehältern gedrungen sind, so füllen sie nach und nach, durch die Wässer aufsteigend, die Oberfläche derselben ebenso gewaltig an, daß dann diese Wässer, von welchen alle unterirdischen Quellen meistens herkommen, außer Verbindung mit den Oberadern gebracht werden und dann auch die äußere Rinde der Erde oft bis zu achtzig, hundert, ja oft auch zweihundert Klaftern erhöhen — bei welcher Gelegenheit dann natürlich alle Quellen, die daher ihren Ursprung haben, ausbleiben, wie auch Brunnen versiegen und das Meer, welches stets in Verbindung mit diesen unterirdischen Wässern steht, wie auch andere große Seen, von ihren Ufern bedeutend zurückweichen, was natürlich geschehen muß, da die große Vorratskammer der Wässer durch solche dazwischen tretende Gase getrennt wird von den oberirdischen Wässern.

4] Nun seht, so stellt sich diese ganze Erscheinung dem natürlichen Auge, das heißt dem Sinne des natürlichen Verstandes vor! — Allein in der Wahrheit verhält es sich nicht also; sondern, wenn — wie schon anfangs erwähnt wurde — durch die Ansammlung der Geister und durch deren tolles Treiben die andern, noch ruhenden Geister beleidigt und aus ihrer Ruhe gebracht werden, alsdann geschieht es gewöhnlich, daß ein friedenstiftender Engel von den Himmeln dahin abgesandt wird. Dieser öffnet im Inneren der Erde Klüfte [Kanäle] von den großen Wasserbehältern zu den Stellen, deren Insassen in ihrem tödlichen Eifer gegenseitig glühend geworden sind. Nun suchen da die in den Wässern verborgenen Friedensgeister solche ergrimmten Rotten zu sänftigen, und da sammeln sich während solcher

Tätigkeit dann solche Friedensgeister durch den beständigen Beitritt des Wassers in großen Massen. Und das, was früher von den Gasen gesagt wurde, seht, das ist die Ueberzahl der Friedensgeister, die auf die Nötigung des Engels aus dem Wasser getreten sind, um die ergrimmten höllischen Geisterhorden zu sänften.

5] Wenn dann solches fortgesetzte Beispringen der Friedensgeister aus dem Wasser nichts fruchtet, alsdann macht der Engel — wie schon aus der früheren Mitteilung von dem Erdbeben bekannt — einen gewaltigen Strich durch die Rechnung solcher Grimmgeister, worunter die sogenannten großen Weltgeister die ärgsten sind. Dieser Strich durch solche bösen Rechnungen der Geister besteht darin, daß von dem kräftigen Engel die Stelle durch und durch ergriffen und mit großer Gewalt in die kleinsten Teile, allwo noch ungeborene Geister bedrängt wohnen, in einem Augenblicke zerrissen wird.

6] Die nun losgewordenen Geister entzünden dann, da sie selbst ganz glühend geworden sind, auch die oft meilenweit angesammelten Friedensgeister (oder mit dem naturmäßigen Ausdrucke „Gase") — und dieser Entzündungs-Augenblick ist dann auch der Augenblick des euch schon bekannten Erdstoßes.

7] Welche Folgen solche Entzündungen haben, ist euch schon hinreichend bekannt. Allein damit solche Entzündungen nicht allzu häufig vorkommen, da sie mit der Zeit eine gänzliche Zerstörung des Weltkörpers herbeiführen könnten, und zwar durch die Wirkung des nach Meinem Willen freitätigen Engels (der, wenn er mit Meiner Macht zur Vollziehung Meines Willens ausgerüstet ist, sich wenig kümmern würde, ob zur Verherrlichung Meines Namens eine oder tausend Erden wie Spreu in den Wind zerstäubet würden) — so habe Ich fürs erste hie und da auf der Erde beständige Grimmableiter der höllischen Geister errichtet, durch welche immerwährend Wasser zum Dämpfen der glühenden Stellen geleitet wird. Und wenn da auch Ansammlungen von solchen euch bekannten Gasen geschehen, so werden sie, wie der Rauch durch ein Kamin, gewisserart natürlich, ohne bedeutende Verheerungen, abgeleitet.

8] Freilich sollten die Menschen nicht so ganz nahe solchen Orten ihre Wohnungen errichten, weil in solcher Nähe doch immerwährend größere oder kleinere Verheerungen notwendigerweise stattfinden müssen. Denn es ist ja die Erde doch so ziemlich ausgedehnt, und daher ist es nicht nötig, sich gerade an Kaminen der Hölle Wohnungen zu errichten.

9] Denn seht, in geistiger Hinsicht sind die **Vulkane** nichts anderes als **Grimm- und Zorn-Ableiter der Hölle**. Diese Vulkane haben unterirdisch viele tausend Gänge und Mündungen, welche nicht unähnlich sind den Wurzelzügen eines großen Baumes. Dessenungeachtet aber können sie doch nicht jede erdenkliche Stelle der Erde berühren, es müßte denn die Erde nur gleich sein einem Badeschwamme, was denn doch nicht sein kann, wenn sie fähig sein soll und muß zur Tragung der Menschen, Berge, Länder und all der großen Gewässer, damit ihre Oberfläche sei eine gefestete Schule zur Freiheit des Lebens in Mir.

10] Wo demnach die vulkanischen Gänge nicht hinreichen, allda geschehen zwar wohl sehr oft solche Erhöhungen durch die Ansammlung frei gewordener Geister. Jedoch um einer solchen gewaltigen Zerstörung vorzubeugen, werden in den Niederungen der Erde, wie auch öfter in den Gebirgsklüften von einem **zweiten Engel Oeffnungen** gemacht. Durch diese Oeffnungen strömen dann die Gase unentzündet, in der Art heftiger Winde, als Stürme über die Oberfläche der Erde heraus.

11] Seht, solche **Erhöhungen** geschehen fast tagtäglich. Ihr dürft nur das sogenannte **Barometer** beobachten, und ihr werdet an dem Fallen und Steigen des Quecksilbers die immerwährende Ansammlung solcher Geister hinreichend beobachten können. Denn wenn dasselbe **fällt** von Linie zu Linie, so geschieht unterirdisch die Ansammlung. Die Erdscholle mit der Rinde wird erhoben. Dadurch nun werdet ihr samt euren Städten, Bergen und Flüssen von Klafter zu Klafter höher in die leichteren Luftschichten gehoben. Und da die Luftsäule, welche auf das Quecksilber drückt, dadurch natürlicherweise immer geringer wird, so fällt denn auch das Quecksilber in der Röhre nach dem Maße des Leichterwerdens der Luftsäule über demselben.

12] Wird dann nach Meiner Liebe den freien Geistern oder, naturmäßig gesprochen, „Gasen“, eine wohlberechnete verhältnismäßige Ausgangspforte errichtet, alsdann strömen denn diese allgemach aus, gerade wie die Luft aus einer Esse. Die Erdscholle und Rinde sinken dann nach und nach wieder in ihre vorige Lage zurück. Und in welchem Maße das Zurücksinken geschieht, in demselben Maße **steigt** dann auch wieder das Quecksilber in der Röhre, weil die Luftsäule über demselben natürlicherweise wieder länger, intensiver und schwerer wird.

13] Ihr würdet vielleicht, wenn auch nicht jetzt, so doch nach und nach fragen, was denn mit diesen [aus dem Wasser] frei gewordenen [Friedens-]Geistern ferner geschieht; da sage Ich euch nichts anderes als das: Fraget euch selbst, was ihr selbst nach getaner Arbeit zu tun pfleget! Nämlich, ihr begebet euch in eure Wohnungen, um alldort wieder friedlich auszuruhen von dem mühsamen Tageswerk eurer Hände. — Sehet, dasselbe ist auch der Fall bei diesen frei gewordenen Geistern und das um so mehr, da ihnen der Weg bekannt ist, den sie zu gehen haben, bis zur Seele des freien Menschen der Erde.

14] Sehet, diese Geister vereinigen sich alsobald mit den Geistern, die da kommen aus den freien Sphären des Lichtes, ziehen sich gegenseitig an, verbinden sich auf dem euch oft sichtbaren, meistens aber unsichtbaren sogenannten elektro-magnetischen Wege, welcher freilich besser „Natur-Liebe-Weg" genannt würde, und fallen dann gewöhnlich im Regen, oft auch im Hagel und Schnee wieder, die Erde befruchtend, darnieder.

15] Zwischen dem Regen, Hagel und Schnee sind nur sehr geringe Unterschiede, welche durchgehends einen gleichen Grund haben. — Bei dem Hagel haben sich mitunter auch noch bösere ungeborene Geister mit den freien Geistern aus dem Wasser mitbegeben. Damit nun diese Geister keine weiteren Verheerungen anrichten können, so werden sie durch die Geister aus dem Wasser alsogleich gefangengenommen und festgebunden und also, von ihrem Grimme abgekühlt und gesänftet, in der Gestalt des Hagels wieder zur Erde geführt — aus welcher Ursache ein solcher Hagelsturm auch gewöhnlich mit größerer Heftigkeit als irgendein anderer Regen oder Windsturm vor sich geht.

16] Daß dem so ist, das zeigen euch die vor einem solchen Sturme kreuz und quer fliegenden Wolken. Wenn ihr das seht, so ist der Augenblick da, allwann solche bösen Geister von der Heftigkeit der Friedensgeister kreuz und quer zusammengefangen werden, bei welcher Gelegenheit sich solche Geister dann allzeit durch ein unwilliges, vernehmbares Murren, Toben, häufiges Blitzen und Donnern kundgeben. Allein alles dieses hilft ihnen wenig oder gar nichts. Am Ende werden sie doch samt und sämtlich gefangengenommen und, wie schon bekannt, an den Ort ihrer Bestimmung geführt.

17] Wenn sie nun die Erde erreicht haben, so werden sie von der erweichten Materie wieder aufgenommen, und die friedlichen [Wasser-]

Geister gehen dann wieder ruhig von ihren festen Klümpchen auseinander. — Hat dann auch so ein Hagelsturm hie und da manchen Schaden an euren Früchten angerichtet, so sollet ihr aber euch dessen ungeachtet doch nichts daraus machen. Denn dieser Schaden steht nicht in dem allergeringsten Verhältnisse zu dem, was da entstehen würde, wenn die Friedensgeister nach Meinem Willen nicht so tätig die Hand anlegten an die „unzeitigen" Zerstörer der Welt. Denn diese würden sich in ihrer Freiheit alsobald entzünden, und der Erde würde es ergehen (wie schon letzthin bemerkt) — wie einem großen Haufen Pulvers.

18] Daher sollet ihr in der Zukunft auch nicht so ängstlich sein, wenn ihr solches vor euren Augen sehet. Denn alles, was da geschieht, geschieht aus Liebe zu euch! Und wird auch jemand dadurch verdientermaßen ein wenig gezüchtigt, so wisset ihr ja: wenn ihr eure Kinder nur aus Liebe züchtiget, da ihr doch böse seid — um wie viel mehr werde Ich, der alleinig gute Vater, Meine Kinder nur aus Liebe züchtigen!

19] Sehet, so steht es um diese bis jetzt für jedermann unbegreiflichen Dinge! Und wie in einem geringen Verhältnisse mit dem Hagel, so ist es, jedoch dafür länger während, der Fall mit dem Schnee und ebenso auch mit dem Eise. Denn ihr müßt wissen, je nördlicher irgendein Punkt der Erde liegt, desto verschlagener und böser sind die denselben bewohnenden [Natur-]Geister.

20] Nun aber merket euch noch dieses: Nach dem, was ihr bis jetzt über die Natur der Dinge aus Meiner Gnade erfahren habt, könnet ihr euch schon einen kleinen Begriff machen, wie viel alle Weltweisheit nütze ist! — So jemand aber ein Handwerk erlernen will, muß er zu einem Meister gehen, ansonst er ein immerwährender Stümper und Flicker bleiben wird. Ich aber bin ein wahrer und allereigentlichster Meister in allen Dingen. Wer sie daher kennenlernen will, der muß sich von Mir, dem Urheber aller Dinge, belehren lassen. Denn auf keinem anderen Wege ist es möglich, in Mein Reich zu kommen, als nur allein durch die Pforte, die Ich euch gezeigt habe. Wehe den Dieben und Räubern, die sich durch das Dach hineinschleichen wollen, denen wird's ergehen wie den Geistern durch den Hagel; denn sie werden in die äußerste Finsternis auf eine ganze Ewigkeit hinausgestoßen werden.

21] Es soll aber der gemeine Mann dereinst belehret werden über alles, nach der Aufnahmefähigkeit seiner Liebe. Jedoch die

Weisen der Welt sollen beschämt werden von einem leeren Schneckenhause und von den Larven ausgeborener Infusorien! Denn wahrlich, Ich sage euch, es wird dereinst ein Regenwurm solche Weisen gewaltig beschämen in ihrer vermeintlichen Weisheit.

22] Daher ist ein Tor der, der es nicht von Mir lernt. Wer es aber von Mir empfangen hat, und wäre die Gabe noch so klein, der wird das Empfangene in Ewigkeiten und Ewigkeiten jedoch nicht aufzehren können. Denn Ich bin allezeit unendlich, wie im Größten, so im Kleinsten. Und so ist ein Sonnenstäubchen als eine Gabe von Mir nicht minder groß und unendlich als die größte der Sonnen, welche in der Mitte zahlloser Sonnenheere wie eine Mutter in der Mitte ihrer Kinder segnend pranget.

23] Dieses nun Gesagte erfasset wohl in euren Herzen! Denn Ich, der Geber aller guten Dinge, habe es euch gegeben — ein gutes, wohl genießbares Stück Brotes zum ewigen Leben.

24] Daher freuet euch auch in euren Herzen; denn ihr wisset ja, so ihr euren Kindern Brot austeilet, daß ihr nicht fern von euren Kindern seid. — Sehet, dasselbe ist auch bei Mir der Fall!

25] Wo Mein Brot des Lebens erscheint, da glaubet auch, daß Ich, euer guter Vater, nicht ferne bin! — Amen. — Das sage Ich, euer guter Vater. Amen.

☆

Vorsicht mit leiblichen Genüssen!

Am 13. Oktober 1840, nachmittags von 1/2 3 Uhr bis 1/2 5 Uhr

So schreibe denn hier, du Mein sehr fauler, unnützer, sehr schlechter und überaus törichter Knecht, der du nur mit einem Auge auf Mich siehst und mit einem Ohre anhörst Meine Stimme — und hast das andere Auge und Ohr noch hängen an der Welt!

2] Kehre alles zu Mir, damit du beim Lichte Meines ewigen Tages erkennen mögest den unendlichen Wert dessen, was Ich dir Nichtswürdigem gebe in solcher Fülle, daß selbst die Engel des Himmels solche Fülle Meiner Gnade nicht begreifen und fassen können und sich vor zu großer Ehrfurcht nicht in die Nähe getrauen, da ein solch heiliges Licht entströmt Meiner Liebe zu euch schnöden Sündern!

3] Daher bedenke, was du empfängst und von Wem du es empfängst! Und huldige in Zukunft nicht zu sehr dem Becher; denn im Weine liegt der Geist des Fleisches und somit aller Hurerei. Und so du das noch ferner tun wirst, so werde Ich dich in alle Hurerei verfallen lassen — wie alle, die so tun wie du! Und dann möchtest du wieder lange Zeit haben, bis du den Weg zu Meiner Gnade finden würdest.

4] Und nun schreibe an den N. N. und sage ihm, daß Ich ihm sagen lasse:

5] Jeder Bauch- und Magengenuß, so er unnötigerweise geschieht, taugt nicht zu Meinem Reiche. Denn der unnötige Saft macht schwarz das Fleisch der Brust und finster Meine zukünftig sein-sollende Wohnung, da der Geist nicht erweckt werden kann in der dreifachen Nacht, d. h. in der Nacht der Liebe, in der Nacht des Willens und dadurch in der Nacht der Sünde.

6] Ich gebe euch kein Gesetz, damit ihr nicht wieder Sklaven der Sünde werden möchtet; sondern, daß ihr frei werdet in Meiner Liebe, gebe Ich euch [nur] die Wege Meiner Liebe zu erkennen.

7] Daher lasset ruhen euer Fleisch im Tode und wecket es nicht durch neue Reizmittel — damit da lebend werde euer Geist in Meiner Liebe durch eine sichere Hoffnung, aus der Wurzel eines wahren, lebendigen Glaubens, der da ist ein wahres Licht, entströmend Meiner großen Gnadensonne, deren Mitte die allerwärmende Ruhestätte Meiner ewigen Liebe ist.

8] Schauet euch um, und ihr werdet alsobald diese Meine Sonne schon hoch am Morgen stehend erblicken und werdet auch schon tüchtig empfinden ihre sanfte Wärme. Aber euer Fleisch sollet ihr nicht wieder erwecken wollen zur Sünde; sonst würde und möchte Ich Meine Sonne für euch zum Untergange stellen. Euer Boden würde zur heißen Sandwüste. Und statt am wahren Brote der Himmel und an Meinem lebendigen Wasser würdet ihr euch sättigen an der Fata morgana[1] der Welt.

9] Wohlgemerkt, Mein lieber N. N., siehe, Ich habe dich lieb und helfe dir über Hals und Kopf. Daher lasse das Fleisch ruhen im Tode, damit Ich deine Liebe erwecken kann und du bald schmekken mögest das ewige Leben in dir aus Mir!

10] Halte auch deine Kinder hübsch im Zaume und lasse sie nicht in die Welt springen, und verrammle wohl die Fenster deines Hauses,

[1] trügerische Luftspiegelung; d. Hsg.

damit durch dieselben nicht ihre Sinne verwirrt werden! Der Welt stehen zwar wohl alle Pforten der Welt offen und alle Fensterläden ihrer Häuser. Allein nicht also soll es bei denen sein, die Ich zu Meinen Kindern aufnehmen möchte.

11] Amen. Das sage Ich, euer aller Vater!

☆

Eine väterliche Einladung

Am 14. Oktober 1840

So es sein kann — doch eurem freien Willen sei es anheimgestellt — und Ich werde nicht, euch beschuldigend, [nach]sehen, ob ihr es getan oder unterlassen habt; sondern da ihr Meine Kinder und Freunde geworden seid, so könnt ihr es tun noch in diesem Jahre, so ihr könnt und wollt. Doch aber, wenn ihr es tut, so sollt ihr alle Fünfe — mit Meinem leichten Knechte eingezählt — beisammen sein. Doch werde Ich euch einen sehr brauchbaren sechsten und, etwas später, noch einen siebenten Jünger hinzustellen, die euch und Mir sehr viele Freude machen werden.

2] Nicht wahr, Kinder und Freunde, ihr werdet jetzt auch denken: Aber was der gute Vater nun doch wieder möchte? Es schaut gewiß schon wieder etwas außerordentlich Großes heraus. — Ja, sage Ich, es schaut richtig schon wieder etwas außerordentlich Großes heraus, was Ich euch zeigen möchte, euch aber doch ohne dieses kleine Opfer nicht zeigen kann, da euch für diesen Zweck der natürliche Eindruck mangelt. Denn in gewissen Dingen, da ihr noch nicht völlig im Geiste wiedergeboren seid, ist euch eine naturmäßige Anschauung noch überaus nötig, so ihr wieder sollet in einen größeren Tropfen Meiner Barmliebe eingeweiht werden. Und das ist nun soeben der Fall! Ich will euch wieder eine Stufe höher ziehen und habe darum dieses mit euch vor. Jedoch [nur] so ihr leicht könnet und wollet. Es soll darob niemand etwas von dem Seinen verabsäumen! — Somit höret, [was Ich meine mit dem] „so es sein kann!“

3] Das aber ist nicht etwa Mein Wille, sondern nur der Wunsch Meiner Liebe, daß ihr euch etwa an einem Sonntage, den Ich euch recht gerne dazu beräume, hinbegeben möchtet zum Fuße der sogenannten Kleinalpe — aber nicht etwa gar hinauf zu deren Scheitel, sondern nur bis an den Fuß derselben, der bis nach dem Flecken „Uebelbach“ nicht ferne hinreichet.

4] So ihr aber dahin gelangen werdet, so sollet ihr ja auf alles ein sehr aufmerksames Auge richten, und zwar zuerst auf die vor euch liegenden Alpen, auf ihre Erhöhungen und Erniedrigungen, wie und mit was für Bäumen sie bewachsen sind, mit was für Sträuchern, Kräutern und Grasarten sie bekleidet sind um ihre Füße, und wie die Erde alldort aussieht, was für Steine da seien, ob und was für Mineralien daselbst enthalten sind in den Eingeweiden dieser Gebirge. Alles dieses sollet ihr so viel als möglich selbst in Augenschein nehmen, oder euch daselbst wenigstens recht sorgfältig darum erkundigen.

5] Hauptsächlich aber sollet ihr bei allem dem auf eure Gefühle die größte Achtsamkeit verwenden. Denn das ist eigentlich der Hauptgrund, warum Ich solches für euch beabsichtige. Und ihr werdet daselbst durch eine besondere Zulassung von Mir euch von noch nie geahnten und noch viel weniger gehabten Gefühlen bemeistert fühlen, welche euch mehr sagen werden, als alle Bücher der Welt zu fassen vermöchten!

6] Warum Ich aber euch gerade auf diese Gegend verweise, das wird euch bei der nachträglichen großen Erörterung haarklein auseinandergesetzt werden.

7] Sehet, wenn euch irgendein weltlicher Machthaber ein solches Geschäft anbefohlen hätte, so würdet ihr alles verlassen haben, um demselben nachzukommen. Freilich würdet ihr dann „Geschäftsdiäten" bekommen. Aber auch Ich werde euch versehen mit den Diäten Meines Reiches. Und so wird es euer Schaden nicht sein, zeitlich und ewig.

8] Daher aber sollet ihr euch in der Welt, als der Vorschule des ewigen Lebens, schon ein wenig üben, zu hantieren in Meinen Geschäften. Denn so ihr Mir liebetreu festverbleiben werdet, dann werden euch in Meinem Reiche gar große Geschäfte erwarten, wovon ihr jetzt noch keine Ahnung habt.

9] Sehet, einst sagte Ich zu Meinen Knechten und Jüngern: „Gehet hin in alle Welt und prediget das Evangelium aller Kreatur! Und besiegelt selbes mit eurem Blute und Leben! Denn wer das Leben sucht und liebt, der wird es verlieren, wer aber dasselbe hasset und es verabscheuet um Meines Namens willen, der wird es erhalten, und wenn er stürbe tausend Male. Und fürchtet nicht die, so nur den Leib zu töten vermögen, der Seele aber kein Leid zufügen können, sondern fürchtet vielmehr Den, der die Seele samt dem Leibe ewig verderben und töten kann."

10] Sehet, alles dieses sage Ich nicht zu euch, da Ich eure Schwäche wohl erkenne; aber Ich sage zu euch: „Was stehet ihr hier den ganzen Tag müßig, hat euch denn niemand gedinget? So gehet denn auch ihr hin in Meinen Weinberg, und Ich will euch geben, was Rechtens ist." — Das, sehet, das sage Ich in diesem Nebenworte soeben zu euch allen! Darum gehet hin, so ihr wollt und könnt, und tuet nach allem dem das Eurige. Ich aber werde dann alsobald zu euch treten und tun das Meinige!

11] Daher noch einmal wohlgemerkt: „So es sein kann!" — Amen. Das sage Ich, euer liebender Vater. Amen. Amen. Amen.

☆

Fata morgana

Am Sonntag, den 18. Oktober 1840, von 1/4 11 Uhr vormittags bis 1/2 2 Uhr nachmittags

Schreibende: K. G. L. — S. — und Ans. H. — Der Herr gab uns heute dieses Stück Brotes durch Seinen Knecht J. L.:

So merket denn! Unter die vielen Erscheinungen, von deren Entstehungsgrunde noch keinem Weltgelehrten etwas geträumt hat (und hätte es ihm auch geträumt, so konnte ihm nur der allerbarste Unsinn davon träumen) — gehören auch die von den Gelehrten so ganz unrichtig benannten Luftbilder.

2] Denn nicht nur diese Luftbildungen, sondern noch zahllose andere Erscheinungen im Gebiete der Natur sind in ihrer Entstehung von solcher Art, daß alle Gelehrten der ganzen Erde, wenn sie tausend Jahre hintereinander sich mit nichts als bloß nur mit diesen Erscheinungen beschäftigen würden, am Ende solcher Zeit gerade so viel wüßten wie beim Beginne ihrer tollen Forschungen.

3] Was würdet ihr wohl einem Menschen sagen, der seine Brille sucht, während er sie doch auf der Nase trägt!? Ihr würdet zu ihm sagen: „Freund, was suchst du?" Und so er antworten würde: „Meine Brille!" — dann würdet ihr ihm gewiß lachend bedeuten, daß er sie ja auf der Nase trägt. So er aber nun in Zorn und Aerger ausbrechen würde über eure von ihm gemutmaßte „ganz unter aller Kritik schlechte" Meinung über den Aufenthalt seiner Brille — saget, mit welchem Namen könnte man wohl einen solchen außerordentlichen Menschen benennen? — Ihr würdet gewiß nach gar nicht langer Ueberlegung untereinander den Entschluß fassen, einen solchen Menschen sobald als möglich ins Tollhaus zu befördern.

4] Und sehet, was werdet ihr aber dazu meinen, wenn Ich euch sage, daß ein solcher Tollhäusler noch einen ganz tüchtigen Professor abgeben könnte für jene großen Welt- und Naturgelehrten, die da — so sie eine „Mücke erschlagen" haben, indem sie die Bahn einer Zentralsonne bis auf ein Minimum berechneten und auch durch vieljährige Erfahrungen eine Mondes- oder Sonnenfinsternis mit genauer Not herausbrachten — schreien, es stehe nun auch schon das ganze Universum enthüllt vor ihren Augen!? — Ich sage, es wird noch die Zeit kommen, ja und sie ist schon völlig da, daß diese großen Naturgelehrten sich noch werden bequemen müssen, statt die Universitäten mit hochtrabender Stirne zu durchrennen, sich ganz demütig zu einer schlichten Wiege eines Kindes zu begeben, um alldort die Masse ihres Unsinnes zu erkennen. Ja, wahrlich, Ich sage: Ein Kind, das seine Eltern mit tränenden Augen um ein Stück Brot bittet, verrät in dieser lallenden Bitte mehr Weisheit als alle Weltweisen seit Plato, Aristoteles und Pythagoras.

5] Nun denn, da wir auf diese Art eine kleine Betrachtung gemacht haben, wodurch euch die Unzulänglichkeit der Weltweisheit vor die Augen gestellt wurde, so werde denn Ich einen Versuch machen und euch zeigen, daß Mir auch nicht nur ein, sondern mehrere Gründe zur allerklarsten Erläuterung der sogenannten „Fata morgana" allezeit zu Gebote stehen.

6] Seht, es gibt dreierlei Erscheinungen dieser Art, die in ihren Entstehungsgründen sich himmelweit unterscheiden, obschon sie in ihrer Erscheinlichkeit fast gänzlich eine und dieselbe Form darbieten.

7] Die erste, gewöhnlichste Art dieser Erscheinungen ist diejenige, welche in der Luft die unter ihr befindlichen Gegenstände verkehrt darstellt, wobei manchmal das Abbild ganz rein, manchmal etwas trüb und verunstaltet, manchmal vergrößert, manchmal verkleinert erscheint. Dieses geschieht auf ganz natürliche Weise, jedoch allezeit bei einem sehr niederen Barometerstande, wenn eine gänzliche Ruhe in der Luft eingetreten ist. Denn die Luft bildet vermöge ihrer spezifischen Schwere eine scharf abgeschnittene Spiegelfläche, auf welcher der Aether ruht, so wie die Luft über einem ruhigen Wasserspiegel.

8] Wenn nun die Luft eine solche Lage angenommen hat, so **spiegeln** sich dann die unterhalb befindlichen Gegenstände geradeso ab, als wenn ihr einen großen Spiegel in paralleler Richtung mit der Oberfläche der Erde einige hundert Klafter in der Luft über dem Gegenstand aufgerichtet hättet. — Ist die Luft ganz ruhig, so wird das Bild auch ganz rein sein, hat sie aber irgend kleine Wellungen auf ihrer Oberfläche, so wird das Bild unrein und undeutlich, wie ein Bild in einem etwas bewegten See. Geschieht es aber, daß die Luft gegen die Erde herab eine Ausbauchung macht, so wird das Bild verkleinert, wird dagegen der Luftspiegel erhoben, so macht er gegen die Erde eine Höhle und repräsentiert auf diese Art einen Hohlspiegel, wodurch dann die unten befindlichen Gegenstände je nach dem Grade der Höhlung entweder mehr oder weniger vergrößert erscheinen.

9] Ja, es kann sogar noch eine Erscheinung dieser Art stattfinden, nämlich daß ein und derselbe Gegenstand vervielfältigt gesehen wird. Dieses kann nur bei Verkleinerungen geschehen. Wenn nämlich der Luftspiegel mehrere Ausbauchungen gegen die Erde bekommt, so bildet ein jeder solche Bauch einen abgesonderten Spiegel, in deren jedem sich der Gegenstand geradeso darstellt, als wenn ihr mehrere Glaskugeln vor euch hättet und würdet auf dem Bauche jeder einzelnen Kugel euer Ebenbild bemerken, und zwar, wie schon bemerkt, in stets nach dem Grade der Ausbauchung verkleinertem Verhältnisse.

10] Sehet, das ist nun der Entstehungsgrund der ersten Art dieser Erscheinung.

11] In **geistiger** Hinsicht rührt diese Ruhe [der Luft] von einer gewissen ruhigen Erwartung der Geister her, die da wohl verspüren, daß bei einer langsam fortwachsenden Erhöhung der Erdoberfläche große Dinge im Innern der Erde vorgehen, und daher denn ebenso ruhig sind und harren, bis sie auf einen von Mir durch einen Engel gegebenen Wink mit großer stürmender Gewalt losbrechen sollen zur Wiederherstellung der gestörten Ordnung in den innern Gemächern der Erde. Das ist nun alles, was die erste Art dieser Erscheinung materiell und geistig darbietet.

12] Daß aber die Gegenstände allezeit verkehrt erscheinen, besagt, daß die Geister die Dinge der Natur in Entsprechungen sehen und ihrer gewahr werden. Und so ist ein aufrechtstehendes Bild der Sinn des Buchstabens, ein verkehrtes Bild aber der innere, geistige Sinn.

13] Dieser Erscheinung ist die **zweite** völlig gleich, durch welche sonst sehr **entfernt** liegende Gegenstände, als dergleichen wären Berge, Städte, Flüsse und Seen, sehr nahe dargestellt werden. Der Unterschied besteht nur darin, daß sie **aufrechtstehend** erscheinen. — Nun, wie geschieht denn das?

14] Ein Beispiel soll die ganze Sache hinreichend erläutern. — Wenn über einem entfernten Orte, wie z. B. Marburg, eine Luftspiegelung erster Art stattfinden würde, es würde aber zugleich, jedoch um viele Klafter höher, auch bei Ehrenhausen eine ähnliche Fläche sich gebildet haben, und einige Stunden von hier eine dritte, aber sehr nieder, jedoch so, daß die gerade Winkel-Linie nicht durch irgendeinen materiellen Gegenstand unterbrochen werden möchte, was wird nun geschehen? — Das abgespiegelte Marburg wird von der zweiten Luftspiegelung aufgenommen, das aufgenommene Bild aber wird je nach der Neigung des Luftspiegels in demselben Winkel wieder weitergeführt bis zur dritten Spiegelfläche, allwo ihr dann natürlicherweise dieses Bild aufrechtstehend erblicken müsset. Auf diese Weise können oft tagereiseweite Gegenstände so nahe erscheinen, als wären sie nur Stunden entfernt. Eure **Fernrohre** sind im Kleinen beinahe nichts anderes als eine solche Luftspiegelung, denn dadurch vermeint auch ein jedes den wirklichen Gegenstand zu sehen, während es doch nur das Abbild auf der Spiegelfläche des Glases erblickt.

15] Es können zwar [durch solche Luftspiegelungen] sehr entfernte Gegenstände euch wohl öfters auch **verkehrt** erscheinen, was jedoch sehr selten zu geschehen pflegt. Dieses würde nur stattfinden, wenn ein **hoher** Luftstand ebenfalls zur Ruhe käme. Alsdann würdet ihr am Horizonte gleichsam, wie zum Beispiel von Afrika aus, entfernt liegende Inseln bemerken — versteht sich nur unter einem gewissen Winkel, außerhalb oder innerhalb dessen ihr nichts mehr sehen würdet. — Solch eine Erscheinung geschieht auf folgende Art:

16] So ihr euch denken könntet, gerade über der Choralpe in einer Höhe von mehreren hundert Klaftern wäre die Luft so ruhig geworden, so würdet ihr da in diesem Luftspiegel z. B. Klagenfurt entdecken, und zwar in verkehrter Richtung, was demnach dasselbe ist, als wenn ihr seitwärts in einen Spiegel sehet und da in demselben nicht die gerade vor ihm stehenden Gegenstände erblicket, sondern nur diejenigen, die geradeso wie ihr, in entgegengesetzter Richtung, schief von der Fläche des Spiegels abgewendet sind.

17] Was bei dieser zweiten Erscheinung die geistige Sphäre betrifft, so hat sie ganz denselben Grund, wie bei der Erscheinung erster Art. Nur wenn sie nach letzter Art in großen Höhen sich vorfindet, so ist da das Augenmerk der Geister auf eine örtliche, nicht gar zu tief liegende Unordnung entweder im Innern der Berge oder auch wohl einzelner Inseln (welche ebenfalls nichts anderes als Berge im Meere sind) gerichtet.

18] Nun sehet, was diese beiden Erscheinungen betrifft, so haben wohl schon hie und da auch manche schlichtere Naturforscher ähnliche Mutmaßungen gehegt. — Aber nun kommt die dritte Art solcher Luftspiegelungen, durch welche dem Auge des Wanderers Gegenstände produziert werden, die auf der ganzen Erdoberfläche sich gar nicht vorfinden.

19] Sehet, da haben weder die schlichten, noch viel weniger aber die hochtrabenden Naturforscher etwas herausgebracht und meinten diesen gordischen Knoten gleich einem Alexander durch einen Hieb zu lösen, welcher Hieb freilich solchen Forschern keine große Mühe machte, da sie solche außerordentliche Erscheinungen kurz ableugnen, oder sie höchstens als Traumgebilde eines müden Wanderers passieren lassen. Das ist freilich das leichteste Erklärungsmittel!

20] Wie sollte aber auch eine Sache erklärt werden, die gar nicht ist? — Und doch sage Ich, daß die großen Naturgelehrten mit keiner ihrer Erklärungen der Wahrheit nähergekommen sind als eben mit dieser. Dadurch haben sie doch wenigstens ausgesagt, daß sie nichts wissen, während in ihren anderen Erklärungen nur das zum Grunde liegt, daß sie noch weniger als nichts wissen. Wer nicht redet, da er nichts weiß, der tut keine Lüge. Wer aber redet, da er nichts weiß und nichts sieht, der macht sich der Lüge schuldig und wird, je mehr er gesprochen hat, ein desto größerer Schuldner der Wahrheit.

21] Ich aber sage, daß solche Erscheinungen der dritten Art gar wohl bestehen und in den südlichen Gegenden am häufigsten vorkommen, und zwar alsobald nach dem Sonnenuntergange, auch wohl dann und wann vor dem Sonnenaufgange.

22] Ihr werdet nun gar erstaunte, große Augen machen, so Ich euch dieses Geheimnis mit einem anderen Hieb kundgeben werde als die Naturforscher! — Sehet, die Menschen haben schon die größtmöglichsten Fernrohre verfertigt und wollten mittelst derselben den ganzen gestirnten Himmel auf einen Schluck verschlingen; allein Ich bin allzeit so frei gewesen und habe ihnen gewisse Striche durch die Rechnung gemacht, wodurch sie am Ende doch wieder einsehen mußten, daß Mein Bau großartiger ist als ihre Instrumente, ja daß Ich euch mit der geringsten Mühe Weltkörper so weit weggestellt habe, daß es ihnen wohl nie gelingen wird, auch mit tausendmal größeren Fernrohren dieselben ihrer hochtrabenden Nase näher zu bringen. Aber seht, was Ich den Weisen oft und allezeit vorenthalte, gebe Ich in großer Klarheit den unmündigen Hirten und Wanderern.

23] So ist es auch bei dieser Erscheinung der dritten Art der Fall. Sehet, wenn in diesen südlichen Gegenden die Luft aus schon erwähnten Ursachen geistig und physisch die höchste Ruhe erreicht hat, und das zwar über großen, sandigen Ebenen, woselbst weder ein Gebirge noch sonst irgendein erhabener Gegenstand vorhanden ist, da geschieht es dann oft, daß der Spiegel der Luft so nieder über die Oberfläche der Erde zu stehen kommt, daß er dem Wanderer kaum über den halben Leib reicht, und dieser schmachtend, statt mit der atmosphärischen Luft, sich bloß mit der Einatmung des Aethers begnügen muß, welches ihn freilich zu einem sehr schnellen Atemholen zwingt und ihn nach kurzer Zeit betäubt auf den Boden niederzusinken nötigt.

24] Da geschieht es denn, daß ein solcher Wanderer in diesem vor ihm ausgebreiteten Spiegel der Luft nie geahnte Dinge erblickt. — Was sind nun diese Dinge? — Seht, jetzt werde Ich den Hieb machen! — Sie sind nichts anderes als sehr getreue Abspiegelungen der Gegenden und Ortschaften anderer Planeten und Erdkörper.

25] Da werden die Gelehrten freilich sich den Kopf zerreißen und werden sagen: „Wie ist das möglich, da wir durch unsere besten Fernrohre nichts Aehnliches wahrnehmen können?“ — Allein Ich kann da nichts anderes antworten als das, daß sie Mir schon erlauben werden, wenn Ich Mich unterfange das von Mir zu behaupten, daß Ich auch ein etwas besserer Optiker bin, als sie es sind.

26] Zugleich aber möchte Ich ihnen auch eine Frage entgegen tun: Sie möchten nur die mathematische Formel zeigen, unter welcher Ich, gewiß mit der größten Leichtigkeit, das Auge eines Adlers konstruiert habe, welches besser ist als alle bis jetzt erfundenen Seh-Werkzeuge; denn es sieht von der größten Höhe mit der größten Leichtigkeit und Schärfe die Milben, welche ein irgendwo in einem Graben liegendes Aas bekriechen. Und sollten sie etwa nicht imstande sein, diese Formel zu erfinden, unter welcher ein Auge gleich fähig ist, Fernes wie Nahes mit gleicher Schärfe zu schauen, so muß Ich doch andererseits schon auch behaupten, daß es Mir ebenso ein leichtes ist, auf der Erde aus der Luft einen solchen Reflexions-Spiegel zu errichten, der eine Gegend eines noch so fernen Planeten, unter einem gewissen Grade der Beleuchtung, getreu wiedergeben kann.

27] Daß aber dieses möglich ist, werde Ich euch auch sogleich handgreiflich zeigen! — Nehmet irgendein Haus, welches da stünde auf einer weiten Fläche! Wenn ihr euch davon mehr und mehr entfernt, so wird das Bild desselben in einem immerwährend spitzigeren Winkel, nach dem Verhältnisse der Größe eures Auges, auf dasselbe fallen, und zwar vermöge der auslaufenden Strahlen, welche von allen Punkten dieses Gebäudes in der erwähnten Richtung auf euer Auge fallen. Daß nun das Gebäude stets kleiner und kleiner wird, liegt ja nur in euren Augen, mit welchen ihr, je mehr ihr euch von dem Gegenstand entfernet, ja auch eine immer geringere Menge der auslaufenden Strahlen aufzunehmen vermöget.

28] Nun denn aber setzen wir den Fall, euer Auge wäre nicht konvex (vermöge welcher Konvexität nur eine sehr kleine Fläche zur Aufnahme irgendeines Gegenstandes fähig ist, während die anderen, abgewendeteren Flächen schon wieder für andere Aufnehmungen bereit sind, damit ihr vieles auf einmal übersehen könnet) — also, wie schon gesagt, euer Auge hätte eine große Ausdehnung und wäre nicht konvex, sondern ganz eben, sehet, da könntet ihr euch tausend oder millionen Meilen von diesem Gebäude entfernen, so würdet ihr es demungeachtet immer gleich groß erblicken, weil von jedem Gegenstande zu gleicher Zeit, da nach allen Richtungen zusammenfließende und auseinanderlaufende Strahlen ausgehen, auch ebensogut gleichlaufende oder parallele Strahlen ausgehen, vermöge welcher das Bild eines Gegenstandes selbst in der größten Ferne getreu dasselbe bleiben muß.

29] Nun sehet, das ist denn auch hier der Fall! — Dieser große Luftspiegel ist ein optisches Werkzeug dieser Art, daß er vermöge seiner außerordentlich hellen Glanzfläche die Parallelstrahlen aufnimmt. Wenn noch dazu das Auge des Wanderers in dem Aether eine rechte Ausdehnung bekommt, alsdann erblickt er solche Gegenstände als getreue Abbilder anderer Weltkörper-Gegenden, zum Beispiele oft märchenhaft aussehende Städte, großartige Paläste, Berge, Wälder, Flüsse und Seen, ja sogar manchmal lebende Wesen und dergleichen mehreres, das sich vorfindet auf einem entfernten Weltkörper.

30] Sehet, da habt ihr nun alles über die Fata morgana! — Da auch hier [bei der dritten Art] der geistige Grund derselbe ist wie bei den früheren, so bleibt Mir demnach auch nichts mehr zu sagen übrig als das, daß ihr auch die Luft eurer Wünsche und Begierden um und in euch baldmöglichst zu solcher Ruhe bringen sollet. Alsdann werdet ihr noch ganz andere Fata morgana erleben, als die müden Wanderer auf den glühenden Sandwüsten; denn alles Schauen ist ein Strahlen und Gegenstrahlen.

31] Daher machet euch bald fähig zur Aufnahme der Strahlen, die Meiner Sonne entströmen, damit ihr da die Fata morgana des ewigen Lebens in euch erblicken möget! — Amen.

32] Das sage Ich, der große Meister in allen Dingen, der da heißet Jesus-Jehova. — Amen!

☆

Flut und Ebbe

Am Samstag, den 24. Oktober 1840, abends von 3/46 Uhr bis 9 Uhr

Schreibende: K. G. L. — L. — D. — Andr. und Ans. H. — Der Herr teilte uns durch Seinen Knecht J. L. Nachfolgendes aus Seiner Schatzkammer mit:

Es gibt der Meinungen viele über die Erscheinung des regelmäßigen Steigens und Fallens des Meeres. Allein, wie mit allem übrigen, so ist es auch mit dieser Erscheinung der Fall, daß alle bis jetzt bekannten Meinungen und sogenannten „Hypothesen" hinsichtlich der Erklärung dieser Erscheinung zur Wahrheit sich verhalten, wie ein blinder Schütze zum vorgesteckten Ziele, der da in seiner Nacht hingeht aufs weite Feld, allwo irgendein Ziel aufgesteckt ist. Er geht auf der Ebene fort und fort und sucht das Ziel, wohin er seine Pfeile abschießen möchte. Und seht, da er nahe an das Ziel gekommen ist, wendet er sich von demselben ab und sendet seine Pfeile ins Blaue.

2] Und hätte ein anderer Schütze, der ebenfalls blind ist, [gleichwohl] auch eine so glückliche Wendung gemacht, daß er gewisserart, wie ihr sagt, zufällig einen Pfeil ins Zentrum geschleudert hätte, so würde ihm dieses aber demungeachtet nichts nützen, da er blind ist und daher nicht wissen kann, wohin sein Pfeil geflogen ist; und wüßte er es auch, was würde es ihm wohl nützen, da er das Zentrum selbst nicht sehen kann — besonders wenn das Ziel, wie hier bei dieser Aufgabe, noch dazu so hoch gesteckt ist, daß er es nicht einmal mit den Händen erreichen kann, um zu fühlen, ob sein Pfeil in der Mitte steckt.

3] Und wenn er darauf einer ganzen blinden Menge mit aller Beredsamkeit predigt, wie genau er das Ziel getroffen habe, so werden einige, die noch viel blinder als er sind, sich außerordentlich beifällig zu wundern anfangen, daß er mit solcher Sicherheit das Ziel getroffen habe, und werden sagen: „Das wäre uns Sterblichen allen unmöglich gewesen, indem wir alle blind sind." — Er aber wird großtuend erwidern: „Ja, mir ist es gelungen!"

4] Doch die weniger Blinden, die werden freilich sich nach und nach in die Ohren zu raunen anfangen und werden sagen: „Ist denn nicht der Schütze auch blind? Woher dieser sichere Schuß? Hätte er nicht auch ebenso gut einen nebenstehenden Baum treffen können wie das vorgesteckte Ziel?"

5] [Angenommen] bei dieser Operation wäre aber auch ein Sehender zugegen und würde sagen: „Höret Freunde! Ich bin einer, der gesunde Augen hat, und sehe so gut in der Nähe wie in die Ferne." — Die Blinden aber würden ihm erwidern: „Was geht das uns an, wenn du siehst, so wir doch blind sind? Und so können wir dir ebensowenig glauben wie dem Blinden, da wir uns wirklich nicht überzeugen können, ob du siehst." — Der Sehende aber würde dann sagen: „So ihr auch nicht sehet, so kann ich euch doch begreiflich machen, daß ich sehe, und zwar auf folgende Weise: Mache jemand von euch irgendeine Bewegung mit seiner Hand, mit seinem Fuße oder mit seinem Kopfe, und so ich euch sage, wie ihr euch bewegt habt, so glaubet es mir, daß ich sehe." — Und die Blinden sprächen zu ihm: „So du das könntest, so möchten wir ja glauben, daß du sehest und uns auch sagen könntest, wohin der Pfeil dieses (samt uns) blinden Schützen geflogen ist." — Das tät der Sehende denn auch. — Dann aber würde er sagen: „Sehet, der Schütze war mit seinem Rücken, statt an einen Baum, gerade an das Ziel gelehnt, als er den Pfeil losschoß, aus welcher Ursache der Pfeil unmöglich ans Ziel gelangen konnte."

6] Nun sehet, was würde nun daraus entstehen? Meinet ihr, die Blinden würden ihm glauben? — Ja, sage Ich, sie würden ihm glauben, insoweit sie es mit den Händen greifen könnten. Da aber auch der Schütze sich gar gewaltig auflehnen würde für seine Ehre, so würden sich die Blinderen an die Beredsamkeit des Schützen halten, und die anderen würden in ihrem Glauben immer in einem Flut und Ebbe ähnlichen Schwanken sein und würden sagen: „Ja, es ist wahr, unsere Bewegungen hat er uns wohl richtig gesagt, aber wer steht dafür, daß er uns auch das andere richtig sagt, worin wir uns nicht überzeugen können, ob es so ist, wie er es uns sagt?"

7] Nun sehet, aus diesem kleinen Gleichnisse werdet ihr ersehen, wie schwer es ist, der blinden Welt zu predigen, und umgekehrt, wie schwer es auch der blinden Welt ist, die gepredigte Wahrheit als solche zu erfassen und zu begreifen.

8] Sehet, so seid auch ihr allesamt noch blinde Gläubige — und Ich allein bin der Sehende! Wenn Ich euch daher Dinge eröffne und euch zeige die Fehlschüsse der Weltschützen, so glaubet, daß Ich euch gewiß allezeit die reinste Wahrheit sage und euch auch noch dazu in jeder Meiner Offenbarungen eine ganz tüchtige Portion Augensalbe mitspende, mittelst welcher ihr auch das Augenlicht wieder erhalten werdet, vorausgesetzt, daß ihr die Salbe fleißig gebrauchet und euch mehr zur Ebbe als zur Flut haltet.

9] Denn es ist die Flut ein Sinnbild des Hochmuts — die Ebbe aber der Demut! Oder mit anderen Worten: Es ist die Flut ein Sinnbild des Ueberflusses, des Reichtumes und der damit verbundenen Unruhe — die Ebbe aber der Zurückgezogenheit, der Dürftigkeit und der stillen Ruhe.

10] Dem Schiffer ist oft freilich die Flut erwünschter als die Ebbe, wenn irgendein Sturmwind ihn auf eine Sandbank festgesetzt hat. Allein, diese Nützlichkeit ist nicht eine wahre Nützlichkeit. Denn das Schiff wird zwar von der Flut gehoben und dann weiterbefördert — aber sind nicht noch wohlbekannterweise vor oder nach den Sandbänken auch Klippen vorhanden? Seht, wäre nun das Schiff durch die Ebbe nicht in den Stand der Ruhe gesetzt worden auf der weichen Sandbank, so hätte der Sturm das Schiff auf eine Klippe geschleudert, wodurch dann alles zugrunde gegangen wäre. — Daher sollet auch ihr euch mehr die Ebbe als die Flut zum Spiegel eures Lebens wählen.

11] Nach dieser kleinen, nicht unrichtigen Vorbetrachtung will Ich, als der einzige sehende Schütze, den Bogen ergreifen und den Pfeil in die Ebbe und Flut senden; und wir wollen sehen, ob auch Ich einen Baum statt der Zielscheibe getroffen habe.

12] So ihr aber einen Maschinisten fragen würdet: „Sage mir, warum ist dieser Stift da in deinem Uhrwerke?" — wird es der Maschinenmeister nicht alsogleich wissen, warum dieser Stift da oder dort angebracht ist? — Ja, sage Ich, er wird und muß es wissen, da er sonst kein Meister wäre und das Werk nicht ein Werk seiner Hände. So Ich aber der große Meister bin in allen Dingen ewig und unendlich, so glaubet es Mir, daß Mir Ebbe und Flut recht wohl bekannt ist.

13] Nun werdet ihr euch denken: So möchte ich denn doch schon einmal wissen, was denn die Ebbe und Flut ist? — Ich aber sage: Nur noch eine kleine Geduld, es wird schon kommen! Macht ihr es ja doch mit euren Kindern, da ihr ihnen etwas zu geben gesonnen seid, auch oft also, wenn die Gabe auch nur in etwas sehr Unbedeutendem besteht. So Ich aber euch etwas Bedeutendes gebe, wie soll Ich auch euch nicht zuvor ein wenig lüstern darauf machen?

14] Nun sehet, alles, was nur irgendein Leben äußert, hat eine gewisse ihm eigentümliche Atmung. Und hat diese aufgehört, dann sind auch die Lebensgeister der Materie entflohen; diese selbst aber sinkt dann in den Zustand der Trägheit zurück, stirbt und verwest und geht so in den Tod über. So ihr zum Beispiel was immer für ein Tier beobachtet, so wird und muß es atmen; denn hört dieser Akt auf, so lehrt euch schon die tägliche Erfahrung, daß alsdann der Tod in diese [Lebens-]Form getreten ist. Ihr sagt auch, so jemand den letzten Atemzug gemacht hat, daß er gestorben sei, und ihr habt recht; denn mit dem letzten Atemzuge ist es mit dem naturgemäßen Leben [des Menschen] zu Ende. So aber das physische Leben in seinem Zentrum aufhört, so hört auch alsobald mit dem Hauptleben alles vegetative Leben in einem Körper auf.

15] Was ist demnach Atmung und wozu ist sie da? — Sehet, jedes Wesen bildet entweder eine positive oder negative Polarität. Wie aber eine jede Polarität ein Bedürfnis hat nach der entgegengesetzten Polarität und nicht entstehen und bestehen kann für sich ein negativer oder positiver Pol allein, sondern nur einer durch den anderen, sehet, so ist auch das [ganze] naturmäßige Leben! Auch euer Leben besteht in einem negativen Pole, welcher gegeben ist zur Aufnahme des Positiven.

16] Wie kann aber dies geschehen? — Dadurch, daß der negative Pol fortwährend durch die Atmung angeregt wird, durch welche Anregung immerwährend ein verhältnismäßiges Bedürfnis zur Aufnahme des Positiven bewerkstelligt wird.

17] Nun sehet, ihr hättet zum Beispiel eine Elektrisiermaschine. Diese Maschine kann jahrelang auf irgendeinem Orte stehen und ihr werdet keine andere Erscheinung an ihr wahrnehmen als die ihrer Form selbst. Bringt nun aber jemand die Scheibe der Maschine in Umschwung, so wird dadurch die negative Elektrizität erregt und gleichsam in sich verzehrt.

18] Nun fängt sie aber eben durch diese Aufzehrung ihrer selbst an, ein neues Sättigungsbedürfnis zu empfinden. Was kann denn nun geschehen? Obschon ihr es jetzt fast schon mit den Händen greifen könnet, so will Ich es euch aber doch der Ordnung wegen sagen, was da zu geschehen hat und muß. — Wie sich der Hunger nicht selbst stillen kann, so auch kann sich der sich selbst aufzehrende Pol nicht wieder selbst sättigen — gerade wie wenn euer Magen leer geworden wäre, ihr euch auch nicht sättigen könntet mit der Leerheit eines anderen Magens, sondern ihr werdet sagen: „Herr, mit dieser negativen Kost ist uns nicht gedient, wir haben das Bedürfnis nach einer positiven Kost!"

19] Sehet, so ist es eben auch hier der Fall! Und so ist denn die positive Elektrizität eine Sättigung der negativen. Ist diese Sättigung vor sich gegangen, so wird an dem Konduktor alsobald der sättigende Erfolg in lebenstätige Erscheinung treten.

20] Und so ist denn auch die Atmung dasjenige, was eure Lebens-Elektrisier-Maschine in Bewegung setzt, die negative Polarität erregt und euer Wesen hungrig macht nach der positiven Polarität. — Denn mit einem jeden Atemzuge wird eine beständige Reibung in euren Körperteilen bewirkt. Durch diese Reibung wird das negative Leben angeregt und fängt an, sich zu fühlen in seinem Hunger. Und je nach dem Grade des Bedürfnisses wird dasselbe mit jedem Atemzuge gesättigt, welche Sättigung darin besteht, daß der Stickstoff als negativer Pol den Sauerstoff mit großer Begierde in sich aufnimmt. Hört nun dieses Atmen auf, dann fängt die negative Polarität an, sich selbst aufzuzehren, wodurch es denn auch alsobald mit dem naturmäßigen Leben ein Ende hat.

21] Nun denket euch, jedes lebende Wesen ist eine „Welt" oder eine „Erde" im kleinen Verhältnisse. Wie aber ein jedes solches Wesen ein Zentralleben besitzt und ein vegetatives Leben durch das zentrale behält, solange die Atmung fortdauert, sehet, geradeso ist es der Fall nicht nur mit der Erde, sondern mit jedem Weltkörper! — Freilich müßt ihr euch nicht denken, die Erde sei deshalb ein Tier, weil sie ebenfalls periodisch atmet; dessenungeachtet aber ist sie doch insoweit in ihren inneren Gefügen organisch eingerichtet, daß sie einer Atmung fähig ist.

22] Demnach ist die Ebbe und Flut nichts als bloß die Folge des immerwährenden Aus- und Einatmens der Erde.

☆

Geistige Beleuchtung von Ebbe und Flut

Am 24. Oktober 1840 (Fortsetzung)

Aber wodurch wird denn dieses Aus- und Einatmen [der Erde] bewirkt? — Gerade dadurch, wie es bei den Tieren bewirkt wird, nämlich durch das immerwährend neu eintretende Bedürfnis nach frischer Kost, wenn die vorhergehende verzehrt und dadurch wieder negativ geworden ist.

2] Während des Verzehrens fallen die Organe wieder näher aneinander, bis zu einem gewissen Grade, da sie sich selbst in ihrem eigenen Hunger zu reiben anfangen. Alsdann geschieht alsogleich wieder eine Sättigung, durch welche sich die Teile natürlich wieder mehr und mehr ausdehnen. Daher kommt denn auch eben hernach die [in Frage stehende] Erscheinung: durch das Bedürfnis nach positiver Kost die Ebbe — und durch die Sättigung die Flut.

3] Ihr werdet freilich sagen: Wenn dem so ist, so müßten wir ja diese Erscheinung auf dem Festlande und auf den Bergen ebenfalls wahrnehmen. — Ich sage aber, es ist dem nicht so. Erweitern sich wohl euer Kopf, eure Hände und Füße, so ihr atmet? — Und ihr werdet sagen: „Nein, diese Glieder bleiben ruhig". — So sage Ich euch, so können auch die Festen der Erde gar wohl ruhig bleiben.

4] Damit ihr euch nun diese Erscheinung desto einleuchtender versinnlichen könnet, so steiget denn einmal in eine Badewanne und bemerket dann wohl das Wasser, das euch in der Badewanne sparsam umgeben soll, und ihr werdet sicher bemerken, daß das Wasser bei jedem Atemzuge ein wenig steigen und beim Aushauchen fallen wird. Nun, so ihr dieses wohl überdenket, so werdet ihr sehr leicht einsehen, daß Ich ganz wohl verstehe, Meinen Pfeil ins Zentrum der Zielscheibe zu schießen.

5] So euch aber jemand sagt: der Mond sei die Ursache der Ebbe und Flut — so fraget ihn, wie denn der Mond, wenn er sich gerade auf der entgegengesetzten Seite befindet, vermöge seiner Anziehung auf der ihm schnurgerade abgewandten Erdhälfte eine Flut zu bewirken vermag?

6] Wer dieses behaupten könnte oder wollte, der wäre noch über den blinden Schützen, der sich mit dem Rücken gegen das Ziel wandte und zufälligerweise einen gegenüberstehenden Baum statt der Zielscheibe traf. Oder, wem könnte wohl einfallen, so er in einer Badewanne läge, zu behaupten, daß das Wasser deswegen steige und falle, weil mehrere Klafter über ihm ein Apfel an einer Schnur aufgehängt ist, welchem ein mutwilliger Knabe eine Schwingung beigebracht hat. Sollte dieser nicht lieber auf seinen eigenen Bauch sehen, woselbst ihm dann, um Mich auch eines gelehrten Ausdruckes zu bedienen, doch „empirisch“ klar werden müßte, daß nicht der Apfel, sondern nur sein Bauch das Fallen und Steigen des Wassers bewirkt.

7] Nun, so hätten wir denn handgreiflich diese Erscheinung zur Genüge erläutert, jedoch wie schon gesagt, ist alles dieses nur eine äußerliche Erscheinlichkeit, welche, mit den Augen des Geistes betrachtet, nicht so aussieht, wie sie mit den fleischlichen Augen zu sehen ist. Sondern da ist positiver Pol: Geistiges — und negativer Pol: Naturmäßiges. Und ist positiver Pol: Substanz — und negativer Pol: aufnehmendes Gefäß. Und ist positiv: Inwendiges — und negativ: Aeußeres. Und es ist das Positive gleich der Liebe und der Weisheit — und das Negative gleich der Erbarmung und der Gnade.

8] Wenn das Negative nun nicht wäre, so könnte die Liebe und die Weisheit an nichts als an sich selbst sich offenbaren. Daher wurden aus Meiner Erbarmung Wesen. Und die Wesen sind Meine Erbarmung selbst, und diese Erbarmung ist das Gefäß Meiner Gnade.

9] Wenn nun die Liebe nicht wäre, so könnte auch keine Erbarmung sein. Weil aber die Liebe, so ist auch die Erbarmung. Und so besteht, lebt und webt alles als Erbarmung aus Meiner Liebe!

10] Wollt ihr nun also wissen, was die positive, nährende Polarität ist, so sage Ich euch, diese ist nichts anderes als Meine Liebe.

11] Die Erbarmung aus dieser Meiner Liebe aber hat gebildet Wesen zur Aufnahme der Liebe aus Mir. Und die Liebe nährt die Wesen fort und fort und bildet auf dem Wege ihrer ewigen Ordnung ein Wesen um das andere, ein Wesen für das andere und ein Wesen aus dem anderen — und bereitet so eine Stufenfolge von Leben, immer vollkommener und vollkommener, damit sich die Liebe immerwährend in stets größerem und größerem Umfange ihrer unendlichen Erbarmungen zu offenbaren und gleichsam Sich Selbst in Ihrer Unendlichkeit mehr und mehr zu beschauen und lebendiger und lebendiger zu werden vermöge.

12] Daher ist alles so eingerichtet und geschieht alles so nach Meiner Ordnung, damit der Tod einst ganz zunichte werde, und die ganze Unendlichkeit ein ewiger vollkommener Inhalt der Fülle des Lebens aus Mir und in Mir werde!

13] Dieses, was Ich jetzt mitgeteilt habe, überdenket in eurem Herzen recht wohl! Denn, habe Ich euch bisher auch schon so manches Große mitgeteilt und geoffenbart, so habe Ich euch aber doch noch nirgends so tief in den Plan Meiner ewigen Liebe und Weisheit blicken lassen, wie eben jetzt.

14] Daher noch einmal — beherziget es wohl, was hier gesagt wurde! Denn sehet, Ich habe euch anfangs lüstern gemacht, und Ich wußte warum! Hätte Ich bloß nur eine einfache Birne in Meinem Sacke vor euren Augen verborgen gehalten, so hätte Ich euch nicht so lange zappeln lassen. Allein Ich habe diesmal einen reichen Schatz verborgen gehalten, und daher hielt Ich auch ein wenig inne, um euch dadurch eine desto größere Freude zu machen; zugleich aber auch, euch dadurch recht stark fühlen zu lassen, daß Ich nur ganz einzig und allein euer liebevollster, wahrer, heiliger Vater bin.

Amen. Das sage Ich, euer liebevollster heiliger Vater. Amen.

☆

Vom Beten für Verstorbene

Am 28. Oktober 1840

So schreibe der Durstigen in Meinem Namen und sage der Hungrigen in Meiner Erbarmung, daß Ich sie recht lieb habe. Und sie soll nur öfter im Tage fragen, ob Ich bei ihr bin.

2] Da solle sie nämlich sagen: „O Du mein allerliebster Jesus, Du meine süßeste Liebe, Du mein Leben, Du mein Bräutigam, ja Du mein Alles, Alles, Alles — bist Du noch bei mir? Hast Du mich nicht verlassen? O Du mein allerliebster Jesus Du, siehe gnädig an das Herz Deiner armen Geliebten, die so sehnsuchtsvoll zu Dir seufzet und in ihrer Liebe nur einzig nach Dir, o Du allersüßester Jesus, schmachtet!"

3] Und Ich werde ihr dann in ihr Herz legen eine süße Antwort, welche also lauten wird: „Siehe Mich nur an in deiner Liebe, Ich bin gar wohl bei dir und bin noch nie von deiner Seite gewichen, und Mein Herz wird dir ewig zugewandt bleiben. Bleibe aber auch du Mir treu, bleibe treu deinem lieben Jesus, der dich schon eher mit aller Kraft Seiner Göttlichkeit liebte, bevor noch die Welt gegründet war!"

4] Und so sie solches empfinden wird, so kann sie auch schon gar wohl versichert sein, daß Ich als ein gar herrlicher Bräutigam und mit Mir das ewige Leben — ihr gar nahe bin.

5] Und das sage ihr auch, daß die wahre Liebe ein wenig gezanket sein muß — daher Ich mit ihr auch ein wenig zanken muß. Das ist aber *Mein Zank*, daß sie ihre Töchter ein bißchen zu wenig zu Mir kehrt und ihnen viel am Tage von weltlichen Dingen, aber nur wenig von Mir erzählt oder sich von ihnen erzählen läßt.

6] Denn sage und melde ihr, daß Ich *sehr eifersüchtig* bin und daher ungern sehe, wenn von anderen Dingen als von Mir geplaudert wird.

7] Ich gleiche einem leidenschaftlichen Liebhaber, der hinter der Türe seiner Geliebten horcht und lauscht und aus übergroßen Freuden in die wonnigste Entzückung gerät, so er seine so innigst Geliebte von nichts als von ihm schwärmen hört; aber auch alsbald traurig wird, sobald seine Geliebte ihr Gespräch auf andere, nicht auf ihren Geliebten Bezug habende Dinge lenket, wobei dann der traurige Liebhaber zu denken und bei sich selbst zu sprechen anfängt:

8] „O du meine zu innigst Geliebte, wenn du mich liebst, wie ich dich liebe, wie können da noch andere Gedanken dir in den Sinn kommen, während ich doch beständig an dich denke und vor deiner Türe gar ängstlich, um den baldigsten Einlaß flehend, harre!?"

9] Siehe, du Mein Knecht, das sage ihr nur alles, willst du Mein Liebesbote sein. Denn dieses ist *mehr* als die *Frage: „Wie man für die Verstorbenen beten soll?"*

10] Jedoch, da schon einmal gefragt wurde, und zwar von einer geliebten Seele, so will Ich euch sagen, *wie man für die Verstorbenen beten soll.*

11] Wer für die Verstorbenen beten will, der muß zuerst recht wissen, *wer* und *welche* eigentlich die „*Verstorbenen*" sind, und dann aber auch, *wie* und *warum* er beten soll?

12] Es werden aber unter den „*Verstorbenen*" nicht gemeint bloß die von der Welt *Abgeschiedenen*, sondern vorzüglich auch die noch in der Welt *Lebenden*, die aber gestorben sind in ihrem

Herzen und haben keinen Glauben und keine Liebe und daher wahrhaft tot sind.

13] Sehet, für solche sollet ihr zunächst beten mit Rat und Tat, leuchtend vor ihnen wie eine Sonne dem müden Wanderer durch Sand und Wüsten, und sie erquickend gleich dem reichlich auf das dürre Moos des harten Gesteins gefallenen Tau — damit sie sich wieder finden möchten an euch als den Grenzmarken Meiner Gnade und genesen möchten an dem Moose Meiner Gnade, das da reichlich überzogen hat auch Meine Grenzsteine.

14] Da habt ihr, für wen, wie und warum ihr beten sollet! — Es soll eure Liebe zu Mir und euren Brüdern allezeit das vornehmste Gebet sein. — Wie und warum? soll euch ein kleines Beispiel klärlich zeigen:

15] „Sehet, irgendein großer, mächtiger Herr hatte in seinem Kerker mehrere Gefangene, die ihn zwar sehr dauerten, da sie lauter arme Verführte waren. Doch aber konnte er in seiner Gerechtigkeit das einmal gegebene Gesetz nicht aufheben und sie dadurch von der Strafe befreien, die das Gesetz über sie verhängt hatte. Als sie nun aber schon lange genug in den Kerkern der Besserung geschmachtet und dadurch den heiligen Anforderungen des Gesetzes genügt hatten, da beschloß der Herr, sie wieder frei zu geben. Allein er gedachte bei sich: »Ich habe ja auch eine Geliebte! Damit meine Freude vollkommen sei, so will ich, daß sie durch irgendwen erfahre, daß in meinem Kerker so viele Unglückliche schmachten. Sie liebt mich unendlich und hat das vollste Vertrauen zu mir; sie wird gewiß eilends kommen und wird mich mit pochendem Herzen um Gnade und Erbarmen für die Gefangenen anflehen.« — Und wie der Herr sich dachte, so geschah es denn auch."

16] Was meinet ihr nun, was der Herr da getan hat? — Der Herr hatte eine große Freude daran, daß er seiner Geliebten hatte zeigen können, wie viel ihre Liebe und ihr Zutrauen vermochte, und daß er zugleich aber auch seiner Geliebten eine Gelegenheit verschaffen konnte, durch welche ihr die Früchte wahrer Liebe und Treue so recht anschaulich wurden. Die Gefangenen aber werden den Herrn loben, so sie sehen werden, wie er einzig und allein nur durch Liebe zugänglich ist, und werden dann selbst Freunde und Kinder der Geliebten und so auch ihres Geliebten werden.

17] Sehet, so sollet ihr beten — und sollet nicht denken, Mich etwa durch euer laues Gebet zur Barmherzigkeit zu bewegen;

sondern damit ihr euch selber vor Mir in eurer Liebe stärken möget und Mir darum wohlgefällig sei eure Bitte. Nicht um der Gefangenen willen, sondern eurer selbst willen sollet ihr für sie beten.

18] Was aber die Abgeschiedenen betrifft, so gilt dieses ebenso wie für die „Verstorbenen der Welt". — Ihr wißt zwar nicht, in welchem Zustande sich jenseits die Abgeschiedenen befinden. Allein daran liegt auch nichts, sondern es liegt alles daran, daß ihr wisset, daß Ich ein gar großer Freund der Liebe bin und ewig sein werde und daß die Liebe jedermann wohltut.

19] Habt ihr doch auch Freude, so euch eure Kinder Geschenke machen, obschon ihr wohl wisset, daß die Kinder dieselben von eurem Gelde bestritten haben! Um so mehr wird es Mich freuen, wenn ihr tut wie eure Kinder. Und nicht minder wird es auch freuen eure seligen Abgeschiedenen, so sie erfahren werden, daß ihre Zurückgelassenen in wahrer Liebe ihrer gedenken.

20] Sehet, so verhalten sich die Dinge, und so müsset ihr auch handeln, wollet ihr wahrhaft Meine lieben Kinder sein.

21] Du aber, Meine geliebte Seele, bete getrost — und Ich, dein lieber Jesus, werde dich nicht zuschanden werden lassen. Amen. — Das sage Ich, dein lieber Jesus!

☆

Besuch der Kleinalpe

Am 25. Oktober 1840 fuhren bei Regenwetter J. L. — K. G. L. — S. — Andr. und Ans. H. nach Uebelbach und begaben sich um die Mittagszeit unter Schneegestöber und frostigem Westwinde an den Fuß der Kleinalpe.

An dem Punkte, wo die Alpe zur Erscheinung kam, zeigte sich am nebligen Firmamente die Sonne wie eine blasse Mondscheibe und wurde nach und nach immer leuchtender. Hie und da wurde der Himmel blau und es hörte auf zu schneien. Auch ließen Frost und Winde nach.

Ein freudiges Gefühl bemächtigte sich der Wandernden.

☆

Geistige Beleuchtung des Kleinalpe-Besuchs

Am Donnerstag, den 29. Oktober 1840, von 3/4 3 bis 1/2 6 Uhr nachmittags

Schreibende: K. G. L. — Andr. und Ans. H. — Der liebevolle heilige Vater gab heute durch Seinen Knecht als „Diäten" Nachfolgendes:

Nachdem der Auftrag [des Besuchs der Kleinalpe] so ziemlich erfüllt worden ist, will Ich denn auch Mein Versprechen halten und euch eine recht gute „Reisegebühr" nachtragen.

2] Schon bei eurer Hinreise müssen euch die beständig aufsteigenden Nebel, wenn auch nicht gar zu sehr, doch ein wenig aufgefallen sein, nachdem ihr bemerkt haben werdet, daß diese Nebel sich meistens in der Mitte eines Berges zu bilden angefangen haben und selten über dessen Scheitel hinausreichten.

3] Fürs zweite muß euch aufgefallen sein, besonders als ihr den Murboden verlassen und euch hineingewendet habt zu dem wohlbekannten Markte mit dem Namen „Uebelbach", daß ihr sowohl links als rechts dieses Tal von fast gleich hohen, wie auch meistenteils gleich geformten Hügeln umlagert gesehen habt und daß diese Hügel mit allerlei wohlbekannten Holzgattungen und Kräutern und Gesträuchern vom Fuße bis zum Scheitel überdeckt sind und nur an solchen Stellen nackt erscheinen, welche der menschliche Betriebsfleiß entblößt hat.

4] Ferner werdet ihr noch entdeckt haben, daß das Tal auf ähnliche Art wie viele andere dergleichen Täler verschiedene Biegungen macht. Und so ihr das Gestein hie und da in flüchtigen Augenschein genommen habt, so werdet ihr auch an demselben, mit geringer Ausnahme einzeln dastehender Posten, dieselbe Plattenformation entdeckt haben wie auf der Choralpe; nur daß hie und da das Gefüge in breiteren Absätzen, als auf der Choralpe, besteht.

5] Wenn ihr noch ferner den ziemlich gleichmäßig steilen Abhang der Berge beobachtet habt, so muß euch auch darin eine gewisse Uebereinstimmung aufgefallen sein — häufig aber noch ganz besonders die sich pyramidal darstellende Form der Hügel.

6] Und als ihr in ziemlich stürmischem Wetter die Höhe erreicht hattet, um den höchsten Teil der Kleinalpe selbst zu sehen, so wehte euch ein frischer, heiterer Wind an, trug euch einige leichte Schneeflocken ins Gesicht, und bald darauf zeigte sich euch ganz unerwartet die Sonne, nach deren Hervortreten alle Nebel um die Mitte der

Berge verscheucht wurden, so daß ihr für den vorbestimmten Bedarf alles Nötige ganz wohl habt in Augenschein nehmen können.

7] Das ist nun das Materielle, was ihr beobachtet habt. — Allein Ich hatte euch auch vorhinein von gewissen, euch noch bis dorthin fremd gebliebenen Gefühlen vorhergesagt. Nun frage Ich euch, habt ihr auch davon etwas wahrgenommen? — Ja, sage Ich, denn wenn Ich etwas verspreche, dann halte Ich auch pünktlich Mein Wort. Und Ich sage euch, ihr hättet noch viel mehr empfunden, wenn ihr in euren Gefühlen geblieben wäret.

8] Allein Ich muß euch hier auf einen bei den Menschen allgemein vorkommenden Fehler aufmerksam machen, durch welchen sich die Menschen um eine große Seligkeit diesseits bringen. Und dieser Fehler besteht darin, daß, so die Menschen etwas Außerordentliches erwarten, dann spannen sie ihre Erwartungen [oft] so hoch und weit über sich, daß auf diese Art, durch die erwartende Tätigkeit, alles Herrliche und Erhabene, das in ihnen vorgeht, unbeachtet gelassen wird, während ihre Blicke, Ohren und sämtliche anderen Sinne weit und breit, ja wenn's möglich wäre, sogar die Unendlichkeit überblicken und überfühlen.

9] Sehet, das ist auch so bei euch ein kleiner Fehler gewesen. Ihr habt eure Blicke auf äußere Außerordentlichkeiten gewendet und habt gewisserart erwartet, daß ein solches vorbenanntes Gefühl gleich einem unsichtbaren Vogel in euch hätte hineinfliegen und dann in euch gewisse zauberhafte Wirkungen hervorbringen sollen.

10] Darum merket euch für ein nächstes Mal dieses kleine Gleichnis:

11] „Einst fuhr ein großer König in eine fremde Stadt. Alles Volk ging ihm bis weit aus der Stadt entgegen, um da den großen König und seinen herrlichen Einzug zu sehen. Der große König aber war durchgehends kein Freund von so großartigem Majestätsgepränge. Er stieg noch weit vor der Stadt aus seinem goldenen Wagen und mietete ein unansehnliches Fuhrwerk, befahl seinem Hoftrosse, langsamer zu fahren, er aber fuhr eilends auf diesem unansehnlichen Fuhrwerke, von allen ihm entgegenströmenden Menschen unbemerkt, in die große, seinetwegen fast ganz menschenleere Stadt.

12] Als er daselbst anlangte, wollte er eine Erfrischung haben. Er fuhr von einem Gasthause zum andern und fand eines um das andere leer, bis er endlich in ein ganz kleines Wirtshäuschen eintrat, woselbst ihm ein weinender Diener entgegenkam und ihn fast unwillig fragte, was er möchte.

13] Der große König fragte ihn zuerst um die Ursache seines traurigen Unwillens. Und der Diener antwortete, er sei deshalb so traurig, weil er nicht auch habe hinausgehen können, um den großen König zu sehen. — Allein der König antwortete ihm, wenn es sich nur darum handle, so solle er nur sehr froh sein. Denn er werde sicher der erste von der ganzen Stadt sein, der den großen König sehen werde. — Das wollte ihm der ärmliche Diener durchaus nicht glauben. — Der große König aber sprach: »So du der erste bist, der den großen König sehen wird, so soll dir eine große Belohnung zuteil werden; und im Gegenteil aber würdest du für deinen Unglauben eine ebenso bedeutende Strafe zu erleiden haben.«

14] Und als sie so im Gespräche über das Sehen oder Nichtsehen des Königs begriffen waren, fing das Volk wieder zur Stadt hineinzuströmen an, und dem folgte denn endlich auch alsobald der königliche Triumphzug, und zwar ohne König.

15] Nun fragte der ärmliche Diener: »Wo ist denn der König, damit ich hinfliege und als erster ihn ansehe?« — Der König aber sprach: »Möchtest du erst den König suchen dort weit im Gedränge, so würdest du deiner Strafe nicht entgehen; denn sieh, da hätte ja alles Volk, das weit hinausgeeilt ist, ihn schon lange eher gesehen denn du! Nun aber siehe her, wie wir hier stehen auf der kleinen Flur des Hauses, so hat uns noch nicht ein Mensch eines Blickes gewürdigt; denn sie haben ihre Augen auf den Glanz des königlichen Gefolges gerichtet und spitzen auf den König! — Nun siehe du Mich an!«

16] Und der ärmliche Diener tat, wie ihm der große König befahl. Aber da wußte der Diener nicht, was das bedeuten solle. Und während er seinen Mann anzugaffen anfing, bemerkte er, daß der herrliche Triumphzug sich vor der Flur dieses Häuschens aufstellte und den großen König zu begrüßen anfing. Dann erst gewahrte der ärmliche Diener, daß dieser Mann der große König selbst war, bereute aber auch zugleich die verlorene Zeit, in welcher er den großen König mit seinen Sinnen außerhalb der Stadt erwartet hatte, während dieser ganz bei ihm war und sich von ihm bedienen ließ."

17] Sehet, gerade so ist es auch mit **euch** der Fall! — Während ihr den König außerhalb der Stadt in großartigem, unerwartetem Gepränge erwartet habt, hat er euch einen kleinen Strich durch eure etwas zu hoch angesetzte Rechnung gemacht und hat sich die Freiheit genommen, während ihr das Rauschen des unsichtbaren Gefühlsvogels sehnsuchtsvoll erwartet habt, sich ganz heimlich wie ein Dieb in euer Herz zu schleichen und sich da auf eine kurze Zeit — euch unbewußt — mit eurem Geiste zu besprechen. Jedoch aber ließ Ich in euch Meine Gegenwart durch eine verklärende, leise Ahnung fühlbar werden.

18] Dadurch wäre nun der Hauptteil dieser Aufgabe gelöst, da Ich euch gezeigt habe, daß Ich Mein Wort treulich gehalten habe, obschon es euch nicht ganz gelungen ist, die in der Voraussage bestimmten Bedingungen zu erfüllen — was freilich auch nicht gar so leicht hat sein können, und zwar fürs erste, weil ihr Menschen seid und daher unvollkommen, wie im einen so auch im andern, und fürs zweite, weil ihr noch sehr schwach seid, und daher ohne Meine beständige Mitwirkung wenig oder gar nichts tun könnt, und fürs dritte, weil ihr Meine Kinder seid. Daher muß Ich Mich schon auch mit dem Willen als mit der Tat begnügen. Und sehet, daher ist Mir auch sehr leicht dienen, da Ich auch für eine Stunde halber Arbeit den ganzen Tageslohn gebe, den Kindern aber Kleid und Brot umsonst.

19] Da demnach der geistige Teil, was Mich und euch belangt, beendet ist, so wollen wir noch einen ganz kurzen Blick auf die Gegend werfen!

20] Was die Formation der umliegenden Alpen betrifft, so ist dieses schon zur Genüge bei der Darstellung der Choralpe gezeigt worden. — Wie aber ein solches Tal entstanden ist, da braucht ihr nichts als ein Stück trockener Brotrinde zu nehmen und dieselbe von unten herauf beliebig langsam brechen, so zwar, daß der Bruch nach oben gekehrt ist. Und so ihr das getan habt, so ist damit auch erklärt, wie ein solches Tal entstanden ist. Nämlich unterirdische, euch schon bekannte Feuerkräfte erhoben die ziemlich dicke Steinkruste. Dieselbe brach in mehreren Teilen entzwei, und längs dem Tale ging der Bruch ununterbrochen fort.

21] Da nun aber zu gleicher Zeit ein solcher Bruch nach oben vor sich ging, so gibt sich ja von selbst, daß nach Innen, zu beiden Seiten des Mittelbruches, allezeit zwei Seitenbrüche stattfinden mußten. Hie und da rutschten gewissermaßen die Seitenteile der dadurch gebrochenen Platte tiefer hinein, hie und da aber stützten sie sich gewölbartig, je nachdem der innere Bruch entweder mehr senkrecht oder schief geschehen ist.

22] Daß mit der Zeit teils durch das Abspülen des weicheren Steines, teils durch einen schlamm- und lavaartigen Auswurf durch die Klüfte und Spalten, teils durch den Niederschlag von verschiedenen mineralischen Quellen diese schroffen Steinbrüche ausgefüllt worden sind und noch dazu von dem lange über denselben stehenden Gewässer gewisserart abgesänftet und abgerundet, wie auch mit allerlei Erdarten überzogen worden sind — das alles dürfte euch schon durch die vorhergehende Mitteilung, wenn auch nicht ganz, so doch schon ziemlich klar geworden sein.

23] Aber daß die Bildung dieser Gebirgsgegend um beinahe tausend Jahre älter ist als die der Choralpe und noch anderer bedeutender Berge im untern Teil eures Landes, sehet, dieses dürfte euch wohl nicht bekannt sein.

24] Aber, werdet ihr fragen, wie sollen wir das erkennen? — Die Antwort ist leicht und klar! Denn je dichter irgendeine Steinlagerung eines Berges ist und je mehr sie gebrochen und wieder mit Kalk zusammengefügt erscheint, desto älter ist auch eine solche Formation, da sie Spuren und deutlich leserliche Kennzeichen urzeitlicher, großer Zerstörungs-Szenen in sich birgt — wogegen die Formation solcher Berge wie die Choralpe und noch mehrere andere ihresgleichen feiner und sandiger in ihrem Getäfel ist. Und da dieselbe fast an gar keiner Stelle bedeutende, mit Kalk wiederverbundene Stellen aufzuweisen hat, sondern jeder Bruch ein neuer Bruch zu sein scheint und auch wirklich ist, so ist auch die Formation viel jünger und kann nicht eine urzeitliche, sondern nur eine vorzeitliche genannt werden.

25] Das Gestein eures Schloßberges ist älter als das der Choralpe und auch das der Kleinalpe, und so auch noch das Gestein anderer kleiner Hügel, die sich in euerer Nähe befinden, obschon die Bildung dieser Hügel viel jünger ist als die der sämtlichen Alpen. Aber was die Bildung dieser kleinen Hügel oft vor der der Alpen voraus hat, ist dieses, daß deren Gestein um vieles tiefer aus dem Innern der Erde gewaltsam heraufgehoben wurde als das Gestein der Alpen.

26] Das wäre nun die naturmäßige Bildung dieser Gebirge, wovon noch einige wenige pyramidenartige Hügel den nämlichen Ursprung haben, welcher klar und deutlich euch von Mir schon zu „Straßengel" bekanntgegeben wurde. Und solcher Berge gibt es allenthalben sehr viele. Besonders wo ihr bei solchen kleinen Hügeln Steinkohlen antreffen werdet, da könnet ihr beinahe allezeit versichert sein, daß ein solcher Berg meistens eine solche Entstehung zum Grunde hat, besonders wo sich die sogenannte **Braunkohle** vorfindet. Denn das beurkundet das hie und da noch unversehrte Holz, wo nur an der Rinde desselben wirkliche Verkohlungen ersichtlich sind, was von den die Wälder ergriffen habenden Feuerhosen herrührt. Jedoch was die **Schwarzkohle** betrifft, so rührt diese teils noch von der Noahischen Sündflut her, teils durch später erfolgte vulkanische Eruptionen, teils aber auch durch Bergabstürze und große Erdlawinen, welche in früherer Zeit umso häufiger stattfanden, je höher noch die Fluten an die Berge hinaufreichten und sie ihrer Vegetation beraubten.

27] Warum dieses alles geschehen ist, ist euch zum Teil schon bekanntgegeben worden und wird bei der völligen Enthüllung der Erde und besonders ihres Mittelpunktes noch ganz klärlich auseinandergesetzt werden.

28] Jedoch was diese euch begleitenden **Nebel** betrifft, so habe Ich euch dadurch nur etwas großartiger zeigen wollen — und habe es gewisserart mit großer Fraktur-Schrift über die Berge hingeschrieben — wie es **mit euch** steht.

29] Die Füße der Berge waren, was ihr doch gewiß werdet bemerkt haben, durchgehends rein, ebenso auch die meisten überschneiten Scheitel derselben. Allein um eure Füße und eure Köpfe war es Mir auch nicht zu tun, daher ließ Ich die Nebel gerade an der Stelle hervortreten, in welcher Gegend es bei euch auch noch so ziemlich nebelicht aussieht, und diese Gegend ist die Brust.

30] Und wie ihr weiter und weiter euch bewegt habt nach Meinem Willen (denn sonst wäret ihr nicht in diese Gegend gegangen), werdet ihr auch bemerkt haben, daß sich die Nebel nach und nach immer mehr und mehr verminderten und die Brüste der Berge frei wurden und vielseitig eine recht reichliche Vegetation zeigten. Und als ihr euch weiter und weiter bewegt habt, da habt ihr sogar eine ganz grüne Brust eines Berges gesehen, was euch hat zeigen müssen, daß, je weiter Mein Wille verfolgt wird, desto lebendiger auch die Hoffnung wird.

31] Und als ihr nun vollends zur bestimmten Höhe gelangt seid unter Sturm und Schneegestöber und beinahe alle Hoffnung aufgegeben habt, etwas zu sehen und nach Meinem Willen zu erfahren, sehet, da ließ Ich, eurer Beharrlichkeit zuliebe, Meine Sonne mitten durch den Wolkenschleier durchbrechen und euch sobald die Gegend erleuchten und klären. Damit wollte Ich euch zeigen und sagen, daß Ich gerade dann komme, wenn ihr es am wenigsten für möglich gedenket.

32] Daß die Sonne nicht ganz rein sich euch zu sehen gab, und das nur unter noch immerwährendem leichten Schneegestöber — dadurch wollte Ich euch sagen, wie es noch mit eurer Liebe aussieht. Wenn diese wärmer und wärmer wird, dann wird auch gewiß sich die Sonne des Geistes klären, in deren Strahlen ihr sehr leicht eure Schatten erkennen werdet. — Was aber der Schatten bedeutet, das sage Ich euch nicht, denn das müßt ihr schon ohnedies wissen.

33] Schließlich werdet ihr noch bemerkt haben, als ihr zu sehr nebeliger Nachtzeit nach Hause gefahren seid, daß es einige Male geblitzt hat. Und das Dunkel der Nacht war so gut erleuchtet, daß ihr euch darüber verwundert habt, und hattet auch Recht, euch darüber zu wundern. Denn dadurch habe Ich euch absichtlich sagen wollen, wie es eigentlich in eurer Brust aussieht, worüber ihr auch sehr froh und voll Heiterkeit sein könnet — daß nämlich die Nacht eures Lebens schon so helle wie die Nacht eurer Zurückfahrt geworden ist, da es auch hinter den Bergen eurer Erkenntnisse durch die Nebel ein wenig zu blitzen angefangen hat.

34] Daher überdenket wohl diese Reise! Denn darum habe Ich sie euch verordnet, um euch in der großen Natur ein getreues Bild eurer selbst zu entwerfen.

35] Sehet, das sind die versprochenen „Diäten", die mehr wert sind als eine Sonne voll Goldes. Denn viele sind, welche die Natur mit ihren Augen angaffen, aber wenige, die sich selbst in derselben finden.

Amen. Das sage Ich, der große Diätengeber! — Amen.

☆

Vom Sein im Schein

Dieses Erdenlebens Schein, o Bruder, ist nicht dein; doch wohnt im Schein ein großes Sein! — Daher traue nicht dem Scheine, sondern nütze dieser Erdenfackel matt Geflacker, daß du findest das wahre Sein in dir!

☆

Ueber den Knecht Lorber und einen neuen Jünger. Lob der Sanftmut

Am 30. Oktober 1840

Für den künftigen Sonntag habe Ich mit euch vor, daß ihr sämtlich schon um acht Uhr morgens zusammenkommen sollet, bei welcher Gelegenheit Ich euch als nachfolgende „Reisediäten" alles auf dieser Reise Beobachtete umständlich erläutern werde, so zwar, daß die gestrige Mitteilung auch bloß nur als ein purer Index zu betrachten ist.

2] Jedoch wohlgemerkt, eine so einfache Sprache, wie Ich sie im Index geführt habe, werde Ich da nicht führen, weil gestern einer oder der andere bei sich denken konnte, so etwas zu sagen wäre vielleicht auch Meinem Knechte möglich, der doch nur ein purer armer Hascher[1] ist, da er nichts weiß, als was er von Mir erhascht.

3] Das weiß er [freilich], und er redet auch nichts aus sich und kann es auch nicht, da er viel weniger als jeder von euch in irgend etwas eine Wissenschaft hat. Eben darum ist er Mir auch ein ziemlich taugliches Werkzeug, da in seinem Kopfe fast nichts darinnen ist, aber zeitweise desto mehr in seinem Herzen, welches Ich nur allein brauchen kann, da im selben kein Gedächtnis ist, wohl aber eine Erinnerung der Liebe in und zu Mir und in dieser Erinnerung die Anschauung dessen, was Ich will und sage. — Dieser Zustand des Menschen ist der rechte. — Der Zustand der „verständigen Köpfe" aber ist ein ganz verkehrter und ist [oft] nichts als die allereitelste Träumerei eines kranken, unnatürlich gebrauchten Gehirns.

4] Also nicht so einfach werde Ich das Wort führen. Und euer Verstand wird gewürget werden, aber desto mehr wird sich euer Herz freuen.

5] Wenn aber diese Mitteilung zu Ende sein wird, dann möge K. G. L. unter vier Augen an dem [neuen] Manne einen Versuch machen, ohne jedoch mehr zu sagen, als daß jemand vermöge inneren Schauens und wörtlichen Vernehmens ohne alle Vorbereitung und andere wissenschaftliche Bildung auf Verlangen alsogleich über jeden

---

[1] „Armer Hascher" — steirischer Ausdruck: Einer, der nach dem Allernötigsten zu haschen hat, ein armer Tropf. D. Hsg.

Gegenstand schriftlich oder auch mündlich wahre Mitteilungen zu machen imstande ist.

6] Dieser Mann ist derjenige, an den ihr alle schon gedacht habt, und welcher, wenn er klug ergriffen wird, ein sehr brauchbarer Arbeiter in Meinem Weinberge werden kann. Doch sollte seinem freien Willen nicht der allerleiseste Zwang angetan werden, sondern er soll stückchenweise vom Brote des Lebens kosten, und es wird ihn bald darnach gar sehr zu hungern anfangen.

7] Auch soll er nicht alsobald Bekanntschaft machen mit Meinem Knechte, sondern erst dann, wenn sein Hunger größer und größer geworden ist. Und stellt sich bei ihm auch der Durst nach dem lebendigen Wasser ein, alsdann erst sollen ihm die [Schrift-]Bogen Meiner „Großen Haushaltung"[1] eröffnet werden und so auch die Nebenworte. So wird er schon ein rechter Mann werden und wird Mich wiederfinden, wo er Mich am wenigsten zu finden glaubte.

8] Wenn er aber sagen wird, es seien wohl manche Dinge in diesen Meinen Mitteilungen sehr merkwürdig, aber es herrsche da keine Ordnung und kein System zugrunde, da soll ihm bemerkt werden, daß Meine Ordnung und Mein System ein ganz anderes ist als das der Menschen, die da zählen eins, zwei, drei, vier, fünf, sechs, sieben, acht, neun, zehn; bedenken aber nicht dabei, daß jede dieser Zahlen nur eine Grenzmarke einer Unendlichkeit ist. Was aber zwischen eins und zwei und drei und so fort liegt, das bedenken sie nicht! Ich aber habe und kenne die rechte Ordnung und sage daher nicht eins, zwei und so fort; sondern bevor die unendliche Kluft zwischen eins und zwei nicht ausgefüllt ist, kann nicht zu drei fortgeschritten werden.

9] Wem wohl ist der Anfang, die Mitte und das Ende aller Dinge bekannt? Ich aber bin das Alpha und das Omega und bin der ewige Mittelpunkt aller Dinge Selbst. Daher ist Meine Ordnung auch die rechte, da Ich die ewige Ordnung Selbst bin. Und so der neue Mann Mich wiederfinden wird, so wird ihm auch Meine Ordnung und Mein System einleuchtend werden.

10] So jemand aber das nicht einsehen könnte, der soll nur die Erde und ihre Vegetation betrachten! Da wird ihm gewiß alles wie

---

[1] Das erste durch Jakob Lorber niedergeschriebene Hauptwerk der Neuoffenbarung: „Die Haushaltung Gottes", 3 Bände.

„Kraut und Rüben" untereinander wachsend vorkommen. Und so er seinen Blick erheben wird gen Himmel, wird er da die Gestirne nicht erblicken, als wenn sie nur zufällig von jemandem gewisserart mit einem phosphorisierten Pinsel wären leichtsinnig hingespritzt worden? — Und Ich sage: Es ist doch überall die größte Ordnung! — Es wachsen giftige und heilsame Kräuter auf einem Fleck, wie auch Disteln unter dem Weizen — und doch ist überall die größte Ordnung!

11] So wirft auch der Maurer seinen sandigen Mörtel zwischen die Steine, die er gelegt hat, und kümmert sich wenig um die Lage jedes einzelnen Körnchens Sand. Doch sage Ich, es liegt in der Lage der Sandkörner im Mörtel mehr Ordnung als im ganzen Gebäude. Die Gelehrten freilich werden sagen, daß eine solche Behauptung an Unsinn grenze, wo nicht der Unsinn selbst sei.

12] Sehet, so jener Mann das so ein wenig nur beachtet, wird es sich mit ihm auch dann schon nach und nach geben. Aber es gehört Klugheit und recht viel Liebe und Sanftmut dazu. — Höret! — besonders recht viel Sanftmut!

In der Sanftmut müßt ihr euch verstehen,
durch die Sanftmut rauscht ein heilig Wehen.
Nur der Sanftmut Kraft wird es gelingen,
Schwaches zur Vollkommenheit zu bringen;
denn die Sanftmut richtet kein Vergehen.
Alles kann somit durch sie bestehen.
Wo sie wird im Bau gelegt zum Grund,
wird sie schließen einen festen Bund.

☆

Verständnis und Duldsamkeit

Es steckt in jeder Pflanze ein neuer Same, und auf tausend Baumarten reifen auch ebensoviel verschiedene Fruchtarten. Kennst du wohl den Nutzen aller? — Sicher nicht! — O sieh, es artet so sich auch des Geistes Leben in den Menschen, die da eines guten Willens sind. — Die Arten und Gattungen, wenn sie auch verschieden sind, machen [vor Mir] keinen Unterschied. Es fragt sich nur, wie weit da alle nützlich sind. — Daher sollt ihr niemand verdammen, sondern kennenlernen Meine verschiedenen Wege!

☆

Entsprechungslehre.
Die äußere Welt als Geistesschule

Am Sonntag Allerheiligen, den 1. November 1840, von ½9 Uhr vorm. bis ½1 Uhr nachm.

Schreibende: K. G. L. — Andr. und Ans. H.

Bevor wir zur sonderlichen Durchleuchtung alles des in der vorigen Mitteilung Erwähnten schreiten wollen, ist es notwendig, euch auf einen Irrtum aufmerksam zu machen, der so viele Menschen gefangen hält und sie oft gar gewaltig um einen guten Teil ihrer irdischen wie auch ihrer einstigen Seligkeit bringt.

2] Dieser Irrtum aber besteht darin, daß die Menschen, wenn ihnen sehr vieles gegeben wurde, häufig der Meinung sind, alles zu haben; einige aber wieder sind der Meinung, daß sie noch immer nichts erhalten haben, und [daher] einem durchlöcherten Fasse gleichen, in welches man vergebens schöpft.

3] Denn so jemand glauben würde, alles zu haben, wenn Ich ihm Unendliches gegeben habe — wie könnte Ich ihm dann noch mehr geben? Sehet, nach menschlichen Begriffen würde das freilich etwas sonderbar klingen, und füglich hätte jemand scheinrechtlich Grund, zu sagen: Wenn mir die Unendlichkeit treu geworden ist, was sollte ich noch empfangen, das mehr wäre denn diese? — Das ist allerdings dem äußeren Schein nach richtig, aber nicht so auch der inneren Wahrheit aus Mir gemäß, da Ich nicht nur der Herr einer Unendlichkeit bin, sondern einer Unendlichkeit von Unendlichkeiten — welches so viel sagen will als, daß alles und jedes einzelne, da es aus Mir ist, Unendliches in sich birgt, indem Ich, als der ewige Urgrund aller Dinge, in allem und jedem unendlich bin.

4] Wenn irgendein Mensch ein noch so großes Werk zuwege gebracht hätte, so wäre dasselbe demungeachtet endlich, weil sein Urheber ein endlicher ist. So aber Ich das kleinste Werk ins Dasein rufe, und ist dieses auch seinem äußeren Umfange nach endlich und eng begrenzt von allen Seiten, so ist es aber demungeachtet unendlich seinem inneren Wesen nach, da es schon Unendliches seiner Art in sich birgt. Seht, aus diesem Grunde irren denn auch die Menschen, wenn sie sehr vieles, das heißt von Mir aus Unendliches, empfangen haben und dann glauben, auch schon alles zu haben — da auf diese Art Unendliches gewiß noch [immer] nicht alles ist.

5] Im Gegenteil aber spricht sich ein offenbarer Undank bei jenen aus, die, wenn sie schon sehr vieles, das heißt von Mir aus Unendliches, empfangen haben, noch immer meinen, nichts zu haben. Diese Menschen haben noch nicht die leiseste Ahnung von dem inneren Werte der Dinge. Sie zählen dieselben nur nach ihrem äußeren Volumen und kümmern sich wenig oder gar nichts um das wertvolle innere Wesen der Dinge, bedenken aber dabei nicht, daß die Schale der Nuß nicht genießbar ist, sondern nur die innere ölige Frucht. — Solche Menschen geizen und scharren alles mögliche zusammen, und bei aller ihrer Vielhabenheit hungern sie gleich jenem sehr verkümmerten Geizhalse, der bei vollen Fässern Goldes an einer dürren Brotkrume nagt und selbst bei diesem Nagen noch denkt, ob es um diese Brotkrume nicht schade ist, daß er sie verzehrt; denn es hätte ja vielleicht noch irgendeinen Menschen geben können, der ihm in seinem Heißhunger für ein solches Brotstück recht gerne einen Pfennig geboten hätte.

6] Nun, da wir hier zwei Extreme kennengelernt haben, so fragt sich: Wie sieht denn die gerechte Mitte aus, oder wie soll sie aussehen, damit sie gerecht sei vor Mir?

7] Da sage Ich euch, die gerechte Mitte soll eine wahrhaft kindliche sein, die da nicht rechtet nach dem Maße der Gabe, sondern nach dem Bedürfnisse derselben und allezeit dankbar annimmt, wie und was immer der Vater gibt. Ein rechtes Kind ist heiter, dankbar und zufrieden mit jeder Gabe, die es empfängt aus den Händen des guten Vaters und hat kein Bedürfnis über das Empfangene hinaus, da es weiß, daß der Vater ihm allezeit geben wird, so viel es nur immer bedarf. Denn es weiß, daß der Vater sehr reich und daher das Kind auch allezeit sehr wohl zu versorgen imstande ist. Auch wird dieses Kind nicht unzufrieden sein mit der Gabe. Denn es ist noch allezeit hinreichend gesättigt worden. Und weil der Vater aber auch zugleich ein sehr weiser Vater ist, so gibt er dem Kinde auch nur das und so viel, als demselben allezeit frommt.

8] Sehet, so sieht also die „gerechte Mitte" aus. Und in dieser gerechten Mitte sollet auch ihr euch befinden und sollet nicht denken, ihr habet alles empfangen. Noch sollet ihr denken, daß ihr zu wenig oder gar nichts empfangen habt, das heißt im Vergleiche dessen, was ihr von Mir noch empfangen könnet und werdet, so ihr dankbar in der gerechten Mitte verbleibet. Sondern ihr sollet gleich sein dem erwähnten Kinde, das allezeit zufrieden und glücklich ist, da es seinen Vater wohl kennt. So ihr Mich als den allerbesten

Vater wohl erkennet in eueren Herzen, seid ihr alle wahre Kinder eines und desselben heiligen und allerbesten Vaters, der Ich soeben hier unter euch gegenwärtig bin und durch den schwachen Mund des Knechtes euch dieses in die Feder gebe.

9] Nun nach dieser notwendigen Vorbetrachtung soll denn noch eine andere folgen, die ebenso nötig und wichtig ist, wie die nachträgliche Erörterung, die nach dieser Betrachtung folgen soll.

10] Ich sagte in der Vorauskündung, ihr sollet da wieder um eine Stufe höher gehoben werden. Und diese Stufe soll denn soeben in dieser zweiten Betrachtung euch vollends gegeben werden.

11] Sehet, es legen sich abends Millionen Menschen auf ihr Schlaflager ihrer Glieder nieder, und wieder stehen am nächsten Morgen Millionen Menschen mit ausgeruhten Gliedern auf, einige zur gewöhnlichen Tagesarbeit, andere zum gewöhnlichen Tagesmüßiggange. Und so stehen tausend Menschen auf, und von diesen tausend hat ein jeder etwas anderes vor. Aber von allen diesen aufgestandenen Menschen ist nicht einer, der da aufgestanden wäre, wie er hätte aufstehen sollen. Denn ein jeder ließ die Erscheinungen des Morgens wie auch des folgenden Tages ganz unbeachtet — außer es hätte ihn nur irgendein gewaltiges Ungewitter geschäftsstörend verdrießlich gestimmt, oder es hätte ein naher, baumzerschmetternder Blitz durch seinen nachrollenden gewaltigen Donner ihm ein wenig ins Ohr geraunt: „Höre einmal, du schwacher, geschäftiger Mensch! Wäre ich, der leuchtende Blitz, nur um dreißig Ellen deiner Schwachheit näher gekommen, so wäre wohl alle deine Weltrechnung mit einem Striche geschlossen worden."

12] Allein da ist der Mensch wie ein Sperling, auf schaukelndem Weidenaste sich wiegend: wenn der Schuß fehlt, so fliegt er erschreckt zwitschernd davon, als wollte er mit diesem Angstgezwitscher sagen: „Das war doch eine Todesgefahr! Ich will diese Gegend meiden! Und nimmer soll der Jäger mit seinem Feuerrohr den fernen Ast finden, auf welchem ich mich nun sehr wohl verbergen will." — Allein nicht lange, so sitzt der nämliche Sperling wieder auf dem Aste, an welchem er die gewaltige Stimme des Todes vernommen hat.

13] So sind denn auch die Menschen! Eine Gefahr bleibt nur so lange ihre Lehrerin, solange sie als solche gedauert hat. Ist sie vorüber, ist alles vorüber! Der Mensch kehrt wieder in sein Alltagsleben zurück und bleibt derselbe blinde Mensch, wie er zuvor und ehedem war und gleicht einem Tauben und Blinden im Schauspielhause, der da hineingeht, ohne etwas zu sehen, noch etwas zu hören.

14] Denn auch die Welt ist ein großes Schauspielhaus, in welchem zahllose Szenen in jeder Sekunde aufgeführt werden, von denen jede von unendlichem Werte ist. Wer da nicht taub und blind ist, der wird gewiß eine eitle Lust daran finden. Wer da aber taub und blind ist, der gleicht einem Polypen, der sich festgesetzt hat in einem finstern Sumpfe des Meeres und kein anderes Bedürfnis empfindet, als mit tausend Mäulern zu fressen.

15] So ihr aber aufwachet am Morgen, so sehet mit aufmerksamem Herzen die Dinge um euch her, habet acht auf eure Gefühle, die allezeit modifiziert erscheinen, auch schon, wenn nur ein Wölkchen am Himmel die frühere Form verändert, ja die wieder anders werden, so ihr in irgendeine [andere] Weltgegend eure Blicke richtet. Anders fühlet ihr am Morgen, anders am Abende.

16] Wenn ein freundliches Lüftchen wehet, werden da nicht euere Gefühle heiter und lieblich bewegt? — Wenn da wehet ein warmer Südwind, der herrliche Wolkenmassen durch den blauen Himmel treibt und ihr sehet die Vögel der Luft sich wetteifernd emsig herumtummeln in den heftigen Wogen der Südluft — werden da nicht eure Gefühle selbst geweckt und heldenmäßig gestimmt, daß ihr oft eure Arme gleich Flügeln ausbreitet, um euch Vögeln gleich zu erheben in die wogende warme Luft und mutig zu kämpfen daselbst gleich den Vögeln mit dem Flügelpaare gegen solches ziemlich gewaltsame Strömen der Südluft. Wenn aber ein feuchter Ost- oder ein gewaltiger Nordwind zu wehen anfängt, so werdet ihr ganz kümmerlich in euren Gefühlen und ziehet euch bescheiden zurück vor diesen unfreundlichen, sehr gewaltsamen Winden. Wenn sich der hohe West erhebt, dann schauet ihr empor, und eure Augen weiden sich an den lämmerartigen Gebilden der Wölkchen und euere Gefühle werden weiter und weiter unter den weiten Hallen des blau und weiß durchwirkten Himmels. Und werden nicht wiederum eure Gefühle ganz anders, so euch am heiteren Morgen aus den roten Wölkchen des Aufganges ein frisches Morgenlüftchen entgegenweht?

17] Und so möget ihr bei irgendeiner Erscheinung zugegen sein, ja wo immer hinreisen, und selbst in was immer für einer Handlung begriffen sein, so habet acht auf jegliche auch noch so kleinfügige Erscheinung, und ihr werdet gewiß allezeit sicher gewahr werden, wie sehr sich die Gefühle allezeit modifizieren, ja oft so stark, daß, so ihr euer eigenes Gemach wieder betretet, euch dasselbe vorkommt, als wenn ihr es zum ersten Male betreten hättet, oder es kommt euch doch im selben alles ein wenig fremdartig vor.

18] Wer dieses von euch noch nie sollte empfunden haben, weil er noch nie aufmerksam darauf gemacht wurde, der mache sich nur einmal die Mühe und gehe oder fahre von hier aus nur zwei Stunden weit gegen Süden, z. B. nach dem sogenannten „Feldkirchen" oder „Straßgang" oder „Fernitz", und kehre dann wieder zurück und notiere sich die Gefühle, die ihm dabei vorgekommen sind sich seiner bemeisternd, als er sein Gemach wieder betrat. Am nächsten Tage aber mache er die entgegengesetzte Reise, kehre zurück und tue in seinem Gemache dasselbe, und er wird gewiß recht gewaltigen Unterschied in seinen Gefühlen bemerken.

19] Nun aber fragt sich, worin denn der Grund solcher Erscheinungen liegt? Die Beantwortung dieser Frage ist der eigentliche Hebel auf eine höhere Stufe. — Sehet, so wie ihr bei irgendeinem Unterrichte, je nachdem derselbe geartet war (da sein Stoff entweder ein geschichtlicher, ein technischer, ein geologischer, ein mathematischer, ein religiöser war) — allezeit gewiß anders denken und empfinden werdet, so ist dieses um so mehr der Fall, wenn ihr in Meiner großen Unterrichtssphäre wandelt, denn da rede Ich durch alle die vorbenannten und noch tausend andere Erscheinungen beständig zu eurem Geiste.

20] Allein, wie ihr schon wisset, ist den Tauben und Blinden hart predigen; denn diese empfinden höchstens den Geruch der Speise, wie aber die Speise aussieht, das sehen sie nicht. Und wenn man ihnen sagt, woraus und wie sie verfertigt ist, so hören sie das nicht, weil sie taub sind. — Sehet, so sind auch alle diese Erscheinungen zahllose, wohl zubereitete Speisen für den Geist! Aber in diesen vorbenannten Gefühls-Modifikationen empfindet ihr nur den Geruch dieser Speisen, aber sehen könnet ihr sie nicht, da ihr ebenfalls noch blind seid. Und wie sie zubereitet sind, das könntet ihr ebenfalls nicht vernehmen, der noch obwaltenden großen Taubheit wegen.

21] Das aber ist die höhere Stufe, daß Ich euch in dieser Vorbetrachtung eine kleine Augensalbe gebe, vermöge welcher ihr ein wenig sehend werden sollet, und zwar in eurem Herzen, um hernach aus diesen Erscheinungen verständig in der Mitte eures Herzens zu denken, daß dergleichen Dinge nicht geschehen ihrer selbst willen, sondern so, wie ein Professor nicht seiner selbst willen auf den Katheder tritt, sondern seiner Schüler wegen.

22] Denn es ist jede dieser Erscheinungen nichts als ein heller Spiegel, welcher so künstlich eingerichtet ist, daß ein jeder Mensch, der nur einigermaßen geweckt ist und nicht gar zu lange in den „Tag" hineinschläft, sein inneres Wesen von Sekunde zu Sekunde modifiziert in selbem erschauen kann, wie auch das Gesamtbild aller Menschen und eines jeden einzelnen in Beziehung auf die Gesamtheit. Ja, er kann erschauen im selben das ganze Verhältnis der Hölle, der erlösten und unerlösten Geisterwelt, wie auch im innersten Grunde dieses Spiegels den Himmel und alles das, was des Himmels ist. Und er kann im selben alles dieses erblicken in unendlichen Potenzen, weil Ich, als der Zulasser und Darsteller alles dessen, wie schon gesagt, Selbst unendlich bin.

23] Wenn ihr daher in der Zukunft wie und wann immer ausgehet, so haltet ja keine Erscheinung für so geringfügig, daß sie nicht eures Beachtens würdig wäre. Und glaubet, daß Ich nicht zu viel sage, wenn Ich euch selbst auf die kleinsten Wendungen eines Sonnenstäubchens aufmerksam mache und auch auf das emsige Getrippel irgendeines winzigen Insektes. Denn ist auch dieses ohne Bedeutung dann, wenn es von niemand beachtet oder beobachtet wird (weil das Insekt dann nur auf eine Mich allein angehende Art tätig ist) — jedoch nicht so ist es, so eure Augen irgendeinen Gegenstand treffen. Denn alsdann wird sogleich ein Sonnenstäubchen, wie eine Milbe und ein irgendeinem Schornsteine entsteigender Qualm von Mir für den Beschauer zu einem Apostel geweiht und tritt in dem Augenblick als wohl unterrichteter Lehrer in Meinem Namen vor eure Augen.

24] Sehet, das ist die „höhere Stufe", die Ich euch versprochen habe! Daher sagte Ich euch schon in der vorigen Mitteilung vorbauend: Es gibt gar viele, welche die Erscheinungen der Natur angaffen werden, gerade (wie ihr zu sagen pflegt) so wie eine Kuh ein neues Tor. Aber ganz außerordentlich wenige gibt es, die sich selbst in den Erscheinungen der Natur finden.

25] In der Nacht vorher, als ihr nach Meinem vorbekannten Willen euch verfügt habt an den bestimmten Punkt der Kleinalpe, da hat es, wie ihr wißt, recht gewaltig geregnet sowie in den Gebirgen ebenfalls recht tüchtig geschneit. Dieses war für euch eine ganz natürliche Erscheinung. Und da war keiner unter euch, dem es beigefallen wäre, daß solches euretwegen geschehen sei, ja nicht nur euretwegen allein, sondern der gesamten Menschheit wegen; ja nicht nur der gesamten Menschheit wegen allein, sondern der gesamten Schöpfung wegen; ja nicht nur der gesamten Schöpfung wegen allein, sondern der gesamten Hölle wegen; und nicht nur der gesamten Hölle wegen, sondern der gesamten erlösten und unerlösten Geisterwelt wegen; und wieder nicht dieser wegen allein, sondern auch des gesamten Himmels wegen; aber auch nicht deswegen allein, sondern auch Meinetwegen und euretwegen.

26] Da werdet ihr und noch mehr viele andere, denen dieser „Segen" in die Hände kommen wird, sagen: „Das verstehe, wer es verstehen mag und will, allein wir verstehen es nicht! Denn wie eines für eines allein und doch wieder nicht für eines allein, und wie eines eins und doch nicht eins ist, das reime sich zusammen, wer es kann und will. Denn wer da einen Apfel hat, der kann doch nicht mehr als einen Apfel haben!"

27] Das ist wahr, sage Ich, aber es ist auch wieder wahr, daß derjenige, der blind ist, nichts sieht und der Taube nichts hört und daher auch nicht begreifen kann, wie eines zugleich auch vieles sein kann, und so auch umgekehrt, und wie ein Bild einem Menschen ganz vollkommen ähnlich sein kann und zugleich aber auch allen Menschen zum Ebenbilde dienen kann. Und noch weniger kann er einsehen, daß das, was nicht ist, noch zu sein scheint, doch alles ist und sein kann und daß im Gegenteile alles, was ist und alles zu sein scheint, im Grunde doch nichts ist oder doch wenigstens zu nichts wird.

28] So wäre demnach hier eine kleine Verstandesschraube verfertigt, an welcher der Verstand hinreichenden Stoff findet, sich gar gewaltig zu würgen. — Aber das Herz wird sich des freuen, da es daraus ersehen wird, daß die äußere Materie, die doch alles zu sein scheint, im Grunde aber doch nichts ist, das Geistige aber in der Materie, welches dem Blinden und Tauben nichts zu sein scheint, am Ende doch alles ist! — Ja, das Herz wird sich freuen, wenn es daraus ersehen wird, daß am Ende doch nur — Ich alles in allem bin!

29] So war auch dieser Regen schon eine gar wichtige Erscheinung, es versteht sich von selbst nur für den inneren Menschen — da durch ihn angezeigt wurde, und zwar ganz für euch allein, ein ebenso gewaltiger Gnadenregen von Meinem geistigen Himmel in das Herz eures Geistes. Aber nicht nur für euch allein, sondern für alle soll dereinst dieser Regen gelten, ja nicht nur für alle, wie schon gesagt, auch zur Erhaltung der Erde, wie auch dadurch zur Erhaltung der ganzen Schöpfung, kam dieser Regen, da ihr schon wißt, was selbst von dem ersten Tropfen abhängt, wann und wohin er fällt, daß die Erde und alle Schöpfung erhalten werde.

30] Aber wieder, wie schon gesagt, nicht allein für diese Erde und die Erhaltung der ganzen Schöpfung kam dieser Regen, sondern aus euch wohlbekannten Gründen auch in geistiger Hinsicht für die Zurechtweisung der ganzen aufrührerischen Hölle; denn es geschieht nichts in der geistigen Welt, was sich nicht entsprechend zugleich auch naturmäßig darstellen möchte. Und so geschieht ebenfalls auch in der gesamten Natur nichts ohne zureichenden entsprechenden geistigen Grund. Und daher, so ihr solches sehet, so könnet ihr in der Zukunft auch schon wissen, wie und warum solches geschehen ist.

31] Aber wieder nicht nur für die gesamte Hölle, sondern für die gesamte erlöste und unerlöste Geisterwelt; für die erlöste als eine geistige Gnadenspende zum Wachstum in Meiner Liebe, und für die unerlöste als ein Erlösungsmittel aus der dadurch erweichten Materie; denn da ist jeder Tropfen ein goldener Schlüssel zur Eröffnung eines viele Millionen Jahre lang andauernden Kerkers; aber wieder nicht nur für diese allein, sondern auch für den gesamten Himmel, damit er sich entledige und erleichtere von seiner Gnadenüberfülle; aber nicht nur allein für den gesamten Himmel, sondern für Mich, damit Meine Liebe wieder größeren Raum finden möchte, in stets gewaltigeren Strömen und Strömen Meinem Vaterherzen zu entquellen; und doch wieder nicht für Mich allein, sondern für euch, damit ihr wieder desto mehr und mehr gewahren sollet, wie überaus gut euer heiliger Vater ist.

32] Und so wie dieser Regen, war auch jede nachfolgende Erscheinung nicht minder von großer Bedeutung. Denn jede war so wohl berechnet, daß nicht ein Nebelstreifchen umsonst über den Abhang irgendeines steilen Felsens schwebte, ohne daß es euch gesagt hätte:

33] „Sehet, die große Liebe des allmächtigen Vaters, wie sie mich gefahrlos trägt über den schroffen, tödlichen Abhang dieses hohen Gesteines und wie mich die sorgliche Liebe eben dieses großen Vaters aus der Nacht meines ewigen Kerkers allmählich hinaufzieht an Sein großes licht- und lebensvolles Vaterherz und wie ich zwar jetzt noch als unförmlicher Nebel mich über diesen steilen Abhang erhebe und noch nicht weiß, woher diese große Gnade kommt — aber doch sage ich nun euch, unter meiner nottraurigen Nebelgestalt wandelnden und forschenden Menschen:

34] Es gab einst auch eine Zeit, da es euch erging, wie mir soeben. Dieses bedenket! Und daß die Liebe des heiligen Vaters auch mich bald wird erreichen lassen das zu sein, was ihr nun seid, um zu loben den großen heiligen Vater, da Er so Großes tut an Seinen unwürdigen Geschöpfen, die in ihrer Freiheit nicht haben erkennen wollen die große Liebe und unbegreifliche Sanftmut und Herablassung des so großen und überheiligen Vaters!"

35] Sehet, das ist nun ein Evangelium eines solchen Nebelstreifchens, welches ihr, so ihr euch die Mühe nehmen wollet, in den ganzen, euch nun bekanntgegebenen Kreisen verfolgen könnet und könnt da heraufsteigen zu Meinem Herzen, woraus ihr alle dereinst gegangen seid, und könnet von da, ganz von Liebe erfüllt, wieder zu euch selbst kehren, und zwar im Angesichte eures heiligen Vaters.

36] Wie bei dieser eurer Reise die Erscheinungen sich gefolgt sind, so könnt ihr [als eure geistige Vollendungsbahn] euch [und eure geistige Entwicklung] in dieser Ordnung denken. Und der Kreis eurer ganzen Reise war eben gerade ein solcher, wie Ich ihn euch soeben kundgegeben habe. Denn auf diesem Punkte, da ihr die Sonne erblickt habt, da waret ihr wie in meinem Herzen. Und von da seid ihr wieder zurückgekehrt — verklärt, erfüllt von Meiner geheimen Liebe, in welcher sich euch alles um euch her aufgeklärt hat und die Sonne Meiner Gnade euch sogar euren Schatten außer euch erblicken ließ — welches so viel sagen will als: Wie unter den Strahlen der Sonne der Schatten des Menschen außer ihm auf die Erde fällt, so auch fällt der Schatten oder das Böse der Seele, welches eure Sünden sind, unter den wärmenden Strahlen Meiner Liebe aus euch hinaus, da ihr [nun] erfüllt seid durch die Liebe zu Mir mit dem ewigen Lichte Meiner Gnade durch und durch.

37] Sehet, das ist nun der versprochene große „Diätennachtrag", von welchem ihr gewiß keine Ahnung gehabt habt — daraus ihr aber auch ersehen und wohl erkennen sollet, daß, so Ich etwas verheiße, Ich auch allezeit Mein Wort auf das allerpünktlichste halte.

38] Aber nur müsset ihr jetzt wieder nicht glauben, als hätte Ich euch jetzt so viel gegeben, daß Ich euch nicht noch mehr zu geben imstande wäre. Denn **beharret** nur fest **in Meiner Liebe** und **übet** diese auch auf gerechte Art an allen euren Brüdern und Schwestern nach rechtlichem Bedarfe aus, so werde Ich euch in diesem Jahre schon noch irgendwo anders hin, und zwar gegen noch größere „Diäten" wie diese sind, an irgendeinem geschäftsfreien Tage bescheiden, allwo ihr wieder um eine gar gewaltige Stufe sollt **höher** gehoben werden — wodurch euch erst klar werden wird, warum die Erde ein Ort der Besserung und der größten Erbarmungen des großen heiligen Vaters geworden ist.

39] Sehet, Ich habe noch recht viele Stückchen Brotes in der weiten Tasche Meiner Liebe für euch aufbehalten. Esset nur fleißig und habet keine Sorge ums tägliche Brot! Denn Ich habe des Brotes so viel, daß ihr selbes wohl ewig nie aufzuzehren imstande sein werdet.

40] Und **Mein Brot** hat noch die Eigenschaft, daß wer nur ein wenig davon genossen hat, der wird schon satt. Zugleich aber reizt dieses Brot den Appetit nebst der Sättigung auch so sehr, daß man noch immer mehr und mehr davon genießen möchte. Und dann wird dieses Brot auch immer süßer und süßer und wohlschmeckender, je länger und je mehr man davon genießt. — Daher seid nur recht **fleißig im Essen Meines Brotes!** Und sorget euch nicht um den Wein, denn Wein und Brot sind sowohl für den Hunger als für den Durst. Daß sich dieses aber so verhält, werdet ihr auch stets mehr und mehr bei euch selbst gewahr werden und so endlich in die höchste Klarheit dieser Wahrheit gelangen.

41] Ist der **Weg** auch hie und da holpericht und felsig, so machet euch ja nichts daraus, denn ihr dürfet ja nicht zu Fuß gehen, sondern habt und könnet geistig und naturmäßig ein mutiges Pferdchen vor euren Wagen spannen. Und wenn ihr dann auch hie und da, um das Ziel gänzlich zu erreichen, eure Füße in Bewegung setzen müßt, so glaubet, es wird darob keiner von euch krumme Beine davontragen.

42] Dieses merket euch wohl! — **Tuet, handelt und lebet in allem und jedem so nach Meinem Willen;** dann wird auch bald die wahre **innere Sonne** den Wolkenschleier eures Lebens in euch durchbrechen und euch lebendig erleuchten durch und durch.

Amen. Das sage Ich, euer allerbester heiliger Vater. Amen.

☆

An einen sehr Schwachen

Am 4. November 1840

Es ist da ein sehr geschmeidiger Mensch, der da hat lieber das Große als das Kleine (und zwar mehr des Angenehmen als der Nützlichkeit wegen) — und macht viele Besuche den Höheren seiner Ehre halber, damit er dann wieder jemandem sagen kann, er sei bei dem und jenem Herrn gewesen und es habe ihn dieser oder jener Herr förmlich geschmäht, daß er ihn schon so lange nicht mehr besucht habe — und der das tut mehr des kleinlichen Ansehens als der eigentlichen inneren Freundlichkeit wegen — und sich auch sehr viel zu tun macht mit der weiblichen Welt und macht allenthalben den Hof dem reizenden Fleische der schönen Kinder Evas — der auch viel hält auf alte Freundschaft, wenn sie in angenehmen Männern besteht, obgleich er auch die ärmlichen seines guten Namens wegen nicht verachtet — dem jedoch neue, ansehentliche, besonders weibliche Bekanntschaften allezeit lieber sind als alte männliche gleichen Ranges.

2] So ist derselbe auch ein Freund der Gelehrten und hält große Stücke auf renommierte Künstler — aber auch wieder mehr *seiner* Ehre als der Ehre dieser Gelehrten und Künstler wegen (um dadurch bei den Verständigen als ein einsichtsvoller Mann zu gelten!)

3] Und so rennt sich dieser arme Mensch gar oft die Füße wund aus lauter Selbstgefälligkeit, um andern irgendeinen kleinlichen Gefallen zu erweisen, an dem noch nie jemand gar zu viel gelegen war — und ist bei aller seiner persönlichen Freundlichkeit doch stets mehr Freund sich selbst als denen, die von ihm befreundlicht werden.

4] *Diesem Menschen*, da er doch, bei allen diesen gewöhnlichen Menschenmängeln, ein ziemlich gutes und halbwilliges Herz besitzt und insgeheim bei sich schon ein ziemlich reines Wohlgefallen hat an Meiner nun darniedersteigenden Gnade und hat auch eine verborgene Sehnsucht nach Meinem Reiche und fängt auch mehr und mehr an das Gute und Wahre desselben um seiner selbst willen zu achten und in seinem Herzen zu schätzen (was Mich auch vermocht hat, ihn in Meiner Liebe ernstlich anzublicken und, so er will, ihm auch aus seinem Labyrinthe zu helfen) — also *diesem Menschen* lasse Ich *sagen*:

5] Daß er sein zu nichts taugendes, überschwenglich vielfältiges *Visitenmachen* so viel als nur immer möglich einstellen und dafür lieber anfangen soll, *Mir, Seinem Vater*, Visiten zu machen!

Das wird ihm mehr nützen, zeitlich und ewig, als alle die tausend und abermal tausend Visiten, die er den Menschen für nichts und wieder nichts schon gemacht hat.

6] Denn aus seinen Besuchen ist weder für ihn, den vielen schon oft lästig gewordenen Visitanten, wie auch für die häufig ganz wertlosen Visitierten nie irgendein Vorteil hervorgegangen — außer daß er vielfach hinterrücks ausgelacht wurde, indem man in seinem Angesicht ihn lobte, hinter seinem Rücken aber häufig Fratzen schnitt. — Er sah dies freilich nicht — aber Ich sehe und höre alles!

7] Jedoch damit er wissen möge, daß er noch gar sehr gewaltig dumm ist, so soll ihm auch das Urteil derjenigen Menschen, welche zu den besseren gehören, bekannt werden, als ein Lohn seiner vieljährigen Bemühungen. — Was sagen denn diese? — Nichts, als daß er ein guter Narr, aber dabei doch sehr unwissend und dumm sei und einem bekannten gutmütigen Lasttiere gleiche, das allezeit willig um das schlechteste Futter sich den Rücken vollknitteln läßt.

8] Um solchen Lohn also ist dieser Mensch so emsig und läuft und rennt von Haus zu Haus, um sich seinen Rücken voll geistig-materieller Schläge abzuholen! — O des Schwachen!

9] Ich will hier nicht berühren all die Unannehmlichkeiten, die ihm schon um solcher Narrheit willen widerfahren sind... Das Gesagte soll ihm nur zeigen, wie er bei weitem nicht zu solchen harten Unannehmlichkeiten gelangt wäre, wenn er wenigstens den guten Rat seiner sehr wenigen wahren Freunde, die auch Meine Freunde sind, befolgt und sich hingesetzt hätte zum Brunnen Jakobs, um aus demselben das Wasser des Lebens zu trinken und hätte da in stiller Ruhe Mir, seinem ewigen, heiligen, besten Vater, eine wohlgeziemende Visite gemacht.

10] Aber das würde ihn ja doch melancholisch machen! — Wohlverstanden! — Aber wie ist es denn, daß er nicht melancholisch wird, wenn er atemlos von einem weiblichen Wesen zum andern rennt, um seine naturmäßige Liebe dadurch zu zerstreuen oder endlich gar zu ersticken im tödlichen Schlamme solcher Tollheit?!

11] Er soll Mir antworten auf die Frage: „Warum hast du denn noch nicht geehelicht irgendeine Jungfrau?" — da du doch schon Tausenden den Hof gemacht hast und hast schon mehrere mit der Heirat vielfach angelogen und auf diese Weise auch schon, in deiner früheren Zeit, einige unmündige Mädchen verführt! — Welche entschuldigende Antwort kannst du Mir wohl geben, daß sie dich reinige vor Meinen Augen und Meine Heiligkeit dich nicht verdamme!?

12] Ich sage dir, antworte lieber nicht! Denn jede deiner Antworten würde dich verdammen! — Und sagtest du Mir: „Ich habe noch nicht die Rechte gefunden, die da wäre ohne Fehler!" — so sage Ich: O du falscher Richter! Warum spähtest du so sorgfältig nach den Splittern in den Augen der Mädchen und mochtest nicht gewahr werden deines Balkens, ja vieler Balken in deinen Augen!? — Da du dich fürchtetest, von ihnen betrogen zu werden. Warum fürchtetest du dich denn nicht, daß sie vielmehr von dir betrogen und unglücklich wurden!? — Darum weiche von Mir, du eigenliebiger Selbstler! Denn es sind alle Mädchen so gut wie du hervorgegangen aus Meiner Liebe! — Warum waren sie dir denn nicht recht? — Ich sage, weil sie in ihrer Schwachheit besser waren, sämtlich, als du!

13] Darum antworte nicht, sondern schweige in aller reuigen Demut, damit dich deine Antwort nicht verdamme! — Und möchtest du sagen: „Mein Einkommen war zu gering, als daß ich vermöge desselben imstande gewesen wäre, mir ein Weib zu nehmen und sie zu erhalten!" — Da würde Ich dir darauf die Antwort geben: Höre! Da du dein Einkommen bemessen hast und hast es für zu gering befunden — warum hast du denn nicht auch zugleich bemessen deine geringen Fähigkeiten und deine großen Ansprüche — und warum nicht auch bemessen das Uebermaß deiner sinnlichen Begierden, da du wohl sahest mit sehnsüchtigen Augen das üppige Glück der Großen und Reichen der Welt und mochtest gleich sein denen, die da haben, danach du begehrtest — aber so es nicht also gehen mochte, lieber kein Weib, sondern jewaige freie Unzucht haben wolltest!?

14] O siehe, es gibt noch arme und brave Mädchen in die Menge, davon du mehrere recht wohl kennst — warum ehelichtest du sie denn nicht? — Du würdest sagen: „Der beiderseitigen geringen Mittel halber nicht!" — Ich setze aber, du wärest reich! — Ja, dann würdest du auf eine Prinzessin ebenso mitleidig und sinnlich zugleich herabschauen wie jetzt auf eine geringe Magd, die doch auch Meine Tochter ist.

15] Damit du aber erkennest, daß sich dieses gerade also verhält, so mache Ich dich auf deine geheimen Gedankenphantasien aufmerksam, in welchen du dich durch allerlei großartige, romantische Träumereien zu den verschiedensten glänzendsten Verhältnissen des irdischen Lebens befördertest; und wenn du dann irgendeinen Gipfelpunkt erreicht hattest — wie schnapptest du dann gleich einem Sultane nach den schönsten und reizendsten Mädchen herum! Ja du verbargst oft deine erträumte Höhe und schlichst, wie ihr zu sagen pflegt, „inkognito" zu irgendeiner Jungfrau, die dir irgendwann einen Korb so recht derb gegeben hatte, und hieltest um ihre Hand an. Da sie dir aber, in deinem Traume, die Hand abermals verweigerte, so enthülltest du vor der Spröden deine phantastische sultanische Kaiserwürde und verschmähtest die nun durch solche Enthüllung in sich gegangene und gedemütigte Schöne und hattest große Freude, so du sie weinen und zu dir, nun einem großen Kaiser, die Hände ringen sahst.

16] O siehe, solche Gedanken sind ein treuer Spiegel und zeigen dem Menschen sehr genau die Richtung seiner Begierden und die Tendenz seiner Liebe, die nichts als Herrschsucht zum Grunde hat, welche der Grund aller Verdammnis ist! — Darum antworte nicht, damit du dich nicht selbst fangest und verdammest in deiner törichten Entschuldigung!

17] Oder möchtest du etwa sagen: „Ich kann doch kein gemeines Frauenzimmer heiraten, da ich doch ein gebildeter Mensch und königlich-kaiserlicher Beamter bin und lauter angenehme Bekannte habe! Was würden diese letzteren dazu sagen!?" — Ich aber sage: Es gibt in der Stadt kein so gemeines Frauenzimmer, als daß sie zu gemein wäre für dich — obschon du aus Zorn auseinandergehen möchtest, so dir jemand anders als Ich diese Wahrheit zugestehen würde. Denn siehe, so da ist irgendeine gemeine Hure, so ist sie eine solche oft [nur] aus doppelter Not geworden, nämlich zuerst aus geistiger (denn da ist bei den Schafen die Wolle wie das Futter) — und dann aber häufig aus natürlicher Leibesnot, der Forderung des Magens wie der Befriedigung des Naturtriebes wegen, zu dessen frühzeitiger Entwicklung und gewissenloser Förderung die arme, verlassene, nun verachtete Hure nur durch solche, dir ähnliche Hofmacher gekommen ist. In ihrer Schwäche hat sie leichtlich geglaubt den süßen Worten, die da entströmten der Hyänenbrust eines dir ähnlichen süßen Hofmachers, der gewissenlos oft schon einem üppigen zwölfjährigen Mädchen stromweise eine satanische Artigkeit um die andere in ihre sehr empfängliche Brust, giftigen Dolchen gleich, senkte, um die geistig Blutende mit lüsternen, begierdevollen Augen anzusehen und hernach zu lauern gleich einem Tiger auf die nächste Gelegenheit, um der unglücklichen, schwachen Gereizten den ersten Stich des Todes beizubringen, und um hernach sich großmachen und sagen zu können: „Na, das wird einmal eine werden, da sie schon jetzt alles mit sich machen läßt!“

18] Siehe, da du ihre Natur zu solcher Schandtat verdorben hast — du Hyäne, du Tiger! — wie wagst du in Meinen Augen noch zu sagen: „Mir kann nicht behagen solche weibliche Gemeinheit!“?

19] Daher antworte lieber nicht, damit aus deiner Entschuldigung nicht ein Mühlstein wird, der dir auf den Hals gelegt werden sollte und mit dem du versenkt werden möchtest in den Grund des Meeres!

20] So du aber sagen möchtest: „Mit einer Armen ist mir nicht gedient!“ — da sage Ich aber: Du bist keiner Armen wert! Denn die Armen sind Meine Töchter. Wehe denen, die sie verführen und geringachten! Deren Herz soll stumpf werden wie ein Stein, damit es nimmer gerührt werde von dem sanften Blick einer solchen Armen und ein solcher Frevler weib- und kinderlos bleibe bis ans Ende und sein schnöder Name mit ihm begraben werde!

21] Wer aber da ehelicht eine Arme aus Liebe, der hat Mich zum Schwiegervater und genießt Meinen Segen! — Und es ist besser, wenn Arme ehelichen als Reiche. Denn die Armen denken in ihrer Not doch an Mich, ihren Vater, und suchen allzeit Hilfe bei Mir, wenn es ihnen recht schlecht geht; während die meisten Reichen Mich kaum dem Namen nach kennen und, wenn es ihnen schlecht geht, verzweifeln und nicht selten zu Selbstmördern werden. — Siehe, daher antworte nicht, damit du nicht verdammt werdest ob deiner törichten Entschuldigung!

22] Und möchtest du sagen: „Ueble Erfahrungen haben mich abgeschreckt. Was ich anderweitig gesehen habe, hat mir den ganzen Ehestand verleitet!“ — so sage Ich aber: Verflucht sei der, welcher sich so entschuldigt! Denn der gibt sich doch offenkundig als einen eigenliebigen Verächter der schwachen weiblichen Menschheit an. Und sein Gewissen schreit ihm laut zu: Weil du wohl weißt, wie wenig wert du selber bist und wie ungetreu in aller deiner Lebenssphäre du von jeher dich benommen hast, deshalb ist dir freilich deine Freiheit lieber als ein ärmlicher, aber gesegneter Ehestand, der allein dich zur geistigen Ordnung zu bringen vermöchte!

23] Denn wenn du dächtest, wie es ein redlicher Christenmensch in seinem Herzen denken sollte, so würdest du sagen: „O Herr! Ich bin Dir ein gar großer Schuldner! Habe Mitleid mit mir über alle

Maßen schlechtem Selbstliebler! Denn ich habe in meiner Unwissenheit gröblich gesündiget vor Dir und habe mich groß versündigt an allen Deinen schwachen Kindern und bin nun selber schwächer geworden als alle, die ich früher schwach wähnte — und das alles durch meine grenzenlose, eigensinnige Torheit!

24] Daher bitte ich Dich inständigst, daß Du mich wieder möchtest in Deiner unendlichen Liebe gnädig ansehen und mir geben einen redlichen Sinn, damit ich wieder gewahren kann den wahren Menschenwert Deiner Mägde und nicht [blind bleibe], wie bis jetzt, wo ich, der bösen Welt gleich, den Wert nur im Reichtum und in der jugendlichen Schönheit und dazu noch in einer unglaublichen Treue und Anhänglichkeit suchte (da ich meiner großen Eigenliebe zufolge ein eifersüchtiger, dummer Esel war!).

25] O Herr, da ich nun meinen großen Irrtum erkenne, so sei mir armem Sünder gnädig und barmherzig und laß mich wiederfinden, was ich in meinem bösen, verkehrten Herzen gar so oft verachtet habe. Denn da ich nicht einer bin, der sich je hätte vom Geiste ziehen lassen, sondern allezeit vom Fleische, so weiß ich auch, daß ich [bis jetzt] nur des Fleisches und nicht des Geistes bin. Daher lasse, o Herr, mich auch redlich wieder ein gerechtes [Dir wohlgefälliges] Fleisch finden, damit ich im selben geläutert werde, um einst nach Deinem heiligen Willen aus demselben im Geiste zu erstehen! — Amen."

26] Siehe, diese Entschuldigung ist besser als die übrigen, und in ihr allein waltet Leben statt des Todes!

27] Obschon Ich dir durch alles dieses nicht geradezu die Pflicht auferlegen will, daß du ehelichen sollest — sofern du irgend bessere Gründe hast, ledig zu bleiben, und zwar aus reiner Liebe zu Mir, d. h. wenn du deren fähig bist und dich zurückziehen kannst von deiner viel bevisitierten Welt — so will Ich dich dadurch aber doch ernstlich zur wahren Reue und Buße ermahnet haben, daß du endlich einsehen sollest, wie sehr du allezeit unrecht hattest, da du emsig bemüht warst, alle Schuld von dir hintanzuschieben und andern sie gröblich zuzuschanzen. Denke nur recht fest bei dir, ob das von Mir wohl je in Ewigkeit hätte gebilligt werden mögen?

28] Darum zeigte Ich dir nun das Nötige durch Meinen armen Knecht, der aus sich auch nicht wissen kann, was da recht und schlecht ist (da er selber noch weder recht noch schlecht ist[1]), und der, was er weiß, nur aus Mir weiß durch eine besondere, unverdiente, große Gnade der andern wegen, nicht seiner selbst wegen — damit die andern gerichtet würden in ihren Herzen durch ihn und er zuletzt erst durch sie — und damit [auch] du gerichtet werdest in deinem Fleische, um dadurch dem ewigen Gerichte des Geistes zu entgehen.

29] Denn wer da will in Mein neues Reich aufgenommen werden, der muß zuvor gerichtet[2] werden, damit er sich völlig reinige von allem alten Schlamme seiner angewohnten Narrheiten! — Du aber bist noch durch und durch närrisch und kreuz und quer verwirrt. Daher gab es bei dir auch gar sehr viel zu richten und wird noch überdies so manches zu richten geben, bevor dein Namen voll eingetragen wird in das große Buch des Lebens. Beherzige daher recht wohl dieses an dich gerichtete Wort! Es ist ein neues Wort des Lebens voll Licht und Wahrheit und ebenso voll Liebe!

30] Willst du leben, so eheliche entweder irgendein Mädchen in rechter Ordnung, und Ich will dich segnen mit Meinem Frieden. Und du bringe dadurch in dir selbst ein kleines Opfer für die vielen Opfer der weiblichen Treue, die du schon eingeschlürft und verschlürft hast! Und habe keine Furcht, betrogen zu werden; sondern fürchte vielmehr, daß du niemand betrügest mit dir selbst! Und habe nicht so sehr deinen Vorteil vor Augen, als vielmehr den Vorteil derjenigen, die du dir antrauen lassen möchtest! Dann wirst du gut fahren — kurz noch zeitlich und dann dadurch auch ewig.

31] Denn kannst du wohl denken, daß du nochmals fünfzig Jahre leben wirst? — Oder mußt du nicht vielmehr denken, daß jede Sekunde deines irdischen Lebens in Meiner Hand steht und daß Ich jedem das Leben je nach seinem folgsamen Betragen entweder verlängern oder verkürzen kann, da

[1] Zu bemerken ist, daß hier wie an anderen Stellen Jakob Lorber durch die in seinem Herzen redende Stimme des Geistes wiederum einen demütigenden „Putzer" erhält — ähnlich wie Paulus immer wieder seinen „Pfahl im Fleische" zu fühlen hatte — „damit er sich der großen Offenbarungen nicht überhebe". — Bei den falschen Propheten ist in diesem Punkte stets das Gegenteil zu beobachten. Ihre „Kundgaben" strotzen nicht selten von eitler oder wohlberechneter Selbstverherrlichung des „geliebten" und „auserwählten" Werkzeugs. — Die Wiedergabe der „Putzer" durch Jakob Lorber dürfen wir somit als ein Zeichen der wahren Demut und darum auch der echten Berufenheit dieses Gottesboten werten. D. Herausg.

[2] d. h. in Ordnung gebracht

doch nur Ich allein sehe, wann die Frucht reif ist — entweder so oder so!

32] Daher überlege wohl, was da besser ist: Entweder so? — oder aber, ob du dich zu Mir wenden möchtest und aus reiner Liebe zu Mir verzichten möchtest auf alles!? — Siehe, das kannst du auch tun! — Aber dann bedenke wohl, daß Mir mit einem halben Dienste durchaus nicht gedient ist — so du etwa dabei glauben möchtest, dadurch deine Freiheit zu retten.

33] Denn siehe, in deiner vermeinten Freiheit bist du nur ein Sklave deines Fleisches, deiner Begierden und deiner freien Weltlust unter den Menschen, mit denen du gerne tolles Zeug plauderst und hintendrein lachst über deine eigenen Torheiten.

34] Sondern da muß dir all dein Fleisch, müssen alle deine Begierden wie die allerderbsten Sklaven dir tief untertänig werden, und du mußt allen deinen tollen Gewohnheiten auf einmal den barsten Abschied geben und dich sodann alsogleich in allem zu Mir wenden! — Höre! — Ich sage alsogleich! Denn von nun an würde dir jede Zögerung himmelhoch angerechnet werden.

35] Nun urteile in deiner Schwachheit selbst, was da leichter und heilsamer wäre! — Ich will dir keinen weiteren Rat geben, was du tun sollst, sondern sage dir nur, daß der Lohn deinem Gehorsam gleich sein wird.

36] Tue also, was du willst! — Mir ist es ganz einerlei, so oder so. — Aber so zu verbleiben, wie du jetzt bist, das rate Ich dir wohl nicht!

37] Siehe, auch du standest den ganzen langen Tag müßig. So gehe denn nun auch du hin in Meinen Weinberg und arbeite die letzte Stunde in demselben so oder so! Und Ich werde dir dereinst geben, was recht sein wird. Amen. — Ich, die Ewige Liebe und Wahrheit Selbst! — Amen.

Nachbemerkung

38] Dieses Nebenwort muß, wie alle übrigen, den „Nebenworten" beigefügt werden und soll in einer eigens dazu bestimmten Zusammenkunft dem unbenannten Vermeinten vorgelesen werden — dessen er sich nicht etwa schämen, sondern nur sehr freuen soll, wenn er will ein siebenter Jünger werden, was er erfahren wird, so Ich seinen Namen aussprechen werde.

39] Sollte er sich aber darüber, wie er gewöhnlich zu tun pflegt, selbst beschönigen und rechtfertigen wollen, dann soll er auch erfahren, wie ferne er noch Meinem Reiche ist und wie sehr noch untauglich für einen Jünger!

40] Denn dem Ich viel sage, dem will Ich auch vieles geben und habe ihm, so er Meinen Willen tun wird, auch schon dadurch vieles gegeben, daß Ich ihm vieles gesagt habe. — Denn so der Baumeister irgendeinen breiten und weiten Grund legt, da wird er gewiß kein Schneckenhaus darauf erbauen wollen, sondern da muß ja doch dem Grunde das Gebäude entsprechen. Wenn aber schon ein irdischer Baumeister also verständig handelt, um wie viel mehr werde da Ich tun, der Ich doch der mächtigste und allerverständigste Baumeister der Unendlichkeit bin!

41] Darum auch soll sich der Vermeinte nicht schämen, sondern sich gar gewaltig freuen! Denn umsonst gebe Ich solche Gaben nicht! — Es muß aber jeder zuvor vor der Welt offenbar werden und in seiner Demut Meinen Namen verherrlichen, wer da will von Mir dereinst ewig verherrlicht werden.

42] Klein ist das, was Ich von euch verlange; aber unendlich der Lohn dafür! Daher freuet euch alle, daß Ich solches von euch verlange; denn Meines Reiches wird kein Ende sein ewig. — Amen. Das sage Ich, euer aller Vater und Herr! Amen.

Dankgebet des Knechtes

43] Und ich sündiger, wertloser, schlechtester Knecht wage in meiner großen Unlauterkeit hinzuzusetzen:

44] Ehre, Preis und Dank sei Dir, o allerheiligster, bester Vater, von unseren schwachen, unreinen Herzen dargebracht! — O reinige uns alle mit der heiligen Kraft Deiner unendlichen Liebe und Barmherzigkeit! — damit wir Dir dereinst, o Du bester, heiligster Vater Du, würdiger zu danken und Dich heiliger zu preisen vermöchten, als es bisher in der großen Nacht unserer Sünden möglich war!

45] O heiligster, bester Vater, habe Dank auch für das herrliche Geschenk dieses neuen, uns gegebenen Bruders in Deinem allerheiligsten Namen! — O Dein heiligster Name werde dafür gepriesen! Ehre sei dir, Vater, und dem Sohne und dem Heiligen Geiste in Dir und aus Dir — in alle Ewigkeit! — Amen.

☆

Eine Lüge?

Am Sonntag, den 8. November 1840, von 3/4 10 Uhr vormittags bis 1 Uhr nachmittags

Schreibende: K. G. L. — Andreas und Anselm H.

Heute gab uns der liebevollste Vater durch Seinen Knecht Jakob Lorber nachfolgende Lehre, und zwar mit der angegebenen Ueberschrift.

2] Es wird euch sonderbar vorkommen, so ihr zufolge dieser Ueberschrift etwa denken möchtet, Ich sei imstande euch anzulügen. — Allein es ist natürlich dem nicht so; sondern die Sache verhält sich ganz anders. Und es ist nicht alles Lüge, was als solches erscheint — wie auch nicht alles Wahrheit ist, was als solches erscheint. — Daß die Sache sich aber so verhält, soll euch alsbald eine kleine Erzählung belehren.

3] Es erzählte jemand seinem Freunde, daß er in einer Gegend dieses Landes einen ungeheuren Drachen gesehen habe und beschrieb sogar dessen Gestalt haarklein. Er machte dadurch seinem Freunde die Sache so wahrscheinlich, daß dieser sich alsbald bewogen fand, selbst an den Ort hinzureisen, wo sein Freund den Drachen gesehen haben wollte.

4] Als nun der Freund in die benannte, genau beschriebene Gegend kam, da fand er auch nicht die leiseste Aehnlichkeit dieser Gegend mit der von seinem Freund beschriebenen, ja sogar der Name war falsch; und auf Frage wurde ihm berichtet, daß in diesem Lande wohl keine Gegend unter diesem Namen und dieser Gestalt aufzufinden sein dürfte.

5] Und so kehrte denn der Freund wieder zurück und sprach zu dem andern mit heftigen Worten: „Ei du loser, böser Freund, was habe ich dir getan, daß du mich so arg mit deiner Lüge bedient und mich dem Gelächter der Unsinnigen preisgegeben hast!?" — Sein erzählender Freund aber behauptete dennoch, daß er ihm keine Lüge gesagt habe. „Denn," sagte er, „ich habe nun einmal das Ungetüm gesehen, wie ich dir beschrieben habe; und als ich mich bei den Menschen erkundigte, wie diese Gegend heiße, da sagten sie mir, daß sie so heiße, wie ich dir angegeben habe."

6] Nun aber forderte den Erzähler sein Gegenfreund auf, ihn an den Ort zu führen, auf dem seine Lüge gewachsen war. Der Erzähler willigte ein und führte seinen Freund an einen Ort, der ungefähr eine leichte Aehnlichkeit mit dem vorbeschriebenen hatte. Allein als er, der Angelogene, die dortigen Menschen um den Namen dieser Gegend befragte, da hatte dieser auch nicht die leiseste Aehnlichkeit mit dem von dem erzählenden Freunde angegebenen. Und von irgendeinem Drachen wußte niemand eine Silbe daselbst.

7] Nun, was meint ihr denn, nachdem ihr solche Erzählung vernommen habt — hat der Erzähler seinen Freund angelogen oder nicht? — Ja, sage Ich, er hat ihn angelogen, und das weidlich — und wieder hat der Erzähler seinem Freunde dennoch eine allerreinste Wahrheit gesagt.

8] Aber nun fragt sich, wie kann denn eine Sache zu gleicher Zeit Lüge und Wahrheit sein? — Das bringt freilich ein natürlicher Menschenverstand so wenig überzeugend heraus, wie daß schwarz weiß und weiß schwarz ist. — Jedoch nicht also ist es bei Mir! — Denn es kann eine Sache, mit geistigen Augen betrachtet, recht gut schwarz und weiß zu gleicher Zeit und auf derselben Stelle sein. — Und so wird sich auch zeigen, wie dieser vorbenannte, lügenhafte Erzähler dessenungeachtet die Wahrheit geredet hat.

9] Dieser Mensch hatte nämlich an einem Tage, da er unter dem kühlenden Schatten eines Baumes einschlief, einen so lebhaften Traum, in welchem er das Erzählte so leiblich und lebhaft gesehen hat, daß er unmöglich umhin konnte, bei sich selbst anders zu gedenken, als er habe wirklich dieses alles also gesehen.

10] Denn obschon er wieder unter dem nämlichen Baume erwachte, unter welchem er sich einige Stunden vorher zur Ruhe gelegt hatte, so war aber doch sein Traum so beschaffen, daß es ihm vorkam, er sei alsbald unter dem Baume aufgewacht, habe dann die Stelle verlassen und sei zufolge eines weiteren Spazierganges in die vorbeschriebene Gegend gekommen. Und als er daselbst [in seinem Traum] alles früher Erwähnte gesehen und erfahren hatte, kehrte er alsbald zurück, kam gerade zum selben Baume wieder, legte sich wieder, schlief ermüdet auf eine kurze Zeit ein und erwachte dann wirklich unter demselben Baume, unter dessen Schatten er sich einige Stunden früher [in Wirklichkeit] wohlbehalten begeben hatte.

11] Nun sehet, in der Natürlichkeit ist das [von dem Träumer Erzählte] zwar eine Lüge, da im ganzen Lande keine Gegend [jener Art] und kein Drache ausfindig gemacht werden kann. Allein es ist gerade nicht nötig, daß, so irgend etwas in der Natur nicht vorgefunden wird, es deswegen nicht [geistig bestehend] da wäre.

12] Und so verhält es sich überhaupt mit einer jeden geistigen Anschauung! Nehmet nur einen Blinden und erzählt ihm von diesem und jenem Gegenstande, den ihr sehet, daß er da ist! Ist für den

Blinden die Erzählung etwa eine Lüge, da er den Gegenstand eurer Erzählung nicht selbst sehen kann? — Und so können viele Dinge vorhanden und wahr sein, wenn sie auch nirgends aufgefunden werden — da neben der naturmäßigen Welt, ja sogar in derselben eine noch bei weitem größere Geisterwelt besteht. — Wer möchte z. B. wohl behaupten, daß die Hölle eine Lüge sei, da sie doch nur aus lauter Lüge besteht? Oder wer möchte behaupten, es gebe darum keinen Himmel, weil er dem Auge des Forschers nicht ersichtlich ist?

13] So ist demnach das Sein und Nichtsein und Doch-Sein keine Lüge! Denn ein materielles Sein ist kein geistiges Sein, wie das geistige kein materielles — und doch ist das materielle durch das geistige, wie auch wieder umgekehrt das geistige durch das materielle [bedingt].

14] Ein Beispiel wird euch dieses hinreichend beleuchten! — Betrachtet einen Apfel, wie er da noch hanget am Baume, so werdet ihr gewiß sagen, daß dieser Apfel auf diesem Baume gewachsen ist. Und wieder werdet ihr sagen müssen, daß dieser ganze Baum aus einem solchen Apfel gewachsen ist. Und so werdet ihr bald einen Apfel aus dem Baume und bald wieder einen Baum aus dem Apfel entstehen sehen.

15] Nun fraget euch selbst, was ist denn hier eigentlich die Frucht und welches ist das die Frucht Hervorbringende? — Saget ihr, der Apfel sei die Frucht, so sage Ich: „Was ist demnach aber der Baum, so er aus dem Apfel hervorwächst?!" — Und saget ihr: „Ja, so ist doch der Baum die Frucht!" — da sage Ich aber: „Was ist demnach der Apfel, wenn er aus dem Baume zum Vorscheine kommt?"

16] Sehet, auch hier kann jede Behauptung an und für sich zu gleicher Zeit eine Lüge und eine Wahrheit sein. Denn der Apfel ist so gut Frucht wie der Baum — und eben auch so gut Hervorbringer wie der Baum.

17] Jedoch, wenn man sagt: „Ja, es kann doch nur eines wahr sein!" — so sage Ich: „Es ist ganz richtig, daß die Wahrheit nur eine ist!" Aber töricht ist es von Menschen, in der Beschränktheit ihrer Urteile zu behaupten und zu sagen: Dieses oder jenes sei „das Erste" — während ihr doch aus diesem Beispiele leicht ersehet, daß das eine so gut wie das andere „das Erste" sein kann.

18] Denn es stünde zum Beispiel irgendein außerordentlicher Gelehrter auf und würde behaupten, Gott habe zuerst den Baum erschaffen; ein anderer aber würde hinzutreten und ihm sagen: „Wenn Gott zuerst den Baum erschaffen hat, warum hat er dann die Fähigkeit in den Apfel gelegt, daß, so dieser in die Erde gelegt wird, ein Baum aus ihm zum Vorschein kommt, der wieder ebensolche Früchte trägt, aus denen er selbst hervorgegangen ist? Somit ist ja doch ersichtlich, daß Gott nicht zuerst den Baum, sondern nur einen Apfel erschaffen hat!" — Und wieder würde ihm auf diese Aeußerung der erste Gelehrte einwenden: „Ich glaube, daß es der Ordnung gemäßer war, zuerst den Baum zu erschaffen und diesen mit der Reproduktionskraft zu versehen." — Sehet, und so würden diese zwei Gelehrten sich in einem ewigen Kreise herumtreiben, ohne je ans Ziel zu gelangen. — Und würde einer, der da zwei ineinandergreifende Uhrräder vor sich hätte, behaupten: „Dieser Zahn dieses Rades greift in die Zähne des andern Rades!" — und ein anderer würde ihm entgegnen: „Aber lieber Freund, bist du denn blind, daß du nicht siehst, daß die Zähne des andern Rades nur in die Zähne dieses Rades eingreifen?" — Welcher von diesen beiden hätte da wohl nun wieder recht?

19] Ich sage: Es hat ein jeder recht und redet die Wahrheit — und wieder: Es lügt einer so gut wie der andere. Der Anteil der Lüge besteht hier freilich bloß in der Einseitigkeit der Behauptung, wodurch die eine Wahrheit sich wieder die andere auflehnt. Und in dem Grade, als sie die andere Wahrheit anficht, ist sie Lüge. An und für sich aber ist sie so gut wahr wie das von ihr Angefochtene.

20] Die eine Wahrheit aber ist diese: Es besteht und entsteht eines aus dem andern — und eines ist für das andere da. Ich aber bin der ewige Urgrund alles Seins und habe alles so eingerichtet, daß das Naturmäßige entsteht und besteht aus dem Geistigen und das Geistige aber wieder, umgekehrt, im beständigen und unwandelbaren Kreislaufe aus dem Naturmäßigen.

21] Daraus wird euch auch klar, wie die Geisterwelt beständig hineinragt in die naturmäßige und die naturmäßige wieder in die geistige. Denn so irgendein Geist frei wird, so liebt, denkt und handelt er in seiner ihm zugewiesenen Sphäre. Dieses Handeln und Wirken eines Geistes, da es nun einmal vor sich ging, kann aber unmöglich so spurlos vorübergehen, als wäre da gar keine Handlung und Wirkung vor sich gegangen. Es fragt sich demnach, wie wird denn aber die Handlung und Wirkung des freien Geistes ersichtlich?

22] Da sage Ich: Seht die Dinge an, wie sie sind, wie sie entstehen und bestehen, und ihr werdet euch dabei sagen müssen, daß jede dieser Erscheinungen irgendeinen ausreichenden Grund der Entstehung haben muß — aber wo liegt dieser Grund? — Gewiß nicht in der Materie, sondern in dem geistigen Wirken und Handeln, welches Wirken und Handeln ein inwendiges ist.

23] Wenn aber irgendein Baumeister ein Haus aufbaut, so hat er doch gewiß das Haus nicht des Hauses selbst wegen aufgebaut, sondern er hat mit dem Gebäude einen Zweck verfolgt, der seiner Absicht völlig entspreche. Da schon ein Baumeister solches tut und selbst als sterblicher Mensch seinem Werke eine ewige Dauer verschaffen möchte, um wie viel mehr wird ein freier, ewiger Geist seine Handlungen und Wirkungen so einrichten, daß sie seiner Liebe und seinem Wesen entsprechen!

24] Und so liegt ja wieder klar am Tage, daß die Materie selbst nur ein Mittel ist, aus dem ein geistiger Zweck in der Absicht des geistigen Erzeugers erstehen soll.

25] Und wenn ihr dieses so recht betrachtet, so muß euch klar werden, wie das eine für das andere da ist und wie immerwährend eines in das andere greift und hineinragt. Und aus dem werdet ihr weiter deutlich ersehen, was die Lüge und was die Wahrheit ist, und werdet erkennen, wie für den Reinen [und geistig Erkennenden] alles rein und wahr, für den [geistig] Blinden aber die Wahrheit Lüge ist. — Auf diese Weise kann auch in Mir, als dem ewigen Urgrunde aller Wesenheit, keine Lüge stattfinden; ja ihre Existenz ist in Meinem Angesichte eine Unmöglichkeit.

26] Dem Blinden ist freilich die Existenz eines Dinges wie auch die formelle Beschaffenheit desselben eine unglaubliche [Tatsache], da er sich von deren Wirklichkeit nicht überzeugen kann. Wenn er aber glaubt, daß die Sache so ist, so hat er die Wahrheit. Glaubt er aber nicht, so ist sein beharrlicher Unglaube die Lüge selbst, in der ihn seine Blindheit gefangenhält.

27] Der Glaube ist demnach eine Augensalbe für die Blinden. So sie ihn gebrauchen wollen in der Einfalt ihres Herzens, werden sie bald zum Lichte ihrer Augen gelangen und die Dinge schauen, wie sie sind. Und sollten sie dieselben auch anders finden, als sie ihnen beschrieben wurden, so ist doch das, was ihnen gesagt wurde, [auch für sie] wahr, weil sie es glauben, daß es so ist.

28] Daher auch wird jeder alles früher oder später im Geiste finden, wie er es geglaubt hat! Denn wie das Licht, so die Farbe der erleuchteten Gegenstände. Der Glaube aber ist das Licht des Geistes; daher der Mensch auch sehen wird, wie sein [Glaubens-]Licht beschaffen ist.

29] Es wird aber aus dem Baume kein anderer Apfel zum Vorschein kommen, als der in den Baum gelegt ist; wie wieder aus dem Apfel kein anderer Baum, als in den Keim gelegt ist. Und so ist auch jeder Mensch die Frucht seines ihm eigenen Glaubens und der Glaube selbst die Frucht der Liebe des Menschen. — Und daher [kurz gesagt]: Wie einer glaubt, so wird er schauen, und wie er liebt, so wird er leben.

30] Wer aber Meinen Worten glaubt, der hat Mich in sich aufgenommen, insoweit er glaubt, daß Ich es bin, der ihm solches kundgebe. Und da jeder Mensch im Grunde seines Wesens seine eigene Liebe ist, so werde dann Ich, wenn er Mich durch den Glauben in seine Liebe aufnimmt, seine Liebe, wie er die Meinige wird. Denn wie er Mich aufgenommen hat, so habe auch Ich ihn aufgenommen. Und so werden wir dann eins werden, wie der Baum und der Apfel im Grunde doch nur eins sind — und werden ineinandergreifen wie die Räderzähne einer Uhr — und daraus wird dann eine Wahrheit werden.

31] Denn wer Mich durch den Glauben aufgenommen hat in seine Liebe, der hat die ewige Wahrheit in sich aufgenommen und wird selbst zur ewigen Wahrheit. Und da Ich die Ewige Liebe Selbst bin, so bin Ich auch dann in aller Wahrheit als solche [das Eigentum] des Menschen, der Mich zu seiner Liebe gemacht hat.

32] Und da wird der Mensch sein gleich einem veredelten Baume, der das Höhere in sich aufgenommen hat, damit dieses sein Eigentümliches werde, und wird darob tragen viele edle und kostbare Früchte, in welchen dessenungeachtet seine freie Selbständigkeit doch nie zugrunde gehen wird. Denn wie ihr aus dem Samenkorne eines veredelten Baumes die Urwesenheit des Baumes wieder zurückbekommen könnt (da sie trotz des Adels noch immer selbständig vorhanden ist) — so ist es auch mit dem durch Mich veredelten Menschen, daß er ebenfalls, trotz Meiner Aufnahme und der dadurch erfolgten Veredelung, seine Selbständigkeit frei und ewig behalten wird.

33] Sehet, diese euch nun gegebene Lehre ist gar wichtig, und ohne sie könnet ihr nicht leichtlich zu der inneren Festigkeit eures Glaubens gelangen, und eure Liebe würde beständig ein in sich selbst zurückkehrender Kreislauf bleiben. Allein so ihr wißt, daß euch die Vereinigung mit Meiner Liebe in den unendlichen Kreis Meines ewigen Wirkens aufnimmt, so könnt ihr denn auch mit größter Sicherheit den Schluß machen, daß da neben der Unendlichkeit Meines Wirkens wenig Raum bleiben wird, wohin sich eine Lüge verbergen möchte. Denn wer sich vom Lichte absondert, der wird freilich nur auf einer Seite erleuchtet sein und auf der entgegengesetzten Seite einen Schatten entdecken, der ein lichtloses Trugbild der eigenen Selbständigkeit ist, wer aber in der Mitte der leuchtenden Flamme Meiner Liebe sich befindet — fraget euch selbst, ob auch da irgendein Schatten möglich ist?

34] Daher machet Mich durch den Glauben in eurer Liebe zu eurer Liebe, damit euch das Licht umfasse und durchdringe und ihr selbst zum Lichte werdet aus Mir. — Das sage Ich, die Ewige Liebe und Wahrheit. Amen.

☆

Ueber Leben, Tod und Liebe

Weiteres von der Andritz-Quelle

Am Sonntag, den 15. November 1840, von 1/2 10 Uhr vormittags bis 1/4 1 Uhr nachmittags

Am 13. November 1840, nachmittags, fuhren J. L., Andr. und Ans. H. zum Ursprung der Andritz und verweilten da eine halbe Stunde, sich an der Ruhe und Klarheit der Quelle weidend.

Was dir als Meinem Knechte die dir allein sichtbare [Quellen-]Jungfrau gesagt hat, als du sie in dir bei dem Stege gefragt hast, ob sie ferner etwas über die Quelle mitteilen werde, das diene auch hier als ein guter Eingang. Nämlich: „Es ist nur Einer, und nur dieser Eine kann allein sprechen. Und wenn dieser Eine spricht, da schweigt ehrfurchtsvoll die ganze Natur; denn sie versteht keines Wesens Wort, außer das Wort dieses Einzigen."

2] Seht, das ist ein recht guter und passender Eingang, denn es kann nichts Lebloses eine Sprache führen und auf irgendeine Weise Rede und Antwort stehen; sondern Ich allein, der Ich das Leben Selbst bin und somit lebendig durch und durch, kann lebendig machen, was Ich will und was Ich ansehe und kann dem Steine selbst geben

Augen und Ohren, einen Mund und eine geläufige Zunge, zu sprechen die Sprache, die Mir wohlverständlich ist wie auch jenem, dem Ich das Verständnis geben will.

3] Da es aber, wie schon einmal bemerkt wurde, für den Lebendigen nichts Totes gibt, so kann es für Mich, als den Allerlebendigsten, auch nichts Totes und somit auch nichts Sprachunfähiges geben. Denn in Meinem Angesichte muß selbst die Asche eines verbrannten Körpers auferstehen und Mir antworten auf jede Meiner Fragen. Denn ist wohl in der ganzen Unendlichkeit irgend etwas, das nicht aus Mir wäre?

4] Ich aber bin, wie schon gesagt, von Ewigkeit her das Leben Selbst gewesen und werde es auch ewig sein. Wie könnte denn aber aus dem Leben etwas Totes hervorgehen? Ist auch eine Sache vor euren Augen leblos, so ist sie doch nicht leblos vor Meinen Augen! Und seid ihr auch an und für sich tot geworden durch die Sünde, so seid ihr aber doch nicht tot geworden in Meinem Angesichte. Das erste ist wohl möglich, aber das zweite ist eine gänzliche Unmöglichkeit.

5] Damit aber dieses genau begriffen werden möchte als eine Voraussetzung zur folgenden Erörterung, so ist es notwendig, daß ihr eine nähere Aufklärung über den Tod und über das Leben selbst erlanget.

6] Alles, was aus Mir hervorgegangen, ist lebendig hervorgegangen. Da aber Mein Leben in sich die Liebe und die Weisheit in der größten Ordnung selbst ist, so sollte auch alles in dieser Ordnung fortbestehen, in welcher und aus welcher es aus Mir zu gehen genötiget wurde. Denn was nicht war, konnte nicht selbstwillig hervorgehen, sondern mußte von Mir erst erschaffen werden und dann als erschaffenes Wesen erst durch die Macht Meiner Ordnung heraustreten aus Mir nach Meinem Willen.

7] Wenn nun aber die Wesen herausgetreten sind, so mußten sie auch mit dem Vermögen ausgerüstet sein, sich frei nach Meiner Ordnung bewegen zu können — gleichwie das Kind alsbald eine freie Bewegung mit seinen Gliedmaßen annimmt, sobald es aus dem Mutterleibe getreten ist.

8] Solang das Kind noch schwach und klein ist, wird es am Gängelbande geführt. Ist es aber einmal stark geworden, dann laßt ihr es frei laufen. Und wenn es stärker und stärker geworden ist, so gebet ihr demselben durch die Erziehung, die sich durch allerlei sanktionierte Gesetze ausspricht, eine solche Richtung, die am meisten eurer eigenen Ordnung entspricht.

9] Ich setze aber den Fall, es ist ein Kind so arg, daß es sich nicht fügen will in eure Ordnung und ist beständig wider dieselbe — was werdet ihr dann wohl tun mit dem Kinde? — Ich sage: Ihr werdet es züchtigen, und das im gleichen Maße mehr, je mehr es eurer Ordnung widerspricht. Und wenn auf alle eure Züchtigungen das Kind in seiner Freiheit statt besser immer schlechter und am Ende sogar eurer Ordnung gefährlich wird, sagt, was werdet ihr mit dem Kinde dann tun? — Werdet ihr nicht selbst sagen: „Treibe ich das Kind vom Hause, so wird es mit der Zeit zurückkehren und wird mir zur Nachtzeit, in seiner Bosheit sich rächend, das Haus über dem Kopfe anzünden. Und da könnte die ganze Geschichte und meine häusliche Ordnung ein übles Ende nehmen. Daher will ich das Kind nicht vom Hause treiben, sondern ich will ihm Hände und Füße binden, es in einem verschlossenen Gemache bei sparsamer Kost wohl verwahren und geduldig die Zeit abwarten, ob es nicht doch einmal reuig in sich gehen und zu meiner Ordnung zurückkehren wird."

10] Sehet, was ihr da getan haben würdet mit euren Kindern, dasselbe habe Ich auch getan mit dem, was aus Mir hervorgegangen ist. Fraget euch aber selbst: Habt ihr das Kind deswegen getötet in eurem Angesichte, wenn ihr es gerechtermaßen nur beschränkt habt in der mißbrauchten Freiheit? — Gewiß nicht! — Und wie ihr das Kind nicht getötet habt, obwohl ihr doch an und für sich samt und sämtlich böse seid, um wieviel weniger werde Ich, die ewige, alleinige Güte Selbst, etwas töten, was aus Mir hervorgegangen ist! — Da Ich lebendig bin, konnte nichts Totes aus Mir hervorgehen; und da Ich überaus gut und liebevoll bin, so kann auch nichts getötet werden.

11] Nun werdet ihr fragen, was ist denn hernach „tot", und was ist „der Tod"? — Ich sage darauf: Tot an und für sich ist nur dasjenige, was wohlabsichtlich der Fähigkeit beraubt ist, sich wider Meine Ordnung in seiner bösen Ordnung frei zu bewegen. Und der Tod selbst ist demnach nichts anderes als eine Beharrlichkeit in allem dem, was wider Meine Ordnung ist. Die Folge solcher Beharrlichkeit ist dann das nötigende Gericht, durch welches einem ordnungslosen Wesen Hände und Füße gebunden werden und sonach ein Gemach für dasselbe bereitet wird, in welches das ordnungswidrige Geschöpf eingesperrt wird, bis es, durch Reue in sich gehend, zu Meiner Ordnung wieder freiwillig zurückkehrt.

12] Was aber hernach das **Leben** ist, das brauche Ich euch wohl nicht mehr zu sagen; denn so ihr wißt, was der Tod ist an und für sich, so gibt sich das Leben von selbst.

13] Nun, da ihr dieses jetzt vernommen habt und auch daraus ersehen könnet, warum nur Ich allein sprechen kann und Mich die ganze Natur versteht, so könnet ihr hernach auch wohl begreifen, was die **Jungfrau** unsichtbar an der Quelle zu Meinem Knechte gesprochen hat.

14] So ihr aber ein so eingesperrtes Kind hättet, dessen Ich früher erwähnt habe, so frage Ich euch, wer kann denn allezeit mit dem wohlverwahrten Kinde reden? Und ihr werdet sagen: „Wir gestatten es niemandem als nur uns selbst, mit demselben zu reden, damit fürs erste das böse Kind nicht noch mehr verdorben werde, als es schon ist, durch irgendein unzeitiges, Barmherzigkeit heuchelndes Maul und zweitens, damit durch den bösen Mund des Kindes auch nicht irgendein geordnetes Herz zur Unordnung verleitet werde."

15] So aber ein ehrlicher Mann zu euch kommen wird und wird sagen: „Vater, laß mich dein widerspenstiges Kind sehen, ich habe ein gutes Wort in deinem Namen in meinem Herzen für dein Kind gefunden. Daher laß mich zu selbem, damit ich es sehen und sprechen kann." — Da wird der Vater sagen zu dem Freunde: „Laß mich zuvor das Wort hören, und ich will dich dann führen zu meinem Kinde und dir eröffnen das finstere Gemach desselben." — Seht, dieser Vater bin auch Ich! — Wer da zu Mir kommt mit einem redlichen, liebevollen Herzen und kommt zu Mir in Meinem Namen, so werde Ich ihn auch alsobald erkennen, daß er um Meines Namens willen zu Mir gekommen ist, um diesen Meinen Namen zu verherrlichen in sich und dadurch in allen Meinen Geschöpfen. Sehet, zu dem werde Ich dann auch sagen: „Komme zu Mir, und Ich will dich darob führen in alle Gemächer Meiner Gefangenen und dir zeigen ihre Kerker und offenbaren deinem Herzen ihre Bosheit, damit sie sich stoßen sollen an der Treue deines Mir ergebenen Herzens und sollen daraus ersehen, was da besser ist, ein Freund oder ein Feind Meiner Ordnung zu sein."

16] Seht, damit will Ich euch nichts anderes sagen, als daß demjenigen, dem es vollkommen Ernst ist mit seiner Liebe und mit der Verherrlichung Meines Namens, hernach auch alsobald alle Gemächer Meiner unendlichen Schöpfung nach und nach aufgeschlossen werden. Und es soll ihm auch nicht ein Punkt tot und fremd bleiben, und es sollen ihm aufgetan werden die Gemächer der Luft, die Gemächer des Erdreiches. Und er soll mit dem einen Auge schauen die große Welt der Geister und mit dem andern Auge zu gleicher Zeit die Welt der Körper, damit er da gewahren könne, wie eins aus dem andern hervorgeht und eines für das andere da ist.

17] Jedoch, wohlgemerkt, nicht eher soll das jemandem zuteil werden — und würde er darum bitten Tag und Nacht — bevor es ihm nicht ganz vollkommen Ernst mit seiner Liebe zu Mir geworden ist. Denn das Himmelreich leidet allezeit Gewalt, und nur diejenigen werden es besitzen, die es mit eiserner Gewalt an sich reißen. Diese „eiserne Gewalt" ist aber keine andere als die Gewalt der Liebe. Denn die Liebe vermag alles!

18] So jemand aber unter euch sagen möchte: „Ja, ich möchte wohl alles tun und möchte mich verleugnen bis auf den letzten Tropfen Blut, wenn ich nur einmal auch etwas sehen oder vernehmen könnte, damit ich doch wissen könnte, ob an allem dem wirklich auch etwas daran ist?" — Allein da sage Ich euch auf eine solche Aeußerung: Fürs erste, hast du denn wirklich noch nichts vernommen? Wer gab dir denn das Licht der Augen, wer das Gehör? Und wer alle die übrigen Sinne? Wer gab dir ein Herz, zu lieben, und einen Verstand, zu denken? So du dieses nicht von dir [selbst] empfangen hast, da du es doch, dir ersichtlich, besitzest — wie kannst du sagen, daß du noch nichts gesehen und vernommen habest?

19] Bist du nicht vielmehr selbst in deinem ganzen Wesen ein lebendiges Wort aus Mir? — So du aber ein Buch liesest und lässest das erste Wort weg, welches das bedeutungsvollste ist und um welches sich alle Worte im ganzen Buche drehen — wie willst du das übrige Buch des Lebens verstehen? — Seht, ihr selbst seid das erste Wort in dem Buche des Lebens! Wollt ihr dieses Buch lesen, und zwar verständlich lesen, so müsset ihr dieses erste Wort zuerst vollkommen aussprechen, das ihr selbst seid, und dann erst die übrigen Worte, welche alle zur Erläuterung des ersten Grundwortes im großen Buche geschrieben stehen.

20] Wie lautet aber dieses Wort? — Dieses Wort lautet: „Liebe!" —

21] Was eure Liebe erfaßt hat, dasselbe wird auch euer Leben erfassen! Hat eure Liebe sich selbst ergriffen, so habt ihr dadurch euer Leben euch selbst zum Sklaven gemacht. Da aber euer Leben nichts als eure Liebe selbst ist, so hat sich eure Liebe dadurch selbst Fesseln an Händen und Füßen angelegt und hat sich verkrochen in das finstere Gemach ihres Eigendünkels!

22] Hat eure Liebe aber Mich erfaßt, der Ich das freieste Leben Selbst bin, so hat sie auch dadurch die höchste Freiheit erfaßt und hat sich auch frei gemacht durch die allergrößte Freiheit Meines ewigen, einzigen und alleinwahren Lebens und wird selbst frei, so wie auch das Leben frei ist, welches sie ergriffen hat.

23] Sehet, diese Vorbetrachtung ist notwendig, um das Nachfolgende zu begreifen. — Ihr seid letzthin hinaufgewandert zu einer Quelle, die ihr den „Ursprung der Andritz“ nennet. — Nun fragt sich, was habt ihr da gesehen? — Ihr habt ein recht reines Wasser ganz ruhig aus der Erde hervorkommen sehen. Und habt ihr auch wirklich nicht bedeutende Löcher in dem Boden bemerkt, aus welchen das Wasser, dem Innern der Erde entquellend, zur Oberfläche herauftritt, so habt ihr euch aber doch wenigstens denken müssen, daß dasselbe durch den Sand und anderes zerbröckeltes Gestein ganz leise durchsickert. Ferner habt ihr da noch ein eigentümliches grünes Kräutlein unter dem Wasser recht häufig wachsen sehen. Ihr habt noch gesehen Steine und Fische, wie allerlei andere, euch bekannte Gegenstände. Doch alles dieses wollen wir für diesmal unbeachtet lassen, weil ihr fürs erste das Naturmäßig-Wesentliche dieser Quelle durch Meine Zulassung schon von der Quelle selbst empfangen habt, und weil fürs zweite vom Wasser wie von andern Naturgegenständen noch ohnedies am [rechten] Platze ausführlich gesprochen wird.

24] Was aber das sonderheitlich Nützliche dieser Quelle ist, so gebe Ich euch kund, daß, so diese Quelle zu einem anständigen Badeorte verwandelt würde, sie beinahe die Eigenschaft hätte wie einst der euch bekannte Teich bei Jerusalem, und es würden daselbst viele bresthafte und gichtische Menschen geheilt werden. Es gibt zwar viele Quellen, aber nicht allen diesen Quellen ist beständig ein schützender Engelsgeist beigegeben. Dieser Quelle aber ist — wie ihr schon wißt — ein solcher Geist gegeben. Und daher wohnt ihr auch eine besondere heilende Kraft inne! — Das ist nun das naturmäßig Nützliche dieser Quelle!

25] Das geistig Nützliche aber ist das, daß jeder auf gleiche Weise still aus sich hervortreten soll durch kleine Mündungen, so wird er das Leben in sich nicht trüben durch eine törichte Heftigkeit und wird das Licht der Gnade ihn erleuchten können bis in den innersten Grund und wird sein ganzes Leben sein voll lebendiger Hoffnungen, wie dieser Quellengrund bewachsen ist mit schönen, hellgrünen Kräutlein. Und so werden sich auch seine demütigen Erkenntnisse gleich den munteren Fischlein in dieser Quelle in dem hellen Wasser seines Lebens frei nach allen Richtungen bewegen. Und es wird das schwache Schilf nur in seiner Aeußerlichkeit vorkommen, aber die Tiefe seines Lebens wird frei sein, allezeit die Strahlen der Gnade bis in den innersten Grund aufzunehmen.

26] Aber auch der ganze [weitere] Verfolg dieser Quelle soll euch zeigen, daß wenn der Mensch zu sehr seine Kräfte ums tägliche Brot anwendet, so wird dadurch auch das Wasser seines Lebens immer mehr und mehr getrübt. So werdet ihr auch bemerkt haben, daß dasselbe höchst reine Wasser bei weitem nicht mehr so rein ist, nachdem es im Verlaufe von einer kleinen halben Stunde mehrere Mühlen in Bewegung gesetzt hat. — Ihr werdet zwar sagen: „Ist es denn nicht recht, wenn man seine Kräfte nützlich anwendet? Oder ist es nicht recht, daß an diesem Bache mehrere Mühlen erbaut sind?" — Oh, dawider habe Ich gar nichts einzuwenden — bis auf einige wenige [Mühlen], auf denen kein weißes, sondern ein schwarzes Mehl des Teufels erzeugt wird. Auch daß ihr eure Kräfte nicht zum zeitlichen Wohle verwenden sollet, will Ich damit nicht sagen, sondern nur, daß ihr sie gerecht nach Meinem Willen anwenden sollet.

27] Denn gleich wie der Quelle ihre Nützlichkeit schon in sich selbst zugeteilt ist, so ist sie auch jedem Menschen zugeteilt, wenn er sie nur erkennen und danach handeln will. Aber die verliehenen Kräfte für überflüssiges Zeug und sogar für schlechtes Zeug anzuwenden, seht, das ist, was am Ende das Wasser des Lebens trübe macht.

28] Daher sollt ihr an dem Bächlein eures Lebens auch nicht gar zu viele „Mühlen", am allerwenigsten „Pulvermühlen" errichten; so wird dasselbe stets so klar bleiben, wie es war vom Ursprung aus. Und wann es sich dann vereinigen wird mit dem Strome des ewigen Lebens, so wird es daselbst klar und rein, wie der Strom selbst, sich mit demselben vereinen und dem Gnadenmeere Meines eigenen, ewigen, allerklarsten Lebens zuströmen. — Amen. Das sage Ich, euer Vater, euch zu einer kleinen, wohlgeordneten Lehre! — Amen.

☆

Eine kleine Morgenandacht

Am 15. November 1840

O Du heiliger Vater! Sieh mich armen Sünder gnädig an, wie ich in einer großen Armut des Herzens stecke. Mein Glaube wanket, meine Hoffnung sinket und meine Liebe wird schwach, so Du Dich nur einen Augenblick lang von mir abwendest!

2] O heiliger, bester Vater! Wende daher ja nie mehr auch nur einen Augenblick Dein heiliges Auge weg von mir armem Sünder und behalte mich stets in Deiner wahrhaft alleinseligmachenden Gnade, Liebe und All-Erbarmung! — Amen.

Laß an jedem Friedensmorgen
mich um nichts als Dich nur sorgen!
Laß mir mein getreu Gewissen
nicht vom Satan je versüßen!
Laß mich allzeit treu verkünden
Deine Gnade! Liebe finden
laß, o Vater, stets mich Armen!
Habe nur mit uns Erbarmen!
Lasse allzeit Deinen Willen
uns, die Kinder, treu erfüllen,
daß verherrlicht möchte werden
stets Dein Name hier auf Erden.
Und daß jeder möcht' erfahren
und die große Huld gewahren,
so laß alle Gnade finden,
sich mit Liebe an Dich binden!
Amen, sag' ich, Vater. Amen!
Amen, Heil durch Deinen Namen!

Von Jakob Lorber gedichtet aus ihm selbst.

☆

Friedensgruß zum Geburtstag

Am 19. November 1840

Solange noch zum geziemenden Empfange der weltlichen Gratulanten eher alle Fußböden im Hause der Welt gereinigt werden, als der einfache Boden des Herzens zu Meinem Empfange, kann Ich nicht erscheinen vor jenen, für die der Boden zuerst gereinigt worden ist. Denn Ich bin immer von ganzem Herzen demütig und sanfter denn eine Taube und harre oft ängstlich genug, als wie ein schwaches Kind, vor der Türe, sehe da die stolze Welt aus- und eingehen und getraue Mich nicht ins Zimmer zu treten in Meiner Aermlichkeit vor solchen oft gar so prachtliebenden und weltlich majestätisch aussehenden Menschen.

2] Da warte Ich dann geduldig trauernd so lange, bis ein solcher Rummel vorüber ist und auch die weltlichen Fußböden ein wenig abgeschmiert worden sind, wonach Ich Mich dann erst ängstlich getrauen kann, schüchtern einzutreten, um Meinen gnadenvollsten Wunsch am Tage der Eingeburt einer Mich im stillen ein wenig liebenden Seele darzubringen.

3] Liebes Kind, höre! Willst du Mich aber haben als *ersten* Gratulanten, dann wasche zuerst *den* Boden und fege *das* Gemach rein, da *Ich* eintreten möchte, und dann erst siehe auf den Fußboden deines *Hauses* zum geziemlichen Empfange der *Welt*. Denn füglich sollte der *Vater* wohl der *Erste* sein, auf den die Kinder Rücksicht nehmen, und *Ihn* sollten sie *zuerst* erwarten in der Liebe heiligem Ernste und daraus im lebendigen Glauben und vollsten Vertrauen.

4] Denn siehe, wenn eine schöne Jungfrau unter vier Augen zu ihrem sie über alles liebenden Freier sagt: „Ich liebe dich unaussprechlich!“ — so sie aber in der Welt hohen Putzgesellschaft auf ihn mit ihren Augen stößt, eine ärgerliche Miene macht, und es ihr nicht recht ist, daß er ihr aus großer Liebe auch dahin gefolgt ist; und so der Liebhaber nun merken wird, daß ihn seine Geliebte in solcher Gesellschaft kaum eines gleichgültigen Blickes würdiget — was meinst du, wie bei einer solchen Gelegenheit dem redlichen, treuen Liebhaber um sein so heiß liebendes Herz wird? — Ich sage dir, er wird über die Maßen traurig und am Ende ärgerlich werden. Und es dürfte die Jungfrau recht viel kosten, bis sie ihn wieder gewinnen wird.

Und sollte sie mehrere Male so tun, dann dürfte er wohl kaum mehr zu gewinnen sein.

5] Siehe, wenn aber schon ein weltlicher Liebhaber solches täte, der doch mehr tot als lebendig ist, so kannst du dir wohl auch denken, daß Ich, als der allerredlichste und getreueste Liebhaber, der Ich doch das unendliche, ewige Leben Selbst bin, bei fast ähnlichen Erscheinungen bei dir nicht ganz ungekränkt zusehen kann und darf, wenn du dann und wann, Meiner unbekümmert, mit der Welt konversierest und auch den Deinen nicht wohl zeigest den schmalen Weg zu Meinem Herzen.

6] Du möchtest nur, daß Ich beständig zu dir kommen solle. Ich sage dir aber, es ist ein und derselbe Weg von Mir zu dir. Daher könntest du nach tausend Meiner Besuche bei dir, Mir, deinem Vater, schon auch einmal einen oder auch zwei Besuche ganz ernst in deinem Herzen machen!

7] Siehe es hat Mich gekränkt, daß du diesmal so spät nach Mir verlangtest! Der weltliche Freier zwar kann nicht ins Herz seiner Geliebten sehen. — Ich aber sehe das deinige, und da es redlich geblieben ist, so komme Ich nun wieder zu dir. — Nimm Mich auf, auf daß Ich dann auch dich aufnehmen kann in Meine große Gnade!

8] Das ist der große Wunsch des ewig heiligen Vaters, der Ich bin dein lieber Jesus und im selben die Wiedergeburt und das ewige Leben. Amen.

☆

Das einzig Gute und Wahre

Suche nicht das da „schlechter" oder „besser" wäre auf des wirren Lebens matt erhellter Bahn; sondern denke: Eines ist nur gut und wahr, und das bin Ich und Meine Liebe! — Alles andere ist eitel, schlecht und falsch.

☆

Wahre Nächstenliebe

Am 20. November 1840, abends

An Anselm H.:

Die Nächstenliebe besteht nicht in den Augen, noch im Ton der Rede, noch in sonst etwas Aeußerlich-Vergnügendem — sondern die wahre Nächstenliebe besteht lediglich im [wahren] Wohltun, besonders gegenüber solchen, von denen an keinen wie immer gearteten Gegendienst zu denken ist.

2] Wo immer die Liebe noch einen anderen Nebengrund hat, da hört sie auf, eine wahre, reine Nächstenliebe zu sein und ist dann gleich einem gewässerten Weine, in dem keine Kraft, kein „Aether des Lebens" mehr inne ist, sondern der ein „Panschicht", eine Ware schlechter Gastwirte ist! — Verstehe es wohl!

3] Wer aber kann zweien Herren dienen!? — Siehe, Ich und die Welt sind äußerst scharf begrenzte zwei. — Daher lieber Mir, dem Einen, ganz [gehören und dienen] — da Ich durchaus keinen Nebenbuhler dulde!

4] Wohlzutun ist also schon recht — aber nur in Meiner Ordnung! — Amen.

☆

Vom Atmen der Naturwelt

Am 22. November 1840, von 3/4 9 Uhr vormittags bis 3/4 1 Uhr nachmittags

Schreibende: K. G. L. — S. — Andr. und Ans. H. — Der Herr offenbarte auf die Frage: „Atmen die Pflanzen auch, und wie?" durch Seinen Knecht J. L. Folgendes:

Nicht nur die Pflanzen, ja sogar die Steine atmen — jedes nach seiner Art!

2] So ihr die Tiere nach der Reihe durchgehet, werdet ihr finden, daß jedes Tier atmet. Aber das Atmen ist jedem Tiere auf eine besondere Weise eigen, wie die Art und Gattung es bedingt. Anders Atmet das Pferd, anders ein Stier, anders ein Hund, anders eine Katze, und so jedes vierfüßige Tier auf seine Weise. Denn obschon das Atmen in nichts anderem besteht als in dem Insichziehen und Wiederhinausstoßen der Luft (wobei immer der zum Leben eines Tieres nötige Stoff aufgenommen und darauf der untaugliche alsogleich hinausgestoßen wird), so ist aber doch die Art und Weise verschieden, wie die Luft in sich gezogen, daselbst chemisch zerlegt und das Unbrauchbare wieder hinausgestoßen wird.

3] Und so atmen denn Amphibien, Würmer und Insekten ebenfalls; aber wie ganz verschieden ist das Atmen dieser kaltblütigen und sogar blutlosen Tier-Gattungen! Denn die Insekten haben kein Blut, sondern nur einen ihrer Beschaffenheit entsprechenden Saft, der sich beständig in einer hin- und herrollenden Bewegung befindet, durch welches Hin- und Herrollen denn auch die zum Leben solcher Tiere nötige Elektrizität in den Gefäßen entwickelt wird. Und wie ganz anders ist das Atmen jener Tiere, die unter dem Wasser leben. Und da es der Tiere unter dem Wasser außerordentlich viele gibt in Hinsicht auf Art und Gattung, so müßt ihr euch wohl denken, daß das Atmen wieder ebenso verschiedenartig ist wie die Verschiedenheit der Tiere selbst.

4] Sehet, diese Fragen, die da gestellt sind, sind allerdings einer Beantwortung würdig. Aber es ist eine Grundfrage weggeblieben, ohne deren Beantwortung diese zwei Fragen nie völlig zur gründlichen Einsicht der Menschen beantwortet werden können. Und diese Grundfrage ist folgende:

5] Warum atmen die Tiere, Pflanzen, Steine und alle Weltkörper? — Sehet, wenn man nicht einsieht, daß und wieso das Atmen notwendig ist zum Bestehen der Dinge, so nützt es einem nichts, zu wissen, ob und wie die Dinge atmen, da dieser Akt mit dem Auge nicht bemerkbar ist. Weiß man aber, warum geatmet werden muß, dann ist das Ob und Wie ja ohnedies schon soviel wie beantwortet. Denn es ist schwerer die Notwendigkeit einzusehen, als das Ob und Wie.

6] Um aber dieses einzusehen, wollen wir uns zuerst nicht etwa über die Tiere und Pflanzen, sondern über einen Stein machen und sehen, ob dieser das Atmen nötig hat. Und werden wir finden, daß er es nötig hat, so werden wir doch auch sicher finden, daß er atmet. Und wie er atmet, wird sich dann wohl auch zeigen in der Notwendigkeit des Atmens selbst.

7] Nun seht, ihr saget: Die Materie ist nichts als der Ausdruck zweier sich widerstrebender Kräfte, nämlich der Zentripetal- und Zentrifugal-Kraft.[1]

[1] Anziehungs- und Fliehkraft!

8] Das Bestehen der Materie hat demnach darin seinen Grund, daß die Zentrifugal-Kraft in demselben Grade der Zentripetal-Kraft entgegenwirkt in dem beständigen Bestreben, sich nach allen erdenklichen Richtungen endlos weit ausdehnen zu wollen, in welchem Verhältnisse die Zentripetal-Kraft wieder das ganz entgegengesetzte Bestreben äußerst und sich beständig in einem Punkte zusammenziehen will.

9] Nun, wenn die Zentripetal-Kraft nicht durch das beständige Annehmen der sie umgebenden gleichartigen Hilfskräfte genährt oder unterstützt würde, so würde sie alsobald von der Zentrifugal-Kraft überwunden werden, wodurch sie dann auch zunichte würde und die Materie dadurch aus der Sphäre des Daseins träte. Daher hat denn der Stein, je welcher Art er ist, beständig die ihn umgebenden gleichartigen Teile in der Luft an sich zu saugen, das ihm ganz Gleiche zu behalten und dadurch die durch den gegenseitigen Kampf verbrauchten Teile zu ersetzen, das Unähnliche aber vermöge der stets nach außen wirkenden Zentrifugal-Kraft wieder hinauszuschaffen — damit er das bleibe in seiner Art, als was er gebildet wurde. Dann und wann geschieht es aber auch, daß selbst ein Stein gewisserart krank wird, wenn fremdartige Teile zu häufig mit den ihm eigentümlichen eingesaugt wurden und diese durch die entgegenwirkende Zentrifugal-Kraft nicht wohl mochten wieder hinausgeschafft werden und der Stein dann in sich fremdartige Gebilde bekommt. Z. B. findet man da in einem oder dem andern Steine sonstige Mineralien oder in einem unedlen Steine edlere Steine; oder, was von euch ein jeder schon öfter wird beobachtet haben, daß sonst durchsichtige Kristalle, oder selbst Diamanten, gewisse undurchsichtige, moos- und federartige Partikeln in sich enthalten, welche doch gewiß nicht der Natur dieser sie enthaltenden Steine selbst sind.

10] Nun, wie geschieht denn eigentlich der Akt des Atmens bei den Steinen? — Diese Frage liegt zwar schon zur Hälfte beantwortet in der Notwendigkeit des Atmens. Ein Stein atmet fürs erste auf die tierische Art, nämlich durch die „Inhalation" und „Respiration"[1] das heißt, er zieht vermöge seiner groborganischen Bildung und seiner mit derselben verbundenen Eigenschaft unausgesetzt ihm ähnliche Teile aus der ihn umgebenden Luft in sich. Und wie bei den Tieren die chemische Zersetzung erst im Körper selbst erfolgt, so erfolgt beim Stein

[1] Ein- und Ausatmung.

diese Zersetzung schon auf seiner Oberfläche; weshalb mit der Zeit auch die Oberfläche des Steins von einer ihm fremdartigen, anderfärbigen, dünnen Kruste überzogen wird, welche bei größeren Steinmassen oft so stark wird, daß sie nach ihrer Art entweder ein eigenes Gestein bildet, oder je nachdem die ausgeschiedenen Teile sind, sich oft auch als ein pflanzenartiges Gewächs unter allerlei Formen ansetzt.

11] Sehet, dieses könnte gewiß nicht geschehen, wenn der Stein nicht inhalierte und respirierte [d. h. ein- und ausatmete]. Aber eben diese Erscheinung muß ja auch jedem noch befangenen Forscher auffallen. Denn sie sagt ihm klar: der harte Stein, der weder Feuchtigkeit noch irgend etwas zum pflanzlichen Wachstum in sich enthält, wie z. B. der blanke Gebirgskies, wie kann der wohl um seinen ganzen Umfang oft einen Zoll dick mit ganz fremdartigen Gebilden umgeben sein, welche auf irgend anderen Körpern nicht in der Art zu treffen sind wie um ihn, wenn er nicht durch das Einatmen der ihm zusagenden Teile eben das in der Luftregion zurückließe, was hernach durch einen anderen Prozeß zur Bildung der den Stein umgebenden fremdartigen Formen tauglich ist?

12] Denn es geschieht hier dasselbe, wie wenn ihr irgendeinen Körper eine Zeitlang in ein mineralisches Wasser legen würdet. Da würde dieser Körper ebenfalls alsobald das ihm Zusagende in sich aufnehmen, und das ihm nicht Zusagende, aber doch zunächst ihn Umgebende, würde sich dann in irgendeiner salzartigen Kruste um den Körper anlegen.

13] Dafür kann euch die sonderbare Erscheinung ein sichtliches Probestück liefern, so ihr ein Zinkstängelchen nehmen würdet und selbes hineinhängen möchtet in ein Glas, welches angefüllt wäre mit aufgelöstem Blei. Was wird hier geschehen? Das Zinkstängelchen wird jetzt begierig einzuatmen anfangen und wird aus der Flüssigkeit das ihm Zusagende einsaugen. Das Blei aber, welches durch diese Flüssigkeit aufgelöst wurde, wird wieder um das Zinkstängelchen kompakt ersichtlich, nachdem es sich alsobald unter allerlei, man könnte sagen zufälligen Gebilden um dasselbe angelegt hat. — Seht, was durch dieses euch gezeigte Experiment sichtlich vor sich geht, das ist auch der Fall bei allen Mineralien!

14] Nun hätten wir denn auch gesehen, wie dieses Atmen geschieht. — Aber nebst diesem Ein- und Ausatmen gibt es noch ein zweites und ein drittes Atmen.

15] Seht, das ist wieder etwas Neues! — Da ihr begierige Neuheitsschnapper seid, so muß Ich euch ja auch schon wieder etwas Neues auftischen. Denn Ich meine, es wird nicht mehr nötig sein, hinsichtlich des ersten Atmens noch zu erörtern, ob die Steine atmen, nachdem ihr doch gesehen habt, daß sie fürs erste atmen müssen und fürs zweite auch, wie sie atmen. Wenn man nun diese zwei Grundbedingungen notwendig einsichtlich weiß, dann werdet ihr wohl selbst bemerken, daß es mit dem „Ob" seine geweisten Wege hat. Und sonach gehen wir zu unserer „Neuigkeit" über!

16] Das nächste Atmen ist ein elektrisches Atmen. — Dieses elektrische Atmen ist nichts anderes als das Aufnehmen des magnetischen Fluidums, durch welches die beiden sich widerstrebenden Kräfte in ihrer Beharrlichkeit gestärkt werden. Diese Beharrlichkeit ist wieder nichts anderes als der sichtbare Ausdruck der gegenseitigen Polarität — und das zwar darum sichtbar, weil, wie ihr schon ohnedies hoffentlich ein wenig wissen werdet, die Materie in ihrer Erscheinlichkeit nichts anderes ist als die Polarisation der sich entgegenstrebenden Kräfte.

17] Diese Polarisation ist denn gewisserart das Leben der Materie, welches solange fortwährt, als die Polarisation sich als „Beharrlichkeit der gegenstrebenden Kräfte" in der Materie ausspricht.

18] Wird durch was immer für einen bestimmten Umstand eine oder die andere Polarität in ihrer Beharrlichkeit gestört, alsdann verwittert die Materie und zerfällt endlich in Staub, welcher Staub selbst nur so lange als solcher existiert, solange in seinen Partikeln noch irgend „Polarität" vorhanden ist, geht aber endlich aus diesem letzten Dasein in ein anderes über, sobald er durch irgendeinen Umstand eine gänzlich andere Richtung zu nehmen genötigt wird.

19] Jedoch was die dritte Art des Atmens anlangt, davon soll bei einer nächsten Gelegenheit nähere Meldung geschehen. Und darüber sage Ich hier nur so viel: Da ihr schon ohnedies wohl wisset (aus einem andern Gesichtspunkte, als dem der Weltgelehrten), was und wozu eigentlich die Materie ist, so müsset ihr ja ohnedies euch wohl denken, daß wenn die Materie, woraus das Haus gebaut ist, notwendig atmen muß, um als solche zu bestehen, und sich in selber, durch das zweite Atmen, die zur Existenz der Materie nötige Beharrlichkeit der Polarität aussprechen kann, daß dann doch gewiß die Einwohner in diesem Hause nicht atemlos sein werden.

einigen Pflanzen sogar durch eigens dazu bestimmte Kanäle, langsam den ganzen Tag über in sich gezogen. Zur Nachtzeit aber, wenn der chemische Prozeß vor sich gegangen ist und die Pflanze das ihr Zusagende aufgesaugt hat, wird der überflüssige, der Pflanze nicht zusagende Kohlenstoff[1] mit anderen, der Pflanze ebenfalls nicht zusagenden Stickteilen hinausgestoßen — welcher Ausstoßungsprozeß dann ebenso lange wieder fortdauert, wie am Tage der Einatmungsprozeß gedauert hat.

11] Nun, da hättet ihr denn das Atmen der Pflanzen und hörtet, daß es wirklich vor sich geht! — Warum es vor sich geht, ist schon gesagt beim Steine. Denn es ist ein und derselbe Grund [bei der Pflanze wie beim Stein].

12] Jedoch wie die Pflanze atmet, das ist etwas anderes. Denn obschon auch bei der Pflanze der nämliche Grund als bewegende Ursache des Atmens vorhanden ist, so wird es aber doch durch ganz andere, dem Organismus der Pflanze entsprechende Mittel erreicht, als bei der anderen, ganz plump organischen Materie.

13] Fürs erste müßt ihr, um das Wie recht zu verstehen, wissen, daß das Atmen nicht eine so ganz einfache Verrichtung ist, wie es sich dem Aeußeren nach zum Beschauen darbietet. Sondern da ist ein Atmen immer die Folge eines anderen, vorhergehenden Atmens.

14] Zum Beispiel, so ihr einen Doppelblasebalg zur Hand nehmet und ziehet ihn auf mit der Hand, so wird die Luft von dem unteren Blasebalg in den oberen gedrückt. Sobald der untere Teil wieder losgelassen wird, schöpft er neuerdings wieder Luft. Und so ihr ihn wieder drücket, so wird diese hineingeschöpfte Luft wieder in den oberen gedrückt. Sobald der untere Teil wieder losgelassen wird, schöpft er neuerdings wieder Luft. Und so ihr ihn wieder drücket, so wird diese hineingeschöpfte Luft wieder in den oberen gestoßen. — Aber saget, hätte das der Blasebalg auch für sich allein verrichten können, ohne daß ihn irgendeine bewegende Kraft zu dieser Verrichtung genötigt hätte? — „Nein", wird selbst der blindeste Verstand sagen, „solches geht nicht an!"

---

[1] d. h. die überschüssige Kohlensäure, eine Verbindung von Kohlenstoff, Wasserstoff und Sauerstoff. Es ist dieser Atmungsvorgang nicht zu verwechseln mit dem unter dem Einfluß des Sonnenlichtes in den grünen Pflanzenteilen stattfindenden chemischen Prozeß der Assimilation, wobei Sauerstoff ausgeschieden wird.

15] Wenn Ich nun also frage, welche bewegende Kraft setzt denn die Pflanze in ihrem Organismus in den Stand, daß sich die Organe in ihr verhältnismäßig erweitern und dadurch die Luft gleich einem Blasebalg in sich saugen? Da werdet ihr sagen: „Das ist ja eben der Punkt, wo es bei uns noch hapert!" — Allein ihr sollt von eurer „Haperei" sogleich befreit werden, müsset aber zuvor einen sorgfältigen Blick werfen auf die zahllosen, oft kleineren und oft größeren rauhen Spitzchen, welche sowohl den Stamm oft ganz, besonders aber die untere Seite der Blätter, anfüllen.

16] Sehet, diese Spitzchen sind nichts anderes als lauter Elektrizitäts-Sauger. Sie saugen begierig dieses polarische Fluidum den ganzen Tag über in sich — und zwar am Tage das Positive dieser Polarität. Durch dieses Insichsaugen der positiven Elektrizität, welche entspricht der Zentrifugal-Kraft, da sie in sich eine Fülle ausspricht, werden die Organe ausgedehnt, wodurch dann die Räume größer und größer werden und die Luft durch die Poren notwendig in sich saugen müssen.

17] Zur Nachtzeit aber ändert sich auch die elektrische Polarität, und das elektrische Fluidum entströmt durch die Spitzen oder entladet sich, wie ihr zu sagen pflegt, wodurch dann die Organe wieder enger aneinander treten und die durch die Polarität der Elektrizität selbst ausgeschiedene, unbrauchbare Kohlen[säure]- und Stickluft hinausstoßen, welche zwei Luftarten der negativen Polarität entsprechen.

18] Nun, da habt ihr die aufgelöste „Haperei"! — Nun werdet ihr sagen: „Jetzt haben wir's!" — Ich aber sage: Ihr habt es zwar wohl, aber eine Hauptsache geht uns noch ab. Und diese ist folgende: daß namentlich diejenigen Pflanzen, die da fortbestehen über den Winter, als dergleichen sind Gesträuche und Bäume, wie auch einige niedere Pflanzen, die dem Botaniker wohl bekannt sein werden, noch ein großartigeres periodisches Atmen haben, das im Verlaufe von einem Jahre einmal ein und einmal aus geschieht. Das heißt, den Sommer hindurch geschieht mit dem täglichen Atmen auch immerwährend das Haupteinatmen, und zwar auf folgende Art:

19] Es geht durch jeden speziellen Atemzug ein solcher Prozeß in dem Organismus des Baumes vor, daß, abgesehen von dem natürlichen Verbrauche der eingeatmeten Luft, immer noch etwas von dieser Luft in dem Organismus zurückbleibt, durch welchen Rest der Baum den Sommer hindurch ganz besonders sein Wachstum im Umfang fördert. Ist nun aber der Sommer vorüber, so wird der nicht verbrauchte, bedeutende Rest wieder hinausgeschafft, was teils in der groben Rinde, teils aber auch in dem an demselben häufig entstandenen Moose ersichtlich wird.

20] Wenn nämlich dieser Luftrest vermöge der allgemeinen Beengung der Organe zur Winterszeit durch die Poren allenthalben hinausgepreßt wird, so könnet ihr euch wohl leicht denken, daß diese Luft durch die längere Gegenwart in dem Organismus des Baumes nicht ganz rein geblieben ist. Wenn sie nun wieder hinaustritt in die freie atmosphärische Luft, so muß sie, bevor sie von derselben aufgenommen wird, durch einen eigentümlichen chemischen Prozeß das ihr Uneigentliche an der Rinde oder am Stamme in der einen oder andern Form absetzen, wodurch dann die grobe Rinde selbst wie auch das Moos auf derselben gebildet wird.

21] Sehet, das ist nun das *große* periodische Atmen solcher Pflanzen! — Daß es vor sich gehen müsse, dafür spricht das Bestehen einer solchen Pflanze selbst. Und die besprochenen Erscheinungen bürgen laut für die Wahrheit dieser Offenbarung.

22] Aber, daß der *Baum* noch ein *viertes Atmen* hat — wie die *Tiere* ein *fünftes* und *sechstes* und der *Mensch* ein *zahlloses* — dieses zu erörtern ist hier nicht der Platz, wie es auch noch zu früh wäre für das schwache Verständnis eures Gemütes. Jedoch zu seiner Zeit wird euch alles in der Ueberfülle gegeben werden. Denn dieses hier Gesagte ist kaum ein Sonnenstäubchen im Vergleich zu dem Unendlichen, was da noch zu sagen wäre selbst nur von einem Sonnenstäubchen.

23] Obschon es zwar in Mir und für Mich nichts Unendliches und nichts Ewiges gibt, da Ich Selbst unendlich und ewig bin, so *birgt aber doch alles [Geschaffene] Unendliches in sich, da es Mich Selbst in sich birgt.* Denn, wo wäre das Ding, das *außer Mir wäre und Mich nicht in sich trüge?!* *Was aber Mich in sich trägt, trägt Unendliches in sich und kann daher auch für das endliche Wesen niemals endlich besprochen werden.*

24] *Daher könnt ihr auch versichert sein, daß Ich für diejenigen, die Mich lieben, noch allezeit für alle Ewigkeiten im Hintergrunde Unendliches verborgen habe, und daß diejenigen, die zu Mir in die Schule gehen, in alle Ewigkeit nicht auslernen werden.*

25] Denn je mehr da einer erkennen wird, desto mehr wird ihm noch immer zu erkennen bleiben. Daher wird es in Meinem Reiche auch keine „Gelehrte" geben. Und da wird nie jemand können das „Rigorosum"[1] zur Doktors-Würde machen. Denn da wird es stets heißen:

26] Wir bleiben ewig Schüler, und all unser Erkennen und Wissen ist nichts als ein eitles Stückwerk gegen die Allwissenheit unseres Vaters!

27] Sehet, daher seid froh und voll guten Mutes! Wenn ihr auch nicht alles wißt, so wisset ihr aber doch, daß Mir nichts unbekannt sein kann. Und wisset noch dazu, daß euch alles gegeben wird, um was ihr Mich, euren heiligen Vater, bitten werdet. Amen. Das sage Ich, euer wohlweiser Vater!

☆

„Die Heiligen der letzten Tage"

Am 24 November 1840, nachmittags

O Herr! Was ist an der Sekte, die sich nennt: „Die Heiligen der letzten Tage", deren Mitglieder im Besitze von Wunderkräften sein sollen und großenteils nach Amerika auswandern?

Was diese Sekte betrifft, die da sich nennt: „Die Kirche Jesu Christi der Heiligen der letzten Tage"[2], so ist nicht so viel daran, wie ihr meint. Denn sie nennt sich „heilig", und doch bin nur Ich allein heilig!

2] Wenn da aber jemand geheiligt wird in Meinem Namen, so ist er darum noch nicht selbst „heilig", auch wenn er mit Mir durch die reinste Liebe völlig eins werden möchte. Denn wäre er nur im allgemeinen heilig — im sonderlichen aber bleibe nur Ich allein heilig — und er geheiligt durch Mein lebendiges Abbild in ihm.

3] Also sehet, wer sich „heilig" nennt, wenn auch um Meines Namens willen, der verherrlichet nicht Meinen Namen, sondern er tut nur also, auf daß sein Name möchte verherrlicht werden durch den Meinen. Und wenn er auch preiset Meinen Namen, so preiset er ihn vielmehr darum, daß er selbst Ehre und Heiligkeit für sich finden möchte durch die Preisung der Heiligkeit Meines Namens. — Sehet, solche „Heilige" stehen Mir nicht wohl zu Gesicht!

---
[1] Staatsprüfung. — [2] Auch „Mormonen" genannt; d. Hsg.

4] Und dann fragt es sich weiter: wo steht es denn geschrieben, daß jemand des Heils willen nach Amerika auswandern soll, um dort, der größeren Gesetzlosigkeit wegen, bequemer und ungehinderter zu leben? — Ich sagte doch allezeit: „Das Himmelreich leidet Gewalt; die es nicht mit Gewalt an sich reißen, werden es nicht besitzen!" — und habe noch nie gesagt: Das Himmelreich leidet Bequemlichkeit; die es mit Bequemlichkeit an sich reißen, werden es besitzen!

5] Wer zu Mir kommen will, braucht nicht nach Amerika zu wandern, sondern nur in sein eigenes Herz! — Und hat er selbiges recht gereinigt durch die wahre Liebe und den lebendigen Glauben daraus, dann wird er Mich gar wohl finden, und das viel näher als in Amerika.

6] Die aber schon meinen, Mich gefunden zu haben, und sich darob „Heilige" nennen und nach Amerika wandern, um Mich gleichsam besser verwahren zu können, wahrlich, die haben noch wenig Festigkeit und werden sie in Amerika sicher noch weniger finden. Denn wer da sich schon fürchtet, in seiner angewohnten Heimat weltlich vom Geiste abgezogen zu werden, wie wird der wohl bestehen in einem fremden Weltteil, wo ihn tausend Merkwürdigkeiten und Bedürfnisse treffen werden!?

7] Daher ist an dieser „heiligen" Sekte nicht so viel daran, wie ihr meint. — Sehet, den Mitgliedern dieser Sekte schmeckt der Gehorsam gegen ihre Monarchen nicht. Darum wollen sie nach Amerika ziehen, allda ein Freistaat ist, da fast jeder herrschen möchte, aber keiner gehorchen; denn jede Republik gleicht allezeit mehr oder weniger der Hölle, welche im allerstrengsten Sinne eine Republik ist.

8] Was aber die „letzten Tage" betrifft, so habt ihr mit dem „Ende aller Zeiten" nichts zu schaffen, sondern nur mit der Zeit, in der ihr lebet. Denn das ist eines jeglichen „letzte Zeit". — Darum wachet in dieser und seid emsig in der Liebe, damit diese [Himmelskraft] euer Anteil werde ewig! — Amen.

☆

Gehorsam, Kirche, Rose — drei Worte im geistigen Lichte

Am 25. November 1840, von 8 bis 10 Uhr abends

O Herr! Da wären drei inhaltsschwere Worte! — Möchtest Du sie mir nicht in Deiner großen Liebe gnädig enthüllen zum leichten Verständnisse der Ansagerin W. H. und ihrer Geschwister — da sie, obschon noch sehr jung, doch aber, wie es deinem sündigen Knechte vorkommt, dann und wann schon so irgendeine kleine Sehnsucht nach Dir bekommt. — O Herr! So es Dein heiliger Wille ist, erhöre diese kleine Bitte Deines unnützen, faulen Knechtes und laß Mich nicht zuschanden werden in der Verherrlichung Deines über alles erhabenen, mächtigen, heiligen Namens!

2] Nun so schreibe denn!

3] Weißt du noch den kurzen Satz, den Ich dir gestern abend im Hierhergehen mitgeteilt habe? — Siehe, du hast ihn zur Hälfte vergessen! Daher ist es nötig, dir denselben wieder ins Gedächtnis zu rufen, bevor dir deine Bitte gewährt werden mag.

4] Dieser Satz aber lautete also: „Was blickst du die Sterne so verwundert an und ängstigst dich in deiner Seele? Was denkst du, was willst du, was ists, das du wissen möchtest? — Liebe! — so wirst du erfahren, was du nicht weißt und wissen sollst."

5] Siehe, wie du gestern blind und seufzend die Sterne angeschaut hast und wußtest nicht, wer der „Hausherr" ist — ebenso schaust du heute diese drei, von dem erwähnten Mädchen dir vorgelegten Worte an und weißt nicht, was daraus werden soll.

6] Siehe, du hast dir eher das Thema erbeten, als bei Mir die Erlaubnis, daß du so etwas tun möchtest! Wäre Ich ehrgeizig gleich den Menschen, so würde Ich dich diesmal im Stiche sitzen lassen, damit du gewahren mögest, ein wie großer Tor du bist!

7] Allein da Ich nicht bin wie die Menschen und du dir nichts zugute hältst ob deiner außerordentlichen Dummheit, so will Ich dir ja wohl allezeit sagen, woran dir redlich gelegen ist, damit du es wissen mögest zum Nutzen der andern.

8] Siehe, „Gehorsam" ist der Weg in die wahre, lebendige Kirche, welche ist Mein lebendiges Wort, geschrieben und ausgesprochen von Ewigkeit in jedes Menschen und Engels Herz.

9] Die „Rose“ aber besagt, die reinste, wohlduftende Liebe zu Mir aus der Kirche des Herzens. Wie aber die Meisterblume wächst auf dornigen Gesträuchen, so ist auch der Weg in die wahre Kirche, als den Ort, da Meine Gnade einzig und allein nur zu Hause ist, ebenfalls ein etwas dorniger. Aber eben darum ist auch dann die reine Liebe, deren Wurzeln im Garten des kindlichen Gehorsams dem dornigen Strauche wohlgedeihliche Nahrung zuführen, das höchste, schönste und heiligste Gut — ja, sie allein ist das ewige, seligste Leben selbst. Und wer nicht diese Königsblume geistig in seinem Herzen tragen wird, wird schwerlich eingehen in das große, ewige Reich der Himmel.

10] Gehorsam ist also der Garten. — Das Leben im Gehorsam sind die guten Rosenstrauchwurzeln. Obschon noch in der dunklen, lichtlosen Erde, sind diese aber doch die Hauptträger des Strauches und endlich der Blüte selbst. — Die Kirche aber gleicht dem dornigen Strauche. Und es sind die Dornen daran all die Freiheitsprüfungen und mannigfachen Versuchungen der Welt, aber zugleich auch die Feuersauger der Liebe, wie die wirklichen Dornen am Rosenstrauche Sauger des elektrischen Feuers sind. — Die Rose aber endlich ist das schöne Symbol der Liebe selbst!

11] Also höre du, Meine liebe junge Erfinderin dieser drei Worte! Werde auch du eine Rose und werde als solche Meine liebe Tochter, damit dir dereinst klar werden möge das Rätsel, das dich noch gefangen hält am Weltlichen!

12] Komme daher alsobald in Meinen Garten und erblühe daselbst zur herrlichen Blume des ewigen Lebens, da du wieder vernehmen wirst die gar heimlichen Klänge Meiner väterlichen Stimme!

13] Was dir aber gesagt ist durch Meinen Knecht, das gelte auch deinen Geschwistern! — Amen. — Das sage Ich, euer aller liebevollster Vater, Amen.

☆

Reiseführung

Am 29. November 1840, von 10 Uhr bis ½12 Uhr vormittags

Schreibende: Andr. und Ans. H. — Der Herr sprach durch J. L. Nachstehendes aus Seiner Liebe:

Es haben sich am gestrigen Tage zwei ohne Meinen Willen — in einem weltlichen Interesse — gegen Morgen verfügen wollen — obwohl es doch füglich gewesen wäre, daß wenigstens Mein Knecht Mich zuvor um Rat gefragt hätte, ob ein solches Unternehmen ersprießlich sein möchte oder nicht (da Ich doch nie zurückhaltend war mit Meinem Rate bei was immer für einer Gelegenheit!) — So aber habe Ich wollen, daß ein solches Unternehmen nicht ausgeführt werden mochte, da es nicht gewesen wäre nach Meinem Willen, darin doch nur allein das wahre Glück allzeit und in allen Gelegenheiten zu finden ist — und ganz besonders für jene, welche schon mehr oder weniger den Weg gefunden haben dahin, wo Mein Wille sich treulich kund gibt, und zwar, wie ihr wißt, allzeit in wohlverständlichen und vernehmlichen Worten.

2] Damit ihr aber auch wisset, warum Ich die zwei in ihrer Reise habe verhindern lassen, so will Ich euch anzeigen, daß Ich dadurch euch eine große Wohltat erwiesen habe. Denn es wären beide nicht mit gesunden Körpern wieder zurückgekommen.

3] Da ein jeder Mensch, sei er gut oder böse, allezeit den freien Willen hat in seinem Handeln, so kann Ich auch den Bösen so wenig wie den Guten in seiner Handlung hindern. Und so wäre es denn geschehen, daß ihr auf dem Wege von Lebring (so nennet ihr den Ort) bis Straß (das ist der Ort, da ihr zu bleiben gedachtet) in die Hände eines bösen, sich dort aufhaltenden Gesindels gefallen wäret und hättet viel zu tun und zu kämpfen gehabt, um dieses Gesindel los zu werden; und hättet dadurch auch, vermöge des darob entstandenen Aergers, geistigen Schaden gelitten.

4] Um also für euch ein solches Ungemach zu verhindern, machte Ich nur ein Rad [eures Wagens] unbrauchbar, und zwar an einer Stelle, da links und rechts ziemlich weit und breit an keine Reparatur zu denken war — wodurch ihr dann genötiget waret, in eure sichere Heimat zurückzukehren.

5] Sehet, wer nicht beständig mit Mir wandelt, der geht gar oft seinem Unglücke blind in die Arme und ahnet nichts von selbem, bis es ihn durch und durch gefangengenommen hat! — So aber Ich mit bin auf irgendeiner Reise oder anderartigen Unternehmung, so werde Ich es nie zulassen, daß demjenigen, der an Meiner Seite wandelt, auch nur ein Haar gekrümmt werde!

6] Und so diene euch auch das gestrige Erleben zu einem starken Beweise! Denn obschon ihr Mich nicht um Rat gefragt, auch nicht eigens gebeten habt, daß Ich euch dahin begleiten soll, so habe Ich aber euch doch nicht aus Meiner allzeit beseligenden Acht gelassen.

7] Denn da Ich weiß, daß ihr hernach doch erkennen werdet, daß Ich jene nicht verlasse, die Mich zu suchen und zu lieben angefangen haben und sich treu bleiben in dieser Eigenschaft — so bin Ich auch stets bei solchen — ob gebeten oder nicht gebeten. Denn wer Mir freiwillig zugetan ist, dem bin auch Ich freiwillig zugetan.

8] Ferner aber möchte Ich noch das bemerken (jedoch den freien Willen nicht im geringsten beschränkend), daß es Mir in Hinsicht des verlassenen irdischen Weingartens, der noch dazu allen möglichen Elementar-Unannehmlichkeiten ausgesetzt ist, lieber wäre, wenn derselbe von Meinem Freund und Verehrer nicht angeschafft würde; sondern da soll dieser lieber zuerst Meinen Weingarten recht gut bearbeiten und zurichten. Und, so er will und Freude hat mit einem irdischen Weingarten, dann werde Ich ihm schon mit der Zeit einen anderen anzeigen, mit welchem er mehr Freude haben wird als mit diesem, der da angekauft würde mit einem Gelde, das Ich nicht näher bezeichnen will. — Und somit genug von dem!

9] So ihr aber wollt und könnt, so könnt ihr euch nach eurer Zeit und Muße auf einen anderen Ort verfügen, und das zwar sobald als möglich. Und sorget euch dabei nicht, ob die Zeit schön und hell oder trübe ist. Denn da wird gerade eine solche Zeit sein, wie sie sein muß, um euch wieder um eine sehr bedeutende Stufe höher zu heben.

10] Und seid auch unbekümmert um die „Diätengebühr", da Ich euch ja letzthin doch gewiß gut bezahlt habe, und zwar mit der allerechtesten und barsten Münze. War diese Münze nur eine blanke Silbermünze — so will Ich euch für dieses Mal eure Reise im Golde bezahlen. Und wie das Gold in seinem Adel über dem Silber steht, so wird auch diese Bezahlung über der für die Reise zur Kleinalpe sein.

11] Denn damals waret ihr beschieden gegen Abend, jetzt aber seid ihr beschieden gegen Morgen; und damals war es eine gleichgültige Zeit, jetzt aber feiert ihr die bedeutende Zeit Meiner Ankunft!

Und es soll diese Zeit bei dieser Gelegenheit euch nicht mit der bloßen Benennung, sondern werktätig zukommen.

12] Nun werdet ihr fragen: „Aber wohin sollen wir denn eigentlich gehen?“ — Ich sage: Nicht gar weit! Denn sehet, Ich habe zwei Punkte auserwählt, von denen der eine näher und der andere um drei Stunden weiter liegt. Doch wäre es mir billiger, so ihr ein größeres Opfer brächtet und möchtet hinfahren an den Ort, allda ein Berg steht unter dem Namen Kulm. — Jedoch so ihr dahin zu reisen, vermöge eurer Geschäfte, nicht hinreichend Zeit hättet, so könnt ihr euch auch verfügen auf einen Ort bei dem sogenannten Schlosse Lustbichel allda auf einem ziemlich bedeutenden Hügel in derselben Richtung ein anderes kleines Schlößchen sich befindet, bei welchem etwas mehr am Abhange noch eine Kapelle steht.[1]

13] Wo ihr nun demnach hin wollet, da gebet wohl acht auf alles, sei es auf der Erde oder in der Luft, sei es in der Nähe oder in der Ferne; vor allem aber auf eure Gefühle! Denn darinnen werdet ihr, so ihr an dem bestimmten Orte sein werdet, bei genauer Aufmerksamkeit wohl zu gewahren anfangen, was das heißt, in Meinem Namen etwas zu tun!

14] Und Ich sage euch: Himmel und Erde werden vergehen, aber Meine Worte werden ewig bestehen — und das, was durch sie bestimmt wird, wird bestehen über alle Schöpfung hinaus! Denn da Mein Wort ausgegangen ist von Meiner Liebe, wie sollte es vergehen, solange die Liebe besteht, die solche Worte aus Sich hat gehen lassen?!

15] Jedoch ganz anders verhält es sich mit all dem Geschaffenen, das da hervorgegangen ist aus Meinen Gerichten, die nur geschehen sind durch die Liebe, aber nicht aus der Liebe — und daher auch vergänglich sind wie die Gerichte, aus denen sie hervorgegangen.

16] Das Gericht dauert nur eine Zeit. Denn die Zeit selbst ist nur ein Gericht. Die Liebe aber besteht ewig. Denn die Ewigkeit ist ja die Liebe selbst, und [in ihr] ist alles voll Liebe.

17] In der Zeit wirkt die Liebe durch das Gericht und sänftet in selbem den Zorn[-eifer] Gottes. In der Ewigkeit aber ist die Liebe Siegerin über den Zorn[-eifer] und somit auch über alles Gericht. Und daher ist daselbst nichts als Liebe und die ihr entsprechende unendliche Seligkeit.

---

[1] Koppenhof über Haberbach bei Lustbichel. Anf. H.

18] So Ich aber sage, daß diese Worte nicht aus Meinem Gerichte, sondern aus Meiner Liebe zu euch gerichtet sind, so denket auch, daß sie über alles Zeitliche ewig hinausragen werden! — So ihr also könnt und wollt, so tut das Gesagte so bald als möglich! Denn es ist der allzeit euch mehr und mehr beseligende Wunsch eures großen, heiligen Vaters, der in allem ist die ewige Liebe und Weisheit Selbst. Amen!

☆

Geburtstag-Gratulation

Am 30. November 1840, abends

Das Folgende lasse Ich durch den Knecht dir, Meinem sehr willigen Freunde, Andr. H.-„Willig“ sagen, da Ich deinen Willen als bewährt gefunden habe!

2] Die Menschen wünschen sich zwar gegenseitig vielfach allerlei Glück, aber es bleibt auch gewöhnlich bei dem Wunsche nach der Weltmode, weil ihm kein wahres Wollen der Liebe, sondern nur eine blinde, weltliche Gewohnheit zugrunde liegt.

3] Da wünscht oft einer dem andern (wenn es noch gut geht) alles ordentliche „Beste“ — in der sicheren Ueberzeugung, daß von all dem Gewunschenen nichts in Erfüllung gehen wird. Und es ist bei all seinen Wünschereien oft auch nicht ein Sonnenstäubchen ernster, der wahren Liebe entstiegener Wille — derjenigen hoffittlichen Gratulationen nicht zu gedenken, die vermittelst der gedruckten Papierchen, die ihr „Visitenkarten“ nennet, geschehen.

4] Fragst du, warum bei solchen Wünschen nie etwas Erfolgliches herauskommt, so sage Ich: Darum, weil der willenlose Wunsch nichts als eine heuchelnde, schmeichelnde Höflichkeit des kalten Weltverstandes und somit eine bare Lüge und absurde Narrheit ist.

5] Wie ist doch der Mensch ein großer Tor, der da zu einem Stein spricht: „Werde Gold!“! — Und siehe, doch wäre ein solcher Tor nur klein zu nennen gegen einen Gratulanten, der seinem Wünschling „tausend Lebensjahre“ wünscht, während er ihm das Leben auch nicht für eine Terzie verlängern kann und, fürs zweite, ihn oft schon am nächsten Tage unter der Erde wissen möchte, um dadurch etwas zu gewinnen. Und so ist mancher, der da wünscht „Glück und Segen“, und in seinem Herzen ist er voll Aergers — oder der da wünscht

„Gesundheit und heitere Lebenstage" und kennt oft den alleinigen Geber solcher Dinge kaum dem Namen nach. Oder ist da endlich noch einer, der spricht: „Ich wünsche Ihnen, was Sie sich selbst wünschen!" — Weiß dieser Gratulant denn auch, ob das alles gut ist, was sich die Menschen in ihrer Eigenliebe wünschen!? — Und so gratuliert die Welt sich denn beständig Unsinniges in ihrer finsteren Leerheit!

6] Aber höre, nicht also soll es bei euch sein! — Statt solcher Tollheit sollen Meine Freunde sich gegenseitig in Meinem Namen voll Liebe im Herzen fragen: „Bruder, bedarfst du in irgend etwas meines Beistandes, so sage es mir offen, und ich will dich nach Möglichkeit meiner Kraft und meines Vermögens wohl unterstützen!" Sage nicht: „— wenn du solches wünschest!" — sondern sage, daß du [selber] dessen benötigest zur Ehre Gottes und zur Wohlfahrt deines Geistes!

7] Und hat dir der Bruder solches gestanden, so sei liebewillig und tue es unverzüglich, so wirst du das Herz deines Bruders erquicken. Und Ich, dein Vater, werde Freude haben ob solcher werktätigen Gratulation.

8] Und so du gratulierest, da gratuliere armen Hilfsbedürftigen — so werde Ich auch deine anderen Gratulationen, die du verrichten mußt, um der Welt kein Aergernis zu geben, mit gnädigen, nachsichtigen Augen ansehen.

9] Und so trete also anstatt des leeren Wunsches der volle, kräftige Wille auf im Herzen und anstatt der Gratulation die reine, uneigennützige Liebe — so wirst du erst ganz sein ein Mann nach Meinem Willen, welcher ist Meine unendliche Liebe zu euch!

10] Siehe, du hast schon so manches getan, was Mir wohlgefiel, und daher habe Ich dir auch schon einen neuen Namen gegeben, der da aufgezeichnet ist im großen Buche des Lebens. Und dieser Name sei dir am [heutigen] Tage deiner Eingeburt [in das irdische Fleisch] ein Geschenk als Name deiner Neugeburt [im Geiste]! — Aber tue das Gesagte alles, so wirst du bald die große Freude der Wiedergeburt erleben!

11] Siehe, so ist Meine Gratulation geartet! — Ich „wünsche" nichts, sondern was Ich will oder liebe, das gebe Ich oder lasse es zu, daß es geschieht. — Was würde wohl daraus werden, so Ich euch das Leben wünschen möchte und ließe es beim Wunsche!? — Allein Ich wünsche nicht [bloß], sondern Ich will — und so lebet ihr!

12] Es heißt ja aber, daß ihr sollt vollkommen sein, wie euer Vater im Himmel vollkommen ist. Nun denn, so tuet auch ihr, wie Ich, euer Vater, es will und selbst tue! Könnt ihr auch nicht tun, was Ich tue im Unendlichen, so tuet es doch im Kleinen! Dann werdet ihr sein gleich einem kleinen Kreise, der ja in all seiner Geringfügigkeit doch vollkommen gleich ist dem großen Kreise Meines unendlichen Wesens.

☆

Erziehungswink

Am 30. November 1840, abends (Fortsetzung)

Und nun höre, Mein lieber Andreas-Willig, schließlich noch: Es ist ein kleiner Wunsch von Mir dir gegenüber — und du weißt nun schon, was Ich unter „Wunsch" verstehe, nämlich die Vereinigung Meines Willens mit dem euren — daß du deinen Kindern nicht [zuchtlos] den freien Willen lassen möchtest; sondern, was du sie lernen lässest, das sollen sie willig lernen aus Gehorsam gegen dich, und nicht ob es sie freue oder nicht. Sondern so du dies oder jenes für gut findest, so muß es auch ihnen gut und recht sein, weil es dir gut und recht ist. Und es wird dann auch wirklich daraus Gutes und Rechtes, so es geheiligt wird durch den Gehorsam. Sonst aber wird alles schlecht und unnütze.

2] Siehe, der Fehler bei aller Erziehung besteht gewöhnlich darin, daß die Eltern die Sache der Kinder für zu wenig bedeutend nehmen. Aber bedenke nur, wo bei Mir die Erziehung beginnt, von welcher Bedeutung Mir schon ein Sonnenstäubchen sein muß! Und nun denke dir, wie hernach erst ein Kind! — So du das recht bedenkst, wirst du wohl leichtlich einsehen, warum die Erziehung der Kinder sehr beachtet werden soll!

3] Siehe, Mein lieber Willig, wandle stets emsig auf Meinen Wegen, und Ich werde dich ewig nicht aus Meiner Liebe lassen und werde allezeit sein dein guter, heiliger Vater und ewig dein größter, allergrößter Lohn. — Amen.

☆

Fahrt nach Haberbach

Am 1. Dezember 1840, von 1/4 6 Uhr bis 3/4 8 Uhr abends

Der Herr offenbarte durch Seinen Knecht über die Fahrt nach Haberbach bei Lustbichel und über das vom sogenannten Koppenhof aus Betrachtete Folgendes:

Ihr werdet schon dann und wann bemerkt haben, daß Ich euch manches mit ganz gewöhnlichen Worten und manches wieder mit Worten voll Kraft und Inhaltsschwere geoffenbart habe. — Es geschah das aus dieser folgenden Ursache: Je nachdem der Gegenstand und die Verfassung eurer Empfänglichkeit geartet war, darnach wurde auch das zu offenbarende Wort gerichtet — entweder hoch oder nieder.

2] So ihr aber auf einen Berg gehet, so seid ihr nach eurer Ansicht höher gekommen, als wenn ihr in der Ebene euch befunden hättet. Und es ist somit für euch wohl ein Unterschied, ob auf einem Berge oder im Tale. Denn von dem Berge blicken eure Augen weithin nach allen Richtungen. Und je höher der Berg, desto weiter der Gesichtskreis. Allein im Tale könnt ihr nur diejenigen Gegenstände anschauen, welche das Tal umschließen. Und so ihr in einen Brunnen steigen würdet, wie klein wäre da euer Gesichtskreis!

3] Aber sehet, nicht also ist es bei Mir! Denn für Mich gibt es weder irgend etwas Hohes, noch etwas Niederes und ebensowenig auch etwas Enges. Daher ist auch alles, was Ich euch offenbare (ob mit hohen oder niederen Worten), gleich hoch und über alle Maßen erhaben. Gleich hoch darum, weil es derselben Quelle entspringt; und gleich erhaben darum, weil Ich, der Geber, im allergrößten wie im allerkleinsten gleich erhaben bin. So wird und kann Mein geringstes Wort in seiner Erhabenheit von den erhabensten Gesängen der allervollkommensten Engel in Ewigkeit nicht im geringsten erreicht werden. Und so ist es auch einerlei, ob Ich in großartigen Sätzen oder in einer gewöhnlichen Alltagssprache etwas mitteile.

4] Denn so ihr glaubet in euren Herzen, daß Ich es bin, der euch solche Dinge offenbaret, so wird euch wenig an der Form der Mitteilung, sondern alles an der Mitteilung selbst gelegen sein, da ihr wisset, daß nur Ich es bin, dem alle Wesen innerlich und äußerlich, ja bis ins Unendliche, wohl bekannt sind.

5] Aber das einzige könnet ihr vom Unterschiede der Sprache euch merken: So Ich in hoher Sprache rede, so rede Ich mehr aus der Weisheit, und die Liebe ist dann nur das Postulat; so Ich aber rede in eurer Alltagssprache, so rede Ich vorzugsweise aus der Liebe, und dann ist die Weisheit das Postulat.

6] Und so rede Ich mit Weisen und Gelehrten der Welt aus Meiner ewig unerreichbaren Weisheit. Aber mit Meinen Kindern, die Mir lieb geworden sind, rede Ich lieber als ihr guter Vater in der ihnen mehr bekannten väterlichen Alltags- und Umgangssprache. Und es wird euch demnach auch gewiß lieber sein, daß Ich mit euch rede aus Meiner väterlichen Liebe, als daß Ich spreche hohe Worte der Weisheit.

7] So Ich hohe Worte spreche, spreche Ich sie der Welt willen; ihr aber könnet allezeit versichert sein, daß Ich nie anders denn als Vater mit euch reden werde.

8] Es liegt aber in einem Worte der Weisheit nur die ausgesprochene Weisheit selbst darinnen und läßt keine höhere und niederere Weisheit mehr zu. Aber nicht so ist es mit dem Worte aus der Liebe. Denn jedes Wort aus der Liebe ist eine lebendige Frucht. Und da es eine lebendige Frucht ist, so liegt in ihm, wie in jedem Kerne, Unendliches und ebenso unendlich Mannigfaltiges, das da nimmer vollendet erfaßt werden kann in Ewigkeit. Sehet, das ist also der Unterschied zwischen der höheren Weisheitssprache und der niederen Sprache der Liebe!

9] In der Weisheit gebe Ich nur so viel, wie Ich gebe und wie jeder zu ertragen imstande ist; aber in der Liebe gebe Ich euch eine Unendlichkeit um die andere, wobei auch die höchste Engelsweisheit nie zu einer endlichen Lösung der darin verborgenen Weisheit gelangen wird.

10] Und nun steht es bei euch, in welcher Art ihr über euren gestrigen Ausflug belehrt werden wollet!

11] Ihr seid also richtig dahin gegangen, wohin Ich euch beschieden habe, und habt alldort Verschiedenes beobachtet und gesehen sowohl auf der Erde rings um euch weit und breit, wie auch das, was euch nahe gelegen war. Und ihr habt ebenfalls beobachtet das Wolken- und Nebelgebilde der Luft, hoch und nieder.

12] Was euch aber zuerst aufgefallen ist, das war euer nachbarlicher Berg, den ihr „Schöckel" nennet. Ihr werdet euch gewiß — denn Ich weiß es — gefragt haben: „Es sind doch weit und breit überall hohe Berge zu sehen, warum muß denn gerade dieser unser Nachbar so einen besonderen Wolken- und Nebel-Appetit haben, daß er fast alle in der Luft entstandenen Wölkchen wie ein Geizhals an sich zieht und erst dann in kleinen Dosen auch andern Bergen gewisserart zukommen läßt, wenn er sich schon über Hals und Kopf satt gegessen hat?"

13] Sehet, eine solche Erscheinung hat gar viel zu bedeuten, namentlich aber dann, so sie euretwegen von Mir eigens also angeordnet wurde. — Um aber dieses Bild recht zu begreifen, müsset ihr auf alle dabei obwaltenden Umstände gar wohl aufmerksam gemacht werden.

14] Fürs erste steht der Berg von dort, da ihr ihn betrachtet habt, genau gegen Norden. Fürs zweite ist er der höchste nachbarliche Berg. Und fürs dritte hat er einen kahlen Scheitel, auf welchem ein Baumwuchs nicht mehr gut fortkommen will, weil daselbst zu wenig fruchtbare Feuchtigkeit ist. Und ferner muß noch bemerkt werden, daß nur der Fuß dieses Berges einigermaßen bewohnt ist. Die Brust ist hie und da ziemlich bewachsen mit unfruchtbaren Bäumen und zur Sommerszeit findet das Vieh nur ein mageres Futter daselbst und ein noch schlechteres Wasser zur Stillung des Durstes.

15] Ferner habt ihr gesehen, wie nirgends sonst als gerade aus der Brust dieses Berges zuerst Wölkchen aufstiegen, und zwar nicht zu seinem Scheitel, sondern es wartete eins das andere ab, vereinigte sich [mit den anderen] und bedeckte so die Brust des Berges, während der Fuß wie der Scheitel frei blieb.

16] Und schließlich habt ihr noch gesehen, wie fast allenthalben in der Luft niederstehende Wölkchen sich bildeten und, von einem frischen Morgenwinde getrieben, hinflohen an die Brust dieses Berges; und als sie sich da in großer Masse gesammelt hatten, dann erst stiegen sie von der Brust auch hinauf zum Scheitel und nahmen denselben gleichsam völlig gefangen.

17] Nebst diesen Wölkchen, die niederer standen und vom Morgenwinde geführt wurden, habt ihr in dem hochmütigen Westen auch hie und da, besonders über der Choralpe wie auch über der Stub- und Kleinalpe, ganz weiße, hochstehende Nebelstreifen gesehen und habt die Ebenen fast durchgehends mit einem bläulichen Nebel angefüllt erblickt. — Sehet, das ist nun alles, was ihr notwendig habt bemerken müssen.

18] Aber nun fragt sich's: Was will geistig dieses alles besagen — oder was habe Ich euch damit sagen wollen? — Einer von euch hat schon gestern beim Anblicke dieses nachbarlichen Berges, als er dessen Brust umhüllt sah, gesagt: „Mit der Liebe, da hapert's denn noch immer!" — Ja, es ist wahr, es hapert da noch recht stark! Es kann aber auch nicht leichtlich anders sein, das sehe Ich wohl ein. Denn der Mensch kann sich nicht so schnell in seiner Natur umkehren, wie die Wäscherin einen Strumpf umkehrt. Aber nach und nach bei festem und gutem Willen und Meiner beständigen, starken Mithilfe wird sich schon alles fein geben.

19] Und obschon es also, wie gesagt, mit der Liebe noch hapert, so hat aber doch das gestrige Bild nicht die „Haperei der Liebe", sondern etwas ganz anderes angezeigt.

20] Denn sehet, es ist ein Unterschied, ob die Nebel aus der Tiefe, aus den Gräben und Schluchten der Berge sich entwickeln und emporsteigen und dann vom Nordwinde geführt, die Brust dicht umlagern, während der Scheitel frei bleibt — oder ob solche Nebel aus der Brust des Berges hervorkommen, eine ganze Legion von anderwärtig entstandenen gleichartigen Wölkchen an sich ziehen und dann in solcher Vereinigung den Scheitel gefangennehmen.

21] Damit ihr aber dies begreifet, so fangen wir bei Punkt eins an. Der „Schöckel" bedeutet bei jedem Menschen sein eigenes Naturmäßiges — so sich der Mensch, vermöge seiner „nördlichen" [d. h. widrigen Lebens-]Stellung in sich selbst zu demütigen angefangen hat. Denn wie dieser Berg zwar an und für sich immerwährend ein hoher Berg ist, so ist er aber doch in Anbetracht seiner hohen Nachbarn nicht viel mehr als nur ein Hügel. Und wie er allezeit sich demütigen muß, sobald jemand eine Parallele über seinen Scheitel hinweg zu seinen Nachbarn zieht, ebenso beginnt auch die Demut bei dem Menschen, wenn er die hohe Welt neben sich erblickt und sich dabei sagt:

22] „Auch ich bin ein Mensch — warum sind diese Menschen höher denn ich? Kann ich nicht werden wie sie, so will ich aber doch sein, was sie nicht sind und auch nicht leichtlich werden können — d. h. ich will demütig sein und will in meiner Demut mein inneres Feuer der Liebe werktätig anschüren. Und wenn dasselbe zu brennen anfangen wird, dann werden all die bösen Dünste durch das innere Feuer hinausgetrieben und werden nach und nach bedecken meine Höhe, damit sie nicht von einem Hohen mit ärgerlichen Augen erschaut werden möchte."

23] Sehet, so ist dieses Bild zu nehmen! Diese Nebel sind nicht ein Zeichen, als wäre eure Brust noch so stark umnebelt wie sie früher einmal war. Sondern sie sind, da sie der Brust entsteigen, ein Zeichen, daß die innere Brust oder das Herz Feuer gefangen hat und dieses Feuer solche Dünste aus sich treibt und sie offenbar werden läßt in den hellen Strahlen der Sonne.

24] Was tut aber die Sonne danach? — Da sie sieht, daß der Berg solches Gute in sich zu wirken angefangen hat und daß er sich im Ernste demütigen will, so zieht sie allenthalben solche Wölkchen zusammen und läßt sie durch den vielsagenden Morgenwind herbeiführen. Und wenn sie sich dann angesammelt haben, so zieht die Sonne sie sogar über den Scheitel des Berges hinauf und nimmt denselben gefangen.

25] Dieses aber will ja doch nichts anderes sagen, als daß auch eure Liebe schon angefangen hat, solche Dünste aus sich zu schaffen und mittelst derselben, vermöge Meiner Gnadenbeihilfe, euren Verstand auf diese Art gefangenzunehmen, wie euch das Bild des Schöckels handgreiflich gezeigt hat.

26] Nun sehet denn, daß ihr euch gestern doch ein wenig geirrt habt, so ihr glaubtet, Ich hätte euch schon wieder mit der „Liebehaperei" necken wollen.

27] Jedoch, was das Verhältnis der anderen Gebirge betrifft, so hielten diese euch, als ihr sie mittelst eines Fernrohrs beobachten wolltet, wegen der bedeutenden Luftschwingung nicht stich, sondern wurden zerrissen auf ihren nackten Kanten. — Dieses zeigt die Bosheit der weltsüchtigen Menschen an, die, nur mit natürlichen Augen beobachtet, eine gewisse prunkende Ruhe heucheln; allein werden sie mit dem Fernrohr des Geistes dem inneren Auge nähergezogen, da zeigt sich dann alsogleich, wie es mit ihrer prunkenden Ruhe steht. Und wenn erst vollends der Abend ihres Lebens herannaht [, was dann geschieht] — davon hat am gestrigen Tage der Knecht vom hiesigen Schloßberge mit seinem Fernrohr das sprechendste Beispiel gesehen, da diese, für das natürliche Auge noch immer die gleiche Ruhe heuchelnden Berge so sehr von den Wellen der Luft zerrissen wurden, daß sie darob gar keinem Berge, sondern vielmehr einer stark wogenden nächtlichen Meeresfläche glichen — während der nachbarliche Schöckel in seiner Demut umhüllt blieb, und schon früher, als ihr euch noch am Orte eurer Bestimmung befandet, seinen hohen Nachbarn von seiner Liebe etwas zukommen ließ und andere kleine Berge zur ähnlichen Nachahmung gewisserart aufmunterte.

28] Was habt ihr aber heute gesehen? — Die Erde mit dem Kleide der Unschuld bekleidet! — Sehet, so werdet auch ihr, die ihr euch gedemütigt habt in euch selbst um Meiner Liebe und Meines Namens willen, nach der Nacht dieses Erdenlebens angetan werden mit dem Kleide der Unschuld!

29] Denn wahrlich sage Ich euch: Der Sünder mag tun, was er will, er mag die Gebote noch strenger halten als der Mond seine Viertel und die Erde ihre Jahreszeiten, er mag beten bei Tag und Nacht und mag Buße tun auf glühendem Eisen und mag fasten und sich kasteien, daß alle Welt darob in das größte Erstaunen gesetzt würde, so sie die außerordentlichen Werke seiner Buße sehen möchte — ja Ich sage, er möge seine Haut ausziehen und einen Toten damit bekleiden, und er kann einen Glauben haben, daß er sich sogar die Sterne untertänig machen mag — so er aber die Liebe nicht hat, wahrlich, sage Ich, dann wird er [wohl] seinen Lohn bekommen, um den er gearbeitet und solches getan hat; aber mit dem Kleide der Unschuld wird er nimmer angetan werden, weil nur die Liebe einzig und allein das wahre Kleid der Unschuld ist. Und es werden über seinem Haupte schweben mit dem Kleide der Unschuld Angetane gleich den lichten Nebelstreifen, die ihr gestern hoch über die Berge habt schweben gesehen.

30] Wer aber statt alles dessen das einzige, unendlich sanfte Gebot der Liebe ergriffen hat und hat dasselbe lebendig gemacht in seinem Herzen, der hat durch dieses innere, heilige Feuer alle Schuld aus sich hinausgeschafft und hat sich vollkommen gereinigt in seiner Demut durch Meine Liebe in ihm. Und es werden die sogestalt hinausgeschafften „Dünste" selbst geläutert werden durch Meine Gnade und lebendig durch den Geist, der aus Meinem ewigen Morgen weht. Und so wird aus der gereinigten Schuld selbst das Kleid der Unschuld für die bereitet werden, die Mich nicht in ihrem Glauben, sondern in der Demut und in der Liebe gefunden haben.

31] Denn wenn es heißt, daß da vor allem Mein Reich gesucht werden soll und alles andere dann als freie Gabe hinzugegeben werde, so bedenket, dieses Mein Reich ist eben nur die Liebe! — Wer Mich also sucht durch die Liebe und in der Liebe, der sucht Mich im Geiste und in der Wahrheit. Und dieses ist „Mein Reich".

32] Wer Mich alsdann so gefunden hat, der hat auch Mein Reich mit Mir gefunden. Und da er das gefunden hat, saget selbst, was er hernach noch suchen sollte, das er nicht schon dadurch gefunden hätte?

33] Die Liebe bringet alles mit sich, der Glaube aber nur sich selbst. Und es können viele glauben ohne Liebe, aber ihr könnet unmöglich denken, daß die Liebe je vermöchte den Glauben auszuschließen.

34] Daher sage Ich jetzt wie allezeit: Wachset in der Liebe, so werdet ihr wachsen in allem! Denn die Liebe vergibt alles und die Liebe gibt alles! Das sage Ich, euer Vater, als die Ewige Liebe Selbst. Amen.

☆

Vom „Fuchs Herodes"

Am 7. Dezember 1840, nachmittags

Ans. H. bat den Herrn um die Erklärung der folgenden zwei Verse im Evangelium des Lukas, Kap. 13, 32 f.:

„Und Er sprach zu ihnen: »Gehet hin und saget diesem Fuchs: ‚Siehe, Ich treibe Teufel aus und mache gesund heute und morgen. Und am dritten Tage werde Ich [Mein Werk] vollenden!' — Ja, Ich muß heute und morgen und den folgenden Tag wandeln; denn es schickt sich nicht, daß ein Prophet umkomme außerhalb Jerusalem!«"

Wird schon wieder etwas gar so Leichtes nicht verstanden? — O fraget doch einmal euer Herz, und ihr werdet alsobald den schlauen, herrschsüchtigen „Fuchs Herodes" darinnen erblicken, der da zuerst herrschen möchte heute im Fleische, morgen in der Seele und am dritten Tage im Geiste.

2] Es wird ihm das Aergste sein, zu erfahren, daß Ich zuerst richte durch die Kraft Meines Wortes das Fleisch, nachdem Ich aus demselben hinausgeschafft habe alle Unlauterkeit, Bosheit und Geilheit in allen Dingen — und mache dann, fürs zweite, die Seele lebendig durch Meine Gnade — und mache dann frei den Geist durch Meine Liebe.

3] So müßt ihr also heute gesichtet werden im Fleische, daß der Fuchs der Eigenliebe es nicht merke, und müßt morgen befreit werden in eurer Seele von all den bösen Kröpfen, die vom Fleisch in sie eingewachsen sind; und am dritten Tage soll der Geist frei werden zur vollen Besitznahme der Seele und durch diese all des Fleisches, damit dann Raum werde in eurem Herzen für Mich, damit Ich da, in diesem Jerusalem, und nirgend anderswo (was sich wohl für Mich nicht schicken würde) durch das Werk der Erlösung Mich Selbst vollende im Menschen, damit der Mensch dadurch vollendet werde in sich durch Mich und werde wiedergeboren durch Meine Vollendung in ihm durch und durch, d. h. heute, morgen und am dritten Tage, oder was dasselbe ist: im Fleische, in der Seele und im Geiste; oder in der Weltlichkeit, Geistigkeit und in der Liebe; oder in diesem Leben, nach dem Austritt aus dem Leibe und endlich für und in dem Himmel!

4] Was hat aber der Mensch mit dem „Fuchse" zu tun? Oder was hat da der bildende Fortgang zu tun mit Herodes? — Sehet, da gibt es keine ungerichtete Stufe, die da verfehlen möchte ihre Bestimmung. Aber erst im Menschen tritt die Freiheit in die Erscheinung und dadurch die Aeußerung des Geistes in der Zeit zur Auferstehung für die Ewigkeit. — Daher ist Herodes weder ein Fuchs noch irgendein anderes Tier; aber er will schlau sein wie ein Fuchs, ohne zu bedenken, daß Ich noch schlauer bin und gar wohl verstehe, die Eltern der Hölle aus dem Hause zu locken und dann Meinen Bund mit deren Töchtern zu machen und sie allesamt zu entführen in Mein Reich; und brauche nachher niemanden Rechenschaft zu geben, was Ich tue, und kümmere Mich wenig um den Fuchs. Denn Ich bin ein Herr und tue frei, was Ich will!

5] Siehe, das ist das leichte Verständnis dieser zwei Texte! Mache aber auch du mit deinem „Fuchse", wie Ich tat mit Herodes. Dann wirst du bald eins werden mit Mir, deinem Herrn und Meister und Vater! — Amen.

☆

Vom Ineinandergehen der Naturreiche

Am 8. Dezember 1840 von 3/4 10 Uhr vormittags bis nach 12 Uhr

Schreibende: K. G. L. — S. — Andr. und Ans. H.

Was die Atmungs-Organe bei den Pflanzen betrifft, so gibt es im allgemeinen keine anderen als nur solche, deren in der letzten Mitteilung[1] umständlich erwähnt wurde. Jedoch wie bei allen Dingen dieser [Natur-]Welt, mögen sie in ihren Extremen sich noch so unähnlich sein in ihrer Art, so gibt es aber doch zwischen allen diesen Dingen sich besonders annähernde Punkte, so zwar, daß da niemand mehr recht weiß, wo die eine Klasse der Dinge eigentlich aufhört und eine andere anfängt.

2] Dieses Ineinandergehen der Dinge [in der Naturwelt] werdet ihr nicht nur bemerken von einer Klasse zur andern, sondern selbst auch bei Dingen einer und derselben Art, bei Mineralien oder Pflanzen und Tieren. Denn betrachtet nur einmal den Kalkstein, und ihr werdet in diesem schon die bedeutendsten Uebergangs-Abstufungen gewahren. Dieser Stein ist in den ersten Anfängen seines Bestehens ein fester und harter Stein und hat hierin nicht viel Unterschiedliches von der Art des Kiesels. Von dieser seiner härtesten Form geht er über, bis er endlich so weich wird, daß zwischen ihm und einer nur einigermaßen gefesteten Lehmerde kein bedeutender Unterschied mehr ist. Und solche Annäherungen gibt es von einer Art zur andern durchgehends bei allen Mineralien. Und diese Annäherung geschieht nicht nur speziell, sondern auch formell.[2]

3] Und wie es bei den Mineralien der Fall ist, so ist es auch bei den Pflanzen und Tieren. — Betrachtet nur einmal die verschiedenen Gattungen des Apfelbaumes! Wer kann es bestimmen, wo diese Gattung der Bäume anfängt und wo sie aufhört? Ebenso werden euch die Menge Arten des Weinstockes auffallen müssen; aber wer weiß, wo der Weinstock anfängt und wo er aufhört? Und doch gibt es zwischen jeder Gattung, wie schon erwähnt, immerwährende Uebergänge von der einen zur andern. Und es steht da keine Gattung für sich allein so, daß sie nicht mit einer ihr vorhergehenden und ihr nachfolgenden in irgendeinem beschaffenheitlichen und eigenschaftlichen Zusammenhange stünde.

---

[1] vom 22. November 1840, siehe Seite 217 ff.; — [2] d. h. nicht nur beschaffenheitlich, sondern auch hinsichtlich der äußeren Form; d. Hsg.

4] Dasselbe aber ist auch der Fall bei den Tieren, betrachtet nur einmal alle Rassen einer und derselben Tierart. Wer kann da behaupten und zeigen, wo eine Rasse anfängt, wo ihr Höhepunkt ist und wo sie aufhört?

5] Nehmet z. B. den Hund und versuchet zu bestimmen, wo dieses Geschlecht seinen Anfang nimmt und wo es aufhört, und bestimmet den Kulminationspunkt dieses Tieres und zeiget an, welcher Hund da am meisten „Hund" ist.

6] Ich aber sage, es gehen alle diese Gattungen, Klassen und Rassen ebenso eines in das andere über wie die Wellen des Weltmeeres, da auch niemand wird bestimmen können, welche von diesen zahllosen Wellen, die die Oberfläche dieses großen Gewässers beunruhigen, die erste, mittlere und letzte ist.

7] Ich aber sage, und ein jeder einfache Mensch wird es auch sagen: Da ist weder eine die erste, noch eine andere die mittlere und noch eine andere die letzte! Sondern es treibt da eine Woge die andere und geht in die andere über, ohne daß sie in diesem sich schaukelnden Uebergange etwas anderes wäre als das, was sie früher gewesen ist, nämlich Wasser. Aber nur befindet sie sich nicht mehr an der [alten] Stelle, sondern, nachdem sie eine frühere Woge verdrängt hat, wogt sie nun an deren Stelle, während wieder eine ihr nachfolgende sie drängt.

8] Um dieses Bild noch richtiger zu begreifen, denket euch einen Kreis, der da genau in gleiche Grade geteilt wäre. Nun saget selbst, wie wäre die Behauptung, so jemand sagen möchte: „Dieser oder jener Grad ist der erste!" — Ich aber sage: Warum zanket ihr euch ob der Primität eines Grades, da doch einer wie der andere ist und es einerlei ist, welchen ihr für den Ersten annehmet. — Und es kann da leicht sein, daß alle dieses einsehen und sagen: „Da einer ist wie der andere und jeder von dem andern durch einen gleichen Zwischenraum getrennt ist, so werden wir durch solchen nutzlosen Zank nicht weiser; sondern, da sei der nächste beste der Erste, und von da zählen wir fort. So wir den Ersten bezeichnet haben, so wird sich dann auch geben, wer der Letzte ist."

9] Sehet gerade so, wie sich dieses alles verhält, so verhält sich's mit dem Kreis der Dinge [in der Naturwelt]. Es geht immer eines unbemerkt in das andere über, wie eine Woge in die andere.

☆

Weiteres vom Atmen der Pflanzen

Am 8. Dezember 1840 (Fortsetzung)

Vermöge der Uebergänge in der Naturwelt werdet ihr auch Pflanzen finden, welche sich dem Tierreiche nähern. Und sehet, diese Pflanzen haben denn auch mehr oder weniger in ihren Organen mit den Organen der Tiere Gemeinschaft. Und auf dieser Stufe werdet ihr auch Pflanzen finden, die — fast den Tieren ähnlich — mit den Kelchen ihrer Blüten kleine Tiere förmlich, wie man zu sagen pflegt, mit Haut und Knochen verzehren.

2] Solche Pflanzen, die so eine gröbere Nahrung von außen her in sich nehmen, müssen dann auch im Innern mehr Mägen und andere Verdauungsorgane besitzen. Und so besitzen auch einige — nebst den kleinen sonderheitlichen Mägen, die unter dem Blumenkelche sich vorfinden — noch einen Hauptmagen in der Mitte der Pflanze, andere an der Stelle, da sie aus der Erde zu ragen anfangen.

3] Wenn denn aber eine solche Pflanze mit einem solchen Magen versehen ist, seht, da muß sie andererseits mit einer der Beschaffenheit der Pflanze entsprechenden Lunge versehen sein. Damit ihr aber einsehet, warum dieses so sein muß, so müßt ihr zuvor einen Blick auf das Atmen der Tiere werfen.

4] Das Tier atmet nicht nur allein des chemischen Prozesses wegen, sondern es atmet auch noch ganz vorzüglich darum, weil es gröbere Nahrung in sich nimmt, damit es fester werde in seiner Beschaffenheit. So muß der Magen, der sich allezeit unweit der Lunge befindet, auch immerwährend durch die Ausdehnung der Lunge und anderer mit der Lunge durch die Arterien verbundener Organe gerüttelt und gewisserart, nach eurem Kunstausdrucke, „frottiert" werwerden, damit die harte Speise in demselben immerwährend umgerührt wird, sich in ihren Teilen reibt und durch diese Reibung selbst die zur Verdauung gar so notwendige elektrische Wärme erzeugt.

5] Sagt ihr doch selbst: „Ich habe mir mit einer Speise den Magen verdorben" oder „ich habe mir den Magen verkühlt." Das will nichts anderes sagen, als daß ihr eine der Beschaffenheit eures Magens und der Tätigkeit eurer Lunge zu harte Speise zu euch genommen habt; oder ihr habt eine Speise zu euch genommen, die vermöge ihres negativen Verhältnisses zu wenig positiv elektrisch ist und durch sich nicht leichtlich zu irgendeiner Gärung gelangen kann.

6] Zur Gärung ist nämlich die positive Elektrizität unumgänglich notwendig, und zwar aus dem Grunde, weil die Gärung an und für sich nichts anderes ist als das Freiwerden der Elektrizität, welche als das Prinzip allen organischen Lebens in den Zellen der Organe wie in kleinen Fläschchen vorhanden ist. Wenn die hier vorhandene Elektrizität durch äußer Umstände erhöht wird, dann zerreist sie diese Zellen und springt entweder, sich mehr und mehr quantitativ vereinigend, frei über zur allgemeinen positiven Elektrizität der Luft oder geht, so diese Freiwerdung in einem tierischen Körper wie auch einem tierähnlichen Pflanzenkörper vor sich geht, als neuer, vitaler Nahrungsstoff in die Zellen des Organismus des Tieres oder einer solchen tierähnlichen Pflanze.

7] Sehet, wie aus diesem Grunde sich bei den Tieren allezeit das Atmungs-Organ oder die atmende Lunge notwendig vorfinden muß, aus eben dem Grunde muß es auch bei solchen Pflanzen vorhanden sein, damit es da die Verdauungsorgane in eine stete frottierende Bewegung bringe.

8] Es ist kaum noch zu erwähnen nötig, daß bei einigen Pflanzen die Wurzel mehr tierischer Beschaffenheit ist als die Pflanze selbst. Eine solche Wurzelgattung wühlt und sticht gleich den Würmern im Innern der Erde herum und sucht allda die der Pflanze zuträgliche Nahrung. Und allda, wo diese Pflanzen ihre Tierähnlichkeit äußern, sind dann auch jene Atmungsorgane zu finden. — Jedoch in diesem Klima kommen, bis auf einige sehr wenige Gebirgswasserpflanzen, keine Pflanzen vor, welche diese besondere, soeben auseinandergesetzte Tierähnlichkeit besäßen. Diese [eigenartigen Wurzel-] Pflanzen finden sich vielmehr nur in den sehr warmen und heißen Klimaten.

9] So aber jemand der Meinung ist, ein außerordentlich vergrößerndes Mikroskop werde ihm dieses an jeder Pflanze ersichtlich machen, da sage Ich, der möge sich ein Mikroskop anschaffen, unter dessen Brennpunkte er eine Milbe so groß wie eine Welt erblicken möchte, so soll er aber doch versichert sein, daß er bei einer gewöhnlichen Pflanze nie etwas anderes erblicken wird, als die jeder Pflanze nach ihrer Art eigentümlichen, größeren und kleineren, schon letzthin bekanntgegebenen Atmungsporen. Und sollte ein solcher emsiger Beobachter sogar irgendwelche Erweiterungen und Beengungen wahrnehmen, so soll er wissen, daß eine solche Erscheinung eine optische Täuschung ist, die bei so großer Spannung bei dem menschlichen Auge durch jeden Pulsschlag bewirkt wird — ein Umstand, welcher besonders bei einem Menschen umso empfindlicher wird, je mehr seine Augen durch Lektüre von kleinen Schriften und sonstigen vielfältigen Betrachtungen kleiner Gegenstände mitgenommen wurden, wodurch dann solche Menschen auch gewöhnlich ein äußerst „kurzes Gesicht" bekommen.

10] Und ferner kann ein solches Beengen und Erweitern eines solchen beobachteten, leblosen Pflanzenpartikels daher rühren, daß da die positive Elektrizität, die noch immerwährend vorhanden ist, solange die Pflanze grün und frisch aussieht, noch irgendeinen betrachteten Teil erregt und etwas erweitert. Hat sich dann solch ein elektrisches Atom aus irgendeiner Pflanzenzelle (verschwindend) empfohlen, so schrumpft dann alsobald die Pflanze allda zusammen, wo sie einen solchen Verlust erlitten hat, und zieht dadurch auch die nebenbefindlichen Zellen enger an sich. Dadurch kann es dann wieder geschehen, daß die in solchen Zellen nun ebenfalls beengte Elektrizität in das leere Hülschen übertritt, wodurch dann dieses wieder etwas erweitert wird, und zwar so lange, bis die Elektrizität sich aus diesem wieder empfiehlt.

11] Dadurch wird bei einem von dem Stamme abgetrennten Pflanzenteile jene Erscheinung ersichtlich, die ihr das sogenannte Welkwerden nennet. Denn da verliert die Pflanze ihre Elastizität und ihre Frische, die sie nur auf einige Zeit dadurch retten kann, wenn sie nicht gar zu lange nach dem Getrenntwerden alsbald ins Wasser gesetzt wird, wodurch dem Entströmen der Elektrizität ein Hindernis bereitet wird und die Elektrizität des Wassers der Elektrizität der Pflanze nicht nur das Gleichgewicht hält, sondern dieselbe sogar noch eine Zeitlang ernähren kann — besonders wenn die Pflanze nicht zu jenen gar zu sehr Elektrizitätshungrigen gehört (wie z. B. ein Buchsstäudchen und sonstige ähnliche elektrizitätsärmere Pflanzen), welche dann noch die längste Zeit mit dieser Nahrung vorlieb nehmen und fast wie an der Wurzel fortbestehen, nur mit bedeutender Unterbrechung der quantitativen Vegetation.

12] Nun sehet, das ist alles, was von der Atmung und deren Organen bei den Pflanzen zu beachten ist. — Allein, was da die geistige Atmung betrifft, das wird nächstens bei einer Gelegenheit, und zwar nur für euch, zur Genüge hell und klar veroffenbart werden.

☆

Von den Eingeweidewürmern

Erzieherische Seelenheilwinke

Am 9. Dezember 1840, nachmittags

Was die heute von euch erwähnten Eingeweidewürmer betrifft, so sage Ich euch vor der Hand nichts als das:

2] Es war da ein Landmann. Dieser Landmann untersuchte alle seine Scheuern, Kästen und Mehltruhen und fand eine Menge Mäuse und Ratten, und dies Geschmeiß machte ihm viel Schaden an seiner Habe. Da beschloß er denn bei sich selbst, so viele Katzen zu halten, als ihm nur möglich war. Und was er beschlossen hatte, das tat er denn auch. Und es währte nicht lange, so war in all seinen Scheuern, Kästen und Truhen keine Maus und keine Ratte mehr zu finden.

3] Als er aber auf diese Weise sein Haus gereinigt hatte, so dachte er: Wozu jetzt ferner noch die Katzen? Denn da diese keine Mäuse und Ratten mehr finden, so machen sie sich über meine Speisekammer und verzehren da dreimal so viel, als was mir früher die Mäuse und Ratten verzehrten. Daher will ich die Katzen nun auch vertilgen. — Und sehet, alsbald nach der Vertilgung der Katzen kamen wieder Mäuse und Ratten herbei und taten ihr Unwesen wie zuvor.

4] Nun ging der Landmann nicht mehr zu den Katzen um Hilfe, sondern er dachte bei sich: Wartet nur, ich werde euch alles vergiften, und da wird euch der Appetit in meinen Scheuern, Kästen und Truhen wohl vergehen.

5] Als er aber solches tun wollte, da sagte ihm ein Freund: „Siehe, so du das tust, womit wirst du dich denn am Ende sättigen, um nicht selbst umzukommen an dem Gifte, womit du umbringen möchtest all die Mäuse und Ratten?" — Und es sagte ihm dieser Freund ferner: „Verschließe lieber alle deine guten Früchte in eiserne Kammern, daß sich keine solche Maus oder Ratte durchbeißen kann, so wird sie der eigene Hunger am Ende von deinem Hause treiben."

6] Solchen Rat befolgte dieser sonst vermögliche Landmann, und er sah bald die guten Früchte dieses guten Rates. Denn ohne Mühe und Kosten kann der Mensch zu nichts Wertvollem und Tüchtigem gelangen.

7] Sehet, so ihr dieses Gleichnis betrachtet, da werdet ihr freilich sagen: Wer dieses Gleichnis versteht, wie es mit den Würmern in den Eingeweiden übereinstimmt, der muß mehr verstehen können, als was ein gewöhnlicher Menschenverstand zu verstehen imstande ist.

8] Ich sage aber, dieses Gleichnis stimmt gar wohl überein mit den Würmern in den Eingeweiden, die da sind hauptsächlich dreierlei Art, nämlich: die sogenannten kleinen Knäulwürmer, dann die langen, weißlichten, regenwurmartigen Würmer und endlich der Bandwurm. Und es gibt da neben diesen drei Hauptgattungen der Würmer noch einige andere, weniger bekannte Gattungen, darunter die sogenannten Spulwürmer, die Gedärm- und Magenraupen, dann die Fadenwürmer und endlich noch der Magenpolyp.

9] Sehet, alles dieses Ungeziefer entsteht hauptsächlich dadurch, daß der Mensch in natürlicher Hinsicht irgendeine Nahrung zu sich nimmt oder oft als Kind bekommt, die sehr viele animalische Teile in sich enthält. Dergleichen ist für die Kinder: unreine Milch oder zu fette Milch, sodann auch von den Vegetabilien solches Obst, das da schon bekannt ist als am meisten fähig zur Aufnahme und Ernährung animalischer Wesen.

10] Sehet, das ist nun die natürliche Ursache solcher Erscheinungen. — Aber die Bildung derselben geht auf eine bisher noch unbekannte geistige Weise vor sich. Denn da suchen sich die unreinen Geister, die da schon bei der Geburt im Menschen mitgeboren werden, aus solcher Nahrung das ihnen Entsprechende, umkleiden sich damit und werden dann zu jenen sichtbaren, lästigen und scheußlichen Formen im Menschen, damit sie demselben gleich anfänglich schon wenigstens an seiner physischen Gesundheit nur einigermaßen schädlich werden können. Jedoch tun das nur die plumperen und dümmeren, die alsbald durch eine gerechte Sorgsamkeit bestraft werden, da sie auf die natürliche Art durch taugliche Mittel sich zu entfernen genötigt werden.

11] Aber viel lästiger werden diese Wesen, wenn sie, die Formen der äußeren Welt verlassend, wieder geistig zurückkehren. Denn da lassen sie gewöhnlich den Körper in Ruhe und fangen an, sich in die Eingeweide der Seele einzunisten, allwann sie dann die Kinder zu allerlei Bübereien reizen. Und werden sie da durch eine kräftige geistige Medizin getötet, so fragt sich's sehr, ob nicht die Seele dann in jeglicher ihrer Nahrung tödlichen Schaden leidet.

12] Eine solche tödliche Nahrung wäre diese, so den Kindern oder den jungen Menschen alsogleich alle Laster und deren Schädliches und

Schändliches bekanntgegeben würde. Dadurch wüßte dann die junge Seele freilich mit allem, wie sie daran ist. Aber saget selbst, ob eine solche Kost der Seele sich nicht gerade so verhielte, als so jemand, der in seinem Hause die Ratten und Mäuse vertilgen möchte, entweder alles vergiften oder das Haus anzünden wollte, um dadurch das Ungeziefer zu töten. Da ist sicher der gute Rat des Freundes an bester Stelle, nämlich: man verwahre die Kinder gar wohl zuerst vor solcher [leiblicher] Kost, deren schon erwähnt wurde. Und fürs zweite, was die Seele anbelangt, verwahre man sie wohl in eiserne Kammern, das heißt, man lasse ihnen, so lange sie noch irgendeines Unterrichtes bedürfen, keinen freien Willen und führe sie beständig zum pünktlichen Gehorsam und wahrer kindlicher Liebe hin.

13] Sehet, das ist das Verwahren der edlen Frucht „in eisernen Kammern"! Und da dadurch dieses Ungeziefer keine Nahrung zu seiner Existenz finden wird und kann, da es ihm verzweifelt langweilig und hungrig zu Mute werden wird bei dem Nagen solchen Eisens, so wird es auch gar nicht zu lange da verweilen, allwo es nichts zu essen gibt, sondern es wird sich alsobald entfernen. Und da gleicht dann eine solche Handlungsweise der leiblichen strengen Diät, die bekanntlich gegen alle Uebel des Lebens die beste Kur ist.

14] Sehet, das ist somit das Gleichnis! — Nun hättet ihr noch die vielen Katzen übrig! — Diese vielen Katzen sind naturmäßig ein zu vielfältiges Medizinieren, wobei zwar das Uebel abgeschafft wird. So aber das Uebel weg ist und die Katzen oder die Medizinen nichts mehr zu fressen haben, dann machen sie sich über die Speisekammer oder über die Eingeweide, wie auch dadurch, die Gesundheit untergrabend, über den ganzen Leib her. Und es wird am Ende schwerer sein, die Katzen zu bändigen und wegzuschaffen, als das durch sie vertilgte Ungeziefer selbst.

15] In geistiger Hinsicht aber werden unter den Katzen verstanden die oft zu vielen und vielartigen Instruktoren und Lehrer der Jugend. Diese mögen auch einige Untugenden in den Seelen der Jugend zunichte machen — wenn aber die Seele auf diese Art gereinigt wurde und solche Lehrer dann nichts mehr zu reinigen finden, so gibt's da nicht selten Fälle (die Mir wohl bekannt sind), da solche „Katzen" dann Untugenden in die Seele der Jugend legen, damit es dann für sie neuerdings wieder etwas zu instruieren gibt.

16] Sehet, der guten Rat ist somit allein und gleich ursprünglich anzuwenden. Dann werdet ihr weder der Katzen noch des Giftes bedürfen, sowohl in natürlicher als in geistiger Hinsicht. Demnach beachtet dieses Zeugnis wohl, und ihr werdet euch und eure Kinder frei machen von allen derlei wohl zu verstehenden Schädlichkeiten.

Das sage Ich, die Ewige Liebe und Weisheit. Amen.

☆

Zum Tanze

Am 14. Dezember 1840

Du fragst in dir, was ist denn da an dem Tanze denn gar so Verabscheuungswürdiges und Mir Mißfälliges und daher Verdammliches? — O siehe, du schwachsinniger Mensch, der du die Menschen fürchtest und möchtest in deiner Furcht doch Dinge erfahren, die Ich nur den Tapferen kundgebe. — Ich habe dir [große] Dinge gesagt und habe hinweggetan den Schleier von deinen Augen, allein du hängst am Urteile der Menschen und fürchtest über die Maßen ihre Schalkheit und denkst nicht, daß Ich über alle Menschen hinausreiche.

2] Und so du auch für Mich denkest, so denkst du doch stets in deiner Furcht, welche dir am Ende noch das Herz verschließen wird und wird dich blind machen mehr denn einen Maulwurf und dein Ohr verstopfen mit allerlei Unrat, daß du fürder nimmer vernehmen kannst Meine Stimme in dir, so du von nun an nicht ernstlich verbannen wirst deine Furcht, die zu nichts als zu lauter Unsinn führt.

3] Kannst du wohl dir solches denken, daß Ich Mich des Satans bedienen werde, um einen Menschen zur Demut, Sanftmut, Geduld, Ausharrung, ja zur Liebe zu Mir und daraus zu dem Nächsten, zum strengen Gehorsam gegen den Monarchen und gegen irgendeine bestehende Kirche, und das alles im Geiste und aller Wahrheit, lebendig zu ermahnen?! — O Ich sage dir, wer das behauptet, der ist es, der sich gar gewaltig vom Satan leiten läßt! Für den sollet ihr beten wie für die gesamte römische Kirche, daß sie einsehen möchte ihren Unsinn und erkennen möchte, was sie hat in Meinem Geiste, in Meiner Liebe und in Meiner Wahrheit — sonst wird ihre Flucht alsobald ins Werk gesetzt werden. Denn wer Meinen Namen liebt und zu verherrlichen sucht in seinem Herzen, der ist ja für Mich und nicht wider Mich.

4] Wie kann aber jemand aus dem [Reiche des] Satan Meinen Namen nennen, da in Satan nichts von Meinem Namen, der da Meine ewige Liebe ist, je möglich vorkommen kann und da der Satan der allerschroffste Gegensatz der Liebe und daher nur die Quintessenz des Zornes Gottes ist, als ein von aller Liebe ausgeschiedenes Wesen.

5] Wenn aber jemand ein Wort aussprechen will, daß er damit eine Sache bezeichne, so muß er doch notwendig den Begriff zuvor in und aus sich erfassen oder er muß wenigstens die Fähigkeit in sich haben, solch einen Begriff sich aneignen zu können, damit er dann der Zunge auszusprechen möglich wird. Wie kann aber jemand z. B. in der japanischen Art „Vater" aussprechen oder irgendeinen ihm ganz fremden Begriff, der nur diesem Volke als ein Geheimnis bekannt ist — wenn ihm diese Sprache ganz fremd ist und fürs zweite ihm sogar infolge seiner Stummheit alle Fähigkeit mangelt, so daß er nicht einmal seiner Muttersprache, geschweige erst der japanischen, je mächtig wird?

6] Und doch sage Ich: Es wäre demungeachtet leichter möglich, den Stummen japanische Worte aussprechen zu machen, als den Satan den Namen Meiner Liebe. Die bösen Geister können nur weltlich agieren und zahllose Menschen zu allen erdenklichen Leidenschaften, als da sind Herrschsucht, Hochmut, Stolz, Hoffahrt, Habsucht, Neid, Haß, Hurerei, Wollust, Tanz, Prasserei, Völlerei usw. gar sicher verblenden und verführen. Und in dieser Hinsicht ist ihnen Mein [ihnen] unaussprechlicher Name ganz überflüssig. Und wenn schon Weltmenschen von Mir nichts hören wollen und ihnen Mein Name ein Greuel ist und sie anwidert, um wie viel mehr muß er dem Satan greuelhaft und unendlich anwidernd sein!

7] Wer aber da bekennet und liebet ohne Furcht Meinen Namen, welcher ist Jesus, der „Sohn" des lebendigen Gottes oder das „Wort" oder die „Liebe" des Vaters — der liebet ja auch den Vater und kann unmöglich sein wider den Heiligen Geist aus beiden, sondern für denselben und von demselben erfüllt durch und durch. Wie und was soll denn da der Satan im Zorne und aller Falschheit zu schaffen haben, wo der Geist der Ewigen Liebe alles neu aus Gott dem Vater und so durch den Sohn schaffet?!

8] O sehet solches ein und seid allezeit ohne Furcht! Denn Mein Reich muß allezeit unter mancher Prüfung an sich gerissen werden. Und es muß die rechte Liebe allezeit die Feuerprobe bestehen, wie das reine Gold; denn ohne solche Probe ist sie Meiner nicht wert.

9] Sehet hin auf den reichen Jüngling im Evangelium, und ihr werdet dort alsobald finden, wie weit er noch von Meinem Reiche entfernt ist. Und betrachtet den Samen unter den Dornen [Weltlust usw.], welche Frucht da zum Vorschein kommen kann! — Daher seid nicht gleich diesem Jünglinge und nicht gleich dem Samen unter den Dornen, sondern zeiget Mir das Gold eurer Liebe, so werdet ihr leben!

10] Was jedoch den befragten Tanz betrifft, so habe Ich schon hinreichend gezeigt, welches Wohlgefallen Ich daran habe und was er für Folgen hat. Nur soviel setze Ich hinzu, daß ja keiner unter was immer für Namen und Art beschönigend sich entschuldigen möchte, sonst wird er nimmer von seinem „Dreher" los werden. Denn wie es im Gehirne einen solchen Wurm gibt, als eine böse Krankheit, den ihr den Dreher nennet, so gibt es auch einen „geistigen Dreher", der viel schwerer als der natürliche zu heilen ist und der nun eine allgemeine Pest geworden ist.

11] Eltern aber, die da ihre Kinder im Tanze unterrichten lassen, legen sich selbst eine große verantwortliche Last auf den Hals, wenn dadurch ihre Kinder von was immer für bösen Geistern verdorben werden. Entweder die Mädchen in der Fruchtbarkeit, in ihrer Reinigung, in ihrer heimlichen Zucht, in ihrer Sittlichkeit des Herzens, im wahren Glauben und in der reinen Liebe zu Mir und daraus dereinst zu einem allfälligen Gatten, im häuslichen Fleiße und in wahrer christlicher Tugend, Geduld, Sanftmut, Beharrlichkeit in allen Prüfungen und Nöten, ja sogar in dem jedem Weibe so nötigen frommen Frohsinne, allzeitigen Nüchternheit, Frische, Heiterkeit und Munterkeit ihres keuschen Gemütes und stillen Ruhe des Geistes. Oder die Knaben durch Unlust zu allen ernsten Betrachtungen in der Gottesfurcht, in der geheimen Zucht, in der zu frühen Entwicklung des Geschlechtstriebes und dadurch hernach aber auch in allem, was Mich, den Urheber alles Guten und Wahren der Liebe, betrifft. Sehet, so solches geschieht und auch notwendig geschehen muß, so denket selbst, wer daran schuld ist und wer es dereinst zu verantworten haben wird!

12] Und ihr werdet dann gleichen jenem Feigenbaume, der fruchtlos dastand, während es Mich unter seinen Zweigen hungerte. Denn ihr Eltern seid solche Feigenbäume, eure Kinder aber sind die Frucht. Sind diese aber verdorben worden durch den bekannten

„Dreher", so oder so, da wird frühzeitig die Blüte und Frucht abfallen von den Zweigen. Und wird der Herr vorüberziehen und den Baum leer finden, so wird Er tun, was Er getan hat mit dem Feigenbaum! — Das merket euch wohl, ihr Eltern, und bedenket, wer Der ist, der euch solches sagt!

☆

„Rühre Mich nicht an!"

Am 16. Dezember 1840, abends

Bitte: „O Herr, wir bitten Dich in aller Demut um Aufschluß über nachfolgende Schriftstellen:

Bei Johannes, Kap. 20. 17 heißt es: »Jesus spricht zu ihr (Maria Magdalena): Rühre Mich nicht an! Denn Ich bin noch nicht aufgefahren zu Meinem Vater. Gehe aber hin zu Meinen Brüdern und sage ihnen: Ich fahre auf zu Meinem Vater, zu eurem Vater, zu Meinem Gott und eurem Gott.«

Bei Johannes, Kap. 20, 27 aber heißt es: »Darauf spricht Er zu Thomas: Reiche deinen Finger her und siehe Meine Hände, und reiche deine Hand her und lege sie in Meine Seite! Und sei nicht ungläubig, sondern gläubig!«

Es sei kein Wille weder in der Höhe noch in der Tiefe, denn der Deinige! Und was da geschieht in der Höhe wie in der Tiefe, geschehe nach Deinem heiligen Willen! Amen."

So geschehe es denn, und du schreibe! — Müßt ihr aber doch nicht selbst von euch bekennen, daß, je näher euch etwas gestellt ist, ihr solches eben desto weniger begreifet!? Sehet, diese zwei Texte liegen euch so nahe wie nur immer möglich! Allein statt in der Nähe zu suchen, suchet ihr in weitester Ferne, sowohl dem Raume als auch der Zeit nach, das Verständnis solcher leichten Dinge und findet daher dort auch allezeit sicher nichts, wo nichts derart zu finden ist.

2] Wer wird wohl im Wasser sein Haus und im Feuer seine Wohnung suchen wollen und nicht merken, daß er sich in seinem Hause und in seiner Wohnung befindet, während er dieselbe blind sucht, da wo sie nicht ist und nicht sein kann.

3] In welcher Kirche befindet ihr euch — und wer war die Magdalena? — Welche Kirche entspricht aber Meinen Brüdern — und wer bin Ich? — Sehet, in diesen zwei Fragen ist das ganze Geheimnis enthalten!

4] Oder meinet ihr denn, daß die vormalige Hure und Tänzerin vor allen Weltgroßen und Heiden, die da hatte seit ihrem zwölften

Jahre sieben Teufel des Fleisches in sich und wurde davon durch Mich erlöst und tat viele Werke der Liebe und später ernste Buße — geeignet gewesen wäre, Meine Heiligkeit anzurühren, da kaum ihre Tränen und die Haare ihres Hauptes geeignet waren, Meine Füße anzutasten.

5] Sehet eure Kirche an — und das „Rühr Mich nicht an" werdet ihr sicher deutlich und klar finden! Aber doch sage Ich auch zu ihr, was Ich zur Magdalena gesagt habe: Gehe hin und sage Meinen Brüdern, daß Ich auch schon öfter unter deinen Kindern erstanden bin und nun zu ihnen komme, daß sie Mich schauen möchten und legen ihre Liebe an die liebedurchbohrte Seite und gewahren allda, gleich einem Thomas, die schmale Pforte und den schmalen Weg, der da führet zum ewigen Leben und durch dasselbe zum Vater, der da ist Mein Vater und durch Mich auch euer Vater, und der da ist Mein Gott und dadurch auch euer Gott.

6] Darum sollet auch ihr alle eure „Hände in Meine Wundmale legen", damit ihr glauben möget, daß Ich das ewige Leben Selbst bin aus eigener Macht — so wie Ich bin die Auferstehung selbst und habe auch nicht das Leben vom Vater, sondern bin das Leben im Vater Selbst; wie der Vater nicht ist außer Mir, sondern Gott von Ewigkeit ist in Mir und wie aller Geist der Heiligkeit in aller Macht und Kraft ausgeht aus Mir wie aus dem Vater zugleich als einer und derselbe Geist.

7] Sehet, so Ich aber nach der Auferstehung alles das war, was Ich jetzt bin und ewig sein werde — hätte denn da sollen eine bekehrte Hure zugrunde gehen, so sie Mich angerührt hätte, da sie noch bei weitem nicht gereinigt war durch eine wahre Buße!? Solches ist nur gestattet denen, welche sich zuvor von Mir ihre Füße haben willig reinigen lassen und mit Mir genossen haben das große Abendmahl.

8] Nun sage Ich aber euch: Lasset auch ihr euch von Mir eure „Füße waschen" oder euch „ziehen" von Mir, um zu empfangen den Platz an Meinem Tische der wahren Liebe! Und kümmert euch nicht der Magdalena wegen, sondern glaubet, daß Ich es bin, der nun zu euch im stillen kommt. Und leget euer Herz in Meine offene Seite, damit es da gestärkt werde zum ewigen Leben!

9] Denn zu euch sage Ich nicht: »Noli me tangere!« — sondern [euch sage Ich,] was da gesagt wurde zum Thomas — da ihr alle mehr oder weniger fast lauter Thomase seid, damit auch ihr gleich ihm dereinst lebendig werden möchtet! Aber wohl gemerkt: Nur Ich, und nicht die Magdalena, habe das Leben. Es ist daher noch nicht genug die Nachricht der Magdalena, sondern erst wenn Ich völlig in euer Herz kommen werde, wird die Weissagung erfüllt an euch, daß Ich „auffahre" zu Meinem Vater und eurem Vater und zu Meinem Gott und eurem Gott, und ihr in Mir und mit Mir. Amen. Das sage Ich, die Auferstehung und das ewige Leben. Amen!

☆

Nochmals: „Rühre Mich nicht an!"

Am 17. Dezember 1840

Frage: „Bei Matthäus, Kap. 28, 1 heißt es: »Bei der Morgendämmerung des ersten Tages nach dem Sabbat gingen Maria Magdalena und die andere Maria, das Grab zu sehen.«

Und Kap. 28, 9 heißt es weiter: »Und siehe, Jesus begegnete ihnen und sprach: Seid gegrüßt! Und sie traten hinzu, umfaßten Seine Füße und beteten Ihn an.« — Nach dem Evangelium des Johannes, Kap. 20, 17 wollte Magdalena Dich, o Herr, anrühren. Und Du sprichst zu ihr: »Rühre Mich nicht an!« — Nach dem Evangelium des Matthäus, Kap. 28, 9 dagegen, hat Maria Magdalena sowohl als auch die andere Maria Deine Füße umfaßt. Und in der gestrigen Erklärung heißt es dagegen: »Hätte denn da sollen eine bekehrte Hure zugrunde gehen, so sie Mich angerührt hätte?«

O Herr, sende gnädigst Dein Licht, um dieses Dunkel aufzuhellen! — Es sei kein Wille, weder in der Höhe, noch in der Tiefe, denn der Deinige! Und was da geschieht in der Höhe wie in der Tiefe, geschehe nach Deinem heiligen Willen! Amen. Damit dadurch Dein heiliger Name allezeit möchte gepriesen, gelobet und verherrlicht werden! Amen. Amen."

Der Mensch, der solches nicht begreift, ist blind, taub und stumm — oder er ist gleich dem fruchtlosen Feigenbaum, den ein Gärtner lange Zeit im Garten pflegte, und da der Baum nichts als Blätter zum Vorscheine brachte, kamen die Knechte und meldeten es dem Herrn und rieten ihm, solchen fruchtlosen Baum abzuhauen, daß er nicht fürder vergeblich Platz wegnehme in dem so köstlichen Garten. Da aber der Herr solches vernommen hatte, so sprach er: „Lasset ihn noch stehen ein Jahr, reiniget und dünget ihn, und so er dann keine Frucht bringen wird, dann falle eure Axt über seine Wurzeln und fälle ihn zum Verbrennen!"

2] Siehe, du, der du fragest um so leichte Dinge aus deinem eigenen Widerspruche, dir sei es gesagt, daß es schwer ist, zweien so zu dienen, daß es jedem zur Genüge wird, dem Freunde wie dem Feinde! — Wenn es dich um Mich kümmert, was kümmerst du dich denn der Welt? — So du aber sorgest, um der Welt ebenen Pfad zu leihen, wo soll da wohl geistige Frucht werden?

3] Siehe, Mein Wille steht höher denn der Wille der Welt! Willst du aber beides, als da ist: ein Glück der Welt, dem entgegen ist Meine Gnade — höre, das kann nicht sein! — Ich sage aber, es wird das erste schon ohnehin zur rechten Zeit kommen. Aber alle deine und deiner Kinder Wege sollen genau gerichtet sein nach Meiner Gnade — dann werde Ich sorgen für alles! — So es dir aber behaget zu tragen so manche unnötige Weltsorge, so trage sie immerhin, aber habe ja acht, daß die Zahl eins nicht zu einer Legion gebrochen wird.

4] Die Liebe der Eltern ist allezeit blind gegen ihre Kinder. Sie sehen nicht den Samen, sondern nur den Baum und bedenken nicht, was alles in einem Samenkorne verschlossen ist. Es geht aber der gute Same mit tausendfältiger Frucht nur in Meiner Erde auf. In der Erde der Welt aber erstickt er alsobald. Aber der Weltsame gedeiht gar wohl, alles Unkraut hervorbringend, in der Welterde. Aber frage dich selbst, wozu nütze? Höre! — Zu Meinem Reiche und für Meine Scheuern nicht!

5] Siehe, dieses in dir selbst bestehenden Widerspruches wegen sagte Ich dir dieses, damit dir dein Widerspruch des Evangeliums klar werde. Dieses aber merke dir ganz besonders: Wie du jetzt weißt, wer Der ist, vor dessen Augen alle Geheimnisse offen liegen, so solltest du denn auch, wenn dir in weltlichen Dingen Irrwege vorkommen entweder für dich oder deine Kinder, wissen, daß nur Ich es bin, dem der rechte [Weg] allein bekannt ist. — Nun, derzeit sorge somit du für deine etlichen drei — und lasse für die übrigen Mich sorgen!

6] Und damit der Matthäus in dir schuldlos werde, so nehme diesen Widerspruch auf dich und verstehe, wenn Ich sage zu Magdalena: „Rühre Mich nicht an, sondern falle zuvor vor Mir nieder, umklammere die Füße und bete Mich an im Geiste und aller Wahrheit, und gehe dann hin zu Meinen Brüdern und sage ihnen, daß Ich auferstanden bin!“

7] Desgleichen sollet auch ihr tun und nicht eher nach der Weisheit trachten, sondern nach der wahren, reinen Liebe, die da entspricht Meinen Füßen und daraus zunächst [nach der Läuterung] eurer Liebe, die in ihrer größten Reinheit doch noch immer etwas Sinnliches an sich hat (und demnach ist gleich den „Füßen" aus Mir, auf welchen allein ihr zum Leben eingehen könnet). Daher soll auch euch vorderhand nicht gestattet sein, Meine Weisheit „anzurühren", bevor nicht Meine Füße in aller Liebe erfaßt worden sind.

8] So ihr aber saget: „Herr, wie ist hernach die Antastung des Thomas zu verstehen?" — Da sage Ich: Auch er mußte seine Blicke an die Wundmale der Füße und Hände richten, bevor Ich ihn hieß anzurühren Meine breite und weite Wunde der Brust. — Damit aber dir, Frager, dein eigener Widerspruch klarer werde, so will Ich dir noch einen Grund davon zeigen, warum Ich zu Magdalena vorerst sagte: „Rühre Mich nicht an!" und hernach aber doch zuließ, daß sie mit den übrigen Meine Füße umklammerte.

9] Siehe, Magdalena war auch sinnlich in Mich bis zur Eifersucht verliebt und hielt Mich förmlich für ihren einzig erwählten Liebhaber. Sie hatte von Mir nur die Meinung, daß Ich ein großer Prophet sei, aber Meine Göttlichkeit war ihr noch fremd. In Anbetracht ihres verliebten Herzens hatte somit durch Mein Leiden und Sterben auch niemand so viel verloren wie gerade sie, da sie nicht nur ihren Retter, Herrn und Meister, sondern im Ernste ihres Herzens auch ihren einzigen Geliebten verloren hatte; daher sie auch untröstlich war.

10] Sehet, daher kam's denn auch, daß sie die erste war, die sich nach Mir erkundigte im Beisein der übrigen, die ebendasselbe mehr aus andächtiger Trauer als aus solch unbesiegbarer Liebe taten.

11] Als sie Mich, ihren verlorenen Geliebten, nun auf einmal vor sich stehen sah, da war ihr Herz aus allen Fesseln gehoben. Sie schrie auf und wollte alsogleich im Ausbruch ihrer leidenschaftlichen Liebe auf Mich losstürzen. Nun aber bedenke, [wer und] was Ich bin — so wird dir klar das »Noli me tangere!« — Bedenken sollst du aber auch Magdalenas starke Liebe, und dir wird klar die Umfassung Meiner Füße.

12] Und denke noch hinzu, daß Mein Liebling Johannes Mir aus der Seele, Matthäus aber aus Meinen „Füßen" schrieb, so wird dir alles dieses noch klarer werden — und begreiflich auch die große Buße der Magdalena nach Meiner vollen Auffahrt, da sie erst dadurch erfahren hat, wer eigentlich hinter ihrem vermeinten Geliebten war.

worauf sie Mich dann erst durch ihre große Buße im Geiste der Demut und dadurch in aller Wahrheit hat zu lieben angefangen.

13] Ich sage dir aber, so Mich jemand nicht lieben wird gleich der Magdalena, der wird Mich nicht finden fürder und eingehen zum Leben auf „Meinen Füßen" und wird nimmer eine Auflösung finden im steten Widerspruche seines Weltlebens. Siehe, Mein Reich ist von größter, heiligster Klarheit, und es kann nichts Unreines je hineinkommen. Daher denke nur an den Feigenbaum ohne Frucht im Garten und an den Diener zweier Feinde — und löse den Widerspruch in dir! — Vergesse in der Zukunft nie mehr ob der Welt, wer Ich, dein Gott, dein Vater, dein allzeitiger Ratgeber bin!

14] Siehe, heute rede Ich, morgen handle Ich und übermorgen möchte Ich kommen! — Wer nicht zu Hause sein wird, vor dessen Wohnung werde Ich vorüberziehen! — Amen. — Das sagt, Der da Sich allezeit umklammern lässet Seine Füße!

☆

Eheliche Hausordnung und Kinderzucht

Am 5. Januar 1841

O Herr, lasse gnädigst Dein heilig Wort in mir ertönen! Jedoch wie allezeit in der Höhe und in der Tiefe, so geschehe auch diesmal nur Dein heiligster Wille! Amen, Amen.

Nun so vernehme und schreibe denn: Ich sage dir aber, wer nicht Mein Evangelium erfüllt, nachdem er es vernommen und einigermaßen durchdacht hat, siehe, der ist noch lange nicht geschickt zu Meinem Reiche, da er die Welt immer doch noch mehr fürchtet denn Mich. Er möchte Mich lieben neben der Welt her; aber siehe, Ich bin nicht neben der Welt zu lieben, da die Welt durchgehends nicht in Meiner Liebe, sondern bis auf das letzte Stäubchen nur vermöge Meiner Erbarmung beständig in Meinen unerbittlichen Gerichten steht und besteht. Denn Ich bin nur in der Liebe und Gnade erbittlich, aber ewig unzugänglich in Meinen Gerichten, die da sind die Heiligkeit Meiner ewigen Ordnung zufolge Meiner unendlichen Weisheit.

2] So aber der um ein Lichtwort bittende Bruder gelesen hat im Buche Meiner Liebe und Gnade, daß da gesagt ist: „Siehe, die Kinder der Welt sind oft klüger denn die Kinder des Lichts!" [Luk. 16, 8] — warum mag er denn nicht die Klugheit seines Weibes anhören und liebt seine Kinder mehr denn daß es billig ist und achtet nicht strenge darauf, daß die Kinder möchten treulich ihrer Mutter gehorchen in der häuslichen Klugheit, die da unvergleichlich besser ist, als alle nutzlosen Wissenschaften, mit denen er seinen Kindern die Köpfe anstopfen lassen möchte. O das [letztere] ist durchaus nicht der rechte Weg zu Meinem Reiche!

3] Er kann ja allerdings die Kinder beschäftigen mit nützlichen Lehrgegenständen, aber dabei soll er anderseits nicht die Bestimmung des Mädchens und wieder anderseits die Bestimmung des Knaben aus den Augen und aus dem Herzen verlieren, sonst wird es ihm dereinst geschehen, daß er eine große Not an seinen Kindern erleben wird. Denn diese werden dann ihren ungebrochenen Willen über seinem Haupte aufbauen und mit ihren ungebändigten Händen sein Herz erdrücken, da es jetzt schon zu schwach ist und zu nachgiebig in vielen Dingen, um die nun noch weichen Hände der Kinder zu bändigen!

4] Er sollte daher nicht anhören die allfälligen Klagen seiner Kinder, sondern nur allezeit unerbittlich und strenge genau untersuchen die Werke des blinden Gehorsams sowohl gegen seinen Willen wie gegen die häusliche Leitung der Mutter, die doch den größten Teil des Tages allein mit den Kindern zubringen muß. Und er soll sich aber auch zuvor liebevoll und rechtlich nachgiebig, ohne deshalb von seinen Vaterrechten etwas hintanzugeben, mit seinem Weibe im geheimen [d. h. nicht vor den Kindern] verständigen und ihr in häuslicher Klugheit, nach Meinem Rate, ihren mütterlichen Wirkungskreis nicht allzusehr schmälern. Dann wird das Ganze bald eine andere, bessere Wendung nehmen.

5] Er möchte nur in Meinem Buch der Liebe und aller Gnade sehen, daß Ich schon zu den Aposteln gesagt habe, wie ein gar großes Ding es ist um einen klugen und treuen Haushalter, welchen der Herr setzet über sein Gesinde, damit er ihnen allezeit zur rechten Zeit ihre Gebühr gebe. Auch er soll nun die rechte Zeit nicht übersehen und nach Meinem Rate die Gebühr wohl abwägen, daß da ja niemandem, weder leiblich und noch viel weniger geistig, in seinem Kreise ein Eintrag oder Schaden geschehe! Denn Ich sagte und sage dir nun wieder: „Selig ist der Knecht, welchen sein Herr, wann er kommt, wird also tun finden. Wahrlich sage Ich, Er wird ihn über alle Seine Güter setzen."

6] So aber dein Bruder nun auch ein Sachwalter und Knecht Meines neu geoffenbarten Wortes der Liebe und Gnade geworden ist — wie ist's denn, daß er Mich erwartet, und Ich noch nicht kommen mag? — Das ist es, daß er sein Haus noch nicht fein genug bestellt hat! Wenn aber ein Haus nicht fein bestellet ist, da gleicht es noch stark einem vergoldeten Bleiklumpen, der zwar äußerlich glänzt, als wäre er Gold, und auch die Schwere des Goldes hat — aber höre, was den inneren Gehalt und Wert betrifft, da ist es denn doch nur ein wertloses Metall und noch weit entfernt vom Golde.

7] So aber nun dein Bruder Mir ein recht treuer und williger Arbeiter an der Hecke Meiner Neupflanzung ist und hat selbst eine gewisse Not mit seinem Weibe, die da schon von Anfang an der Welt mehr denn Mir gegeben — so möchte er als noch immer Mein lieber „Willig" tun, was da die Kaufleute tun, wenn unbillige Käuflinge auf den Markt kommen und nicht wohl unterscheiden den Preis der Ware und anfangen, denselben zu ihren Gunsten herabzuziehen. Da läßt dann der Kaufmann einen kleinen Vorteil fahren, damit er nur seine Waren an den Mann bringt. — Siehe, desgleichen soll Mein lieber „Willig" nun tun, freilich anfangs nur in kleinen, unmerklichen Beträgen, und so herab bis zum wohleinsichtigen Maße der gerechten Billigkeit, so wird dadurch sein Weib in ihrer Sphäre an ihm keinen unerbittlichen Stein nach ihrem Dafürhalten mehr finden und bald selbst nach seiner [geistigen] Ware greifen.

8] Sehet, wie oft muß Ich zu euch einen solchen Kaufmann machen! Und täte Ich es nicht, wo wäret ihr!? — Wie vieles habe Ich euch schon nachgelassen!? — Und bedenket ihr euch noch über Meine Ware, da ihr doch des Lichtes und nicht der Finsternis seid — so bedenket dann, wie schwer der Handel erst geht mit jenen, die da „geistig arm", und „Kinder der Welt" sind voll Blindheit!

9] Damit aber Mein lieber „Willig" seine mißlichen Haushaltungsverhältnisse in Betreff Meines Namens mit desto geduldigerem und hie und da nachgiebig prüfendem Herzen durchschauen möge, so gebe Ich ihm schließlich noch eine kleine Aufgabe, die er wohl überdenken solle, indem Ich sage:

10] Meinst du, daß Ich herabgekommen bin, Frieden zu bringen auf die Erde? — Ich sage euch, durchaus nein — sondern Zwietracht! Denn so in einem Hause irgend sein werden etliche fünfe, diese werden uneins sein unter sich und werden sein drei gegen zwei und zwei gegen drei. Es wird da sein der Vater wider den Sohn, und der Sohn wider den Vater; die Mutter wider die Tochter, und die Tochter wider die Mutter; und es wird sein die Schwieger wieder die Schnur, und die Schnur wider die Schwieger. [Matth. 10, 34—36]

11] Siehe, diese Aufgabe soll „Willig" recht wohl überlegen, und es wird ihm ein großer Stein vom Herzen genommen werden. Und sollte er aber diese Worte nicht alsobald begreifen, so wird er ja wohl wissen, wo „der arme Professor" [1] in derlei Dingen des Geistes zu Hause ist — wo ihm dann alles treulich möchte gegeben werden zum nötigen Verständnis in seinem „willigen" Herzen, daß er Mir dann ein rechter Mann werden möchte nach Meinem Herzen.

12] Siehe, es erscheint im Lichte der Welt das Ding des Geistes gar oft als eine sich rein widersprechende Torheit. Allein dem ist nicht also! Denn so der Docht unter dem weißen Lichte schwarz wird und die Asche über der schwarzen Kohle weiß — ist das nicht auch sogar in der Natur ein Widerspruch? Und doch, wer zweifelt, daß es also wäre!?

13] Daher, so ihr irgend auf Meinem Wege Widersprüche findet, wie in der Natur und in eurem Welt- oder Leibesleben, dann denket, daß der Schiffer, so er seine Segel nicht gegen den Wind zu richten weiß, damit sein Schiff gegen den Wind und gegen alle die Wogen des sturmbewegten Meeres laufe, noch kein wohlunterrichteter Seemann ist!

14] Wenn eine Lehre gegeben wird, daß sie tauge zum Leben, so muß sie sein wie das Leben selbst, welches da ist eine Regsamkeit des Todes — da dadurch das Leben wird ein Leben im Angesichte des Todes, wie der Tod ein Tod im Angesichte des Lebens.

15] Nun schließlich ermahne Ich den Bruder noch, daß er diese Schrift nicht möchte seinem Weibe vorweisen, da es noch nicht an der Zeit ist; wohl aber werde Ich dem Knechte eine Weisung geben, wie er sich zu benehmen hat. Bisher aber ist noch kein Fehler geschehen, und so wird der „Winter" bald zu Ende werden. Nur das Haus fein bestellen! Das vergoldete Blech aus dem Hause schaffen! Die guten Gelegenheiten weise benützen! Meinen Rat treu befolgen, ein guter Kaufmann und ein treuer Haushälter sein! Bei Widersprüchen nicht kleinmütig werden und alle seine Handlungen aus Liebe mit aller Geduld und Sanftmut lenken! Da wird euch in allem der Sieg mit Meiner steten, starken Hilfe gewiß nicht schwer werden! — Amen. Das sage Ich, euer starker Helfer!

☆

[1] Jakob Lorber

Gelehrtenbekehrung

Am 14. Januar 1841

Bitte: O Herr, Du heiliger Vater, der Du bist voll Liebe, Geduld und Erbarmung — so es Dein heiliger Wille wäre, möchtest Du uns nicht allergnädigst anzeigen, ob dem Verlangen dessen, den Du wohl kennst, zu willfahren sei oder nicht? — Doch nur Dein heiliger Wille geschehe allezeit. Amen!

Da sage Ich: So ihr wollt, könnet ihr es ja tun — aber es wird ein hartes Stück Arbeit werden, den, der zu seiner Rechnung sich eiserne Zahlen verfertigt hat, auf des Geistes zarte Bahn zu setzen.

2] Denn sehet, es gibt manche Gelehrte, die da härter sind als der Stahl. Solche trauen am Ende ihren eigenen Sinnen nicht mehr und um so weniger erst den fremden, die ihnen als null und nichtig erscheinen, weil sie eben nicht auch aus der gelehrten Eisen-Rüstkammer sind, woselbst die ihrigen durch Feuer und Wasser zum Stahle gehärtet wurden.

3] Wenn irgendeine Wand aus Wolle ist, da werden die hineingeworfenen Steine zwar wenig Lärm machen, aber steckenbleiben werden sie auch nicht, da die Wolle bei einem Zwange spannkräftig wird und alsbald wieder zurückwirft, was an sie geschleudert wurde. Da heißt es, sich dann Zeit nehmen und die Gegenstände langsam in die Wolle verwickeln, so werden sie dann wohl festgehalten, solange die Wolle Wolle bleibt — ob mit Nutzen oder Schaden, das ist dann freilich wieder eine andere Frage!

4] Wenn aber irgendeine Wand von weichem Lehm ist, seht, da wird zwar alles darin haften bleiben, was ihr hineinwerfen möget — aber fraget euch selbst, wozu nütze? Denn da wird der Lehm unverändert bleiben wie zuvor, und die haftenden Gegenstände ebenfalls.

5] Und ist eine Festungswand von Eisen und Stahl, höret, da wird selbst ein anhaltendes grobes Geschütz keine bedeutenden Spuren zurücklassen. Und die Schützen werden sich wohl fein in acht zu nehmen haben, daß sie nicht Schaden leiden von den oft gewaltig zurückprallenden Kugeln. Da heißt es dann, klug die rechte Fernhaltung beachten.

6] Ganz anders verhält es sich mit einer Feuerwand, da alles angenommen und dann geläutert wird, auf daß es werde ein feuerbeständiges Ding. Wenn die Wand Feuer ist, so geht die Sache von selbst. Ist aber die Wand Eisen, höret, da muß ein tüchtig

Feuer hinzukommen, damit die Wand gleich dem Feuer wird! — Daher wird auch hier viel Feuers erfordert werden, bis diese Wand flüssig wird in eine andere, beugsamere, sanftere Form!

7] Daher kann der Versuch [mit dem eisernen Gelehrten] schon geschehen! Aber mit feuriger Klugheit und leuchtender Sanftmut! An der Zeit ist wenig gelegen; doch geht der Morgen vor dem Abende und die Frühzeit vor der Nachtzeit!

8] Es ist aber dem Schützen wohl gut, daß er nicht schußallwissend ist und nicht weiß die Wege seiner abgeschossenen Pfeile. Denn sonst wäre er entweder kein Schütze mehr, oder er hätte das Wild schon lange vernichtet, dessen Zweck und Ordnung ihm unbekannt ist.

9] So sollet ihr euch auch nicht des Gelingens kümmern, da ihr ja wisset, daß Ich der Herr alles Gelingens bin! — Tuet ihr nur das Eurige, und Ich werde das Meinige tun. Machet euch wenig daraus, wenn das [in rechter Weise begonnene] Unternehmen oft eurem Sinne nicht entspricht; sondern erwäget, daß Mein Sinn schärfer ist denn der eurige!

10] Und so ist die Arbeit euch nun gegeben, das Gelingen aber bleibet bei Mir! — Und so wird am Ende jeder Arbeiter seinen Lohn finden — nach der Arbeit. Ist die Arbeit gut, so wird auch das rechte Gelingen nicht ferne bleiben wie auch der Lohn. Und wenn die Arbeit schlecht ist, da wird es wenig Wolle geben, wohlgemerkt und verstanden! Denn das sage Ich, euer lieber Vater, in dem alles Gelingen ruht lebendig. Amen, Amen, Amen.

☆

Nochmals: Wider die Tanzsucht!

Am Sonntag, den 17. Januar 1841, vormittags

Schreibe nur zu, denn Ich kenne gar wohl die Frage und die ängstliche Bitte! Aber es ist zu spät, daß Ich darob euch eine Antwort des Friedens geben möchte, bevor da gar bald kommen wird über die drei tanzsüchtigen Töchter des weltfürchtenden Ans. H. eine Antwort Meines Gerichtes! — Denn Ich habe viele Worte des Friedens verschwendet; diese [Töchter] aber haben nichts davon verstanden und sind schalkhaften Herzens geblieben und sehen ihre Mutter hinterm Rücken mit ärgerlichen Augen an, so ihnen diese, Mir zuliebe, nicht gönnen will, darnach ihr Herz gelüstet, und schmähen heimlich jetzt schon jeden, der ein Widerrechtler ihrer Sinnenlust ist oder „verräterisch“ an ihnen handelt.

2] Siehe, der Tanzboden hat ihre Ohren schon hinreichend abgeschliffen und glatt gemacht, so daß die Stimme Meiner Milde, heimlich verachtet, abprallt und nicht mehr zum Herzen gelangen kann. Daher werde Ich gar bald mit einer anderen Stimme sie heimsuchen, daß sie Mich als Richter solcher weltsüchtigen und welthorchenden Kinder werden erkennen müssen — da Ich ihnen als liebevollster, warnender Vater zu gering war.

3] Denn sie wissen es so gut wie ihr, daß Mir der ewig verfluchte Tanz unter was immer für einer Form, unter was immer für einer Bedingung und an was immer für einem Orte eines der allerwiderlichsten Laster ist, weil es fürs erste nichts als eine Art sodomitischer Unzucht ist, durch welche sich heidnische Völker zu allen möglichen Ausschweifungen aufreizen ließen; und fürs zweite, weil eben dieses Laster [heutzutage] sogar unter einem weltlich-moralischen Anstriche gar pflichtig-frei, ohne eine Mißbilligung, gang und gäbe geworden ist. — Darum soll es [nun aber auch] tausendmal tausend Male verflucht sein!

4] Und fürs dritte ist der Tanz ein allerwiderlichstes Laster, weil er sogar schon die Kinder von Mir gänzlich abwendet und ihre Herzen [geistig] versteinert, die Mädchen verdirbt und sie häufig unfruchtbar oder doch sehr oft schlecht fruchtbar macht, und die Frucht im Leibe schon mit einem oft unwiderstehlichen Triebe nach diesem Laster versieht, der sich dann schon nach wenigen Jahren kundgibt — und weil es noch dazu, wie kein anderes Laster, den Menschen, der sich ihm ergeben hat, nicht nur auf eine Zeit, sondern mit sehr seltener Ausnahme für immer von Mir abzieht, so daß ein solcher sich dann nimmer zu Mir kehren mag, außer durch ein Gericht, welches ihn aber wenig mehr nützen wird. Denn zu dem Ich im Gerichte komme, über den ist Mein Zorn gekommen mit dem ewigen Tode!

5] Das beste Mittel gegen diese widerliche Sucht aber ist dieses (so ihr es beachten wollet), daß ihr Eltern euch der Welt zwar äußerlich gerade nicht wiedersetzet, aber durch ernste und wohlmeinende Darstellung Meines Willens bei euren Kindern zu bewirken trachtet, daß sie sich selbst verleugnen und selber widersprechen sollen den tollen Anforderungen der Welt. Denn so die Kinder unter was immer für einem verständigen Grunde nicht [zum Tanze] gehen wollen, so wird die Welt die Eltern gewiß in aller Ruhe lassen. Im Gegenteile aber wird ihr alleiniges Bemühen, außer einem gänzlichen Weltbruche, wenig fruchten und nützen. Möget ihr der Welt vernünftigste Gegenreden stellen, so viel ihr nur immer wollt, so wird euch diese allezeit etwas zu erwidern wissen, das euch betrüben wird; und eure Kinder werden von ihr verschlungen werden so oder so und werden am Ende euch in ihren Herzen zu hassen anfangen und eure größten Peiniger werden. — Gestattet ihr ihnen aber, den Anforderungen der Welt zu folgen, da wisset ihr ja ohnehin, welchen Dienst ihr dadurch Mir leisten möget!

6] O hätte der Ans. H. sich früher an Mich gewendet, statt daß er seine blinde Verwandschaft fürchtete, so hätte er nun alles gewonnen. Allein er hat Mich damals ärgerlich auf eine Minute zurückgesetzt. So möge er nun auch in allem Ernste schauen, wie er in allem wieder zu Meiner Ordnung zurückkehren wird! Denn Ich werde dereinst mit denjenigen Eltern nicht gut zu sprechen sein, die Mir ihre Kinder anders zurückbringen, als Ich sie ihnen gegeben habe. Denn da soll jeder, der zu Mir kommen will, sein gleich den Kindern. Wenn aber die Kinder, gleich der Welt, voll Aergernisse sein werden, da will Ich alles zur Hölle schicken und soll die reine Lebenswohnung Meiner Heiligen nimmer befleckt werden mit dem Drachenblute solcher weltverdorbenen Kinder!

7] Denn höret, es liegt Mir nichts an tausend Welten voll solcher Kinder! Denn Mein Reich und Meine Schöpfung ist unendlich. Und es liegt Mir an Millionen Welten gerade so viel, wie an einem wurmstichigen Apfel, der unreif vom Baume gefallen ist und zertreten wird. Aber jedem von euch muß *alles* an *Mir* gelegen sein, so er will, daß Ich ihn ansehe in Meiner Erbarmung.

8] Der aber Meiner vergessen kann der Welt wegen, nachdem Ich ihm so vieles schon getan habe von Ewigkeit her — wahrlich, den werde Ich seiner Untreue wegen nicht mehr suchen und werde ihn gehen und fallen lassen, dahin er will. Und Ich werde Mich in Ewigkeit nicht mehr um ihn kümmern, da Ich auf ihn nicht anstehe, wohl aber er auf Mich.

9] *Siehe, Ich bin ein überreicher Bräutigam und freie und lasse Mich freien. Wo Ich aber freie, da bin Ich voll Eifersucht; und wehe denen, die Meine Hand ausschlagen!*

— Wo Ich aber gefreit werde, da bin Ich spröde und schaue Mir die Freier wohl an, ob sie mit Hochzeitskleidern angetan sind? Wehe denen, die mit weltbeschmutzten Händen nach Mir greifen! Diese sollen Meine Gerichte hart treffen!

10] Denn wer die Welt mehr fürchtet als Mich, der ist Meiner nicht wert! Wer den Menschen mehr trauet als Mir, ist Meiner nicht wert! Wer die Armut der Welt fürchtet, ist Meiner Schätze nicht wert! Ja, wer Mich neben der Welt herziehen will, ist Meiner nicht wert! Und ein großer Tor ist, wer Mich nicht zu seinem allerhöchsten Gute macht; auch er ist Meiner durchaus nicht wert und wird einst an der ewigen Armut dafür nagen müssen.

11] Dir aber, Meinem Knechte, sage Ich, daß du mit diesen dreien tanzsüchtigen Töchtern so lange nichts zu tun haben sollst, bis Ich es dir anzeigen werde. Auch sollst du derzeit keine Silbe mit ihnen wechseln. Denn sie haben dein Wort im Herzen verspottet, darum du nicht ihrer Sache warst.

12] Sonst, wenn diese drei nicht anwesend sind, kannst du wohl ins Haus des Ans. H. treten und dann der Häuslichen deinen Unterricht geben in der Tonsprache. Aber wohlgemerkt, zu einer andern Zeit nicht — auch nicht einmal über den Tisch — als bis Ich es dir anzeigen werde! Denn daß Ich das von dir fordere, geschieht aus Liebe für den Ans. H. und dessen Weib. Das ist alles, was da wohl zu beachten und zu berücksichtigen ist; und ohne dieses ist kein Heil! — Amen! Das sage Ich, die Ewige Liebe noch. Amen. Amen. Amen.

☆

Ermunterung eines ängstlichen Vaters

Am 18. Januar 1841, nachmittags

Das wenige sei noch hinzugesagt als eine Salbe von Mir Meinem lieben Anselm „Wortemsig" (denn das ist sein neuer Name in Meinem Buche!) — daß er sich nicht über die Maßen betrüben soll, so er Meinen Donner vernimmt, mit welchem gestern gesprochen wurde, auf daß sein ganzes Haus möchte alsobald geweckt werden. Denn Meine Wahrheit kommt allezeit unter großem Donner; aber Meine Liebe im sanften Wehen. Doch aber geht das eine wie das andere von einem und demselben liebevollsten heiligen Vater aus.

2] Wenn Ich aber zu dem Petrus sagte: „Weiche von Mir, Satan; denn du bist Mir ärgerlich, da du nicht trachtest nach dem, was Gottes ist, sondern nach dem, was der Welt angehört!“ — siehe, so hat dabei Petrus gewiß nichts verloren, sondern nur unendlich gewonnen — und blieb nachher Mein getreuer, steinfester Apostel!

3] Und siehe, Mein lieber Wortemsig, so Ich zu dir sagen möchte, was Ich zu Petrus gesagt habe, so möchtest du sterben vor Angst. Allein Ich kenne deine Stärke und gebe dir nach deiner Kraft zu tragen und will es ansehen, als wenn du vieles getragen hättest. Denn die Ich lieb habe, denen schicke Ich so manche kreuzigende Not und oft ein außerordentlich groß scheinendes Kreuz, so daß, der es ansieht, gewaltig davor erschrickt!

4] Aber Ich sage dir, daß das Kreuz nur so groß aussieht; es ist gar nicht so schwer! Denn es ist nur von Papier und von innen ganz hohl. Daher es auch gar leicht ist und ist nur ein „sanftes Joch“ und eine „leichte Bürde“.

5] Daher sei nur getrost! Sei ernst mit deinen Kindern und suche sie ohne Scheu auf Meine Wege zu bringen! Es wird dir darob kein Haar gekrümmt werden. Und verlasse dich in jeder Not auf Mich und tue das Deinige! Ich versichere dich, daß Ich getreu das Meinige nicht unterlassen werde.

6] Siehe, selbst in weltlichen Dingen, so du Not hättest, kann Ich dir geben zehnmal so viel, als du brauchst. Daher fürchte dich nicht, denn Meinetwegen wirst du niemalen zu kurz kommen! Daß eine kurze Zeit Mein schwacher Knecht sich aus Meiner Liebe zu dir und den Deinen zurückziehen muß, das ist nichts anderes als eine erste Hilfe von Mir zur Unterstützung deines Ernstes, und das nur auf eine sehr kurze Zeit, damit deine Kinder desto eher einsehen möchten, daß es Mir vollkommen ernst ist, sie alle für Mich zu gewinnen. Würdest du irgend gefragt ob solcher Zurückgezogenheit, so kümmere dich nicht der Antwort; denn Ich werde dir die Zunge lösen zur rechten Zeit.

7] Darum habe keine Furcht, Mein lieber Wortemsig! Denn Ich werde dich ewig nimmer verlassen! Ich, dein lieber Vater. Amen. Amen.

☆

Vereins- und Gesellschaftssatzungen

Am Sonntag, den 24. Januar 1841, nachmittags

Was die Gesellschaften betrifft, so ist es schon im Evangelium hinreichend gesagt worden, daß, wo zwei oder drei in Meinem Namen versammelt sind, Ich allezeit mitten unter ihnen bin. Daher ist es auch nicht unziemlich, wenn Menschen in Gesellschaften zusammentreten, um dadurch unter Meinem Beistande etwas Nützliches zu bezwecken.

2] Wo aber nun irgendeine Gesellschaft sich befindet, da ist es natürlich, daß, je nachdem die Gesellschaft irgendeinen Zweck vorhat, unter ihr auch diesem Zweck entsprechende Verhältnisse obwalten müssen und daß diese Verhältnisse von jedem Mitgliede der Gesellschaft als Gesetze oder, wie ihr zu sagen pflegt, als Statuten [Satzungen] zu beachten sind.

3] Es fragt sich demnach, wer da wohl die Gesetze oder Statuten entwerfen oder vorschreiben solle. — Da soll nun aus der Gesellschaft der verständigste, einsichtsvollste und erfahrenste Mann gewählt werden; und dieser nun auf solche Art gewählte „Vorsteher" soll dann sich zur Seite, nach Umständen des Gesellschaftszweckes, drei bis sieben „Beistände" oder „Räte" wählen. Und wenn nun ein solcher „Vorstand" zuwegegekommen ist, dann sollen erst die „Gesetze" oder „Statuten" von diesem Vorstande entworfen werden, die dem Zwecke entsprechen, dessen nützliche Realisierung sich die Gesellschaft vorgesetzt hat.

4] Diese Satzungen sollen dann jedem beitretenwollenden Mitgliede genau und anschaulich vorgelesen und erklärt werden. Und da soll dann kein beitretendes Mitglied irgend etwas einzuwenden haben; sondern, wenn es die Satzungen zweckvoll findet, so möge es beitreten, im Gegenteile aber sich auch nach eigener Willkür fernehalten. Und es soll wegen Gewinnung eines oder des andern Mitgliedes nichts mehr an den Satzungen verändert werden, sondern, wie sie ursprünglich gegeben wurden, so sollen sie auch fortbestehen, solange der Verein einer solchen Gesellschaft dauert.

5] Denn wenn, wie es gewöhnlich der Fall ist, nach Umstand der Sache und der eintretenwollenden Mitglieder, solche einmal gültig entworfene Satzungen bald hier, bald da eine Abänderung erleiden, so geben solche Abänderungen nur einen sprechenden Beweis, daß eine solche Gesellschaft auf schwachen und unverläßlichen Füßen beruht, die schon ein leichter Windstoß zum Wanken bringt. Denn neue Gesetze machen die bestehenden unvollkommen. Und wo immer durch ein neues Gesetz ein früheres gewisserart unterstützt werden muß, ist das ein Zeichen, daß das frühere Gesetz krank, gebrechlich und nicht viel nütze ist — woher es dann kommt, daß durch dergleichen Erneuerungen eine gesellschaftliche Anstalt oder ein zwecktunlicher Verein immer mehr in den Mißkredit hinabsinkt, sich endlich gänzlich auflöst und mit ihm auch die bezweckte gute Sache zugrunde geht.

6] Daher ist auch dieses das beste Grundgesetz zur Bildung irgendeiner zweckdienlichen Gesellschaft, daß da vor allem ein einsichtsvoller und wohlerfahrener Mann an die Spitze gewählt wird, dieser dann aber alsogleich das Recht hat, wie oben angezeigt, sich Helfer an die Seite zu wählen.

7] Wenn nun dieses bei der Bildung einer Gesellschaft beachtet und gehandhabt wird, dann wird die Gesellschaft einem Menschen gleichen, in welchem ebenfalls das empfindende, fühlende und den ganzen Lebensprozeß ordnende Herz sich lebendig in der Mitte des ganzen Organismus befindet und zunächst den ihn umgebenden Körper mit den nötigen Sinnen versieht und dieselben unterhält als gewissermaßen seine „Räte", durch welche Beschaffenheit dann der ganze Organismus des Menschen und durch denselben der Mensch selbst gar wohl erhalten wird.

8] Wie würde aber der Mensch als solcher fortbestehen, wenn in seinem Organismus fortwährend neue Anordnungen getroffen würden!? Würde da nicht jede Hand, jeder Finger wollen Ohren, Augen, Mund und Nasen haben!? Und wenn das, sofort nachgebend und alles gewährend, ginge — wie würde in kurzer Zeit der Körper des Menschen aussehen, da man nichts als lauter Herzen, Augen, Ohren, Nasen und Munde an ihm entdecken würde!

9] Sehet, wie es sich mit dem Menschen in dieser Hinsicht verhält, dessen Glieder alle eine wohlgeordnete Gesellschaft untereinander ausmachen, dasselbe soll auch von jeder schon gebildeten oder noch zu bildenden Gesellschaft genau beachtet werden!

10] Jedoch was die rein weltlichen Gesellschaften betrifft, deren Entstehen oder Bestehen keine andern als nur unterhaltende Zwecke hat, so finde Ich für derlei Gesellschaften kein anderes Gesetz als das einzige, daß sie weder entstehen noch bestehen sollen. Wo sie aber bestehen, da sollen sie kein Aergernis geben und wenigstens einer solchen Zucht entsprechen, daß ihr Beispiel nicht allzusehr die Menschen anlocke und von Meiner Ordnung abziehe.

11] Wo aber irgend neue Gesellschaften für solche irdische Unterhaltungszwecke sich bilden möchten, da sage Ich nur: Sie werden nicht gar zu lange mehr bestehen unter was immer für Satzungen. Denn Ich stehe vor der Türe und bin überladen mit allerlei Statuten für solche Gesellschaften und werde Mir voraus einen Engel senden, der Meine Ankunft verkünden und die Erde säubern wird mit seiner scharfen Sichel von dem Unkraute, das da allezeit dem freien Wachstume Meines Weizens hinderlich war.

12] Und dieser Engel wird auch ein großes Rauchfaß haben und wird mit demselben über die ganze Erde einen schrecklichen Rauch machen, auf daß alle Pest auf derselben in dem Rauche zugrunde gehen muß. — Verstehet aber wohl, was da unter der „Sichel" und unter dem „Rauchfasse" verstanden wird! Nämlich, wer nicht Weisheit besitzt, der soll wissen, daß die Sichel das „Schwert" und das Rauchfaß das „scharfe Geschütz" bedeutet.

13] Sehet, mit solchen Statuten werde Ich die Welt ihrer unterhaltenden Gesellschaften und vieler andern, dadurch entstandenen Uebel wegen alsobald und unverzüglich heimsuchen. Jedoch soll Mein Engel mit der Sichel und dem Rauchfasse die Häuser derjenigen verschonen, die ihres Hauses Türpfosten mit dem Worte Meiner Liebe und Meiner Erbarmung gesalbet haben. Denn Mein Wort ist eine große Gnade für den, der solches empfängt, und ist für die Pfosten der Türe ein gutes Salböl. Es wird der Engel an der Türe versuchen, ob sie knarret am Pfosten. Wo sie knarren wird, da wird der Engel das Haus bis auf den Grund niederreißen. Da sie aber sanft aufgeht, da wird das Haus verschont werden, und zwar aus diesem Grunde:

14] Wenn Ich nämlich komme, da werde Ich kommen gleich einem Diebe und Mich in aller Stille in das Haus schleichen. Daher müssen auch alle Pfosten wohl geschmieret sein. Denn wo die Türe knarrt, da gehe Ich nicht hinein. — Das Herz aber ist die Türe! — Wenn dieses voll Angst, voll Ungeduld, Furcht und Murren, Untreue, Zwiespaltigkeit und dergleichen Untugenden mehr sich bei Meiner Ankunft Mir unausweichlich wird offenbaren müssen — höret, da wird der „Dieb" sich alsobald entfernen und nicht einziehen durch eine solche verwahrloste Türe! Und noch weniger wird er je mehr dahinkehren als der große Statutenbringer des ewigen Lebens!

15] Denn wahrlich, wo irgendein Mensch ist, da ist er ja nicht allein, sondern eine ganze Gesellschaft ist mit ihm. Und da bedarf es am meisten eines Hauptgesetzgebers, damit die Gesellschaft eins werde unter sich und dieses Eins sei ein Leben aus und in Mir. — Wenn aber irgendeine Gesellschaft oder ein Mensch in beständiger Angst schwebt zwischen Mir und der Welt, denen will Ich ja recht gerne ihren Weltfrieden gönnen und Mich mit Meinen Statuten des ewigen Lebens zurückziehen. Und da mögen dann wohl wieder Gesellschaften der Weltunterhaltung gebildet werden. Allein Ich werde da nimmer den Friedensstörer machen und nicht eher wiederkommen, bevor Mein Engel mit der Sichel und mit dem Rauchfasse erschienen ist! — Das sage Ich, der vor der Türe steht. Amen!

☆

Vom wahren Priester, Arzt und Hirten

Licht und Trost für Schwache

Am 25. Januar 1841

Da schreibe ein kleines Wort voll höheren Trostes an die Seele, die da stets kranken Herzens ist und sich in ihrer Schwäche weder zu raten und noch weniger zu helfen weiß. Sie hat sich ohne Meinen Rat und ohne ein ausdrückliches Begehren des besseren Teiles der kirchlichen Priesterschaft durch eine unnötige Beichte (oder sonst kirchliche, priesterliche oder doktrinäre Influenz) in eine Spalte geklemmt, deren Zusammendruck ihrem weichen Herzen eine sehr beklemmende üble Sache machte. Dadurch gleicht sie einem Kranken, zu dem zwei Aerzte kommen, welche feindselig gegeneinander fahren, da sich der Kleine gegen den Großen auflehnt, indem er keine Einsicht von der Art und Weise hat, wodurch der Große mit großer Leichtigkeit und Sicherheit seine Kranken heilet; während der Kleine vorgibt, daß nur er die wahre Universalmedizin besitze, an deren einzig und allein zu heilen vermögender Seite alles andere eitel und verdammlich ist.

2] Dieser Kranken sage, daß nur Ich der einzig und allein rechte Arzt bin und frei helfen kann, wem Ich will und daß Ich Mich ewig nimmer binden lassen werde von irgendeinem gallsüchtigen Kleinpriester, dem viel mehr eine vermeintliche Verkümmerung seiner geistlichen Autorität als das wahre Seelenheil seiner sogenannten „Beichtkinder" am Herzen liegt.

3] Siehe, solche Mietlinge stehen Meiner Herde nicht wohl an! Sie wehren die Wölfe von den Schafen nur der Wolle, aber nicht des geistigen Lebens der Schafe selbst wegen ab. Der „rechte Hirte“ dagegen weidet und schützt die Schafe ihres Lebens wegen, da sie Sein Eigentum sind, und kümmert sich weniger um die Wolle, wohl wissend, daß das Leben, wenn es gewonnen wird, auch sicher die Wolle mitbringen wird.

4] O blicke du nur hinaus in Meine große Schöpfung! Siehe, dieses alles besteht aus Meiner Liebe und Weisheit, Erbarmung und Gnade! Meinest du wohl, daß Ich solches durch die vermeintliche priesterliche Gewalt und Zulassung tue und so die Erde und alle zahllosen Welten erneuere, erhalte und allenthalben bevölkere!? Oder muß Ich etwa einen Priester fragen um die Erlaubnis und um einen Rat, mit wie viel Licht Ich die Sonne versehen solle, und wann sie auf- und niedergehen möchte!? Oder welcher Priester hat sich denn mit Mir ans Kreuz schlagen lassen!? Oder haben damals nicht vielmehr eben gerade Meine Priester solches an Mir getan und Mich gelästert, als ob Ich vom Teufel wäre gegen ihr vermeintliches Reich Gottes, welches unter solchen Mietlingen vielmehr ein Reich des Satans geworden war und zum Teile nun wieder ist!?

5] Oder, wenn ein Mensch lebt, lebt er aus Mir oder dem Priester? — Ich sage dir, daß Ich ein vollkommen freier und über alles mächtiger Herr, Gott und Vater bin und hange nicht im allergeringsten ab vom Priestertume und kann allein Jedwedem seine Sünden vergeben, der sich reuig in aller Liebe zu Mir wendet; denn Ich bin auch ein Herr über alle Sünder! Und so Ich jemandem seine Schuld nachsehen will, vermöge seiner vollen Sinnesänderung — siehe, da stehe Ich auch gar nicht an auf eine aus törichten Gründen vorenthaltene Absolution eines „wolleverkümmert“ sich wähnenden Priesters!

6] Denn wahrlich, so Ich gar bald wiederkommen werde, da werden mich Hunde und Katzen eher erkennen als solche herrschenwollende Priester, denen allezeit nur an der Wolle gelegen war, so oder so, aber niemalen oder wenigstens sehr selten am Leben selbst!

7] So dir aber irgendein Priester nicht möchte seine wenig sagende Lossprechung erteilen, so gehe zu einem zweiten, dritten usw. Und solltest du keinen finden, der dich losspräche, alsdann komme nur getrost zu Mir und gedenke des verlornen Sohnes und sei versichert, daß Ich als wahrer, heiliger, bester Vater Meine Kinder gewiß eher denn alle die herzlosen Mietlinge in Mein Haus und Herz mit offenen Armen aufnehmen werde!

8] Daher sei ohne Sorge in dir und folge Mir! Und Ich werde dich ewig nicht zugrunde gehen lassen! — Kehre nur deine Kindlein emsig zu Mir, wozu Ich dir schon an der Seite stehen werde! Und denke, daß der Herr aller Schöpfung auch noch viel mehr ein Herr des Geistes ist und tun kann, was Er will.

9] Siehe, Ich führe dich und werde dich ewig führen! Daher kümmere dich nicht so sehr der blinden Leiter! — Amen! Das sage Ich, dein lieber, guter Vater, dich segnend, Amen, Amen!

☆

Vertrauen zum himmlischen Vater

Am 26. Januar 1841

Der Mensch ist ein Denker, doch Ich nur ein Lenker.
Der heiterste Morgen bringt jedem noch Sorgen.
Doch wem da beschieden der Abend im Frieden,
der denke am Ziele: Es war so Mein Wille!

2] Schreibe nur zu und verkünde Meinen Rat dem bekümmerten Anselm „Wortemsig", daß er nur ganz allein auf Mich vertrauen und Mir volltrauen solle! Denn Ich weiß es allezeit am besten, wo jemanden der Schuh drückt, und bin auch ein sehr verläßiger Wegweiser. Mir sind alle Wege wohl bekannt. Und Ich bin der nächste und kürzeste Weg Selbst! Wer darauf wandeln wird, der wird das rechte Ziel nicht verfehlen ewiglich! Denn wen Ich führe, der hat wahrlich einen sicheren Geleitsmann. Und wer auf Meinen Wegen wandelt, der verfolgt ein sicheres Ziel, ja ein Ziel, das ein Ziel aller Ziele ist. Denn Ich bin der Wegweiser, der Weg und das ewige, lebendige Ziel Selbst!

3] Siehe daher, Mein lieber Wortemsig, du sorgst und bekümmerst dich eitel, wenn du Mich liebst, treu rufst und ungezweifelt glaubst, daß Ich, dein allmächtiger, großer und heiliger Vater, es bin, der dir solches durch diesen Meinen Wortschreiber sagen läßt. Tue daher nur soviel als du magst und kannst, alles übrige überlasse im vollsten Vertrauen nur Mir! Und du kannst versichert sein, daß Ich alles zu einem gerechten Ziele führen werde.

4] Wahrlich, so du Mich eine Stunde lang geliebet und ebenso lange Mir vertraut hast, so hast du mehr getan, als so du dich zehn Jahre vergeblich sorgtest und in solchen Sorgen für nichts und um nichts gar oft von Meinen Gnadenwegen dich abwendetest!

5] Sage, magst du wohl allen deinen Kindern eine Elle hinzufügen? Oder vermagst du die Schwachen zu stärken und die Starken zu schwächen? Oder vermagst du wohl die Kleinen groß und die Großen klein zu machen, oder daß die Blinden sehend und die Sehenden blind werden, die Tauben das Gehör erhalten und die mit offenen Ohren doch nichts hören und verstehen?

6] Siehe, Ich bin ein Herr über Lebendige und Tote! Und so hört der Lebendige allezeit Meine Vaterstimme, versteht sie und kehret sich danach. Aber auch den Toten kann Ich Mich als Herr mit Meiner Donnerstimme allerschütternder Macht gar wohl verständlich machen, wenn es an der Zeit ist. Und es müssen Mir gehorchen die ganze Erde, der Mond und all die Sonnensterne und all das Weltgetümmel um sie!

7] Siehe, so aber solches alles und zahllos mehreres, vom Kleinsten bis zum Größten, abhängt von Meinem Willen, und du aber freiwillig hängest mit deinem Herzen an Meiner Vaterliebe, die da ist der ewige Ursprung aller Dinge — wie kann dich dann noch etwas bekümmern, so du Meiner Liebe allezeit versichert sein kannst, sein sollst und nun auch über alle Maßen wahrhaft bist!

8] Siehe an Meinen Knecht — er hat kein Vermögen, als das von Mir! Und doch sage Ich dir, daß er in seiner Armut reicher und glücklicher ist, als einer, dem alle Schätze und Wissenschaften der Erde zu Gebote stünden!

9] Siehe, die Ich versorge, die sind wohl versorgt, zeitlich und um desto mehr noch ewig, und werden bei Meiner Kost gar wohl aushalten! Und Mein Amt wird ihnen keine Amtsstunden vorschreiben, sondern die seligste Freiheit ihrer Liebe. Amen.

☆

Besessenheit

Am 30. Januar 1841

Bitte des Knechtes: „Herr, Dein Wille geschehe! Du weißt, wonach mich verlangt, auf daß Dein Name allezeit möchte im Geist und in aller Wahrheit geheiliget werden!"

So schreibe nur [ein Wort über das], was dich bedrückt! Denn es gibt Besessene gerade in dieser Zeit so viele, daß dieser beklagenswerte Zustand der Menschen in allem Ernste „normal" geworden ist.

2] Siehe, wenn der Leib hie und da krank geworden ist, so hat dies darin seinen Grund, daß durch irgendeinen Umstand fremdartige Teile in denselben gekommen sind. Sodann bemüht sich der Leib in seiner organischen Tätigkeit, diese fremden Stoffe (mittels des Nervengeistes) hinauszuschaffen. Allein es ist hier der Fall wie bei jemandem, der da ohne irgendein Hindernis in ein künstliches Labyrinth geraten ist, daraus er sich nicht so leicht wieder finden kann, wie er hineingekommen ist. Und so kann denn so ein fremdartiger Teil ebenfalls auch nicht so leicht wieder aus dem Leibe geschafft werden, wie er hineingeraten ist.

3] Wo aber dann im Leibesorganismus ein solcher Fremdteil sitzt, da hemmt er die ordnungsmäßige Tätigkeit der Organe und verursacht allerlei Störungen im Kreislaufe des Blutes und aller aus demselben entspringenden Säfte. Und so dann dadurch diese nicht zur rechten Zeit zur Sättigung zu den bestimmten Organen gelangen können, so werden die Organe dann hungrig, schrumpfen zusammen und verursachen ein krampfhaftes, schmerzliches Ziehen, werden matter und matter; und schließlich wird der Leib völlig abgespannt, und die Organe verlieren alsobald samt der Elektrizität ihre elektrische Spannkraft. Und die Folge davon ist, daß der Leib dadurch hinfällig und krank wird.

4] Es sind solche fremdartige Teile, als z. B. Gifte aller Art, in allen Elementen. Und sie können in den Leib auf verschiedene Weise gelangen, entweder durch den Mund, die Nase, die Ohren, die Augen wie auch durch die Poren der Haut.

5] Dann gibt es neben den Giften aller Art auch sogenannte Kontagien, welche durch die Berührung oder oft schon durch bloße Annäherung, gleich einem Sauerteige, durch die Poren in den Leib dringen und demselben sich zu assimilieren anfangen, wodurch derselbe dann oft sehr gefährlich krank wird, weil dann der Leib eine ganz fremde Beschaffenheit anzunehmen genötigt ist. Und wenn da nicht schnelle Hilfe geleistet wird, so ist es mit dem Leibe unfehlbar geschehen.

6] Weiter gibt es noch eine dritte Art der Entstehung der Krankheiten, nämlich gewaltsame Verletzungen, welche ebenfalls störend und oft tödlich auf den Organismus einwirken. Und zwar versteht sich von selbst, daß es da zweierlei Verletzungen geben kann, entweder äußere oder innere.

7] So ist also, kurz gesagt, eine wie immer gestaltete Krankheit des Leibes demnach nichts als ein Besessensein desselben von fremdartigen, dem Leibe nicht entsprechenden Elementen!

8] Obschon zwar der Leib alle Elemente naturmäßig in sich begreift, so ist aber [im Gesundheitszustand] von jedem doch nur soviel da, als es der Naturordnung gemäß ist. Demnach besteht die Fremdartigkeit in den unverhältnismäßigen Proportionen, d. h. im ungeteilten Zuviel oder, unter anderen Umständen, im Zuwenig.

9] Siehe nun, so da irgendein Mensch schon von der Geburt aus verdorben wird, da schon vermöge des unordentlichen Lebens der Eltern demselben fremdartige Teile eingeboren werden, so nennet ihr ein solches Uebel [„angeerbt“ oder] „chronisch“. Und wenn aber ein solches Uebel sich dann auf eine ganze Generation übergehend erstreckt, da, sage Ich, wird ein solches Uebel „normal“ [1] und ist auf natürlichem Wege nicht mehr aus dem Leibe zu bringen, sondern nur durch Mich, auf dem Wege des Wunders, was dann eine Gewalttat von Mir ist, da Ich dann durch Meine allerbarmende Liebe gegen Meine Ordnung zu handeln gezwungen werde. — Andernfalls muß das Uebel völlig ausgezeitigt werden und zeigt sich dann auf dem Wege von allerlei Aussatz und allerartigen bösen Fiebern und Seuchen, wo es dann, sich selbst empfehlend, den betreffenden Menschen reiniget, oft aber auch, im zu heftigen Auftreten, denselben wie auch ganze Generationen mitnimmt und so dem Arzte hernach die Regel zeigt, daß es gegen so alte Schäden nicht gar viele heilende Mittel gibt.

10] So aber jemand erfahren möchte, ob auch in ihm ein heimlich schweigendes, angeerbtes, chronisches oder ein selbsterworbenes Uebel

[1] d. h. es verbindet sich mit der Natur des Menschen so sehr, daß es nicht mehr als unnormal bemerkt wird.

sei, so darf er nur recht fasten und bei solcher Diät dann und wann ein sparsames Medikament, natürlich in entsprechender Art, zu sich nehmen, so werden sich bald melden: unter den Nerven die angeerbten, in den Gliedern die chronischen und in den Eingeweiden die selbsterworbenen Uebel. Und es ist das der Weg der sogenannten Homöopathie, die bei den Uebeln erster Art auch vorzuziehen ist.

11] Nun sehe, da Ich dir hier gezeigt habe des Leibes Besessensein, so habe Ich dir auch gezeigt das geistige Besessensein der Menschen. Denn es verhält sich mit dem geistigen gerade also, wie mit dem leiblichen.

12] Und es ist solches Besessensein darob nun so normal geworden, daß es die Menschen gar nicht mehr merken, welch scheußlichen Mutwillen die bösen Gäste mit ihnen treiben. Ja, so sehr sind die Menschen jetzt „besessen", daß in ihnen das Bösgeistige und ihr Eigenes völlig eins geworden ist. Da spricht der böse Geist nur für sein Haus und das Haus für seine schnöde Wohnpartei.

13] Denn da sind Tanz, Hurerei, Groll, Schelten, Fluchen, Rauben, Stehlen, Lügen, Stolz, Hochmut, Prahlerei, Ehrabschneidung, Neid, Geiz, Hoffahrt, Fraß, Völlerei, Spott und Hohn gegen alles Mich betreffende, Pracht, Mode, Luxus und dergleichen Eigentümlichkeiten nichts als vollkommene, untrüglichste Zeichen des allerintensivsten Besessenseins.

14] Wer es nicht glauben will, der versuche nur schnell die empfohlene Diät des Geistigen in der Selbstverleugnung und nehme mehrere kleine Dosen Meines Wortes ein, und wahrlich sage Ich, er wird sich bald überzeugen, welch ein „Herr" da in ihm wohnet. Und wird dieser durch Mich hinausgeschafft, dann werden diese Bestien gleich die ganze Welt gegen einen solchen Befreiten reizen.

15] Wer daher nicht glauben möchte diesem Worte, der versuche nur die „Homöopathie des Geistes", und er wird sich alsobald überzeugen, daß Ich, die ewige Wahrheit, treu bin in jeglichem Meiner Worte.

16] Aber es ist die allgemeine Auszeitigung nicht mehr ferne! — Dann dreimal wehe dem Inhaber solcher Güter! — Amen. Das sage Ich, die urewige Wahrheit Selbst!

☆

Die wilde Jagd

Am 1. Februar 1841

Ein Nachtrag über das Besessensein! — Doch so Ich dir hier für die Menschheit Schauerliches im Vollmaße verkünden werde, so denke, daß Ich es bin, dem alle Dinge möglich sind!

2] Wenn irgend bei einem Menschen, der sonst fromm und tugendhaft ist, sich böse, fremde Wesen entweder durch Gebärden, und zwar sogleich wohl erkennbar, oder auch bei besonderen Fällen, in fremdartigen Stimmen durch allerlei, mit Hohn und Spott lästernden Reden zu erkennen geben, da sie den armen Besessenen martern, schlagen und hin- und herwerfen, so hat diese Erscheinung einen dreifachen Grund.

3] Wenn da gefragt würde: wie kommt so ein unschuldiger Mensch zu solcher Qual, warum und wann? — da denke dir zuerst:

4] Wenn ein Reh auf der Jagd erlegt worden ist, so wird nach demselben nicht mehr gejagt werden, da wird das Erlegte nach Hause getragen als Beute der Jagd. Wo aber ein Wild von den Hunden noch im Forste gewittert wird, siehe, da geben die keine Ruhe dem Wilde und verfolgen es unausgesetzt, auf daß sie es brächten vor des Jägers tödliches Gewehr, um dann wieder frisches Blut zum Lecken zu bekommen. — Und dann hat fürs dritte jeder Weidmann aber auch seine Zeit und beobachtet die Reife des Wildes und schonet es zuvor sorgsam und verhütet das Gebell der Hunde, um das Wild nicht aus dem Forste zu schrecken. Das Wild aber ist schuldlos, denn es vermag nichts zu merken von des Weidmanns Tücke. Und oft geschieht es, daß es ein dummes Wild ist und bleibet wie gefesselt im dunklen Revier des Todes und läßt sich erjagen von den Hunden und töten vom Jäger.

5] Siehe hier das Bild — und wisse, daß der Fürst der Finsternis unablässig Jagd macht auf alle Menschen und sie sämtlich als das Wild seines großen Revieres betrachtet. Und war er früher nur ein Raubjäger, so hat er sich aber jetzt auf eine kurze Zeit zum Jagdinhaber aufgeworfen und weiß daher sein Wild zu schonen bis zur bestimmten Zeit, da er dann wieder eine große Treibjagd gibt, um mit reicher Beute beladen heimzukehren.

6] Solche „Jagdzeiten" aber sind vorzugsweise jene öffentlichen Belustigungen, Krieg, Zwietracht, Hurerei und dergleichen mehreres.

Und da sind die Tänzer, Krieger, Neider, Hurer und so fort nichts als gehetztes „Wild". — Wohl denen, die sich noch frühzeitig vor der Hetzzeit in Mein Revier geflüchtet haben, so ihnen die Ahnung oder Meine fernrufende Stimme verkündete, was da kommen wird gar bald über den Forst des Satans! — Wehe aber den Gehetzten, wahrlich sage Ich, des Beute sie geworden sind, des sollen sie auch bleiben!

7] Wehe den Musikern, die da stoßen gar eifrig Tag und Nacht in die Jagdhörner des Satans, um das Wild zu betäuben und zu hetzen zu dem tödlichen Feuerrachen des Fürsten aller Teufel! Höret, ihr getreuen Söldlinge des Satans, die ihr die Sprache des Himmels stoßet in die Posaune des Todes, euer Lohn wird groß werden im Reiche dessen, dem ihr so getreu dienet!

8] Höre, du Mein Schreiber, solche können nicht besessen werden, da sie ohnehin selbst zum Jagdgefolge des Satans gehören. O zweifle nicht, daß es also ist, denn die Tanzmusik ist eine trügerisch feine Stimme des Satans und gleichet dem Gesange der Sirenen, von dem die Alten gar weise fabelten. Wer aber solche Stimme führt, ist kein Besessener mehr, sondern einer, der da selbst fangt und Besitz ergreift.

9] Wehe euch Tanzmeistern und Vortänzern, Ballgebern und Ballmeistern, auch ihr gehöret gleich den Musikern zum Jagdgefolge des Satans und seid wohl brauchbare Schuß- und Treib-Teufel selbst! Euch brauche Ich nicht euren Lohn für dereinst auszusprechen, denn in dessen Amte ihr stehet, der wird euch euren Sold schon ohnehin wohl ausgemessen haben! Ihr seid fleißige und gar treue Diener eures Herrn; jeder Arbeiter aber ist ja seines Lohnes wert! Und so könnet ihr wahrlich ganz vollkommen versichert sein, daß ihr dereinst, und zwar bald schon in der letzten Zeit der großen Lohn- und Preisverteilung durchaus nicht zu kurz kommen werdet! Denn wahrlich, es wird da gehen nach Meinem Ausspruche, und der möchte euch wohl ein sicherer Bürge dieser Verheißung sein!

10] Siehe, du Mein Schreiber, auch diese sind und werden nicht besessen, sondern überdenke diese Art Menschen wohl, und du wirst gar bald finden, daß sie nichts als Mammons wohlgeschmeidige Diener sind, denen es mit wohlleserlicher Schrift auf der Stirne geschrieben steht: „Erlaubet es uns und gebt uns Geld, und wir wollen euch die ganze Welt vergiften und Tanzsäle errichten, in denen Sonnen ihren Auf- und Niedergang feiern mögen und Erden gleich Erbsen herumkugeln!“ O siehe, für so große und herrliche Pläne wird dereinst ja auch ein gar großer Preis und Lohn folgen müssen! Denn wahrlich, an solchen großdenkenden Geistern leidet der Himmel die größte Armut!

11] Wehe euch Schülern solcher Meister! — Wahrlich, Ich sage euch, der Fürst der ewigen Nacht hat eure Namen getreu eingetragen in sein großes Buch des Todes. Und der Engel Meiner Gnade hat dafür gleichzeitig dieselben ausgelöscht aus Meinem Buche des Lebens. Und darob werdet ihr einst zu denjenigen gezogen werden, die da sagen werden: „Herr, Herr, wir haben ja Deinen Namen angerufen, wir haben geglaubt, daß Du der lebendige Sohn Gottes bist, haben wir auch keine Wunderfrüchte des Glaubens getragen, so haben wir aber doch geglaubt und waren Zeugen Deiner Gnade und wirkten in der Macht Deines Namens all unser Tun, da wir wohl wußten, daß ohne Deinen Willen ja nicht einmal ein Sperling vom Dache zu fallen vermag!“

12] Ich aber werde dann so frei sein und werde ihnen keck und trockenweg entgegnen: „Weichet von Mir, ihr Verfluchten und Gehetzten, Ich habe euch noch nie als Mein Eigentum erkannt: Meint ihr, daß Ich ein Räuber und Dieb bin und Mir fremdes Wild zueignen möchte!? Das sei ferne! Dem ihr zu eigen geworden seid, dahin kehret, damit euch euer Preis werde! Denn Ich kenne euren Inhaber, und Meine Gerechtigkeit gehet weiter als ihr es denket. Und darob soll des Satans sein, was er sich erworben hat, und Mein das nur, was von Meiner Stimme gelockt, früh genug Mein Revier betreten hat.

13] Es soll dereinst der große Fürst des Todes, dem ihr euch zu eigen gemacht habt, keine Sache wider Mich haben, als wäre Ich je ungerecht gegen ihn gewesen. Sondern da soll dann das Seinige ewig[1] sein und das Meinige ewig Mein verbleiben — und zwar das Seine in des Gerichtes und aller Verdammnis Feuerqual mit und bei und in ihm, wie das Meinige in des Lebens höchster Seligkeit und Wonne mit, bei und in Mir!“

14] Siehe, du Mein Schreiber, diese [„Schüler“] gehören schon zu den Besessenen. Denn wer da besitzt das Gebiet, dessen ist auch das [, was]

---

[1] ‚ewig‘, d. h. so lange, als ein gefallenes Wesen kraft seines freien Willens in seiner Widerordnung verharrt (vergl. ‚Robert Blum‘, Bd. 2, Kap. 226, 8 ff.). D. Herausg.

darauf Wohnung macht. — So aber jemand zur rechten Zeit der Freilassung, welche die kurze irdische Lebenszeit ist, das böse Gebiet freiwillig und gänzlich verläßt und kommt zu Mir, um auf Meinem Revier Wohnung zu machen, den werde Ich aufnehmen und ihn zu Meinem Eigentume machen. Und Ich werde Mein Gebiet wohl zu verschanzen wissen vor den Feinden und [unbußfertigen,] gehetzten Ueberläufern, auf daß Mein Gebiet ein geheiligtes bleibe und Meine Einwohner völlig gesichert seien.

15] Höret aber alle, ihr Gehetzten, das ist Meine Stimme: Wahrlich, sage Ich euch, ihr werdet nicht hineingelassen werden auf eurer Flucht in Mein Gebiet! Denn dessen Name einmal eingetragen wurde ins Buch des Todes, für den werde Ich nimmerdar streiten und widerrechten![1] Denn es soll ewig das Recht des Grundbuches von Mir gar sehr berücksichtigt werden.

16] Zu dieser Klasse sollen auch gerechnet sein alle Mode- und Luxus-Händler, alle die Fabrikanten solcher Scheusalsdinge des Satans und auch alle jene, die dergleichen anrühmen, verteidigen, gutheißen und sogar oft wohlmeinend fördern, wie auch alle jene, die daran teilnehmen und Geschmack daran finden. Und so auch wehe dereinst jenen, die dergleichen wohl verhindern mochten und es nicht taten aus zeitlichen Interessen! Alle diese sollen nie[2] zu Meinem Eigentume werden, wie auch jene nicht, die diesem Worte nicht glauben werden, auf daß sie gerettet werden möchten.

17] O zweifle nicht, du Mein Schreiber! Es ist also! Und es werden einst gar viele kommen hin zu Meinem Gebiete und werden da [ohne innere Buße] Meinen Namen anrufen. Aber wahrlich sage Ich dir, sie werden nicht hineingelassen werden. Und siehe, da wird dann viel Lästerns und Verwünschens vorkommen und werden sich da viele anklammern an das Holz Meines Forstes, um es aus Rache zu verderben. Allein das Mark Meines festen Holzes werden sie nimmer erreichen. Und so Ich alsobald die Bäume Meines Forstes werde reinigen lassen, siehe, da bin Ich ein guter Förster und werde die Aeste schon wieder zurechtbringen.

18] Und daß Ich solches dulde und Selbst aber keine Eingriffe in des andern Eigentum mache, geschieht, daß dereinst, wie schon gesagt, Mein Feind Mich nicht der leisesten Ungerechtigkeit beschuldigen kann. Daher suche Ich auch niemanden [mit Zwang und Gewalt] und

[1] solange er nicht eine wahre Herzensumkehr macht! D. Herausg. — [2] Siehe Fußnote [1].

will nicht jemanden bereden zu Mir, sondern wer da kommt, Mich suchet und pochet an der Türe Meines Gebietes zur rechten Zeit, und zwar laut schreiend und mit aller Gewalt pochend und reißend an der Türe Meines Gebietes, dem will Ich die Türe öffnen und ihn wohl aufnehmen.

19] Aber wer da zur rechten Zeit nicht kommen und nicht schreien und gewaltsam pochen und reißen wird an der Türe, wahrlich sage Ich dir, um dessen Besitz werde Ich mit Meinem Feinde nicht rechten, sondern was da kommen wird über Meinen Feind, wird auch kommen über sein erworbenes Eigentum!

20] Wie aber da gekommen ist der Tod durch den Einen[1] und wieder das Leben durch den Einen[2] — so wird am Ende auch das Gericht gehalten werden gegen [jenen] Einen und alles wird gerichtet werden durch diesen Einen! — So aber der Fürst der Welt gerichtet wird von dem ewigen Sohne des Vaters, da wird dann auch all sein Eigentum gerichtet werden mit und in ihm. Denn so ihr einen Verbrecher richtet, richtet ihr da nicht zugleich dessen Eingeweide? Und wird sich ein Glied lebend erhalten, wenn der Verbrecher getötet wird?! — Siehe, desgleichen wird auch dereinst, und zwar nicht gar zu lange mehr, geschehen!

21] Ueberdenket wohl, was Ich hier gesagt habe! Ich habe noch vieles verschwiegen, doch lasset das Ueberflüssige! Es soll da noch ein Nachtrag folgen! — Amen. — Das sage Ich, die Ewige Liebe! Amen.

☆

Von den Arten der Besessenheit

Am 2. Februar 1841

Das Folgende sei der Schluß-Nachtrag über das Besessensein! — Und so du auch hier im allgemeinen wenig Tröstendes finden wirst, sondern Schauderhaftes über Schauderhaftes und Schreckliches über Schreckliches, ja so du vernehmen wirst darinnen den Donner vom großen Gerichte nicht mehr ferne erdröhnen, so denke, daß Ich die Ewige Liebe bin, der alle Dinge möglich sind! Denn Meine Wege sind unendlich und Meine geheimen Ratschlüsse unerforschlich!

2] So du hier aber willst der Welt wegen Fragen stellen, so sollen sie geschrieben sein, und das sei dir gestattet! Doch so du fragst, da frage bescheiden und verständigen Herzens.

---

[1] Luzifer. [2] Christus.

Frage: „O Herr, in welcher Ordnung kommt denn hernach das Besessensein vor, und gehören die Besessenen des Alten und Neuen Testamentes wie die der neueren Zeit, deren Justinus Kerner und Professor Eschenmayer erwähnen, auch in die Ordnung der von Dir bezeichneten Besessenen?"

3] Antwort: Siehe, die ersten [vom Jagdgefolge Satans] sind die Locker in jeder böswilligen Absicht, und von den Lockern diejenigen voran, deren verführendes Unternehmen am lockendsten, reizendsten, dabei aber so gar geziemend und wohlanständig sittlich erscheint, daß demnach durch solchen feinen Betrug des Satans die Menschheit ordentlich gezwungen wird, sich von solchen Unternehmern ins ewige Verderben ziehen zu lassen.

4] Zu dieser ersten Klasse gehören demnach alle die Modisten im ausgedehnten Sinne, dann alle Tanz- und Ballgeber, dann alle Tanzmusiker, dann alle Tanzlehrer, Tanzmeister, Vortänzer und Vortänzerinnen, wie auch die sogenannten Frei- oder Ballett-Tänzer, wie auch alle jene, die diese Vexier-Kunst des Satans anrühmen, gutheißen und sie mit Wohlgefallen betrachten, und endlich auch noch diejenigen Jünglinge und Mädchen, deren Herz daran hängt.

5] So du aber in dir sagen möchtest, dich wundernd, warum der Tanz denn gar so eine gefährliche Hauptsache des Satans sein kann, und solle der Mensch denn auf der Welt niemals sich lebensfroher und heiterer Stunden erfreuen? — Darauf gebe Ich dir zur Antwort:

6] Höre, hast du denn niemalen vernommen, auf welche Art der schlaue Fuchs die Hühner von den Bäumen lockt und die Schlange die zarten Vögelein in ihren Rachen? Siehe, der Fuchs wirbelt unter dem Baume, und die Hühner schauen unbesorgt dem lustigen Patrone zu, werden endlich schwindlich und fallen dann vom Baume in seine Klauen. Und so auch ringelt die Schlange im Grase, da sie die Vögelein wohl sehen mögen; und so sie diese vergnügt schauen, verlassen sie alsobald ihre Zweige und fliegen ihr schnurgerade in den Rachen! — Siehe, geradeso auch lockt diese unterhöllische Vexierkunst des Satans die Menschen vom heiligen Baume des Lebens! Mehr brauche Ich dir nicht zu sagen!

7] Was aber die „heiteren und lebensfrohen Stunden" betrifft, da sage Ich dir nichts als das: Werden außer Mir lebensfrohe und heitere Stunden gesucht, siehe, da muß Ich als Allwissender dir offen gestehen, daß Ich da wahrlich nicht weiß, ob solche außer bei Mir noch irgendwo zu finden sein werden. In Meiner heiligen, unendlichen Allheit gibt es keine solche! Und somit dürften solche lebensfrohen und heiteren Stunden wohl nur künstliche Griffe des Satans sein, die da gleichen den reizenden Genüssen in eitlen Träumen, durch welche die ganze Natur verderblich betrogen wird. — Wem Ich als größte Erholung nicht genüge, der ist wahrhaft ein Sohn Meines größten Feindes.

8] Und so kommen ferner, der Ordnung nach, die Inhaber von Huren- und Spielhäusern, wie alle Kuppler und Spielverdinger, und so auch alle Hauptteilnehmer und Unterstützer und Protektoren solch höllischer Löblichkeiten des Satans. Dann alle Ränkeschmiede, Kriegsstifter und Volksaufwiegler und Verräter. Wehe ihnen, denn ihr Lohn wird sehr groß werden!

9] Und endlich gehören dazu alle Geizigen, Wucherer, Neider, Heuchler, Schmeichler, Betrüger, Lügner, Ehrabschneider, Lästerer Meiner Gnade, Diebe, Räuber, Mörder in geistiger und leiblicher Hinsicht, und so auch alle Selbstmörder.

10] Siehe, alle diese gehören der Ordnung nach sämtlich zum Jagdgefolge des Satans und sind, bis auf einige der zuletzt genannten, kaum mehr besessen, sondern sie gehören zu den selbst Besitzenden, Treibenden und Ziehenden und stehen alle Nummer eins.

11] All das „Wild" und besonders alle „Bäume", das „Gras" des bösen Forstes sowie der tragende „Boden" gehören samt und sämtlich zu den Besessenen und sind und stehen unter der Nummer zwei.

12] Solche werden hart genesen! Und die „Bäume", das „Gras" und der „Boden", als das Leibeigentum des Satans, schon gar nicht; denn solche haben sich schon begründet in alledem und stehen fest in allem Falschen aus des Satans Bösem; wehe ihnen, sie werden nicht entrinnen dem bald folgenden Weltbrande! — Dem „Wilde" aber soll noch eine kurze Gnadenzeit verliehen sein, doch zur Hetzzeit und zu der dieser folgenden Zeit der Flucht, höre, wird niemand mehr erhört werden und Einlaß bekommen in Mein heiliges Revier!

13] Was jedoch die alt- und neutestamentlichen und die Kernerschen und Eschenmayerschen Besessenen betrifft, so sind diese zu verstehen unter jenen „Bäumen Meines Reviers", an die sich besagte Flüchtlinge anklammern, um, wenn es möglich wäre, dieselben zu verderben. Allein diese [„Bäume"] haben nichts zu besorgen, denn sie werden darob an ihrer Seele keinen Schaden leiden. Denn Ich Selbst werde das Mark ihres Lebens beschützen.

14] Denn sehet, wo sich irgendeine solche Erscheinung bekundet, da kommt sie [meist] nur vor bei sonst gewöhnlich recht frommen Menschen. Und es wird selten der Fall vorkommen, daß an irgendeinem sehr schlechten oder auch nur gewöhnlichen Menschen der Welt solches zum Vorschein kommen wird, außer wenn solche Menschen, durch ein Wunder angeregt, sich plötzlich umkehren möchten, allwann dann ihre Besitzer sich schon melden möchten von innen und außen, zum schreckenden Beispiele aller Nachbarn!

15] Bei manchen Irrsinnigen könnten über dieses sprechende Beispiele eingezogen werden! — Jedoch sind nicht alle Irrsinnigen dafür zu halten. Denn manche werden das dadurch, daß sie ihren „Verstandes-Ballon" zu sehr gefüllt haben, so daß dadurch die „Willens-Schnur", der zu großen Spannung zufolge, gerissen ist und dann die Direktion [freie Lenkung] aufgehört hat. Oder aber auch so irgendein Mensch, ohne Berücksichtigung des Verstandes, das Herz nach irgendeiner eitlen Sache zu sehr ausgedehnt hat, so wird der leitende Willensfaden ebenfalls zerrissen und die Maschine des Lebens läuft dann außer aller Ordnung nach allen erdenklichen Richtungen; und da sieht dann ein solcher Mensch nur dasjenige, davon sein Herz und sein Kopf angefüllt ist, in wirren Kreisen vor seinen zügellosen Sinnen schweben. — Solche Menschen aber sind nicht verloren und gleichen den verwirrten Baumästen, die der gute Förster zu seiner Zeit schon wieder zurechtbringen wird.

Frage: „O Herr, was wird denn mit den Modisten und dergleichen Fabrikanten und »Lockern« aller Art werden, so ihr sie ernährendes Gewerbe solches von ihnen fordert? — So von jenen irgendeiner sich zu Dir wenden möchte, was wird er anfangen müssen, um sein Leben zu fristen?"

16] Antwort: Höre, das ist eine gar zu menschliche Frage, gleich der Warnung Petri, und ist über alle Maßen dumm! Bin Ich denn ein armer Schlucker oder ein Bettler?! Oder sollte Der für einen oder tausend Menschen nicht Futters genug haben, der unablässig so viele Welten und Sonnen ernährt, deren Zahl und Größe sich ins Unendliche steigert?! — Siehe, auf eine solche Frage, die eigentlich gar keiner Antwort würdig ist, genügt diese Antwort zum Ueberfluß! Und frage daher nicht ferner, so dich Dummes nur kümmert!

17] Schreibe aber zum gänzlichen Schlusse: Wer Meiner Stimme folgen wird, der wird leben; der Taube aber wird dem ewigen Tode anheimfallen! — Mein Wort ist Meine Liebe, Gnade und Erbarmung, und dieser Same des Lebens soll an vielen Orten ausgestreuet werden. Da wo er angreifen wird, da wird er Leben erwirken und die Besessenen frei machen zum Leben. Wo er aber zertreten wird, da wird der Tod sein großes Erntefest halten.

18] Siehe, nun mache Ich alles neu, damit das Alte mit Spott und großer Schande abziehen möge! Wenn ihr aber einen alten Rock umtauschet für einen neuen, so will Ich solches denn auch tun und tue es bereits. Daher sehet euch um ein neues Hochzeitskleid um und versehet eure Lampen wohl mit Oel! Denn Ich, der große Bräutigam, bin auf dem Wege! Und da ihr es am wenigsten gedenken werdet, werde Ich da sein! Wohl dem, den Ich bereitet treffen werde!

19] Das sage Ich, der große Bräutigam. Amen!

☆

Segen der Barmherzigkeit

Am 3. Februar 1841

So schreibe denn einen Rat aus Mir an den A. W., da er wissen möchte, was da mit einem schwachen, kranken Engelsknaben auf der Erde zu machen sein möchte? — Siehe, da ist ein guter Rat nicht so teuer, wie ihr meinet.

2] Siehe, es war dereinst ein Vater, der hatte zwölf Kinder und nur ein sehr schmales Auskommen, so daß nach eurer Rechnung er kaum dreihundert Gulden jährlich zusammenbrachte, und diese nicht sicher. Denn nur 150 Gulden waren bestimmt als eine landesfürstliche Gnaden-Pension, das übrige mußte er sich kümmerlich durch seine Handarbeit verdienen.

3] Siehe, da wurden einst mehrere seiner Kinder krank, und dazu wurde noch sein treues Weib infolge krankensorglicher Pflege der Kinder bettlägerig. Dadurch nun wurde der Mann gezwungen, seine Nebenverdienste hintanzusetzen und dafür zu Hause die Krankenpflege zu übernehmen. Da er aber eben dadurch um seine Nebenverdienste kam und wohl sah, daß er mit der Hälfte nicht auslangen könne, und auch sah, da er selbst schon schwächlich war, es werde sich mit neu zu suchenden Nebenverdiensten nicht mehr wohl tun — so beschloß er denn bei sich: „Ich will zum guten Landesfürsten hingehen, ihm meine herbe Lage so recht treulich vorstellen, und er wird sich wohl meiner erbarmen.“

4] Und siehe, wie er beschlossen hatte, so tat er denn auch alsogleich, ging zum Fürsten hin und stellte ihm alles vor. Als aber der Fürst solches vernommen hatte, siehe, da zuckte er mit den Achseln, war aber innerlich doch ganz gerührt und sagte endlich äußerlich etwas ernst:

5] „Höret, altes Väterchen, ich zweifle nicht an eurer Aufrichtigkeit. Allein bevor ich euch helfe, will ich nächstens euch in eurer Wohnung besuchen, um zu sehen, ob es also ist, wie ihr es mir vorgestellet habt. Jedoch wehe euch, so ihr mich irgend angelogen habt! Und nun gehet, Meiner Gnade befohlen!“

6] Und siehe, da ging der alte Vater zwischen Hoffnung und Furcht nach Hause. Denn er hoffte zwar wohl von des Fürsten Gnade, aber fürchtete nur, daß dieser noch lange verziehen möchte. Und so kam er nach Hause, erzählte alles den Seinen, was ihm der Fürst gesagt hatte, und machte Anstalt, alsobald so viel als möglich das Haus zu reinigen, und das zwar gleich nach dem kargen Mahle. Und so wurde auch sogleich das Mittagsmahl genommen.

7] Allein der edle Fürst bedachte sich eines andern, verließ sogleich seine Burg und folgte dem armen Vater unbemerkt. Denn er dachte bei sich: Solcher Not muß alsbald geholfen werden! — Und die arme Familie verrichtete eben mit Tränen im Auge das Dankgebetlein, da trat auch der Fürst schon ins Gemach und sagte: „Höret, Alter, warum habt ihr mich denn angelogen? Denn ich sehe ja dreizehn Kinder und ihr habt mir nur zwölfe angegeben!“

8] Da fiel der alte Vater vor dem Fürsten auf die Knie und sagte: „O edler, guter Landesvater! Dieses dreizehnte ist ein fremdes, ich habe es aus Mitleid angenommen!“

9] Und der Fürst erwiderte scheinbar aufgebracht, im Herzen aber brennend voll von mildtätiger Begier: „Höret, so ihr noch Fremde unterstützen möget, da muß es bei euch doch noch nicht gar so übel aussehen, und ihr werdet wohl meiner Hilfe entraten können!“

10] Da ermannte sich der alte Vater und sagte, die Hand des Fürsten ergreifend und selbe an sein Herz drückend: „O edler, guter Landesvater! Siehe, dieses dreizehnte habe ich vor zehn Jahren in einem

Wald, dem Tode ausgesetzt, gefunden. Es war kaum mit einigen schlechten Lumpen umwunden und röchelte schon im Schlamme eines Sumpfes. Ich nahm es auf meine Arme, trug es alsogleich hieher und sprach zu meinem Weibe:

11] »Siehe, der Herr hat mich einen Schatz finden lassen im sumpfigen Walde! Es ist ein artiger Knabe. Siehe, dieser ist doch gewiß vater- und mutterlos, daher lasse uns seine Eltern sein! Denn wo zwölfe essen, da soll auch das dreizehnte nicht zugrunde gehen. Und müßte ich betteln für dich und unsere zwölf Kinder, so wird das dreizehnte auch keinen Unterschied in unserer Not machen!« — Und sogleich nahm mir mein getreues Weib das Kind vom Arme, küßte und pflegte es bis zur Stunde gleich den eigenen. — Daher, o edler, guter Fürst, wolle nicht zürnen, daß ich dir solches verschwiegen habe!"

12] Und siehe, da der Fürst solches vernommen hatte, ging sein Herz über, seinem Auge entrollten freudige Tränen des Mitleids und er lobte darob den Alten gar sehr, sagend:

13] „Solches zu vernehmen, macht mir eine große Freude! Und da ihr so stilledel gehandelt habt und dem Fremden bei eurer Dürftigkeit ein Vater waret und ehedem ein Retter seines Lebens, so will ich von nun an euer aller wohlbesorgter Vater sein! Und da das fremde Kind eine Waise ist, so führet es zu mir, und es soll keine Waise hinfort mehr sein! Denn Ich bin sein Vater und die Fürstin seine Mutter. Und nun verlasset diese Wohnung und kommet mit mir, meine große Burg wird wohl Raum für euch haben. Da aber, wo diese Wohnung steht, soll ein ewiges Denkmal errichtet werden und euren Namen führen."

14] Nun siehe du, Mein lieber A. W., diese Geschichte und lerne von ihr das, was du wissen möchtest! Denn Ich bin der Fürst, du bist der arme Mann und dein Notkind ist der gefundene Fremdling im Walde!

15] Tue, so viel du kannst, und denke nicht: wie, wann, wo, wofür, zu was, warum und wodurch? — noch wozu du den vom Mutterleibe aus Kranken und Schwachen wohl füglich verwenden könnest? — Siehe, es wird sich gar wohl finden. Führe ihn nur recht fleißig zu Mir, den Engel in seiner schwachen Prüfung[1], und sei dabei voll Heiterkeit und habe ein aufmerksames Auge auf ihn! Und du wirst so manches an ihm erleben, das dir innerlich gut zustatten kommen wird.

[1] d. h. in seiner ihm zur Prüfung auferlegten Schwäche.

16] Siehe, Meine Kinder sind ein großer Segen dem Hause, das sie bewohnen dürfen. Denn Ich bin ihr eigentlicher Vater und werde als solcher zu sein ewig nie aufhören! — Mehr brauche Ich dir dermal nicht zu sagen. Denn du würdest es nicht ertragen. Aber sei gefaßt, Ich will dein Haus heimsuchen. — Daher sage Ich Amen, dein guter Fürst und Vater! Amen.

☆

Unfruchtbare Gotteslehren[1]

Am 28. Februar 1841, nachmittags von 1/4 4 Uhr bis abends 3/4 8 Uhr

Schreibende: K. G. L. — Andr. und Ans. H. — J. L. sprach aus dem Herrn:

In der sogenannten bessern und gebildeten Welt, wo die christliche Religion unter verschiedenen Sektenformen gang und gäbe ist, wird die Moral zumeist nur also gepredigt, wie sie in politischer Hinsicht den Machthabern entweder in weltlichen oder in geistlichen Dingen gerade am zweckdienlichsten ist. Es wird dem Volke eine graue Kenntnis Gottes beigebracht, nicht darum, daß sie denselben erkennen und lieben, sondern nur als den unerbittlichsten Tyrann aller Tyrannen unermeßlich *fürchten* sollen. Und so wird die Gottheit nur als eine Geisel gepredigt, die noch fruchten soll, wenn alle andern Geiseln schon fruchtlos geworden sind.

2] Statt daß die Gottheit dem Volke zum allerhöchsten *Troste* bekanntgegeben werden möchte, wird Sie demselben nur gegeben als ein Etwas, das nichts zu tun hat, als in jeder Minute Millionen von moralisch verdorbenen und ungehorsamen Kindern ins ewige Feuermeer unwiderruflich zu verdammen. Und so sehet euch ein wenig in der Welt um; erblicket die zahllosen *Kerker*, die alle voll angefüllt sind mit allerlei moralischen Verbrechern, und wie von Minute zu Minute diese Kerker immerwährend einen großzähligen Zuwachs bekommen, daß wenn diese Kerker auf einem Punkte vereinigt wären, ihr glauben müßtet, die ganze Generation der Erde werde sich in wenigen Jahren bequemen müssen, allda hinein zu marschieren.

3] Und fraget, was geschieht denn nun diesen Menschen, die da hineinkommen? Da sehet nur ein wenig her gegen Morgen! Sehet, da steht schon eine Anzahl totenbleicher Scharen, umgeben von allerlei

[1] Die nachstehenden Darlegungen sind der Eingang einer Reihe von Kundgaben, welche unter dem Titel „*Die zwölf Stunden*“ in einer Sonderschrift herausgegeben werden.

bewaffneten Menschen und giftigen Richtern, und sehet weiter da eine Unzahl Mordinstrumente, mit denen diese Unglücklichen hingerichtet werden. Allda sehet ihr brennende Scheiterhaufen, Galgen, Schafotte und vielerlei andere Mordinstrumente. Sehet, das ist die letzte „Besserungsanstalt" für solche moralische Verbrecher! — Nun werdet ihr fragen, was haben denn alle diese angestellt? — Ja, sage Ich, es gibt darunter Mörder, Räuber, Diebe, Ueberläufer und Aufwiegler des Staates. Es gibt ferner noch Menschen, die durch allerlei Betrügereien dem Staate großen Schaden gebracht haben; darunter solche, die sich gegen die eine oder die andere politische oder auch moralische Anordnung schwer verstoßen haben. Sehet, da sind sonach die Verbrechen dieser Unglücklichen aufgedeckt, insoweit dieselben als ein Grund für die Rechtfertigung von derlei Strafen dienen können.

4] Nun aber wollen wir eine weitere Frage tun: Worin liegt denn der Grund, daß diese Menschen zu solchen Verbrechern geworden sind? — Und so ihr auch jemand andern fragen möchtet um diesen Grund, so werdet ihr sicher keine andere Antwort bekommen als: Der Grund liegt entweder in der vernachlässigten Erziehung oder, was ohnedies eines und dasselbe ist, es waren schon die Eltern, Vor- und Ureltern jener Menschen also gestaltet. — Ich frage aber wieder, woran lag es denn, daß diese Menschen eine so schlechte Erziehung erhielten, ja daß man in der Erziehung eine ganze Generation vernachlässigt hat?

5] Ihr dürfet gar nicht weit greifen, und die Antwort wird sich euch von selbst aufdringen: Der Hauptgrund ist kein anderer als die Politik, vermöge welcher die machthabende Menschenklasse sich um nichts so sehr kümmert, als daß die Untergeordneten ja so viel als möglich in aller Dunkelheit gehalten werden möchten, in der Furcht, daß wenn das Volk nähere Aufschlüsse über Mich und dadurch auch über seine eigene Bestimmung erhalten möchte, es da mit ihrer Macht und ihren zeitlichen Einkünften bald ein Ende haben dürfte.[1]

6] O diese Narren! — Ein Volk, das Gott und seine Bestimmung erkennt, ist auch ein Volk voll Gehorsams und guten Willens; und Tausende [eines solchen Volkes] können mit einem Federflaume leichter regiert werden als zehn finstere Dümmlinge, die von Mir keine andere Vorstellung haben als jene eines „vielleicht" existierenden Tyrannen oder eines Wesens, das gleich einem Vampir

[1] Zu beachten ist, daß diese Kundgabe um die Mitte des vorigen Jahrhunderts gegeben wurde! — D. Hsg.

seinem Gläubigen zuvor den letzten Blutstropfen aussaugt, bis es ihn, auf einer lichten Wolke ewig kniend und anbetend, endlich mit dem ewigen Leben beseligt.

7] Sehet, ist es da nicht leicht zu begreifen, daß die Menschen sich von einem solchen bösartigen Gotte so viel als möglich loszumachen suchen? Und wenn sie auch noch irgendeine Religion besitzen, so besteht diese in einer puren Zeremonie, und dies nur aus rein politischen Rücksichten. — Die Folge davon war schon im Anfang keine andere, als daß der weltsüchtigere Teil sich endlich von aller Religion und was immer für einer christlichen Gotteslehre, wie ihr zu sagen pflegt, aus dem Staube gemacht hat. Andererseits entstanden Kirchentrennungen und Sekten, und zwar durch Männer, die mehr oder weniger die Torheit einer solchen Gotteslehre einsahen und gewisserart in ihrem Geiste sagten:

8] „Höret, mit der Gottheit, wie sie da gelehret wird, ist ja rein nicht auszukommen! Wir wollen daher die reine Lehre selbst zur Hand nehmen, sie näher prüfen und sehen, ob der Gottheit nicht irgend bessere Seiten abzugewinnen sind." — Und sie fanden in solcher Prüfung auch wirklich, daß Ich denn doch kein solcher Tyrann bin; vergaßen aber auf der andern Seite, daß Ich demungeachtet Gott bin, und nahmen dann Meinen Willen ebenfalls zu lau.

9] Andere setzten Mich wieder so hoch hinauf und philosophierten sich auf diese Weise jede Handlung, die in ihrer Natur nur irgendeine Anregung fand, für gerecht und völlig Meinem Willen gemäß, in der irrigen Idee, daß was ihnen da immer durch den törichten Sinn fuhr, ein Wille von Mir sei. Und so entstanden anstatt der alten Torheit eine Menge Albernheiten und Begriffsverschiedenheiten, daß es sich wahrhaft nicht der Mühe lohnt, sie für euch aufzuzählen.

10] Der Grund von alledem war und ist aber kein anderer, als wie schon oben bemerkt wurde, teils die [un-]moralische Politik, hauptsächlich aber auch die Trägheit und die Furcht der Menschen, die vorgezeichneten Wege zum ewigen Leben im Ernste zu wandeln. Denn wahrlich sage Ich: Wer Mein Reich nicht nimmt, wie Ich es verkündiget habe, der wird es nicht erhalten, und sollte er auch alle Sekten in sich vereinigen oder unter allen Sekten stehen. Denn Ich allein bin der Weg, die Wahrheit und das Leben.

☆

Vier Fragen im geistigen Lichte

Am 6. März 1841, von 4 bis 1/26 Uhr nachmittags

Die vier Töchter Anselm Hüttenbrenners stellten wiederum je eine Frage mit der Bitte um Beantwortung durch den Knecht Jakob Lorber.

Sie wünschten Aufklärung über „Judas Ischarioth" — die „unbekannte Zahl" — den „gordischen Knoten" — die „vier Elemente".

Schreibende: Die vier erwähnten Töchter. — Der Herr sprach durch Seinen Knecht Jakob Lorber Nachstehendes:

O Kinder! Der Stoff, den ihr gewählt habt, ist wahrlich ein vielsagender! — Aber wenn ihr auch alle die Elemente verstündet in eurem Kopfe, so würdet ihr einem reichen Törichten gleichen, der da nicht weiß, was er mit seinem Vermögen anfangen solle, und es darum verscharrt in seinen Kästen, wo all sein großes Geld ihm ebensoviel nützt, als hätte er keines.

2] Ja, ihr würdet bei der großen Lust nach solchen Kopfschätzen auch nicht minder gleich sein einem Judas Ischariot, der Mich um dreißig Silberlinge feilbot. Denn sehet, es ist ein jeder diesem Verräter gleich, der sich mit was immer [selbstliebig] bereichert, sei es mit Wissenschaften oder mit dem Golde. Denn so er alles dieses nicht von Mir empfängt oder sich solches nicht wenigstens aus großer Liebe zu Mir und seinem Nächsten erwirbt, so ist er, ebensogut wie ein Judas Ischariot, ein Dieb und ein Räuber, da er alles dieses sich [eigensüchtig] zu eigen macht und somit auf Meine Kosten sündiget.

3] Sind denn nicht Feuer, Luft, Wasser und Erde Dinge, die Ich aus Mir gemacht habe!? Ist nicht jede Zahl eine aus Meiner Ordnung verliehene Grenzmarke der Unendlichkeit!? Wie kann denn jemand solches alles irgendwo anders empfangen als entweder aus der reinen Liebe zu Mir oder, so er lebendigen Glaubens ist, unmittelbar aus Meinem Munde!?

4] Wüßte jemand auch, wann der erste Funke zu glimmen begann — wären ihm auch bekannt alle Atome und Miasmen der Luft — hätte er gezählt alle Tropfen des Wassers vom Mittelpunkt bis auf die Oberfläche der Erde — und hätte er mit einem Mikroskope alle Stäubchen der Erde gezählt, alles Moos auf den Bäumen und Steinklippen und angeschaut alle Pflanzen, Gesträuche und Bäume und hätte jedem einzelnen einen eigenen Namen gegeben — ja wenn ihm selbst bei seinen Forschungen kein Wesen aus dem Tierreiche sowohl der Gattung als der Zahl nach unbekannt geblieben wäre —

und wenn er es in der Rechen- und Meßkunst soweit gebracht hätte, daß er die Größe, Bewegung, Entfernung, das Licht und die Schwere eines jeden Fixsterns mit der genauesten Sicherheit zu berechnen imstande wäre — wahrlich alles dieses würde ihm nicht viel mehr nützen, als so sich jemand die Mühe genommen hätte, all die Sandkörnchen zu zählen, die beim Baue eines Hauses verbraucht werden.

5] Und wollt ihr, liebe Kinder, euch einen wahren Begriff von einem eigentlichen „gordischen Knoten" machen, so blicket den Kopf eines solchen [selbstherrlichen und selbstsüchtigen] Gelehrten an, der, wennschon nicht hier, so doch ganz sicher jenseits jene selbe Lösung finden wird, wie der ähnliche Knoten des Geizhalses Ischariot, da er unter einem weiten Aste hing und der Höllenfürst ihm erwies, was einst [mit dem gordischen Knoten] Mazedoniens Held getan.[1]

6] So ihr aber lernet alle die Elemente, o Kinder, lernet sie nicht mit dem Kopfe, sondern erfasset sie aus Liebe zu Mir in eurem Herzen, so werdet ihr in wenigen [Kenntnissen] mehr finden als alle Gelehrten in ihrem törichten Dünkel seit der Schöpfung der Welt gefunden haben.

7] Wahrlich ihr werdet dann auf keinen „gordischen Knoten" kommen! Sondern die große „unbekannte Zahl", die noch kein Weltweiser gefunden hat, wird euch jedes Blümchen wunderherrlich entziffern. — Denn höret, liebe Kinder! Diese „unbekannte Zahl" bin Ich Selbst, euer lieber, guter Vater!

8] Daher rechnet nur recht fleißig in eurem Herzen und zerhauet aus Liebe zu Mir den Knoten eurer jugendlichen Weltgelüste durch das scharfe Schwert der Selbstverleugnung!

9] O Kinder! Ihr vermöget es nicht zu ahnen, welch einen vorteilhaften Tausch ihr da machen werdet! — Denn was da hinter der verschleierten, euch noch „unbekannten" Zahl steckt, werdet ihr erst dann erfahren, wenn ihr euren (Weltlust-)Knoten gelöset habt.

10] Wer mit dem Kopfe lernet, lernet schwer und unfruchtbar. Aber im Herzen wird ein Sonnenstäubchen zu einer Welt! Daher lernet im Herzen, was ihr lernet! Denn da werde Ich, euer lieber, guter Vater, euch ein Lehrer werden. — Amen!

11] Das sage Ich, euer lieber, guter, heiliger Vater!

☆

---

[1] Den Knoten des Gordius hat Alexander der Große, König von Mazedonien, im Jahre 333 v. Chr. mit dem Schwerte zerhauen; d. Hsg.

Sklavenlos, Verbindung mit Verstorbenen, Vaterunser, Krippe, Erholungsstunden

Weitere Fragen im geistigen Lichte.

Am 13. März 1841, von 4¼ Uhr nachmittags bis ¼8 Uhr abends

Es fragten, mit der Bitte um Aufschluß durch den Knecht Jakob Lorber, Marie H.: „Wie ist es möglich, daß die armen Sklaven und Deportierten ihr schreckliches Los ertragen können?“ — Wilhelmine H.: „Gedenken unser unsere vier verstorbenen Geschwister?“ — Pauline H.: „Wie soll man das Vaterunser beten, daß es Frucht bringe?“ — Julie H.: „Was bedeutet die Krippe, in die Du, o Herr, als Kindlein gelegt wurdest?“ — Paul H.: „Wie soll ein Student die Erholungsstunden Gott wohlgefälligst zubringen?“

Schreibende: Genannte fünf Geschwister. — Der Herr antwortete durch Seinen Knecht J. L. wie folgt:

Liebe Kinder! Ich habe wohl vernommen eure Fragen — aber denket, daß jemand auf zweierlei Art fragen kann und daß diese zweiartige Frage dem zweiartigen Leben entspricht. Es kann nämlich eine Frage nach dem naturmäßigen Aeußeren oder nach dem geistigen Inneren gerichtet sein, wie sie auch entweder aus dem einen oder dem andern hervorgeht.

2] Nun urteilet selbst, auf welchem Grunde und Boden eure Fragen gewachsen sind. Denket, ob sie euch ein leichter, wißbegieriger Vorwitz eingegeben hat, oder ob sie in der wahrhaft bekümmerten Liebenot eures Herzens entstanden sind. Denn sehet, es ist ein unendlicher Unterschied zwischen der einen und der anderen Art zu fragen.

3] Wer da fragt aus leichter, halbgenötigter Wißbegierde, dessen Frage gleichet der eines Blinden, der da geschäftig fragt nach den verschiedenen Farben eines Bildes. So ihm aber sein geduldiger Freund alle Farben genau angibt, was meinet ihr, wird der Blinde sich wohl von der Harmonie der Farben und aller ihrer Schattierungen und Lichterhöhungen irgendeine Vorstellung machen können?

4] Liebe Kinder, Ich will euch nicht zeigen, wo bei euch die Fragen gewachsen sind. Es wird euch schon das eigene Verständnis Meiner getreuen Beantwortung sonnenklar den Geburtsort eurer Fragen zeigen.

5] Was die ersten zwei Fragen betrifft, so ist daran wenig gelegen, ob ihr wisset oder nicht wisset, wie die „Sklaven“ möglicherweise ihre Mißhandlungen ertragen und warum es von Mir zugelassen wird, daß sie solchen Mißhandlungen preisgegeben werden — und ob ferner eure „verstorbenen Geschwister" sich eurer wohl erinnern. Aber es liegt alles daran, daß ihr euch in euren Herzen bei jeder Gelegenheit Meiner wohl erinnert.

6] Denn wer sein Herz voll Liebe treugläubig Mir zugewendet hat, dessen werde auch Ich Mich ganz sicher noch um vieles mehr erinnern. So Ich Mich aber jemanden in Meiner Erbarmung erinnere, wie kann der noch fragen, was die tun, die in Mir wohnen! Oder meinet ihr, daß eure Geschwister tot in Mir wohnen? Denket euch, ob das, was in das Leben alles Lebens übergegangen ist, wohl des Todes fähig ist?

7] Nur der Tote ist keiner Erinnerung fähig. Wer aber lebt und lebt in Mir, der wird doch wohl auch aus Meiner ihn durchströmenden Weisheit eine Erinnerung empfangen, welche die eurige ungezählte Male möchte zuschanden machen.

8] Was aber das „Vaterunser" betrifft, so steht es mit diesem Gebete geradeso, wie mit der Frage, wie man dasselbe beten soll, daß es Frucht bringe. Denn wer dasselbe nicht betet im Geiste und in der Wahrheit, dem nützt es geradesoviel, wie dem bekannten Blinden die Erklärung der Farben.

9] Wie kann der [Geistesblinde] sagen: „Unser Vater", da er sich noch nie die Mühe gegeben hat, den Vater in seinem Herzen durch die Liebe und durch den lebendigen Glauben zu erkennen und sich Ihm im Geiste und in der Wahrheit zu nähern?

10] Wie kann der sagen: „Der du bist in dem Himmel", der weder den Vater und noch weniger den Himmel kennt!? — Wie kann der sagen: „Geheiliget werde dein Name!", der da nicht kennt Meine Liebe, noch weniger Mein lebendiges Wort und daher auch unmöglich das Leben des Lebens und die Heiligkeit alles Heils und aller Neuwerdung aus Mir, was allein Mein unaussprechlicher Name ist!?

11] Wie kann der sagen: „Dein Reich komme!", der mit allen seinen Sinnen wie eine Schmarotzerpflanze an dem Früchte tragen sollenden Baume, d. h. an dieser Welt hängt!? — Wie kann der sagen: „Dein Wille geschehe", der sich noch nie die Mühe gegeben hat, Meinen Willen zu erkennen und gegen jedes noch so leichte Gebot in seinem Herzen entweder eine große Lauigkeit oder oft schon in seiner Jugend den barsten Ungehorsam hegt und in allen das ewige Leben betreffenden Dingen den allergrößten Leichtsinn in sich trägt!?

12] Wie kann der sagen: „Gib uns das Brot des Lebens", der von dem erbetenen Brote gar keine Ahnung in seinem Herzen hat, wohl aber eine desto größere Freßbegierde in seinem Magen, welcher das eigentliche Hauptherz solcher fruchtlos Betenden ausmacht!?

13] Wie kann der um „Vergebung seiner Sünden" bitten, dessen Herz noch voll Unlauterkeit ist, da nichts innewohnt denn Zorn, Neid, Hoffart, Mißgunst, Frechheit und noch viele andere Laster der Art!? — Höret, zur fruchtreichen Erreichung der Vergebung der Sünden wird mehr erfordert als durch günstige Verhältnisse feindlos zu sein. Denn wer keinen Feind hat, wie soll der bitten: „Vergib mir meine Sünden, wie ich meinen Feinden vergebe". — Ich will damit nicht sagen, daß ihr euch Feinde machen sollet, um dann etwas zu vergeben zu haben; aber das will Ich damit sagen, daß euer Herz über jede Beleidigung, wie geartet sie auch immer sein möge, erhaben sein solle. Sonst erbittet ihr euch, statt der Vergebung, das Gericht und die Verdammnis auf den Hals.

14] Wie kann ferner der sagen: „Führe uns nicht in die Versuchung", der fürs erste Mich gar nicht kennt und solcherart in die Luft betet, und der, so Ich ihn auch, ihm unwissentlicherweise, mit jeglicher Versuchung verschone, selbst aber, einem Besessenen gleich, von Gefahr zu Gefahr, von Abgrund zu Abgrund, von Tod zu Tod rennt!?

15] Sehet, wie ist hernach eine solche Bitte! Gleicht sie nicht einem Tollen, der einen großen Wohltäter um eine Unterstützung bittet, so er aber dieselbe erhalten hat, wirft er sie zum Teil ins Feuer, zum Teil in schmutziges Wasser, zum Teil in stinkende Kloackpfützen und zum Teil in Unrat und in Gräber voll Totenmoder. Denket, was solchem Narren die Gabe nützet!

16] Wie kann endlich der sagen: „Erlöse uns von dem Uebel", der mit allem Fleiße sich selbst in alle Uebel stürzt!?

17] So ihr dieses Gebet fruchtbringend beten wollet, dann müßt ihr es beten im Geiste und in der Wahrheit und wohl überdenken, was dazu erfordert wird, um die wahre Frucht dieses Gebetes zu ernten. Sonst wird aus diesem Gebete das Gegenteil des großen Segens für euch wie für jeden andern erwachsen.

18] Was aber die zwei letzten Fragen betrifft, so ist die „Krippen"-frage eine wohl kindliche, aber keine, auf welche euch eine zweckdienliche, noch weniger aber eine für euch verständliche Antwort gegeben werden kann, da erst der innere Sinn erschlossen werden muß, um ein selbst für Erzengel zu tiefes Geheimnis zu erfassen.

19] Daher bemühet euch, aus euren „Erholungsstunden“ in stiller Ruhe und Zurückgezogenheit eures Gemütes Mir geweihte Stunden zu machen — so könnet ihr früh erfahren, wie überaus gut und voll Liebe Ich, euer Vater, bin. Und wahrlich, in einer Minute möchte Ich euch da mehr geben, denn alle Welt in tausend Jahren.

20] So euch aber eure Erholungsstunden zu was anderem dienen, so werdet ihr auch ebenso sicher erfahren, wie fremd, unerforschlich und unerbittlich Ich jenen zu bleiben pflege, die den Unrat der Welt und allen Trug des Satans Mir vorziehen.

21] Schließlich denket wohl gar sehr darüber nach, von Wem diese Worte zu euch kommen! Machet euch frühzeitig bekannt mit Mir! Machet den „Richter“ euch zum „Freunde“ und den ewigen großen „Gott“ zu eurem „Vater“ — so werdet ihr froh und ohne Furcht es schauen, wenn Ich Meine Gerichte über diese Erde donnern werde!

22] Denn der Welt werde Ich kommen als ein unerbittlicher Richter, aber wahrlich, zu Meinen Kindern werde Ich kommen als der liebevollste, beste, heilige Vater!

23] Daher trachtet nach dem Vater, so werdet ihr leben ewig im Schoße Meiner Liebe. Amen!

24] Das spricht Der, den ihr vor allem suchen und erkennen sollet — als Vater. Amen!

☆

Zum Jahresgedenktag der Neuoffenbarung

Dankgebet des Knechtes Jakob Lorber.

Am Sonntag, dem 14. März 1841, dem letzten Tage des ersten Jahres der unsichtbaren, gnadenreichsten Ankunft und Offenbarung unseres heiligsten, liebevollsten Vaters, dessen erste Mitteilung im neuen lebendigen Worte am Sonntag, den 15. März 1840, morgens nach 6 Uhr, erfolgt war.

O Herr! Du allerbester, heiligster Vater! Es ist bereits ein Jahr verflossen seit der denkwürdigen Stunde, in welcher Du unser aller gedachtest und uns Unwürdigen Dein lebendiges Wort mitzuteilen angefangen hast.

2] O Herr! O Vater! Wie sollen wir Dir danken, mit welcher Zunge Dich loben und preisen — da wir allesamt nicht einmal eines, geschweige erst so vieler heiliger Worte und allerheilsamster Ermahnungen würdig sind!?

3] O Du heiligster, allerbester Vater! Siehe, wir haben nichts als ein noch sehr unreines Herz, das unser eigen ist. Das Gute darinnen aber ist nicht unser, sondern ewig Dein. Und so sei denn auch die billigste Anerkennung, daß das Deine nicht unser ist, der einzige Dank, das einzige Lob und der einzige Preis, den wir Dir darzubringen vermögen. Und dieses Gute und Wahre aus Dir, o heiliger Vater, ist ein Tropfen Deiner Liebe in uns!

4] Aus Deiner großen Liebe hast Du uns es gegeben, des sind wir klar in uns. So lasse denn auch jetzt, wie allezeit, in dieser Deiner heiligen Liebe, die aus Dir in uns gekommen ist, unsere billigste Anerkennung Dir dadurch darbringen, daß wir Dich stets mehr und mehr zu lieben möchten anfangen. Denn nur in der Liebe können wir Dir ein wohlgefälliges Opfer bringen, und zwar mit der von Dir gegebenen heiligen. Und so nehme denn diesen Dank von uns armen Sündern gnädigst auf!

5] Und da wir uns alle Deines heiligen Namens recht von Herzen erfreuen wollen, heute am heilig denkwürdigen Jahrestage wie auch fürder in aller Tat und Liebewilligkeit, so erhöre unsere Bitte und komme auch Du zu uns, damit wir nicht Waisen sein möchten – da Du, unser heiligster Vater, uns allen alles geworden bist und uns ohne Dich auch keine Freuden mehr schmecken und ewig nicht mehr schmecken werden!

6] O heiliger, bester Vater, erhöre unsere kindliche Bitte und belebe uns alle mit Deiner heiligen Gegenwart! Amen!

☆

Vom Kommen des Vaters in Jesu

Antwort des Vaters an den Knecht

Am selben Gedenktage, 14. März 1841

Nun, so schreibe denn ein kurzes Wort, das euch verkünden soll Meine Ankunft in eurer Mitte! Denn so Ich als Vater komme, komme Ich in aller Stille des Herzens. Meine Donner verkünden euch nur den nahen Gott, und die Drangsale den großen, unerbittlichen Richter, wie alle die großen Schöpfungen den großen, mächtigen Schöpfer und Herrn über alles.

2] Aber so ihr in euren Herzen sanfte Liebe empfindet zu Mir, eurem heiligen, guten Vater, dann wisset, daß der Vater nicht ferne ist! Denn Mich kann niemand lieben, so er nicht hat Meine Liebe.

Meine Liebe aber kann niemand haben von anders woher denn von Mir. Wer aber Meine Liebe hat, der hat auch Mich, der Ich die Ewige Liebe Selbst bin.

3] So aber Meine Liebe bei euch sein wird, da werde ja auch Ich bei euch sein! Was immer aber ihr tuet in Meinem Namen, das tut ihr in Meiner Liebe. Was ihr aber tut in Meiner Liebe, das tut ihr ja auch in Mir. Wer aber in Mir ist und handelt, in und bei dem bin auch Ich.

4] So ihr Mich aber ladet, zu euch zu kommen, wie sollte Ich da nicht tun, darnach euer Herz ein lebendiges Verlangen trägt!? — Und so fraget euch denn auch heut im Herzen, und eure Liebe zu Mir wird es euch getreu verkünden, ob und wann Ich zu euch kommen werde!

5] *Sehet, Ich bin Einer, der da folgt der Liebe bis ans Ende aller Welten. Daher liebet und glaubet — so werde Ich sein mitten unter euch und in euch — was euch getreu verkünden wird der große Trost im Herzen.*

6] Höret aber, wann Ich kommen werde, müsset ihr nicht allzusehr euren *Magen* beschäftigen und allerlei *Weltgeplauder* ans Ohr halten. Sondern unterredet euch wie die zwei nach Emmaus wandelnden Jünger, so werdet ihr auch ihrer Freude teilhaftig werden. So ihr aber tuet gleich den albernen Weibern und den verstand- und lieblosen Dirnen, da wird euer heiliger Vater nicht gar zu lange in eurer Mitte verweilen können.

7] Lasset die *Welt* sein, was sie ist, denn Ich bin mehr denn alle Welt! — Lasset die *Herrscher* sein, was sie sind, denn Ich bin mehr als alle Herrscher! — Lasset die *Dirnen* sein, wie sie sind, voll Untreue in ihren Herzen, denn Meine Liebe ist sanfter, treuer und zarter denn die aller der weltsüchtigen, wertlosen Mädchen und Buhldirnen. Denn wahrlich, in dieser Zeit hat keine Jungfer eine Liebe mehr. Sie liebt an dem Manne nur, was er hat oder ist; für den Menschen gibt sie keinen Heller, geschweige erst ihre starke, eitle Eigenliebe.

8] Lasset die *Weltgelehrten* sein was sie sind, denn Meine Gnade wiegt wohl unendlichmal zahllose Gelehrte auf! — Lasset die *äußere Kirche* sein wie sie ist, und nehmet euch dafür ein Sinnbild an der Spinne, wie sie bei schönem Wetter ihre Fangfäden weit ausdehnt, um allerlei Getier in ihrem Netze zu fangen zur Sättigung ihres großen Bauches; wenn aber ein anderes Wetter im Anzug ist, so gibt sich zwar dieses Tier alle Mühe, ihr Machwerk vor der Zerstörung zu sichern, es kommen aber alsobald starke Winde von den Höhen und gewaltige Platzregen und machen ihrem Raubneste ein Ende! Blicket aber nun in die Ereignisse der Zeit, und Ich sage euch, ihr werdet alsobald gewahren, daß es also ist! — Ich aber stehe höher und tiefer denn jede Kirche! — Darum sehet auf Mich, die ihr Mich nun schon ein wenig erkannt habt in euren Herzen, dann werden eure Ohren nimmer belästigt werden von dem kirchlichen Zähnegeklapper. Denn die reine Liebe, welche die alleinige wahre Kirche ist durch den lebendigen Glauben und durch das lebendige Wort, klappert nicht!

9] Und so dergleichen mehreres vermeidet aus Liebe zu Mir — und haltet Mich wie einen guten Freund, der sich zu früh entfernen will. — Wenn der Forteilende sieht, wie seine Geliebte ihn umklammert, da kehrt er wieder um und verläßt nicht eher das Haus, als bis er die Braut völlig gewonnen hat!

10] Also tuet auch ihr wie eine zärtliche Braut! — Horcht nicht der Geliebte am Pförtlein seiner Geliebten, bevor er zu ihr tritt ins Gemach, daß er etwa von ihr vernehmen möchte ein geheimes Lob aus ihrem Munde? Wenn er aber solches vernommen hat, wie wird er voll Freuden und kann nicht erwarten, bis das Pförtlein sich öffne! Und ist er einmal darinnen, da ruft er mit Petrus und Jakobus: „Herr, hier ist gut sein!"

11] So er aber antreffen wird seine Erwählte in lauter törichte Zänkereien versunken, läppisches Zeug plaudernd oder gar anderer Lob [verkündend] — höret, da wird der Geliebte, wie ihr zu sagen pflegt, sich heimlich „aus dem Staube machen" und die gewählte Törin in aller ihrer Albernheit „sitzen lassen"!

12] So denket denn auch, daß Ich nicht allezeit mit der Türe ins Haus falle, sondern auch warte vor der Türe! — Vernehme Ich, was Mir wohlgefällt, da kehre Ich ein, wo nicht, da lasse Ich im Staube nur Meine Tritte zurück!

13] Wollt ihr Mich zum Gaste haben, so tuet, was dem Gaste behagt, so werde Ich einkehren. Bin Ich aber einmal eingetreten, dann lasset Mich ja nicht wieder gehen, und zeigte Ich Mich euch auch noch so genötigt! — Und wahrlich, so ihr tun werdet, was des Rechtens ist, werde Ich bleiben in eurer Mitte jetzt und allezeit!

14] Aber höret, erst in der reinen Liebe eures Herzens werdet ihr alle erkennen, daß der hohe, bleibende Gast euer heiliger, guter Vater ist, der zu euch gekommen ist und Sein Reich mit Ihm! — Amen. Das sage Ich, der hohe Gast, als euer heiliger, guter Vater! Amen.

☆

Rechte Heiligen-Verehrung

Am 20. März 1841, von 3/4 5 Uhr nachmittags bis 1/2 8 Uhr abends

Die vier Töchter Anselm Hüttenbrenners stellten Fragen mit der Bitte um Beantwortung durch Jakob Lorber.

Und zwar fragte Marie: „Auf welche Art soll man die Heiligen verehren?" — Wilhelmine: „Wie soll man den Herrn recht lieben?" — Pauline: „Im Anfang war das Wort und das Wort war bei Gott und Gott war das Wort — was besagt dieser Eingang des Johannes-Evangeliums?" — Julie: „Worin besteht die wahre Demut?"

Schreibende: Diese vier Schwestern. — Der Herr antwortete hierauf durch Seinen Knecht gnädigst wie folgt:

Liebe Kinder! Ist es denn wohl gar so schwer, zu finden, was man möchte? — Wenn jemand Hunger verspürt, wird er wohl lange brauchen, um sich irgendeine Speise aufzusuchen, damit sie ihn sättige? — Oder wer da dürstest, wird der wohl, vom brennenden Durste getrieben, von einer Quelle zur andern wandeln und die Wasser verkosten, die da tauglich wären zur Löschung seines brennenden Durstes? Wahrlich, er wird bei der nächsten Quelle verbleiben und da stillen seinen Durst. — Sehet, das sei auch für euch der Fall!

2] Daß ihr alle im Geiste noch sehr hungrig und durstig seid, werdet ihr doch sicher empfinden, so ihr das Verständnis eures Herzens, welches ist der „Magen" des Geistes, nur ein wenig zu Rate ziehet und euch ein wenig nur befraget nach der Wesenheit der Dinge, die euch zahllos umgeben, und nach dem euch noch gänzlich unbekannten inneren Leben des Geistes.

3] Schauet nur hinaus auf den großen Speisezettel der Schöpfung und darnach in die große Speisekammer des Geistes, so wird es euch künftighin nicht mehr schwer fallen, zumal wenn ihr noch bedenket, daß in Meinem Lichte, welches durch das lebendige Wasser aus dem Brunnen Jakobs zu euch beschieden wird, sich ein Sonnenstäubchen zu einer Welt vergrößert!

4] Wenn aber ein solches [Sonnenstäubchen] schon so groß wird und übervoll von euch noch unbekannten Wundern, wie groß erst werden euch jene Dinge werden, gegen die ein Sonnenstäubchen ins Nichts hinabsinkt oder sich so gut wie gänzlich verliert — im Anbetrachte eines Sandkörnchens nur, geschweige erst einer Pflanze, eines Baumes, eines Berges, eines Tieres oder auch wohl gar eines Menschen selbst!

5] Nachdem euch nun gezeigt worden ist, wie ihr für einen künftigen Fall eine taugliche Speise zu eurer Sättigung leichter finden möget, so will Ich euch denn nun geben, danach euch nach einem ziemlich mühseligen Suchen verlangt hat.

6] Was demnach die Verehrung der Heiligen betrifft, da sage Ich euch nichts als das: Verehret durch eure Liebe und demütigen Gehorsam nur den Alleinheiligen — so werden durch solche allein gültige Verehrung auch alle euch bekannten und unbekannten Heiligen am allerfüglichsten verehrt werden! Denn Mir allein gebührt alle Verehrung, alles Lob, aller Dank, aller Preis und alle Anbetung. Nur durch Mich und in Mir werden alle Menschen verherrlicht, wenn sie zuvor Meinen Namen in ihrem Herzen durch die wahre Liebe und den lebendigen Glauben im Geiste und in der Wahrheit verherrlicht haben.

7] Damit ihr aber dieses besser und gründlicher verstehen möget, so bedenket noch hinzu, daß Ich allein die Türe zum Leben bin. Und wer nicht da eingehet durch diese Türe, der ist ein Dieb und ein Räuber. — Darum: wer da ist mühselig und beladen oder ist ein Kranker voll Gebrechen, der komme zu Mir, auf daß Ich ihn labe und stärke. Denn solches wird er nimmer finden irgend anderswo als bei Mir und in Mir!

8] Was die zweite Frage betrifft, so liebt nur der Mich recht, der Mich allein liebt und seinen Nächsten durch Mich. Wer Mich so liebt, der ist's, der Mich im Geist und in der Wahrheit liebt! Denn wie könnte der Mich anders lieben, da Ich Selbst der ewige Geist aller Liebe, aller Macht und Kraft und ebenso die ewige Wahrheit bin!

9] Wer Mich aber also liebt, der ist es, der Meine Gebote hält. Wer aber Meine Gebote hält, zu dem werde Ich kommen in Meiner Dreieinigkeit als Vater, Sohn und Geist und werde Wohnung nehmen in seinem Herzen und werde da Mich offenbaren durch das lebendige

Wort, welches im Anfange war und [ewig] war [und ist] bei Gott. Denn Gott Selbst war, ist und wird ewig sein das Wort, wesenhaft in allen Dingen, als das ewige Leben, Liebe, Licht, Kraft und Macht von Ewigkeit zu Ewigkeit.

10] Wer aber Mich auf diese Weise recht liebt, der ist auch von ganzem Herzen demütig. — Oder kann wohl ein Hoffärtiger jemanden lieben? Liegt nicht vielmehr im Hochmute die Verachtung alles dessen zugrunde, was denselben umgibt!? — Der Hochmütige will nichts Höheres über sich erblicken; kann er sich auch nicht auf den höchsten Wahngipfel erheben und muß er sich noch einem Höheren gehorchend unterziehen, so tut er solches nur aus Eigennutz. Und so er jemanden mit einer scheinbaren Liebe umfaßt, so gilt das soviel, als wenn er sagen möchte: „Weil ich dich nicht mit Gewalt beherrschen kann, so will ich dich mit der List fangen und zu meinem Sklaven machen!"

11] Desgleichen auch der Habsüchtige zu seinen Freunden spricht, und ebenso die eitlen Weltbräutigame zu ihren törichten Bräuten sprechen; denn alle diese erheben ihre Günstlinge nur in derselben Absicht wie ein Adler eine Schildkröte, um durch deren Fall hernach etwas zu gewinnen!

12] Sehet, liebe Kinder, aus allem diesem geht hervor, daß nur der wahrhaft Demütige Mich wahrhaft, d. h. im Geiste und in der Wahrheit, zu lieben vermag!

13] Wer Mich aber also liebt, der liebt Mich ja als das lebendige, ewige Wort, welches da ist Jesus Christus, und das ewige Leben und alle Dinge durch Ihn! Wer aber liebt Jesum Christum, den Gekreuzigten, und verherrlicht Ihn vor der Welt und bekennet Ihn mit großer Freudigkeit seines Herzens, den werde auch Ich, als derselbe einige Jesus Christus, verherrlichen und bekennen vor dem Vater, d. h. er wird verkläret werden im Angesichte Meiner Gottheit und aller Heiligkeit derselben.

14] Wenn denn also, wer immer Mich liebt und verherrlicht, dadurch wieder verherrlichet wird — da werden ja doch sicher an solcher Verherrlichung auch alle Meine Glieder, welches da sind die Heiligen in den Himmeln, nicht zu kurz kommen! Denn was Ich nehme, nehme Ich nicht für Mich, sondern für euch und für eure Brüder.

15] Wer etwas Mir gibt, der gibt es allen. Wer es aber einem andern gibt, der ist ein Tor; denn was er gibt, wird er nicht zurückerhalten, und es wird auch die Gabe nicht zu den Beteiligten gelangen, sondern wie eine unreife Frucht wird sie unter dem Baume des Lebens zertreten werden.

16] Liebe Kinder, betrachtet diese Gabe nicht als eine menschliche, sondern als eine, die voll Lebens ist! Fasset sie wohl in eure Herzen und tuet darnach, so werdet ihr erkennen, daß das Wort alles in allem ist und wie das Wort bei Gott und Gott Selbst das Wort ist ewig! Amen.

17] Das sagt eben dieses Wort euch aus Sich Selbst! Amen.

☆

Grund und Wesen des Zweiten Gesichts[1]

Am 21. März 1841, von nachmittags 1/4 5 Uhr bis abends 3/4 8 Uhr

Schreibende: K. G. L. — Andr. und Ans. H. — Als Zuhörer: F. S.

Es ist das sogenannte „Zweite Gesicht" nicht etwa ein Zeichen von einem geweckteren Geiste, sondern es hat seinen Grund bloß nur in einem etwas erhöhteren Seelenleben und ist überhaupt ein Eigentum jener Menschen, die stets in großer Not und natürlicher Abgezogenheit von der Welt zu leben genötigt sind.

2] Daß dieses Zweite Gesicht mit der geistigen Gewecktheit keine Verwandtschaft hat, kann euch auch der Umstand hinreichend bezeugen, daß eines solchen Zweiten Gesichts auch sogar die Tiere fähig sind, deren Individualität durchgehends nichts Geistiges, wohl aber eine Seele zur ferneren Ausbildung in sich trägt.

3] Ihr werdet nun freilich fragen, welche Wirklichkeit dasjenige hat, was sich im Zweiten Gesicht beschaulich darstellt? Allein es wird gar nicht schwer sein, diesen Knoten für euch zu lösen. — Wenn ihr noch im tiefen Winter begraben seid und euch von allen Seiten die starren Schnee- und Eisfelder schaurig anblicken, ja wenn ihr noch dazu in kalten Gemächern zu wohnen genötigt wäret, saget, werdet ihr euch da nicht nach dem Frühlinge und nach dem Sommer ganz gewaltig zu sehnen anfangen? Und wird sich nicht die Phantasie eurer Seele vorzugsweise damit beschäftigen, euch bildlich den Frühling und den Sommer vorzuführen?

[1] Aus der Lorberschrift „Die zwölf Stunden".

4] Sehet, dieses sehnsüchtige, gleichsam plastische Vorgefühl ist die erste Stufe des Zweiten Gesichts und hat seinen Grund in dem leisen ätherischen Ueberwehen dessen, was die Seele in ihrem gedrückten Zustande als wohltuend erwartet. Wenn nun jemand sich mehr und mehr vertiefen würde, so möchte er wenigstens zur Nachtzeit nicht selten die Bilder des Frühlings und des Sommers gleich matten Traumbildern vor sich vorüberziehen sehen.

5] Wenn aber irgendeine Seele noch mehr beengt wird durch leidende Verhältnisse, so geschieht mit ihr durch solchen Druck das gleiche, wie wenn die Luft in einem zu hohen Grade gedrückt wird: sie entzündet sich und tritt aus der leiblichen Sphäre hinaus. Es gibt nämlich in dem sichtbaren Raume ebensogut seelische Wirkungen und Bewegungen, wie es in dem weiten Lichtraume Wirkungen und Bewegungen des Lichtes gibt; nur mit dem Unterschiede, daß die Schwingungen des Lichtes sich auf dem natürlichen Wege nicht anders als gradlinig fortpflanzen können; wogegen die seelischen mehr ähnlich sind den Schwingungen des Schalles und sich nach allen erdenklichen Richtungen, wie auch in allen erdenklichen Krümmungen mit mehr denn elektrischer Schnelligkeit fortpflanzen können.

6] Jetzt denket euch irgendein Faktum — welcher Art es auch immer sein mag, so hat es immerwährend drei Bedingungen zum Grunde: eine materielle, eine seelische und eine geistige. — Was die erste Bedingung betrifft, so kann das Faktum von den leiblichen Augen erst dann erschauet werden, wenn es gerade eben geschieht, und zwar in einer solchen Entfernung, die von der leiblichen Sehkraft erreicht werden kann. — Was die seelische Bedingung anlangt, so werdet ihr es ohne viel Nachdenken leicht einsehen, daß ein Faktum zuerst in der Seele vorangehen muß, bevor es in die Körperwelt übergeht. Ist aber nun die Seele ihrer Decke[1] enthoben, so kann sie ein solches Faktum vermöge der schnellen seelischen Fortpflanzung oft schon eine bedeutende Zeit früher ersehen, als es zur materiellen Objektivität gelangt; oder sie kann auch ein verübtes Faktum nachträglich erschauen, gleichwie ihr einen fernen Nachhall vernehmet.

7] Zum Ueberflusse will Ich auch noch drei kleine Beispiele von dem seelischen Schauen hinzufügen!

[1] D. h. (durch Austritt aus dem Leibe) ihrer fleischlichen Hülle; d. Hsg.

8] Es sieht z. B. ein solcher mit dem Zweiten Gesichte Begabter eine unbekannte Leiche vorüberziehen, während der Bekannte noch ganz frisch und gesund ist und erst in einigen Monaten darauf stirbt. Dies geht auf folgende, leicht faßliche Weise vor sich, nämlich: Die Seele des zum Sterben Bestimmten ahnet die nahe Auflösung ihrer Hülle, besonders zu einer Zeit, wenn sie ebenfalls durch ein merkliches Heraustreten ihr zum Zusammenfallen reifes Haus klarer und richtiger beschauet. In diesem Zustande ordnet sie dann schon alle betreffenden Vorkehrungen und Zeremonien zum Uebergange. Zu gleicher Zeit ist aber auch die Seele eines andern Menschen in solchem erhöhtem Zustande und sieht da das ganze Faktum, was sich die Seele des andern schon vorgeordnet hat, und zwar das alles auf die euch nun schon bekannte seelische Mitteilungsweise. — Nun sehet, auf diese Weise werden von der Seele dergleichen Dinge vorgesehen, wie von dem körperlichen Auge diejenigen, die soeben geschehen.

9] Als zweites Beispiel: Eine Seele sieht in irgendeiner weiten Entfernung etwas geschehen. Auch dieses Schauen geschieht auf dieselbe Weise. Denn wo immer etwas geschieht, da Menschen zugegen sind, entweder bloß als Zuschauer oder als glücklich oder unglücklich Mitbeteiligte, da ist ja auch nichts natürlicher, als daß ein solches Faktum in das Seelenleben der andern alsogleich aufgenommen wird und sich dann in der seelischen Sphäre gleich einem allerzartesten magnetischen Fluidum, je nach der Größe und Art des Faktums, oft mehrere tausend Stunden fortpflanzt. Und wenn dann irgendein Mensch in einem erhöhten Seelenzustande sich befindet, so nimmt er solche Schwingungen alsogleich wahr und bekommt das Bild durch die Varietät der Schwingungen auf dieselbe Art zu Gesicht, wie irgendein materielles Bild durch die Varietät der Schwingungen des Lichts von dem Gegenstande, von dem sie ausgehen, zur körperlichen Anschauung durch das fleischige Auge gelangt.

10] Als ein drittes Beispiel ist dieses anzunehmen: Wenn irgendein Faktum, bei welchem mehrere Menschen verunglücken werden, noch nicht erfolgt ist. Dieses Gesicht ist zwar etwas seltener, kommt aber dessenungeachtet gleich den übrigen Fällen vor. Es ist auf folgende Weise einzusehen: Wenn irgendeine Seele bei besonderen Fällen in einen erhöhten Zustand gelangt, so wird auch der innewohnende Geist, freilich nur auf kurze Zeit, geweckt. In der geistigen Bedingung [d. h. in dem Geiste des Menschen] aber liegen alle Fakta, sowohl die vergangenen als die zukünftigen, unvergänglich zugrunde. Nun kann da das Schauen auf eine zweifache Art geschehen, nämlich der Betreffende erschaut es zuerst aus seinem Geiste. Dieses Erschaute geht natürlich in die Seele über. Sobald es aber in die Seele übergegangen ist, so pflanzt es sich auch schon nach den euch bekannten Gesetzen weiter. Und so dann irgendein Mensch im erhöhten Seelenzustande sich befindet, so erschaut auch er ein solches gewisserart prognostisches Faktum nebst allen den Umständen, die sich da zutragen werden. Und dieses Erschauen ist dann die zweite Art, ein solches Faktum, welches erst [künftig] geschehen wird, zu erschauen.

11] Daß ein solcher Mensch im erhöhten Seelenzustande auch Seelen verstorbener Menschen sehen kann, wenn diese sich sehen lassen wollen oder dürfen, braucht nicht näher erwähnt zu werden.

12] Nun sehet, da habt ihr das ganze Wesen des Zweiten Gesichtes und könnet aus demselben zugleich ersehen, daß dazu gerade keine Geistesgewecktheit erfordert wird. Denn das Schauen des Geistes ist ein ganz verschiedenes von dem der Seele. Wie sich aber das Schauen des Leibes zu dem Schauen der Seele verhält, so verhält sich auch das Schauen der Seele zum Schauen des Geistes.

13] Und wie das Schauen des leiblichen Auges kann verschärft werden durch materielle Mittel, dergleichen da sind: allerlei optische Werkzeuge — so kann auch das Schauen der Seele erhöht werden durch jene Mittel, welche natürlicherweise der Seele entsprechen. Diese Mittel sind ein starker, ungezweifelter Glaube, ein festes Wollen und eine dadurch wenigstens zur Hälfte erreichte geistige Gewecktheit.

14] Wie aber das seelische Schauen erhöht werden kann, ebenso kann auch die Sehe des Geistes bis ins Unendliche gestärkt werden, und zwar mittels derjenigen Mittel, die euch der große Seher durch Seine Lehre gelehrt hat — welcher große Seher eben derjenige ist, der euch jetzt daran erinnert!

☆

Der verlorene Sohn[1]

Am 23. März 1841, von nachmittags 3/4 4 Uhr bis abends 1/2 7 Uhr

Schreibende: K. G. L. — F. S. — Andr. und Ans. H.

Ihr habt in Meinem Buche[2] die Geschichte des verlorenen Sohnes gelesen und werdet diese Geschichte nicht nur einmal, sondern schon öfter gelesen und gehört haben. Aber Ich sage euch, es gibt wohl in dem ganzen Buche [der Heiligen Schrift] keinen Vers und kein Kapitel, das da Größeres in sich fassen möchte, als das Gleichnis vom verlorenen Sohn.

2] Auch wird es nicht leichtlich eine Stelle geben, die für euch schwerer zu verstehen sein möchte als eben diese. Und das zwar aus der Ursache, die ihr wissen sollet, da sie von größter Wichtigkeit und als solche ein unerläßlicher Schlüssel zur inneren Beschauung ist.

3] Es ist aber diese Ursache folgende: Oft rede Ich aus Meiner Weisheit durch die Liebe erhabene Dinge; oft aber aus der Liebe durch das Licht der Weisheit kleinlich Scheinendes. — Nun merket, im ersten Falle wird euch nur so viel geboten, als es eurer jeweiligen Individualität zu ertragen möglich ist. Im zweiten Falle aber wird euch eine verhüllte Unendlichkeit gegeben, mit deren endlicher Entwicklung Ewigkeiten nicht fertig werden.

4] Und sehet, eine eben solche kleinlich scheinende Gabe ist auch „der verlorene Sohn". Ja, Ich sage, wüßtet ihr, was alles hinter dem „verlorenen Sohne" steckt, wahrlich, es würden Erzengel zu euch in die Schule kommen!

5] Ich habe euch in den vorhergehenden Stunden so manches gezeigt, wie es in der gegenwärtigen Zeit auf der Erde zugeht, wobei Ich euch freilich noch die allergrößten Schändlichkeiten verschwiegen habe. Ich habe euch gezeigt das Mangelhafte der Rechtsordnung im allgemeinen; Ich habe euch gezeigt die Tollheit Asiens, wie die Barbarei Afrikas; Ich habe euch gezeigt die Schändlichkeiten Amerikas, freilich nur einen sehr geringen Teil davon; Ich zeigte euch die Rechtspflege Englands, vorzugsweise in seinen äußern Verhältnissen, wie auch die Behandlung der Verbrecher auf den euch bekanntgegebenen Küsten Australiens. So habe Ich euch auch im tiefen Süden gezeigt

---

[1] Aus der Lorberschrift „Die zwölf Stunden",

[2] Lukas-Evangelium, Kap. 15.

ein mißhandeltes Land, wie es war und wie es größtenteils noch jetzt ist. Jedoch eben bei diesem Lande muß Ich euch auf etwas aufmerksam machen, und zwar zuerst vorzüglich auf das, daß ihr auf dieses eben von diesem Lande Ausgesagte eine doppelte Aufmerksamkeit richten, und fürs zweite, daß ihr eben das von diesem Lande Ausgesagte am allerwenigsten buchstäblich nehmen sollet — warum, wird euch die Folge zeigen. Ferner habe Ich euch noch gezeigt die höchst tyrannisch strengen Verhältnisse anderer Inselstaaten und vorzugsweise des Japanischen und so noch einiges in Kürze über den nördlichen Staat Rußland.

6] Obschon zwar sich die Sachen in der Welt so verhalten, so sind aber dessenungeachtet diese Verhältnisse von Mir euch nicht deswegen kundgegeben worden, damit ihr daraus ersehen sollet, wie es allenfalls in der Welt zugeht. Denn solches und noch tausendmal Aergeres werdet ihr ohnehin künftig nur zu oft zu lesen bekommen; sondern die Ursache, warum Ich euch solches kundgegeben habe, ist keine andere als diese, daß ihr daraus das große Geheimnis des „verlorenen Sohnes" ein wenig zu eurem größten Nutzen tiefer erkennen möchtet.

7] Ihr denket euch jetzt freilich: „Was hat denn der »verlorene Sohn« mit all diesen Weltgrausamkeiten zu tun?" — und seid voll Neugierde, wie sich aus all diesem Weltlabyrinthe der „verlorene Sohn" zurechtfinden wird. Aber Ich sage euch: Es ist denn doch noch leichter aus allen diesen Szenen den „verlorenen Sohn" herauszufinden und selben [darin] zu begreifen, als der Durchgang eines Kamels durch ein Nadelöhr.

8] Um das Ganze zu verstehen, ist es nötig, daß ihr vor allem erfahret, wer eigentlich dieser „verlorene Sohn" ist. So Ich euch den „verlorenen Sohn" zeigen werde, auch nur dem Namen nach, wahrlich, ihr müßtet mit mehr denn siebenfacher Blindheit geschlagen sein, so ihr nicht im Augenblicke merken würdet, daß euch eine große Decke von den Augen genommen wurde. Und nun bereitet euch vor und vernehmet den Namen!

9] Sehet, er heißet „Luzifer"! — In diesem Namen steckt das ganze, für euch ewig unerfaßliche und endlose Kompendium des verlorenen Sohnes.

10] Nun denket euch, daß beinahe die gesamte gegenwärtige Menschheit nichts als Glieder dieses einen „verlorenen Sohnes" sind, und zwar namentlich diejenigen Menschen, welche aus Adams ungesegneter Linie abstammen. Sehet, dieser „verlorene Sohn" hat alles Vermögen, das ihm gebührte, herausgenommen und vergeudet dasselbe nun durch für eure Begriffe endlos weit gedehnte Zeiträume.

11] Ihr wisset aus der Geschichte des verlorenen Sohnes, wie es mit seinem Endschicksale ging. Nun sehet all diese Verhältnisse der Welt durch; und wahrlich, ihr werdet nichts anderes erblicken als die Endschicksale des verlorenen Sohnes im ausgedehnten Maßstabe...

12] Was sagt ihr aber zu einem sehr kranken Menschen, wenn seine Füße kalt geworden sind und auf seinem Haupte kalte Schweißtropfen sitzen? Wahrlich, es bedarf dazu keines medizinischen Rigorosums, um gewisserart in prophetischem Geiste aussprechen zu können: nur einige wenige schwere Pulsschläge noch, und der Qual- und Lebensmüde hat ausgerungen!

13] Fürs erste befühlet die Füße des „verlorenen Sohnes" im Süden der Erde. Fürs zweite befühlet sein Haupt in des Nordens großem Reiche. Dann leget die Hand auf das alte, müde Kirchenherz, wahrlich, ihr müßtet schon wieder blinder sein als der Mittelpunkt der Erde, so ihr nicht an den Fingern ausrechnen möchtet, um die wievielte Stunde des großen Tages es nun sei?...

14] Aber sehet, jetzt geschieht mit der Seele des „verlorenen Sohnes", was Ich euch kundgegeben habe von den Seelen, denen das „Zweite Gesicht" wird! Sehet, ihre große Not breitet sich jetzt in schnellen Schwingungen aus, und diese gelangen hin vor das große Vaterhaus. Und die Schwingungen des liebeerfüllten Vaters liebwechseln mit den Angst-, Elend- und Notschwingungen des „verlorenen Sohnes".

15] Die Seele des „verlorenen Sohnes" empfindet ein solch heiliges, sanftes Wehen vom Hause des großen Vaters. Sie kehret aus diesen heiligen Schwingungen mutbeseligt wieder in ihr morsches Haus zurück, erhebt dasselbe wieder und kehret in der größten, sich selbst vernichtenden Demut in das ewige Vaterhaus zurück.

16] Was geschieht aber dort? — Sehet, die Lumpen nur werden dem Sohne ausgezogen und verbrannt; allein der Sohn wird, wie ihr wisset, wieder aufgenommen werden.

17] Sehet, nun habt ihr das ganze, bis auf diesen gegenwärtigen Augenblick unenthüllte Geheimnis der prophetischen Zahl des Menschen vor euren Augen enthüllt. Wenn ihr nur einigermaßen die Verhältnisse der Zeit durchgehet, wahrlich, ihr müßtet mehr denn tot sein, wenn ihr jetzt noch nicht gewahren solltet die heiligen Gnadenschwingungen, die da nun ausgehen in Strömen von dem heiligen Vaterhause!

18] Auch ihr seid Glieder des verlorenen Sohnes! Dehnet eure Seele weit aus und lasset erwecken den Geist in eurer Seele! Und kehret in aller Demut gleich dem „verlorenen Sohne" getrost in das große Gebiet eures liebevollsten Vaters! Wahrlich, Ich sage euch: Er wird euch auf dem halben Wege entgegenkommen!

19] Sehet, die Zeit Meiner Gnade ist nahe herbeigekommen, und darum habe Ich euch auch solches gegeben, daß ihr erkennen sollet, daß jene große Zeit da ist, von der die Propheten gesungen haben, ja jene Zeit, die aus Meinem Munde selbst vorausverkündigt wurde.

20] Darum verharret nur noch eine kurze Zeit und freuet euch in großer Zuversicht! Denn wahrlich, das große Vaterhaus ist euch näher gekommen als ihr es ahnet!

21] Wie ihr aber den „verlorenen Sohn" und alle diese Zeitverhältnisse in euch erkennen möget, und wie dieser „verlorene Sohn" in einem jeden Menschen wiedergefunden wird oder wie er vielmehr sich selbst wiederfindet, wie der „große Mensch" im Kleinen gewonnen wird, liebe Kinder, davon wird euch die letzte Stunde getreue Kunde bringen. Amen!

☆

Der große Schöpfungsmensch und seine Rückkehr[1]

Am 25. März 1841, von nachmittags 4 Uhr bis abends 1/4 9 Uhr

Schreibende: K. G. L. — F. S. — Andr. und Ans. H.

Nachdem wir in der elften Stunde den „verlorenen Sohn" von seinem Aufgange bis zu seinem Niedergange begleitet und beleuchtet haben und haben auch die Zeit berechnet und die Stunde nahe bestimmt, die da zeugen soll von seinem Untergange — so wollen wir in dieser zwölften Stunde sehen, wo und wie dieser „verlorene Sohn", durch und durch gedemütiget, wieder zurückkehren wird in das große Vaterhaus.

[1] Aus der Lorberschrift „Die zwölf Stunden".

2] Um aber dieses völlig zu verstehen, ist es nicht hinreichend, daß wir nur das Weltstäublein, Erde genannt, ein wenig durchschauet haben; sondern es ist nötig, da Ich zu diesem Zwecke in der euch bewußten Camera obscura des Geistes eine schon erwähnte kleine Vorrichtung hinzugegeben habe, noch einmal in dieser neu eingerichteten Kammer einen etwas weiter gedehnten Blick zu tun! — Ich sage euch aber zum voraus: Machet euch gefaßt! Denn dieser Anblick wird euch etwas vor eure Augen führen, das bis auf diese Zeit noch in keines Menschen Sinn gekommen ist.

3] Vermöge dieser neuen Vorrichtung wird die Tafel zur Aufnahme eines so großen Bildes auch wohl natürlicherweise selbst etwas vergrößert werden müssen und statt der früheren wagrechten Lage eine senkrechte annehmen. Nun sehet, unsere Vorrichtung ist getroffen! So richtet denn eure Blicke hin auf die weitgedehnte Tafel, und sogleich werdet ihr das große Bild auf derselben erblicken. Denn nur auf diese einzig und alleinige Art ist es möglich, die endlos ausgedehnte Schöpfung unter einem Bilde euch vor die Augen zu stellen.

4] Nun sehet nur genau hin auf die Tafel, und sobald Ich das Wort „Epheta" aussprechen werde, da werdet ihr das großartige Bild auf der Tafel erschauen. Und nun denn, da eure Blicke dahin gerichtet sind, sage Ich: Epheta![1]

5] Nun, was saget ihr zu dem Bilde? — Nicht wahr, ihr erblicket auf dieser Tafel nichts mehr und nichts weniger als die deutliche Gestalt eines Menschen, dessen Lenden nur kaum von einigen Lumpen bedecket sind und dessen Haare, zottigen Aussehens, ihm bis über den halben Leib vom Kopfe herabhängen.

6] Nicht wahr, ihr werdet euch wohl denken: „An diesem Bilde ist gerade nichts Besonderes zu sehen, außer daß es auf dieser Tafel in einer sehr kolossalen Form dargestellt ist. Uebrigens aber hätte ein solches Bild auch ein jeder nur einigermaßen bewanderte Figurenzeichner mit einer weißlichten Farbe auf eine schwarze Tafel entwerfen können!" — Und Ich kann euch nichts anderes dazu sagen, als daß euer Schluß vorderhand seine Richtigkeit hat. Und so ihr noch etwas tiefer denken wollet, so möchtet ihr auch wohl bald in dieser weißlichen Figur die Gestalt des „verlorenen Sohnes" erblicken.

7] Aber sehet, Meine lieben Kinder! Die Tafel ist ein wenig zu weit weg gestellt für eure Augen, daher gehen wir vollends an die

[1] zu deutsch: „Tue dich auf!"

Tafel hin! Denn die ganze Gestalt habt ihr jetzt schon gesehen. Daher wollen wir die Farbe, mittelst welcher diese Figur an die Tafel aufgetragen ist, ein wenig näher untersuchend beschauen.

8] Nun, jetzt sind wir an der Tafel! — Seht, diese klafterbreite, schimmernde Fläche ist ein Teil des Fußes dieser ganzen Gestalt. Sehet nur recht nahe hin und saget Mir, was ihr darauf entdecket! — Seht nur recht genau! — Nicht wahr, ihr entdecket nichts als lauter nahe aneinandergereihte, kleine, schimmernde Kügelchen! — Ihr wisset ja, daß dieses Bild kein gemaltes ist, sondern nur ein Lichtbild eines äußeren Gegenstandes.

9] Was meint ihr wohl, was diese Kügelchen in der Wirklichkeit sind? — Sehet, Ich will euch nicht lange herumraten lassen! Aber wenn ihr meinet, daß diese Kügelchen etwa Abbilder sind von entfernten Sonnen, Planeten, Monden und Kometen, höret, da müßte Ich euch wohl sagen: Kinderchen! Urteilet nicht zu vorschnell, sonst möchtet ihr euch gar gewaltig irren! Jedoch bevor Ich euch das Wesen dieser kleinwinzigen Kügelchen enthülle, bemühet euch, auf einem linsengroßen Flecke diese Kügelchen zu zählen!

10] Nun, seid ihr schon fertig? — Ja, ja, Ich sehe schon, ihr werdet damit nicht leichtlich fertig. Denn es ist eine für euch kaum aussprechbare Zahl solcher Schimmerpünktchen auf dieser linsengroßen Fläche vorhanden, und es möchten ihrer wohl mehr als eine Trillion sein. Und da ihr euch so ein wenig vertraut gemacht habet mit der „Farbe", so sage Ich euch, wovon ein solches Pünktchen eigentlich ein Abbild ist. Wie schon gesagt, nicht etwa von einer Sonne oder von einem anderartigen Weltkörper, sondern: ein jedes solches Pünktchen oder, wie es sich euren geistigen Augen darstellt, Kügelchen, ist nichts mehr und nichts weniger als das Abbild einer Hülsenglobe. — Was es aber mit der „Hülsenglobe" für eine Bewandtnis hat, brauche Ich euch nicht mehr zu erklären.[1]

11] Nun treten wir wieder ein wenig zurück und schauen uns wieder die ganze Figur an! — Sehet, wie es ist eine vollendete Menschengestalt! — Und da ihr nun diese Figur hinreichend beschauet habt, so sage Ich euch: Diese Figur stellet aus und nach Meiner ewigen Ordnung das Universum dar und ist in seiner

[1] „Hülsengloben" heißen nach Lorber jene unermeßlich großen Schöpfungseinheiten (mit einer Urmittelsonne als Mittelpunkt und zahllos vielen Untergestirnen) aus welchen die gesamte Schöpfung gleichsam zellenartig aufgebaut ist. — Näheres im „Großen Evangelium Johannis", Bd. 4, Kap. 105.

Art von niemandem außer von Mir in der Wirklichkeit also erschaulich. Auch hat dieses Bild, wie ihr es jetzt erschauet habt, noch nie ein geschaffener Geist gesehen.

12] Aber Ich sehe schon wieder, was in euch steckt. Ihr möchtet wohl gerne eure Erde in diesem Menschen erblicken. — Solches euch zu zeigen, kann wohl nicht sein, solange die ganze Figur auf der Tafel pranget. Aber wartet ein wenig! Denn sehet, Ich bin ein sehr guter Optiker! Daher will Ich in unserer Camera erst eine kleine optische Veränderung vornehmen, nach welcher von dieser ganzen Figur nichts als nur ein einziges, leuchtendes Pünktchen zurückbleiben wird.

13] Nun sehet, die Figur ist verschwunden; es ist bereits alles in der Ordnung! Treten wir jetzt nur wieder der Tafel näher und suchen unser Pünktchen auf! — Nun, habt ihr es schon gefunden? — Eines allein gibt freilich nicht viel Licht; aber strenget eure Sehe nur an, ihr werdet es schon finden.

14] Ihr müsset nicht hinaufschauen auf die hohe, weitgedehnte Tafel, sondern da ganz zuunterst sehet hin, da ihr früher den linken Fuß der ganzen Figur gesehen habt, und da zwar am äußersten Ballen der kleinen Zehe! — Dieses Kügelchen ist diejenige Hülsenglobe, innerhalb welcher sich auch eure Erde befindet.

15] Damit wir aber zu unserer Erde gelangen können, werde Ich denn schon auch wieder mit Meinem „Epheta!" über das Schimmerpünktchen kommen müssen. — Und so spreche Ich denn „Epheta!" — Nun sehet, wie dieses Kügelchen auseinandergegangen ist und nun beinahe die ganze große, runde Gestalt der Tafel einnimmt.

16] Sehet die zahllosen leuchtenden Pünktchen nun wieder durcheinander schimmern! Suchet nun euch eure Erde heraus! — Nicht wahr, ihr möget sie nicht finden aus der großen Unzahl dieser Schimmerpünktchen heraus! — Ja, Ich sage euch, ihr würdet euch auch vergebliche Mühe machen! Denn diese Pünktchen, die ihr da sehet, sind schon wieder keine Sonnen, sondern sind ganze Sonnenwelten-Gebiete.

17] Daher werde Ich nun wieder ein Pünktchen, und zwar das rechte, heraussuchen und alles übrige auslöschen von der großen Tafel! Nun, da ist das erwählte Pünktchen! Und damit wir schneller zum Ziele gelangen, sage Ich alsogleich wieder Mein „Epheta!"

18] Nun sehet, unsere Tafel ist schon wieder voll neuer leuchtender Pünktchen. Allein diese leuchtenden Pünktchen sind auch wieder keine Sonnen, sondern sind lauter Sonnenwelten-Alle! Daher wird es mit der Auffindung der Erde sich auch hier nicht tun.

19] Und so will Ich aus diesen Pünktchen auch wieder das rechte erwählen und alles übrige von der Tafel löschen! — Nun, da ist das Pünktchen! — Sehet, wie es einsam, matt schimmert auf der großen Fläche! — Aber nun Mein „Epheta!" — Und das Pünktchen soll gleich eine größere Ausdehnung bekommen! Darum: „Epheta!"

20] Nun sehet, unsere Tafel ist denn schon wieder voll von lauter glänzenden Pünktchen! — Möchtet ihr euch da nicht die Erde heraussuchen aus all diesen trillionenmal trillionen Pünktchen? — Allein Ich muß euch auch hier schon wieder sagen: Gebet euch keine Mühe! Denn auch diese Pünktchen sind noch keine Sonnen, sondern einzelne Sonnengebiete und sind das, was ihr unter einem sogenannten Sternen-Nebel begreifet.

21] Allein damit wir schneller zum Ziele gelangen, will Ich auch da das rechte Pünktchen erwählen und alles übrige von der Tafel löschen und zugleich das „Epheta!" hinzufügen.

22] Nun sehet hin auf die Tafel! — Nicht wahr, ihr sehet eine Schimmergrießwolke, die sich horizontal über die ganze Tafel verbreitet und siebenmal so lang als breit ist.[1] Nun sehet, da hübsch gegen die Mitte wollen wir uns wieder ein solches Schimmergrießpünktchen wählen und alles übrige wieder auslöschen von der Tafel. — Nun, es ist schon alles wieder geschehen, wie ihr sehet, und Mein „Epheta!" gebe diesem Pünktchen wieder seine rechte Gestaltung!

23] Nun sehet recht genau hin! Jetzt werdet ihr euch wohl schon auskennen. — Sehet, da in der Mitte ein leuchtendes, linsengroßes Scheibchen! — Es ist das Bild eurer Sonne! — Und seht nun genauer hin! Der dritte, matt schimmernde Punkt von der Sonne auf der linken Seite etwas abwärts ist eure Erde!

24] Ich brauche euch nun dieses Bild nur ein wenig zu vergrößern, und ihr werdet eure Erde sogleich erkennen! — Und so tue du Erdenpunkt dich auf, auf daß dich Meine Beschauer erkennen mögen! — Und sehet, wie nun dieser Punkt sich allmählich ausdehnt! Und nun hat er denjenigen Durchmesser erreicht, der da hinreichend genügt, euer naturmäßiges, schmutziges[2] Wohnhaus zu erkennen.

[1] Unser Milchstraßensystem; d. Hsg.

[2] „schmutzig" — im geistigen Sinne, da hier Luzifer, der gefallene große Urgeist, seinen Kerkersitz und seine größte Versuchungsmacht hat; d. Hsg.

25] Da wir nun jetzt alles gesehen haben, so kehren wir wieder zu unserem „verlorenen Sohne" zurück! — Sehet hin auf die Tafel! Schon wieder prangt unsere erste Figur auf derselben. Aber sehet, jetzt wird diese Gestalt kleiner und kleiner! Und sehet, jetzt hat sie nur kaum noch die Größe eines Kindes! Und sehet abermals hin, nun ist auch dieses Kind zu einem Punkte zusammengeschmolzen! — Aber sehet, auf der rechten Seite der Tafel fängt ein anderes großes Menschenbild an aufzutreten! — Nun ist es in der Mitte der Tafel! — Und unter seinem linken Fuße entdecket ihr noch das soeben eingegangene Pünktchen, welches da nun ist im rechten Verhältnisse seiner Größe zur Größe dieses neuen Bildes.

26] Was meinet ihr wohl, was dieses neue Bild vorstellt? — Ihr, die ihr mehr oder weniger den großen [Schöpfungs-]Menschen in den Schriften Swedenborgs habt kennengelernt, werdet euch vielleicht denken, das sei dieser größte Mensch. Ich aber sage euch: Weit fehl geschossen! Dieser Mensch, den ihr da sehet, ist nichts mehr und nichts weniger als der sich selbst wieder gefundene „verlorene Sohn", der sich in jedem einzelnen wiedergeborenen Menschen wiedergefunden hat! Oder mit andern, euch leichter verständlichen Worten gesagt: Das ist ein Allergeringster in Meinem neuen Reiche! Und es ist hier in diesem Bilde euch ein gerechtes Verhältnis dargestellt und euch das vollkommene Maß eines Menschen gezeigt, welches unendlichmal erhabener ist denn das ganze, euch durch die frühere Zergliederung gezeigte endlos scheinende Universum in der Gestalt des „verlorenen Sohnes"!

27] Wenn ihr nun dieses Bild ein wenig beherzigeт, so dürftet ihr auch schon ein wenig zu begreifen anfangen, was es mit der „Rückkehr des verlorenen Sohnes" für eine Bewandtnis hat.

28] Ihr müsset euch nicht etwa denken, dieser euch in der „elften Stunde"[1] bekanntgegebene gefallene Luzifer wird als Ganzer wieder zurückkehren. — Wenn solches möglich gewesen wäre, wahrlich, es hätte nie eine materielle Schöpfung stattgefunden; sondern:

29] In einem jeden einzelnen Menschen, der nach Meinen Worten lebt und wiedergeboren wird durch das Wort und durch die Erlösung, wird dieser Verlorene[2] wiedergefunden und zurückkehren in das große Vaterhaus!

---

[1] Siehe Seite 306 ff. — [2] d. h. ein Wesensteil von ihm; d. Hsg.

30] Ich sage euch nicht umsonst: in das große Vaterhaus. Denn für so groß gewordene Menschen muß auch ein gar großes Haus bereitet sein, allda sie werden Wohnung nehmen können wieder bei ihrem Vater.

31] Daß es aber also ist, könnet ihr aus all dem Vorhergegangenen ja klar und deutlich abnehmen. Denn leidet nicht bei den allgemeinen Drangsalen ein jeder Mensch in sich selbst und wird nicht jeder geschlagen für seine eigene Person? — Es gelten aber alle diese Schläge einem und demselben „verlorenen Sohne".

32] So aber ein Mensch geschlagen wird, ist es nicht also, daß nur er als der Geschlagene den Schmerz empfindet, während der Ungeschlagene oft genug nur zu schmerzlos zusieht? Oder so da mißhandelt wird eine ganze Nation in einem andern Weltteile, saget, ob ihr je einen Peitschenhieb auf eurer Haut wahrgenommen habt? So aber jemand stirbt, stirbt er für sich oder für andere? Oder könnet ihr behaupten, daß je jemand für einen andern zur Welt geboren worden ist? Oder gilt Meine Erlösung und Mein Wort nicht ebensogut einem jeden Menschen einzeln für sich wie für ganze Völker? Und kann nicht jeder Mensch für sich Mich mit seiner Liebe und dem lebendigen Glauben daraus völlig aufnehmen, daß Ich in ihm und er in Mir wohne?

33] Wenn ihr nun alles dieses betrachtet, könnet ihr nach dem allem nur die entfernteste Behauptung aufstellen, Ich sei in einem Menschen weniger denn in allen zusammen?

34] So aber Ich mit einem Menschen eins geworden bin und er mit Mir, saget, was gehet da noch ab von der Wiederfindung des „verlorenen Sohnes" in einem einzelnen Menschen?

35] Hat der nicht alles empfangen und in sich aufgenommen, der Mich aufgenommen hat? — Wahrlich, ein jeder einzelne Mensch, der mit Mir eins geworden ist, ist mehr, ja Ich sage, unendlichmal mehr, als der große Luzifer je war in seiner euch auf natürlichem Wege unbegreiflichen Größe!

36] Sehet, unter diesem „verlorenen Sohne", der da Luzifer heißt, wird demnach [auch] jeder einzelne Mensch für sich verstanden. Und so ein ganzes Volk mit Mir eins geworden ist, wird dieses ganze Volk ebenfalls nur ein Mensch mit Mir. Und alle Menschen, die je auf der Erde gelebt haben und noch leben werden, wenn sie eins geworden sind mit Mir, so werden auch sie nur sein ein Mensch in Mir. Das heißt, sie alle wird beseelen und beleben ein und derselbe Heilige Geist aller Liebe, aller Wahrheit und aller Macht und Kraft. Und es werden nicht sein viele mehr denn einer, und einer weniger denn viele — sondern alle werden sein vollkommen eins in Mir. Und es werden nicht haben viele mehr Macht und Kraft denn einer, und einer nicht weniger denn viele — sondern alle werden leben wie einer aus derselben Kraft und Macht des Heiligen Geistes aller Liebe und aller Wahrheit aus Mir!

☆

Die „Lumpen" des verlorenen Sohnes

Am 25. März 1841 (Fortsetzung)

Ihr habt gehört, daß die Lumpen des „verlorenen Sohnes" von den Winden zerstreuet wurden wie Spreu und die übriggebliebenen aber wurden ihm ausgezogen und verbrannt. — Wisset ihr, was unter diesen „Lumpen" zu verstehen ist?

2] Es ist darunter nichts anderes zu verstehen, als der eingegangene, frühere Universalmensch auf unserer Tafel. Denn durch die Gewinnung eines jeden einzelnen Menschen ist das Edle, von Mir Ausgehende, oder „Mein verlorener Sohn" wiedergewonnen. Die „Lumpen" oder das eigentliche Erzböse aber wird verworfen werden in das Feuer, daraus es eigentlich hervorgegangen ist. Es ist aber dieses Feuer dasjenige in der Gottheit, aus welchem alle Dinge ihr materielles Dasein haben.

3] Wer somit sich an die Welt hängt und klebet an der Materie, der klebet an den „Lumpen" des verlorenen Sohnes! — Wie aber alle Materie euch ihre große Feuerverwandtschaft zeigt, so gilt dasselbe auch von den Lumpen an den Lenden des verlorenen Sohnes.

4] So aber wird es geschehen: Damit Gott wieder werde ein freier Gott, in dem keine Materie mehr wallet, so wird das Feuer- oder Zornverwandte wieder dahin zurückkehren müssen, woher es als das, was es ist, gekommen ist. Und es wird gerade also geschehen, wie wenn ihr an eurem Leibe habt irgendeine Verhärtung und leget da heiße Umschläge auf, damit sie wieder erweichet werde — also auch wird Mein ewiges Feuer diese erzböse Verhärtung in ihrer

Allheit erfassen, um sie dadurch wieder seinem eigenen Wesen selbst zu assimilieren.[1]

5] Es ist noch eine Frage in euch vorhanden, ob diejenigen Wesen, die unter den „Lumpen" verstanden werden, auch ein fortwährendes Selbstbewußtsein haben werden oder nicht? — Ich aber sage euch: Diese Frage beantwortet sich schon beinahe von selbst, da ihr doch unmöglich annehmen könnt, daß es in der Gottheit irgendeinen seiner selbst unbewußten Punkt geben sollte.

6] Aber ob dieses Seiner-selbst-Bewußtsein ein leidendes ist oder nicht — sehet, das ist eine andere Frage! Um aber diese richtig zu verstehen, müßt ihr zuvor begreifen, daß jedes Bestreben, sich selbst zu finden, ein gewisses Leiden in sich selbst notwendig begreifen muß. Nur kommt es darauf an, ob dieses Leiden ein schmerzliches oder ein wohltuendes ist.

7] Wenn dieses Leiden darin besteht, daß sich das Wesen in sich selbst immerwährend ergreift und durch dieses Ergreifen sich zur Einheit immerwährend zu bilden bemüht ist, dann ist ein solches Leiden ein höchst wohltuendes und die Empfindung aus dem klarsten Selbstbewußtsein eine höchst beseligende.

8] Wenn aber das Leiden oder die selbstbewußte Empfindung eines Wesens in sich ein zerreißendes und zerstörendes ist, dann ist es auch ein höchst schmerzliches. Das könnt ihr ja auch aus der Natur sehr leicht abnehmen, wenn ihr nur je irgendeine entzündliche Krankheit beobachtet habt, welche in nichts anderem besteht, als daß sich gewisse Teile im Körper mehr und mehr auszudehnen anfangen. Je heftiger ein solcher Akt vor sich geht, desto schmerzlicher wird er. — Aus allem diesem geht hervor, daß der sich selbst bewußte, wesenhafte Zustand des feuerverwandten Erzbösen eben auch ein höchst leidend-schmerzlicher sein muß.

9] Ihr werdet nun vielleicht meinen, daß die Gottheit dadurch gewisserart in Ihrem Zornteile Selbst immerwährend höchst schmerzlich leidend sein müsse. Allein es ist dem nicht also! Sondern es ist geradeso, als wenn Speisen in eurem Magen verkocht werden; da bersten auch die Hülschen der zu sich genommenen Nahrung, getrieben durch das Feuer des Magens. Aber fraget euch selbst, ob im natürlichen Zustande dieser schauerliche Zerstörungsprozeß im Feuer eures Magens euch je geschmerzt hat?

[1] anzugleichen.

10] Jedoch, da Ich euch schon so weit geführt habe, so will Ich euch bei dieser Gelegenheit einen bisher noch nie ausgesprochenen Wink geben! Wollet ihr die Endursache solchen Zustandes aller weltlich-materiellen Erzbosheit erschauen, so blicket in euren Magen, und sehet alldort zu, was da mit der in sich genommenen Speise geschieht, wie und warum — so werdet ihr eine große Strecke Meiner Wege erschauen, was da geschehen wird. Jedoch die Zeit steht nicht geschrieben in eurem Magen, und es genügt euch, daß Ich euch gezeigt habe den Zweck.

11] Nun sehet, liebe Kinder! Das ist alles, was euch gegeben werden kann, und das ist auch alles, was ihr zu ertragen vermöget. Mehr brauchet ihr nicht zu wissen, sondern beachtet dieses von Punkt zu Punkt, und das zwar von der euch gegebenen ersten bis zur letzten Stunde! Durchwandert auf diesem Wege die ganze Erde in euch und findet auf diese Art in euch selbst — den „verlorenen Sohn"!

12] Tuet dasselbe, was dieser getan hat und noch immer tut in jedem einzelnen Sünder, der nach Meinem Reiche trachtet.[1] Lasset in der inneren Kammer eures Geistes auf der Tafel eurer Weltbegierden mit der Welt das geschehen, was ihr zuletzt auf der euch gezeigten Tafel mit dem Universalmenschen sahet — so wird in einem jeden von euch der „verlorene Sohn" wiedergefunden werden und wird sein Verhältnis werden, wie Ich es euch gezeigt habe, da ein anderer Mensch an die Stelle des früheren, auf einen Punkt zusammengeflossenen getreten ist.

13] Dann erst werdet ihr als Wiedergefundene die große Wahrheit des euch in diesen „zwölf Stunden" Gegebenen in euch selbst im hellsten Lichte erschauen und erkennen.

14] Und da, wie früher gesagt wurde, alle Menschen [zusammen] einen Menschen ausmachen, wie einer alle — so suchet denn auch all das Uebel in euch! Und habt ihr es gefunden und mit Meiner kräftigen Beihilfe aus euch geschafft, da werde Ich, als euer heiliger Vater, der Ich schon über den halben Weg euch entgegengekommen bin, vollends zu euch kommen, euch gänzlich von euren „Lumpen" befreien und dann aufnehmen in das große Vaterhaus Meiner ewigen Liebe!

15] Schließlich mache Ich euch nur noch darauf aufmerksam, daß Ich derzeit nicht nur euch, sondern auch schon vielen anderen „verlorenen Söhnen" entgegengekommen bin.

[1] d. h. machet euch auf zum Vater! D. Hsg.

16] Merket aber vorzugsweise auf Meine Ankunft in euch selbst und kümmert euch weniger um die allgemeine! Was ihr fürs allgemeine empfindet, das traget Mir betend in eurem Herzen vor! Um alles andere kümmert euch nicht! Denn das große Wann, Wie und Warum ist in den besten Händen wohlverwahret! Das sage Ich, euer großer, heiliger, liebevollster Vater. Amen.

☆

Gerechtigkeit und — Liebe

Aus dem in den Jahren 1840—1842 von Jakob Lorber niedergeschriebenen Hauptwerke „Die Haushaltung Gottes" sei hier als Inhaltsprobe eine Rede des Erleuchteten Henoch an die andern Väter der Urzeit im Auszuge wiedergegeben! — In dem hier in Frage kommenden Teile des Werkes „Die Haushaltung Gottes" werden die Verhältnisse der auf der Gebirgshöhe wohnenden Nachkommen Adams geschildert. Unter des Erzvaters verstandesharter Leitung waren diese „Kinder der Höhe" in die „Kinder des Morgens", des „Mittags", des „Abends" und der „Mitternacht" geschieden worden. Auf einer Rundreise Adams, Henochs und der andern Stammväter durch die Gebiete der „Kinder der Höhe" zeigte sich die Mißlichkeit dieser lieblosen Spaltung der Volksgemeinschaft. Und dies gab Veranlassung zu der nachstehenden, durch den Mund des Gotteskünders (Propheten) Henoch an Adam und die Urväter ergehenden göttlichen Belehrung. (Bd. 1, Kap. 81)

Henoch aber erhob sich und sprach: „O Vater Adam! Siehe, darin liegt es, daß du durch deine frühere zu ängstlich strenge Gerechtigkeit aus viel mehr Furcht denn Liebe vor und zum Herrn solche Unterschiede zwischen den Kindern gemacht hast und hast die einen verurteilt gen Morgen, die da überglücklich sind, und hast die andern verurteilt gen Mittag, auf daß sie sich stets minder denken sollen denn die Lieblinge des Morgens, und hast diese verurteilt gen Abend, weil sie dir trägen Geistes vorgekommen sind, da sie sich öfter am Morgen vom Schlafe übermannen ließen, und hast endlich gar hart die letzten verurteilt gen Mitternacht darum, daß sie in manchen äußeren Gebräuchen nicht wollten deiner Meinung sein.

2] O siehe, lieber Vater Adam, wärest du damals schon von der Liebe des ewigen, heiligen Vaters also wie jetzt belebt gewesen, sicher wären deine Urteile ganz anders ausgefallen! Allein die nackte Gerechtigkeit, wenn auch von allen Strahlen der Weisheit umflossen, ist drückend und hart, wenn aus ihrem Hintergrunde — sollte er auch etwas verborgen sein —

nicht ein leiser Liebesstrahl wohltuend durchweht all die siebenmal zehn aus der Höhe wasserspritzenden Steinspitzen der fruchtlosen Weisheit.

3] Siehe, gleichwie das aus der Höhe schwer fallende Wasser das Gras nicht belebt, sondern nur zerstört und tötet und unter seiner harten Traufe nichts denn harte, ausgewaschene Steine finden läßt, ebenalso ist auch die nackte Gerechtigkeit, fallend aus der unermeßlichen Höhe der Weisheit. Sie tötet und vernichtet das innere Leben. Und ist das Leben einmal ähnlich geworden einem toten, ausgewaschenen Steine unter der harten Wassertraufe, so wird es sehr schwer werden, aus einem solchen Steine irgendein lebendiges Pflänzchen zu ziehen!

4] Denn der schwere, anhaltende Druck des Gerechtigkeits- und Weisheitswassers hat das früher sanfte und lockere Erdreich zum harten Steine gemacht und dann den totgemachten Stein hohlgewaschen. Was soll nun aus dem Steine werden?

5] Wahrlich, bevor er nicht durch ein übermäßiges Liebesfeuer wieder zur lockeren Erde umgewandelt wird, wird auf ihm jeder gesäte Same verdorren und endlich gänzlich ersterben! ...

6] Wenn diese Steinkinder und -brüder und -schwestern auf dem Wege der alles mächtigen Liebe nicht zu sänften und zu lockern sind, so wird eine noch größere Wassermenge selbst der weisesten Gerechtigkeit gar wenig mehr vermögen.

7] Lernen wir aber von unserem ewig heiligen, liebevollsten Vater Selbst, wie Er alle Seine lebenden Wesen lenkt: Die Vögel des Himmels, groß und klein, sind nicht gebannt weder an den Morgen noch den Abend, noch Mittag und Mitternacht; die Tiere der Wälder durchstreifen dieselben nach allen Richtungen; selbst die Fische im Wasser und all das Gewürm haben keine Wände gezogen zur Hemmung ihrer Bewegung und Wohnung.

8] ... O Vater, löse die nutzlosen Bande der Gerechtigkeit und Strenge und verbinde sie mit dem allmächtigen Bande der heiligen Liebe, so wird dann die Weisheit aus der Liebe ihnen zu einem freien Wegweiser werden; und sie alle werden sich dann gar bald von diesen neuen Strahlen erleuchtet, als Kinder ein und desselben heiligen Vaters erkennen und werden frohlockend sich selbst an dein Vaterherz schmiegen und dich mit von aller Liebe erglühten Armen umfassen und dich einen lieben Vater nennen!

9] O Väter! In einem Tautropfen Liebe liegt mehr Kraft und heilige Macht denn in einer Welt voll weisester Gerechtigkeit, wenn diese nicht die Liebe zum Grunde hat! ... Amen."

☆

Schneckenhaus, Rosendorn, Puppe, Vogelnest
Fragen im geistigen Lichte

Am 27. März 1841, von 4 Uhr nachmittags bis 1/4 9 Uhr abends

Die vier Töchter Anselm Hüttenbrenners stellten je eine Frage mit der Bitte um Beantwortung durch den Knecht Jakob Lorber.

Es fragte Marie: „Was bekundet uns ein Schneckenhaus?" — Wilhelmine: „Was bedeuten die Dornen der Rose?" — Pauline: „Was lehrt uns die Puppe eines Schmetterlings?" — Julie: „Was besagt uns ein Vogelnest?"

Schreibende: Die vier Töchter und deren Vater Ans. H. — Der Herr antwortete gnädigst durch Seinen Knecht Jakob Lorber wie folgt:

Diese vier Fragen, liebe Kinder, sind zu vergleichen dem Tun eines Menschen, der sich bei einer großen Schatzkammer befand und dem frei gestattet war, sich aus den vielen Schätzen, welche die Kammer umschloß, nach seinem Belieben vier Stücke zu wählen. Da er ganz geblendet war von der großen Pracht dieser Schätze, so wurde er endlich zweifelhaft in seiner Wahl und wußte nicht, wonach er greifen solle. — Es verstrich aber mittlerweilen die Zeit der offenen Schatzkammerspende; und der unschlüssige Tor, nun noch mehr verwirrt durch die herbeigekommene Sperre, mußte endlich in der plötzlichen Uebereilung, um nicht leer aus der Kammer zu gehen, nach dem nächsten besten greifen.

2] Als er aber ins Freie gelangte, da zog er seinen Schatzkammertribut hervor und besah denselben. Aber wie gar große Augen machte nun der verblüffte Tor, als er statt des vermeintlichen Goldes, Silbers und Edelgesteins und anderer Kostbarkeiten — vier halbverweste Totengerippe in seiner Hand erblickte!

3] Nun sehet, Meine lieben Kinder, eine solche „Schatzkammer" steht euch tagtäglich offen, und ihr könnet euch daraus nehmen, was und wieviel ihr wollt! Wie ist es denn aber mit euch, daß ihr gleich diesem Menschen nicht nach dem Golde, Silber, Edelgestein und anderen Kostbarkeiten greifet, sondern nach Dingen, die da nicht viel fetter sind als die erwähnten Totengerippe!?

4] So habt ihr heute fürs erste ein „Schneckenhaus" genommen! — Was hat euch denn die lebendige Schnecke getan, daß ihr sie aus dem Hause verbannt habt? — Ebenso habt ihr den „Dorn einer Rose" gebracht! — Was hat euch denn der ganze Rosenstrauch getan, daß ihr von ihm gerade das genommen habt, worin kein Leben und keine Fortpflanzung waltet. — So habt ihr auch eine „Puppe" genommen! — Da hättet ihr zuerst nach einer lebendigen Raupe greifen sollen! Denn die Puppe ist ein Grab der Raupe. — Und endlich seid ihr gar gekommen mit einem überaus toten „Vogelneste"! — Warum habt ihr denn nicht lieber den Vogel aus dem Neste genommen, da er ein beseeltes Wesen ist, statt des toten Nestes!?

5] Was würdet ihr wohl dazu sagen, wenn Ich diese vier toten Dinge beleben möchte und daraus dann entstünden lebende Schneckenhäuser, sich fortpflanzende Dornen, herumhüpfende Puppen und herumfliegende Vogelnester!?

6] Saget, würde das euch nicht vorkommen, wie ein fahrender Wagen, der sich da fortbewegt, aber statt daß ihn lebendige Pferde zögen, schleppt er hinter sich zwei tote Pferde!? — Oder was würdet ihr sagen, so ihr einen Baum antreffen möchtet, der da mit dem Gipfel in der Erde steckte und seine Wurzeln in die Luft reichete — und statt daß er Früchte trüge, hingen an den Wurzeln ausgedörrte Dornen!? — Oder was würdet ihr sagen, so ihr einen Koch antreffen würdet, der seine Töpfe, statt mit den Speisen, mit mattglühenden Kohlen anfüllte und an Stelle des Feuers aber allerlei eßbare Dinge aufhäufte!? — Oder was möchtet ihr sagen, wenn beim Bau einer Brücke über ein Wasser die Bauleute die Jochstöcke nach aufwärts richten, den Steig der Brücke aber ins Wasser legen würden!?

7] Sehet, liebe Kinder, wie alle diese euch vorgeführten Verkehrtheiten — geradeso verhalten sich eure heutigen vier Fragedinge, welche, wenn Ich sie beleben würde, für euer Herz sich nicht viel besser ausnehmen würden als der erwähnte Wagen, Baum, Koch und die Brücke unter dem Wasser.

8] Aber da ihr diese Dinge nun einmal zum Vorschein gebracht habt, so will Ich denn für euch dessenungeachtet noch etwas daraus machen und euch zeigen, warum ihr für diesmal keinen besseren Griff gemacht habt.

9] Nun sehet, was Ich für „rare Dinge" für euch daraus machen werde! — Werden diese Dinge euch auch ein wenig sonderbar vorkommen, so denket, daß Ich für diesen gegenwärtigen Augenblick nichts anderes daraus habe zuwegebringen können, das euch mehr frommen möchte.

10] Sehet, aus dem „Schneckenhause" habe Ich euch auf eine künstliche Weise ein recht niedliches Spiegelchen gemacht! — In diesem Spiegelchen sollte sich die Fragestellerin des Tages öfter besehen, und sie wird nach und nach darinnen erkennen, daß ein Mensch, der nur nach eitlen, weltlichen Dingen trachtet, gar wohl gleichet einem solchen leeren Schneckenhause, das da seinen lebendigen Einwohner aufgezehrt und verloren hat, weil eben dieser innere Einwohner sich selbst in das tote, starre Haus (gewisserart sich selbst verzehrend) eingebaut hat. — Oder, damit ihr es leichter verstehet, so sage Ich, daß sich die lebendige Schnecke so nach und nach selbst zum Gehäuse gemacht hat; da nun aber das Gehäuse auf diese Art zu groß und schwer geworden ist und der lebendige Rest der Schnecke nicht mehr aus dem zu sehr vergrößerten Hause reichen konnte, die knapp herausreichenden Teile auch nicht mehr die Kraft besaßen, sich nach irgendeinem Nahrungsplatze weiterzubewegen, so schrumpfte endlich auch noch das wenige Leben bis auf den Grund des Gehäuses zurück und verzehrte sich endlich selbst — d. h. es zog sich, modernd, bis auf einen Punkt zusammen, welcher, als gänzlich erstorbenes Leben, sich an das tote Gehäuse anklebte.

11] Darum aber gabst du, Fragestellerin, hier ein solches Ding [zur Betrachtung], weil du deinem Aeußeren nach noch ziemlich viel Verwandtschaft mit demselben hast. Wirf daher das tote „Schneckenhaus", welches die äußerlichen Begehrlichkeiten darstellt, sobald als möglich von dir, damit dir am Ende nicht das Los der Schnecke zuteil wird!

12] Sehet, das ist das künstliche Machwerk, welches Ich aus diesem „Schneckenhause" euch habe bereiten können! — Besehet euch alle darinnen, und handelt danach, so werdet ihr leben.

13] Was sollen wir aber aus dem „Dorne" machen? — Etwas Kleines, das sich daraus machen ließe, würde euch wenig fruchten; daher wollen wir diesem Dorne eine größere Ausdehnung geben und das Machwerk dann als einen Blitzableiter auf ein Wohnhaus setzen, und so wird dieses spitzige Gewächs, wie am Strauche, so nun, vergrößert, am Wohnhause unter derselben Elektrizität saugenden Eigenschaft gelassen.

14] Betrachte du, Geberin, dich selbst als ein solches Wohnhaus, darin ein lebendiger Einwohner hauset! Setze auf dieses Haus diesen Ableiter, der da verfertigt ist aus einem vierfachen Metalle, als da ist das Gold der Demut, das Silber der Bescheidenheit, das Eisen der Treue und Beharrlichkeit und das Blei der Häuslichkeit — so wird dieser blitzableitende Dorn dich bewahren vor dem Einschlagen des satanischen Blitzes, der dein Wohnhaus mit allen bösen

Leidenschaften entzünden würde, so daß du dann leichtlich zugrunde gehen möchtest in den tödlichen Flammen deiner entzündeten Leidenschaften.

15] Darum aber gabst du Mir den „Dorn“, weil du, dir unbewußt, solche Not in dir empfunden hast. Ich sage darum: unbewußt — weil dein „schlafender Einwohner“ [der göttliche Geistfunke] dir solches, heimlich schleichend, in den Mund gespielt hat.

16] Was soll Ich aber aus der toten „Puppe“ machen? — Ich sage euch zum voraus, es wird nicht viel Rares daraus zu machen sein. Das Beste, das sich daraus noch machen läßt, wäre ein kleiner Sarg, und so wollen wir denn auch dabei verbleiben.

17] Wozu ist wohl ein Sarg bestimmt? Nicht wahr, zu nichts, als nur zur Aufnahme eines Toten! — Und was geschieht mit dem Sarge samt dem Toten? — Er wird begraben in die Gräber der Verwesung.

18] Was würdest du, Geberin, denn wohl dazu sagen, wenn du Menschen sehen würdest, die statt des Kleides sich mit einem Sarge umhüllen möchten! Würdest du nicht, von Angst ergriffen, halbtot niedersinken zur Erde, besonders wenn dir zur Nachtzeit mit Särgen Bekleidete begegnen möchten? Ich sage dir aber, die mit solchen Särgen Bekleideten könnten, gleich dem Falter aus seiner Puppe, zum ewigen Leben erstehen. Aber es tragen die gegenwärtigen Modepuppen viel ärgere Särge um ihren Leib gehangen, aus welchem schwerlich je ein glänzender Falter zum ewigen Leben erstehen wird. Denn dieser Kleidersarg macht den Leib zu einem Modergrabe, in welchem das Leben von den Würmern der Eigenliebe, Eitelkeit, des Stolzes und der Hoffart bis auf den letzten Tropfen verzehret wird.

19] Darum aber gabst du diese „Puppe“ Mir, weil dein Inneres, das du noch nicht ahnest, von einer solchen Not bedrückt wird! — Daher kleide dich lieber mit dem Kleide der Demut, tiefer Bescheidenheit und großer, beharrlicher Empfänglichkeit für alles Liebegute und Glaubenswahre, so wird aus deiner „Puppe“ einst auch ein herrlicher Falter zum Leben erstehen.

20] Nun hätten wir noch das „Vogelnest!“ — Denket euch, wozu das Vogelnest ist, wenn der Bewohner ausgeflogen ist und dasselbe allen Winden preisgegeben hat, weil er darinnen keine Sicherheit, keinen Schutz, keine Wärme und keine Nahrung mehr findet! — Ihr werdet sagen: „Es ist zu nichts mehr nütze!“ — Und Ich sage: Ihr habt recht geantwortet! — Daher kann auch Ich für diesmal aus diesem Neste nichts mehr machen, gleich wie Ich aus einem Menschen nichts mehr machen kann, wenn er vermöge seiner Gewissenlosigkeit es so weit gebracht hat, daß Meine „Himmelsvögel", welche gleichsam die Stimme des Gewissens im Menschen sind, aus dem inneren „Neste der Liebe", welches im Herzen erbauet ward, ausgeflogen sind.

21] Dieses Nest wird dann auch den bösen Winden preisgegeben werden. — Wollt ihr aber wissen, wie diese „Winde" heißen, so will Ich sie euch sagen. Der erste Wind heißt Leichtsinn. Der zweite Wind heißt die Lauheit zu allem Ernsten, Wahren, Guten und daraus Schönen. Der dritte Wind ist die daraus hervorgehende selbstgefällige und wohlbehagliche Trägheit. Und der vierte Wind ist dann endlich das Versinken in allerlei irre und wirre Welttümlichkeiten und endlich daraus in die gänzliche Vergessenheit Gottes. — Darum sehet wohl zu, daß euer Nest nicht verlassen wird, sonst werdet ihr selbst zu einem solchen verlassenen „Vogelneste" werden und sein Los unter den bösen Winden erfahren.

22] Darum aber gab die vierte ein solches totes Ding, weil die noch innehaftenden [Himmels-]Vögel es ihr [zur Warnung] auf die Zunge gelegt haben!

23] Sehet, liebe Kinder, so habt ihr Mir heute unbewußt eure Krankheiten vorgetragen! Ich habe euch daraus wohlwirkende Arzneien bereitet. Gebrauchet sie nach Meiner väterlichen, liebevollsten Anordnung, so werdet ihr auf eine wunderbare Art eure toten Schneckenhäuser wieder beleben, den toten Dorn zu einem Lebenssauger machen, aus der toten Puppe eine neue Herrlichkeit hervorbrechen sehen und in eurem Neste wird der innewohnende Vogel Phönix zu einem neuen und ewigen Leben wiedergeboren werden und wird dasselbe dann nimmer verlassen. Denn er selbst wird aus demselben, verherrlicht, zum ewigen Leben hervorgehen. Amen.

24] Merket wohl, Wer euch dieses alles gesagt hat! — Höret, es ist euer wahrer Vater, heilig, heilig, heilig! Amen.

☆

Leiden des Herrn, Fasten, Armut, Liebe

Vier Fragen im geistigen Lichte

Am 9. April 1841, von 3/4 4 Uhr nachmittags bis 3/4 8 Uhr abends

Schreibende: Ans. H. und seine vier Töchter. — Ueber die vorgenannten Gegenstände bekundete der Herr durch Seinen Knecht allergnädigst Nachfolgendes:

Wenn ihr also fraget, so fraget ihr recht! Denn in solchen Fragen liegt dasjenige zugrunde, was jedem Menschen am meisten not tut.

2] Ihr habt zwar euer leichtes Anliegen nicht in der Form einer Frage gegeben, dessenungeachtet sind aber die gegebenen Worte nichts als Fragen aus eurem Herzen, deren sonderheitliche Beantwortung euch jetzt gegeben wird. Die große Antwort aber [wird euch] erst dann, wenn ihr sie durch die Beachtung der sonderheitlichen in euch finden werdet. Das heißt, die sonderheitliche Beantwortung ist ein Wegweiser, der euch zeigt, wie das menschliche Leben beschaffen sein soll im Geiste und in der Wahrheit, voll Liebe und lebendigen Glaubens, um durch dieses Leben dann sicher gelangen zu können zum inneren Leben des Geistes und endlich durch dieses erst zu Mir. — Wer aber zu Mir gelangen wird, der wird dadurch auch gelangen zur allgemeinen Beantwortung nicht nur dieser von euch gegebenen Fragen, sondern auch jener unendlichen, die in diesen vieren enthalten sind.

3] Denn wahrlich, verstündet ihr in eurem Herzen das große Geheimnis Meines Leidens, alle Engel des Himmels würden ehrfurchtsvoll und in allerhöchster Freude ewig zu euch in die Schule gehen und allezeit nach beendigter Schulzeit mit unermeßlichen Wundern bereichert zurückkehren.

4] Verstündet ihr in euren Herzen gerecht zu fasten, wahrlich, ihr möchtet nimmer darnach fragen! Denn durch solches Fasten wäre Ich euch schon lange ein sichtbarer Vater geworden, allda Ich euch dann mit dem leisesten Hauche mehr geben könnte, denn sonst mit tausend Worten.

5] Verstündet ihr in euren Herzen, was die wahre Armut ist, wahrlich, schon jetzt wäret ihr reicher als manche Fürsten des Himmels. Denn es liegt in der wahren Armut ein gar großer Schatz, welcher mit keinem irdischen Maßstabe zu ermessen ist! Die wahre Armut ist es, die da ewig gespeist wird mit Meinem Worte — wie ihr ja auch leset, daß das Evangelium den Armen gepredigt werden soll. Auch wird die wahre Armut verstanden also, daß sie gleich ist den „Hungrigen" und „Durstigen", die da ebenfalls aus Meinen Worten vollauf gesättigt werden.

6] Und endlich verstündet ihr erst in eurem Herzen die Liebe, wahrlich, da wäre an euch erfüllet die große Forderung, die Ich an Meine Apostel gerichtet habe, da Ich zu ihnen sagte: „Seid vollkommen, wie euer Vater in den Himmeln vollkommen ist!" — Liebe Kinder! Was meinet ihr wohl, was diese Anforderung besagt? — Sehet, diese Anforderung besagt nichts mehr und nichts weniger, als bloß die ziemlich große „Kleinigkeit", daß der Mensch vollkommen Mir in allem gleichen solle! — So ihr euch nur einen allerleifesten Begriff von Meiner Größe, Macht und Kraft und von allen Meinen unendlichen Vollkommenheiten machen könnet, so werdet ihr euch ja wohl auch davon einen kleinen Begriff machen können, was das heißen will, wenn Ich zu euch sage, daß auch ihr so vollkommen werden sollet, wie euer Vater im Himmel vollkommen ist. Denn wenn „der Sohn" die Seinen zu Miterben gemacht hat, auf daß Er vollkommen brüderlich teile das große Erbe vom Vater, so will auch das nichts anderes sagen, als daß die Seinen zu derselben Gerechtigkeit, zu derselben Macht und Kraft des Geistes Gottes gelangen sollen, welche dem Sohne im Vater und dem Vater im Sohne von Ewigkeit her innewohnt.

7] Bevor Ich euch jedoch alles dieses noch etwas näher auseinandersetzen werde, wollen wir zur sonderheitlichen Beantwortung eurer vier Hauptfragen zurückkehren.

8] Was Mein Leiden betrifft, so habe Ich also gelitten an Meinem Leibe wie ein jeder andere Mensch, und zwar in derselben Ordnung, wie ihr es leset in den Evangelien. Weil aber das menschlich leidende Ich noch ein anderes, göttliches Ich in sich schloß, so war dieses Leiden auch ein doppeltes, nämlich das äußere, leibliche, und das innere, göttliche.

9] Worin das äußere Leiden bestand, wisset ihr — aber worin das göttliche Leiden bestand, das ist eine andere Frage. — Damit ihr euch davon einen Begriff machen könnet, so denket euch, was das heißen will, wenn der unendliche Gott in dieser Leidensperiode Sich aus Seiner unendlichen und ewigen Freiheit zurückzog und in dem Herzen des leidenden „Sohnes" Seine Wohnung nahm!

10] Nun sehet, Mein Aeußeres wurde durch die bitteren Leiden bis auf den Punkt des Todes gedrückt. Die im Herzen sitzende Gottheit aber mußte den Tod und die Hölle von dem innersten Punkte aus besiegen. Nun denket euch den leidenden Gottmenschen, der da nun gestellt war zwischen zwei Feuer: Von außen her drückte Mich der Tod und die Hölle mit all ihrer Gewalt so lange, bis Mein natürliches Leben bis zu dem innersten Punkte Meines Herzens getrieben ward. Von innen aus aber wirkte diesem Drucke die Gottheit mit all Ihrer unendlichen Macht und Kraft entgegen und ließ Sich nur durch die Liebe selbst bis auf einen Punkt zusammentreiben.

11] Nun denket euch wieder: Dieselbe Macht und dieselbe Kraft, welche mit einem Hauche alles, was da lebet und webet in der ganzen Unendlichkeit, in einem Augenblick zerstören könnte, dieselbe Macht und Kraft, die alle Ewigkeiten und Unendlichkeiten nicht erfassen, welche die ganze unendliche Schöpfung aus Sich werden hieß — o höret! — dieselbe Macht und Kraft in Ihrer vollsten Allheit hat Sich so weit aus ihrer Unendlichkeit heraus, wie schon gesagt, auf einen Punkt beengen lassen, welche Beengung die größte freiwillige Demütigung der Gottheit in Mir war!

12] Wenn ihr dieses nur ein wenig in eurem Herzen zu fassen imstande seid, welchen leidenden Kampf Ich da als die Ewige Liebe zu bestehen hatte, so werdet ihr euch wohl auch einen kleinen Begriff machen können, was alles unter Meinem Leiden verstanden wird.

13] Dieses Leiden dauerte bis auf den Punkt, da Ich am Kreuze ausrief: „Es ist vollbracht! Vater, in Deine Hände empfehle Ich Meinen Geist!“ — oder mit andern Worten: „Siehe Vater! Deine Liebe kommt zu Dir zurück!“ — Und sobald wurden von der unendlichen Macht Gottes alle Bande des Todes und der Hölle zerrissen. Hinaus stürmte die ewige Macht mit verunendlichfältigter Gewalt. Die ganze Erde bebte, angerührt von der Allgewalt Gottes. Freiwillig öffnete sie ihre Gräber und trieb die Gefangenen zum Leben hervor.

14] Und weiter drang dieselbe Allgewalt über alle sichtbare Schöpfung hinaus, erfüllte in diesem Augenblicke die Unendlichkeit wieder. Und alle Sonnen in allen endlosen Räumen zogen ihr Licht aus übergroßer Ehrfurcht vor der sie neu berührenden Allgewalt Gottes in sich zurück. Daß aber die Gottheit bei diesem neuen Austritte in diesem Augenblicke nicht alles zerstört und vernichtet hat, war allein die Liebe schuld, die da nun völlig wieder mit ihr vereinigt war.

15] Nun sehet, Meine lieben Kinder, das ist, so viel ihr es fassen könnt, zu verstehen unter „Meinem Leiden"! — Allein es liegt noch Unendliches darin verborgen, daran ihr Ewigkeiten genug zu erforschen haben werdet, und das zwar immerwährend Größeres und Unendlicheres. Denn was Ich euch jetzt gesagt habe, verhält sich zur Vollheit geradeso wie ein Punkt zur Unendlichkeit.

16] Wenn ihr aber fastet, da fastet in der wahren Verleugnung eurer selbst aus reiner Liebe zu Mir an allem, was die Welt euch bietet, so werdet ihr durch solches gerechte Fasten zu dem „Brote des Himmels" gelangen.

17] Wie eine Braut an ihrem Hochzeitstage alle ihre früheren Kleider auszieht, sich wascht am ganzen Leibe, dann ihre Brautkleider anzieht und sich schmückt mit allerlei Blumen und Edelsteinen, auf daß sie dem Bräutigam wohlgefalle, so er kommt und sie führet in sein Haus — ebenso sollet ihr durch das gerechte Fasten alle euere weltlichen [Selbstliebe-]„Kleider" ausziehen, euch waschen mit lebendigem Wasser und anziehen dann Kleider der wahren [Gottes-] Liebe, der Unschuld und aller Demut und euch schmücken mit allerlei Blumen und Edelsteinen aus den Werken der [Nächsten-]Liebe!

18] Und wenn sodann der große Bräutigam kommen und euch treffen wird also wohlbereitet, da wird auch Er tun, was von dem bildlichen Bräutigam gesagt wurde. Und wenn ihr euch dann in dem Hause des Bräutigams befinden werdet, da wird Er euch eine Schatzkammer auftun und euch beschenken mit den unermeßlichen Schätzen des ewigen Lebens, welches da ist eine Folge Meines bittern Leidens oder der Erlösung.

19] Und was das Fasten ist, das ist auch die Armut. Denn wahrlich, wer nicht arm geworden ist an allem, was der „Welt" ist, der wird nicht eher in Mein Reich eingehen, als bis er der Welt den letzten Heller zurückgegeben hat. — Sehet, das ist also die wahre Armut im Geiste und in der Wahrheit!

20] Daß da aber die freiwillige Armut einen unendlichen Vorzug hat vor der genötigten, versteht sich so sehr von selbst, daß eine nähere Erörterung darüber im höchsten Grade überflüssig wäre. Denn es kann die genötigte Armut nur durch die gänzliche Ergebung in Meinen Willen und in Meine Liebe der freiwilligen gleichkommen.

21] Nun aber fraget euch: Was ist das Verhältnis einer Braut zu ihrem Bräutigam, für den sie keine Liebe hegt im Herzen? Wird sie sich wohl auch so schmücken für die bewußte Stunde, da sie weiß, daß der Verachtete kommen wird? Wird sie diese Stunde mit der großen Sehnsucht ihres Herzens erwarten? — Ich sage euch: Mitnichten! Denn sie wird diese Stunde in ihrem Herzen verwünschen und verfluchen. Sie wird sich nicht waschen, sondern sich eher beschmieren mit allerlei Schmutz, und sie wird anbehalten ihre Alltagskleider und ihr Haupt bestreuen mit Asche, in der Meinung, wenn der bewußte Bräutigam kommen wird, so wird er sich entsetzen vor ihr und wird ablassen von seinem Begehren.

22] Und wahrlich, wenn der Bräutigam kommen und seine Braut also antreffen wird, Ich sage euch, da wird er sie nicht nehmen (so er Mir gleicht), sondern wird die Lieblose bereitwilligst dem überlassen, dem sie ihre Liebe zugesagt hat.

23] Nun sehet, da eine Braut für den rechten Bräutigam sich nur schmückt, so sie ihn liebt, so wird euch auch wohl sehr leicht klar werden, daß ohne Liebe zu Mir an kein Fasten und keine Armut zu denken ist und somit auch an keine hochzeitliche Ausschmückung. — Da wird aber auch kein „Nachhauseführen" der Braut erfolgen, welches „Nachhauseführen" nichts anderes ist als die Erlösung vom Tode zum Leben.

24] Sehet, wie sich da eure Fragen verhalten! — In Meinem Leiden ist die Liebe. Das Fasten und die Armut ist das Leiden der Liebe. Und das Leiden der Liebe ist die Ausschmückung derselben. Und in der Ausschmückung, welches das Leiden ist, ist die Erlösung. — Somit ist die Liebe, das Leiden und die Erlösung eines und dasselbe.

25] Wer demnach liebt also, wie es euch gezeigt worden ist, der hat sich der Erlösung teilhaftig gemacht, und sein Teil wird gleich sein dem Meinen. Gleichwie aber der Bräutigam all seine Güter teilt mit seiner Braut, also wird es auch sein in Meinem Hause. Alsdann werdet ihr erfahren, was das heißt: „Seid vollkommen, wie euer Vater im Himmel vollkommen ist!"

Amen! — Das sage Ich, ebenderselbe Vater im Himmel! Amen.

☆

Gebet — das beste Erziehungsmittel

Am 18. April 1841, nachmittags

Höre du, Mein lieber Andreas-Willig, was deinen Neffen L. betrifft, so ist er von einem trägen Geiste gelähmt am tätigen Willenseifer. Daher wird er wohl zu allem Guten durch was immer für Zwangsmittel nicht leichtlich anzueifern sein, und das zwar so lange, bis dieser Geist aus ihm entwichen ist.

2] Es sind aber derlei Geister nicht hinauszubringen, denn durch anhaltendes Beten — das heißt nicht etwa stundenlange Gebete, sondern daß da im festen und lebendigen Glauben und Vertrauen mit dem Gebete an Meinem Namen angehalten wird, in welchem allein jede Bitte sichere Gewährung finden kann und wird.

3] Wann aber das Gebet die gerechte Glaubenskraft erreicht hat, das weiß nur Ich. Das Gelingen richtet sich allezeit nach der selbsttätigen Glaubenskraft. Je mehr diese fest und unerschüttert anhält an Meinen Namen, desto näher liegt auch das Gelingen, welches allezeit in der gänzlichen, ungezweifelten Ergebung, Geduld und aller Liebe und Sanftmut liegt.

4] Wann aber diese den rechten Grad erreicht hat, das weiß nur Ich, wie schon gesagt. Daher darf in jeder Bitte die Geduld nicht ausgeschlossen werden, damit sich ein jeder selbst prüfe, wie stark er an Meinem Namen hält.

5] Zu jeder Bitte aber soll hinzugesetzt werden: „Herr, führe uns nicht in die Versuchung, sondern erlöse uns vom Uebel!" — Desgleichen tue auch du, so wirst du schon erreichen, daß dein Neffe ein willig-eifriger Mensch wird.

6] Lasse ihn aber öfter mit dir beten und sage ihm, daß er auch selbst fleißig beten und sich überwinden soll. Wenn es ihn noch so viel Anstrengung kosten sollte, desto mehr Freude wird ihm in Meinem Namen der errungene Sieg über sich bereiten. Dieses ist das beste Mittel und das unfehlbar wirksamste!

7] Uebrigens ist ein jedes Mittel, das aus Meiner Liebe in dir sproßt, ein taugliches und nach und nach zum Zwecke führend. — Die demütigenden sind die bessern, welche wohl nur dann anzuwenden sind, wenn ein widerspenstiger Geist sich in einem bedeutenden Grade zeigen sollte. Denn die trägen

Geister haben meist kleine widerspenstige Geister bei sich als treue Gefährten. Aber wie schon gesagt: **Ein anhaltendes Gebet ist gegen alles das beste Mittel!**

8] Uebrigens sehe, Mein lieber Willig, bei allen deinen Kindern nur auf die **Bildung des Herzens!** Denn diese zählt bei Mir allein. Alles übrige hat bei Mir keinen Wert. Und würden deine Kinder mehr wissen denn Salomo in aller seiner Weisheit, so würde alle deine Mühe gleichen der der Goldmacher, deren Unternehmen noch allezeit zu Asche geworden ist.

9] **Lehre die Kinder daher demütig sein und vertrauen auf Meinen Namen, so wirst du ein guter Arbeiter Meines Weingartens werden und mit Meinem Lohne zufrieden sein ewig! Amen.**

10] Das sage Ich, in Dessen Namen alle Macht und Kraft verborgen ist!

☆

Wahres Glück

Am 21. April 1841, morgens

Wenn da einem ist beschieden
Meiner Liebe heiliger Frieden,
wem der Vater neues Leben
will aus Seiner Fülle geben,
wen der Vater angenommen
und wer in Sein Herz gekommen
— dem darf wahrlich nimmer bangen.
Hat nach Mir er nur Verlangen,
fühlt er ein lebendig Ziehn,
daß ihn Welt und Sünde fliehn,
dann hab Ich ihn schon ergriffen
mit all Meinen Liebes-„Kniffen“.
Ja, Ich trage ihn auf Händen,
um sein Leben zu vollenden!

1] Siehe, du Mein lieber Anselm-Wortemsig, auf **menschliche** Art wünsche Ich dir nichts, sondern, was Ich dir wünsche, das **gebe** Ich dir auch alsogleich — und **habe** es dir schon gegeben und habe noch **Unendliches** für dich im Vorrate, so du es nur annehmen willst.

2] Siehe, Ich will dir alles im Ueberflusse geben: „Silber, Gold und Edelsteine“ aus Meinem Vaterherzen! — Silber gebe Ich dir deiner Kinder wegen, Gold für dein Weib, und dich aber will Ich schmücken mit allen Edelsteinen!

3] Aber glaube fest an Meinen Namen! Baue auf Ihn wie auf einen Diamantfelsen! Und liebe über alles Mich, deinen übergüten, heiligen Vater, so wirst du bald das große Wunder der Kraft und Macht Meines Namens Jesus in deinem Herzen gewahr werden!

4] Das sage Ich, dein heiliger Vater. Amen!

☆

Ordenswesen und wahre Barmherzigkeit

Am 25. April 1841, vormittags 1/2 10 Uhr

Bitte des Knechts: „O Herr, Du unser allerheiligster, bester Vater! Möchtest Du mir armem Sünder denn nicht sagen, wie man es mit diesen neugegründeten sogenannten »Barmherzigen grauen Schwestern« halten soll, damit man bei einer allfälligen Frage über dieses wohltätig scheinende Ordenswesen eine gerecht beurteilende Antwort zu geben imstande ist. Denn sonst könnte es ja leicht geschehen, daß entweder so oder so ein unrichtiges Urteil gefaßt wird. — O Herr, vergib mir meine große Dreistigkeit, daß ich es wage, Dich wie einen Menschen zu fragen. Allein Du bist ja unser Vater! So vergib den törichten Kindern, wenn ihre Fragen ihnen gleichen! Amen.“

So schreibe: Fürwahr, diese Frage ist überaus albern! Wie kannst du nur so etwas fragen!?

2] Hast denn du noch nie ein Evangelium gelesen? — Sage Mir, bei welcher Gelegenheit habe Ich denn je einen Orden gestiftet — und am allerwenigsten einen Weiberorden!? — Oder gehören Träume, welche von manchen galle- und schwachsichtigen Ordensstiftern geträumt wurden, auch zu den Evangelien?

3] Was sagte Ich zu den Aposteln? — Daß sie untereinander Brüder in aller Liebe sein sollen, das sagte Ich ihnen! — Wie nannten diese nach Meinem Gebote alle Menschen? — Nicht anders als: „Liebe Brüder“ usw. — Was soll's denn da mit der Kasterei?[1]

[1] d. h. mit dem hochmütigen geistlichen Kasten- oder Standeswesen. — „Kaste“ bedeutet: abgesonderter Stamm oder Stand; d. Hsg.

4] Ihr aber sollet untereinander sein eines Ordens der reinen Liebe zu Mir, als lauter Kinder eines und desselben Vaters und als einerlei Erlöste durch Meine Menschwerdung! Und ihr sollet eine und dieselbe liebevolle, barmherzige Bruder- und Schwester-Kaste sein in der lebendigen Kraft Meines Wortes und Namens, da ihr alle durch denselben Jesus Christus seid zu Kindern Meiner Liebe, Erbarmung und Gnade gemacht worden.

5] Wenn aber Menschen — wenn auch zum Teil aus redlicher Absicht — sich von andern absondern, um dadurch eine gewisse, so oder so geartete, tugendheldliche Kaste zu bilden, zu der nur die wenigsten können hinzugelassen werden — was kann da heraus für ein Segen dem Volke erwachsen, wo nicht alle sind wie einer und einer wie alle?!

6] Es mag einer wohl nicht zugleich ein Weber, Schneider, Schuster, Schmied usw. sein; es muß ja eine Verschiedenheit der Arbeiter wie der Stände dem Aeußern nach geben. Aber nicht also ist es dem Innern nach! Da sollen alle gegenseitig lauter liebeerfüllte, barmherzige Brüder und Schwestern sein!

7] Was soll denn eine bezahlte Barmherzigkeit für eine Barmherzigkeit sein? — Oder besteht die Barmherzigkeit nur in der Krankenpflege?

8] Ich sage: Wer nicht Barmherzigkeit übet als ein freier Bekenner Meines Wortes und Meiner Liebe, und das aus allen seinen Kräften ohne Entgelt, dessen Werk werde Ich ansehen als das eines Tieres, das da in seiner gerichteten Ordnung allezeit ein und dieselben Werke verrichten muß, weil es nicht anders kann und darf vermöge der gerichteten Ordnung, welche Werke aber so gut wie gar keine „Werke" sind.

9] Der freie Mensch muß auch frei und ungebunden handeln in der unendlich freien Ordnung Meiner ewig freien Liebe, wenn er wünscht, daß Ich sein Werk als etwas ansehe. — Wer aber handelt unter einer gewissen Ordensschraube und öfter unter der noch viel erbärmlicheren Klausur[1], der ist gar selten mehr denn ein zu einer gewissen Arbeit bedungener Faulenzer, der nie auf die Arbeit, sondern nur auf den Mietgroschen sieht.

[1] d. h. unter klösterlicher Absonderung; d. Hsg.

10] Das genüge dir auf die Meiner nicht gar würdige Frage! — Fürs künftige aber verschone Mich mit derlei! Denn: weltprunkende Anstalten sind Mir ein Greuel! — Wer aber Barmherzigkeit übt, der übe sie im verborgenen und nicht vor aller Welt Augen!

11] Das sage Ich, der nur die Werke im verborgenen ansiehet! — Amen. Amen. Amen.

☆

Die wahre Kirche

Eine Kirche ist nur Kirche, wenn sie lehret Meinen Willen und das Leben predigt aus der Liebe, die am Kreuze für die ganze Erde, ja für die ganze Schöpfung blutete.

2] Aber eine Kirche, die sich nur segnet und alles andere verfluchet, ist wie ein Geizhals, der allen den Tod wünscht, damit er aller Habe habhaft werden möchte. Es wird aber ein Kamel eher durch ein Nadelloch traben als ein solcher „Geizhals" in den Himmel.

☆

Vom Kreuzessegen

Am 28. April 1841, nachmittags

Das Kreuz ist eine wahre Not[durft] des Lebens! — Wenn das Leben keine Not hat, so zerstreuet es sich und verflüchtigt sich wie ein Aethertropfen. Die kein Kreuz tragende Seele ermattet und stirbt und verliert sich in die Nacht des Todes.

2] Die Not des Lebens aber ist ein Gefäß des Lebens, in welchem dieses gefestet wird gleich einem Diamanten, der da auch nur ein gefesteter Aethertropfen ist, obschon nicht ein Lebenstropfen.

3] Daher nehme jeder das Kreuz auf seine Schulter und folge Mir in aller Liebe nach, so wird er sein Leben erhalten ewig!

4] Wer mit seinem Leben zärtelt, der wird es verlieren. Wer es aber kreuzigt und von Mir kreuzigen läßt, der wird es erhalten für alle Ewigkeiten.

5] Das sage Ich, der Gekreuzigte. Amen!

☆

Von Tod und Todesnot

Am 29. April 1841, abends

Des Leibes Tod ist des Lebens letzte Not und ist gleichsam die Anheftung ans Kreuz.

2] Wäre nicht des Leibes Tod, so ginge alles Leben verloren. Aber durch des Leibes Tod wird das Leben gesammelt und gefestet, damit es nach dem Abfalle des Leibes selbst im schlimmsten Falle doch noch als etwas bestehen kann.

3] Die mit dem Tode verbundene, vorhergehende Angst ist eben der Akt der Vereinigung des Lebens, welches vorher nur gar zu häufig schon in alle Weltwinde zerstreut war.

4] Daher geschieht es auch, und das überaus notwendig, daß die Weltlichen einen oft überaus bitteren Tod schmecken müssen. Denn würde solches nicht geschehen aus Meiner übergroßen Erbarmung, so würden sie vollends ewig zunichte.

5] Und daß solche [weltliche Seelen] nach dem herben irdischen Tode in einen höchst unfreien Zustand kommen, ist ebenfalls wieder nur, damit ihr im Leibestode [nur] schwer gesammeltes Leben sich nicht wieder verflüchtige und endlich gänzlich zunichte werde.

6] Und so ist denn selbst der angst- und qualvolle sogenannte ewige Tod nichts als eine durch Meine große Erbarmung gesetzte Lebensverwahrung.

7] Welche Menschen aber schon bei ihrem Leibesleben ihr Leben durch Selbstverleugnung, Demut und Liebe zu Mir in Mir vereinigt haben, wahrlich, diese werden von des Leibestodes Angst nicht viel verspüren. — Und wenn ihr irdisches Lebensschifflein einmal an den trüglichen Weltklippen zerstäuben wird, so wird der Wanderer schmerz- und sorglos sagen: „Ich bin mit meiner Habe im trockenen!"

8] Bemühet euch daher, euer Leben schon hier zu vereinen in Mir, so wird euch der Tod des Leibes dereinst vorkommen wie eine große aufgehende Sonne dem nächtlichen Wanderer an einem Meeresgestade, welches voller Klippen und Abgründe ist.

9] Glaubet es Mir, daß es also ist, so wird niemand mehr euch den inneren Frieden rauben!

10] Das sagt der Herr des Lebens und des Todes! — Amen. Amen. Amen!

☆

Das Zeichen des Menschensohnes

Am 1. Mai 1841, vormittags

Ans. H. bat um Auskunft über Matthäus Kap. 24,30: „Und alsdann wird erscheinen das Zeichen des Menschensohnes am Himmel. Dann werden heulen alle Geschlechter auf Erden und werden sehen kommen des Menschen Sohn in den Wolken des Himmels mit großer Kraft und Herrlichkeit."

Der Herr bekundete durch Seinen Knecht J. L. folgendes:

Wißt ihr denn nicht, welcher Unterschied zwischen dem „Zeichen" und dem „Menschensohne" obwaltet? Und wißt ihr nicht, was da zu verstehen ist unter dem „Himmel?"

2] Wahrlich, ihr möget euch nichts Törichteres denken, als etwa am gestirnten Himmel ein sogenanntes Kruzifix zu erblicken. Fraget euch nur selbst, was würde das der Welt wohl nützen, wenn nicht nur ein, sondern eine ganze Legion Kruzifixe am Himmel zu sehen wären!? Würden die Menschen deshalb besser werden in ihren Herzen? — O gewiß und wahrlich nicht!

3] Würden da nicht alsobald die Gelehrten bei der Hand sein und alle diese Kruzifixe für Ausgeburten pfäffischer Trügerei erklären?! Und würden sie nicht beweisen wollen, daß alle die am Himmel schwebenden Kruzifixe keinen andern als einen aerostatischen Ursprung haben und vermöge der Verabredung von Jesuiten-Kollegien aufgestiegen sind!?

4] Sehet, diesen Effekt und noch manchen andern würde eine solche Erscheinung in der gelehrten Welt hervorbringen! Ja, es möchten noch mathematisch gelehrtere [Wissenschaftler] solche Erscheinungen sogar auf dem Wege der Optik zu erklären suchen.

5] Was würde aber der gemeine Mann dazu sagen? — Ich sage euch, der würde alsobald vor übermäßiger Angst tatlos verstummen. Denn da wäre es für ihn nach der irrig eingepflanzten Lehre doch gewiß, daß der „Jüngste Tag" vor der Türe ist.

6] Und so würde diese Erscheinung fürs erste die Gelehrten töten darum, weil sie durch ihre Meinung und Erklärung sie zuvor töteten; der gemeine Mann aber würde getötet werden im Augenblicke des ersten Auftretens [jener Erscheinung] in aller seiner stets tätig sein sollenden Freiheit. — Das wäre demnach der Nutzen einer solchen Erscheinung!

7] Daß sich die Sache so verhalten würde, könnet ihr aus dem entnehmen, so ihr nur mit einiger Aufmerksamkeit eure Blicke auf jene Zeit hinwendet, für welche von gewissen weisheitskramenden Propheten schon mehrere Weltuntergänge vorherbestimmt worden sind.

Wie da die Menschen teilweise verzweifelten, teilweise lachten und teilweise sich dem Vielfraße und anderartigen Schwelgereien preisgegeben haben [so würde es auch jetzt wieder gehen]. Wenn aber schon solche leere Prophezeiungen solche üble Erscheinungen hervorbrachten, nun denket euch, was da ein riesenhaft großes Kreuz, unter den Sternen schwebend, hervorbringen würde?! — Ich brauche euch den tödlichen Erfolg nicht näher zu beschreiben!

8] Es ist aber unter „Himmel" zu verstehen: die gesamte Glaubenswahrheit aus dem Worte, welches ist die „Kirche" in ihrer Echtheit.

9] Das „Zeichen des Menschensohnes" aber ist die in dieser Kirche wieder neu erwachte Liebe mit allen ihren himmlischen Attributen, als Barmherzigkeit, Geduld, Sanftmut, Demut, Ergebung, Gehorsam und Duldung aller Beschwerden des Kreuzes. Sehet, dieses lebendige Zeichen des Menschensohnes wird am Himmel des inneren, ewigen Lebens erscheinen und wird nicht töten, sondern überaus beleben.

10] Es werden bei solcher Gelegenheit freilich die „weltsüchtigen Geschlechter der Erde" heulen, jammern und wehklagen, da all ihr Höllentrug, der da in den zahllosen Kaufs- und Verkaufsartikeln besteht, außer allen Kurs kommen wird. Denn die Menschen Meines Zeichens werden mit den Weltkrämern, Mäklern und Wechslern nicht mehr viel zu tun haben.

11] Diese werden ihre Augen nur dahin richten, da sie sehen werden des „Menschen Sohn auf den Wolken des Himmels mit großer Macht und Herrlichkeit kommen" — welches ist das lebendige Wort im Herzen des Menschen oder Meine ewige Liebe im Vollbestande und daher ist „von großer Macht und Herrlichkeit". Und es sind die „Wolken des Himmels" die unendliche Weisheit Selbst in diesem lebendigen Worte. — Sehet, das ist also das kurze Verständnis dieses Schrifttextes!

12] Die „Wolken" aber werden Jenseits euch Selbst in Mein Reich aufnehmen und werden eure Wohnung sein ewig. Das heißt, ihr werdet da erst in der höchsten Wonne die große Macht und Herrlichkeit des Menschensohnes anschaulich vollends erkennen.

☆

Vom geistigen Frühling

Am 1. Mai 1841, nachmittags

Wilhelmine H. fragte: „Was ist der Frühling und was kann man vom Frühlinge lernen?“

Schreibende: Ans. H. — Wilhelmine H. — Julie H. — Der Herr antwortete durch J. L.:

Was hier den Frühling anbelangt, so ist er in natürlicher Hinsicht nichts anderes, als was ein jeder Mensch am Morgen nach dem Erwachen erlebt, nämlich eine geweckte Tätigkeit aller Lebensgeister.

2] Wenn diese [Lebensgeister] durch das Licht und durch die zunehmende Wärme aus ihrem Schlafe geweckt werden, so beginnen sie ihre ordnungsmäßige Tätigkeit von vorne. Alle Sinne erschließen sich; der Magen kündigt sein Bedürfnis nach Nahrung an, und alle Säfte des Körpers beginnen einen lebhaften Kreislauf.

3] Sehet, also ist es auch in der großen Natur! Zahllose Aeonen [Natur-]Geister werden durch das Licht und die Wärme der Sonne aus ihrem starren Winterschlafe geweckt, beginnen ihre vegetative Tätigkeit von neuem und fangen an, allerlei Pflanzen, Kräuter, Sträuche und Bäume wie auch zahllose Heere der kleinen Tierwelt zu bilden und zu entwickeln, und das alles nach der festgesetzten Ordnung.

4] Sehet, das ist der natürliche Frühling! — Was kann man aber von diesem lernen? — Ich sage euch — sehr vieles!

5] Ihr wißt, wodurch er natürlicherweise entsteht, nämlich durch das wachsende Licht und durch die Wärme.

6] Nun sehet, wenn ihr recht emsig treu Mein Wort anhöret oder selbst leset, so nähert sich da ebenfalls die große Geistessonne eurer irdisch oder weltlich noch kalten nördlichen Winterzone des Herzens. Dieses „Sonnenlicht“ entbindet da auch nach und nach stets mehr und mehr Wärme, welche die Liebe zu Mir ist, zur wahren geistigen Lebenstätigkeit.

7] Wenn nun solches vor sich zu gehen anfängt, dann ist bei dem Menschen der „geistige Frühling“ eingetreten.

8] Wie es aber ist, daß der natürliche Frühling nebst vielen nützlichen Pflanzen und Tieren auch ebensoviele giftige und schädliche ins Leben erweckt, also ist es auch mit dem geistigen Frühlinge, daß dadurch im Menschen auch viele giftige und schädliche böse Geister geweckt werden, aus welcher Ursache dann auch die Versuchungen zur

Sünde mächtiger werden als in dem leblos starren Winter, welcher ist die laue weltliche Gewöhnlichkeit des Menschen.

9] Daher muß der Mensch in diesem geistigen Frühlinge einem sorgfältigen Gärtner gleichen, der seine Bäumchen und Pflanzen sorgfältig von den schädlichen Raupen reinigt und alles Unkraut ausjätet, damit der edlen Bäume und Pflanzen Leben keinen Schaden leide.

10] Wer nun auf diese Art seinen Lebensbaum von allen den bösen Begierden und Leidenschaften durch die kräftigen Werkzeuge, welche sind die Selbstverleugnung und die Demut, emsig reiniget, der wird dann gewiß auch im Sommer und Herbste seine Tätigkeit mit den herrlichsten, reif gewordenen Früchten belohnt sehen.

11] Diese Früchte aber sind keine anderen als die Erscheinung des „Zeichens des Menschensohnes am Himmel." Die „Geschlechter der Erde" sind die hinausgeschafften bösen Begierden und Leidenschaften. Und darauf erfolgt „das Kommen des Menschensohnes auf den Wolken des Himmels mit großer Kraft und Herrlichkeit."

☆

Kunde vom Mond

Am 1. Mai 1841, von 4 Uhr bis 6 Uhr nachmittags

Julie H. fragte: „Was ist der Mond? Gibt es dort auch Menschen so wie hier?" — Schreibende: Ans. H. — Julie H. und Wilhelmine H. — Als Antwort auf die Frage der Julie H. über den Mond empfing der Knecht Jakob Lorber an diesem und an verschiedenen nachfolgenden Tagen eine umfassende Eröffnung über die Beschaffenheit des Begleiters unserer Erde und über das auf demselben sich findende Leben.[1]

Unter anderem wurde gesagt:

Damit ihr den Mond und seine Bewohnbarkeit völlig begreifet, müßt ihr wissen, daß der Mond eigentlich nur auf der dem Planeten [Erde] zugekehrten Seite „Mond" ist. Auf der entgegengesetzten Seite aber ist er nicht „Mond", sondern ein ganz fester Erdteil.

2] Was also „Mond" ist, das ist nicht fest, sondern sehr locker, beinahe so wie ein etwas gefesteter Schaum des Meeres, dessen festere Teile gleich Bergen hervorragen, während die weicheren Teile nischen- und trichterartig gegen das Zentrum des ganzen Weltkörpers eingesunken sind.

[1] Die gesamten Eröffnungen über den Mond sind in dem Lorberwerk ‚Erde und Mond' enthalten.

3] In einigen der Einsenkungen befindet sich noch (nicht weichen könnende) atmosphärische Luft, welche sich, durch starke Fernrohre betrachtet, fast so ausnimmt, als wäre sie ein Wasser. Alle Höhepunkte, wie auch die weniger tiefen Trichter, haben jedoch durchaus keine atmosphärische Luft, sondern bloß nur Aether, wie er sich in den freien Räumen zwischen der Sonne und den Planeten vorfindet.

4] Diese Seite des Mondes ist daher auch von keinem organischen Wesen bewohnt, sondern ihre Bewohner sind geistiger Art. — Diese geistigen Bewohner waren bei Leibesleben lauter Weltsüchtige und werden nun zur Besserung dahin gebannt, damit sie sich auf diese Art an der Welt noch hinreichend „vollgaffen" können.

5] Wenn sie dann nach bedeutenden Zeitlängen gewahr werden, daß die „Weltgafferei" keine Früchte trägt und sie den dahin gesendeten Lehrern Gehör leihen, so werden die Tatwilligen alsobald von da zu einer höheren, beseligenden Freiheitsstufe geführt.

6] Die weniger Folgsamen aber werden auf der „Erde" des Mondes [d. h. auf der dem Planeten abgekehrten Seite] wieder mit Leibern angetan und müssen sich da sehr armselig und kümmerlich durchbringen. Sie haben da fürs erste mit der größten Kälte und Finsternis zu kämpfen; fürs zweite aber dann auch mit einer unerträglichen Hitze. Denn da dauert die Nacht beinahe vierzehn volle Erdtage und ebensolang auch wieder der Tag. Gegen das Ende einer jeden Nacht wird es dort so kalt wie auf der Erde am Nordpole. Und um die Mitte und gegen das Ende des Tages wird es so heiß, daß da kein lebendes Wesen auf der Oberfläche es aushalten kann.

7] Diese Bewohner wie auch alle anderen organischen Wesen [der abgekehrten Seite], hausen da im Boden. In dieser unterirdischen Wohnung müssen sie über die Hälfte des Tages zubringen wie auch über die Hälfte der Nacht. Es gibt daher auch dort keine Häuser und Städte, so wie bei euch, sondern die Wohnungen sind in den Tiefen der Monderde, hie und da auch in Gebirgsklüften und Höhlen.

8] Es gibt dort keine Bäume, die da Früchte tragen möchten, sondern nur Wurzelgewächse, wie z. B. bei euch die Erdäpfel, Rüben, Möhren u. dergl. Diese Gewächse werden im Anfange des Tages angepflanzt und zu Ende des Tages völlig reif.

9] Im Anfange der Nachtdämmerzeit kommen die Menschen aus ihren Höhlen hervor, ernten diese Früchte und bringen sie alsbald in ihre unterirdischen Wohnungen, wovon sie sich dann die Nachtzeit hindurch ernähren, wie auch den ganzen folgenden Tag hindurch.

10] Von den häuslichen Tieren ist bloß eine Art Erdschaf zu bemerken, welches diesen Bewohnern das ist, was das Renntier den Nordländern. Es gibt noch sowohl in den Flüssen und Seen, die auf der Monderde ziemlich häufig vorkommen, eine Menge Wassertiere, wie auch einige kleine Arten von Vögeln, nicht unähnlich euren Sperlingen, wie auch ganze Heere von Insekten und anderen ein-, zwei-, drei- und vierfüßigen Erdtierchen, deren Zweck und nähere Beschreibung ihr bei einer andern Gelegenheit vernehmen werdet. — Vorderhand genüge euch das Gesagte!

11] Vorzüglich aber hütet euch, Meine Lieben, davor, daß ihr nicht auch dereinst Bewohner dieses armseligen Weltkörpers werden möget! Denn dieses gelbschimmernde Schulhaus des Lebens ist ein gar mühseliges Schulhaus! Und es wäre besser, auf der Erde in einem Tage vierzehnmal zu sterben, als dort nur einen Tag lang zu leben; denn die Bewohner sind dort viel schlechter daran als die hier in den Friedhöfen Begrabenen. Denn diese wissen nicht, daß sie begraben sind. Aber die Bewohner des Mondes müssen [bewußt] in ihren Gräbern leben, werden dort auch oft in ihren unterirdischen Behausungen entweder durch Einstürze oder durch plötzliche Wasserüberflutungen begraben.

12] Was noch fernere bemerkenswerte Erscheinungen sowohl der Monderde wie deren Bewohner anbelangt, so werde Ich euch dieses bei einer nächsten Gelegenheit kundgeben. Für jetzt aber denket über das Gesagte nach und sehet vorzüglich darauf, daß ihr den Frühling eures Lebens wohl erkennet und benützet — so werdet ihr selbst an dem Monde, wenn dieser vollends vor euch enthüllt wird, ein ganz bedeutendes Zeichen des Menschensohnes am Himmel erblicken! Amen.

13] Das sage Ich zu euch, nun kommend auf den Wolken des Himmels! Amen, Amen, Amen.

☆

An Jesus

Gebet

Am 4. Mai 1841

O mein allerliebster Jesus! Hilf mir, daß ich Dir in allem möchte gehorsam sein und nicht wanke weder zur Linken noch zur Rechten, sondern allezeit acht habe auf Dich, der Du der alleinige Anfänger und Vollender aller guten Werke bist!

2] Ich gebe mich Dir ganz hin, überlasse mich Dir ganz und gar und lege mich mit allen Sinnen und Gliedern zu Deinen allerheiligsten Füßen. Ich ergebe mich Dir samt allen den Meinigen in Deinen allerheiligsten Willen, in Deine allerbeste und reinste Vorsicht, in Deinen göttlichen Schutz und Deine liebevollste, gnädigste Regierung!

3] Du bist der wahre, einzige Vater, Gott und Herr! Dir ist niemand gleich und außer Dir gibt es keinen mehr! Wir alle sind in Deiner Hand, daher tue mit uns, wie es Dir wohlgefällt, und lasse Deinen allerheiligsten Willen an uns, in uns und durch uns allezeit vollkommen geschehen!

4] Denn Dein Wille ist Liebe über Liebe, Gnade über Gnade und Erbarmung über Erbarmung! Daher lasse uns auch allezeit und ewig nur Werkzeuge Deiner Gnade und reine Gefäße Deiner Liebe, Erbarmung und Ehre sein! O gib, daß wir um Deiner unendlichen Liebe willen allezeit würdig vermöchten Deinen allerheiligsten Namen über alles hoch zu preisen aus unserem ganzen Wesen, es sei im Leben oder im Tode! Amen.

5] O ich bin unwürdig Deiner so großen Güte, mein Jesus, mein Vater, mein Gott und Herr, die Du mir stets so endlos liebevollst erweisest! Darum will ich Dich aber auch ewig loben, lieben und preisen und überall und allezeit Deinen allerheiligsten Namen verherrlichen!

6] Ehre, Lob, Dank und Liebe sei Dir, o Gott, als Vater, Sohn und Heiliger Geist, jetzt und in alle Ewigkeit! — Amen.

☆

Gebet des Herzens

Am 4. Mai 1841

O Vater, Herr und Gott, Dich loben wir, Dir danken wir! — Dich, Gott und Vater, ehret die Schöpfung weit und breit, alle Sterne und alle Himmel sind voll von Deinem Ruhme! Alle Engel und alle Himmelsheere dienen allzeit Deinem Willen! Cherubim und Seraphim singen mit hoher Stimme: „Heilig ist unser Gott, heilig ist unser Vater! Alle Lande, alle Welten, alle Himmel sind Seines großen Namens voll!"

2] Ach, mein Gott und Vater, hilf, hilf, hilf, daß dieser Dein allerheiligster, über alles mächtiger und kräftiger Name allerwürdigst auch von uns und durch uns möchte geheiliget werden! — Lasse ja nicht zu, daß er je möchte verunreiniget werden durch Gedanken, Worte oder Werke! Erbarme Dich, erbarme Dich über mich und die Meinigen und über alle Menschen!

3] Siehe, mein Gott und Vater, Du hast mir allergnädigst einen hellen Schein in mein Herz gegeben und lässest mich wissen und erfahren die heimliche Weisheit, die im verborgenen ist und allein aus Deiner unendlichen Liebe und Erbarmung in mein noch höchst unlauteres Herz fließet! — Oh, verbirg Dein göttlich Antlitz vor meiner Missetat und schaffe, schaffe, schaffe in mir, o Gott und Vater, ein reines Herz und gib mir einen gewissen Geist, ja Deinen Heiligen Geist gebe mir!

4] Verwirf mich nicht, o mein Gott und Vater! Tröste, tröste, tröste mich allezeit mit Deiner Liebe und Gnade! Ach mein Vater, Gott und Herr, bekehre Du uns, so sind wir bekehrt! Hilf uns, so ist uns geholfen! — Und erbarme Dich aller Menschen, Seelen und Geister! — Amen. — O mein Jesus, in Deinem allerheiligsten, über alles mächtigen und kräftigen Namen — Amen!

☆

Ein bester Rat und wahrer Trost

Am 5. Mai 1841

Alle Menschen sind nicht für diese Welt erschaffen, sondern für das jenseitige große Vaterhaus — und zwar entweder so oder so! Wie ihr Leben in der Welt, danach ist auch ihr Zustand in jenem ewigen, großen Hause!

2] Wen Ich prüfe — und wahrlich, solches tue Ich nicht umsonst! — den will und werde Ich auch zu etwas machen; denn er ist schon in Meiner Schule. Ein Student aber muß sich die Prüfung gefallen lassen, wenn er etwas werden will.

3] Bei Mir wird niemand in der Prüfung verworfen, sondern jeder kann bestehen, entweder schon hier oder doch sicher im Jenseits.

4] Wer aber Meine sanften Prüfungen flieht und macht einen argen Ausreißer, der wird dann von der Welt und vom Satan geprüft, ob er tüchtig sei zur Bosheit.

5] Ich nehme jeden zu jeder Stunde in Meine Schule auf. Wer aber nicht mehr denn ein Schweinehirte, ein Eseltreiber oder ein Ochsenfütterer werden will und im Unrate seine Seligkeit findet, wahrlich, der wird je weder im Amte, noch in seinem Vergnügen gestört werden!

6] Ihr aber — höret und begreifet es — seid auf Meiner „Universität"![1] Ich möchte überaus vieles aus euch machen! Daher müssen euch schon auch manche [besondere] Prüfungen auf dieser Hochschule nicht befremden.

7] Ich habe die Aussätzige [für die ihr um Hilfe gebeten habt][2] zu Mir genommen und habe sie erweckt zum Leben, indem Ich ihr die unreine Last des stinkenden Leibes abgenommen habe. – Möchtet ihr sie wieder zum Tode erwecken!?

8] Warum trauerst du, so Ich deine Schwester zu Mir nahm? Ist ihr denn etwas Arges begegnet? — O ihr Kleingläubigen! Meinet ihr, der Verlust eurer Schwester drücke euer Herz? — O nein, sage Ich, euer schwacher Glaube ist noch immer eure größte Not!

9] Denn wer da glaubet und liebet im Geiste und in der Wahrheit, der wird allezeit voll Freude und Dankbarkeit sein im Herzen, da er gar wohl im hellsten Lichte sehen wird, daß Ich, sein ewiger, heiliger, liebevollster Vater, gewiß nur allezeit das Beste tue!

---

[1] Hochschule der Gotteskindschaft; d. Hsg. — [2] Siehe Seite 273 ff.

10] O Kinder, erkennet, erkennet doch einmal, daß Ich, euer liebevollster Vater bin, der euch in jeder Prüfung euer Leben ums Tausendfache erhöht und vermehrt!

11] Danket Mir mit freudigem Herzen, daß Ich eurer Schwester umsonst das ewige Leben alsogleich im Reiche der Kinder gegeben habe und ihr von da einen hellen Weg ins große Heiligtum Meiner ewigen Vaterliebe bahne!

12] Wahrlich, es ist also! Wer kann noch trauern, so er Mich liebt und festhält an Meinem Namen!?

13] So seid denn nun fröhlich und voll guten Mutes! Denn eure Schwester ist nun schon überselig in Meinem Schoße! Hier aber [in der irdischen Welt] wäre sie schon in fünf Monaten samt dem Manne für ewig verloren gewesen! Wieso und warum — wird euch nicht entgehen mit der Zeit!

14] Nun aber ist alles gut und wird ewig gut bleiben! Daher frohlocket und lobpreiset allezeit Meinen Namen!

15] Das sage Ich, euer wahrer Vater und Bruder. Amen!

☆

Die Zeit der drei Tiere der Offenbarung

Am 7. Mai 1841, nachmittags

Frage: Was besagt Offb. Joh., Kap. 13, Vers 15—18: „Und es ward ihm gegeben, daß es dem Bilde des Tieres den Geist gab, daß das Bild des Tieres sogar spreche und bewirke, daß, die das Bild des Tieres nicht anbeten, getötet werden. Und es bringt alle, die Kleinen und die Großen, die Reichen und die Armen, die Freien und die Knechte dazu, daß sie sich ein Malzeichen machen auf ihrer rechten Hand oder ihrer Stirn, damit niemand kaufen oder verkaufen könne, der nicht das Malzeichen habe mit dem Namen des Tieres oder der Zahl seines Namens. Hier zeige sich die Weisheit! Wer es versteht, der berechne die Zahl des Tieres, denn es ist eines Menschen Zahl. Und seine Zahl ist 666."

In Meinem Namen schreibe nur zu, Ich weiß schon, woran es euch gebricht!

2] Für gar ferne Dinge reichen eure „verlängerten Augen" nicht hin, um sie zu erschauen. Bei mittelfernen Gegenständen sehet ihr die einseitige Rinde nur. Und von den sehr nahen sehet ihr darum nichts, weil sie euch zu nahe liegen und daher auch zu wenig Interesse bieten.

3] Diese Verse der Offenbarung sind doch mit den Händen zu greifen, und ihr möget sie nicht erfassen! — Ja, je leichter etwas ist, desto stumpfsinniger seid ihr dabei! — Ein nächstes Mal fraget aber nach dem, was euch am allerleichtesten vorkommt! Wahrlich, ihr werdet dabei sicher demütiger werden als durch diese vorliegenden, überleichten vier Verse! — Und nun habet acht:

4] Es ist fürs erste in diesem Kapitel von drei Tieren die Rede: erstens vom Hauptdrachen, zweitens vom Tiere, das dem Meere entsteigt mit sieben zehnhörnigen Köpfen, und drittens von einem lammartigen Tiere mit zwei Hörnern am Kopfe.

5] Wer der Hauptdrache ist, werdet ihr etwa doch schon wissen, nachdem Ich euch schon so oft, und zwar besonders in den „zwölf Stunden“ [1], von Meinem Erzfeinde hinreichende Meldung getan habe.

6] Wollt ihr aber das zweite Tier erkennen, so wendet eure Augen auf die nahe gelegene Eigenliebe, und ihr werdet alle Attribute an ihr bestätigt finden! — Es entsteigt dem „Meere“ aller habsüchtigen Begierden und hat „sieben Köpfe“, das heißt für ein jedes Gebot der Nächstenliebe einen eigenen mit „zehn Hörnern“, durch welche vom einen wie vom andern Haupte gleichermaßen allen zehn Geboten [Mosis] entgegengestrebt wird. — Ein „verwundetes Haupt“ ist der überall strafbare Diebstahl und Raub. Aber schadet das dem Tiere etwas? O nein, denn dieses verwundete Haupt ist ja durch all die politischen Staats- und Handelsgesetze vollkommen geheilt. Und so lebt die ganze Welt unter solchen Gesetzen und handelt darnach — und spottet dadurch dem Lamme und dessen Geboten täglich.

7] Das dritte Tier entsteigt der Erde, sieht aus wie das „Lamm“, hat aber auch „zwei Hörner“. — Was etwa ist doch das? — Ich sage euch, dieses liegt euch am allernächsten! — Es ist die das Wassertier sehr unterstützende und am Ende selbes sogar vergötternde allgemeine Industrie, die mit ihren zwei Hörnern den [Haupt-] Geboten der Liebe [2] schnurstracks entgegenstrebt! — Daß es also ist, blicket nur nach Amerika und England usw.!

8] Wie sehr aber dieses dritte Tier eben solche Industrie ist, zeigen euch z. B. die grausamen Kindermißhandlungen in den englischen und amerikanischen Fabriken, da dieselben oft von fünf Uhr bis über neun Uhr abends, beständig stehend, beinahe halbnackt arbeiten müssen,

[1] Siehe ‚Himmelsgaben‘ Seite 306 ff. — [2] „Liebe Gott über alles und deinen Nächsten wie dich selbst!“ D. Hsg.

und das oft schon von ihrem achten Lebensjahre an. Es wird ihnen kein Unterricht erteilt — außer dem ihrer industriellen Sklavenbestimmung!

9] O könntet ihr das Wesen der Industrie schauen mit Mir und durch Mich, so würdet ihr sagen: „O Vater, das ist ja der Drache selbst!“

10] Uebt dieses dritte Tier nicht alle Gewalt des zweiten Tieres, dessen Kopfwunde geheilt wurde? Und macht es nicht, daß fast von aller Erde, d. h. wenigstens von ihren Hauptbewohnern, das zweite, verwundete Tier völlig angebetet wird? Wird da nicht von angebeteten Königen, Fürsten und anderen (industriellen) Gründern und Erfindern allenthalben gesprochen!? Werden ihnen nicht in aller Welt Denkmäler errichtet? Macht es nicht die größten Zeichen und läßt Feuer vom Himmel fallen, d. h. lehrt es nicht ganz vernünftig vor den blinden Menschen, als sei solcher Fleiß das eigentliche Wesen aller Religion und die Gottes würdigste Verehrung, wo nicht selbst die beste Anbetung?! — Wie ist das doch ein barster Raub des Feuers vom Himmel, dem Menschen glauben zu machen, daß Ich auch durch Greuel mag verehrt werden! (Aber nur eine ganz kurze Zeit währet solches noch!)

11] O sehet die Verführung der Erdbewohner! Das Bild des Tieres mit der Schwertwunde aller politischen Gerechtigkeit ist nun vollkommen lebendig! Die Menschen wurden genötigt, mit ihrem Blute dieses Bild aufzurichten! Und nun pranget es und redet und gebietet, tötet und wird angebetet von allen Würmern und Speichelleckern, die darum „Gelehrte“ und „Journalisten“ betitelt werden, und noch von einer Unzahl Schmeißfliegen[1], die von allem etwas haben müssen, um dadurch, ohne zu arbeiten, etwas zu verdienen.

12] Es wage aber nun jemand, dieses Tier nicht anzubeten — so wird er gar bald wahrnehmen, wieviel es weltlich für ihn geschlagen hat!

13] Das aber ist der „Geist“ [oder das „Leben“] im Bilde des Tieres, daß die Eigenliebe und Habsucht bei all den Weltgroßen den höchsten Gipfel erreicht hat, das ist die Vollzahl 666, wobei die Eigenliebe ist gleich 600, das geraubte Himmelsfeuer gleich 60 (d. h. das göttliche Gebot ist zehnfach zum Eigennutz angewendet!) und die Nächstenliebe endlich nur gleich 6 (d. h. es gilt die allervollkommenste Sklaverei)! — Statt zu geben für 1 Hundert, fordert man für 1 Hundert!

[1] Börsenspekulanten.

14] Sehet und begreifet nun die Bezeichnung der „rechten Hand“ und der „Stirne“, sowohl bei Großen und Kleinen, Reichen und Armen, Freien und Knechten! Ist es nicht die Herrschsucht, entweder durch Macht oder Weltverstand!? — Saget, ob jemand nun ohne diese Zeichnung etwas vermag!? Was gilt ohne dieses Zeichen der Mensch dem Menschen? — Wahrlich, sage Ich euch, so aus euch jemand Töchter hat, wird er sie wohl einem „Unbezeichneten“ geben, oder werden sie einen „Unbezeichneten“ verlangen? Kann jemand, wenn er nicht ein Zeichen hat oder ein Amt vom Tiere erhielt, noch irgendein Weltglück machen!?

15] Ihr selbst seid „bezeichnet“ — bis auf Meinen Knecht, den Ich mit großer Mühe bis jetzt noch unbezeichnet erhielt. Ich sage euch aber, wenn Ich es zuließe, daß er eine eurer Töchter verlangete, ihr würdet ihn ganz sonderbar bedenklich ansehen und ihm freundlich raten, davon abzustehen, da es sich doch nicht tun möchte, weil er nicht „bezeichnet“ ist!

16] So ihr aber schon solches tätet mit einem, den Ich euch in der Nacht der Nächte zur Leuchte gemacht habe, was würdet ihr erst tun, so sich ein anderer „Unbezeichneter“ unterstände solches von euch zu verlangen? — Ich sage: Ihr ließet die Töchter eher lebendig einmauern — wohl verstanden!

17] Ich bin der Meinung, nun dürfte euch die „Bezeichnung“ wohl so ziemlich klar sein! Wer vermag nun zu kaufen und zu verkaufen ohne dieses Zeichen?

18] Aber die „42 Monate“ sind bald zu Ende, da die Gebote der Nächstenliebe schon über 5 mal 7fach auf die Eigenliebe angewendet wurden. Ich aber sage euch, suchet das „Zeichen“ durch das Feuer Meiner Liebe zu vertilgen, sodann werdet ihr zum wahren, inneren Leben gelangen!

19] Darum aber ist es gerade jetzt so schwer, zum inneren Leben aus und in Mir zu gelangen, weil das „Zeichen“ jeden in die Welt hinausbrennt.[1] Daher lasset euch von Mir von der Welt des Tieres zurückbrennen durch Meine Liebe, so werdet ihr das Leben finden, jetzt und ewig!

20] Das spricht der Heilige, Große, Erste und Letzte. Amen, Amen, Amen!

☆

[1] D. h. in die Welt und ihr Trugwesen hinaustreibt.

Gott und Welt

Am 10. Mai 1841, nachmittags

Johannes 7, 7: „Die Welt kann euch nicht hassen, Mich aber hasset sie; denn Ich zeuge von ihr, daß ihre Werke böse sind."

Höre du, die Ich lieb habe! — In diesem Verse der Worte Meines Zärtlings Johannes liegt jene große Wahrheit, daß alle, die nicht von der Welt sind, bei der Welt in keinen Gunsten stehen, dieweil sie durch Mich und in Mir kein Wohlgefallen haben an ihren eitel bösen Werken.

2] Euch wird zwar die Welt nicht hassen, wie Mich, der Ich allezeit wider ihre Werke gezeuget habe; aber frohlocket, wenn euch die Welt verachtet! Denn wer Meinetwillen verachtet wird, der kann ja doch völlig versichert sein, daß Ich ihm nicht ferne bin.

3] Siehe, die Welt gleicht da den Trüffelhunden und den Adlern. Jene wittern verborgenes Leben und der Adler aber ein Aas meilenweit.

4] Die Trüffelhunde suchen zwar nicht die Pflanze, sondern nur einen Braten[1] und scharren daher die Erde auf und suchen emsig die Pflanze, damit ihnen ja nicht der schon öfters genossene Braten durch- oder verlorengehe. Wenn aber unter den Trüffeln schon längere Zeit der Braten ausgeblieben ist, alsdann sind die Hunde kaum mehr tauglich, daß sie die Trüffeln aufsuchten, welche ihnen dann nur ein Gegenstand der Verachtung werden.

5] Siehe, solche „Bratendiener" sind wahrlich keine eigentlichen Trüffel-Sucher, weil noch nie die Trüffel, sondern allezeit der Braten der Gegenstand ihres Suchens war! — Wenn dich aber solche Diener mißachtend im Stiche lassen, so denke, daß Ich, der von der Welt Allerverhaßteste, in dir eine „Trüffel der Liebe" angepflanzt habe und habe aber keinen Weltbraten hinzugegeben. Daher lasse diese „Bratenjäger" und habe keine Furcht in dir vor ihnen, denn sie kümmert nicht die Trüffel, sondern nur der Braten!

6] Die Adler aber versammeln sich, da sie ein Aas verspüren. — Siehe, Ich bin der Welt ein „Aas". Denn sie flieht Mich und hasset Mich ärger denn ein Aas! — Es gibt aber eine Unzahl Weltvögel und nur sehr wenige Adler darunter. Allein es ist nicht genug, als Krähe mit den Adlern am „Aase des Lebens" zu zehren, sondern du mußt selbst ein „Aar" werden, willst du, daß dir ein Leben aus dem „Aase" werde! Siehe, wer da nicht aus dem „Aase" neu

[1] den sie von ihrem Herrn zum Lohn für ihr Suchen erhalten; d. Hsg.

geboren wird, der wird zum Leben nicht eingehen. Der Welt stinkt zwar das „Aas“ unerträglich, aber nicht also den „Adlern“, denn für sie ist es erfüllt vom höchsten aller Wohlgerüche.

7] Das „Aas“ ist aber ein allergetreuester Weltspiegel und zeigt der Welt ihre wahre Gestalt. Und die Welt hasset es darum, weil es ein Spiegel ihrer bösen Werke ist. Aber die „Adler“ hassen nicht des „Aases“ hellen Moderglanz, denn sie wissen, daß durch den Moder des „Aases“ ihr eigener aufgenommen und vertilget wird.

8] Wie aber Ich der Welt ein „Aas“ bin, so wird die Welt dereinst jenseits [ein Aas] sein von Mir und allen Meinen Engeln ewig!

9] Wahrlich, wollt ihr leben, so müsset ihr durch Mich „verpestet“ werden und die Welt muß euch fliehen um der Pest Meines Namens willen und muß Kordone[1] ziehen vor eurem Hauche. So ihr aber solches merket, da frohlocket, denn da seid ihr sicher schon „angesteckt“ von der „Pest des ewigen Lebens“. Sonst täte die Welt euch, was sie tut, so ihr wäret wie sie. Allein, da ihr nicht mehr der Welt seid, sondern seid allzumal Meiner Liebe geworden, so geltet ihr auch stets weniger bei der Welt.

10] Wahrlich, ahnete sie, was in euch verborgen durch Mich vorgeht, sie würde euch ärger fliehen denn die eigentliche Pest.

11] Darum aber kann euch die Welt nicht hassen, denn sie weiß es nicht, was in euch ist. Mich aber hasset sie über die Maßen, da sie weiß, was in Mir ist, nämlich ein harter Spiegel, der ihr ihre Greuel unablässig vorhält.

12] Nun siehe du, was es ist, das Ich dir heute zum Angebinde bringe! — Ein verhaßtes stinkendes „Aas“! Und lade dich ein vom „Aase“ mit den „Adlern“ zu speisen, ja selbst ein „Aar“ zu werden! Ja sogar „verpesten“ will Ich dich für und vor der Welt!

13] Allein mache dir nichts daraus! Siehe, Ich bin ja Selbst der Welt die allergrößte und verhaßteste „Pest“. Fürchte dich nicht vor Meiner „Pest“, denn sie ist das ewige Leben selbst! Wohl dir, daß du von Meiner „Pest“ angesteckt wurdest! Denn darinnen wirst du leben das Leben Meiner Liebe ewig.

14] Denn Ich bin das „Aas“ des Lebens, und diese „Pest“ ist Meine Liebe ewig. Amen! Das sagt dir Der, den alle Welt hasset, da Er wider sie zeuget ewig. Amen.

☆

[1] Seilschranken

Höret, schauet und erfahret!

Am Samstag, den 15. Mai 1841, morgens

Liebe Kinder, so ihr Mir nachfolget, da folget Mir vollkommen in allem nach!

2] Habet nicht Lust, zu wandeln in „tiefen Tälern, Gräben und Schluchten", die da oft sind voll Ungeziefers, unreiner Luft und nicht selten voll Haders, voll Zankes, Hasses und aller Dieberei und gegenseitigen Fluches unter den Nachbarn, sondern gehet mit Mir gerne auf „Berge und Höhen"! Da sollet ihr allzeit entweder eine Bergpredigt oder eine Verklärung oder eine Sättigung mit wenig Brot oder eine Reinigung vom Aussatze oder einen Sieg über die stärksten Versuchungen, eine Erweckung vom [geistigen] Tode und derart vieles und für euch jetzt noch Unaussprechliches erfahren!

3] Ja, nehmet sogar Kinder mit, und ihr sollet den Segen der Berge auch an ihnen gar deutlich erkennen. Und wer da ist schwachen Leibes, der soll nicht fürchten die gesegneten Berge, denn ihre Scheitel sind umflossen vom stärkenden Hauche der Geister des Lebens. Fürwahr, auf den Bergen und Höhen, da drehen sich selige Reihen und schmücken die duftenden Scheitel mit goldenen Blumen der ewigen Liebe.

4] O prüfet noch heute Bewohner der Berge, ob sie nicht zumeist groß beschämen die Haderer der Täler, der Dörfer, der Märkte und Städte. Die christliche Gastfreundlichkeit wohnt ungeschändet nur noch auf Bergen! Verträgliche Eintracht wohnt nicht in den Städten der Tiefe, in Tälern und Gräben; auf Bergen nur müßt ihr sie suchen; da ist sie zu Hause, wie unter den Pflanzen, so unter den Tieren und eben nicht selten auch unter den Menschen.

5] O lasset zwei Feinde betreten die duftenden Scheitel der Alpen! Ihr werdet nicht selten erfahren und sehen, daß die Feinde als Freunde sich kosen.

6] Und schauet zurück auf die ersten der Väter auf Erden! Sie wohnten auf Höhen der Berge! Vom himmelan ragenden Sinai gab Ich dem Mose die heiligen Tafeln, auf welchen mit goldenen Zeichen des ewigen Lebens gar freie Gesetze den Menschen der schmutzigen Tiefe gezeichnet und eingegraben einst waren. Ich brauche euch nicht mehr von allen den heiligen Bergen zu sagen, auch nicht von der Schule der Seher und Künder des ewigen Wortes aus Mir.

7] So gehet nur öfter auf Berge und weilet recht gerne auf selben! Da werdet ihr allzeit in Fülle den Segen der ewigen Liebe des heiligen Vaters erfahren.

8] Der Kulm, schon einmal von Mir euch geraten, wird geben dem, welcher aus Liebe zu Mir wird besteigen den grünenden Scheitel, was einstens der Tabor dem Petrus, Jakobus und Meinem Johannes. — Doch höret, Ich sage nicht „Muß" und nicht „Soll" — nur wer kann und wer will, folge Mir, Seinem Meister und Vater, so wird er gar bald auch erfahren, warum Ich die Predigt des Himmels vom Berge zum Volke gesprochen! — Die Zeit steht euch frei, doch je eher, je besser, das merket euch! Amen.

9] Das sage Ich, Vater, ganz heilig, voll Liebe zu euch! Hört es! Amen, Amen, Amen.

☆

Der Berg Kulm

Am 22. Mai 1841, nachmittags von 1/2 4 Uhr bis abends 8 Uhr

Schreibende: K. G. L. — Andr. und Ans. H.

Ueber die am Mittwoch, den 19. Mai 1841 von Jakob Lorber und einigen Freunden unternommene Reise auf den Kulmberg bei Pischelsdorf im Grazer Kreise, offenbarte der Herr gnädigst durch Seinen Knecht Nachfolgendes:

(NB. Statt von Graz nach Waiz zu fahren, um auf den Kulm zu gelangen, schlugen wir den Umweg über Gleisdorf ein. Und statt von Gleisdorf gerade nach Pischelsdorf zu fahren, gelangten wir auf die Ilzerstraße, und zwar nach Sonnabendkirchen (Sinabelkirchen), von wo aus wir erst nach Pischelsdorf fuhren. Der Kulm wurde erst abends um 1/2 7 Uhr erstiegen.)

Wenn ihr ein nächstes Mal eine Gebirgshöhe in Meinem Namen betretet, da richtet es also ein, daß ihr fürs erste euch im voraus um den nächsten Weg bekümmert, und fürs zweite, daß ihr auf einer solchen Höhe wenigstens drei Stunden lang verweilet.

2] Denn wenn es sich um eine äußere Anschauung eines Wunders handelt, da muß das Sinnenwesen zuerst durch den weitgedehnten Anblick der äußeren Dinge gewisserart voll gesättigt werden. Durch diese Vollsättigung gerät dann das Gemüt in eine Art Betäubung, welche nicht unähnlich ist dem euch bekannten magnetischen Zustande.

3] Wenn ihr euch da dann an Mich wendet im Geiste der Liebe und aller Wahrheit, sodann erst kann Ich das innere Auge der Seele mit dem Auge des Geistes verbinden und diese doppelte innere Sehe dann richten vor das Auge des Leibes. Dadurch könnet ihr dann in den Stand gesetzt werden, Dinge der Natur in einem ganz anderen Lichte zu schauen und mitten unter den naturmäßigen Dingen Geistiges also zu entdecken, daß dasselbe im strengen Verhältnisse mit den naturmäßigen Dingen gewisserart durchsichtig bildlich zur Erscheinung kommt und also seinen Standpunkt einnimmt, wie die Ursache zur Wirkung.

4] Wenn ihr aber schon eine Speise zu euch nehmet, die nur für den Magen berechnet ist, da verweilet ihr nach der Mahlzeit eine kurze Zeit in der Ruhe und saget, solches sei der Verdauung wegen nötig. Meinet ihr denn, eine solche Ruhe sei nur dem Magen zuträglich, so er seine Speise zu sich genommen hat?

5] Ich sage euch aber, ihr bedürfet solcher Ruhe um so mehr, wenn der noch sehr schwache Magen eures Geistes ein wenig geschwelget hat. Denn wenn solche Ruhe nach der Sättigung des Geistes wegbleibt, so gehet auch die geistige Verdauung schlecht vor sich. Es muß aber ja allezeit jede Speise eher verdaut sein, bevor sich der das Leben fördernde Stoff entbindet und aufsteigt als Nahrung für das höhere Leben.

6] Denn jeder Nahrungsstoff nährt zuerst die unterste Potenz des Lebens. Ist diese genährt, so wird der Stoff verfeinert zum Dienste eines auf einer höheren Kräftestufe stehenden Lebens, und das so lange fort, bis er zu der hohen Sphäre des Selbstbewußtseins und endlich der vollen Sich-selbst-An-und-Durchschauung gelangt.

7] Nun denket euch, wenn ihr auf eine solche hohe geistige Speisekammer gelangt und raffet da vieles in einem Augenblicke heißhungrig zusammen, sobald ihr euch aber durch einen solchen Schnellfraß einigermaßen gesättiget fühlet, da laufet ihr fort, als wenn ihr Diebe wäret! — Fraget euch selbst, wo da die Verdauung und die aufsteigende Verfeinerung des Nahrungsstoffes bleibt?

8] Daher, wie schon gesagt, richtet es euch ein nächstes Mal besser ein, und das zwar eures schwachen Glaubens wegen, vermöge dessen ihr mehr oder weniger lauter „Thomasse" seid. Denn solange es nichts zu gaffen und zu greifen gibt, wahrlich, da seid ihr noch immer im halben Glauben und ebenso auch in halber Liebe und im halben Vertrauen. So aber jemand sich die Augen verbindet oder von der Stelle weichet, da Ich ihm ein Schaustück bereitet habe, so bin nicht Ich, sondern ist er selber Schuld daran, wenn er nichts gesehen und eben auch gar nicht zu viel empfunden hat.

9] Damit ihr aber dessenungeachtet zu einer inneren Anschauung durch das Wort gelanget, so will Ich vermöge Meiner immerwährenden, unbegrenzten Liebe und Barmherzigkeit euch gegen den Schluß dieser Schrift das Versäumte zeigen und nach der Ordnung vorführen. — Zuvor aber muß euch das Naturmäßige dieses Berges sowohl als auch dessen weitgedehnte Umgebung und Fernsicht, wie auch die atmosphärischen Gebilde, näher erklärt und berichtigt werden.

10] Was den Berg selbst betrifft, so hat er denselben Ursprung, wie die euch schon im vorigen Jahre gezeigte Chor- und Kleinalpe. Denn das Gestein hat die nämliche Blätterformation, wie die schon bekannten zwei Alpen. — Seine Neigung ist von Südost nach Nordost. Denn also kam die über hundert Klafter dicke Blätter-Steinmasse als gefestigter periodischer Niederschlag des Meeres nach der schwammartigen Erhebung aus dem Grund an ihre eigene Untermasse zu lehnen, nachdem diese Untermasse von den damaligen noch großen Wasserströmungen abgespült worden war, was euch alle die Kleinhügel zeigen, da sie bis zu einer Höhe von hundert Klaftern und auch darüber von abgerundeten Kieseln mit untermengtem Flugsande oft mehrere Klafter tief überdeckt sind.

11] Ihr werdet zwei vorzügliche Ausläufer von diesem Berge entdeckt haben, von denen sich der eine südlich, der andere aber mehr östlich mit mehreren kleinen Auszweigungen hinzieht. Diese Ausläufer sind, allda sie am höchsten stehen, ähnlichen Ursprungs. Die Niederungen aber oder die Zweige dieser Hauptausläufer sind nichts als Anschwemmung; der Abhang gegen Norden und der kleinere Ast gegen Nordost ist nur eine Form des Urbruchs aus der Tiefe und ist dessen sanfter und sanfter auslaufender Fuß, entstanden teils durch das Abbrechen der hoch über ihre Unterlage ragenden Felsenzinnen, teils aber ebenfalls durch Anschwemmung und Niederschlag von Sand und kleineren Steinchen, welche die Flut oft weit her mit sich geführt hat und dort fallen ließ.

12] Sehet, das ist nun die Grundbildung dieses Berges! — Wenn ihr dann und wann eure Augen auf den betretenen Boden geheftet habt, so werden euch auch hier kleine abgerundete Quarzbröckchen notwendig zum Vorschein gekommen sein; nur mit dem Unterschiede, daß ihre Farbe nicht weiß, sondern rötlich ist. Dieser Quarz ist nicht desselben Ursprungs wie der weiße auf der Choralpe, sondern er rührt aus der Noahischen Zeit, allwann — wie euch schon ein wenig bekanntgegeben wurde — der großen Wasserflut, welche damals fast über dreiviertel Teile von Asien und ganz Europa und über die nördliche Hälfte Afrikas ging, eine hauptsächlich in Europa und dem westlichen Asien überaus heftige Feuer-Eruption voranging, d. h. ungefähr 77 Jahre vor der darauf folgenden Wasserflut.

13] Daß sich in den unterirdischen Wasserbehältern durch den Niederschlag eine solche Quarzmasse bildet, könnet ihr daraus ersehen, daß sich eben diese Quarzmasse auch in den oberirdischen Gewässern durch einen schleimartigen Niederschlag bildet, wenn ihr den zahllos vorkommenden Quarz an den Ufern der Flüsse nur ein wenig ins Auge fasset.

14] Nehmet ihr einen solchen abgerundeten Quarzklumpen im Gewichte von etwa einem Pfund, leget denselben in eine Wasserkufe, entweder am Brunnen oder auch irgendwo anders, da ihr Wasser haltet zur Feuerversicherung, lasset ihn bei zwei Jahre lang darin liegen und wäget ihn hernach auf einer genauen Waage, so werdet ihr finden, daß er fürs erste gewichtiger geworden ist und fürs zweite auch ganz gewiß ums kennen etwas umfangreicher. Wenn aber schon eine so kurze Zeit in Hinsicht der Bildung des Quarzes einen solchen merklichen Ausschlag gibt, da denket, wie stark die Bildung dieser Steinmassen erst in den großen unterirdischen Wasserbehältern seit so vielen Jahrtausenden her sein muß!

15] Wenn die Feuer aus der noch größeren Tiefe der Erde hervorbrechen und auf ihrem blitzschnellen Wege die über ihnen befindlichen großen Wasserbecken samt der über den Wässern mehrere tausend Klafter dicken Erdkruste zerreißen, so muß es ja geschehen, daß bei einem solchen Ausbruche allerlei zerrissene Steinmassen aus der Tiefe der Erde bis hoch über die Wolken hinausgeschleudert werden, von wo sie dann natürlicherweise teils wieder in den Abgrund und teils auf die Oberfläche der Erde niederfallen, wo sie dann, wenn irgendeine Gebirgsplatte noch nicht gehoben ist, mit derselben dann bald darauf miterhoben werden. Oder sie fallen auch schon auf gebildete Gebirgserhöhungen nieder, was auch bei dem Kulm der Fall war. Denn dieser war schon da, als auf der nördlichen Gegend — namentlich zwischen den Ortschaften Buch und dem Schlosse, das Ich nicht benennen will — eine solche unterirdische Feuer-Eruption vor sich ging, davon die euch bekannte regellose Unebnung des Bodens herrührt.

16] Wenn ihr auf den Zug der Täler nur ein wenig Aufmerksamkeit gewendet habt, so werdet ihr mit leichter Mühe entdeckt haben, daß sie sich samt und sämtlich mehr oder weniger südöstlich hinziehen. Dieses bekundet nichts anderes, als den Zug der vormaligen großen Wasserströmung, welche einst ihr Ufer an den Kärntnerischen Alpen und andererseits an den Karpaten Ungarns hatte und somit eine beinahe dreimalige Breite des Adriatischen Meerbusens hatte, da dieser am breitesten ist.

17] Später hat sich das Wasser mehr und mehr verloren, und es waren dann nur ebensoviele einzelne Ströme von derselben Breite zu sehen, wie ihr jetzt noch die einzelnen Täler erblickt. Und von allen diesen Strömen ist nun nichts mehr übriggeblieben als die in den Tälern vorfindlichen Bächlein, welche nur dann einen etwas bedeutenderen Fluß ausmachen, wenn sie sich zu Hunderten nach längerem Zuge vereinigt haben.

18] Nun sehet, wenn ihr ein nächstes Mal auf irgendeine solche Höhe kommet, sei es die nämliche oder eine von euch gewählte oder eine von Mir bestimmte, so müsset ihr eure Phantasie und Einbildungskraft in diesem Gefühle erwecken und schauen die Vorzeit im Vergleiche der Gegenwart, und zwar allezeit das nur, was die Erde selbst euch zur Anschauung bietet, so habt ihr den wahren Grund zur inneren Anschauung gelegt.

19] Darinnen werdet ihr Meine Arbeit entdecken und Meine Baukunst bewundern und werdet euch Mir nahen in eurem immer wacher werdenden Gefühle.

20] Wenn ihr aber auf einer solchen Anhöhe nichts anderes zu tun habt, als nur mit Kalk übertünchte Stein- und Holzhaufen anzugaffen, da tut ihr ja bei weitem besser, wenn ihr zu Hause in eurer Stadt bleibet, daselbst ihr nicht das Auge so abzumühen habt, um eine Menge von übertünchten Steinhaufen mit einem Blicke zu überschauen, welche noch obendrauf zum größeren äußeren Vergnügen des Auges kunst- und prachtvoller erbaut sind als die Mir über alles widrigen Landpreßkammern[1], in welchen Menschen wohnen, welche sich darum für mehr als die andern Menschen halten, weil sie neben vielen tierischen Eigenschaften auch noch die der Blutegel und Vampire besitzen, vermöge welches traurigen Prädikates sie für nichts und wieder nichts ihren vermeintlichen Untertanen das Blut ihrer kärglichen Habseligkeiten ohne alles Bedenken abzapfen können.

[1] Gutsherrnsitze.

21] Es hat wohl jeder Monarch für die wahren Staatsbedürfnisse seine Untertanen mit verhältnismäßigen Steuern zu belegen, aber daß ein solcher sogenannter „Gutsherr" auch Steuern fordert von seinen vermeintlichen Untertanen, wahrlich, Ich sage euch, das ist Mir ein Greuel. Und wenn ein solcher sogenannter Gutsherr nicht durch häufige Wohltaten an seine vermeintlichen Untertanen solchen alten Frevel soviel als möglich zu tilgen strebt, so wird er dereinst eine harte Rechnung abzulegen haben und wird sich müssen über den letzten Heller überaus vollkommen ausweisen, wozu er ihn verwendet hat. — Wehe denen, die ihre Renten verpraßt, vergeudet und verhuret haben! Wahrlich, Ich werde sie begraben lassen unter ihre höllische Preßkammer! Und sie sollen da so lange gepreßt werden von den Materialien, davon ihre Preßkammer erbaut wurde, bis das letzte Steinchen durch den darniederfallenden Regen in Tau und Staub aufgelöst worden ist!

22] Nun sehet, daher sollet ihr von einer solchen Höhe die Anschauung solcher allerletzten Dinge auch auf die allerletzte Zeit ergehen lassen und dann euch auf der Höhe in die anfangs besprochene Verdauungsruhe setzen. Dann habt ihr die Dinge in Meiner Ordnung angeschaut, habt auf Meiner Welttafel ordentlich gespeist und werdet dadurch auch zur Nützliches befördernden Verdauung gelangen.

23] Habt ihr auch Fernrohre mit euch, so gebrauchet dieselben nach eben der Ordnung, aber nicht umgekehrt. Und wenn ihr schon damit anfanget, fernliegende Gebäude euren Augen näher zu bringen, so richtet sie zuerst auf ärmliche Hütten und Keuschen[1]. Ich sage euch, der Anblick einer solchen Wohnung der Armut wird für euer Gefühl, für eure Phantasie und Einbildungskraft mehr lebendige Stärkung bieten als der vielfache Anblick irgendeiner entlegenen, verrosteten Stadt oder eines halbzerfallenen Schlosses oder eines gar nichtssagenden Glockenturmes bei einer Kirche aus Steinen, Ziegeln und Mörtel!

24] Ist denn nicht jeder Baum, jede Pflanze ebensogut und mehr noch ein lebendiger Tempel, durch welchen sich Meine Macht, Weisheit und Liebe treulich kundgibt dem, der diesen gewiß viel künstlicheren Tempel mit dem Geiste und dessen Liebe betrachtet? Daher ist euch fürs erste nötiger, diese lebendige Tempel Meiner Liebe

---

[1] d. h. Bauern- und Taglöhnershäuschen. D. Hsg.

und Erbarmung zu betrachten und hernach erst diejenigen mit hohen Glockentürmen.

25] Denn bei den hohen Glockentürmen, da muß Ich gewisserart die sonderbare Ehre haben, als ein immerwährender Arrestant in irgendeinem vergoldeten Tabernaculum zu sitzen und zu warten, bis der Priester, entweder durch seine Ordnung oder manchmal auch durch einen klingenden Beutel genötigt, Mich dem armen, halb und oft auch gar nichts glaubenden Volke zur meistens sehr uninteressanten Anschauung, Anmurmelung und Anrufung ausstellt. Nach einem ein- oder zweimaligen metallenen Segen mit Begleitung des Metallgeklingels und Chorgeplärrs aber muß Ich Mich dann von neuem wieder untätigermaßen einsperren lassen.

26] Daß solches ein allerbarster Unsinn ist, welchen die spätere Glanzsucht ausgeheckt hat, möget ihr wohl ohne Fernrohr auf den ersten Blick aus Meinen Evangelien ersehen und an den ersten echtkirchlichen Gebräuchen zu den Zeiten der Apostel und ihrer Nachfolger durch mehrere Jahrhunderte hin.

27] Wo Ich Mich mit der Materie verbinde, da wird die Materie lebendig. Denn mit dem Tode hat der lebendige Besieger desselben nichts zu tun. Wer aber Mich im Brote sucht, der glaube, daß Ich das Brot und den Wein eingesetzt habe als bleibendes Denkmal Meiner Menschwerdung auf Erden. Aber das Brot und der Wein müssen sein, was sie sind; und müssen nicht eingeschlossen sein und gesteckt und gefaßt ins tote Metall; sondern sie müssen gefaßt sein in den lebendigen Glauben und in die wahre Liebe!

28] Und so wie das Brot ein echtes Brot sein soll, an welchem man sich sättigen kann, und der Wein ein echter Wein zur Stärkung der Lebenskraft und zur Stillung des Durstes — also soll auch sein der Glaube gleich dem Brote und die Liebe gleich dem Weine!

29] Es ist aber in solchen steinernen Kirchen der Glaube nun gleich der Hostie, die nur die Form des Brotes in einer höchst unsättigenden Potenz enthält, und die Liebe ist ebenfalls entweder gar keine, weil kein Wein — oder mit zeitlichen Interessen gewässert, wie bei dem sogenannten „Meßopfer".

30] Mehr brauche Ich euch darüber nicht zu sagen, da ihr aus diesem wenigen gar leicht entnehmen möget, ob für den Geist ein blühender Baum nicht mehr Nahrung bietet als ein solch glaubensloser und liebekalter Tempel.

31] Nun, nachdem Ich euch sowohl für diesen als für einen künftigen Fall mit allem wahrhaft Zweckdienlichen bekanntgemacht habe, so will Ich — wie schon anfangs erwähnt — euch auch noch dasjenige zeigen, das ihr allda hättet an euch selbst erfahren sollen, wenn ihr nicht gar zu nötig gehabt hättet, wieder in euer Nachtquartier zurückzukehren.

32] Wenn ihr irgendwo in Meinem Namen euch befindet, da tut ihr sehr unrecht, wenn ihr euch um was immer sorget, sei es um die Gesundheit des Leibes oder um andere allfällig mögliche Gefahren des Zurückkommens. Denn wo Ich euch als Führer diene, da seid ihr in der Mitte der Nacht so gut geborgen wie am hellen Mittage, ob ihr lieget, stehet oder gehet. Oder könnt ihr Mir einen Vorwurf machen, daß euch bei irgendeiner Reise in Meinem Namen nur ein Haar gebrochen worden ist?

33] Daß ihr auf dieser Reise ein wenig von dem eigentlich nächsten Weg abgewichen seid, hat keinen anderen Grund gehabt als das „werktätige Zeugnis“[1], aus welchem ihr gar füglich ersehen möget, daß der Mensch oft weniger aus schlechtem Willen als aus Unkunde den weitesten Weg nach dem vorgesteckten Ziel einschlägt, ohne zu bedenken, daß auch im Geiste — wohlverstanden — der gerade Weg der kürzeste ist.

34] Denn es gibt bei Mir durchgehends keine „hohen Aemter“ und keine „Sonnabendkirchen“ (in der Volkssprache „Sunnwendkirchen“ oder „Sinabelkirchen“), die ihr zuerst durchmachen und passieren müßt, um zu Mir zu gelangen. Und in Meiner großen Staatsverwaltung bin Ich die unterste und oberste Instanz Selbst. Solches aber habt ihr nicht gesehen und nur sehr leise empfunden.

35] Auf dem Berge ganz in der Höhe aber, da ein ärmlichstes Kapellchen ist, werdet ihr einen Luftzug vom Morgen her gar deutlich körperlich verspürt haben. In diesem Luftzug habe Ich euch angewehet, davon euch sicherlich eine heiter-ruhige Stimmung und eine große Stärkung eurer ermüdeten Glieder und ein geheimnisvolles Rauschen durch die Wipfel der niedlichen Bäumchen eine nicht geringe Kunde gegeben hat, daß ihr darob sicher hättet sagen können: „In einem geheiligten Winde aus Morgen her hat der Herr mich angeweht!“

[1] vermutlich ein kurzes andächtiges Verweilen in einer Kirche.

36] Wäret ihr nun über den Verlauf der siebenten Stunde da geblieben und hättet euer Herz und euer Auge zu Mir gerichtet, so hättet ihr auch von dem Berge bis nach dem Friedhof dieses Pfarrortes, da ihr geblieben seid, eine Auferstehung der Toten gesehen, wie Ich sie eine Minute lang — unter dem Verbote, euch davon Meldung zu tun — Meinen Knecht habe sehen lassen. Welches Bild sich da zeigte, mag euch der Knecht nach dieser Mitteilung entweder mündlich, so ihr es aber wollt, an einem Tage auch in die Feder sagen!

37] Es bleibt uns demnach nur noch die abendliche Trübung der Atmosphäre zu erklären übrig. — Der „Abend" ist die Weltsphäre des Menschen. Wenn der Mensch sich dem „Morgen" naht, und dieser sich vor ihm mehr und mehr aufzuklären anfängt, da wird es etwa doch notwendig sein, dem noch sehr abendlich gesinnten Morgen-Wanderer, den „Abend" so viel als möglich zu verhüllen, auf daß seine Augen ja keinen anlockenden Gegenstand finden sollen, der sie von der Beschauung des „ewigen Lebensmorgens" abziehen möchte! Sehet, darum war auch der Abend so sehr mit Dünsten aus der Erde angefüllt, um euch ebenfalls zu belehren, daß wenn einem der „Morgen" geöffnet wird (wenn auch hie und da noch ein wenig getrübt), er seine Blicke nicht dem dunstigen „Abende" zukehren solle, sondern dem „Morgen des Lebens", d. h. nicht der Welttümlichkeit, sondern dem, was des Geistes und Meiner ewigen Liebe ist.

38] Am nächsten Tag — als an einem Feier- oder Ruhetag — habt ihr alles im reinsten Lichte gesehen, ohne die geringste dunstige Trübung. — Dieses soll euch besagen, daß nur in der stillen Feier der „Verdauung" der von Mir gereichten Speise endlich alles Trübe und Finstere sich aufhellet und die klare, selbstbewußte Anschauung dann in großer Klarheit aus des Lebens neu erwachtem Morgen in das wunderbare Dasein tritt.

39] Also erwäget auch ihr dieses Bild in eurem Herzen! Wandelt geraden Weges und befleißiget euch, daß ihr der „verdaulichen Ruhe" nicht vergesset, so werdet ihr auch in euch, wie den „neuen Morgen" voll Glanz und Licht, so auch den gereinigten „Abend" eures Weltlebens gar wohl erleuchtet schauen in euch.

40] Machet euch die Berge zu Freunden, die Täler zur Anschauung der Demut und Mich zum Führer durch die Täler auf die Berge der Ruhe und des Friedens, so

werdet ihr jetzt wie immer und in alle Ewigkeit erkennen, daß nur Ich, euer Vater, der wahre Weg, das Licht und das ewige Leben selbst bin ewig!

41] Das sage Ich, der allerbeste Wegweiser. Amen.

☆

Friedhofseelen

Gesicht des Knechtes als Hinzugabe zum „Kulm"

Am 25. Mai 1841, nachmittags

Schreibende: K. G. L. — Andr. und Ans. H.

Nachdem die Sonne untergegangen war, und zwar in der Zeit, als ihr bei der Rückfahrt den ersten Stern am Himmel erblicktet und auch zugleich des Friedhofes ansichtig wurdet, auf dessen oberster Stelle eine unausgebaute Kapelle sich befindet — in derselben Zeit wurde dem Knechte auf einige Minuten das Auge der Seele geöffnet, damit er einen Blick machen sollte dahin, wo die Verstorbenen verwesen und die Unsterblichen nach und nach auferstehen.

2] Wie sah denn der Knecht diese Erscheinung? — Damit ihr euch von dem Gesichte einen anschaulichen Begriff machen könnet, so stellet euch ein Glas mit Wasser gefüllt vor, in welchem einige Bröckchen Zuckers liegen. Beachtet, wie allda aus dem Zucker immerwährend Bläschen aufsteigen und kleine Klümpchen Zuckers mitheben, welche sich unterm Wege zum Teile auflösen und dadurch einen sternschnuppenartigen Schweif hinter sich lassen, der unaufgelöste Teil aber dann, sobald das Bläschen die Oberfläche des Wassers erreicht hat, sich wieder vom Bläschen trennt und in die Tiefe sinkt und dort sich entweder viel langsamer auflöst oder sich aber auch öfters an ein neues Bläschen anklebt und mit demselben eine neue „Auferstehung" beginnt.

3] Ebenso auch müsset ihr euch vorstellen die Seelen, deren Herz sehr stark an der Welt gehangen ist! Diese hängen noch gar lange nach dem Hinscheiden an der materiellen Erde und namentlich vorzugsweise gerne an dem Orte, wo ihr Leib verweset. Und manche verweilen so lange auf den Friedhöfen über den Gräbern ihrer Leiber, bis nicht ein Atom mehr von ihrem Leibe durch den Akt der Verwesung übrigbleibt.

4] Da die Seele nach dem Tode immerwährend mit ihrem freien Geiste vereint bleibt, dessen vollkommenen Leib sie eigentlich selbst ausmacht, so wird auch in Hinsicht der ewig zu achtenden Freiheit des Willens diesen Wesen durchaus kein Zwang angetan. Sondern sie werden nur von Zeit zu Zeit belehrt, können aber im übrigen tun, was sie wollen, gerade so, als wenn sie noch leiblich auf der Welt lebten.

5] Die Hauptursache, daß sich die Seelen also auf den Friedhöfen aufhalten, ist wohl die falsche Lehre von der Auferstehung des Fleisches. — Die Seelen werden zwar allezeit belehrt, daß der verstorbene Körperleib sie gar nichts mehr angeht, daß aus demselben für sie in alle Ewigkeit nichts mehr herauswachsen wird und er daher für sie nicht mehr zu beachten ist als ein gänzlich zerrissener, zugrunde gerichteter Leibrock, aus welchem auch in alle Ewigkeit kein neuer Rock mehr auferstehen wird.

6] Allein solche Lehre nützt bei diesen Wesen geradesoviel, als so ihr mit dem allerbesten Willen einem Erzmönche beweisen wolltet, daß Ich auch ohne ein sichtbares kirchliches Oberhaupt Meine Kirche lenken und regieren möchte, oder wenn ihr ihm beweisen wolltet, daß seine Kutte um kein Haar besser ist als die Jacke des geringsten Knechtes; oder wenn ihr ihm beweisen wolltet, daß eine sogenannte „Reliquie" keinen anderen Wert hat, als ein in einem Dunghaufen halb verwester Strohhalm. Oder NB. wenn ihr ihm beweisen wolltet, daß ein kurzes Gebet im Geiste und in der Wahrheit aus dem Herzen eines Mich liebenden Bruders, und wenn es nur 10 Worte lang ist, einen unendlich höheren Wert hat als 10000 Hochämter in einer fürs Volk unverständlichen Sprache, wenn sie noch so gut bezahlt wären von Gläubigen und gelesen bei den privilegierten Gnaden-Altären.

7] Sehet, geradesoviel ihr in dieser Hinsicht bei einem solchen Erzmönche ausrichten würdet (der euch bei eurer Erklärung nicht viel besser traktieren würde, wie Mich die Juden vor dem Hohenpriester Kaiphas traktiert haben, da sie Mich für den größten Ketzer hielten und für einen, der mit allen Teufeln Gemeinschaft hat) — ebenso ergeht es auch den vom Himmel gesandten Lehrern, wenn sie solche Seelen von dem Irrwahn abbringen und ihnen beweisen wollen, daß das Fleisch des Leibes in alle Ewigkeit nicht wieder auferstehen wird.

8] Wenn die erst vor kurzem Verstorbenen solche Lehren vernehmen, da entsetzen sie sich und werden überaus traurig darüber, daß es ihnen fürder nicht mehr gegönnt sein solle, in ihre vermeintlichen verklärten Leiber zurückzukehren — aus welchem Grunde denn auch in der Geisterwelt der Hauptunterricht auf dem Wege eigener Erfahrung bewerkstelligt wird.

9] Wenn diese Wesen nach und nach ersehen, daß aus allen ihren Erwartungen, aus falscher Lehre und falschem Glauben, nichts wird, so verlangen sie von den höheren Lehrern weggeführt zu werden, und zwar nirgends anders hin als schnurgerade in den „Himmel".

10] Solches wird ihnen alsogleich auch gewährt. Allein, wenn sie da in die Wahrheit des Himmels gelangen, so glauben sie durchaus nicht, daß dies der „Himmel" sei, weil er nicht so aussieht, wie sie sich ihn fälschlich vorgestellt haben.

11] Denn wenn sie da Menschen antreffen mit allerlei Arbeiten beschäftigt, wie auf der Erde, und zwar aus dem Grunde, weil die Freude des Himmels in nichts anderem besteht, als in einer Liebetätigkeit um die andere und in einem ersprießlichen Wirken nach dem andern — wenn sie dann solches im Himmel ansichtig werden, so fangen sie oft gewaltig über den Himmel loszuziehen an und sagen:

12] „Das wäre mir ein schöner Himmel, wo ich wieder arbeiten müßte! Solches habe ich auf der Erde zu meinem größten Ueberdrusse tun müssen, und hab es nur getan des Himmels wegen! Jetzt aber, da ich in den Himmel gekommen bin, sollte ich arbeiten wie zuvor auf der Erde, und das dazu noch ewig! Da ist es ja doch viel gescheiter, ich kehre alsogleich zur Erde zurück und warte auf meinem Grabe bis zum Jüngsten Gerichte, allwann mein Leib gewiß auferstehen wird, weil es also geschrieben steht und mich auch die heilige römische Kirche also zu glauben gelehrt hat!"

13] Und sobald kehren solche Wesen in allem Ernste wieder zurück. — Wenn sie aber an ihrem gewünschten Orte wieder alsobald angelangt sind, so werden sie von den da Harrenden kreuz und quer ausgefragt, was der heilige Petrus zu ihnen gesagt habe, ob er sie geschwind hineingelassen habe, oder ob sie auf der gewissen Wartebank lange harren mußten, bis es dem Petrus einmal gefällig war, sie hineinzulassen.

14] Und so lassen sich oft diese Geister über ein langes und breites fragen, bis sie erst mit einer lächerlichen Antwort zum Vorscheine kommen, welche allerlei höhnende Formen annimmt. Als z. B., daß sie sagen: „Der Himmel ist nichts als ein Bauerngrund". Oder: „Er ist nichts als eine Dienstboten-Wirtschaft". Oder: „Die himmlischen Freuden bestehen darin, daß man nun von neuem über einen Hausknecht arbeiten soll" — und dergleichen Erklärungen des Himmels eine Menge.

15] Solche Erklärungen aber finden allezeit — wie leicht einzusehen ist — keinen großen Glauben bei den noch nicht im „Himmel" Gewesenen. Und dessenungeachtet wünschen doch viele in den „Bauernhimmel" zu kommen.

16] Welche dann solches wünschen, die werden von den Lehrern [Schutzgeistern] hinweggeführt und über das Wesen des Himmels unterrichtet. Es wird ihnen gezeigt, daß der wahre, eigentliche Himmel aus ihnen selbst hervorgehen muß, und daß sie durchaus nicht „in" den Himmel kommen können, sondern nur der Himmel in sie durch den lebendig ernstlichen Willen, stets mehr Gutes zu tun und darum auch stets geringer zu werden, um desto mehrfältig in die Gelegenheit zu kommen, jedermann dienen zu können.

17] Wenn dann solche Lehre in ihnen Wurzel gefaßt hat und sie eine große Lust bekommen, anderen in allerlei zu dienen und wohlzutun, alsdann werden sie von den Lehrern neuerdings enthüllt, auf daß sie sich fürs erste ganz durchschauen können und hinreichend prüfen können ihren himmlischen Entschluß.

18] Haben sie sich dadurch bewährt gefunden, daß sich ihre wahre Himmelsbegierde offenbar hervorgetan hat, gänzlich verzehrend alles noch irdisch Anklebende, so geht dann diese himmlische Begierde wunderbar gewisserart nach allen Seiten auseinander und bildet fürs erste den wunderherrlichen Weg und, sich immer mehr und mehr ausbreitend, endlich auch den Himmel selbst.

19] Und dieser Himmel vereinigt sich dann mit dem gleichen Himmel der schon seligen Geister, wie sich gleichsam Liebe mit Liebe vereinigt und wie sich vereinigt das Liebe-Gute mit dem rein Glaubens-Wahren und, umgekehrt, wie das rein Glaubens-Wahre mit dem Liebe-Guten.

20] Sehet, also sah der Knecht einige Minuten lang diese Seelen sich raschen Fluges nach oben erheben und bald wieder zurücksinken. Und es war das Schauspiel nicht unähnlich dem Feuerspiele der sogenannten „römischen Lichter"[1], welche sich auch leuchtend erheben,

[1] Leuchtkugeln

aber in der Höhe, halb oder oft ganz verlöschend, umkehren und wieder zur Erde fallen — nur daß diese aufsteigenden [Seelen-]Lichter nicht so feurig aussehen wie jene aus den römischen Kerzen, sondern ihr Licht gleichet vielmehr dem eines vom Monde erleuchteten kleinen Wölkchens.

21] Doch müßt ihr euch nicht denken, als habe der Knecht menschliche Formen gesehen, denn solches vermag nur das Auge des Geistes — sondern nur ein solches Steig-und-Fall-Gaukelspiel von luftig-mattschimmernden Wolkenbüscheln. Und dieses hättet auch ihr gesehen, wenn ihr so lange auf dem Berge verweilt hättet.

☆

Von Geisterspuck, Helden- und Liebestaten

Am 25. Mai 1841, nachmittags (Fortsetzung)

Ihr werdet in eurem Innern denken: Diese [auf der Rückfahrt vom „Kulm" vom Knecht geschaute Friedhof-]Erscheinung, wenn auch geistig, hat gerade nicht gar zu viel außerordentlich Ausgezeichnetes in ihrem Anblicke! — Es ist wahr, daß oft so manche Erscheinung aus der Geisterwelt in ihrer möglichen Aeußerlichkeit nichts Außerordentliches für ein Auge bietet. Aber es geht bei allen geistigen Erscheinungen so: Je größer sie sind in geistiger Hinsicht, desto geringfügiger sind sie allezeit in ihrer äußerlichen Erscheinung. Je großartiger aber irgendeine geisterhafte Erscheinung auftritt, desto weniger ist im Grunde daran.

2] Ihr werdet öfter gehört und gelesen haben, daß in manchen alten, verfallenen sogenannten Ritterburgen oft so großartige Erscheinungen und „Spukereien" vor sich gehen, daß davon mehrere Provinzen und Länder eine ganz unheimliche Kenntnis erlangen. Und wenn ihr Gelegenheit hättet, selbst einer solchen nächtlichen „Spukerei" beizuwohnen, da würdet ihr sicher ausrufen: „Ach, das ist doch etwas Außerordentliches!" Und wenn ihr, gleich vielen anderen Menschen, sehen würdet, wie solche verwunschene Burgprinzen nächtlicherweile Steine und andere Gegenstände um sich her werfen oder umhertragen, wahrlich ihr würdet das Außerordentliche solcher Erscheinung euer ganzes Leben lang vor lauter Größe nicht verdauen!

3] Wenn Ich euch dabei aber euer geistiges Auge öffnen würde, so würdet ihr darüber nicht viel anders urteilen, als wenn ihr unterwegs einige Gassenbuben angetroffen hättet, welche sich damit vergnügen, einige nichtssagende, lose Bubenstreiche auszuführen!

4] Die kleinliche Erscheinung, daß sich zwei Mücken begatten, woraus ihr euch soviel wie gar nichts machet, übertrifft ja doch an Größe und Bedeutung alle Burgspukereien seit den urältesten Zeiten bis auf euch und weit fernerhin.

5] Ebenso ist es [übrigens] auch mit den „Taten" der Menschen! Es gibt ja „Helden" darunter, die vor tausend und tausend Jahren die sogenannten größten Taten ausgeführt haben, und noch heutigentags werden sie besungen und von tausend Geschichtsschreibern für das arme Gedächtnis neu geboren. Jedoch wahrlich, Ich sage euch, wenn euch dereinst die große Bibliothek in Meinem Reiche aufgetan wird, so werdet ihr darinnen so manche „Großtatenhelden" mit ganz vergeblicher Mühe suchen. Wohl aber werdet ihr euch darüber höchlich verwundern, wie in diesen ewigen Büchern des Lebens oft eine von niemand bemerkte, ganz im geheimen verübte Liebestat sich großartig für alle ewige Zeiten von neuen und immer neuen Wundern bezeichnet ausnimmt!

6] So wäre z. B. einem von euch je auf irgendeinem Wege ein armer, mühseliger Mensch oder ein armes, hilfloses Kind was immer für eines Geschlechtes untergekommen, und ihr hättet ihm eine Barmherzigkeit erwiesen — fürwahr diese Tat allein überwiegt schon alle ordentlichen Großtaten aller Welthelden, welche Menschen zu Tausenden und abermals Tausenden schlachten ließen, als wären sie, gleich Mir, Herren über Leben und Tod, während sie doch nicht auch nur ein verdorrtes Grashälmchen zu beleben vermögen. Und könnten sie es auch, wie gering wäre solche Tat gegen die, durch welche ihr nicht nur ein Grashälmchen, Ich sage euch, unendlichmal mehr denn ein Grashälmchen, höret und verstehet wohl, durch welche Tat ihr einen Meiner Brüder belebet habt!

7] Wenn ihr nun von solch großartiger Schlachtung bis zur Belebung eines Grashälmchens und von da bis zur Belebung eines unsterblichen Bruders die endlosen Unterschiede im Geiste erwäget, so wird es euch gewiß klar werden, warum in Meiner Bibliothek solche Erdheldentaten gar nicht vorhanden sind und warum wieder andere, auf der Erde oft gerade gar so wenig beachtete [Liebes-] Taten, in Meinem Reiche ein so außerordentliches, sage, ewig wunderbares Aufsehen erregen.

8] Es geht mit diesen kleinscheinenden Liebestaten auf der Erde beinahe geradeso, als wenn jemand mit der Spitze einer Nadel seinen Namen in die zarte Rinde eines jungen Bäumchens eingegraben hätte, allda der Name wächst wie der Baum selbst. Und könnte der Baum wachsen ins Unendliche, wie in Meinem Reiche, so würde auch der Name mit dem Baume selbst also ins Unendliche wachsen, daß ein jeder einzelne Schriftzug am Ende zu einem unendlichen Felde würde, auf welchem wieder neue und zahllose Wunder sich zu enthüllen einen großen Raum haben möchten.

9] Daher auch, Meine lieben Freunde: Wo ihr in Meinem Namen immer hingehet, und was ihr in Meinem Namen immer ansehet und beobachtet, wollet ihr wahrhaft Großes beobachten, dann wendet eure Augen auf kleine Dinge und geringfügig scheinende Ereignisse!

10] Wahrlich, in eurem Geiste werdet ihr es ohne Mühe empfinden, was da größer ist: eine strahlende Zentralsonne oder die Träne eines armen, weinenden Kindes. Wahrlich, habt ihr die Träne getrocknet und habt dem Hungrigen auch nur ein mageres Stückchen Brotes gereicht, so habt ihr mehr getan, als wenn ihr eine Trillion Zentralsonnen erschaffen und wieder zerstört hättet.

11] Denn diese und alle Welten mit ihren Herrlichkeiten werden einst vergehen und zunichte werden — aber aus den Taten der Liebe werden an ihrer Stelle unvergängliche Sonnen und Welten hervorgehen und werden wachsen und herrlicher werden in alle Ewigkeit der Ewigkeiten. Und ihr werdet darinnen schauen die große Herrlichkeit des „neuen Himmels" und der „neuen Erde", welche da sein werden und jetzt schon sind: reine, unvergängliche Werke der ewigen Liebe — wie die jetzigen [Welten] sind Werke des Zornes und seiner tödlichen Macht.

12] Tuet daher Liebe jedermann ohne Unterschied und helfet nach Vermögen jedem, der eurer Hilfe bedarf, so werden eure Werke vollkommen sein und ihr in euren Werken — wie Ich, euer liebevollster Vater im Himmel, vollkommen bin.

13] Das sage Ich, dem das Kleine lieber ist als das Große. Amen!

☆

Gottesliebe und Menschenliebe

Einer jungen Seele zum Namenstag

Am 28. Mai 1841, vormittags

An die, welche einen männlichen Namen hat und eine Tochter des Ans.-Wortemsig und der E. H. P. W. ist und heute den nicht viel sagenden Tag ihres irdischen Namens feiert — schreibe folgendes Wörtlein von Mir, auf daß sie daraus wieder erkennen möge die schon in der Wiege oft gehörte Vaterstimme, darum sie als kleines Kind gar so weinerlich war, wenn die süße Vaterstimme sich nicht alsbald meldete.

2] Gabiela! Ist dir fremd geworden Meine Vaterstimme? Liebst du Mich nicht mehr also, wie du Mich geliebt hast in der Wiege?

3] Gabiela Mein! Mußt Meiner nicht vergessen! Und nicht dein Auge und dein Herz schlank gewachsenen jungen Männern durchs Fenster insgeheim ehesüchtig nachsenden, und zwar heute diesem, morgen jenem und übermorgen einem dritten usw., sondern stets Meiner gedenken und dein Auge und dein Herz Mir nachsenden und lieben Einen nur! Und dieser Eine bin Ich, dein heiliger, liebevollster Vater.

4] In dieser allein gerechten Liebe wirst du leben zeitlich glücklich und ewig dann im Schoße deines Vaters!

5] Die Menschenliebe, siehe, liebe Gabiela, ist kein nütze, wenn sie nicht aus Meiner Liebe stammt.

6] So du aber aus Mir zu jemandem dich hinneigen möchtest, da siehe, ob er im Besitze Meiner Liebe ist! — Ist er das, so ist er dir gleich und deinem Herzen der Nächste. — Ist er's aber nicht, da betrachte ihn als einen irrenden Bruder, der noch zwischen Himmel und Hölle wandelt und seine Augen mehr auf Abgründe ewiger Nacht als zu Mir, dem ihm noch völlig unbekannten „Vater", richtet.

7] Der Gerecht-Liebe-Lichte wird dich wenden zum Lichte, woher du und der Liebe-Lichte im Geiste stammet. — Der Abgrundforschende aber wird dein Auge kehren, dahin er sein eigenes gewendet hat. Wenn der finstere Abgrund sein Augenlicht verzehren und er beim nächsten Tritte in den Abgrund fallen wird, so wird sein Fall dich zum Mitfalle zwingen. Und es möchte dann schwer halten, dich im Abgrund aller Nacht wiederzufinden und loszulösen von den Ketten, welche eine arge Weltliebe um dein zartes Herz geschmiedet hätte tausendfältig.

8] Daher, Meine liebe Gabiela, liebe nur Mich! Ja sei oder werde ganz verliebt in Mich, gleich einer Magdalena! Und mit dem Herzen siehe nur Dem nach, den Ich dir, erfüllt mit Meiner Liebe, vorstellen werde! Jeden andern aber achte und liebe, insoweit auch er ein Mensch ist!

9] Gegen die Armen aber sei mitleidig und für die arg Irrenden und Fallenden bete zu Mir, deinem Gott und Vater, so wirst du vollkommen Meine liebe, glückliche Gabiela sein — hier und dort in Meinem Schoße ewig!

10] Dieses Wörtlein sei dir ein teuerstes Angebinde zu deinem irdischen Namenstage! — Und in dem Wiedervernehmen deines inneren, eigenen Namens aber bedenke, daß Ich, dein ewiger, heiliger, liebevollster Vater, dir nicht ferne bin, jetzt wie ewig! Amen.

11] Gedenke Mein, liebe Gabiela! Ich, dein Vater, sage es dir, daß du Meine liebe Gabiela bist und bleiben sollst ewig! — Amen, Amen, Amen.

☆

Leben und Tod

Am 6. Juni 1841

Im Tode wirst du leben — und im Leben sterben! — Und so ist das Leben im Tode — und der Tod im Leben!

2] Der Tod ist das Leben. Und wer nicht hat den Tod, dem ist das Leben nicht eigen.

3] Es muß über alles der Tod kommen, was da leben will, möchte und soll.

4] Das Leben kommt durch den Tod, und er ist des Lebens Samenkorn!

5] Wer also das liebt, daß er lebe, der fliehe das Leben, so wird er es erhalten. Denn dem Tode mußt du unterliegen, sonst bist du ein „ungesäter Same". —

6] Der wahrhaft tote Tod aber ist die Sünde! — Amen.

☆

Wichtige Erziehungswinke

Am 20. Juni 1841

Es möchte Andr. H.-Willig erfahren, was mit einem „porzellanen Gefässe" zu tun sei, so selbes durch einen unvorsichtigen Stoß irgendeinen kleinen „Sprung" erhielt, so daß es darum nun den edlen Saft (der in diesem Gefässe erst seine volle Altersgediegenheit, gleich dem Weine, erreichen sollte) durchsickern läßt und darum auch befürchten macht, daß der edle Saft sich am Ende gänzlich verliere und im gesprungenen Gefäße nur noch die der Welt angehörigen Trebern zurückbleiben.

2] Höre, es ist ein solches Gefäß schwer zusammenzukitten solange noch irgendeine Flüssigkeit darin enthalten ist und somit den Sprung beständig feucht hält, so daß der harzfette Kitt nicht angreifen mag und kann.

3] Aber so du merkst, daß dein Gefäß schon einige Zeit geflossen hat, da wird es ja auch schon von oben her ein wenig leer geworden sein. Siehe, da nehme du das Gefäß und neige es also, daß die Leere gerade unter den Sprung kommt. Erwärme dann den gesprungenen Teil des Gefässes und tue den Kitt darüber, so wird das Gefäß schon wieder zusammengreifen am Sprunge. Und der zurückgebliebene edle Saft wird nicht mehr durchsickern und sich endlich ganz verlieren können, sondern wird sich wohl erhalten. Besonders wenn du noch dazu den Pfropf ausziehest und das Gefäß mit dem Safte kindlicher Liebe voll anfüllest und es dann wieder gut neu zupfropfest mit dem Pfropfe klar gezeigter kindlicher Pflichten gegen Gott und gegen den Willen der Eltern.

4] Aber höre, den jungen „Eckstein" mußt du zur Seite bringen! Denn sonst läuft das Gefäß stets eine neue Gefahr, mit der Zeit auch ganz zerschlagen zu werden. Du wirst es verstehen, was Ich meine!

5] Es hat aber dein Weib zu wenig Kinderliebe. Und du aber kannst deines Amtes wegen nicht stets bei den Kindern sein. Wenn aber die „junge Rebe" einmal zu treiben anfängt, dann sucht sie einen Gegenstand, daß sie ihn umranke. Sind da keine „Rebstöcke"[1] gesetzt, so ergreift die Rebe auch den nächstbesten Baum und umrankt denselben. Wenn aber der sein dichtes Laub dann auch getrieben hat, da wird mit der Zeit die Rebe anfangs geschwächt und wohl endlich auch oft gar zu Grunde gerichtet.

---

[1] Pfähle; d. Hsg.

6] Da aber dein Weib Mangel hat an „Rebstöcken", welche da sind die Mutterliebe, so nehme eine ehrliche Lehrerin ins Haus, d. h. die da durch Liebe, Rat und Tat deine „Weibreblein" zu bearbeiten und durch eigenes Beispiel zur gerechten, tugendhaften Anrankung zu leiten versteht, so wirst du vieler Mühe enthoben werden, und es wird in Meinem Namen schon alles wieder gut werden.

7] Für die Knaben aber nehme irgendeinen verständigen, gesetzten Mann ins Haus, der ihnen zur sittlichen und wissenschaftlichen Hilfe dient. Und nebstbei aber lasse einen befähigten sogenannten Schulinstruktor[1] ins Haus kommen, so wirst du auch da in Meinem Namen gut fahren.

8] Aber die Religion vernachlässige bei den Töchtern ja nicht und halte mit ihnen an im Gebete, desgleichen auch mit den Knaben, so wirst du bald des Segens Fülle in deinem Hause gar leichtlich bemerken.

9] Und teile der Jugend die Zeit, da sie eines und das andere tun und lernen soll, fest und bestimmt ein, so wirst du sie frühzeitig an die notwendige Ordnung gewöhnen, welche die Grundfeste aller Weisheit und aller Liebe ist.

10] Und also tue und glaube und liebe, so wirst du gut fahren in Meinem Namen.

11] Verstehe wohl, von Wem dieser Rat kommt! Amen.

☆

Muttersöhnchens Erziehung

Am 24. Juni 1841

Höre, deinen Sohn beherrschen drei Geister böser Art! Und da ist Nummer eins: der großherrliche Träge!

2] Es sind diesem aber zwei andere beigegeben von unten her! — Der eine ist stets auf Vergnügungen bedacht, beständen sie in was immer! — Dieser Geist zieht zu seiner Bedeckung den Geist des Widerspruchs, der geheimen oder offenbaren Widerspenstigkeit und so auch aller Lüge und alles Truges mit.

3] Siehe, der Träge ist und will keine Tätigkeit; sondern seine Sache ist: träge genießen. — Der zweite ist sozusagen sein Hofnarr. Und der dritte ist die Schildwache und sorgt dafür oder

[1] Schullehrer.

muß vielmehr sorgen, daß dem sich stets süß tun wollenden Geiste der Trägheit ja möglichst kein Eintrag geschehen möchte.

4] Siehe, das ist die eigentliche, verborgene Ursache [vom Seelenübel des Sohnes], was da eine unkundige Folge ist dessen, daß der Knabe von mütterlicher Seite, den Töchtern entgegengehalten, zu sehr fürgedeckt wurde, wodurch er als Kind insgeheim zu willensfrei geworden ist und ohne deine Gegenwart tat, was er wollte, dieweil er wohl wußte, daß seine Schwestern aus Furcht vor mütterlicher Rüge von allen den geheimen Bübereien dir nichts melden mochten und es sich auch nicht getrauten (was noch heutzutage ein wenig der Fall ist).

5] Jedoch was Ich der Mutter nicht zur Last lege, das lege auch du ihr nicht zu, da die Mutterliebe zumeist völlig blind ist und neben dem Zuge ihres Herzens nichts davon merkt, wie da eine Natter um die andere durch solche Blindeliebe-Wärme ausgehegt wird.

6] Jedoch, da sich nun die Sache also verhält, so ist nun vor allem nötig, dem Kranken wieder zu helfen. — Das aber ist das Rezept:

7] Erstens, verlange für die Zukunft von allen deinen Kindern ein offenes Geständnis über ihn.

8] Zweitens, lasse dem Knaben nun durchaus keinen freien Willen! Schreibe ihm darum zur Erholung eine bestimmte Beschäftigung genauest vor, die er bei strenger Ahndung pünktlichst verrichten muß, so wirst du gar bald die [leere] Unterhaltungslust bei ihm töten.

9] Drittens, lasse ihn vor jeder Beschäftigung bei einer Viertelstunde laut beten, und zwar allezeit recht langsam und wohlbedächtig ein „Vaterunser" und dann mehrere passende Stellen aus den Psalmen Davids, aus den Propheten und so manches aus dem Buche Sirach. Dadurch wird er gar bald seiner üblen Gesellschaft los werden.

10] Und solches mag er dann beständig fortsetzen fürs ewige Leben und zur einst möglichen, sicheren Gewinnung Meiner Gnade, die mehr wiegt denn alle hohen Schulen der Schulen.

11] Viertens aber mußt du dich bei dir, d. h. im Herzen, ja nicht ärgern, sondern denken, Ich, dein himmlischer Vater, gebe auf der Erde allen Meinen Nachfolgern ein ihnen am allermeisten zusagendes Kreuz, darüber sie nicht murren sollen, sondern alles Mir wohl aufopfern. — Tue desgleichen, so wirst du deinen Kindern ihren Weg mit Edelsteinen pflastern.

12] Binde dich, fünftens, nicht allzusehr auf den Fortgang der [weltlichen] Schule, du weißt ja ohnehin, wie viel sie bei Mir zählt! — Was liegt denn daran, ob jemand um ein Jahr früher oder später der Welt zu dienen fähig wird!? — Aber alles liegt daran, wie frühzeitig er Mich erkennt und Mich zu lieben anfängt! Denn nicht von der Welt, sondern von Mir kommt alles Leben!

13] Sechstens sollst du nicht auf das horchen, was der Knabe möchte; denn alles solches rührt von den geheimen Einflüsterungen jener von außen einwirkenden Geister her, welche auf die eine oder die andere Art ihren Einlaß bekommen möchten. Es liegt auch in der Eigen-Standeswahl allezeit Eigenliebe und Eigenwille bei den Kindern, da sie nur das werden möchten, wozu sie ihrer Sinnlichkeit wegen die meiste Neigung haben, d. h. nach dem Triebe ihrer argen, innewohnenden Geister!

14] Siebentens mußt du die andern Knaben nicht minder also handhaben — den Peter wie den Paul. Und auch dem jüngsten lasse nicht sein Begehren, außer er bittet; und dann gib ihm nur so viel, als es zu seiner Eindrittel-Befriedigung erforderlich ist. Dann wird er leiblich gesund und möglichst lenksamen Willens emporwachsen.

15] Siehe und beachte diese sieben Punkte genau, so wirst du alsobald andere Erfolge an deinem Knaben bemerken.

16] Sage aber auch den Mädchen, daß sie ihn ruhig lassen und den Bruder nicht mit wertlosen Worten ankneifen möchten, daran nicht viel Geschwisterliebe hanget; sondern sie sollen für den noch nicht geweckten Bruder beten und ihn also lieben, statt, wie gesagt, ihn durch beständige und allerlei Kneifereien zu reizen und zu ärgern. — Dein Weib aber soll sich verhalten gleich dir!

17] So aber irgendeins der Geschwister den Knaben etwas Fremdes tun sieht, so soll man es dir — wie schon anfangs bemerkt — insgeheim alsogleich unverhohlen anzeigen — doch, wohlgemerkt, daß solches aus Liebe und nicht aus einer Art Anrächelung geschehe! Denn für ein rachsüchtiges Anzeigen, das etwa noch hinzulügelnd geschähe, könnte der Anzeiger von Mir empfindlich gestraft werden!

18] Was dir aber immer nutzlos Tätiges an dem Knaben bemerkbar wird, dazu verbinde[1] ihn am nächsten Tage und, sollte das nicht hinreichen, auch für mehrere Tage, daß er dasselbe pünktlich, also wie seine Schulaufgabe, bei strengster Ahndung vollziehe; und du wirst in kurzer Zeit ihn von aller sinnlichen Unterhaltungslust losmachen!

19] Verstehe es wohl und handle danach! — Es sind aber alle deine Kinder mehr oder weniger etwas träge in einem und dem andern Dinge. Daher habe auf alle Acht! Lasse sie ja nicht in andere Häuser, die nun allenthalben mit Nattern, Schlangen und Skorpionen angefüllt sind! Wie leicht ist da eine böse Erbschaft!

20] Ich habe dir nun alles gezeigt bis auf eins. Handle danach im Glauben und in der Liebe genau, so wirst du die Kraft Meines Wortes erproben.

21] Solches sagt dir dein Emanuel, hoch und über alles heilig, in aller Liebe! Amen.

☆

Naturmäßige und geistige Hauserneuerung

Am 26. Juni 1841, von 3/4 4 Uhr nachmittags an

Schreibende: K. G. L. — Andr. und Ans. H. — Frage: J. G. bittet um Aufschluß, ob und inwiefern wir uns im Geleite eines Schutzgeistes („Schutzpatrons") befinden.

Hierauf antwortete der Herr gnädigst durch Seinen Knecht J. L folgendes:

Je nachdem der Glaube bei den Menschen, also ist auch die Wirkung desselben beschaffen. Denn der Glaube ist dasjenige mächtige Band, durch welches der Leib, die Seele und der Geist miteinander verbunden werden.

2] Es kann aber unmöglich eine Wirkung in der Körperwelt also vor sich gehen, daß sie nicht fußen möchte auf dem Geistigen. So jemand nun irgendein Bedürfnis empfindet, d. h. solange er selbst naturmäßig mit der naturmäßigen Welt verkehrt, da sucht er auch alsobald irgendein Mittel, das da helfend entspräche seinem Bedürfnisse. Da aber jeder Mensch in seinem anfänglichen Dasein notwendigerweise nur naturmäßig ist, so weiß er darob wenig vom Geistigen, noch sieht er es, noch hört er es — und das darum, weil wie gesagt, er selbst noch naturmäßig ist.

[1] verpflichte

3] Wie aber alles Naturmäßige gebrechlich ist, also auch ist es der Mensch dem Leibe nach.

4] Was tut wohl ein Hausherr, wenn an seinem Hause sich Brüche oder anderartige Mängel zeigen, welche ihn befürchten lassen, daß, wenn er dem nicht alsobald abhilft, das Haus am Ende also locker werde, daß es auch nicht einer kleinen Erschütterung Widerstand leisten möchte? Wird der Hausherr hier nicht alsobald nach den [geeigneten] Mitteln greifen, um seinem Hause wieder die gehörige Festigung zu geben? — Er wird solches sicher tun, insofern er nicht lau ist und wohl achtet der Schadhaftigkeit seines Hauses.

5] Was meinet ihr denn, welche Mittel dieser Hausherr ergreifen möchte? — Ihr dürftet nicht lange raten, und sobald werdet ihr ihn finden, wie er sein Haus untersuchen läßt von einem Bauverständigen. Wenn aber der Bauverständige zu dem Hausherrn sagt: „Höre, du mein Freund! Mit deinem Hause sieht es übel aus! Denn der Fehler, der sich da zeigt an den Wänden, rührt her von dem schlechten Grunde. Was nützt es dir, so ich die zersprungenen Wände mit Mörtel überwerfen lasse und verputze es also von außen wie von innen!? So da ein allerleisester Erdstoß kommen wird, dann wird es dich samt den Deinigen unter dem Schutte begraben."

6] So aber der Hausherr solches üble Zeugnis vernimmt von dem Baukundigen, da wird er kleinmütig über die große Schadhaftigkeit seines Hauses und beratet bei sich selbst: „Was soll ich nun tun? Soll ich diesem Bauverständigen glauben, das Haus ganz niederreißen und vom Grunde aus ein neues bauen, was doch mit bedeutenden Unkosten verbunden ist? Oder soll ich noch andere Verständige in diesem Fache herbeiziehen und mein leckes Haus ferneren Untersuchungen überlassen?"

7] Nachdem er solches gedacht, beratet er also mit sich: „Was des ersten Baukundigen Rat betrifft, so ist der an und für sich wahr. Aber wenn es sich dabei um das Aufbauen eines neuen Hauses handelt, so ist er für die Reparatur dieses lecken nicht brauchbar. Denn ein neues Haus läßt sich überall aufbauen; hier aber handelt es sich um die mögliche Ausbesserung des bestehenden schadhaften!"

8] Also wird zu einer neuen Beratung geschritten, dazu nicht nur einer, sondern mehrere Baumeister herbeigezogen werden. Nun entscheiden aber einige wie der erste. Andere aber schlagen Mittel vor, wie dieses Haus wieder also hergestellt werden kann, daß es so fest wird wie ein neues, vom festen Grunde.

9] Was meinet nun ihr, für welchen Rat sich der Hausherr beifällig entschließen wird? — Sicher für keinen anderen, als für den zweiten Rat.

10] Nun sehet, eines jeden Menschen Leib ist nichts anderes als ein bewegliches Haus des Geistes.

11] Diesem Hause drohen oft mannigfaltige Gefahren. Diese Gefahren sind gewisserart schon wirkliche Risse in dem Hause oder sind so gestellt, daß das Haus vermöge der Erfahrungen an anderen Häusern irgend lebensgefährliche Risse erhalten möchte.

12] Da der naturmäßige Mensch solches wohl sieht, was ist dabei auch wohl natürlicher, als daß er sich mit allerlei beratet, auf welche füglichste Art und Weise er sein entweder schon zerklüftetes Haus wieder herstellen könnte, als wäre es ein neues, oder, wenn er andere zerklüftete Häuser sieht aus seinem noch unzerklüfteten, er dann denkt, wie er sein Haus verwahren möchte vor Beschädigungen.

13] Auch er wendet sich zuerst — nach dem Rate des Wortes, das Ich da gesprochen habe zu allen Menschen — an Mich, als den Hauptbaumeister. Aber dieser Baumeister verlangt, daß das morsche Haus gänzlich niedergerissen und auf dessen Stelle ein neues und festes vom Grunde aus erbauet werde.

14] Allein ein solcher Rat kostet den Hausherrn zu viel. Daher wendet er sich auch an andere, wenigstens seiner Meinung nach, Bauverständige. Von denen raten ihm viele also wie der Hauptbaumeister, darum sie auch nicht seinen Beifall haben. Andere aber, die nicht mit dem großen Baumeister sich an dem Worte fest und ungezweifelt halten, geben ihm den Rat der Ausbesserung, wodurch er gleichsam sein Haus gleich einem neuen erhalten und befestigen könne — welchen Rat der dadurch hinters Licht geführte Hausherr auch zuerst befolgt.

15] Was meinet ihr aber, ist dieser Rat wohl ein guter Rat? — Für den Hausbesitzer ist er wohl gut, da er seinem Wunsche entspricht. An und für sich aber ist er nicht gut, weil das Haus nur eine scheinbare, aber keine wirkliche Festigkeit erlangt.

16] Sehet hier die Wirkung des Glaubens! Dieses Band verbindet nun den Hausbesitzer mit dem Bedürfnisse des Hauses selbst und mit der ihm gar nicht zu kostspieligen Hilfe desselben. Aber wie der Glaube, so auch die Hilfe! — Fraget euch aber selbst, wie sich solches bei Mir ausnimmt?

17] Ich will euch ein kleines **Gleichnis** geben, und es soll euch zu einem geistigen Spiegel dienen, darinnen ihr ersehen sollet das Bild eines kostenscheuenden Hausbesitzers, wie es ihm am Ende eine bei weitem größere Mühe und Arbeit kostet, wenn er sein Haus verschmieret, statt daß er selbes alsobald abbrechen und unter der Leitung des großen Baumeisters ein neues, festes Haus aufbauen möchte.

18] Dieses aber ist das **Gleichnis**: Jemand ist in dem vollsten, überzeugtesten Bewußtsein, daß der **Monarch eines Staates** ein so herablassender, guter Mensch ist, demnach ein jeder, der bei ihm etwas ansucht, es ohne alle weitere Beanstandung erhält. Trotz dieser Wissenschaft aber getrauet sich der Bedürftige nicht vor die Schwelle des Monarchen, sondern kriecht bei allen **Hofleuten** herum, welche ihm endlich den Zutritt zum Monarchen also erschweren, daß es ihm eine platte Unmöglichkeit scheint, je zu dem Monarchen zu gelangen und noch weniger vom selben etwas zu empfangen.

19] Daher bleibt er dann auch bei den **Hofleuten** stehen und sucht alles bei denselben und korrespondiert in der unbegreiflichsten Kriecherei mit dem Monarchen.

20] Der **Monarch** aber sieht solche Zaghaftigkeit; und damit dem Supplikanten kein Zwang angetan werden möchte, so läßt er es auch bei dieser demütigen Kriecherei bewenden bis zur Zeit, da es dem Monarchen zu bunt wird, daß sich bei aller seiner unbegrenzten Güte und Herablassung die armen Menschen verleiten lassen, durch andere gewinnsüchtige Mäkler den Hauptbelfer zu scheuen und Hilfe zu suchen bei denen, die nie helfen können und, wenn sie es auch könnten, nicht helfen wollen, weil sie eigennützig sind, und auch darum nicht, weil der Monarch sie übel ansehen würde, so sie sich etwas anmaßen möchten, das doch allezeit nur einzig und allein die Sache des Monarchen selbst war, ist und sein wird.

21] Sehet, wie dieses Gleichnis zeigt, also steht es mit dem Menschen, der irgendwo anders Hilfe sucht, als allein bei **Mir**.

☆

Vom einzig wahren „Schutzpatron“

Am 26. Juni 1841, Fortsetzung bis 3/4 8 Uhr abends

So jemand an die Hilfe und Führung von gewissen Schutzgeistern und Engeln glaubt, der ist gleich dem, der da wohl kennt den Monarchen, daß er überaus gut ist, aber aus Furcht, es möchte dem Monarchen vielleicht doch nicht recht sein, daß er ihn selbst belästigen würde mit seiner vermeintlichen Ungeschicklichkeit, so schlingt er sein Band um andere Schutz- und Hilfswesen und glaubt am Ende, daß diese ihm in allem Ernste [allein] geholfen oder ihn vor Gefahren geschützet haben, während doch nur der Monarch als der Hauptbauherr dem Schwachgläubigen seine Hilfe und seinen Schutz durch diejenigen hat zuteil werden lassen, auf welche sich der Schwachgläubige berufen hat.

2] Denket das einmal so recht in euch! Ihr wisset, daß alle Menschen und alle Geister und Engel nichts sind, als von Mir frei getragene Gedanken, die allzeit ihr Leben und ihr alles aus Mir haben, und zwar ein jeder so viel, als es Meiner ewigen Ordnung gemäß für ihn gerade am zweckdienlichsten ist.

3] Wenn aber nun einer kommt zu dem andern und sagt ihm: „Helfe mir in diesem und jenem!“ — und wenn dann der andere dem Anrufenden wie aus sich helfen will, ist das nicht gerade so, wie wenn ein Blinder den andern führen und ein Toter dem andern das Leben einhauchen oder ein Uebertrauriger den andern Uebertraurigen trösten möchte?

4] Ich sage euch, es hat jeder Mensch, Geist und Engel genug, daß er für sich steht, und hat auch nicht ein Atom mehr, daß er aus sich für einen anderen stehen könnte.

5] Wer aber zu Mir kommt, mit was immer für einem Bedürfnisse und schlingt das lebendige Band des Glaubens um Mich, den allein Lebendigen, wie soll dem nicht werden, darum er sich mit Mir durch den lebendigen Glauben verband?

6] Es gibt demnach auf dem Wege der reinen Wahrheit nur einen einzigen wahren Schutzgeist — und dieser bin Ich Selbst!

7] Alle anderen „Schutzgeister“[1] rühren her von einem durch gewinnsüchtige Anstalt der äußeren Kirche hervorgerufenen Schwachglauben.

---

[1] d. h. die sogenannten „Schutzpatrone“. — Von Gott berufene Schutzgeister und Schutzengel hat ja jeder Mensch, diese aber walten, in Vollmacht Gottes, unvermerkt ihres Amtes und wollen nicht angerufen und verehrt sein, sondern lenken alle Liebe und alles Vertrauen des Menschen immer auf den „einzig wahren und höchsten Schutzgeist“, den Vater in Jesus; d. Hsg.

8] Da sich aber Menschen darauf berufen haben, sich noch jetzt berufen und in die Zukunft berufen werden, so bleibt vorderhand, um die Freiheit der Menschen unbeschadet zu lassen, nichts anderes übrig, als den Schwachgläubigen auf dem Wege der vermeintlichen Dazwischenkunft [Mittlerschaft] Meine Hilfe und Vorsehung angedeihen zu lassen.

9] Auf der andern Seite müsset ihr aber nicht denken, daß darob die Liebetätigkeit der Seligen aufhört. Sie ist nur nicht also beschaffen, wie es der Schwachglaube lehrt. Sondern weil alle die Seligen in Mir sind, wie Ich in ihnen, so sind sie auch von einer und derselben Liebe ihres heiligen Vaters beseligt und für alle ewige Zeiten belebt.

10] Es lebt nicht ein Mensch auf dieser Erde, dem nicht Geister aus einer besseren Welt beigegeben wären. Und diese Geister sind auch beständig bemüht, denjenigen, zu dem sie beschieden sind, zum Lichte und zum Leben alles Lebens zu führen.

11] Aber woher rühret und was ist dieses überaus liebtätige Bestreben solcher Geister? — Bin nicht Ich es, der alles dieses in ihnen wirket?

12] Wie ist es hernach doch ungerecht, wenn der Mensch Mich umgeht und Hilfe sucht bei denen, die aus sich nichts haben, sondern alles nur aus Mir!

13] Was will aber der Mensch [anderwärts suchen], wenn er weiß, daß Ich als der Allerhöchste mit ihm ein Mensch, ja ein Bruder sogar werden mochte, damit er daraus ersehen sollte, daß Ich, mehr denn ein jeder Mensch, von ganzem Herzen demütig und sanftmütig und überaus herablassend bin und nicht bin ein Gott in der Ferne, sondern ein Vater und Bruder euch zuallernächst — so daß euer eigenes Leben euch ferner ist, als Ich Selbst.

14] Es sei denn, daß der Mensch im Ernste lebensscheu geworden ist und hat sich mit dem Tode befreundet, daß er dann nicht mag das wahre Leben ergreifen und greifet in die Ferne und durch große Umwege nach dem, was ihm doch zuallernächst ist und ihn beständig sozusagen auf den Händen trägt. Denn auf eine andere Art möchte es wohl die höchste Weisheit (gleichalso wie einen viereckigen Kreis) als rein unmöglich finden, daß ein Mensch, der das Leben liebt, es nicht vor allem (da er es doch kann, so er es nur will) in der Wurzel erfassen möchte.

15] Gehet aber zurück und fraget ein jegliches Evangelium, fraget alle Apostel und andere Verbreiter Meines Wortes und zeiget Mir irgendeine Stelle, in welcher da gelehret wurde, sich auch an gewisse „Schutzgeister“ [Schutzpatrone] neben Mir zu halten. Oder heißt es im Evangelium nicht vielmehr: „Kommet alle zu Mir, die ihr mühselig und beladen seid, denn Ich will euch alle erquicken!“

16] Ist in dieser Einladung jemand ausgenommen oder jemand dem Schutze der Engel anbefohlen? — Gewiß nicht! — Was da gesagt ist, ist gesagt für die ganze Unendlichkeit und für die ganze Ewigkeit!

17] Wer aber von euch möchte dann noch behaupten, daß dieses Mein Wort nicht vollkommen ist, oder daß Ich damals nicht alles gehörig erwogen habe und Mich erst in späterer Zeit eines besseren besonnen? — Eine solche Mutmaßung würde sogar jeden weltlichen Herrscher ärgerlich machen, der doch unvollkommen ist in jeglichem Worte aus sich. Wie möchte sie dann, auf Mich angewendet, sich ausnehmen!?

18] Sehet, daher ist ein solcher [Schutzpatronen]-Glaube gleich einer Schmarotzerpflanze auf dem Baume des Lebens. — Wer aber möchte behaupten, daß die Schmarotzerpflanze von irgendwo anders, denn aus dem Baume, auf dem sie sitzt, ihr Leben saugt?

19] Was aber ist die Frucht des Baumes, und was die Frucht der Schmarotzerpflanze? — Nur auf dem Baume wächst die wahre Frucht. Wer sie isset, dem gereicht sie zum Leben. Aber was die Frucht der Schmarotzerpflanzen betrifft, so kann ihr Saft höchstens dazu dienen, um, wenn es möglich wäre, selbst die Vögel des Himmels für den Tod zu fangen.[1]

20] Sehet, also geht es mit allem, was nicht mit Mir sich verbindet, d. h. das nicht mit Mir vom Grunde aus auferbauet wird! Da ist das eine entweder ein übertünchtes Haus oder es ist eine Schmarotzerpflanze auf dem Baume des Lebens, wovon eines so viel nütze ist wie das andere.

21] Ich allein bin der Weg, die Wahrheit und das Leben! Wer nicht mit Mir sammelt, der zerstreuet!

22] Eine Rebe, die vom Weinstocke getrennt ist, wird sie nicht alsobald verdorren und nie eine Frucht bringen? — Wer daher etwas benötiget, der komme zu Mir und glaube, so wird er es erhalten!

[1] Vogelleim wird aus den Beeren der Mistel, einer auf den Fruchtbäumen lebenden Schmarotzerpflanze bereitet. D. Hsg.

23] Wen irgendein Zweifel drückt, der denke, daß der Zweifel nur eine Folge dessen ist, daß jemand nicht mit Mir wandelt und sich nicht von Mir ziehen läßt. Wer aber einen Zweifel hat, der komme zu Mir und glaube, so wird ihm Licht werden in dem, worüber er gezweifelt hat.

24] Wer da blind ist und taub und lahm und gichtbrüchig und stumm und besessen, der komme zu Mir und glaube, so wird er gewiß die allersicherste Hilfe finden!

25] Aber wohlgemerkt, Ich bin kein kleiner, sondern ein übergroßer Gott. Wer Mich daher erfassen will, der breite seine Arme weit aus, d. h. der muß Mich vollkommen umfassen und nicht nur denken, daß Ich helfen könnte, so Ich wollte. Sondern er muß denken, daß Ich auch allzeit am allermeisten helfen will. — Wenn er solches in sich vereinigen wird, so wird sein Glaube erst recht lebendig.

26] Es dürfte aber vielleicht, d. h. nach eurem Maßstabe gesprochen, hie und da manchem beifallen, daß er seinen Glauben bezöge auf so manche Schutzgeister-Erscheinungen, besonders auf die im Reiche des sogenannten Somnambulismus vorkommenden.

27] Da sage Ich: Diese bei solcher Gelegenheit vorkommenden schutzgeisterhaften Erscheinungen sind nichts anderes als Schöpfungen des eigenen Glaubens und haben große Aehnlichkeit mit jenen Träumen, in welchen dem Menschen unter allerlei Umständen das bildlich und lebendig zu Gesichte kommt, worüber er im wachen Zustande äußerst lebhaft, nicht in seinem Verstande, sondern in seinem Gemüte, gedacht hat.

28] Wie aber auf der einen Seite diese Traumgebilde etwas sind, so ist auch solche besagte Erscheinung bei den Somnambulen nicht bloß eine leere Erscheinung, sondern sie ist auch etwas Wirkliches. — Aber was ist dieses Wirkliche? — Dieses Wirkliche ist nichts als eine Schöpfung des eigenen Glaubens in Verbindung mit der alles realisierenden Liebe.

29] Denn es kann kein Mensch bei was immer eine Hilfe suchen, daß er nicht zuvor glaubete und dann dasselbe mit seinem Gemüte liebend und vertrauend umfassete. Und es kann schon ein materieller Bildner keine Figur zuwegebringen, die er nicht zuvor gewisserart in sich selbst erschaffen hat.

30] Wie hat er es aber erschaffen? — Er dachte sich zuerst irgendeinen Gegenstand. Dieser Gegenstand behagte ihm. Da er ihm aber behagt, so erfaßt er ihn in seinem Gemüte und ward gewisserart verliebt in seine Idee. Wie er aber seine Idee mit der Liebe umfaßt hat, so wird er sie auch, wenn er anders die Fähigkeit dazu besitzt, unfehlbar ins Werk setzen.

31] Nun sehet, also geht es mit allen Erscheinlichkeiten, besonders in dem sogenannten somnambulen Zustande, in welchem nur dann die Gesichtstäuschungen aufhören und die Eigenschöpfungen sich wie Nebel verflüchtigen, wenn nicht nur die Seele, sondern der lebendige Geist der Somnambulen erwacht,[1] in welchem Zustand (der freilich etwas selten vorkommt) dann die Somnambulen gar wenig mehr von all den früher beobachteten „Schutzgeistern" usw. Erwähnung machen werden, da der Geist im klaren Schauen nur den einzigen und alleinigen großen Schutzgeist aller Schutzgeister sieht, hört und anerkennt.

32] Was aber neben den somnambulen [Schutzgeister-]Erscheinungen noch jene mönchschwärmerischen betrifft, da werdet ihr doch schon selbst so viel weise Klugheit besitzen und nicht, gleich den Heiden, des übertörichten Glaubens sein, alle diese Schwärmereien an der lichtvollsten Seite Meines Wortes als bare Münze anzunehmen und am Ende gar noch eines Viertelsglaubens sein, als könnten sogar hölzerne, steinerne und gemalte Bilder von gewissen „Schutzpatronen" euch eine Hilfe leisten.

33] Ich sage euch: Ein solcher Glaube ist nicht um ein Haar besser als jener der Baalsdiener! — Wenn der lebendige Mensch schon seinem Bruder nicht helfen kann, und es in der Schrift heißt, daß alle Menschenhilfe nichts nütze — was sollte da erst ein geschnitztes Holz oder eine anderartige tote Materie leisten?

34] Oder möchtet ihr etwa gar der Meinung sein, es stecken bei solchen helfenden Gelegenheiten die „Schutzgeister" selbst in ihren materiellen Abbildern? — Davon mag euch dieses wenige zur Uebergenüge verneinend überzeugen.

35] Nehmet z. B. das beste Bild, das Mich Selbst am Kreuze hängend darstellt, zählet alle die Kruzifixe in der katholischen und auch andern christlichen Welt, deren es schon manchesmal in einem einzigen Hause mehrere Dutzende gibt von verschiedener Größe — sollten nun alle diese Bilder zusammen mehr helfen als eines, oder sollten die größeren mehr Kraft haben als die kleineren?

---

[1] Näheres im ‚Großen Evangelium Johannis', Band 4, Kap. 42 ff. und in dem Sonderdruck ‚Traum des Zorel'.

36] Oder sollten vielleicht die geweihten Christusse kräftiger sein als die ungeweihten — und das geweihte Bild in einem Hochaltar noch bei weitem kräftiger, als ein anderes in einer Seitenkapelle?! — Sehet ihr die Albernheit nicht auf den ersten Blick?

37] Wenn aber schon Ich, als der lebendige Helfer Selbst, keines Menschen, ja nicht einmal eines Engels und noch viel weniger eines geschnitzten Bildes bedarf (denn so Ich helfe, da helfe Ich im Geist und in der Wahrheit, nicht aber im Holze, im Stein und in der Farbe!) — was können demnach erst die Abbilder der „Schutzgeister“ für Kraft und Wirkung haben, da die „Schutzgeister“ selbst an und für sich durchaus keine helfende Kraft und Wirkung haben?

38] Setzen wir aber den Fall, sie hätten nach dem Schwachglauben irgendeine helfende Kraft aus sich, würden aber angefleht zu gleicher Zeit von vielen hunderttausend Menschen, die da knieen vor ihren Bildnissen — wie müßte da ein solcher unteilbarer Schutzgeist durch alle seine Bildnisse herumblitzen, um mit seiner Hilfe nirgends zu spät zu kommen!

39] Oder meinet ihr, ein Geist kann überall gleichzeitig gegenwärtig sein? — Der ewige Geist kann solches wohl, da alle Dinge in Ihm sind. Aber ein geschaffener Geist wird solches ewig nie können, dieweil er, im Verhältnis zu Mir, nur ein endlicher Geist ist.

40] Welcher Mensch aber kann tausend Gedanken auf einmal denken? — Es ist aber das Denken ja nur ein Werk des Geistes und ein Schauen der Seele, die da in sich aufnimmt entweder die Gedanken oder, besser, die geistigen Werke aus dem Geiste, wie äußerlich die großen Gedanken oder sichtbaren Werke des ewigen Gottesgeistes. So aber in euch der Geist nur einfach oder nacheinander einen Gedanken um den andern denken kann, so ist er ja selbst nur einfach und unteilbar und kann dadurch Meine Werke, die Ich mit einem Gedanken in der größten Klarheit festhalte, nur nach und nach erschauen und wird mit diesem Erschauen auch in alle Ewigkeiten nicht fertig werden. — Wie möchte er erst hernach als irgendein „Schutzpatron“ in all den Bildnissen gleichkräftig helfend und auch gleichzeitig zugegen sein?

41] Es werden aber die [Menschen-]Geister, die in die andere Welt gelangt sind, nur mühsam geheilt von dieser Schutzgeister-Krankheit. Und es geschieht sehr oft, daß ihnen alle die vermeintlichen „Schutzgeister" müssen aus dem Wege geräumt werden. Denn wenn solches nicht geschähe, so würden Mich die meisten Römisch-Katholischen fliehen und sich zu ihren Schutzgeistern wenden.

42] Ich darf nicht weit zurückgreifen, sondern gerade jetzt, da ihr dieses schreibet, rennen die armen Geister bunt durcheinander und suchen ihre „Patrone" mit allem Eifer. Mich aber, der Ich ihnen sichtbar wie ein Bruder und liebevollster Vater entgegenkomme und ihnen zurufe, daß nur Ich es bin, den allein sie zu suchen und zu finden haben, Mich fliehen sie in allem Ernste, und die Mutigeren bitten Mich sogar, Ich möchte sie zu ihren Schutzgeistern bringen.

43] Sehet, wenn solche Torheit sogar bei den Geistern, die schon jenseits wohnen, sich also stark vorfindet, welche Belege gegen solche Torheit mögen dann wohl all die [„Schutzgeister-]Erscheinungen" auf dieser materiellen Welt liefern, und zwar dem, der nach dem Geiste der lebendigen Liebe und der lebendigen Wahrheit im Glauben trachtet?

44] Daher, so euer Haus schadhaft ist oder ihr irgendeinen Schaden befürchtet, so wendet euch nur allzeit an Mich, der Ich bin der allerverständigste Seelenhausbaumeister und der am sichersten helfende Schutzgeist aller Schutzgeister — und ihr könnet versichert sein, daß, wenn Ich ein Haus niederreiße, Ich es auch zu den allerbilligsten Preisen und am allerehesten werde gewiß fest genug wieder aufzubauen vermögen.

45] Und denket, daß ein Monarch wie Ich durchaus keine Vermittler benötigt, sondern: Ich bin alles in allem Selbst!

46] Und wer zu Mir will, der komme, und er wird Mich allzeit zu Hause treffen, und zwar gerade also, wie wenn Ich nichts zu tun hätte, als dem Mich Suchenden allein zu dienen.

47] Also vertrauet und bauet auf Mich! Denn Ich bin ein fester Grund!

48] Wer auf diesen Grund bauet, dessen Haus wird ewig nimmer leck werden. Denn wer das Material aus Mir nimmt, der hat es lebendig, wie Ich Selbst der allein Lebendige bin und das Leben gebe jedem, der es bei Mir sucht.

49] Suchet es auch ihr bei Mir, so werdet ihr leben ewig! Amen. — Das sagt, der allein das Leben hat und gibt. Amen.

☆

Ruf aus der Tiefe

Sonntag, den 27. Juni 1841, vormittags

O mein Gott und Herr, mein allergeliebtester Herr Jesu! Siehe, es kommen nun über mich allerlei Trübsale und Bedrängnisse. Ich achte nicht derer des Leibes, sondern derer der Seele. O Herr, Du kennest sie alle und Dir ist wohlbekannt alles Ungemach meiner Seele und jegliche Krankheit! O Du allerbarmender Jesus, Du Helfer aller Helfer, Du Führer der Führer, Du sanftester Lehrer und allerbester Hirte, der Du jegliches verlorene Schaf so lange suchest, bis es gefunden wird fürs ewige Leben — o komme, komme, komme auch zu mir armem, schwachem Sünder und wertlosem Knechte und richte gnädigst wieder auf meine darniederliegende Seele, die da noch ist ein großer Schwächling in der Liebe zu Dir!

2] O gib, daß ich vermöchte Dich, meinen geliebtesten Jesus, unendlich mal mehr zu lieben, denn alles, alles in der Welt!

3] O Herr Jesus, siehe, mein Herz ist bedrückt durch so manches undankbare, unüberlegte Wort aus dem Munde derer, gegen die Du doch allezeit so liebevoll bereitwilligst Dich zeigtest und die Du aufsuchtest, da sie standen über den Abgründen, und sie alsogleich leitetest auf den sicheren Weg Deiner Gnade und Erbarmung. O befreie mein Herz von solchem Druck und lasse mich eher ziehen von dannen bis ans Ende der Welt, als daß ich erleben muß, daß Dein heiliges Wort von jemandem auch nur im allergeringsten gelästert werden sollte entweder durch den Verstand, der Deine Weisheit nicht mag und kann erfassen, oder durch den Unglauben, der da über alles spottet und alles verlästert, was da über seine Leibesbedürfnisse hinausgeht.

4] O mein Gott und mein Herr, mein allergeliebtester Jesus, erbarme Dich meiner, tröste mich in meiner Not, auf daß ich wieder aufleben möchte und sei voll munterer Tätigkeit nach Deinem allerheiligsten Willen!

5] Tröste und stärke aber auch alle, die da angenommen haben Deine große Gnade und Erbarmung in dieser allerfinstersten Zeit, in welcher Sonne und Mond keinen Schein mehr geben und alle Sterne schon lange vom Himmel gefallen sind, wodurch die Erde gleich einer Hölle geworden ist, in welcher Eigenliebe, Stolz, Hoffart, Lüge, Trug und allerlei schändliche Bosheit herrschen.

6] O lasse sie nicht fallen, die Wenigen; sondern ergreife sie und lasse allergnädigst auch auf das Auge ihres Geistes einen Strahl Deines übersanften, ja über alle Himmel erhabenen Lichtes fallen, auf daß sie künftighin mehr und mehr erkennen möchten die innere geistige und himmlische Tiefe und Erhabenheit Deiner durch meine Hand und Feder darniedersteigenden unaussprechlichen (und von meiner Seite allerunverdientesten) Gnade und Erbarmung! — Amen.

7] Aber nur allezeit Dein allerheiligster Wille geschehe! — Amen.

☆

Antwort aus der Höhe

Sonntag, den 27. Juni 1841, vormittags

Sei ruhig und mache dich nicht selbst untätig dadurch, daß die Menschen nicht so weise und mächtig werden können, wie Ich Selbst es bin und ewig sein werde!

2] Denn siehe, wo ist der, der da möchte mit Mir einen Weisheitskampf beginnen, und das noch dazu mit dem Weltverstande!? — Wahrlich Ich sage dir, der täte gleichwohl viel klüger, so er hinge eine Angel an eine Fischerschnur und hielte dieselbe auf einer langen Stange hoch in die Luft empor, um damit Sterne vom Himmel gleich Fischen zu fangen, als daß er ausspannte das morsche Netz seines Verstandes, um in selbes Meine ewige Weisheit zu fangen und sie dann zu zerlegen nach seinem Belieben!

3] So aber Meine Gabe allzeit eine doppelte ist, nämlich aus der Liebe und aus der Weisheit — ist denn da nicht für jeden klar zu ersehen, daß nur das der Liebe [Entstammende] für die Kinder wahrhaft ein „Brot" zum ewigen Leben ist!? — Der „Wein" der Weisheit wird nur gegeben zur Dämpfung des Weltverstandes, damit der Mensch daraus erschaue, daß all sein törichtes Wissen an diesem „Ecksteine" scheitert, der da ist ein wahrer saurer „Weinstein", ein Stein jeglichen Anstoßes!

4] Wenn Jesus zu euch redet im Herzen und prediget euch Seine Erbarmung, so möget ihr es verstehen, auf daß ihr zum Leben gelangen möget. So euch der Vater ziehet, auch da möget ihr erkennen Seine Stimme. Wenn aber der Geist Gottes über euch kommt und lehret euch Weisheit, da glaubet ihr, so euer Verstand die unerreichbare Höhe und Tiefe nicht zu fassen vermag, der Geist Gottes sei entweder mit sich selbst im Widerspruche, oder das Werkzeug, durch welches der Geist geredet hat, sei schlecht und gebe das Wort anders, als es dasselbe vernommen habe. — Merket ihr aber dabei denn nicht, daß ihr dadurch widerstrebet dem Geiste!?

5] Was ist denn wohl ärger, zu hadern mit dem Geiste der ewigen Weisheit, oder zu behaupten durch ein Wort des Verstandes, der Geist habe sich ein untüchtiges Werkzeug gewählt, oder gar zu meinen, der [vermittelnde] Mensch ziehe sich alles eigenmächtig aus seinen Fingern, was ebensoviel ist wie die Behauptung, daß sich die Welt und auch alles, was auf ihr ist, selbst erschaffen habe.

6] Es sagt der [ungläubige] Mensch: „Wenn die Sache nicht eine mathematische Gewißheit hat, wer kann sie dann als vollkommen wahr annehmen? Zweimal zwei ist vier — das ist eine ausgemachte Wahrheit und ist daher jedermann einleuchtend!"

7] Ich sage aber: Siehe zu, du Einmaleinsweiser, daß deine gar so sichere Weisheit nicht zu großen Schanden wird! Denn wenn Du von der Rechenkunde nichts weiter verstehst, als nur daß zweimal zwei vier ist — fürwahr, da hast Du Weisheit genug, um ein Oechsler zu werden! — Wie kann jemand Mir mit solcher Ziffernweisheit kommen, um Mich dadurch der Wahr- und Weisheit wegen herauszufordern, da er doch noch nie eingesehen hat und auch nie einsehen wird, daß zweimal zwei auch ebensogut fünf, sechs, sieben, acht, neun oder so weiter ins Unendliche jedes beliebige Produkt geben kann.

8] O der Eitelkeit des blinden Menschen! Was alles die Menschen doch wissen und wie scharf bezeichnend ihre Urteile sind! — Den Himmel bemessen sie mit dem Zirkel, stechen meine Sonnen gleich Erbsen vom Himmel herab und schauen sie dann mit dem scharfen Mikroskope ihres Weltverstandes also durch und durch an, daß ihnen [nach ihrer Meinung] beinahe kein Atom entgeht! Die Größe, Entfernung, Bewegung und den Zweck der Gestirne zu bestimmen, ist ihnen nur ein reiner Spaß! Und das alles darum, weil sie wissen, daß zweimal zwei gleich vier ist. — Ja, das heißt doch, es in der Weisheit weit gebracht zu haben!

9] Zwei Dinge gehen ihnen jedoch zur vollen, Mich beinahe übertreffenden Weisheit noch ab — und zwar: die „Quadratur des Kreises" und das sogenannte „Perpetuum mobile". Haben sie das, so wird es mit Mir aus sein! Wenn Ich einer Furcht fähig wäre, so könnte Ich Mich beinahe ein wenig zu fürchten anfangen, die Menschen möchten dann etwa wieder einen ganz fein ausgedachten „babylonischen Turm" zu bauen beginnen, welcher gefährliche Bau jetzt nicht einmal mehr durch eine Zungenverwirrung aufzuhalten wäre, da es nun Dolmetscher in allen Sprachen gibt! Oder sie könnten wohl auch gar mit der scharf zunehmenden Weisheit Eisenbahnen, wo nicht gar Luftdampfschiffe nach allen Sternen errichten und dann etwa gar einen Sirius oder noch eine andere, größere und wahrscheinlich auch goldreichere Zentralsonne, gleich dem Lande China, blockieren und scharf beschießen — etwa gar aus zweitausend Achtundvierzigpfündern!

10] Siehe, was alles Ich zu befürchten habe! Und womit werde Ich Mich da verteidigen, da Ich im Himmel wirklich keine Kanonen, Bomben, Granaten, Haubitzen und Kartätschen habe!? Die Chinesen werden unterjocht und haben doch Schanzen und Batterien — wie werden sich da die batterielosen Sterne erwehren!?

11] Siehe, welche Gefahren — und das alles, weil zweimal zwei gleich vier ist! Wäre Ich gleich dir, so möchte auch Ich vielleicht ausrufen und sagen: „Gott sei Dank, daß die Menschen die „Quadratur des Kreises" und das „Perpetuum mobile" noch nicht entdeckt haben und auch nie entdecken werden! Denn im Falle dieser Entdeckungen wäre das Unglück fertig!

12] Es gibt aber schon jetzt Menschen in Nordamerika und auch in England, die Mich darum leugnen und Mir Mein Dasein streitig machen, weil Ich bei der Erschaffung der Erde die Anlegung der überaus zweckmäßigen Eisenbahnen ganz und gar vergessen habe. Wie hätte denn einem höchstweisen Gotte so etwas nicht einfallen sollen?! Wenn der Mensch schon aus lauter Industrie zusammengesetzt zu sein scheint, wie sollte es Gott nicht sein, so Er wäre und das All erschaffen hätte!? Da aber in der Natur nirgends Eisenbahnen und vielleicht auch keine Dampfschiffe anzutreffen sind, so kann es auch keinen Gott geben, der doch gewiß auch alles erschaffen hätte, wenn Er irgend einer wäre! — Siehe, welche Weisheit sogar in den Eisenbahnen!

13] Ich sage dir aber: Sei mit Mir ohne Furcht! — Habe Ich auch keine Geschütze und keine Dampf- und Linienschiffe, so habe Ich aber doch eine sehr starke Lunge und eine Zunge am rechten Flecke! Und Mein Odem ist stärker als alle Kanonen! Und durch Meine Zunge soll jede menschliche Weisheit zu Tode geredet werden!

14] Bringe du daher nur stets fleißig aufs Papier, was du vernimmst! Denn darum gebe Ich es dir, damit Ich der Welt dadurch einen neuen Eck- und Grenzstein setze, über den viele fallen werden, die nicht auf den darin bezeichneten Wegen der Demut, der gänzlichen Selbstverleugnung, der Geduld, Sanftmut und aller Liebe wandeln werden!

15] Wer aber zu Mir hat gerufen und dem Ich gebe eine rechte Gabe, der soll das Gebotene allzeit dankbar und genau befolgend annehmen! — Tut er solches aber nicht, was geht das fürder Mich und dich an!?

16] Lassen wir daher auf dem Acker, was da gesäet ist, bis zur Reife wachsen! Meine Schnitter wissen es schon gar lange, was dann zu geschehen hat! — Wohl dem, der sich nicht an Mir ärgert!

17] Den Weltweisen aber soll dereinst durch eine Klappermühle Meine Gnade gepredigt werden, daß darob alle ihre Zähne klirren sollen gleich den schweren Ketten, welche Vater-, Mutter- und Brudermörder in den tiefsten Gefängnissen festhalten. Amen!

18] Sei du daher ruhig, da du es weißt, wer Der ist, der dir solches alles offenbaret. Amen! — Ich, dein Jesus! Amen.

☆

Der Planet Saturn

Am 5. Juli 1841 nachmittags von 1/2 5 bis 1/2 8 Uhr abends.

Schreibender: Andr. H. — Der Knecht Gottes J. L. diktierte.

Mit diesem Diktate begann die große Eröffnung über die Beschaffenheit und Zweckbestimmung des zu unserem Sonnensystem gehörigen Planeten Saturn und über das auf diesem Weltkörper sich findende Pflanzen-, Tier- und Menschenleben. Diese Schilderung erstreckte sich in vielen einzelnen Kundgaben über ein Jahr hindurch bis zum 29. Juli 1842.[1]

Aus der ersten Mitteilung vom 5. Juli 1841 seien hier nachstehende Worte angeführt! Der Herr beschreibt zunächst kurz die bedeutende Größe und Sonnenentfernung des Planeten, erwähnt den seltsamen Ring und die zahlreichen Monde, welche diesem Weltkörper ein ganz besonderes Gepräge geben, und fährt dann fort:

Aus diesen Angaben könnt ihr nun schon leicht schließen, daß dieser Weltkörper vermöge seiner Größe, seiner verschiedenartigen Konstruktur und auch vermöge seiner sieben Monde keine geringe Bestimmung im Weltenraume hat.

[1] Siehe das Lorberwerk „Der Saturn".

2] Denn je künstlicher irgendein Mechaniker ein Werk eingerichtet hat, desto mannigfaltiger muß ja auch der Zweck eines solchen Werkes sein. Und so wie ein Mechaniker in ein künstlerisches Werk eine um so mannigfachere Bestimmung zur Erreichung mehrartiger Zwecke hineingelegt hat, also werde auch Ich als der allergrößte Weltmechaniker einen solchen Weltkörper nicht ohne eine bedeutend große Bestimmung so künstlich in den weiten Weltraum hinausgestellt haben. Da Ich schon sogar mit Sonnenstäubchen nicht zu spielen pflege, um wie viel weniger wird erst ein solcher Weltkörper, wie eben der benannte Planet, von Mir nur als eitles Spielzeug erschaffen worden sein.

3] Die Folge dieser Offenbarung über diesen Weltkörper wird euch seine Bestimmung von einer so großartigen Seite kennen lehren, daß ihr euch darüber kaum werdet zu atmen getrauen. Denn habt ihr bei der Enthüllung des Mondes[1] schon große Augen gemacht und einen großen Gemütslärm geschlagen, wie wird es euch erst gehen, wenn ihr diesen Weltkörper an Meiner Hand ein wenig bereisen werdet!? – Ja, Ich sage euch, machet euch nur auf sehr Großes gefaßt und bereitet euer Gemüt wohl! Denn ihr werdet es kaum ertragen. Wo so große Dinge von Mir enthüllend geoffenbart werden, da gehören auch große Gemüter dazu, um das Große zu fassen und zu ertragen. Und wenn ihr erst das Ganze von diesem Weltkörper, insoweit es euch zu ertragen möglich ist, werdet empfangen haben, alsdann werdet ihr erst ein wenig einzusehen anfangen, was die Stelle im Evangelio besagt, die da also heißt: „Keines Menschen Auge hat es gesehen, keines Menschen Ohr gehört, und noch nie ist es in eines Menschen Herz und Sinn gekommen, was Gott denen bereitet hat, die Ihn lieben!"

4] Was jemand von Mir empfängt, ist allzeit die höchste Gabe des Himmels, da Ich das Allerhöchste des Himmels wie aller Welten Selbst bin. Und ob Ich euch enthüllen möchte den Himmel oder die Hölle, so wird euch allzeit das eine wie das andere zur höchsten Seligkeit gereichen. Denn besage Mein Wort, was es wolle, so ist es durchaus lebendig und macht den, der es empfängt und aufnimmt in aller Liebe, Dankbarkeit, Demut und lebendigem Glauben selbst ewig lebendig und somit in Mir schon hier wie vorzugsweise jenseits überaus selig.

☆

[1] In dem Lorberwerk „Erde und Mond".

Gleisnerische Wohltätigkeit

Am 11. Juli 1841, vor 7 Uhr morgens

An die E. H. und an den A. H.-W.!

Möchtet ihr wohl befolgen einen fang- und verratsüchtigen Rat einer überaus töricht-schwachen, mit den Dienern Babels buhlenden Schwester und Schwägerin!? — Sehet, diese fängt es recht fein an, um sich für ihren schnöden, überaus blinden Kasten-Geistlichen (oder vielmehr dieser durch sie) an Mir bei euch zu rächen!

2] Ich sage aber, es wird ihnen schwer werden, gegen den Stachel zu lecken! — Wer Mich versuchen will, der wird bald seinen letzten Schritt gemacht haben!

3] So aber deine andere Schwester, die da verheiratet ist, eine Wohltat ausüben will, die Mir wohlgefällig wäre, so soll sie nur arme, dürftige Waisen suchen und sie an Kindesstatt annehmen. Dadurch wird sie sich einen Schatz für den Himmel bereiten, sonst aber für die Welt und, was der Welt Lohn ist, jenseits empfangen.

4] So euch aber irgendein von Mir geschenktes Kind überflüssig sein sollte, dann kann Ich es euch ja allzeit wieder zurücknehmen. Und ihr werdet dann nicht nötig haben, auf einen weltsüchtigen und dazu noch verräterisch argen Rat ein Kind von euch zu lassen, damit es außer euren Augen und Ohren zu einem vorzeitigen Verräter Meiner zu euch darniedersteigenden Gnade werden möchte!

5] Sage aber deiner gleisnerisch und kastengeistlich buhlenden Schwester, daß du viel lieber möchtest drei Kinder noch annehmen, als eines vor der Zeit von dir lassen. Und sie möchte sich künftighin vorzugsweise nur um sich selbst kümmern, auf daß sie los werde ihres schwarzen Würgegeistes! Denn das ist, was ihr not tut! Um alles andere hat sie sich nicht zu kümmern.

6] Dieser sie besitzende Geist aber ist der Geist eines verstorbenen Kastenpriesters Babylons, [mit anderen Worten] eines Jüngers der äußeren, toten, der Welt, nicht aber Mir dienenden Kirche, in den sie fürder schon überall vernarrt war — wie sie gegenwärtig vernarrt ist in einen, der da macht die Hölle zum Himmel und umgekehrt und Mich zum Teufel alles Todes, die tote Materie aber zum ewigen, lebendigen Gott!

7] Oh, des armseligen und überaus stockblinden, betrogenen Betrügers und feilen Mietlings der römischen Tiara! — Ich sage euch aber: Seid auf eurer Hut und habet acht auf die Lauergriffe des Satans! Denn er will es heimlich anstellen, um Mein Werk zu vereiteln!

8] Behaltet eure Kinder und leitet sie zu Mir! Dann werde schon Ich sie hier und jenseits nicht nur an Kindesstatt, sondern als wirkliche Kinder annehmen und allzeit und ewig bestens für sie sorgen. — Deinen Schwestern steckt aber nur das Kloster im Kopfe, welches da schon eine leibliche, aber viel mehr noch eine geistige Gefangenschaft der Toten ist, aus der noch sehr wenige zum Leben hervorgegangen sind!

9] Wie aber bei Mir [oben-]bezeichnete kostümierte und kastische „Wohltäter" angeschrieben sind, habe Ich euch schon ohnehin bei Gelegenheit der Mitteilung über die „grauen Schwestern" in hohem Grade mißfällig zu erkennen gegeben. — Nun sage Ich euch aber: Verflucht sei derjenige „Wohltäter", der da einen eigens geformten Rock trägt, um sich als solcher [hoffärtig] bemerkbar zu machen! — Wer nicht Gutes übt [selbstlos und] ganz im verborgenen, ist ein Täter des Uebels!

10] Daher behaltet ihr eure Kinder nur unter eurem Dache und sorget für sie in Meinem Namen, so werde Ich wahrhaft ihr Vater sein!

11] Das sagt euch euer Vater, der da ist heilig, heilig, heilig. Amen.

☆

Vom Geheimnis der Berge

Gedichtworte zur „Kleinalpe"

Am 15. Juli 1841

Am 14. Juli 1841 bestiegen J. L. — G. B. — Andr., Jos. und Ans. H. bei günstiger Witterung die höchste Spitze der Kleinalpe bei Uebelbach und verweilten — ungeachtet eines anhaltenden, kalten Sturmes aus Westen — drei Stunden auf der Höhe, von wo aus die bedeutendsten Hochgebirge der Obersteiermark wie auch die Städte Judenburg und Leoben deutlich erblickt werden konnten. — Am 15. Juli erging dann an den Knecht des Herrn J. L. folgende Kundgabe:

Schreibe! Es ist ein lieblich Wort wohl zu vernehmen von den Höhen der Berge auf der freien, schönen Spitze der Kleinalpe:

1. Was starrst du, müde Schar, dahin nach jener Berge Reihen,
da schroffe Scheitel Mir, dem Schöpfer, ihre Düfte weihen?
Erkenne deine Schuld! Und lern' es wohl von diesen Helden,
was all's sie dir von deinem Vater, ihrem Schöpfer, melden.
Wie kühn und mächtig sie da stehen, diese großen Zeugen,
und wollen nimmer, so wie ihr, von Meiner Größe schweigen!

Um ihre heil'gen Spitzen häufig frohe Nebel kreisen
und helfen dankend ihnen still den großen Vater preisen.
Und heitre Winde rauschen mächtig über hohe Zinnen,
um anzuzeigen, daß die Felsen dort Mein Lob beginnen.

2. Es banget dir, du matter Seher, vor den ries'gen Höhen,
du schauerst, wenn der Alpen reine Geister dich umwehen,
als kühle Winde deinem Auge manche Trän' entlocken!
Doch wenn du sehen möchtest, wie Aeonen weißer Flocken
sie emsig aus den müden Wolken freudig formen, bilden
und sie dann sorglich streu'n auf all den hohen Moosgefilden,
und möcht'st du sehen all dies noch mit deines Geistes Augen
und seh'n, wozu all diese Geisterarbeit möchte taugen —
sodann erst möcht'st du rufen: „Wer da achtet Gottes Werke,
hat eitle Lust! Sie zeigen ihm des heil'gen Vaters Stärke!"

3. Ihr habt geseh'n des Oberlandes kühn gestellte Berge
und auch geschaut auf deren Schoß die niedern stein'gen Zwerge.
Den hohen „Schwab" und „Reiting" saht ihr alle duftend prangen,
den „Pred'ger-Stuhl" und andre Berge, die mit Wolken rangen.
O höret diese selt'nen Berggebilde s p r e c h e n!
Vernehmt ihr W o r t in eures stein'gen Herzens sand'gen Schwächen!
Es lautet kurz also: „Du schwacher Mensch auf dieser Erde!
Du schaust ganz wonnetrunken, stumm für unsere Beschwerde,
die hehre Pracht an uns. Doch würdest du uns näher treten,
dann möcht'st du schauern wohl vor unsern schweren Prüfungsketten!"

4. Und also weiter legen Worte euch ans Herz die Berge,
also verständlich: „Seht uns an und schaut die alten Särge,
wie wir dasteh'n und majestätisch in die Lüfte ragen,
also auch eine Unzahl Tote stets in uns wir tragen.
Und wenn die Barmlieb' Gottes uns nicht möchte kühlen,
fürwahr des Grimmes Wüten würde bald das Land erfüllen.
Denn die wir fest in unsern harten Leibern müssen halten,
die möchten, flammend, schier in einer Stund' die Erd' umstalten.
Doch solches zu verhüten und zu wahren euch den Frieden,
drum tragen wir an eurer Statt die große Last hienieden!"

5. O laßt der Berge mächt'ge Worte tief ins Herz euch bohren!
Denn wieder weiter legen sie die Zung an eure Ohren,
also vernehmlich: „Wenn die Nebel uns behend umkreisen,
verhüllend unsre hohen Scheitel, sehet, da bereisen
gar hehre Wesen mächtig uns, schon alte Totenwächter,
und sänften da mit ihrer Lieb' in uns die Gottverächter
durch ungezählter Tränen Menge aus der Liebe Augen.
Die da in uns der Liebe Spende sorglich in sich saugen,
die werden dann erweckt, um zu erstehn ins freie Leben,
und nach und nach ins höh're, wie's euch Menschen ist gegeben."

6. Und da der Berge Mund für euch schon einmal offen stehet,
so horcht noch ferner, was der Hohen Hauch zu euch hinwehet:
„Wenn mächtig über unsre Häupter frische Winde eilen,
daß ihr darob auf uns nicht lange könnet forschend weilen,
da ist's, daß Legionen neue Leben sich erheben
und, sorglich eilend, nach den pflanzenreichen Eb'nen streben.
Um solches vorbestimmte Ziel baldmöglichst zu erreichen,
vereinen sie zu Nebeln sich nach alten Lösgebräuchen
und fallen dann als leichter Regen über Pflanzentriften,
allda sie, neubelebend, selbst sich in das Leben lüften.

7. Und wenn im spätren Herbst die frühen Flocken uns bekleiden,
darob uns alles warme rege Leben pflegt zu meiden,
ja selbst so manche heit're Quelle eisig stockt im Fallen,
und alles so verstummt auf unsren freien Lebenshallen,
da winkt dir, Forscher, eine neue Zeit, ihr treu zu bleiben
mit deinem Aug' und Ohre. Denn da fängt sich's an zu treiben
hinauf, hinab. Nach allen Seiten siehst du nichts als streben
nach einer festen Form, um so zu künden sich als Leben.
Denn solches ist die Heimwehzeit, da alles sich möcht' finden.
Darum da jeder Geist sich gerne läßt durch andre binden.

8. Und wenn dann erst der volle, treue Winter ist gekommen,
alsdann wird nicht gar selten unsre feste Brust beklommen.
Denn da ereilen uns des hohen Nordens Friedensrichter,
bestreuen unsre tiefen Furchen bald durch ihr Gelichter

von tiefem Schnee und starrstem Eise, uns zur Probe drückend.
O seht, dann ist's auf unsern Höh'n zu wandeln nicht entzückend.
Denn da wird jedes freie Leben also hart ergriffen,
daß es wohl nimmer fühlen mag der Liebe süßes Triefen.
Und wenn des Frühlings Hauch zerreißet auch des Nordens Bande,
da kehrt kein Leben mehr zurück zum früher'n Heimatlande!

9. Nur wenn das stumme Schnee- und Eisgelichter ist gewichen,
allwann ein warmer Frühling hat den Winter weggestrichen,
da kehret dann das Pflanzenleben wohlgestärket wieder.
Doch nimmer wiederkehren da erfror'ner Vöglein Lieder.
Selbst Menschen, die auf unsrem Rücken hat der Nord erdrücket,
die werden schwerlich mehr von unsrer Sonne Strahl erquicket.
Doch so ein freies Leben hier gefährdet ist geworden
durch ein zu friedsam Walten unser's übertreuen Norden,
so soll darob wohl niemand gar zu sehr uns Berge klagen.
Denn solch Gefang'nen fängt ein andres Leben an zu tagen!"

10. Und so mag dieses Liedchen euch zu einer „Fahne" dienen,
mit der ihr all der Berge Sinn könnt überleicht gewinnen
und leichter auch verstehen, was Ich euch noch werde geben.
Fürwahr, ihr könnt durch diese „Fahne" manchen Zweifel heben.
Denn leichter ist's: auf Berge geh'n und von da andre schauen,
als zu versteh'n, woher auf selben rührt solch wonnig Grauen.
Darum denn gab Ich vor der größer'n Gabe diese „Fahne"
zu Handen euch, damit sie euch getreu zuvor ermahne,
daß Meine nächste Gabe sich in Weisheit wird ergießen,
die ihr durch diesen Schlüssel euch gar leichtlich könnt erschließen.

☆

Die Zweckbestimmung der Berge

Am 17. Juli 1841, von 1/4 4 Uhr nachmittags bis 7 Uhr abends

Schreibende: Andr. und Ans. H. — Heute erhielten wir vom Herrn durch Seinen Knecht J. L. Nachstehendes als Gabe bezüglich der Kleinalpe:

Was sind Alpen, höchste Berge und kleine Hügel, über das sparsame Planum der Erdoberfläche ragend? — Nichts als der Staub auf einem Apfel, der von einem Baume herabfiel auf eine mit Staub beladene Straße. Aber nur locker hängt der Staub am Apfel, während die Berge feste Auswüchse der Erde sind. — Mit wem sollte man aber die Berge vergleichen? Etwa mit dem Staube am Apfel, oder mit den Auswüchsen einer Nuß oder gar den kleinen Wärzchen auf der Oberfläche einer Eischale?

2] An und für sich tut es das eine so wenig wie das andere. Aber nehmet alle drei zusammen, und es wird der bestaubte Apfel, die Nuß und das Ei das jedesmalige und jedem Eigentümlichentsprechende an der Erde finden.

3] Welches aber mögen wir zuerst nehmen? — Sehet, es wird hier wenig zu wählen sein. Nehmet ihr aber alle drei zugleich, so habt ihr das rechte Maß getroffen.

4] Muß denn aber ein Apfel vom Baume fallen, um bestaubt zu werden? Oder können nicht vielmehr Winde kommen, den Staub von der Straße lösen und so leichtlich einen Apfel anstäuben, so er an der Straße hänget.

5] Oder wie ist es mit der Nuß? — Gestaltet sich die innere Frucht nach den Einbügen der Schale, oder bekommt vielmehr die feste Schale die Einbüge von der Frucht? — Es ist hier sicher besser, so man sieht auf die Beschaffenheit der Frucht — da sich doch ein jeder seinen Rock nach dem Leibe machen läßt und man nicht den Leib nach dem Rocke machen läßt. Und also geht die Wirkung von innen aus, und nicht von außen nach innen — da des Lebens wirkende Kraft allezeit im Zentrum, aber nicht außen, am Kleide, seine Wohnung hält.

6] Aber wie steht es mit den Wärzchen an der Eischale — wie entstehen sie und warum sind sie da? Es könnte ja doch eine Henne leichter ein glattpoliertes Ei legen als ein solches, dessen Oberfläche mit tausend und abermal tausend Wärzchen übersäet ist! — Könntet ihr aber nicht ebenso leicht und mit demselben Grunde sagen: „Wozu die Berge auf der Oberfläche der Erde? Eine glatte Erde würde sich ja doch offenbar leichter um ihre Achse drehen als eine mit so vielen Bergen besetzte!"

7] Es sei aber hier bemerkt, wer möchte denn dann auf der Erde die Luft und das Wasser zur Mitumdrehung nötigen, da weder das eine noch das andere mit Ketten und Stricken mit dem Körper der Erde unverrückbar fest verbunden ist?!

8] Wenn das Ei keine Wärzchen hätte, woran möchten sich in dem Gebärkanale einer Henne eigens daseiende Stoß- und Drucknerven stemmen, um dasselbe zur Außenwelt zu fördern. Und wenn das Ei dann in der atmosphärischen Luft sich befindet und hätte solche kleine Auswüchse nicht — womit sollte es zur ferneren dauernden Erhaltung des Lebensstoffes das demselben verwandte elektro-magnetische Lebensfluidum einsaugen und wodurch erst dann in der Brütezeit den erwärmenden Stoff aus der Brust der Henne oder aus den Strahlen der Sonne oder auch aus dem erwärmten Sande an sich ziehen?

9] Wäre die Erde eine flache Kugel, so würde es ihr auf allen ihren Punkten, selbst die unter dem Aequator nicht ausgenommen, nicht viel besser ergehen als der Spitze des Chimborasso oder dem Nordpole selbst, wo ewig Eis und Schnee herrschet.

10] Die Berge aber sind auf der Erde das, was die Wärzchen sind am Eie! Sie sind nicht nur Luft- und Wassertreiber, sondern sie sind noch vielmehr Wärmesauger. Und was sie an dem Wärmestoffe einsaugen, das können sie natürlicherweise nirgends anders wohin spenden, als nur in die zuunterst liegenden Täler und Ebenen.

11] Sind aber irgendwo weit gedehnte Ebenen zu ferne von den Bergen, so werdet ihr alldort ebensowenig Vegetation antreffen, ja oft noch weniger, als auf den höchsten Gebirgsspitzen — und dieses aus einem doppelten Grunde!

12] Fürs erste, weil zu weit von den Bergen, daher auch zu wenig fruchtbare Wärme! — Was die brennende Hitze auf den Heiden betrifft, so ist sie nichts als ein von den benachbarten fruchtbaren Gegenden über sie ausgehauchter Stickstoff, der zwar auch die Strahlen der Sonne gleich der atmosphärischen Luft konzentrierend aufnimmt. Aber, wie gesagt, solche Wärme ist keine Fruchtwärme, sondern gleichet jener, die da herrührt von glühenden Kohlen in einem verschlossenen Gemache. Wenn sie schon auf das tierische Leben nicht also zerstörend wirkt, so wirkt sie aber doch alles zugrunde richtend auf das Leben der Pflanzenwelt. Und es ist gar nicht schwer zu erweisen, daß, wo irgend das Pflanzenleben aufhört, es auch für das tierische Leben kein langes Bleiben ist.

13] Es gibt aber auch Gegenden, besonders in Afrika und auch im südlichen Amerika, wo benachbarte, sehr fruchtbare Gegenden also stark die Stickluft aushauchen, daß sich diese dann gleich einem Flammenmeere über weitgedehnte Heiden, Steppen und Wüsten ergießet; und was da dieser Flammenstrom erreicht, ist in seiner natürlichen Lebenssphäre so gut vernichtet, wie wenn es in einen stark brennenden Kalkofen geworfen worden wäre.

14] Aber noch aus einem andern Grunde sind solche Gegenden unfruchtbar: nämlich, weil sie einen großen Mangel an Wasser haben. Ihr möget aber die Erde kreuz und quer bereisen, und es wird euch schwerlich gelingen, irgendeinen Berg zu finden, der nicht wenigstens aus seinem Fuße mehrere reichliche, unversiegbare Quellen von sich geben möchte.

15] Was sind also die Berge noch — während sie schon ohnehin „Wasser- und Lufttreiber" und, nun bekannt, auch „Lebenswärmeerzeuger" sind? — Sie sind auch „Wasserleiter", und zwar in doppelter Hinsicht. Denn da sie, wie euch schon mehrfach bekanntgemacht wurde, samt und sämtlich über großen Wasserbecken stehen, so treiben sie das Wasser durch ihren immerwährenden, gleichen Druck nicht selten bis zu bedeutenden Höhen empor. Und diese Leitung des Wassers zur Oberfläche der Erde ist die erste Art, wie die Berge gar wohl imstande sind, auf den verschiedensten Punkten die reichhaltigsten Quellen des reinsten Wassers von sich zu geben.

16] Da aber die atmosphärische Luft ebenfalls immerwährend mit den Dünsten geschwängert sein muß, welche zum Teile aus dem unermeßlichen Aethermeere auf dem Wege der primitiv-animalischen Produktion herrühren, so sind die Berge gleich den Polypen im Meere allezeit als wahre Vielfraße schlagfertig, um jede ihnen nahekommende Feuchtigkeit aus der Luft an sich zu ziehen und in sich einzusaugen. Durch dieses „ätherische Wasser" wird dann erst das unterirdische belebt und nach eurem chemischen Ausdrucke gewisserart geläutert, damit es dann zum nötigen Lebensgebrauche hinreichend tauglich ist. Denn das Wasser aus dem Innern der Erde ist zum Leben so wenig zu gebrauchen wie das lediglich ätherische.

17] Ihr müßt unter dem „ätherischen Wasser“ aber nicht etwa das Regenwasser nehmen, welches nur dann zum Vorschein kommt, wenn irgendwelche Wolken zuvor aus den naheliegenden Bergen hinreichend mit Sauerstoff sich gesättigt haben; sondern das rein „ätherische Wasser“ ist untropfbar in der Luft, namentlich aber auf den Bergen enthalten.

18] Die erste Sichtbarkeit des „ätherischen Wassers“ bekundet sich in den sogenannten „Lämmerwolken“. — Wenn diese nach und nach mehr und mehr elektrisch schwer werden, so fallen sie auch immer niederer und niederer, bis sie endlich bis zur mittleren Wolkenregion herabgezogen werden, allda sie dann schon anfangen, den Sauerstoff in sich zu saugen. Und wenn sie dadurch dann gewisserart auch lebensschwerer werden, so senken sie sich herab in die Nebelregion der Berge, welche dann anfangen, ihnen den elektrischen Stoff auszuziehen.

19] Da beginnen dann auf den Bergen gewöhnlich sehr heftige Winde zu wehen. Und wer da nicht glauben möchte, daß solche Winde nichts als die von den Bergen aus den Wolken (oder vielmehr nun Nebeln) entsogene Elektrizität sind, der verfüge sich nur mit einem sogenannten elektrosaugenden Schilde oder gemeinweg „elektrischen Drachen“ auf die Alpen und befestige diesen Schild auf einer klafterlangen, entweder ganz gläsernen oder wenigstens gut überharzten Stange und nähere sich alsdann, wenn er den Mut hat, einem solchen Schilde, so wird ihm alsbald zur Belehrung ein stark leuchtender und sogar zu tot niederschlagender Beweis in wahrhafter Blitzesschnelle entgegenkommen.

20] Also sehet, auf diese Weise sind die Berge auch in der zweiten Art „Wasserleiter“.

21] Was sind denn die Berge noch? — Ihr dürfet nicht gar zu weit ins Oberland reisen, so werden euch die vielfachen und verschiedenartigen Erze alsogleich anschaulich offenbaren, was die Berge noch sind! — Nämlich sie sind noch Fabrikanten von allerlei Metallen.

22] Woher kommt denn das Metall in die Berge? — Dieses kommt, wie das Wasser, von unten und von oben in dieselben und ist im Grunde ein Produkt von oben her aus den zahllosen Strahlen der Gestirne und von unten her ein Produkt fürs erste des unterirdischen Feuers und fürs zweite der auf allen Höhenpunkten der Erde sich beständig entgegenkommenden und wechselnden Polarität der Erde.

23] Es sind die Metalle zwar verschieden und haben doch nur eine und dieselbe Grundursache. Es geht denn nun einmal nicht anders! Denn auch auf einer Wiese gibt es verschiedene Kräuter, und doch ist überall dieselbe Erde, dasselbe Licht der Sonne und derselbe Regen!

24] Die Menschen vermögen solches freilich wohl nicht, und es ist niemand imstande, mit einem und demselben Bohrer verschieden große Löcher zu bohren oder mit einer und derselben Hebelkraft alle erdenklichen Lasten zu heben. Niemand kann da machen und gebrauchend lenken einen unendlichen Bohrer, dessen Spitze feiner wäre als ein Gedanke und dessen letzte Schneidschnecke hinausreichen würde über alle möglich-denkbare Räumlichkeit. Und ebenso vermag auch niemand einen Hebel zuwege bringen, mit welchem er vermöchte eine Sonne aus ihrem Zentrum zu heben.

25] Sehet, da aber der Mensch schon zwei so einfache Werkzeuge nicht zuwege zu bringen vermag, wie möchte er es dann wohl anstellen, um zu erklären, wie aus ein und derselben Ursache so unendlich verschiedene Wirklichkeiten hervorgehen können, und wie beweisen, daß all die Metalle in den Bergen aus einer und derselben Quelle fließen und doch keines dem andern gleicht!?

26] Allein Der, den ihr kennet, vermag solches gar wohl und versteht die eben nicht unbedeutende Kunst, in einem und demselben Kessel alle möglichen Färbungen also zu bereiten, daß, so ihr unzählige Stoffe hineinleget, ihr keinen herausnehmet, der da wäre von einer und derselben Farbe.

27] Also ist demnach die Erklärung leicht, wenn hier Eisen, dort Zinn, anderorts Blei, Silber, Kupfer, Zink und dergleichen mehreres zum Vorscheine kommt, daß dazu nichts mehr gehört, als daß da einem jeden Berge, wie einem Samenkorne, verliehen ist eine besondere Form und eine besondere Eigenschaft, vermöge welcher er einen und denselben Stoff, den er in sich saugt, gar leicht verwenden kann nach seiner ihm eigentümlichen Eigenschaft — wie jeder Same einen und denselben Stoff verwenden kann zu dem, was eigentümlich nur aus ihm hervorgeht.

28] Wer da solches noch nicht begreifen möchte, der kann folgenden Versuch machen, und es wird ihm alsobald ein bedeutendes Licht über seinen noch viel bedeutenderen Unverstand aufgehen!

29] Er nehme irgendein geräumiges Gefäß, z. B. etwa irgendeinen großen Gartentopf, gebe in denselben ganz vollkommen gleiches Erdreich, lege in dieses Erdreich aber verschiedene Samenkörner, begieße dieselben mit chemisch gleichem Wasser und, was die Gleichartigkeit der Sonnenstrahlen betrifft, so darf er ohne Sorgen sein, denn diese sind heute noch dieselben, wie sie vor einigen Trillionen Jahren waren. Beobachtet er dann die Pflanzen, die da aus den verschiedenen Sämereien aufgehen werden, dann wird er sich überzeugen müssen, daß seine Arbeit und Sorge eine rein vergebliche war. Denn es wird, alles dessen ungeachtet, aus dem Nelkensamen eine Nelke mit all ihrer Eigentümlichkeit, aus dem Veilchensamen ein Veilchen, aus dem Rübensamen eine Rübe, aus dem Kornsamen eine Kornstaude usf., aus jedem Samen die entsprechende Pflanze mit allen ihren Eigentümlichkeiten zum Vorscheine kommen.

30] Wer da nur einigermaßen denkt und ein Fünkchen Leben hat in seinem Gemüte, das nach oben und nicht nach unten treibt, wird der nicht alsobald wenigstens sich selbst im stillen fragen müssen: „Aber wie ist dieses möglich, daß aus einer und derselben Erde, aus einem und demselben Wasser und aus einem und demselben Licht- und Wärmestrahle der Sonne so höchst *verschiedene Produkte* zum Vorscheine kommen!? Und doch, wenn ich alle diese Samenkörner chemisch untersuche, so finde ich im Grunde nur immer *einen und denselben Grundstoff*! Ja selbst, wenn ich jede Pflanze für sich verbrenne, so bleibt mir denn doch stets eine und dieselbe Asche übrig!

31] Wenn ich die grüne Pflanze auspresse, so bekomme ich wohl von jeder einen etwas verschieden schmeckenden und riechenden Saft. Allein zerlege ich die Säfte wieder chemisch, so zeigt sich's am Ende doch nur wieder, daß da *alles auf eines hinausgeht*. Und bis ich auf meinen wohlbekannten Kohlenstoff und Grundsauerstoff gekommen bin, so bin ich auch mit meiner schweren Untersuchungsarbeit fertig und muß am Ende eingestehen, daß ich in meiner mich so berühmt machenden Kunst ein allerpurster Pfuscher bin?"

32] Sehet, wer nach einem solchen Versuch zu diesem Ergebnisse gekommen ist, der ist schon an der *Schwelle des Vorhofes*! Wenn er da anklopft, so kann er eingelassen werden, wenn auch nicht alsogleich in den Tempel, so doch wenigstens in den Vorhof. Und es ist besser, sich mit geraden Gliedern des Geistes in dem Vorhofe zu befinden, denn als Gichtbrüchiger am dürren Ufer Siloahs zu harren, bis ein Engel, des Teiches Wasser rührend, dasselbe mit Heilkraft sättigt. Denn wer da etwas verloren hat, tut besser, wenn er es sucht, um es wiederzufinden, als daß er unbekümmert auf einem Punkte wartet, bis etwa ein redlicher Finder wiederkehre und ihm den verlorenen Schatz einhändige.

33] Die Erde ist ein Platz voll Bergen, Klüften, Abgründen, Gräben, Tälern und Ebenen und hie und da weit und breit bewachsen mit undurchdringlichem Gebüsche und Gestrüppe. Wer da einen Schatz hat und hält denselben nicht fest, wie leicht kann ihm derselbe entfallen. Und so er ihn verloren hat, wie schwer läßt er da sich wiederfinden auf einer Erde, die so reich an finsteren Schlupfwinkeln ist! Und wer da etwas verloren hat und das Verlorene nicht einmal zu suchen der Mühe wert hält, wie wird der es wohl wiederfinden, besonders wenn er dazu noch aus sich selbst heraus das Unglück hat, lichtscheu zu sein?!

34] Wahrlich, ein solcher wird nicht viel tüchtiger werden, wenn er auch alle höchsten Gebirge der Erde bestiegen hätte. Denn wer immer da auf einen Berg steigt, hat eine große Mühe, bis er den Gipfel erreicht.

35] Und was ist nun der Lohn seiner Mühe? — Der, den er für die alleinige Hauptsache hält, ist eine weitgehende Fernsicht auf andere Berge, Gegenden und Ortschaften — den eigentlichen Genuß aber, der in der Einatmung der reineren Lebensluft besteht (worin eigentlich der Hauptlohn für seine Mühe zu betrachten wäre), nimmt er nur ganz gleichgültig mit.

36] So ist auch der naturmäßige Mensch ein immerwährender Bergkletterer seines eigenen, hochgepriesenen Verstandes und klettert von einer Verstandeshöhe zur andern hinauf. So oft er da irgendeine scheinbare Höhe erstiegen hat, wähnet er sich auf dem allerhöchsten und herrlichsten Aussichtspunkte zu sein. Aber wenn er sich nach allen Seiten sattgegafft hat, kommt ihm der Gedanke: wenn er nur auch auf jene andere, ferne Gebirgsspitze hinauf könnte — da müßte erst eine alles Gefühl zerreißende Aussicht sich bewähren. Und nach dem alten lateinischen Sprichwort eines klugen Heiden sagt er ebenfalls: „Der Mensch kann ja mit seiner Tollkühnheit sogar den Himmel erstürmen, was sollte mich denn hindern, auch die Spitze dieses entlegenen Berges zu besteigen; denn bis auf den Mond oder gar in die Sonne reicht sie ja doch nicht!“ — Und also gesagt und getan!

37] Der Mensch ersteigt auch diese Spitze unter großen Beschwerden, in der Meinung, von hier aus werde er wenigstens die halbe Erde auf einmal zu Gesichte bekommen. Allein auch hier werden seine großen Erwartungen sehr wenig befriedigt. Denn dieser Berg hat hinter sich schon wieder höhere gelagert. Und so sieht unser Bergbestürmer schon wieder nichts anderes als lauter Berge um sich, die er, wenn es möglich wäre, nun alle auf einmal besteigen möchte.

38] Also ist es auch mit dem Verstande des Menschen, er steigt von einer Verstandeshöhe zur andern. Was aber erblickt er hier überall? Nichts als lauter sich immer höher türmende Berge und Gletscher, die für ihn nimmerdar ersteiglich sind! Und wohl ihm, wenn er es durch seine lang fortgesetzte Verstandeskraxelei so weit gebracht hat, daß er endlich bei sich selbst gesteht: „Die ganze Erde kann man von keinem Berge übersehen; und je mehr man gesehen hat, desto klarer wird es einem, daß man gegenüber dem, was alles noch zu sehen wäre, erst so viel wie gar nichts gesehen hat!" was verdolmetscht so viel heißt als, daß derjenige in der Verstandes-Wissenschaft es am weitesten gebracht hat, der es einsieht, daß er nichts weiß.

39] Euch aber sage Ich: Es ist nicht schwer, einen bestaubten Apfel vom Staube zu reinigen; denn der Staub klebt nur an der Rinde. Schwerer wäre es, eine Nuß glatt zu polieren, und sehr schwer, die Wärzchen am Ei zu vertilgen, ohne die Schale zu zerbrechen.

40] Die Erde aber ist in Wahrheit ein „bestaubter Apfel"; denn es ruht auf ihr ein natürlicher urzeitlicher, anderweltlicher Ruinenstaub[1]. — Sie ist ferner ein „bestaubter Apfel", denn um dieselbe ist meilenweit gelagert ein ätherischer Atomenstaub. — Und drittens ist sie in geistiger Hinsicht ein also außerordentlich schmutzig-bestaubter Apfel, daß durch den dichten Staubwolkenschleier nur hie und da ein spärliches Licht von der großen Sonne der Geisterwelt auf diesen „Erdapfel" eindringen kann.

41] Die Erde ist ferner eine „Nuß". Denn sie hat fürs erste für jeden ihrer Bewohner etwas Tüchtiges zum Aufbeißen. — Und wieder ist sie eine Nuß, insofern ihre äußere Rinde vom Grunde aus entspricht ihrer inneren knorrigen Beschaffenheit. Dieser knor-

[1] Von dem einst zwischen Mars und Jupiter geborstenen Planeten, dessen größere Trümmer als „Asteroiden" bekannt sind und dessen „Trümmerstaub" auch auf die Erde fiel. — Siehe Lorber, „Großes Evangelium Johannis", Bd. 8, Kap. 74—76. D. Hsg.

rigen Beschaffenheit zufolge sind die Urgebirge das, was die äußeren Auswüchse an einer Nuß sind. — Und sie ist ferner nochmal eine Nuß, da ein jeder, der immer auf ihr zum inneren freien Leben des Geistes dringen will, zuerst eine bittere Umhüllung und dann erst eine harte Schale wegzuschaffen hat, bis er erst zur lebendigen Frucht des Lebens gelangt.

42] Die Erde ist auch ein „Ei". Denn wer die innere Beschaffenheit der Erde kennenlernen will, der siede ein Ei, zerschneide dann dasselbe in zwei Teile und studiere dasselbe mit einem starken Mikroskop, so wird er so ziemlich die innere Beschaffenheit seiner Erde kennenlernen. — Und wieder ist die Erde ein Ei, in welchem durch die natürliche Wärme der Sonne verschiedene Küchlein ausgeboren werden. — Und die Erde ist auch noch in geistiger Hinsicht gleich einem Ei. Denn wie das Ei nur in der ruhigen, stillen Wärme die Frucht des Lebens zum Vorschein bringt, also wird auch der Mensch nur durch die stille Zurückgezogenheit und durch die Wärme seines Herzens zu Mir in sich selbst neu und wiedergeboren, in welchem Zustande es ihm auch ergeht wie einem Küchlein, das da seine eigene Gefangenschaft durchbricht, lebendig aus derselben hervorgeht und dann die Schale nimmer beachtend verläßt.

43] So sollte auch in geistiger Hinsicht der Mensch sein, so wird er von jeder Tiefe wie von jedem Berge im hohen Gefühle des freien Lebens mit einem Blicke nicht nur die ganze Erde, sondern ein ganzes materielles und geistiges Sonnengebiet übersehen.

44] Schließlich aber diene euch die Besteigung der Alpe noch dazu, daß der Weg, der ins geistige Leben führt, nicht viel anders beschaffen ist, als der Weg auf eine solche Alpe.

45] Denn da glaubt von der Ferne jeder, die Alpe sei nicht gar so hoch. Doch wenn er in ihre Nähe kommt, verliert er immer mehr und mehr ihren Scheitel aus seinem Gesichte. Und fängt er dann am Fuße zu steigen an, so hält er auch schon jeden nächsten baumlosen Hügel für der Alpe höchsten Punkt. Aber je höher und höher er kommt, desto mehr überzeugt er sich, daß es noch ziemlich viele Steigtritte benötigen wird, bis er auf der Spitze des Berges das lichte „Triangulierungszeichen des ewigen Lebens" ansichtig wird, von da aus er erst zu jener höchsten Ueberraschung gelangen wird, von welcher er früher keine Ahnung hatte.

46] Beachtet dieses Beiwort wohl in euren Herzen. Nehmet die „Fahne“ zur Hand und beachtet das Geistige, das da in entsprechender Fülle des Lebens gegeben ist.

47] Wendet es und forschet darinnen, und ihr werdet nicht nur in den Bergen, sondern auch in den kleinsten Sandkörnern vollbewohnte Welten entdecken! — Amen.

☆

Pharisäertum von heute

Am 19. Juli 1841, nachmittags

Nicht heute, sondern morgen fange an zu schreiben am Hauptwerke![1] — Heute kümmert und besorgt es dich törichterweise der Predigten und üblen Nachreden von manchem überblinden Stein-Papisten, die da sind voll Eigennutzes, da sie entweder trachten nach den weltlichen Schätzen oder doch wenigstens nach dem nicht viel besser als türkisch gearteten, faulmütigen Wohlleben des Himmels, (der freilich wohl nirgends besteht und ewig nirgends bestehen wird) — Mich aber loben und preisen sie, wenn es noch gut geht, nur des gewissen Himmels wegen, meistens aber bloß zum Scheine, der Weltgüter und hohen Ehrenämter halber; und fast keiner ist unter ihnen, der da Mich lobe, bitte und liebe Meiner Selbst willen.

2] Damit aber darob du und jeglicher [Gleichgesinnte] mit dir in sich den hinreichendsten, beruhigendsten Trost finden möge, so betrachte zuerst im 23. Kapitel des Matthäus den 13., 14. und ganz besonders den 15. Vers! Diese drei Verse werden dir hinreichend dartun, wie es mit dem heutigen Pharisäismus steht, zu dem der jüdische nur ein prophetisch-vorbildender war.

3] Dann aber wende die Blätter und lese das 23. Kapitel des Lukas, und zwar auch den 13., 14. und 15. Vers! Da wirst du das Zeugnis des Pilatus über Mich finden und eine große Beruhigung für dich! Und wiederum wirst du auch das wahre Liebeverhältnis der jetzigen Pharisäer zu Mir ersehen. Oder meinst du nicht, so Ich heute in die Welt käme und möchte dem Papste seine Herrschaft streitig machen, daß er sich bei weitem ärger gegen Mich setzen möchte als dereinst der Kaiphas?!

4] Wahrlich, er würde sich bei allen Regenten verwenden, um Mich zum abschreckenden Beispiele unter der schauerlichsten, ewigen Höllen-

[1] In dieser Zeit wurden von Jakob Lorber niedergeschrieben: „Die Haushaltung Gottes“ und „Der Saturn“.

verfluchung öffentlich als den größten Erzketzer am flammenden Scheiterhaufen verbrennen zu dürfen. — Gekreuziget werde Ich ohnedies täglich und stündlich viele tausend Male, wie auch verkauft und verraten! — Du verstehest es!

5] Im 13. Kapitel des Johannes aber, und zwar im 18. Verse, wirst du finden, wer und was die nun privilegierten „Brotesser" und „Weintrinker" sind und wie sie zumeist gegen Mich gesonnen sind. Denn wahrlich, diese sind es, die Mich noch allezeit mit den Füßen getreten haben!

6] Verstehe es wohl: Judas war nur ein arger Prophet für sie, und sie sind nun in corpore das, was Judas im argen Bilde war!

7] Deinen und euern Zustand aber bemesset nach dem dritten Kapitel, Vers 12—14, des Briefes Pauli an die Römer. Allda werdet ihr deutlich finden, wie es mit euch stehet, und was ihr fortwährend zu tun habt! Denn am Tage sind die Werke der Finsternis kein nütze; wer da streitet, der streite mit den Waffen des Lichtes — und lasse die Wohlfresser und Wohlsäufer in ihren betürmten Kammern zugrunde gehen! — Ihr aber seid ehrbar in allen Dingen und haltet es nicht mit den Fressern und Säufern, sondern haltet es mit Mir in aller Liebe, Geduld und Sanftmut und ziehet Mich also an — so werdet ihr leben!

8] Wenn ihr aber des Leibes wartet, da tuet es also, daß er nicht üppig wird und ihr gar leichtlich ersticken möchtet im Fleische und in allem, was des Fleisches ist! Verstehet es wohl! Denn ihr alle habt noch viel „Fleisch"! Wer aber fällt im Fleische, der stehet schwerer auf als ein vollbelasteter Elefant, der in einen Sumpf gefallen ist.

9] Darum schreibet auch ihr euch den 14. Vers jenes erwähnten Briefes recht nagelfest ins Herz, so werdet ihr einen ebenen Weg ziehen! Amen.

10] Das sage Ich, den die Bauleute verworfen haben und über den sie noch allzeit hergefallen sind und auch noch fürder herfallen werden. Amen.

Dank des Knechtes

11] O Du mein allerliebster Herr Jesus, Du wahrer Tröster Du! Ueberall und allezeit findest Du das allerrichtigste und wirksamste Trostwort für uns arme, schwache Sünder! — Darum sei Dir für alles ewiger Dank, ewiges Lob und alle unsere Liebe und Anbetung! Und allezeit Halleluja und Hosianna Dir in Deinem allerheiligsten Namen!

☆

Mahn- und Trostwort

Am 31. Juli 1841

So schreibe denn ein kurzes Mahn- und Trostwort an die Th. M. H., die da aus einer kastenmäßigen Liebe zu Mir in hohen Ehren hält die „Gefangenen im Geiste und am Leibe“,[1] die da halten viel größere Stücke auf die Geistlichen als auf Mich und so auch manchmal mehr auf die Kalenderheiligen als auf Mich und mehr auf die heidnischen Zeremonien und Gebräuche als auf Mich und mehr auf ein lateinisches Gebetbuch, das sie nicht verstehen, als auf Mich und ehren sich untereinander und die Geistlichen so gut und noch mehr als Mich und halten die Beichte höher als die wahre Buße und die Vergebung der Sünden. Darum sie denn auch beständig beichten, aber auch nach der Beichte sogleich wieder in ihre vorigen Sünden zurückfallen. Und die da so manchen Klostertrug für unbestreitbare Wahrheit halten, die Heilige Schrift aber fliehen und es für eine große, widerspenstige Ketzerei ansehen, so jemand das Buch des Lebens und der heiligen Liebe lesen möchte. Aber ein nichtssagendes Andachtsbüchlein von einem gleisnerischen, stark pharisäischen Mönche halten sie dagegen für einen wahren Himmelsschlüssel!

2] O der armen Blinden! — Einst wird ihnen dafür schon ein helleres Licht angezündet, wenn sie nur nicht etwa auf Grund ihrer klosterkastisch-privilegierten Heiligkeit die innere Demut hintangesetzt haben und sich nicht insgeheim für besser halten als irgendeinen andern, freien, unklösterlichen Menschen.

3] Dies aber sei das Mahn- und Trostwort an die Th. M. H.:

4] Suche du vor allem nur Mich durch die wahre Selbstverleugnung, innere Liebe, Geduld und Sanftmut! Denn so du Mich allein suchest, wirst du Mich auch finden. Und hast du Mich gefunden, dann hast du alles gefunden. Denn Ich allein bin der größte Schatz aller Schätze und bin mehr als alle Welten und alle Himmel!

5] So du Mich suchest, da mußt du Mich aber bei dir und nicht bei andern suchen! Denn kann Der in der Fremde gesucht werden, der da beständig in dir zuhause ist und deiner harret!? — Wie du dein Leben nicht lebest in einem fremden Leibe, sondern in deinem eigenen, so mußt du auch Mir in dir zu leben beginnen und

[1] Klosterbewohner; d. Hsg.

Mich in dir suchen! Da wirst du Mich sicher finden! Denn für dich lebe Ich nur in dir! Und wäre es nicht also, wie möchtest du leben, atmen, denken, fühlen, wahrnehmen, empfinden und dann zu Mir beten!?

6] Siehe, das ist der rechte Weg zu Mir! Jeder andere leitet stets auf Abwege. Daher wandle diesen frei, mutig und ohne Furcht, so wirst du das ersehnte Ziel gar leicht und bald finden und wirst dann erst auch einsehen und erkennen, wie sanft Mein Joch und wie leicht Meine Bürde ist!

7] Nimm aber auch gerne das Neue Testament zur Hand und lese es sorgfältig, so wirst du darinnen gar bald des wahren Lebens Schule entdecken. — Und wirst du erst danach zu handeln anfangen, so wirst du mit Strömen des ewigen Lichtes übergossen werden und aus deinen Lenden wird fließen lebendiges Wasser!

8] Sei auch allezeit heiter in deiner Dürftigkeit! Denn je geringeren Anteil jemand hat an der Welt und ihren toten Götzen, desto mehr ist er bei Mir und desto mehr hat er in Mir seinen ewigen, unvergänglichen Anteil zu überaus hohen Wucherinteressen angelegt! — Daher sei du fröhlich, denn Ich bin dir näher, als du es wähnest!

9] So du aber das Neue Testament zur Hand nimmst, da schlage dir zuerst auf das 15. Kapitel des Johannes und betrachte darinnen den 17. bis 23. Vers! — In diesen Stellen wirst du einen großen, verborgenen Schatz finden. Er wird dir aufgetan werden und du wirst erschauen mit erstaunten Augen den „wahren Schlüssel", mit welchem du gar leicht das Kämmerlein eröffnen wirst, darinnen Ich in dir deiner harre! Amen.

10] Das sagt dir dein wahrer Bräutigam durch den trägen Knecht, Amen!

11] NB. Der Schlüssel oder das eröffnete Reich ist schon gezeigt in den vier letzten Versen dieses Kapitels, das ist im 24., 25., 26. und besonders 27. Verse. Denn was hier an die Apostel gesprochen ist, ist gesprochen zu aller Welt! Das sagt dir der Erste und der Letzte. Amen.

☆

Anweisung an den Schreibknecht

Am 8. August 1841

Schreibe nur! Denn Ich weiß es schon gar lange, was du und der Andr. H.-W. wollet! — Solches aber antworte Ich euch:

2] Du, Mein Knecht, bedenke wohl, was dir von Mir für ein Amt verliehen ist und wieviel du noch zu tun hast, bis nur das Hauptwerk[1] beendet sein wird. Denn dazu wirst du von nun an, nach deiner Schrift, noch beinahe ebensoviel brauchen, wie für das, was jetzt schon vorhanden ist. Siehe, eine solche Sache braucht bei regem Fleiße noch nahe ein Jahr von dir, indem du eben nicht der geläufigste Schreiber bist. Und es wäre gut, so du täglich fünf Stunden dazu verwenden könntest.

3] Denn der noch zu verhandelnde Stoff des Hauptwerkes ist: Ein drei Tage langer Aufenthalt bei Adam (nach dem Sabbat), woselbst noch unerhörte Dinge vorkommen werden zur tiefsten Beachtung eines jeden, der es zu lesen bekommen wird. Dann erfolgt die Rückkehr in die Tiefe und ein kurzer Ueberblick über alle damalige Erdbevölkerung. Dann Adams Tod und nach und nach die Geschichte aller seiner euch bekannten Hauptstammkinder bis auf Noah; und so unter anderem die Vermischung der Kinder Jehovas mit den schönen Töchtern der Weltiefe. Dann, kurz durchgeschaut, Jehovas Kriege, Noahs Berufung, die von ihm in die Tiefe gesandten Bußprediger, Noahs Antrieb zum Bau der Arche; seine verspottete und gefährdete Arbeit; seine Wächter. Dann die großen Erdbeben, sichtbare Zeichen am Firmament; und endlich erst die Flut mit allen ihren Vor- und Nacherscheinungen. Und von da dann noch einige Blicke bis zu Abraham und dem Hohenpriester Melchisedeck und noch einige Nachworte.

4] Und alsdann erst ist das Ende des Hauptwerkes da, welchem dann noch gewisse, schon gegebene Hauptnebenworte einzuverleiben sein werden, die zu seiner Zeit näher bezeichnet werden.

5] Siehe, solches hat und fordert noch das Hauptwerk! — Es steht aber auch noch eine große Menge von Naturzeugnissen und die Enthüllung des gestirnten Himmels sowie der Geisterwelt allenthalben auf und zwischen den Sonnen, Erdkörpern, Monden und Kometen bevor.

[1] „Die Haushaltung Gottes".

6] Da rechne du, wie du mit dem allem in zwei Jahren fertig wirst! Denn bis dahin soll es fertig sein – das heißt, so ihr es wollt und euch daran etwas gelegen ist.

7] Ist euch aber eben nicht soviel darum zu tun, so habe Ich schon noch andere Amtleute, und zwar in anderen Landen, die solche große Geschenke aufnehmen werden und sie vollenden bis zum letzten Häckchen.

8] Siehe, Ich sage dir nicht, was du tun sollst; aber so du Mein Wort hast, so sollst du demselben doch wenigstens täglich, mit Ausnahme der Feiertage, bei acht Stunden die zwei Jährlein hindurch widmen, um alles zu beenden, was vorderhand von größter Wichtigkeit ist.

9] Denn die Menschen sollen daraus bald völlig erkennen, wie eitel töricht all ihr weltlich Tun und Treiben ist!

10] Was dein übriges Tunwollen betrifft, namentlich in der Tonsprache, dafür hast du deinen freien Willen. – Es ist aber allzeit eine Sünde der Trägheit, so der Mensch etwas, das er von Mir erhalten hat, leichtsinnig hintansetzt, bevor Ich es Ihm auf die eine oder andere Art abnehme.

11] Siehe, Ich habe dich für die Menschen geistig gemacht zu einem Hofmeister des Herzens und der Liebe. Und solches zu tun und dein Leben selbst zu kehren nach dem Worte, ist dir von Mir aufgetragen. – Es wird dir zu keinem Verdienste gerechnet, daß du solches empfängst; denn solches ist eine große Gnade nur für jeden, der es empfängt; sondern zum Verdienste wird nur gerechnet, zu leben nach dem Worte in aller Liebe, Geduld, Sanftmut, allem Glauben und Vertrauen, aller Selbstverleugnung und duldsamer Ertragung von allerlei Kreuz und mancherlei Leiden, damit dadurch das Herz vollkommen rein werde von allen Schlacken der Welt.

12] Und so hast du schon vollauf zu tun mit dieser Hofmeisterschaft und wirst daher schwer noch einer anderen obliegen können. Allein wohnen kannst du überall – nur nicht neben irgendeiner Hure, wohlverstanden!

13] Ist demnach dem W. damit gedient, so kann ja immerhin dein Segen heimlich seine Kindlein stärken. Und du kannst denselben auch in freier Zeit in mancherlei behilflich sein. Aber eine sogenannte Hofmeisterstelle mit allen ihren Erfordernissen ist gegenwärtig für dich nicht möglich annehmbar. — Doch so du hinziehest, da ziehe du ganz unvermerkt hin. Denn die gewisse Welt hier in dem Orte darf davon nichts merken, ansonst sie sich darum gewaltig ärgern möchte — und ihr euch dann ihretwegen.

14] Verstehe du es wohl! Denn es beobachtet jemand Gewisser mit hundert Augen deine Schritte und lauert, daß er etwas fände, das ihm auffiele. — Hat der W. einmal Amt und Ort gewechselt, dann könnet ihr ohne Sorgen beisammen sein. Unterdessen aber nur unter gehöriger Vorsicht!

15] Dann höre du, W.! Gewisse [Leute] meinen ohnehin, der Knecht erteile dir und deinen Kindern heimlich den Unterricht im Luthertume und aller sogenannten antikatholischen Ketzerei — und die Musik sei nur ein politischer Deckmantel.

16] Wenn der Knecht L. nun auf einmal hier aufsagt und dann zu dir, W., zieht, so könnte das sehr leicht einige kleine Verdrießlichkeiten verursachen. — Daher ist, um solches zu vermeiden, des Knechtes gegenwärtiges Zimmer also noch einundeinhalb Monate beizubehalten. Und zur Zeit werde dann schon Ich euch anzeigen, wie da die ganze Sache sicher abzumachen ist.

17] Ueberdies aber soll der Knecht in der Zeit noch beim Ans. Wortemsig [1] seine Ordnung nicht zu sehr ändern, d. h. so er hinzieht zu Dir, Willig [2], soll er noch wenigstens zwei bis dreimal in der Woche zu Mittag speisend bei ihm zubringen und sonst, wie gewöhnlich, möglichst täglich [bei ihm weilen].

18] Vor allem aber hast du, W., Dich auch annehmbar zu verständigen mit deinem Weibe, so sie ihre Forderungen über das Ausgemachte an den Knecht stellen sollte! Denn die sehr Sparsamen suchen beständig selbst die erforderlichsten Bedürfnisse zu vereinfachen. Du wirst es wohl verstehen, wie es gemeint ist.

19] Solchen Rat überdenket wohl und handelt darnach!

20] Das sagt Der, dem alle Dinge bekannt sind! — Amen, Amen.

☆

[1] Anselm Hüttenbrenner. — [2] Andreas Hüttenbrenner.

Rat für Weinbergsarbeiter

Am 10. August 1841, vormittags

Höre! Also lautet es im Rate der ewigen Weisheit und Liebe deines Herrn, deines Gottes, deines Schöpfers, deines Erlösers und — dadurch erst — deines Vaters, der da ist heilig, heilig, heilig:

2] So du magst läuternd umgehen mit Personen des anderen Geschlechtes, da beachte zuvor die dir noch verborgene Tiefe deines Herzens! Denke, daß da kein merklicher [äußerer] Unterschied ist zwischen nützlichen guten und unnützlichen giftig-bösen Sämereien.

3] Das unerforschte Herz ist gleich einem ungedüngten Grunde, in welchem das Unkraut eher wurzelt als der Weizen. Daher lasse dich nicht verleiten durch schöne Sämereien, da du nicht weißt, was daraus für Früchte hervorgehen möchten!

4] Du kannst in Meinem Namen dich jedermann zwar nahen, aber Mein Reich wirst du nirgends finden als allein bei Mir durch Glaube und Liebe und gänzliche Selbstverleugnung — und höre, das erst dann, so du in deinem Herzen, ganz losgetrennt von der Welt, getreuest wirst sagen können:

5] „Herr, hier bin ich! Die Welt ist mir zum Ekel geworden. Du aber bist mir alles, alles, alles! Ich will nun nichts mehr als Dich allein!“

6] Siehe, dann erst kann Ich kommen! — Wo du nützen kannst, da handle in Meinem Namen und habe acht auf die Tiefe und wahre Gesinnung deines Herzens! Denn da liegen noch allerlei Sämereien. Ich aber will nur segnen, was du in Meinem Namen tun wirst denen, die Ich dir gegeben habe!

7] Was diejenige anlangt, nach der du fragest, so schauet sie in ihrer Dürftigkeit mit einem Auge hinauf, ob keine Hilfe von dort möglich — mit dem andern aber siehet sie zur Erde, ob da nirgends Edelsteine für sie seien. — Sie soll lieber beide Augen, Ohren und ganz besonders ihr Herz unverzüglich zu Mir kehren, so wird sie den größten Schatz finden und wird ihr geholfen sein in allem!

8] Du aber bewahre und reinige dein Herz, auf daß, so Ich dereinst etwa unerwartet zu Dir kommen möchte, dasselbe also bestellet sei, daß Ich nicht genötigt werden möchte, zu verziehen oder gar umzukehren! — Denke: Eines nur tut not! Und wer sich dieses eine erwählet hat, der hat sich schon den besten Teil erwählet!

9] Das sage Ich, dein beständiger Erlöser und unablässiger Wiedergebärer! — Amen, Amen, Amen.

☆

Ein neues Licht der Liebe

Am 26. August 1841

Brief aus Greifenburg an den Freund und späteren Lebensschilderer Jakob Lorbers: Karl Gottfried Ritter von Leitner in Graz.

Geliebtester, hochverehrtester Freund! Es wäre mir unmöglich, aus meiner Kraft auch nur ein Sonnenstäubchen groß von all dem würdig mit der Feder zu geben, was alles ich hier doppelt[1] gesehen, gehört und gefühlt habe und noch sehen, hören und fühlen werde! — Fürwahr, für Gegenden dieser Art sollte der Mensch mit hundert Augen, Ohren und Herzen versehen sein! Denn man wird mit den gewöhnlichen Sinnen hier zu einem förmlichen geistigen Geizhalse und Nimmersatte, da einen die große, schlagende Wunderfülle beinahe ohnmächtig macht und man sich dabei stets sorglich fragen muß: Wohin mit all dem unübersehbar vielen? Wie werde ich diese ungeheure Ernte unter mein armseliges Dach bringen?

2] Wahrlich wahr, hier ist des Großen und Guten zuviel, besonders für ein geistiges Auge. Ich übergehe alle die hohen Berge und will nicht berühren alle die vielen Naturseltenheiten, am allerwenigsten die vielen, im Ernste sehenswürdigen Ortschaften u. dergl.; aber was die naturgeistige Tätigkeit betrifft, da sage ich Ihnen, geliebter Freund, so auffallend sichtbar und auf den ersten Blick wohlbegreiflich wäre es mir nie im Traume eingefallen! — Fürwahr, wenn hier nicht ein Blinder auch nur bei einiger geistig-ärztlichen Mithilfe alsbald möchte sehend werden, da müßte ich selbst zu einem Gottesleugner werden. Denn wer da nicht lebendig gläubig wird, für den ist im Ernst alle Taufe und alles Chrisam rein verdorben! — Ich habe hier Erfahrungen gemacht, von denen ich früher keine Ahnung hatte. Mir ist ein ganz neues Licht angezündet worden. Und in dieses seltenen Lichtes Strahlen sehe ich ein endloses Meer von Wundern über Wundern, die gewisserart eines das andere so gut wie ganz niederschlagen!

3] Geliebtester Freund! Ich vermag Ihnen für diesen Augenblick nichts anderes zu sagen, als daß ich fürs erste schon so mancherlei von meinem hohen Diktator aus in die Feder erhalten habe und der allerbesten Hoffnung bin, noch so manches überaus Seltene zu empfangen. Und fürs zweite aber getraue ich mir die schließliche Bemerkung noch hinzuzusetzen, daß Ihnen diese meine geistigen Samm-

[1] d. h. leiblich und geistig.

lungen sowohl schriftlich als auch bei gefälliger Gelegenheit mündlich nicht ohne geistig nützliches Interesse sein werden!

4] Denn also lautete es anfänglich in mir: „Siehe, ein neues Licht gebe Ich dir! Es ist nicht genug, die Rinde der Dinge sowie das Holz und das Mark durchzubrechen, sondern [es gilt zu schauen], was da wird aus der Rinde und aus dem Holze und aus dem Marke. Wer das sehen will, der schaue, daß er recht sehe! Und wer da hören will, der horche fein, auf daß er alles höre! Und wer da empfinden will, der lege seine Hand auf die Brust und zähle jeglichen seiner Pulsstöße und erwäge, von welchen Gefühlen jeglicher umlagert war! Alsdann erst wird er bald sich und all den Dingen auf den wahren Grund zu schauen in den Stand gesetzt werden. — Verstehe es wohl! Denn siehe, das ist ein neues Licht der Liebe, das dir die werdende Frucht in dem Marke, das Mark im Holze und das Holz in der Rinde zeigen wird. Und ebenso nach deinem Tun das ewige Leben in dir! — Siehe, das ist ein neues Licht, und was du hier empfangen wirst, das soll dir werden in diesem neuen Lichte. Amen. Verstehe es wohl! Amen."

5] Sehen Sie also, geliebtester Freund, nach diesem wenigen zu urteilen, können Sie mit Recht so manches erwarten, das Ihnen sicher sehr viele Freude machen wird. Ich bin jetzt nur ein Sammler, hoffe aber doch auch baldmöglichst ein Mitteiler zu werden! Unterdessen aber habe ich vorzugsweise nur einen Wunsch für Sie, geliebter Freund, wie auch für alle übrigen lieben Freunde, daß Sie nämlich dieses mein schlichtes Schreiben bei der allerbesten Gesundheit antreffen möchte!

6] Des Herrn Jesu Christi Liebe und Gnade sei mit Ihnen jetzt und ewig! Amen. Das ist der stets sehnlichste Wunsch des Sie ewig liebenden Freundes und Bruders im Geiste

Jakob Lorber, d. H. K.
[des Herrn Knecht]

☆

Zum Tode eines Kindes

Am 23. Oktober 1841, vormittags

Das sage in Meinem Namen dem, den Ich für würdig befand, daß Ich ihn heimsuchte und sein jüngstes Weltkindlein zu Mir nahm, darum er sehr trauert und weinet und nicht wohl bedenkt, daß Ich es bin, der ihm solche Gnade erwies, deren Größe er wohl in Ewigkeit nicht wird erfassen können.

2] So aber zum A. H.-Willig ein Weltfürst gesagt hätte: Möchtest du mir nicht dein Kindlein überlassen, damit ich es erziehe zu einer großen Fürstin und, wann es Jahre und Bildung in gerechter Genüge zählen und haben wird, es dann auch alsogleich belehne mit vieler Länder Kronen und es alsdann mache zu einer großen, regierenden Fürstin, Königin und Kaiserin — würde sich da A. H.-Willig nicht vor Freuden außer sich befinden, auch nur schon des alleinigen ernstlichen, großen Antrages wegen, und würde auch suchen, seine Dankbarkeit auf jede erdenkliche Art dem Kaiser an den Tag zu legen!?

3] Oder irgendein guter Fürst käme zu ihm und setzete sein Kindlein zum Alleinerben ein für einen großen Teil seiner Güter — was möchte A. H.-Willig in dem Falle tun mit dem Fürsten? — Oder es käme ein regierender Prinz und begehrte zur künftigen Kaiserin die Hand einer seiner Töchter — würde da der A. H.-Willig einen solchen Brautwerber wohl vom Hause weisen?

4] Jedoch was ist alles dieses im Vergleich zu dem, so da Ich komme und tue alles das im lebendigen, ewigen, unendlichen Sinne! — Und da kann, da mag der A. H.-Willig klagen, weinen und trauern?!

5] O wie schwach ist das noch! — Braucht denn außerordentliche Hilfe nicht auch außerordentliche Mittel? Oder muß die Arznei nicht sein wie die Krankheit, damit das Uebel ein Ende nehme? — Wer aber geht zum Arzte und zeiget ihm die Wunde; und wenn der Arzt ihm ein heilsam Oel in die Wunde gibt, dann weinet und trauert er, so das Oel anfängt die Wunde zu heilen! — O sehet, wie blind ihr noch seid!

6] Wenn euch die Schuhe drücken, da rufet ihr beständig um Hilfe; und komme Ich endlich, euch zu helfen und frei und fest zu machen eure wankenden Füße, da werdet ihr voll Traurigkeit! — Warum das? — Weil euer Herz noch blind ist, darum ihr zwar die Hilfe suchet, aber das sicher helfende Mittel fürchtet und fliehet!

7] Siehe, Ich habe dir nun eine ebene Bahn gezeigt und eine eherne Pforte gesprengt und eine große Scheidewand niedergerissen! Durch eine große Wüste habe Ich Brunnenröhren zur belebenden Leitung des lebendigen Wassers gelegt! — Siehe, die Wüste wird erblühen — und da magst du trauern darüber!?

8] O lerne Mich in Zukunft besser kennen! Denn dein Vater bin Ich! — Wie magst du trauern, wenn dich dein heiliger Vater in der höchsten Liebe heimsucht und dir dein Haus bestellt?

9] Darum traure fürderhin nicht mehr! Denn Ich, dein heiliger, liebevollster Vater, habe es ja also gewollt! Bedenke das und du wirst ewig leben! Amen.

☆

Inhalt

dieses Bandes

und

Gesamtverzeichnis

der Schriften Jakob Lorbers.*

Niederschriften vom Jahre 1840

Niederschriften vom Jahre 1841

Stellenverzeichnis

Die Ziffern bedeuten die Seitenzahlen.